INVENTAIRE SOMMAIRE

DES

ARCHIVES DÉPARTEMENTALES

ANTÉRIEURES A 1790,

RÉDIGÉ PAR M. AUGUSTE MATTON, ARCHIVISTE,

CHEVALIER DE LA LÉGION D'HONNEUR.

AISNE

TABLES GÉNÉRALES

LAON,

IMPRIMERIE A. CORTILLIOT ET Cⁱᵉ, RUE SÉRURIER, 22.

1889.

INVENTAIRE SOMMAIRE

DES

ARCHIVES DÉPARTEMENTALES

ANTÉRIEURES A 1790,

RÉDIGÉ PAR M. Auguste MATTON, ARCHIVISTE,

CHEVALIER DE LA LÉGION D'HONNEUR.

AISNE

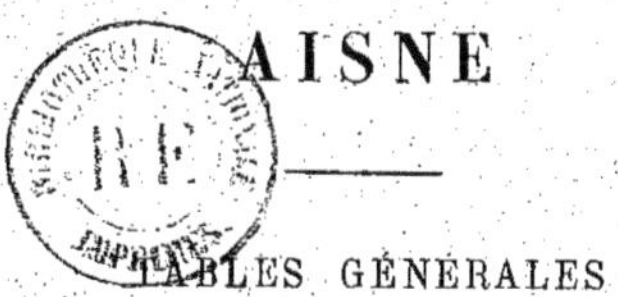

TABLES GÉNÉRALES

LAON;

IMPRIMERIE A. CORTILLIOT ET Cⁱᵉ, RUE SÉRURIER, 22.

1889.

TABLE

DES NOMS DE LIEUX [1]

(1) Les localités précédées d'un astérisque sont du département de l'Aisne.

295, 297, 314, 315, 3991, 4059, 4064, 4070, 4079. — C. 548, 571, 976. — E. 602. — G. 146, 653, 833, 842, 982, 985, 1656, 1667, 1686, 1690, 1707, 1766. — H. 196, 547, 1125, 1159, 1378, 1384. (Voir Communauté, Cure, Fabrique, Hôpital, Municipalité, Pont, Terrier.)

ALBINCOURT. H. 588.

ALFORT (Seine). (Voir École vétérinaire.)

ALIGNÉ. B. 2891.

' ALLEMAGNE. (Voir Routes.)

*   —   ferme (Laon). G. 1022.

* ALLEMANDERIE, étang. (Aubenton.) E. 377.

* ALLEMANDS (les), bois. H. 667.

* ALLEMANT. C. 560, 580, 1024. — G. 1849. — H. 479, 492, 498, 748, 817. (Voir Communauté, Fabrique.)

ALLIER, rivière. A. 1.

* ALLOIS, fief. H. 522.

ALOST, comté (Belgique). H. 1121, 1128, 1161 à 1163, 1167.

ALSACE. (Voir Cartes géographiques.)

* AMBERCY (Saint-Algis). B. 166, 2379, 2463, 3214, 3816. (Voir Moulin.)

* AMBLENY. C. 104, 246, 502, 560, 580, 964. — E. 11, 12, 109, 198, 228, 281. — G. 253, 261, 262, 670, 712, 754, 1364, 1708, 1709, 1733. — H. 455, 1080, 1189, 1369, 1447, 1448, 1508, 1513. (Voir Cimetière, Communauté, Cure, Fabrique, Moulin, Seigneurie, Tour.)

* AMBRAINE, moulin à eau (Nogent-l'Artaud). B. 3255, 3700.

* AMBRIEF. B. 3713. — C. 209, 1023. — E. 228. — G. 755, 1192. — H. 458, 460, 1190, 1201, 1770. (Voir Cure, Fabrique.)

AMÉRIQUE. F. 15.

AMIENS (Somme). B. 984, 1700, 3132. — C. 755, 810. — E. 865. — F. 24, 26. (Voir Bailliage, Dépôt de mendicité, Généralité, Grenier-à-Sel, Intendance, Intendants provinciaux.)

* AMIFONTAINE. C. 108, 164, 548, 571. — G. 7, 31, 88. — H. 169, 669, 883 à 885. (Voir Cure, Fabrique, Seigneurie.)

* AMIGNY-ROUY. B. 1108, 1595, 1615, 3078, 3495. — C. 90, 108, 164, 190, 548, 571, 968, 969, 976. — G. 147, 404, 604, 615, 843, 1371. — H. 170, 363, 714, 721, 723, 744, 1097, 1683. (Voir Communauté, Église, Fabrique, Mesure, Moulin, Fort, Terrier.)

AMOUR-DIEU. (Voir Abbaye.)

AMSTERDAM (Hollande). B. 1718.

ANCHIN (Nord). (Voir Abbaye, Moulin.)

* ANCIENVILLE. C. 108, 560, 580. — G. 281. — H. 1191, 1369. (Voir Communauté, Fabrique.)

* ANDELAIN. B. 682, 702, 703, 760, 806, 831, 832, 834, 835, 960, 970, 972, 974, 983, 1006, 1032, 1037, 1057, 1092, 1123, 1125, 1128, 1131, 1176, 1190, 1236, 1238, 1255, 1256, 1265, 1318, 3442, 3446, 3447, 3664. — C. 33, 501, 502, 548, 571. — G. 404, 616, 619, 621, 631. — H. 171, 351, 353, 381, 1488. (Voir Communauté, Cure, Fabrique, Pont, Terrier.)

* ANDIGNY, fermes. (Vaux-Andigny.) B. 2009, 3950, 3951 — C. 544. — H. 534. (Voir Forêt.)

* ANGE-GARDIEN, ferme (Allemant). G. 426, 441, 442, 444, 475, 514, 521, 595, 1062.

. ANGERS (Maine-et-Loire). A. 3.

* ANGLES (les), bois. H. 1093.

ANGLETERRE (royaume). A. 31. — B. 181, 2350, 2910. — C. 761, 762.

* ANGUILCOURT-LE-SART. B. 68, 191, 418, 969, 1127, 2198, 2810, 2902, 3655, 4120. — C. 102, 164, 556, 577. — G. 2, 545, 617, 631, 636, 1832. — H. 172 à 174, 326, 375, 1387. (Voir Communauté, Cure, Fabrique, Moulin, Prairie.)

* ANIZY-LE-CHATEAU. B. 2613, 2622, 2648, 2655, 2657, 2661, 2680, 2696 à 2701, 3662. — C. 108, 190, 333, 514, 548, 571. — E. 331 à 335, 510. — G. 1, 2, 7, 20, 21, 24, 25, 32 à 35, 61, 88, 147, 546, 585, 597, 1722. — H. 105, 627, 745 à 747, 872, 887, 1383. (Voir Château, Cimetière, Communauté, Cure, Église, Fabrique, Hôpital, Maison épiscopale, Marché, Mesure, Moulin, Seigneurie, Siège épiscopal, Territoire.)

* ANNEAU. (Voir Moulin de la Noue.)

ANNEL (Oise). (Voir Château, Institution d'agriculture.)

* ANNOIS. B. 1116, 1117, 1348, 1361, 1365, 1392, 1451, 1460, 1465, 1467, 1491, 1640, 1670, 1707, 1708, 1718, 1727, 1729, 1733, 1750, 1798, 1799, 1801, 2908, 3492, 3991, 3995, 3996, 4059, 4069, 4070. — C. 579. — D. 3. — G. 640, 791. — H. 594, 1100, 1419, 1428. (Voir Communauté, Cure, Église, Fabrique, Plan, Seigneurie, Village.)

* ANTEUIL. H. 214.

ANTHENY (Ardennes). E. 365, 389.

ANVILLERS (Belgique). H. 477.

* ANY-MARTIN-RIEUX. B. 2050, 2494, 3854. — C. 517, 544, 892, 991. — E. 48, 337, 344, 349, 352, 355, 368, 384, 395, 397. — G. 149. (Voir Châtellenie, Communauté, Cure, École, Église, Fabrique, Foires, Halle, Marché, Moulin, Pauvres, Terrier.)

AOUSTE (Ardennes). E. 338, 389.

* APLINCOURT, fief. (Limé.) E. 129.

APPILLY (Oise). B. 1109. — H. 1376.

* APPONI, mont et moulin (Vézaponin). H. 842.

* APREMONT. C. 471.

* AQUIN-POULAIN, fief. B. 3298.

* ARANÇOT, ferme (Arrancy). B. 3463. — E. 407. — H. 263, 628, 636.

ARBRE-DE-GUISE (Aisne, Nord). B. 2209.

* ARBRE-JOLI (Landouzy-la-Cour et Plomion). H. 631.

* ARBRE-POULLAIN, fief. E. 133.

* ARBRE-SAINT-MARTIN, ferme (Filain). H. 1770, 1776.

* ARBRISSEAU, ferme (Dizy-le-Gros). H. 868.

*   —   moulin (Vauxaillon). E. 331.

* ARCHANTRÉ, moulin (Remies). B. 2777. — H. 819.

* ARCHE, fief (Chalandry). B. 3003. — H. 1705.

ARCHES (Somme). B. 980.

* ARCHIES, bois et ferme (Bohain). B. 3554, 3562, 3571. — C. 793. — H. 1109.

*Archon. C. 164, 548, 571, 892. — G. 414, 656. — H. 1349. (Voir Communauté.)

*Arcy-Sainte-Restitue. B. 1871, 3677. — C. 560, 580. — G. 253. — H. 1192. (Voir Cure, Fabrique, Prieuré.)

Ardennes, Contrée. D. 5.

Ardois (Ardennes). G. 656.

*Ardon, faubourg de Laon. B. 2686, 2879, 2886. — C. 178, 407, 408, 513, 553, 571, 899. — E. 226, 255, 473, 474, 511, 518, 524, 527. — G. 2, 50, 141, 431, 537, 539, 603, 1015, 1463, 1464, 1466, 1467, 1469, 1471. — H. 17, 28 à 33; 114, 151 à 154, 1386, 1605, 1748, 1749, 1751, 1768. (Voir Moulin, Ruisseau.) — C. 624. — H. 155, 293, 1748.

Argentan. B. 569.

*Argentelle, ferme (Jumencourt). C. 449.

Argenteuil. B. 1440.

*Armentières. C. 154, 164, 560, 580. — E. 110 (Voir Cure, Fabrique, Moulin.)

Armentières (Nord). C. 692.

Arnicourt (Ardennes). H. 891.

*Arquebutier, fief. B. 2210, 2230, 2259.

*Arrancy. C. 108, 548, 571. — E. 97, 447, 494, 563, 564. — G. 604. — H. 176, 185, 299, 670. (Voir Cure, Moulin, Seigneurie, Terrier, Territoire).

Arras (Pas-de-Calais). B. 87, 508, 683. — H. 975.

*Arroay, ferme. H. 1048.

*Arrouaise, bois. B. 3793, 3849 à 3851.

— (Voir Chanoines.)

*Apsent, moulin (Beaurieux.) H. 1466.

*Artaise. (Voyez St-Bandry.)

*Artemps. B. 1598, 1754, 3994, 3996, 4059, 4069, 4070. — C. 165, 515, 523, 558, 579. — E. 115, 276, 279. — G. 791, 820, 824, 838, 844, 941, 1654, 1656, 1669, 1686, 1690. — H. 534, 1116, 1335, 1624, 1740. (Voir Plan, Seigneurie.)

Artois (province). A. 20. — B. 3495, 3521.

Artoise (rivière). B. 2387. — C. 469.

*Artonges. C. 538. — H. 1444.

Asfeld (Ardennes). H. 892.

Asseviller (Somme). H. 455.

*Assis-sur-Serre. B. 507, 508, 513, 549, 559, 565, 583, 623, 624, 630, 634, 635, 639, 644, 1321. — C. 154, 548, 571, 964. — E. 76, 105, 310, 488, 503. — G. 13, 87, 547, 641. — H. 326. (Voir Communauté, Fabrique, Moulin, Prévôté, Seigneurie, Terrier).

*Assoneville, ferme (Macquigny). B. 2003, 2093, 2236.

*Athiémont (Villequier-Aumont). B. 1645.

*Athies. B. 2638, 2755, 2758, 2762, 2767, 2785, 2801, 2814, 2823, 2838, 2852 à 2854, 2885. — C. 108, 481, 482, 493, 502, 548. — E. 124, 481, 492, 502, 515, 517. — G. 36, 150, 252, 548, 602, 1016, 1202. — H. 177, 871 à 873. (Voir Communauté, État-civil, Fabrique, Territoire.)

— (Somme.) G. 791, 827, 830 à 832, 845. — H. 1508. (Voir Baronnie, Doyenné.)

*Atois, lieu-dit. H. 588.

Atrayères (Ardennes). E. 48.

*Attencourt, ferme (Toulis-et-Attencourt). B. 2933, 3115. — H. 127, 275, 311, 312.

Attichy (Oise.) B. 419, 3411. — C. 400, 603, 742, 926. — G. 253. — H. 477, 1770. (Voir Marché.)

*Attilly. (Marteville.) B. 3647, 3651, 3994, 4059, 4060, 4064, 4069, 4070, 4079. — C. 798. — G. 791. — H. 588, 1685.

*Aubenton. B. 171, 201, 276, 279, 470, 987, 1188, 1997, 2197, 2483, 2495, 2498, 2503 à 2510, 2512, 2515 à 2517, 2519, 2522 à 2525, 2529, 3854. — C. 165, 522, 544, 655, 692, 892, 915, 924, 968, 1062. — E. 47, 76, 306, 337 à 402, 470. — G. 419. (Voir Bailliage, Canal, Chambre à Sel, Châtellenie, Cure, Doyenné, Église, Fabrique, Foires, Garnison, Grenier à Sel, Halle, Hôtel-Dieu, Maîtrise, Moulin, Pont, Seigneurie, Terrier, Traites foraines, Ville.)

*Aubenton-la-Cour, ferme (Étréaupont.) B. 3130, 3153. — H. 623, 643.

*Auberlaye, territoire (Crouy.) G. 253, 720.

*Aubermont, fief (Travecy.) B. 680, 687, 689, 699, 701, 1588, 3442, 3446.

*Aubert, fief (Beautor.) B. 680.

*Aubigny (canton de Craonne). C. 548, 571, 892, 1057. — E. 443, 445, 563. — G. 88, 110, 577. — H. 36, 178, 242, 299, 1766. (Voir Communauté, Cure.)

— (canton de Vermand). B. 4060, 4065, 4073. — C. 768, 793. — G. 791, 1028. — H. 1684.

— (Somme). B. 1788. — H. 1420.

*Aubilly, fief (Connigis). E. 85.

Auch (Gers). F. 22, 26.

Audencourt (Nord). B. 3456.

Audenhove (Belgique). H. 1116, 1121, 1128.

*Audignicourt. C. 560, 580, 987, 1024. — E. 201. — H. 530, 718, 1770. (Voir Cure, Église, Fabrique.)

*Audigny. B. 101, 191, 265, 305, 392, 1116, 2051, 2116, 2129, 2160, 2162, 2247, 2273 à 2275, 2279, 2283, 2300, 2442, 2458, 2461, 2467, 2473, 2474, 3805. — C. 267, 544, 563, 892. — E. 467. — H. 659, 872, 879, 894, 895, 952, 1403, 1744. (Voir Communauté, Cure, Terrier, Territoire.)

*Auffrique-et-Nogent. C. 548, 976, 979. — E. 78. — G. 1337. — H. 326, 725.

Auge (Ardennes). C. 477. — E. 337.

Auger (Oise). H 477.

*Augicourt (Ébouleau.) C. 551. — E. 615. — H. 477, 873, 913, 1707.

*Augy. B. 3679. — C. 445, 483, 560, 580. — E. 149. — G. 1261, 1264, 1372, 1712, 1722. — H. 477, 1007, 1655. (Voir Cure, Fabrique, Plan, Seigneurie, Terrier, Vicomté.)

*Aulnois. B. 2884. — C. 109, 165, 548, 571, 1025. — E. 493. — G. 2, 89, 151, 549, 1016, 1467, 1470. — H. 125, 179, 365, 1597, 1607. (Voir Châtellenie, Communauté, Fabrique.)

* Basse-Cour, ferme (Chéry-Chartreuve). B. 3683. — H. 1034.
* — ferme (Essommes). H. 1302.
* — ferme (Gouy). H. 1129.
* — ferme (Nogent-l'Artaud). H. 1676.
* — ferme (Villequier-Aumont). H. 1088.
* Basse-Guerre. (Voir Camberlin.)
* Basse-Suisse, lieudit (Vervins). B. 3348.
Bassevelle (Seine-et-Marne). B. 3044. — E. 432, 434, 435. — H. 1508, 1514.
Bassinet, fief et château. B. 695, 2892, 3170.
* Bassins, ferme (La Bouteille). H. 631.
* Bassoles-Aulers. B. 3473. — C. 108, 165, |192, 449, 548, 571. — E. 642. — G. 404. — H. 327, 334, 750. (Voir Communauté, Fabrique, Territoire.)
Bassu (Marne). H. 1044, 1047.
Bassuet (Marne). H. 1047.
* Bastards, fief. E. 313.
* Baudonval, bois. B. 3714. — H. 477.
* Baulne. B. 3534. — C. 538. — H. 1306.
Bay (Ardennes). E. 394.
* Bayempont, fief. B. 2078, 2084. — E. 299.
Bayempuis, triage de la forêt de Retz. B. 3740.
Bayonne. (Voir Port.)
Bayonvillers (Somme). G. 791, 792, 825 à 827, 830 à 832, 847.
Bazèque, fief (Pas-de-Calais). B. 3436.
* Bazoches. B. 3708. — C. 445, 560, 580. — G. 253, 1088. — H. 533, 1017. (Voir Communauté, Église, Fabrique, Maladrerie, Pont, Seigneurie.)
* Beaucamp, fief (le Nouvion). B. 2144, 2231.
* Beaufort, château. B. 2088. — fief. B. 54,314 (Lesquielles-Saint-Germain).
Beaufort (Somme). G. 793.
Beaufourmel, fief. B. 1359.
Beaugies (Oise). B. 1340, 1365.
— ferme (Beaumont-en-Beine). B. 1434, 1493, 1558, 3458.
Beaulieu, ruisseau (Ardennes). E. 397.
— (Oise). B. 1336, 1368, 1398, 1573. — H. 461. (Voir Baronnie, Prieuré.)
Beaulne-et-Chivy. C. 109, 165, 549, 936. — G. 15, 407, 602.
Beaumé. B. 2503, 2506, 2508, 2510. — C. 534, 546, 900. — E. 76, 337 à 339, 349, 363, 369, 390, 392, 393, 398, 402. — G. 399, 1203. (Voir Église, Fabrique, Moulin, Seigneurie, Terrier.)
* Beaumont, ferme (Juvigny). H. 879. 1273.
* — ferme (le Thuel). C. 555, 576. — E. 43.
* Beaumont-en-Beine. B. 1359, 1365, 1434, 1465, 1466, 1493, 1569, 1639, 1643, 1650, 1753, 1763, 1785, 1787, 1798, 1801, 2983. — C. 22, 558, 579. — H. 594, 1428. (Voir Église, Fabrique, Seigneurie.)
* Beaunon, bois. B. 3719.
* Beaurain, (Flavigny-le-Grand et Beaurain.) B. 308, 311, 391, 483, 1935, 1991, 2050, 2051, 2087, 2131, 2154, 2157, 2197, 2200, 2215, 2245, 2263, 2427, 2433, 2436, 2912, 3793, 3796, 3806, 3818, 3841, 3849, 3959. — C. 568, 838. — E. 55, 59. — G. 646. — H. 1403. (Voir Communauté, Cure, Pauvres.)
Beaurains (Oise). D. 3. — G. 253.
* Beauregard, fermes. B. 2184. — E. 419, 528. — H. 413, 1520, 1676.
* Beaurepaire, ferme (Charly). B. 3011, 3039, 3056. — E. 436. — H. 1508, 1520.
* — (Laigny.) B. 3213. — E. 164, 172, 173. — G. 1023.
* — fief (Lierval). G. 93.
* — ferme (Longpont). H. 694.
* — fief (Montigny-sur-Crécy). B. 314.
* — maison (Pargny-Filain). E. 569.
* Beaurepas, fief (Oisy). B. 468, 2178, 2219.
* Beaurevoir. B. 1584, 1675, 2916, 3436, 3444, 3445, 3451 à 3453, 3994, 4038, 4060, 4069, 4070. — C. 798. — H. 1132, 1167. (Voir Fabrique, Forêt, Hôpital, Seigneurie.)
* Beaurieux. B. 316, 2836, 2858. — C. 110, 165, 190, 336, 549, 941, 968, 1030. — E. 105, 255, 403, 404. — G. 155, 253. — H. 863. 1456, 1466, 1766, 1768. (Voir Communauté, Commune, Cure, Fabrique, Marché, Mesure.)
* Beaurouart, ferme et fief (Fresnoy-le-Grand.) H. 1639.
* Beautor. B. 660. 672, 680, 683, 686, 689, 694, 695, 698, 701, 703, 707, 721, 732, 770, 771, 782, 792, 806, 807, 826, 828, 830, 831, 833, 857, 861, 866, 867, 879, 886, 887, 890, 894, 897, 898, 916, 922, 926, 933, 935, 939, 948, 960, 961, 971, 973, 975, 977, 981, 990, 997, 1000, 1001, 1003, 1005, 1008, 1016 à 1019, 1023, 1030, 1032, 1047, 1050, 1056, 1057, 1067, 1081 à 1083, 1088, 1104, 1107, 1109, 1114, 1122, 1127 à 1129, 1131, 1134, 1139, 1158, 1159, 1161, 1175, 1206, 1235, 1236, 1289, 1295, 1301, 1303, 1310, 1481, 1521, 2984, 3446, 3447, 3449, 3545, 3549, 3615, 3629, 3631, 3632. — C. 103, 165, 533, 549, 571, 802, 910, 962. — E. 17, 78, 611. — G. 156, 616, 618, 619, 623, 632, 634, 645, 641, 1196. — H. 170, 182, 183, 353, 369, 392, 404, 751, 1489, 1490. (Voir Communauté, Cure, Église, Fabrique, Moulin, Pont, Port, Prairie, Seigneurie, Terrier.)
* Beautroux, ferme (Étaves et Bocqueaux). B. 442, 464. — H. 894.
Beauvais (Oise). A. 3. — C. 71, 755. (Voir Évêché.)
Beauvaisis (Province). B. 3546. — E. 558.
* Beauvaux, bois. H. 1111.
* Beauvoir, garenne (Parcy-Tigny). B. 3697.
* — ferme (Renansart). H. 416.
* — ferme (Saint-Aubin). H. 1442.
* Beauvois. B. 2889, 3993, 3994, 4059, 4063, 4065, 4067, 4069, 4070, 4074, 4078. — C. 798. — G. 836, 871, 1028, 1077, 1690, 1823. — H. 588, 765, 831, 1109, 1624, 1628. 1634. (Voir Fabrique.)
* — ferme (Goudelancourt-lès-Pierrepont). C. 936. — E. 570. — H. 873, 924. (Voir Communauté.)
* Beauvoisy, fief (Travecy). B. 660.

BÉCHERET, moulin à eau (Froidmont-Cohartille). G. 46. — H. 921.

*BECQUEREL, moulin à eau (Saint-Quentin). H. 534.

*BECQUIGNETTE, ferme (Becquigny). B. 179. — C. 544, 568.

*BECQUIGNY. B. 88, 179, 295, 306, 2134, 2313. — C. 544, 568. (Voir Seigneurie, Village.)

*BÉCRET, moulin à eau (Festieux). H. 878.

*BEFFECOURT (Vaucelles-et-Beffecourt). B. 2629, 4112. — E. 526. — G. 15. — H. 873.

*BÉGUINES, fief (Marcy). B. 547.

*BEHAINE (Marle). B. 513, 531, 1236, 3233, 3442, 3455. — C. 497, 549, 571, 892, 1034. — E. 35, 550, 553, 628. — H. 984.

*BEINE, bois. B. 3450. — H. 1427.

BEINETTE, fief. H. 1426.

*BELAIR, ferme. H. 1129.

BELFORT (Haut-Rhin). B. 3515.

*BELLEAU. C. 166, 538, 976, 994. (Voir Fabrique, Municipalité.)

BELLE-ÉGLISE (Oise). H. 898.

*BELLE-FONTAINE, ferme (Nampcelle-la-Cour). H. 1361.

*   —   ferme. B. 3790. — H. 1036.

*BELLENGLISE. B. 2911, 2913, 3994, 3995, 4059, 4063, 4065, 4070. — C. 793. — G. 832, 848, 1028, 1654, 1661. — H. 1118, 1128, 1133, 1157, 1158, 1167, 1384, 1624. (Voir Fabrique, Seigneurie.)

*BELLEPERCHE, ferme (Landouzy-la-Cour). B. 2973. — C. 553. — H. 623.

*BELLET, bois. B. 2383, 3817. — C. 468.

*BELLEU. C. 190, 481, 560, 580, 608. — E. 224. — G. 111, 253, 263, 498, 672, 1716, 1729. — H. 455, 462, 1193, 1265, 1282, 1407. (Voir Communauté, Fabrique.)

*BELLEVUE, ferme. B. 132.

*BELLICOURT. B. 3994, 3995, 4059, 4065, 4069, 4070, 4079. — C. 793, 798. — G. 793, 823, 826, 828, 829, 836, 849, 982, 986, 1677, 1686. — H. 1115, 1116, 1118, 1124, 1134, 1167, 1624, 1625, 1628.

*BELLIMONT, ferme (Burelles). C. 549, 571. — H. 1350.

BELVA (Belgique). B. 4111.

*BELVAL, château (Goudelancourt-lès-Berrieux). E. 411.

*BENAY. B. 3909, 3992, 3995, 4057, 4060, 4069. — C. 166, 533, 558, 579, 977. — E. 277, 279. — G. 793, 829, 832, 850, 1677, 1686. — H. 1335, 1339, 1491, 1585, 1590. (Voir Baronnie, Cure, Église, Plan, Terrier, Territoire.)

*BERGERIE, ferme (Bonneil). E. 320.

*BERGUES. B. 74, 308, 2044, 2129, 2171, 2179, 2218, 2226, 2245, 2252, 2278, 2287, 2297. — C. 159, 175, 544, 568, 892. — E. 45, 76, 466, 566. — G. 401, 597, 1060. — H. 665. (Voir Communauté, Fabrique, Pauvres, Territoire.)

*BERJAUMONT OU AVOUERIE, bois. B. 606, 608, 617, 647 à 650, 656, 1039, 1255, 2988, 2989, 3442, 3560, 3566, 3580, 3581, 3588 à 3590. — H. 43, 44.

*BERLANCOURT. B. 621, 1224, 2985, 3239, 3442, 3455, 4126. — C. 166, 549, 571. — E. 547. — G. 157. (Voir Communauté, Église, Fabrique.)

*BERLANCOURT (Oise). B. 1001. — H. 752.

*BERLIZE. C. 107, 549, 571, 688, 966. — E. 304. — G. 656. — H. 955. (Voir Chapelle, Cure, Fabrique).

BERNE (Suisse). B. 1323.

*BERNEHIER, moulin à eau (Laon). H. 293.|

BERNES (Somme). G. 793, 827, 829, 832, 833, 954, 1677.

BERNEUIL-SUR-AISNE (Oise). C. 516. — H. 477, 490.

*BERNOT. B. 137, 179, 181, 234, 255, 272, 290, 299, 301, 302, 304, 306, 313, 314, 351, 465, 489, 2051, 2307, 3655, 3896, 3951, 4008. — C. 103, 110, 549, 571, 621, 892, 976. — E. 291, 405, 494, 601, 602. — G. 793, 1535. — H. 588, 593, 1467, 1585, 1588, 1744, 1746. (Voir Chapelle, Cure, Fabrique, Moulin, Municipalité, Pont, Seigneurie.)

*BERNOVILLE. B. 174, 183 à 185, 191, 247, 275, 453, 2117. — C. 544, 568. — H. 442, 576. 1632. (Voir Cure, État-Civil, Fabrique, Seigneurie.)

*BERNY-RIVIÈRE. B. 3992, 3408. — C. 246, 560. 580. E. 322. — G. 714, 775, 1152, 1161, 1411, 1723, 1729. — H. 489, 490, 518, 612, 1194, 1414. (Voir Cure, Fabrique, Pauvres.

BÉROGNES (Oise). G. 253.

*BEROSDE, fontaine. H. 1319.

*BERRIEUX. C. 111, 166, 326, 549, 571. — G. 552. — H. 267, 671. (Voir Communauté, Cure, Fabrique, Moulin, Seigneurie.

BERRY (province). A. 29. — C. 907. — F. 16, 18.

*BERRY-AU-BAC. C. 111, 166, 331, 340, 426, 427, 485, 487, 495, 509, 527, 549, 571, 588, 606, 609, 966, 986, 988, 1013, 1019, 1062. — E. 453. — H. 185, 186. (Voir Communauté, Cure, Fabrique, Seigneurie.)

*BERTAIGNEMONT, ferme (Landifay-et-Bertaignemont). B. 147, 182, 240, 298, 2469. — C. 544, 549, 568. — E. 494. — H. 893, 1744, 1746, 1756. (Voir Territoire.)

*BERTAUCOURT, (Pontru). B. 3995, 4060, 4073. — C. 793. — G. 793, 1034, 1668. — H. 534, 588, 1150.

—   (Somme). (Voir Abbaye.)

—   Épourdon. B. 665, 677, 680, 690, 698, 716, 728, 806, 813, 833, 834, 840, 860, 862, 880, 882, 884, 887, 898, 908, 912, 927, 936, 945, 951, 958, 983, 996, 1049, 1050, 1055, 1122, 1127, 1135, 1148, 1149, 1188, 1195, 1208, 1236, 1260, 1279, 1292, 1309, 3446, 3611, 3637. — C. 209, 449, 549, 571. — G. 1371. — H. 187, 188, 351, 370, 1037. (Voir Communauté. Fabrique, Marais, Terrier.)

*BERTHENICOURT. B. 35, 3995, 4037, 4070. — C. 405, 111, 166, 571, 976. — G. 851, 1667. — H. 534. 547, 548. (Voir Communauté, Cure, Fabrique, Moulin.)

BERTINCOURT (Ardennes). H. 919.

*BERTRICOURT. C. 549, 571. — G. 409. (Voir Fabrique.)

BERTRY (Nord). B. 3456.

BERVAL, étang (Oise). B. 3767, 3769.

*BERZY-LE-SEC. C. 560, 580. — G. 111, 264, 287, 673, 757, 1238, 1716, 1717, 1723, 1734, 1835. — H. 477, 1195, 1369, 1656. (Voir Chapitre, Cure, Fabrique, Municipalité.)

BESANÇON (Doubs). (Voir Parlement.)

*BESMÉ. B. 1384, 1416, 1496, 1798, 1799, 1801. — C. 560,

580. — E. 202. — G. 1283. — H. 518, 1787. (Voir Moulin, Seigneurie, Terrier.)

*BESMONT. B. 2128, 2508, 2516, 2520, 2522, 2527, 3882. — C. 568, 823. — E. 47, 56, 354, 369, 371, 380, 382, 389 à 394, 394, 397, 401, 402. — G. 399. (Voir Communauté, Cure, Église, Fabrique, Marais, Seigneurie, Terrier.)

*BESNY-ET-LOIZY. C. 111, 166, 549, 571. — E. 91, 225, 500. — G. 158, 518, 1467. — H. 189 à 191, 209, 353, 404, 608, 908, 1607. (Voir Fabrique, Terrier, Territoire.)

*BÉTHANCOURT (Crécy-au-Mont). H. 781, 1408, 1781.

— (Somme). B. 2889. — H. 1508.

— -en-Vaux. B. 1340, 1365, 1386, 1389, 1456, 1465, 1470, 1530, 1574, 1633, 1699, 1724, 1771, 1801. — C. 558, 579. — G. 1037, 1812. — H. 1336, 1419. (Voir Cure, Fabrique, Seigneurie.)

*BETHEMONT, triage forestier. B. 662, 951, 1064, 1294.

BÉTHIZY (Oise). G. 253. — H. 455, 463, 1196.

BETZ (Oise). G. 503, 670.

*BEUGNEUX. C. 190, 200, 560, 580. — E. 110. — G. 265, 335, 1055. — H. 1283. (Voir Fabrique.)

*BEUVARDES. B. 3677. — C. 538, 567, 950. — G. 1399. — H. 1197, 1688. (Voir Seigneurie.)

*BÉZUET (Bezu-St-Germain.) E. 284.

*BÉZU-LE-GUERY. B. 3067. — C. 104, 154, 166, 264, 538. — E. 194, 289, 438. (Voir Fabrique.)

*BEZU-LÈS-FÈVES. C. 209, 519, 538. — E. 233.

*BÉZU-ST-GERMAIN. C. 209, 538. — H. 528, 1048, 1306, 1574, 1656, 1659. (Voir Fabrique.)

BIACHÉ (Somme). (Voir Abbaye.)

BICÊTRE (Seine). B. 1304. — C. 692.

*BICHANCOURT. B. 1349, 1365, 1373, 1374, 1383, 1387, 1395, 1579, 1583, 1591, 1617, 1649, 1654, 1709, 1792, 1799, 1801. — C. 105, 549, 915, 966, 976, 1044. — H. 327, 1336. (Voir Communauté, Cure, Fabrique, Terrier.)

BIENVILLE (Oise). H. 1283.

BIERMES (Ardennes). G. 159. (Voir Seigneurie.)

*BIEUXY. C. 246, 560, 580. — G. 367. — H. 753. (Voir Communauté, Cure, Fabrique.)

*BIÈVRE, bois (Essommes). B. 3775.

*BIÈVRES. B. 2790. — C. 111, 549, 571, 893. — E. 409 à 412, 494. — G. 1, 604. — H. 195, 627, 672, 871. (Voir Cure, Fabrique, Mesure, Moulin, Seigneurie, Terrier, Territoire.)

BIGNICOURT (Marne). H. 37, 114.

*BIHÉCOURT, (Vermand). B. 4065. — G. 798, 949. — H. 1442.

BILLEMONT (Oise). B. 3763, 3770.

*BILLY-SUR-AISNE. C. 190, 445, 560, 580, 1050. E. 224, 286. — G. 253, 553, 674, 758, 1161, 1716, 1720, 1769. — H. 458, 464, 613, 723, 729, 1265, 1407, 1508, 1515, 1656, 1718, 1776. (Voir Communauté, Fabrique, Marais, Moulin, Pont.)

BILLY-SUR-OURCQ. B. 1877, 1878. — C. 111, 112, 560, 580. — E. 281. — G 1692. — H. 1677, 1731. (Voir Cure, Fabrique, Municipalité, Sœurs d'école.)

BISSIÈRE (Calvados). B. 1202.

BITRY (Oise). C. 1024. — G. 253. — H. 477.

*BLANCHECOURT, fief (Rogécourt). B. 660, 780, 887, 1074, 1113, 1122, 1127, 1143, 3261, 3637.

BLANCHEFOSSE (Ardennes). E. 380.

*BLANC-PAIN, fief (Verly). B. 248.

*BLANGIS, forge. B. 2601.

*BLANZY (Saint-Remy-Blanzy). B. 3678. — H. 692.

*BLANZY-LÈS-FISMES. C. 560, 580. — E. 546. — H. 1008. (Voir Communauté, Fabrique.)

*BLÉRANCOURDELLE. C. 580, 949. — E. 201, 202.

*BLÉRANCOURT. B. 1508, 1554, 1798, 1803, 3496. — C. 86, 487, 507, 580, 603, 929, 942, 1010, 1024. — E. 202. — G. 1283. (Voir Archers, Château, Communauté, Cure, Église, Fabrique, Feuillants, Hôpital, Insurrection, Marché, Marquisat, Municipalité, Seigneurie, Sœurs d'École, Terrier.)

*BLESMES. C. 166, 457, 538. — E. 284. — G. 1075. — H. 522, 1306.

*BLEUCOURT, fief (Amifontaine). G. 88.

*BLISSY (Saint-Michel). B. 245, 311, 3277, 3290. — E. 346.

*BLOCUS (Vénérolles). B. 369, 382, 2438.

BLOIS (Loir-et-Cher). A. 1. — B. 3758. — F. 12.

*BOBIGNY, fief (Leuze). B. 237, 246, 304, 317, 2090, 2126, 2505, 2987. — E. 337, 369, 375, 490.

*BOCQUEAU. bois (Couvron-et-Aumencourt). B. 675, 3595.

* — fief (Étaves-et-Bocqueau). — B. 2255. — E. 77, 299, 330.

* — fief, près de Vervins. B. 3355. — E. 164.

*BOCQUETÉAUX, bois. B. 511, 652, 656, 1268, 3580, 3584, 3589. — E. 201.

*BOCQUILLART, bois. B. 656, 3355.

*BOCQUILLON, fief (Chevennes). B. 3072. = (Macquigny). B. 2413, 2209. — B. 1633.

BOËL (Ardennes). H. 985.

*BOHAIN. B. 261, 402, 405, 434, 498, 1374, 1964, 1968, 1983, 2155, 2169, 2275, 2280, 3444, 3558, 3560, 3846, 3952, 3982, 3991, 3995, 4056, 4060, 4062, 4065, 4070, 4073, 4074, 4079. — C. 531, 544, 568, 815, 851, 924, 1011. — H. 1109, 1624, 1684, 1738. (Voir Château, Châtellenie, Comté, Fabrique, Foires, Forêt, Mesure, Moulin.)

*BOHÉRIES (Vadencourt-et-Bohéries). B. 176. (Voir Abbaye, Moulin.)

*BOHÉRIETTE, ferme (Jouy). H. 660.

*Bois (les), ferme (Charly). E. 427.

*BOIS-ALLEU, bois. B. 684, 685, 1132, 3575. — H. 200.

*BOIS-CARBONNET, fief et moulin à eau (Aubenton). B. 2503, 2516, 2517. — E. 344, 363, 402.

*BOIS-DROUET, bois (Grisolles). H. 1573.

*BOIS DU CREUX, ferme (Beaumé). B. 2517, 2527.

*BOISENCOURT, lieudit (Saint-Nicolas-aux-Bois). H. 351, 371.

*BOIS-FONTAINE, maison. E. 415.

*BOIS-GERBAS, bois. B. 2971.

*BOIS-GRIFFART, fief (Presles-et-Thierny). G. 104.

* Bois-Guyot, bois (Thenelles). B. 293.
* Bois-Hapart, fief (Jussy). B. 1593.
* Bois-la-haut (Fontenelle). B. 3862.
* Bois-lès-Pargny. B. 75, 617, 659, 2804, 2990. — C. 166, 549, 571, 820, 893. — E. 298, 477, 555. — G. 90, 554. — H. 38 à 44, 68, 193, 452, 1388. (Voir Fabrique, Moulin, Seigneurie, Territoire.)
* Bois-l'Évêque, bois (Septmonts). B. 3710.
* Bois-Lottin, fief (Montescourt-Lizerolles). E. 655.
Bois-Louvetin, fief. B. 1361.
* Bois-Mitel, fief (Bellicourt). H. 1134.
* Bois-Monsieur, bois (Plomion). B. 2969.
* Bois-Roger, fief (Laniscourt). B. 1164. — E. 95, 511. — G. 1, 9. (Voir Mesure.)
* Bois Tiroux, fief (Lislet). G. 97.
* Boisvilliers, fief (Charly). B. 3052.
Bolmont (Ardennes). E. 43.
* Boncourt. B. 4126. — C. 23, 166, 549, 571, 893. — E. 529 à 539. — G. 1. (Voir Commanderie, Mesure, Moulin, Pont, Territoire).
* Bon-Dieu, fief (Fontaine). B. 3343.
* Bonneil. C. 538, 567. — E. 320. — H. 520, 1307. (Voir Communauté, Église, Fabrique.)
* Bonne-Maison, ferme (Pont-Saint-Mard). B. 3529.
* Bonne-Mue, fief. E. 93. — H. 455.
* Bonne-Rencontre, chapelle (Flavigny-le-Petit). B. 2406, 2408.
* Bonnes. B. 3718. — C. 23, 166, 190, 538, 567, 991, 993. — H. 729, 1053, 1308, 1574. (Voir Église.)
Bonneuil-en-Valois (Oise). B. 3770, 3774. — H. 1569. (Voir Plan.)
* Bonnot, ferme (Lesquielles-Saint-Germain). B. 287, 297, 2090, 2094, 2152, 2276, 2439, 3797. — H. 607, 894.
* Bons-Hommes, ferme (Seringes-et-Nesle). H. 1443. (Voir Prieuré.)
* Bonval (Saint-Christophe-à-Berry). B. 3368, 3410. — H. 488, 509.
* Bony. B. 3995, 4067, 4072. — C. 793. — H. 1113, 1116, 1118, 1120, 1122, 1124, 1126, 1135, 1136, 1158, 1167, 1171. (Voir Église, Prieuré.)
Bordeaux (Gironde). (Voir Dépôt de Mendicité, Parlement.)
* Bordet, moulin à eau (Anizy-le-Château). G. 33.
* Borny (bois). B. 3691, 3730, 3734.
* Bosmont. B. 612. — C. 87, 104, 190, 516, 820, 950, 968, 1080. — E. 311, 547, 560, 577, 594. — G. 160. — H. 192, 1349, 1779. (Voir Château, Fabrique, Prairie.)
Bossus (Ardennes). B. 2524. — E. 48, 337, 338, 343, 366, 368, 390, 394, 395.
* Bouche-a-Vesles, fief (Ciry-Salsogne). E. 128.
Boucly (Somme). G. 982.
* Bouconville. B. 3672. — C. 112, 327, 549, 571. — E. 406, 407, 411, 412, 447, 450 à 452, 454, 529. — G. 407. — H. 299, 673, 863, 982. (Voir Communauté, Cure, Fabrique, Seigneurie.)

* Boué. B. 306, 308, 353, 356, 362, 421, 497, 1920, 1929, 1934, 2004, 2013, 2051, 2077, 2084, 2091, 2113, 2125, 2129, 2137, 2155, 2159, 2172, 2177, 2179, 2215, 2218, 2229, 2238, 2253, 2255, 2451, 2453, 2455, 2485, 3847, 3887, 3896. — C. 160, 466, 544, 893. — E. 45, 166. — H. 607, 1403. (Voir Communauté, Cure, Fabrique.)
* Bouffignereux. C. 112, 166, 549, 571. (Voir Cure, Fabrique.)
* Bougeneule, bois. (Gouy.) H. 1116.
Bouillancy (Oise). C. 915.
* Boujon (Buironfosse). B. 2266, 2437, 2475, 3802.
* Boulleaux, ferme. (Sinceny.) H. 421, 422.
* Boulloie, triage forestier. B. 3729, 3734, 3739.
* Boullois (la), château. B. 3695.
Boulogne (Pas-de-Calais). B. 970.
Boulonnais, province. D. 8.
Bourbonne-les-Bains (Haute-Marne). C. 1033.
Bourbourg (Nord). B. 660, 3444. (Voir Église, Ville.)
Bouresches. C. 166. — H. 1309. (Voir Fabrique.)
* Bourfaux, ferme (Condé-sur-Aisne). E. 151.
* Bourg-Béni, moulin (Craonne.) C. 194.
* Bourg d'Aisne, lieudit (Soissons.) H. 1185.
Bourgdun (Seine-Inférieure). G. 805.
Bourg-en-Bresse (Ain). C. 705.
Bourges (Cher). F. 16 à 19.
* Bourfontaine (Pisseleux). H. 1374. (Voir Chartreuse.)
Bourgiés, fermes. (Seraucourt.) B. 3118. — G. 868.
* Bourg-St-André, lieudit (Soissons'. H. 1185.
* Bourguignon-sous-Coucy. B. 1412, 1491, 1496, 1557, 1696, 1785, 1789, 1798, 1799, 1801. — C. 560, 580. — E. 201. — G. 1283. (Voir Église, Fabrique, Seigneurie, Terrier.)
* Bourguignon-sous-Montbavin. B. 1341, 1449, 2618, 2630, 2636, 2642, 2654, 2668, 2674, 2676, 2680, 2712, 2760. — C. 549, 571, 893, 1015. — E. 475, 517, 519, 521. — G. 15, 37, 153, 601, 602. — H. 267, 293, 535, 879, 899, 1744, 1745, 1752.
Bourlers (Luxembourg). H. 399.
* Bourlier (Besmont). B. 2527.
Bourlon (Pas-de-Calais). [B. 3456.
Bourneville (Oise.) C. 425, 458, 481, 496, 502, 634.
* Bournonville, fief (Thiernu). B. 548, 594, 3442. — E. 39.
Boursault (Marne). H. 1035.
* Bourseaux, bois (Holnon, Marteville). H. 1111.
Boursonne (Oise). B. 3770. (Voir Communauté, Mesure.)
* Bousselle, fief (Charly). B. 3032.
* Bousseux, ferme (Chavignon). H. 1521.
* Bousson, lieudit, fontaine (Laon). B. 2885. — G. 50. — H. 27, 33.
* Bout-de-la-Chaussée, fief. E. 265.
* Bouteille (la). B. 3132, 3143 à 3145, 3151 à 3155, 3158, 3159. — C. 112, 544, 568, 893. — E. 523, 588. — H. 623, 627, 637. (Voir Cure, Fabrique, Mesure, Territoire.)
* Boutillerie, fief (Assis-sur-Serre). G. 87. — H. 1703.
* Boutillier, fief (Fargniers, Quessy). B. 660, 703, 1007, 1162.

* Brissy. B. 177. 189, 240, 296, 300, 301, 304, 434, 446, 500, 1036, 1126, 1437, 2193, 2769, 2791, 2826, 2858, 2902, 3456, 3996, 4064, 4069, 4073, 4078. — C. 33, 102, 549, 571, 966. — E. 657. — G. 252, 653, 824, 853, 888, 987. — H. 196, 379, 1378, 1384. (Voir Château, Communauté, Cure, Fabrique, Moulin, Prairie. Terrier, Territoire.)

Brivaudes, bois. H. 1427.

* Broches, bois (Bertaucourt-Épourdon). H. 1097.
* Brocourt, fief (Bernot). B. 317, 2113, 2201, 2208.
*   —   ferme (Omissy). H. 567, 583, 588.
* Brosse, ferme (Chevregny). E. 496.
* Brouage, faubourg et moulin (Chauny). B. 1613, 1654.

Brouchy (Somme). B. 1365, 1368, 1390, 1467. — G. 836. — H. 1100, 1420, 1425, 1427, 1428, 1625, 1628. (Voir Église, Fabrique.)

Broye, fief (Somme). B. 3436.

* Brule (Malzy). B. 242, 276, 493. (Voir Chapelle.)
* Brumetz. B. 3763. — H. 1434, 1436. (Voir Seigneurie.)
* Brunehamel. B. 1430, 2973, 3845. — C. 18, 107, 113, 167, 471, 472, 496, 515, 549, 571, 594. — E. 340, 356, 390, 415. — H. 81, 175. (Voir Cure, Mesure.)
* Brunehaut (Laon). C. 41.
* Brunin (Cerny-en-Laonnois). B. 2828. — E. 408. — H. 259, 280.
* Brusle, bois (Beaumont-en-Beine). B. 2983.
* Bruyère (la), bois. 535.
* Bruyères (Ville). B. 2677, 2995. — C. 20, 87, 92, 95, 97, 113, 167, 190, 192, 229, 505, 549, 571, 964, 1018. — E. 210, 211, 225, 295, 299, 479, 497, 498, 518. — G. 166, 557, 602, 644, 1016. — H. 45, 168, 197 à 199, 212, 675, 872, 1349, 1390, 1401, 1597, 1608, 1623, 1744 à 1746, 1748, 1752, 1766, 1768, 1779. (Voir Commune, Fabrique, Mesure, Municipalité, Terrier, Ville.)
*   —   (Canton de Fère-en-Tardenois). B. 379. — C. 580, 990. — H. 253, 1036. (Voir Fabrique.)
*   —   ferme (Quincy-sous-le-Mont). B. 3679. — H. 988, 1023, 1030.
* Bruys. B. 3683. — C. 580. — G. 1488, 1734. — H. 1035. (Voir Château, Fabrique, Moulin.)
* Bruilly. B. 51, 313, 456, 2285, 2507, 2519, 2520, 4110. — C. 73, 534, 549, 571, 894, 1018. — E. 338, 367, 380, 381, 384, 391, 397, 629. — H. 638, 650, 847, 848. (Voir Abbaye, Communauté, Cure, Fabrique, Moulin, Pont.)
* Bucquoy, ferme et fief (Audigny). B. 1116, 2117, 2118, 2240, 2254, 2300. — H. 895.
* Bucy-le-Bras, ferme (Arcy-Sainte-Restitue). H. 1036.
* Bucy-le-Long. C. 167, 428, 459, 502, 560, 580, 915. — E. 78, 414. — G. 253, 268 à 278, 676, 715, 759, 1525, 1709, 1712, 1716, 1729, 1844. — H. 455, 479, 492, 721, 761, 762, 825, 982, 1199, 1283, 1285, 1408, 1657, 1718. (Voir Communauté, Cure, Fabrique, Terrier, Territoire)
* Bucy-lès-Cerny. B 3975. — C. 114, 330, 549, 571. — E. 518, 522. — G. 167. — H. 200 à 203, 229, 380, 1390. (Voir Fabrique.)

* Bucy-lès-Pierrepont. B. 613, 768. — C. 549, 571. — E. 303, 460, 499, 536, 539, 574, 581, 586, 613. — G. 40, 168, 519, 558, 1022. — H. 204, 873, 879, 900, 901. (Voir Fabrique, Seigneurie.)
* Bugle, fief (Wassigny). B. 2246.
* Buin, ferme (Barizis). B. 662, 1630. — H. 777.
* Buire. B. 2285, 2591. — C. 549, 571. — G. 399. — H. 847, 848.
* Buirefontaine (Aubenton). B. 276, 2495, 2508. — E. 354. (Voir Terrier.)
* Buiron, ferme (Selens). B. 1380. — H. 833, 835.
* Buironfosse. B. 18, 284, 291, 296, 307, 312, 313, 469, 1921, 1961, 2043, 2129, 2143, 2316, 2339, 2342, 2343, 2368, 2394, 2395, 2425, 2427, 2441, 2449, 2464, 2469, 2475, 3359, 3793, 3797, 3799, 3800, 3802, 3806, 3808, 3845, 3846, 3952, 3963. — C. 104, 167, 477, 516, 523, 544, 568, 1047. — G. 644. — H. 856. (Voir Communauté, Cure, Église, Fort, Moulin.)
* Buisson, ferme (Brécy). E. 110.
*   —   bois (Épieds). E. 308.
* Buisson-la-Bergue, bois. B. 1477.
* Buisson-Lugny, ferme. B. 3700.
* Bulles (Oise). C. 95.
* Bullon, bois (Holnon). B. 3643.
* Burcourt, fief (Contescourt). G. 860.
* Burelles. B. 3322, 3338, 3422, 3424, 3427, 3433, 3871. — C. 549, 571, 894. — E. 163 à 165. — H. 1391. (Voir Cure, Fabrique, Moulin, Terrier.)
* Burguet, fief. B. 1448. (Voir Château.)
* Bury (Tugny-èt-Pont). G. 793.

Busigny (Nord). B. 361, 2465, 3846.

* *Bus petrarum*, bois (Bois-Pétraux. Bellicourt.) H. 1116.
* Bussiares. B. 3584, 3686, 3705. — C. 538. — G. 253. — H. 528, 1369.
* Bussière (la) (Flavigny-le-Grand-et-Beaurain.) B. 331, 366, 1976, 1977, 2038, 2060, 2086, 2084, 2089, 2175, 2205, 2297, 2312, 2363, 3888. — E. 60. — H. 340.

Bussières (Seine-et-Marne). C. 477. — G. 253.

* But, ferme (Andelain). B. 868, 871, 895, 967, 1003, 1006, 1047, 1132, 1165, 1282. — H. 171.
*   —   ferme (Crépy). C. 550.

Buterie (la), fief (Nord). B. 165.

Butteaux (les), ferme. B. 3700.

* Buzancy C. 455, 482, 483, 487, 495, 580. — G. 1700. — H. 1408, 1518, 1718. (Voir Cure, Fabrique, Municipalité.)

C

* Cabaret, bois (Gouy). B. 3623. — H. 1119, 1131, 1152, 1167, 1175.

Caen (Calvados). (Voir Généralité, Notaires.)

* Cagny, moulin (Saint-Cristophe-à-Berry). B. 3377.
* Cailleuse (Rougeries, Saint-Pierre). B. 3237, 3299, 3301, 3313, 3422, 3424, 3871 à 3873. — E. 164.
* Caillouel-et-Crépigny. B. 1365, 1396, 1456, 1490, 1512,

*Cense-Hôtel, ferme (Sermoise). H. 1578.
*Cense-Launois, ferme (Hirson, Neuvemaison). H. 851.
*Cense-Monaque. (Voir Rabouzy.)
Cense-Neuve, ferme (Ardennes). H. 717.
*Cense-Paris, ferme (Dizy-le-Gros). H. 868.
Cense-Romain, ferme (Marne). H. 1563.
*Ceply (Crécy-sur-Serre). B. 3089, 3095. — H. 68.
*Cepy, ferme (Saint-Quentin). G. 791, 827, 832, 841. — H. 1651.
*Cerfroid (Brumetz). B. 1899. (Voir Pont, Trinitaires.)
*Cerizy. B. 3992, 4066, 4073. — C. 186, 558, 579, 597, 977. — G. 795, 833, 857, 1686. — H. 1585, 1589. (Voir Fabrique Pauvres, Seigneurie.)
*Cerlud, ferme et fief (Chevresis-Monceau). B. 209. — E. 311, 313, 493.
*Cerny-en-Laonnois. C. 102, 114, 167, 550, 572, 894. — E. 33, 225, 303, 530. — G. 1, 7, 169. — H. 58, 68, 105, 106, 280, 676, 878, 1392, 1766, 1768. (Voir Commune, Cure, État-civil, Fabrique, Seigneurie, Territoire.)
*Cerny-lès-Bucy. B. 2891. — C. 114, 550, 572. — E. 491, 502. — G. 170. — H. 380. (Voir Fabrique.)
*Cerseuil. C. 561, 581, 915. — G. 1261, 1264, 1723. — H. 477, 988, 990, 1011 à 1013, 1561. (Voir Communauté, Fabrique, Moulin, Plan, Seigneurie, Terrier.)
Certaux, ferme (Ostel). G. 2, 41. — H. 214, 966, 968, 1028.
*Certeau (Autremencourt). B. 1220, 1236, 3322, 3424, 3442, 3873. — E. 163, 164. — H. 180, 217, 275. (Voir Territoire.)
*Cessereux, fief (Aisonville-et-Bernoville). B. 316, 2209.
*Cessières. B. 660, 663, 672, 1432, 3440, 3442, 3446, 3566, 3587, 3597, 3598, 3634, 3657, 3665. — C. 23, 114, 167, 519, 550, 572. — E. 255, 458, 476, 480. — G. 520, 1470. — H. 47 à 49, 101, 115, 205, 238, 240, 275, 766, 1704. (Voir Cure, Fabrique, Seigneurie, Terrier, Territoire.)
Chaalis (Oise). B. 3437.
*Chacrise. B. 3711. — C. 561, 581. — G. 275, 677, 1379, 1712. — H. 692, 1201, 1508, 1519. (Voir Cure, Fabrique, Moulin.)
*Chaillevois. B. 296, 2757, 2758, 2760, 2762, 2807, 2809, 2813, 2836, 2849, 2861. — C. 114, 550, 572, 894. — E. 478, 643. — G. 133, 171, 252, 560, 602. — H. 179, 206, 535, 767. (Voir Fabrique.)
*Chailvet. C. 428, 596. — E. 193. — G. 2, 81, 104, 133, 559, 585. — H. 298, 873. (Voir Moulin.)
*Chainchy, ferme (Villeneuve-sur-Fère). H. 1583.
*Chainée, ferme (Martigny-en-Laonnois). B. 2784, 2838.
*Chalandry. B. 1236, 2842, 2856, 2864, 2879, 2880, 3442, 3447, 3665. — C. 97, 115, 168, 550, 572, 626. — G. 172, 561, 1022. — H. 50 à 53, 1404, 1705, 1745, 1752. (Voir Communauté, Cure, Église, Fabrique, Mesure, Moulin, Seigneurie, Territoire.)
Chalons-sur-Marne (Marne). B. 744, 1223, 1570, 2034, 3487. — C. 505, 770, 771. — F. 9. — H. 1045, 1049, 1693, 1694. (Voir Dépôt de Mendicité, Généralité, Mesure.)

*Chamblon (Montlevon). C. 539.
Chambrecy (Marne), fief. E. 282.
*Chambry. B. 627, 3004, 3655. — C. 104, 105, 168, 550, 572, 588, 988. — G. 173, 562, 604, 1022, 1463, 1469, 1847. — H. 56, 207, 871, 880, 893, 1605, 1744 à 1746, 1753. (Voir Seigneurie, Territoire.)
*Chamery (Coulonges). B. 3691. — C. 581.
Chamontaigne, ferme (Ardennes). H. 1768.
*Chamouille. C. 106, 115, 550, 572. — E. 630. — G. 602, 1470. — H. 208, 209, 280, 676, 872, 878, 879, 1392, 1766. (Voir Communauté, Cure, Fabrique, Mesure, Moulin.)
Champagne (Province). A. 3. — B. 1058, 1362, 3571. — C. 492, 983, 1037, 1063. (Voir Routes.)
*Champcourt, ferme (Châtillon-lès Sons). B. 3637, 3672. — C. 550. — H. 210, 982.
*Champ-l'Abbé, terre. H. 1043.
*Champleu (Laon). G. 527, 540. — H. 879, 1602 à 1604.
Champlin (Ardennes). E. 395.
*Champ-Muteau, fief. B. 2504.
*Champruche (Crouttes). G. 1804.
*Champs. B. 837, 1367, 1514, 1799, 3470, 3516. — C. 22, 103, 115, 168, 550, 572, 976. — E. 78, 201 à 203, 207, 325. — H. 328, 333, 719, 768, 1657, 1665. (Voir Communauté, Cure, Fabrique, Terrier.)
*Champvercy (Bézu-le-Guéry). C. 517. — E. 289.
*Champy, ferme (Pargny). G. 1144.
Changy (Seine-et-Marne). H. 1508.
*Chanois, ferme (Mont-Saint-Père). H. 1073.
*Chantemerle, ferme (Épaux-Bézu). E. 316. — G. 253.
Chantilly (Oise). B. 3437.
*Chantroud, moulin à eau (Clairefontaine). B. 244.
*Chantrud, ferme (Grandlup-et-Fay). C. 498, 691. (Voir Prieuré.)
*Chaourse. B. 3978. — C. 115, 334, 498, 550, 572, 894, 968, 1057. — E. 400, 514. — G. 544, 656, 1017. — H. 1351. (Voir Cure, Fabrique, Territoire.)
*Chapelain, bois. E. 93.
*Chapelle (la), ferme (Mont-Saint-Père). H. 1073.
*   —   (la), fief (Vic-sur-Aisne). B 3380.
       —   (la), ferme (Ardennes). E. 392.
Chapelle-aux-Auvergnats (la). H. 1554.
*Chapelle-en-l'Île de Saint-Côme et Saint-Damien, ferme (Saint-Paul-aux-Bois). H. 1441.
*Chapelle-Monthodon (la). C. 168, 539, 567.
*Chapelle-sur-Chèzy (la). B. 3686. — C. 168, 539. — H. 523.
Chapelle-sur-Dun (Seine-Inférieure). G. 805.
*Charbonnière (la), bois (Presles-et-Boves). B. 3702.
*Charcy, ferme (la Ferté-Milon). B. 3791. — G. 253. — H. 1082.
*Charentigny (Villemontoire). C. 561, 581. — G. 253, 774, 776. — H. 710. (Voir Communauté.)
Charleroy (Belgique). B. 2572. (Voir Camp.)
*Charles-Fontaine (Saint-Gobain). B. 1066, 1109, 1150, 1209, 1262, 1273, 1289, 1307, 1312, 1650, 3544. — E. 612. (Voir Chapelle, Verrerie.)

CHARLEVILLE (Ardennes). B. 2007, 2162. — C. 17, 1014, 1028. (Voir Couvent.)

*CHARLY. B. 3005 à 3069, 3714, 3787. — C. 168, 333, 581, 926. — E. 320, 416 à 438. — G. 1696. — H. 1202, 1203, 1508, 1520, 1677. (Voir Bac, Bailliage, Château, Cimetière, Communauté, Église, Fabrique, Halle, Hôtel-Dieu, Marché, Mesure, Pauvres, Terrier.)

*CHARME (le) (Grisolles). C. 581. (Voir Moulin, Plan, Prieuré.)

* — Moulin à eau (Nanteuil-Notre-Dame). H. 1577.

*CHARMEL (le). C. 168, 520, 539.

•CHARMES. B. 674, 695, 705, 723, 759, 783, 806, 814, 955, 1015, 1019, 1023, 1112, 1116 à 1118, 1129, 1130, 1134, 1135, 1140, 1169, 1236, 1254, 1292, 1430, 1443, 3442, 3551, 3615, 3636, 3637. — C. 168, 404, 449, 516, 550, 909. — G. 616, 621 à 623, 632, 636. — H. 381, 382, 1493. (Voir Communauté, Cure, Fabrique, Territoire.)

CHARTEAU, pont. C. 489.

*CHARTÈVES. B. 3694, 3719. — C. 209, 539. — H. 1050, 1066. (Voir Communauté, Cure.)

*CHARTREUVE (Chery-Chartreuve). B. 3683. (Voir Abbaye.)

*CHASNOY, bois (Bazoches). G. 253.

*CHASSEMY. C. 106, 169, 561, 581, 604, 968. — E. 139, 151, 620. — G. 253, 276, 1087, 1261, 1331, 1753. — H. 455, 729, 988, 1014, 1383, 1557, 1559, 1561, 1776. (Voir Fabrique.)

*CHASSINS, fief (Lesges). E. 129.

CHATEAU-FORT (Seine-et-Oise). (Voir Châtellenie.)

*CHATEAU-FRILEUX (Brasles). H. 1043.

*CHATEAU-GAILLARD, bois. H. 1093.

CHATEAU-GONTIER (Mayenne). (Voir Châtellenie.)

CHATEAU-NEUF SUR LOIRE (Loire). (Voir Châtellenie.)

CHATEAU-PORCIEN (Ardennes). B. 4110. — G. 107. (Voir Mesure.)

CHATEAU-RENAUD (Ardennes). B. 1913.

CHATEAU-THIERRY. B. 3056, 3064. — C. 6, 88, 169, 236 à 240, 314, 328, 336, 355, 358, 400, 419, 420, 454 à 457, 477 à 481, 483, 487, 488, 493, 495, 502, 505, 527, 534, 598, 587, 597, 603, 615, 631, 655, 666, 667, 679, 681, 923, 928, 944, 951, 993, 1007, 1051, 1062, 1063. — E. 261, 320, 549, 620. — G. 253, 1800. — H. 1051 à 1060, 1204, 1296, 1310 à 1313, 1319, 1320, 1415, 1437, 1575, 1658, 1659, 1726, 1780. (Voir Arquebusiers, Assemblée d'élection, Bac, Bailliage, Boulangers, Congrégation, Cure, Département, Duché, Élection, Fabrique, Foires, Fusiliers, Hôpital, Hôtel-Dieu, Maîtrise des eaux et forêts, Marché, Mesure, Minimes, Municipalité, Pont, Prieuré, Ville.)

*CHATELET, château et parc (La Fère). B. 1020, 1217, 3445, 3449, 3606.

*CHATILLON, moulin à eau (Fontenoy). B. 3378, 3382, 3384, 3396, 3398, 3404, 3714.

*CHATILLON-LÈS-SONS. B. 19, 264, 576, 1236, 1243, 2897, 3442, 3455, 3637. — C. 550, 572, 894, 966, 968, 969, 1019. — E. 108, 548. — H. 210, 982.

CHATILLON-SUR-MARNE. G. 253, 1399.

*CHATILLON-SUR-OISE. B. 148, 283, 305, 3991, 4064, 4065. — C. 116, 550, 572. — G. 653. — H. 1504, 1685. (Voir Communauté, Cure, Fabrique, Municipalité.)

*CHAUDARDES. C. 572, 1036. — E. 403, 404. — G. 253, 277. — H. 57, 679, 1466, 1766. (Voir Cure, Fabrique, Municipalité.)

*CHAUDUN. C. 561, 581. — G. 253, 673. — H. 692, 695, 1205 à 1210, 1369, 1508, 1789. (Voir Fabrique.)

*CHAUFFOURS, ferme (Saint-Michel). H. 338.

*CHAUMONT, ferme (Monthenault). C. 554, 575. — H. 88, 873, 940.

CHAUMONTAGNE, ferme (Ardennes). H. 1768.

CHAUMONT-EN-BASSIGNY (Haute-Marne). F. 9. (Voir Abbaye.)

CHAUMONT-PORCIEN (Ardennes). C. 18.

*CHAUNY. B. 88, 703, 734, 761, 767, 826, 954, 963, 972, 1096, 1105, 1109, 1160, 1260, 1290, 1330 à 1339, 1347 à 1353, 1359, 1362, 1368, 1378, 1375, 1378 à 1382, 1389, 1390, 1395, 1398, 1404, 1417, 1421, 1424, 1426 à 1428, 1430 à 1433, 1440 à 1442, 1444 à 1448, 1451 à 1453, 1463, 1465, 1468, 1472, 1475, 1481, 1487, 1488, 1492, 1497, 1499, 1501, 1503 à 1506, 1512, 1514 à 1517, 1523 à 1525, 1528 à 1532, 1534, 1536 à 1540, 1546, 1548, 1549, 1551 à 1557, 1563, 1564, 1566, 1569 à 1572, 1574, 1576 à 1578, 1581, 1582, 1584 à 1616, 1618 à 1624, 1626 à 1629, 1632 à 1634, 1640 à 1642, 1644 à 1647, 1653, 1654, 1656, 1657, 1661 à 1663, 1665, 1669, 1671, 1672, 1674 à 1678, 1680 à 1689, 1691, 1692, 1695, 1696, 1698 à 1702, 1704, 1708, 1710, 1713, 1719, 1721, 1722, 1726, 1730, 1732, 1739, 1742, 1743, 1746, 1749, 1750, 1754, 1755, 1763, 1768, 1772, 1783, 1785 à 1792, 1799, 1802, 1808, 1819, 1826, 1830, 1843 à 1845, 1854, 1863, 1867, 3437, 3486, 3509, 3565. — C. 9, 13, 97, 163, 170, 334, 337, 341, 345, 352, 363, 375, 379, 401, 420, 426, 433, 434, 453, 476, 477, 483, 485 à 488, 521, 528, 530, 558, 579, 597, 607, 639, 655, 803, 804, 806, 809, 928, 977. — E. 113, 124. — F. 1, 12. — G. 369, 490, 1811, 1813, 1814. — H. 383, 769, 770, 1099, 1330 à 1334, 1344, 1737. (Voir Abbaye, Bailliage, Blanchisserie, Buerie, Canal, Caserne, Châtellenie, Coufrérie, Cordelières, Cure, Domaine, Écoles, Églises, Fabrique, Fête des épingles, Garnison, Gruerie, Hôpital, Hospices, Hôtel-Dieu, Maison de refuge, Maîtresse d'école, Maîtrise des eaux et forêts, Maladrerie, Manège, Marché, Merciers, Mesure, Minimes, Moulins, Orphelinat, Pauvres, Place, Prêtres-habitués, Routes, Seigneurie, Sœurs d'école, Territoire, Tisserands, Trompettes-Jongleurs, Ville.)

*CHAUSSÉE (la) (Étréaupont, Fontaine). C. 464.

*CHAUSSÉE-BRUNEHAUT, ancienne voie. C. 531.

*CHAUSSIETTE. B. 663, 680.

*CHAUVENOS, bois. H. 1076.

*CHAVAILLES (Martigny-en-Laonnois). G. 252. — H. 1857.

*CHAVIGNON. B. 1902, 1903, 3696. — C. 431, 441, 443, 444, 479, 481 à 483, 487, 500, 502, 561, 581, 990. — D. 15. — G. 2, 70, 174, 278, 489, 563, 1640, 1753. — H. 771, 872, 1377,

1521, 1660. (Voir Communauté, Cure, Fabrique, Hôpital, Mesure, Seigneurie.)

* Chavigny. C. 561, 581, 969. — E. 300. — G. 716, 760, 1709, 1723, 1734. — H. 753, 1267, 1508, 1522. (Voir Fabrique, Moulin.)

* — ferme (Montgobert). B. 3789. — H. 692. 1283, 1287, 1508.

* Chavonne. C. 561, 595. — E. 616, 617, 620 à 624, 627. — G. 175, 604, 1753. — H. 616, 617, 620 à 624, 627. — H. 286, 384, 723, 772, 1211, 1380, 1383. (Voir Communauté, Fabrique.)

* Chazelle (Berzy-le-Sec). C. 582, 603. (Voir Fabrique.)

Chelinvilliers (Côte-d'Or). H. 588.

Chelles (Oise). G. 253, 279, 1552. — H. 1374.

* Cheminbault. (Voir Trinité.)

* Chenizelles, lieudit (Laon). G. 528, 535, 536.

* Cheresquel. G. 2, 39.

* Chérêt. B. 2751, 2806, 3655. — C. 102, 192, 480, 501, 550. — E. 211, 295. — G. 2, 39, 564, 602, 604. — H. 211, 212.

Chermizy. C. 116, 550, 572. — E. 31, 407, 410, 411, 573. — G. 15, 604. — H. 213, 627, 639, 677, 1351, 1393. (Voir Chapelle, Communauté, Cure, Terrier.)

Chervie (Belgique). H. 871.

* Chery, bois. B. 3702.

* Chéry-Chartreuve. B. 3679. — C. 154, 561, 581. — H. 525, 1015, 1034. (Voir Fabrique.)

* Chery-lès-Pouilly. B. 1236, 1243, 2630, 3442, 3977. — C. 105, 116, 168, 550, 572. — E. 168, 255, 303. — G. 13, 176, 565. — H. 35, 51, 452, 1398, 1706, 1744. (Voir Fabrique.)

* Chery-lès-Rozoy. C. 116, 169, 209, 550. — E. 42. — G. 656. — H. 175. (Voir Cure, Fabrique, Moulin.)

* Chesne, bois (Plomion). B. 627.

* — fief. B. 3226.

* Chesneau. B. 3684.

Chetervé (Ardennes). H. 902.

* Chevennes, B. 591. 3070 à 3072, 3978. — C. 169, 265, 550, 825. — E. 521, 548. (Voir Communauté, Église, État-Civil, Fabrique, Seigneurie.)

* Chevregny. B. 2614, 2615, 2629, 2634, 2635, 2642, 2644, 2646, 2649, 2654, 2659, 2664, 2667, 2668, 2672, 2674, 2681, 2702 à 2707, 3085, 3662, 3664. — C. 117, 169, 521, 523, 533, 550, 572, 603. — E. 124, 125, 225, 318, 409, 440 à 442, 475, 525. — G. 2, 12, 18, 21, 27, 41, 91, 110, 153, 177, 566. 1017. — H. 119, 214, 215, 261, 262, 286, 879, 904, 988, 1744, 1745, 1752, 1776. (Voir Cimetière, Communauté, École, Église, Fabrique, Halle, Marché, Vicomté.)

* Chevresis-le-Meldeux (Chevresis-Monceau). B. 245, 304, 308, 313, 327, 554, 2128, 2746, 3978. — C. 35, 303. — G. 1594. — H. 179, 1609. (Voir Communauté, Cure, Fabrique, Marais, Seigneurie, Terrier.)

* Chevresis-les-Dames (Ferté-Chevresis). B. 92, 157, 262, 270, 313, 314, 469, 2127. — C. 185, 572, 976. — E. 310, 311, 604. — H. 445. (Voir Cure.)

* Chevreux (Soissons). G. 253. — H. 1508, 1509.

* Chevrotine, ferme (Reuilly-Sauvigny). H. 1379.

* Chézy-en-Orxois. B. 3074, 3769, 3774. — C. 520, 543. — H. 620, 621, 1433, 1437. (Voir Église, Fabrique, Seigneurie, Vicariat.)

* Chézy-sur-Marne. B. 3686. — C. 169, 503, 536, 539, 923, 993. — E. 305. — G. 1050. — H. 477, 490, 521, 1321, 1677. (Voir Abbaye, Moulin, Pont.)

* Chierry. C. 169, 493, 539. — G. 253. — H. 1319, 1321, 1415. (Voir Cure, Fabrique.)

* Chigny. B. 33, 50, 60, 130, 255, 257, 261, 264, 271, 278, 330, 341, 474, 497, 1934, 1972, 2071, 2129, 2149, 2172, 2180, 2190, 2244, 2274, 2276, 2279, 2281, 2283, 2287, 2298, 2315, 2320, 2332, 2335, 2341, 2345, 2352, 2369, 2401, 2424, 2426, 2444, 2469, 2481, 3797, 3800. — C. 169, 544, 568, 966. — E. 467, 494. — G. 644, 649, 1429. (Voir Communauté, Cure, Église, Fabrique, Fort, Municipalité, Seigneurie, Terrier, Territoire.)

* Chimy, ferme (Celles-sur-Aisne). B. 3712. — H. 455.

* Chivres (canton de Sissonne). B. 3978. — C. 117, 550, 572. — H. 1393. (Voir Fabrique)

* — (canton de Vailly). C. 167, 561, 581, 950. — E. 622, 623. — G. 280, 1277, 1331, 1525. — H. 491, 1408. (Voir Communauté, Cure, Fabrique, Maladrerie, Prévôté, Terrier.)

* Chivy-Beaulne. C. 170, 191, 572. — G. 7, 15. (Voir Cure, Territoire.)

* Chivy-lès-Étouvelles. B. 2618, 2622, 2628, 2629, 2635, 2636, 2649, 2663, 2674, 2676 à 2678, 2680, 2712, 2716, 2849, 3662. — C. 118, 333, 440, 443, 481, 501, 550, 571, 894. — E. 82, 225, 239, 478, 504. — G. 15, 42, 567. — H. 216, 872, 875. (Voir Fabrique, Moulin.)

* Choigny (Brissay-Choigny). B. 45, 274, 288, 293, 382, 498, 768, 792, 821, 1035, 1120, 1135, 1143, 1289, 1320, 3075, 3076, 3278, 3992, 4057, 4066, 4068, 4121, 4122. — C. 33, 92, 170. — G. 143. — H. 375 à 378, 396, 405, 1387. (Voir Communauté, Cure, Moulin, Territoire, Village.)

Choisy (Oise). H. 447.

* Cholet, fief (Brissay-Choigny). B. 3298. — E. 265. — H. 378.

* Chomont, bois. B. 3697.

* Chouy. B. 1883, 3788. — C. 118, 581. — G. 253, 281, 1131. — H. 1212, 1268, 1369, 1443, 1508, 1523, 1719. (Voir Communauté, Fabrique, Terrier.)

* Cierges. B. 3688. — C. 104, 170, 539, 914. — E. 284. — G. 253. — H. 477.

* Cilly. B. 507, 554, 595, 631, 3428. — C. 190, 550, 572, 894. — E. 79, 554. — G. 2. — H. 217, 871. (Voir Communauté, Fabrique, Seigneurie.)

* Ciry-Salsogne. C. 581, 595, 603, 1023. — E. 128, 228. — G. 253, 282, 678, 1716, 1734, 1758. — H. 494, 528, 990, 1016, 1213, 1561, 1660, 1688, 1776. (Voir Fabrique.)

Citry (Seine-et-Marne). H. 1677.

* Clacy-et-Thierret. B. 2748, 3662. — C. 170, 190, 550, 572, 894. — E. 484, 489. — G. 1, 2, 18, 140, 180, 487, 568,

C. 171, 558, 579, 977. — E. 17, 95, 635. — G. 1029, 1039,
1305. — H. 328, 1106, 1339, 1376. (Voir Communauté,
Cure, Fabrique, Mairie, Moulin, Pont, Seigneurie,
Village.)

* CONFAVREUX, ferme (Armentières). H. 455.
* CONFLANS, fief. E. 254.
CONFLANS-SAINTE-HONORINE (Seine-et-Oise). B. 1077.
* CONFRÉCOURT, ferme (Berny-Rivière). B. 3377, 3714.
* CONNIGIS. C. 171, 421, 539, 966, 968, 1030. — E. 85 à 88.
* CONTESCOURT. B. 3081, 3082, 3992, 3995, 4063, 4066, 4067.
— C. 103, 171, 558, 579. — G. 793, 794, 822, 823, 826,
831, 832, 836, 838, 854, 860, 878, 988. — H. 534. (Voir
Communauté, Cure, Fabrique, Seigneurie.)
CONTY. (Voir Châtellenie.)
* CONVERSERIE (la), ferme (la Bouteille). E. 177. — H. 631.
* COQUEMBILE, ferme (Gercy). B. 3185.
' COQUEREAUX, ferme (Coupru). B. 3016. — E. 422, 438.
' COQUEREL, bois. H. 1093. = Fief. B. 1361, 1389.
' COQUERET, ferme et bois (Saint-Aubin). B. 3474.
* CORBEAUX (les), bois. B. 3542.
* CORBENY. B. 2535, 2745, 3655. — C. 120, 154, 171, 398, 550,
572, 588, 606, 941. → E. 443, 444, 447, 449, 454, 456, 515.
— G. 6. — H. 677. (Voir Communauté, Cure, Étang,
Garnison, Hôpital, Moulin, Prieuré.)
CORBIE. (Voir Abbaye.)
* CORBION (Sorbais). B. 3126. — H. 858.
* CORCY. B. 3742, 3770, 3779. — C. 543. — G. 373. — H. 697,
1370, 1508, 1524. (Voir Communauté, Cure, Fabrique,
Municipalité.)
* CORDELLE, fief (Chevennes). B. 3072.
' CORILLON, ferme (Pancy). H. 944.
CORMICY (Marne). E. 451, 520. H. 185.
* CORNE (la), bois (Bohain). — H. 1109.
* CORNEAU (Iviers). B. 2943, 2952, 2953, 2958, 2963. — C.
897. — E. 415.
* CORNE-DE-CERF (la), ferme (la Ferté-Milon). H. 1372.
* CORNEIL, bois et fief (Presles-et-Thierny). B. 2672, 2686.—
E. 294, 493, 641. — G. 104, 110. — H. 185, 293, 294.
* CORNIEUX, ruisseau. C. 627.
* CORRERIE (la), ferme (Braye-en-Thiérache). H. 1350.
* COUCY-LA-VILLE. B. 1518, 3522, 3520. — C. 121, 171, 550,
976. — H. 328, 775 à 778. (Voir Cure, Fabrique, Moulin.)
* COUCY-LE-CHATEAU. B. 315, 674, 685, 966, 983, 1043, 1219,
1407, 1510, 1736, 3307, 3442, 3459, 3484, 3486, 3495, 3515, 3522.
— C. 9, 13, 190, 358, 398, 400, 521, 550, 572, 622, 623, 631,
976, 1022, 1030. — E. 78, 446. — F. 1. — G. 404, 405,
419. — H. 624. (Voir Bailliage, Baronnie, Château, Châ-
tellenie, Domaine, Fabrique, Forêt, Grenier à sel,
Hôtel-Dieu, Maîtrise, Marché, Marquisat, Mesure,
Place, Prévôté, Prieuré, Seigneurie, Ville.)
* COUCY-LÈS-EPPES. C. 121, 171, 516, 550, 572. — E. 162, 565.
— G. 1. — H. 259, 780, 862. (Voir Communauté, Fabrique,
Moulin.)
COUDUN (Oise). H. 1508.

COULOISY (Oise). C. 94. — H. 1508. (Voir Fabrique.)
COULOMBS (Seine-et-Marne). B. 3769. — H. 455.
COULOMBYE, fief. B. 2894.
* COULOMNIERS, bois (Barizis). B. 3463, 3531.
* COULONGES. C. 171, 561, 581, 966. — H. 1017. (Voir Com-
munauté, Cure, Fabrique, Seigneurie (Rognac).
* COUPARVILLE (Soissons). H. 455.
* COUPET, ferme (Mesbrecourt-Richecourt). C. 554, 575. —
H. 243, 1758.
* COUPETTES, moulin à eau (Verdilly). H. 1074.
* COUPEVOIE, moulin à eau (Aubenton). B. 2495. — E. 380.
* CÓUPRU. B. 3040, 3044, 3050, 3051, 3056, 3691. — C. 171,
561, 581. — E. 427, 437, 438. (Voir Château, Commu-
nauté, Fabrique, Seigneurie, Terrier, Territoire.)
* COURBES. B. 712, 788, 860, 3083. — C. 550, 572. — G. 404.
— H. 221 à 226. (Voir Église, État-civil, Fabrique.)
' COURBESSAUT (Champs). E. 201, 202, 207.
* COURBOIN. C. 171, 539. — E. 284. — H. 1216, 1234, 1379.
* COURCELLE, ferme (Fonsomme). B. 3630, 3644. — H. 588,
595, 1624, 1631.
* — bois (Gouy ?). H. 1116.
* — ferme (Lesquielles-Saint-Germain). B. 306,
2156, 2218, 2270, 2425, 2448. — H. 607.
* COURCELLES. B. 3701. — C. 445, 481, 483, 491, 561, 581. —
E. 627. — G. 253, 286, 1038, 1183, 1588,
1803, 1835. — H. 455, 528, 1018, 1557, 1720.
(Voir Communauté, Cure, Église, Fa-
brique, Seigneurie.)
* — fief (Chevregny). G. 91.
* COURCHAMPS. B. 3064, 3686. — C. 171, 539, 976, 994. —
E. 124. — H. 1575.
* COURCHON, fief (Monceau-les-Leups). B. 660.
* COURDEAU (Laon). E. 474.
* COURDEMANCHE, fief (Flavy-le-Martel). B. 1361.
* COUR-DE-SOUPIR (la), ferme (Soupir). B. 703. — E. 150.
COUR-DES-PRÉS (la) (Ardennes). E. 48.
* COURDOUX (Rozoy-le-Grand-et-Courdoux). B. 3713. — C.
561. — G. 1155. — H. 1244, 1245.
* COUR-DUVAL (la), ferme (Trosly-Loire). H. 836.
* COURJUMELLES, fermes (Origny-Ste-Benoîte). B. 177, 211,
218. — C. 550. — E. 601, 605. — H. 1454, 1459.
* COUR-LE-MOINE, ferme (Travecy). H. 426.
* COURMELLES. C. 426, 481, 502, 561, 581. — G. 287, 777,
1547, 1709, 1717, 1723, 1836. — H. 692, 1217, 1282, 1284,
1408, 1508, 1526, 1660, 1790. (Voir Cure, Fabrique.)
* COURMONT. C. 171, 330, 539.
* COURONNE (la), fief (Escaufourt). B. 342.
* COURPIERRE (Martigny-en-Laonnois). B. 2840. — G. 252.
— H. 258, 299.
* COURSON ou Pont-à-Courson (Landricourt). C. 449. — G.
1069.
* COURTALIN, fief. H. 522.
* COURTANSON, moulin. G. 261.
* COURT-AU-BOIS (Celles-sur-Aisne). H. 465.

* COURTEAU (Château-Thierry). H. 1316, 1319, 1320.
* — ferme (Coulonges). G. 253. — H. 1017.
* COURTECON. B. 2763, 3084, 3087. — C. 121, 550, 572, 945.— E. 323. — G. 2. — H. 59 à 61, 1764. (Voir Cure, Fabrique.)
* COURTEMANCHE, fief (Travecy). B. 660, 690.
* COURTÉMONT-VARENNES. C. 172, 539. — E. 126. — G. 253. (Voir Seigneurie.)
* COURTE-SOUPE (la) (Beaumé). E. 349.
* COURTHUIS, fief (Vorges). B. 2683, 2763. — G. 109, 110.
* COURTRÈ ou Courtier, fief (Bernot). B. 2113, 2231.
* COURTIEUX, fief (Montigny-l'Allier). E. 98.
* — (Oise). C. 172. — H. 698, 1508.
* COURTIL (Osly-Courtil). G. 253. — H. 477.
* COURTINE-DES-PRÉS, bois. H. 1508.
* COURTRIZY-ET-FUSSIGNY. B. 1902. — C. 121, 172, 896. — E. 407. — H. 259, 260, 305.
* COURVAL (Landricourt, Quincy-Basse). C. 449, 553.
* COURVILLE (Marne). H. 1661.
* COUTENVAL (Jeantes). B. 2954, 2958.
* COUTERMIN (Parcy-Tigny). G. 325, 326. — H. 1036.
* COUTRERIE (la), fief. B. 2919. — G. 785.
* COUTURE (la), ferme (Coincy). H. 528.
* COUVAILLE, moulin à eau (Celles-sur-Aisne). B. 3712. — H. 455, 465.
* COUVENT, ferme (Chézy-en-Orxois). H. 621.
* COUVERCY, ferme (Ardennes). H. 963.
* COUVRELLES. C. 502, 561, 581, 603. — E. 127. — G. 288, 343, 496, 682, 719, 757. — H. 466, 477, 1019, 1218, 1562. (Voir Communauté, Fabrique, Moulin, Seigneurie, Vicomté.)
* COUVRON. B. 635, 675, 955, 969, 1034, 1301, 3442, 3446. — C. 106, 121, 483, 550, 572, 626, 894, 1053. — E. 495, 510. — G. 44. — H. 62, 227, 875, 908, 909. (Voir Communauté, Fabrique, Seigneurie.)
* — ferme (Macquigny). B. 316, 405, 2035, 2063, 3806, 3826, 3841.
* COYOLLES. B. 3766, 3770. (Voir Communauté, Étang, Fabrique, Moulin, Seigneurie.)
* CRAINE. (Voir Église.)
* CRAMAILLE. B. 3790. — C. 561, 581. — G. 1399. — H. 1036. (Voir Cure, École, Fabrique.)
* CRANDELAIN-ET-MALVAL. B. 2881, 3084 à 3087. — C. 122, 172, 190, 550, 572. — E. 318, 494, 506. — G. 2, 182, 570, 1017. — H. 35, 63 à 67, 88, 103, 228, 452, 871. (Voir Commune, Cure, État-Civil, Fabrique, Moulin.)
* CRAONNE. B. 3274. — C. 102, 122, 154, 172, 229, 349, 426, 449, 475, 550, 941, 1036. — E. 303, 409, 447 à 450, 452 à 454, 456, 526. — G. 183. — H. 677, 1394, 1766. (Voir Communauté, Cure, Fabrique, Garnison, Marché, Paroisse.)
* CRAONNELLE. B. 3655. — C. 122, 550, 572. — E. 447, 449, 450, 452 à 454, 511. — G. 184. — H. 678, 1394, 1456,

* 1466, 1766. (Voir Communauté, Cure, Fabrique.)
* CRAOT, moulin. G. 2.
* CRAULART, fief (Camelin-et-le-Fresne). B. 1462, 1514.
* CRAVANÇON, ferme (Chaudun). H. 1789.
* CRÉCY-AU-MONT. B. 2016. — C. 92, 190, 450, 483, 487, 561, 581, 966, 1024, 1050. — E. 293, 446. — G. 1618, 1761. — H. 328.
* CRÉCY-EN-BRIE. (Voir Maîtrise des Eaux et Forêts.)
* CRÉCY-SUR-SERRE. B. 304, 314, 434, 552, 585, 1058, 1104, 1236, 1269, 2879, 2999, 3002, 3088 à 3110, 3298, 3442, 3636, 3655, 3918, 3978, 4124. — C. 383, 433, 461, 462, 495, 503, 511, 550, 626, 831, 895. — E. 95, 124, 211, 226, 484, 490, 504, 507, 525, 549, 552, 576. — F. 8. — G. 2, 10, 67, 185, 571, 1022, 1470. — H. 35, 54, 68 à 76, 78, 118, 115, 444, 1611, 1759. (Voir Canal, Commune, Doyenné, Fabrique, Garnison, Hôtel Dieu, Masure, Moulin, Sœurs d'école, Territoire.)
* CRÉPIGNY (Caillouël-Crépigny). B. 1695, 1789, 1798. — G 1180. (Voir Territoire.)
* CRÉPY. B. 780, 1145, 1200, 3178, 3495, 3655, 3977. — C. 105, 122, 333, 384, 476, 498, 550, 572, 945, 1014, 1018, 1057. — E. 225, 255, 286, 457 à 459, 470, 471, 492, 498, 507, 510, 524, 525. — G. 602. — H. 77, 229, 351, 386, 387, 782, 874, 1351, 1494, 1590. (Voir Commune, Cure, Garnison, Marché, Place.)
* CRÉPY-EN-VALOIS. B. 3769. — C. 13, 336, 345, 355, 398, 400, 608, 631, 954. — G. 1364. (Voir Assemblée d'élection, Bailliage, Château, Élection, Grenier à sel, Marché, Mesure, Prévôté, Prieuré, Ville.)
* CRESNE, triage forestier. B. 3721, 3728, 3764.
* CREUTTE (la), ferme (Braye-en-Laonnois). B. 2804.
* CREUTTES (Mons-en-Laonnois). B. 3111. — C. 122, 550, 572, 895. — E. 520. — G. 1, 9, 17. — H. 209, 271.
* CREVECŒUR, bois. H. 1116.
* — fief (Courcelles). E. 128.
* — fief (Thenailles). E. 3355.
* CRÉZANCY. C. 539. — E. 86, 90. (Voir Fabrique, Pont.)
* CRISE, faubourg de Soissons. C. 56, 58, 420, 436, 502, 608. — G. 1025. — H. 1184, 1185, 1776. = rivière. B. 3715. — H. 455, 1179, 1509.
* CROGY (Essommes). H. 1296.
* CROIX (la). C. 4, 123, 172, 190, 539. — E. 253, 284. — G. 1399, — H. 1575 (Voir Fabrique.)
* CROIX-FONSOMME. B. 3112, 3118, 4057, 4066. — C. 793. — G. 794, 826, 832, 833, 861, 982, 990. — H. 1625, 1628. (Voir Cure.)
* CROIX-GILBERT (la), fief (Faucoucourt). G. 93.
* CROIX-LÈS-MARTIGNY, (Somme). G. 794, 862.
* CROIX-LÈS-MOLINEAU (Somme). G. 982.
* CROIX-ST-OUEN (la) (Oise). H. 477, 483, 495.
* CROIX-VERTE (Bertaucourt-Épardon). B. 1306, 3633.
* CROLET, moulin à eau (Chivy-lès-Étouvelles). B. 2716. — G. 2, 42. — H. 872, 903.
* CROTOY (Oise). G. 1716.
* CROTTOIR (le), ferme (Barizis). B. 1630, 3633.

* CROUART, moulin à eau H. 283, 293.
* CROUTTES. B. 3680 — C. 172, 539, 561, 581. — E. 419, 422;
— G. 289, 1804. (Voir Cure, Prieuré.)
*   —   (Muret-et-Crouttes). E. 110.
* CROUY. B. 3714. — C. 333, 441, 442, 444, 481 à 483, 487,
498, 502, 529, 581, 615, 616, 914, 1050. — E. 218. — G. 253,
269, 290, 683, 720, 762, 795, 828, 863, 1277, 1456, 1708, 1710,
1712, 1724, 1735. — H. 467, 477, 480 à 482, 484, à 487, 496,
511, 723, 730, 731, 1219, 1266, 1269, 1285, 1409, 1527, 1662;
1721. (Voir Cure, Fabrique, Municipalité.)
CROUY-SUR-OURCQ (Seine-et-Marne). B. 4138. — G. 1541.
— H. 1777.
* CRUPILLY. B. 130, 297, 314, 332, 473, 493, 539, 2005, 2087,
2243, 2275, 2294, 2298, 2332, 2336, 2342, 2344, 2372, 2474,
3798, 3800, 3959. — C. 172, 521, 544, 568, 895. — E. 45,
76, 494. — G. 401, 1429, 1751. (Voir Communauté,
Fabrique, Moulin, Terrier, Territoire.)
* CUFFIES. C. 561, 581, 964, 1024. — E. 218, 228. — G. 253,
291, 684, 721, 763, 1710, 1712, 1734, 1761. — H. 1220,
1270, 1528, 1662, 1689, 1721. (Voir Communauté, Cure,
Fabrique, Municipalité.)
* CUGNY (Canton d'Oulchy-le-Château). C. 200, 561, 581. —
E. 110. — G. 253, 1131, 1817. (Voir Communauté,
Cure, Fabrique.)
*   —   (Canton de Saint-Simon). B. 781, 1426, 1434, 1669,
1798, 3458, 3546, 3644. — C. 86, 190, 558, 579. — G. 640,
641. — H. 588, 594, 1100, 1419, 1428. (Voir Communauté,
Cure, Village.)
* CUIRIEUX. B. 768, 1902, 3978. — C. 172, 550, 572, 895. — E.
303, 570, 577, 581, 599. — G. 572. — H. 660, 847, 849, 910.
(Voir Fabrique.)
* CUIRY-HOUSSE. C. 246, 561, 581, 914, 1023. — H. 1221.
(Voir Commanderie, Cure, Fabrique.)
* CUIRY-LÈS-CHAUDARDES. C. 172, 550, 572. — E. 403. — G.
253. — H. 679, 1394, 1466. (Voir Cure, Fabrique, Moulin.)
* CUIRY-LÈS-IVIERS. B. 2934 à 2936, 2942, 2948, 2949, 2951,
2970, 2974, 2975, 2982. — C. 123, 172, 550, 572, 603, 969.
— E. 393. — G. 656. — H. 1351. (Voir Communauté,
Cure, Fabrique, Seigneurie.)
CUISE (Oise). G. 253. — H. 455, 733. (Voir Forêt.)
* CUISSY-ET-GENY. C. 550, 572. — E. 413, 520. — G. 2. — H.
679, 861, 862. (Voir Abbaye, Cure, Fabrique.)
* CUIZY-EN-ALMONT. B. 3392, 3413, 3471. — C. 561, 581. — E.
300, 320, 331, 614. — G. 111, 292, 354, 360, 367, 497, 685,
722, 740, 1573, 1717, 1724. — H. 477, 497, 1271, 1414,
1689, 1722. (Voir Communauté, Cure, Fabrique, Pau-
vres.)
CUMIÈRES (Marne). C. 862.
* CURBIGNY, ferme et fief (Houry). B. 3322, 3424. — C. 552,
574. — E. 164, 550. (Voir Terrier.)
* CUTRY. C. 104, 172, 561, 581. — E. 12. — G. 253, 293, 680,
686, 1326, 1652. — H. 1731, 1776. (Voir Fabrique.)
* CUTTERIE (la), ferme (Viels-Maisons). E. 301.
CUTZ (Oise). C. 21, 24, 26, 987. — G. 1283. — H. 388, 1685.

(Voir Château, Communauté.)
* CYS-LA-COMMUNE. (Voir Commune, Cure, Fabrique.)

D.

* DAGNY-LA-COUR, moulin à eau (Dagny-Lambercy). E. 337,
339.
* DAGNY-LAMBERCY. B. 2936, 2937, 2939, 2940, 2942, 2954 à
2956, 2958, 2961, 2964, 2977, 2978. — C. 551, 573, 895. —
E. 591. — H. 230 à 233, 1352. (Voir Communauté, Cure.)
* DALLON. B. 4057, 4063, 4066, 4069. — C. 793, 801, 935. —
G. 795, 826, 830, 831, 836, 864, 976, 1029, 1366, 1660,
1677. — H. 567, 568, 577, 588, 1378. (Voir Cure, Fabri-
que, Territoire.)
DAMBLAIN (Vosges). B. 2232.
DAMERY (Marne). E. 629. — H. 477.
* DAMES (les), ferme (Chéry-Chartreuve). B. 3683. — H.
1084.
* DAMMARD. C. 172, 543. (Voir Cure, Église, Fabrique.)
* DAMMARIE (Juvincourt-et-Dammarie). C. 551, 573. — E.
96, 102. — G. 1, 2, 94, 409.
DAMMARTIN (Seine-et-Marne). B. 3437.
* DAMPCOURT (Marest-Dampcourt). B. 1344, 1363, 1452, 1482,
1496, 1554, 1573, 1648, 1651, 1722, 1763, 1789. — C. 558,
— E. 21, 124.
* DAMPLEUX. B. 1891 à 1893, 1901, 3770. — C. 172, 543. — H.
1084. (Voir Communauté, Fabrique.)
* DANIZY. B. 668, 720, 741, 759, 774, 787, 806, 813, 855, 952,
983, 999, 1014, 1041, 1124, 1130, 1138, 1169, 1185, 1193,
1207, 1236, 1304, 1315, 1321, 1443, 1601, 3114, 3442, 3551,
3636, 3637. — C. 333, 404, 480, 515, 516, 551, 573. — G.
404, 621, 628, 635, 636. — H. 381, 382, 389, 1493, 1495.
(Voir Fabrique, Seigneurie, Territoire.)
* DARDOURET, ferme (Nogent-l'Artaud). B. 3700. — H. 1676.
DAUPHINÉ (province). F. 26.
* DAUTTECOURT, fief (Vaux-Andigny). B. 274, 2251.
* DEBOUT, ferme (Cerseuil). H. 1012.
* DEDIGNY ou DIGNY, lieudit. H. 588.
* DEMI-LIEUE, ferme. B. 295, 2449.
DENIÉCOURT (Somme). H. 455.
* DENNET, fief (Mesbrecourt-Richecourt). G. 97.
* DENTEUSE (la) (Vervins). B. 3364.
* DERCY. B. 84, 238, 294, 313, 314, 506, 561, 599, 624, 656,
768, 1236, 1255, 3553, 3578, 3589. — C. 105, 123, 551, 573,
626, 822. — E. 40, 105, 255, 550, 553, 555 à 557, 559. —
H. 640, 911, 1597, 1612, 1729, 1730. (Voir Château, Com-
munauté, Cure, Fabrique, Moulin, Seigneurie, Ter-
ritoire.)
* DÉTROIT-BLEU (Flavy-le-Martel). B. 1374, 1469.
* DÉTROIT D'ANNOIS ou PONTHIEU (Annois). B. 1663, 1664.
* DEUILLET. B. 676, 705, 759, 790, 801, 806, 905, 912, 960,
963, 989, 1050, 1052, 1067, 1093, 1097, 1114, 1130, 1187,
1202, 1206, 1236, 1241, 1253, 1273, 1282, 1289, 1316, 3444,
3446, 3535, 3546, 3632, 3637. — C. 146, 556, 577, 976. —
E. 121, 610. — G. 619, 624, 641, 1196. — H. 329, 419,

Fabrique.)

ÉPINE (l'), ferme (Marne). B. 3683. — H. 1035.

*ÉPINE-AU-BOIS (l'). C. 124, 173, 540. (Voir Fabrique, Plan.)

*ÉPINE-GOGER, bois. H. 1111.

*ÉPINETTE (l') (Plomion). B. 2949.

*ÉPINOIS (Étaves-et-Bocquiaux). B. 3797. — E. 76.

*ÉPOURDON (Bertaucourt-Épourdon). B. 685, 687, 701, 705, 724, 759, 779, 804, 815, 832, 837, 858, 897, 965, 970, 994, 997, 1002, 1007, 1098, 1144, 1184, 1262, 1265, 1279, 1309, 3635 à 3637. — C. 173. — E. 611. — H. 370. (Voir Cure, Église, Fabrique.)

*EPPES. C. 173, 332, 551, 573, 593. — E. 124, 162, 226, 482, 524. — G. 1022, 1515. — H. 365, 914, 915, 1395, 1708. (Voir Château, Cure, Territoire.)

*ÉPRITEL, ferme (Couvrelles). B. 3679. — H. 986, 1018.

*ÉPUISART, fief (Ferté-Chevresis). E. 239, 312.

*ÉRAUCOURT, ferme (Autremencourt). E. 552. — H. 180, 982.

ERCHEU (Somme). C. 950.

ERCLY (Ardennes). H. 966.

*ERLON. B. 568, 768, 3636, 3637, 3978. — C. 103, 173, 190, 547, 551, 573, 823. — E. 313, 553, 555, 558, 592. — G. 187. — H. 209, 235, 236, 242, 311, 916. (Voir Batiche, Château, Communauté, Fabrique.)

*ERLOY. B. 315, 447, 2023, 2151, 2198, 2287, 2309, 2327, 2337, 2347, 2360, 2421, 2437, 2451, 2454, 2463, 3655, 3802, 3887, 4089, 4094. — C. 534, 545. — E. 45, 76. — G. 401, 645. — H. 257, 1353. (Voir Communauté, Fabrique, Moulin, Terrier, Territoire.)

*ERMITES (les), bois (Vailly). E. 624.

*ERNOVILLE, ferme (Fieulaine). B. 351. — H. 1020.

*ERRANCOURT (Saint-Gobain). B. 703, 911, 928, 963, 1002, 1110, 1261, 1279, 3637.

ERTEGHEM. H. 1121, 1128. (Voir Église.)

ERVETENGEN. H. 1116.

*ESCAUFOURT. B. 154, 172, 269, 277, 300, 344, 3824. — C. 173, 545. — E. 285. (Voir Moulin. Seigneurie; Village.)

ESCAUT, rivière. B. 3560. — C. 799. — H. 538.

ESCORNAY, fief. E. 270, 279.

ESMERY-HALLON (Somme). B. 1347, 1365, 1371, 1373, 1467. — H. 1422, 1428.

ESPAGNE, royaume. C. 761.

*ESQUEHÉRIES. B. 41, 56, 254, 306, 318, 328, 341, 343, 350, 355, 377, 1961, 1968, 1990, 1993, 2050, 2096, 2107, 2113, 2116, 2132 à 2134, 2151, 2154, 2158, 2185, 2188, 2191, 2219, 2244, 2265, 2266, 2391, 2338, 2346, 2364, 2368, 2373, 2377, 2378, 2383, 2384, 2389, 2391, 2405, 2413, 2431, 2438, 2439, 2445, 2450, 2453, 2454, 3458, 2462, 3834, 3843, 3894. — C. 24, 106, 173, 534, 545, 568, 895. — E. 45. — G. 645, 647. — H. 607, 787. (Voir Communauté, Cure, Église, Fabrique, Mesure, Moulin, Village.)

*ESSARTS (les), fief (Vic-sur-Aisne). B. 3380.

*ESSENLIS (Chavonne). E. 125. — H. 384, 455.

*ESSIGNY-LE-GRAND. B. 2902, 3117, 3118, 3996, 4057, 4068. — C. 173, 432, 517, 520, 581, 558, 579. — G. 796, 823 à

827, 830 à 833, 836, 838, 868, 869, 976, 982, 983, 992, 1030, 1631, 1667. — H. 237, 535, 550, 588, 1105, 1339, 1597, 1613. (Voir Cure, Territoire.)

*ESSIGNY-LE-PETIT. B. 3996, 4005, 4058. — C. 124, 545, 568. — G. 796. — H. 1625, 1684, 1738.

*ESSISES. C. 173, 540, 567. (Voir Fabrique.)

*ESSOMMES. C. 174, 237, 241, 421, 528, 540. — E. 320, 421. — H. 477, 1298 à 1305. (Voir Abbaye, Communauté, École, Fabrique, Pont, Prévôté.)

ESTOUILLY (Somme). G. 633. — H. 1505, 1624, 1626, 1628. (Voir Moulin, Seigneurie.)

ESTREBAY (Ardennes). E. 343. (Voir Chapelle.)

*ESTRÉES. B. 178, 295, 2915, 4058, 4059, 4072, 4078. — C. 793. — G. 1030, 1656. — H. 1113, 1114, 1116, 1118, 1119, 1122, 1124, 1128, 1145, 1158, 1167, 1778. (Voir Baronnie, Cure, Duché, Fabrique, Pauvres, Terrier.)

ESTRÉES-EN-CHAUSSÉE (Somme). H. 455.

*ÉTAMPES. C. 174, 329. — G. 1075. — H. 1052. (Voir Barnabites, Cure.)

*ÉTANG (l') (Audigny). B. 1922, 2097, 2240, 3798. (Voir Château.)

*ÉTANGS (les), ferme (Connigis). E. 85.

ÉTATS-UNIS (Amérique). A. 32.

*ÉTAUX (l'), ferme. B. 3679.

*ÉTAVES-ET-BOCQUIAUX. B. 150, 191, 291, 296, 299, 303, 306, 309, 402, 2118, 2182, 2409, 2424, 2427, 2437, 3896, 3911, 3951, 4040. — C. 106, 154, 160, 174, 545, 915, 968, 1030. — E. 45, 76, 330. — H. 588, 856. (Voir Cure, Terrier.)

ÉTERPIGNY (Somme). G. 795. — H. 731. (Voir Commanderie.)

*ÉTOUVELLES. B. 2618, 2621, 2622, 2633, 2635, 2659, 2663, 2664, 2667, 2680, 2712, 2717. — C. 124, 333, 551, 573, 596. — E. 511. — G. 188, 573, 1018. — H. 216, 879, 917. (Voir Communauté, Fabrique, Maladrerie, Moulin.)

*ÉTRÉAUPONT. B. 57, 86, 123, 131, 249, 283, 296, 301, 306, 312, 313, 373, 1921, 2006, 2051, 2596, 2744, 3119 à 3131, 3153, 3158, 3655, 4089, 4101, 4106. — C. 24, 190, 464, 465, 535, 545, 671, 674, 1034, 1047. — E. 223, 338, 462, 467, 514. — G. 1775. — H. 342, 623, 626, 637, 643, 856, 1590. (Voir Canal, Communauté, Cure, Église, Fabrique, Hôpital, Hôtel-Dieu, Maladrerie, Moulin, Pauvres, Pont, Seigneurie, Territoire.)

*ÉTREILLERS. B. 3992, 4004, 4062, 4068, 4071, 4074. — C. 793. — G. 795, 826, 830 à 833, 870, 871, 976, 982, 983, 993, 1030, 1654, 1656, 1677, 1683, 1822, 1824. — H. 551, 1100, 1109, 1116, 1624, 1628. (Voir Communauté, Cure.)

*ÉTRÉPILLY. C. 540. — H. 1321. (Voir Communauté.)

*ÉTREPOIX, ferme (Samoussy). B. 2630, 2632, 2635. — C. 556, 577. — H. 871, 872, 879, 893.

*ÉTREUX. B. 37, 150, 173, 176, 251, 319, 356, 361, 370, 377, 1009, 1077, 1920, 1924, 1997, 2009, 2014, 2015, 2043, 2085, 2120, 2153, 2159, 2168, 2174, 2176, 2179, 2180, 2229, 2254, 2270, 2280, 2293, 2296, 2297, 2302, 2324, 2332, 2342, 2346,

2363, 2365, 2372, 2376, 2378, 2389, 2391, 2406, 2420, 2478, 2480, 3799, 3807, 3799, 3807. — C. 477, 519, 545, 568, 838, 896. — E. 45. — G. 597, 1433. — H. 665. (Voir Cure, Église, Fabrique, Moulin, Pont, Village.)

*Étricourt (Nauroy). B. 2919. — H. 1116, 1119.

Étrœungt (Nord). H. 1586.

*Évaux, moulin à eau (Chierry). H. 523.

Éveraucourt, bois. H. 1116.

*Évergaigne, ferme (Chermizy). H. 299, 623, 627, 639.

*Évergnicourt. C. 431, 517, 551, 1036. — H. 883. (Voir Cure, Église, Prieuré, Territoire.)

Évregny (Ardennes). E. 48.

F

*Faillouël (Frières-Faillouël). B. 1551, 1368, 1374, 1381, 1473, 1486, 1500, 1579, 1645, 1731, 4741 1768, 1772, 1798, 1799, 4057, 4059, 4073. (Voir Seigneurie.)

*Failly, fief. E. 312.

Falvy (Somme). B. 842, 3442, 3444. — G. 982.

*Fantaisie (la), ferme (Wattiguy). B. 2515.

*Fargniers. B. 668, 685, 705, 712, 744, 746, 750, 759, 768, 780, 782, 797, 806, 831, 839, 960, 961, 1011, 1035, 1048, 1053, 1089, 1109, 1126, 1130, 1131, 1140, 1144, 1155, 1156, 1159, 1177, 1204, 1205, 1215, 1216, 1236, 1240, 1272, 1304, 1309, 1375, 1431, 1460, 1551, 1569, 1595, 1677, 1705, 1733, 1788, 2984, 3555, 3630, 3673. — C 125, 174, 502, 533, 558, 579, 809. — G. 189, 618, 619, 623, 625, 634, 641, 1617. — H. 182, 330, 334, 353, 391 à 393, 404, 1106, 1490, 1497, 1684. (Voir Communauté, Cure, Fabrique, Moulin, Passage, Pauvres, Pont, Prieuré, Terrier, Territoire, Village.)

Farneth. H. 1116.

*Fary (Beuvardes). H. 1197.

*Faty (Wiège-Faty). B. 100, 130, 276, 315, 360, 2212, 2897. — C. 163, 174, 522, 545, 568, 896. — E. 8, 251. — G. 645, 1429. — H. 588, 953, 974. (Voir Cure, Fabrique, Maladrerie.)

*Faucilles (les), bois. H. 567.

*Faucoucourt. B. 1314, 3442, 3636. — C. 174, 551, 573. — D. 3, 6. — E. 331 à 333, 483, 484, 521. — G. 1, 2, 93, 190, 1198. — H. 238 à 240, 394, 788, 828, 1779. (Voir Église, Fabrique, Seigneurie, Terrier.)

*Faucousis, fermes, fief (Monceau-le-Neuf). B. 288, 514, 526, 3150, 3152, 3163, 3164. — C. 462, 480 à 482, 551, 573. — H. 263, 623, 628, 653. (Voir Pont.)

*Faussy, bois (Francilly). B. 3649. — H. 585.

*Faverolles. B. 1893. — C. 125, 174, 543. — G. 253, 374. — H. 1371. (Voir Communauté, Fabrique.)

*Favette, ferme (Manicamp). B. 1798.

*Favières, ferme (Grandlup-et-Fay). C. 552. — E. 479. (Voir Cure.)

* — ferme (Sergy). (Voir Prévôté.)

— fief. E. 112.

Favril (Nord). H. 1754.

*Fay, bois (Ciry-Salsogne). G. 253.

*Fay, bois (Flavigny-le-Petit). B. 2227, 2355, 3803, 3841, 3845.

* — fief (Ugny-le-Gay). B. 1616.

— (Somme). H. 455.

*Fayaux, ferme (Corbeny). C. 551, 573, 936.

* — bois (Voulpaix). B. 3873, 3877.

*Fayet. B. 2900, 3991, 4058. — C. 782, 793. — G. 797, 828, 872, 994, 1082, 1654, 1656, 1673, 1675, 1677, 1680, 1682, 1822. — H. 567, 568, 578, 1378, 1541, 1624, 1625. (Voir Cure, Église.)

*Fay-le-Noyer. B. 258, 293, 313, 367, 417, 446, 480, 4057, 4058. — C. 125, 551, 573, 969. — E. 607, 648. — H. 375, 423, 1744, 1745, 1761. (Voir Cure, Église.)

*Fay-le-Sec, ferme (Grandlup-et-Fay). C. 551, 573. — E. 575, 576, 583, 584.

*Feigneul, bois (Couvron). B. 675.

*Fère (la). B. 434, 508, 662, 664 à 679, 685 à 750, 754 à 764, 767 à 769, 771 à 777, 780 à 784, 786 à 792, 795, 798 à 806, 808 à 836, 838 à 841, 843, 845, 846, 848 à 850, 852 à 854, 857 à 860, 862 à 865, 867, 869, 870, 872, 873, 875 à 896, 898 à 902, 904 à 913, 915 à 937, 940, 948 à 955, 958, 962, 964 à 966, 968 à 971, 973, 975, 976, 979, 980, 982 à 987, 989 à 993, 996, 997, 999, 1001, 1004 à 1006, 1011, 1012, 1015 à 1024, 1026 à 1033, 1036, 1039, 1041 à 1050, 1052, 1054 à 1056, 1059 à 1063, 1065, 1067 à 1079, 1082, 1085 à 1088, 1090 à 1100, 1106 à 1108, 1110 à 1118, 1120 à 1142, 1144 à 1152, 1155 à 1157, 1160 à 1166, 1168 à 1173, 1177 à 1184, 1187, 1188, 1190 à 1193, 1195, 1197 à 1203, 1205, 1209, 1211, 1216 à 1236, 1251, 1252, 1255 à 1261, 1264, 1266, 1269 à 1274, 1276 à 1281, 1283 à 1287, 1289, 1292 à 1299, 1301 à 1305, 1308, 1311 à 1313, 1315 à 1323, 1378, 1429, 1438 à 1441, 1443, 1543, 1601, 1631, 1665, 1680, 1687, 1700, 1717, 1956, 2743, 2810, 2871, 2984, 3307, 3436 à 3456, 3487, 3535. — C. 9, 96, 190, 194, 231, 332, 342, 345, 347, 350 à 355, 363, 365 à 368, 371, 379 à 383, 388, 390, 391, 399, 402, 405, 458, 480, 484 à 486, 483, 495 à 497, 501, 516, 517, 533, 551, 573, 607, 620, 621, 630, 631, 636, 643, 666, 740, 959, 992, 1013, 1018. — E. 78, 465, 470, 498, 522, 657. — F. 2, 11. — G. 2, 13, 73, 403 à 405, 422, 619, 632, 800. — H. 171, 241, 350, 395, 419, 742, 799. (Voir Abbaye du Calvaire, Arbalétriers, Archers, Arsenal, Bac, Bailliage, Boulangers, Capucins, Caserne, Chambre des Comptes, Chapelains, Chapelle, Chapitre, Château, Chemin, Chevaux d'artillerie, Chirurgiens, Cure, Domaine, Doyenné, Drapiers, École d'artillerie, Église, Fabrique, Foires, Garnison, Gruerie, Halle, Hôpitaux, Hôtel-Dieu. Léproserie, Magasin à poudre, Magasins militaires, Maison du Roi, Maîtrise des Eaux et Forêts, Merciers, Mesures, Moulin, Municipalité, Parc, Perruquiers, Place, Pont, Prairie, Prisons, Verrerie, Ville.)

*Fère-en-Tardenois. B. 3693. — C. 9, 10, 102, 175, 401, 540, 923, 968, 990, 993, 1007. — E. 424. (Voir Archers, Arquebusiers, Fabrique, Hôtel-Dieu, Marché, Municipalité, Pont, Verrerie, Ville.)

FERMIÈRE (la) ou Petit Cerf, ferme (Ardennes). E. 394.
* FÉROLLE (la) ferme (Vouël). C. 1472. — H. 844.
* FÉRONVAL (Haution). C. 552, 574. (Voir Territoire.)
FERRÉE (la) (Ardennes). B. 3793.
* FERRIÈRES, ferme (La Ferté-Chevresis). B. 284, 351, 456, 489, 501, 4124. — H. 242, 800, 801.
* FERTÉ (la), moulin à eau (Vorges). H. 323.
* FERTÉ-MILON. B. 1885, 1890, 1891, 1893, 3764, 3765, 3767, 3776 à 3778. — C. 9, 13, 125, 154, 175, 331, 358, 363, 483, 504, 543, 606, 618, 644, 666, 1068. — E. 431. — G. 253, 1082, 1224, 1286, 1372, 1438, 1682. (Voir Abbaye de Saint-Michel, Bailliage, Châtellenie, Collége, Cure, École, Église, Fabrique, Garnison, Grenier à sel, Hôpital, Maladrerie, Pont, Prévôté, Ville.)
FERTÉ-SOUS-JOUARRE ou Ferté-Ancol (Seine-et-Marne). B. 3436. — H. 1508.
* FERTÉ-SUR-PÉRON. B. 436, 623, 660, 1321, 1921, 3978. — C. 126, 154, 175, 503. — E. 105, 255, 567. — G. 2, 641, — H. 221, 236, 242 à 245, 396, 800, 801, 1614, 1709. (Voir Baronnie, Communauté, Maladrerie, Marais, Mesure, Prieuré.)
* FERVAQUES (Fonsomme). B. 389. — C. 175. — H. 1624. (Voir Abbaye.)
* FESMY. B. 76, 78, 91, 182, 189, 250, 266, 307, 1668, 2087, 2129, 2299, 3342. — C. 175, 183, 477, 522, 545, 568, 896. — H. 606. (Voir Abbaye, Cure, Moulin, Pont, Territoire, Village.)
* FESTIEUX. B. 2747, 2762, 2769, 2790, 2791, 2793, 2796, 2797, 2807, 2813, 2818, 2841, 2849, 2850. — C. 126, 431, 433, 551, 573, 607, 896, 929, 1057. — E. 299, 408, 441, 527, 563. — G. 191, 252, 1018. — H. 246, 879. (Voir Communauté, Fabrique, Hôtel-Dieu, Municipalité, Territoire.)
* FEUILLÉE (la), ferme. (Hary). B. 3199.
* FEUILLIE (la). (Auffrique-et-Nogent). H. 3460, 3522, 3529, 3767. — E. 78.
* FIENNE, fief. B. 3355. — E. 164.
* FIEULAINE. B. 112, 213, 293, 294, 298, 314, 336, 1465, 2310, 2472, 3896. — C. 175, 545, 568, 969, 991. — G. 802, 826, 829, 831, 833, 873. — H. 1020, 1625, 1637. (Voir Fabrique, Seigneurie.)
* FILAIN. C. 105, 562, 582. — E. 568, 569, 621, 625. — G. 2, 41, 45, 1465, 1729. — H. 871, 918, 1225, 1770. (Voir Cure, Fabrique.)
FINS (Somme). B. 2912.
FISMES (Marne). B. 2859, 2860. — C. 420, 713, 1062. — H. 1035. (Voir Bailliage, Marché, Moulin, Plan.)
* FLACQUE (la), ferme. E. 613.
* FLAMENGRIE (la). B. 40, 46, 73, 90, 96, 108, 132, 169, 170, 175, 248, 285, 300, 317, 331, 333, 426, 456, 2441, 2572, 2588, 4100, 4406 à 4408. — C. 87, 333, 464, 545, 568, 838, 1047. — E. 223, 462. — H. 588, 856. (Voir Cure, Église, Fabrique, Territoire.)
FLANDRE (province). A. 24. — B. 87, 214, 1222, 2858, 3440, 3441, 3443, 3445, 3521. — C. 477, 586, 587, 691, 756, 919, 1035, 1057, 1062. — G. 1, — H. 628, 1116. (Voir Armée, Volontaires.)
*   —   bois. B. 3797.
* FLAVIGNY, fief (Ognes). E. 15.
*   —   fief, (Pouilly). G. 103.
* FLAVIGNY-LE-GRAND-ET-BEAURAIN. B. 1940, 1973, 2004, 2052, 2087, 2157, 2254, 2270 à 2273, 2277, 2279, 2281, 2282, 2287, 2289, 2299, 2304. — C. 545, 568, 838, 896. — E. 469. — G. 1429. — H. 1403. (Voir Communauté, Terrier, Territoire.)
* FLAVIGNY-LE-PETIT. B. 184, 311, 315, 814, 1973, 2050, 2052, 2059, 2066, 2107, 2128, 2159, 2208, 2211, 2254, 2274, 2287, 2288, 2295, 2305, 2357. — C. 487, 545, 568, 896. — E. 365. 370. — G. 643, 646, 652. — H. 879, 1745. (Voir Communauté, Cure, Église, Moulin, Terrier.)
* FLAVY-LE-MARTEL. B. 1109, 1337, 1347, 1348, 1350, 1365, 1374, 1384, 1438, 1450, 1460, 1469, 1491, 1500, 1555, 1556, 1559, 1575, 1577, 1591, 1593, 1597, 1598, 1606, 1619, 1670, 1678, 1685, 1690, 1703, 1738, 1742, 1744, 1745, 1748, 1786, 1799, 1868, 3458, 3995, 4062, 4073, 4074, 4079. — C. 384, 533, 558, 579, 597. — E. 276, 279, 299. — G. 640, 797, 825. — H. 1100, 1344. (Voir Communauté, Cure, Église, Fabrique, Moulin, Pauvres, Seigneurie, Village.)
FLAVY-LE-MELDEUX (Oise). B. 1501. — G. 862. — H. 785, 789, 1508.
* FLAVY-LÈS-BOCQUIAUX, ferme et fief (Étaves-et-Bocquiaux). B. 249, 1465, 2255, 2897.
* FLÈCHE (la), ferme. (Dizy-le-Gros). H. 868.
*   —   (Sarthe). (Voir Collège.)
FLÉCHIN (Somme). G. 795, 823, 825, 833, 874, 954.
FLESSELLES (Somme). G. 797, 875.
* FLEURICORRT, ferme (Amifontaine). C. 548. — E. 484. — H. 871, 879, 885, 886. (Voir Église.)
* FLEURY. B. 3770, 3779, 3787. — E. 543. — H. 1083, 1370, 1508. (Voir Communauté, Cure, Église, Fabrique, Mairie, Seigneurie.)
* FLIGNY, territoire. H. 623.
*   —   (Ardennes). B. 2032, 2494. — E 48, 337, 355, 390. (Voir Territoire.)
FLOCOURT (Somme). G. 976.
FLOIN (Ardennes). H. 477.
FLOYON (Nord). B. 441, 2477.
* FLUQUIÈRES. B. 3993, 4073. — C. 782, 793. — G. 797, 824, 827, 831, 836, 876, 983, 1031, 1680, 1822. — H. 552, 785, 1624, 1628. (Voir Seigneurie.)
* FOIGNY (la Bouteille). B. 297, 3132 à 3137, 3864, 3866. — C. 544, 568, 893. — B. 623 à 630. (Voir Abbaye.)
* FOLEMBRAY. B. 712, 3469, 3472, 3499, 3501, 3505, 3509, 3512, 3515, 3516, 3524, 3526, 3527, 3529, 3769. — C. 126, 190, 483, 535, 623. — H. 329, 790. (Voir Château, Communauté, Cure, Domaine, Église, Parc, Verrerie.)
* FOLEMPRISE, ferme (Ostel). — H. 413.
*   —   ferme (Vivières). E. 119,
* FOLIE (la), fief (Any-Martin-Rieux). E. 344.

* Folie (la), ferme (Aubenton). E. 343, 351, 354, 363.
* — ferme (Grisolles). H. 1572.
* — ferme (Jumigny). H. 864.
* — (ou Planchette), fief. E. 315.
* Follemprise, fief. B. 210.
* — fermes (Estrées). H. 1120, 1122, 1145, 1174.
* Folleville (Caumont et Ognes). E. 15.
* Fonds-de-Leuze, fief. B. 2504.
* Fonsomme. B. 210, 484, 2630, 4043, 4062, 4068, 4079. — C. 175, 545. — G. 797. — H. 601, 1624, 1631.
* Fontaine. B. 636, 2199, 3322, 3325, 3328, 3329, 3331, 3346. 3348, 3355, 3357, 3362, 3363, 3366, 3872, 3873, 4088, 4096. — C. 103, 126, 190, 464, 465, 534, 551, 896, 979. — E. 163, 168, 628. — G. 1023, 1775, 1833. — H. 1353. (Voir Cure, Moulin, Seigneurie, Terrier, Territoire.)
* — bois (Gouy). H. 1116.
* — ferme (Pargny). H. 1444.
* — ferme (Rozoy-le-Grand-et-Courdoux.) H. 1243.
* — (Seine-et-Marne). (Voir Abbaye.)
* — (Somme). H. 1508.
* Fontaine-au-Chêne, ferme (Saint-Remy-Blanzy). H. 470.
* Fontaine-Berdouille, fief (Monceau-sur-Oise). H. 2482.
* Fontaine-Blanche, fontaine (Hary). H. 1355.
* Fontaine-des-Fossés, fief (Chouy). G. 281.
* Fontaine-des-Pauvres (Nouvion). B. 2274.
* Fontaine-les-Clercs. B. 3595, 3648, 3994, 4068. — C. 793, 799, 801. — G. 797, 822, 823, 825 à 833, 836, 838, 877 à 879, 1656. — H. 567, 568, 579. (Voir Communauté, Fabrique, Marais, Moulin, Territoire.)
* Fontaine-Notre-Dame. B. 181, 185, 258, 294, 297, 298, 316, 389, 2310, 3655, 3952, 4073. — C. 175, 545, 568. — G. 485, 797, 826, 831, 833, 880. — H. 446, 558, 596, 1625, 1628, 1637. (Voir Cure, Fabrique, Territoire.)
* — (Nord.) (Voir Abbaye.)
* Fontaines (les), ferme (la Bouteille). H. 631.
* Fontaine-St-Martin (la), triage forestier. B. 3741.
* Fontaine-St-Pierre (la), fontaine (Leschelle). B. 3231.
* Fontaine-St-Remy (Leuilly). C. 449.
* Fontaine-Uterte. B. 3994, 4062, 4071. — C. 798. — G. 1031, 1673. — H. 588, 1624, 1626, 1628, 1638.
* Fontaine-Vivier, fief. B. 2880.
* Fontenay-lès-Louvres (Seine-et-Oise). G. 253.
* Fontenelle (canton de la Capelle). B. 156, 189, 277, 441, 1986, 2028, 2067, 2078, 2089, 2096, 2169, 2210, 2220, 2223, 2227, 2237, 2239, 2276, 2293, 2302, 2431, 3200. (Voir Fabrique.)
* — (canton de Condé). C. 540, 567, 966. (Voir Fabrique.)
* — (Ardennes). E. 344, 389.
* Fontenille, ferme et moulin (Wissignicourt). B. 1202.

— G. 38. — H. 845, 846.
* Fontenoy. B. 3368, 3369, 3385, 3391, 3393, 3399. — C. 246, 562, 582, 603, 621, 966, 968, 1030. — E. 281. — G. 338, 499, 724, 1411, 1710, 1734. — H. 1080, 1084, 1663, 1776. (Voir Cure, Fabrique, Moulin, Terrier.)
* Forainville, fief (Leschelle). B. 2074, 3230, 3231, 3234.
* Forenville ou Foriville (Nord). H. 1114, 1116, 1120.
* Forest, bois (Gouy). H. 1116.
* — bois et ferme (Morsain). B. 3384, 3714. — H. 483.
* Foreste. H. 329, 791. (Voir Fabrique.)
* Forestel, bois (Montbrehain). H. 1116.
* — bois (Sinceny). H. 420.
* Forière (la), bois (Urcel). H. 314.
* Foriville. (Voir Forenville.)
* Fort (le) (Charly). B. 3032.
* Forté, ferme (Grougis). B. 78, 463, 1970.
* Fosse (la), fief (Martigny). B. 2523.
* — moulin à eau. H. 1036.
* Fosse-aux-Demoiselles, triage forestier. B. 3730, 3733.
* Fosse-aux-Larrons (la) (Landouzy-la-Cour). B. 3137. — H. 631.
* Fosse-au-Meslier (la), ferme (La Bouteille). H. 631.
* Fosse-aux-Œufs (la ,bois près de Marteville. H. 1111.
* Fossoy. C. 540, 608. — H. 1062, 1508, 1663, 1727. (Voir Cure, École, Fabrique.)
* Foufry (Arcy-Ste-Restitue). C. 564, 584. — E. 162. — H. 1192, 1574.
* Foulerie (la), moulin vers Beautor. B. 1083, 1085, 1134.
* Foulerie-Galette (la), foulerie à draps. B. 3357. — E. 163. — H. 1353.
* Foulerie-Geneva (la), foulerie à drap. B. 3357. — E. 163.
* Foulons (les) (Étréaupont). B. 135.
* Fouquerolles (Merlieux-et-Fouquerolles). B. 2709, 2762. — C. 893. — G. 12, 1018. — H. 936.
* — moulin à eau (Tartiers). B. 3377, 3408. — H. 477.
* Fourcamp, bois. H. 1093.
* Fourdrain. B. 695, 809, 828, 975, 1250, 1372, 3169 à 3177, 3636, 3637, 3655. — C. 22, 160, 175, 517, 551, 573, 631. — E. 80, 457. — H. 374, 397. (Voir Château, Communauté, Moulin, Terrier.)
* Fourmies (Nord). B. 374, 4088.
* Fourques (Somme). G. 791.
* Fourrières, bois. B. 3459.
* Fraicourt, ferme (Brancourt). H. 1122.
* Fraillicourt (Ardennes). E. 381. — H. 919, 1768.
* Franc-Bois (le), bois. B. 3855.
* — (le), ferme (Barizis). B. 3489.
* France. A. 1, 3, 8, 31. — B. 2, 434, 1905, 1908. — C. 32, 762. — E. 39.
* Franche-Abbaye-aux-Bois. (Voir Villeselve.)
* Franche-Comté, province. C. 32.

FRANCILLY. B. 3649, 4073. — H. 578.

FRANC-ST-QUENTIN (Villers-le-Sec). H. 535.

FRANQUEVILLE. B. 1236, 3179, 3442, 3448, 3978. — C. 551, 573. — E. 163, 547. — G. 414.

FREMION, bois. 3803.

FRENICHES (Oise). B. 837. — H. 1508.

FRESNE. B. 1135. — C. 91, 94, 105, 551, 573, 961, 976. — G. 1414.

FRESNE (Camelin-et-le-Fresne). B. 1416, 1588, 1630. — C. 449, 968. — E. 201. — G. 404, 1609. — H. 718, 719.

FRESNES. B. 3682, 3693. — C. 103, 540, 562, 582. — E. 287.

FRESNES (Somme). H. 1428.

FRESNOY (Oise). H. 477.

— (Somme). H. 455.

FRESNOY-LA-RIVIÈRE (Oise). H. 1555.

FRESNOY-LE-GRAND. B. 2904, 2914, 4004, 4056, 4063, 4074, 4079. — C. 67, 594, 755, 782, 793, 811. — G. 797, 808, 826, 832, 881. — H. 588, 597, 1116, 1122, 1146, 1158, 1167, 1628, 1638, 1639, 1645, 1648, 1650. (Voir Cure, Fabrique, Seigneurie.)

FRESNOY-LE-PETIT. (Voir petit Fresnoy.)

FRESSANCOURT. B. 705, 759, 806, 823, 870, 954, 979, 997, 1019, 1022, 1045, 1105, 1144, 1147, 1149, 1163, 1192, 1236, 1256, 1322, 3442, 3551, 3569, 3632, 3636, 3637. — C. 551, 573. — E. 262. — G. 404, 405, 631. — H. 792. (Voir Chapelle, État civil, Moulin, Seigneurie, Territoire.)

FRETOY, fief. B. 1449.

FRIBOURG (Suisse). B. 1101.

FRIÈRES-FAILLOUEL. B. 1338, 1346, 1360, 1361, 1365, 1381, 1393, 1394, 1442, 1444, 1449, 1464, 1469, 1499, 1552, 1553, 1577, 1586, 1591, 1596, 1597, 1607, 1612, 1614, 1631, 1655, 1661, 1690, 1692, 1702, 1706, 1723, 1726, 1745, 1746, 1765, 1786, 1789, 1801, 3458, 4072, 4077. — C. 528, 536, 558, 579. — G. 800, 825, 882, 1102. — H. 1101, 1340, 1344. (Voir Communauté, Cure, Église, Fabrique, Moulin, Pauvres, Seigneurie.)

FRISE, lieu-dit. H. 588.

FROIDESTRÉES. B. 9, 39, 114, 331, 2478, 3119, 3130. — C. 551, 573, 915. — E. 72, 462. — G. 399, 1416. (Voir Communauté, Fabrique, Municipalité, Paroisse, Seigneurie, Territoire.)

FROIDMONT (Braye-en-Laonnois). G. 162.

— ferme et moulin (Plomion). B. 220, 313, 560, 2943, 2969. — E. 597. — H. 853.

— et Cohartille. B. 1236, 2879, 3442, 3455. — C. 421, 463, 551, 573, 588, 624, 626, 823, 896, 962. — E. 472, 484, 558. — G. 46, 193, 551. — H. 79, 80, 452, 921, 1395, 1615, 1745. (Voir Fabrique, Pont, Seigneurie, Terrier, Territoire, Vivier.)

FROMENTIÈRES (Marne). C. 477.

FRONTIGNY, ferme (la Malmaison). B. 3676. — C. 551, 573, 896. — H. 682.

FRUCHELLE (la), ferme (Hary). B. 3198, 3313.

FRUTY, ferme et bois (Allemant). C. 444. — H. 155.

FUMAY (Ardennes). E. 337.

FURNES. H. 1116, 1160. (Voir Châtellenie.)

FUSSIGNY-ET-COURTRIZY. C. 126, 175, 551, 573, 594, 896. — E. 563. — H. 259.

G.

GAILLARDON, fief. E. 251, 313.

GALLAND, fief (Bertaucourt-Épourdon). B. 660, 698.

GANDELU. B. 3064. — C. 153, 176, 237, 485, 540. — H. 699, 1321, 1438. (Voir Cure, Fabrique, Hôtel-Dieu, Mesure, Pauvres, Pont.)

GARD-D'OISY, bois. B. 3863, 3806.

GARENNE (la), bois. E. 93.

GASSE, fief (Froidmont-Cohartille). B. 1245.

GAUCHY. B. 308, 1630, 4068. — C. 793. — E. 268. — G. 825, 832, 833, 883, 982, 995. H. 534, 535. (Voir Communauté, Église, Moulin, Plan, Seigneurie, Terrier, Territoire.)

GAULCOURT, fief (Omissy). H. 567.

GAURE. (Voir Comté de Quercy et de Gaure.)

GAZE, fief. G. 5ᵉd.

GENETTE (la), ferme (Charly). G. 3007, 3016. — E. 428.

GENÈVE (Suisse). B. 1380.

GENEVROY, ferme (Rocourt). H. 1578.

GENLIS (Villequier-Aumont). B. 975, 1144, 1333, 1334, 1344, 1351, 1362, 1383, 1393, 1414, 1446, 1452, 1454, 1456, 1500, 1509, 1528, 1529, 1539, 1552, 1553, 1569, 1571, 1578, 1616, 1637, 1646, 1647, 1657, 1726, 1751, 1756, 1785, 1788, 1789, 1798, 2984. — C. 502, 503. — E. 17 à 20. — H. 862, 1088 à 1094. (Voir Abbaye, Archers, Bailliage, Communauté, Église, Fabrique, Foires, Marchés, Marquisat, Moulin, Pont, Terrier, Village, Villequier-Aumont.)

— fief (Beautor). B. 660, 873.

GENY (Cuissy-et-Geny). B. 2761, 2762, 2858, 2866. — C. 126, 176, 552. — E. 105, 494. — G. 2, 252, 1362. — H. 1393. (Voir Communauté, Cure, Seigneurie, Territoire.)

GEORGET, ferme. B. 3510.

GERCY. B. 508, 583, 586, 630, 651 à 653, 657, 658, 1236, 3184, 2185, 3445, 3560, 3580, 3588, 3636, 3672, 4097. — C. 463, 465, 573. — E. 78, 550, 629. — G. 414. — H. 933, 1353. (Voir Capitaine, Château, Moulin, Seigneurie.)

GERGNY. B. 39, 63, 244, 249, 279, 317, 2260, 2518, 2521, 2583, 2585, 3127, 3186, 4103. — C. 90, 190, 311, 552, 573, 966. — E. 463, 494, 591, 601. — G. 399, 1393. — H. 856. (Voir Fabrique, Seigneurie, Territoire.)

GERLAUX, ferme (Ostel). B. 3709. — H. 413.

GERMAINE. B. 4073. — C. 793. — G. 795, 830, 831, 846, 865, 884, 982, 996, 1031, 1412, 1420, 1660, 1668. — H. 785, 793, 794, 797, 1100, 1422, 1428, 1624.

GERMIGNY (Seine-et-Marne). G. 253.

GERNICOURT. C. 127, 176, 552, 573, 950. — E. 29. (Voir Cure.)

GESVRES. (Voir Château.)

GIBERCOURT. B. 1479. — C. 127, 176, 559, 579. — G. 375,

486, 798, 824, 826, 833, 850, 885, 982. (Voir Fabrique, Territoire, Village.)

GIEN (Loiret). B. 1913.

* GIFFÉCOURT (Castres). B. 2997. — C. 793. — G. 822, 826, 831, 836, 854, 855, 878, 887. (Voir Communauté, Seigneurie.)

* GILCART, fief (Le Hérie-la-Viéville). E. 248, 251.

* GILCOURT, ferme (Brancourt). H. 1122.

* GILLES-LESCOT, fief (Couvron). B. 660. — H. 1387, 1393.

* GILMONT, ferme (Bony). H. 1114, 1115, 1120, 1124.

* GILOTTE (la) (Saint-Gobain). B. 963, 1002.

GIRAULMONT (Ardennes). E. 48.

* GIRONDELLE (la), pont. C. 490.

* GIRONSART, ferme et moulin à eau. H. 850.

GIZANCOURT (Ardennes). H. 955.

* GIZOMPRÉ, fief (Guise). H. 2080.

* GIZY. B. 2187, 2680. — C. 128, 552, 593. — E. 540, 544. — G. 15, 47, 1422. — H. 250, 922. (Voir Communauté, Fabrique, Prieuré.)

* GLAND. B. 3684. — C. 176, 209, 540. — G. 1267. (Voir Fabrique.)

* GLANDONS (les). H. 620.

GLASCOW (Angleterre). C. 761.

* GLAUE (la) (Dommiers). H. 1223.

* GLAUX, bois. B. 3702.

* GLENNES. B. 2756, 2773, 2775, 2785, 2794, 2798, 2811, 2815, 2819, 2822, 2824, 2827, 2839, 2859, 2860. — C. 128, 176, 552, 573. — E. 83, 105, 255, 239, 480. — G. 195, 252, 1519. — H. 862. (Voir Communauté, Cure, Église, Fabrique, Mairie, Maître d'École, Moulin.)

* GLOÉ, fief Courcelles. E. 128.

* GOBAILLE, fief (Braine). E. 130.

* GOBELETS (les). B. 1996.

GODREVEIRDEGHEM. H. 1121.

GOLANCOURT (Oise). B. 1368, 1382, 2895. — C. 22. — H. 795, 1423.

GOMBRIES, triage forestier. B. 3729, 3734.

* GOMMERON (Auffrique-et-Nogent). H. 725.

* GOMONT (Marly). B. 2363, 2364, 2370, 3802. — C. 546, 569. — E. 475.

GONDREVILLE (Oise). B. 3763. — C. 603.

GONESSE (Seine-et-Oise). B. 3437.

* GORGE (la), ferme Montigny-Lengrain). H. 702.

* GORIAL (territoire). H. 305.

GOTEMBRUL. H. 1116.

* GOUDELANCOURT-LÈS-BERRIEUX. B. 3655. — C. 128, 552, 573. — G. 604. (Voir Communauté, Cure, Fabrique.)

* GOUDELANCOURT-LÈS-PIERREPONT. C. 128, 160, 573, 992. — E. 299, 571, 578, 583, 585, 587. (Voir Communauté.)

* GOULET, ferme (Voulpaix). B. 3313, 3341, 3424, 3426.

* GOURNAI, ruisseau. H. 103.

* GOURNAY, fief (Laval). E. 508. — G. 57.

— (Oise). C. 400.

AISNE.) — TABLES.

— (Seine-et-Oise). B. 3437.

GOURNAY. (Voir Pré-foireux.)

* GOUSSANCOURT (Aisne). B. 3693, 3704. — C. 562, 582, 950. — H. 1508. (Voir Communauté.)

* GOUY. B. 3187, 4046, 4072, 4074. — C. 176, 782, 793. — G. 798, 1846. — H. 534, 1113 à 1116, 1118, 1122, 1124, 1128 à 1131, 1155, 1167, 1170, 1173. (Voir Cure, Hôpital, Pauvres.)

* GOYER-MAREST, fief (Chauny). B. 1514.

* GRAND-BOIS, bois. B. 3658.

* GRANDE-CANARDIÈRE, ferme (Charly). B. 3016.

* GRANDE-CARRIÈRE (la), ferme (Presles-et-Boves). E. 108.

* GRANDE-CENSE-DE-MOY (la) (Ribemont). B. 433.

GRANDE-CHÊSNOIE (la), triage forestier. B. 3737.

GRANDE-GERMANERIE, bois. B. 3700.

GRANDE-MAISON (la), fief. G. 64.

— (la), château (La Ferté-Milon). B. 1873.

* GRANDES-CENSES (les), fief. B. 3226.

* GRANDES-VALLÉES (les), ferme (Viels-Maisons). E. 10.

* GRAND-GARD, bois. B. 3584.

* GRAND-HURTEVENT (le), fief (Bellicourt). H. 1134.

* GRANDINS (les), fief (Dercy). E. 313.

* GRAND-LONGUEVAL, fief. E. 15, 21.

* GRANDLUP. C. 128, 552. — E. 205, 226, 299, 574, 579, 585. — G. 1, 196, 551. — H. 248, 273, 452, 1353, 1395, 1404, 1782. (Voir Communauté, Cure, Fabrique, Moulin.)

* GRANDMARAIS, fief (Courcelles). E. 128.

GRAND-MESNIL (Somme). H. 1508.

* GRAND-ORBATU, ferme (Origny-Sainte-Benoîte). E. 601.

* GRAND-PRIEL, ferme (Pontru). B. 3572. — E. 465. — G. 804. — H. 1107.

* GRANDRIEUX. B. 2937, 2938, 2943, 2946, 2950, 2953, 2955, 2956, 2958, 2960, 2965, 2973, 2975, 2979. — G. 176, 185, 531, 552, 573, 966, 1019. (Voir Communauté, Cure, Territoire.)

— ferme et fief (Gronard). B. 3424. — E. 164. — H. 983. (Voir Terrier.)

GRAND-ROUY, fief. B. 2889.

GRAND-RU (Oise). B. 2902.

* GRANGE (la) (Saint-Gobain). B. 935.

* GRANGE-AU-VIVIER (la), ferme (Longpont). H. 692, 694.

* GRANGE-AUX-BOIS (Beaumé). B. 2505, 2530. — E. 199, 337, 395, 400.

— (Coincy). B. 3689.

— (Ardennes). H. 747.

* GRANGE-AUX-MOINES (la), ferme (Audignicourt). B. 3501, 3530. — H. 530.

— (la), ferme (Braine). E. 148.

* GRANGE-CŒURET (la), ferme (Brumetz). H. 1435.

* GRANGE-DIMERESSE (la), fief (Paars). E. 128.

* GRANGE-L'ÉVÊQUE (la), ferme (Laon). G. 52.

* GRANGE-NOTRE-DAME (la), ferme (Chouy). H. 1523.

* GRANGE-ROUGE (la), ferme (Charly). E. 429.

* GRATTE-PIERRE, forge (Saint-Michel). B. 3283, 3287, 3289.

4

GRAVELINES (Nord). B. 660, 1222, 3444.

* GRAVELLE, bois. B. 3855.

* GRAVIÈRES, fief (Quierzy). E. 205.

* GRAVIERS (les), moulin à eau (Chézy-sur-Marne). H. 521.

GRECOURT (Somme). H. 1342.

* GREHEN, ferme (Sinceny). H. 420 à 422.

* GRELINES (les), ferme (Braye-en-Laonnois). G. 162.

* GRENEAUX (les), ferme (Marchais). E. 124.

GRENOBLE (Isère). E. 94. — F. 26.

GRÈVES (les), fief. E. 254. — H. 522.

* GRICOURT. B. 2928, 4028, 4068, 4071. — C. 783. — G 798, 823, 829, 832, 833, 836, 886, 997, 1031, 1040, 1654, 1661, 1668, 1673, 1675, 1677, 1680. — H. 1384, 1624. (Voir Fabrique, Paroisse.)

* GRISOLLES, C. 176, 546. — G. 253. — H. 1571, 1572. (Voir Communauté.)

* GRISSOLLE, ferme (Landouzy-la-Cour). H. 631.

GRIVORGE, moulin. B. 3683. — H. 1035.

* GRIVOYER, bois. B. 3492.

GRIVY-LOISY (Ardennes). H. 1664.

GRONARD. B. 1236, 3188. 3322, 3361, 3428, 3442, 3881. — C. 552. 573, 896, 966. — E. 163, 164, 169, 171, 550. — H. 983. (Voir Cure, Pauvres, Terrier.)

* GRONART, moulin (Saint-Quentin). H. 534, 535.

GROTHENBERGEN. H. 1116.

* GROUCHAT, fief (Marest-Dampcourt). B. 1514, 1631, 1657.

* GROUGIS. B. 40, 74, 180, 283, 293, 310, 312, 2270, 2274, 3925, 3952. — C. 177, 517, 545, 569, 603, 660, 851, 897. — G. 652. — H. 660, 665, 1110. (Voir Cure. Communauté, Moulin.)

* GRUERIE ou HUGUENOTS, bois. B. 3787.

* GRUET, fief (Pouilly). G. 103.

* GRUGIES. B. 4071, 4078. — C. 783, 793. — E. 278. — G. 486, 798, 1683. — H. 580, 1684. (Voir Territoire.)

* GUEULE (la), moulin (Paissy). G. 224.

* GUIGNICOURT. B. 3655. — C. 24, 31, 129, 177, 552, 573, 897. — E. 452, 453. — G. 7. — H. 871. (Voir Fabrique.)

* GUILLAUME DESAINS, fief (Vonël). B. 660.

GUISCARD (Oise). C. 603. (Voir Marquisat.)

* GUISE. B. 44, 80, 85, 108, 183, 190, 196, 198, 228, 281, 283, 297, 304 à 306, 311 à 315, 341, 343, 345, 347, 379, 381, 393, 401, 410, 435, 446, 729, 754, 969, 989, 1151, 1156, 1443, 1913, 1915 à 1918, 1921, 1933, 1945, 1951, 2003, 2004, 2013, 2029, 2031 à 2033, 2041, 2051 à 2054, 2065, 2070, 2073, 2085, 2087, 2089, 2093 à 2097, 2100, 2108, 2113, 2148, 2157, 2160, 2161, 2173, 2176, 2181, 2213, 2217, 2227, 2229, 2232 à 2236, 2245, 2257, 2263, 2269 à 2234, 2286 à 2306, 2311, 2314, 2315, 2328, 2329, 2333, 2334, 2339, 2346, 2347. 2355, 2360, 2362, 2366, 2367, 2370, 2399, 2403, 2404, 2407, 2416, 2433, 2445, 2447, 2448, 2452, 2455, 2460, 2466, 2468, 2470, 2471, 2475, 2478, 2480, 2481, 3817, 3827, 3833, 3910, 3926, 3952. — C. 9, 18, 267, 342, 349, 359, 361, 363. 365, 366, 373, 375 à 379, 392, 399, 402, 428, 482, 502, 520, 536, 631, 655, 667, 672, 850, 855, 924, 1009, 1061. — E. 36, 39, 44, 45, 259, 466 à 468, 470. — F. 3. — G. 643, 1018. — H. 254, 872, 894, 929, 1405, 1446. (Voir Arbalétriers, Assemblée d'élection, Bailliage, Caserne, Chapitre, Château, Chirurgiens, Confrérie, Cure, Domaine, Doyenné, Drapiers, Duché, Église, Élection, Fabrique, Fripiers, Garnison, Grenier à sel, Gruerie, Halle, Hôpital, Hôtel-Dieu, Manége, Maîtrise des eaux et forêts, Marché, Merciers, Mesure, Minimes, Moulin, Pauvres, Perruquiers, Place, Pont, Prisons, Routes, Siège, Tailleurs d'habits, Terrier, Verrerie, Ville.)

* GUISPINS, ferme (Dizy-le-Gros). H. 868.

* GUISTEL, fief (Vendeuil). B. 747, 3445. — E. 657.

* GUIVRY. B. 1456, 1560, 1577, 1617, 1636, 1788, 1789, 1798, 1799, 1801. — C. 177, 483, 559, 579, 594. — H. 714, 1424. (Voir Cure.)

GUIZANCOURT (Gouy). B. 3569, 3645. — G. 824. — H. 1116, 1119, 1122, 1131, 1167, 1175.

GUNY. B. 1537, 3715. — C. 4, 190, 195, 333, 562, 582, 603, 987. — E. 78, 105. — G. 253, 387, 1337. — H. 331, 796, 1530, 1665. (Voir Communauté, Cure, Église, Fabrique, Municipalité, Pont.)

GUTAINES (les), fossé (Montigny-sous-Marle). C. 828.

GUYENCOURT. C. 177, 552, 897. (Voir Communauté, Cure, Fabrique.)

— (Villequier-Aumont). B. 1109, 1413, 1519, 1630, 1646, 1801. — C. 559, 979. — G. 1178. — H. 351, 1092, 1654.

* GUYOT. bois (Thenelles). B. 293.

GUYENNE (province). F. 20, 21.

H.

HAGANEMECT. H. 1116.

* HAIE (la), bois (Bohain). H. 1109.

* — (la), bois (Châtillon-lès-Sons). B. 648, 650, 652, 3560, 3580, 3584, 3588, 3589.

* — Plomion. B. 649.

* — d'Aubenton (la), bois. B. 2527, 3793, 3845. — C. 471. — E. 341.

* — d'Effry (la). bois. B. 3868. — H. 624.

* — de Guise (la), bois. H. 872, 930.

* — de Martigny (la), bois. B. 3795.

* — de Roellie. H. 475.

* — Equiverlesse, bois (Fontenelle). B. 3831, 3850, 3857, 3861.

HAINAUT (province). bois. A. 24. - B. 958, 3495. — C. 477, 586, 587, 756, 762, 1011, 1061.

* — fief (Bois-lès-Pargny). G. 90.

HAIRISICOURT. H. 588.

HALLON (Somme). B. 1364.

* HALLONDRAY, ferme (Latilly). H. 1576.

* HALLOTS. bois et moulin (Autremencourt). B. 649. — E. 554, 559.

HALST. B. 980.

HAM. B. 360, 1173, 1276, 1340, 1344, 1347, 1393, 1426, 1554, 1712, 1747, 2157, 2928, 3436, 3442, 3444, 3447, 3562. — C. 205, 363, 392, 402, 634; 683, 756, 799, 810, 815. — G. 633, 641. — H. 1508. (Voir Abbaye, Bailliage, Boulangers, Chapitre, Château, Châtellenie, Confrérie, Domaine, Église, Gouvernement militaire, Hôpital, Mesure, Pont, Routes, Seigneurie, Vicomté, Ville.)

HAMBOURG (Allemagne). B. 504.

*HAMÉGICOURT. B 100, 117, 124, 128, 174, 180, 182, 240, 258, 266, 267, 299, 300, 434, 444, 448, 1126, 2120, 2122, 2826, 3456, 3991, 4019, 4068, 4071, 4074. — C. 106, 552, 574, 674. — E. 636. — G 653, 793, 824, 832, 833, 953, 888, 987, 1028, 1677, 1686, 1746. — H. 196, 295, 379, 1378, 1737. (Voir Communauté, Cure, Église, Fabrique, Prairie, Seigneurie, Terrier, Territoire.)

* HAMEL, fief (Mézières-sur-Oise). B. 2831. — E. 665. — H. 535.

* — (Seraucourt). H. 410.

* HANGEST. fief (Beautor). B. 660.

— (Somme). G. 798, 799, 825, 826, 828 à 831, 889, 890.

HANGICOURT, bois. — H. 1116.

*HANNAPE. B. 122, 124, 152, 166, 175, 188, 241, 292, 296, 300, 304, 306, 309, 469, 1997, 2003, 2006, 2071, 2082, 2120, 2175, 2200, 2230, 2259, 2304, 2313, 2342, 2403, 3204, 3555, 3670, 3952. — C. 91, 159, 161, 177, 267, 326, 545, 569, 838. — E. 45, 259. — G. 647, 1090, 1673. — H. 254, 797, 798, 872. — (Voir Communauté, Cure, Église, Fabrique, Moulin, Pont.)

HANNAPE (Ardennes). B. 3254. — E. 339, 340, 344, 365, 366, 368, 375, 378, 380, 389, 390, 392, 393, 395, 397, 399, 401. (Voir Communauté, Fabrique, Seigneurie.)

* HANNETONNERIES (les), (Brasles). H. 1043.

HANONGNES. (Voir Cure.)

HANZINNES. H. 477.

*HAPPENCOURT. B. 1391, 1646, 3649, 4073, 4078. — C. 783, 793. — G. 798, 826, 828 à 830, 832, 833, 941, 1028, 1032, 1657, 1678, 1822. — H. 567, 581, 1624, 1640. (Voir Communauté, Cure, Pauvres, Seigneurie, Territoire.)

*HARAMONT. B. 3736 — C. 104, 129, 543. — E. 637. — H. 1568. (Voir Communauté, Cure, Fabrique.)

* HARBES, ferme (Housset). C. 466, 824. — H. 983.

* HARCIGNY. B. 2983, 3190 à 3195, 3214, 3655. — C. 87, 552, 574, 897. — E. 597, 598. — H. 1354. (Voir Communauté, Cure, Moulin, Pont.)

* HARDECOURT, fief (Macquigny). B. 2084, 2902. — E. 59.

* HARDONCELLE (Ardennes). E. 48.

*HARGICOURT. B. 2909, 3993, 4068, 4071, 4074, 4078. — C. 783, 793. — G. 793, 826, 830, 894, 1032, 1664, 1673, 1678, 1687. — H. 1115, 1147, 1624, 1626, 1628, 1641.

* HARGIVAL, ferme (Vendhuille). B. 3445. — H. 1113, 1114, 1116, 1120, 1122, 1124, 1155, 1174.

* HARGUE (la), bois. B. 3062.

* HARLY. B. 2912, 3992, 4071. — C. 784, 799. — G. 485, 799, 823 à 829, 832, 833, 895, 1032, 1660, 1662, 1674. — H. 588, 1378. (Voir Moulin, Pauvres.)

HARNÉTHENGEM. H. 1116.

* HARTENNES. C. 430, 432, 455, 562, 582, 1068. — G. 253, 1710. (Voir Cure, Fabrique.)

* HARY. B. 1236, 3196 à 3199. — C. 552, 574, 897. — G. 414, 1775. — H. 983, 1355, 1564. (Voir Cure, Fabrique.)

HASLETH. H. 1116.

HAUBOURDIN (Nord). B. 3444.

* HAUCOURT (le). B. 1480, 2894, 2908, 2916, 2926, 4073. — C. 794. — G. 485, 800, 804, 824, 826, 828, 832, 903, 1657, 1668, 1673. — H. 581, 1128, 1378, 1624, 1744. (Voir Église.)

— (le), fief (Vaux-Andigny). B. 1922.

HAUDRECY (Ardennes). E. 607.

* HAUDREVILLE, fermes (Marle). B. 584, 588, 621. — C. 554, 575. — H. 607. (Voir Prieuré.)

* HAURIE (la), fief (Frières-Faillouël). G. 800, 882.

* HAUT (le), ferme (Cœuvres-et-Valsery). H. 1078.

* HAUT-CHEMIN (le), ferme (Nizy-le-Comte). H. 717.

* HAUTDEVIN (le), (Landouzy-la-Ville, Origny-en-Thiérache). B. 3149, 3151, 3873. — H. 684.

* HAUTE-BONDE (la), (La Bouteille). E. 163.

HAUTE-BRAYE (la), (Oise). B. 3368. — H. 477, 488.

* HAUTE-BRUYÈRE (la), ferme. G. 798.

HAUTE-FONTAINE (la), (Oise). C. 102. — G. 253, 279, 296, 1552. — H. 455, 1690.

*HAUTEVESNES. C. 540. — E. 28, 118. — G. 297. — H. 1570.

*HAUTEVILLE. B. 181, 187, 285, 301, 304, 310, 311, 326, 468, 2119, 2466, 3959. — C. 177, 190, 545, 838, 897, 966, 998. H. 588, 610, 1625, 1744. (Voir Communauté, Cure, Moulin.)

HAUTEVILLE-ET-SON (Ardennes). H. 864, 955, 965.

*HAUTION. B. 2452, 3209, 3210, 3213 3223. — C. 103, 552, 574, 840. — E. 172, 173, 514. — H. 1592. (Voir Communauté, Cure, Fabrique, Moulin, Terrier, Territoire.)

* HAUTONVAL, bois. B. 3458.

* HAUT-TERME (le), (Chauny). E. 113.

HAUTVILLIERS. (Voir Abbaye.)

HAUTWISON, bois. B. 3728, 3734, 3739, 3764.

*HAUVER, fief. E. 310.

* HAYETTE (la), (Logny-lès-Aubenton). E. 94, 343, 362.

*HAYETTES (les), (Rocquigny). B. 2590.

* — (des), bois, près de La Neuville-en-Beine. H. 1093, — près de Vervins. B. 3873.

* HAYON, ferme (Gizy). G. 47.

* — ferme (Montigny-le-Franc). H. 941, 942.

* HAZOIR, fief (Ribeauville). B. 2099.

* HEAUNE, fief (Aubenton). B. 2503.

HÉBÉCOURT (Somme). B. 4068. — G. 798. — H. 1628.

* HELLOT, ferme (Viry-Noureuil). E. 23.

* HENNECHY, ferme (Seboncourt). B. 2248, 3667.

* HENNEPIEUX, fief (Esquehéries). B. 72, 430, 2381, 3234.

— H. 1107.

HENRICHEMONT (Cher). A. 1.

*HÉRIE (la). B. 2591, 3158, 3159, 3163. — C. 552, 574, 962. — H. 851. (Voir Cure, fabrique.)

HÉRIE-EN-CAMBRÉSIS (le) (Nord). B. 306.

*HÉRIE-LA-VIÉVILLE (le). B. 49, 138, 175, 246, 271, 295, 407, 453, 2040, 2196, 3906, 4125. — C. 90, 161. 461, 511, 552, 574. — E. 242 à 251, 638. — H. 249. 872, 960, 1744, 1745, 1755. (Voir Château, Communauté, Fabrique, Moulin, Pauvres, Seigneurie, Terrier, Territoire.)

*HERMITAGE (l'), ferme (St-Paul-aux-Bois). H. 1441.

— (l'), triage forestier. B. 3467.

*HERMITES (les), bois (Brumetz). B. 3773.

*HÉRONNIÈRE (la), bois. E. 201.

*HÉROUEL (Foreste). B. 3993, 4068. — C. 793. — E. 279. — G. 976, 1031, 1412, 1420, 1654, 1660. — H. 329, 785, 791, 1428, 1625.

*HERSE (la), ferme (Crécy-sur-Serre). H. 71.

HERVAIN (Belgique). B. 3161.

HERVILLIERS (Oise). B. 3769.

HERVILLY (Somme). B. 2906. — G. 798.

HÉVERY (Somme). B. 660.

*HINACOURT. B. 2891, 3991, 4068. — C. 129, 177, 559, 579, 977. — G. 798, 824, 1686. — H. 1384, 1590. (Voir Cure, Territoire.)

*HIRSON. B. 126, 312, 313, 328, 345, 380, 2049, 2186, 2200, 2225, 2304, 2387, 2483, 2569, 2572, 2575 à 2577, 2579 à 2584, 2586 à 2590, 2592 à 2599, 2601 à 2603, 2611, 3276, 3278, 3287, 3288, 3854, 3855, 4083, 4088, 4090, 4105, 4106. — C. 9, 107, 210, 224, 307, 356, 372, 399, 434, 469, 492, 532, 545, 569, 666, 673, 837, 838, 912, 924, 966, 990, 1009, 1010, 1030. — E. 46, 68, 70 à 73, 389, 390, 397, 514. — G. 461, 647, 1846. — H. 341, 342, 851, 1404. (Voir Château, Châtellenie, Commune, Cure, Église, Ermitage, Gruerie, Halle, Hôpital, Maladrerie, Marché, Municipalité, Pont, Prévôté, Prieuré, Terrier.)

HOLÈM. H. 871.

HOLLANDE (royaume). B. 181, 1090, 2350.

*HOLNON. B. 2904, 2916, 3587, 3643, 3647 à 3649, 3651, 4063, 4073. — C. 784. — G. 798, 825, 826, 828, 830, 895, 1032, 1668, 1680, 1690, 1821. — H. 1111, 1624, 1625. (Voir Cure, Fabrique.)

HOMBLEUX (Somme). B. 1402. — H. 785.

*HOMBLIÈRES. B. 293, 3932, 3993, 4008, 4071, 4075. — C. 104, 177, 545, 569, 950, 984, 1061. — G. 485, 897, 982, 999, 1032, 1660, 1662, 1668. — H. 534, 588 à 592, 596. (Voir Abbaye, Territoire.)

HONNECHY (Nord). B. 47, 89, 257, 275, 345, 2123. — C. 924. — H. 665. (Voir Seigneurie, Village.)

HONNECOURT (Nord). B. 2907, 3623. — H. 1114, 1148. (Voir Abbaye.)

*HÔPITAL (l'), ferme (Montreuil-aux-Lions). B. 3698.

— ferme (Ardennes). E. 530.

*HORBE (la), ferme (Fieulaine). B. 694. — G. 802. — H. 73.

*HORDEVOIE, ferme (Laon). B. 3004.

*HOTTENCOURT, ferme (Benay). E. 274.

*HOUPPE, fief. B. 2503.

*HOURDIN, fief. B. 2201.

*HOURY. B. 3188, 3313, 3337, 3428. — C. 552, 574, 897. — E. 303, 313. — G. 414. — H. 983, 1356. (Voir Fabrique, Moulin, Seigneurie.)

*HOUSSEAU (Any-Martin-Rieux). B. 317, 2144, 2505, 2987. — E. 344, 351, 369, 373, 378.

*HOUSSET. B. 508, 1236, 2027, 2273, 3154, 3239, 3455, 3589, 3978. — C. 574, 824. — E. 376, 516, 550. — H. 1404. (Voir Communauté, Cure, Fabrique, Moulin, Seigneurie.)

*HOUY, fief. E. 254.

— (Nord). B. 2546.

*HUBECOURT, bois. B. 3460.

*HUBERTPONT. H. 787.

*HUCQUIGNY, ferme (Flavigny-le-Grand et Beaurain). B. 2130, 2157. — H. 622.

*HUGUENOTS. (Voir Gruerie.)

*HUMONT, ferme (Beautor). B. 660, 685, 708, 814, 3442, 3446.

— fief (Bertaucourt-Épourdon). B. 840.

*HURTAULT, rivière. C. 472.

*HURTEBISE (Aubenton). E. 360.

— (Malzy). B. 2912.

— (Vauclerc-et-la-Vallée-Foulon). B. 3676. — E. 483.

— fief. E. 254.

— (Nord). H. 607.

*HUSSIN, fief. E. 278.

*HUTTEAU, ferme (Landouzy-la-Cour). B. 3161. — H. 631.

*HUTTES (les) (Coingt). B. 2943, 2962, 2975.

HYENCOURT-LE-PETIT (Somme). H. 1508.

I

IGES (Ardennes). H. 477.

IGNY (Marne). (Voir Abbaye.)

ILE DE FRANCE. (Voir Gouvernement militaire, Maîtrise des eaux-et-forêts.)

INCY, moulin. H. 534.

INTENCOURT (Oise). B. 2902.

*IRON. B. 64, 69, 144, 182, 277, 305, 307, 314, 315, 1444, 2098, 2149, 2163, 2241, 2400, 3200 à 3207, 3819, 3896, 3952. — C. 466, 545, 569, 838. — E. 259, 260, 263. — G. 647. — H. 446, 660, 665, 797. (Voir Baronnie, Cure, Fabrique, Pauvres, Pont, Village.)

*ISLEAUX (les), buerie (Saint-Quentin). B. 4025.

*ISSICOURT, territoire (Aizelles). H. 305.

ITALIE, royaume. B. 2894.

*ITANCOURT. B. 459, 1569, 2902, 3208, 3250, 3648, 3994, 4068, 4075, 4078. — C. 177, 509, 545, 569, 672, 838. — G. 800, 823, 825 à 831, 898, 890, 982, 1000, 1032, 1657, 1690.

— H. 398, 556, 1745, 1755. (Voir Fabrique.)

*Iviers. B. 2521, 2934, 2954, 2967, 3845. — C. 177, 190, 552, 574, 594, 897. — E. 357, 380. (Voir Cure, Fabrique.)

Ivors (Oise). B. 3729, 3763. — G. 253.

J

Jaignes (Seine-et-Marne). H. 1508.

* Jardinet (le). E. 354.

— (le) (Ardennes). E. 863.

*Jaulgonne. C. 31, 177, 540. — E. 149. — H. 1063. (Voir Communauté.)

Jaulzy (Oise). B. 3747. — C. 926. — D. 24. — G. 253, 298. — H. 1666. (Voir Communauté.)

* Javage, ferme (Faverolles). B. 3791.

*Jéancourt. B. 3992, 4068, 4075, 4079. — C. 785, 793. — G. 799, 823, 825, 829, 831 à 833, 900, 901, 954, 1032, 1668. — H. 1624, 1628, 1641, 1642. (Voir Fabrique.)

* Jean Ducrocq, fief (Beautor). B. 698.

* Jean-Jacques Fontigny, fief (Martigny-en-Thiérache). B. 2523.

* Jean Lévesque, fief (Chassemy). E. 139, 151.

*Jeantes. B. 627, 2767, 2934, 2936 à 2944, 2947 à 2952, 2954 à 2956, 2961 à 2966, 2968 à 2970, 2973, 2974, 2979, 4108. — C. 90, 190, 552, 574, 897. — E. 390, 397, 588 à 591, 593. — H. 1356, 1779. (Voir Cure, Fabrique.)

* Jeantes-la-Cour, ferme (Jeantes). B. 2939, 2972. — H. 342.

* Jeoffrecourt, fermes (Sissonne). B. 3676. — H. 691, 872.

Jérusalem (Palestine). — H. 365, 872.

Joie (la). (Voir Couvent.)

Joigny. (Voir Comté.)

Joinville. (Voir Chapitre.)

* Jomont, fief (Martigny). G. 97.

* Joncourt. B. 1389, 4068, 4079. — C. 785, 793. — G. 799, 831, 832, 902, 1032, 1656. — H. 1116, 1119, 1128, 1149, 1158, 1167, 1778. (Voir Cure.)

* Jonqueuse, ferme (Macquigny). B. 2001, 2035, 2067, 2074, 2092, 2466, 2469. — C. 545.

* Jonquière (la), ferme (Quierzy). B. 1359, 1427, 1528, 1542, 1598, 1628, 1645.

* Jonquoy, fossé. B. 570.

* Jorain, fief (Ognes). B. 1784.

* Jouaignes. C. 562, 582, 1022. — E. 117, 152. — G. 253, 299, 725, 1488. — H. 455, 1410.

Jouarre. (Voir Abbaye.)

* Jouy. B. 1024. — C. 562, 582, 594. — E. 618, 620, 625. — G. 687, 1753. — H. 455, 468. (Voir Communauté, Fabrique.)

* Jozienne, moulin à eau (Soissons). H. 477, 478.

* Jumelle (la), (Royaucourt-et-Chailvet). E. 519.

* Jumencourt. C. 449, 557, 578. — G. 1460. — H. 925. (Voir Communauté.)

* Jumigny. C. 107, 129, 552, 597, 897, 966, 968. — E. 31, 33, 447, 474, 478, 516. — G. 48, 194. — H. 852, 861, 864, 926. 1356. (Voir Cure, Fabrique.)

Jussecourt (Marne). H. 1064.

* Jussy. B. 661, 1315, 1346, 1348, 1365, 1371, 1394, 1423, 1428, 1448, 1454, 1462, 1500, 1539, 1562, 1570, 1571, 1573, 1580, 1581, 1597, 1629, 1650, 1669, 1670, 1693, 1694, 1733, 1745, 1764, 1785, 1798, 1799, 1801, 3904, 4004, 4075. — C. 177, 314, 423, 432, 534, 535, 559, 579, 603, 675, 676, 801, 805, 918, 935, 944, 997. — G. 800. — H. 399 à 401, 1341, 1625. (Voir Cure, Église, Fabrique, Seigneurie, Village.)

* Justice (la), bois. B. 3818, 3841.

* Juvigny. B. 3465, 3522, 3529, 3718. — C. 196, 562, 582, 915, 1022. — E. 491. — G. 253, 300, 500, 765, 1487, 1712, 1717, 1761. — H. 831, 723, 732, 1667. (Voir Château, Communauté, Étang, Fabrique, Moulin.)

* Juvincourt. B. 3665. — C. 130, 177, 503, 552, 574, 897. — E. 96, 443, 445, 453. — G. 94. — H. 669, 679. (Voir Châtellenie, Cure, Fabrique, Pont, Seigneurie, Terrier, Territoire.)

* Juvincourt-le-Petit (Juvincourt). E 443. — G. 409, 1453.

Juzancourt (Ardennes). H. 892.

K

* Kiervales, bois. H. 1637.

L

* Laffaux. B. 3711. — C. 563, 582. — G. 253, 501, 688, 1710. — H. 332, 479, 492, 1286, 1508, 1531, 1532. (Voir Communauté, Cure, Église, Fabrique, Terrier, Territoire.)

* Laffrené, fief (Beautor). B. 660, 694, 701, 724, 782, 935,

Lagache, bois. H. 1427.

Lagery (Marne). B. 3679. — H. 1563.

Lagny (Oise). C. 935.

Laigneville (Oise). C. 94.

* Laigny. B. 3209 à 3223, 3322, 3869, 3870. — C. 574, 897. — E. 163, 164, 172, 173. — G. 414. (Voir Château, Fabrique, Seigneurie.)

Laigue, forêt. B. 3758, 3763. — H. 455, 477.

* Lambay, ferme (Urvillers). H. 588.

* Lambelly, fief. (Voir Lorembert.)

* Lambercy (Dagny-Lambercy). B. 2949, 2954. — H. 230 à 233.

* Lanchy. B. 2902, 4068. — C. 794. — G. 1028, 1420. — H. 588, 764, 802.

* Landifay. B. 179, 184, 213, 248, 267, 284, 293, 295, 297, 300, 316, 327, 356, 479, 502, 1921, 2045, 2085, 2194, 2461, 3224 à 3226. — C. 553, 574, 966, 969. — E. 260, 375, 607. — G. 197. — H. 342, 446, 1468, 1744 à 1746, 1756. (Voir Communauté, Cure, Fabrique, Mesure, Moulin, Seigneurie, Vicomté.)

* Landouzy-la-Cour. B. 1150, 3143, 3158, 3159, 3165. — C. 553, 574, 897. — E. 598. — H. 623, 627, 629, 644, 983. (Voir Communauté, Cure, Fabrique, Moulin, Territoire.)

* Landouzy-la-Ville. B. 1150, 2605, 2941, 3145, 3152, 3154,

3874, 3875, 4089, 4100, 4101. — C. 522, 548, 569, 897. — E. 163, 174 à 178, 383, 594, 597. — H. 623, 624, 627, 633 à 635, 644, 645. (Voir Avouerie, Chapelle, Chapellenie, Communauté, Cure, Église, Étang, Fabrique, Hôpital, Maladrerie, Moulin, Seigneurie, Terrier, Territoire.)

LANDRECIES (Nord). B. 958, 2168, 2454, 2767. — C. 18, 348, 620, 816, 851, 903. — H. 588.

* LANDRICOURT. C. 178, 449, 559, 574, 672. — G. 1337, 1618. — H. 327, 334, 588, 803, 1286. (Voir Communauté, Cure, Fabrique, Territoire.)

LANGRES (Haute-Marne). F. 9. (Voir Grenier à sel.)

LANGUEDOC, province. B. 3565. — C. 354.

* LANIEL, fief. B. 676.

* LANISCOURT. B. 2482, 3655, 3665, 3661. — C. 130, 553, 574, 897. — E. 471, 474, 515. — G. 1, 9, 49, 198. — H. 250, 251, 268, 402, 407, 804. (Voir Cure, Fabrique.)

* LANNOY, ferme (Villeneuve-sur-Fère). E. 110.

LANVAL, fief (Oise). H. 1569.

* LAON. B. 513, 638, 684, 964, 989, 1014, 1128, 1130, 1206, 1344, 1345, 1375, 1800, 1801, 1902 à 1904, 1987, 1994, 2049, 2622, 2632, 2643, 2644, 2651, 2652, 2683, 2684, 2686, 2713, 2744, 2747, 2756, 2758, 2759, 2770, 2800, 2804, 2807, 2843, 2850, 2851, 2869, 2877 à 2882, 3004, 3295, 3444, 3461, 3587, 3655, 3972, 4112. — C. 10, 69, 71 à 73, 80, 88, 98, 110, 116, 430, 309, 330, 336, 338, 342, 345, 349, 352 à 354, 356, 358, 362 à 364, 367, 374, 379, 388, 398 à 400, 407 à 410, 597, 623, 630, 659, 666, 709, 722, 723, 744, 850, 898, 922, 925, 937, 944, 945, 957, 958, 1014, 1018, 1037. — D. 1, 8, 12, 13. — E. 33, 165, 195, 210, 223, 226, 303, 324, 344, 441, 444, 459, 505, 507, 528, 541, 557, 562, 580, 634, 660. — F. 4, 8, 9, 27. — G. 1, 2, 7, 39, 50 à 55, 63, 118, 128, 130, 134, 138 à 142, 397, 434, 444, 466, 471, 477, 527 à 543, 586 à 601, 603, 1014, 1015, 1021, 1839. — H. 3, 6 à 34, 49, 93, 124, 125, 180 à 156, 168, 185, 365, 403, 404, 452, 588, 627, 646, 680, 862, 865, 871, 873, 877, 881, 1386, 1445, 1585, 1597 à 1608, 1698, 1701, 1702, 1742 à 1744, 1747 à 1750. (Voir Archidiacre, Assemblée d'élection, Bailliage, Banlieue, Bataillon, Bouchers, Boulangers, Bureau d'agriculture, Cabaretiers, Capucins, Casernes, Change, Chapitre, Châtellenie, Citadelle, Clergé, Collège, Commanderie, Congrégation, Conseil de santé, Cordeliers, Coutumes, Couvreurs, Curés, Dépôt de mendicité, Diocèse, Doyenné, Drapiers, Duché, Église, Élection, Épiciers, Étuves, Évêché, Fabrique, Foires, Frères, Garnison, Grenier à sel, Halle, Hôpital, Hôtel-Dieu, Jauge, Léproserie, Limonadier, Maison de retraite, Maison épiscopale, Maîtrise des eaux et forêts, Maréchaux, Menuisiers, Merciers, Mesure, Minimes, Monnaie, Municipalité, Officialité, Pâtissiers, Prévôté, Routes, Séminaire, Siège épiscopal, Sœurs d'école, Synode, Tailleurs d'habits, Terrier, Ville.)

* LAONNOIS (pays). B. 1908, 2683, 2780. — C. 26, 36, 40, 887, 894. — D. 7. — E. 487. — G. 1, 2, 9, 16, 18, 20, 21, 83, 84. — H. 455. (Voir Commune, Marais, Prévôté, Raisin, Vidamié, Vignes.)

* LAPPION. B. 3978. — C. 130, 178, 553, 574. — E. 494, 517, 529 à 532, 534, 535, 538, 539. — H. 252, 1766, 1768. (Voir Cure, Fabrique, Mesure.)

* LARGNY. B. 3765, 3770. — C. 178, 979. — E. 637. — H. 857, 1084, 1373, 1570. (Voir Communauté, Fabrique, Moulin.)

* LARZILLÈRE, fief. B. 186, 270, 2249.

* LATILLY. C. 458, 563, 582. — E. 198.

* LAUNOY. C. 563, 582. — E. 122. — G. 258, 1591. — H. 1226, 1508, 1690. (Voir Cure, Fabrique.)

*   — (Crézancy). E. 85, 90.

    — (Ardennes). E. 530. — H. 1768.

LAURAGUAIS. (Voir Comté.)

* LAVAL. B. 2617, 2628, 2630, 2632, 2634, 2635, 2651, 2654, 2655, 2658, 2663, 2676, 2679, 2681, 2719 à 2721, 2849, 3655, 4112 à 4114. — C. 131, 178, 553, 574. — E. 442, 489, 492, 495, 508. — G. 1, 2, 12, 22, 44, 56 à 58, 95, 101, 153, 585, 602, 1024, 1479. — H. 83, 1744, 1745, 1757. (Voir Communauté, Fabrique.)

*   — (Cuizy-en-Almont). B. 3413. (Voir Prévôté.)

* LAVAQUERESSE. B. 37, 56, 77, 183, 184, 270, 284, 298, 318, 319, 353, 2039, 2270, 2276, 2390, 2396, 2476, 3202, 3206, 3207, 3228, 3229, 3235. — C. 546, 569, 991. — H. 1353. (Voir Communauté, Cure, Église, Fabrique, Moulin, Seigneurie, Terrier.)

* LAVERGNY, ferme (Parfondru). B. 788, 1308. — H. 871 à 873.

* LAVERSINE. C. 563, 582. — E. 11, 12. — G. 284, 1326. — H. 1448, 1690. (Voir Église, Fabrique.)

* LAVIER (le) fief (Crépy). B. 660, 1372.

LAVVERGEN. H. 1116.

* LÉCHELLE (Berzy-le-Sec). C. 540, 582.

* LEMÉ. B. 45, 69, 143, 153, 302, 321, 322, 331, 394, 431, 574, 2024, 2275, 2749, 3132 à 3134, 3138, 3143, 3148, 3150, 3154, 3155, 3157 à 3162, 3164 à 3166, 3237, 3868, 4104. — C. 825. — H. 623, 624, 647. (Voir Communauté, Cure, Église, Mesure, Moulin, Territoire.)

* LENTY (le) fief. (Éparcy). H 623.

* LERZY. B. 260, 313, 314, 354, 443, 2197, 2260, 4103, 4109. — C. 178, 546, 549, 1047. — E. 223, 381, 601. — H. 858, 1456, 1469. (Voir Cure, Fabrique, Moulin, Pauvres, Terrier.)

* LESCHELLE. B. 30, 56, 72, 130, 259, 260, 280, 292, 305, 307, 310, 314, 451, 1952, 1962, 2047, 2074, 2149, 2283, 2365, 2388, 2472, 2482, 3230 à 3235, 3906. — C. 67, 103, 131, 178, 190, 191, 534, 546, 569, 922, 1008. — E. 214 à 217. — G. 647, 1429. (Voir Communauté, Cure, École, Fabrique, Fort, Moulin, Pont, Terrier, Village.)

LESCHELLE, bois (Ardennes). B. 291.

* LESCHELLOIS, fief (Lavaqueresse). B. 72, 3231.

* LESDINS. B. 2889, 3992, 4078. — C. 794. — G. 801, 904, 1660, 1687. — H. 568. (Voir Cure, Fabrique, Seigneurie.)

LESPION (Ardennes). H. 972.

* Lesges. C. 178, 541. — E. 110, 129. — G. 302, 726. — H. 477, 1021, 1221, 1723. (Voir Fabrique, Seigneurie.)
* Lesquielles. B. 21, 181, 224, 257, 276, 302, 312, 314, 1077, 1921, 1940, 1953, 1994, 1998, 2003, 2011, 2094, 2098, 2211, 2214, 2230, 2231, 2251, 2270, 2273, 2278, 2284, 2292, 2297, 2327, 2341, 2354, 2364, 2372, 2401, 2439, 2464, 2474, 2481 à 2483, 2851, 3655, 3799, 3841, 3899, 3951. — C. 267, 430, 482, 483, 502, 546, 569, 838. — E. 159, 259, 260. — G. 401, 643, 648. — H. 253, 607, 664, 1405. (Voir Château, Communauté, Cure, Fabrique, Hôpital, Moulin, Pauvres, Pont, Prairie, Prieuré, Territoire.)
Lestron, bois (Ardennes). H. 973.
* Leuilly. C. 178, 449, 563, 582. — E. 198. — G. 303, 1161, 1731. — H. 332, 733, 756, 805, 1667, 1731 (Voir Fabrique.)
* Leury. C. 483, 563, 582. — E. 218. — G. 253, 1025, 1710, 1712, 1733. — H. 721, 1286, 1412, 1723. (Voir Église, Fabrique, Marais.)
* Leuze. B. 189, 2505, 2515 à 2519, 2521. — C. 546, 900. — E. 76, 337, 338, 347, 356, 359, 369, 376, 880, 389, 398. (Voir Communauté, Cure, Église, Moulin, Terrier.)
* Leuzilly, ferme (Merlieux-et-Fouquerolles). H. 85.
* Levergies. B. 3992, 3994, 4063, 4071. — C. 794. — G. 801, 824, 825, 827 à 833, 907, 1001, 1033, 1066. — H. 534, 582, 1624, 1625, 1628, 1738.
Levignan (Oise). C. 915.
* Lhuys. C. 528, 563, 582. — G. 253, 502, 1275. — H. 255. (Voir Fabrique.)
Liancourt (Oise). C. 94, 392, 417, 491, 744.
* Licy-Clignon. C. 161, 178, 541, 567, 976, 994. — H. 1678. (Voir Cure.)
* Liébuin, moulin à eau (Brancourt). G. 2, 38, 61. — H. 756, 758.
Liége (Belgique). B. 330. — C. 685, 849.
* Liencourt, fief (Mézières-sur-Oise). B. 213, 248. — E. 313.
* Lierval. B. 2707, 2849, 2851, 3084, 3085, 3655, 4106. — C. 131, 178, 553, 574. — E. 156, 255, 479, 502, 627. — G. 2, 59, 199, 574, 602, 1018. — H. 59, 84, 104, 256, 452, 871, 873, 879, 1648, 1744, 1745, 1757, 1768. (Voir Fabrique.)
* Liesse. B. 18, 196, 1681, 1902, 1913, 2743, 2750, 3492. — C. 18, 332, 400, 481, 553, 574, 624, 900, 992. — E. 514, 540 à 546, 570. — G. 60, 200 à 203, 419, 522. — H. 1395, 1766. (Voir Comité de santé, Communauté, Confrérie, Église, Hôpital, Hôtel-Dieu, Municipalité, Pélerinage, Religieuses bénédictines, Trésorier.)
Liessies (Nord). (Voir Abbaye.)
Lieu-Restauré (Oise). (Voir Abbaye.)
Lieuvilliers (Oise). C. 913, 914.
* Liez. B. 957, 1069, 1364, 1365, 1428, 1433, 1462, 1500, 1514, 1577, 1619, 1649, 1743, 1801, 2902, 3992. — C. 559, 579, 977. — E. 657. — G. 626, 801, 825, 836, 1617. — H. 1341, 1498. (Voir Château, Communauté, Cure, État-civil, Moulin, Terrier, Territoire.)
* Ligneval, territoire. H. 305.
Ligny-en-Barrois (Meuse). H. 1695.

Lille (Nord). B. 660, 2473, 3444, 3887, 3896. — C. 372, 684, 689, 943.
* Limé. B. 3697. — C. 131, 563, 582. — E. 129. — G. 304, 727, 766, 1261. — H. 988, 991, 1022 à 1025, 1562, 1734. (Voir Fabrique, Seigneurie.)
Limoges (Haute-Vienne). E. 403.
* Limonval, ferme (Crécy-au-Mont). B. 3529. — H. 328.
Linchamp (Ardennes). B. 1913.
Linisuns, ruisseau (Ardennes). H. 902.
* Lionval, ferme (Chouy). B. 3788.
Lisle-sous-Montréal. B. 1902.
* Lislet. B. 768. — C. 178, 574. — G. 656. (Voir Fabrique, Mesure.)
* Lizy. H. 684, 2618, 2642, 2657, 2672, 2680, 2708, 2709. — C. 356, 553, 900. — E. 331, 335, 449. — G. 2, 33, 61, 597, 1198. — H. 806, 808, 879, 887. (Voir Communauté, Église, Fabrique, Mairie.)
Lizy-sur-Ourcq (Seine-et-Marne). G. 1131.
* Loaistre, fief (Septmonts). G. 88. — H. 1731.
* Locq, fief (Anizy-le-Château). B. 2686.
* Locquet, bois. B. 3658.
* Lœuilly, faubourg de Laon. B. 2653, 2887, 3664. — C. 91, 178, 553, 574, 622, 899. — E. 477, 522, 524. — G. 141, 539, 1015, 1472. — H. 24, 127, 151, 155 à 157, 1386, 1591.
— (Somme). G. 804, 830, 905.
* Loge (la), ferme (Sancy). H. 713.
* Loge-Tristan (la), ferme (Chouy). B. 3783.
* Logny-lès-Aubenton. B. 2517, 3854. — E. 76, 306, 338 à 340, 343, 345 à 347, 352, 355, 358, 360, 361, 363 à 371, 378, 381, 390, 391, 393, 394, 397, 398, 400. — G. 1203. (Voir Communauté, Fabrique, Terrier.)
Logny-lès-Chaumont (Ardennes). H. 1768.
* Loire, ferme (Trosly-Loire). H. 835.
— rivière. A. 1.
* Loistre, fief (Limé). E. 129.
* Loizy, ferme (Besny-et-Loizy). C. 553. — H. 189, 353, 1602.
* Lombray. B. 1191, 1612. — C. 563. — E. 203, 204. — G. 369, 1283. — H. 334. (Voir Territoire.)
Longchamp, ferme (Oise). H. 388.
* Longchamps. B. 300, 401, 2001, 2482, 3896. — C. 104, 178, 502, 546, 569, 942, 935, 1009, 1029. — E. 161. — G. 652. — H. 660, 662. (Voir Communauté, Cure, Moulin, Seigneurie.)
* Longpont. C. 543, 593. — G. 305. — H. 692 à 694, 697. (Voir Abbaye, Pont.)
* Longpré (Haramont). (Voir Prieuré.)
* — ferme (Vervins). B. 595, 3313. — E. 163.
* Longuavesne (Vivières). B. 3763.
* Longuedeau (Aulnois). C. 481.
Longueil (Oise). G. 503.
* Longue-Rue (la). (Jeantes.) B. 2954, 2961, 2972.
* Longueval. G. 24, 26, 569, 582, 929, 969. — E. 413, 545,

546. — G. 564, 1764. — H. 1035. (Voir Fabrique.)

• — fief. E. 15, 313.

LONGUEVILLE. (Voir Duché.)

*LONGUILLIÈRE, bois (Holnon). B. 3643.

*LOR. C. 132, 178, 553, 574, 900, 1025. — E. 258. — H. 681, 928. (Voir Cure.)

*LOREMBERT ou LAMBELLY, fief (Martigny-en-Thiérache). B. 2503, 2519. — H. 852.

*LORIQUE, fief. B. 3355.

*LORIVAL, bois (Neuville-St-Amand). B. 3649. — H. 560.

*LORMISSET (Gouy). H. 1120, 1129.

LORRAINE, province. A. 30. — B. 1905, 3312. (Voir Cartes géographiques, Duché.)

*LOS D'HILBERT, ferme (Crépy). H. 386.

*LOUATRE. C. 20, 582. — E. 235, 290. (Voir Municipalité.)

*LOUATRE-ET-VIOLAINE. C. 563. — E. 26. — H. 1227, 1533. (Voir Cure, Fabrique.)

*LOUEN, fief. E. 312.

*LOUP (le) bois. B. 3702.

*LOUPEIGNE. C. 563. 582, 603. (Voir Fabrique.)

*LOUVETAIN, bois. H. 1427 ; étang. B. 1639.

LOUVRES-EN-PARISIS (Seine-et-Oise). B. 3437. — H. 1065.

*LOUVRY, fermes (Andigny). B. 2165, 2467, 3798. — H. 659.

*LUCERON, ferme (Chaudun). H. 695.

*LUCY (Ribemont). B. 50, 186, 293, 316, 434, 440, 444, 498, 1235, 3995, 4075. — E. 35. — G. 982. — H. 434, 436 à 439. (Voir Chapelle, Territoire.)

*LUCY-LE-BOCAGE. B. 3056, 3236. — C. 132, 178, 563, 582. — E. 433. — G. 306, 1227. (Voir Fabrique, Territoire.)

*LUGNY. B. 1236, 3237, 3322, 3337, 3442, 3455, 3978. — C. 333, 463, 465, 553, 574, 900. — E. 554, 556. — H. 1364. (Voir Église, Moulin, Pont, Seigneurie.)

*LURU, fief (Bois-lès-Pargny). G. 90.

*LUVIGNY, moulin. G. 931. — H. 588.

*LUZOIR. B. 63, 97, 251, 306, 323, 359, 455, 2051, 2072, 2139, 2168, 2497, 2569 à 2571, 2576, 2585, 2589, 2593, 2594, 2610, 3848, 3854, 4084, 4089, 4090, 4105. — C. 90, 534, 546, 569, 888. — E. 46, 76. — G. 1393, 1775. — H. 627, 648, 857, 1356. (Voir Château, Communauté, Cure, Église, Fabrique, Moulin, Terrier.)

*LY FONTAINE. B. 3991, 4071. — C. 559, 579, 949, 977. — G. 633, 1766. — H. 1590. (Voir Cure, Église, Pauvres, Seigneurie, Terrier, Territoire.)

LYON (Rhône). A. 1 à 3. — B. 685, 1904.

M

*MAAST-ET-VIOLAINE. C. 105, 563, 583, 969. — E. 152. — G. 1718. — H. 500. (Voir Cure, Fabrique.)

*MACHECOURT. C. 572. — E. 571, 576, 579, 583. — G. 178. (Voir Marais.)

*MACQUIGNY. B. 174, 184, 234, 246, 268, 274, 283, 358, 434, 457, 1235, 2013, 2050, 2103, 2104, 2125, 2279, 2298, 2390, 2478, 3952. — C. 105, 179, 267, 517, 546, 569, 816, 963. — E. 45. — G. 651, 1838. — H. 649, 662, 664. 872, 873, 878, 894, 929 à 932, 952, 1744, 1746. (Voir Communauté, Cure, Fabrique, Moulin, Terrier, Territoire.)

• — ferme (Lappion). C. 553. — H. 1768.

• — ferme (Versigny). B. 1111, 3296, 4137. — G. 75, 77.

*MACQUINCOURT (Bony). H. 1115 à 1117, 1122, 1124, 1135.

*MADELEINE (la), pont. C. 827.

MAESTRICHT (Hollande). B. 1653, 2392.

*MAGNIVILLERS, ferme (la Malmaison). C. 554, 575. — H. 871, 872, 933, 934.

*MAGNY (Vincy-Reuil-et-Magny). C. 179, 831. — G. 414. (Voir Seigneurie.)

*MAGNY-LA-FOSSE. B. 3994, 4071. — C. 786, 794. — E. 330. — G. 485, 802, 828, 908, 1673, 1675. — H. 1116, 1119, 1128, 1149, 1167, 1624, 1628, 1645.

*MAHUROQUE, ferme (Nouvion-en-Thiérache). B. 2273.

*MAILLICOURT, fief (Oisy). B. 100, 2183, 2231, 2266.

*MAILLY (Laval). E. 568. — G. 1, 56. — H. 314, 661, 665.

*MAIMENÇON (Laval). G. 1, 2, 22, 56.

MAINBRESSON et MAINBRESSY (Ardennes). G. 656. — H. 1767, 1768.

MAINE, province. C. 66.

*MAINVILLE, fief (Ressons-le-Long). G. 258.

*MAIRIE (la), fief (Leschelle). B. 3230, 3234.

• — (la), fief (La Neuville-en-Beine). H. 1102.

*MAISON-AU-VENT (la), fief. B. 712.

*MAISON-BLEUE (la), ferme (Cuizy-en-Almont). B. 3389, 3399.

*MAISON-BRULÉE (la). E. 333.

MAISON-DE-CHAYE (la), ferme (Oise). H. 1274.

*MAISON-DE-HAUT (la), ferme (Gernicourt). E. 29.

*MAISON-NEUVE (la), ferme. B. 3713.

*MAISON-ROUSSE (la), fief. E. 128.

*MAISSEMY. B. 2924, 3651, 4071, 4073, 4075. — C. 786, 794. — G. 802, 826, 833, 911, 1033, 1657. — H. 1150, 1155, 1646. (Voir Fabrique.)

*MAIZY. C. 179, 554, 575. — E. 403, 501. — G. 1625. — H. 681. (Voir Cure.)

*MALAISE, fief (Chambry). H. 56, 871, 893.

• — ferme (Tavaux-Pontséricourt). B. 2786, 2795, 2828, 2873. — H. 1593.

• — ferme (Vadencourt-et-Bohéries). B. 2145.

*MALASSISE (Barzy, le Nouvion). B. 2398. — C. 529.

*MALHOTEL, ferme (Crécy-au-Mont). H. 328.

• — moulin (Saint-Quentin). B. 2927.

*MALHOTIÈRE (la), ferme (Saint-Paul-aux-Bois). B. 1410. — H. 1441.

MALINCOURT (Nord). B. 2897. — H. 1118, 1119, 1125, 1156.

*MALMAISON (la). B. 3676. — C. 132, 179, 454, 575, 900. — H. 682. (Voir Communauté, Cure, Municipalité.)

* MALMAISON (la), ferme (Chavignon). E. 567. — H. 1521.
* — (la), fief (Limé). E. 129.
* — (la), ferme. B. 3700.
MALMAISON (la), ferme (Seine-et-Marne). H. 1679.
* MALVA, triage forestier. B. 3729, 3733, 3740.
* MALVAL (Crandelain-et-Malval). B. 3085. — C. 554, 575. — G. 2, 41. — H. 59, 80.
* MALVAUX (Nampcelle-la-Cour). B. 2958.
* MALZY. B. 43, 77, 143, 149, 208, 212, 245, 247, 253, 275, 284, 303, 305, 314, 320, 331, 405, 476, 580, 2136, 2182, 2218, 2265, 2266, 2271, 2279, 2290, 2294, 2311, 2333. — C. 105, 132, 179, 521, 546, 569, 843. — G. 649, 1429, 1751. (Voir Avouerie, Cure, Église, Moulin, Territoire.)
MANANCOURT (Somme). B. 1743.
* MANCOURT, triage forestier. B. 3566.
* MANEUX (Faucoucourt). B. 3888. — H. 239, 240.
* MANICAMP. B. 691, 996, 1349, 1372, 1373, 1380, 1390, 1391, 1435, 1436, 1446, 1451, 1463, 1502, 1520, 1584, 1594, 1609, 1613, 1635, 1644, 1684, 1697, 1738, 1799, 1801. — C. 28, 31, 132, 521, 529, 563, 583, 603, 623, 636, 914, 964. — E. 95. — G. 308, 1840. — H. 1344, 1616. (Voir Archers, Communauté, Comté, Église, Fabrique, Moulin, Municipalité, Prieuré, Seigneurie.)
* MANOISES (les), bois (Athies). B. 2835, 2853. — G. 150. — H. 177.
MANS (le). (Voir Chapitre.)
* MANY, ferme (Chavignon). C. 442. — H. 1770. 1776.
* — ferme (Margival). H. 1668.
* MARAIS (le), ferme (Cœuvres-et-Valsery). H. 1078.
MARANWEZ (Ardennes). E. 395.
* MARCHAIS (canton de Condé). C. 541. (Voir Fabrique.)
* — (canton de Sissonne). B. 1962. — C. 133, 179, 505, 554, 575, 597, 603, 966. — E. 542, 564. — F. 8. — G. 2, 204. — H. 644. (Voir Château, Communauté, Confrérie, Église, Fabrique, Marais.)
* MARCHAVENNE, fermes (Grougis). B. 203, 3808. — C. 545, 569. — H. 665.
MARCHEEL. H. 349.
* MARCHOIS, bois. B. 3736, 3740.
* MARCILLETTE, triage forestier. B. 3853.
* MARCILLY, fief (Barzy). E. 149.
* — fief (Faucoucourt). B. 828. — G. 1, 2, 93, 238, 451.
* MARCOGNIERS, fief (Wassigny). B. 181, 255, 2201.
* MARIOTTE, fief (Neuvillette). B. 40.
* MARCY (canton de Marle). B. 550, 551, 568, 591, 614, 634, 659, 660, 1236, 3283, 3442, 3589, 3636, 3637, 3978. — C. 103, 179, 554, 575, 892, 901, 942, 1014. — E. 40, 78, 105, 548, 553. — G. 1467. — H. 1364. (Voir Cimetière, Fabrique, Moulin.)
* — (canton de Saint-Quentin). B. 304, 314, 2250, 3932, 4008, 4071. — C. 546, 569, 838. — G. 802, 826, 831, 909. — H. 534, 588, 596. (Voir Fabrique, Seigneurie.)
(AISNE). — TABLES.

* MARDANSON, fief (Leuze). B. 2503.
* MARDENSON, fief (Bertaucourt-Épourdon). B. 961, 1002.
MARDICK. H. 1508.
* MAREST-DAMPCOURT. B. 1361, 1434, 1436, 1445, 1451, 1452, 1459, 1537, 1569 à 1571, 1574, 1608, 1652, 1739, 1765, 1788, 1789, 1798, 1799, 1801. — C. 535, 559, 579, 977, 1050. — G. 1180, 1304, 1812. — H. 477, 733, 807, 1097, 1098, 1104, 1341, 1345, 1443, 1739. (Voir Communauté, Cure, Église, Fabrique, Moulin, Seigneurie, Terrier, Territoire.)
* MAREUIL OU PETIT BOIS DES CLERCS, bois. B. 3702.
* — ferme (Épagny). E. 201, 202. — H. 731.
MAREUIL-EN-BRIE (Marne). C. 590. — H. 1035.
* MAREUIL-EN-DÔLE. B. 3702. — C. 179, 502, 532, 536, 541, 567, 914. — G. 1508.
MAREUIL-LE-PORT (Marne). H. 1228.
MAREUIL-SUR-OURCQ (Oise). B. 3753. — C. 458. — H. 1777.
* MARFONTAINE. B. 507, 512, 2749, 3166, 3237 à 3249, 3998, 4126. — C. 428, 554, 575. — E. 554, 559, 629.
MARGELLE (Nord). H. 1116.
* MARGIVAL. C. 563, 583. — E. 300. — G. 253, 309, 728, 1509. — H. 501, 1668, 1723. (Voir Cure, Fabrique.)
MARIA-LIERDE. H. 1121.
MARIEMBOURG. B. 2583. (Voir Siège.)
* MARIGNY-EN-ORXOIS. B. 3023. — C. 495, 543. (Voir Fabrique.)
* MARIVAL (Mortefontaine, Taillefontaine). G. 253. — H. 703.
* MARIZEL (Bichancourt). B. 1349, 1383, 1790, 1792, 1798, 1860, 1868, 3467, 3480. — H. 1381.
* MARIZY-SAINTE-GENEVIÈVE. B. 3764, 3765. — C. 179, 543. — G. 310. — H. 1084, 1735.
* MARIZY-SAINT-MARD. B. 3682, 3698, 3771, 3782. — C. 133, 543. — H. 477.
* MARLE. B. 503, 506 à 513, 529 à 538, 550,554 à 558, 561,563, 566, 568, 570 à 573, 576, 583 à 585, 587 à 592, 594, 596, 597, 600, 610 à 614, 616, 626, 632, 634, 635, 641 à 643, 649, 657 à 659, 744, 1218, 1236, 1245, 2066, 2349, 2746, 2768, 2891, 3115, 3442, 3444, 3448, 3541, 3568. — C. 10, 13, 106, 161, 326, 338, 398, 400, 413, 465, 466, 482, 554, 588, 631, 649, 671, 818, 827, 837, 901, 1018. — E. 35, 36, 39, 40, 78, 182, 507, 513, 514, 527, 547 à 560. — G. 2, 419, 604, 1511, 1512. — H. 607, 624, 626, 627, 873, 984, 1346, 1356, 1711, 1730, 1766. (Voir Bailliage, Château, Châtellenie, Citadelle, Comté, Domaine, Église, Fabrique, Garnison, Grenier à sel, Gruerie, Hôtel-Dieu, Maladrerie, Marché, Mesure, Moulin, Pont, Prieuré, Prison, Routes, Sœurs d'école, Subdélégation, Ville.)
* MARLEMPERCHE (Nouvion). E. 566.
* MARLIER, bois (Voulpaix). B. 3873, 3877.

MARLOU (Oise). B. 3437.
*MARLY. B. 279, 317, 318, 456, 576, 1919, 1947, 1964, 1989,
2002, 2003, 2007, 2023, 2060, 2091, 2103, 2170 à 2172,
2185, 2208, 2243, 2277, 2325, 2331, 2360, 2373, 2383, 2390,
2417, 2432, 2456, 3793, 3797, 3802, 3808, 3844, 3891, 3943,
3963. — C. 179, 534, 546, 569. — E. 45, 475, 547. — G.
649, 650, 1513. — H. 257, 342, 588. (Voir Communauté,
Cure, Église, Fabrique, Moulin, Prairie.)
MARMOUTIER. (Voir Abbaye.)
*MARNE, moulin à eau. H. 1508.
*   —   rivière. B. 3039. — C. 457, 485, 487, 526. — H.
1295.
MARNOUE (Seine-et-Marne). B. 3744.
MAROILLES (Nord). (Voir Abbaye.)
MAROLLES (Seine-et-Marne). B. 3763. (Voir Pont.)
MARQUES. B. 3444.
MARSEILLE (Bouches-du-Rhône). (Voir Courtiers de toiles.)
MARTEAU, fief. E. 86.
MARTELET, fief. E. 270.
MARTELOIS, fief. E. 312.
*MARTEVILLE. G. 823, 910, 1033. — H. 1108, 1111, 1384,
1625, 1647, 1683, 1685. (Voir Territoire.)
*MARTIGNY (canton d'Aubenton). B. 2278, 2498, 2505, 2508,
2515, 2516, 2521, 2524, 2596, 3881. — C. 546,
554, 569, 672, 901. — E. 47, 76, 337, 338, 341,
348, 365, 367, 372, 377, 389, 390, 514. — H.
650, 1405. (Voir Chapelle, Château, Châtel-
lenie, Communauté, Cure, Église, Maladrerie,
Moulin, Terrier, Territoire.)
*   — (canton de Craonne). B. 2762, 2801, 2809, 2820,
2826, 2863, 2876. — C. 133, 179, 554, 575, 901.
— E. 488. — G. 2, 7, 14, 39, 130, 153, 252, 651,
1018, 1129, 1807. — H. 258, 626, 651, 879, 935,
952, 1357. (Voir Cure, Fabrique, Territoire.)
MARTIMONT (Oise). B. 3755.
MARTINIQUE (la). C. 682.
*MARTINPRÉ, ferme (Plessier-Huleu). B. 3790. — H. 1036.
*MARTIN-RIEUX (Any-Martin-Rieux). C. 546, 569, 1008. — E.
339, 399. (Voir Territoire.)
*MARTOY, fief (Charly). B. 3032.
MARVILLE. C. 687.
*MASURE-NICAISE, fief. B. 3040.
MASURE-THIBAUET, triage forestier. B. 3739.
*MATHIS, fief. E. 131.
MATIGNY (Somme). G. 924, 982.
MAUBEUGE (Nord). (Voir Chanoinesses.)
*MAUBRUN (Ambleny). G. 253.
*MAUCHAMP (Juvincourt-et-Dammarie). E. 96, 103, 443, 448,
453.
MAUCOURT. B. 1407, 2898.
*MAUCREUX (Faverolles). G. 374.
*MAUPAS, bois (Cugny). B. 3548.
*   — (Soissons). H. 1508. (Voir Commanderie.)
*MAUREGNY-EN-HAIE. C. 22, 554, 575, 901, 929. — D. 3. —

E. 563, 565. — G. 1810. — H. 259, 873. (Voir Église,
Fabrique, Moulin.)
*MAUREPAS, ferme (Cugny). C. 558. — H. 594.
*   —   fief (Missy-aux-Bois). G. 262.
*MAUVINAGE, ferme (Lugny). B. 2897, 3455.
MAY-EN-MULTIEN (Seine-et-Marne). C. 94.
*MAYOT. B. 68, 178, 448, 792, 1008, 1137, 2620, 2902, 3606,
4071, 4073, 4079. — C. 554, 575. — E. 657. — G. 28, 143,
206, 411, 1181. — H. 376, 405, 1443. (Voir Communauté,
Seigneurie, Terrier, Territoire, Village.)
MAZINGHIEN (Nord). B. 2321, 2453.
MEAUX (Seine-et-Marne). C. 1062. — H. 1116. (Voir Chapitre,
Routes, Vicomté.)
*MÉCHAMBRE, ferme (Renansart). B. 338, 2124, 2888, 3664.
— H. 185, 295, 296, 588.
MELUN (Seine-et-Marne). F. 23.
*MENNESSIS. B. 1109, 1136, 1497, 1500, 1506, 1514, 1628,
1650, 1700, 4071. — C. 179, 559, 579, 977. — E. 657.
— G. 207, 252, 486. — H. 1597. (Voir Cure, Fabrique,
Marais, Seigneurie, Village.)
*MENNEVILLE. C. 554, 575. (Voir Communauté, Cure, Muni-
cipalité.)
*MENNEVRET. B. 156, 332, 2006, 2051, 2082, 2142, 2232, 2253,
2289, 2340, 2347, 2361, 2365, 2368, 2375, 2378, 2386, 2392,
2399, 2426, 2438, 3555, 3667, 3818, 3827, 3952, 3963, 4046.
— C. 180, 546, 569, 838. — H. 662, 664, 1111. (Voir Cure,
Église.)
*MÉPAS (Mennevret). B. 357.
*MÉRAULIEU, fief (Fieulaine). B. 84, 345, 2265.
*MÉRCIN. C. 482, 498, 563, 583. — G. 311, 358, 689, 729, 1708,
1724. — H. 692, 700, 1229, 1246, 1287, 1508, 1534, 1770, 1771.
(Voir Cure, Fabrique.)
*MÉRICOURT (Croix-Fonsomme). B. 2893, 2919, 3991, 4071.
— H. 1116.
*MÈRIE (la), fief (Besmont). B. 2507. — E. 371.
*   — (la), fief (Erlon). B. 3355. — E. 164.
MERLAINS. G. 2.
*MERLIEUX. B. 704, 1727, 2615, 2630, 2637, 2643, 2649, 2671,
2672, 3975. — C. 133, 180, 554, 575, 901, 966, 1019. — E.
331, 334, 335, 476, 482. — G. 2, 12, 38, 153, 208, 1018, 1024.
— H. 85, 406, 737, 808, 936. (Voir Fabrique, Territoire.)
*MERLIN, fief (Guise). B. 2083.
*MERVAL. B. 2860. — C. 563, 583. (Voir Fabrique.)
MÉRY-SUR-MARNE (Seine-et-Marne). C. 503.
*MESBRECOURT. B. 293, 1135, 1236, 3424, 3447. — C. 133, 554,
575, 901. — E. 163, 303, 502. — G. 2, 209. — H. 91, 243,
1358, 1729, 1744 à 1746, 1758, 1764. (Voir Fabrique, Sei-
gneurie, Terrier.)
MESDEMAINE, forêt. H. 1017.
*MESMIN (Rozières). C. 562, 582. — E. 228. — H. 1239.
*MESNIL, ferme (Nogent-l'Artaud). E. 427.
*   — fief (Septvaux). B. 660, 694. — C. 449.
MESNIL-LÈS-CROIX (Somme). C. 794.
MESNIL-ST-GEORGES (Somme). B. 1336.

575. — E. 443, 564. — G. 2, 597, 1024, 1706. — H. 260, 272, 273, 871, 872, 1396. (Voir Chapelle, Châtellenie, Communauté, Cure, Doyenné, Église, Fabrique, Maladrerie, Marais, Mesure, Moulin, Prieuré.)

*MONTARCÈNE, ferme (Montbavin). B. 2762, 2781, 2792, 2796, 2814, 2831, 2849, 2850, 2861, 2887, 3111. — C. 554, 902. — E. 334, 527. — G. 215, 252. — H. 936.

MONTARGIS. (Voir Forêt.)

MONTAZIN (Marne). B. 3695.

*MONTBAVIN. B. 2700, 2762, 2773, 2784, 2799, 2814, 2817, 2839, 2849, 2861, 3655. — C. 135, 554, 575, 902, 966, 1019. — E. 331, 332, 335. — G. 215, 252, 601, 1018, 1518. (Voir Fabrique, Municipalité, Territoire.)

*MONTBÉRAULT (Bruyères-et-Montbérault). B. 2762, 2784, 2786. — C. 554, 575. — E. 542. — G. 2, 39, 1129. (Voir Moulin, Territoire.)

*MONTBREHAIN. B. 1389, 3992, 3998, 4072, 4075, 4078, 4079. — C. 786, 794. — G. 802, 823, 829, 917, 1678. — H. 588, 1115 à 1118, 1122, 1140, 1151, 1157, 1158, 1167, 1624, 1628, 1648. (Voir Cure, Église, Fabrique, Territoire.)

MONTCAUREL. (Voir Marquisat.)

*MONTCHALONS. B. 2684, 3969. — C. 105, 135, 554, 575, 902, 968, 969, 1080. — E. 411, 500. — G. 1. — H. 871. (Voir Château, Fabrique, Moulin, Seigneurie, Terrier, Territoire.)

*MONTCLAIR, ferme (Crouttes). G. 1082.

*MONTCORNET. B. 508, 1236, 3433, 3448, 3456. — C. 18, 92, 103, 135, 181, 190, 229, 310, 333, 355, 400, 472, 473, 478, 522, 554, 575, 902, 1018, 1062. — E. 319, 470, 482, 497, 513, 530, 532. — G. 410, 521, 528, 656. — H. 477, 614, 984, 1766. (Voir Chapelle, Châtellenie, Communauté, Domaine, Fabrique, Foire, Marché, Marquisat, Mesure, Moulin, Pont, Seigneurie, Territoire.)

MONTCOUPEAU (Marne). C. 997.

*MONTCOURT, fief. H. 1296.

*MONT-DE-BONNEIL, ferme (Bonneil). E. 320.

*MONT-DE-CAPPE. (Voir Saint-Fiacre.)

*MONT-DE-COURMELLES, ferme (Courmelles). B. 3711.

*MONT-DE-LEUILLY (Leuilly). B. 3529.

*MONT-D'ORIGNY. B. 155, 161, 163, 185, 215, 269, 292, 305, 349, 460. — C. 87, 102, 198. — E. 640. — H. 1450, 1454. (Voir Chapelle, Communauté, Cure, Église, Fabrique, Terrier.)

— (La Bouteille, Étréaupont). B. 2524, 3126. — H. 850.

*MONT-DES-ROCHES, ferme (Jouy). G. 687.

*MONT-DE-SOISSONS, ferme (Serches). B. 3698.

*MONT-DE-TRAVECY, fief. B. 660.

*MONT-DORIN, ferme (Charly). B. 3030. — E. 436.

*MONT-DU-CROCQ, ferme (Selens). H. 720.

*MONTE-A-PEINE, moulin à eau (Noyal). B. 241.

*MONTEGRIS, bois. H. 239.

*MONTEL, ferme (Laversine). H. 1690.

*MONTESCOURT-LIZEROLLES. B. 1076, 1109, 1448, 3253, 4075. — C. 533. — G. 798, 827, 829, 833, 836, 850, 918, 1657. — H. 1624. (Voir Communauté, Cure, Fabrique.)

*MONTFAUCON. B. 3686. — C. 181, 541. — H. 692.

*MONTFENDU (Besny-et-Loizy). B. 2887. — H. 189.

*MONT-FRESNOY, ferme (Charmes). B. 1047, 1048. — H. 381.

*MONTGART, moulin (Acy). H. 455.

*MONTGIVRAULT (Lucy-le-Bocage). B. 3236.

*MONTGOBERT. B. 3728, 3766, 3770. — C. 563, 583. — E. 120. — H. 701, 1084, 1230. (Voir Communauté, Cure, Fabrique, Moulin, Municipalité.)

*MONTGRU-SAINT-HILAIRE. C. 135, 181, 197, 565, 583. — E. 124. — G. 313, 1270. — H. 477. (Voir Cure, Fabrique.)

*MONTHENAULT. B. 2820. — C. 24, 135, 181, 505, 554, 575. — G. 252. — H. 88. (Voir Cure, Fabrique, Moulin, Territoire.)

*MONTHIÉMONT, fief (Merlieux-et-Fouquerolles). G. 97. — H. 879.

*MONTHIERS. C. 4, 541, 567, 976, 994. — E. 284.

*MONTHOISEL (Saulchery). B. 3009.

*MONTHUREL. C. 541. — H. 1379.

*MONTHUSSART, ferme (Courcelles). G. 253. — H. 1770.

*MONTIGNY, fief (Vendeuil, Travecy). B. 879, 949, 1250. — E. 654, 655, 663.

— (Somme). G. 1677.

*MONTIGNY-EN-ARROUAISE. B. 112, 118, 122, 131, 137, 139, 181, 283, 284, 290, 294, 296, 297, 304, 309, 314, 326, 347, 348, 464, 2040, 2124, 2263, 2264, 2461, 2477, 2484, 3658, 3823, 3959. — C. 18, 162, 197, 546, 569. — E. 607. — G. 802. — H. 434, 435, 448, 534, 600, 857, 1628. (Voir Château, Communauté, Cure, Église, Fabrique, Seigneurie.)

*MONTIGNY-LA-COUR, ferme (Nizy-le-Comte). C. 89. — H. 717.

*MONTIGNY-l'ALLIER. H. 1478. (Voir Cure, Fabrique.)

*MONTIGNY-LE-COURT, ferme (Montigny-en-Arrouaise). B. 121, 250, 294, 298, 2127.

*MONTIGNY-LE-FRANC. B. 602, 768, 2748, 2756, 2762, 2795, 2796, 2798, 2841, 2849, 2862. — C. 20, 84, 517, 554, 575, 910, 915, 966, 976, 978, 979, 1014. — E. 538. — G. 216, 252. — H. 89, 274, 882, 941, 942. (Voir Communauté, Fabrique, Territoire.)

*MONTIGNY-LENGRAIN. C. 563, 583, 926. — E. 93. — G. 314, 730. — H. 455, 702, 736. (Voir Communauté, Fabrique.)

*MONTIGNY-LÈS-CONDÉ. C. 541, 966.

*MONTIGNY-SOUS-MARLE. B. 19, 557, 569, 570, 1236, 3447. — C. 102, 181, 554, 575, 828, 902. — E. 35, 40, 41, 105, 553. — G. 1511. — H. 90, 275, 276, 1356, 1364, 1585, 1590, 1779. (Voir Fabrique, Seigneurie.)

*MONTIGNY-SUR-CRÉCY. B. 1236, 1315, 3978. — C. 136, 554, 575, 902, 929, 1019, 1030. — G. 13, 217, 1022, 1687. — H. 91, 92, 278, 811, 1378. (Voir Cure, Fabrique, Seigneurie.)

*MONTIZEL (Auffrique-et-Nogent). B. 1379, 3459, 3462, 3466, 3467, 3477, 3512, 3531, 3532. — E. 278. — H. 326.

*MONTJAY, fief (Quierzy). B. 1501.

*MONTJOIE, fief (Condren). B. 1597.

* Mottin, ferme (Bruys). B. 3683. — H. 1035.
* Mouchery, ferme (Nizy-le-Comte). B. 3676. — E. 452. — H. 685.
* Moufflaye, ferme (St-Christophe-à-Berry). B. 3377, 3410, 3714. — H. 483.
* Moulin-Ancelin, moulin à eau) (Ambleny). H. 1539.
* Moulin-a-Papier (Ressons-le-Long). E. 11.
* Moulin-au-Bois. H. 491.
* Moulin-Barizeau (moulin à eau (Jeantes). P. 2938, 2966, 2973.
* Moulin-Barré, moulin à eau (Charly). B. 3043, 3069. — E. 422, 429, 438.
* Moulin-Baudry, moulin à eau (Grandrieux). B. 2946, 2952, 2955, 2970.
* Moulin-Beaucamp ou Durand. (Voir Moulin Durand.)
* Moulin-Beffroy (Regny). B. 289.
* Moulin-Bernard, moulin à eau (Clairfontaine). B. 153. — H. 855.
* Moulin-Billat, moulin à eau (Jumigny). H. 862, 864.
* Moulin-Budet, moulin à eau (Bourg-et-Comin). H. 863.
* Moulin-Chevreux (Ognes). B. 1433, 1498, 1589, 1652. — E. 15, 21. — G. 1814.
* Moulin-Crolart, moulin à eau (Soucy). H. 1085.
* Moulin-de-Haut, moulin à eau (Nouvion-le-Vineux). B. 2629, 2636, 2675.
* Moulin-d'en-Bas, moulin à eau (Charly). B. 3032.
* Moulin-des-Converts, moulin à eau (Mézy-Moulins). H. 1066.
* Moulin-Dienne, moulin à eau (Nouvion-le-Vineux). B 2675.
* Moulin-du-Bois, moulin à eau (Besmont) E. 382, 393.
* Moulin-du-Haut, moulin (Moulins). B. 2773.
* Moulin-Durand ou Beaucamp, moulin à eau (Bruyères-et-Montbérault). G. 166.
* Moulinet (Liez). B. 1611, 1645. — H. 1341.
* Moulin-Évrardin (Craonnelle). E. 452.
* Moulin-Foulon. H. 861.
* Moulin-Garant, moulin à eau (St-Quentin). B. 2899, 3629. — C. 799.
* Moulin-Henry, moulin à eau (Monampteuil). E. 440. — H. 1776.
* Moulin-Manbert, moulin à eau (Molinchart). B. 663, 2668. — H. 404, 407.
* Moulin-Massinot, moulin (Ployart-et-Vaurseine). E. 412
* Moulin-Minon, moulin (Crandelain-et-Malval). H. 66.
* Moulin-Morel, moulin (Charly). B. 3032. — E. 429.
* Moulin-Moret, moulin. E. 457.
* Moulin-Noel, moulin (Cugny). E. 110.
* Moulin-Ogier, moulin près de Chavignon. G. 70.
* Moulin-Paris, moulin (Merlieux-et-Fouquerolles). B. 3975.
* Moulin-Razoir, moulin (Nampcelle-la-Cour). H. 1360.
* Moulin-Regnault, moulin (Prémontré). H. 740.
* Moulin-Robinet, moulin près de Jeantes. B. 2961, 2966.
* Moulin-Roland, moulin. B. 3683.
* Moulin-Roux, moulin à vent (Laon). E. 510.

* Moulins. B. 2761, 2762, 2768, 2772, 2773, 2779, 2781, 2784, 2785, 2793, 2808, 2814, 2816, 2829, 2865, 2866. — C. 136, 554, 575, 992. — E. 494, 630. — G. 252, 576. — H. 98, 683, 1359. (Voir Communauté, Cure.)
* — (Mézy-Moulins). H. 1066.
  — (Allier). A. 2.
* Moulin-Sillon (Montreuil-aux-Lions). B. 3060.
Moulin-sous-Touvent (Oise). B. 3368, 3714. — H. 477, 488, 503, 504, 1411.
* Mousseaux (Brasles). H. 1043.
* Moussy-sur-Aisne. B. 2767, 2813, 2817, 2841. — C. 136, 554, 575, 1030. — G. 219, 252, 407. — H. 256. (Voir Communauté.)
* Moustier, moulin à vent (Laon). B. 2887.
Moustier-la-Celle. (Voir Abbaye.)
* Moutier, ferme (Terny-Sorny). H. 1442.
* Moy. B. 177, 188, 208, 728, 2905, 3991, 4072, 4127 à 4136. — E. 494, 636. — G. 220, 410 à 412, 653, 802, 825, 827, 828, 920. — H. 279, 409, 1113, 1116. (Voir Chapitre, Château, Pauvres, Seigneurie (Marquisat), Terrier, Territoire.)
* — fief (Essigny-le-Petit). E. 238.
* Moyembrie (Auffrique-et-Nogent). B. 3523. — C. 449, 516.
Moyencourt (Somme). B. 1344. — G. 113.
Moyn, moulin. H. 1116.
* Muette (la), bois (Essommes). B. 3702.
* Muizy, fief (Ciry-Salsogne). E. 128.
Munière, forêt. B. 3704.
* Muret-et-Crouttes. C. 103, 181, 563, 583, 594. — G. 316. — H. 1690. (Voir Fabrique.)
* Murger, ferme (Cœuvres-et-Valsery). E. 11.
* Muscourt. C. 575.
* Muternes (les), (Clairfontaine-Mondrepuis). B. 2540, 2581, 2595.

<h2 style="text-align:center">N</h2>

* Nadon (Louâtre). (Voir Prieuré.)
Nampcel (Oise). C. 1024. — H. 1274, 1288, 1685.
* Nampcelle-la-Cour. B. 508, 2942, 2948 à 2951, 2955, 2957, 2963, 2969, 2978, 4105. — C. 105, 181, 555, 576, 902, 966. — E. 339, 594. — G. 657. — H. 79, 232, 655, 1360, 1361. (Voir Communauté, Cure.)
* Nampteuil-sous-Muret. C. 564, 583, 966. — G. 317, 1553. — H. 1411. (Voir Fabrique.)
Namur (Belgique). (Voir Siège.)
Nancy (Meurthe-et-Moselle). (Voir Congrégation.)
Nanteuil (Oise). C. 353, 485. — G. 253.
* Nanteuil-la-Fosse. B. 3699. — C. 564, 583, 597. — E. 125, 621, 626. — G. 14, 318, 693, 768, 1456, 1734. — G. 1508. (Voir Cure, Fabrique.)
Nanteuil-le-Haudouin (Oise). C. 438, 603, 606, 608.
* Nanteuil-notre-Dame. C. 181. — E. 110. — H. 1036, 1577. (Voir Église, Fabrique.)

NANTEUIL-SUR-MARNE (Seine-et-Marne). C. 915. — H. 1322.
*NANTEUIL-SUR-OURCQ. C. 564, 583. — E. 198. — G. 253, 1587.
NAPLES (Italie). B. 2894.
* NARILLON (Archon). H. 175.
*NAUROY. B. 178, 2896, 2915, 4056, 4078. — C. 794. — G. 802, 823, 826, 829 à 833, 921, 1674, 1675. — H. 1114, 1116, 1119, 1124, 1128, 1145, 1149, 1152, 1158, 1624. (Voir Cure, Seigneurie.)
NAVARRE. (Voir Conseil, Domaine, Parlement.)
NESLE (Somme). B. 2915. — C. 208, 224, 230, 684. — G. 802. — H. 1342. (Voir Marquisat, Mesure.)
* NESLES. C. 181, 541, 914, 1007. — E. 254, 284. — G. 253. — H. 1323. (Voir Cure, École.)
*   —   (Seringes-et-Nesles). G. 1399, 1826.
* NEUFCHATEL. C. 106, 137, 181, 340, 355, 459, 474, 477, 498, 528, 555, 576, 902, 941, 982, 1021, 1057, 1062. (Voir Cure, Doyenné, Fabrique, Marché, Municipalité, Pont, Routes, Seigneurie, Territoire.)
* NEUFCOURT (St-Michel). H. 853.
* NEUFLIEUX. B. 1109, 1388, 1456, 1485, 1507, 1511, 1525, 1541, 1584, 1592, 1789, 1801, 3077. — C. 22, 91, 181, 559, 579. — G. 490, 1074, 1180. — H. 1098. 1342, 1737. (Voir Église, Fabrique, Seigneurie.)
*NEUILLY-ST-FRONT. B. 1900, 4138. — C. 31, 106, 162, 190, 458, 543, 928. — E. 124, 233. — G. 373, 506, 1131, 1399. — H. 1577. (Voir Cure, Domaine, Hôtel-Dieu, Sœurs d'école, Subdélégation, Ville.)
*NEUVEFORGE, étang (Hirson). B. 2586.
*NEUVEMAISON. B. 190, 207, 253, 322, 448, 2051, 2258, 2285, 2546, 2569 à 2573, 2579, 2586, 2589, 2591, 2593, 2599. — C. 106, 107, 534, 555, 912. — E. 46. — H. 656, 851. (Voir Communauté, Cure, École, Église, Fabrique, Hôpital, Maladrerie, Moulin, Municipalité, Seigneurie, Terrier.)
* NEUVILLE. B. 3666, 3969. — C. 137, 555, 576. — E. 31, 408. — G. 407. — H. 267, 280, 299. (Voir Cure, Fabrique, Moulin, Prieuré.)
*   —   (la), faubourg de Laon. B. 1158, 2877, 2887. — C. 478, 553, 576, 597, 899. — E. 91, 470, 506, 512, 515. — G. 140, 542, 603, 1015, 1464, 1469, 1473. — H. 24, 161, 353, 404, 407, 881, 1386, 1591, 1603, 1605. (Voir Maladrerie.)
NEUVILLE-AUX-JOUTES (Ardennes). B. 249, 2494, 3456, 3846, — E. 357, 384, 394, 396, 460. (Voir Cure, Fort.)
NEUVILLE-AUX-TOURNEURS (Ardennes). E. 339.
*NEUVILLE-BOSMONT. B. 615, 768. — C. 181, 246, 313, 555, 576, 979, 1018. — E. 164, 491. — G. 577. — H. 281, 1779. (Voir Église, Seigneurie.)
*NEUVILLE-EN-BEINE. B. 1109, 1402, 1432, 1453, 1458, 1571, 1594, 1604, 1646, 1674, 1714, 1731, 1742, 1750, 1785, 1798, 1801, 3458, 3492. — C. 104, 137, 198, 559, 579. — H. 588, 1094, 1096, 1102. (Voir Communauté, Fabrique.)
*NEUVILLE-HOUSSET. B. 2785, 3239, 3978. — C. 555, 576, 829.

— E. 376, 550. — H. 984. (Voir Communauté, Fabrique.)
*NEUVILLE-LÈS-DORENGT. B. 68, 91, 92, 112, 297, 301, 302, 308, 309, 317, 331, 1934, 1951, 1965, 1998, 2087, 2088, 2098, 2110, 2113, 2151, 2167, 2228, 2230, 2242, 2243, 2273, 2277, 2288, 2298, 2308, 2326, 2329, 2332, 2371, 2373, 2376, 2409, 2479, 3799, 3815, 3834. — C. 546, 576. — E. 191, 259. — G. 597. — H. 477, 607, 663, 1471, 1744. (Voir Communauté, Cure, Fabrique, Moulin, Pont.)
NEUVILLE-LÈS-WASIGNY (Ardennes). H. 865.
*NEUVILLE-ST-AMAND. B. 2889, 4072, 4079. — C. 786, 794. — G. 802, 923, 1662, 1674. — H. 534, 535, 588. (Voir Cure, Fabrique, Seigneurie, Territoire.)
*NEUVILLE-ST-JEAN, ferme (Launoy). B. 3713. — H. 1226.
*NEUVILLE-SOUS-MARLE (Marle). B. 559, 560, 563, 588, 594, 597.
*NEUVILLE-SUR-MARGIVAL. C. 564, 583. — E. 300. — G. 319, 1734, 1735. — H. 733, 1411. (Voir Fabrique, Territoire.)
*NEUVILLETTE. B. 149, 169, 185, 238, 264, 269, 293, 300, 315, 481, 486, 2830, 3952. — C. 138, 182, 198, 563, 914. — G. 802, 828, 1535. — H. 665, 1450, 1454, 1472. (Voir Cure, Fabrique, Municipalité, Terrier.)
NEUVILLIERS (Marne). H. 1044, 1045.
NIELES. H. 1567.
*NIVELOIS, fief (Marest-Dampcourt). B. 1430.
NIVERNAIS (province). F. 27.
*NIZY-LE-COMTE. C. 89, 103, 138, 182, 555, 576, 588, 627, 902. — E. 404, 503, 535, 538. — G. 2, 221. — H. 717. (Voir Baronnie, Cure, Église, Fabrique, Marais, Moulin.)
*No, garenne et moulin. H. 1724.
*NOGEMONT (Jeantes, Plomion). B. 2953, 2954, 2959 à 2961, 2971, 4109.
*NOGENT (Auffrique-et-Nogent). C. 209, 481, 483, 501, 555, 576. — E. 446. — H. 325. (Voir Abbaye, Communauté, Cure, Marais, Moulin.)
*NOGENTEL. C. 455, 541, 1007, 1036. — H. 477, 1415, 1508. (Voir Communauté, Prairie.)
*NOGENT-L'ARTAUD. B. 3255. — C. 182, 430, 520, 541, 685, 691, 950. — E. 221, 420, 426 à 428, 435. — G. 1253. — H. 1324, 1673 à 1676. (Voir Abbaye, Communauté, Église, Fabrique, Halle, Hôtel-Dieu.)
NOGENT-LE-ROTROU (Eure-et-Loire). B. 3436.
NOIRCHAIN (Belgique). H. 1508.
*NOIRCOURT. B. 2750. — C. 555, 576, 902. — E. 223, 530. — G. 657. (Voir Cure, Fabrique.)
*NOIRMESIÈRES. B. 662, 1236, 3442, 3446.
*NOISETTES (les), bois (Faverolles). B. 3791.
NORMANDIE (province). A. 3. — B. 1. — C. 586, 758, 936. — F. 26. — G. 805.
*NOROY-SUR-OURCQ. B. 3764. — C. 98, 138, 564, 583. — G. 1132. — H. 712. (Voir Fabrique.)
*NOTRE-DAME, moulin à eau (Bourg-et-Comin). E. 413.
*   —   ferme (Dizy-le-Gros). H. 868.
*   —   (La Fère), faubourg. C. 480. = pont. C. 491, 986, 1020, 1057.

* Notre-Dame, moulin à eau (Soissons). H. 1509.
* — de Bonne-Rencoutre, chapelle (Flavigny-le-Petit). B. 2406, 2407.
* — de Braine. (Voir Prieuré.)
    — de Hambye (Manche). B. 2728.
* — de Jouarre. (Voir Abbaye.)
* — des Boves, ferme (Presles-et-Boves). H. 1669.
* — en-Fave. (Voir Prieuré.)
* Noue, fief (Pisseleux). B. 1899, 3770. — H. 1724.
* Noureuil (Viry-Noureuil). B. 1189, 1349, 1428, 1481, 1666, 1678. (Voir Communauté.)
* Nouvion (le). B. 76, 129, 131, 153, 280, 307, 308, 311, 360 à 362, 364, 384, 1234, 1235, 1924, 1970, 1981, 1989, 2005, 2007, 2010, 2011, 2037, 2042, 2050, 2051, 2087, 2096, 2098, 2106, 2112, 2128, 2129, 2153. 2174, 2175, 2187, 2241, 2220, 2236, 2237, 2259, 2260, 2263, 2268, 2277, 2282, 2283, 2286, 2292, 2296, 2300 à 2302, 2305, 2309, 2312, 2322. 2326, 2330, 2334, 2337, 2344, 2351, 2354, 2358, 2360, 2373, 2380, 2381, 2386, 2387, 2397. 2401, 2402, 2404, 2408, 2412, 2413, 2420, 2429, 2432, 2441, 2443 à 2445, 2453, 2454, 2459, 2473, 2476, 3835, 3850, 4034. - C. 31, 182, 327, 401, 519, 523, 525, 529, 546, 570, 850, 851, 903, 912, 924, 928, 943, 983, 1008, 1010. — E. 45, 76, 466, 566. — G. 402. — H. 1405. (Voir Communauté, Cure, Église, Fabrique, Gruerie, Marché, Moulin, Plan, Verrerie.)
* Nouvion-l'Abbesse. B. 48, 152, 230, 293, 313, 473, 490, 494, 678, 685 à 687, 692, 742, 768, 831, 868, 1075, 1135, 1147, 1240, 2879, 3442. — C. 106, 182, 555, 576. — G. 1829. — H. 3, 94 à 96, 813, 1377, 1397, 1744 à 1746, 1759. (Voir Aumônerie, Communauté, Cure, Moulin, Pauvres, Territoire.)
* Nouvion-le-Comte. B. 48, 261, 267, 280, 296, 300, 301, 304, 305, 313, 315, 316, 907, 1046. — C. 182, 516, 576. — E. 483, 505. — G. 2, 222, 578, 1044. — H. 172, 282, 410 à 412, 426, 588, 814, 873. (Voir Château, Communauté, Cure, Église, Fabrique, Mesure, Moulin, Pauvres, Pont, Seigneurie, Village.)
* Nouvion-le-Vineux. B. 2617, 2634, 2635, 2653 à 2655, 2658, 2660, 2661, 2663 à 2665, 2669, 2677, 2681, 2719 à 2721, 2831, 2849, 3655, 4112 à 4114. — C. 138, 182, 555. — E. 493, 518, — G. 1, 12, 22, 41, 56, 63, 153, 223, 579, 604, 1019, 1479. — H. 283, 288, 293, 314, 1397. (Voir Communauté, Fabrique, Moulin, Vicomté.)
* Nouvron-et-Vingré. B. 3368, 3380, 3386, 3392, 3405, 3716. — C. 246, 564, 583. — G. 320, 338, 368, 732, 1190, 1708, 1725. — H. 505, 1288, 1381, 1723. (Voir Communauté, Fabrique.)
* Novian, fief (Le Hérie-la-Viéville). B. 3226. — E. 248, 251.
* Noyal. B. 244, 292, 295, 314, 2186, 2470, 3896. — C. 546, 570. — G. 651, 1429. — H. 254, 660, 872, 879, 894, 929, 930. (Voir Moulin, Seigneurie.)
* Noyant. C. 163, 182, 564, 583, 603. — E. 224. — G. 111, 507, 733, 1709, 1718, 1735. — H. 1282, 1443, 1770. (Voir Cure, Église, Fabrique.)

Noyon (Oise). B. 677, 683, 788, 1173, 1348, 1349, 1362, 1385, 1398, 1420, 1427, 1429, 1440, 1465, 1570, 1647, 1695, 1700, 1757, 2901, 3437, 3515. — C. 58, 154, 307, 337, 345, 359, 401, 425, 603, 631, 659, 674, 921, 931. 935, 951. — E. 230, 458. — G. 1, 253, 380, 386, 1811 à 1813. — H. 2, 588, 815, 1739. (Voir Abbaye de Saint-Barthélemy, Archers, Assemblée d'élection, Bailliage, Chapelains, Chapitre, Chartreuse, Commune, Couvent, Diocèse, Église, Évêché, Évêque, Hôpital, Hôtel-Dieu, Marché, Officialité, Routes, Séminaire, Synode, Ville.)
* Nuées (les), bois. B. 2934. — E. 341.

O

* Obeaux (les), fief. B. 2214. (Probablement Zobeau.)
* Odancourt, fief (Camelin-et le-Fresne). B. 1588.
Oen. H. 1116.
* Œstres (Saint-Quentin). B. 2926. — C. 805, 809. — E. 278. — G. 1682. — H. 567, 572.
* Œuilly. B. 2868. — C. 139, 522, 555, 576, 902. - H. 284, 1398. (Voir Communauté, Cure, Fabrique, Municipalité.)
Offemont. (Voir Couvent.)
Offoy (Somme). B. 1192, 1194. — C. 810. — G. 803, 826, 830, 831, 924.)
* Ognes. B. 1125, 1208, 1367, 1372, 1403, 1412, 1418, 1424, 1428, 1444, 1466, 1467, 1471, 1485, 1497, 1499, 1503, 1537, 1539, 1544, 1552, 1577, 1589, 1592, 1599, 1630, 1640, 1656, 1787 à 1789, 1798, 1799, 1801, 1868. — C. 183, 516, 559, 579, 977. — E. 124. — G. 490, 1039, 1180, 1304, 1814. — H. 1103, 1342, 1683, 1737. (Voir Buerie, Communauté, Cure, Église, Pont, Seigneurie, Terrier, Territoire, Village.)
Ognolles (Oise). C. 603.
* Ogny (Archon). C. 548. — H. 175.
— (Marne). B. 3679. — H. 1563.
* Ohis. B. 142, 253, 372, 2533, 2535, 2552, 2573, 2588, 2589, 2591, 2592, 2594, 2596. — C. 183, 190, 534, 555, 576, 976. — E. 46, 345, 462. — G. 399. — H. 1590. (Voir Communauté, Fabrique, Terrier, Territoire.)
* — (Leschelle), fief. B. 3203. — E. 217.
* Oigny. B. 1878, 1899. — C. 543. — G. 1725. — H. 1373. (Voir Communauté.)
* Oise (Rivière). B. 215, 261, 434, 761, 767, 804, 924, 970, 972, 1031, 1060, 1075, 1085, 1234, 1235, 1261, 1294, 1355, 1427, 1459, 1529, 1579, 1600, 1621, 1685, 1701, 1702, 1746, 1790, 2469, 2470, 2473, 2609, 3541, 3545, 3549, 3601, 3632, 3815, 3821, 3838, 3892. — C. 334, 469, 496, 526, 532, 620, 621, 804, 810, 885, 924, 928, 985. — E. 55. — H. 439, 624, 744, 1330, 1457. (Voir Petite-Oise.)
* Oisy. B. 183, 290, 295, 1935, 1991, 2004, 2037, 2077, 2116, 2171, 2172, 2215, 2226, 2233, 2277, 2338, 2343, 2371, 2374, 2389, 2428, 3799, 3842, 3851. — C. 183, 466, 546, 570, 903. — E. 76. (Voir Chapelle, Communauté, Cure, Fabrique, Moulin, Village, Vivier.)
— (Nord). B. 600, 3444, 3448, 3456.

PARIS. A. 21, 27. — B. 420, 750, 973, 1305, 1329, 1350, 1441, 1455, 1548, 1951, 2036, 2387, 2726, 2785, 2878, 2891, 2894, 2899, 3087, 3337, 3459. — C. 6, 13, 19, 23, 356, 590, 666, 667, 758, 762. — D. 17. — E. 7, 282, 309, 422, 432, 433, 440, 474, 489, 518, 519. — F. 18. — G. 1, 2, 469, 812, 1113, 1748. (Voir Approvisionnement, Chapitre, Châtelet, Chaussetiers, Collège, Conciergerie, Congrégation, Coutume, Généralité, Halle, Hôpital, Hôtel-de-Ville, Hôtel-Dieu, Mesure, Oratoriens, Palais de Justice, Parlement, Prévôté, Société d'Agriculture, Université, Ville.)

*PARMAIL, pont. C. 488.

PARNACH. H. 1116.

*PAROY (Crézancy). C. 478, 482. — E. 85 à 90 (Voir Pont, Terrier.)

*PARPE, ferme (La Capelle). B. 155, 300, 317, 2441.

*PARPE-LA-COUR, ferme (Pleine-Selve). B. 204, 288. — H. 878, 1478.

*PARPEVILLE. B. 158, 159, 177, 185, 204, 317, 356, 475, 494. — C. 141, 154, 183, 555, 576. — E. 523. — H. 435, 1597. (Voir Cure, Église, Fabrique.)

*PARTY (Coulonges). C. 566, 585.

*PAS-BAYARD (Hirson). B. 2593. — E. 376.

*PAS-D'ANE, ferme (Vaucelles-et-Beffecourt). B. 2617.

*PASLY. C. 481, 564, 583. — E. 196. — G. 328, 734, 770, 1710, 1713, 1718, 1725, 1761. — H. 1275, 1289, 1373, 1508.

*PASSAGE (le), ferme (St-Gobain). B. 929, 937, 954, 975, 1012, 1092, 1094, 1144, 3631.

*PAS-ST-GEORGES (le), fief. E. 110.

*PAS-ST-MARTIN, triage forestier. B. 3730, 3736.

*PASSY-EN-VALOIS. H. 712.

PASSY-GRIGNY (Marne). B. 4141.

PASSY-LÈS-NANTEUIL-SUR-MARNE. E. 289. — H. 1322.

*PASSY-SUR-MARNE. B. 3701. — C. 541. — E. 127, 149. (Voir École, Fabrique, Municipalité, Forêt.)

*PATTE (la), bois (Travecy). H. 1503.

*PAUPIN, ferme (Brasles). B. 3684. — H. 1659.

*PAVANT. B. 3257. — C. 184, 430, 564, 583. — E. 429. — G. 1297. — H. 520, 1678. (Voir Château.)

PAYS-BAS. B. 2, 3443.

PAYS-MESSIN. E. 338.

*PÊCHERIE (la), ferme (Pontavert). H. 688.

*PENANCOURT, ferme (Anizy-le-Château). B. 2655, 2657. — E. 82. — G. 38. — H. 747, 879, 887.

PERCHE, province. B. 3488.

PÉRENCHIES (Nord). H. 534.

PÉRENKIÈRES. H. 1116.

*PERLES. C. 583. — G. 329, 1764. (Voir Fabrique.)

*PERNANT. C. 154, 184, 481, 501, 583, 1030. — G. 253, 330, 735, 1190. (Voir Cure, Fabrique.)

*PÉRON, ruisseau. C. 193, 912. — E. 310, 311.

PÉRONNE (Somme). B. 1401, 1550, 2891. — C. 756. — G. 789. (Voir Mesure, Place, Prévôté.)

PERPIGNAN (Pyrénées-Orientales). F. 26.

*PERRIÈRE (la), ferme (Crouy). C. 442. — H. 496.

PERTAIN (Somme). G. 803, 826, 830, 831.

*PÉTILLY (Monceau-les-Leups), B. 910, 1281, 3604, 3629, 3632. — H. 221, 222, 264, 265, 288.

*PETIT-BOIS-DES-CLERCS. (Voir Mareuil.)

*PETIT-BOIS-ST-DENIS (La Flamengrie). H. 1565.

*PETIT-CAMBRÉSIS (Oisy). B. 2328.

PETIT-CERF. (Voir Fermière.)

*PETIT-CLANLIEU, ferme. B. 467, 4123.

*PETIT-CUISSY, ferme (Ardennes). H. 862, 865.

*PETIT-DORENGT (Dorengt). B. 141, 292, 350, 484.

*PETITE-ARROUAISE, bois (Hannape). B. 3797, 3806.

*PETITE-CANARDIÈRE. (Voir Canardière.)

*PETITE-CENSE, fief (Limé). E. 129.

*PETITE-CROIX, fief. E. 131.

*PETITE-HELPE, rivière. B. 178.

*PETIT-ÉPOURDON, fief. B. 660.

*PETIT-FERVAQUES, ferme (Hargicourt). H. 1641.

*PETIT-HÉLOT, ferme (Viry-Noureuil). H. 1106.

*PETITE-MOTTE-D'ACHERY, fief (Achery). H. 1387.

*PETITE-OISE, bras de l'Oise. B. 3509, 3562.

*PETITES-VALLÉES, étang. E. 10

PETIT-FLOYON (Nord). B. 3856, 3920.

*PETIT-FRESNOY (Gricourt). B. 3261, 4063, 4115. — G. 768, 793. — G. 797.

*PETIT-MAUCREUX, fief. G. 281.

PETIT-ST-CHAUMONT DE PARIS. (Voir Couvent.)

*PETIT-ST-VINCENT DE LAON (Laon). H. 1633, 1695.

*PETIT-VALSERY, ferme (Cœuvres-et-Valsery). H. 1076.

*PETIT-VERLY, fief. H. 1454.

*PETIT-VERVINS (Thenailles, Vervins). B. 3330, 3351. — H. 984.

PEUILLY (Somme). G. 803, 833, 925, 1663. — H. 765.

PICARDIE B. 708, 724, 1058, 3440, 3485, 3488, 3495, 3571. — C. 758, 762. — E. 470. — H. 1123, 1167. (Voir Assemblée provinciale, Canal, Gouvernement.)

*PIE, fief (Amigny-Rouy). B. 695.

*PIENNE, fief. B. 2912.

PIENNES (Somme). (Voir Marquisat.)

*PIERRECOURT, ferme (Crécy-sur-Serre). H. 73.

PIERREFONDS (Oise). B. 3771. — C. 603, 670. — E. 12. — G. 253, 1843. — H. 1116, 1416, 1508. (Voir Châtellenie, Étang, Mesure, Prieure.)

*PIERREMANDE. B. 662, 1630, 3469, 3495. — C. 184, 481, 501, 555, 576, 950. — E. 201, 202. — H. 333, 451, 824, 1104. (Voir Cure, Seigneurie.)

*PIERRE-PARENT, fief. E. 35.

*PIERREPONT. B. 2349. — C. 142, 163, 332, 493, 555, 593, 594, 624, 627. — E. 105, 299, 330, 570 à 572, 574, 576, 579, 583, 587. — G. 2, 110. — H. 185, 948. (Voir Baronnie, Châtellenie, Communauté, Hôpital, Maladrerie, Marché, Mesure, Moulin, Pont.)

*PIERRES. H. 310.

*PIGEONNIER (le), ferme (Bourguignon-sous-Coucy). B. 1580. — E. 202.

184. — E. 588, 615, 629. — G. 238, (Voir Communauté, Fabrique, Marais, Moulin, Pont, Territoire)

* PORCHERET, île (Villeneuve-Saint-Germain). C. 621.

PORQUERICOURT (Oise). H. 455.

* PORT, ferme (Fontenoy). B. 3715.

* PORTE-JOIE, ferme (Chaourse). C. 968.

* PORTERON (Charly, Crouttes). E. 422, 430. — H. 1203.

* PORTUGAL, royaume. C. 761.

* POTELLE, fief (Étreux). B. 2201, 2231, 2250.

* POTERIE (la), (Bouconville). E. 447, 448.

*   —   (la), (Coincy). B. 3689. — H. 528.

* POUILLY. B. 1239, 2641, 2642, 2651, 2652, 2682, 2789, 3662. — C. 143, 555, 576, 626. — G. 1, 2, 10, 13, 17, 18, 26, 65 à 67, 108, 228 — H. 35, 189, 1713, 1729, 1744. (Voir Communauté, Fabrique, Hôpital, Moulin, Terrier.)

POUY, ferme (Mortefontaine). B. 1871, 3718. — H. 733.

* PRAAST (Champs). B. 3470, 3495, 3516. — E. 203.

* PRAIRIE (la), fief. E. 181, 149.

* PRÉ (le), moulin à eau (Festieux). G. 191.

* PRÉ-ALLAIN (le), fief (Bertaucourt-Épourdon). B. 660.

* PRÉ-BRULÉ, bois (Chassemy). H. 1383.

* PRÉ-CAILLOUX, moulin à eau (Esquehéries). B. 810.

* PRÉ-DES-SEIGNEURS, triage forestier. B. 3730.

* PRÉE (la), bois. B. 3631. = ferme. H. 567.

* PRÉ-FOIREUX OU GOURNAY, moulin à eau (Soissons). H. 1185.

* PRÉFONTAINE, ferme (Crépy). H. 387.

* PRÉ-LEMOINE, bois. B. 3719.

* PRÉMONT. B. 1252, 2909, 3445, 4037, 4040, 4051. — G. 803, 825. — H. 1167, 1626, 1623, 1650. (Voir Château.)

* PRÉMONTRÉ. B. 838, 2664, 3465, 3466. — C. 555, 576, 661 à 664, 685. — E. 459. — G. 2, 13, 737, 825. — H. 739, 740. (Voir Abbaye, Fabrique.)

* PRÉ-POURRI (le), ferme (Ohis). B. 2591.

* PRÉ-ROBERT, ferme (Laon). E. 524. — G. 543. — H. 34, 904, 1605.

* PRÉS (les), ferme (Chery-Chartreuve). H. 1034.

* PRESLES, moulin à eau (Trosly-Loire). H. 1442.

* PRESLES-ET-BOVES. B. 3715. — C. 6, 564, 583, 616. — E. 624. — H. 1029, 1669. — G. 1753. (Voir Communauté, Cure, Fabrique.)

PRESLES-ET-THIERNY. B. 2617, 2628, 2630, 2631, 2634, 2650, 2653, 2658, 2675, 2681, 2721, 3655, 3977, 4112 à 4114. — C. 143, 184, 555, 576. — E. 441, 481, 525. — G. 10, 18, 68, 104, 153, 229, 582, 604, 1019, 1810. — H. 293, 879, 1397, 1501, 1760, 1779. (Voir Communauté, Fabrique, Moulin, Municipalité.)

* PRESSOIR (le), ferme et bois (Ambleny). B. 3791. — H. 1080.

*   —   (le), fief (Celles-sur-Aisne). E. 129.

* PRÊTRE (le), bois. B. 3176.

* PREZELLES, ferme (Le Vergies). H. 567.

* PRIEURÉ (le), ferme (Nouvron-et-Vingré) H. 1288.

* PRIEZ. C. 184, 541, 567, 966, 976, 994.

* PRINCE (le), bois (Saint-Gobain). B. 960.

* PRINGY (Rozet-Saint-Albin). G. 334. — H. 477.

PRIOLLE, ferme (Ardennes). E. 353.

* PRISCES. B. 595, 1236, 1983, 2432, 3322, 3422, 3424, 3426 à 3429, 3442, 3447. — C. 534, 555, 576, 904. — E. 163, 303, 559. — G. 1775. — H. 983, 984, 1355, 1391, 1399. (Voir Cure, Église, Fabrique, Hôpital, Maladrerie, Moulin, Seigneurie, Terrier, Territoire.)

PRISCHES (Nord). H. 626.

* PROISY. B. 94, 130, 138, 256, 276, 319, 322, 331, 412, 493, 494, 2062, 2441, 2449, 2464, 3279, 3502, 3951, 3952. — C. 22, 184, 517, 534, 547, 570. — E. 600. — G. 649, 1429. — H. 452, 663, 930. (Voir Château, Cure, Seigneurie.)

* PROIX. B. 234, 286, 2087, 2272, 3629. — C. 547, 838. — E. 299, 467. — G. 651, 1429. — H. 660. (Voir Cure, Fabrique, Moulin, Seigneurie.)

* PROUVAIS. C. 144, 332, 522, 576. — E. 501. — G. 7. — H. 862. (Voir Cure, Fabrique.)

PROVENCE, province. A. 5. — B. 3823.

* PROVENT, moulin à eau (Bruyères-et-Montbérault). G. 166.

PROVINS (Seine-et-Marne). H. 1326.

* PROVISEUX. C. 86, 555. — G. 409. (Voir Fabrique.)

PROY (Oise). C. 58.

PRUMM. (Voir Abbaye.)

* PUISEUX. B. 1871, 3770. — C. 564, 583, 674, 1022. — E. 320. — H. 477, 859. (Voir Communauté, Municipalité, Seigneurie.)

* PUISIEUX. B. 113, 132, 160, 191, 245, 392, 422, 2266, 3258 à 3260. — C. 104, 185, 534, 547, 570, 593, 968, 1031. — G. 402, 645. — H. 534, 588, 873, 952 à 954, 1588. (Voir Communauté, Cure, Église, Fabrique, Moulin, Seigneurie, Territoire.)

*   —   ferme (Chambry). C. 588. — H. 873, 893, 953, 1763. (Voir Commanderie.)

* PUITS (le), fief (Pisseleux). H. 1724.

* PUYLE, fief (Launoy). E. 122.

Q

* QUARTIERS (les), bois (Bohain). H. 1109.

QUERCY. (Voir Comté.)

QUESMY (Oise). B. 1348.

* QUESNÉE (la), ferme (Pont-St-Mard). E. 446.

QUESNOY (le), triage forestier. B. 3721, 3728, 3734, 3736.

    —   (le) (Nord). B. 2261. (Voir Place.)

* QUESSY. B. 674, 768, 810, 823, 1135, 1368, 1378, 1384, 1402, 1430, 1439, 1468, 1501, 1524, 1542, 1552, 1571, 1573, 1577, 1591, 1592, 1594, 1595, 1601, 1705, 1743, 1786, 1799, 1801. — C. 91, 559, 579, 801, 809. — H. 334, 444, 588. (Voir Communauté, Église, Fabrique, Municipalité, Passage, Prieuré, Territoire, Village.)

QUEUE-DE-HAM, triage forestier. B. 3721.

*   —   DE-MONCEAU, bois. B. 1372, 3176, 3535, 3538, 3546, 3559, 3575, 3583, 3584, 3586, 3588, 3592, 3595, 3604, 3605. — E. 465. — G. 77.

* QUEUE-D'OIGNY, triage forestier. B. 3739.

*REUILLY-SAUVIGNY. C. 31, 185, 542, 869. — H. 1727. (Voir Communauté, Fabrique.)

*REULY (Colnicourt). B. 3074.

*RÉVILLON. C. 185, 556, 576. (Voir Cure, Fabrique.)

RHÉ (ile de). B. 1534. — C. 374.

*RIBAUDON, moulin à eau (Soupir). B. 3673. — H. 797.

RIBEAUCOURT (Nord). B. 454.

*RIBEAUFONTAINE, ferme (Dorengt). B. 40, 3670. — H. 784.

*RIBEAUVILLE. B. 104, 255, 283, 2099, 2213, 3894. — C. 185, 547, 570.

  — (Aubenton). C. 472. — E. 62, 386. (Voir Fort.)

RIBÉCOURT (Oise). B. 1361, 1374. — H. 1283.

*RIBEMONT. B. 35, 50, 87, 101, 106, 109, 141, 145, 157, 165, 168, 171, 174, 178, 189, 204, 206, 208, 212, 230, 235, 246, 251, 252, 274, 278, 284, 296 à 298, 300, 302, 304, 312, 314, 316, 317, 358, 368, 373, 375, 378, 416, 418, 419, 422, 423, 425, 426, 432 à 436, 439 à 442, 446 à 450, 452, 469, 473, 474, 477 à 479, 481, 488, 491, 498, 500, 595, 1346, 1992, 2045, 2046, 2127, 2129, 2257, 2265, 2461, 2463, 2470, 4005, 4006, 4050. — C 20, 102, 154, 190, 309, 349, 366, 376, 379, 529, 556, 576, 629, 660, 674, 904, 913, 976, 1018, 1026, 1050. — D 1. — E. 40, 470, 514, 601, 604 à 608. — F. 5. — G. 7, 233, 523, 633, 641, 653, 1663. — H. 435 à 441, 564, 1575, 1685. (Voir Abbaye, Bailliage, Chapelle, Château, Châtellenie, Comté, Couvent, Cure, Domaine, Doyenné, Église, Fabrique, Hôpital, Hôtel-Dieu, Maladrerie, Marché, Mesure, Moulin, Pont, Prévôté, Prieuré, Prisons, Sœurs d'école, Ville.)

*RICHAUMONT (Sains). B. 262, 287, 2192. — E. 609. — G. 651. (Voir Territoire.)

*RICHEBOURG, fief. E. 112.

*RICHECOURT (Mesbrecourt-Richecourt). B. 157, 258, 446, 2121, 2262. — C. 185, 556. — E. 311. — G. 2, 411. — H. 1745, 1758, 1759.

*RICHEMONT, fief (La Neuville-Bosmont). B. 597, 768, 3355, 3442. — C. 904. — E. 40, 163, 164. — G. 577. — H. 50, 180.

RIE, forêt. H. 477.

*RIEZ-GOBAIN, fief. B. 3298.

*RIGOLLES (les), ferme (Wattigny). B. 3155.

RIMOGNE (Ardennes). E. 539. — H. 627.

*RINGEAT (le) (Coingt). B. 2943.

RIOM (Puy-de-Dôme). A. 2.

*RIQUEVAL (Bellicourt). B. 178. — E. 278. — H. 1116, 1117, 1122, 1124, 1134.

*RISEMONT, ferme (Septvaux). B. 1189.

*RIVIÈRE (Berny-Rivière). B. 3368. — G. 714. — H. 489.

*ROBBÉ, ferme (Guise, Vadencourt-et-Bohéries). B. 2425, 2430. — C. 861. — H. 1402.

*ROBERT-BOVE (Voir Pont.)

*ROBERTCHAMP, ferme (La Malmaison). B. 3676. — C. 554, 575. — H. 682.

*ROBERTCOURT, ferme (Saint-Erme-Outre-et-Ramecourt). B. 3676. — H. 690.

*ROBERT-FAY, bois (Luzoir). B. 2521, 3855.

*ROBINETTE (la), ferme (Landouzy-la-Cour). H. 631.

*ROBISEUX, fief (Bergues). B. 1982, 2231, 2454.

*ROC (le), ferme (Cessières). H. 766.

*ROCHE (la), bois. B. 3873.

  — (la), château (Seine-et-Marne). C. 527.

  — (la), fourneau (Ardennes). E. 352.

*ROCHE-FERRÉE (la), ferme (Braine). H. 1560.

*ROCHEFORT, centre de Saint-Michel. B. 7, 3288. — C. 547.

*ROCHE-LE-COMTE (la), fief (Pontarcy). E. 144 à 146, 153, 546. — H. 990, 1033.

ROCHELLE (la), (Charente-Inférieure). A. 17, 25. — B. 711, 969, 1493. — G. 1.

*ROCHES (les), moulin (Bucy-le-Long). H. 761, 825.

*ROCHES-L'ÉTANG (les), moulin à eau (Osly-Courtil). H. 477, 506.

*ROCHETS (les), bois. H. 1310.

*ROCOURT. C. 455, 564, 584. — H. 528, 1690. (Voir Communauté, Cure, Fabrique.)

  — (Saint-Quentin). B. 2325. — H. 535, 544, 546, 574, 1744.

  — (Ardennes). E. 308.

*ROCQ-ANDRÉ, ferme (Landouzy-la-Cour). H. 631.

*ROCQUET ou ROCQUIGNICOURT, fief (Ébouleau). C. 551. — E. 577. — H. 878, 1707.

*ROCQUIGNY. B. 178, 284, 2051, 2543, 2569, 2583, 2585, 2588 à 2594, 2611, 3823, 4098, 4106. — C. 106, 534, 547, 570, 1047. — E. 76, 402. — H. 1586. (Voir Communauté, Cure, Mesure, Moulin, Pauvres, Terrier.)

  — (Ardennes). E. 362.

ROCROY (Ardennes). B. 2978, 4110. — E. 357. — F. 13. (Voir Bataille, Place, Ville.)

*ROGÉCOURT. B. 705, 781, 806, 880, 977, 1011, 1112, 1113, 1209, 1236, 1299, 1902, 3261, 3262, 3442, 3551, 3553, 3583, 3584, 3637. — C. 556, 576. — E. 78. — G. 404. — H. 223, 417 (Voir Château, Communauté, Moulin, Seigneurie, Terrier.)

*ROGNAC. (Voir Coulonges.)

*ROGNY. B. 594, 1236, 3442. — C. 20, 533, 556, 576, 830, 904. — E. 553, 554. — H. 1364, 1779. (Voir Château, Communauté, Moulin, Pont, Seigneurie, Village.)

ROISEL (Somme). G. 982, 1674.

*ROMAIN, fief. E. 128.

ROME (Italie). B. 2894. — G. 6. — H. 1700.

*ROMELLE, ruisseau. H. 290.

*ROMENY. B. 3305. — C. 185, 564, 584. — E. 320, 430. — H. 1238, 1678.

*ROMERY. B. 113, 277, 305, 2266, 2897, 3665. — C. 163, 174, 547, 570, 838. — E. 600. — G. 645. — H. 1714. (Voir Seigneurie, Terrier, Territoire.)

ROMIGNY (Marne). B. 3704.

RONCHAI. (Voir Rousselois.)

*RONCES (les), bois. B. 3855.

RUMILLY (Nord). H. 1116.

*RUVET (Charly). B. 3007, 3019, 3035. — C. 564, 584. — E. 418, 430.

S

*SABLONNIÈRE (la) (Jeantes). B. 2949, 2951, 2956, 2974. — E. 589.

     — (la) (Montreuil-aux-Lions). B. 3028.

*SACONIN. C. 209, 565, 584. — G. 336, 739, 1713, 1718, 1725. — H. 692, 1246, 1291, 1540. (Voir Cure, Étang, Fabrique, Moulin.).

*SACY (Saint-Christophe-à-Berry). B. 3368, 3379, 3411, 3417. — H. 509.

     — (Seine-et-Marne). H. 1679.

*SAGNIÈRES, ferme (Tupigny). B. 117, 314, 3488, 3669. — C. 547.

SAILLY-LÈS-CAMBRAI (Nord). B. 3456.

*SAINS. B. 59, 130, 182, 211, 248, 262, 266, 298, 305, 317, 362, 383, 396, 397, 467, 2273, 2283, 2462, 3263 à 3270, 3952. — C. 20, 103, 186, 556, 577, 825, 830, 979. — E. 375, 514, 609. — H. 872, 879, 952, 960. (Voir Communauté, Cure, Église, Fabrique, Municipalité, Seigneurie.)

     — (Nord). B. 3456.

*SAINT-ACQUAIRE, ferme (Boncourt). C. 549. — E. 460, 530. — H. 1768.

*SAINT-AGNAN. C. 535, 542. — H. 1247. (Voir Fabrique.)

     — ferme (Cœuvres-et-Valsery). H. 1076, 1077.

*SAINT-ALGIS. B. 298, 423, 454, 1917, 1921, 1946, 1955, 1982, 1994, 2021, 2071, 2092, 2102, 2141, 2150, 2176, 2205, 2208, 2220, 2280, 2306, 2360, 2363, 2379, 2380, 2394, 2400, 2419, 2421, 2468, 2480, 3216, 3655, 3302. — C. 520, 534, 547, 570. — E. 45. — G. 645, 650. — H. 257, 628, 1353, 1364, 1592. (Voir Chapelle, Cimetière, Communauté, Cure, Territoire.)

*SAINTE-ANNE, chapelle et cimetière (Vervins). B. 3365. — G. 1833. (Voir Cure.) = pont. C. 433.

*SAINT-ANTOINE, ferme (Saint-Pierremont). B. 3341. — E. 549, 555, 558. — H. 1779.

     — (Aube). E 519.

SAINT-ANTONIN-EN-ALBIGEOIS (Tarn). B. 2894.

*SAINT-AUBERT, ferme (Soupir). H. 455.

SAINT-AUBERT-DE-CAMBRAI (Nord). (Voir Abbaye.)

*SAINT-AUBIN. C. 565, 584, 968, 969, 1010. — E. 201, 202, 230, 446. — H. 719, 1733. (Voir Communauté, Fabrique, Moulin.)

     — (Nord). H. 1744, 1762.

*SAINT-BANDRY. C 565, 584. — E. 12. — G. 111, 253, 261, 284, 337, 1042, 1189 à 1191, 1624, 1703. — H. 1690. (Voir Fabrique.)

SAINT-BARTHÉLEMY-DE-NOYON. (Voir Abbaye.)

SAINT-BASLE. B. 224.

SAINT-BENOIT-DU-MANS. A. 16.

SAINT-BERTIN-DE-SAINT-OMER. (Voir Abbaye.)

*SAINT-BRISSON, ferme (Charly). B. 3049.

*SAINTE-CATHERINE, moulin à vent (Saint-Quentin). B. 2919, 2927.

*SAINT-CHRISTOPHE-A-BERRY. B. 3380, 3385, 3417, 3520. — C. 105, 170, 565, 584. — G. 338, 838, 740. — H. 477, 1407. (Voir Fabrique.)

SAINTE-CLAIRE (Oise). B. 516. — E. 22.

*SAINT-CLÉMENT. B. 2934, 2938, 2942, 2948, 2951, 2957, 2959, 2960. — C. 190, 556, 577, 894. — E. 338. — G. 657. — H. 1364. (Voir Communauté, Cure, Pauvres, Seigneurie.)

SAINT-CORNEILLE-DE-COMPIÈGNE. (Voir Abbaye.)

*SAINT-CRÉPIN, faubourg de Château-Thierry. H. 1315, 1317.

*SAINT-CRÉPIN-EN-CHAYE. (Voir Abbaye.)

*SAINT-CRÉPIN-LE-GRAND. (Voir Abbaye.)

*SAINTE-CROIX. B. 3271 à 3274, 3664. — C. 172, 556, 577, 945. — E. 406, 410, 444, 455, 537. — G. 1024. — H. 185, 299 à 301, 690, 1766, 1768. (Voir Communauté, Cure, Fabrique, Seigneurie, Vicomté.)

SAINT-CYR (Seine-et-Oise). A. 3. — E. 648. (Voir Dames, École, Monastère.)

SAINT-DENIS (Seine). B. 3437. (Voir Abbaye, Dépôt de Mendicité.)

     — DE-REIMS. (Voir Abbaye.)

SAINT-DIZIER (Haute-Marne). B. 3591.

SAINT-DOMINGUE, île. A. 22.

SAINT-ÉLOI-DE-NOYON. (Voir Abbaye.)

*SAINT-ÉLOI-FONTAINE. (Voir Abbaye.)

*SAINT-ÉMILE, ferme (Ailles). C. 548. — G. 145.

*SAINT-ERME-OUTRE-ET-RAMECOURT. B. 3673. — C. 124, 173, 556, 577, 679. — E. 409, 444, 494, 533. — G. 1706. — H. 1400. (Voir Cure, Fabrique, Prieuré.)

*SAINT-ÉTIENNE, ferme (Cuizy-en-Almont). B. 3471.

     — fief (Juvincourt). E. 103

     — bosquet (Neuville-lès-Dorengt). B. 3815.

     — (Oise). B. 3752.

     — DE-REIMS. (Voir Abbaye.)

     — DE-SOISSONS. (Voir Abbaye.)

*SAINT-EUGÈNE. C. 174, 542, 966. — H. 1379.

SAINT-FARON-DE-MEAUX. (Voir Abbaye.)

*SAINT-FIACRE ou MONT DE CAPPE, Chapelle (Commenchon). B. 1362, 1567, 1645.

*SAINT-FIRMIN, fief (La Fère). B. 660.

SAINT-FLORENT-LÈS-SAUMUR. (Voir Abbaye.)

SAINT-FOILLANT. (Voir Abbaye.)

*SAINTE-GENEVIÈVE. C. 126, 176, 556, 896. — G. 657. (Voir Cure.)

     — ferme (Soissons). G. 253. — H. 456.

*SAINTE-GENEVIÈVE-DE-PARIS. (Voir Abbaye.)

SAINT-GENGOULPH. C. 189.

*SAINT-GEORGES, ferme (Villers-Cotterêts). H. 1552.

*SAINT-GERMAIN (Lesquielles-Saint-Germain). B. 38, 1969, 1971, 2055, 2087, 2093, 2129, 2144, 2207, 2213, 2241, 2272, 2276, 2289, 2327, 2339,

* SAINT-PIERRE. B. 577, 2109, 2130, 3322, 3874, 3875, 3951.
— C. 556, 577. — H. 624, 984. (Voir Fabrique, Seigneurie, Terrier.)
* — moulin (Fesmy). B. 2109.
* — fief (Paissy). B. 2832.
* — moulin à eau (Vailly). E. 474. — G. 242. — H. 1255.
* — bois. H. 1116.
— (Gand, Reims). (Voir Abbaye.)
SAINT-PIERRE-AIGLE. B. 3770. — C. 565, 584. — G. 253, 340, 742, 1375. — H. 1080, 1084, 1206, 1223, 1230, 1249, 1291. (Voir Communauté, Cure, Fabrique.)
SAINT-PIERRE-AU-MONT-DE-CHARTRES DE COMPIÈGNE. (Voir Prieuré.)
* SAINT-PIERRE-AU-PARVIS DE SOISSONS. (Voir Chapitre.)
* SAINT-PIERRE-DE-RANDON, fief (Luzoir). B. 2257.
* SAINT-PIERREMONT. B. 768, 2771, 3313, 3322, 3325 à 3328. 3330, 3331, 3341, 3346, 3358, 3124, 3872, 3873. — C. 190, 556, 577, 903, 976. — E. 164, 549, 535, 575, 576. — G. 577, 604. — H. 1365, 1779. (Voir Abbaye, Fabrique, Moulin, Municipalité, Territoire.)
* SAINT-PIERRE-PRÉ (Sorbais). B. 2250, 2297, 3658. — E. 467. — H. 858.
* SAINTE-PREUVE. B. 768. — C. 102, 144, 184, 556, 577, 904, 950. — G. 1437. (Voir Cure, Prieuré.)
* SAINT-PRIX, ferme. H. 567, 575. = fief. E. 278, 313 (St-Quentin). (Voir Abbaye.)
* SAINT-QUENTIN. B. 198, 201, 282, 319, 372, 675, 684, 686, 809, 822, 843, 886, 949, 989, 1187, 1201, 1259, 1284, 1295, 1350, 1508, 1554, 1557, 1616, 1632, 1653, 1666, 1700, 1717, 1723, 2018, 2151, 2155, 2889 à 2894, 2898, 2899, 2904, 2906, 2908, 2912, 2914, 2916, 2918 à 2932, 2996, 3200, 3229, 3648, 3649, 3846, 3982, 4009, 4042, 4111. — C. 478, 751 à 753, 755 à 766, 770 à 780, 798, 800, 805, 814, 1062. — E. 3, 6, 81, 160, 240, 277, 313, 498, 525, 553, 569, 595, 645, 658, 660. — F. 6, 11. — G. 780 à 841, 955 à 981, 983, 984. — H. 142, 534, 535, 538 à 546, 568, 569, 571, 575, 583, 588 à 590, 602, 821, 1116, 1154, 1378, 1384, 1469, 1476, 1508, 1541, 1624 à 1629, 1651, 1685, 1738. (Voir Abbaye, Archers, Assemblée d'élection, Aumône, Commune, Bailliage, Béguinage, Blanchisserie, Chapelains, Chapitre, Châtellenie, Chirurgiens, Ciriers, Collège, Commune, Compagnie de la Jeunesse, Confrérie, Congrégation, Cordelières, Cordeliers, Courtiers de toiles, Couvent, Doyenné, Drapiers, Droguistes, École de dessin, Église, Élection, Étang, Fabrique, Foires, Graissiers, Grenier à sel, Hôpital, Hôtel de Ville, Hôtel-Dieu, Jacobins, Juridiction consulaire, Léproserie, Lieutenant de roi, Manufacture de toiles, Marchés, Merciers, Mesure, Monnaie, Mont-de-Piété, Municipalité, Orfèvres, Paroisse, Perruquiers, Place, Pompe à incendie, Pont, Prévôté, Prisons, Protestants, Recette générale, Routes, Séminaire, Sœurs d'école, Subdélégation, Ville.)
* SAINT-QUENTIN, bois (Sinceny). H. 420.
SAINT-QUENTIN-LE-PETIT (Ardennes). H. 717.
* SAINT-QUENTIN-LÈS-LOUVRY. B. 3770. — C. 565, 584.
* SAINT-REMY (Braine), bois. H. 525. = pont. C. 480, 486. (Voir Prieuré.)
— (Reims). (Voir Abbaye.)
* SAINT-REMY-BLANZY. B. 1872, 1874, 1876. — C. 565, 584. — G. 341, 1590. — H. 470, 532. (Voir Cure, Fabrique, Terrier.)
* SAINT-REMY et SAINT-GEORGES DE VILLERS-COTTERÊTS. (Voir Abbaye.)
* SAINT-REMY-PORTE, fief (Aulnois). G. 89.
* SAINT-ROBERT, ferme (Épaux-Bézu). H. 1553.
* SAINTE-SALABERGE, fontaine (Laon). H. 152.
* SAINT-SIMON. B. 1335, 3991, 3995, 4054. — C. 102, 186, 307, 559, 627, 801, 805, 810. — E. 276. — G. 1669. — H. 304, 1624. (Voir Communauté, Cure, Duché, Seigneurie, Terrier, Village.)
* SAINT-SULPICE (Flavigny-le-Petit). B. 2052, 2066, 2208, 2211. — E. 55, 59, 60.
— faubourg de Ham. C. 815.
* SAINT-THIBAULT. B. 3715. — C. 565, 584. — H. 533. (Voir Fabrique, Prieuré.)
SAINT-THIERRY DE REIMS. (Voir Abbaye.)
* SAINT-THOMAS. B. 3304. — C. 106, 148, 190, 556, 577, 905. — E. 409, 452, 494, 524. — G. 602. — H. 305, 306, 956. (Voir Communauté, Église, Prieuré.)
SAINT-VALÉRY (Somme). B. 3893, 3987, 4086. (Voir Gribanes.)
* SAINT-VINCENT DE LAON. H. 119. (Voir Abbaye.)
* SAINT-VULGIS DE LA FERTÉ-MILON. (Voir Prieuré.)
* SAINT-WAST, faubourg de Soissons. H. 1185, 1447.
SAINT-WAST D'ARRAS. (Voir Abbaye.)
* SAINT-YVED DE BRAINE. (Voir Abbaye.)
SAIX (Savoie). B. 713.
SALENCY (Oise). B. 1349, 1359, 1373, 1391, 1396, 1658. — C. 603, 1022. — G. 804, 982, 1032. — H. 1508. (Voir Seigneurie.)
* SALSOGNE (Ciry-Salsogne). C. 565, 584. — G. 1716. (Voir Seigneurie.)
* SAMBRE, rivière. B. 767, 1085. — C. 159, 175, 183. — H. 588. (Voir Canal.)
* SAMOUSSY. B. 2628, 2630, 2635, 2649, 2679, 2680, 3463. — C. 556, 577. — E. 515, 580, 587. — H. 871, 872, 880, 914, 961, 962.

1775. — H. 854, 858, 1367. (Voir Communauté, Cure, Église, Fabrique, Moulin, Terrier.)

* SORBY, territoire (Urvillers). H. 588.

* SORNY (Terny-Sorny). C. 565, 584. — H. 829.

* SORT (Crécy-sur-Serre). G. 2.

SOTTEGHEM (Belgique). H. 1116.

SOTTEVILLE (Seine-Inférieure). G. 805.

* SOUCHE, rivière. B. 2757. — C. 624, 627.

* SOUCY. B. 1871, 3377, 3714, 3770. — C. 565, 584. — E. 11, 120. — G. 744. — H. 477, 512, 859, 1085, 1291. (Voir Communauté, Cure, Fabrique.)

SOUGLAND (St-Michel). B. 41, 251, 256, 270, 479, 492, 2581, 2977, 3276, 3285, 3288. — E. 339, 341, 488.

* SOUPIR. B. 3673. — C. 146, 556, 577, 595, 656. — G. 237. — H. 737, 826, 827, 1728.(Voir Communauté, Cure, Église, Fabrique, Mesure, Seigneurie.)

* SOURD (le). B. 77, 286, 287, 308, 315, 343, 452, 488, 494, 2359, 2473. — C. 187, 545, 568, 838, 896. — E. 92, 251, 401. (Voir Cure, Village.)

* SOURDERON, ponceau. C. 469.

SOURDON, fief. B. 3436.

* SOUVRIEZ, ferme (Crézancy). E. 85.

* SOUVRION, fief. H. 522.

* SOYECOURT (Vermand). G. 804, 946, 949.

STEMBERGE. H. 1116.

STRASBOURG (Bas-Rhin). (Voir Hôpitaux militaires.)

STRIPEN (Belgique). H. 1116, 1121, 1128.

SUISSE, république. A. 1.

* SURFONTAINE. B. 212, 213, 283, 3991, 4076, 4079. — C. 125, 187, 514. — E. 160. — G. 411, 412. — H. 1400. (Voir Château, Municipalité, Seigneurie.)

* SURMAIN. (Voir Bovette.)

* SUZE (la), (Éboulcau). fief. E. 577. = Ruisseau. E. 570.

* SUZEMONT (faubourg de Ribemont). B. 418, 443, 4050.

* SUZENVAL (faubourg de Ribemont). B. 297, 449, 4077, 4127. — E. 605.

* SUZY. B. 690, 701, 1846. — C. 22, 41, 68, 146, 187, 198, 525, 556, 577. — D. 3, 5, 6. — E. 163, 326, 333, 336, 484. — G. 520, 1019, 1470. — H. 101, 240. (Voir Communauté, Cure, Fabrique, Pont, Seigneurie, Terrier, Territoire.)

T

* TACONNET, fief. E. 15.

* TAILLEFONTAINE. B. 1887, 1888. — C. 543, 686, 976. — H. 1374, 1741. (Voir Communauté, Fabrique.)

* TANCOURT (Vaurezis). H. 514.

* TANNIÈRES. B. 3708. — C. 187, 263, 566, 584. — E. 116, 307. — G. 1488. — H. 1291.

* TARGNY, fief (Viry-Noureuil). B. 1634.

* TARTIERS. B. 3374, 3380. — C. 246, 566, 585, 621, 670. — G. 354, 364, 367, 745, 772, 1161, 1363, 1713, 1720. — H. 477, 1253. (Voir Communauté, Cure, Fabrique, Marais)

TARZY (Ardennes). B. 2032, 2494. — E. 48, 337, 338, 390.

* TAUX (Hartennes). C. 566, 585, 966. — G. 325, 326, 1710. —

H. 1722. (Voir Fabrique, Territoire.)

* TAVAUX-PONTSÉRICOURT. B. 620, 624. 2756, 2757, 2784, 2786, 2797 à 2799, 2823, 2829, 2872 à 2874, 3358, 3978. — C. 517, 557, 578, 830, 905, 976. — E. 615. — G. 238, 252. — H. 310, 617, 1367. (Voir Mesure, Pont.)

TEMPLE DE TOILLON (Voir Toillon).

TEMPLEUX-LE-GUÉRARD (Somme). G. 804, 832, 938.

* TERGNIER. B. 284, 685, 702, 806, 1076, 1102, 1204, 1285, 1298, 1348, 1429, 1431, 1453, 1799. — C. 559, 579. — G. 625, 1658. — H. 392, 393, 424, 1105. (Voir Terrier, Territoire, Village.)

* TERNY-SORNY. B. 3715, 3716. — C. 154, 566, 585. — G. 356, 1161, 1731, 1734. — H. 730, 1412, 1442, 1671, 1689, 1691. (Voir Fabrique.)

* TERRAGE-GROUCHET, fief. E. 21.

TERRE-SAINTE (la). H. 952.

* TERRIÈRE (la), (Vendhuile). H. 609, 1155.

TERTRY (Somme). B. 3632. — G. 939, 982, 1028, 1680, 1823. — H. 535, 831.

* TERVANNE, moulin à eau (Faucoucourt). G. 190, 252.

. THENAILLES. B. 3213, 3309, 3310, 3312, 3363. — C. 578, 905. 976. — E. 415, 629. — H. 976 à 987, 1367. (Voir Abbaye.)

* THENELLES. B. 55, 102, 109, 154, 158, 179, 181, 259, 273, 292, 293, 301, 313, 315, 348, 360, 388, 406, 434, 444, 2045, 3994, 4076. — C. 23, 187, 190, 519, 534, 535, 547, 570, 674, 676, 838. — E. 494. — G. 239, 1627, 1707, 1744. — H. 435, 830, 1384, 1472, 1477. (Voir Chapelle, Communauté, Comté, Cure, Église, Fabrique, Moulin, Seigneurie, Terrier.)

* THÉODERIE (la), ferme (Mont-Saint-Père). H. 1073.

* THÉVIGNY, fief (Ployart-et-Vaurseine). H. 195, 639.

* THÉZY, ferme (Montigny-Lengrain). B. 1889.

* THIÉRACHE, contrée. B. 230, 3872. — C. 17, 887, 904, 1011. — E. 470. (Voir Archidiaconé, Révolte.)

* THIÉRISSUELLE, châtellenie (Bucilly). G. 2, 10.

* THIERNUT. B. 643, 2684, 3978. — C. 102, 147, 463, 557, 578, 905. — E. 35. — G. 107, 110, 1512. — H. 623, 658, 1585, 1590.

* THIERNY (Presles-et-Thierny). B. 2631, 2636. — C. 518. — G. 582, 583, 585, 604, 1567. — H. 874, 1363.

* THIERRET, ferme (Clacy-et-Thierret). C. 550. — E. 495. — G. 1, 84. — H. 218, 250, 268, 873.

THIESCOURT (Oise). C. 631, 676.

THIMET. (Voir Canal.)

THIN-SAINT-MARTIN. B. 3456.

* THIOLLET (le), (Essommes). H. 1300.

* THOMAS (les), ferme (Vieils-Maisons). E. 301.

* THONY, ferme (Pontavert). E. 529. — H. 1768. (Voir Chapelle.)

THORAIN (Ardennes). H. 872, 955, 965, 966.

* THORIGNY, fief (Le Haucourt). E. 269, 270, 276, 278. — G. 804, 903, 1661. — H. 1116.

THOROTE (Oise). H. 1116.

* THURY, ferme (Marest-Dampcourt). B. 1397, 1650. — H. 807.

* TROYON (Vendresse et Troyon). C. 557. — E. 494, 630. —
G. 7, 407. — H. 46, 105, 106, 109.
* TRUCY. B. 2707, 2879, 3084, 3085, 3087. — C. 103, 557, 578,
596. — E. 105, 156, 255, 331, 470, 471. — G. 2, 15, 240,
570, 604, 1313. — H. 65, 67, 84, 103, 104, 313. — H. 407,
984, 1770. (Voir Cure, Fabrique.)
* TRUGNY (Bruyères). C. 566, 585.
TRUMELOT, pont. C. 489.
* TUGNY-(et-Pont). B. 4031, 4078. — C. 786, 796. — E. 278,
279. — G. 804, 823, 825, 826, 828, 836, 852, 941, 973, 982,
1035, 1669, 1678, 1822. — H. 1624. (Voir Communauté,
Fabrique, Seigneurie.)
* TUILERIE (la), moulin (Charly). B. 3031.
* — (la), ferme (Chartèves). H. 1050.
* TUPIGNY. B. 119, 173, 174, 178, 182, 246, 263, 284, 301,
316, 387, 2142, 2269, 3669, 3674, 3931. — C. 187, 547, 570,
838, 969. — E. 259, 260. — G. 401, 648. (Voir Château,
Comté, Cure, Fabrique, Moulin, Pont, Prieuré, Seigneurie.)

U

* UGNY-LE-GAY. B. 1432, 1456, 1459, 1558, 1646, 1681, 1716,
1760, 1799, 3458. — C. 187, 559, 949, 950, 969. — G. 1560.
— H. 837, 1105, 1683. (Voir Cure, Pauvres.)
UGNY-L'ÉQUIPÉE (Somme). E. 270. — G. 1412, 1674.
* URCEL. B. 2618, 2628, 2629, 2632, 2635, 2636, 2640, 2644,
2645, 2654, 2668, 2675, 2679, 2681, 2686, 2702 à 2707, 3675,
3711, 3977. — C. 148, 333, 440, 481, 482, 557, 578. — D. 6.
— E. 442, 495, 502, 568. — G. 1, 12, 14, 15, 43, 70, 84,
108, 110, 153, 241, 628. — H. 214, 314, 315, 365, 588, 611,
878, 879, 967, 1508, 1545, 1766, 1768, 1770. (Voir Commu-
nauté, Fabrique, Maladrerie, Moulin, Vicomté.)
* URVILLERS. B. 1256, 1426, 2893, 3629, 3647, 3992, 4058, 4110.
— C. 559, 579, 798, 977. — G. 805, 826, 828, 829, 942,
992, 1035, 1658, 1663, 1674. — H. 565, 588, 603. (Voir
Communauté, Église, Fabrique, Territoire.)
* USAGES, bois (Béthancourt-en-Vaux). B. 1590.
USSON (Puy-de-Dôme). B. 681.

V

* VADENCOURT, ferme (Maissemy). H. 1111.
* — B. 261, 305, 312, 313, 434, 1234, 2292, 2284,
2347, 2407, 2746, 3802, 3896, 3899, 3917. — C.
188, 485, 501, 502, 547, 570. — E. 161. — G. 652, 1036.
— H. 316, 665, 968. (Voir Archives, Cure, Fabrique,
Hôpital, Pauvres, Prairie, Seigneurie.)
* VAILLY. B. 1024, 1201, 1903, 3461, 3717. — C. 4, 105, 148,
459, 516, 522, 585, 926. — E. 31, 80, 125, 196, 440, 616 à
627, 651. — G. 242, 358, 804, 966, 1161, 1593, 1731, 1828,
1831. — H. 455, 586, 713, 838, 1255, 1508, 1776. (Voir
Chapelle, Commune, Cure, Fabrique, Jacobins, Marché,
Municipalité, Picpus, Prévôté, Sœurs d'école, Ville.)
* VAL (le), (Leschelle). B. 312, 2149, 3203. — C. 546. (Voir
Terrier.)

* VALAVERGNY (Merlieux-et-Fouquerolles). B. 2629, 2661. —
G. 2, 12, 1069. — H. 458, 879,
* VALBON (Vorges). G. 2. — H. 323.
* VAL-CHRÉTIEN, ferme (Bruyères). C. 580. (Voir Abbaye,
Moulin.)
* VAL-DE-CHARLY. (Voir Pâturage.)
VAL-DE-GRACE. (Voir Abbaye.)
* VAL-DES-ÉCOLIERS. (Voir Prieuré.)
VAL-DE-VOY, verrerie. B. 1712.
* VALÉCOURT, ferme (Chevresis-Monceau). B. 3455. — C. 462.
— E. 163. — G. 179. — H. 773, 774.
VALENCIENNES (Nord). B. 2008, 2974. — C. 682, 903. — E.
107. (Voir Dépôt de mendicité, Intendance, Intendant.)
VAL-GÉRARD, bois. H. 1116.
* VALLACAURE (Aubenton). B. 2516. — E. 363.
VALLAUX, bois. E. 93.
* VALLÉE (la), fief. E. 93.
* VALLÉE-AU-BLÉ (la). B. 2391, 2463, 3209, 3322, 3364, 3420,
4108. — E. 172. — G. 1444. (Voir Fabrique, Seigneurie,
Terrier.)
* VALLÉE-DE-NADON (la), moulin (Louâtre). B. 3755.
* VALLÉE-MULATTE (la). B. 493, 2142, 3805. (Voir Moulin,
Seigneurie.)
* VALLÉE-PACOGNE (la), fief (Landifay). B. 3072.
* VALLEGRANGE, fief (La Ferté-Chevresis). E. 312, 480.
VALOIS (province). E. 637. — H. 455. (Voir Bailliage, Do-
maine, Duché, Maîtrise des eaux et forêts.)
* VALPRIEZ, ferme (Bieuxy). B. 3518, 3520. — H. 753 à 755.
VALROY (la), (Ardennes). (Voir Abbaye.)
* VAL-SAINT-PIERRE (le), (Braye-en-Thiérache). B. 638, 659,
2786, 2962. — C. 827. — H. 1346. (Voir Chartreux.)
* VALSECRET (Brasles). (Voir Abbaye, Pont.)
* VALSERY (Cœuvres-et-Valsery). C. 582. — G. 1190, 1652. —
H. 1776. (Voir Abbaye.)
* VANTEAUX (les), pont. C. 525.
VARANTAISE (province). B. 713.
VARENNES (Oise). C. 979. — H. 455. (Voir Archers, Com-
muuauté, Moulin.)
* VARISCOURT. C. 148, 188, 557, 578, 906. (Voir Communauté,
Cure, Fabrique.)
* VASSENS. C. 566, 585, 949, 1022, 1024. — E. 202, 329. — G.
253, 359, 513, 746. — H. 720, 872. (Voir Cure, Fabrique,
Moulin.)
* VASSENY. C. 445, 585, 966, 969. — E. 153. — G. 1261, 1264,
1734. — H. 477, 513, 1032, 1691. (Voir Fabrique, Plan,
Seigneurie, Terrier, Territoire.)
* VASSOGNE. C. 149, 188, 522, 557, 578, 597, 966, 1019. — E.
31, 33, 303, 475. — G. 243. — H. 687, 852, 853, 862, 1367.
(Voir Cure, Fabrique, Terrier.)
* VAUBERCHY, moulin (Aizy). E. 625.
* VAUBERLIN (Courcelles). E. 128. — G. 1803.
* VAUBERON, ferme (Mortefontaine). H. 1703.
* VAUCELLES (Vailly). (Voir Prieuré).=(Nord). (Voir Abbaye).
* VAUCELLES-ET-BEFFECOURT. B. 2635, 2636, 2680, 2712,

2714, 2716, 2717. — C. 557, 578, 906. — E. 475, 503, 562.
— G. 17, 71, 244, 568, 602, 1475. — H. 269, 270, 559.
VAUCIENNES (Oise). B. 1770. — C. 487, 490. — E. 637. — G.
1477. — H. 708, 1554. (Voir Communauté.)
* VAUCLERC. B. 3676, 3974. — C. 557, 578. — E. 453. — H.
667. (Voir Abbaye.)
* VAUDESSON. C. 566, 585. — E. 331, 620, 624, 626. — G. 489.
1727. — H. 363, 839, 1276, 1546. (Voir Fabrique.)
* VAUGUYON, fief (La Neuville-en-Beine). B. 1553.
VAUMOISE (Oise). B. 3755.
VAUPARFONDS (Oise). B. 3770.
* VAUPERRE, bois (Chassemy). B. 3783.
* VAUQUEBERT, bois. H. 1076.
* VAUREZIS. B. 3710. — C. 487, 566, 585. — G. 328, 360, 368,
697, 747, 1383, 1708, 1711, 1720, 1727, 1733, 1785. — H.
507, 1256, 1414, 1449. (Voir Communauté, Cure, Fabrique.)
VAURSEINE (Ployart-et-Vaurseine). C. 557, 578. — E. 407 à
409. — G. 1, 72, 407. — H. 291, 639, 1768. (Voir Château, Église.)
* VAUX. B. 4061, 4077. — C. 794. — G. 485, 804, 831, 832,
845, 871, 943, 1420, 1660, 1664, 1683.
* — moulin (Chéry-Chartreuve). H. 1034.
* — (Essommes). C. 457. — H. 1296.
* — alleu du Soissonnais. H. 477.
* — faubourg de Laon. B. 1104, 2877, 2879, 2885 à 2887.
— C. 333, 465, 512, 513, 553, 578. — E. 123, 255,
299, 472, 475, 483, 492, 497 à 499, 510, 515. —
G. 116, 142, 529, 542, 543, 585, 603, 1015, 1020,
1021, 1463, 1475, 1839. — H. 33, 163 à 165, 189,
288, 857; 881, 931, 1599 à 1602, 1605. (Voir Hôpital.)
* VAUXAILLON. C. 154, 190, 526, 585, 1024. — E. 331, 336. —
G. 32, 361, 1735. — H. 317, 335, 429, 692, 1508, 1547.
(Voir Communauté, Fabrique, Pauvres.)
* VAUXBUIN. B. 3787. — C. 486, 491, 566, 585, 966. — G. 253,
362, 1708, 1720, 1733. — H. 455, 1257, 1292, 1413. (Voir
Fabrique, Seigneurie.)
* VAUXCASTILLE (Vierzy). B. 3703, 3709.
* VAUXCERÉ. C. 24, 26, 566, 585, 966. — E. 546. — G. 1758.
(Voir Fabrique.)
* VAUX-EN ARROUAISE. B. 70, 207, 274, 295, 300, 348, 1926,
1960, 1973, 2050, 2051, 2074 2092, 2114, 2123, 2135, 2188,
2265, 2270, 2274, 2283, 2292, 2306, 2324, 2326, 2332, 2340,
2347, 2390, 2418, 2423, 2428, 2429, 2487, 3799, 3902 à 3904.
— C. 188, 547, 570. — E. 45, 76, 631. — H. 663 à 665.
(Voir Communauté, Fabrique, Moulin, Municipalité,
Village.)
* VAUXHOUDRAN, ferme (Montgobert). H. 1230.
* VAUX-LE-PRÊTRE (Beaurevoir). H. 1116, 1117, 1132, 1151,
1157.
* VAUXPALAIS, fief. E. 85.
* VAUXRAINS (Clamecy). C. 432, 442. — H. 1508.
* VAUXROT (Cuffies). C. 450, 484.

* VAUX-ST-NICOLAS (Mercin-et-Vaux). H. 1229, 1508.
VAUX-SORELLE, fief. B. 2912.
* VAUXTIN. C. 566, 585. — G. 1588. (Voir Fabrique.)
* VEAUX (les), bois. B. 3806.
* VENDELLES. B. 2893. — C. 794. — G. 804, 825, 832, 944,
954, 982, 1032, 1036. — H. 1112.
* VENDEUIL. B. 316, 450, 765, 866, 964, 1072, 1235, 1320, 1348,
1443, 1559, 1735, 2891, 2902, 2903, 2915, 2917, 3444, 3445,
2545, 3632, 3650, 3994, 4072, 4076, 4077, 4079, 4129, 4440.
— C. 33, 188, 559, 579, 949, 977, 1057. — E. 661, 662. —
G. 206, 245, 633, 804, 945, 1036, 1654, 1832. — H. 318,
375 à 377, 741, 1384, 1491, 1504, 1624, 1653. (Voir Bourg,
Château, Châtellenie, Communauté, Cure, Doyenné,
Église, Fabrique, Gouvernement, Hôpital, Hôtel-Dieu,
Maladrerie. Moulin, Prieuré, Routes, Seigneurie, Terrier,
Territoire.)
* VENDHUILE. B. 4061, 4079. — C. 794, 803, 806. — H. 1114,
1116, 1120, 1155, 1167, 1642, 1778.
* VENDIÈRES. C. 542, 976, 994. (Voir Fabrique.)
* VENDRESSE. B. 2998. — C. 149, 188, 557, 578. — E. 413,
494. — H. 103 à 108, 115. (Voir Cure, Fabrique.)
VENDY. (Voir Canal.)
* VÉNÉROLLES. B. 125, 142, 154, 186, 262, 267, 298, 319, 350,
356, 1285, 2120, 2217, 2221, 2255, 2274, 2279, 2442, 2464,
2467, 3959. — C. 163, 531, 547, 570, 888, 1011. — E. 191.
— G. 1673. — H. 477, 516, 663. (Voir Avouerie, Cure,
Moulin, Prévôté.)
VÉNETTE (Oise). H. 1292.
VENISE (Italie). B. 2894.
* VENIZEL. B. 3712, 3715. — C. 621, 913, 929, 959. — E. 286.
— G. 111, 363, 698, 750, 773, 1161, 1171, 1177, 1711, 1720,
1727, 1781, 1783. — H. 455, 458, 473, 723, 728, 729, 1258,
1414, 1548. (Voir Bac, Communauté, Confrérie, Cure,
Fabrique, Moulin, Municipalité.)
VERBERIE (Oise). B. 1437. — C. 642, 653.
VERDELOT (Seine-et-Marne). B. 3009. — C. 516, 519, 521,
527, 603. — H. 524, 1675, 1679.
* VERDILLY. B. 3684, 3694, 3719. — C. 542. — H. 1041, 1042,
1074, 1659, 1672.
VERDON (Marne). H. 1379.
VERDUN (Meuse). B. 808.
* VERGUIER (le). B. 4071, 4072. — C. 794. — G. 804, 1036,
1659. — H. 1112, 1624, 1642, 1738. (voir Cure, Fabrique.)
* VERLY. B. 72, 132, 146, 180, 197, 236, 248, 292, 295, 302, 315,
478, 489, 2281, 2482, 3963. — C. 107, 188, 547, 570, 838.
— E. 259, 524. — H. 663, 1405, 1454, 1478. (Voir com-
munauté, Cure, Fabrique, Moulin, Pauvres, Terrier,
Territoire.)
* VERMAND. B. 3991, 3996, 4058, 4061, 4073, 4076. — C. 794. — G.
798, 804, 805, 822, 823, 825, 826, 830 à 833, 836, 946 à 949,
954, 1036, 1657, 1674, 1675, 1680. — H. 1108. (Voir Abbaye, Communauté, Fabrique, Marais, Moulin, Terrier.)
* VERMANDOIS (province.) B. 2910. — C. 783. — E. 470. —
H. 1116. (Voir Coutume, Mesure.)

* VERNEUIL-SOUS-COUCY. B. 1461, 3529. — C. 149, 557, 578, 976. — E. 446. — G. 404. — H. 835, 840. (Voir Fabrique.)
* VERNEUIL-SUR-AISNE ou VERNEUIL-COURTONNE. C. 149, 557. — G. 602, 1772. — H. 1414, 1766, 1768, 1776. (Voir Cure, Fabrique, Moulin.)
* VERNEUIL-SUR-SERRE. B. 2774, 2777, 2803, 2842, 2855. — C. 149, 188, 465, 557, 578, 966. — E. 577. — G. 246, 252, 524. (Voir Communauté, Cure, Pauvres.)
VÉRONE (Italie). G. 1
VERSAILLES (Seine-et-Oise). A. 3. — B. 230, 2230. — F. 27.
* VERSIGNY. B. 675, 712, 879, 965, 972, 1005, 1125, 1168, 1236, 1274, 1308, 2630, 2631, 2633, 2673, 2677, 2682, 2723, 3262, 3446, 3535, 3551, 3583, 3637, 3662, 4115 à 4118. — C. 557, 578. — E. 457, 464, 465. — G. 1, 2, 13, 24, 74 à 77, 629, 631, 634. — H. 222, 319, 430, 841, 872, 875, 879, 969, 1116. (Voir Chapelle, Communauté, Cure, Fabrique, Territoire.)
* VERTES-FEUILLES, ferme (St-Pierre-Aigle). C. 439. — H. 692, 706, 1230.
* VERTE-VALLÉE, fief (Landouzy-la-Cour, Vervins). B. 3150, 3348 — E. 552. (Voir Château)
* VERVINS. B. 560, 619, 624, 994, 1034, 1236, 2016, 2581, 2940, 2944, 2972, 3120, 3130, 3154, 3161, 3212, 3312 à 3366, 3442, 3492, 4088, 4099, 4111. — C. 10, 153, 229, 309, 328, 345, 375, 376, 401, 425, 433, 464, 508, 522, 530, 557, 578, 631, 671, 673, 716, 837, 856, 906, 968, 986, 1048. — D. 8. — E. 163, 166, 340, 355, 366, 384, 468, 470, 514, 552, 590, 591, 629. — G. 1, 2, 7, 414, 419. — H. 627. (Voir Chambre à sel, Château, Cimetière, Collège, Commune, Doyenné, Église, Fabrique, Garnison, Grenier à sel, Gruerie, Hôpital, Hôtel-de-Ville, Hôtel-Dieu, Loi, Marché, Marquisat, Mesure, Moulin, Place, Prisons, Promenades, Sainte-Anne, Seigneurie, Terrier, Territoire, Ville.)
* VERVINS, fief (Ciry-Salsogne). E. 128.
* VESLE, rivière. C. 498. — E. 148. — H. 986, 1035.
* VESLES-ET-CAUMONT. B. 768. — C. 31, 149, 188, 557, 578, 627, 910, 1014, 1019. — E. 572, 580, 583. — H. 290, 311. (Voir Communauté, Cure, Moulin.)
* VESLUD. B. 2763. — C. 188, 557, 578. — G. 247, 604. — H. 452, 914, 1597, 1621. (Voir Fabrique, Territoire.)
* VEUILLY-LA-POTERIE. C. 492, 542.
VEULLES (Seine-Inférieure). G. 805.
* VEZ, moulin à eau (Hautevesnes). G. 297. — H. 1570.
* VEZAPONIN. B. 3716. — C. 566, 585. — E. 201, 202. — G. 364, 748, 1161. — H. 812, 842. (Voir Communauté, Fabrique.)
* VEZILLY. B. 3695, 3708. — C. 150, 566, 585. — H. 1033.
VEZ-SAINT-MARD (Oise). B. 3714. — H. 477, 483.
* VICHEL (Nanteuil-Vichel). B. 3756. — C. 4, 150, 566, 585.
* VICHERIE (la), bois. B. 3708.
VICOGNE. (Voir Abbaye.)
* VIC-SUR-AISNE. B. 3367 à 3411, 3747. — C. 487, 566, 585. — E. 281. — G. 365, 515, 699, 1711, 1734, 1735. — H. 477, 518, (Aisne). — TABLES.

1259, 1414. (Voir Archers, Cure, Fabrique, Pont, Port, Terrier.)
* VIEIL-ARCY. B. 709. — C. 24, 26, 103, 566, 585. — E. 83, 145, 623. — H. 1033, 1770, 1776. (Voir Fabrique, Prieuré.)
* VIEILS-MAISONS. C. 542, 950. (Voir Fabrique, Foires, Forêt, Marchés, Plan.)
* VIERGES (les), bois (Lesquielles-St-Germain). B. 2464.
* VIERZY. C. 585, 969. — G. 366, 700, 1734. — H. 1260. (Voir Cure, Fabrique.)
* VIEUX-LAON, camp romain (St-Thomas). H. 305.
* VIEUX-MAISONS, fief. E. 129.
* VIÉVILLE. (Voir Abbiette.)
* — ferme (Le Hérie-la-Viéville). B. 167, 190, 304, 2175. — E. 242, 245, 313. — H. 447.
* — ferme (Sissonne). E. 364.
* VIFFORT. C. 542.
* VIGNE-MIDI, fief (Urcel). G. 108.
* VIGNEUX. C. 150, 557, 578, 672, 949, 966, 968, 1019. — E. 522, 588. — G. 2, 248, 657. — H. 477, 1368. (Voir Cure, Léproserie, Moulin, Prieuré.)
* — fief (Mézy-Moulins). E. 85.
* — ferme (Viry-Noureuil). E. 23.
* VIGNOLLES (Courmelles). C. 455, 485. — G. 287. — H. 1247, 1720. (Voir Pont.)
* VILLARDEL, ferme (Courmont). B. 3695.
VILLE (Oise). B. 1340.
* VILLE-AUX-BOIS-LÈS-DIZY. B. 768, 2744, 3978. — C. 150, 160, 498, 551, 573, 831, 895, 906. — E. 283, 299, 460, 533, 537. — G. 657. — H. 614, 862.
* VILLE-AUX-BOIS-LÈS-PONTAVERT. C. 188, 578. — E. 381, 444, 452. (Voir Chapelle, Cure, Fabrique.)
* VILLEBLAIN (Chacrise). G. 677. — H. 692.
* VILLECHOLLES (Vermand). B. 3992, 4058. — C. 794. — G. 802, 827, 976, 982. — H. 1685.
VILLEDEMANGE (Marne). B. 1902.
VILLEGRUIS (Seine-et-Marne). H. 477.
VILLEFRANCHE-EN-GUYENNE. F. 20, 21.
* VILLEMARIE, moulin (Eppes). H. 880.
VILLEMONBLE (Seine). 3437.
* VILLEMONTOIRE. B. 3710. — C. 566, 585. — G. 253, 325, 326, 367, 749, 1109. — H. 710, 1277. (Voir Cure, Fabrique, Mesure, Territoire.)
VILLEMOYENNE (Fère-en-Tardenois). G. 1399.
* VILLENCET, fermes (Parpeville). B. 88, 242, 3225. — E. 311, 523. — H. 623, 872, 879, 947, 952.
* VILLENEUVE-SAINT-GERMAIN. C. 566, 585, 621. — G. 111, 253, 353, 1713, 1720, 1727, 1731. — H. 458, 475, 476, 711 à 723, 1261, 1278, 1508, 1672, 1691, 1725. (Voir Archers, Célestins, Cure, Fabrique.)
VILLENEUVE-SOUS-THURY (Oise). G. 516.
* VILLENEUVE-SUR-FÈRE. C. 188, 542, 567. — E. 233. — H. 1583, 1691. (Voir Fabrique.)
* VILLE-OGIER. G. 12.

* VILLEQUIER-AUMONT, auparavant Genlis. B. 1349, 1799, 1801, 3458. — C. 423, 559, 579, 590, 594, 595, 977, 1057. — G. 1680. — H. 1105, 1654. (Voir Cure, Duché, Genlis, Plan, Pompiers.)

* VILLERET. B. 2909, 2915, 4072, 4076. — C. 794. — G. 805. 829, 831, 832, 950, 1674, 1687. — H. 1624.

VILLEROY (Seine-et-Marne). H. 524.

VILLERS. H. 1116, 1508.

* — moulin à vent (Laon). B. 2886.

* VILLERS-AGRON. C. 188, 566, 950. (Voir Territoire.)

* VILLERS-COTTERÊTS. B. 1871, 1879, 1880, 1882 à 1884, 1889, 1899, 2266. — C. 13, 73, 154, 188, 355, 400, 438, 439, 483, 1374, 1552, 1682. (Voir Abbaye de St-Remy et St-Georges, Bailliage, Capitainerie, Château, Châtellenie, Cure, Domaine, Église, Forêt, Hôtel-Dieu, Maîtrise des eaux et forêts, Marché, Moulin, Prévôté, Verrerie, Ville.)

VILLERS-DEVANT-LE-TOUR (Ardennes). H. 280, 320, 970.

* VILLERS-EN-PRAYÈRES. C. 557, 578. — E. 282, 545. — G. 584, 1734. — H. 865. (Voir Cure, Fabrique.)

VILLERS-FAUCON (Somme). G. 802, 951, 1674.

VILLERS-GUISLAIN (Nord). H. 1114, 1116.

* VILLERS-HÉLON. C. 566, 585. — E. 218, 224, 229. — H. 711, 1262, 1447, 1448. (Voir Fabrique, Moulin, Seigneurie.)

* VILLERS-LA-FOSSE (Vaurezis). E. 218, 228. — G. 514, 1761. — H. 477. (Voir Terrier.)

* VILLERS-LE-PETIT (Chouy). B. 3764.

VILLERS-LE-ROND (Moselle). E. 607.

* VILLERS-LE-SEC. B. 44, 74, 180, 181, 283, 292, 296, 297, 302, 304, 306, 308, 312, 320, 351, 420, 492, 496. — C. 101, 151, 163, 188, 246, 557, 578. — E. 251, 313, 550, 601. — H. 242, 321, 450, 534, 535, 566, 1480, 1622. (Voir Cure, Fabrique, Moulin, Pauvres.)

* VILLERS-LÈS-GUISE. B. 181, 274, 295 à 297, 315, 317, 344, 399, 461, 549, 2060, 2210, 2270, 2298, 2309, 2347, 2412, 3951. — C. 103, 154, 188, 520, 570. — G. 652. — H. 322. (Voir Cure, Église, Moulin, Seigneurie.)

VILLERS-LÈS-POTETS (Oise). B. 3763.

VILLERS-LE-TEIGNEUX, fief. E. 509.

* VILLERS-LE-VAST (Marigny-en-Orxois). B. 3042, 3705.

* VILLERS-LE-VERT (Sissy). B. 35, 148, 300, 313, 316, 410, 3629. — C. 556, 577. — G. 805.

VILLERS-OUTREAU (Nord). B. 2932. — H. 1115, 1118, 1119, 1125, 1156, 1158, 1167.

* VILLERS-SAINT-CHRISTOPHE. B. 1436, 4058, 4079. — C. 794. — E. 273. — G. 805, 823 à 826, 828, 830, 831, 952, 982, 1036, 1656, 1680, 1690. — H. 1343, 1428, 1430. (Voir Municipalité, Plan.)

* VILLERS-SUR-FÈRE. C. 189. — G. 1399. — H. 1036.

* VILLESAVOYE. B. 3683. — C. 189, 566, 585. (Voir Fabrique.)

* VILLESELVE ou Franche-Abbaye-aux-Bois. B. 1365, 1669, 1753. — H. 1426, 1427, 1624. (Voir Communauté, Prieuré, Terrier, Territoire.)

* VILLETTE (la) (Caumont). B. 1356, 1589. — E. 14, 203, 439. (Voir Château.)

* — (la) (Champs). B. 3470, 3495, 3516.

* VILLEVÊQUE (Marteville). B. 660, 3996. — C. 794. — G. 805. — H. 1624, 1647. (Voir Territoire.)

VILLIERS (Seine-et-Oise). B. 3437.

VILLIERS-SAINT-GEORGES (Marne). H. 1326.

* VILLIERS-SUR-Marne. B. 3009, 3023, 3030, 3068, 3418, 3787. — C. 189, 480, 501, 542. — E. 435, 437.

* VILLOMÉ (Coulonges). C. 566, 585. — E. 127.

* VILPION, rivière. B. 629, 636, 638. — C. 465. — H. 1765.

* VILQUART. (Voir Canlair.)

VINCENNES (Seine). 3437.

* VINCY-REUIL-ET-MAGNY. C. 104, 179, 557, 578, 831, 906. — G. 657, 1534. (Voir Cure, Municipalité.)

VINDENIACUS. H. 588.

* VINGRÉ (Nouvron-et-Vingré). C. 94, 566, 585.

* VINLY-SAINT-GENGOULPH. C. 489, 491, 542.

* VIOLAINE. B. 3713. — C. 563, 585. — E. 26, 228. — G. 1120, 1495, 1553. — H. 477, 692. (Voir Communauté.)

* — ferme (Maast-et-Violaine). E. 152. — G. 307.

VIRE (Calvados). A. 2.

* VIRLY (Jouaignes). E. 127, 152.

* VIRY-NOUREUIL. B. 1236, 1364, 1402, 1434, 1444, 1458, 1552, 1569, 1591, 1595, 1622, 1626, 1648, 1671, 1678, 1737, 1785, 1789, 1798, 1799, 3458. — C. 189, 559, 579, 977. — E. 95, 113. — G. 113, 114, 369, 1039, 1304, 1814. — H. 770, 843, 1093, 1094, 1096, 1099, 1106, 1343, 1344, 1430, 1506, 1683. (Voir Communauté, Cure, Fabrique, Greffe, Moulin, Pauvres, Seigneurie, Terrier, Territoire, Village.)

* VISIGNEUX (Berzy-le-Sec). G. 776, 778.

VITERBE (Italie). G. 1, 121.

VITRY (Marne). H. 1044. (Voir Bailliage.)

* VIVAISE. B. 1051, 2668, 2771, 2772, 2797, 2819, 2838. — C. 150, 189, 209, 557, 578. — E. 108, 459, 479, 515. — G. 230, 249, 252, 1024, 1467. (Voir Communauté, Fabrique, Marais, Territoire.)

* VIVIER (le), fief. B. 3355.

* — (le), (Folembray). B. 3480, 3522, 4111. — C. 535.

* VIVIÈRES. B. 1871, 3766, 3770. — C. 428, 543, 592. — E. 257, 320. — G. 744, 1191. — H. 1085, 1570. (Voir Communauté, Cure, Fabrique, Seigneurie.)

* VIVIER-LA-LOGE, ferme (Grougis). H. 660.

* VIVIER-LE-PARDEUX, fief E. 164.

* VIVIER-LE-ROI, fief (Sissy). B. 101. — E. 605.

* VIVRAY (St-Gobain). B. 1002, 1228, 3629.

* VOHARIES. B. 558, 3288. — C. 556, 576. — E. 555, 557. — H. 1716, 1730, 1779. (Voir Seigneurie.)

* VOIDON, moulin à eau (Mercin-et-Vaux). H. 477, 1229, 1770, 1776.

* VOIE-A-CAILLOUX (Leschelle). B. 2474.

* VOIS ou WOIS, forêt. B. 3533. — G. 10, 13. (Voir Forêt de Saint-Gobain.)

TABLE

DES NOMS DE PERSONNES.

***

1

— (de Courlandon), doyen du chapitre de Laon. G.1, 2. H. 182, 243, 283.

— doyen du chapitre de Saint-Pierre de Soissons. H. 477.

ADAM. B. 946, 1148. — C. 515, — E. 610. — G. 1. = gendre d'Aélide de Domniers. H. 1508. = maire de Brancourt. H. 1116. = André. B. 1969. = Antoine, laboureur, B. 849. = Blaise. B. 906. = Charles, manouvrier. B. 635. = Claude. B. 897. = David. E. 50. = Éloi. B. 981. = François. B. 754, 909. = François-Guillaume. B. 945. = Guillaume. B. 927, E. 555. = garde-vente à la manufacture des glaces de Saint-Gobain. B. 935. = Hubert. H. 835, 1079. = Jacques. B. 922. = Jean. B. 556, 1775. — E. 581. — H. 835. = Jean-François, H. 835. = Jean-Pierre. B. 4122. = Louis, chanoine de Guise. B. 2158. = Pierre. B. 1301. = Toussaint, gardebois. B. 2998.

ADDE, abbesse de Notre-Dame de Soissons. H. 1508.

— femme du Solier. H. 1508. = femme Poulain. H. 1508.

ADDO. H. 221.

ADE. H. 455. = femme de Beaudouin de Clacy. H. 269, 314. = femme Chien. H. 284. = femme Coruins. H. 832. = femme Du Pressoir. G. 253. = femme Dyrechon. H. 1612. = femme d'Enguerrand de Coucy. H. 275. = femme Fripier. H. 84. = femme de Guillaume, seigneur de Wiège. H. 800. = femme de Huars li charons. H. 1508. = femme de Hugues de Sommelans. H. 1579. = femme de Jean. H. 952. = femme d'Odart Ailles. H. 319. = femme d'Oilard de Guny. H. 873. = femme de Raoul, comte de Soissons. H. 692. = femme de Raoul de Troussi. H. 84. = femme Robaillii. H. 6. = femme de Simon, châtelain de Cambrai. H. 692. = femme de Wiard de Vauxbuin. H, 753. = mère de Gui de Villers. H. 1116. = veuve de Jean de Couvron. H. 1508. = veuve Thomas de Fismes. H. 753. = veuve Thomas de Gernicourt. H. 753. = veuve Wiard de Saint-Jean. H. 1181.

ADEA, femme Pierre, dit l'échevin. H. 50. = femme Pierre li baveur. H. 50.

ADÉLAÏDE (Madame). C. 516.

— femme de Louis VI. G. 2.

— femme de Raoul, comte de Soissons. H. 455, 692.

ADELELME, évêque de Laon. H. 119.

ADELIDE, femme de corps. H. 477.

— femme Pallars. H. 773.

ADELINE. G. 9. = femme Cazins. H. 93. = femme Marcy. H. 1508.

ADELVIE, dame de Guise, femme de Jacques d'Avesnes. H. 534, 797, 872. = femme de Jean de Baulne. H. 1602. = femme de Thierry de Beaurieux. H. 753. = femme de Thomas de Fontaine. H. 1116, 1637. = femme Nicolas. H. 840. = dite Machanic, veuve de Gui de Guise. H. 793. = Vidamesse du Laonnois. H. 267.

ADENET, Claude, drapier. H. 1670. = Jean, notaire et procureur. H. 995. = Michel. H. 996.

ADIN. H. 79.

ADNAY, Aimé, maire de Saint-Gobain. B. 797.

ADOUX, Charles. B. 3938.

ADRIEN II, pape. H. 1508.

— IV, pape. H. 434, 455, 1508.

ADRIEN, officier au régiment de Lorraine. C, 326. = Françoise. B. 1971.

ADRIENNE, femme Brimbart. B. 2857.

ADVISART, Madeleine. B. 2365.

ADVYNÉ, ingénieur. C. 28, 61, 98, 422, 507, 613.

AÉLIDE. H. 38, 372.

— abbesse de Fontevrault. H. 1567.

— dame de Coucy. H. 692.

— , femme de corps. H. 477. = femme de Bouchard de Guise. H. 797, 929. = femme Carpentier. H. 1508. = femme Corcy. G. 253. = femme Cordonnier. H. 1206, 1208. = femme Daillez. G. 253. = femme Desprez. H. 275. = femme Du Cloître. H. 825. = femme Gilet. H. 1207. = femme Godefroy. H. 1180. = femme Grisez. H. 1206. = femme Labulle. H. 1209. = femme Le Beanz. G. 253. = femme Ledoux. H. 1205. = femme Lewain. H. 793. = femme li gris. H. 1207. = femme Lionne le fripier. H. 197. = femme de Montiers. G. 253. = femme Musan. H. 793. = femme de Neuville. H. 972. = femme l'Obligeois. G. 253. = femme de Pierre Nebularius. H. 1206, 1207. = femme de Raoul de Coucy. H. 275, 302, 1116. = femme de Roger de Rozoy. H. 956. = femme de Sissy. H. 879. = femme Vallegarsille. H. 1209. = femme Visegnuel. H. 1208. = femme de Werric de Colonfay. G. 952. = femme de Werric de Landifay. G. 872.

AÉLIPS, femme de Fontaine. G. 529.

AÉLIS, dite la bonne femme. H. 51. = femme Baguière. H. 1296.

AÉLYDE, veuve Roux, femme Godart. H. 295.

AENGHEM, femme Léger, seigneur de Sottengen. H. 1116.

AÉNOR, femme de Robert, comte de Dreux. H. 1015.

AGAPET II, pape. H. 588.

AGARD, Marie-Madeleine, veuve Labbe. E. 1. = Pierre-Antoine, marquis de Maupas. E. 1.

AGASSE, Colart. H. 1249.

AGATHE. H. 1623. = femme de Conon, seigneur de Pierrefonds. G. 253. — H. 455. = femme de Milon de Sissonne. H. 826. = femme de Renaud de Flavigny. H. 953.

AGAY (famille). B. 429.

— François-Marie-Bruno (comte d'), intendant d'Amiens. B. 3984. — C. 68, 508, 515, 646, 709, 711, 714, 742, 755, 764, 767. — H. 543.

AGERAN, Charles, seigneur de Nargonnet. E. 351.
AGISSENT, Paul. B. 2993.
AGISSON, Marie-Marguerite, femme Iverlet. B. 1347.
AGLIGOT. B. 2731.
AGNÈS. H. 534. = abbesse de Notre-Dame de Soissons. H. 1508 = dame de Balaham. G. 253. = femme d'Anselme de Bucy. H. 900. = femme de Beaumont. H. 845. = femme de Bernard de Moreuil. H. 692. = femme de Bouresches. H. 1508. = femme de Breuil. G. 253. = femme Brode. H. 1600. = femme de Choisy. H. 477. = femme Crokiers. H. 63. = femme Dagart. H. 1580. = femme de Deniecourt. H. 455. = femme Erlebaud. H. 972. = femme de Godefroy de St-Crépin. H. 477. = femme de Godefroy, seigneur de Sains. H. 952. = femme Gruyer. H. 1297. = femme de Guillaume le Drous. H. 1508. = femme Hautefeuille. H. 1508. = femme de Henri de Vorges. H. 105. = femme de Jean d'Artems. H. 182. = femme de Jean de Presles. H. 250. = femme de Jean de Villers-le-Vert. H. 177. = femme de Jean Li Ostreciers. H. 416. = femme de Montbéron. G. 253. = femme de Mouniaux. H. 455. = femme de Nicolas de Bazoches. H. 1017. = femme Nivelon. H. 1508. = femme de Noes. G. 253. = femme Ourcel. H. 1295. = femme de Pierre de Vendresse. H. 197. = femme de Pierre li Wagner. H. 990. = femme de Raoul, sire de Coucy. H. 632. = femme de Raoul de Gonesse. H. 7. = femme de Renaud de Saint-Remy. H. 1581. = femme du comte Robert. H. 1017. = femme de Robert de Bellise. H. 103. = femme de Robert, seigneur d'Origny-en-Thiérache. H. 59. = femme de Robert de Puisieux. H. 953. = femme de Rozoy. H. 1244. = femme Volans. H. 249. = mère de Simon de Montaigu. H. 275. = veuve de Courliégis. H. 1599. = veuve Lollier. H. 1296. = veuve Martin. H. 1334.
AGNANIA (Renaud de). G. 125.
AGOMBART, Jean. B. 3997.
AGUESSEAU (d'). B. 1287. = marquis d', garde des sceaux. C. 853
AGUET. B. 2844. — E. 2. = conseiller au bailliage de St-Quentin. E. 2. = Antoinette, veuve Vignon. B. 416. = Charles-François. E. 2. = Charles-Philbert-François, contrôleur au grenier à sel de Laon. B. 3970. = Élisabeth-Marie, veuve Desvardes. B. 2903. — E. 3. = Gédéon, président au grenier à sel de Laon. B. 2784. = Jean-François. B. 2903. = Marie. B. 266. — E. 2. = Marie, femme Carpau. E. 5. = femme Lemarchant. E. 4. = Mathieu, lieutenant de l'élection de St-Quentin. B. 2897. = Nicolas. B. 1856. = officier de la grande vénerie du roi. E. 2.
AGUYLLON, Hugues. H. 825.
AIFFRE, curé de Sons. C. 939.
AIGLE (Jean d'). H. 1206.

AIGNEL, Jean. H. 1613.
AIGNIAUS, Jean. H. 1613.
AIGREMONT (Jacques-Gabriel d'). B. 1140.
AIGRES, Arnoul. H. 477.
AIGRET, Jean, jardinier. B. 3446.
AIGREVILLE, (abbé d'), vicaire général. B. 3679.
AIGUILLON (duc d'). C. 388.
AILE dit Fouace (Raoul d'). G. 253.
AILLES, Gobin. H. 319. = Odard. H. 319.
AILLET, Bertrand. H. 1508.
AILLOT, Alexis. B. 3932. = Jean. B. 150. = Pierre. B. 2096.
AILLY (d'). C. 424, 921. = Charlotte, femme d'Albert. B. 1548, 1848. = duchesse de Piquigny, dame de Magny. B. 3349. = Jean. G. 253. = Philbert-Emmanuel, vidame d'Amiens. B. 1605.
AISCELIN de Montaigu, Pierre, évêque de Laon. G. 75.
AISY (Robert d'). H. 103.
AISNE (d') Jean. G. 76. = Robert, gouverneur de la terre de Coucy. G. 76.
AIZELLES, (Gauthier d'). H. 168.
ALAIN. H. 320. = légat apostolique. H. 455. = Nicolas. H. 1055.
ALARD. H. 68. = doyen de Villers. H. 1116. = élu évêque de Cambrai. H. 1116.
ALARDIN, Jean. H. 1063.
ALART, Madeleine, femme Droma. B. 2194.
ALATERRE, Julien. B. 788, 3890, 4042.
ALAVOINE, Adrienne. B. 903. = Antoine. B. 2005. = Guilain. B. 981. = Isaac. B. 3126. = Jacques. B. 2276. = Jean. B. 3940. = Jeanne. B. 2177, 2408. = Judith, femme Joly. B. 3126. = Pierre. B. 2194.
ALBÉRIC. H. 7, 146, 158, 1116. = chevalier. H. 1508. = curé d'Abbécourt. H. 692 = curé de Saint-Remy-Place de Laon. H. 243. = doyen de la chrétienté de Saint-Quentin. H. 534. = évêque d'Ostie, légat du Pape. H. 477. = prêtre. H. 914.
ALBÉRIC de Laon, dit Humbert, archevêque de Reims. G. 1, 116.
ALBÉRIC, dit Mathieu. H. 222.
ALBERT, abbé de Saint-Michel. H. 623.
— abbé de St-Quentin-en-l'Ile. H. 172.
— archiduc. B. 2894.
— comte, abbé de St-Quentin. H. 534, 535, 588.
— grand prévôt et archidiacre de Liège. H. 477.
— vidâme. B. 623.
— Jean, régisseur. B. 1708.
— (d') Charles, gouverneur de La Fère. B. 701. = Honoré, duc de Chaulnes, maréchal de France, lieutenant-général au gouvernement de Picardie. B. 704, 714, 1548, 1825, 1848. = Marie-Charles-Louis, duc de Chevreuse, brigadier des armées du roi. E. 7.
ALBERT de Luynes (Paul d'), archevêque de Sens, abbé du

Mont-St-Martin. H. 1121, 1128, 1143, 1161, 1165, 1325.

ALBERT de Roye, évêque de Laon. G. 13, 14, 27, 62, 67, 184, 200.

ALBIGEOIS (Jean l'). G. 253.

ALBIN, Joseph. B. 1753.

ALBON (Ponce de), maître du temple. G. 253.

ALBROT, Jérôme. B. 1942.

ALBUIN, abbé de St-Crépin-le-Grand. H. 455.

ALDOBRANDINUS, chanoine de Paris. G. 1684.

ALELME, abbé de Chaumont. H. 896.

— chapelain de Saint-Nicolas. G. 1.

ALEMANS, (François d'). G. 95.

ALENÇON (duc d'). B. 2152, 2531, 3834.

— (d'). Françoise, duchesse de Vendôme. B. 3438. = Pierre, (comte d'). G. 2, 83. = Voyez Valois.

ALÈS (d'). Claude, sénéchal de Vermandois. B. 2893. = François, seigneur d'Oigny et de Corbet. B. 936, 1873, 2892.

ALEXANDRE, pape. H. 1508. = III. G. 115, 253, 679. — H. 185, 344, 434, 455, 534, 588, 623, 1116, 1508. = IV. G. 120. — H. 455, 623, 1508. = V. H. 1508. = VII. H. 1508, 1624, 1697.

— abbé d'Anchin. H. 930.

— sous-chantre de Laon. G. 171.

— Marie. B. 1277. = Robert, B. 3013. = dit li Cochus de Parpes. G. 72.

ALIAUME. B. 593. = Antoine. B. 2533.

ALIGRE (Jean-François-Marie d'), intendant d'Amiens. B. 8984.

ALINGRE, Thomas. B. 4020.

ALIS-DESGRANGES, sous-ingénieur des ponts-et-chaussées. C. 526, 676. — D. 16.

ALISSANT DE LA TOUR de FRANQUEVILLE, Alexandre-Jean-Baptiste. B. 3179.

ALIX, veuve de Thiernu. G. 107. = Robert, vigneron. E. 493.

ALIZART, Jean-Nicolas. H. 856. = Pierre. B. 2369.

ALLAILLART-CHAMPAIGNON, Jean. 2891.

ALLAIN, Jeanne, femme Dubois. E. 615. = Marie, femme Créveau. E. 615.

ALLAIS (Henri d'). H. 499.

ALLANCOURT (Marie d'), femme des Esselles. B. 627.

ALLARD. B. 813, 3240. = Jacob, boucher. B. 2160. = Joseph. B. 3863.

ALLART. B. 2204, 2488. — E. 102. = veuve. B. 2381. = Antoinette, B. 4117. = Barbe. B. 1835. = Catherine. B. 3102. = Charles. B. 487. = vigneron B. 2634. = Élie, B. 2291. = Étienne, seigneur de la Mothe. B. 1957. = Jacob. B. 2284. = Jacques, laboureur. B. 309, 2409. = Jean. B. 1981. = Jeanne-Louise-Françoise, femme Charilatte. B. 2910. = Marie. B. 2340, 4117. = Marie-Joseph. B. 3942. = Nicolas, vigneron. B. 2629. =

Pierre. B. 1998. = Quentin. B. 2924. = Sébastien. B. 1777, 1825, 1835, 2094. = Valentin. H. 732.

ALLAVOINE, Claude. B. 3613. = laboureur. B. 894. = Guillaume. B. 885. = Jacques. B. 1998. = Jean. B. 887, 1249. = Jeanne, femme Dambraine. B. 1967. = Marguerite. B. 3207. = Marie-Anne, veuve Levent. B. 3946. = Pierre, B. 1130. = Salomon. B. 3910.

ALLAVOYNE, Jean. B. 727.

ALLEAU, Étienne. B. 918.

ALLEAUME. B. 372, 1304. = Antoine. B. 2937, 2975. = Claude. B. 2515. = Jean, maître maçon. B, 150, 155. = MAURICE. B. 2033. = Pierre. E. 74.

ALLEMAGNE (Jean d'). B. 3448.

ALLEXIS, Antoine. B. 3075. = Charles. B. 3075.

ALLIAUME. B. 2564, 2567, 2568. = Jean, B. 3615. = Nicolas-Joseph. B. 2945. = marchand de bois. B. 2972.

ALLIER, Philippe, menuisier. B. 4103.

ALLIOT. B. 2106, 2292, 2734, = Alexis. B, 3944. = Antoine, notaire. C. 981. = François. B. 135, 501, 1986, 2437. = Jacques. B. 501, 3075. = Jean B. 2017, 2116. = laboureur. B. 2008. = Jean-François. B. 2514. = curé de Saint-Nicolas d'Aubenton. B. 2197, = Jeanne. B. 3958 = veuve Gaillard. H. 1316. = Louis. B. 2139, 3929, 4031. = Philippe. B. 2018. = Pierre, maréchal-ferrant. B. 901.

ALLONGÉ, Alexis, brasseur. B. 2401. = forestier. B. 3810. = Antoinette B. 2031. = Antoine-Thomas, tanneur et brasseur. B. 792. = Claude. B. 2269, 2393, 2652. = Claude-Nicolas, lieutenant de l'élection de Guise. B. 2187, 2293. = orfèvre. H. 1373. = Louise, veuve Moroy. B. 787. = Madeleine-Gabrielle, veuve Moroy. B. 2299. = Marie-Catherine, B. 2422. = Nicolas. B. 1990, 2403. = Pierre, brasseur. B. 500, 2299. = Thomas. B. 98, 940, 2099. 3847. = tanneur et brasseur. B. 852, 1146, 2384.

ALLONGÉ-DESAILLER. B. 2491. = Hyppolite. B. 2480.

ALLONGET. B. 2027.

ALLONVILLE (baron d'), mestre de camp, commandant du régiment de Quercy-Cavalerie. C. 381. = (comte d'). C. 944, 951, 972. = (comtesse d'). C. 527. = (madame d'). C. 50.

ALLOT, Antoine. H. 1108. = Martin. H. 1108.

ALNEQUIN, Nicolas. H. 1260.

ALONGÉ, Claude. B. 2698. = Thomas. B. 833.

ALSACE-HÉNIN-LIÉTARD (d'), chevalier. C. 945. = Antoine-Denis, comte d'Hénin, commandeur de Moisy et Magny. H. 1777. = Jean-Louis, marquis de St-Phal. E. 170. = Louise-Élisabeth-Jacqueline, femme de Félix de Moy. E. 170 = Pierre. H. 893. = commandeur de Laon, Puisieux et Câtillon. H. 1747.

ALVEQUIN, Jean, seigneur de Tannières. H. 1319.

AMALRIC, évêque de Senlis. H. 455.

AMAND, doyen de Hannapes. H. 81.

AMASSE. B. 2486, 2487. = Clarisse. B. 2101. = Jacques. B. 2031, 2188, 2299, 2385, 2418. = Louis, tailleur d'habits. B. 3853. = Pierre. B. 2348.

AMAURY, Giles, inspecteur des lits militaires. B. 115.

AMBLENY (d') Bernard. G. 253. = Enguerrand. H. 1508. = Jeanne. G. 253. = Mathilde. H. 1508. = Wibald, chevalier. G. 253.

AMBOISE (d') Catherine, femme de Montluc de Balagny. B. 2891. = Jeanne, comtesse de Dammartin, dame de Nesle. H. 535. = Renée, femme de Montluc. B. 2890.

AMBRAINE (d'). B. 122. = Louis-Marie, lieutenant-général au bailliage d'Aubenton. B. 2520, 2525.

AMBRIEF, Simon d'. H. 455.

AMBRY, Alexis. B. 3962.

AMELOT, ministre. C. 6, 73, 337, 424, 664, 667 à 675, 706, 749, 765, 774, 812.

AMERVAL (d'). Charlotte, femme de Longueval, B. 201. = Claire. B. 2891. = Esther, B. 1252. = Gabrielle, abbesse du Calvaire. E. 463. = Henri, seigneur de Richemont. B. 2219. = Louise-Colombe, femme de Noue. B. 2906. = Marie, veuve de St-Simon. B. 823. = Nicolas, seigneur de Liencourt et de Surfontaine. B. 813, 814.

AMIE, femme Danoz. H. 1063.

— (d'). Poncin, chevalier. H. 210. = Raoul. H. 182.

AMIGNY (Simon, seigneur d'). B. 1108. — H. 744.

AMIOT, Charles. B. 394. = Louis. B. 2137. = Marie, femme Cronier. B. 1180.

AMOZ, Pierre, official de Laon. H. 239.

AMORY, notaire. B. 2028, = Anne, femme Hourlier. B. 1999. = Antoine. B. 3400, 3416. = laboureur. B. 3411. = Christophe. E. 11, 12. = Claude. B. 1986, 2344. = Élie. B. 332, 473. = Jacques. B. 2432. = Louise, veuve de Flavigny. B. 2225. = Nicolas. B. 3404. = curé de Lesquielles. B. 2372. = curé de Saint-Germain. B. 1971 = laboureur. B. 3392. — H. 489.

AMOUR, Isidore, abbé de Cuissy. E. 523. = Nicolas, curé d'Épourdon. B. 922.

AMOURETTE, Jean, tisseur. B. 926.

AMPLEMENT, Jean. B. 1267.

ANCEAU, Antoine. B. 2282. — H. 770. = Charles, clerc laïque. B. 1720. = Claudine. B. 726. = François. B. 2499. = Georges. B. 724. = charbonnier. B. 963. = Jean. B. 2214. — E. 415. = Marie-Anne. B. 2217, 2228, 3125. = Marie-Marguerite, domestique. B. 2448. = Mathieu. B. 2523. = Nicolas. B. 3219. = couvreur de chaume. B. 3220. = Pierre. B. 2214, 3300.

ANCEAUX. B. 2188. = Marie-Anne. B. 2148. = Mathieu. B. 3282. = Pierre. B. 2545.

ANCEL, Jean, chanoine de St-Quentin. B. 3303. = François. H. 740.

ANCELEAU, Urbain. C. 515.

ANCELET (famille). B. 531 = Antoine, laboureur. B. 494, 2417, 3847. = Claude. E. 213. = Jérôme. B. 577. = Joseph. C. 847. = Louis. C. 848. = Pierre. B. 3913.

ANCELIN, Marie. B. 2885. = Michel, meunier. B. 1557, 1748. = Pierre, laboureur. H. 1440.

ANCELLE, Adrien. B. 1419. = Charles. B. 4037. = Nicolas. B. 3996. = Quentin. B. 4034.

ANCELLET, Antoine. E. 405.

ANCELOT, Charles-Antoine. B. 2985. = François. H. 982. = Jean. H. 983. = Louis. H. 983. = Louis-Joseph, notaire et procureur. B. 669. = Nicolas, maréchal-ferrant. B. 2013. = Philbert, H. 982.

ANCENIS (duchesse d'). Voir Roye de la Rochefoucault.

ANCERET, Geneviève. B. 2375.

ANCIAUX. B. 2565. = Jacques. B. 2612. = Jean-Baptiste, fermier. B. 166.

ANCIEN, Madeleine, femme Chevalier. B. 2181.

ANCIENVILLE (Barthelémy d'). H. 692.

ANDRÉ, archidiacre de Soissons. H. 477, 692.

— clerc. H. 753.

— ermite. B. 2751.

— François. B. 481. = Jean. B. 2921. = Madeleine. B. 4138. = Marie, femme de la Turelle. B. 2315. = femme Thierry. B. 2193. = Pierre. H. 1088, 1090. = — receveur-général du duché de Guise. B. 2059. — E. 467. = Reine, femme Cochet. B. 2193. = Remy. B. 388. = Simon, laboureur. B. 2193.

ANDRIEU, Antoine, apprenti tailleur. E. 549. = Bernard, chanoine de Soissons. G. 253. = Claude. H. 1050. = Mahieu, curé de Mercin. H. 1508. = Roland, fermier de terrage. B. 555.

ANDRIEUX, Marie, veuve Prudhomme. B. 2797. = Réné-Marie, supérieur du séminaire de Laon. B. 2754.

ANGENNES (d'). Charles-François, marquis, seigneur de Sissonne. G. 105. = Regnault, seigneur de Rambouillet. G. 84.

ANGERVILLERS (d'). C. 338, 339, 677, 770.

ANGES (sœur des). G. 693.

ANGIVILLERS (d'. D. 17.

ANGLAIS (Jean l'). H. 38.

ANGLEBERMER (d'), Emmanuel, gentilhomme de la chambre du roi, seigneur de Laigny. E. 172, 445, 453. = Louis, seigneur de Laigny, Passy-sur-Marne. Juvincourt, E. 448. = Madeleine. B. 994. = Marie-Élisabeth, veuve d'Alsace-Hénin-Liétard, femme de Maillé-Caraman. B. 3212. — E. 170. = Philippe-Auguste. B. 2747, 3214. = Robert, comte de Laigny, seigneur de Dammarie. G. 94.

ANGOT, chancelier du chapitre de Laon. G. 171. — H. 275.

— Jacques. B. 1440. = Jean-Baptiste, garde particulier. B. 3750.

ANGOULÊME (duc d'), général d'armée en Champagne et pays Messin. E. 338.

ANGUIÈRE, Clément, chirurgien. B. 914.

ANGUINELLA (Robert de). H. 878.

ANGUISE, Gabrielle, femme Mégissier. B. 1271. = Jean. B. 908. = Pierre, H. 392.

ANICAU, Claude-Antoine. B. 1564. = Jean-Louis. B. 1564.

ANIZY (d') Jean. G. 13. = trésorier du chapitre de St Jean-au Bourg de Laon. G. 82.

ANJOU (duc d'). B. 1472. = Charles. G. 1. = Louis. G. 99. — H. 624, 628. = Voyez Valois.

ANNE, reine-mère. B. 731, 735, 740 à 742. 766. — B. 3541 à 3543.

ANNY (seigneur d'). B. 1430.

ANSART, Claude. H. 1420.

ANSULF DE PIERREFONDS, évêque de Soissons. H. 1077.

ANSEAUX, Marguerite. B. 3618.

ANSEL, chanoine bibliothécaire de Saint-Quentin. G. 814. 818.
—   chancelier de Laon. H. 168.
—   doyen du chapitre de Laon. H. 275 ; et archidiacre. H. 221.

ANSELME. H. 588.
—   abbé de St-Vincent. H. 172, 185, 871.
—   chanoine d'Autrêche. H. 753.
—   chantre de Laon. G. 2, 103.
—   clerc. H. 261, 353.
—   curé d'Essigny-le-Grand. H. 237.
—   doyen du chapitre de Laon. H. 168.
—   (de Mauny), évêque de Laon. F. 7. — G. 2, 32, 50, 78, 117, 183, 527. — H. 141, 177, 195, 200, 208, 311, 534, 633, 745, 773, 826, 840, 880, 900, 904.
—   prévôt de Soissons. H. 477.

ANSELME, Laurent, meunier et laboureur. B. 4424.

ANSELME DEL PUISAT. G. 2.

ANSELOT, Armand-Joseph, avocat et notaire. B. 947.

ANSER, chevalier. H. 588.

ANSIN, Jean, marchand de farines. B. 4090.

ANTENASSE, Élisabeth, veuve Remont. B. 1307.

ANTHEAUME, André-Laurent, arpenteur. B. 3795.

ANTHOINE. C. 633. = Nicole. B. 1979.

ANTIN (duc d'). C. 770.

ANTOGNY (Guillaume d'), chanoine et official de Laon. G. 550. — H. 6, 47, 222, 1598.

ANTOINE. B. 3197. = Charles, notaire. B. 2028. = Claude. E. 374. = François. B. 1494. = Jean Alexis, notaire et procureur. B. 668.

APOIL, Nicolas, marchand. B. 1428.

APOIX, héritiers. B. 783. = Adrien. B. 683. = Claude. B. 1857. = Étienne. B. 870. = Jean-Charles, entrepreneur. C. 405, 681. = Louis-Montain. B. 1103. — C. 405, 797. = Nicolas. architecte. B. 940. = Pierre. B. 902, 3595. = architecte. B. 923, 933, 935. = Simon. B. 808, 1177.

APPARUIT, Louis-Étienne. E. 395, 396.

APPLONCOURT. B. 2487.

APRÉMONT (comte d'). C. 514. = (Abraham d'). B. 694. = (Absalon d'). B. 1482, 1605. = (Charles, comte d'). B. 1054. = seigneur de Nouvion-le-Comte. B. 821. = (Henri-Ange, comte d'). B. 2089, 2941, 3198. — E. 9.

APRÉMONT DE VANDY, Louis-Augustin. B. 2941.

APVRIL, Jean. E. 541.

AQUAIRE, Antoine, prêtre et principal du collège de Chauny. B. 1356.

AQUATELED, Jean, chirurgien-expert, B. 1330.

AQUA-VIVA D'ARRAGON, Angélique. E. 309.

ARAGON, Pierre. H. 1223.

ARBOIS, Ambroise, messager. B. 674.

ARBOIS (d'). Claude. E. 245. = Claude-Albert, seigneur de Le Hérie-la-Viéville. E. 249. = Madeleine, femme de Beffroy. B. 22, 263 — E. 249.

ARCHAMBEAUX, Pierre. B. 3400.

ARCHIBALD, Jacques, gentilhomme de la garde du roi. B. 2893.

ARCHIN, Germain. H. 1278.

ARCY (Jean d'), chevalier. H. 692. — Voyez Hugues.

ARDILLON, Pierre. B. 938.

ARDON (d'). Alain, clerc. H. 1748. = Gautier. H. 152. = Wautier. H. 7.

ARDRES (d'), Antoine. B. 1483 — H. 1331. Antoinette. H. 1331. = François, seigneur de Fécamp. H. 1331. = Gabrielle, dame de Chamblay. B. 1362, 1511. =] veuve d'Haramont. H. 1331.

ARDUIN, Jeanne. B. 2530.

AREMBERG DE LA MARCK (Auguste-Marie-Raymond d'). E. 8.

ARGENSON (d'). C. 341, 396, 411, 811.

ARGENT (Jean-Baptiste Claude-Arnould, marquis d'), vicomte d'Amifontaine. E. 226.

ARGIS (Jean d'), seigneur de Bethencourt. H. 264. = (Louis d'), seigneur d'Herbigny. E. 344.

ARGNOULX, Sébastien. B. 1128.

ARGOUGES (Florent d'), secrétaire ordinaire de la reine. B. 3441.

ARMAND, abbé de St-Crépin-le-Grand. H. 455.

ARMENTIÈRES (d'), Colin, damoiseau. H. 477. = Louis-Charles, capitaine d'infanterie. B. 849. = (Madame d'). C. 670. — Voyez Estissac.

ARNOULD, abbé de St-Crépin. H. 455.

ARNICOURT (Wiard d'). H. 891.

ARNOUL. H. 588. = abbé de Bucilly. H. 871.
—   doyen de St-Jean au bourg de Laon. G. 2.
—   Gracien. B. 580. = Pierre. B. 955.

ARNOULD, abbé d'Homblières. H. 1631.
—   B., procureur de St-Michel. C. 123.

ARNOULF. H. 797.

ARNOULLET, Jean. B. 876.

ARNOULT, héritiers. B. 1125. = Antoine. B. 729, 750, 766, 1025, 1142. = tailleur d'habits. B. 865. = Antoinette. B. 1134. = Catherine, veuve de Signier. B. 514. = Charles. B. 799, 923. = Claude, brasseur. H. 1438. = Cyr-Pierre-François, curé de Macquigny. B. 2125. = François, fripier. B. 931. = Jean. B. 2177, 2408. — H. 1066. = curé de Domptin et de Coupru. B. 3057. = notaire. B. 16. = Marguerite. B. 2809. = Marie. B. 799,

3225. = Montain. B. 1277. = Nicolas. B. 1134, 2447. = Archer, huissier en la prévôté générale et connétablie. B. 773. = Huissier et procureur. — B. 3031. = procureur. E. 431. = Philippe, tonnelier. E. 404. = Pierre. B. 558. — E. 64. = Vincent. B. 606.

Arnout, Pierre. B. 2512.

Arondele, Jean. E. 497.

Arpadius, chevalier. H. 588.

Arragon, Robin. H. 1077.

Arrancy (d'), Guillaume, citoyen de Laon. G. 1. = Jean, chevalier. H. 177.

Arrand, Marguerite, veuve Cheval. B. 1141.

Arras, (Robert d'). H. 535.

Arsendeau, François. B. 866. = Jean. B. 909.

Arsigny, Marie-Françoise, femme Lebel. E. 397.

Arsy (d'), Étienne. G. 253. = Godefroy, trésorier de Soissons. G. 253. = Hugues, archidiacre de Tardenois. G. 253.

Artaise (d'), Charles, seigneur de Morgny. E. 344. = Guillaume, seigneur de Morgny. E. 415. = Marie, femme de Fay d'Athies. B. 3343.

Artemps, (Oudart d'). H. 399.

Artems, (Jean d'), H. 182.

Artichaux. B. 2706.

Artois (comte d'). C. 520. — G. 458.
— (d'), Anne. E. 3. = Claude, seigneur d'Urvillers. E. 2.

Artonville, gentilhomme verrier. B. 1262.

Asceline. H. 761. = femme de Gautier de Vaux. G. 253. = veuve Froissebos. H. 1508. = veuve Salembien. H. 189.

Asfeld (marquis d'). C. 315.

Askahaincourt, (Robert de). H. 386.

Aspremont, (Louis-Joseph-Augustin, comte d'). E. 9.

Assegny, (Simon d'). H. 293.

Asseigni, (Robert de). H. 1613.

Asset, Françoise. B. 3375.

Aszo. H. 878.

Athenace, Jean. B. 1823.

Athenas, Gilles, avocat. H. 507.

Athey, abbé de Moncel. C. 630.

Athies (Louis d'), seigneur d'Espeuille, capitaine. F. 2

Athys (Yolaine d'), femme de Sailly. E. 488.

Atre (Pierre de l'). H. 832. = (Wiard de l'). H. 832.

Atrapart, Pierre, maire de Monceau-les-Leups. B. 677.

Attachoy, Louis. 2902.

Attancourt, Antoinette. B. 2804.

Attichy (d'), Helvide. G. 253. = Pierre, chevalier. H. 1508.

Attrapart, Pierre, fermier. B. 1247.

Auban, Jean-Étienne, prieur-curé de Licy. H. 1322.

Aube, Philippe, B. 980. = avocat. 882.

Aubelet, Pierre, H. 1242.

Aubelin, Françoise, femme de la Fons. B. 2892, 2894. = Pierre. E. 486.

Aubemont (Ansold, seigneur d'). H. 477.

Auberlicque, Grégoire, valet de garde-robe du roi. B. 1344.

Aubert. B. 3240, 3339, 3974. = curé de Manicamp. B. 1613. = Alexis. B. 4126. = Ambroise. H. 1145. = Antoine. H. 1280. = Céline, femme Charpentier. E. 474. = Charles, receveur des gabelles. B. 3969; seigneur d'Aubigny. E. 299. = Charles-Louis, soldat. C. 355. = Christophe. B. 4005. = Claude. B. 4012. — E. 411. = chanoine de St-Quentin. G. 816. = laboureur. B. 2831. = Daniel, chanoine de St-Montain de La Fère. B. 714, 892. = Étienne. B. 836, 3360. = bonnetier. B. 3363. = garde-étalon. C. 268. = Florent. B. 3306. = François, curé de Quierzy. B. 1617. = Gérard. H. 1116. = Guillaume, notaire. E. 613. = Jean, laboureur. E. 332. = Jean-Louis. B. 3942; H. 1145. = Jean-Pierre. B. 2380. = Jeanne, veuve Linart. B. 1126. = Joachim. E. 480. = Louise, femme Delettres. B. 714. = Marguerite, veuve Hincelin, femme Brucelle. E 534. = Marie. E. 470. = femme Bourgeois. E. 582. = femme Tricotteaux. B. 1707. = veuve Sonnet. E. 527. Nicolas. E. 517, 531, 533. = Nicolas, avocat du roi. E. 489. = élu en l'élection de Laon. B. 714. = receveur des gabelles. B. 3971. = Philippe, boulanger. B. 909, 910. = Pierre. B. 4007. = maître d'école. B. 2375. = sabotier. B. 2781. = Timothée, chanoine de Laon. B. 714. = receveur des décimes. G. 424. = Toussaint. H. 828. = Véronique. B. 3945.

Aubery, Anne-François-Robert, abbé d'Hombliéres. B. 1216, 1363, 1763.

Aubespine de Chateauneuf (de l'), Charlotte. B. 2898. = François, marquis d'Hauterive, gouverneur de Breda. B. 2898.

Aubigny, Pierre, curé de Nouvron. B. 3396.

Aubin, Barbe, veuve Hébert. B. 2578. = Catherine, femme Bourgeois. H. 907. = Claude, conseiller au présidial de Laon. G. 468. = Jacques. B. 659. = Mathieu. B. 3140. = Michel. B. 824. — E. 33. = Noël. E. 337. = Pierre. E. 598. = Thomas, boucher. B. 925.

Aubinet (famille). B. 2625.

Aubonne (comte d'). C. 49.

Auboucheur, Marguerite. B. 2450.

Aubreville, François-Alexandre, laboureur. B. 2964. = Michel, laboureur. B. 2797.

Aubriot, Hugues, garde de la prévôté de Paris. G. 14, 67, 73, 93.

Aubrocque, Nicole, laboureur. B. 1527.

Aubry. B. 3166. = André, secrétaire du prince de Condé. B. 548. = Antoine, seigneur de Rozoy-le-Grand. B. 1883. = Garnier. H. 1225. = Jean, boucher. B. 838. = Marie-Anne, femme Delavigne. B. 3065. = Nicolas. B. 1874. = Pasquier, garde forestier. B. 3749.

Auburge, veuve Nutrix. H. 8.

Aubusson (d'), Georges, archevêque d'Embrun, évêque de Metz, abbé de St-Jean de Laon. H. 58.

Aucouteau, Jacques. B. 2441.

Aude, Paule, H. 47.

Audelvie, H. 952.

Audenarde (d'), Aélide, dame. G. 2. 39. = Jean, seigneur de Rozoy. H. 956. = Ricaude. H. 1116.

Audet, Jean, tisserand. B. 900.

Audiène, Nicolas, tailleur. E. 540.

Audigny (d'), Simon. H. 894, 952. = Werric. H. 894, 952.

Audin, Françoise. B. 906.

Audinez, sergent. G. 253.

Audry, André. B 482, 2413. = Bernard. E. 12. = Hector. B. 2385. = Jean. E. 448. — H. 11. = Louis, marchand de verres. B. 3862. = Madeleine, veuve Cagnart. E. 450.

Auge (d'). B. 09.

Auger, Jean, garde forestier. B. 3748.

— (d'), Albert, chevalier. H. 477.

Auget, Martin. B. 3611.

Auget de Montyon, Antoine-Jean-Baptiste-Robert. E. 10.

Augicourt (d'), Ada. H. 913. = Henri, chevalier. H. 913.

Augier, notaire. F. 9.

Augis (d'). Foucart, chevalier. H. 139. = Raoul. H. 139.

Augnier, Charles, laboureur. E. 375. = Michel. E. 206.

Augrin, Oudart. G. 253.

Auguin, Madeleine, femme Lemaire. B. 2344.

Augustin, prémontré. B. 3359.

Aujouin, Louis, cabaretier. B. 4109.

Aulers (Henri d'). H. 172.

Aulnay (Charles-Réné d'), seigneur de Thiercelin. B. 3060.

Aulne (Réné de l')), seigneur de la Foucaudière. B. 3084.

Aulnois (d'), Adam, sire. H. 1607. = Aubelet. H. 1607. = Hector, sire, chevalier. G. 2 ; H. 365, 871, 904, 1607. = Philippe. G. 2, 103. = Raoul. G. 1. H. 904. = Regnaut, clerc. H. 139. = Widele. H. 871.

Aumale (d'), vicomte, maire de Château-Thierry. C. 15, 670. = Madame. C. 630, 670. = Anne, femme de Lallier. B. 2899. = Daniel. B. 2892. = Louise, femme Duglas. B. 2890. = Michel. B. 2890. = Nicolas. B. 2892.

Aumencourt (d'). Isaac, seigneur de St-Martin. B. 824.

Aumont (d'), duc. C. 91, 137, 334, 514. — E. 14. = Louis-Alexandre-Céleste, duc de Villequier. B. 1350. — E. 21. = Louis-Marie, duc, pair de France, lieutenant-général des armées, gouverneur de Boulogne-sur-Mer, marquis de Guiscard. B. 1350, 1365, 1394. — — H. 110, 1336, 1425, 1427. = Louis-Marie-Céleste, marquis de Cœuvres et d'Aumont. E. 11. = Louis-Marie-Gui, duc de Mazarin, marquis de Villequier. B. 782, 3633. — C. 333. = maréchal. B. 2062.

Aumont de Villequier (d'), Marie-Gui, duc de Mazarin. B. 1302.

Aunoy (d'), Oudart, curé de Sissonne. H. 11.

Aupain, Antoine. B. 491.

Auguet, Antoinette, femme Leclercq. B. 904. = Martin. B. 708.

Auriga, Raoul. H. 106.

Ausbourg (d'), Augustin, marquis de la Bove. B. 1872. = Christine, veuve Lemeunier. G. 729. = Denis, seigneur de Villembray. B. 2207. = François-Augustin, marquis de la Bove. E. 96. = Françoise, abbesse du Calvaire. B. 1032. = Judith-Élisabeth, abbesse du Calvaire. B. 1003. = Louis, seigneur de Bièvres. G. 90. = Marie, abbesse du Calvaire. B. 1037.

Ausset, Louis. E. 521.

Autervaux, Joseph-François, duc de Caderousse. B. 2900.

Authion, Noël. B. 2549.

Autrèches (d'), Gaucher, seigneur. H. 477. = Gui, seigneur. H. 477. = Marie, femme d'Ansold, sire d'Aubemont. H. 477.

Autremencourt (d'), Emeline, veuve de Vervins. G. 550. = Gautier, seigneur. G. 2.

Avains (Odard d'). H. 8.

Avaux, Nicolas. B. 3922.

— (d'), comte. C. 418. = Nicolas, seigneur. H. 305.

Aveaux, Marguerite. B. 401.

Aveline, femme Oison. H. 391. = femme le Petiz. H. 1508. = femme Pagos. H. 1223. = Didier, facteur. B. 1366.

Aveluis (dame d'). V. Élisabeth.

Avenans, Hersende, femme Guillaume. H. 105.

Averdy (de l'). ministre. C. 20, 35, 42, 95, 202, 322, 386, 629, 702.

Avesne (d'), Gobert. H. 304. = Jean. H. 304.

Avesnes. (d'), H. 477. — Gautier ou Wautier, seigneur. H. 477, 797, 1116. = Jacques, seigneur de Guise. H. 624, 797, 872, 930. = Nicolas. H. 879. = Voyez Blois, Châtillon.

Avez, Charles, ingénieur. E. 148. = Jean. B. 3280.

Avisard, Jean. B. 2233.

Avisart, Guillaume. B. 2281. = Jean. B. 2287. = Louis, chirurgien. B. 2044.

Avril, Dreux, chevalier. H. 1181. = Laurent. B. 4027. = Nicolas, hôtelier. H. 1005.

Azambre, B. 1916, 2485, 2486, 2488, 2492, 2731. = Charles. B. 364. = Denis. E. 214. = Jacques, vinaigrier. B. 2301. = Marguerite, femme Garbe. B. 2337. = Maurice. greffier de gruerie. B. 3858. = Nicolas. B. 2322. = Pierre. E. 109.

Azard. B. 2565.

B.

B, abbé de Homblières. H. 534. = abbé de St-Aubert. H. 455.

B, abbé de St-Quentin-en-l'Ile. H. 534.

— abbesse de Notre-Dame de Soissons. H. 1508.
— chantre et prévôt du chapitre de St-Pierre de Soissons. G. 253.
— doyen du chapitre de Reims. G. 253.
— official de Laon. G. 125.
— official de Soissons. H. 477.
— Adrien-Charles. B. 2743.
— Pierre. B. 2743.
BABEUF, garde-général de la forêt de Saint-Gobain. B. 935. = Antoinette, veuve Blin. B. 993.
BABILLIOT. Nicolas. B. 4120.
BABILLIOTTE (famille). B. 517.
BABILOT. B. 3107.
BABILOTE, Marie-Angélique, femme Lefèvre. B. 3366.
BABILOTTE. B. 3339. = Antoine. B. 3940. = Jean, cordonnier. B. 3212. = Louis. B. 2149. = Marie, veuve Droma. B. 2039. = Pierre. B. 70.
BACHELET. B. 524, 2736. = Claude. B. 528, 572. = Daniel, serrurier. B. 909. = Gaspard, boucher. B. 894. = Jean-Baptiste. E. 24. = Joseph, laboureur. H. 630. = Martin. E. 555. = Nicolas, curé de Fargniers. B. 1145, 1203.
BACHELIER, supérieure de la Congrégation de Reims. H. 1700. = Blaise. H. 1319. = Madeleine, femme Doublemart. B. 1967. = Suzanne, femme Regnault. H. 1508.
BACHELLET, Jeanne, femme de St-Gobain. B. 899.
BACHET, Marguerite, femme Bitaille. B. 2954.
BACHEZ, Wautier. H. 1205.
BACHOS (Jean de), capitaine. F. 6.
BACON, Ancel. G. 553.
BACQUART. Jacques. B. 1475. = Jean. B. 1839,
BACQUENCOURT (de). C. 49.
BACQUET (famille). B. 1470. = Antoine. B. 863, 899. — H. 807. = sergent royal. B. 818. = Bernard. B. 912, 1057. = Charles. B. 1866. = Élisabeth, femme Grandin. B. 905. = Louis. H. 726. = Madeleine, femme Delval. B. 2340. = Martin. B. 1796. = Pierre. B. 333. = Robert, fermier. B. 1049.
BACQUEVILLE (de). B. 1350.
BACQUOY, Charles, pharmacien. B. 1335.
BADIN, Martin. B. 2697. — H. 776.
BAGAGET, Jean. B. 2855.
BAGARRIS, Antoine-Joseph, chanoine de St-Quentin. G. 821.
BAGNIÈRE, Clément. H. 1296.
BAGUET, Laurent. H. 838. = Raoul. H. 353.
BAHEU. B. 2739. = François. B. 2817. = Pierre. B. 475.
BAHEUX, Nicolas. B. 2233. = Vincent. B. 2233.
BAHU, Pierre. B. 3998.
BAHUTE, Guillaume. B. 3111.
BAIL. B. 2732. = François. B. 3083. = valet de charrue. B. 3962. = Philippe, cordonnier. B. 2697. = Quentin. B. 3083.

BAILLARD, chanoine. C. 698. = François. H. 1449.
BAILLAN, Charlotte, veuve Delespine. H. 759.
BAILLET (famille). B. 517, 525. = greffier de la prévôté de Ribemont. B. 412. = notaire. B. 1252. = Adrien, charcutier. G. 750. = Alexandre, laboureur. B. 35. = Antoine, receveur et greffier. B. 1937. = Barbe, femme Boulanger. B. 903. = Claude. B. 2984. = Claudine. E. 538. = Denis, ancien procureur et greffier. B. 438. = Émond, laboureur. E. 615. = François, marquis de Vaugrenant. H. 1566. = Françoise, femme Forestier. B. 438. = Geneviève-Ursule, religieuse. H. 1566. = Jacques. B. 762, 1142. = Jean. E. 367. = laboureur. B. 1040. = maire de Monceau-les-Leups. B. 726. = Jean-Pierre. B. 917. = Joachim, notaire. E. 563. = Louis. B. 457, 2273. — E. 608. = notaire. E. 601. = procureur. B. 1992. = vitrier. B. 1515. = Madeleine. B. 2378. = Marie, femme Boulogne. B. 302. = Marie-Claude, religieuse, H. 1566. = Martine, femme Defaille. E. 539. = Nicolas. B. 2226, 2279. = Nicolas, avocat. B. 1938, 1943. = greffier de la mairie de Guise. B. 210. = lieutenant au bailliage de Marle. B. 559. = Pierre. B. 4119 = laboureur. B. 1215. = Quentin, curé de Saint-Remy-place de Laon. E. 513.
BAILLEU, Jean. B. 2995. = Noël, doyen du chapitre cathédral de Laon. B. 2810.
BAILLEUL, Jean-Pierre. B. 915. = Martin. B. 1959.
BAILLEUR, Ambroise. B. 743, 904.
BAILLEUX, Claude. E. 385. = Jean. H. 1300. = Jeanne, femme Ducastel. B. 4113. = Louis. H. 1308. = Nicolas. B. 3042, 3067. — H. 1300.
BAILLIA, curé de N.-D. de Crépy. C. 310.
BAILLIET, Guillot. G. 253.
BAILLIEU, Jacques, bailli. B. 2881. = Jean, conseiller au bailliage et siège présidial de Laon. B. 2809.
BAILLIEUX, Claude. E. 385. = Marie, femme Choiselas. B. 3418. = Marie-Madeleine, femme Choiselas. B. 3064.
BAILLON. B. 2742. = Antoine. B. 3819. = Claude. B. 462. = (Jacques de), notaire. E. 174. = Madeleine. B. 2324. = Nicolas. B. 2814.
BAILLOT, Jean-Louis. B. 396. = Louis-Antoine, chanoine de St-Montain de La Fère. B. 937.
BAILLY. B. 516, 3630. — D. 15. = curé d'Achery. B. 930. = Adam. H. 1332. = hôtelier. B. 1870. = Anne, femme Patte. B. 4128. = Antoine. B. 2855. = Antoinette, femme Ledoux. E. 504. = Aubelin. B. 2684. = Catherine, veuve Vignon. E. 335. = Charles. E. 435. = Claude. H. 774. = Élisabeth-Catherine-Charlotte, veuve Pioche. B. 834. = Etienne. B. 3539. = Jacques. B. 2819. = Jean. B. 1923, 2432, 2437. — C. 841. — H. 976. = maréchal-ferrant. B. 1295. = Jean-Baptiste. B. 2601. = Louis. B. 3241. = Marguerite. B. 4026. = Marie, veuve Desery. B. 2573. = Marie-Anne. B. 388. = Martin. E. 53. = Nicolas. B. 1682. = marchand de bois. B. 1597.

2

= Pierre. B. 2657. — H. 747. = marchand de bois. H.
1000. = Pierre-Claude, laboureur. B. 1202. = Quentin. B.
4132.

BAILLY DE LISLE, Joseph, curé d'Achery-Mayot. B. 854,
2809. — G. 470.

BAILLY DE MERLIEUX. C. 133.

BAINS Jean (seigneur de), bailli de Vermandois. H. 876.

BAISY (Robert de). H. 455.

BAL (Marguerite du), cordelière-urbaniste. H. 1680.

BALAGNY (maréchal de). B. 570, 3448, 3844 — E. 36, 550,
554. = (madame de) B. 3456. —Voyez Montluc.
— Anne. B. 2282. = François. B. 2352. = Françoise. B. 2341. = (Marie de), femme de La Rue.
E. 347.

BALAHAM (Gaucher de), seigneur de Jumigny. H. 861.

BALATHIER, Élie-Antoine, comte de Lautage. H. 973.

BALEBERT, Pierre. H. 1508.

BALDAINE, Jean. H. 139.

BALEINE, Marguerite. B. 475.

BALET, Nicolas, employé des fermes du roi. B. 3099.

BALEU, Sébastien. B. 1258.

BALEUVRE (Jean de). H. 1601.

BALEZON, Marguerite. B. 1880.

BALIQUET, Adrien. E. 499.

BALIDOUX, Jean-Pierre. H. 959.

BALIER, Marie-Anne. B. 82.

BALIGAND, ingénieur. C. 623. = Claude. B. 2073. — H. 1402.
= orfèvre. B. 2415. = François, laboureur. B. 2426. =
Jeanne. B. 786. = Reine, veuve Lemaire. B. 3159.

BALIGANT. B. 845. = Anne, femme Fromage. B. 2146. =
Claude. B. 2003, 2146, 2212, 2230, 2279, 2287. = Lazare-
Joseph, chanoine. B. 2018. = Marguerite, veuve
Lhoste, femme Dumangeot. B. 2239. = Pierre.
B. 3325.

BALITOUT, Jean, vigneron. B. 2801.

BALLAGNY, Anne. B. 1964, = François. B. 1964.

BALLAINVILLIERS. C. 629.

BALLAIZE (César de), gouverneur de Chauny. B. 1600.

BALLAND, contrôleur. C. 70.

BALLASSE, Jean-Baptiste, bûcheron. B. 4037.

BALLE, Antoine. B. 2991.

BALLET, Claude. B. 2424. = Jacques. B. 2202. = Jean,
avocat. B. 2019, 2222. = Joseph-Romain. C. 692. =
Marie, femme Allart. B. 1957.

BALLET DE LA CRENARDIÈRE. C. 257. = Nicolas-Jacques,
seigneur de Luzoir, capitaine de dragons. E. 25.

BALLEUX (famille). B. 523.

BALLIGANT (famille). B. 1124.

BALLIN, procureur de Prémontré. C. 664.

BALLION, Philippe. B. 80.

BALLOIS, Marguerite. B. 1702. = Robert. H. 1226.

BALLON, Jean. B. 717. = Marie-Anne. B. 346.

BALLOSSIER, Colin. H. 1300.

BALLOT, David. B. 1927.

BALLOUR, Pierre. B. 1410.

BALLOY, Pierre, B. 1418.

BALLUE, Pierre, prévôt. B. 2619.

BALNACO (Jean de). H. 8.

BALOCHE, Charles, laboureur. B. 4004. = Cyprien. E. 439.

BALOCIER, Lambert. B. 1242.

BALOSSIER, Antoine. B. 3124 = Jacques. C. 271. = Jean.
B. 2774. = apprenti tailleur. E. 540. = Regnault, curé
de St-Julien de Laon. E. 497.

BALOY, Thomas, chanoine de St-Pierre au parvis de Soissons. H. 1508.

BALTHAZAR, Joseph Melchior, seigneur d'Ostrel et d'Urvillers. B. 2915.

BALU, Julien, dit Duclos. B. 640. — C. 523

BALZAC (de), Guillaume, lieutenant de la compagnie du
duc de Guise. B. 1902. = Louise, abbesse du Sauvoir.
E. 486.

BALZAR, Jean. E. 530.

BALZART, Jean. E. 537.

BANCE, Pierre. B. 3155.

BANCEGNIES (de), Pierre. H. 45.

BANCIGNIS (de), sergent de prévôté. F. 8.

BANCIGNY, Julienne, dame de. G. 2.

BANGIN, Joseph. H. 701.

BANIOL, Antoine. B. 3301.

BANNEVILLE, Pierre, cordonnier. B. 3110.

BANO, Nicolas. B. 1387.

BANTHOUZEL, Claude. B. 978.

BAQUET. C. 772. = Antoine. E. 16. = Charles, laboureur,
H. 529. = Pierre. B. 2588.

BAR, duchesse de, sœur de Henri IV. E. 309. = (Étienne
de), prévôt de Château-Thierry. G. 253. = (Jacques de),
receveur général de Champagne. G. 423. = (Jeanne de),
comtesse de Ligny. E. 657, 658. = (Nicole de), veuve
Morelet. E. 476. = Pierre, laboureur. B. 3379. = (Robert
de), seigneur d'Oisy, Marle, La Fère, comte de Soissons. G. 7.

BARA, Françoise. B. 3863. — veuve Lahennier. B. 1196. =
Jean. B. 1196, 3357. = voiturier. B. 931.

BARADAT (Henri de), évêque, comte de Noyon. B. 726, 1679
— H. 1087.

BARADEL, Antoine, maître sonneur. B. 3359.

BARRADELLE, Nicolas, bonnetier. B. 3332.

BARAGUIN, Antoinette, femme Lamiralle. B. 3395.

BARAIL (Yves de). H. 1222. = (Louis-Philippe Gabriel
du), capitaine de cavalerie. E. 26.

BARANTON, Jacques. B. 3359. = Olivier, seigneur de Marcy.
B. 195.

BARAQUIN, veuve. B. 1388. = Antoine. B. 1657. = François. B. 1768. = garde-chasse. B. 3497. = Jean. B. 1828.
= Marie. E. 16. = Pierre. B. 1836, 1838.

BARAS, veuve. B. 2283. = Jean, chirurgien. B. 1956. =
Madeleine, femme Picard. B. 2346. = Marie, femme
Meuriset. B. 90. = Pierre. B. 2370, 2395.

BARAT, Antoine. B. 4117. = Jeannesson. H. 1321.=Marie-Anne, femme Lemoine. B. 3832.

BARATON, Nicolas. B. 1622.

BARBANÇON (de). D. 17. = commandant du Soissonnais. G. 342. = comte. B. 1895. — C. 514, 517, 677. = marquis, premier veneur du duc d'Orléans. B. 3560. = Jeanne, abbesse du Sauvoir. B. 2725. = Louis. B. 938.

BARBARAN, Antoine. B. 2147. = Charles, avocat. B. 743. = garde-marteau. B. 3527. = Louis. B. 2155. = Marie, femme Coquenet. B. 2370. = Pierre, laboureur. G. 1069. = Simon. B. 2147, 2338.

BARBARANT. B. 2485.

BARBARIN, Robert, procureur. B. 1758.

BARBE, Jean. B. 3727. — H. 1210. = Pierre, huissier. H. 519.

BARBEAU, Jean-Baptiste. H. 1728.

BARBENSON, Jean, garde-forestier. B. 1186.

BARBERIN, Antoine, aumônier de France. H. 1500.

BARBIER (famille). B. 18, 99, 515, 524, 3265. — H. 1320. = secrétaire de la Chambre du Clergé. G. 451 = syndic du clergé. G. 451. = Antoine, charpentier. E. 558. = horloger et armurier. H. 699. = laboureur. B. 673. = marchand quincaillier. E. 526. = Charles. B. 3366. — H. 748 = curé de Launoy. H. 1508. = Claude. H. 1320 = meunier. B. 2708. = Denison. H. 1059. = Élisabeth. B. 492. = Féry. H. 734. = François. E. 182. = Georges, chanoine. B. 2641. = Guilain-Noël, tailleur. B. 501. = Hubert. B. 3379. chanoine de Laon. B. 2842. = Jacques, B. 526. 3947. — E. 74. = Jean. B. 646, 3609. — H. 1220. boucher. H. 1005. = commis à l'extraordinaire des guerres. G. 750. = meunier. B. 599. = Jean-Baptiste. H. 1272. = Jean-Charles. B. 2545 = Jean-François, chanoine. G. 470, 471. = archidiacre vicaire-général, syndic du clergé. G. 440. = Jean-Louis. C. 657. = Jean-Nicolas, laboureur. B. 2967. = Joachim. B. 2319. = Louis, licencié en droit. B. 1014. = Marc. E. 60. = Marguerite. B. 362. = Marie. B. 3415. = femme Detrée. B. 4094. = Marie-Françoise, veuve Boutillier de Bouvincourt. B. 2602. = Martin. B. 1775. = notaire. B. 1330, 1351. = Nicolas. B. 2958 — E. 489 = boucher. H. 995. = Nicole, femme Noiret. E. 364. = Philippe-François. B. 2917. = Roger. B. 2614. = Simon. B. 1811. = Thibaut. H. 1318.

BARBIER DES BOULETS (famille), B. 2567. Jean-Baptiste, capitaine gruyer. B. 168, 3796. = Pierre. B. 345. — E. 388.

BARBIEUX, Marie, femme Verlon. E. 516.

BARBILLON, Alexis. H. 748. = Éloi. B. 1735. = Simon. B. 1861.

BARBIN, Antoinette, femme Fisseau. E. 562. = Jean, laboureur. E. 590. = Marie, femme Debrotonne, E. 880.

BARBITONSOR, Pierre. H. 1602.

BARBOTTE. B. 2565.

BARDEAU. B. 1431.

BARDIN. (famille). E. 382. = Gautier. G. 122. = Jacques. E. 360. = Nicolas. E. 594.

BARDOT, Étienne. H. 1296.

BARENGER, Antoine, tailleur. E. 514. = Claude-François. B. 3333.

BARENGIER, Jeanne, femme Hennuyer. E. 493.

BARENTIN. B. 4104 — C. 2, 3. = Honoré (de). B 1872.

BARENTON, Claude. B. 1494. = François. B. 1241. — (de), Adolphe, seigneur de Condren. B. 1352.

BARIL, Gui. H. 194. = Guillaume. H. 194.

BARILLON, Claude. E. 608. = Jean-Jacques (de), chanoine de Laon. B. 2771. = Paul, commissaire royal pour la réformation des eaux et forêts, B. 3485.

BARILLON-D'AMONCOURT. Paul. B. 3490.

BARIN, Jean. H. 911.

BARISY, Marie (de), veuve de Sons. B. 2894.

BARLEMONT, Philippe. C. 656.

BARLET. B. 2565.

BARNABÉ, Louis. H. 1057.

BARNY, Marie-Anne, regrattière. B. 4083.

BAROCHE, sergent de navigation. B. 767. = Gabriel. B. 1689. = Hugues, maître boulanger. B. 1782.

BARON (famille). B. 874, 2490. = notaire. C. 1047. = Antoine. E. 124. = maçon. E. 434. = Charles. B. 2282. soldat invalide. B. 2024. = Étienne. B. 3067. = Eustache. B. 2107. — notaire. B. 10. = François, marchand fruitier. B. 2024. = Isaac. C. 520. = Jacques Nicolas, notaire. B. 12. = Jean. B. 2360, 2972. = Jean-Baptiste, maire d'Autreppes. B. 2056. = Jérôme, laboureur. B. 2163. = Louis-Jérôme, contrôleur des actes. H. 629. = Marguerite. E. 435. = Marie. B. 2357, 2345. = Nicolas. B. 2984. = Nicolas-Jérôme, notaire. B. 1921. = Nicole, veuve Dupont. B. 64. = Pierre. B. 1942, 2004. — C. 839. — E. 425. = Pierre-Alexandre, greffier. B. 380, 2451, 3887. — C. 834. = Pierre-Amable. B. 533.

BARONNAT, Antoine. H. 1198.

BAROT, Paul, curé de Mennessis. B. 1534.

BAROTEAUX, Louis-Michel. B. 382.

BAROTTE, Jacques, soldat. B. 2329.

BAROTTEAU. B. 2564, 2567.

BAROTTEAUX, Louise-Charlotte. B. 2612.

BAROUX DE LA BRETONNIÈRE, Pierre-Renauld, chanoine de St-Quentin. B. 3303.

BARQUIN, Jean. B. 686.

BARRAS, Jean, laboureur. B. 3330.

BARRAT, Étienne, huissier. H. 1256.

BARRÉ, Françoise, femme de Welly. G. 864. = Pierre, meunier. H. 1508. = Urbain. B. 3287.

BARRES (de), Guillaume, seigneur d'Épieds. H. 477. = Jean, seigneur d'Oissery. G. 527.

BARROIS, Charles. H. 1670.

BARRON, Michel. B. 3068.

BARROYS, Mahieu. G. 253.

BARTHÉLEMY, abbé de Clairefontaine. H. 477.
— abbé de St-Martin de Laon. H. 871, 919, 929, 930, 955.
— abbé de St-Paul-de-Verdun. H. 1045.
— chapelain. H. 58.
— curé de St-Pierre-le-Vieil. H. 455.
— (de Vir), évêque de Laon. G. 1, 2. 39, 83, 115, 253. — H. 144, 152, 185, 189, 210, 221, 235, 275, 288, 293, 314, 325, 349, 365, 375, 386, 391, 534, 588, 777, 793, 797, 800, 806, 826, 841, 845, 871 à 873, 878, 929.
— prieur de Coincy. H. 872.
— trésorier. H. 267.
— vicomte. H. 275,
— = Jean. B. 1994.
— (de), Angélique, dame de Montigny en Arrouaise. H. 1649. = Charles. B. 118. = Jacques-Charles, seigneur de Pisieux. B. 426, 2248. = Nicolas, seigneur de Montigny en Arrouaise. H. 1649.
BARTILLACQ, trésorier de la reine. B. 1157.
BARTILLOT, sergent. B. 1274.
BARY, Jean, E. 337.
BASCHELET, Nicolas, curé de Fargniers. B. 1018.
BASENVILLE (Gui de), maître de la milice du Temple. G. 2.
BASILE, Pierre-Jean, cavalier de maréchaussée. B. 2551.
BASILIE. abbesse de Fervaques. H. 1624.
BASIN, Colart. G. 253.
BASINS d'Ambleny, Jean. H. 1508.
BASLOY (Thierry de), chanoine de Soissons. H. 1508.
BASQUIN, Antoine. H. 892. = Jean, cavalier de maréchaussée. B. 933.
BASSE, Agnès. B. 486, 2412, 3926. = Louis. B. 3916.
BASSELLIER, Sébastien. H. 1267.
BASSEVILLE, Anne-Françoise, fileuse. B. 3118. = Antoine. B. 480. = Nicolas, meunier. B. 406.
BASSIN, Jean-François. B. 3954. = Marie-Anne, femme Bernoville. B. 3954.
BASSOMPIERRE (maréchal de). B. 2894.
BASSUET (Garin de). H. 1045.
BASSY (Jean-Charles de). E. 157.
BASTECOURT (de), Jean-François, capitaine des gardes françaises. H. 1447. = Procope-François-Placide, marquis. H. 1447.
BASTEL, Guillaume. B. 2976.
BASTELLEREAU, Claude et Louis. H. 1382.
BASTELOT, Augustin, laboureur. B. 1494.
BASTIEN, Nicolas. E. 568.
BASTILLOT, Augustin. B. 1488. = Thomas. B. 1489.
BASTON (famille). B. 1938. = inspecteur forestier. B. 2620. = Pierre. H. 803.
BATAILLE (famille). B. 429, 521, 525. — H. 1320. = curé du Sart et de Courbes. B. 1205. = Charles. H. 696. = Claude. B. 3095. = Hubert B. 518. = Jacques. B. 494. = Jean. B. 601. = Jeanne-Louise, femme Daultin. B.

3051. = Joseph-Gabriel, garde-bois. B. 583. = Pierre. B. 3064.
BATAILLE DE MÉRY, Louis, seigneur de Courthuis. G. 109.
BATARDIE, Jeanne, veuve Bricquet. B. 984.
BATEREL (Charles de), seigneur de Lignière, capitaine, gouverneur de Ham. B. 1340. = Simon, sommelier de panneterie. H. 1213.
BATHU (Louis de), H. 1044.
BATILLOT, Noël, sergent. B. 666.
BATILLY (Pierre-Antoine de), abbé de St-Nicolas-des-Prés de Ribemont. B. 34, 43, 73, 75, 84, 226, 250, 270, 466, 561, 809.
BATON, Jean, laboureur. B. 2521. = Jean-Philippe, apothicaire. B. 2632. = Thérèse. B. 3942.
BATONNEAU, Anne-Marguerite, femme de la Fons. B. 2902.
BATRÉ (famille). B. 319.
BATTEFORT. B. 3413. = André. H. 1217. = Claude. H. 1257. = Jean, laboureur. H. 507. = Gilles. H. 1257. = Louis, laboureur. H. 507. = Pierre. H. 1257.
BATTEUX. B. 2738, 3265, 3266, 3268. = Daniel. B. 3440. = Jean-Baptiste. E. 122. = Nicolas. B. 538.
BATTON, François. B. 1678. = Nicolas, curé de Sissy. E. 605.
BATTRÉ, Jacob. B. 321.
BAUBE. B. 1916. = François. B. 2320. = Jean. B. 3919. = Joseph. P. 3260. = Marguerite. B. 2320.
BAUBOUCHER, Maurice. B. 2164.
BAUCAIGNE, (Claude de). B. 112.
BAUCHART. C. 945. = Barbe. B. 167. = Charles-François. H. 1350.
BAUCHER, Pierre. H. 1436.
BAUCHERON, ingénieur des ponts et chaussées. B. 939.
BAUCHET. B. 540. = Pierre. B. 662.
BAUDARD, Jacques, cordier. B. 2906.
BAUDART, prieur de St-Nicaise de Reims C. 989. = Madeleine, femme Douchet. B. 1882. = Marie, femme Tergnier. B. 1635.
BAUDE, Charles, berger. B. 1028.
BAUDÉ. B. 1931. — H. 776.
BAUDECHON, Jean. H. 1313.
BAUDELOT, Daniel. B 3084. = Françoise, B. 4028. = Jean, B. 4031. = Nicolas, collecteur du sel. B. 3996. = Pierre. B. 4044. = meunier B. 108.
BAUDEMONT. B. 3268. = Antoine. B. 3247. = Charles. B. 3162. = Isaïe. E. 518. = Jean, B. 832, 3162; 4092 = Marie. B. 3147. = Martin. B. 3139. = Nicole, femme Jumeau. B. 448. = Suzanne. B. 3141.
BAUDERLIQUE. B. 2997.
BAUDERY, Antoine. B. 2219.
BAUDESSON, Marie-Françoise, femme Lecomte. B. 1649.
BAUDET, veuve. B. 1144. = Antoine. B. 3124. = Charles. B. 2226, 2279, 2283. = François. C. 672. = Gilles, curé d'Hirson. E. 349. = Hyacinthe-Guillaume. B. 1296. =

Jacques. B. 452, 1240.= Jean. B. 2555, 2560. = garde des fermes. B. 4111. = Jeanne, veuve Copigneau. B. 135. = Marguerite. B. 3217. = Nicolas. B. 1247, 3363.=Suzanne, femme Aubert. B. 836. = Thomas, meunier, B. 3138.

BAUDEVIN. B. 2565. = Jacques, bonnetier. B. 3323. = Pierre. B. 3953. =jardinier. B. 3331.

BAUDIER, curé de Barzy. C. 687. = Anne, femme de Dorlodot, dame de Danizy. B. 709, 821, 891. = François. H. 1713. = Jean-Baptiste, garde bois. B. 3291. = Laurent. B. 2232, 2281. = Nicolas, meunier. B. 584. = Pasquette, veuve Warman. E. 555. = Pierre. H. 1359. = Robert. B. 3621.

BAUDMENT. (André de), H. 477.

BAUDOIL, Antoinette, femme Chédaille. E. 579.

BAUDOIN, Jean. E. 378.

BAUDON, Antoine. B. 954. = Marie-Françoise, femme de la Loge de St-Brisson. H. 1520. = Pierre, boucher. H. 1004.

BAUDOUIN, abbé de St-Jean de Laon. H. 88, 235.
— abbé de St-Quentin l'Ile.H. 264, 534.
— abbé de St-Vincent de Laon. H. 208, 267, 386.
— archidiacre de Laon. H. 267.
— avoué de Donchery. H. 477.
— curé de St-Simon, doyen de chrétienté. H. 237.
— doyen du chapitre de Soissons. G. 253.
— Évêque de Noyon. H. 455, 534, 588, 823, 1330.
— maire de Mennevret. H.1116. = maire de St-Vincent. H. 155, 158.= maire de Sengin. H. 534.
— prieur de St-Vincent de Laon, H. 243. — sousprieur, id. H. 214.
— vidame du Lannois. G. 2, 99. — H.1508.= Voyez Clacy.

BAUDOUIN. B. 1568. — G 2. — H. 285,1116.=Antoine-Séraphin, brigadier des armées du Roi, seigneur de Soupir. G. 106. = Augustin. B. 2034.=(Charles de) sieur de Bazincourt. B. 731. = Fidèle Séraphin, seigneur de Soupir. G. 106. = Georges, chanoine de Soissons. G. 484. = Jean. B. 686, 2537. — H. 915. = Laurent. H. 67. = Louis. B. 2034, 3118. = receveur du duché de Guise B. 150. = trésorier de France en Champagne. B. 2034. = Marguerite, veuve Delattre. B. 2034.

BAUDOULT, (Henri de), marchand de marbre. E. 540.

BAUDOUX, Claude. B. 2047.

BAUDRAN, Louise-Charlotte, dame de Beaumont, veuve de Sorel, femme de Brion, B. 1348. — H. 1731.

BAUDRÉ, Bon, prévôt forain en la châtellenie de La Fère. B. 3440.

BAUDREUIL. C. 957. = Marie-Catherine-Élisabeth (de), femme de Lamirault, E. 223.

BAUDREZ, Jean-Marie. H. 1376.

BAUDRILLART, Marie, B. 3324

BAUDRIMONT. B. 1415= veuve C. 934, 982, 987. = Jean, prévôt des bouchers de Chauny. B 1714. =Louis, entrepreneur, C. 494.

BAUDRY. B. 2485, 2488, 2493, = (de).C. 95.
— évêque de Noyon et de Tournay. H. 534.
— Absalon. B. 1336. = Alexis, garde de bois, chasse et pêche. B. 3602. = Antoine. B. 1981, 2381, 3357, 3998. = François, meunier. B. 3117. = Jeanne, meunière. B. 2716. = Louis.B. 2360. = Louis.Alexis, procureur fiscal. B. 2722.=Louis-Simon. B. 1414. =Marie-Thérèse-Victoire. B. 944. = Pasquette. B. 1937.= Réné, berger. B. 1786,

BAUDUIN, prévôt du chapitre de Reims. G. 253.
— Alexis, clerc séculier. B. 1640. = Blaise. E. 627. = Henri. B. 3130.=Jean, B 723. = Louis. B. 794. = Marguerite, B. 794,

BAUGE, Claude, femme de Montenescourt. B. 1482.

BAUJOIN, Hélène, femme Huart. B. 2890.

BAULDIN, Nicolas, laboureur. E. 428.

BAULDRY, Laurent. E. 578.

BAULME (famille), B. 1403.

BAULNE, (Jean de). H. 1602.

BAULNOY, Jacques. C. 672.

BAULVIERS, Robert. G. 253.

BAULT, cordonnier. B. 1534.

BAURIN (famille). B. 540. = Madeleine. B. 640.

BAURINCHEST, Jacques, laboureur. E. 438.

BAUSSET. (de). C. 694.

BAUTEVILLE, Marie. B. 3942.

BAUTTE, employé des fermes. C. 1042.

BAUVES, dit Daniel, Jacques. B. 402.

BAUVILLE, Mathieu, vigneron. E. 436.

BAVANT, professeur de musique. G. 972.

BAVART, Gérard, H. 1217.

BAVET, Christophe. B. 703. = Jean, B. 703.

BAVIÈRE, Anne, palatine (de), princesse de Condé. B. 2505, 2540, 2541. = (Bénédicte de). B. 2505, 2540, 2541, 3857.

BAVIN. Jean E. 501.

BAYA (Thiébaut de), official de Laon. H.222, 241, 250.

BAYARD (de), brigadier des gardes du corps. C. 260. = Antoine, seigneur de Méricourt. B. 3274. = Jean, curé d'Alaincourt.B.405. = Jean, seigneur de Méricourt. E. 443. = Marguerite. E. 216.

BAYART, Guille. H. 1269. = Louis. H. 836. = Philippe, prêtre, docteur en théologie. B. 2162.

BAYET, Jacques, marchand de bois. E. 463.

BAYEUX, Marie, femme Delabye. B. 770.

BAYNAST de Sept-Fontaines, Marie-Antoine-Joseph, chanoine de St-Quentin. G. 817.

BAYON, Jean, laboureur. H. 1319. = Réné. B. 1765.

BAZIN. B. 1928, 2491. = Albin, maire de Chalandry. B. 2880. = Antoine. B. 2703, 2704. — H. 1257, 1351.= laboureur.B. 2787.= vigneron. B. 3045.= (de) seigneur de Vaussin. C. 248. = Charles. B. 761, 2923. = avocat. B.

846, et maire de La Fère. B. 907. = marchand de bois. B. 3555. = notaire et procureur. B. 666, 763, 871. = Claude, abbé de St-Martin. H. 954. = Colart, sergent de prévôté. H. 223. = François. G. 51. = (de) seigneur de Fresnes B. 694, 701. = Jacques. B. 4047. = Jaspart. H. 1070. — Jean, commissaire aux saisies réelles. B. 763. = perruquier. B. 2330. = Jean-François. B. 3956. = Nicolas. H. 1072. = Nicole, boulanger. B. 3614. = Quentin, jardinier. B. 2929. = Simon, employé des fermes. B. 853.

Bazoches (de), Gaucher, chevalier. G. 253. = Nicolas, seigneur. G. 253. — H. 1017, 1508. = Robert, seigneur. C. 253. — H. 477. = Voyez Châtillon, Jacques.

Béatrix. H. 249. = abbesse de Notre-Dame de Soissons. H. 407, 477. = dame d'Étréaupont. = femme de Châtillon. H. 628. = femme de Clérembaud. G. 39, = femme Clouet, H. 775. = femme de Courtisot. G. 2, 56. = femme de Froidmond. H. 79. = femme Leroux. G. 253. = femme de Margival. H. 1508, = femme de Nanteuil. G. 253, = femme Rigaus H. 202, = religieuse de Notre-Dame de Soissons. H. 1508. = veuve Thorel. G. 528.

Beau, Pierre, soldat. B. 461.

Beaubouché. B. 2488.

Beaubouche R. B. 523. = Jacques. B. 2011, 2398. = Jean, laboureur. E. 576.

Beaubouchez. B. 30, 2485, 2486.

Beauboys, Pierre. E. 615.

Beaubrun, Joseph, curé de Frières-Faillouël. B. 1352.

Beaucaine, Henri. B. 2208. = Jean-Baptiste, curé de Toulis. B. 3115. = Marguerite, veuve Servat. B. 3923.

Beaucaisne, Alphonse. B. 331. = Claude, lieutenant de Justice. B. 215. = (Jean de). H. 813.

Beaucamp. B. 1963, 2486, 3242. = Adam. B. 3241. = Alexandre, C. 518, 841. = laboureur. B. 2478. = Antoine. B. 2172. — G. 981. = Antoinette, veuve Mora. B. 1997. = Pierre. B. 1971, 2172.

Beauchamp, Gabrielle. B. 924.

Beauchamps, Michel. B. 741, 839, 1213.

Beauchesne (de), lieutenant d'infanterie. B. 922.

Beauchet. B. 2518.

Beaucourt, Antoine. B. 2692. = maître pêcheur. B. 849, 1075. = Étienne. B. 679. = maître plâtrier. B. 936. = Jacques. H. 884. = Jean-Antoine. B. 1286. = Jean-Jacques, professeur de dessin. C. 402. — tisserand. B. 926. = Louis. B. 1286. = Marguerite. B. 903.

Beaucousin, sergent royal. B. 664. = Jacques. B. 749; huissier audiencier. B. 776 ; sergent. B. 666. = Louis. B. 797 ; huissier audiencier. B. 667, 776, 1279.

Beaudet, Pierre, laboureur. E. 390.

Beaudier, Louis. B. 3110

Beaudouin, Jean, joueur de violon. B. 3275.

Beaufils. Marianne. B. 4012.

Beaufort, Isaac. G. 1378. = Jean. B. 2547. = Nicolas.

B. 461, B. 2349. = Pierre, inspecteur de poissonnerie. B. 2620.

— (de), trésorier de France. C. 342. = Claude, femme Lefèvre. B. 836. = Jean, docteur en médecine. H. 1005.

Beaufremont (Catherine de), veuve de Vieuxpont. B. 1843.

Beaugendre, Jean-Baptiste. E. 27.

Beaujeu, général d'armée. B. 1445. = Louis-Alexandre, chirurgien. B. 2784.

Beaulieu (de). B. 1899. = Antoine. B. 1817.

— Denis. B. 1522. = fermier. B. 1542. = Joachim. B. 3897.

Beaulne (Jean de). H. 767.

Beaumanne, Anne-Catherine, femme Dalbert. B. 4098.

Beaumé (chevalier de). C. 989.

Beaumet, Antoine. B. 3174.

Beaumont (de), B. 290. — C. 234, 399, 419, 658, 799. = gouverneur de La Fère. B. 3540. = trésorier-général des ponts et chaussées. C. 610. = duc. B. 3446. = André. H. 845. = Charlotte. B. 3237. = Flouret. G. 562. = François, garde forestier. B. 3748. = gendarme de la reine. H. 1245. = Jeanne, femme de Châtillon. H. 1508. = Marguerite. veuve de Proisy et de La Pierre, dame de Marfontaine. B. 514. — E. 550, 559, 629. = Mathieu, comte. H. 692. = Michel. C. 478. = Rasse, seigneur. H. 836. = Robert. C. 478. — Voyez Blanche, le Normand.

— Antoine, entrepreneur. C. 615. = Louis-Alexandre-Clément, arpenteur, H. 722.

Beaumont-en-Beine, (seigneur de). B. 704.

Beaune (de), Charlotte, dame de Noirmoutier. B. 3765. = Drouart. G. 529. = Isabelet. H. 1600. = Jean. H. 1599. = Michelet. H. 1600.

Beauprez, lieutenant des équipages des vivres. B. 1321.

Beaurain. B. 2883. = Antoine. B. 454. = Charlotte, femme Gilbert. B. 4122. = Jean, berger. B. 486 ; B. 4126. = Louis-Guillaume. B. 2477. = Louis-Joseph, laboureur. H. 630. = Marguerite, femme Bernard. B. 4121. = Marie. B. 2550. = Michel. B. 4132. = Nicolas, laboureur. B. 3123. = Thomas. B. 1907.

Beaurains (de). B. 428. = Drogon. H. 477.

Beauregard, Antoine. B. 635. = (Charles de), chanoine de Laon. B. 2783.

Beaurepaire (de), mademoiselle. C. 949. = Jean. H. 624.

Beaurevoir (de), Beaudouin. H. 1116. = Mathieu, seigneur. H. 692, 1116.

Beaurieux, (Thierry de). H. 753.

Beaurin, Jean. B. 1735. = Joseph, laboureur. B. 3145. = Marguerite, veuve Cauvret. H. 1343.

Beauroyre, François-Jules-César (vicomte de). E. 28. = Jean-Marc. E. 28.

Beausalon, négociant. C. 684.

Beausson, Arnoult. H. 1670.

BEAUVAIS (de), Charles. H. 507. = seigneur de Vouty. H. 1370. = Eustache, seigneur de Billy. 1375. = François Alexis, capitaine de chasses, B. H. 1872.=Germain. B. 1500. Jean-Baptiste, officier de roi. B. 1119. = Joseph Alexandre. B. 1872.

— Pierre. B. 3236, 3244.

BEAUVAL (de), official du chapitre de St Quentin. G. 812.

BEAUVARLET, Hélène, veuve Guignement. B. 1338.

BEAUVE (Damien de). E. 324.

BEAUVEAU (marquis de). B. 1258.

BEAUVEL (de), chanoine. C. 752.

BEAUVILLAIN, Louis. B. 2475.

BEAUVILLIER de St-Aignan (Marie-Françoise de) B. 22.

BEAUVISAGE. C. 312, 509. — E. 387 = avocat. C. 980. = (dame de). C. 677.= Antoinette, femme de la Fons, B. 2890. = Charles-Thomas (de), receveur au grenier à sel d'Aubenton. E. 386. = Pierre, vigneron. E. 497.

BEAUVISAGE de Guny. C. 195,954.= commissaire des ponts et chaussées. C. 429.

BEAUVOIR (de). C. 403. = dit du Mesnil, Antoine. E. 17.

BEAUVOIS (de). B. 1685.

BEBEAU, Jean. B. 1837.

BEBLOT, Jean, maquignon. B. 3926.

BEC (Réné du), gouverneur de la Capelle. B. 196,507, 514.

BÉCARD, Fabien. B. 1951.

BÉCART, Antoine, valet de charrue. B. 2421.

BÉCHAMEL. B. 3495. = Louis-Claude, intendant de Soissons. C. 485, 867.

BECHAUX, corroyeur. B. 1311. = Nicolas-Montain. B. 1146.

BECHEFER, Pierre, prieur-curé de Harcigny. B. 3194.

BECHEREL. Voyez Jean.

BÉCHET, directeur-général des Quinze-Vingts. C. 710. = Nicole-Louise. B. 2514.

BÉCHON (Élisabeth de), femme de Lignières. B. 1355.

BECOURT (Bruno de), abbé de Dammartin et de Prémontré. C. 661.

BECQUART, Rémy, apprenti tailleur. E. 500.

BÉCQUERET, Sébastien. E. 523.

BECQUET, Hubert. B. 1242. = Nicolas, laboureur. B. 3112. = Pierre-Joseph, garçon meunier. B. 2451.

BECQUEY de Beaupré, ingénieur. C. 425, 749.

BEGRET (famille). B. 571, 2564, 3148, 3190. = Jean. B. 2551. = Marie-Anne. B. 3167. = Marie-Madeleine. B. 4094. = Nicolas. E. 590. = Nicole. B. 3159. = Pierre. 2782, 2791.

BÉCU, B. 3104. = Catherine, femme Decoucy. B. 3103. = Marie-Anne, femme Hazart. B. 3099.

BEDEL, Alexandre. B. 3065. — E. 432 = fermier. E. 436. = Charles, avocat. B. 3086; E. 436. = Gabriel. E. 434. = Jacques. B. 3055. = Jean. E. 416. = officier chez le Dauphin. E. 437. = vigneron. E. 427. = Louis, menui-

sier, garde bois et chasses. B. 3044. = Noël. E. 420. = Pierre. B. 3051. = Robert. E. 417.

BEDIN, Anne, femme Fossier. B. 3317.

BEDOUL, seigneur de Puisieux et de Marchais. F. 8. = Voyez Beduin.

BEDU, Pierre. B. 4028.

BEDUIN, Jean, seigneur de Puisieux. H. 952, 953, 1636, 1640. = Voyez Bedoul.

BEDUZEAU, Claude. B. 2273. = Louise. B. 2019.

BEFFRECOURT (Henri de). H. 871.

BEFFROI, Philbert, greffier. C. 1044.

BEFFROY (famille). B. 580, 2883. (de), exempt de la maréchaussée. B. 498. = lieutenant de la maréchaussée. C. 345. = Anne, veuve Chauveau. B. 2650. = Antoine. B. 1423, 1841.= commissaire aux revues. B. 630.=Charles, seigneur de Le Hérie-la-Viéville. B. 407. = Charles-Acham, seigneur de la Grève, le Hérie-la-Viéville, grand bailli d'épée du Soissonnais. B. 1917, 2249. = Charles-Louis, seigneur de le Hérie-la-Viéville, grand bailli d'épée du Soissonnais. B. 160, 408; E. 246, 607. = Étienne, conventionnel. D. 7, 8, 13, 16, 18. = Jean, huissier. B. 1524.= Jean-Abel, capitaine de cavalerie, lieutenant de la maréchaussée. B. 592. = Marie-Anne, femme de Brodart. B. 1917, 2249. = Marie-Charlotte, femme de Renty. B. 2657. = Pierre. B. 3125, 3130.— E. 249. = Robert. B. 263, 667, 775. = avocat. B. 919. = lieutenant de, maire. B. 774. = lieutenant-général de police. B. 798.

BEGAND. Charlotte, femme le Sénéchal. E. 154.

BEGARD, Jeanne. B. 905. — Marie, femme Lallemand. E. 387. = Noël, hôtelier. B. 1681.= Quentin. B. 1846.

BEGÉ, Jeanne. B. 3092.

BEGET, notaire. E. 447.

BEGNY, Jean-Nicolas, boulanger. B. 2634, 2651.

BÈGUE, Claude, laboureur. B. 1344. = Thérèse. B. 4021.

BÉGUIN)famille). B. 1411, 2490, 2739, 2742, 2845, 3104; E. 22.=bûcheron. B. 1300.=Angélique. B. 2598 = Antoine. B. 1259, 4019.= notaire et procureur. B. 1333, 1334, 1398, 1559. = Antoine-Charles, docteur en médecine. B. 1423. = Charles. B. 2941 4022. = laboureur. B. 2951, 2957, 2959. = linier. B. 68. = Charles-Louis. B. 1597. = Claude, contrôleur du greffe de la mairie de Chauny. B. 1357.= marqueur de cuirs. E. 456. — François, avocat, B. 668.= notaire. B. 1392. — pâtre. B. 4124. = tisserand.B. 3102. B. 3075,— Jacques. H. 1040,= maréchal. B. 3377.= vigneron. E. 625.= Jean. B. 1402, 1526, 1863, 2149.— Joseph. H. 1057. — B. 1147. = Louis. B. 3396. = curé d'Andelain et de Servais. B. 760. = laboureur. B. 3393. = Marguerite, femme Martin. B. 4121. = Marie, veuve Gérault. E. 495. — H. 1394. = Marie-Louise. femme Vinet. B. 189. = Nicolas, sergent royal. C. 327. = tisserand. B. 3096. = Pierre. B. 556, 2315, 2580, 3075, 4121. = curé de Prices et Houry. B. 3427. = laboureur. B. 1406. = meunier. B. 2378. =

Simon. B. 3404. = Simon Pierre-Louis, notaire et procureur B. 1333.

BÉGUYNES, Arthur. H. 1219.

BÉHAIGNES (famille). B. 525.

BÉHAINE. B. 3190. = Charles. B. 2958. = Jacques. H. 1361. = Jean. B. 3191. — H. 1361. = Quentin. H. 1354.

BÉHES de Lehaucourt. C. 802.

BEL, soldat aux gardes françaises. B. 86.

BELARS, Oudard. H. 91.

BELET, Robert. G. 721.

BELHOIR (de), Baptiste-Henri. E. 30. = Henri. E. 30. = Pierre-Jacques. E. 30.

BELHOMBRE, dit la Branche, égyptien. B. 1266.

BELIDOR, ingénieur. C. 623.

BELIN, Antoine-Amable, étudiant. B. 1203. = Barbe, veuve Quiche. H. 982. = Charles. B. 472 = Claude, maire de Monceau-les-Leups. B. 1029. = Élisabeth. B. 920. = François. B. 1840 = Jacques. B. 1759, 1842, 1861. = Jacques-André, officier chez le roi. B. 850, 934. = Jean. B. 906. = Jean-Jacques, avocat et procureur. B. 1848. = Jérome, curé de Brie et Fourdrain. B. 748. = Laurent. H. 803. = Léonard. B. 472, 947. = Marie, femme Adam. B. 922. = Marie-Thérèse-Françoise. femme Sebbe, H. 1335. = Thomas, curé de Marenil-le-Port. H. 1228. = Victor Benoît, laboureur. B. 789.

BELINZANY de Sompy, Louise-Rénée, veuve de Melun. H. 1434.

BELLAINCOURT. A. de. H. 534.

BELLAIRE, Marie-Anne. B. 4031.

BELLAMY, Louise, femme Corier. B. 3881.

BELLANGER, François. G. 49. = Jean, seigneur d'Ostel. E. 125. = Paul-Louis, seigneur d'Ostel. E. 125.

BELLAVOINE, Barbe. B. 3356. = Marie, femme Bertaux. B. 3219. = Pierre. B. 2193

BELLAY (Salomon du). seigneur de Soizy-au-Bois. B. 434.

BELLE, Jeanne. B. 487. = Pierre. B. 454.

BELLEAU, Antoine, concierge. B. 2905.

BELLEFORIÈRE (de), marquise. B. 3204. = Antoine-Maximilien, marquis de Soyecourt. B. 3200. = Marie-Rénée, veuve de Seiglières. B. 2241. = Maximilien, marquis de Soyecourt, grand veneur. B. 3200.

BELLEGARDE, Blanche, femme Frenion. B. 1124. = Jean (de). B. 1002.

BELLEGUEULE, Charles. B. 1805.

BELLEJAMMES. Voyez Lemaistre.

BELLEMANE, Paul-Marie (de). C. 412.

BELLEMANIÈRE. B. 1317.

BELLEMÈRE. B. 3222. = Antoine, chirurgien. B. 1032. = Gille. B. 3908. = dit la Taille, Jacques, sergent. B. 837. = Jean, commis à la Marque des Toiles. B. 3354; notaire. B. 3156, 3384. = Nicolas. B. 908.

BELLENGER, François. B. 3015. = Pierre. B. 3067. = charron. E. 433.

BELLENGLISE (Raoul de). H. 534.

BELLET, Adrien, brigadier des fermes du roi. B. 2471.

BELLETTE, Nicolas. H. 1214.

BELLEU, Jean. H. 1508.

— (de), Jean. G. 253. = Lambert. G. 253. = Nivelon, clerc. H. 1182. = Thierry. G. 253.

BELLEVILLE (chevalier de). C. 679. = Alexandre. H. 927. = Françoise, veuve Duval. B. 3223. = Jacques, laboureur. B. 2631. = Jean, vigneron. B. 2716. = Noël. B. 3218. = Remi. B. 402.

BELLEVUE, Antoine, maçon. B. 675.

BELLICOURT (Gérard de). H. 1116.

BELLIER, Claude. E. 371. = Michel, arpenteur. B. 1330. = Siméon, cavalier des fermes. B. 3910.

BELLIN, Laurent, fermier du domaine de Chauny. B. 1599.

BELLISE (de), Aélide, veuve de Monceau. H. 904. = Gobert. H. 103. = Robert. H. 103.

BELLISLE (de). C. 315. = maréchal-duc. C. 341, 396, 411, 519.

BEILLON (de), notaire. E. 589.

— Jean, maçon. E. 598.

BELLOT (famille). B. 28. = Antoine. B. 2703, 2705. = sergent royal. E. 416. = Augustin, vigneron. B. 2642. = Christophe, prieur-curé de Flavy-le-Martel. B. 1721. = Claude. E. 326. = François-Auguste, secrétaire des commandements du comte d'Egmont. E. 154. = Françoise (de), femme de Villeneuve. B. 856. = Médard. H. 828. = Nicolas, peintre. E. 467. = Pierre, cabaretier. B. 2639. = vigneron. B. 2649.

BELLOTTE. B. 2654. — E. 80. = lieutenant criminel. H. 906. = notaire. B. 2934. = prévôt royal. B. 1288. = Antoine. H. 1695. = chanoine de Laon. G. 60. = chapelain. B. 1433. = doyen du chapitre de Laon. B. 744. — H. 1696. = grand vicaire épiscopal de Laon. B. 821. = Antoine-Charles. E. 802. = Charles, commandeur de Câtillon-du-Temple et Puisieux. H. 1744. = Charles-Antoine-François, président-trésorier de France. B. 2640. = Charles-François, trésorier de France. G. 471. = François, président trésorier de France. E. 80. = Françoise, veuve de Bezannes. E. 17. = Hugues, syndic du clergé. G. 392. = Jean. E. 488. = Jean-Antoine, doyen du chapitre de Laon. B. 2777. — G. 530. = Marie-Florimonde. B. 2790. = femme de St-Léger. B. 1102 — E. 17. = Mathieu. G. 530. = Nicole-Anne. E. 4095. = Noël, chanoine de Laon. E. 17. = Pierre-Paul, lieutenant-général criminel au bailliage de Laon. B. 2781.

BELLOY (de), Charles. B. 1430. = Jacques, seigneur de Salency. B. 1359. = Salomon, seigneur de Salnove. E. 437.

BELLY DE BUSSY (de). E. 139.

BELOT, Antoine, chapelain. B. 1487. = Mariette. E. 98.

BELVAL, Toussaint. B. 2791.

BELVIL, Barbe, veuve Lemaire. B. 3216.

Benahen, Jean, major de Guise. B. 2098.
Benard, intendant-général des fourrages. C. 361. = Adrien. H. 1272. = meunier. B. 3100. = Charles, lieutenant de cavalerie. E. 384. = Françoise, veuve Leindoré. B. 1900. = Louis. E. 110. — H. 1583. = Marie-Catherine. B. 84. = Toussaint. H. 1560.
Benard de Combe, Catherine, femme Pétré. B. 84.
Benart, Adrien. B. 3097. = Jean. B. 732, 1993. = Louis. H. 1028. = prieur de Fargniers. B. 1011. = Nicolas. H. 1305. = Pierre. H. 26.
Benas, Claude. B. 3238.
Bencelhove (de). Daniel, Élisabeth et Gérard. H. 1116.
Bendier, Claude, chanoine de Saint-Quentin. B. 2926. — G. 827, 967. = écolâtre. G. 809. = Félix. B. 2926. = procureur fiscal. B. 2897. = théologien. B. 2897. = Jacques. H. 1151.
Bené, Claude, grand vicaire épiscopal de Laon. H. 1695.
Benedicte. Voyez Bavière.
Benest. B. 1181.
Benetot, Jacques. B. 2088.
Benge (Gui de), colonel. B. 27.
Benier, Jean. E. 536.
Benin, Martin, sergent royal. B. 709.
Benjamin, abbé de Braine. H. 477.
— Guillemette, femme Fouan. E. 577. = veuve Lelucq. E. 585. = Hector. E. 521. = Jean. H. 816.
Benjois, Adrien, laboureur. B. 1407.
Bennart, Médard. E. 491.
Benoise, Charles, conseiller au Parlement de Paris. B. 1987. = Charles-Auguste (de). B. 2482.
Benoist (famille). B. 31. = André. H. 1284. Antoine. = B. 663, 993. = bailli de Ham. B. 1421. = laboureur. B. 494. = sergent forestier. B. 3543. = Antoine-Auguste. B. 1181. = bailli de Ham. B. 1178. = Antoinette. B. 897. = Charles (de), avocat. B. 1758. = Éloi. B. 465, 496. = Henri. B. 2281. = Jacques. B. 1421, 1857. = avocat. B. 1628. = Jean. B. 855, 3579. — G. 325. = Jean-Jacques. B. 1181. = Louis, laboureur. B. 2030. = Marie. B. 1849, 1852, 1853, 1855, 2745. = Martin, cavalier. B. 1151. = Nicolas, lieutenant-général au bailliage de La Fère. B. 696, 698 à 700. = Valentin. B. 1210.
Benoist de Neuflieu, Augustin-Benoît. lieutenant-général au bailliage de Ham. B. 2122.
Benoit XIII, pape. G. 6, 128. = XIV. pape. B. 1906.
— Antoine. B. 3618. = laboureur. B. 228. = Augustin, maître en chirurgie. C. 238. = Claude, praticien. B. 1869. = Henri. B. 2347. = Jacques. B. 71. = Jean. B. 2151. — E. 11. = cabaretier. B. 2423. = tanneur. E. 464. = Marie-Anne, femme Estrez. B. 2307. = Marie-Madeleine, veuve Jorand,

femme Rallétz. B. 2264. = Marie-Marguerite, veuve Carlier. B. 2200. = Nicolas. H. 1271. = lieutenant-général au bailliage de La Fère et Marle. B. 817, 1023 = messager. B. 2322. = Philippe. B. 2232. = Poulette. E. 348. = Thomas, sergent à cheval, priseur-vendeur forestier. B. 719. = Valentin. B. 995, 1408.
Benoite, femme Werric. H. 68.
Beny, Jeanne. E. 405.
Benzeline, femme Juseir. H. 823.
Bequart, Guillaume. G. 253.
Beques, Pierre. H. 1508.
Béra, Jean. B. 1424, 1808. = Marie, novice religieuse. B. 1336. = Simon. B. 1336.
Béranger, Marie, femme Savereux. B. 845.
Berangy. B. 3374.
Bérard, peintre. G. 62. = Jean, domestique. B. 1751. = menuisier. E. 398.
Bérault, Antoine. E. 326. = Jacques. B. 720. — E. 502. = laboureur. B. 723. = Laurent. B. 898. = Marie, veuve Goblet. B. 998. = Marie-Françoise, femme Lion. B. 2636.
Beraux, Jacques, laboureur. B. 741. = Jean-Louis, vigneron. B. 2650.
Bercelle (François-Philippe de). B. 564.
Bercenai (Pierre de), chanoine. G. 2.
Bercheny (comte de). C. 409.
Bercot, Pierre. B. 1993.
Bercourt (Eustache de). B. 1843.
Berdal. B. 2992. = Jean-Charles. H. 1151. = Marie-Anne, femme Mulot. B, 2991.
Bereau. B. 2719. = Jean, vigneron. B. 2628.
Berenge (Pierre de). H. 1508.
Berenger, Anne, femme Viger. B. 1536. = Pierre. B. 1836. = laboureur. B. 1541.
Berengier, notaire. H. 480, 481.
Berengiers, Colard, clerc. H. 1508.
Bergeon, Louis. H. 712.
Bergeot, Charles, boucher. B. 4046. = Denis, boucher. B. 2907. = Gilles. E. 62. = Pierre. E. 4039.
Berger. B. 515, 2492. = Antoine, apprenti tisserand. E. 500. = garde bois. B. 2418. = laboureur. B. 2441. = Catherine, veuve Suriot. B. 1064. = Hilaire, Tavernier. B. 984. = Marie. B. 893. = Pierre. B. 2420. = Simon, chanoine de Laon. H. 1395. = vigneron. B. 2715.
Bergeron, Claude. H. 694. = Jean, curé de Tartiers. G. 484. = Jean-Pierre. H. 701, 1287. = Marie. B. 907.
Bergier, Henri. H. 86.
Bergnier, prêtre, chef de musique. G. 807. = Jean. H. 976. = Noël, laboureur. E. 544.
Berguet, Laurent, laboureur. B. 2135.
Berhamel, Daniel. H. 846.

BERINCOURT (Raoul de). H. 1651.

BERIOT, Simon. H. 945.

BERLANT, Firmin, tavernier. B. 1521.

BERLEMONT. Agnès. B. 4031. = Antoine. H. 1143. = Jean, meunier. C. 672. = Louis. B. 2994. = Simon. B. 2991.

BERLET, Jean. B. 2550.

BERLEU. B. 1506. = Antoine. B. 1541, 1779. = Charles, procureur du roi. B. 1389. = Claude. B. 1826, 1845. = procureur du roi. B. 1331. = Jeanne, veuve Vassaux. B. 4043. = Pierre. B. 1384, 1387, 1849, 1853, 1854, 3080. = procureur du roi. B. 1333. = Sébastien, serrurier. B. 1618.

BERLEUX, femme Tavernier. B. 1741. = meunier. B. 2459. = Jean. B. 501. — H. 1622. = Pierre. B. 363. — H. 1622. = fermier. B. 351. = Vincent. B. 445, 475.

BERLJÈRE, Nicolas. C. 809.

BERLINCOURT (Raoul de). H. 692.

BERLINGUET, Geneviève, femme Lecerf. B. 2419.

BERLISE (Henri de). H. 956.

BERLIZE, Antoine, greffier. B. 2755. = Jean, maire d'Andelain. B. 1168.

BERLON, Baudesson, vigneron. E. 565.

BERLOT, Marie, femme Dusolon. B. 2782.

BERNAGE (Louis de), intendant de Picardie. B. 3646, 3983. — C. 757, 770.

BERNAIGE, Gérard, homme de corps. G. 253. = Jean, homme de corps. G. 253. = Pierre, clerc tonsuré. G. 253.

BERNAILLE. B. 2565. = Jean. B. 3282.

BERNARD, abbé de Clairvaux. H. 588.

— archidiacre de Laon. H. 267.

— chanoine de Soissons. G. 253.

— curé de Cilly. G. 2. — H. 872.

— B. 784. — H. 1077. = vigneron. B. 484. = Adrien. B. 979. = Antoine. B. 3178, 3910. — H. 1352. = Firmin, chanoine de Saint-Quentin. G. 816. = François. B. 4120. = Guillaume. E. 482. = Isaac. B. 703. = Jacques. B. 4121. — E. 184. = Jean. E. 615. — H. 1300, 1367. = curé de Buironfosse. B. 2143. = Jeanne, veuve Cornet. B. 1760. = Jeanne-Marie, veuve Boulanger. B. 1882. = Joseph. B. 3323. = Louis. B. 3927. = Madeleine. B. 3936. = Marguerite, femme Foulon. B. 3141. = femme Delamotte. B. 902. = Martin. E. 16. = Nicolas. B. 829, 1249, 3327. = Nicole. B. 3356. = Pierre. B. 655. = curé de Mareuil-le-Port. H. 1228. = meunier. B. 1768. = tisserand. B. 3326. = Pierre-François, curé de Montigny-le-Franc. B. 2842.

BERNARD DE MONTIGNY, Marguerite-Félicité, femme de Flavigny. B. 230.

BERNART, curé. C. 20. = Jean. B. 3823.

BERNART D'AVERNES de Bocage (François de), commandeur de Laon, Câtillon et Puisieux. H. 1746, 1772.

BERNAY (de), commandant de la citadelle de La Fère. B. 1063.

BERNET (Jean de). B. 905.

BERNETZ (de), Chrétienne. B. 512. = Emmanuel-Henri, seigneur de Martimont. B. 1885. = Esther, dame de Gercy. B. 625. = Judith, dame de Gercy. B. 625. = Madeleine, veuve de Cobreville. B. 1540.

BERNEUIL (de), Adam. H. 477. = Gile, veuve de la Gloisière. G. 253.

BERNIER. B. 32, 2564 à 2568, 2784. = abbé d'Homblières. H. 588. = curé de Landifay, G. 939. = Charles. B. 2584. = Charles - Joseph, B. 3300. = Élisabeth, femme Poulain. B. 631. = Eustache, arpenteur. B. 3793. = François-Alexandre. B. 2584. = Geneviève, femme Bergeot. B. 2907. = Guillaume. H. 1508. = Jacqueline, femme Brulé. B. 2554. = Jean. B. 3282. = tisserand. E. 352. = vigneron. E. 420. = Jean-Louis, maître de poste. B. 4083. = Louis. B. 2561. = Pierre. B. 3146.

BERNIN. B. 1748. = Jean, maître d'école. E. 440.

BERNION, Pierre. B. 59.

BERNIS (cardinal de), archevêque d'Albi, abbé de St-Médard. E. 671. = (Simon-Frédéric-Pierre de), brigadier des armées, prévôt de Favières. H. 510.

BERNOUVILLE, employé des fermes. C. 1042.

BERNOVILLE. B. 2487. = Antoine. B. 3908. = Claude. B. 2923. = Jacqueline, femme Gadenne. B. 877. = Jacques. B. 1981. = Jean. B. 1968.

BERNY (Jean de). H. 1508. = Louis. B. 3997.

BEROGNES (de), Étienne et Lorence. G. 253.

BERONT, Jean. H. 477.

BERQUET. B. 2484. = Jean, sergent royal. H. 629. = Joseph, berger. B. 2971.

BERRAULT (famille). B. 516.

BERRIEUX (Gobert de). H. 299.

BERRIOT, Pierre. C. 748.

BERRY (duc de). B. 2759.

BERSET, Jean, domestique. B. 452. = Louis. B. 2551. = Quentin, maçon. B. 86.

BERSINGUIER, Louis. B. 3079.

BERSON, Geneviève, veuve Delahaye, femme Bedel. E. 437. = Louis. E. 437.

BERTAIN, Guillaume. B. 2585.

BERTAU, Firmin. B. 1240. = Pierre. B. 1240.

BERTAUCOURT (de), Agnès. H. 534. = Gobert. G. 2.

BERTAUD, religieux. C. 680.

BERTAULT, Jean. B. 3925. = Michel, maître chirurgien. H. 698. = Nicolas. B. 4101.

BERTAUT. C. 71. = Anne, femme David. B. 2775. = Jacques-Roland. H. 1135. = Jean. B. 2320. — H. 899. = Nicolas, notaire. H. 455.

BERTAUX, Jean. B. 3219.

BERTE, femme Obelin. H. 764. — femme Prévot. H. 968. =

H. 1187, 1713. = chanoine de Laon. B. 2785,
2828. = laboureur. B. 2945. = Pierre. B. 895,
981. = Remy. H. 869.

BERUELLE, Anne. B. 630.

BERY (de), Léonard, seigneur de Brie et Fourdrain. B.
693. — E. 457. = Liénard, seigneur de Corneil. E. 493.
= Madeleine, femme Duclosel. E. 610. = Marguerite,
femme de Héricourt. B. 1449.

BERZEAU (de), Claude. E. 163. = seigneur de Moulins.
B. 1220. = Robert. B. 1220. = seigneur de Toulis.
B. 567.

BERZY (Foucard de). H. 477.

BERZIN (Fouquin de). H. 455.

BERZIS, Anne. B. 1274.

BERZY (de), Jean. G. 253. — H. 477, 1508. = Léger. H.
1205.

BESANÇON, Jean. B. 2255.

BESANT, Nicolas-Charles. B. 1900.

BESCHET, Catherine, femme Collardeau. E. 384.

BESENVAL (baron de). C. 368, 375, 376.

BESGUAIN, Pierre-Antoine. B. 343.

BESGUE, Claude, femme Carpentier. B. 1857.

BESNARD, Antoinette. B 903. = Claude. H. 1320. =
Isabeau, veuve Marteau. E. 403.

BESNY, Abraham, manouvrier. E. 502.=Willaume (de). H.
238.

BESSEUX, Mathias. E. 51.

BESSIÈRE, (Victor de), chanoine de St-Quentin. G. 821.

BESSON. B. 3340.

BESVILLE, Jean-Jacques. H. 927.

BETENCOURT (Grignon de), seigneur de Marcilly. G. 93.

BETFORT, Pierre. B. 4031.

BETHANCOURT (de), vicomtesse. B. 1368. = Hugues. H.
1508. = Mathieu, chanoine de St-Quentin.
H. 1654. = Simon. H. 1508.
—   Hubert. E. 290.

BETHEFORT, Charles, dit la Paix. B. 3554. = Philippe. B.
77.

BÉTHISY (Philippe de), prévôt de Laon. G. 146.

BÉTHIZY (de), Jean. H. 45. = R., juge apostolique. H.
871. = Renaud. H. 451. = bailli de Vermandois. H.
477.

BÉTHUNE (duc de). C. 310, 311, (de). Antoinette, veuve
Morial. B. 914. = Corneil. B. 710, 711. =
François-Joseph, duc d'Ancenis. E. 42.=
Joseph-Maximilien-Guilain, marquis. E.164,
et gouverneur de Marle. E. 42.=Louise. B.
711. = Montain, valet de ville. B. 934. =
Nicolas. B. 711. (Voyez Charost.)

BETTANCOURT, Claude, fermier, seigneur de Faucouzy. B.
527.

BEUDIN, Jacques. B. 2787. = Jean. H. 1704. = Louis. B.
2698. = Martin, laboureur. B. 2785. = Nicolas, laboureur. E, 502. = Simon. B. 2708.

BEUGEART, Alexis. fermier. H. 1402.

BEUGNET, Georges. E. 621.

BEUGNIER, Antoine. E 374.

BEULL, Augustin. B. 498.

BEURE, Hubert. E. 569.

BEURIER, Antoine, laboureur. B. 2178.

BEUSART, Toussaint, laboureur. E. 337.

BEUVELET. B. 3104. = Françoise, veuve Roland. B. 529. =
Jean-Pierre. B. 3097. = Laurent. B. 2763. = Madeleine.
B. 3102. = Marie, femme Claris. B. 2004. = Pasquier.
B. 3819.

BEUVEROT (de). C. 416.

BEUVRY, Louis. B. 378.

BEUZARD, Marie, femme Petit. E. 355.

BEUZART, Benoît. B. 2999. = Jean, maçon. F. 2999. =
Nicolas. B. 2635.

BÉVIÈRE (famille). B. 539. — G. 584. = notaire. B. 2756.
= Amateur. B. 578.= Ambroise. G. 584.=Marguerite.
G. 584. = Marie, femme Couillart. B. 3914. = Pierre-
Louis, barbier. B. 644.

BEYŒU, Jean. E. 614.

BEZANÇON. B. 2732. = commissaire aux armées de Picardie. B. 709.

BEZANNES (de), Aliénor, femme Vuaroquau. B. 1161. =
Anne, femme Vauquet. B. 2897. = Catherine. B. 2661.
= Charles, seigneur de la Plaine. B. 2661. = seigneur
de Prouvais. B. 2785. = Denis-François. C. 414. =
François-Charles, seigneur de Courthuis. G. 109. =
seigneur de la Plaine. B. 2649. = Guillaume. E. 501.=
seigneur de Fresnoy et de Poulandon. H. 519. = seigneur du Mesnil. E. 492. = seigneur de Prouvais. B.
704. = Pierre, seigneur de Guignicourt. E. 17. = seigneur de Monceau-le-Wast. B. 2897. = Robert. E. 501.
= seigneur de Chesnoy. B. 1252.

BEZANSON, Michel. B. 2356.

BEZANSON DE SONLERS, Marie-Madeleine, femme Lamirault. E. 1.

BEZARD, prieur-curé de La Ferté-Milon. B. 1873.

BEZART, Louis. B. 3373.

BEZERI, dit Flament, François. B. 2127.

BEZIN, subdélégué. C. 345, 642. = Jean. C. 270.

BÉZU, papetier. C. 951. = Melchior, organiste. E. 106.

BEZULLE, Jean, laboureur. B. 2641.

BIART, Thomas, maréchal-ferrant. B. 3187.

BIAUNES (Pierre de). G. 95.

BIBERON, jardinier. C. 38. — D. 7, 9.

BIBLARD, Pierre. C. 809.

BIBOT. B. 991.

BIBRON, Pierre. B. 3929.

BICHAR, Claude. B. 1636.

BICHARD, Jean, cordonnier. B. 1382.

BICHART, sergent. B. 968. = Charles, messager. B. 1330.

BICHOT, Ignace. B. 4121.

BIDAL. (Voyez Noue.)

Jeanne, veuve Guilbert. B. 2965. = Nicolas. E. 590, 592. = berger. B. 2960. = laboureur. B. 2950, 2966. = Pierre. B. 2964.

BITAUX, François. B. 4031.

BIUCI (Pierre de). H. 753.

BIZÉ, Antoine. B. 483.

BIZE, Éloi, laboureur. B. 481. = Jean. B. 328. = Lancelot. B. 728, 891.

BIZEAU, Jean. B. 2563.

BIZET. Gilles, laboureur, E. 594. = Simone. B. 1245.

BIZIAUX, Jean-Charles, laboureur. B. 165.

BIZOT, Noël. B. 236.

BLAIGE, Jeanne. B. 1766.

BLAIN, François. B. 494. = Jean. E. 377. = Nicolas. H. 801. = Pierre. B. 3993. = laboureur. B. 494.

BLAIR (de), intendant. C. 344.

BLAIRON, couvreur. C. 690.

BLAISE, Louis, commissaire d'artillerie. B. 758.

BLAISEL (baron de), commandant de bataillon. C. 379.

BLAIZE, Martin. B. 725.

BLAIZOT, Antoine. B. 2965.

BLAMOUTIER, Louis. B. 1663.

BLAMPIN, Pierre. B. 2991.

BLANCHARD, Augustine. B. 3966. = Claude, valet de pied de Louis XIV. B. 1055. = Étienne, maire d'Étréaupont. B. 3122. = Joseph, garde forestier. B. 3812. = Robert. E. 569.

BLANCHART (famille). B. 428, 2045, 2741, 2742. = André, sergent royal. B. 994. = Anne, veuve Duplaquet. H. 881. = Antoine. B. 3524. — C. 630. — H. 732. = Augustin. C. 518. = Charles, laboureur, syndic de Montigny-en-Arrouaise. B. 2477. = Claude. C. 515, 518. — G. 1295. = berger. B. 351. = François, abbé de Ste-Geneviève de Paris. H. 1331. = Guillaume. B. 3459, 3618. = Jean-Baptiste, chapelain. G. 821. = Joseph. H. 1247. = Marie. B. 3902. = Nicolas. B. 3082. = Pierre. H. 890, 1248, 1305. = maire de St-Gobain. B. 1300. = Quentin, sergent traversier. B. 3489.

BLANCHE, comtesse de Troyes. G. 253. — H. 477, 1045, 1508.
— duchesse d'Orléans, comtesse de Valois et de Beaumont. G. 253.
— reine de Navarre. H. 1678.
— Catherine, femme Poquet. B. 2955. = Claude, curé de Merval. B. 2860. = François. B. 2066. Pierre. B. 1242.

BLANCHECOURT. (Voyez Guillaume). = Suzanne-Marguerite-Madeleine-Victoire-Montaine (de), femme de Massary. B. 790.

BLANCHEFORT, Françoise (de), femme d'Estourmel. B. 2893.

BLANCHEMAIN, Emmanuel-Marie, chanoine de St-Quentin. G. 821.

BLANCHET, curé de St-Cyr de Laon. B. 3587. = Jean. E. 477. = (Jean de), seigneur de St-Gobert et d'Autremencourt. B. 1902. = Pierre. B. 4047.

BLANCHETTE, Félix. B. 3177. = Jean. B. 3178.

BLANCHEVOY, Nicolas. B. 2821.

BLANCHEVOYE, Bernard. E. 32. = Raulin, laboureur. E. 403.

BLANCPAIN, Jean, chapelain. B. 2894. = Jeanne. B. 3918.

BLANC-VEEL. Jean. G. 528.

BLAND, Nicolas. B. 538.

BLANCPIN, Marguerite, veuve Deligny. B. 3925. = Nicolas, procureur au parlement de Paris. H. 1673.

BLANGY (de), Gautier, gruyer de Coucy. H. 818. = Michel, curé d'Any. E. 349.

BLANJOT, Marie-Anne. B. 3409.

BLANPAIN, Louis, huissier. G. 1732.

BLANPIN, Marie, veuve Colpin. B. 3930.

BLANPONT, Marie. E. 524.

BLANQUART, Henri. B. 2991.

BLANQUENQUE (famille). E. 217. = Marie-Marguerite. E. 214.

BLANQUIN. B. 319. = Jeanne. B. 2410, 3165.

BLANQUINQUE, Jean. B. 62.

BLANQUINTE, Louis. B. 451.

BLANSPAIN, Barthélemy, clerc. H. 455.

BLATIER. B. 2862. = François. B. 3614. = Isaac, marchand de bois. B. 1559. = Nicolas. B. 385.

BLAUET, Philippe, boucher. B. 3384.

BLAVET, Étienne. B. 3752. — H. 1237. = Pierre. H. 1416.

BLAVIER, Henri. B. 2548, 2578. = Jean. H. 846, 1011, 1013. = Jean, collecteur du sel. B. 3903. = Jean-François. H. 984. = Nicolas. B. 2550.

BLÉACHE, Georges. B. 500.

BLEAU, Jean. B. 3848.

BLÉCOURT (de). B 1751. = Antoine (de), seigneur de Béthencourt-en-Vaux, Marest, la Neuville-Housset. B. 1359, 1491, 2892. = Charlotte, femme Brulart de Genlis. B. 1343, 1369. = Françoise, femme de Macquerel. B. 2892. = Henri, vicomte de Béthencourt-en-Vaux. B. 1381, 1464. = Louis. B. 1822. = seigneur de Béthencourt-en-Vaux. E. 21. = Marie, femme Foucault. B. 1381.

BLED, Philippe, bonnetier. B. 917.

BLEIN, François. G. 66.

BLEREAU, Pierre, garde forestier. B. 3749.

BLERGÉ, Jean-Baptiste. C. 54, 55. = Jeanne-Madeleine, religieuse novice. H. 1662.

BLERVACHE, Antoine. B. 904. 909, 1143, 1943. = Antoinette. B. 829. = Madeleine, femme Desmarest. B. 872. = femme Vilain. B. 1176.

BLERZY (Jean de). H. 1035.

BLESCOURT (Louis de), vicomte de Tincourt. B. 2893. = (Voyez Blécourt.)

BLESE, Raoul. H. 1508.

BLESME (Jean de), moine. H. 1321.

BLESUS, Enguerrand. H. 1623.

BLEUET, Antoine. H. 795. = Nicolas-Antoine, soldat. C. 356.

BLEUSE, Jean-Louis. B. 3134. = Marie, veuve Thomas. B. 2911. = Nicolas. B. 324, 459. = Pierre. B. 467.

BLEUVILLE, François. H. 1135.

BLEUX. B. 2848. = Jean. E. 371. = Jean-Louis. B. 4101. = Vincent. B. 2608.

BLEUZE, Antoine. B. 2308. = Claude. B. 3210. = François. B. 500, 1238, 3258. = Jean. B. 446. = Jean-Louis. C. 273. = Louis. C. 272. = Louise. B. 2397. = Martin. H. 828. = Nicolas. B. 1242, 2242. = Pierre, laboureur. B. 369. = Valerand, procureur. B. 2397. = Walerand. B. 1944.

BLÉVILLE, Élisabeth, veuve Bouquillon. E. 277.

BLIARD, Antoine, laboureur. B. 109. — E. 601.

BLIC, Guillaume, vigneron. E. 617. = Marguerite, femme Gullier. E. 617.

BLIGNY, Antoine. H. 1191.

BLIHARD, chantre de Laon. H. 221.

BLIN. B. 2513. = André Antoine-Amable. B. 1202. = Antoine. B. 993. = laboureur. B. 3147. = Benoit. B. 1147. = Charles. B. 781, 3076, 3117, 3118, 4121. = Élisabeth-Suzanne, femme Lobbe. B. 2914. = François, laboureur. B. 35. = Jacques. E. 856. = Jean. E. 376. = Joseph. H. 1759. = Léonard. B. 486, 498 = Liénard. H. 814. = Louis-Joseph. H. 983. = Madeleine. B. 2585. = femme Violette. B. 743. = Marie Barbe, femme Leroy. B. 3117. = Martin. B. 823. = Nicolas. C. 690. = Philippe. B. 2514. — H. 1759. = Thomas, laboureur et meunier. B. 2459.

BLIN DE LA CHAUSSÉE, Jean-François, procureur. C. 325, 952.

BLISSON, (de) Guillaume. E. 637.

BLOCQUEAU, Jean, gouverneur de l'hôpital de Beaurevoir, B. 3453.

BLOIS (de), comte. (Voyez Châtillon). = (famille). C. 1046. = Charles, colonel. B. 941. = seigneur d'Épourdon. B. 852, 1309. = Jean, grand archidiacre, juge apostolique. H. 908. = official de Reims. G. 1, 2. = Louis, comte de Blois et de Soissons. G. 253. = seigneur d'Auterive. B. 2815. = Madeleine-Antoinette, femme de Martigny. B. 2643. = Madeleine-Antoinette-Françoise, veuve de Madrid de Montaigle. B. 408, 2044. = Michel. B. 773. = Philippe, greffier de Ribemont. E. 493. = Philippe-François, seigneur de la Suze, trésorier de France. B. 2643. = Pierre, capitaine de cavalerie. B. 3115. = commis-greffier. B. 198. = Pierre-Étienne, lieutenant-criminel et commissaire vérificateur des rôles des tailles. C. 1043. = Simon. H. 1181. = Thiébaut, comte. G. 253. — H. 1044.

BLOIS DE LA SUZE, Philippe-Bonaventure. B. 2643.

BLOND, Jeanne, femme Lemaire. B. 3218. = Marie-Madeleine, femme Pocquet. B. 3101.

BLONDAIN. B. 3148.

BLONDEAU. B. 2566. = notaire. E. 540. = André. B. 3281. = Antoine. E. 342. = Denis. H. 1068. = Étienne. B. 4045. = François. G. 16. = Jean. B. 492. = laboureur. E. 453. = meunier. B. 2778. = Marie, femme Godard. B. 3393. = Marie-Josèphe, veuve Jacquin. H. 711. = Philbert, laboureur. B. 2797. = Robert. H. 1067. = Thomas. H. 1197.

BLONDEAUX. B. 3371. = Jacques. B. 3278.

BLONDEL. B. 1405, 3981. = cabaretier. B. 1271. = curé de Perles. C. 679. = maître d'écriture. G. 820, 974. = ministre. C. 4, 17, 68, 76 à 78, 80 à 83, 107, 119, 132, 137, 158, 163, 196, 199, 204, 247, 314, 315, 410, 537, 762, 765, 788, 888, 889, 921, 942, 950, 965, 967, 968, 972 à 974. = négociant. C. 478. = procureur du roi. B. 211. = André. B. 472. = Antoine. B. 1834. = seigneur de Vadencourt. B. 312. = Charles-Alexandre. B. 2037. = Charles-Alexis. B. 2183, 2434, 2435, 3889. = Élisabeth. B. 4041. = Emmeline. H. 20. = Félicité. B. 3960. = François, (de) ingénieur, commandant de galère. B. 18. = Françoise, femme Demasles. E. 550. = Guillaume, bailli de Vermandois. G. 69. — H. 404. = Henri. B. 1809. = Jacques E. 18. = Jean. B. 739, 1676, 1809, 2920, 2924. = apothicaire. E. 476. = chirurgien. B. 955. = (Jeanne de), femme de Gorel. B. 2894. = Louis. B. 3949. = Marguerite. H. 20. = Marie. B. 227. = femme Thomas. E. 604. = Marie-Anne. B. 4042. = Michel. H. 20. = Norbert, procureur. G. 529. = (Pierre de), seigneur de Fresne. B. 2894.

BLONDELA, Simon. H. 1284.

BLONDELET. C. 11.

BLONDELLE, Jean. B. 742. = Jeanne. B. 4049. = Marguerite. B. 3966.

BLONDIAU, Philbert. B. 2775.

BLONDIN (famille). B. 319. = Jacques. B. 3432. = Jean. B. 346, 453, 3140. = Marguerite. B. 3948. = Marie-Élisabeth-Suzanne, femme Lebeau. B. 3430. = Pierre. E. 187.

BLONDY (Charles de), seigneur de Bourseville. B. 1768.

BLONG, Étienne. B. 693.

BLOSSAC (de), intendant de Soissons. B. 1895. — C. 1, 315, 359, 364, 365, 368, 373, 384, 537, 646, 872, 942, 946, 962, 965.

BLOT. B. 515, 525, 2490, 2627. = fermier. C. 691. = garde-étalon. C. 268. = Charles. H. 778. = Étienne, berger. B. 3188. = François, meunier. B. 2884. = Gervais. H. 1257. = Hubert. B. 1818. = Jacques. H. 778. = laboureur. B. 2952. = Jean. C. 847. = laboureur. B. 3214. = Jean-Baptiste, berger. B. 3188. = Jean-François. B. 2293. = Jean-François-Joseph, garde général. B. 3840. laboureur. B. 377. = Jean-Joseph. B. 3800. = Louis, greffier de Ham. B. 1712. = Louise, veuve Duvivier. B. 131. = Marie-André, chanoine et chantre de Laon. B. 2834. = Marie-Anne. B. 498. = Marie-Louise, femme Poussin. B. 2965. = Michel. B. 2958. = dit du Hottier. B. 1035. = Nicolas. B. 2102. = maire de Jeantes. B. 2978. = Pierre. B. 471. = chanoine de St-Quentin. G. 821. = Thomas. H. 1352.

BLOTTEFIÈRE (de), Charlotte, femme de Carvoisin. B. 1344. = Gabriel. B. 1364. = Pierre-Louis. C. 411.

BLOUCART, Jean, receveur des tailles. B. 675.

BLOYART, Gilles. E. 98. = Marie. B. 4114.

BLOZART. B. 2844.

BLUCHÉ, Jean. G. 1494.

BOBEUF, Hercule. H. 782. = Jean-Pierre, fermier. B. 2628. = Louis. B. 4027. = Louis-François. C. 680. = Michel. B. 475. = Nicolas. B. 2095. — Pierre. H. 909.

BOBILLART, Anne. E. 583. = Jacqueline, femme Lefèvre. B. 2873. = Marie-Louise. B. 2837. = Nicole, veuve la Mouche. E. 583.

BOBILLE, Brice, doyen de Reims. G. 130.

BOBINEAU, Antoine. B. 4093.

BOBŒUF (famille). B. 1411.

BOCAHU (famille). E. 387.

BOCART, Charles, laboureur. B. 2002.

BOCHARD, Gilles. C. 523.

BOCHART, Adam-Louis, fermier. B. 35. = Antoine. H. 1440. = Louis. B. 498.

BOCHAT, Madeleine, femme Hutin. E. 28.

BOCHAULT (Poncelet de), seigneur de Clamecy. E. 546.

BOCHE (famille). B. 536, 2564. = Benjamin. B. 2532. = François. B. 4091. = Jean. B. 2532. = Nicole. B. 2532. = Pierre. B. 2532, 4093.

BOCHER, imprimeur. G. 813. = Blanche (de), femme d'Artaise. E. 415.

BOCHET. B. 2568. = Huard. H. 991. = Pierre. H. 1508.

BOCHEZ, Jean. H. 1209.

BOCQUET, bourrelier. B. 2454. = brasseur. B. 1717. = notaire. C. 1047. — vivandier. B. 2935. = Abraham. B. 827, 830, 1012. = brasseur. B. 768, 1275. = Anne. B. 1245. = Antoine, procureur fiscal. B. 3209. = receveur de l'abbaye de Foigny. B. 3151. = Antoinette. B. 1237. = Catherine, veuve Descompré. B. 3037. = Claude. E. 424, 572. = chevau-léger. E. 423. = Élisabeth. B. 1275. = femme Soufflot. B. 907. = Éloi. B. 1823. = François. B. 2923. = Hélène. B. 711. = femme Féra. B. 898. = Jacob. B. 1275. — Jacqueline. B. 4113. = Jacques, fermier. B. 846. = Jean. B. 703, 817, = laboureur. B. 1013. = Jean-Pierre. B. 3255. = Jeanne, veuve Lefebvre. B. 2780. = Lambert. B. 1245, 2783. = Louis. B. 1245, 1404. — E. 350, 354. — H. 1284. = Louise. B. 711. = Madeleine, veuve Fiquet. B. 3011. = Marie. B. 1275. = femme Loubry. B. 3326. = femme Oudart. B. 3017. = Veuve Maréchal. B. 339. = Martin. E. 575. = vigneron. H. 1203. = Michel. B. 3254. = Nicolas. B. 3022. — H. 1195. = Oudart, laboureur. B. 1190. = Pierre. B. 1090 — H. 1255. = bourrelier. B. 2430. = fermier. B. 2538. = Remy. B. 2578. = Robert. B. 898, 3273. = fermier. B. 871.

BOCQUILLART, Jean. H. 911.

BOCQUILLET, François, lieutenant-général du bailliage d'Aubenton et Rumigny. B. 2530.

BOCQUILLET, Roland. B. 2535. — E. 355.

BOCQUILLON. B. 1405. = Antoine. H. 959. = Berthaut, doyen de Marle. E. 576. = Claude. B. 2774, 4048. = Jean. B. 4118. — E. 625. = seigneur de Cauroy. B. 703. = Nicolas, fermier. E. 602 = Pierre. B. 4041. — E. 537. = charron. E. 537.

BODAIN D'ARLEBÈGUE, Joseph-Alexandre, gouverneur de Marchiennes. B. 789.

BODIN, veuve. B. 783. = Anne, prieure de l'Hôtel-Dieu de St-Quentin. B. 2891. = François, curé de Barenton-Bugny et de Barenton-Cel. B. 2849. = Jean, seigneur de St-Amand, procureur du roi, publiciste. E. 490, 492, 626. = Marie-Anne. B. 496.

BOETEAU, Antoine, chirurgien. E. 464.

BOFFLE (de), Charles. B. 1341, 1420, 1449. = Charles-François. C. 412. = Louis. B. 1380, 1546.

BOFFRAND DE THUILLIÈRES, ingénieur. C. 607.

BOFLE (de), Antoine. B. 1449, 1862. = Christophe. B. 1407. = Jean-Baptiste. B 1449.

BOHAIN. B. 2565. = Louis. B. 3402. = Marie-Louise, femme Tevenet. E. 44. = Nicolas. E. 184. = Pierre-Alexis (de). C. 413.

BOHAM (Gabriel de), seigneur de Soize. B. 1419.

BOHIER, Marie, duchesse de la Viéville, baronne de Nogent-l'Artaud. E. 429.

BOIART, Barthelemy. B. 1848. = Jeanne, femme Fouquart. B. 877.

BOIDEKIN. G. 50.

BOIDELAUX, Louis. G. 1286.

BOIDIN, Anne. B. 2378. = Charles. B. 2378. = Nicolas. B. 3425.

BOIENVAL, Jacques, sergent de justice. B. 3132. = Jean, laboureur. B. 2786.

BOILEAU, Claude, chanoine de Laon. E. 486, 495. — doyen du chapitre de St-Pierre-au-Marché. E. 487. = vigneron. B. 2661. = Guillaume. H. 993. = Jean, vigneron. H. 999.

BOILEAU DE MAULAVILLE, François-Anne. B. 1335.

BOILLEAU, Barbe, femme Caron. B. 2707. = Charles, vigneron. H. 1005. = François, vigneron. B. 2637. = Innocent, laboureur. E. 613. = Marie-Madeleine, veuve Bereau. B. 2628. = Pierre, vigneron. H. 1005.

BOILLIAUX, Jean. H. 1321.

BOIMART, Thérèse. B. 2721.

BOINE, dit ST-DENIS, Jacques. B. 1413.

BOINET, Anne. B. 4032.

BOINET D'HERCOURT, François-Roch, chanoine de Saint-Quentin. B. 3308. — G. 821.

BOIRY, Antoine. B. 2548. = Catherine. B. 151. = Pierre. B. 2545. = Pierre-François. B. 2545.

BOIS, commissaire des guerres. B. 941. = (Jean des). H. 1250.

BOISART, Jean, seigneur du Clos. B. 1512.

BOISCLER, commissaire des guerres. C. 342, 343, 357, 361, 363, 374, 377, 389, 390, 393, 397, 410, 958.

BOISELARD, Ermand. G. 118.

BOISETTE. B. 2723.

BOISLET, Antoine. B. 1759.

BOISNIER, Paul. B. 849.

BOISSART, Guillaume. H. 1762. = Mathieu. H. 1762.

BOISSIN, Simon. E. 587.

BOISVILLE (de), demoiselles. B. 1743.

BOISY, Geneviève, femme Taffelet. B. 3141.

BOITEL, Étienne. B. 4007. = Pierre-Louis, garde-forestier. B. 3603.

BOITELET, Antoine E. 522. = Jean. B. 1281. = Toussaint. B. 1939.

BOITELLE, Agathe. E. 336. = Pierre. B. 4045. = Thomas. B. 4039.

BOITELLET, Louis. B. 881. = Nicolas. B. 855, 856, 878. = boucher. B. 878.

BOITET, Nicolas. B. 1675.

BOITEUX, Louis. B. 3218.

BOITTARD, François, curé de Jouy. B. 3687.

BOITTE, Brice. H. 869. = Jean. B. 2953.

BOIVIN, Catherine-Françoise. B. 945. = Charles. H. 1016. = Jean-Louis, laboureur. B. 2913.

BOIZETTE, Bernard. B. 408.

BOLEAU, Pierre. E. 583.

BOLISI, soldat. B. 1672.

BOLLEAU. Antoine, fermier. B. 2683. = Jacques, vigneron. E. 504. = Jean. B. 2824. = Marie-Barbe. B. 2664.

BOLLEFAUX, Nicolas. B. 1277.

BOLLEUR, Innocent. B. 3004.

BOLLIOUD, François-David, receveur-général du clergé. G. 443, 453.

BOMBARD. B. 2487.

BOMBART, Jean-Louis, huissier. E. 213. = Jean-Pierre. E. 216. = Louis. B. 2263. = Nicolas. B. 922. = Thérèse, veuve Deshimeurs. B. 3946.

BOMBOIS, Claude. B. 2694.

BOMPART. C. 799, 811.

BOMY, Charles. H. 858. = Jean. H. 858.

BON, abbé de St-Crépin-le-Grand. H. 455. — Anne. B. 3911. = Pierre. B. 1934.

BONAÏ, Hugues, chanoine de Soissons. G. 253.

BONAILLE, François. B. 1760.

BONAULT. B. 516.

BONCELIN, Jacques, serrurier. B. 42.

BONCOURT. B. 1744. = Alexis. B. 2553. = Charlotte, femme Bécret. E. 590. = François, meunier. B. 1553. = Guyot (de), vinaigrier. E. 620, 621.

BONDARD, Catherine. B. 3071.

BONDELA, Antoine, chirurgien. B. 884.

BONDIDIER, Louis. B. 2563.

BONDIGUET, Antoine. B. 2603.

AISNE) — TABLES.

BONDUEL, Jean. E. 620.

BONE, femme Meunier. H. 1608.

BONFILS, Anne, veuve François. B. 65. = Barbe, femme Féron. B. 2853. = Henri. B. 2853. = Jean-François. E. 105. = Marie-Anne-Josephe. B. 2467.

BONGAR (Jean de). B. 1150.

BONGARD (Hector de). B. 2892. = Marie-Madeleine. E. 1. = Reine (de), femme de la Fons. B. 2892.

BONGENDRE, Jean. E. 548.

BONHOMME, Anne, veuve Michel. B. 3221. = Jeanne, veuve Dufour. B. 3220.

BONIFACE VIII, pape G. 2, 123. — H. 623. 1508.

BONIFACE. B. 393. = prévôt. H. 777.

BONIN, Louis. E. 11.

BONIOLE DE MONTAIGU, Hyacinthe, abbé de St-Nicolas-des-Prés. B. 2046.

BONJEAN, Louis. B. 489. 533, 638.

BONJOUR, Lambert. E. 501.

BONNAIRE-DESFORGES. C. 37, 90, 399, 625, 628, 815.

BONNARD, Colin. H. 1077. = Jean. H. 1532.

BONNART, Claude. B. 2927. = Élisabeth, femme Lorsignol. B. 3425. = Marie-Anne, femme Delahaye. B. 2648. = Michel. H. 1261.

BONNAVIE, Gilles. B. 4113.

BONNEAU. C. 95. = Jacques. B. 2354. = Pierre, arpenteur. B. 330.

BONNEDAME, Louis, bonnetier. B. 1659.

BONNEFOY (de), Salomon, chef d'office. H. 1005.

BONNEGUISE (Jean de), évêque d'Arras, abbé de Fesmy. B. 37.

BONNELLE (Jean de), seigneur d'Eppeville. B. 1339. = Marie, femme Moreau. B. 320.

BONNELLES (Françoise de), dame de Beaumont-en-Beine, veuve Bruslart. B. 1139.

BONNEMUE (Raoul de). H. 455.

BONNEMY, Pierre. H. 1282.

BONNET, Abraham, clerc maître d'école. H. 620. = Antoinette, religieuse. H. 1566. = Caisin. E. 474. = Jacques. B. 4007. = Jean, commissaire des guerres. H. 1566. = curé de Mons-en-Laonnois. B. 3111. = Jean-René. B. 537. = Marie, apprentie couturière. E. 360. = Marie-Anne. H. 1566. = Michel, directeur des Aides. B. 3899. = Nicolas. B. 3300. — H. 1359. = Noël. B. 1526.

BONNET DE PRASSIGNY, commissaire des guerres. C. 343.

BONNETERRE. B. 1404. — C. 991. = Espérance. B. 2187. = Françoise, veuve Bourré. E. 490. = Jean. B. 3327. — H. 1427. = Louis. H. 801. = laboureur. B. 2486. = Marie. C. 862. = Nicolas, laboureur. B. 1988. = Noël. B. 3218.

BONNETTE, Simon, laboureur. E. 498.

BONNEUIL (madame de). C. 307.

BONNEUILLE, mousquetaire. B. 1548.

BONNEVAL, Geoffroy, doyen du chapitre de Laon, puis curé de Droizy. G. 80.

Bonnevie (de), Jean-Charles, marquis de Vervins. B. 3319, 3424. — E. 163. = Marie-Jeanne-Olympe, femme de Chabot. B. 3319. — E. 164, 171, 176, 181, 188.

Bonnier, Louis. B. 2976.

Bonniet, Louis. B. 1886.

Bonniole, Pierre, tisserand. B. 2823.

Bonnivet, gouverneur de Picardie. B. 7.

Bonnot, Louis. B. 3929.

Bonon, chanoine de Soissons. G. 253.

Bonot, Antoine. B. 3862. = Nicolas. B. 448. = Pierre. B. 2105.

Bonsieur. B. 976.

Bontemps, Denis, meunier. B. 1900. = Didier, apprenti chapelier. E. 522. = Jacques. H. 991. = Jean. E. 598. = Marguerite, femme Collinet. E. 532. = Simon. E. 538.

Bontems. B. 2662. = Antoinette, femme Allart. B. 2629.

Bonvalet, Anne, femme Coquebert. B. 527.

Bonvallet. B. 2731. = Marie-Madeleine, femme Cottenest. E. 234. = Nicolas. B. 3124.

Bonvarlet, Gilles. H. 1296. = Pierre-Philippe. B. 1803.

Bonville (Hugues de), commissaire royal. G. 2.

Bonyot, Jean. H. 1314.

Boomont (Renier de). H. 202.

Boquet, André-Joseph. B. 3599. = Claude. E. 421. = Jacob, laboureur. B. 945. = Jean. B. 2297. = Jean-Baptiste. B. 302. = chirurgien. E. 364. = Louis, laboureur. B. 2116. = notaire. B. 3123. = Louis-Philippe. B. 164. = Louise, femme Pellerin. E. 381. = Nicolas. B. 3300. = Robert, jaugeur. E. 429.

Boquillart. B. 541.

Boquillon, François, charron. B. 475. = Madeleine, femme Leroux. B. 1949. = Marc. B. 2278. = Marie-Madeleine, veuve Bruslé. B. 3309.

Borda, trésorier général des ponts-et-chaussées. C. 610, 611.

Bordé, Germain. B. 832.

Bordeau, Louis. H. 1332. = Marie-Catherine, femme Lecour. B. 2966.

Bordeaux (Remond de), auditeur des comptes de La Fère. B. 3605.

Bordenet, Louis. H. 1833.

Bordereaux, Antoine, meunier. E. 402.

Bordet, Antoine, laboureur. B. 2210.

Bordet (du), maréchal de camp. B. 941. = veuve. B. 940. = (Voyez Cugnac.)

Bordeur. Jacques. H. 1101. = Louis. B. 1818. = laboureur. B. 1803.

Bordeville, Nicolas-Godefroy (de). B. 973.

Bordier, Jean. H. 1298. = Jean-Louis, maître de musique. G. 811. = Pierre, capitaine au régiment de Soissonnais. B. 2470.

Bordin, Jacques. E. 365. = Nicolas, charron. E. 355.

Bordon, Michel. H. 1070.

Bordreau, Marguerite. B. 2526. = Nicolas. B. 2526.

Borée, Aucher. H. 1508. = Marie, veuve Lobjeois. B. 4034. = Thierri. G. 253.

Borgne, Charles, François, Pierre, laboureurs. H. 531.

Borniche. B. 3048. = Jean-Nicolas. H. 1321. = Nicolas. B. 3046. — H. 1435. = Pierre. H. 1302.

Bornouille, Jeanne. B. 890.

Borquet, Hubert. B. 3026.

Borquillet. E. 367.

Borrée, femme de Jean de Laon. H. 158.

Borres (Jean de). G. 253.

Bosche, Mathieu. B. 2549. = Pierre. B. 4094.

Boscher, François, secrétaire des commandements du prince de Conty. E. 385. = Pierre, libraire-imprimeur. B. 2903.

Boschet. B. 427. — E. 54. = François, secrétaire des commandements du prince de Condé. E. 62. = François, seigneur de Beaumé. B. 2520. = Hector. H. 1212. = Hugues. G. 253. = Jacques. E. 400. = prévôt de Ribemont. E. 498. = Madeleine, femme de Langellerie. B. 224. = Mathieu. G. 253. = Pierre. G. 253. = doyen du chapitre de St-Jean-au-Bourg. B. 1902.

Boschet de Vignoles, Jean. G. 253.

Boselard, Ernaud. G. 50. = V. Boiselard.

Boskiaus (Ade de), veuve de Asseigni. H. 1613. = (Jean de). H. 993.

Bosmont (comte de). E. 180.

— (de), Barthélemy. H. 275. = Gilles. H. 192.

Bosne, Vincent, maître de forges. E. 490.

Boson, abbé de St-Médard. H. 477.

— évêque de Châlons. H. 1044.

Bosqueau, Gilles (seigneur de). G. 75.

Bosquet. B. 2486, 2568, 2740, 3148. = François. B. 3810. = Jean. G. 981. = Robert, laboureur. B. 967.

Bosquette. B. 2490.

Bosquillon, Nicolas, fermier. E. 601.

Bossa. B. 3240.

Bossart, Marguerite. B. 3129.

Bosseau (Thomas de). B. 1967.

Bosselins, Jacques. H. 1508.

Bosset, Claudine, femme Pierrot. B. 2548.

Bosseu, Jean. E. 503. = Pierre. B. 1817.

Bosseulx, Nicolas, maire de Bruyères. E. 525.

Bosseux. B. 2627, 2719. = Françoise. B. 2665. = femme Blondiau. B. 2775. = Jean, vigneron. B. 2637. = Jeanne, femme Bourgeois. B. 4112. = Martin, vigneron. B. 2635. = Nicolas, greffier. B. 406. = vigneron. B. 4114. = Remy. B. 4113.

Bossu. B. 1928. = Charles. H. 1436. = Daniel. B. 2926. = Gabriel. B. 2983. = Jean. B. 2289, 2983. = lieutenant criminel de robe courte. B. 2230. = Marie, Martin, Nicolas. B. 2983. = Pierre. B. 2921, 2983. — H. 1436.

Bossuet, intendant de Soissons. C. 418, 501.

Bossus (Anne de), femme de Proisy. E. 406. = (François

de), sergent. B. 2540. = Jean. B. 2008. = Nicolas. B. 90. = arpenteur. B. 2232. = avocat. B. 1919. = notaire. B. 2121. = procureur. B. 2424, 3837.

BOTIAU, Claude. B. 1982.

BOTREAU, François. B. 3312.

BOTTÉ. B. 427. = maire de Saint-Quentin. C. 773. = Adrien, tanneur. B. 1161. = Claude, chanoine, écolâtre de Saint-Quentin, ex-curé. G. 1674. = François. B. 2900, 2908. = épicier. E. 262. = Jean. B. 1270. — E. 620. = Louis, notaire et procureur. B. 1652, 1731, 1763, 3302. = Marguerite. B. 2908. = Marie-Anne. B. 2908. = Pierre. B. 2900..

BOTTEAU. B. 520.

BOTTÉE. B. 845, 2737. — C. 234. — E. 3589. = contrôleur des vingtièmes. C. 319. = marchand de bois. C. 980. = Adrien. B. 739, 817, 829, 882, 978, 1835, 1847. = cabaretier. B. 933. = notaire et procureur. B. 731, 824, 899, 900, 1131. = perruquier. B. 920, 937. = Anne, femme Cronnier. B. 915. = femme Mouret. B. 817, 893. = Antoine. B. 849, 928, 1128, 1137, 1513, 1820, 1830. — E. 525. = greffier de la commune de La Fère. B. 1011. = maire de La Fère. B. 800. = notaire et procureur. B. 763, 905, 1073. = sergent royal. B. 1330, 1637. = Antoine-François. B. 835. = marchand de bois. B. 786. = Barbe. B. 919. = Claude. H. 1693. = Eléonore, veuve Fleurin, femme Jongleux. B. 2891. = François. B. 733, 741, 829, 902, 1391. — E. 391. = chanoine. B. 929. = docteur en théologie, vicaire général de Prémontré. H. 1021. = seigneur de Brival, prévôt de St-Quentin. B. 2908. — E. 160. = Françoise, femme de Béthune. B. 891. = veuve Placquet. B. 878. = Jean. B. 902, 1589, 1803. = Jean-Antoine, chanoine de Laon. B. 2824. = Jean-François, doyen d'Aubenton. E. 402. = Jérôme. B. 884, 892, 1127. = Joseph-François, doyen d'Aubenton. E 399. = Louis. B. 828, 1264. = chanoine. B. 777. = notaire et procureur. B. 668, 803. = procureur. B. 1332. = Louis-Bertrand, garde général des eaux et forêts. B. 3502. = Marie. B. 777, 796. = femme Belin. B. 906. = Nicolas. B. 884, 1841. = Pierre. B. 970. = Renée. B. 1841.

BOTTIÈRE, Jacques, prieur-curé. B. 3043. — E. 436.

BOUBLED, Marie-Josèphe, femme Renaud. B. 4102.

BOUCAHU, Denis, laboureur. B. 2781.

BOUCAHUT, Pierre, tisserand. E. 31.

BOUCHAIN, Nicolas. B. 1388.

BOUCHARD, dit St-Jean, domestique. B. 1751. = Claude. B. 3897. = Marguerite (de). B. 1616. = Nicolas, meunier. B. 2949. = Philippe. B. 3143.

BOUCHART (Angélique de), veuve d'Amerval. B. 2219. = Antoine. B. 2413. = Françoise, femme Barbier. B. 2958. = Jean. E. 102. = Jean (de), prieur de Saint-Lambert. B. 1098. = Louis. B. 3349. = Nicolas, meunier. B. 2748.

BOUCHART DE RAVENEL, Louise-Sévérine. B. 2906.

BOUCHAVENNES, Antoine, laboureur. E. 331.

BOUCHAVESNES (de), maître des eaux et forêts de Coucy. B. 3485. = Josias, seigneur de Quincy. B 3459.

BOUCHÉ. B. 3371. = Anne-Marguerite, veuve Chartré de Mousso. B. 2635. = Claude. B. 3385. — E. 122. = Denis. B. 2006. = Françoise, femme Margotte. B. 3046. = Pierre. E. 64. = Pierre-Antoine. B. 2546. = fermier. B. 4105. = Pierre-Joseph, procureur fiscal. B. 3369.

BOUCHEL (François de), lieutenant de maîtrise. B. 3722. — H. 1235. = Jean-Baptiste (de), seigneur d'Orceval, lieutenant de la maîtrise de Villers-Cotterêts. B. 1884. = Pierre. H. 620, 703.

BOUCHEL DE MERENVEUE, Jean-François-Louis, chef de brigade. C. 382.

BOUCHELE, Clarembaud, bailli de Vendeuil. H. 237.

BOUCHENEZ (famille). B. 32.

BOUCHER. B. 2258, 3262 — E. 22. = Anne, femme Lebon. E. 542. = femme Marival. B. 900. = Antoine. B. 908. = seigneur de Bouville et de Bournonville, conseiller au Parlement de Paris. B. 513, 547. = tonnelier. B. 2635. = Antoinette, veuve Hiraut. B. 799. = Barbe, femme Gossart. B. 2901. = Brice. B. 744, 1313. = Catherine, femme Soise. B. 916. = femme Lecomte. B. 923. = Charles. B. 1130. = Charles-Antoine. H. 1152. = Christophe. B. 1405, 1407. = Claude. B. 1527, 3398. — H. 1352. = Denise. B. 890. = François, chanoine de St-Quentin. G. 817. = soldat. C. 656. = Gilles. H. 959. = Gobert. E. 611. = Grégoire. B. 1679. = Isaïe, curé de St-Simon. B. 2896. = Jean. B. 778, 859. — E. 416. — H. 1066, 1171, 1333, 1427. = garde forestier. B. 1176. = greffier de justice. B. 3189. = maître de forges. E. 488. = sergent-priseur. B. 3412. = Jeanne, veuve Desse. B. 2964. = Jeanne, veuve Desvoitines. E. 354. = Joachim. B. 1105. = Louis. B. 861, 1145, 1155, 1859. = maire de Clairefontaine. B. 2056. = marchand boucher. H. 792. = seigneur de la Court. B. 845. = Madeleine. E. 345. — H. 828. = Marguerite. B. 868. = Marie, femme Benoist. B. 894. = femme Charlier. B. 1155. = veuve Cœurderoy. B. 927. = Martin. B. 862. = Marie-Madeleine, veuve Noiron. B. 2975. = Médard, meunier. H. 1002. = Michel. E. 406. = Nicolas. B. 3014. = lieutenant-général au bailliage de Guise. B. 1931. = Noël. B. 875. = Philippe, laboureur. B. 894. = Pierre. B. 744, 760, 828, 875, 1173, 1545, 1758, 2509, 3021, 3073. — H. 1104. = Polgrain, portier et tourier de Vendeuil. E. 663. = Regnault. B. 749, 757, 1010. = garde-forestier. B. 1233. = Robert, laboureur. B. 2896. = marchand. B. 741, 765, 1022.

BOUCHER DE FLOGNY, chanoine de St-Quentin. G. 816. = Antoine (de). B. 3308.

BOUCHET, Antoine. B. 3180. = prévôt de Vendeuil. B. 3445 = Charles, laboureur. B. 4139. = Guillaume. G. 2. = Hubert. H. 1294. = Jean, pêcheur. B. 885. = Jean-Charles. B. 3965. = Jean-Louis, arpenteur. B.

2051. = Lucien, laboureur. B. 4139. = Michel. H. 694. = Noël. B. 3261. = Robert, maire de St-Gobain. B. 688.

BOUCHET DE SOURCHES, Louis-Vincent. brigadier des armées du roi, commandeur de Laon. H. 1743.

BOUCHEZ, Antoine. E. 287.

BOUCIAUS, Raoul. H. 1508.

BOUCLENAY (de), Guillaume. H. 1508. = Wautier (de), chanoine, bailli du chapitre de Soissons. G. 253.

BOUCLET, Jeanne, femme Bitaille. B. 2949.

BOUCONVILLE (de), Adam, sergent-royal. H. 202. = Pierre (de), chanoine de Soissons. G. 253.

BOUCQ, François. B. 1198. = boucher. B. 1145, 1200.

BOUCQUET, Pierre. H. 1218.

BOUDART, Jacques, chirurgien. B. 897.

BOUDELAIN, Antoine, chirurgien. B. 1249.

BOUDELET, Alexandre. B. 3949. = Jeanne, veuve Pagnier. B. 2442.

BOUDET, Pierre. notaire. E. 366.

BOUDEVILLE, Jeanne. B. 363.

BOUDIER, prieur curé de Barzy. C. 685. = Anne (de), dame de Danizy, veuve Dorlodet. B. 995, 1138. = femme de Hanocq. B. 697, 836. = Jean, bonnetier. E. 420. = Mathurin. H. 1067.

BOUDIEUX, Marie. E. 605.

BOUDIN, Nicolas. B. 2958, 3374. = Pierre, tisserand. B. 3393.

BOUDON, Antoine. B. 2134.

BOUDOT, Anne. B. 2588.

BOUDOU, Jean, meunier. B. 1553.

BOUDOUX. B. 3744.

BOUDRA, Jeanne. B. 3181.

BOUDRAN (Élisabeth-Charlotte de), veuve de Pastour. B. 780.

BOUDRY, Anne, veuve Devuarde. B. 940.

BOUEF, Claude. H. 868, 870. = Jacques. H. 868.

BOUELLE, Charles. B. 4021.

BOUFFLER, Marie-Anne. B. 4051.

BOUFFLET. B. 3904.

BOUFLERE, Marie-Josèphe, fileuse. B. 4043.

BOUFLET, Pierre, sergent. B. 2051.

BOUGARD, Marie-Madeleine. B. 946.

BOUGIE, Marie, veuve Carlier. B. 3953.

BOUGIER. demoiselle. B. 27. = Antoine. B. 1960. = lieutenant civil au bailliage de Ribemont. B. 208. = lieutenant-général au même bailliage. B. 2146. = orfèvre. B. 1965 = prévôt de Ribemont. B. 433, 434. = Charles, fermier des aides. B. 3899. = Charles-Antoine, lieutenant civil au bailliage de Ribemont. B. 34. = Guillaume, lieutenant civil au bailliage de Ribemont. B. 219. = lieutenant-général au même bailliage. B. 36. = Henri, clerc. B. 1965. = Jacques, intendant. B. 2014. = Jeanne. B. 2014. = Louis. B. 1966. = Nicolas, brasseur. B. 2050. = marchand. B. 2358.

BOUGON, François. B. 3215. = Jacques, maître d'école. B. 3221.

BOUHOURS, Honoré. B. 969. = Louis-Vincent, garde-vente. B. 936.

BOUHOURY, François, chirurgien. B. 918. = Jean, boucher. B. 777. = Louis, barbier. B. 1196. — Mathieu. B. 902.

BOUIL (Bertrand de), archidiacre de Soissons. G. 253.

BOUILLANT, Marie, veuve Gaudier. B. 2705.

BOUILLARD, Pierre, tonnelier. B. 3853.

BOUILLEAU, Antoine. H. 882. = Pierre. B. 764.

BOUILLEAUX. B. 2487.

BOUILLIE, Nicolas, notaire. H. 1223.

BOUILLON (duc de). C. 336, 1051. — E. 85, 308.

BOUIN, Mathieu. B. 2708.

BOUJAIN, Michel. notaire. E. 626.

BOUJAUT, Marguerite. B. 2015.

BOUJOT, Gaspard, tailleur. E. 625. = Jeanne. B. 2693. = Nicolas, commissaire de police. B. 847.

BOULAND, François, cordonnier. B. 3070.

BOULANGER. B. 2513. — E. 389. = André, laboureur. B. 353. = Antoine, laboureur. B. 2886. = notaire. B. 15, 2258. = Antoinette. B. 3911. = Baudouin. H. 534. = Charles. B. 1882. — E. 364. — H. 703. = tisserand. B 919. = Claude. E 64. — H. 746. = procureur. B. 1475. = Clermonde, veuve Vauquet. B. 2878. = Chrétien. H. 740. = Florent, laboureur. B. 1625. = François. B. 97, 419. = François-Grégoire. H. 949. = Haimard. H. 68. = Jacques. B 3927. — E 77. = doyen du chapitre de St-Jean au Bourg. B. 2853. = Jean. B. 526, 903. = Jeanne, veuve Couste. B. 1151. = Jean-Louis. B. 3599. = Jeanne, femme Lefebure. B. 898. = Louis C. 273. = Madeleine. B. 1284. — E. 522. = Marie. B. 3396. = femme Muyau. E. 521. = Marie-Anne. B. 3430. = Marie-Madeleine. B. 2409. = Nicolas. B. 419. = curé de Viry. B. 1358. = Philippe. B. 3849. = Pierre. B. 749. — H. 949. = Quentin, laboureur. B. 2792. = Simon. B. 380.

BOULART. B. 2848, 2854. = garde général forestier. B. 1884. = François. B. 833. = Louis. B. 2998 = Louise, femme Bail. B. 2697 = Pierre. B. 2695.

BOULDIN, Jeanne, femme Guynet. E 431.

BOULEAU, Jean, meunier. E. 473.

BOULENGER. B. 515, 528, 581. — G. 50. = Marie, femme Lucquet. E. 602. = Romain. B. 614.

BOULENNE, Jeanne, femme Compain. B. 878

BOULENOIS, Françoise femme Cuvillier. B. 1511.

BOULET, Catherine. B. 342, 2990. = Nicolas, garde de bois, chasse et pêche. B. 3602. = Philippe, religieux. C. 682. = Pierre. B. 366. = Simon, sieur de St-Léger, garde marteau. B. 3834. = Thiéry. B. 703.

BOULEZ, Gervais. G. 2.

BOULIER, Nicolas. B. 2220.

BOULLAND, Joseph, garde marteau. B. 3747.

BOULLANGER, Antoine, apprenti tailleur. E. 526. = Claude.

B. 2694, 2695. — E. 443. = François, B. 757, 1648 = Jacques. H. 1382. = Jean. B. 1768. = Marie, veuve Trocmé. B. 1263. = Nicolas. E. 443

BOULLANT, Hubert, sergent collecteur des amendes. B. 3722.

BOULLART, Antoine. E. 332. = Marguerite. B. 2701. = Marie, femme de Boffle. B. 1341.

BOULLÉ DE LA MAQUAIZE, Mélanie-Olive, religieuse cistercienne. II. 1594.

BOULLEAU, Jean-Baptiste, laboureur. B. 2197.

BOULLEAUX. B. 2854.

BOULLENGIER, Jean. B. 2922.

BOULLENOIS, Nicolas. H. 782. = Pierre. H. 1286.

BOULLET, André, lieutenant général au bailliage de La Fère. B. 681. = Jean. B. 710. = Jeanne. B. 3910. = Michel. B. 421. = Nicolas. B. 3920. = Pierre. B. 117. = Robert. B. 723.

— (du), Jacques, seigneur de Missy. E. 450.

BOULLETTE, Claude, architecte entrepreneur. B. 3411. = Marie-Anne. B. 2971.

BOULLEVENT, Ezéchiel. B. 829.

BOULLIANT, Servais. B. 1267.

BOULLIE, Albin. B. 1871.

BOULLIEUX, Jean-Baptiste. B. 2306.

BOULLOGNE, Denis, fermier. B. 1368. = Guillaume. B. 3616.

BOULLOIRE (Jean de). H. 1508.

BOULLONGNE (de). C. 244, 665, 705, 774. = Barthélemy. B. 1161.

— marchand, chapelier. B. 1123.

BOULLY, Alexandre, jardinier. E. 835. = Fiacre, laboureur. B. 1337. = Pierre, curé de Paissy. B. 2790.

BOULLYE, procureur du roi. C. 423. = Pierre, notaire. H. 1187, 1257.

BOULNOIS, Jacques. C. 817, 949. = Marie, femme Fegneux. B. 2984. = Pasquette, femme Micloteau. E. 338.

BOULNOY, Jacques. C. 990. = Marie, femme Chardon. B. 3943.

BOULOGNE (comte de). H. 1508. = Jean, (de). II. 1762.

— Ambroise. E. 326. = Angélique, femme Dollé. B. 1204. = Anne, fileuse. B. 4046. = Antoine. B. 302. = boucher. B. 847, 918, 920. = Augustin. C. 272. = Claude. H. 1144. = François. B. 936. = Geneviève. B. 1311. = Henri. H. 1132. = Jean. B. 446. = Jean-Jacques. B. 1311. = Jean-Nicolas. H. 706, 788. = meunier et laboureur. B. 2888. = Jeanne, femme Guévard. B. 112. = Joseph. B. 1736. = Laurent. B. 2708. = Louis. B. 48. = Louise. B. 928. = Mathieu. B. 833. = Nicolas. H. 758. = Pierre. B. 417, 419, 421.

BOULOINGNE (Jean de). G. 50.

BOULONGNE. B. 427. = Angélique, femme Dollé. B. 852. = Augustin. H. 740. = Daniel. B. 465. = Denis, meu-

nier. B. 1689. = François. B. 3611. = Gabrielle. B. 455. = Jeanne. B. 446. = Marie. B. 476. = Marie-Angélique. B. 2912. = Marie-Anne. B. 2912. = Philippe. B. 1842. = Pierre, chapelier. B. 889.

BOULONNOIS, Catherine, femme Champion. B. 2644. = Ezéchiel. B. 1093. 1246.

BOULOT, Jacques. C. 656.

BOULT, Henri, capitaine de cavalerie. B. 2137.

BOULVERT, Nicole. B. 2512. = Robert, tonnelier. B. 3143.

BOULY, Gabriel, marchand de bois, brasseur et papetier. B. 3320, 3333. = Hélène, femme Wiart. B. 3347. = Nicolas. E. 607.

BOUQUENAY, Gautier. H. 455.

BOUQUERY, Jean. E. 424.

BOUQUET, arpenteur. H. 1243. = Claude, greffier. B. 105. = Louis, greffier. B. 109. = Maurice. B. 463. = Noël. H. 1242.

BOUR, Claude, coulombineur. E. 441. = maçon. E. 619. = François. E. 409. = coulombineur. E. 441. = Jean. B. 2703. = boucher. E. 612. = Jean-Louis. B. 3335. = Marie, femme Darras. B. 3184.

BOURARD, François. B. 3069.

BOURBE, Antoine. B. 1254.

BOURBET, Marie. B. 1215.

BOURBIER. B. 589, 3242. = domestique. B. 1736. = Jean. B. 1402. = Sébastien. B. 1239.

BOURBON (de), Antoine, roi de Navarre. B. 3444. = Antoinette, duchesse de Guise. B. 3438. = Catherine. B. 3446. = Charles, cardinal B. 844, 3438. = comte de Charolais. B. 3794. — E. 394. = Éléonore, sœur. B. 3446. = Henri, évêque de Metz. II. 1695. = Louis, évêque de Laon. G. 6, 21, 32. — H. 142. = évêque de Luçon. G. 6. = Madeleine, femme de Gonnelieu. H. 1722. = Marie-Anne, femme de Vendôme. B. 670, 1095. = Renée, abbesse de Fontevrault. B. 3438. = Suzanne. B. 3438.

BOURBON-CONDÉ (de). B. 2494. = prince. B. 204, 208. = princesse. B. 230. = Henri. G. 32. — H. 201. = Henri-Jules. B. 312, 466, 1905, 2156, 2533. = Henri-Louis. E. 49. = Louis. B. 1902. = Louis-Henri. B. 272, 1917, 1918, 3837, 3838, 3857. — E. 388. = Louis-Joseph. B. 229, 368, 1919, 1920, 2028, 2032, 2036, 2038, 2040, 2050, 2420, 2506, 2543, 2544, 2546, 3794, 3838, 3839, 3851. — C. 49, 162, 519, 904. — E. 164, 394, 395, 397. — G. 60, 77. — H. 895.

BOURBON-CONTI (de), François, prince. G. 85.

BOURBON-ORLÉANS (de). E. 78.

BOURBON-VENDÔME (de). Antoine. B. 3730, 3444, 3446. = Louis, abbé de St-Vincent. H. 203. = archevêque de Sens. G. 6. = évêque de Laon. G. 32, 80, 81. = évêque du Mans, abbé de St-Valery. G. 6.

BOURBON, Antoinette, femme Ruelle. B. 3261. = Marguerite femme Dubois. E. 586.

BOURBONNAIS, François, fondeur de cloches. B. 2232.

BOURCE, François. C. 755. = Jean, laboureur, B. 1423. = Marguerite. B. 65.

BOURCIER, Jean. E. 518. = Madeleine, veuve Bombart, femme Voisin. E. 522.

BOURDAIN, Jeanne, veuve Bedel. E. 434.

BOURDEILLES, Henri-Joseph-Claude (de), évêque de Soissons, abbé de St-Nicolas-des-Prés. B. 409. — C. 155. — G. 1211.

BOURDEL, (Miles de). H. 1274.

BOURDELET, François, B. 488.

BOURDET, Étienne. B. 3804.

BOURDIN, Augustin. B. 2868. = Charles, archidiacre de Noyon, chapelain. B. 1167. = Claude. B. 380. = Jacques. B. 2800. = Jean. B. 1004. — H. 1193, 1299. = Jean-Nicolas, archer-huissier de maréchaussée. C. 326. = Louise. E. 435. = Marguerite, femme Billiard. B. 2836. = Nicolas. H. 915.

BOURDON, Antoine. B. 995. = Claudine, veuve Poitevin de Veyrières. E. 234. = Jean. B. 1134, 1142. = chirurgien. B. 783, 1166, 1264. = greffier. B. 1333. = Louis. H. 856. = Marie-Nicole, femme Martin. B. 396. = Mathurin, procureur. B. 1563.

BOURDREAU, Henri. E. 53.

BOURÉ. B. 2490, 2883. = Antoine. E. 538. = Charles-François. B. 3959. = Claudine. B. 3957. = Élie, valet de charrue. B. 3966. = Joseph, vigneron. H. 971. = Martin, laboureur. B. 493. = Nicolas. E. 535. = Pierre, laboureur. B. 2006, 2009.

BOURÉE. B. 812. = femme de Simon de Sissonne. H. 914. = Abraham. B. 3001. = Catherine. B. 3909. = Élie-Joseph. B. 3956. = Marguerite. B. 3940. = Marie-Antoinette, veuve Poix. B. 1123. = Marie-Madeleine. B. 3930.

BOURESCHES, Nicolas (de). H. 1508

BOURET, Jacques. B. 4018. = Nicolas. E. 533.

BOURRUSSE. B. 3186.

BOUREUX, Nicolas. B. 3219.

BOURGAIN, Antoine. B. 3388. = Étienne et Toussaint E. 462. = Jean. B. 2887. = Pierre. C. 722.

BOURGE, architecte. G. 807.

BOURGEOIS. B. 527, 1332, 2568, 2627, 2719, 2785, 2883, 3263. = clerc laïque, sacristain. C. 953. = curé de Mauregny. C. 133. = procureur. B. 1754. = Antoine. B. 371, 1980, 3061. = louvetier. B. 3492. = marchand de bois. B. 3333. = tanneur. B. 728. = Bertrand. E. 596. = Blaise. E. 623. = César, procureur du roi. B. 2861. = Charles. H. 1759. = curé de Danizy. B. 1014, 1098, 1292. = officier d'artillerie. B. 975. = dit la Violette. B. 1420. = Charles-Nicolas, curé de Charmes et Danizy. B. 932. = Claudine. B. 92. = Étienne. B. 2638. = messager. B. 13. = substitut. B. 3969. = François. B. 2478, 3143. = apothicaire. B. 528. = laboureur. B. 2354. = maire de La Neuville-lès-Dorengt. B. 2053. = notaire. B. 10, 12. = Jacques. B. 2202, 2209, 3330. = fermier. B. 3847. = Jacques, notaire. B. 14. = vigneron. B. 4112. = Jean. B. 770, 1923, 2632, 3262, 3280. — E. 660. — H. 1759. = laboureur. B. 2168. — E. 618. = notaire. B. 12. = vigneron. B. 4114. = Jean-Baptiste. B. 2608 — H. 858. = Jean-Charles, curé de Mauregny. H. 259. = Jean-Louis. B. 3260. = Jean-Marie, marchand de grains. B. 2461, 2471. = Jean-Simon. H. 907. = Jeanne. B. 1961. = femme Decamp. B. 2084. = Louis. B. 2033, 2163, 2609, 4112. = jardinier. B. 2628. = meunier. B. 2637. = notaire. B. 14, 15. = Louis-Joseph-Honoré, notaire. B. 16. = Marguerite, femme Lavallée. B. 622. = femme Mennechet. E. 259. = Marie, B. 21. = femme Lemoisne. B. 906. = veuve Duduit. H. 1410. = Marie-Jeanne, veuve Dollé. B. 2635. = Mathieu. E. 243. = Moïse. B. 3075. = Nicolas. B. 828, 873, 2098, 2598, 3183. — H. 907. = cabaretier. B. 922. = hôtelier. B. 850. = Pasquette. H. 907. = Pierre. B. 2501, 4114. — H. 907. = pensionnaire du roi. C. 264. = Pierre-François. B. 2945. = Pierre Joseph. H. 1310. = Pierre-Louis. B. 1562. = notaire et procureur. B. 1335, 1563. = Quentin. H. 1759. = Raoul. H. 455. = Simon. B. 1189. — E. 532. = Suzanne. B. 2014. = Valentin, meunier. B. 4113. = Vincent, maître-voyer. B. 2764. — E. 504.

BOURGELOT, directeur des écoles vétérinaires. C. 633.

BOURGEOT. C. 478.

BOURGET, Ozias, notaire. E. 616.

BOURGNEUF (de), seigneur d'Ollezy. B. 460.

BOURGONGNE (duc de). C. 919. — G. I. — H. 526. = Charles (duc de). B. 3437.
— Louis. H. 758. = Marie, femme Leleu. B. 3174. = Marie-Antoine. B. 835, 947, 1118.

BOURGOING, Jean. B. 1070.

BOURGOGNE, (Élisabeth-Françoise de), femme d'Hervilly. B. 1344. = Jean, tisserand. B. 2957.

BOURGUESSIN, Caisin, laboureur. G. 178.

BOURGUET, Alexis, laboureur. B. 2946.

BOURGUIGNON, Augustin, sergent royal. B. 2959. = (Gobert de). H. 24. = Henriette. E. 500. = Marie. B. 2803. = Nicolas. B. 1340, 1837. = Pierre. H. 739. = (Vautier de). H. 24.

BOURGUIGNONS, (Thomas de). H. 17.

BOURGUIN, Antoine. B. 3381.

BOURIEZ, curé de Monceau-le-Neuf. B. 379.

BOURLAN, Nicolas, curé de St-Martin de Chauny. B. 1357.

BOURLEQUIN, Michelet. H. 1059.

BOURLET, Denis, laboureur. E. 564. = Joseph. B. 3952. = Marguerite, fileuse. B. 4022. = Philippe. B. 4048. = Pierre. B. 460.

BOURLETTE (famille). B. 1926. = Marie-Catherine, femme Boivin. B. 2913. = Mathieu. H. 1276.

BOURLIER, Jeanne, femme Ladvocat. E. 418.

BOURLON, prieur-curé de St-Martin de Chauny. B. 1738. = Antoine-Louis, greffier. B. 1358. = Jacques-Antoine. B.

1563. = Jean. H. 765, 1420. = Louis, greffier. B. 1338.
= Michel. B. 2913.
BOURNEAU, Jacques-Joseph, lieutenant gruyer. B. 3859.
BOURNICHE, Jean, laboureur. E. 432.
BOURNIER, Marie, femme Devillers. B. 1837.
BOURNON, Denis. H. 1257.
BOURNONVILLE, (de), chanoine de Saint-Quentin. G. 820.
= Louis-Marie-François Esmengard de), receveur du
chapitre de Saint-Quentin. G. 964.
BOURNONVILLE, Pasquier. B. 1970.
BOURON, Henri, prévôt de Reims. H. 966.
BOURRÉ, Anne, fileuse. B. 4028. = Jérôme. E. 499. =
Madeleine, veuve Lacorne. E. 621. = Marie-Anne. B.
4080.
BOURRÉE, femme le Wautiers. G. 253.
BOURS (Jean de), évêque de Laon. G. 6.
BOURSAC (abbé de), évêque de Noyon. G. 813.
BOURSE, François. C. 790.
BOURSIER, Antoine. C. 678. = Marie. B. 2708.
BOURSIN du Caudray, B. 2729. = Claude-François, maréchal
de logis. B. 27.
BOURSONNE (de). C. 421, 630. = marquis. H. 592. =
(Garin de). H. 1180. = Voyez Capendu.
BOURY, Pierre. E. 390.
BOUSAIN, Pierre. B. 2779.
BOUSAN, Jean. B. 703.
BOUSIRE, Jean. G. 529.
BOUSSART, Jean. E. 341.
BOUSSIAUS DE SAINTE-MARGUERITE, Gérard. G. 253.
BOUSSIN, Antoine. E. 942. = Jean. E. 537. = sergent
garde bois. E. 576. = Madeleine. B. 2776.
BOUSSOIS (de). C. 951.
BOUSSU (de), Antoine, huissier. E. 513. = Jean, notaire.
E. 474, 475. = Nicolas. E. 482.
BOUSSUT (de), Charles. E. 546. = Claude, seigneur de
Longueval, et Nicolas, seigneur de Longueval, lieute-
nant au gouvernement de Champagne et de Brie. E.
545.
BOUT, Claude, vigneron. B. 2791.
BOUTARIC. H. 477.
BOUTART, Zacharie. H. 746.
BOUTEILLER, Étienne, notaire. E. 399.
BOUTEILLIER, Jean. B. 3917. = dit Guion. B. 3021.
BOUTELIER, Isabeau, veuve Aube. B. 980.
BOUTELLIER, Jean. B. 1815, 3915. = Madeleine, veuve de
Comblin. E. 605.
BOUTENTIN. B. 583. = Claude, pêcheur. B. 2700. = Jac-
ques. H. 1402. = Jean. E. 517. — H. 1338. = Louis.
B. 2433.
BOUTEPOIX, Jean, curé de Quessy. B. 1404.
BOUTEVILLE. B. 23. = berger. B. 501. = Antoine. B. 3112.
—E. 77. = François, curé d'Origny-Sainte-Benoîte. B.
224. = Gilles. H. 1242. = Guyot, notaire. E. 32. =
Madeleine, femme Pilloy. B. 1040. = Nicolas, notaire

E. 100. = Pierre, maire de Bertaucourt-Épourdon. B.
665.
BOUTHILLIER DE CHAVIGNY, Claude. B. 3708.
BOUTIER, Augustin. B. 3180. = Jean, curé de Courances.
B. 1841. = Paul. B. 3262. = Réné (de). E. 407, 408.
BOUTIÈRE, Simon. B. 2895.
BOUTILIOT, Julien. B. 3608.
BOUTILLAC (de), Jean. H. 49. = gouverneur de Mauberfon-
taine, baron de Cerny. E. 510. = Louis. H. 49.
BOUTILLIER. B. 2493. = cavalier. B. 1278. = Adrien. B.
810. = André. B. 894, 3613. = Claude. B. 1664.
= François. B. 680. = Jean. B. 1241, 1390, 2000.
= boucher. B. 672. = charpentier. B. 983. = maire
de Saint-Quentin. B. 1390. = Jean-Charles. B. 2666. =
Madeleine. B. 1008. = Nicolas. B. 676, 854, 877, 950,
1023, 1861. = Noël. B. 889. = Pierre, arpenteur.
H. 715.
BOUTILLIER DE BOUVINCOURT. B. 2602.
BOUTILLY, François. B. 4120.
BOUTIN. C. 72. = Jean-Baptiste. B. 2561. = Jean-Claude.
B. 2653. = Pierre. B. 1841.
BOUTON. B. 429. = Antoine. H. 785.
BOUTOT, Jacques. B. 1313.
BOUTREUX. B. 2488, 2490.
BOUTRON, Claude-Antoine. B. 1285.
BOUTROY. B. 845. = Adrien, curé de Guise. B. 2088. =
Antoine, chirurgien. B. 921. = garde étalon. C. 268. =
Antoine-François, maître chirurgien. B. 858. = Antoi-
nette, veuve Perceval. B. 738. = Augustin, fermier. B.
969. = Charlotte. B. 843. = Claude. E. 500. = Claude-
Antoine, maître chirurgien et cabaretier. B. 926. =
Étienne, laboureur. B. 158. = Guillaume. B. 2696. =
Jacques. B. 1183. = Jacques-André. B. 2888. — E. 160.
= Jean-Jacques, laboureur. B. 2888. = Madeleine-
Louise-Antoinette. B. 945. = Marie. B. 35. = Pierre.
E. 578.
BOUTROYE, Adrien, maître chirurgien. B. 1004.
BOUTRY, Guillaume. B. 2700. = Mathieu. H. 889.
BOUTTEVILLE, Anne. B. 4044. = Antoine. B. 3113.
BOUTURE, Joseph. B. 3599.
BOUVART, Abraham. B. 3430. = Jean. B. 1826 = garde-
forestier. B. 3795. = Marie femme, Hiette. B. 3430. =
Nicolas. B. 1450.
BOUVET, Antoine-François, curé de Mons-en-Laonnois. B.
2634. = Jacques. E. 380. = Jean. E. 54. = Marie-Jeanne,
veuve Duchange. B. 2049 = Martin. B. 1697.
BOUVIER, Adam, receveur de l'évêché de Laon. G. 59. =
Jean. B. 981. = Octave. B. 157. = Sulpice. B. 896.
BOUVROT. C. 952.
BOUXAIN (famille). E. 396.
BOUZIN (de). B. 1470, 3190. = François. B. 1409. = Françoise.
B. 1351. = Jacques. B. 736 = avocat. B. 1387. =
Marie. B. 1611. = Pierre. B. 1542, 1773. =
—   Antoine. B. 1774. = Claude. B. 2964. = François.

B. 3357 = avocat. B. 1520 = garde. B. 3189. = Gabriel, procureur général. B. 3445. = Gaspard. E. 579. = Guillaume. B. 528. = Jean. B 3192. = Nicolas, tourneur. B. 2959. = Pierre, avocat. B. 1385.

Bouyot, Jean. H. 1056. = Jeannin H. 1312.

Bouze, Jean, laboureur. B. 2023.

Bouzelaine, Jeanne, femme Allavoine. B. 887.

Bouzere, Henri, contrôleur au grenier à sel de Vailly. E. 627.

Bouzier, Antoine. B. 1777. = maître des eaux et forêts de Chauny. B. 707, 1416. = Marie, veuve Tournay. B. 1784.

Bouzier d'Estouilly, abbé. B. 1364. = Antoine. B. 1392, 1394. = maire de Ham. B. 705, 707. = Françoise. B. 1313. = Théophile. B. 1342, 1343, 2232.

Bouzin (Madeleine de), femme Cottin. B. 1494.

Bouzonville (de). E. 629.

Bouzy (de), baron de Wiège. B. 3665. = Antoine. B. 2563.

Bove. B. 2662, 2706. = Anne. B. 1766. = Henri. B. 1732. = Pierre. B. 1656, 1782, 2704. — H. 809.

— (de). Antoine, clerc. E. 439. = Pierre. H. 832. = Robert. H. 477. Voyez la Bove.

Bovel (de), Angélique, femme de Boterel. B. 1340. = Guillaume, seigneur de Viéville et Jaucourt. B. 1340.

Bovelle (de), Claude, seigneur de la Neuville, lieutenant au gouvernement de La Fère. B. 824, 2932. = Élisabeth-Marguerite, dame de Beaumont-en-Beine, femme Brûlart. B. 1355, 1387, 1639, 1643, 1644, 1650. = François, seigneur d'Eppeville. B. 2893. = Françoise, femme de Mailly. B. 2893.

Bovet, Jean laboureur. B. 2667.

Boving, Théodore, prémontré. H. 975.

Bovo, fils d'Ébrouin, maire du palais. H. 1508.

Boy Claude (de), capitaine. B. 2891.

Boyanval, Claude. B. 3426.

Boyau, Christophe, curé de St-Pierre-le-Vieil de Soissons. G. 1730.

Boyé, Pierre-François. C. 362.

Boyen, Marie-Anne, femme Lefebure. B. 3347.

Boyenval, François. B. 3167. = Jacques. B. 3124. = Jeanne. B. 3139. = Nicolas. B. 444, 3141.

Boyer, médecin inspecteur des hôpitaux militaires. C. 25. = Louis, major des postes de la rivière d'Oise. B. 1043. = Nicolas. B. 2824. = Pierre. B. 4053.

Boyet, Sébastien, vigneron. H. 1969.

Boynes (de). C. 387, 395.

Boyot. H. 1311. = Claude. H. 1295.

Brabant, Antoine, laboureur. B. 1879. = Clément, seigneur de Mont-Dorin. B. 3054. — Guillaume (de). H. 1508.

Brache, Antoinette, femme Gladieux. B. 161.

Brachet (de) marquis. E. 164. = Gilbert, marquis de Floressac, maréchal de camp, lieutenant général de la Marche. E. 79.

Bbaconnier, Marie-Madeleine, fileuse. B. 4040. = Nicaise. B. 3998.

Bradel, Jean, laboureur. B. 1490.

Brady, Jacques. B. 500.

Bragelongne, François (de), seigneur de Hautefeuille. B. 3410.

Brai, Hersende (de). H. 826. = Jean-Louis, maître maçon. B. 3838.

Braillon. B. 427, 807, 2662, 3265, 3266, 3270. — E. 608. = Anne, femme Lequeux. B. 2900, 4002. = Antoine-Guillaume, vinaigrier. B. 37. = Charles curé de Bohain. B. 3581. = Denis, tisserand. B. 500. = François. H. 1738. = maréchal ferrant. B. 912. = Henri (de). B. 999. = Louis, maréchal ferrant. B. 927, 937. = valet de meunier. B. 368. = Madeleine, femme Clisse. B. 397. = Marie-Anne, veuve Carlier. B. 2110. = Montain. B. 938. = Philippe (de), seigneur de Brissay. B. 1164, 1234. = Pierre. B. 38, 467. — E. 604. = Quentin. B. 1174. = Roland (de), seigneur de Brissay. B. 999.

Braine (de), comte. E. 149, 151, 152. = comtesse. E. 151. — H. 1508. = Barthélemy. H. 477. = Jean, comte de Mâcon. H. 1508, 1579. = Renier. H. 413. = Rodolphe. H. 477. = Voyez Dreux, Roucy.

Brancas (de) duc. B. 1016. — C. 160, 311. = Louis, duc de Lauraguais, colonel du régiment d'Artois. B. 3592. = gouverneur de Guise, seigneur de Beautor et de Fourdrain, pair de France. B. 782, 843, 1345 1392. — C. 315, 361, 517. = lieutenant général des armées. B. 784. = duc de Villars-Brancas, pair de France, lieutenant général des armées. B. 780, 791, 1345. = Louis-Léon-Félicité, comte de Lauraguais et de Manicamp. E. 205.

Branche (famille). C. 332, 333. = Antoine, lieutenant général criminel au bailliage de Vermandois. E. 514. = Nicolas. E 492, 502. — H 1392. = lieutenant de l'élection de Laon. B. 2786. = président en la même élection. C. 1039. = seigneur de Seuil, président au Présidial de Laon. B. 2651. — E. 80. = Olivier. H. 123. = Regnault. E. 450, 510, 512, 514. = contrôleur d'élection. E. 511.

Branchet, François, receveur des Aides. B. 488.

Brancourt. B. 427, 459, 525, 1411, = Alexandre. H. 1622. = Jean. B. 478, 1964. = Louis. B. 324. = Martin. B. 827. = Vincent. H 1622.

— (de). Alard. H. 1116. = Catherine, femme de Macquerel. B. 2893. = Évrad, Mathieu et Raoul, seigneurs de Bellicourt. H. 1116.

Branges (de), Gui. G. 253. = Jean, seigneur. H. 1508. Voyez Lestonne.

Branquette. B. 2729. = Antoine. B. 97, 98, 369. = Marguerite, veuve Boulanger. H. 949. = veuve Labruyère. B. 782.

Brasier (famille). B. 427. = Josué. B. 2891.

BRICQUET, Jacques. B. 1860. = Jean. B. 1838. = Louis. B. 1844. = Nicolas. B. 984. = Valentin. B. 1834, 1839, 1866.

BRIDE, Antoine, charron. B. 2694. = Louis. B. 2695, 4019. — H. 629. = Martin. B. 2695. = Nicolas. B. 4117.

BRIDIEU (Louis de), gouverneur de Guise. B. 1913, 1976, 2062, 2081, 3803, 3833. — E. 347, 521. — G. 60.

BRIDOUT, Antoine. B. 683.

BRIDOUX. B. 2491. = Edmond. H. 701. = Guillaume et Mathieu. H. 871.

BRIE (de), comte (voyez Thibaut). = inspecteur des ponts-et-chaussées. C. 422.

— Antoine. E. 92. = Jean-Baptiste, collecteur de tailles. B. 3929. = Louis. B. 3962. = Martin, berger. B. 533.

BRIENNE (comte de). C. 134, 355, 356, 364, 367, 372, 373, 389, 391, 393, 401, 404, 410, 519.

BRIÈRE, César-Anne (de), commissaire des poudres. B. 931.

BRIERT, Jacques. B. 1481.

BRIET, Antoine. B. 2694. = Jean. B. 4011. — H. 1303. = Melchior, chapelain. H. 1731. = Moïse. B. 1076. = Nicaise, maître-fondeur. E. 411. = Pernet. H. 1304.

BRIFFAUT, Madeleine. B. 4004. = Simon, chanoine régulier. B. 748.

BRIFFOTEAU, Claude. E. 50. = Jean. B. 439, 471. — E. 50. = curé de Laon. B. 998.

BRIFOTEAU. B. 442. = curé. C. 674, 938. = Jean. B. 2001. = Nicaise. B. 3901.

BRIFOULX, François. B. 1031.

BRIGNAC (François de). B. 1579, 1708.

BRIGNON, Nicaise. B. 987, 1020.

BRIKES, Étienne et Robert. H. 20.

BRILLARD, Nicolas. B. 764.

BRILLART, Étienne. B. 4039. = François. C 506.

BRILLE, Joachim, maître de musique. C. 1036.

BRILLET, Louis, laboureur. B. 928. = Pierre, fermier. B. 3296.

BRILLIER. B. 42. = Charles, curé de Fourdrain. B. 3175.

BRILLON, conseiller secrétaire du roi. E. 13.

BRILLON D'APREMONT. C. 678.

BRIMBART, Marguet. B. 2857.

BRINENVAL, Pierre, meunier. B. 482.

BRIOIS. B. 3372. = Louise. B. 3402.

BRION (de). C. 281. = marquis. E. 93. = Joseph, comte, brigadier des armées du roi. B. 1348. = Charles et Marc-Cyrus, seigneurs de Hautefontaine. E. 93.

— Hélie. B. 1806. = Innocent. B. 1939, 1943. = Jean. B. 1242. = tanneur. E. 514. = Jean-Baptiste. B. 4102. = Nicolas, curé de Bichancourt. B. 1728.

BRIOT, Gilles, laboureur. B. 889. = Sébastien. B. 3273.

BRIQUET. B. 2518. — E. 22. = Abraham. B. 1271. = Charles-Henri. E. 631. = Éloi, pêcheur. B. 1426. = François, prêtre. H. 510. = Françoise, veuve Leleu. H. 843. = Georges. B. 377. = Jacques. B. 1486. — H. 1102. = laboureur. B. 2630, 2695. = Jean. E. 598. = berger. B. 2823. = Marie, femme Touppet. E. 596. = Marie-Madeleine, femme Hannoteau. B. 2966. = Martin. B. 1486. = Nicolas. H. 1219. = Raoul. H. 295.

BRIQUEVILLE (comte de), maréchal de camp. G. 380.

BRISART, Jean, maçon. E. 478.

BRISBART, Nicolas, apprenti-libraire. E. 525.

BRISEBARRE (Jean de), seigneur de Missy-lès-Pierrepont. E. 470.

BRISET. B. 524. = Claude. B. 1079.

BRISEU, Anne. B. 460.

BRISEZ, François. B. 145.

BRISMONTIER, François. H. 1284. = Jean. E. 110. — H. 1192. = Nicolas-Bonaventure, notaire. C. 237. = Pierre, notaire H. 620.

BRISON. B. 2990. = Antoine. B. 2988.

BRISSART, Claude, sergent royal. B. 1264.

BRISSAUT dit Tourongeau, Mathieu. B. 4037.

BRISSAY (seigneur de). B. 1259. = Emmeline (dame de). G. 2. — H. 375.

BRISSE, Françoise, femme Magin. B. 2959.

BRISSEL (Wiet de). H. 250. (Voyez Brissay.)

BRISSET. B. 527, 530, 532, 536. — C. 345. = chirurgien. C. 372. = Benoît. E. 576. = Claude, greffier. B. 382. = procureur fiscal. B. 2544. = Claudine. H. 276. = Clément. H. 849. = Edme. B. 2597, 2601. = commissaire des saisies mobilières et oppositions. B. 2532. = greffier. B. 2596. = Gabriel, meunier. B. 2952. = Guillaume. E. 576. = Jacques. B. 3910. = Jean. B. 1807, 2590. - H. 849. = Jean-Louis, garde forestier. B. 3813. = maçon. B. 2479. = Jeanne. B. 622. — E. 576. = Maurice, boucher. H. 276. = Pierre. B. 529, 4012. — H. 1404. = Simonne, femme Faulcheu. E. 557.

BRISSEUX, Joseph. B. 3211.

BRISSOLEU, Adam, pêcheur. E. 619.

BRISSON, Nicaise. B. 984.

BRISSOT, Jean, sergent des aides. E. 470.

BRISSY (Liénard de), capitaine de Gercy. B. 810. (Voyez Brécy)

BRISTEL (Jean de). E. 663.

BRISY (Haton de). H. 375.

BRITELLE, Haimon, chanoine. H. 256. = Nicolas. H. 256.

BRIXEI, Ernand et Godefroi (de). H. 172.

BRIZART, Charles. B. 3748.

BRIXET. B. 525. = Étienne, chirurgien. B. 2965. = Jean. E. 502.

BRIZION, Gillet. H. 1316.

BRIZON, Jean. H. 869. = Laurent. H. 868. = Nicolas. H. 869. = Noël. H. 868, 869.

BROCARS, Gilles, seigneur de Fay. H. 63.

BROCHARD, Nicolas et Pierre. B. 824.

BROCHART. B. 2732. = curé de Danizy. B. 1031. = Étienne. B. 1834, 1852. = Gilles, chapelain, curé de Fayet. B. 2931. = Louis. H. 1104. = Louis-François, garde-forestier. B. 3497. = Pierre, laboureur. B. 1796.

BROCHE, Jacques. B 3080.

BROCHETON, avocat. C. 190, 193, 194, 197, 366, 949, 991. = veuve. C. 270. = André. H. 1016. = Antoine. H. 1285. = Charles. H. 827, 1187. = Charles-Fabio, lieutenant d'élection. E. 83. = François. B. 2155. — C. 523. = Marguerite. H. 1731. = Marie-Marguerite, femme Hureaux. B. 2558. = Martin. H. 1014. = Nicolas. H. 322, 1016.

BROCHON, Eustache, apothicaire. B. 2892.

BRODART (de), lieutenant de roi à Coucy. B. 3499. = Charles, vicomte de Landifay. B. 217, 248, 327. = Jean-Pierre, seigneur de Sanseuil, Le Hériela-Viéville. B. 407, 1917, 2249. = Maurice, seigneur de Landifay. E. 314. — G. 484. — Hector, maître de forges. E. 341. = Pierre, seigneur de Grattepierre. B. 200.

BRODE, Jean. H. 1600.

BRODEAU, Jean, grand maître des eaux et forêts. B. 3487, 3524.

BRODEUR, Nicolas. B. 2349.

BRODIN, chirurgien. C. 677, 689. = Claude. H. 1199. = François. B. 1407. = Jean. H. 1199, 1285. = Louis. B. 825. = Marie, femme Duprez. H. 1718. = Pierre. G. 272.

BROGLIE, Charles-Amédée (de), comte de Revel, lieutenant général des armées. B. 1350.

BROGNIARD, hospitalier de Saint-Lazare. C. 19.

BROGNON. E. 389. = Françoise, femme Marchoux. B. 2534.

BROIART. E. 606. = Antoine. B. 3092. = Pierre. E. 60.

BROIS (Françoise de), femme de la Fons. B. 2894.

BRONDINS, Rogiers. G. 253.

BRONGNIART. D. 12, 18.

BRONTAIN, Élisabeth, veuve Gallai, femme Bellier. E. 371.

BROQUE (famille). B. 1381.

BROQUIN, Jacques. B. 3253.

BROSSARD (de), Enguerrand. B. 712. = Julien-François, curé de Bertaucourt-Épourdon. B. 785, 1309. = Madeleine. B. 712. = Marie, femme Hugueny. E. 219. = Roland. B. 712.

BROSSART (de). Aymon. B. 1210. = Charles, gentilhomme verrier. B. 735, 1043, 1131, 1268. = seigneur de Faverolles. B. 821, 845, 863, 1163. = Enguerrand. B. 703, 1127. = François. B. 970, 1210, 3608. = seigneur de Beauregard. E. 612. = Henriette. B. 808. = Jean. E. 612. = Louis. B. 1262. = Louis, seigneur de Beauregard. H. 504. = Louis-Charles, lieutenant de roi à Coucy. B. 3494. = Louise, femme de Bongar. B. 1150. = Marc. B. 795. = Marie. B. 779, 1080, 1273. = femme de Golancourt. B. 847. = Marie-Anne. B. 808. = René. B. 1014.

BROSSE, Jean. B. 894. = Madeleine. B. 462. (Voyez la Brosse.)

BROSSIN, Jean André (baron de), comte de Meré, capitaine de dragons. H. 1449.

BROSSY (de), capitaine de Gercy. B. 540. (Voyez Brécy et Brissy.)

BROT, Nicolas. B. 2499.

BROTONNE, Charles. B. 425. = arpenteur. B. 3601. = Jean-Baptiste. B. 2967. = Pierre. B. 425.

BROU (de), intendant de Rouen. C. 751.

BROUART, Jacques. B. 3313. = Louise, veuve Charles. B. 4092. = Nicolas, boucher. B. 3329. = Robert, vigneron. E. 568.

BROUCAMP, Nicolas. H. 1036.

BROUCK (Geoffroi de). G. 2.

BROUCHY (de). B. 1748. (Voyez Langlois.)

BROUDOUX, Marie-Anne, veuve Delattre. B. 2244.

BROUETTE, notaire. B. 1867. = Adrien. B. 419, 440, 446. = Anne. B. 65, 96. = veuve Morin et Mériel. B. 420, 425. = Charles. B. 2093. = Claude. H. 1102. = François, huissier. B. 35, 346. = Jean. H. 1102. = maire de Ribemont. B. 469, 473. = Judith. B. 487. — Louis. B. 1201.

BROUGNET, Pierre. B. 3446.

BROUILLART, Pierre. B. 2458.

BROUILLET, Marguerite. B. 2138.

BROUILLY (Antoine de), marquis de Pienne. B. 1342. = Catherine. B. 1750. = Jeanne (de), veuve Le Sart. B. 2893. = François (de). B. 1380. = Marie-Rosalie, femme de Châtillon. B. 1350.

BROULLARD, Jean, tonnelier. E. 414.

BROUSSARD, Jeanne, femme Dehon. B. 1877.

BROUSSART, Augustin. B. 1626.

BROUTIN, Antoinette et Marie. B. 3281. = veuve Dussart. B. 3283.

BROUZIER, Pierre. B. 674.

BROYARD, Antoine, laboureur. B. 501. = Claude. E. 552. = Jean. B. 3847.

BROYART. B. 2151, 2288, 2484. = Antoine. B. 2107, 2151. = charron. B. 2376. = Charles. B. 2098, 2228. = François, maréchal-ferrant. B. 3330. = Jean. B. 92. = Jean-Baptiste, chirurgien. B. 2426. = Jean-Jacques. B. 304. = Jeanne, femme Broyart. B. 3330. = Oudin. B. 1123. = Philippon, prêtre-docteur en théologie. B. 2007. = Pierre. B. 2426. = vitrier. B. 3852. = Quentin. B. 3900.

BROYE, Marie-Françoise, veuve Hacquart. H. 1756.

BROYER (Françoise de), femme de la Fons. B. 2899.

BROYES (Augustin de). B. 2898.

BROYON (Barthélemy de). H. 908. = Ermengarde (de). H. 908. = Jean. H 1068.

BRUAUX, Louis, cordonnier. B. 2828.

BRUCELLE. B. 2662, 2862. = Angélique, veuve Courtois. B. 3335. = Antoinette. B. 2811. = Barbe, femme Delatte. B. 2821. = Baudesson. E. 572. = apprenti tailleur d'habits. E. 460. = Claude, fermier. B. 2770, 2873. = Jean. E. 536, 538. = barbier-perruquier. B. 3354. = Jean-Baptiste, perruquier. B. 3323. = Jean-

Louis, fermier. B. 2795. = Jean-Pierre. E. 92. = Joseph. H. 907. = Judith, femme Roucoulet. B. 3137. = Laurent. E. 534. = Louis. H. 942. = Pierre. H. 907. = Roland. H. 942. = Simon. B. 2788. — H. 907.

Brucelles, chanoine. D. 4.

Bruchet, Antoine, procureur. B. 511.

Bruet, Jean. B. 4028. = bûcheron. B. 454.

Bruge, Toussaint, tailleur d'habits. B. 2913.

Bruges (Jean de), lieutenant-général et gouverneur de Picardie. H. 142.

Brugnon. B. 2789. = Françoise. B. 3083. = Jacques. H. 848. = Jean-François-Louis-Joseph, soldat. B. 2982. = Marie-Catherine, veuve Hermé. B. 83. = Pierre. H. 980. = clerc laïque. B. 2970.

Bruhet, Antoine. B. 93.

Bruhet, Jacques. B. 1804.

Bruiant, Charles, fermier. B. 318.

Bruier, François. E. 204. = Marie, femme Lhermignier. B. 771. = Pierre. B. 1416.

Bruières (Gilles de), femme Beques. H. 1508.

Bruisset, Louis. B. 3932.

Bruit. (Voyez Crépin.)

Brulart, Charles, archevêque-prince d'Embrun. B. 1344. = Charles, marquis de Genlis. E. 14, 18, 20, 21. = Charles-Alexis. B. 1653. = Claude. B. 1352. = marquis de Genlis. B. 1843, 2897. = Gilles, conseiller d'État, seigneur de Genlis. B. 1341, 1521, 1600, 1845, 1860. = Louis-Marie. B. 1653. = Pierre, abbé de Genlis. B. 1174. = marquis de Genlis. E. 18. = secrétaire d'État. E. 15, 21. = Pierre-Claude, marquis de Genlis. H. 1093. = Pierre-Claude Charles. B. 1653. — E. 20.

Brulé. B. 2627. = Antoine, greffier de justice. B. 3278. = Charles, horloger. B. 2554. = Élisabeth, femme Grocaux. B. 1348. = François. B. 2670, 3168. = laboureur. B. 2636. = Jean-Baptiste. B. 390. = Jean-Pierre. C. 273. = Louise. B. 2695. = Reine, veuve Grouzelle. B. 374.

Brulefert, Jacques-André. C. 694.

Brulez, Augustin. E. 214.

Brullé, berger. B. 2948. = Antoine. B. 3269. = Antoinette, femme Linotte. B. 703. = Nicolas. H. 393.

Brullon, Claude. B. 416.

Brumetz (Simon de). H. 1224.

Brun (de), chevalier. E. 36.

— Jeanne. B. 3143. = veuve Roland. E. 178. = Madeleine. B. 4028. = Marc. B. 4096.

Brunault, Mathias, commissaire examinateur au Châtelet de Paris. B. 1138.

Bruncamp, Simon, notaire. H. 515.

Brune, femme Émeri. H. 353.

Bruneau. B. 523. = Charles-Bonaventure, (Druon de), C. 258. = François, maître d'école. B. 518. = Françoise. B. 1966. = Louis, pâtre. B. 460. = Louise. B. 485. = Marie-Henriette (de), dame de Courthuis. G. 109. = Martin,

sergent messier. B. 511.

Brunehamel, (Rasse de). B. 3452.

Brunel, (demoiselle). C. 693. = Antoine. B. 3250. = Joseph. H. 1303. = Simon, homme de corps. H. 455.

Brunelet, Jean. B. 3922. = Jean-Pierre, garde bois. B. 139. = Nicolas-François, curé de Coingt. B. 2389. = Pierre. B. 1947.

Brunelle, Antoine, maître tapissier. B. 937. = Jean-Louis. B. 1283. = Joseph. B. 2044. = Nicolas, garde-chasse. B. 392.

Brunelles, Nicolas, laboureur. B. 1148.

Brunet. B. 515. = Alexandre, blatier. B. 388. = Charles, dit Dobaton. B. 4023. = Marie, femme Saget. B. 3250. = Martin. E. 472. = Philippe. C. 313.

Brunette. B. 954. = Jacques. B. 1858. = Jean. H. 992, 1508. = potier d'étain. B. 1532.

Brunion, Catherine. B. 418.

Bruno, abbé de Saint-Jean de Laon. H. 410. — Louis. B. 4001.

Brunois. B. 2489. = Jean, bûcheron. B. 377. = Marguerite. B. 3944. = Marie. B. 3902.

Brunoy, Pierre. C. 854.

Brunswick, Bénédicte (duchesse de). B. 2540, 2541 — E. 54, 66, 74.

Bruquereau, Charles, doyen de Saint-Pierre-au-Marché. E. 502.

Bruslard (chevalier de). C. 685.

Bruslart (famille). B. 1400. = Anne. B. 1369. = Charles, B. 1606. = abbé de Joyenval. B. 1383. = ex-abbé de Sainte-Élisabeth de Genlis. B. 1076. = marquis de Genlis. B. 940, 1343, 1357, 1765. = seigneur de Flavy-le-Martel. B. 1481. = conseiller d'État, seigneur de Quierzy, Camelin, etc. B. 1501, 1542. = Florimond, marquis de Genlis. B. 1139, 1341, 1383, 1366, 1383, 1420, 1503, 1589, 1606, 1639, 1776, 1844, 1847, 2983. = Pierre, marquis de Genlis. B. 1344, 1389, 1648, 1649. = Pierre-Claude-Charles. B. 1109. (Voyez Brulart.)

Bruslart de Sillery, Anne-Claude, femme Bruslart. B. 1648.

Bruslé. B. 2733, 3203. = Antoine. B. 478, 484. — E. 591. = greffier de justice. B. 3277. = notaire. B. 10. = Charles. B. 467. = horloger mécanicien. B. 115. = maître serrurier. B. 2573, 2590. = Claude. B. 97, 1703, 3309. = notaire. B. 2387. = Étienne. B. 2695. = François. B. 2181. = maire de Monceau-les-Leups. B. 1064. = Jean. B. 241, 1672, 3282. — E. 446, 614. — H. 1198. = laboureur. B. 1992, 2221. = Jean-Augustin. B. 2181. = Madeleine, veuve Cochon. H. 870. = Marguerite, femme Laplace. B. 4022. = Marie. B. 3918. = femme Lousot. E. 593. = Marie-Reine, femme Dormay. B. 2420. = Michel. B. 3289. = Nicolas. B. 2694. = Pierre-Antoine, notaire. B. 11. = Roch. B. 3080. — E. 430. = Simon, vigneron. B. 1250.

Brusmes, Jacques et Robert. E. 406.

2894. = Charles, curé de Saint-Jacques de St-Quentin. H. 1738. = Denis, président en l'élection de Saint-Quentin. B. 2894. = Marie, femme Regnier. B. 3092. = religieuse de Montreuil. B. 2897. = Nicaise. B. 237. = Regnault. B. 684.

BURDIN, Évrard, homme de corps. H. 477. = François, ouvrier en laines. B. 2525.

BUREAU, soldat ouvrier. B. 1300. = Jean, maire de La Fère. B. 668, 802. = traiteur. B. 830. = Jean-François. B. 833, 1303. = laboureur. B. 1200. = Marie-Françoise-Élisabeth, femme Thuet. B. 1208. = Médard. B. 887. = Noël. B. 704, 1123. = Pierre, berger. B. 989. = Simon. B. 908, 1240.

BURELLE (famille). B. 976.

BURGÈRE, veuve Gobert. H. 208.

BURGEVIN, Jean. C. 11.

BURCUET, Martin. H. 1537.

BURIDAN (famille). E. 389. = Antoine, notaire et sergent. B. 2373. = sergent. B. 331. = Claude. B. 243. = garde forestier. B. 3834. = Pierre. B. 1949.

BURIDANT, Thomas, garde forestier. B. 3811, 3813.

BURIDENT, Claude, cavalier. B. 3914.

BURIER. B. 608. = Pierre. C. 686.

BURIOTH, Gérard. H. 955.

BURLET. B. 3228. = Anne. B. 3204. = Madeleine, sage-femme. B. 3935.

BURLITON, Anne, femme de chambre. B. 3303.

BURNELLE, ex-garde forestier. H. 922.

BURTEAU. Simon. B. 886.

BURTIN, Pierre. B. 1281.

BURY, Pierre, curé de Lemé. B. 3162. = Simon. H. 1352.

BUSCHER. E. 628.

BUSEGNY (Pierre de), arpenteur. B. 3708.

BUSENVAL (de), doyen du chapitre de St-Quentin. G. 812.

BUSQUET, Pierre, chanoine de Laon. B. 2842.

BUSQUIN, Élisabeth-Antoinette, congréganiste. H. 1701. = Madeleine, veuve de la Grange. E. 101. = Nicolas. C. 271.

BUSSA. arpenteur. E. 209.

BUSSEL (Wiard de). G. 2.

BUSSY (de). D. 18. = François. B. 896. = Jean. H. 259. = Simon. B. 1520. = Suzanne, femme de Ramboux. B. 625.

— François. B. 904. = maire de St-Gobain. B. 665. = Jacques, brigadier. B. 2473.

BUT, Anne. B. 1172.

BÉCTART (famille). B. 319.

BUTEL, Philippe. B. 1982.

BUTELET, Jean, laboureur. B. 2860.

BUTEUX (famille). B. 593. = dit la Jeunesse, Jean, laboureur. B. 985.

BUTEUX DE BERVILLE. C. 689.

BUTIN, Nicolas. H. 1211.

BUTOR. B. 844. = Pierre. B. 703, 817.

BUTORT, Madeleine, femme Deparme. B. 2548.

BUVELET. B. 3107.

BUVOT, Anne-Marguerite et François. B. 798.

BUZANCY (de), Hervé. G. 253. — H. 455, 1598. = Jean, chanoine de St-Jean de Laon. H. 35. = official de Laon. H. 47, 1598. = sire. H. 692. = Thiébaut, chanoine de Soissons, clerc. G. 253. = Wermond. G. 253.

BUZEGNIES (Jeanne de), veuve Ghiselin. H. 1762.

BUZEROLLES (veuve de). C. 310.

BUZOT, Edme. H. 1071.

BYETER, Jean-Baptiste, greffier de l'élection de Soissons. C. 890.

C

C. abbé de Prémontré. G. 65.

C. abbé de St-Crépin-le-Grand. H. 455.

C. Antoine, curé de Chevenne. B. 2751.

C. Catherine, femme. B. 2743.

C. Jean-Baptiste, curé de Chaudardes. B. 2751.

Caballus, Robert. H. 477.

CABARET. B. 2733. = Antoine, hôtelier. E. 518. = François, garde bois. B. 222. = soldat. B. 1675. = Françoise, veuve Devert. B. 778. = femme Souart. E. 435. = Gobert, vigneron. E. 417. = Isaac, tonnelier. H. 1004. = Jean. B. 3918. = Jean-Claude, procureur. C. 325. = Louis. B. 3207. = laboureur. B. 344. = Marguerite. B. 1038. = femme Lenoble. E. 435. = Regnault. B. 817, 1863. = Robert, libraire. E. 435. = Simon. B. 1846.

CABAT, Gilles. B. 3885.

CABOCE, Gilles. G. 253.

CABOCHE, Noël. E. 610. = Pierre-Antoine. E. 84. = Pierre-Gabriel. E. 84.

CABOT, Nicolas. B. 1538.

CABOTIN, Auguste, docteur en médecine. B. 1536, 2898. = Charles, huissier. B. 1331. = notaire et procureur. B. 1330, 1331, 1421. = Claude. B. 1767. = Jean Baptiste, curé de Mennessis. B. 1713. — E. 84. = Madeleine, femme Degrain. B. 2898.

CABUT, Jean. H. 879.

CABY, Jeanne, veuve Demolon. B. 3143. = Nicolas, greffier. B. 511.

CACHEUX, Jean. H. 1848.

CACHIEU, Bastien. B. 47.

CACHY (Robert de), chanoine de Guise. G. 124.

CADEAU, Anne. B. 3999.

CADET. B. 2735. = Antoine. B. 2587. = Élisabeth. B. 3396. = Jacques, curé d'Esquehéries. B. 362, 2019, 2111, 2253, 2445. = Jeanne, femme Despierre. B. 3394. = Louis. E. 599. = Pierre. H. 765. = Roland, notaire. B. 2531.

CADOT. B. 2424. = maître des eaux et forêts. E. 641. = Artaise, veuve Trouvé. E. 618. = Barbe. B. 897. = Charles. B. 801. = François, chanoine. B. 915. = Françoise, veuve Pioche. B. 933. = Georges. E. 616. = Jacques

B. 692, 820, 905, 1021, 3605. = avocat. B. 720, 848, 908, 922, et maire de La Fère. B. 872. = avocat du roi. B. 670. =bailli de Fourdrain. B. 3168. =maire de Saint-Gobain. B. 1035.=notaire. B. 884, 1123, 1127. — E. 611. = procureur. B. 770. = sergent et garde forestier. B. 855. = Jean. E. 588. = chanoine. H. 799. = procureur. B. 662. =Louise.B. 831. = Nicolas, vigneron. E. 616. = Pierre, receveur du Valois. E. 637.

CADOT de Villemomble. C. 953.

CADRAN, Antoine. B. 443.

CADRAND, Barbe, femme Braillon. E. 604.

CADRE, Étienne. B. 1674.

CADURET, Philippe. B. 1098.

CAFFECT, Florent, charpentier. B. 1336.

CAGNARD, Blaise. B. 980.

CAGNART, Blaise. B. 1220. = Guichet. H. 827. = Jean. E. 450. = Pierre. H. 827.

CAGNEAU, Madeleine. B. 3945.

CAGNEUX, Michel. C. 657.

CAGNIART, Antoine. H. 701. = Blaise. E. 611. = Charles. H. 701. = François. B. 3613. = Julienne, femme Charpentier. B. 2783. = Louis. H. 701.=Martin.B. 1283.

CAGNIER, Marguerite, veuve Detraille. B. 2641.

CAGNON. B. 1715. = Agnès. H. 534. = Charles. B. 491. = Jean-Antoine, sergent. B. 2051. = Louis, geôlier. B. 458. =soldat. B. 477. =Marguerite, femme Charrière. B. 368. = Marie-Élisabeth. B. 2451. = Nicolas. B. 467, 475, 478.

CAGRAN, Louis. E. 606.

CAHIER, Cyprien. B. 3536.

CAHIT. C. 12.

CAIART, Jean. E. 600.

CAIGNART. B. 429, 1162. = Agnès. B. 2908. = Anne, femme Bellemère. B. 908. = femme Desmolins. B. 818. = Antoinette, femme Bacquet. B. 863, 899. = Blaise. B. 881. = Claude. B. 3075. = Élisabeth, femme Morial. B. 902. = Françoise. B. 915. = femme Tonnelet. B. 927. = Henri, chanoine. B. 2902, 2904. = Jean. B. 2918. — H. 1140. = chantre. B. 1012. = Jean-Charles, maître-armurier. B. 934. = Jeanne, veuve Deliége. B. 1007. = Louis. B. 3080. = Louise-Pauline. B. 2908. = Marie, femme Botté. B. 2900. = femme Duchaussoy. B. 2991. = veuve Gérault. B. 1029. — E. 493. = Marie-Françoise-Rose, femme d'Arneville. B. 2912. = Martin. B. 2926. =Nicolas-Joseph, avocat, commissaire aux revues. H. 1788. = Paul-André, seigneur de Pommery, conseiller au bailliage de Saint-Quentin. B. 2912. = Pierre-Charles, vicaire. G. 981.

CAIGNART DE SAULCY, Louis-Joseph, lieutenant d'artillerie. B. 2911.

CAIGNART DU ROTOY, Marie-Joseph, conseiller au bailliage de Saint-Quentin. B. 2912. = vicomte de Mailly. D. 12, 13. — C. 50. — H. 611.

CAIGRON, Michel. H. 1079.

CAILLART, Louis, vigneron. B. 3388.

CAILLAU, Joseph. B. 3167.

CAILLE. B. 2486. = François. B. 4031.

CAILLÉ, Jeanne. B. 907. = femme Boucher. B. 1176.

CAILLEAU, Blaise. B. 956. = Claude. E. 535. = maître maçon. E. 531. = François. H. 1140. = meunier. B. 1274. = Jeanne, femme Berthe. B. 1162. = Joseph-Paul, chanoine de Saint-Quentin. G. 821. = Nicolas, chirurgien. B. 542.

CAILLES, Jean. H. 161.

CAILLET, chirurgien. B. 1689. = Augustin. B. 1243.= Charles, chirurgien.B. 1701. = Claire. B. 1536. =Claude. B. 1810, 1864. = Françoise. B. 1820. = Guillaume. E. 625. = Jacques. B. 4026. = Jean. B. 915. — H. 184. = Lambert, curé de Monampteuil. B. 2680.

CAILLEUX. B. 3371. = dragon. C. 657. = Jean. B. 3397.

CAILLIAUX, Jacques, chirurgien. H. 1143.

CAILLOTEAU, Jean. B. 2277.

CAILLOUEL (de), Nicolas, archidiacre de Laon. G. 230. = Quentin, bailli de Vendeuil. E. 658.

CAILLOUET, Isaac, fermier de vinage. B. 701. = tavernier. B. 699.

CAILLOUX, Pierre-Joseph. B. 3883.

CAILLY, Jean. B. 1126, 1183.

CAILLYE, Jean. B. 760, 768. = lieutenant louvetier. B. 3604.

CAEN, Antoine. B. 767.

CAIN, Jean. B. 1237. = Jérôme, laboureur. E. 505.

CAIRON DES COUTURES (Gabriel du), capitaine d'artillerie. B. 931, 2673.

CAISIN, Jean. H. 884.

CAISNE (de), lieutenant de police. C. 396.

CAKEGNON, Gui. H. 534.

CALAIS, Antoine. B. 2366. = Jean, laboureur. B. 2431. = Nicolas, notaire. H. 515. — (de), Jean, sergent en la prévôté de Laon. G. 253.

CALANDRE (Jean de). B. 887.

CALDERON, Arnoul. H. 929.

CALENDRE, Philippe, curé de Caumont. B. 1419.

CALIEAU, Jeanne. B. 901.

CALIS (de), Alexandre, et Antoine, seigneurs de Chevremont. B. 2891.

CALIXTE II, pape. G. 115. — H. 588.

CALLEMYN, Jourdain, vigneron. H. 1239.

CALLET, Jean. B. 4033.

CALLIART, François, seigneur de la Fontaine, capitaine-major de cavalerie. B. 2770.

CALLIEUX. B. 2566.

CALLOU, Ancel. H. 1007.

CALOGNE, Charles-Antoine. B. 2512.

CALONNE (de), ministre. C. 19, 24, 27, 37, 38, 44, 71, 73, 282, 324, 329, 336, 424, 425, 509, 516, 525, 527, 537, 590, 617, 660, 684, 710, 719, 730, 733, 755, 779.

CALONNE-D'AVESNE, Louis-Jean-Baptiste (de). C. 412.

CAMAS, Louis, chapelain, curé d'Abbécourt. B. 1421.

CAMBRAI (Jean de). E. 480.

CAMBRAY, Claude. B. 1260. = Christophe. B. 988. = Jean. H. 1090. = Nicolas. B. 4114. = Pierre, garde-vente. B. 3512.

— (de), Jean. B. 1813. = Nicolas, notaire. E. 165. = Philippe, commis-greffier. E. 513.

CAMBRIN, Jean, vigneron. B. 2639.

CAMBRON, Jean, potier de terre. B. 2632.

CAMBRONNE (de). D. 7, 12, 13 = abbé. C. 684.

— blanchisseur. C. 799. = André, principal du collège de Saint-Quentin. B. 38. = Anne, femme Martinsart. B. 38. = Claude. B. 843. = Louis, négociant. B. 1349. = Marie-Barbe, veuve Moreau. B. 923.

CAMELART, Adrienne, femme Dien. E. 533.

CAMELIN, Antoine. H. 1101.

CAMELLE (famille). B. 519.

CAMERIER, Wautier, coutre de l'église de Laon. H. 1602.

CAMERIN, Victor (de), évêque de Soissons. G. 253.

CAMET, Jeanne. B. 3362.

Campanosa, Alcide, femme de Gérard *Raucy*. H. 1579.

CAMPEAU, Louis. C. 270. — E. 105.

CAMPIAUX, Pierre, meunier. B. 3074.

CAMPION DE CRESSAC (dame de). C. 672.

CAMP-LAURENT, François-Daniel (de), seigneur de Bernoville. B. 37.

CAMU, Charles. B. 1933. = Jean, berger. B. 4089.

CAMUS. B. 517, 536, 2270, 2734, 3270. = Antoine, garde-forestier. B. 3749. = curé de Brancourt. E. 522. = Antoinette, femme Hubigneau. B. 863. = Catherine. B. 2183. = Charles, dit la Villette. B. 1674. = Claude. B. 728. = Élisabeth. B. 894. = François, officier d'artillerie. B. 1687. = Guillemette, femme Leduc. E. 574. = Jean. B. 1168. = garde-chasse. B. 2617. = Jérôme. B. 1441, 1824. = Louis. B. 698. — E. 465, 514. = curé d'Abbécourt. B. 1353, 1677. = Louis-François, subdélégué. B. 1285. = Louis-Joseph. B. 2191. = Marguerite, femme Cadot. B. 872. = femme Couppet. B. 2707. = femme Tourtier. E. 507. = Marie-Madeleine, femme Michel. B. 2717. = Marie-Rose, femme Cloet. B. 847. = Michel. B. 2281. = Nicolas, maître joueur d'intruments. E. 500. = Pierre. B. 1775. — H. 1003. = Roland. B. 1526. = Sébastien, tisserand. H. 1508. = Toussaint, meunier. E. 493.

CAMUSEAU, François, sergent de justice. B. 2987. = Marie-Catherine. B. 169.

CAMUSEAUX. B. 2565. = Élisabeth et François. B. 1561. = Jacques. B. 2558.

CAMUZEAUX, Louis. B. 3282.

CANABER (Philippe de), bailli de Valois et de Pierrefonds. G. 253.

CANARD. B. 2729. = Pierre. B. 3045.

CAMBIER, huissier. B. 3923. = Nicolas. H. 1140.

CANART, Louis, notaire. B. 83, 2326. = procureur. B. 3837.

CANAYE. C. 338.

CANCLAUX, André, trésorier-payeur. B. 1288.

CANDEUVRE. B. 2615. = Claude, procureur. C. 1043.

CANELLE, Henri-Didier, chanoine. B. 2798. = Nicole, femme Faulcheur. B. 526. = Pierre. E. 34.

CANELLE DE LA LOBBE. E. 116. = Louis-Simon. C. 414. = Roland-Antoine-Nicolas. C. 413.

CANELLE DE ROGEVILLE, Pierre-Simon-Alexandre. C. 414.

CANETONS, Jean. H. 1240.

CANISTROL. C. 740.

CANLERS (Madeleine de), femme de Monceaux. B. 700.

CANNELLE, Marie-Madeleine, veuve Lamessine, B. 2839.

CANNIART, Pierre. B. 2093.

CANNY (Antoinette de), veuve de Bucamp. B. 1408.

CANOINE (famille). E. 22 = demoiselle. B. 120. = Claude, laboureur. B. 1424.

CANON. B. 2413, 2485, 2486. = Denis, maître d'école. B. 2866. = Guillaume-Alexandre, notaire. B. 15, 2459. = Jacques. B. 2401. = notaire. B. 2010, 2051, 2464. = sergent. B. 2051, 2397. = Marc. E. 631. = Marie-Marguerite, sœur de la Croix. E. 607.

CANONNE. B. 2784.

ÇANOT. B. 3106.

CANTON, Antoine. B. 3212. = Victor, chaudronnier. B. 4099.

CANU, Antoine. H. 1352. = Jacques (de), brigadier des chasses. H. 1283.

CAPELAIN, Claude. H. 830,

CAPELET, François. H. 801. = Pierre. G. 1378. = Toussaint, fermier. B. 747.

CAPELLE, André. B. 4052. = Thomas, carabinier. B. 364.

CAPENDU (de), Charles, maître des eaux et forêts du duché de Valois. B. 735, 3722.

CAPENDU DE BOURSONNE (de), Amable-Paul-Jean-Baptiste, marquis, seigneur de Connigis, Mézy-Moulins. E. 86. = Charlotte. E. 280. = Jean-Baptiste, marquis, seigneur de Connigis. E. 89. = Marie-Anne (de), femme de Ligny. B. 1875.

CAPENAL, Nicolas. B. 2843.

CAPET. G. 967.

CAPIGNY, Jean. H. 733.

CAPITAIN, commissaire des ponts et chaussées. C. 423. = Marguerite, religieuse. H. 1566.

CAPITAINE. B. 532. = Antoine. B. 631. = Élisabeth, femme Villien. B. 565. = Jean, huissier. B. 3891. = Louis. B. 592. = maire alternatif de Marle. B. 630. = Louise. B. 2290.

CAPLAIN, sergent. B. 2367. = veuve. B. 132. = Anne. B. 4032. = Antoine. B. 491, 2217, 3912. = charpentier. B. 384. = François, laboureur. B. 228. = Marguerite, veuve Sauvegrain. B. 3913. = Marie. B. 4087. = femme Mercier. B. 467. = Nicolas. B. 2283. = Pierre, archer de maréchaussée. B. 2399.

CAPLARU, Pierre. B. 79.

CAPLET, François. B. 465. = Jérôme. B. 348. = Louis, valet de charrue. B. 477.

CAPOIX, Joseph. B. 386.

CAPON. B. 2733. = Claude. H. 1072. = Thomas-Roch. E. 631.

CAPPE. B. 428. — H. 1699. = Claude, greffier des gabelles. B. 3971. = François. B. 3065. = Guillaume. E. 588. = Jean. B. 3325. = Jean-Claude, bailli gruyer du chapitre de Laon. B. 2756. = lieutenant de justice. B. 3318. = Louis, greffier de justice. B. 3815. = Pierre. B. 1960. = curé de Saint-Christophe-à-Berry. B. 3405.

CAPPELAIN, Pierre. E. 568.

CAPPELET, Armand, meunier. E. 452. = Jean, laboureur. B. 868. = Marguerite, femme Mareschal. E. 605. = Martin, laboureur. B. 452.

CAPPELIN, Louis, cordonnier. B. 672.

CAPPELLE, Charles-Toussaint. B. 754. = Charlotte et Jean. B. 754.

CAPPELLET, Pierre, clerc séculier. B. 1706.

CAPPEREL, Gilles, laboureur. E. 552. = Jean. G. 200.

CAPPERON, Denis, arpenteur. B. 3530.

CAPPLAIN, Philippe. B. 2314.

CAPPRON, Claude, arpenteur. B. 1331. = Claude-Joachim. B. 3458. = Denis-Christophe, arpenteur. B. 3512.

CAPRON, Gabrielle, femme Poupart. B. 2878. = Paul. B. 4038.

CAQUET. B. 3371.

CARAMEL, Louis. B. 452.

CARAMELLE, Antoinette. B. 373. = Claude, laboureur. B. 369. = Valentine. B. 167.

CARBON, Antoine, garde-forestier. B. 3749.

CARBONNET, Jean-Baptiste. B. 3967.

CARBONNIER, Claude. B. 1740. = Médard. B. 1738. = Pierre. B. 1694. = Thierry. B. 3613.

CARCQ, meunier. B. 3754.

CARDEAUX, Jacques. B. 3365.

CARDEVACHE, Helvide. H. 1116.

Cardineto, Jean (de). H. 692.

CARDO, Charles, laboureur. B. 367.

CARDON. B. 516, 713. = Antoine. B. 1124, 1241. = Charles. B. 1141, 3374. = Christophe, garde-forestier. B. 3603. = Claude. B. 4024. = Jean, chanoine. G. 726. = Marguerite, femme Dufresnoy. B. 2708. = Marie-Élisabeth. B. 4054. = Philippe, laboureur. B. 3385. = Pierre. B. 3376 — E. 555.

CARDOT. B. 2491. = Antoine. B. 905. = Augustin. H. 980. = Claude. B. 2046. = laboureur. B. 2307. = Jean. H. 920. = laboureur. B. 882. = valet de charrue. B. 363. = Joseph H. 980. = Louis. B. 3211. = Marie, femme Ancelet. B. 3913. = Marie-Françoise. B. 3943.

CARDOY. Pierre-Joseph. B. 4051.

CARÉ, Nicolas. B. 3171.

CARENCHY, Cateline, femme Moriaumes. H. 477.

CARESME, Jean. B. 2889.

CARETTE, chanoine de Noyon. G. 253. = maître de poste. D. 13, 16. = Adrien-François. H. 889. = Catherine, veuve Doffémont. B. 901. = Jacques B. 1683. = Jean-Baptiste, marchand de chevaux. B. 2042. = Pierre, chanoine sous-trésorier du chapitre de Soissons. G. 253. = substitut de procureur fiscal. R. 2696. = Quentin. B. 4022.

CARIN, abbé d'Homblières. H. 588.

CARIN, Renaud (de). H. 832.

CARION, laboureur. B. 2994. = Claude. E. 357. = François. H. 1143. = Louis, procureur fiscal. B. 2540, 2543.

CARITAT DE CONDORCET (de), Antoine, capitaine de cavalerie. B. 24, 2195. = Marie-Jean-Antoine-Nicolas. B. 8, 9.

CARLÉ, Sébastien, garde des fermes. B. 4027.

CARLET. E. 212. = Marguerite. B. 4007.

CARLIER, B. 30, 516, 519, 521, 522, 525, 530, 568, 812, 874, 1246, 1932, 2486, 2488, 2492, 2493, 2662, 2730, 2883, 3148, 3240, 3262. = abbé. C. 35. = curé. C. 787. = huissier. B. 458. = louvetier. B. 3459. = meunier. B. 493. = prévôt de Ribemont. B. 435. = procureur. B. 1805 à 1815. = Adrien. B. 1828, 4029. = laboureur. E. 554. = Alexandre, laboureur. B. 53. = André. H. 798. = Antoine. B. 208, 416, 424, 490, 610, 2667, 2988, 3327, 3489, 3902. — H. 22. = procureur. B. 437. = vigneron. B. 4129. = Antoinette, femme Beaucaisne. B. 215. = Arnoul. B. 3181. = Augustin. H. 1446. = Barbe, femme Vitu. B. 2775. = Catherine. B. 3128. = Cécile, femme Ducrot. B. 466. = Charles. B. 477, 1709. — H. 839, 843. = garde-chasse. B. 3263. = sergent royal. B. 1406. = Charlotte, veuve Cheverier. B. 342. = femme Gauger. B. 3075. = Christophe, laboureur. B. 3335. = Claude. B. 908, 2392, 3306, 3917, 4127 — E. 60, 493. — H. 1145. = employé des fermes. H. 630. = laboureur. B. 3331. — E. 501. = prêtre coutre de Laon. E. 492. = Claude-Antoine, curé de Barenton-Bugny. B. 2819. = Dominique, laboureur. B. 336, 474. = Élie, maire de Luzoir. B. 455. = Élisabeth, femme Voreau. B. 3157. = Étienne. B. 616, 3301. = commissaire des guerres. B. 1513. = laboureur. B. 3243. = notaire. B. 10. = François. B. 377, 424, 2311. = meunier. B. 37. = Georges. B. 813, 881. = Grégoire. B. 547. = Guillaume. B. 2538. = Henri. H. 1259. = Isabeau, femme Francon. B. 879. = Jacob. B. 646. = Jacqueline, femme Chappelet. E. 517. = Jacques. B. 494, 3336, 3944. — E. 182. — H. 766. = charron. B. 3183. = syndic de Mons-en-Laonnois. B. 2713. = Jean. B. 181, 370, 446, 996, 1129, 1526, 1814, 2714 à 2717, 3128, 3901. — E. 472, 569. — G. 747. — H 49, 1145. = cabaretier. B. 2819. = étudiant. E. 474. = laboureur. B. 468, 1803. — E. 554. = louvetier. E. 515. = maire de St-Algis. B. 2052. = maître apothicaire. E. 474. = meunier. B. 2448, 3807. = notaire et procureur. B. 1380, 1512. = tailleur d'habits. B. 3237. = dit Évrard. H. 9. = Jean-Alexandre. B. 2200. = Jean-Baptiste. B. 639, 938. = Jean-François. E. 297. = Jean-Gabriel. B. 2261. = Jean-Louis, notaire. B. 2313. = maire d'Hannape. C. 326. = Jean-Pierre, meunier. B. 384. = Jeanne. B. 478, 895. = femme Charpentier. E. 384. = Jérôme. B. 387, 485. = collecteur du sel. B. 3961. = laboureur. B. 2428. = Joseph. B. 387, 2448. = Judith. B. 3941. = Louis. B. 546, 1779. — E. 92. = notaire. B. 12. = Louis-Antoine. E. 263. = Louise. B. 3942. = Madeleine, veuve Hardy. B. 536. = Marguerite. B. 469. = veuve Delanchy. B. 4030. = veuve Gobault. B. 1030. = Marie. B. 460, 477, 3945, 3959. = femme Deschamps. B. 437. = femme Hennet. B. 3900. = veuve Denis. B. 473. = veuve Seu. B. 1425. = Marie-Anne. B. 481, 499, 2604. = novice congréganiste. B. 2807. = Marie-Catherine. B. 637. = Marie-Françoise. B. 370. = Marie-Josèphe. B. 108. = Marie-Louise, femme Hacquart. 2196. = religieuse congréganiste. H. 1701. = Marie-Madeleine, veuve Dubois. B. 3100. = Mathieu. B. 392, 1685. = Martin. E. 549. = Montaine, femme Mayart. G. 612. = Nicaise. H. 801. = Nicolas. B. 531. — H. 1713. = laboureur. B. 2407, 2838, 3180, 3181, 4123. = notaire. B. 3249. = sergent messier. B. 2322. = Nicole, femme Tayon. B. 2777. = Noël. B. 1269. = Pasquier. B. 3075. = Pierre. B. 544, 2172, 2716, 3144, 3211, 4018. — E. 11, 568. — H. 801, 1335. = laboureur. B. 489, 787, 942, 1017, 2797. = meunier. B. 2040. = tonnelier. B. 2470. = vigneron. B. 2711. = Pierre-Nicolas, notaire. B. 14, 15. = Pierre Paul. H. 1396. = Prosper-Hyacinthe, lieutenant général au bailliage de Coucy. C. 195, 258. = Raulin. B. 1834. = Rose. B. 3968. = Sébastien. B. 981, 1709, 3139. = Vincent. B. 647, 4091. = vigneron. B. 2717. — H. 1396.

CARLIN. B. 2566. = Adrien. E. 589. = Françoise, femme Luce. B. 2952. = Marie-Thérèse. B. 4101. = Nicolas. B. 2555. = fermier. B. 2786.

CARLIQUE, Antoine. H. 1267.

CARLOUX, Louis, garde-chasse. B. 3497.

CARMINE, Louis, laboureur. B. 1554.

CARNET, François. B. 3823.

CARNOTEL, Simon, sabotier. B. 435.

CAROLEZ, Nicolas. H. 23. = notaire. E. 472.

CAROLLET. B. 1133.

CARON. B. 2486, 2488, 3339. — C. 935. = Adrien. H. 829. = Anne-Antoinette. B. 447. = Antoine. B. 980, 2683, 2923. — E. 633. — H. 1090. = cabaretier. B. 1344. = collecteur du sel. B. 3993. = Charles, prêtre. B. 2891. = Charles-Antoine. B. 35. = Charles-Louis. H. 1090. = Élisabeth. B. 2557. = Éloi, tuilier. B. 1209. = Étienne, laboureur. H. 1002. = François. B. 474. = Françoise, veuve Loriette. E. 178. = Guillaume, laboureur. B. 3176. = meunier. B. 1184, 2777, 2800. = Isaie. B. 2923. = maître peintre. B. 2891. = Jacques. B. 1874. — H. 1141. = chanoine de Saint-Quentin. G. 817. = Jean. B. 462, 487, 1494, 2424. = maréchal ferrant. B. 2948. = meunier. B. 1706. = Louis. B. 971. = Louis-Antoine. B. 438. = Louis-François, garde forestier. B. 3601. = Marguerite. B. 1772, 3941. = Marie-Rose. B. 4021. = Martine, veuve Rozeaux. H. 1339. = Médard. E. 631. = Nicolas. B. 2408. = compagnon menuisier. B. 985. = Pierre. B. 484, 2139, 2368, 3748, 4088. = arpenteur. B. 1331. = bourrelier. B. 3327. = Quentin. B. 3118. = Regnault. E. 341. = Robert. B. 2707. = Romain. B. 4019. = Toussaint. H. 1270.

CARONDELET (de), Charles, baron, capitaine de cavalerie. B. 2128. = seigneur de Beaudégnies, officier au régiment Dauphin-dragons, lieutenant des Maréchaux de France ; Charlotte-Françoise-Alexandrine ; Henriette-Françoise ; Louis-Augustin-Joseph. E. 92.

CAROSE, Antoine. B. 1412.

CARPEAU (famille). B. 429. = dame. E. 6. = André, chanoine de Guise. B. 362. = Antoine. B. 2683. = Claude. B. 203, 2203, 3843. = receveur général du duché de Guise. B. 208, 624, 1956, 1970, 1995, 2152, 2156. = François. B. 68. — E. 2, 5, 6. = seigneur de Montigny-sur-Crécy. B. 2242. — E. 6. = Jacques-Charles. B. 2398. = Madeleine, veuve de la Chaussée de Boisville. E. 107. = Marie-Françoise, femme Carion. B. 2008. = Marie-Madeleine, veuve de la Chaussée de Boisville. B. 2118. = Nicolas. B. 2098. = notaire. E. 491, 494. = Nicolas-André. B. 66, 2017. = chanoine de Guise. B. 110, 2017, 2248, 3259. — E. 606. = directeur des affaires du roi. B. 2398. = président en l'élection de Guise. B. 209, 2086, 2224. = Philippe, seigneur de Maricourt, ex-garde du corps. B. 1962, 1995, 2151, 2224, 2233.

CARPENTIER. B. 520, 1148, 2488, 2490, 2491. — C. 954. = boulanger. B. 2466. = Adrien. B. 1249. — E. 2. = seigneur du Donjon. B. 132. = Alexandre. E. 213. = Annette, veuve Mareschal. B. 720. = Antoine. B. 907. = Barbe. B. 1850. = Cécile. B. 2423. = Charlotte, veuve de Chalvoix. B. 1632. = Élisabeth. B. 456. = Enguerrand. H. 1508. = Étienne. B. 2991. = Évrard. H. 1116. = François. B. 1029. — E. 612. = Françoise, femme Debusset. B. 904. = Jacques. B. 834, 1688. = garde vente. B. 3553. = Jean. B. 475, 481, 806, 891, 948, 981, 1143, 1162, 1267, 1810, 2923, 3577, 3619. = couvreur. B. 918. = échevin de Saint-Gobain. B. 995. = dit Joli Cœur. B. 335. = seigneur des Tournelles, maître des eaux et forêts de Coucy. B. 3463, 3485, 3525. = seigneur de

Verly. B. 2482. = Jean-Antoine. B. 1857. = Jean-Baptiste. B. 3943. = sabotier. B. 2197. = Jean-François, mousquetaire. B. 3505. = Jeanne. B. 3147. = Jérôme. B. 2197. = Joseph. B. 146. = Laurent. B. 1381. = Louis, garde bois. B. 3998. = Maclou. H. 837. = Marguerite. B. 4036. = femme Guibouille. B. 1066. = Marie, femme Delacroix. B. 527. = Marie-Anne. B. 2294. = Marie-Geneviève, veuve Legras. H. 1447. = Marthe, femme Blondelle. B. 742 = Nicolas. B. 2323. = curé de Bourguignon-sous-Coucy. B. 1354. = Pierre. B. 1400, 1767, 2347, 3579. = Pierre, garde forestier. B. 3603. = Renaud. H. 356. = Robert. E. 472. = Sébastien. B. 1676. = Vincent. B. 1249.

Carpentin, Gilles et Thurien. G. 17.= Henri, chanoine de Tournai. H. 268. = Méline, femme de Praelle. G. 17.

Carquille. B. 2320. =Marie, femme Prudhomme. B. 2795. = Nicolas. B. 2214.

Carquin (Louis de). E. 403.

Carré. B. 2492, 2567, 2568. = notaire. C. 1047. = Antoine. B. 492, 2274. = notaire. B. 2051, 2147, 2940, 2944. = Charles. H. 869. =Claude. B. 3015.—H. 870.= Claudine. B. 1688. = Denis. B. 908. = Élisabeth, veuve Boiry. B. 2545, 2602. = François. B. 2612. = Gabriel. H. 869. =Guillaume. H. 869, 870.=Jacques. H. 869.= chirurgien. B. 584. = Jean. B. 896, 2559, 2587. = vigneron. G. 272. = Jean-François, aubergiste. B. 2982. = Jeanne, femme Latizeau. E. 430. = Martin. B. 1040, 1143. = Pierre. B. 2558, 2575. = Thérèse. B. 2546.

Carrée, Louis, curé d'Aubenton. E. 371.

Carrelet du Rosay, Barthélemy, doyen du chapitre de Soissons. H. 1282.

Carrette, Jeanne. B. 3273. = Marie. B. 3272.

Carrier, François. H. 1196. = Gillot. H. 1312. = Louis, archer de maréchaussée. H. 1571. = Pierre. H. 1260.

Carrière. B. 2492. = Hélène, veuve Chaulmont. B. 1059. =Hugues. H. 827.= Jean. H. 739.=Louise. B. 1684. = Marie-Augustin, bailli. B. 3264. = Philippe. B. 877. = Pierre. H. 1214.

Carrion, Benjamin, chirurgien. B. 2596.

Carrois, Odin, serrurier. E. 618.

Carron, Anne, Florence, Jacques, Marguerite. B. 1337. = Jean. B. 1249. = Pierre. C. 344.

Carru, Jean. E. 368.

Carsacoff, capitaine russe du génie. C. 800.

Carsonnier, Jean-Baptiste, vacher. B. 2425. = Marguerite. B. 2430.

Cartel, Charles. H. 837.

Cartelet, Jacques. B. 2326.

Cartier, chimiste. B. 3652. =garçon boucher. B. 1303. = Antoine, garde-forestier. B. 3749. = Catherine. B. 388. =Jacob. B. 1213, 1711, 3613.=Jacques. B. 1158.=Marguerite, femme Pennelier. B. 2716. = Marie-Anne. B. 3214. = Marie-Jeanne. C. 680. = Nicolas, conseiller au présidial de Reims. B. 3084. = Pierre, laboureur.

B. 853. = Remy, contrôleur des domaines des eaux et forêts. B. 666.

Cartigny (de), curé de Bosmont. C. 820. = Antoine. B. 1950.

— curé de Chevenne. C. 940. = Claude. B. 388.= François. C. 267, 272, 518. = Guillaume. B. 2535, 2576, 2588. = hôtelier. B. 2534. = Jacques. B. 3935. = Joseph. B. 3958. = Louis. B. 2300.

Cartique, Maurice. H. 1788.

Cartin, Louis. B. 2899. = Nicolas. B. 4133.

Cartinet, Pierre. B. 3079.

Cartinier, Marguerite. B. 886.

Carton. B. 1928, 3203, 3228, 3371. = employé des fermes. C. 1042. = Barbe, veuve Constant. B. 2940. = Charles. B. 1418. = Claude. B. 361. = François. B. 3383. = Françoise, veuve Dirson. B. 3206. = Jacques, huissier. E. 521. = Jean. B. 1986. = Marguerite. B. 2431. = Michel. B. 3374. = boucher. E. 564. = Pierre. B. 2482.

Carton de la Boulaye, Louise, veuve Coffin. B. 2118.

Caru. E. 396. = Jacques. E. 360. = cordonnier. E. 356. = Jean. E. 345. = cordonnier. E. 371. = Pierre. E. 353.

Caruel (de), capitaine gruyer d'Hirson. B. 2530, 2596. = Armand, capitaine-gruyer d'Hirson et de St-Michel. B. 2016, 2520. = Antoine. E. 366. = capitaine. E. 378. = Catherine, femme de Fay d'Athies. B. 2519 = Charlotte, femme Pétré. E. 338. = François-Armand, capitaine gruyer d'Hirson et Saint-Michel. B. 229, 2607, 3287, 3855. — E. 388. = Louise-Françoise, femme Olier. E. 377. = Louise-Marthe, veuve Barbier des Boulets. E. 388. = Madeleine-Colombe, femme Martin. E. 388. = Roger. B. 2537, 2547, 2591. — E. 377, 378.

Caruelle. B. 2489. = Isabelle. B. 676.

Carvoisin, Joseph (de), seigneur de Buverchy. B. 1344, 1388.

Carvoisin d'Honnecourt, Charles-Antoine et Nicolas-Louis. C. 412.

Cary de Falkan, Lucie-Catherine, veuve de Roth. E. 93.

Cascaret. B. 3231.

Casier, Jeanne. B. 1287.

Cassagnet de Tilladet, Gabriel (de). H. 1771.

Casse, François. B. 1819. = Gérard. B. 1860. = Henri, meunier. B. 3278. = Jean, garde-bois. B. 2527. = Jean-Antoine. B. 4118. = Charles-Louis, élu. G. 1730.

Casse de Senicourt, Charlotte-Louise. H. 1737.

Casseleux, Antoine. B. 138.

Casset, André. B. 1832.

Cassières de Bellegarde, Alexandre. C. 381.

Cassini (de). C. 49.

Casteja (de). C. 360.

CASTEL (du), Adé. H. 1508. = Louise, femme de Lignières. B. 1341. = Louise, veuve de Montguyot. C. 248. — Pierre, garde de bois et chasses. B. 3006.

CASTELAIN, Marie, femme Dambertrand. B. 883.

CASTELLIN, François, garde forestier. B. 3812.

CASTELNAU, général d'armée. B. 3802.

CASTELNAULT (Jacques de), officier de venerie. C. 238.

CASTRE (de). E. 94. = Charles, seigneur de Beaumé, procureur du roi. B. 2000, 2066, 2280. = Charles-Antoine, baron de Wiège, seigneur de Romery. B. 259, 406. — E. 469. = gouverneur du Câteau-Cambrésis, B. 2250. = Claude. E. 344. = Didier, capitaine gruyer de Rumigny et Aubenton. E. 94. = François, seigneur de Beaumé B. 194, 2530. = Gabrielle-Adélaïde, religieuse congréganiste. H. 1701. = Jean-Baptiste, capitaine. B. 2516. = Julien. B. 2286. = Louis, prieur de la chartreuse du Val-Saint-Pierre. E. 94. = Madeleine. B. 2286. = Nicolas, seigneur de Beaumé. E. 339. = Roger, seigneur de Beaumé. E. 363.

CASTRES (de). C. 262. = Alexandre-Léon. C. 411. = Antoine-Joseph. C. 411. = Charles-Louis-Auguste. C. 416. = Jean-François-Marie. C. 411. = Nicolas-Marie-César. C. 412. = Rodrigues. E. 94.

CASTRIES (maréchal de). C. 374, 391, 395.

CATEAU, Louis. B. 499.

CATEL. B. 2486. = Marie-Anne. B. 358.

Cathalano, Jean et Odeline *(de)* H. 24.

CATHÉ. G. 750.

Cathena. (Voyez Hermand.)

CATHERIN, Jacques, laboureur. B. 2764.

CATHERINE, femme Bousire. G. 5294. = femme de Courtemenche. H. 1018. = femme Mariot. G. 253.

CATHIER, Charles. B. 779. = François, corroyeur. E. 595. = Nicolas, fermier. B. 928.

CATHOIRE, Antoine. B. 1830. = Daniel, procureur du roi. B. 1355. = François. B. 342.

CATIER, Augustin, berger. B. 494.

CATILLON, Antoine. B. 654. = Étienne. B. 655.

CATIN, Marguerite, veuve Delacroix. E. 398.

CATINAT, Pierre (de), conseiller au parlement de Paris. B. 3448. = seigneur de Dercy. E. 557.

CATOIRE, André. B. 2464. = François. B. 2808. = berger. B. 318. = fermier. B. 420. = Gérard. B. 1805. = Isaac. B. 328. = Jeanne, veuve Legros. B. 1856. = Louis. E. 521. = Pierre. B. 1835.

CATRIN, Antoine. H. 1361. = laboureur. B. 2958, 3056. = Claude. H. 978. = Jean. B. 3193. = fermier. B. 3335. = Jean-Louis, clerc laïque, maître d'école. E. 638. = Louis, laboureur. B. 2957. = Pierre-Antoine, huissier. C. 326.

CATTEL, Jean, élu. B. 1385.

CATTELET, Louise, femme Verte. B. 2554.

CATTET, Marie, fileuse. B. 4037.

CATTIAUX, Jean-Charles. B. 4037.

CATTIER. B. 2662. = curé de Berthenicourt. C. 938. = Charles. B. 1181. = Michel. H. 749. = Thomas. B. 1776.

CATTREUX. E. 382. = Nicolas, maître de forges. B. 3846. — E. 357. = seigneur de Ribeauville. E. 400.

CAUBET de Montségut, Louis, capitaine d'artillerie. B. 1017.

CAUBRY, Michelet, H. 1304.

CAUCHIE, arpenteur. G. 379, 380.

CAUCHON. E. 554. — (de), Charles, seigneur de Maupas. E. 486. = Claude, abbé de Saint-Denis de Reims et de Saint Jean de Laon, aumônier de la reine mère de Louis XIV. B. 3536. — E. 486, 487. = François, comte de Lhery, seigneur d'Étréaupont et de Froidestrées. B. 2482, 3119. = Françoise. E. 485. = Jérôme, seigneur de Thiernu, gouverneur de la principauté de Sedan. G. 107. = Pierre, seigneur de Froidmont. H. 921. = Thomas, vicomte de Lhéry. B 2207.

CAUCHY. Joachim. E. 214. = Joseph. B. 499.

CAUDABRE, Hubert. E. 468.

CAUDAVEINE, François. B. 8048.

CAUDAVOINE, Claude, docteur-médecin. B. 1353, 1689. — (de), Louis. H. 489, 504, 509. = Marie, veuve Lecouvreur. B. 1635.

CAUDEBERT, Wautier. H. 416.

CAUDELAIN, Antoine. B. 2698.

CAUDELET, Johanine, femme Lemaire. B. 335.

CAUDEUVRE, Philippe. E. 452.

CAUDRON. B. 2992. = François. B. 3929. = Guillaume. B. 893. = Madeleine. B. 4089. = Marguerite. B. 4085. = Marie-Anne. B. 3948. = Pierre. C. 518. = Rose, femme Prévost. B. 3957.

CAUET, Charles, apothicaire. B. 1726. = Jean. B. 680. = Marie, veuve Cochet. B. 470.

CAULAINCOURT (de), marquis. B. 3550. — C. 755, 766, 781. = Gaucher, seigneur de Marteville, lieutenant au gouvernement de Saint-Quentin. B. 2891. = Gérard, seigneur. G. 1, 32. = Jeanne, femme de Chevregny. G. 32. = Louis-François-Jacques et Louis-Honoré. B. 2911. = Robert. B. 2890, 2893.

CAULLÉ, Abraham. B. 330.

CAULLIER, archiviste. G. 818. = Marguerite, veuve Morel. B. 2912. = Nicolas, arpenteur. G. 899.

CAULMONT (de). C. 945.

CAUMESNIL (Andrieu de), concierge. E. 658.

CAUMONT (Jacques de). G. 253. — Robert, chirurgien. B. 3008.

CAUNOY, Jean. B. 236.

CAUQUERET, Jean, procureur. B. 666.

CAURE, Balthazar. B. 195. = Louis. B. 452.

CAURET, Werric. H. 588.

CHAISNET, Jacques, sergent royal. B. 2901.

CHALANDRY (Robert de), clerc. H. 79.

CHALATTE, Louis, capitaine d'infanterie. B. 919.

CHALENDRI (Robert de) H. 38, 50.

CHALENDRY (de), Jean, doyen de St-Jean-au-Bourg. G. 82. = Jeanne, veuve d'Alemans. G. 95.

CHALENTON, botaniste. D. 7, 8, 16, 17. — C. 430.

CHALIGNY, Henri (comte de). E. 501.

CHALLOEL (Gui de). G. 1.

CHALLONS, dit l'Étang, Marie. B. 2176.

CHALONAY, Marie. B. 2407.

CHALONS (de), Anthonie et Isabelle, dames de Bazoches. G. 253. = Simon. G. 280.

    —   Nicolas. B. 3062.

CHALOT, Jeanne, veuve Gosset. B. 3043.

CHALUS (Françoise de), duchesse de Narbonne. C. 630. — E. 96, 99. — G. 90, 94.

CHALVEL, Bovon, homme de corps. H. 477.

CHALVOIX (Jean de), avocat. B. 1632.

CHAMAINBONT (Jean de). G. 253.

CHAMBAUDON, Isabelle. H. 755.

CHAMBELIN. B. 1879.

CHAMBELLAIN, Françoise, femme de Héricourt. B. 1875.

CHAMBELLAN, Claude, chanoine de Laon. B. 701. = Michel, prieur. E. 487.

CHAMBELLON, Jean. H. 1181.

CHAMBERLIN. B. 3190. = Adrien. B. 3353. = Denis, procureur fiscal. B. 3421. = Jean. B. 3331.

CHAMBERLAN. B. 1384.

CHAMBERT, Pierre. B. 1850.

CHAMBLEY (madame de). B. 1571. (Voyez Ardres et Haraucourt.)

CHAMBLY. G. 109. = Charles. B. 2808. = Charles-François, comte de Bosmont, seigneur de Monthenault. G. 166. = seigneur de Lierval. G. 96. = Charlotte. B. 2808. = Claude, seigneur de Bosmont. E. 520. = François, seigneur de Chamouille. E. 513. = Gautier, chanoine de Laon. H. 420. = Henriette. B. 2808. = Jacques, seigneur de Monthenault. B. 2685. — H. 88. = Jean-Jacques, seigneur de Monthenault. E. 615. = Lore, dame de Courcelles. H. 1018. = Marie-Élisabeth, dame de Lierval. G. 96. = Oudart, seigneur de Gandelu. H. 1508.

CHAMBON. C. 68. = Charles-François. B. 805. = François. H. 1338. = Joseph, lieutenant d'une compagnie d'ouvriers et Julien. B. 805.

CHAMBRÉ NAU DE SAINT SAUVEUR, Antoine-Alexandre, capitaine d'infanterie. C. 264.

CHAMBRETTE, ingénieur. C. 368, 406. = inspecteur. C. 519. = sous-ingénieur. C. 403, 410, 422, 931.

CHAMELY (de), seigneur de Beaumont. B. 994.

CHAMILLART. B. 3909. — C. 419. = Gui, commissaire réformateur des eaux et forêts. B. 3488.

CHAMILLY (de). C. 425. = gouverneur de La Capelle. B. 3802.

CHAMISSOT (Louis-Marie de), seigneur de Boncourt. B. 2257. — E. 104.

CHAMOLLE (Odart de). G. 50.

CHAMOULLET. C. 19.

CHAMPAGNE. B. 1261. = Anne. B. 2391. = Antoine. B. 2322. = Guillaume, corroyeur. B. 2362. = Isaie, garde forestier. B. 3827. = Jacques. B. 2152, 2276. = Jean. B. 3908. = Louis. B. 1562. = Louis-Thomas. B. 3958. = Marie-Agnès, femme Duflot. B. 2018. = Nicolas. B. 2011. = Philippe. B. 3139. = Pierre. B. 487, 3935. (Voyez Gazon, Troyes).

CHAMPEAUX. C. 945.

    —   (de), seigneur d'Orainville. C. 964. = Guillaume, évêque de Laon. G. 200.

CHAMPENOIS, Houpeus. H. 1580.

CHAMPERON (madame de). C. 315.

CHAMPGRAND (Anne de), femme du Clozel. B. 1387.

CHAMPIGNELLES (marquis de). C. 146, 680. = (marquise de). C. 49, 430, 517. (Voyez Rogres).

CHAMPION. B. 2289, 2564, 2566, 2706, 2739. = Adrien, garde-forestier. B. 3795. = Anne. B. 973. = Antoine. B. 2485, 2486, 2532, 2550. = Augustin. B. 2130. = Étienne. B. 2004, 2647. = François, garde-forestier. B. 3749. = François-Louis. B. 3813. = Jean. B. 3433. = Jean-Baptiste. B. 2957 = tailleur d'habits. B. 3167. = Maurice. B. 3943. = Nicolas. E. 12. — H. 1312. = Nicole, femme Descarière. B. 3389. = Olivier. B. 318, 332, 2004, 2392. = garde-bois. B. 2368. = Robert, vigneron. B. 2635, 2644. = Vincent. B. 3425. = maréchal ferrant. B. 3426.

CHAMPIOT, Pierre. E. 437.

CHAMPLASTREUX (de), surintendant. B. 3440.

CHAMPLEBON (Antoine-Gabriel-Richard de), chanoine de Saint-Quentin, chef de musique de la chapelle du roi. B. 3303. — G. 815.

CHAMPROZÉ. C. 800.

CHANDELIER, Marie, veuve Fresson. E. 377. = Marie-Anne. H. 1731.

CHANNELLE, Perrée, femme Gérard. G. 728.

CHANTALLE, André-Jacques. B. 2910, 2914.

CHANTELOUP, Marguerite. B. 3961.

CHANTEMELLE (Gui de), official de Soissons. G. 253, 1281.

CHANTEPRÉ (Florent de). H. 809.

CHANTEREAU, Jean. E. 449.

CHANTEREAU-LEFEBVRE, intendant des fortifications de La Fère. B. 3628.

CHANTEREIN, Claude. B. 3255.

CHANTEREINE, Antoine. B. 2151.

CHANTEREL. G. 811.

CHANTERELLE, Gilles. B. 1864.

CHANTOIN, Hélène et Marie. B. 2958.

CHANTRAINE. B. 2567. = Antoine. B. 2532. = Françoise, veuve Demonceau. B. 57.

CHANTRAINNE. B. 2491.

CHANTRELLE, chanoine de St-Quentin. G. 987.

CHANTREUX, seigneur de la Tour. C. 1089. = Pierre, menuisier. B. 1748.

CHANTROY. H. 233.

CHANU, Pierre. H. 899.

CHANUT (de), abbesse de St-Remy et St-Georges de Villers-Cotterêts. H. 1551. = Pierre-Martial. B. 1886.

CHAOURSE (Hugues de). H. 904.

CHAPEAU, Jean, bailli. B. 3370. = Raphaël, receveur des aides. B. 916.

CHAPELAIN, Jean. H. 873.

CHAPELART. B. 2784.

CHAPELET, Adrien, tonnelier. B. 2967. = Nicolas. E. 258. = bénédictin. B. 2728.

CHAPELLAIN, Nicolas. B. 680.

CHAPELLART. B. 2511.

CHAPELLE. E. 389. = Étienne. E. 62. = Jacques, cabaretier. B. 3023.

CHAPES. (Voyez Pierre.)

CHAPON, abbé de Bohéries. B. 194.

CHAPPELET, Arnould. E. 461. = Claude, femme Boidelaux. G. 1286. = Nicolas, E. 517.

CHAPPELLAIN, Jean. B. 1481.

CHAPPELLARD, Marie. B. 2524.

CHAPPELLART. B. 2513.

CHAPPELLET, Charlotte, femme Régnier. B. 2812. = Jean. B. 3282. = Nicolas. E. 406.

CHAPPERON, Gilles, chapelier. E. 435. = Marguerite. B. 867.

CHAPPRON (de). B. 968, 1138. = René. B. 740, 761, 824, 844, 1063.

CHAPRON, notaire. H. 1556. = Médard. H. 1517. = Nicolas. H. 1001. = Philippe, sergent-royal. E. 520.

CHAPUS, Antoine, chanoine de Saint-Quentin. G. 814.

CHAPY, Jean. B. 1735.

CHARBELLAN (Michel de), prieur de Montaigu. H. 135.

CHARBISE, ingénieur. C. 623.

CHARBONNEAU, demoiselle. B. 1133. = Balthazar. B. 713, 717, 1774. = Claude. B. 1778. = Gui-Balthazar, fermier domanial. B. 729, 732, 870, 1224, 3541. = Pierre, major de La Fère. B. 722, 845, 860.

CHARBONNIER, Antoine. H. 1321. = Radegonde, veuve Molet. B. 2588.

CHARCY (Jean de). G. 253.

CHARDEL, Jacques et Jean. H. 1314.

CHARDENNE. Jean. H. 747.

CHARDET, Noël. E. 457.

CHARDON. B. 2626. = Antoine. B. 3943. = Catherine, femme Rolland. B. 3156. = Étienne, contrôleur des domaines, receveur des eaux et forêts. B. 3604. =

Jeanne. B. 3143. = Madeleine. B. 3147. = Siméon. H. 978.

CHARDONNET. B. 8175.

CHARÉ, Claude. B. 3394.

CHARIER, François. B. 3241.

CHARLANT, Antoine. B. 3831.

CHARLATAN, Jacques. B. 2554. = Nicolas. B. 2606

CHARLE, Michel. H. 1040.

CHARLEI, Louis. B. 799.

CHARLENT. E. 212. = Charles. B. 138. = Louis. B. 94. = Marguerite. B. 3938.

CHARLES Ier (le Chauve). H. 451, 455, 477, 1508.

CHARLES III (le Simple). H. 455.

CHARLES IV (le Bel). G. 253. — H. 535.

CHARLES V (le Sage). B. 1483. — G. 12. — H. 623, 1508, 1624.

CHARLES VI. G. 32, 76, 127, 253. — H. 345, 876, 961.

CHARLES VII. C. 650. — G. 43.

CHARLES VIII. B. 3437, 3438.

CHARLES IX. B. 3445. — E. 174, 185, 460. — G. 131.

CHARLES, régent de France. G. 253, et dauphin de Viennois, duc de Normandie. G. 69.

— (comte). E. 249.

— B. 2739 = laboureur. B. 1771. = Jacques, maître d'école. B. 2828. = Jeanne, femme Brifoteau. B. 3901. = Marguerite. B. 3905. = Marie-Madeleine, veuve Gaudry. B. 2400. = Pierre. B. 4092. = valet de charrue. B. 454.

CHARLET. B. 23. = maire de Bertaucourt. B. 1260. = André, sculpteur. E. 452. = Catherine, femme Mora. B. 73. = Jacques. B. 85. = Jean. B. 1828. = Jean-Baptiste. C. 797. — G. 821. = principal du collège de Saint-Quentin. C. 771. — G. 819, 838. = Madeleine. B. 2424. = Marguerite. B. 392. = Marie-Anne, femme Darsonville. B. 2915. = Nicole, veuve Mesureur. B. 3130. = Pierre. B. 4021, 4045. = Quentin. B. 4029. = Robert. B. 2814.

CHARLEVOIX, procureur. E. 248. = Pierre, seigneur de Villerzy, maréchal de camp. B. 2507. — E. 363.

CHARLEVOIX DE LA GRANGE, Roger-François, chanoine chancelier du chapitre de St-Quentin. G. 812, 815.

CHARLIER. B. 540, 3148. = notaire. E. 588. = Adrien, laboureur. B. 1046. = Antoine. B. 752, 755, 2764. — H. 392. = Antoine-Hilaire. H. 1834. = Charles. H. 1015. = Christophe. B. 2708. = Claude. B. 1155, 3030. = procureur du roi. B. 530. = Daniel, garde-bois et sergent messier. B. 2773. = Félix. B. 2964. = François. E. 599. = boulanger. B. 423. = Françoise, femme Simoneau. B. 2961. = Garin, tailleur d'habits. E. 415. = Gobert. B. 3153. = Henri. H. 1324. = Jacques. B. 3425. = curé d'Anguilcourt. B. 1315, 2466. = meunier. E. 389. = Jean. B. 2788. — E. 583. = laboureur. B. 2950. = notaire. B. 2940. = tonnelier. B. 2955. = Jean-Claude, sous-brigadier des fermes du roi. B. 1303. = Jean-François. B. 2825. = Jean-Louis. B.

392. = charron. B. 4108. = Jeanne. B. 694. = Louis, papetier. E. 607. = Nicolas. B. 3287. = Noël. B. 732. = maire de Beautor. B. 1033. = Philippe, clerc laïque. B. 2960. = Pierre. B. 528, 3177. — E. 465. = compagnon papetier. B. 985. = laboureur. B. 2955.

CHARLIN, Charles. B. 4101.

CHARLOT, Jean-Baptiste, meunier. B. 3404. = Nicolas. E. 403. = Pierre, boucher. E. 456.

CHARLY (de), Gui, Hugues et Jean. H. 1508.

CHARMES (capitaine de). B. 716.

CHARMOLUE, Alexis. H. 1141. = Charles, capitaine des gabelles. B. 809. = Claude. B. 1107. = Henri, chanoine, prieur de St-Lambert. B. 666. = Jacques, greffier de maîtrise. B. 3765. = Louis, lieutenant général au bailliage de Noyon. E. 204.

CHARMOLUE (de), François, capitaine. B. 1008. = Jean. B. 237.

CHARMOLUE DE LA GARDE, Jean-François, seigneur de Laniscourt. B. 2482.

CHARMONT, ingénieur. C. 758.

CHARNY (de), chanoine d'Auxerre, chapelain. G. 123. = Isidore-Marie. B. 1394.

CHABOLAIS (comte de). E. 606.

CHARON. B. 1431. = Adrien, garde-bois. B. 2962. = François. B. 2772. = Guillaume. H. 809. = Jeanne, servante. B. 2974.

CHAROST (duc de). C. 527, 1051. — D. 16. (Voyez Béthune).

CHAROYER, Henri, bénédictin. B. 3291.

CHARPENTIER. B. 429, 2564, 2741, 3242, 3340. — C. 642. — E. 389. = avocat jurisconsulte. C. 190, 193, 194, 366, 949, 991. = employé des fermes. C. 1042. = entrepreneur général des vivres du roi. B. 2163. = Adrien. B. 1821, 2923. = Alexandre, jardinier. B. 3388. = Alexandre-Charles (de). E. 105. = Anne, veuve Sage. B. 1246. = Anne-Louis-Alexandre, capitaine d'infanterie. E. 105, 255. = Annette. B. 3609. = Antoine. E. 529. = procureur. E. 534. = vigneron. H. 489. = Antoinette. B. 1782. = Artus-Augustin, seigneur d'Augy. E. 149. = Benoîte. B. 449. = Bonaventure. H. 1712. = Charles. B. 3241. — E. 627. = curé de St-Christophe à Berry. B. 3392, 3417. = Claire. B. 3407. = Claude. E. 530, 536. — H. 863, 995, 1712. = garde-étalon. C. 268. = Étienne. H. 1363. = François. B. 3405. — H. 759. = François-Philbert. B. 2888. = Françoise. B. 4116. = Gabriel. H. 1248. = Gervais. H. 1255, 1382. = Henriette-Geneviève, femme de Proisy. E. 292. = Herbin. H. 222. = Hubert. H. 809. = tisserand. E. 604. = Innocent. E. 452. = Ivon. E. 331. = Jacques. B. 2715. = vigneron. E. 334. = Jean. B. 162, 703, 803, 4114. — E. 474, 627. — H. 1284, 1304. = greffier de justice. H. 1006. = vigneron. B. 2711, 4113. = Jeanne, femme Vieillart. B. 2703. = veuve Bouré. E. 535. = veuve Lemoyne. E. 538. = Laurent, laboureur. B. 1380. = Louis. B. 2892. = Louis-Alexandre, capitaine. B. 2653. — C. 258. =

Louise, femme Boussin. E. 537. = femme Deneufville. B. 3178. = Louise-Thérèse, femme de Massary. B. 852. = Marguerite. B. 884, 3938. = veuve Arondelle et Leroy. E. 497. = Marguerite-Angélique, femme Begny. B. 2634. = Marie. B. 2707. = femme Langlet. B. 602. = veuve Desboves. B. 2717. = Marie-Anne, femme Laporte. B. 3165. = veuve Dherbe. B. 2716. = Martial, tailleur de robes. B. 3111. = Michel. E. 620. = Michel-François. B. 3409. = Nicolas. B. 2783, 3193. — E. 404, 539. — H. 1075, 1280, 1619. = tonnelier. B. 2629, 2634. = Noël, maréchal ferrant. B. 809. = Philippe. B. 1023. — H. 909. = fermier. B. 1156. = Pierre. B. 760, 3161. — E. 492. — H. 1363. = meunier. B. 1297. = mulquinier. B. 2014. = Richard. H. 914. = Samson. B. 2715. — H. 1307. = Sébastien. H. 1017. = Thomas. E. 470, 625.

CHARPENTIER D'AUDRON, Georges-Paul. E. 106. = Henri-Bonaventure-Augustin. E. 152.

CHARRÉ, Jeanne, veuve Marquette. H. 499. = Pierre, receveur des décimes. H. 489.

CHARRÉ DU MARTOIS, Louis, major du régiment d'Artois. G. 484.

CHARRIER, Avit. H. 1774.

CHARRIÈRE, Joseph, boulanger. B. 368.

CHARTIER. E. 387.

CHARTIER, Jean. E. 363, 365. = Louis. B. 4041.

CHARTON, Remy. E. 495.

CHARTRÉ DE MOUSSO. B. 2635. — C. 423. = Bénigne, maître d'hôtel de l'évêque de Laon. B. 2864.

CHARTRES (comte de), Jean. H. 1508. = (Voyez Montmirail, Valois.)

CHARVET. Jacques, sergent royal. B. 2928.

CHASELLES (Pierre de). H. 477.

CHASSÉE, Marie-Catherine. B. 355.

CHASSEMY (Aubert de). H. 455.

CHASTEAUNEUF. B. 1915.

CHASTEAUNEUF DE ROCHEBONNE (Charles-François de), évêque de Noyon. G. 1684.

CHASTEL (du). Gérard et Giles. H. 455.

CHASTELAIN. B. 1944, 3242. = chanoine. C. 123. = ingénieur. B. 2420. = Abraham. B. 2768. = Charles-Bernard, commis-greffier. B. 3279. = Claude, couvreur en tuiles. E. 498. = laboureur. E. 419. = Étienne. E. 435. = François. E. 187. = Isaac. B. 2768. = Jacques. H. 1333. = Jean. B. 2588, 2768. — H. 1194. = laboureur. E. 457. = Jeanne. B. 3051. = Louis. B. 3364. — E. 639. = Louis-Antoine, avocat. B. 2540. = gruyer. B. 3864. = Marguerite, femme Chapperon. E. 435. = Marie, femme Levasseur. B. 2895. = veuve Véron. E. 419. = Nicolas. B. 3111. — H. 816. = vigneron. E. 437. = Philippe, maître maçon. E. 204. = Pierre. B. 1408, 2898. — H. 1193. = Servais. E. 639.

CHASTELLAIN, Daniel. H. 827. = Guillaume. H. 1440.

CHASTELLET (du), Claude. E. 409.

CHASTENET (sieur de). B. 2380. = Jacques (de), seigneur de Puységur. E. 608.

CHASTILLON. B. 968. = Alexis-Henri B. 1350.

CHASTILLON (de), général d'armée, E. 342.

CHASTONS, Urbain, chirurgien. B. 2999.

CHASTRIER, Adrien, juré crieur. B. 3039.

CHASTRIET, Félix. B. 3051. = Marie. B. 3063.

CHATEAUNEUF (de). B. 664. — C. 773. = marquis, abbé de St-Jean de Laon. B. 3256.

CHATEAU-PORCIEN (de). Agnès. H. 1508. = Geoffroy, seigneur. H. 965. = Raoul, seigneur. H. 1508. (Voyez Gui.)

CHATEAUVILAIN (madame de). B. 3438.

CHATELAIN, bailli de Joigny. B. 3148. = Alexandre. B. 501. = Antoine. B. 3285, 3407. = Charles-Bernard. B. 3198. = prévôt d'Hirson. B. 1922, 2546. = Claude. B. 2705. = François. B. 2906. = Jean. B. 376 — H. 1105. = laboureur. B. 1657. = Joseph. B. 375. = Louis-Antoine, bailli. B. 3189. = Nicolas. H. 873. = Pierre. H. 189. = Théodore, aubergiste. B. 1148.

CHATELAINS, Lambert. H. 1179.

CHATILLON. B. 1350, 3372. = chanoine. B. 2799. = Jean-Charles B. 3093.

— (de), madame. H. 1508. = Claude, intendant général des fortifications de Champagne et de Picardie. B. 1362. = Élisabeth, abbesse de Notre-Dame de Soissons. H. 1508. = Gabriel. E. 410. = Gaucher. G. 84. = seigneur de St-Aignan. G. 2. — H. 477. = connétable de Champagne. G. 2, 11. = Gautier. H. 1811. = Gui. H. 628, 872. = comte de Blois, sire de Guise. B. 7. — H. 624. = Hugues. G. 2, 62, 83. — H. 477, 628 = vidame de Châlons, seigneur de Bazoches. G. 253. = Isabelle, abbesse de Notre-Dame de Soissons. H. 1508. = Jean, comte de Blois, sire de Guise et d'Avesnes. H. 253, 1116. = seigneur de Dury. H. 1508. = vidame de Châlons, seigneur de Bazoches. G. 253. = Jeanne de, abbesse de Notre-Dame de Soissons. H. 1508. = Louis, comte de Blois et de Soissons. H. 455 et sire d'Avesnes. H. 1508. = Marie, dame de Rozoy-en-Thiérache. G. 84. = femme de Craon. G. 84.

CHATILLON-JALIGNY. (Voyez Guillaume.)

CHAUCIES, Perrecard. H. 275.

CHAUDEAU, Jacques, voiturier. B. 2148.

CHAUDELET, Antoine, architecte. B. 1641.

CHAUDELIER, Nicole. E. 61.

CHAUDERON, Adam. H. 904.

CHAUDET, Jean. H. 871. = Nicolas, laboureur. E. 151.

CHAUDRILLER, Louis. E. 363.

CHAUDRILLIER, Michel. H. 1014.

CHAUDRON. B. 2625, 2627, 2706. = André. B. 2614. =

Marie. B. 4003. = Michel, passementier-boutonnier. E. 440. = Sébastien. B. 2704. = Thomas. B. 2704.

CHAUDUN (de). Crépin. H. 1206. = Guillaume. H. 692. = Jean, charpentier. H. 1508. = Marguerite, femme Langlois. H. 1208. = Soyer. H. 1209.

— Jean, tabellion. H. 986.

CHAUDUON, Jean. H. 1321.

CHAUFFOUR (famille). B. 515.

CHAUFOUREAU, Louise, femme Vuallet. B. 1969. = Pierre. B. 511, 542. = maire de Gercy. B. 510. = Simon, limonadier. B. 936.

CHAUFOUREAUX. B. 3197.

CHAULÉ (Jean de), seigneur de Pancy. H. 155.

CHAULMONT, Jean. B. 1059.

CHAULNES (de). B. 1223. = comte. E. 36, et gouverneur de Chauny. B. 1359, 1441. = duc et duchesse. B. 1832. (Voyez Albert.)

CHAUM (Riche de). H. 753.

CHAUMASSE, Claude-Joseph, soldat. C. 351.

CHAUMONT. B. 2732. = Charlotte. B. 823. = Grégoire. B. 900. = Jean. B. 823. = serrurier. B. 891. = Martin. B. 1606. = Suzanne, femme Détal. B. 820.

CHAUMONT de la Galaizière. C. 801.

CHAUSSETIER, Pierre, pâtissier. G. 1378.

CHAUVEAU, Antoine. H. 903. = Barbe. B. 2790 = Claude. E. 491. = procureur. E. 559. = Fidel-Amable. E. 133. = François. E. 505. = Isaac, notaire. E. 440. = Jacques. E. 623. = Jean. B. 3181. — H. 827. = Louis. G. 472, 474. = avocat. B. 2650, 2864. = Marie B. 2790. = Nicaise, lieutenant du prévôt de Laon. H. 903.

CHAUVELIN, Jacques-Bernard, intendant d'Amiens. B. 410, 3983, 3984. — C. 757, 763, 770.

CHAUVENET (de), Alexandre, seigneur de Lesdins. B. 2898, 2900, 3594. = Antoine-Alexandre, seigneur de Lesdins. B. 380, 3594. = Charles-François, seigneur de Parpeville. C. 1051. = Charles-Joseph, seigneur de Bellenglise. B. 2928. = Charles-Pierre. B. 2913. = Charles-Pierre-François, seigneur de Partenay et de Parpeville. B. 2916. = Georges, seigneur de Bellenglise. B. 2898, 2899, 2926.

— Antoinette-Agathe. B. 2910. = Élisabeth. B. 2910. = Louis. B. 2899. = Marie-Marguerite-Catherine. B. 2910, 2913. = Milan, capitaine. B. 2897. = Pierre-François, chevau-léger. B. 2928.

CHAUVENET DE BELLENGLISE, Marie-Marguerite-Catherine. B. 2913.

CHAUVENET DE CAUVIGNY, Antoine-Alexandre, seigneur de Lesdins, Essigny-le-Petit. B. 2909, 2910.

CHAUVENET DE LESDINS, Antoine-Philippe, capitaine d'infanterie. B. 372, 2910.

CHAUVET, Charles. H. 1320. = Jean. H. 1316. = Louis. B. 2557.

CHAUVIGNY (de), surintendant. B. 3440.

CHAUVIN, Jean, chanoine de St-Quentin. G. 814.

CHAUVVN, Joseph, lieutenant de gruerie. B. 688.

CHAVAILLE (Gérard de). H. 63.

CHAVENON, Nicolas. B. 2021.

CHAVIGNON (de), mousquetaire. C. 677.

CHAVIGNY (Simon de). H. 753.

CHAVIN, Jean-Jacques. E. 289.

CHAVONNEL. Étienne. H. 1200.

CHAVRAY. C. 811.

CHAZELLES (Moïse de), seigneur de la Chapelle. B. 4124.

CHEBAULT, receveur des traites. E. 469. = Suzanne, religieuse congréganiste. H. 1701.

CHEBAUT. B. 2287. =Abraham.G. 1629.=Maurice. B. 2164.

CHEDAILLE, Antoine. B. 2935. = Martin. E. 572, 579, 586. = Nicole, veuve Marcotte. B. 632.

CHEDEAU, Jeanne. E. 1.

CHÉDEVILLE, Claude. E. 497. = Jeanne, veuve Fresneaux. G. 915. = Simonne, femme Beauvisage. E. 497.

CHEFDEVILLE, Guillaume. E. 472.

CHEFDHOSTEL, Pierre. B. 3017.

CHELLE (madame de). B. 3446.

CHELLES (de), Agathe ; Hugues, chevalier ; Jacob ; Flandrine, femme de Colart de Vaurezis ; Marie, veuve Hervée ; Philippe ; Pierre, chevalier ; Robert, damoiseau. G. 253.

CHEMAUT, Jean. H. 535.

CHEMILLY (de). C. 634.

CHEMIN, François, sabotier. B. 2653.

CHEMINBAULT (dame de). H. 1323.

CHEMINET, Louis. G. 981.

CHEMINON, Laurent. H. 894.

CHEMOYS, Adam. G. 95.

CHENEAU, Marie, femme Devigny. B. 2399.

CHENEVAL. B. 2794. = Georges, sergent. B. 1669.

CHENEVAS, Marie-Antoinette, veuve De Launy. B. 2247.

CHENILLE, Richard. H. 1055.

CHENNEVAS, Jean. B. 2281. = curé de Chigny. B. 2005. = Laurent. B. 2080, 2279. =Louis. B. 2083. 2280. = Marie. B. 433. = Philippe. B. 2276. = Pierre. B. 1951, 1961. = avocat. B. 2085.

CHENNEVAT, Adrien. B. 876.

CHENNEVIÈRE. C. 360.

CHENU, Antoine. H. 1071. = lieutenant des maîtres joueurs d'instruments. B. 1330. = Eustache. H. 783.= Louis, dit Daubigny, chirurgien. B. 2944, 3844.

CHÉRAULT, Pierre, seigneur de la Villette, garde du corps de la reine régente. E. 426.

CHEREQUEL (Robert de). H. 1623.

CHERET (Achard de). H. 872.

CHÉRIER, Marie, femme Ponthy. B. 873.

CHÉRISI, Robert. H. 1508.

CHERISY (Gérard de). G. 253.

CHERMIZY (Gui de). H. 213.

CHÉRON, notaire. E. 289. = prieur de la Chartreuse de Bourg-Fontaine. C. 677. = Ambroise. H. 1066, 1412. = Antoine. B. 3010 = Charles, maire des Creuttes de Mons-en-Laonnois. B. 3111. = Claude. E. 12. = greffier des consuls à Soissons. H. 509. = Denis et François. H. 1013. = Jean. E. 416. = notaire. E. 421. = pêcheur. H. 1063. = Nicolas. B. 3068. — H. 1301. = notaire et procureur. B. 3044. = Pierre. B. 3067. — E. 442.

CHÉRON (François de), gendarme de la reine. B. 2899.

CHÉRONNET, Eustache-Nicolas, notaire. B. 4438.

CHERPIN, Adrienne, femme Noël. E. 391. = François. E. 358. = Henri. E. 62. = Jacques. E. 358. = Louis, laboureur. E. 352. = Marie-Anne, femme Duran. E. 390. = Regnault. E. 348, 351. = Remi. E. 386.

CHERRI (Bauduin de). H. 425.

CHERRHON. E. 626.

CHERY, Angélique. B. 2381. = Charles. H. 807. =Suzanne. B. 2105.

— (de) Baudouin. H. 1623. = Gautier. H. 152. = Gilles. H. 189. = Hugues. H. 1623. = Nicolas. E. 460. = Odard, chevalier. H. 1623. = Robert. H. 904. = Wirchard. H. 1623.

CHESNE, Nicolas. B. 580.

CHESNEBENOIST, Jean, chapelier. B. 3042.

CHETIVEAU, Philippe, curé de Camelin. B. 1509, 1675. = Raouland. E. 625. = Sébastien. H 1286.

CHEVAL, Jacques. B. 1263. — Jean. B. 1141. = Nicolas. B. 908. = Philippe. B. 765, 822, 871.

CHEVALET, François. E. 401. = Marie-Jeanne, femme Monténecourt. G. 1732.

CHEVALIER. B. 2288, 2565. — G. 2. = curé d'Iron. B. 430. = Agnès. H. 1508. = Alexandre-Bonaventure, baron de Nédonchel, mestre de camp de cavalerie, lieutenant de gendarmerie. B. 2261. = Alexis. B. 2593, 3128. = Antoine. B. 3403. — berger. B. 135. = Catherine. H. 1508. = Claude. B. 2181, 2370. = François. C. 656. = Gilles. G. 17. = Jacques. B. 452, 2370. = Jean. B. 3124. — E. 621. = buraliste. B. 3305. = commis buraliste. B. 3050. = Jean-Médard, notaire et procureur. B. 15, 2119, 2461. = Jean-Pierre. H. 1014. = Jean-Simon, seigneur de Nouvion-le-Comte, lieutenant-général gouverneur de Ste-Menehould. B. 840. = Jeanne. B. 2321. = Joseph, laboureur. B. 2612. =Louis. B. 2005. = Madeleine. E. 4039. = Marguerite-Agnès, femme Ferté. H. 1018. = Marie-Françoise. B. 2390. = Marie-Marguerite, marquise de St-Jal, dame de Sissonne. G 105. = Marie-Thérèse-Élisabeth, religieuse congréganiste. H. 1701. = Mathieu. E. 348. = Nicolas. B. 2573. — H. 884. = avocat. B. 1344. = laboureur. E. 576. = seigneur de Châtillon et de Vesle, prévôt de la cité de Laon. B. 2875. — E. 108. — G. 468. =Pierre. B. 1355. = meunier. B. 3393. = seigneur de Buzerolles. B. 2645. = Pierre-Nicolas Annibal, E. 108. = Vincent, procureur. C. 325.

H. 1563. = Nicolas-François, chirurgien. B. 1921. = Pierre. B. 973. = cabaretier. B. 2704. = marchand de bois. B. 911, 1125.

CHOPINE, capitaine. B. 715.

CHOPPART, Jean. B. 1811.

CHOPPIN, Brice. B. 702. = Claude. B. 992, 1241. = François. B. 774. = Jacques. B. 3617. = Michel. E. 624. = Pierre. B. 708, 774, 3620.

CHOQUART, marchand de draps. C. 697. = Marie-Madeleine. B 3447.

CHOQUENET, Benoît, fermier. B. 1497. = Marie, veuve Debeaurain. B. 3911.

CHOQUET, Blaise. H. 1309.

CHORON, Alexandre. H. 1083, 1370. = Étienne-Nicolas et Jean-Claude, gardes-forestiers. B. 3749.

CHOTIN, Charles. H. 786.

CHOTTIN, Nicaise. B. 754.

CHOUAN, Silvain. B. 4036.

CHOUART, Antoine. B. 3082.

CHOULETTE. B. 2489.

CHOULOT, Jean. E. 455.

CHOURY, Étienne, piqueur. B. 1901.

CHOUY, Albéric et Guillaume (de). G. 253.

CHOVEAU, Jean, laboureur. B. 2869.

CHOVEAUX, Pierre. H. 1009.

CHOY (de), Henri, Perrot, homme de corps. H. 1508.

CHRESTIEN, Antoine. B. 1827, 2764. — H. 703. = Charles. H. 1276. = Jacques, vannier. H. 1065. = Jean. H. 1104. = Marie-Anne. B. 3097. = Nicolas. B. 955. = Noé, laboureur. B. 2949.

CHRESTIENNOT, François, garde-forestier. B. 3750.

CHRÉTIEN. H. 1002. = Albert. H. 1370. = Antoine. B. 3289. —C. 270. =Antoinette, veuve Chastelain, fermière. B. 3287. = Innocent. B. 1165. = Léger. E. 27, 155. = Louis, laboureur. B. 2822. = Pierre. H. 1370.

CHRÉTIEN DE COULOIZY (Louis de). B. 3416.

CHRISTIN, Marie. B. 3949.

CHRISTOPHE, dit Nancy. B. 946.

CHRISTOT (Louis-François-Noël de), évêque de Séez, abbé d'Essomes. H. 1325.

CILLIET, Jean, capitaine d'artillerie. B. 3097.

CILLY (de), Clarambaud. H. 275. = Raoul, chanoine de Soissons. G. 253.

CIMENT, Anne, femme Genteur. E. 605.

CINCENT, Antoine. B. 477, 483.

CINQ, Augustin, laboureur. B. 1754.

CIRY, Nicolas. B. 2975.

— (de), Philippe. H. 1246. = Yde. H. 1016.

CLABAUX, Nicolas, charretier. B. 3028.

CLACY (de), Baudouin, vidame du Laonnois. H. 269, 314, 407. = G. vidame du Laonnois. H. 250. = Gérard, vidame du Laonnois. G. 1, 2, 50. = Gobert, vidame du Laonnois. G. 2. — H. 214.

CLADES, Nicole, femme Roger. B. 534.

CLAIN. B. 2287. = Jacques. B. 2293. = Marguerite. B. 2440.

CLAIRE. B. 2732. = Marie, fileuse. B. 4051.

CLAIRIS, François. B. 380.

CLAIRON, étudiant en droit. C. 657.

CLAIROT, Jean. B. 3618.

CLAIRFEVILLE, veuve Davis, femme Maisières. B. 2596.

CLAMANGES (Jeanne de), femme Froment. H. 1298.

CLAMECY (de), Jean, seigneur de Prouvais. G. 528. = Richer. H. 477.

CLAQUEBECQ, Charles. B. 2328.

CLARA, Marie-Madeleine, servante. B. 2419.

CLAREMBAUD. H. 155. = bénédictin. H. 408. —chapelain. H. 871.

CLAREMBAULT, Mahieu. H. 1435. = Sébastienne. B. 895.

CLAREMBAUT, Gille. H. 1188. = Jean. B. 2414. = Louis. B. 2404, 2424.

CLARET, Guillaume, portier tourier. E. 659. = Jean. E. 233.

CLARIS, curé d'Étréaupont et Gergny. C. 940. = Antoine. B. 2233. = laboureur. B. 2004.

CLARJEMONT (Jean de), contrôleur des exploits et des dépens. B. 1087.

CLAROT, Antoine, chanoine. B. 883.

CLASSE, Étienne, laboureur. B. 4004. = Guillaume. B. 2926.

CLASTRES (de), Adam, Gilon et Jean H. 219.

CLAUDE, Arnould et Reinier. H. 230.

CLAUDIER, Claude. B. 2704.

CLAUET, Antoine. B. 2697. = Benjamin, notaire. E. 334. = Claude. H. 1340. = Étienne. B. 4121. = Jean. H. 829. = Louis, laboureur. B. 1240. = Marguerite, femme Cordelette. B. 4121. = Marie, veuve Fortin. B. 2692. = Salomon, notaire. E. 333, 335. — H. 746, 767.

CLAUONS, Nicolas. B. 3856.

CLAUSIER, Jeanne, femme Brunet. B. 4023.

CLAUSSE, Nicolas, seigneur de Fleury, grand maître enquêteur et réformateur des eaux et forêts. B. 3459.

CLAUSTREAU, Pierre. E. 51.

CLAUSTREAUX, Jacques. E. 348.

CLAUSTRELLE (Pierre de). H. 68.

CLAVEAU, Charles. B. 2195.

CLAVET, Louis-Henri. B. 1736.

CLAVON, Charles, aubergiste. B. 2303.

CLÉMENCE, femme d'Hugues de Pierrepont. H. 1046. = femme Leclerc. H. 140. = femme de Philippe de Noyon, G. 2 = mère d'Alain de Neuville. H. 280.

CLÉMENT, archidiacre de Laon. G. 2, 14, 99.

CLÉMENT, pape. H. 534. = III. H. 455, 534 = VII. C. 1036. — G. 6, 128, 200.—H. 305. = IX et X. H. 1697. = XI. H. 1697, 1700. = XII. H. 1697. = XIII. B. 1108. = XIV. B. 4.

— Famille. B. 1928. = Antoine. B. 1978, 2079. = avocat. B. 1938, 1989, 2012, 2225, 2272, 2383,

2384. = Charles, curé de Lavaqueresse. B. 406. = laboureur. E. 332. =Christophe. B. 1402, 1439. = François. B. 3815. = Jacques. E. 60. = bailli de Beaulieu et député de Châlons. F. 9. = Jean. B. 2655. = curé de Montreux. E. 524. = tailleur d'habits. B. 1548. = Jeanne. B. 2588. = Madeleine. B. 1983. = Marguerite. B. 3147. = Pasquette, veuve Legros. B. 2078. = Philippe, sergent royal. B. 700. = Pierre. B. 1961, 2770.

CLÉMENT DE BARVILLE, procureur général de la Cour des aides. C. 84.

CLÉMENT DE LA ROUILLIE, Marie-Jeanne, femme de Lange. B. 131. = Pierre, capitaine inspecteur militaire, seigneur de la Rouillie, Nouvion-le-Vineux et Laval. B. 1997, 4112. — G. 63.

CLERC, Nicolas, chapelain, G. 253. = Pierre. H. 136.

CLÉREMBAUD. H. 202.

CLÉREMBAUT. G. 39. = Pierre. H. 1224.

CLÉRET, directeur et inspecteur de navigation. B. 3744.

CLÉRIDY, Noël-Jacques. B. 2509.

CLÉRIN, Antoine. H. 1210.

CLERMONT, piqueur des ponts et chaussées. C. 434.

— (de), François, évêque de Noyon, abbé de St-Martin. H. 969. = Jean, vicomte d'Aunai, capitaine d'Ambleny, G. 253.=Louis, évêque de Laon. B. 1096. 1180. — G. 470, 592, 600. — H. 1698. = Raoul, seigneur de Nesles. H. 455. = Simon, seigneur de Nesles. G. 2. — H. 1508.

CLERMONT D'AMBOISE, Jean-Baptiste-Charles (marquis de), maréchal de camp, ambassadeur. B. 2987.

CLERMONT TONNERRE (de), maréchal. C. 397. = Gaspard (marquis de), gouverneur de Belfort. B. 3515.

CLÉROT, Antoine, sabotier. B. 906.

CLERSON, Guillemette. B. 2995.

CLÉRY (de), François, chef de brigade d'artillerie. C. 382. = Michelle, femme de Lameth. E. 472.

— Marie-Anne. B. 3399.

CLESSON, Robert. E 426.

CLÈYES DE CERNY (de), chanoine de Laon. B. 2827.

CLICHE, Étienne. B. 3942. = Françoise. B. 2003. = Isaac, chirurgien. B. 4139.

CLICHET, Marie-Josèphe. C. 748.

CLICQUET, Charlotte. B. 1766. = Claude. E. 77. = Jean. B. 1517.

CLIGNON (Jean de). H. 1240.

CLIN. C. 345. = Antoine. H. 858. = maire de Froidestrées. B. 3122. = François. H. 858. = Jacques. B. 2116. = Jean. B. 90. = Pierre. H. 858.

CLINVILLIERS (marquis de). B. 1448.

CLIQUE, Catherine. B. 4021.

CLIQUOT, Thomas, prieur de Saint-Lambert. B. 752.

CLISSE. Charles, mulquinier. B. 397.

CLOCQUET, André, sous-chantre de Reims. H. 1696. = Marie-Élisabeth, femme de Langlois. B. 1358.

CLOET, Antoine, capitaine d'infanterie de marine. B. 847.

CLOITRE (du), Alard. H. 182. = Raoul. H. 825.

CLOQUANT, Jeanne, veuve Solon. E. 501.

CLOT, Nicolas. B. 2000.

CLOTAIRE, roi. H. 1508.

CLOTTE, François, charron. B. 353.

CLOUET, abbé. B. 1309. — C. 698. = Amable-Louis, chanoine. E. 82. = André, chirurgien. B. 2769. = Charles. B. 1517. = garde d'artillerie. B. 763. = Claude et Daniel. B. 3357. = Félix-Amable, fourrier de la fauconnerie royale. C. 1041. = Jacques, laboureur. B. 781. = Jean, maître flotteur. B. 1009, 1077. = Louis, avocat. B. 2810. = Madeleine. B. 4007. = Marie-Rose. B. 941. = Marie-Véronique. B. 3964. = Noël, laboureur. B. 1351. = Simon. H. 775.

CLOZEL (du). B. 1667. = seigneur de Voisin, maire de Camelin. B. 1367. = Antoinette. E. 206. = César, seigneur de Variscourt. B. 1425. = Charles, seigneur de Crépigny. B. 1387. = seigneur de Voisin. B. 1475, 1612, 1667. — E. 610. = Jacques. E. 21. = Marie, femme de Pastoureau. B. 1389. = Méry. B. 1667. = Michelle. B. 887. = Robert. H. 177. = Roland. B. 1667. = seigneur du Plessis. B. 1673. = Suzanne, femme de Scévola. B. 1339.

CLOZET (du), César, vicomte de Chevregny. G. 91.

CLOZIER, Nicolas. B. 3249. = Pierre. E. 183.

CLUGNY (de). C. 706, 717. = Antoine, B. 2894. = Michel. B. 2894.

COBREVILLE (de), Antoine, seigneur d'Annois. B. 1502, 1510. = Isaac, seigneur d'Annois. B. 1467, 1655. = Jean, seigneur d'Annois. B. 1619, 1696. = Jean-Isaac, seigneur d'Annois. B. 1356, 2899. = Jean-Jacques, seigneur d'Annois. B. 1352, 1706, 1707, 1709, 1729, 2897, 2899. = Louise. B. 1467, 1636. = Marie-Louise. B. 1364, 1655. = Roland, seigneur de Benay. B. 2931. = Suzanne, femme de Monjot. B. 2893, 2931.

COCAULT, Jean-Denis, garde-forestier. B. 3748.

COCHART, Antoine. B. 1496.

COCHÉ, Anne. B. 4117.

COCHEFER. B. 519, 523, 524. = Jean. B. 1239.

COCHEFERT. B. 2990. = Claude. B. 1279. = Jean. B. 572.= Jérôme. G. 556. = Remi. B. 2381. = Hubert. B. 557.

COCHER, Herbert. H. 952.

COCHERET DE JARLIÈRE, Pierre. B. 2454.

COCHET, femme. B. 2386. = André. H. 1334. = Anne. B. 487. = Antoine. B. 2420. = Claude. B. 4127. — E. 594. = Florence, femme Tayon. B. 1338. = Geoffroi. B. 470. = Gillebin. H. 1249. = Jacques. B. 480. = Jean. B. 454, 470, 1668. — G. 253. = fermier. B. 1472. = Léon. B. 918. = Marie. B. 2161. =Nicolas. B. 722. = Pierre. B. 1590, 1767. = berger. B. 494. = dit la Fleur, grenadier. B. 119. = Robert. B. 1682. =

Simon. B. 2193. = Suzanne, femme Carlier. B. 3944.

COCHINART, Nicolas. E. 374, 399. = Philippe. E. 50, 359, 398. = Pierre, notaire. B. 1921. = Simon. B. 2530.

COCHON. B. 2662, 2676, 2720, 2740, 3851. = Anne. B. 829, 920. = Charles. H. 870. = maître brodeur. B. 1023. = François. B. 829. = Gabriel. H. 870. = Jacques B. 706. = Jeanne, femme Mosnier. B. 1128. = Marie. B. 4091. = Pierre. B. 2552, 2589.— H. 870. = curé de Plomion. B. 2967. = Raoul. B. 704, 1023.

Coco, Guillaume, chapelain hospitalier de Laon . H. 84.

Cocqu, Claude. H. 1382.

COCQUART, Christophe, chapelain. B. 2891. = Jacques. B. 454. = Jean-Augustin. B. 941.

COCQUEBERT, Antoine, charron. B. 588. = Charles. B. 1425. = Jean. H. 869. = Jean-François. H. 923. = Jérôme. B. 512, 2006, 2402. = Marie-Jeanne, veuve Gosset. B. 2119. = Nicolas. H. 923. = Pierre. H. 869. = Simon, berger. B. 2813.

COCQUELET, Antoinette, veuve Legras. E. 517. = Marie-Louise (de). B. 1954.

COCQUELIN, Pierre, brasseur et tonnelier. B. 4100.

COCQUENET, Jean. H. 1101. = Jeanne, veuve Duterque. B. 1772. = Remy. H. 1101. = Thomas, laboureur. B. 495.

COCQUET, François. H. 859. = Louis. B. 1833.

COCQUISART, Antoinette. B. 2815.

Cocu, Antoine, berger. B. 449, 455. = François. B. 3751. = Jean, laboureur. E. 390. = Louis. H. 1145.

CODRNE, Jean. H. 1508.

COESWAREM-LOOZ, Emmanuel-Marie-Louis-Ferdinand, (comte de). B. 3198, 3355 — C. 1048.|

COET (famille). B. 536.

CŒUR DE ROY, inspecteur et conservateur des bois. B. 3560. = demoiselle. B. 914. = Charles. B. 847, 927, 1826, 1845, 1850. = curé d'Amigny-Rouy. B. 780. = Christophe. B. 1075, 1166, 1180, 3565, 3580. = Claude, commis greffier. B. 666. = François, garde des archives du bailliage de La Fère. B. 800. = inspecteur des eaux et forêts. B. 848. = Françoise. B. 927. = Jacques, commissaire-réformateur des eaux et forêts. B. 3488.= lieutenant-général au bailliage de Coucy. B. 1581 — E. 207 — F. 10. = officier de maîtrise de Coucy. B. 3485. = Louis-Joseph. B. 851. = Marie, femme Maugin. B. 859. = Marie-Anne, femme de Paroillet. B. 843. = Montain, capitaine. B. 1014.

CŒUVRES (marquis de), gouverneur de l'île de France et de Laon. B. 1431 — F. 4. = Jean (de). H. 1508.

COFFIGNON. B. 3190.

COFFIN. B. 812. = Antoine. B. 686. = Claude. B. 685, 856. = Jeanne, femme Beaufort. G. 1378. = Lambert, receveur des tailles. B. 2118. = Marie B. 2322. = Nicolas. B. 854.

COGNEAUX, Claude, tisserand. B. 2957.

COGNIART, Henri. H. 1024.

COHARTILLE, Waltier (de). H. 1598.

COHAULT, Madeleine, veuve Vuateau. B. 541.

COIART, Antoine. B. 1083.

COIER, Jean. B. 1237.

COIFFIGNON, Noël, marchand de bois. B. 452.

COIGNART, Nicolas, cordonnier. B. 890.

COIGNET, Denis, curé de Saint-Roch, abbé de Fesmy. B. 215, 466, 2008, 2382, 2393. = Marie (de), femme Duglas. E. 407. = Mathieu, seigneur de Serain et Élincourt. B. 3448. = seigneur de la Tuilerie, maître d'hôtel du roi. B. 3456.

COIGNY (de), chevalier. C. 372. 630 = (comte). B. 2097 = (duc). B. 3321, 3873 — D. 17. — E. 178, 179, 183, 184, 188. = (marquis). B. 3322 — C. 401. (Voyez Franquetot).

COINCY (Jacques de). H. 1052.

COINT. B. 442, 2738.

COINTE, Élisabeth, femme Cointe. B. 2951. = Jean. B. 2945. = Jeanne. B. 459. = Marie, femme Bourguignon. B. 2959. = Nicolas, laboureur. B. 2945, 2951. = Robert, laboureur. B. 2956.

COINTEMENT. E. 367. = Nicolas, brigadier des gabelles. B. 931.

COINTOY, Antoine. B. 1174. = Antoinette, femme Dunay. B. 870.

COINTRE, Jean. B. 382.

COKIAUS, Adam. H. 800.

COKUS, Brochard. H. 6.

COLARD. H. 1310. = Charles. B. 4043. = Husson. B. 673.

COLART, fils du châtelain de Chooilly. G. 56. = prévôt de Soupir. H. 826. = Nicolas. B. 2282. = Quentin, maire d'Origny-Sainte-Benoîte. B. 457.

COLAS, Barnabé. B. 922. = Jacques-François, maire de Renneval. C. 85. = greffier de maîtrise. B. 3600. = Marie-Anne. B. 2527. = Nicolas-Louis. B. 788.

COLASSE, Florent, musicien. B. 2829.

COLAYE. H. 455.

COLBAU, Marie-Louise, femme Bazin. B. 2929.

COLBAUT, Jean, laboureur. B. 628. = Madeleine. H. 1350.

COLBAUX, Sébastien, fermier. B. 501.

COLBERT, Élisabeth, veuve Dorigny. B. 207. = Étienne-Édouard, doyen et vicaire général d'Orléans, abbé de St-Michel. H. 336. = Gabriel, apothicaire. B. 2153. = maître chirurgien. B. 2370. = Jean, apothicaire. B. 2315. = Jean-Baptiste, conseiller d'État, intendant général du cardinal de Mazarin. B. 745, 748, 3543, 3564. = contrôleur général des finances. B. 2531, 3884. = Michel, abbé de Prémontré. B. 840. — H. 738. = Nicolas, chanoine de Guise. B. 2112. = Pierre, maire de Bohain. B. 2095.

COLETTE. H. 24.

COLFAUT, Abraham, curé de Brancourt. B. 2654. = Charles, curé de Brancourt. B. 2709. = Louise. B. 2695.

COLFAUX, Nicolas. B. 452. = garde-chasse. B. 476.

COLIER, Robin. H. 1308.

COLIERS (Zacharie de), clerc. G. 1.

3316, 3317, 3319, 3344, 3349, 3355, 3420. — C. 1048. = Roger, capitaine. B. 514.

COMMY (Baudouin de). H. 185.

COMPAGNON. B. 523, 524. = Antoine, garde-général forestier. B. 3560. = François. B. 529, 591, 597, 631. = Jacques. B. 1796. — H. 843. = Jean. B. 518, 623. = Michel. B. 1793. = Simon. H. 903.

COMPAIGNE, Jean. C. 1048.

COMPAIN. B. 3228. = Gilles, meunier. E. 486. = Philippe. B. 353. = Pierre. B. 878. —E. 213. = Simon, curé de Beaurieux. H. 1351.

COMPÈRE. B. 2491. = Adrien. B. 2440, 3838. = Jean. B. 478. = Pierre, laboureur. B. 478. = Valentin. B. 451.

COMPIÈGNE (Haimeric de). H. 477. = Mathieu. B. 617.

COMPIENGNE (Guillaume de), vigneron. E. 470.

COMPIENNE, Claude. H. 868. — Mathieu. H. 870.

COMPIN, Jean. B. 2868 — E. 449.

COMPTE, Claude, valet de charrue. B. 347.

COMTESSE de Bonneil, René. E. 320.

CONDAIN, Pierre, chapelain de Gercy. G. 7.

CONDAVEINE Pierre-Hubert (de), chirurgien. B. 1335.

CONDÉ (de), Jean, commissaire royal. H. 455. = Josias, seigneur de Vendières. B. 718. = Paul, notaire. B. 1331. = Robert, commissaire-royal. H. 455.

CONDÉ DE CHABRIGNAC, mademoiselle. C. 949.

CONDEL, Jacques et Jean. H. 803.

CONDETTE (de), François, seigneur de Bazoches et de Perles ; Françoise, femme de Bimont de Lalande ; Jeanne, femme de Maulde. E. 240.

CONDREN (de), Alexandre, seigneur de Largny. H. 1084. = François. B. 1821, 1839. = Henri, seigneur de Largny. H 1084. = Marguerite B. 1762.

CONFLANS (de), Antoine, vicomte d'Oulchy-le-Château, seigneur de Rozet-St-Albin. E. 151. = Christophe, comte de Vézilly, seigneur de Châtillon-sur-Oise et de Sissy. C. 1039. = Eustache, comte de Vézilly, seigneur de Châtillon-sur-Oise et de Sissy, gouverneur de Saint-Quentin, B. 40, 2891. — E. 608. = seigneur de Mareuil et d'Ostel. G. 14. = Jacob, seigneur de Vézilly. E. 584. = Jean, seigneur de Saint-Pierre-Aigle. G. 253. = seigneur de Monthiers et de Vieils-Maisons. H. 1033, 1294. = Louis, marquis d'Armentières, maréchal de France, et Louis-Gabriel, marquis, lieutenant-général des armées ; Michel, marquis d'Armentières, vicomte d'Oulchy. E. 110. = Michel, marquis de Saint-Remy. B. 1872. (Voyez Oulchy.)

CONGÉ, Louis. B. 1748.

CONGNET, Michel. B. 687.

CONNARD, François, receveur des consignations. B. 1332.

CONON, Catherine. E. 612.

CONQUÉRANT (Élisabeth-Louise de), femme Dubus de Bois. B. 1200. = Élisabeth-Anne-Louise (de), femme Laumosnier. B. 783.

CONRAD, abbé de Cuissy. G. 2.
— abbé de Prémontré. H. 773, 871.

CONRARD, Jacques. B. 694, 701. = seigneur de Beautor. B. 698.

CONSEIL, abbé. B. 1895. = Antoine. C. 271.

CONSTANCE, femme d'Hermond. H. 314.

CONSTANS, Antoine. H. 946.

CONSTANT. B. 1400 3340, . — H, 1046. = Antoine. B. 3199, 3212. = étapier. B. 939. = greffier de justice. B. 1776. = Claude. B. 742 — H. 788. = commissaire d'artillerie, seigneur de Saint-Pierre. B. 940. = greffier de justice. B. 3133. = notaire. B. 3864. = substitut. B. 4083. = Ferry, notaire. B. 2940. — E. 628. = Florent. B. 1507. = François-Louis-Guillaume, lieutenant de justice. B. 3211, 3321. = Gérard. H. 7. = Jacques. B. 1499. = Jean. B. 3328. = Louis, avocat. B. 512. = Marie-Thérèse, veuve Desmoulin. B. 936. = Moïse. B. 3856. = Nicolas, greffier de justice. B. 3813. = laboureur. E. 460. = notaire. E. 629. = Pasquier, notaire. E. 174, 629. = Pierre. E. 468. = curé de Saint Nicolas-aux-Bois. G. 468. = Simon. B. 3111. = laboureur. B. 974. = Suzanne, veuve Baradelle. B. 3832.

CONSTANTIN, Nicolas dit Dupré, cabaretier. B. 104, 106, 488.

CONTESSE, Pierre, curé de Coyoles. B. 1881.

CONTI. G. 85. = (prince de). C. 1036. = (princesse de). E. 54, 66. (Voyez Bourbon.)

CONTOIS, Louis. E. 105.

CONTY, François, charron. B. 2545. = Nicolas, charron. B. 3157. = facteur d'orgues. B. 575. = (Robert de), curé de Charly. B 3009. — E. 419.

CONVERT, Louis-Charles. B. 944.

COPEAU, Abraham. B. 355. = Antoine, laboureur. B. 2527. = Françoise, femme Lecrocq. G. 1211. = Jacques, meunier. B. 1171. = receveur de l'hôtel-de-ville de La Fère. B. 667. = Pierre. B. 1827.

COPEAUX, Antoine. B. 2528.

COPENOL, Nicolas. B. 2843.

COPIER, Baptiste. B. 566.

COPIGNEAU. B. 516. = Françoise, femme Bourgeois. B. 2168. = Jean, charron. B. 135. = Pierre. B. 3124.

COPINEAU. H. 1002. = Louis. H. 1560. = boucher. H. 1001.

COPLET, Pierre, garde forestier. B. 3603.

COPPE (famille). B. 535.

COPPEAU, André, charbonnier. B. 1432. = Jacques. B. 745, 1865. = cordonnier. B. 983. = Jacques-Abraham. B. 803. 1115. = Quentin-Bernard, commis. B. 1208. = Thomas. B. 885.

COPPEAUX. B. 2489. = chanoine. C. 404. = Antoinette-Marguerite, veuve Morial. B. 229, 843. = Jacques. B. 778, 921. = Jacques-Abraham. B. 668, 937, 942.

COPPIE, Quentin. B. 2361.

COPPIN, tailleur. B. 782. = André. B. 898. = Claude. H. 809.

COPPINAUX, François. B. 1943.

Coppiniaux (famille). B. 527.
Coqu, Jean. H. 1255.
Goquars, Wautier. H. 477.
Coquart. B. 1470. = André. B. 712. = Étienne, dit Saint-Étienne, soldat. B. 1261. = Isabelle. B. 61. = Jacques. B. 1338. = Jeanne. B. 4021. = Luc. B. 3080. = Marie. B. 749. = Marie-Françoise, femme Hézette. B. 426.
Coquebert. B. 521, 525, 571. = greffier. B. 503. = Ambroise. B. 617. = Firmin, laboureur. B. 527. = Jérôme. B. 512, 2175, 2378. = Marie-Anne. B. 2813. = Martin, curé et seigneur de Toulis. B. 512. = Nicolas. B. 526.
Coquelet, Geneviève. B. 3269. = Marie. B. 3267.
Coquelle, Charlotte (de), veuve Desrives, femme de Billy. B. 3588.
Coquenet. B. 2491. = veuve. B. 2679. = Charles, laboureur. B. 4050. = Claude. B. 334, 475. = Simon, laboureur. B. 106.
Coquebert, Ambroise. B. 2608. = Jean, notaire et procureur. B. 908. = Jean-Baptiste. B. 2603. = Marie, femme Moreaux. B. 3391. = Marie-Madeleine-Élisabeth. B. 2604. = Marie-Marguerite, veuve Guibout. H. 1292. = Pierre. B. 2587. = vigneron. B. 3385.
Coqueriaus, Jean. H. 832.
Coquet, Marguerite, femme Marteau. B. 2919.
Coquetin, Jean-Baptiste. B. 3880.
Coquille, Jean, agent d'affaires. B. 2822.
Coquillette, Marie, veuve Flobert. H. 509.
Coquilliette, Claude. B. 2708.
Coquin, Joachim, maître d'hôtel. B. 437.
Coquisart, Barbe. B. 3967. = Marie-Louise, femme Brion. B. 4102.
Coquizard, Étienne, blatier. B. 2481.
Coquizart. Antoine, tailleur d'habits. B. 2963. = Louis. B. 2802.
Coqus, Henri. H. 455. = Roger. H. 7.
Coquus de St-Jean, Roger. H. 6.
Corail (du). C. 341.
Corbault, Claude. B. 2924.
Corbaut, Jean. H. 1508.
Corbaux, Marie, femme Péret. B. 2151.
Corbeau, négociant. C. 760, 761.
Corbeaux, David. B. 4029.
Corbeil, Barbe. B. 375. = Gabriel. B. 74. = procureur. B. 67, 92, 425, 447. = Marie-Barbe. B. 424. = Pierre. B. 74.
Corbeille, Gabriel. B. 1368.
Corbel, Wiard. H. 871.
Corbet. H. 253.
Corbiaus, Anselme, chevalier et Berthe, religieuse cistercienne. H. 1598. = Jean. G. 527.
Corbie (Étienne de), chanoine de Reims. H. 404.
Corbilières, Pierre. H. 401.
Corbillon, Gamet. H. 1298.
(Aisne) — Tables.

Corbizet, Catherine, femme Couët. B. 2913. = Françoise. B. 719.
Corbois, Claude, laboureur. B. 452.
Corcy (de), Oudart. G. 707. = Yvard. G. 253.
Corcy de Lorain, François (de), capitaine d'infanterie. B. 1409.
Cordal, Charles. B. 3613.
Cordele, Wiars. H. 239.
Cordeles, Oudard. H. 1600.
Cordelette, Louise. B. 488. = Nicolas B. 4121.
Cordelier. B. 428. = Antoine. B. 1400. = Étienne, curé de Caillouël. B. 1352. = Jeanne. B. 1609. = Jean-Charles, président en l'élection de Noyon. B. 1391. = Marguerite, femme Saget. B. 2836.
Cordelle. B. 521, 524, 3106. — E. 217. = Catherine, femme Lefèvre. B. 3215. = Charles-Joseph, fermier. B. 1192. = Claude. B. 1812. = François. B. 3362. = Jacques, dit la Tour, caporal. B. 1256. = Jean. H. 146. = Joseph. E. 183. = Pierre. B. 3299. — E. 187. = Vincent. B. 3301.
Cordellier, Étienne, religieux. B. 1676. = Péronne. B. 1137.
Cordelois, Anne. B. 347. = Augustin. B. 3829. = Charles, laboureur. B. 2004.
Cordereau, Claude, femme Marteau. E. 553.
Corderoy, Antoine. B. 3974. = Louis, chanoine de Laon. B. 809.
Cordevant, Jean, tonnelier. B. 3178. = Philippe, procureur. B. 770.
Cordier. B. 429, 1415, 2732, 2845, = employé des fermes. C. 1042. = Benoit. B. 2697. = Charles B. 3890. = adjudicataire des fermes. B. 4016, 4017. = Charles-Michel-François. E. 111. = Fidel, garde de bois, chasse et pêche. B. 3602. = Gabriel. E. 570. = Guillaume. B. 468, 480, 483. = Louis, laboureur. E. 607. = Nicolas. B. 989. = Nicolas-Husson, chanoine de Guise. B. 2019, 2095. = doyen du chapitre de Guise. B. 2002, 2377. = Pierre. B. 4091. = Pierre, chanoine. B. 2773. = Suzanne, femme Botreau. B. 3312. = Thierry. H. 885.
Cordieu, Pierre-François. B. 2639.
Cordonnier, Raoul. H. 1206, 1208. = Renaud. H. 1207.
Cordreau, Balthazar. B. 545. = Jean. B. 586.
Coriel, Claude. B. 742.
Corier, Claude, maçon. B. 3881.
Corion, François et Nicolas. B. 2600.
Corman, Baudesson. E. 479.
Cormisset, Augustin. E. 403.
Cormissy, Jean et Walcher (de). H. 299.
Cormont, élève des ponts et chaussées. C. 425.
Cornaille, Madeleine. B. 3997.
Cornat, François. B. 1476.
Corneau, Antoine, laboureur. B. 2631, 2633. = Pierre. B. 1833. = laboureur. B. 1780.
Corneaux, Jean. B. 3080.

8

CORNEÇAY (Imbaut de), chanoine. G. 528.

CORNEILLE, Robert. H. 914.

CORNELLE, Albert. H. 914.

CORNET, Jean, bourrelier. E. 375.

CORNETTE, Nicolas, vigneron. B. 306.

CORNICANS, Guillaume. H. 1207.

CORNICQUET, Pierre. E. 362.

CORNILLE, Élisabeth, femme Serpe. B. 2636. = Jean. H. 993. = Jean-François. H. 705.

CORNILLOT, Louise, veuve Monnoury. H. 1437.

CORNIN, clerc. H. 24.

CORNINS, Jean. H. 832.

CORNOUAILLE, Claude, marinier. H. 1075.

CORNU. B. 319. = G. chanoine de Paris. H. 1508. = Jean. H. 846. = Michel. H. 1276. = Robert, curé de Corcy. B. 3779.

CORNUAILLE, Pierre, domestique. B. 2889.

CORBY (Claude de). B. 1409.

COROYER, Louis. B. 1772. = Pierre. B. 757.

CORRÉAUX, Claude, serrurier. B. 1999.

CORRION, Philippe, garde de bois, chasse et pêche. B. 3602.

CORRON, Sacré. B. 1773.

COSPART, Antoine. H. 765.

COSSARD, Morand, tonnelier. E. 456.

COSSART. B. 1403. — E. 454. = Jacques, tonnelier. B. 3274. = Jean-Baptiste, cordonnier. B. 3933. = Nicolas, tonnelier. B. 3274. = Pierre. E. 455. = curé de La Fère. B. 1069.

— (de). François. B. 1540. = Françoise, femme Brassaneu. B. 1480. = Jean. B. 1846. = René. B. 1671.

COSSARZ, Anselme. H. 829.

COSSE, Michel. B. 2640, 2654. = Raoul. H. 241.

COSSÉ (duc de), seigneur de Condé-sur-Suippe. C. 119, 309, 311, 315.

COSSÉ-BRISSAC (de), Anne-Pétronille-Constance-Sophie ; Auguste - Charles - Marie ; Timoléon - Augustin-Marie - Paul ; Pétronille - Timoléon. E. 112. = Catherine-Françoise-Charlotte, femme de Noailles. E. 149. = Hyacinthe-Hugues-Timoléon, menin du Roi, colonel d'infanterie. E. 112. = Timoléon, mestre de camp, commandant du régiment royal Roussillon cavalerie. C. 378.

COSSES, Adeline et Philippe. H. 692.

COSSET. E. 367. = Gobert et Robin. G. 253.

COSSETH, Robert. H. 872.

COSSIN, greffier du chapitre de Laon. B. 2832. = Pierre, greffier des gabelles. B. 3970.

COSSON, Étienne. B. 3273.

COSTE DE CHAMPERON, Joseph-Alexandre, receveur général des finances. G. 106.

COSTEAU, Jacques, garde-port et compteur juré. B. 826.

COSTEREL, Jean. H. 1183.

COTART, Adrien, garde forestier. B. 3609. = Élisabeth. B. 377.

COTEL, Pierre, meunier. B. 3975.

COTELLE. B. 495.

COTENEST, Louis, maître menuisier. B. 2039.

COTEREAUX, Louise, femme Lemaire. B. 3172.

COTIN, Jean. H. 836.

COTRON, Victor, bénédictin. H. 325.

COTTAMBERT, Marie-Anne, veuve Nicolas. B. 3333.

COTTARD, Françoise. B. 3267. = Joseph. B. 3961.

COTTART, Jean. B. 2185. = Marc. B. 4035. = Toussaint. B. 2430.

COTTE. B. 2730. = capitaine de milice. C. 345. = fermier. C. 861. = greffier du point d'honneur. C. 258. = lieutenant de maire. B. 2686. = Antoine. H. 845. = Charles, chanoine de Laon. B. 2661, 2766. 2846, = tisserand. E. 531. = Claude. B. 2686, 3550. = huissier. H. 1292. = Élie. B. 1541. = François. B. 2661. = Jean. E. 489. = Jean, notaire. E. 514. = Louis, secrétaire du bureau d'agriculture de Laon. D. 2, 7, 8, 10, 12, 13, 15. = Michel, notaire. E. 507. = Nicolas-François. B. 2642. = Pierre, notaire. E. 497. = greffier. B. 2885. = Vincent. C. 309.

— (de). C. 422, 423, 508, 509, 514, 515, 518, 800, 802, 807.

COTTEAU, Louis. B. 445.

COTTEL. B. 1275. = Isaac. B. 1272. = Jean François. B. 3314.

COTTENEST, Jean. G. 55. = commis-voyer. B. 2051, 3264. = Louis, maître menuisier. E. 234.

COTTERAU, Pierre, maréchal-ferrant. B. 3331.

COTTEREAU, Élisabeth. B. 2945.

COTTEREAUX, Pierre. B. 3142.

COTTERELLE, Marie-Madeleine, veuve Denis. B. 2300.

COTTIN. B. 319, 517, 2485. = portier. B. 1285. = Anne, veuve Cosseau. B. 1839. = Antoine, tailleur d'habits. E. 544. = Charles. B. 1415, 1494, 1669, 1776. = Daniel. B. 2469, 2928, 3581 — C. 760. = Georges. B. 1838. = Henri-Daniel, seigneur de Fontaine-Notre-Dame, Fieulaine. B. 409, 2310, 2917. = Jean. B. 2925, 2928. = Louis. B. 1338. 4498, 1803, 1871. = avocat. B. 2638. = Louis-Daniel, seigneur de Fontaine Notre-Dame. B. 282, 2265. = Martin. B. 1515, 1680. = Philippe. E. 58. = Pierre. H. 1077.

COTTON, Nicolas. B. 90.

COTTREUX, Nicolas, capitaine des fermes. E. 365.

COTTU DE MAILLARD, subdélégué. C. 640.

COUART, Édouard. H. 870.

COUAULT, Madeleine, femme Wateau. E. 554.

COUCY (de), aumônier de la Reine, vicaire général de Reims, C. 198. = bailli et gouverneur du comté de Marle. B. 3444. = dame. G. 76. = Albéric. H. 477. = Aélide, dame. G. 253. — H. 753, 755, 775. = Alix. H. 624, 635.

= Aubert, prévôt du Laonnois. G. 86. = Charlotte femme de Lapierre. B. 2891. = Claude, seigneur de Vervins. B. 3445. = Enguerrand. B. 664, 1108. — F. 7. — H. 325, 477. = II. G. 253. — H. 235, 275, 777. = III. E. 642. — F. 11. — G. 1, 2, 22, 61, 74, 105, 118, 210. — H. 180, 182, 264, 351, 447, 737, 753, 800, 818, 908, 1116, 1346, 1508, 1822. = IV. G. 1, 2, 7, 10, 56, 73, 76. — H. 182, 222, 275, 311, 317, 352, 627, 634, 1508, 1615. = V. H. 128, 223. = VI. G. 13. = VII. B. 3307. — G. 69, 200. — H. 854, 634, 721. = évêque de Laon. H. 168, 343. = François, seigneur de Poilcourt. B. 1463. = Geoffroi, chanoine de Soissons. G. 253. = Gérard, dit Dolsez. H. 753. = Guillaume, sire. H. 292, 813. = Hugues, chanoine de Saint-Quentin. H. 210. = Isabeau, femme de Bouzonville. B. 514. — E. 629. = J. H. 391. = Jacques, seigneur de Vervins. B. 2683, 3445. — E. 174, 185. = Jean. G. 69. — H. 171, = seigneur de Havraine. H. 634. = seigneur de Pinon. H. 872, 887. = seigneur de Vervins. B. 3440. — H. 635. = Jean-Charles, chanoine de Reims, vicaire général du diocèse, aumônier de la Reine et abbé d'Igny. H. 716. = Jossine, dame de Lugny et de Voharies. E. 557. = Marguerite, abbesse de Notre-Dame de Soissons. H. 1508. = Michelle, femme Libre. E. 331. = Raoul. H. 197, 1116. = seigneur de Coucy et de Marle. E. 165. — H. 275, 298, 302, 325, 425, 434, 632, 692, 753, 775, 1116. = protonotaire du Saint-Siège, abbé de Foigny. B. 3445. — E. 479. = Robert. G. 2, 61. — H. 477, 1116. = chanoine et chantre de Cambrai. H. 793. = frère d'Enguerrand de La Fère. H. 391. = seigneur de Pinon. H. 936. = Thomas. F. 7. — H. 777. = II, seigneur de Vervins. G. 1, 2, 7, 61. — H. 623, 633. = IV, sire de Vervins. H. 624. (Voyez La Fère, Marle.)

COUCY, Jean, notaire. H. 455.

COUDUN, Jean et Jeanne (de). H. 455.

COUÉDIC (du), directeur des vivres. C. 366.

COUESEAU, Jean, chanoine. B. 1181.

COUET, Antoine, maître cordonnier. B. 2913. = Jacques. B. 1861.

COUILLARD, Marie. B. 3907. = Nicolas, meunier. B. 89.

COUILLART, Jacques. B. 3914, 3998.

COUILLE, Marie, veuve Droma. B. 2361.

COUILLETTE, Catherine. B. 1653. = Daniel, maître blanchisseur. B. 1344, 1707. = Jacques. B. 1647, 1791. = blanchisseur de toiles. B. 1371, 1654, 1704. = Jean. B. 1594, 1653, 1728. = inspecteur des haras. B. 1652, 1656. = Louis, blanchisseur de toiles. B. 1582. = Quentin. B. 4007.

COUILLIETTE-DAUTRIVE, François. B. 2916. = Jacques, marchand blanchisseur. B. 2912.

COUILLON, Antoine. B. 1822. = François. B. 1825.

COULBAULT, Guillaume, apothicaire. B. 3328. = Noël. B. 2823.

COULBAUT. B. 2739. = Adrien, curé de Bichancourt. B. 1346. = Claude. B. 2421. — H. 780. = Jean. E. 563. = Pierre. B. 2421.

COULBEAUX. B. 2297. = Barbe, femme Duchange. B. 2422.

COULIERGIS, Jean (de), curé de Troesnes. H. 1182.

COULLART (famille). B. 1400.

COULLE, Anne, femme Bourgeois. B. 2168. = Françoise. B. 2238.

COULLIETTE. B. 1791. — E. 113. = Anne-Jeanne. B. 1519. = Jacques. E. 113, 114. = Jean. E. 114. = Pierre, laboureur. E. 512.

COULLON. B. 517, 524, 2733. = Jean. E. 479. = Remond, valet de chambre du roi de Navarre. B. 3446.

COULOMBIÉ (de), François, seigneur de Savigny, et Gabrielle. B. 2894.

COULON. B. 525. = Abraham, capitaine de cavalerie. B. 3326. = Anne. B. 3327. = Benoît. B. 1255. = Catherine. B. 4041. = Charles-Antoine. B. 379. = François. B. 452. — H. 801 = fermier. B. 351. = notaire. B. 14. = Gobert, chanoine-chantre. H. 1508. = Isaac. B. 586. = Jean. B. 449, 1359, 2860. — H. 774, 801. = fermier. B. 456. = Jean-François, fermier. B. 3297. = Louis. B. 452. = marchand tanneur. B. 3330. = Marguerite, veuve Delvigne, femme Malafait. B. 2895. = Marie, femme Decq. E. 362. = Marie-Madeleine. B. 3177, 3214. = Nicolas. B. 3350. = Nicole, femme Decq. E. 371. = Pierre-Gabriel. B. 644. = Thomasse, femme Cordreau. B. 518. = Ursmer. B. 2302.

COULONS, Jean. H. 953.

COUMI (de), Aubert. H. 106. = Mathilde, femme de Froimond. H. 1615. = Pierre H. 284.

COUPARDE (Gérard de LA), seigneur de Brandouzy. B. 199.

COUPE, Pierre. C. 853.

COUPIGNY (demoiselle de). C. 949.

COUPPÉ, Pierre. C. 854.

COUPPE (Claude de), seigneur de Beaumanoir, capitaine. B. 747.

COURPET, Louis, laboureur. B. 2707.

COUPTOR, Colard. H. 990.

COURANT, Henri. B. 2676. = (René de), homme d'armes. E. 517.

COURBAULT, Pierre. B. 2156.

COURBAUT, Isabelle et Pierre. H. 993.

COURBE. B. 3340. = Antoinette, femme Leroy. B. 3911. = Jacques. B. 3335.

COURBERT, sœur. C. 684.

COURBES, Nicolas, serrurier. B. 945.

COURBESAUT (Giles de). H. 477.

COURBETON (Robert de). G. 253.

COURBOING. B. 1403, 1404. = Antoine. B. 1777. — H. 1091. = laboureur. B. 1528. = Louis. H. 1091.

COURBOIS, Jean. B. 1122. = Pierre, laboureur. B. 977.

COURBOUIN, Nicole, femme Tressart. B. 887.

COURBRAN, Jacques. B. 3096. = Suzanne, femme Lécuyer. B. 3101.

COURBRAND. B. 3105.

COURBRON, Nicolas. B. 1147.

COURCELLE (de), grand maître des eaux et forêts. B. 3591. = Étienne. E. 341. = Françoise, veuve de la Fons. B. 1353. = Nathaniel. B. 969.

COURDEAU, Nicolas, maire de Bertaucourt-Épourdon. B. 665.

COURDEMANCHE (de), Colard, Isabelle et Pierre, prêtres. H. 1231.

COURDOUE (Marie de), G. 1435.

COURET, Huart. H. 268.

COURJEAN. Antoine, fermier. B. 985. = Étienne, laboureur. B. 1156. = François. B. 1282. = Jacques. B. 855. = Marguerite. B. 873. = Marie et Pierre. B. 1094.

COURLEGIS (de), Lambert, chanoine de Soissons. G. 253. = Robert. G. 50. — H. 1599.

COURMELLES (de), Geoffroy. H. 1508. = Jean. H. 477.

COURMONT (David de). H. 455. = Médard. B. 4054.

COURNAY, Jacques. B. 997.

COURPIERRE (Jean de), curé de Saint-Hilaire (Laon). H. 258.

COURRIER, Jean. B. 861.

COURROBERT (Giles de). H. 1234.

COURSAN, Christophe. B. 726.

COURSANT, Antoine. B. 819.

COURSIMÉON, Sébastien. B. 138.

COURSIMONT, Madeleine. B. 478. = Marguerite, domestique. B. 399. = Marie-Anne. B. 4095.

COURSON, Nicolas. B. 1418.

COURT. B. 3242. = Mathieu. B. 896.

COURTAY DE VILLENEUVE (de), Louis de B. 482, 483.

COURTE, Adrien. H. 392.

COURTEAU, Antoinette, Jean, Marie, Pierre. B. 778. = Jean, huissier. B. 741. = notaire. B. 1143. = procureur. B. 666. = sergent. B. 666.

COURTEAUX (Antoinette de), veuve Garnier. B. 3068.

COURTECON (de), Clarembaud, dit Barbastre. H. 59. = Sarra, femme de Froidmont. H. 63.

COURTEFOIS, Jacques. H. 940.

COURTEILLES (de). C. 95, 276, 281, 282, 778.

COURTEMENCHE (Jean de). H. 1018.

COURTEMONT (de), Gui, Nicole et Robert. G. 253.

COURTENAY (de). B. 988. = Jean, seigneur de Saint-Brisson et de Droizy. H. 1244, 1245. = Madeleine. B. 3620. = Ozias B. 839, 896. = Voyez Robert. — veuve. B. 3579.

COURTENY, Henri. B. 3282. = Jean. B. 3280.

COURTEUIL, Antoine. B. 2551.

COURTEVELLE, Marie-Anne. femme Marlot. B. 3283.

COURTEVIL, Nicolas. B. 2562.

COURTEVILLE, curé de Bruyères. C. 937. = Antoine. C. 267. = Henri, maire de Saint-Michel. B. 2057. = Jacques. B. 2960. = Nicolas, B. 2602. — E. 64.

COURTIER, Claude, contrôleur au grenier à sel de Laon. B. 2714. = Jean Antoine, chanoine de Laon. B. 2777. = Louis, seigneur de Vesles. E. 571. = Philippe. E. 578. = receveur ordinaire du Vermandois. E. 493.

COURTILLIER, Marie-Rose. B. 2108.

COURTIN. B. 2844. = Adrien. B. 453, 702. = André, abbé de Saint-Crépin-en-Chaye. B 697. = Antoine B. 3208. = Charles. B. 720. = Dominique. H. 1020. = François, seigneur de Courthuis. G. 109. = Jean. B. 526,668, 3269. = Jean-Louis. B. 3996. = Louis. B. 151, 1267. — C. 289. = Marie-Jeanne, veuve Lesluin. B. 1344. = Pierre. B. 2904. — C. 239.

COURTISOT (Pierre de). G. 2, 56.

COURTOIS, imprimeur. C. 740, 952, 1016. = Barthélemy, moine bénédictin. B. 2931. = Charles, imprimeur. G. 458, 461. = Claude. B. 1756. = Giles. G. 528. = Jacques-Eustache. B. 2906. = Jean. B. 445. = Marguerite. B. 2906. = Marie, femme Bourguignon. B. 1340. = Marie-Josèphe, femme Dégieux. E. 607. = Nicolas. B. 1340 — E. 338. = boucher. E. 340. = laboureur. B. 1340. = Pierre. B. 1756. = prêtre. B. 512. = Ponce, imprimeur. C. 73, 84, 949. = Regnault. E. 338.

COURTONNE (de), Anne femme de Croix. H. 480. = Antoine. E. 331. = Jean. H. 820.
— Jean. B. 1727. = Nicolas. B. 3175. = Pierre, sergent priseur. B. 3169.

COURTRAY, Jean, maire de Sissy. C. 100. = scieur de long. B. 451.

COURTRIZY, Albéric (seigneur de), chevalier. H. 305.

COURTUY, Antoine. B. 3281.

COURTY, Jean, voiturier. B. 926. = Joseph. B. 797.

COURVILLE, Étienne-Joseph (de), inspecteur des vivres. B. 790.

COUSIN, sergent royal. B. 3031. = Amadis, laboureur. B. 896. = Amand-François. H. 1759. = Anne, femme Lavoine. B. 3328. = Augustine, veuve Delié. B. 3256. = Charles. B. 1100. — maire de Pont à-Bucy. B 665. = maître de poste. B. 1508. = Éloi. H. 1233. = François. E. 619. — H. 1055. = Hubert. E. 626. = Hugues, sieur de Senneville. B. 758, 761, 970, 1009, 1068, 1076, 1077, 1085, 1235, 1366, 1385, 1455, 1621, 1781, 1977, 2010, 3495, 3834. = Jacques, curé d'Annois. B. 1352. = sieur de Senneville. B. 240, 1074. = Jean, laboureur. E. 514. = Jean-Baptiste, chanoine de Laon. E. 528. = Louis. B. 1608. = Marie, veuve Berthe. B. 860, 864. = Marie-Anne, veuve Lambert. E. 108. = Pierre. E. 619. = Quentin. B. 2695. = Sainte, femme Placquet. E. 523.

COUSIN (de), Robert. B. 3000.

COUSIN DE SENNEVILLE, Marie-Anne, femme de Gourdon. B. 2010.

COUSINET, Jean, maître chirurgien barbier. H. 1311.

COUSTAN, Claude. B. 876.

COUSTE, André. B. 826, 961. = laboureur. B. 745. = Antoine. B. 1241. = laboureur. B. 897 = Claude. B.

813. = François, laboureur, B. 672.

— (de). Antoine, seigneur de Gomont et d'Hennepieux. B. 208. = Catherine, femme de Guéry. B. 2133. = Jean, seigneur de Marly et Gomont. E. 487.

COUSTEAU, Guillemette. B. 1929.

GOUSTELET, Jean. H. 1283.

COUSTELIER, Claude, tailleur. E. 549.

COUSTES (de), Antoinette, veuve de Ronty et Charles, seigneur de Pavant. E. 309.

— Jean, boucher. B. 876.

COUSTURIER, Brice. H. 1619. = Charles. B. 1382, 1760, 1762. = Louis. H. 1619. = Pierre. B. 1776.

COUSY, Sébastien. E. 335.

COUTANT. B. 1422. = Antoine B. 2642. = François, charpentier. E. 417. = Jean. B. 2699. = vigneron. B. 2802. = Jean-Marie. H. 846. = Louis B. 470.

COUTAY, Charles. H. 786.

COUTELET, Gilles et Pierrette. H. 477.

COUTRE, Jean. E. 468.

COUTTET, Pierre. E. 360.

COUTURIER, Antoine. B. 2556. = François. H. 629. = Françoise, femme Thévenart. B. 2548. = Jean. B. 2556. = dit Blangis. B. 328. = jardinier. H. 917. = Jean-Baptiste. B. 2667. = jardinier. B. 2635. = maçon. B. 2631. = Louis. B. 723, 866. = notaire et procureur. B. 744, 899, 900, 1131. = rapporteur certificateur des saisies et criées d'immeubles. B. 718. = Nicolas. B. 628, 2558.

COUTY, Gérard. E. 354. = Jacques, charron. E. 354. = Jean-Louis. B. 2514. = Nicolas. E. 354.

COUVENS, Renier. H. 123.

COUVEUR, Marie-Anne. B. 3397.

COUVIN, Marie, femme Gourdin. B. 4131.

COUVRAY, Jean. B. 452.

COUVREAU, Claude. B. 2282. = Nicolas. B. 797.

COUVRELLES, Jean et Martin (de), hommes de corps. H. 477.

COUVRET, Alexandre-Claude, receveur des domaines. B. 3747.

COUVREUR. B. 2863. = procureur. B. 1816. = Antoine. B. 1284, 2697. = Claude, avocat. B. 1761. = François B. 739, 825, 3388. — H. 808. = meunier B. 867. = Hulin, laboureur. B. 2771. = Jacques. H. 1412. = Jean. B. 765, 907. = curé de Caillouël. B. 1352. = meunier. B. 1034. = Louis. B. 2697. — H. 810. = Nicolas. B. 806. — H. 808. = Pierre, chanoine de La Fère. B. 694. — laboureur. B. 2383. = Sébastien. B. 3409. = Simon. H. 1070. = huissier. B. 3970. = Toussaint. B. 1806.

COUVREUX, Denis. B. 2550. = Quentin. B. 4015.

COUVRON (de), chevalier. C. 1053. = sieur. B. 3461.

COUVROT, Nicolas. B. 2700.

COUYER, Étienne, fourrier des logements de la Reine. E. 506.

COUZANS DE BUCY, Jean. G. 253.

COUZIÉS, Louis, évêque d'Arras, abbé de Fesmy. B. 2459.

COVELET, Alexandre. E. 11.

COVENS, Renier, croisé. H. 295.

COYART, Jean. B. 2342, 3079. = Judith. B. 1979.

COYER. B. 2513. = Jean-Louis. B. 1750. = Philippe. B. 2435.

COYNARD, Étienne-Louis-Placide, officier d'artillerie. B. 788.

COYNART, Claude, contrôleur des tailles. B. 691.

CRACHE-A-L'ŒIL, valet. B. 1706.

GRAMAILLES (de), Ermine. H. 832. = Guillaume. G. 13. = Jean ex-archidiacre de Tardenois. G. 253. = seigneur. G. 253. — H. 692. = seigneur de Viry-Noureuil. E. 23. = R. chanoine de Soissons. G. 253. = Robert. H. 244. = Th. chanoine de Soissons. G. 253. = Thomas. G. 253. = Voyez Le Borgne.

CRAMOISELLES (Pierre de). G. 253.

CRAN (Michel de), capitaine. F. 5.

CRANS (Guillaume), commissaire aux ablais. B. 1401.

CRAON (Jean de). G. 84.

CRAONNE (Richard de). H. 872.

CRAPET, curé de Mézières. C. 134. = Louis. B. 1748. = Marguerite. B. 1766. = Philippe B. 1778.

CRAPIER, Pierre-Louis. H. 1108.

CRAUET, Guillaume. H. 1332.

CRÉCHIS, (de). G. 253.

CRÉCY. B. 2687.

— (de). Antoine, seigneur de Sons et Housset. E. 549. = seigneur de Sorny, Valavergny, prévôt du Laonnois. B. 2891. = Eustache, prévôt du Laonnois. G. 86. = François. B. 2891. = Jean. E. 333. = /Joie. H. 68. = Louis. E. 474. = Marie-Madeleine, femme de Perponcher B. 514. = Nicaise. E. 504. = Pérard. H. 88. = Valentin, seigneur de Pargnan. B. 2860.

CRÉIL (de) Alexis, seigneur de Beaufort. B. 54, 2015, 2284, 2286. = Charles, seigneur d'Orgérieux et de Merval. B. 3084. = Charlotte. B. 3085. = François. B. 1962.

CRÉMILLIER (de). C. 386, 396, 411.

CREMONT, Marie, femme Pécheux. B. 2962.

CRENEAU, Claude. B. 2774.

CRÉPIN. B. 2565. — C. 11. — H. 1508. = François. B. 2025. = sergent. B. 2429. = Guillaume, boucher. H. 1318. = Jean, chirurgien. B. 3123. = Nicolas. B 2433.

CRÉPIN DE BRUIT, homme de corps. H. 477.

CRÉPY (de), Claude-Alexis, curé de Chouy. B. 1881. = Lisiard. H. 455. = Mathilde. H. 249. = Nicolas. H. 873. Vincent. B. 3998.

CRÉQUI (de), comte. E. 173. = marquis. B. 3870. = Madeleine, veuve de Bouchavesnes. B. 3459.

CRESCIOT. B. 2848.

CRESPART, Jacques. B. 3540. = Marguerite, veuve Legros, femme Poirier. B. 838. = Marie, veuve Legros. B. 824.

CRESPEAU. B. 874. = Françoise, veuve Vuilmin. B. 741.
= Huges. H. 1270.
CRESPEAUX, commis. C. 951.
CRESPEL, Georges. B. 3111. = (Nicaise de), écuyer. B. 684.
= seigneur de Fargniers. E. 449.
CRESPELLE, Anne et Antoine (de). B. 1429.
CRESPI (Robert de). H. 229.
CRESPIN, Charles. E. 335. = Jean. E. 460. = Julien. B.
3396. = Marie, femme Poien. B. 2871.
CRESPY, Antoine, laboureur. B. 481.
—   (de), Berthe, veuve de la Rue. H. 839. = Guil-
laume, coutre de St-Quentin, commissaire royal.
G. 2.
CRESSAC (madame de). C. 917.
CRESSIN (François de), capitaine d'infanterie. B. 2896.
CRESSON, Antoine. H. 1532. = Eulalie. C. 689. = Fran-
çoise. B. 24. = Nicolas. H. 1014.
CRESSY (de), Alard. H. 763. = Marie. G. 253.
CRESTIEN, Antoine, laboureur. B. 1517. = François. H.
1217. = Martin. B. 1511, 1517, 1835. = Pierre. H. 1217,
1830.
CRETÉ, Jean. C. 344.
CRETEIL, Isaac. H. 1039, 1051, 1065. = Jacques, prieur de
Vertus. H. 1065. = Louis Quentin, bailli de Brissay.
B. 2051. = notaire. B. 14.
CRETEL, François, notaire. B. 1890 et bailli de Silly-la-
Poterie. B. 1892. = Jacques. B. 2615.
-     (de), Jean, seigneur de Courtier. B. 1619.
CRÈTELET. Étienne. E. 359.
CRÉTIN, Pierre. H. 793.
CRETON, Jean. H. 1116.
CRETONS, Mathieu, chevalier. H. 1116.
CRETTÉ. B. 3242. = Pierre. B. 3422. = garde-bois. B. 3221.
CRETTÉ DE PALLUEL, maître de poste. C. 945. — D. 10.
= madame. C. 943. — D. 10.
CRÉTU, Jean, dit la Grandeur. B. 4088.
CREVAUX, Louis. B. 2296.
CRÉVEAU, Claude, laboureur. B. 2873. = Gratien. B. 1971.
= Henri. B. 1971. = Jean. B. 625. = boucher. E. 615.
= Jeanne. B. 1971. = Charles et Toussaint, huissier.
B. 624.
CREVEAUX, Françoise, veuve Procureur. B. 2824. = Jean.
H. 1365. = Nicolas. B. 3608.
CREVEL. B. 2564.
CREVEZ, Robert. H. 802.
CRINON. B. 516. = Claude. E. 551. = Jacques, dit Bel-Air.
B. 413. = Jean. E. 535. = Madeleine. B. 483.
CRIQUET, Nicolas. B. 1883.
CROCHAIN. B. 2564. = Jean. B. 3360.
CROCHART. B. 313. = Antoine. H. 1604. = Étienne. H.
801. = Hercule. H. 903. = receveur des aides. E. 465.
= Jacques. 801. = Jean. B. 4124. — H. 801. = curé
d'Épourdon. B. 961. = Jean-Jacques. H. 801. =
Jeanne, veuve Cholet, femme Lepreux. B. 800. =

Nicolas. B. 3383.
CROCHET, (Henri de). H. 477.
CROCHIN, Nicolas. B. 2700.
CROCQ, lieutenant d'artillerie. B. 1289.
CROCQUEFER, Jean. B. 494.
CROGNIER, Catherine. B. 2370.
CROGY (Jean de). H. 1297.
CROISETTE, Jean. H. 1222. = Michel, procureur claustra
de Thenailles. B. 3314.
CROISIE (Jean-François de), huissier. B. 803.
CROISON, curé de Braye. C. 940. = Étienne. B. 2497.
CROIX (Antoine de), chantre de la musique de la Reine
mère H. 480.
CROIZETTES (Pierre des), seigneur de Grandville. B. 842.
CROIZON, Madeleine, femme Dubois. E. 379.
CROKIERS, Anselme. H. 63.
CROMELIN, Anne. B. 2899. = Louis. B. 2899 = Pierre.
E. 277.
CROMMELIN, chanoine de Saint-Quentin. G. 818 819. =
inspecteur des manufactures. C. 759. = Isaac-Mathieu,
receveur des Gabelles B. 2916. = Jacques-Samuel.
B. 1653. = Jean. E. 114. = Jean-Baptiste-Pierre,
chanoine de Saint-Quentin. G. 817. = Louis E. 113.
= Marguerite, veuve de Macquerel. B. 36. =
Marie, femme Crommelin. E. 114. = Marie-Esther,
veuve Coulliette Dautrive. B. 2912. = Samuel. B. 2918,
2917, 2925.
CROMMELIN-DELALAIN, Charles-François, seigneur de Mes-
brecourt. B. 55, 83. = François-César-Antoine, seigneur
de Mesbrecourt. E. 179.
CRONIER, Christophe. B. 873, 920. = Étienne. B. 845. =
Martin. B. 974. = Nicolas. B. 847. = curé de Moy. B.
4138. = Quentin. B. 1180.
CRONNIER, Christophe. B. 915. = Étienne, taillandier. B.
884.
CROSE, Jean, vigneron. E. 568.
CROSES, Oudart. H. 238.
CROSNIER, Anne. B. 901. = Antoine. B. 909. = Jacques.
B. 910, 925. = Michel. H. 1067. = Montain. B. 918. =
Nicolas. B. 843, 908.
CROSSETTE, Jean-Baptiste. B. 2987.
CROTION, Jean. H. 284.
CROUET, chirurgien. C. 515.
CROUNIE, Guillet. H. 1297.
CROUTOY (Hugues de). H. 455.
CROUY (Hervé de). H. 1207.
CROY (de), duc. C. 375. = (Marie de), veuve Baguet. H.
353.
CROYER, chanoine de Laon. C. 128, 953, 980. = Élisabeth,
religieuse congréganiste. H. 1701.
CROZAT, Antoine. B. 313. — E. 655. = Jean-Baptiste, abbé
de Genlis. H. 1086. = Louis, notaire. B. 2464. = Louis-
François (de). H. 377.
CROZAT DE THIERS. A. 3. — B. 3595. — C. 333.

DACHEUX, Marie-Anne-Thérèse, femme. B. 4015.

DACIER, Louis et Marie. B. 3423.

DAGAULT, Pierre. B. 2920.

DAGNE, Marie-Françoise-Rosalie. B. 1314. = Michel. H. 1083.

DAGNEAU. B. 1944, 2737. = Abraham, avocat. B. 1864. = chanoine de Laon. B. 1345. = élu pour les aides et tailles. F. 10. = Abraham-Joseph, avocat. B. 2845. = Adrien, doyen du chapitre de Laon. B. 1345. = Antoine, avocat. B. 2783. = Charlotte. B. 38. = Claude. B. 557. — E. 556. = contrôleur au grenier à sel de Marle. E. 550. = lieutenant de justice. B. 2880. = notaire. E. 554. = Élisabeth. B. 227. = Jacques. B. 38. = Jean, notaire. E. 555. = Jean-Baptiste, bailli de Landifay. B. 12. = lieutenant de justice. B. 3090. = Jean-Charles, président des traites foraines. B. 2650. = Jean-Paul. E. 40. = notaire. E. 556. = Jeanne. B. 1090. = Louis. B. 1285. = Madeleine. B. 512. — E. 491. = veuve Candeuvre. G. 466. = Marguerite, veuve de Blois. B. 2815. = Nicolas, contrôleur au grenier à sel de Marle. B. 516. = Paul. B. 549. = Philippe. E. 555. = Pierre. B. 522. = Suzanne. B. 1090, 1093.

DAGNEAU DE LA BRETONNE, Adrien-Philbert, valet de chambre de la dauphine. C. 1041.

DAGNEAU DE RICHECOURT, Adrien. B. 2635. 2908. = Noël-François. B. 2675.

DAGNICOURT, Louis. B. 3968.

DAGON, Adrien. B. 1874.

DAGUESSEAU, César-Joseph, ingénieur. B. 2026, 2250.

DAGUET, Jacques. B. 3727.

DAILLEZ, Pierre. G. 253.

DAILLY, Alexandre, laboureur. B. 3184. Voyez Ailly. = Tobie. B. 2919.

DAIMÉ, Antoinette. B. 3908. = Madeleine. B. 4046.

DAINE, Marie-Anne. B. 468.

DAIS, Clérembaud. G. 17.

DAISNE. B. 1427.

DAISONVILLE, Noël, valet de charrue. B. 2172.

DAJOT, directeur des fortifications. C. 402.

DALBERT, Nicolas. B. 4098.

DALEMAIGNE, Jean. E. 524.

DALENCOURT, Jean. B. 1526.

DALERY, Jules-Jérôme, notaire. H. 629.

DALENONCOURT, Charles-Louis, capitaine-major. B. 2940.

DALÈS. Voyez Alès.

DALESME, Jean, chirurgien. H. 1006.

DALFORT, Jean, chanoine de Soissons. H. 1508.

DALIBERT. E. 549.

DALIGAN, Martin. B. 3048.

DALLAY, Jean, laboureur. E. 515.

DALLE, Jean, archer-criminel. E. 546.

DALLEMAIGNE, Louise. E. 511.

DALLERAY, Charles-Louis et Charles-Nicolas. E. 115.

DALLIEZ, Nicaise. B. 463.

DALLON, Barthélemy, laboureur. B. 1868.

DALMAIGNE, coûtre de Laon. E. 509.

DELMAS, commissaire des guerres. C. 205. = Catherine-Henriette. B. 1393. = Didier, seigneur de Commenchon. B. 1356, 1393, 1652. = Jacques, capitaine au régiment de Poitou. B. 1393. = Marie. B. 1393.

DALMASSE, François. C. 270.

DALMET, Marie. B. 685.

DALTOUSE, François. B. 757.

DAMAS (comte de), seigneur d'Hartennes. C. 430, 478.

DAMAY, Antoine et Joseph. H. 1104.

DAMAYE, Jean-Baptiste, collecteur du sel. B. 3993.

DAMBERTRAND, Anne, femme Botté. B. 1161. = Benoît. B. 3544. = Charles, avocat. B. 892. = bailli de Vendeuil. B. 953, 1427. = commissaire aux revues. B. 1278. = maire de La Fère. 859, 1255, 1257. = procureur du roi. B. 743, 891. = procureur général et domainal. B. 3605. = Charles-Michel. B. 829. = chanoine de La Fère. B. 777. = Claude. B. 814, 831. = maire de La Fère. B. 893, 997, 1212. = sergent royal. B. 883. = Françoise, femme Gossart. B. 846, 872, 910. = Jean, bailli de Fressancourt. B. 802. = capitaine de Gercy. B. 3445. = commissaire aux inventaires. B. 668. = lieutenant de maîtrise des eaux et forêts de La Fère. B. 780, 1201, 3548. = notaire. B. 799. = Louis. B. 668, 741, 841. = avocat. B. 841, 1265. = curé de Vouël et de Fargniers. B. 1011. 1710. = maire de La Fère. B. 773. = notaire et procureur. B. 670. = sergent royal. B. 772. = Louise, femme Peyronnet. B. 926. = Marie. B. 953. = Marie-Louise. B. 942. = Nicolas. B. 755, 1214. = Pierre. B. 687.

DAMBON, Pierre. B. 1531.

DAMBOUR, François, orfèvre. B. 644.

DAMBRAINE. E. 387. = demoiselle. E. 374. = grenetier. B. 3880. = Antoine B. 1967. = Charles. E. 351, 353. = lieutenant des grueries d'Aubenton et Rumigny. B. 2504. = Jérôme. B. 1933. = Louis. E. 377. = Marie. B. 1784.

DAMBRAYNE, Jean. E. 341.

DAMBRE, Pierre. H. 1332.

DAMBRON, Claude, vigneron. B. 2717. = Marguerite, veuve Copigneau. B. 2273. = Marie-Jeanne, femme Létanneau. B. 2717.

DAMBRY, Joseph, arpenteur. B. 3747.

DAMÉ, Philippe. B. 450.

DAMERY, Louis, clerc-laïque. B. 479.

— (de), Renaud, chapelain. G. 253.

DAMET, Éloi. B. 1487. = Mathurin, exécuteur des sentences criminelles. B. 980. — E. 493, 499, 514, 515.

DAMICOURT, François. B. 1147.

DAMIDEAU. Marie B. 3907. — C. 853.

DAMIDEAUX. B. 2567, 2595, 2781. = Nicole, femme Fournaise. E. 397.

DAMIDIAUX. B. 2509, 2566, 2735.

DARCOURT, François. H. 770. = Henri-François. H. 843. = Marie. B. 4041.

DARDANNE, Nicolas. B. 1491.

DARDART, Nicolas. H. 1193.

DARDEL, Étienne. H. 1298.

DARDENNE. C. 945. = Barbe, femme Lantoine. B. 1293. = Claude. G. 981. — H. 1339. = Étienne. B. 3617. = François. B. 2499. = Gilles. B. 900, 901. = Jean. G. 253. = Jeanne, veuve Carpentier. B. 806. = Louise. B. 908. = Marie. B. 903. = Pierre. B. 195. = Thierry. B. 3608.

DARDINET. B. 1181.

DARESNE, Jacques. C. 269.

DAREST, Louis, curé de Marfontaine. E. 629.

DARET, Jacques. B. 2605.

DARGENT, Nicolas. B. 486.

DARGENTEUIL, Jacques, soldat. B. 1426.

DARGIES (de), Drieu, seigneur de Marcilly et Jean, sire de Bethencourt et de Marcilly. G. 93. = Louise, femme de Beauvais. H. 1370.

DARGONNE, Jacques. H. 1008.

DARGOUGES. (Voir Argouges.)

DARION, Pierre, charpentier. B. 1063.

DARLON, Guillaume. E. 568. = Nicolas. B. 881.

DAROCOURT, demoiselle, maîtresse couturière. C. 740.

DARQUIER, Marie-Élisabeth. B. 330.

DARRAS, André. B. 1012, 1126, 1143. = Antoine. B. 2128. = Claude. B. 4122. — G. 109. — H. 1387. = François, cloutier. B. 2953. = Hilaire. B. 2128. = Jean. B. 795. = Jean-Louis. C. 520. = Marie-Marguerite. B. 2497. = Nicolas. B. 3184. = Thomas. B. 3453.

DARRAST, Jean. B. 695.

DARRE, Élisabeth. B. 907.

DARRÉ, Pierre. H. 1371.

DARREST, Jean. B. 707.

DARS, François. H. 711.

DARSON, Georges, fermier. B. 3845. = Marin. B. 2434. = Pierre. B. 542, 2154, 2353.

DARSONVAL, Guillaume. H. 1260.

DARSONVILLE. B. 4027. = baron. B. 726. = Antoine. H. 817. = garde vente. B. 1755. = Antoinette, femme Billon. B. 4027. = Étienne, jardinier. B. 2915. = Nicolas. B. 1796. = Pierre. B. 2033.

DART, Judith, femme de Perponcher. E. 557.

DARTEMPS, Claude. B. 3828.

DARTH, Anne, marquise de Varenne. B. 2482.

DARTHOIS, Robert, vigneron. E. 495.

DARTOIS. B. 2720. = Barthélemy, laboureur. B. 2629. = Doynaût, bailli épiscopal de Soissons. G. 253. = Hélène, femme Chauvenet. B. 2898. = Laurent. B. 2890. = Louis-Joseph, avocat. B. 1349. = Louise-Marguerite. B. 1349. = Marie-Louise-Charlotte, femme Cambronne. B. 1349. = Marie-Madeleine, femme Charlier. B. 1303.

DARUEL, Isabelle. H. 1508.

DASCY, Nicolas, notaire. G. 127.

DASPIQUE, Jean. B. 605.

DASSE, Jean-François, bourrelier. B. 3066.

DASSEVILLE, Louis. C. 740.

DASSIER, Catherine. E. 182.

DASSIS, François, garçon bourrelier. B. 3044.

DASSONNEVILLE, Barbe, femme Sarrazin. E. 512. = Jean Richart, chanoine de La Fère. B. 2783.

DASSONYILLE, Anne, femme Delettre. B. 1288. = Antoine. B. 1405. = Augustin. B. 1338. = Charles, prévôt de Ribemont. B. 411. = Françoise, veuve Mignot. H. 1738 = Jacques. B. 2399. = Jean et Marguerite. B. 1338. = Pierre. B. 1486, 3927.

DASSY, Marie, femme Champiot. E. 437.

DAUBENTON. C. 36. = Antoine, vigneron. E. 444. = Claude. B. 2533. = Jean. H. 1066. = Michel. B. 3999. = Nicolas. B. 3140. — H. 838. = Noël, lieutenant de roi des violons et joueurs d'instruments. B. 2366. = Pierre. B. 3463.

DAUBERT, Jean-Charles-François-Gabriel-Marie, officier d'artillerie. B. 1116.

DAUBIGNY, employé des fermes. C. 1042. = Jean, notaire. E. 567.

DAUBOURG (famille). B. 532.

DAUBRAY, Marie, baronne de Brierre, veuve le Cirier. H. 1375.

DAUBREVILLE, Louis-Jean-Baptiste, maître d'école. C. 244.

DAUCHEL, Antoine et Jean-Louis, marchands drapier. B. 111.

DAUCHY, David. B. 3620.

DAUDEL, François. H. 1225.

DAUDET, curé de Saint-Clément. C. 940.

DAUDIGNY. B. 397, 568, 1938, 2565, 2566, 2736, 3154, 3240. = Abel. B. 2432. = Abraham. H. 788. = Bernard, bénédictin. B. 385. = Charlotte. B. 3218. = François. B. 3241. = Jacques. B. 3291, 3917. — H. 788. = Jean. B. 2282. = Jean-Baptiste. B. 2595. = bailli d'Étréaupont. B. 3120. = grenetier. B. 2459, 2601. = lieutenant gruyer. B. 3857. = notaire. B. 10. = procureur fiscal. B. 3277. = Jeanne, femme Bruslez. E. 373. = femme Godart. B. 3425. = Louis-Antoine, avocat. B. 2029. = lieutenant général au bailliage d'Aubenton et Rumigny. B. 2509, 2601. = Nicolas, laboureur. B. 3425. = Pierre, curé d'Etreux. B. 2117. = Quentin. E. 512. = Renée. B. 3179. = Toussaint. B. 518.

DAUDOUEL, Jean. B. 1157.

DAUFFIN, Éloi, greffier de Justice. E. 584.

DAUGE, Anne-Nicole, veuve de Brachet. E. 79.

DAUGE, Marie, veuve Marchand. B. 545.

DAUGER, François. E. 364. = Nicaise. E. 512.

DAUGY, Florimond-François. B. 1423 = François, huissier. B. 1333.

DAULE, Marguerite. B. 474.

DAULLE (Jacques de), curé de Chauny. E. 489. = Jean. B. 1338. = Jeanne, femme Dufour. B. 1338.

DAUMALLE, Antoinette, veuve de Gaillant. B. 1057.

DAUMARD, Hugues. H. 965.

DAUMERY, Paul-Joseph. H. 1361.

DAUNION, Bernard. B. 2090.

DAUPHIN. B. 231. = Antoine, laboureur. B. 2648. = Bernard. B. 4020. = Hugues. H. 1079. = Nicolas, garde de bois et chasse. B. 2696.

DAUPHINOT, Nicolas. H. 1670.

DAURÉ, Charles-Antoine, seigneur de Salency. B. 1350. = François, seigneur de Frières-Faillouël. B. 1466. = Jacques. E. 11. = Marguerite, femme Delaporte. H. 1789.

DAURÉ D'ARMANCY, Sanson. E. 135.

DAURIGNAC DE DECOURT, major de La Fère. B. 666.

DAURON, Claude. B. 1283.

DAURSIGNY, Charles, convers. H. 1328.

DAUSSY. B. 3148. = Isaac. B. 3247. = Jacques, H. 978. = Jean. B. 3141, 3247. — H. 981. = chapelain. G. 7. = Jean-Charles. H. 980. = Pierre. B. 1774. = Thierry. H. 978.

DAUTECOURT, Jacques, curé de Chauny. B. 1551, 1626.

DAUTENCOURT, Baudesson et Berthemet. H. 907. = Remy, maçon. B. 3392.

DAUTEUIL, Sébastien. C. 273.

DAUTHEN, Charles, meunier. E. 516.

DAUTHUILE. B. 3561. = Antoine. B. 1285. = laboureur. B. 3560. = Claude, laboureur. B. 1298. = Élisabeth, veuve Théry. B. 1107. = François. B. 1751. — E. 518. = Marguerite, veuve Pioche. B. 1185. = Marie-Françoise, veuve Lemoine, femme Vualmée. B. 1348. = Moïse. B. 2694. = Philippe, laboureur. B. 782.

DAUTHUILLE. B. 2738. — C. 345. = Laurent. H. 393. = Martin. H 1343. = Nicolas. B. 1123.

DAUTREMET, Françoise. B. 2604. = Jacques. B. 2561. = Pierre. B. 2577.

DAUTREMONT, Catherine, veuve Droguet. E. 539. = Gobert et Jean. E. 537. = Nicolas, laboureur. B. 4101.

DAUTREPPE, Jean. B. 2947. — H. 979. = cordonnier. E. 597. = laboureur. B. 3331. = Marie-Catherine. B. 4118. = Nicolas, charron. B. 2640. = Pierre. B. 2944, 3323.

DAUTTIN, Antoine, boucher. B. 3051.

DAUVERGNE, Jean. B. 672.

DAUVILLIER, Antoine et Louis. B. 2875.

DAUVILLIERS, Isabelle, femme de Fouilloy. H. 214.

DAUX, Clément. B. 2786.

DAUXY, Jeanne, femme de Blécourt. B. 1359, 2892. = Louis. B 1359.

DAVAIN, Grégoire, laboureur, et Jean. E. 593.

DAVAINE, Nicolas. H. 1057.

DAVANES, Alexandre et Jean. E. 331.

DAVAULT, Jean. E. 618.

DAVAUX, Élisabeth, dame de Bacquencourt, veuve de Python. B. 1377.

DAVENNE, Antoinette. B. 467. = Claude. E. 346, 358. = Jeanne. E. 601. = Jérôme, chirurgien. B. 450. = Marie, veuve Coulon. B. 2860. = Nicolas, laboureur. E. 625.

DAVERNE DU BOCAGE, commandeur de Puisieux. H. 27.

DAVESNE, Jérôme. B. 4005. = Louise. B. 91. = Mathieu et Pierre. H. 816.

DAVID. B. 2511, 2874, — H. 1044. = laboureur. B. 375. = Abraham. B. 2940. = Antoine. H. 1848. = Bernard. B. 3360. = Catherine, domestique. B. 153. = César. B. 2696. = Christophe, bonnetier. B. 3333. = François. B. 4019. = chanoine de Laon. G. 467. = principal du collège de Laon à Paris. G. 469. = soldat. B. 495. = François-Marie, receveur des tailles. B. 2025, 2428. = Gérard. B. 3428. = Guillaume. E. 352. = Jacques. B. 2775. = laboureur. B. 2786, 2788. = Jacques-Nicolas. E. 311. = Jacquette, femme Senault. H. 1291. = Jean. B. 108. — E. 314. = Louis. B. 654. — H. 1297. = Louis-François, seigneur de Landifay. B. 363. = Marguerite, femme de Courtenay. H. 1244. = Marie. B. 4117. = femme Foutel. G. 1340. = Marie-Anne. B. 2790. = femme Dupont. B. 3142. = Marie-Anne-Suzanne. B. 364. = Marie-Louise, veuve Rauc. B. 2298. = Marie-Louise-Étienne-Françoise, femme de Fariaux. B. 26. — E. 158. = Marie-Thérèse, femme Lescarbotte. B. 2298. = Martin, chanoine. H. 1402. = Michel. B. 2530. = Montain, laboureur. B. 1122. = Nicolas, laboureur. B. 2817. = Nicolas-Joseph, dit Arlequin. C. 859. = Pierre, berger. B. 486. = sabotier. B. 3142. = tanneur. H. 1000. = Pierre-Louis. B. 4046. = Robert, seigneur de Vesles. E. 574.

DAVIDOUX, Étienne, commissaire d'artillerie. B. 758.

DAVILER, Claude, commis ambulant. B. 3897.

DAVIN, Jean, garde bois. B. 86. = pâtre. B. 3241. = Louise. B. 3241. = Pierre, curé de Montigny-en-Arrouaise. B. 451.

DAVIS, Anne, femme Lambert. B. 351. = Claude. B. 2596.

DAVOINE, Nicolas. H. 784.

DAVOUST, François. B. 2307.

DAVRIL, Claude, vigneron, et Nicolas. B. 2642.

DAY, Sébastien. B. 2698.

DAYMÉ, Claude. B. 2198.

DAYNVAL, Antoinette, femme de Saillant. B. 844.

DAZY, curé de Corbeny. C. 120. = Jean, curé de Cerseuil. H. 1013.

DÉ, Jean, taillandier. E. 350. = Raoulin, laboureur. E. 627.

DÉAL, Jacques, laboureur. G. 29. = Jacques-Nicolas. G. 620. = Marguerite. B. 477. = Nicolas. B. 2199, 4121. = laboureur. B. 382.

DÉALLE. B. 428. = Étienne. B. 616. = Jacques, laboureur. B. 2665. = Quentin. B. 2675.

DEBABUT, Jean. B. 1967.

DEBACQ, Claude. B. 4114. = chanoine de Laon. B. 2841. = Gérard, prêtre. E. 630.

DEBAIL, Antoine. B. 3996. = Antoinette. B. 4003.

DEBAINE, Christophe. B. 3908.

DEBALATRE, Martin. H. 17.

DEBARGUES. Antoine et Georges. H. 1583.

DEBARIS, Marguerite, femme Allavoine. B. 3910.

DEBARRE, Jean. B. 45.

DEBAS. B. 2783.

DEBAUCHÉ, Martin. E. 187. = Nicolas. E. 182.

DEBAUVE, messager. C. 953. = Louis, cordonnier. B. 839.

DEBAVY, Marguerite. B. 2595.

DEBAY, Nicole. B. 3324.

DEBEAURAIN, Claude. B. 3911.

DEBEAUVAIS, Pierre. B. 3244.

DEBEAUVOIS, Marguerite. B. 1827.

DEBEINE, François, sergent de Justice. B. 3007.

DEBEINES, Louis. H. 1583.

DEBEIT, Madeleine. B. 815.

DEBELLAY, Charles. B. 1778.

DEBELLOY, Charles. B. 1807, 1835.

DEBENNE, Béatrix. B. 751.

DEBERDE, médecin. C. 19, 26, 354, 630, 631, 909, 913, 942.

DEBERLY, Jean, marchand drapier. B. 3049.

DEBÉTHUNE, Adrien, docteur en médecine. B. 2644. = Antoine. B. 703, 727. — H. 1251. = laboureur. B 814. = Charles, cordier. B. 891. = François. B. 1035. — H. 1226. = Gilles, curé de Guivry. B. 1628.

DEBEYNE, Chrétien, procureur. G. 484.

DEBIGOURT, Grégoire. B. 674.

DEBILLY, Claude, tanneur. B. 924. = Claude-Marcoul. B. 805. = Françoise, Madeleine et Marcoul. B. 805. = Louis, garde forestier. B 3748. = Marcoul-Claude, dit la Fontaine. B. 931. = Marguerite, veuve Prévost. B. 912.

DEBIONNE, Anne. B. 4130. = Antoine. B. 459. = meunier. B. 457. = Michel. B. 4127. = dragon. B. 496.

DEBLIGNY, Louis. B. 1877.

DEBLOIS, Gilles. B. 2924, 2925.

DEBONCOURT, Nicolas. B. 1510.

DEBONNE, Rosalie. B. 3960.

DEBONNOT, Pierre. B. 1935.

DEBORDEAUX, Henri, docteur en médecine. B. 889.

DEBORDELIAUE, Rémond, docteur en médecine, auditeur en la Chambre des comptes de La Fére. B. 882.

DEBOST, Florentin. B. 3180.

DEBOUE, Louis. H. 766.

DEBOUR, Marie, femme de Brossard. B. 795.

DEBOURGES, Nicolas-Joseph. E. 133.

DEBOURS, Pierre. G. 253.

DEBOUT, Antoine. B. 3142. = Augustin, hôtelier. B. 728. = Baptiste. B. 3138. = Jean. H. 630. = Marguerite, veuve Bitaille. B. 2960.

DEBOUXIN, Florimond. B. 1823. = Jacques. B. 1341, 1852. = Pierre, avocat. B. 1509.

DEBOUZY. B. 516, 2564. = Jacques. B. 3385. = Jean. B. 148, 3140. = Marie. B. 3147. = Noël. B. 368. = Pierre. B. 3130. = laboureur. B. 3130, 3142, 4089. = Roland. B. 2596.

DEBOVE, Jean, chapelain. B. 3111. = Louis. E. 326. = Nicolas. B. 2715.

DEBRAINE. B. 2863. = Antoine. H. 935.

DEBRAINES, Nicolas, mercier. B. 2878.

DEBRAY. B. 3883. = Anne, femme Deschamps. E. 435. = Claude, pêcheur. B. 3187. = Jacques, laboureur. E. 358. = Théodore. B. 518. = Vespasien, meunier. B. 3358.

DEBRAYE. Jacques. B. 2873 = meunier. B. 2771. = Madeleine, veuve Buffry. B. 2885.

DEBRECOURT, Pierre, curé de Molinchart. H. 809.

DEBRETONNE, Pierre, briquetier. E. 559.

DEBRIE, Éloi. B. 1748. = Gilles. E 515. = Jean. B. 2709. — E. 515. = curé d'Épourdon. B. 933. = Philippe. B. 832. = Pierre, tailleur d'habits. B. 1208. = Sébastien. H. 758.

DEBRIES. Louis. B. 1739.

DEBRIGODE, Pierre. B. 1957.

DEBROTONNE. B. 522, 537, 573. = Antoine. B. 529. = Clément. E. 380. = Daniel. H. 1711. = Nicolas. B. 528, 615, 628. = Nicole, femme Barbier. B. 526. = Pierre. H 1711. = Toussaint. B. 643.

DEBRUE, Joseph, supérieur général de la congrégation de Saint-Maur. B. 2726.

DEBRUGE. B. 524. = Jean-Antoine, huissier. B. 634, 1306.

DEBRUN, prieur-curé de Lemé. C. 825. = Jean-Baptiste. B. 155.

DEBRY, procureur du roi. B. 4052. = sous-ingénieur des ponts et chaussées. C. 506. = subdélégué. H. 543. = Jacques. H. 1011. = Jean-Antoine, lieutenant de maire. B. 3348. = Jean-Antoine-Joseph, président au grenier à sel de Vervins, législateur. B. 3336, 4083. — C. 309. — D. 8, 18. = Simonne, veuve Hugé. G. 1732.

DEBRYE, Jean. B. 196. = Jeanne, femme Wyet. E. 614.

DEBRYN, Gérard. C. 340.

DEBUGNY, Pierre. B. 815, 885.

DEBUILLE, notaire. E. 600.

DEBUILLY, Claude. B. 1936. = Louis, mercier. E. 522. = Nicolas, vitrier. E. 520.

DEBUIRE, Claude. B. 1693. = Jacques. B. 1683. = Marie-Madeleine, femme Sinet. E. 391.

DEBURCOURT, Charles. B. 1924.

DEBUSSET, Louis B. 904.

DEBUSSIÈRE, Antoinette. B. 881.

DEBUSSY, François. H. 1320.

DECAEN, Antoine, fripier. B. 907.

DECAISNE, Appolline-Antoinette, femme Dagneau de Richecourt. B. 2635. — E. 95.

DECALAIS, Simon. H. 1368.

DECAMP, Marie-Barbe, femme Chapelet. B. 2967. = Marie-Marguerite. B. 3167. = Pierre. B. 2084.

DECAMPAGNE, Charles, curé de Beautor. B. 914.

DEFRÉVILLE, Guillaume. E. 639.

DEFROT, Jacqueline, veuve Blin. B. 1020.

DEFRUGE, Louis-François, lieutenant de chasses. B. 3412.

DEFRUGES, Louis-Alexandre-Jean et Pierre-François Richard. E. 117.

DEGAND, François, berger. B. 2162. = laboureur. B. 2013. = Jacques. B. 2770. = Pierre. B. 1609.

DEGARDE. B. 540. = Marguerite. B. 3050. = Nicolas, chirurgien. E. 119.

DEGENCOURT, Philippe, laboureur. E. 433.

DEGENNE, Étienne, buraliste. B. 36.

DEGENTE, François. B. 4126.

DÉGIEUX, Françoise. B. 908. = Louis-Antoine. E. 607.

DEGLAIN, Marguerite, femme Roger. E. 574.

DEGLAY, Françoise. E. 380. = Jean. B. 3611. = Nicolas. B. 1249. = Pierre, marchand de bois. B. 904.

DEGOIS, Élie. H. 858.

DEGOIX. B. 539, 540, 2565, 3186. = Adrien. B. 2551. = Éloi. C. 272. = François, clerc laïque. B. 2432. = Jean. B. 249, 3131. = laboureur. B. 3127. = valet de charrue. B. 475.

DEGON. B. 2487.

DEGORNAY, Toussaint. H. 1348.

DEGOURNAY, Jacques H. 1348.

DEGOUSE, Thérèse. B. 3950.

DEGOUZY, Michel. B. 604.

DEGOY, Antoine. B. 1942.

DEGOZE, Jean. H. 1218.

DEGRAIN, notaire. E. 74. = Antoine, notaire. B. 2407. = Charles-Antoine, notaire. B. 2409. — E. 49. = Jean. E. 620. = Pierre, docteur en médecine. B. 2898.

DEGRAND, Charles-Antoine, notaire, et Lazare-Joseph. B. 2031.

DEGUAYE, Jean-Bernard, curé d'Urcel. B. 2705.

DEGUIGNE, Claude. B. 1419.

DEGUISE, François et Jacques. B. 1420. = Pierre. B. 3392.

DEGUISNE (famille). B. 1399.

DEGUNY, Jean. B 3079.

DEHAGUES, Martin. B. 1860. = procureur. B. 1820 à 1830. = Quentin, receveur de l'Hôtel-Dieu de Chauny. B. 1823. = Simon. B. 1698, 1768. = avocat et procureur. B. 1330.

DEHAGUES DE BELLEVILLE, Louis, avocat. B. 1720.

DEHAIE, Simon. B. 752.

DEHAINAULT. B. 531, 573. = David. B. 2202.

DEHAINAUX Jacques, laboureur. B. 3183.

DEHANDAS, Jean. B. 1862.

DEHANT, Louis. B. 3400.

DEHARBE. B. 2564. = Angélique. B. 4093. = Charles. B. 2612. = Christophe. B. 205. = Claude. B. 2451. = Jean. E. 470. = Jérôme. B. 453.

DEHARBES. B. 3105. = César. B. 2716. = Jacques. E. 515. = Jean. B. 678. — E. 473. = Louis. B. 3099. = Olivier. E. 594. = Pierre. B. 3102.

DEHARDES, Jean, clerc. B. 1674.

DEHARDRES, Jean. H. 1102.

DEHARES, Mathieu. B. 723.

DEHARPE, Louis, milicien. B. 4095.

DEHAUSSY, Anne. B. 321. = Pierre. B. 465.

DEHAUT, Pierre. B. 2756.

DEHAY, Simon. E. 511.

DEHAYE, Daniel. B. 3332.

DEHEM. B. 2992. = Charlotte, femme Destrumel. E. 531. = Hubert. B. 2991. — H. 1141. = Jean. B. 3346. — H. 1143. = Pierre et Guillaume. H. 1410.

DEHEN, Furcy. B. 3383. = Jean. E. 451. = Louis-Denis. C. 817.

DEHENT, Jean-Louis. B. 2454. = Louis. B. 93. = Marie-Rose, femme Godart. B. 163. = Robert, maire d'Étaves-et-Bocqueaux. B. 2057.

DEHENT DE ROBIZEUX, demoiselle. B. 2454.

DEHERBE, Antoine. B. 1465. = Philippe, jardinier. B 971.

DEHERBES, Anne, femme Amplement. B. 1267. = Jean. B. 1244. = Louis. B. 1159.

DEHESMOI, curé de Vivaise. C. 938.

DEHEZ, Regnaut. H. 158.

DEHON. B. 1926. = Claude. B. 1377. = Jacqueline. B. 2318. = Jean. H. 784. = Jean-Baptiste. B. 4035. = Louis. B. 134, 493. — H. 784. = fermier. B. 40. = Marguerite, femme Blondel. B. 2037, 2435. = Marie. B. 3910. = Reine, femme Delacourt. B. 3306. = Robert. H. 856. = Toussaint. B. 2374.

DEHORGNE, Marie-Gabrielle. B. 377. = Marie-Thérèse. B. 3964 = Nicolas. B. 2162, 2378. = Simone, femme Deligny. B. 498.

DEHORME, Marguerite. B. 4093.

DEHORNAY, Antoine. B. 2269, 2308. = Françoise. B. 1971. = Louis. B. 1945. = Marguerite, femme Deshaies. B. 2206.

DEHU, Martin. B. 3415. = Paul. H. 843. = Pierre. B. 3397.

DEIMBERT, Henri, chanoine de Laon. H. 222. = official de Laon. H. 6, 22?, 272.

DEJAMBES. B. 3105. = procureur. B. 3091.

DEJANTE. B. 3240. = Marie. B. 2376. = Nicolas. B. 574.

DEJANTES, Remy. E. 581.

DEJARDIN. B. 3265. = Jean, charpentier. E. 397.

DÉJARDIN, Adrien. B. 3081. = Pierre. B. 3141.

DÉJARDINS (famille). E. 382, 387.

DEJAY, Marguerite, femme Mentel. B. 3022.

DEJAYE, Marie-Anne, veuve Carlier. B. 424.

DEJEANTE. B. 3242. = Nicolas. H. 849.

DEJON, Louis. B. 1860.

DEJOUVELLE, Jean. B. 3017, 3033.

DEJOYE, Marc. B. 1736.

DEJUE, Pierre, docteur en médecine. B. 2323.

DEKEN, Guillaume, arpenteur. H. 1121.

DELAAGE, François. B. 1125. = Jean, sergent. B. 666. = Marguerite, fermière. B. 2631. = Marie. B. 897. = Pierre, arpenteur. B. 714.

DELABARRE. B. 3413. = chirurgien. C. 727, 729, 990. = Alis. H. 1508. = Antoinette, veuve Debordeliaue. B. 882. = Charles, commissaire des vivres militaires. H. 519. = Claude. B. 1494. = Emmanuel. B. 880. = Grégoire. B. 3088. = Jean. B. 2885, 3373. — H. 1259. = Jeanne, femme de Vendeuil. H. 1857. = Louis. B. 3067. = prémontré, curé de Martigny et Besmont. E. 378. = Médard, vigneron. E. 502. = Sébastien. B. 360.

DELABASQUE, Simon-Joseph. B. 1489.

DELABAT, prieur de St Léger. C. 954.

DELABIT, Nicolas. B. 654.

DELABORDE, Nicolas. H. 1373.

DELABOUE, notaire. E. 627. = André, notaire. B. 2106. = Marguerite, femme Sauverzy. B. 2714. = Marie-Anne, femme Chebault. E. 469. = Marie-Thérèse, femme Coquebert. B. 2175, 2373. = Pierre. B. 1988.

DELABOVE, Antoine. E. 442. = laboureur. E. 441. = Innocent, notaire. E. 440. = Jean, vigneron. B. 2707. = Pierre, notaire. E. 442.

DELABRANCHE, Marie. B. 462.

DELABRE, Adrien, notaire. E. 505. = Jérôme. B. 945. = Sébastien. E. 54.

DELABRE D'ORANGE, médecin-botaniste. B. 14.

DELABROSSE. B. 427. = Jean, étapier. B. 426. = Louis. B. 257.

DELABRUNE, Raouline, femme de Flichy. H. 1065.

DELABRUYER, Nicolas. E. 110.

DELABRUYÈRE, Jean. H. 1030.

DELABY. B. 2730, 3197, 3266. = Antoine. B. 3328. = Claude. H. 977, 980. = Étienne. H. 858. = François. B. 4098. = Françoise-Marie. B. 401. = Jean, garde-traversier. B. 364. = Jean-Baptiste, maire de Flavigny-le-Grand et Beaurain. B. 2057 = Marguerite. B. 3948. = Nicolas. B. 2534. = Paul. H. 978. = Pierre. B. 4098. — H. 978, 979.

DELABYE, Jean. B. 898, 907. = Jérôme. B. 770. = Louis. B. 3123.

DELACAMPAGNE, Charles, curé de Beautor. B. 1011. = Claude. B. 684. = Claude-François. B. 3159. = greffier de justice. B. 3319. = Gabriel-François, notaire, prévôt de Mons-en-Laonnois B. 2621. = Jean-Baptiste, curé de Nouvion-le-Vineux. B. 2631. = Marguerite, veuve Beledde. B. 3974.

DELACAMPAIGNE, Hubert. E. 506. = Jean. E. 445.

DELACHAPELLE, Jean, vigneron. E. 563.

DELACHASSE. B. 521, 1963, 1975, 2270, 3266. = procureur. B. 1938. = Antoinette, veuve du Harda. B. 1998, 2362, 2375. = Appoline. B. 1998. = Claude. B. 1937, 2303. = François. B. 627. = Françoise. B. 1998. = Joseph. B. 2363. = Louis. B. 1960. = avocat. B. 1998. — Marie, femme Defama. B. 521.

DELACHAUSSÉE. B. 540. = sergent. B. 2366. = André. B. 2380. = sergent royal. B. 2017, 2018, 2366, 2391, 2392. = François. B. 2426. = Gabriel. B. 1686. = Jean. B. 597, 603.

= Joseph, sergent. B. 2344, 2357. = Lambert, curé de Chalandry. B. 2743. = Laurent, laboureur. B. 1869. = Martin. B. 1900, 2273. = Michel, sergent royal. B. 621. = Nicolas. B. 1242, 1510, 1609, 1686, 1824.

DELACHENAYE, Jean-Baptiste. B. 2238.

DELACORDE, directeur des aides. C. 850.

DELACORNE, Denis. B. 3250.

DELACOSTE, Jean. B. 4014. = prieur de Beaulieu. B. 1585.

DELACOUR. B. 530, 531. = Charles, laboureur. B. 2461. = Claude, veuve Mouttier. H. 1390. = Étiennette, femme Bonneterre. B. 3248. = Jacques. B. 1426. = Jean. B. 139. = Louis. B. 154. = Marguerite. E. 624. = Marie. B. 3397. = Marie-Anne. B. 1110. = Marie-Anne-Élisabeth, veuve Marcotte. B. 546. = Marie-Louise. B. 2461. = Nicolas. B. 566. = Pierre. B. 4015. = sabotier. B. 3848.

DELACOURT. B. 319, 1415, 2992. = Alexis. H. 1140. = Anne. G. 1713. = Antoine. B. 1544, 1863. = Balthazar, laboureur. B. 3181. = Catherine. B. 891. = Charles, chanoine de Laon. G. 57. = Étienne. B. 3113. = Françoise. B. 2820. = Gille. B. 2309. = Guillaume, peintre. B. 2929. = Hubert. B. 959. = Jacqueline, veuve Vinchon. B. 2918. = Jacques. B. 2994, 3306. = garde-chasse. B. 3251. = Jean. B. 818. = Jeanne, femme Lafille. B. 982. = Michelle, femme Robert. B. 897. = Nicolas. B. 1137. = Pierre. B. 3431. = Quentin. B. 818, 3218, 3306. = Simon. H. 1508.

DELACROIX. B. 536, 845, 1932, 1906, 2511, 3240. = contrôleur des vingtièmes. C. 307, 319. = maréchal-ferrant. E. 347. = procureur. B. 1938. = Agnès, femme Coquelet. B. 1306. = Alexandre. B. 1986. = bailli d'Iron. B. 3200. = Antoine. B. 1943, 2526. = curé de Macquigny. B. 419. = Charles. E. 630. = vigneron. B. 2648. = Élie. H. 1009. = Isaac. B. 527. = Jacob. B. 1941. = avocat. B. 3830. = cornette de cavalerie. B. 1997. = procureur fiscal. B. 196. = Jacques. B. 2926. = Jean. E. 352, 366. — H. 809. = chanoine de Guise. B. 2011, 2095, 2382. = couturier. E. 545. = curé de Landifay. B. 1961. = Jérôme, tisserand de draps. H. 1004. = Louis, avocat fiscal. E. 467. = Louise, femme de Martigny. B. 2160. = Madeleine. B. 1943. — E. 432. = femme Cochefer. B. 533. = veuve Gérard. B. 2965. = Marguerite, femme Leclerc. E. 430, 436. = Marie. B. 1284, 1961, 1997. = femme Hannoteau. B. 526. = veuve Lejay. B. 811. = Michel. B. 481, 3259. = chanoine de Guise et curé de Pleine-Selve. B. 1982. = Nicolas. B. 2512, 3033, 3248. — H. 796. = chanoine de Guise. B. 2000. = Pasquette. B. 200. = Pasquier. E. 398. = Philippe, doyen du chapitre de Guise. B. 1991. = Pierre. B. 986. = meunier. B. 340. = Robert, vigneron. E. 471. = Suzanne. B. 1943. = femme Daudigny. B. 2132.

DELADOUCE, Gilbert, chirurgien. B. 2350.

DELAFAUX, Antoine. H. 814.

DELAFEUILLE, Nicolas, laboureur. B. 547.

DELAFILLE, François, lieutenant en l'élection de Guise. B. 2075.

DELAFONS, Antoinette. B. 2889. = Catherine, femme Vairon. B. 2865. = Claude, sergent royal. B. 2890. = Jeanne. B. 2889. = Luce, femme de Louen. B. 2890. = Nicolas. B. 2889.

DELAFONTAINE, Jeanne, veuve Deseuste. E. 524. = Nicolas, sergent et garde bois. B. 2098. = Pierre. H. 995. = Thiébaut. H. 1508.

DELAFOREST. B. 630. = Antoine, apothicaire. B. 1298. = Louis. B. 2464.

DELAFORGE, Germain. H. 730. = Henri. H. 1035. = Jean, huissier. B. 1734. = Marie-Anne, veuve Malézieu. B. 1350, 1567. = Nicolas, laboureur. E. 407.

DELAFOSSE. B. 2273. = Antoine. B. 2280. = Étienne, laboureur. B. 4188. = Jeanne. B. 939. = Joseph. H. 1582. = Louis, curé de Jussy. B. 1353. = Thomas. B. 3453.

DELAFOSSE-CHATRY, Marie-Anne-Louise, femme Crommelin. B. 2916.

DELAFREZE, Charles. B. 1847.

DELAGARDE, Anne, veuve Jourdieu, femme Couillette, B. 1344. = Guillaume. E. 442.

DELAGE, Jean. B. 1143. = Pierre. B. 720.

DELAGNY, Jacques-Philippe, prieur, curé de Jussy. B. 1389, 1642.

DELAGRANGE, Jacques. G. 467. = Jean, couvreur. H. 189. = Jeanne-Françoise, veuve Thomassin. B. 2262. = Remy, laboureur. B. 2797.

DELAGROUE, Antoine. B. 3754. = Henri, procureur. B. 1882.

DELAHAIE, Adam. E. 404. = Adrien. B. 986. = Jean, laboureur. B. 3009. = seigneur de Ventelay. B. 3009. = Nicolas, lieutenant de justice. B. 3047. = Valerand, curé de Droizy, puis doyen du chapitre de Laon. G. 80.

DELAHAIGUE, Antoine. E. 105. = Jean. B. 2709.

DELAHAYE, Antoine. B. 752, 875. = commis des aides. B. 1072. = huillier. H. 1006. = sergent traversier. B. 3541. = Charles. B. 3016. = Charles-Henri, lieutenant de Justice. E. 437. = Claude. B. 3011, 3014. — G. 1730. = Étienne, charron. B. 3393. = François. B. 979. = garde bois. B. 353. = laboureur. E. 289. = Henri, serrurier. B. 2648. = Jean H. 1319. = seigneur de St-Brisson, ambassadeur. E. 421. = fermier B. 132. = Joseph. H. 1214. = Marc, seigneur de St-Brisson, capitaine d'infanterie. B. 3058. = Marguerite. H. 1436. = Moïse, vigneron. E. 481. = Nicolas. B. 4113. — E. 420. = bailli de Charly. B. 3032. = maréchal ferrant. B. 2635. = sergent traversier. B. 3541. = Pierre. B. 3016. — H. 392, 1220. = laboureur. B. 893. — E. 570.

DELAHÈGUE, Jean-Baptiste. B. 2840. = Marguerite, femme Dagonet. B. 2674.

DELAHÉRIE, Jean, curé de Wimy. B. 2547.

DELAIDDE, Barbe, femme Hugues. B. 4132. = Jean, prévôt de Mons-en-Laonnois. B. 2745. = Louis. B. 1119. = Thomas. B. 4136.

DELAIGNE, Antoine, chirurgien. B. 846.

DELAILLY, Robert. B. 680.

DELAIN, Antoine, garde des fermes. B. 3899.

DELAIRE. B. 2731. = Antoine. B. 2925. = Antoinette, femme Caron. B. 1344. = Michel. E. 588. = Robert. B. 3012.

DELAISTRE, Antoine et Bertrand. G. 253. = Nicolas. H. 1372.

DELAIT, Pierre, lieutenant. B. 755.

DELAITRE, Florent, meunier. B. 3297.

DELALAIN, avocat. B. 1988. = Anne, femme Gosseau. E. 40. = femme Levent. B. 2175. = Antoinette. B. 547. = Baptiste. B. 1927. = Claude, prêtre. B. 512. = Étienne, avocat. E. 503, 580. = Florentin. E. 580. = Jean-Baptiste. B. 2079. = Jean-Jacques. E. 521. = Jeanne. B. 2327. = Louise. B. 1994. = Marguerite. B. 612. — E. 583. = Marie-Antoinette, veuve Rocourt. B. 546. = Marie-Claude, femme de Foucault. B. 2001. = Marthe, femme de Franquefort. B. 521. = Nicolas. E. 547. = vicaire général et prévôt de Montauban. E. 40. = Pierre. B. 558, 2747, 2886. — E. 40.

DELALANDE, Jean. H. 845.

DELALENTILLE, Nicolas. E. 583.

DELALEU, gentilhomme servant du roi. B. 3597.

DELALEVRE, Claude. E. 504. = François. H. 899. = Pierre, vigneron. B. 2643.

DELALIEU, Antoine, marchand de moutons. B. 787. = Louis. B. 92.

DELALOGE DE SAINT-BRISSON, Jean-Alexis-Henri, fermier général. H. 1520, 1525. = Louis-Ferdinand-Henri. H. 1520.

DELALOYER. B. 2289. = Claude et Lazare. B. 2233.

DELALVÉ, François. B. 2717. = Pierre, vigneron. B. 3111. — E. 562.

DELAMALMAISON, Jean. H. 884.

DELAMARLIER, Mathurin. B. 1416.

DELAMARLIÈRE. B. 1397. = maire de Chauny. B. 1623. = Antoinette, femme Pioche. B. 902. = Catherine. B. 1846. = veuve Gossart. B. 1397. = Charles. B 1419, 1509, 1757, 1812, 1819, 1820, 1838, 1850, 1854, 1858. = Charles-Louis, huissier. B. 1333. = Claude. B. 1823. = Denis. B. 1757, 1816, 1857. = François. B. 1514, 1858. = Louis. B. 1511, 1807. = Madeleine, veuve Morand. B. 1547. = Marie. B. 1826, 1829. = veuve Demay. B. 977. = Nicolas. B. 1422. = Simon. B. 1541, 1831, 1832, 1842, 1853. — H. 1331.

DELAMARRE, Bonaventure, maire de Crécy-sur-Serre. B. 631. = Catherine. B. 631.

DELAMART, Marie-Françoise, femme Benart. B. 3097.

DELAMARTINIÈRE, Nicolas, coquetier. B. 4110.

DELAMER. B. 584. — C. 345. = bailli du comté d'Anizy. G. 33. = Anne-Gabrielle, femme de Hédouville. B.

781. = Antoine, bailli d'Achery. B. 2692. = chanoine de La Fère. E. 463. = procureur. E. 412. = Charles. E. 514. = Claude. E. 21, 493. = notaire. B. 1902. — E. 512. = procureur du roi E. 482. = Ferdinand, procureur du roi. B. 584. — C. 262. = François, chanoine de Laon. B. 2835, 2846. = président au bailliage de Marle. B. 531, 582. — Jean, arpenteur. B. 881. = Marie-Madeleine-Charlotte-Agnès, femme Huot et veuve d'Hurtebise. B. 780. = Marie-Simonne-Agnès, veuve d'Hurtebise. B. 802, 849. = Nicolas. B. 2683. — E. 21. = seigneur de Dampcourt. B. 692. — E. 507. = Suzanne, femme de Hédouville. E. 210.

DELAMESSINE, Claude. H. 1035. = Nicolas, greffier. B. 2773.

DELAMETH, Martin. B. 2788.

DELAMETZ, Antoine et Pierre. B. 2748.

DELAMOTHE, Jacques. B. 774. = Jean. B. 1776. = tailleur d'habits. B. 1237. = Jérôme. B. 1237. = Pierre. B. 983, 1811.

DELAMOTTE. B. 822. = lieutenant de cavalerie. B. 2323. = Adrien, cuisinier. B. 2843. = Alexandre, ex-lieutenant. B. 452. = Antoine, notaire. E. 344. = Baptiste. E. 574. = Bernard. G. 809. = César-François, chapelain. B. 422. = Charles. B. 782. — H. 393 = Élisabeth, veuve Flameng. B. 906. = François, boulanger. B. 878. = couvreur. B. 1068. = maçon. B. 1155. = Françoise, dame de Dallon, veuve d'Y. B. 2891. = Georges. B. 828. = Germain. B. 3067. = Gobine, femme Vincent. B. 884. = Jacques. B. 902, 908, 958, 1032, 1200. = Jean. B. 958. — E. 539. = Louis-Joseph. H. 1454. = Madeleine. B. 1310. = Marguerite. B. 2695. = Marie-Anne. B. 1310. = Michel. H. 1217. = Nicolas. B. 3993. = Noël. E. 537. = Pierre, sergent traversier. B. 716. = Simon. B. 979. = Thomas. B. 1249.

DELAN, Adrien. B. 878. = Thomas. G. 723.

DELANCHY, Antoine, curé. B. 1341. = Jean. B. 1426. = Jean-Baptiste-Nicolas, notaire et procureur. B. 1334. = Nicolas. C. 272. = huissier. B. 3982. = Quentin. B. 4080.

DELANCY. B. 1622. = Charles. B. 2995. — E. 497, 510. = receveur des décimes. E. 489. = Jacques, avocat. E. 488. = bailli de St-Gobain. B. 662. = Madeleine. B. 4117.

DELANDOUZY, Marie. B. 2206.

DELANEUFVILLE, Martin. H. 1219.

DELANGE, Charles-François, curé d'Athies. B. 2801.

DELANGES, Pierre. H. 1042.

DELANNOIS, Abraham. B. 2239, 2244. = Antoine-François, hôtelier B. 927. = Claude. B. 3274. = Germaine, femme Darrest. B. 707 = Nicolas, charron. B. 3144.

DELANNOY, Louis. B. 1849, 1859. = Madeleine, veuve Bailly. B. 1425.

DELANOE, Jean, garde des foires de Champagne et de Brie. H. 1508.

DELANOIX, François. B. 3273. = Jean. B. 2555.

DELANOY, Louis, ex-capitaine commandant. E. 402.

DELANUSSE, Balthazar. B. 1049.

DELAON, François. B. 815.

DELAPIERRE. B. 527, 532. = Antoine. B. 3620. = Charles. B. 1136. — E. 457. = Jean. B. 1136, 1188, 1279. = Noël, menuisier. E. 353. = Pierre. B. 1805. — H. 1508. = meunier. E. 446.

DELAPLACE. B. 1071. = maire d'Achery. B. 2692. = procureur. C. 325. = Antoine. G. 272. = Alexandre. H. 1108. = Catherine. E. 628. = Charles. E. 421. = Claude. H. 1285. = boucher. E. 517. = Élie. B. 2639. = Gabrielle, veuve Loreau. B. 2843. = Henri. E. 110. = Hilaire. B. 738, 752, 817, 1058. = sergent royal. B. 712, 719. = Jacques. B. 2776. = Jean. B. 1009. — E. 628. = vigneron. E. 413. = Jean-Louis. B. 4089. = Jeanne. G. 50. = veuve Pontaine. H. 1387. = Joseph, fermier. B. 3630. = Marguerite, femme Cadot. B. 905. = Pierre-Vincent. H. 819. = Richard, chapelain, chanoine de Moy. B. 919.

DELAPLANCHE. B. 2279. = Antoine. B. 600. = Georges. B. 2004. = Jacques. B. 2252, 2296. = Nicolas. B. 2276, 2282.

DELAPOISE, Jean, curé de Caumont. B. 1640.

DELAPORTE. C. 629. = bénédictin. H. 269. = seigneur de Tincourt. H. 1566. = Anne, religieuse. H. 1566. = veuve Destalle. B. 1559. = veuve Galland, femme Meurice. B. 2890. = Antoine, charron. B. 3998. = Blanchet. B. 978. = Jacques, laboureur. H. 1789. = Jean. B. 966, 2367, 2519. = curé de St-Jean de Saint-Quentin. G. 813. = laboureur. B. 672. = maire de Beaurain. B. 2053. = Joseph. B. 2440, 2553. = Louis. H. 1261. = seigneur de Ste-Croix et de Champaudon. E. 445. = Marie, femme de Truffier. B. 1450. = Martin. H. 1135. = Mathieu. H. 1193. = Nicolas. B. 1818, 3159. — E. 488. = Nicole. B. 337. = Pierre. B. 966, 1675, 1839. = Pierre-Joseph, prêtre. B. 2125. = Regnault. B. 1235. = Sanson. B. 2923.

DELARAUX, Jean. B. 1383.

DELARBRE, Jean, chirurgien-herboriste. B. 2545. = Marie, femme Blanche. B. 2066.

DELARIVE, Nicole. B. 3905.

DELARIVIÈRE, Jean, sergent royal des aides. E. 471.

DELAROCHE. B. 957. = Élisabeth, femme de Macquerel. B. 1338. = Pierre. B. 862.

DELARQUE, Pierre, boucher. H. 1003.

DELART, demoiselle. B. 1253.

DELARUE, Bastien. H. 819. = Claude, maçon. E. 616. = Étienne. E. 352. = Jacques. B. 772. = Jean, couvreur. E. 622. = Jeanne, veuve Lerouge. B. 876. = Louis. E. 360. = Louis Charles. E. 393. = Nicolas, curé de Crotoy. B. 1899. = Pierre, laboureur. B. 1562.

DELARUELLE. B. 2659. = Amaury. H. 391, 392. = Élisabeth. B. 897. = François, mulquinier. B. 2920. =

Françoise, femme Levaire. B. 3219. = Jean. B. 203, 1805, 1958 = Louis. B. 2390. = Nicolas, maire de Guise. B. 2052. = Pierre et Quentin. B. 2907. = Thomas. B. 3216.

DELASALLE, employé des fermes. C. 1042. = Claude, imager. E. 541. = Jean. B. 821. = meunier. B. 3172. = Louis, charpentier. E. 591.

DELASSAUX. B. 2736. = Jean. B. 2547. = Jean-Louis. B. 3223. = Louis. B. 3146.

DELASSEAUX, Étienne. B. 3221. = Michel, laboureur. B. 2972.

DELASSUS, François. B. 2523, 2582.

DELATABLE, Claude. H. 1091.

DELATOMBE, Barthélemy. H. 734. = Jeanne. H. 1508.

DELATOUCHE, Jacques H. 1434.

[DELATOUR. B. 874. = curé d'Esquéheries. B. 2071. = Antoinette, veuve Cheval. B. 908. = Charles, directeur des vivres d'Italie et François, cuisinier. B. 2903. = Jean. B. 2076. = vigneron. E. 506. = Jeanne. B. 3273. = Marie, veuve Cartier. B. 1158. = Maurice-Quentin, peintre. B. 2903. = Pierre-Joseph-Emmanuel-Gilbert. B. 1899.

DELATRE, Jean. B. 3434.

DELATTE. B. 2874. = Nicolas. B. 2821.

DELATTRE, Anne. B. 1959, 1961. = femme Lescarbotte. B. 1942. = Barbe. B. 2141, 2160. = femme Fleury. B. 2161. = veuve Delaloyer. B. 2338. = Bernard. B. 1931. = Charles. B. 1931. = chanoine de La Fère. B. 1506. = Claude-Marie. B. 3216. = François. B. 4011. = Jacqueline. B. 3916. = Jean. B. 2164, 2319. = avocat. B. 437, 2333. = receveur du tabac et du café. B. 3216, 4111. = Jean-Louis-Antoine, receveur des traites. B. 3340. = Jean-Paul. B. 2017, 2029, 2109, 2254, 2414. = Lambert. B. 919, 920, 1961. = Lambert-Joseph. B. 2034. = avocat. B. 2019, 2244. = Laurent. B. 2294. = Lazare. B. 2088, 2274, 2338. = avocat. B. 2338, 2343. = receveur des fermes du roi. B. 2003. = Louise, femme Baligant. B. 2146. = Marie, veuve Dumangeot. B. 2141. = Nicole. B. 900. = Roland. B. 1961, 2076, 2308. = Simon. B. 4029. = Simonne, femme Mennechet. B. 1936.

DELATTRE DE LA MOTTE, Charles-Romain. C. 265.

DELATTRE DE TASSIGNY, Louis. B. 2049. = Louis-Paul, directeur de poste aux lettres. C. 264.

DELAULNE, André, chanoine de Saint-Quentin. B. 2898. = Crépin. H. 1070. = Jacques, vigneron. H. 1072. = Jean. H. 1050. = Nicolas. H. 1069. = Pierre. H. 1067, 1068.

DELAUNAY, Philippe, maréchal de logis des gendarmes du roi. B. 2641. = Pierre, seigneur de Valoret. B. 842.

DELAUNAY DES LANDES, directeur de la manufacture des glaces de Saint-Gobain. B. 3574. — C. 66, 68, 664, 709, 938, 945. — D. 6, 14.

DELAUNOY, Pierre. H. 1057.

DELAURIER, Claude. B. 3061.

DELAVACHE, François, curé de Neuflieux. B. 1388.

DELAVAL, Jacques. H. 1256.

DELAVAUX, Théodore. H. 1619.

DELAVEFVE, Jeanne. E. 616.

DELAVENERY, Valentin. B. 3012.

DELAVENNE, Joseph, maréchal-ferrant. B. 1750.

DELAVERGNE. B. 2730.

DELAVIÈRE, Pierre, élève vétérinaire. C. 634.

DELAVIGNE, Marc-Antoine. B. 3065. = Morand. H. 794.

DELAVINGNE, Charles. B. 1850.

DELAVOIX, Jean, boucher. B. 2882.

DELBARRE, Antoinette et Charles. B. 4005. = Jean-Michel. B. 3954.

DELCEAU, Marie-Jéronte, femme Pétré. B. 492.

DELCOINT. B. 2564.

DELCOURT, Marie-Louise. B. 2600. = Pierre. B. 331.

DELEAU, chirurgien. B. 1903. = curé de Festieux. B. 2841. = Claude. E. 507.

DELEAUE, Antoine, vigneron. B. 1761.

DELEBÉE, Antoine. B. 732.

DELÉCLUSE. B. 1527. = Antoine. H. 852. = Claude. B. 1852. — H. 852, 1336. = François. B. 1540. = Jean, maçon. E. 659. = Marie, veuve Malet. B. 923. = Martin. B. 1533.

DELÉCLUZE, Antoine. B. 879. = Barbe, veuve Mouret. B. 1526. = Claude. B. 1803, 1821. = Georges. B. 1758. = Jean. B. 1624. = Jeanne. B. 2984.

DELEDDE, Jean. B. 2710, 2716. = Michel, laboureur. B. 61. = Pierre. B. 3974. — G. 1514. = Thomas. B. 458. = laboureur. B. 61.

DELÉGRE, Antoinette, femme Bunot. B. 913.

DELÉPINE. B. 234. = invalide pensionné, notaire et procureur. C. 390. = Cyr, maître gantier. B. 2853. = François, notaire et procureur. B. 689. = Martin. B. 612. = Pierre-Luglien, secrétaire greffier, garde des archives de La Fère. B. 669.

DELEPLANCQUE, Pierre, chanoine. G. 731.

DELÉPRE, Nicolas. B. 683.

DELERUE, Colart. H. 1762.

DELESCLUSE, Claude. B. 1837. = François, chirurgien. B. 1723. = Georges. B. 1512. = Montaine, femme Boulongne. B. 889.

DELESCLUZE, Claude. B. 1836, 1842. = François. B. 677. = apprenti maçon. E. 515. = Georges. B. 1831. = Jean, charron. E. 525. = Marie, femme Catoire. E. 521. = Martin, sergent royal. B. 1330. = Pierre, foulon de drap. E. 470.

DELESPINE. B. 517, 524, 568. = Gillet. H. 1242. = Michel, apprenti boulanger et pâtissier. E. 525. = Nicolas. B. 2309. = Pierre. E. 623. — G. 253. = Raoulin. E. 623.

DELESSART. C. 70 à 72, 88, 163. 764, 776, 779. = Antoine-Adrien, inspecteur général forestier. B. 3421.

DELESTOL, Denis, briquetier. E. 458.

DELESTRE, Antoine, garde forestier. B. 3749. 3750. = Jean. B. 3619. = Simon. B. 3147.

DELESTRES, Cléophas. E. 16.

DELET, Nicolas. E 556. = Robert. G. 721.

DELETTRE. B. 624, 1938. — E. 12. = demoiselles. B. 2004. = Agnès, femme Clément. B. 2655. = Anne. B. 2328. = Antoine. B. 1985. — E. 119. = Catherine, femme Lalouette. B. 861, 898. = Claude, tailleur d'habits. B. 1188 = Élisabeth, meunière. B 3398. = femme Clément. B. 2012. = François. B. 728, 733. = avocat. B. 2391. = capitaine des vivres. B. 2377. = chanoine de Laon. B 2876. = maître de poste. B. 2011. = Guislain. B. 1283. = Jacques. B. 1274. = Jean. B. 863, 897. = Louis. H. 1286. = Louise. B. 207. = Nicolas. B. 947, 2277. — H. 838. = Perrine, femme Durant. E. 540. = Philippe. B. 1188. = Philippe-François, meunier. B. 4004. = Pierre. B. 2927. — H. 838. = Pierre-Médard, éleveur. B. 1208, 1310. = Raoulin. H. 838. = Thomas. H. 1091. = Yves-François, chanoine de Guise. B. 2026.

DELETTRES. B. 2287, 2295, 2736. = Barbe, femme Lefebure. B. 2366. = François. B. 2289. = Isabelle. B. 998. = Madeleine, femme Lebez. B. 2167. = Madeleine-Gabrielle, femme Daguesseau. B. 2026. = Marie. B. 2136. = Michel, bailli ducal de Guise. B. 406, 624, 1924, 1950, 2037. = Michel-Joseph, bailli ducal de Guise. B. 2026. = Michel-Nicolas-Joseph. B. 2037. = Nicolas. B. 226. = bailli ducal de Guise. B. 714, 1998, 2004, 2325, 2353. = Nicolas-Antoine, président au grenier à sel de Guise. B. 80, 2005, 2013, 2029, 2106, 2110, 2400, 2423, 3885. = Nicolas-Marie-Joseph, bailli ducal de Guise. B. 2023.

DELEUIL, Charles. B. 1849.

DELEURY, Jacques, menuisier. E. 478.

DELEUZE. B. 2862.

DELFERT, Charles, maître de musique. C. 1036.

DELFOSSE, Marguerite. B. 3967. = Nicolas-Joseph, fournisseur de lits militaires. C. 369.

DELGAY, Philippe. B. 4088.

DELGOBE. B. 2848.

DELHAYE. B. 344, 2488. = Antoine. B. 344. = Étienne. B. 81. = Louis. B. 3910. — C. 340. = Marguerite. B. 357. = Simon, bonnetier. B. 920.

DELHOMME. B. 2491. = David, curé de Vouël. B. 1656.

DELHOMME, Nicolas. B. 2377, 3851.

DELHORBE, Élie. B. 3071. = Mathias. B. 2826.

DELHOTEL, provincial des cordeliers. C. 697.

DELIANCOURT, Marie-Gabrielle. C. 679.

DELICE, femme Vachon. H. 1224.

DELICOURT, François. B. 2000. = Pierre. H. 1508.

DELIÈGE. B. 2845. = Jean. B. 1007.

DELIENCOURT, Étienne. B. 1063. = Nicolas, passementier. B. 1378. = Pierre. B. 797.

DELIGNE, Adélaïde-Josèphe et Élisabeth. B. 2914.

DELIGNE, Quentin. C. 269.

DELIGNY. B. 25. = Antoine. B. 4122. = Élisabeth. B. 2692. = François, laboureur. B. 1036. = Henri. B. 612. = Hilaire. E. 43. = Isidore. B. 1747. = Jacques. E. 61. = Jean. B. 676. = berger. B. 2829. = Jean-Baptiste. E. 101. = Jean-Louis. B. 497. = Jean-Nicolas. B. 635. = = Jeanne. E. 398. = veuve Philippot. E. 379. = Joseph. B. 2146. = Louis. B. 1348, 1567, 3925, 4121. = Marie, femme Desmarest. B. 1356. = Nicolas, laboureur. B. 496, 2954. = Pierre. B. 498, 4121. — E. 256.

DELIGNY DE MARSILLY, expert forestier. B. 3541.

DELILLE, Étienne. B. 2397.

DELIMONT, Nicolas. B. 1732.

DELISI, Charles, avocat. B. 3236.

DELISLE, André. B. 2404. = Augustin, maire de Vaux-en-Arrouaise. B. 2055. = Claude, gouverneur de Laon et du Laonnois. E. 487. = Jacques. B. 2399. = Jean-André. B. 2247, 2294, 2391, 2393, 3887. = Siméon. B. 2292.

DELIZY, Claude. B. 1811. = Simon. H. 1300.

DELLEBÉE, Antoine, maître chirurgien. B. 858.

DELMAIRE, Marie-Josèphe. B. 374.

DELMER, Marie-Josèphe, femme Jourdain. B. 2441.

DELOISY, Louis. B. 4121.

DELOIZY, Charles. B. 4121.

DELOMPONT, Jean. B. 755.

DELOMPRÉ, Claude, tailleur. E. 495.

DELONGUEMORT, Pierre. B. 888.

DELOR, Madeleine, femme Chauveau. E. 623.

DELORAINE, Catherine, femme Musemaux. B. 2548.

DELORD, supérieure hospitalière de Liancourt. C. 669.

DELORME, Antoine. H. 809. = Claude. B. 2858. = Éloi. B. 4007. = Jean. B. 3369. — H. 1294. = Jean-Antoine. E. 92. = Louis. E. 531. = Marie-Madeleine. B. 3430. = Olivier. H. 838. = Pierre, capitaine et bailli de Bohain et Beaurevoir. E. 240. = Simon. B. 2873.

DELORY. B. 3203.

DELOUCHE, François. B. 2093. = Marie-Anne. B. 2356.

DELPIERRE, Catherine. B. 222. = Louis. E. 246. = Nicolas. B. 2179.

DELPORTE, Marie-Thérèse, fileuse. B. 4038. = Pierre. B. 2440.

DELSART, procureur de Prémontré. C. 522.

DELUCY, Olivier. B 855.

DELURY, Barbe. B. 890. = Jean. B. 1249.

DELVAL. B. 2992. = Alexis. B. 2991. = Antoine. B. 3210. = Catherine, femme Grévin. B. 2427. — Claude. B. 483. — H. 1146. = François, chaudronnier. E. 497. = Guilain. B. 2340. = Jacqueline, femme Renault. B. 3187. = Jacques. E. 105. = Marguerite, veuve Balle. B. 2991. = Marie. B. 4040. = Marie-Anne-Josèphe. C. 859. = Mathieu. B. 2773. = fermier. B. 1996. = Michel. H. 1142. = cabaretier. B. 2993. = Nicaise. B. 2368. = maire de Buironfosse. B. 2054. = Philippe. B. 3907. — H. 1146. = garde-étalon. C. 268. = Pierre. E. 517, 523.

DELVALLE. B. 2493. = Anne, femme Cordier. B. 468. = Louise. B. 4037.

DELVAR. B. 2489.

DELVARDE, Jacques, meunier. B. 2809.

DELVAS. François, sabotier. B. 389. = Marguerite. B. 389. = Pierre, greffier de justice. B. 2481.

DELVAUDE, Jean-Louis. B. 1146.

DELVAUX, Claude. E. 445.

DELVAY, Jean. H. 1354.

DELVIGNE, Louis. H. 765.

DELVIGNAC DE MONTARNANT, François, seigneur de Beauregard. B. 1466.

DELVILLE, Simon. B. 339.

DELVINCOURT (dame). C. 678. = Nicolas, notaire. C. 310.

DELYON, Charles, vinaigrier. H. 1006.

DEMAGNY, Nicolas. B. 2991.

DEMANEL, ancien officier. B. 1358.

DEMANGE. B. 521, 2568. = Charles. E. 511. = seigneur de Berlancourt, lieutenant particulier au bailliage et présidial de Laon. B. 695. = Jeanne, veuve de Martigny. E. 488. = Robert, sergent royal. B. 1243.

DEMANGEOT, Henri. E. 44. = Lazare-Jean-François, théologal de Laon, et vicaire général. G. 440, 451.

DEMANTE, curé de Ribemont. B. 381. = Philippe-César, arpenteur. H. 631.

DEMARAIS, François, tisserand. B. 3174.

DEMARCEAU, Anne, femme de Gouy. H. 1413.

DEMARCHE, Adrienne, femme Hennesson. B. 763. = Jacques, maire de St-Gobain. B. 674.

DEMARCQ. B. 2489. = Catherine, fileuse. B. 4043.

DEMARCY, Antoinette, Françoise, Jeanne et Madeleine. B. 3356. = Jacques. H. 1171. = Marie-Anne. B. 4040.

DEMARÈRE, Jean. B. 845.

DEMAREST. Claude, laboureur. B. 2950. = Louis. B. 3400. = Marguerite. E. 463.

DÉMARET, Antoine-Étienne, garde forestier. B. 3813. = Étienne, garde forestier. B. 3812. = François. B. 943.

DEMARGUE, Antoine. H. 849.

DEMARLE, notaire. E. 527, 528. = Amand. B. 2814. = Antoine, laboureur. H. 999. = Charles-François, chanoine et trésorier du chapitre de Laon. B. 2777. = Guillaume. E. 471. = Jacques. E. 500. = notaire. E. 513. = Jean-Pierre, tisserand. B. 3101. = Marie-Josèphe, femme Lescure. G. 1346.

DEMARLY. B. 2731, = femme. B. 2369. = Charles. B. 81, 3922. = berger. B. 153, 379. = Françoise. B. 3941. = Jacques. B. 3334. = Jean-Baptiste. B. 2460. = Jean-Nicolas. B. 3165. = Laurent. B. 475. = Marie. B 474. = Marie-Élisabeth. B. 315. = Marie-Madeleine, femme de Jomaron B. 3362. = Michel, drapier et fripier. B. 3120, 3332. = Nicolas, notaire. B. 1334. = Pierre. B. 2113.

DEMAROLLE, Barbe. B. 87. = Étienne. H. 1402. = Louis. H. 785. = Reine. B. 1938.

DEMAROLLES, Nicolas. B. 478.

DEMARQUE, Jean. B. 2602. = Laurent. H. 849. = Marie. B. 4044.

DEMARQUIGNY, Claude. B. 1929.

DÉMARY. B. 1772.

DÉMASLES, Antoine, laboureur. E. 550.

DEMASURE. B. 2566. = Claude. B. 1040.

DEMAULX, Daniel. B. 2588. = Jude. E. 462.

DEMAUX. B. 523, 2567. = Jeanne, meunière. B. 926. = Pierre. H. 1181.

DEMAY. B. 515, 517, 523, 568, 844. — E. 551. = notaire. E. 464. = Abel-Antoine, grenetier. B. 538, 592. = Antoine. B. 549, 569, 591, 3455, 3978. — E. 35, 44, 552. = avocat. B. 522. = grenetier. E. 37, 38. = Catherine, femme Davril. B. 2642. = Charles. B. 3274. — E. 517. = Charlotte. B. 642. = veuve Desains. B. 556. = Claude. B. 1826. — E. 510. = femme de Lancy. E. 497. = Élie. E. 336. = Étienne, cornette. E. 374. = François. B. 836. = Gérard, procureur. B. 511. = Jacques. B. 2684, 3274. — E. 476. = receveur des tailles. E. 406, 497. = sergent. B. 667, 776, 796. = Jean. B. 357. = apprenti boulanger. E. 515. = Jean-Baptiste-Robert. B. 1645. = Jessé, seigneur de Ste-Croix. E. 497. = Josse, seigneur de Landifay. B. 404, 1268. = Louis. H. 1351. = Martin, fermier. E. 550. = Michel, huissier, archer de la connétablie et maréchaussée. B. 666. = sergent royal. B. 772, 776. = Michelle, femme Lemaistre. B. 862. = Nicolas. B. 678, 977, 994, 1044. = hôtelier. B. 877. = Nicole, femme Husson. B. 906. = Noël. B. 547, 553, 598. — E. 35, 38, 44. = chapelain. B. 2788. = grenetier. B. 548, 550, 552. — E. 40. = Robert. E. 497. = greffier de justice. B. 3169. = sergent. B. 668. = Sébastien. H. 834. = Simon, maître d'école. B. 655.

DEMAZURE, François. B. 2548. = François et Jean, arpenteurs. B. 2539.

DEMAZURES, Jean-Baptiste. B. 2595.

DEMEAU. B. 3266.

DEMEAULX, Isaac. B. 3414.

DEMEAUX, Antoine. B. 2533. = Charles. B. 218. = Charlotte. B. 2579. = François, prévôt d'Hirson. B. 2538, 2596. = Jacques, archidiacre de Laon, prévôt de Saint-Gobain. B. 3579. = Jean. E. 353. = Jeanne, veuve Devin. B. 3126. = veuve Ducrot. B. 3159. = veuve Dudrot. B. 2006, 3842. = Louis. B. 3280. = Marc, maître de forges. B. 3154, 3360. — Pierre, seigneur de Villerzy. E. 374. = Sébastien. B. 4083. = prévôt d'Hirson. B. 2538. = président au grenier à sel de Vervins. B. 3333.

DEMEAUX-BOISBOURDRAN, Guillaume, commandeur de Boncourt. E. 613.

DEMELLE. B. 1169.

DEMERAS, Charles-François, capitaine des fermes du roi. B. 2171.

DEMERCY, Jean. B. 798.

DEMERY, Laurent. B. 888.

DEMET, Agathe, veuve Maton. B. 1063.

DEMEULAN, Antoine. B. 868. = maire de Beautor. B. 1000. = François. B. 890. = Jacques et Noël. B. 1215. = Sébastien. B. 1254.

DEMEULIN, Jean-Baptiste. B. 4085.

DEMEURE, Jean. B. 2019.

DEMEVILLE (de), Robert. G. 707. = Roland, clerc. H. 1508.

DEMIGNEAU, Médard, arpenteur. B. 550.

DEMILAVILLE, Jean. H. 1393.

DEMILESCHAMPS, Antoine, notaire. G. 825 à 827.

DEMILLY. B. 1400. — E. 22. = Antoine. B. 1827. = Antoine-Charles, garde chasse. B. 3496. = Charles. B. 928, 1292. = laboureur. B. 1183. = Claude. B. 1519, 1553. = François, serrurier. B. 1539. = Jacques. B. 1824. = Louis. B. 1820. = Pierre. B. 1778, 1825, 3921. — H. 1098. = seigneur d'Homencourt. B. 1472.

DEMINEAUX, Marguerite, femme Douvillier. B. 3184.

DEMISELLE, Antoine. B. 2425.

DEMISSY, Philippe, procureur et notaire. B. 1401.

DEMOLAN, Marie. B. 4094.

DEMOLIN, François. H. 734. = Nicolas. B. 4112.

DEMOLLE. B. 994.

DEMOLON, Jean-François, arpenteur. B. 3796. = Jean-Louis, arpenteur. B. 3797. = Pierre, meunier. B. 3143.

DEMONCEAU. B. 592, 2848, 2990, 3105. = Antoine. H. 835. = Claude, berger. B. 3399. = contrôleur du prêt et droit annuel. H. 1280. = procureur. B. 2887. = Élisabeth-Louise, bénédictine. E. 605. = François. B. 57. = Jacques. B. 826, 1087. = Jean. B. 3124, 3140. — H. 835. = Jean-Baptiste, doyen de Vic-sur-Aisne. B. 3440. = Jean-Jacques, menuisier. B. 3110. = Louise, femme Prudhomme. E. 572. = Nicole, veuve Tiron. B. 3123. = Philippe. B. 3131. = sergent garde de bois, chasse et pêche. B. 3120. = Quentin. E. 540.

DEMONCEAUX, Archange. C. 694. = Hector. H. 798. = Octavien. B. 1420. = Reine. B. 1723.

DEMONCHY, Pierre. B. 3138. = Regnault, notaire. E. 477.

DEMONS, Marguerite, femme Demaroles. B. 3112.

DEMONT, Alexis. B. 364. = Charles. B. 2421. = Charles-Louis. B. 336. = Claude, garde forestier. B. 3748. = Germaine. B. 365. = Jacques. H. 1009. = Louis. B. 364. = Pierre-Louis. G. 473, 475.

DEMONTIER, Michel. B. 1242.

DEMOR, Jérôme, notaire. H. 509.

DEMOREST, Louis, maître des hautes-œuvres. B. 1702. — C. 858, 958.

DEMORGNY. E. 396. = Jacqueline, femme Gamin. E. 368. = Jean. B. 3283. = Joseph, tonnelier. B. 3284. = Louis, notaire. B. 2541. = Marie-Madeleine, femme Demorgny. B. 3283. = Pierre, laboureur. E. 863.

DEMORIENNE, Josias. H. 783.

DEMORY. B. 2723, = subdélégué. C. 45, 195. = Anne, veuve

de Bercourt. B. 1843. = Antoine. B. 1840. = procureur du roi et grénetier. H. 725. = marchand de bois. B. 1450. = Charles. B. 1418, 1829, 1830, 1851, 1852. = maire de Chauny. B. 1333. = Charles-Louis, maire de Chauny. B. 1349. = Claude. H. 843. = François. B. 3083. — H. 703. = Jacques. B. 1840. = avocat. B. 1777. = Jean. B. 1840, 1848, 1850. — H. 1651. = greffier du bailliage de Chauny. B. 1409. = receveur du domaine de Chauny. B. 1503, 1832. = Jean-Claude. B. 1780. = Marie. B. 1855. = Michel. B. 908. = Nicolas. B. 3083. = Simon, inspecteur des bois du canal de Picardie. B. 1295.

DÉMORY-DESGRAVIÈRES, Charles-François, lieutenant-général au bailliage de Chauny. B. 1561.

DEMOUCHY, Abraham. B. 2694. = Jean. B. 2700. = Marie. B. 2308.

DEMOUCY, Pierre. H. 1437.

DEMOULIN, Jean, entrepreneur des étapes. B. 3424. = Nicolas. H. 702. = Simon, laboureur. B. 3405.

DEMOURY, Marie-Agnès. B. 501. = Norbert. B. 79.

DEMOUSTIER, Christophe-Albin, inspecteur général de la capitainerie générale de Vincennes. E. 232. = Étienne, coûtre de Laon. E. 509.

DEMOUY, Pierre, maçon. H. 620. = Regnault. H. 1211.

DENAUX, Jean. E. 178.

DENEL. B. 1744.

DENEAUX. B. 1730.

DENELLE. B. 2490. = Louis. B. 3212, 3331. = Martine, femme Dubourg. B. 3387.

DENESLE, Jean. B. 1763. = Joseph. B. 2184. = Robert, chanoine et curé de La Fère. B. 939.

DENET. E. 22. = Antoine. B. 1715. = Claude. B. 1864.

DENEUFVE. B. 3372. = Daniel. B. 3373.

DENEUFVILLE, Antoine, chapelain. B. 1498. = Étienne. B. 719. = François. B. 3178. = Jean. B. 3178.

DENEUVILLE, Éloi. B. 4085. = François. B. 779. = Guillaume. H. 1194. = Marguerite. B. 3177.

DENEUX, Charlotte. B. 4117. = Daniel, lieutenant de Justice. B. 668. = Jean. B. 3916.

DENIE, Roland, notaire. B. 2531.

DENIÉCOURT (Eudes de). H. 455.

DENIMALE, Urbain. B. 3187.

DENIS. B. 532, 1944, 2223, 2487, 2565, 2627, 2733, 2740. = Agathe, veuve Mathon. B. 1214. = Antoine. B. 1955, 2283, 2786. — H. 1108. = Antoinette. B. 1925. = femme Beaucousin. B. 776. = Augustin, seigneur de Pargny-lès-Bois. B. 3000. = Claude. H. 39. = seigneur de Pargny-lès-Bois. B. 732. = Claudine. B. 1966. = Colin. H. 1195. = Daniel. B. 2338. = François. B. 1966. = laboureur. B. 710. = Germain. H. 774. = Jean. B. 2420, 2781. — C. 515. — E. 124, 624. — H. 774, 1105. = laboureur. B. 473, 2231. = Jean-Baptiste, seigneur de Pargny-lès-Bois. B. 75. = Jeanne, femme Patte. B. 3112. = Louis. B. 819, 2390, 3851. = seigneur de Pargny-lès-Bois. B. 1241, 3557. = Louise, femme de

Lis. B. 690. = Madeleine. E. 396. = Marie-Jeanne. B. 2815. = Marie-Madeleine. B. 2805. = Mathieu. H. 39. = Nicolas. B. 1966. — E. 124. = Pierre, apprenti cordonnier. E. 470. = garde verdure. B. 3091. = laboureur. H. 1609. = René. B. 1810. = Roland. B. 732. = Simonne, veuve Legrand, femme Bertrand. E. 566. = Thomas. B. 3250.

DENISART. B. 3105. = Charles. H. 828. = Étienne. E. 510. = Florent. E. 622. = Jean. B. 3206. — C. 852. = arpenteur et laboureur. B. 2149, 3207. = Jean-Baptiste, procureur au Châtelet. B. 144, 305, 3207. — C. 852. = Jeanne. B. 2181. = Louis. B. 490. = Marie, femme Delachaussée. B. 2017, 2018, 2392. = Martin. B. 2905. = Nicaise. B. 3099, 3102. = Pierre. B. 144. = laboureur. B. 4122. = soldat. B. 2905. = Pierre-Jean-Baptiste. E. 213. = Thomas. B. 4036.

DENISE, Alexandre. E. 320. = Antoine. B. 66. = Jean et Nicolas. B. 457. = Noelle, veuve Delalande. H. 845.

DENISMES, Jean, garde de bois, chasse et pêche. B. 3433.

DENISON, veuve de Vertus. H. 1313. = Jacques. B. 990. = Pierre. B. 2835.

DENISOT, Hugues, charbonnier. B. 1021.

DENIVELLES, Nicaise dit Charlet. H. 142.

DENIVET. B. 2492.

DENIZART. B. 2863, 3107. = Charles, boucher. B. 928. = Charles-Pierre. B. 3555. = François, laboureur. B. 1207. = Pierre, laboureur. B. 2400. = Simon. B. 490.

DENIZET, Antoine. B. 1811. = Michel. B. 2802, 2808.

DENNEQUIN, Claude, curé de Bucy-lès-Pierrepont. H. 901. = François, notaire. B. 11. = Jean, curé de Bucy-lès-Pierrepont. H. 901. = Robert. E. 53.

DENNET. B. 3439. — C. 133. = Antoine-Augustin, prévôt du Laonnois. G. 86. = Claude, bailli de Ham. B. 3450. = gruyer et capitaine de Saint-Lambert. B. 1217. = lieutenant gruyer. B. 3535. = seigneur de Mesbrecourt, conseiller du duc de Vendôme. G. 633. = Éloi. B. 1529. = Jean, bailli de Ham. B. 3439. = Marie, veuve Soulliart. B. 1777. = veuve Selengre. B. 3439, = Marie-Madeleine, veuve de Fay. B. 96, 100. = Pierre. B. 896.

DENNET DE SAINT-ODEBERT. C. 980. = Louis-François-Augustin. C. 308.

DENOUILLE, Barbe, veuve Déruelle. B. 2239.

DENOUVION, Geneviève, femme Égret. B. 450. = Philippe. B. 494.

DENOVION, Jean. B. 1029.

DENOYAL. B. 3105.

DENOYÉ, Jean. B. 457.

DENOYELLE, Antoine. B. 2392. = Claude. B. 1383, 1950. = Félix, chanoine de Tournai. B. 2092. = Pierre. B. 2330, 2599.

DENOYERS, secrétaire d'État. B. 2834. = Jean. H. 177.

DENOYON, Pierre-Joseph, garde forestier. B. 3601.

DENQUIN, Étienne. H. 848.

DENTANT, Antoine. B. 366.

DENTENT. B. 3270. = Joseph-Jacques, mulquinier. B. 394.

DENY, Jean. B. 2856.

DENYS, Louis, seigneur de Thiernu. B. 2684.

DENYSON, Jean. B. 3453.

DEPARIS, Bertrand. E. 452. = Claude, fermier. B. 78. = Étienne. B. 450. = Étienne-Benoît. B. 1553. = François, prieur de St-Thomas. E. 524. = Jean-Nicolas, capitaine d'infanterie. H. 926. = Louise. B. 463. = Madeleine. E. 437. = veuve Demazure. B. 2539. = Marie. B. 1846, 1851, 1854. = veuve de Vrevin. B. 1006, 1158, 1160, 1420, 1513, 1613, 1849. = Nicolas. B. 3076. = Pierre, apprenti boucher. E. 478. = fermier. B. 463. = Thomas, laboureur. B. 481. = Yves. H. 1300.

DEPARME. B. 524, 2567. = Guillaume. B. 2548. = Nicolas. B. 2557.

DEPARPE. B. 2566, 2567. = Antoine, laboureur. H. 630. = Jacques, chanoine. B 2497. = Jean. B. 3198. = Jean-Louis. B. 3283. = Jeanne. E. 612. = Nicolas. B. 828.

DEPAUX, Antoine, laboureur. B. 1544. = Jeanne, femme Desjardin. B. 868.

DEPEAUX, Anne, femme Dumange. B. 3123.

DEPERNAY (famille). B. 319, 2732.

DEPEUGNY, Pierre, valet de chambre du roi de Navarre. B. 679.

DEPICQ, Barthélemy, laboureur. E. 523.

DEPIERRE. B. 3248, 3266, 3270. = Alexis. B. 3259. = Christophe. B. 3618. = Jean. B. 3401.

DEPILLE, Jean. H. 991. = Florent, chanoine de Nesle. B. 2917.

DEPLANCHE, Marie, veuve Frotin. B. 3421.

DEPOIX, Adrien et Jean. B. 2520. = Laurent, cordonnier. B. 1836. = Louis. B. 2003. = Roland. H. 859.

DEPONS, maire de Chaumont-en-Bassigny. C. 625.

DÉPRÉ, Pierre, clerc laïque. B. 4129.

DÉPREZ. B. 520, 3197. = Jacques. B. 2020. = Jeanne. B. 487. = Marie. B. 2551. = Martin-Joseph-Pacifique, notaire. B. 16.

DEPRIX, Louis. B. 2276.

DEPROISI, Michel. B. 613.

DEPROISY, Charles, valet de moulin. B. 2348.

DEPROIX. B. 2848.

DEPRUETZ, Bernard. B. 1242.

DEPUILLE, Offroy. H. 1011.

DEQUAY, Antoine. H. 704.

DEQUAYE, Nicolas. H. 513.

DEQUIN, Adrien. E. 622. = Alexandre, arpenteur. B. 3553. = Angélique. B. 835. = Charles-Alexandre, arpenteur. B. 3600. = Jacques. H. 744. = Jean. B. 487, 2192 — H. 1756. = Jean-Baptiste. B. 2939. = Louis. H. 1756. = Louis-Joseph, arpenteur. H. 1459. = Pierre, notaire et procureur. B. 669, 1207. = Remy. B. 3225.

DEQUIREZ, Étienne. H. 1449.

H. 1532. = François, notaire. H. 995. = Jacques, jardinier. B. 2635. = Jean, vigneron. B. 4112. = Marguerite, femme Lambin, et Marie-Jeanne. B. 3111. = Nicolas. H. 821. = chirurgien. B. 2699. = vigneron. B. 2717. = Pierre-Paul, laboureur. B. 2617.

DESBRIÈRES, directeur des aides. C. 778.

DESBRIEU, Nicolas. E. 512.

DESBROYES. G. 967.

DESBRUYÈRES, Laurent. B. 2318. = sergent. B. 2175. = Martin. B. 3324.

DESCAMPS, cordonnier. C. 746.

DESCANEVELLE, Louis, seigneur de Vincy. B. 690. = Lucie, femme de la Berquerie. B. 2397.

DESCABIÈRE, Antoine, maître d'école. B. 3389.

DESCARIÈRES, Charles. B. 2080.

DESCARMES, Adrien, berger. E. 453.

DESCARSIN. B. 1411, 1738. = Jean-Claude, notaire et procureur. B. 1333, 1354. = Jérôme. E. 206. = Louis, officier du duc de Berry. B. 1350. = Louise. B. 3946. = Thomas, laboureur. E. 439.

DESCARSINS. B. 1399. = Antoine, laboureur. B. 1349.

DESCASSIN, Jean. B. 151.

DESCAYEUX, lieutenant de roi. B. 1915.

DESCŒLLE (famille). B. 525.

DESCHAMPS. B. 517, 520, 523, 1944. = Adrien. B. 2088. = chanoine de Guise. B. 1977. = prêtre. B. 2370. = André. H. 1077. = Catherine, femme de Scévola. B. 1480. = Charles, chanoine de Laon. B. 2841. = Claude, facteur d'orgues. B. 2906. = seigneur de Honnechy, gendarme de la reine. B. 576. = Élisabeth. B. 538. = femme Colbert. B. 2370. = François. B. 1952. — E. 435. = sergent huissier. B. 3005. = Gabriel. E. 430. = Hector. B. 3009. = Jacques, apprenti bourrelier. E. 524. = Jean. B. 552, 659, 3336. — H. 1320. = Jeanne. B. 2427. = Joseph, notaire. B. 535. = Louis. H. 1382. = chanoine de Guise. B. 2370. = Madeleine, femme Parent. B. 529. = Marie-Anne. B. 3055. = Mathieu. G. 701. = Michel. B. 1983. = capitaine des portes de St-Quentin. B. 437. = Nicolas. B. 606. = berger. B. 2819. = Philippe. E. 32. = Pierre. B. 3041. = Vautier, charpentier. H. 143.

DESCHAPELLE, intendant général des fourrages. C. 361.

DESCLINCOURT, Louise, veuve Moisson. B. 3251.

DESCLOCHER, Françoise et Marie. B. 1195.

DESCLOZEAU, soldat. B. 979.

DESCOMPRÉ, Pierre. B. 3037.

DESCORRIÈRE, greffier des amendes. H. 1186.

DESCOUBLEAUX DE SOURDIS, Marie-Madeleine, abbesse d'Origny-Sainte-Benoîte. B. 41.

DESCOURTILS. E. 118.

DESCLIN, Victor. H. 216.

DESCRANES, Jean-Baptiste. B. 4001.

DESELLE. B. 876. = Claude et Gabriel. H. 869. = Jean. E. 183. — H. 869.

DESEMERY. B. 2513, 2566. = Jacob. B. 1806. = Marie, veuve Labbé. B. 2363. = Thomas-Élisée, meunier. B. 3435.

DESEN, Lucien. H. 788.

DESENNE, Antoinette, femme Cellier. B. 2951. = Jacques. B. 4013. = Pierre. B. 4053.

DESENTE, Jeanne, veuve Dufrénoy. B. 2598.

DESERAIN, Jean, garde-chasse. B. 3566.

DESERAULLES, Pierre. B. 1244.

DESERIE. B. 2486.

DESERY, Jean. B. 2549. = Pierre. B. 2573. = Quentin. B. 2573, 2589, 2605.

DESESSARTS, Catherine. H. 12.

DESEUSTE, Jean. E. 411. = Jehanon, vigneron. E. 613. = Nicolas. E. 524. = coûtre-laïque. B. 2855.

DESEUSTES, Charles. H. 1042.

DESFLEURS, Claude, arpenteur. B. 1330. = greffier de l'écritoire. B. 1331.

DESFONTAINE DE LA BOVE, Emmanuel-Désiré-Parfait, officier de cavalerie. B. 2121. 2262.

DESFONTAINES, prieur, curé de Jussy. C. 675.

DESFORGES. B. 1926, 2131, 2283. = André. B. 1288. = subdélégué. H. 1465. = André-Joseph. B. 63, 2021, 2290. = André-Nicolas. B. 2110. = André-Thomas. B. 2101, 3793. = Antoine. B. 2183. = Claude-André. B. 53. = François, curé de Montreux. B. 85, 86, 100, 2182. = Jacques, maire de Guise. B. 2094. = Jeanne. B. 144. = Louis. B. 2011. = Marie-Gabrielle-Josèphe. B. 424. = Nicolas. B. 1987. = Paul Nicolas. B. 2520. = Pierre. E. 666. = curé de Macquigny. B. 2390. = tanneur. B. 2249. = Pierre-Antoine, huissier. C. 326. = Suzanne. B. 219. = veuve Ferrand. B. 2246. = Thomas, procureur du roi. B. 3130. = Thomas-André, procureur fiscal. B. 1992.

DESFORGES DE BEAUVAL, Louis. B. 2012.

DESFORGES DES ESSARTS, receveur de l'élection de Guise. C. 975. = subdélégué. C. 505, 591, 676. = Louis-Lambert-Denis. C. 257.

DESFOSSÉS. B. 1304, 1901. — C. 404. = Anne. E. 232. = dame de Coyolles. E. 119. = Antoine, seigneur de Coyolles. E. 119. = Charles-Jean-Louis, lieutenant des maréchaux de France. E. 119. = Edme-Antoine, seigneur de Beaurevoir. G. 729. = Gabriel, seigneur de Dany, capitaine. B. 787. = Gilles. H. 777. = Jacques. H. 1042. = Jean. H. 1053. = Louis, seigneur de Coyolles. E. 119. = Marie-Louise Gabrielle, femme de Fay. B. 853. — G. 623 = Marie-Suzanne. H. 620. = Nicolas-Mabile. H. 1040. = Thérèse. H. 620. = Yolaine, veuve de Crécy. E. 549.

DESFOSSÉS D'ESGRIGNY. C. 129.

DESFOSSEZ, Adrien. B. 1902. = Aubry, sergent royal. H. 1188. = Louis-Vualerand, seigneur de Potte. B. 851.

DESFRADE, François, major au régiment de Saint-Lieu. B. 3026.

DESFRESNES, Jacques. B. 1821. = Pierre. B. 939.

DESFUGERAIS, ingénieur. B. 912.

DESGARDES. B. 515. = Henri B. 564. = Marguerite. B. 3950.

DESGENART, Charles, capitaine de Fontaine. E. 628.

DESGIEUX. B. 501.

DESGOUTELLES, commandant de Bohain. B. 3846.

DESGRANGES, Guillaume, curé d'Annois. B. 1452.

DESGRIGNY, Jeanne, cordelière urbaniste. H. 1680.

DESGROULY, Louis. B. 1821.

DESGUMONT. B. 1690.

DESHAIE, Nicolas. B. 896.

DESHALÉS, Isaac. B. 1925. = Jean. B. 1270. = Moïse. B. 2206. = Simon. B. 865.

DESHARBES, Charles. E. 611.

DESHAYE. B. 845. = Marie. B. 2343. = Michel, dit la Roze, soldat. B. 966.

DESHAYES, Anne, femme Dumont. B. 2153. = Jean. B. 866, 2014, 3119. = Laurent. B. 2195. = Louis. B. 487. = Marie. B. 2358. = Marie-Jeanne. B. 2432. = Mathurin, geôlier. B. 2419. = Pierre. B. 1090. = Pierre-Benjamin, docteur en médecine. B. 788. = Rosalie, femme Boudelet. B. 3949.

DESHIMEURS, Nicolas. B. 3946.

DESHUREAUX, Jean. H. 1015.

DESIGNY, Marie, veuve Moalin. B. 131.

DESILLES, capitaine. B. 1256.

DESIMEUR, François. E. 216. = retordeur de fil. B. 2476.

DÉSIRÉ, Jean, curé de Tavaux. E. 529.

DESJARDIN. B. 2625. = laboureur. E. 460. = Claude. H. 868 à 870. = Gilles. H. 868, 869. = Jérôme. B. 3375. = Louis. E. 50. = Madeleine, veuve Voyeux. B. 1350. = Martin. H. 869, 870. = jardinier. B. 1193. = Michel. H. 870. = Nicolas. B. 1956. = curé de La Fère. B. 892. = Pierre-Joseph. B. 121. = Simon. B. 868, 908.

DESJARDINS. B. 845. — E. 367. = Abraham, marchand et consul. E. 277. = seigneur de Lesdins et de Sissy. B. 2897. = Alexandre. B. 2239. = lieutenant en l'élection de Guise. B. 2187, 2631. = Antoine. B. 871. = Charles. B. 3997. = Claude-François. B. 834. = François. E. 537. = principal du collège de Saint-Quentin. B. 3303. — G. 813, 818. = Gilles. H. 869. = Jacques, garde de bois, chasse et pêche. B. 3602. = Jean. B. 3600. — H. 1210. = Jeanne, femme Chauvenet. B. 2897. = Joseph. B. 2305. = Louise, femme de Maubréuil. B. 2897. = Madeleine, veuve Aguet, femme de Maubreuil. B. 2897, 2901. = Marguerite - Hunégonde, régrattière. B. 4054. = Martin. H. 869. = Martin Antoine, chanoine de Saint-Quentin. G. 816. = Mathieu. B. 1314. = Michel. B. 3416. = Nicolas. E. 364. = principal du collège de Saint-Quentin. G. 812, 813. = Nicole, veuve Couty. E. 354. = Pierre. B. 543, 2919. = laboureur. E. 368. =

seigneur de Lesdins. B. 2920. = Simon. B. 1048. = Simone, femme Vignier. H. 1259. = Thomas. E. 529.

DÉSJEANTES, apprenti tisserand. E. 629.

DESJOBERT, Louis-Charles-Félix, grand maître des eaux et forêts. B. 3482, 3562, 3775.

DESLAIRES, Jean-Baptiste-Alexandre. E. 29.

DESLANDES, Geoffroy. B. 2925. = Jacques, marchand de toiles. B. 2911. = Marguerite. E. 423.

DESLILE, Jacques. B. 344.

DESLIMONT, Antoine. B. 1721. = Éloi. B. 1829. = Pierre et Robert. B. 1721.

DESLINON, François. B. 1814.

DESLION, Louis, fripier. B. 3534.

DESLISON, Thomas. B. 1957.

DESLOGIS, Nicolas. B. 912.

DESLOIAL, Antoine. B. 318.

DESMANS, Martin. E. 456.

DESMARCQ, Catherin. E. 448.

DESMAREST, André. B. 983. = Antoine. B. 1346. = meunier. B. 1356. = Claude. E. 16, 162. = François. B. 1828. = Jacques, maréchal ferrant. B. 1443. = Jean, trésorier général des finances. B. 2878. = Louis. C. 271. = Nicolas. B. 1172. = marquis de Maillebois, baron de Château Neuf, seigneur de Couvron, intendant des finances. B. 3298. = sergent royal. B. 872. = Noël H. 1302. = Pierre. E. 162. — H. 1332.

DESMARESTS, Jean, procureur du roi. H. 1392.

DESMARESTZ, Jean. B. 2683.

DESMARET, André, lieutenant de justice. B. 662. = Étienne. B. 2767. = François. H. 1272. = Jean. B. 1701. = Jeanne, veuve Apoix. B. 935. = Louis. B. 1283, 3391. = Martin. B. 909. = Paulet. E. 567. = Pierre. B. 1841. = Simon. H. 780.

DESMARETS. B. 988, 1929. — C. 777. = Charles. B. 1710. = Charlotte, femme Foublin. B. 4007. = Claude. B. 1710, 1724. = Françoise, femme Lemaire. E. 603. = Jean. E. 333. = Jean-Louis. H. 1290. = Mathieu, boucher. H. 1183. = Nicolas. B. 1704. = sergent. B. 667.

DESMARETS DE BEAURAINS, Jean-Armand-Zacharie. C. 412, 622.

DESMARETZ. B. 522, 1397. — E. 491. = notaire. E. 498. = Étienne, avocat. E. 527. = Jean. E. 491, 569. = Martin, laboureur. E. 332. = Nicolas. B. 905. = Sébastien, notaire. E. 525.

DESMARQUE, Marie-Thérèse, femme de Thuinery. H. 845.

DESMARQUETS, Philippe-Antoine. C. 411.

DESMARRES, Guillaume. H. 1508.

DESMASURES, Antoine. B. 893. = Claude. B. 890.

DESMAZURE, Antoine. H. 1000. = Nicolas. B. 884.

DESMAZURES, Jean-Baptiste. B. 4103. = Luc, apprenti cordonnier. E. 500. = Michaut. H. 809. = Nicolas. B. 1249.

DESMELIÉ, Simon. G. 1730.

DESMERY, Michaux. G. 529.

DESMOLIN, Gabriel. B. 1607. = Jean. B. 830, 857, 950. = Jean, lieutenant de mairie à La Fère. B. 849.=tailleur. B. 928. = Louis. B. 762. = Pierre. B. 918.

DESMOLINS, Denis, tanneur. E. 471. = Geneviève, femme Drouart. G. 1730. = Jean. B. 1179. = tanneur. B. 818. = Nicolas, cordonnier. B. 1263. = Pierre. B. 891. = Thomas. B. 2683.

DESMOLLIN, Claude. B. 2714. = Jean, brasseur. B. 881.

DESMONCEAU, Claude, chirurgien. B. 2698.

DESMONCEAUX, Antoine. B. 1380, 1381. = Pierre. G. 484.

DESMONNEL, Claude-Louis, sous-lieutenant d'artillerie. B. 1345. = Marie-Anne-Françoise, cordelière. B. 1345.

DESMONT, Hugues. B. 2886. = Jean. B. 1979. = Louis. B. 337, 471, 474, 485, 2642. = Nicolas, official de Laon. H. 347. = Pierre. B. 2253. = Pierre-Denis, meunier. B. 2265, 2438, 2462.

DESMONTS, notaire. E. 512. = Guillaume, sergent. E. 496. = Marie-Rose. B. 3264.

DESMORET, Louis. H. 730.

DESMOULIN, Claude, laboureur. B. 1765. = Jean, entrepreneur des étapes. B. 851. = expert-juré. B. 667. = Jean-Baptiste. B. 1554. = Jean-Jérôme, gendarme des chevau-légers. B. 1018.

DESMOULINS. C. 957. = Camille, publiciste et conventionnel. B. 1919, 2036. — C. 261. = Claude. C. 310. = Jean. B. 936. = Jean-Benoît-Nicolas, avocat. B. 2443. — C. 326. = bailli ducal de Guise. B. 2036, 2454. — C. 261. = lieutenant général au bailliage de Guise. B. 371, 1919, 2031, 2049. = Jean-François. H. 736. = Jean-Jacques. B. 938. = Madeleine. B. 1985. = Marie-Élisabeth. B. 2906. = Marie-Geneviève. E. 469. = Nicolas. B. 1140, 2653, 4027. = Pierre, chanoine de La Fère. B. 1004.=Théodore, curé d'Happencourt. B. 2906.

DESNEUX, Claude, geôlier. B.905, 1229.=Françoise.B.1168.

DESNIS, Montain. B. 1248.

DESNOIELLE, Pierre. B. 3137.

DESNOIS, Antoine. E. 580.

DESNOS, géographe. F. 14.

DESNOUYERS, Jean. E. 472.

DESNOYER, Gabriel. H. 868, 869. = Jean. H. 868.

DESNOYERS, Nicolas. E. 630.

DESNOYERS-DELORME, chanoine de Laon. B. 2842.

DESOBEAUX, Pierre. H. 31.

DESOBLINS, François. B. 3946.

DESOIZE, Anne-Françoise-Clotilde. B. 1566. = Catherine, veuve Pioche. B. 792 = Louis. B. 916. = Barthélemy. B. 944. = Robert. B. 2769.

DESOL, Louis, capitaine réformé. B. 940.

DESON, Antoine. B. 2497.= Éloi. B. 4111.= Jean-Baptiste. B. 4110. = Madeleine, femme Meurice. E. 523.

DESONS, Claude. B. 145. = Guillaume, chaudronnier. E. 497. = Jean, vannier. B. 42.

DESPAGNE, chanoine, chancelier du chapitre de St-Quentin. G. 810.

DESPAGNI, Jean. H. 1508.

DESPALLE, laboureur. C. 951.

DESPARGNAY, Alexandre. B. 658.

DESPARGNY, André. H. 783.

DESPARNAY (famille). B. 429, 525. = Alexandre. E. 629.

DESPENS, Pierre. B. 726.

DESPENSE, Jean. G. 253.

DESPERBAISE, Antoine. B. 420.

DESPERNAY, Jacquin. B. 404.

DESPIERRE, François, laboureur. B. 3404. = Jacques. B. 374. = Louis. E. 12. = Pierre. B. 3403. = laboureur. B. 3394.= Servais. E. 183.

DESPINOIS, Alexisse. B. 54. = Charles, seigneur de Colle. B. 807. = Charles-François et Jules César. E. 125. = Pierre B. 2006, 2236.

DESPINOY, Charles, lieutenant particulier criminel. F. 10. = Charles-Étienne et Charles-Geoffroi, vicomtes de Chavignon, Charles-Philippe H. 1393. = Jean-Michel, curé de Gouy. H. 1170. = Voyez Espinois.

DESPLANCHES, veuve. C. 523. = Adam. H. 7.

DESPLANCQUE, Charles. B. 1838, 1841.

DESPLANQUE, Charles. B. 1571, 1818, 1834. = Marie. B. 1518.

DESPLANQUES, Antoine, doyen du chapitre de St-Quentin. E. 486. = Charles B. 1826, 1836, 1844.

DESPLASSES, Antoine-Pierre. E. 120.

DESPOIS, Jacquette. H. 1310.

DESPOISES, Thiébaut. H. 205.

DESPORTES, Daniel. H. 1788. = Jobert, vigneron. E. 617. = Guyart, vigneron. E. 567. = Michel. E. 569. = Pierre. H. 283, 739.

DESPOSEZ, procureur du roi. C. 286.

DESPOT, Pierre-Louis, procureur. H. 1658.

DESPOTZ, avocat. C. 928.

DESPRÉ, Pierre. B. 2188. = Poncelet. B. 3540.

DESPRÉAU, Annibal. B. 1129. = Claude, laboureur. B. 705.

DESPRÉAUX, Éloi et Michel. B. 1238.

DESPRÉS, Jacques. G. 724. = Marie. B. 3131. = Pierre. B. 372. = Théodore, curé de Croix-Fonsomme. B. 3112.

DESPRET, Nicolas, maître d'école. B. 2953.

DESPREUX, Philippe. E. 463.

DESPREZ, Angélique-Françoise. B. 88. = Antoine, sergent de Justice. B. 2962. = Barbe. B. 4037. = Charles-Eustache, et Claude-Charles. B. 88. = François, chanoine. B 945. = Guillaume. B. 2812. = Henriette-Élisabeth, veuve Desplasses. E. 120. = Hugues. H. 275. = Jean. B. 3171. — H. 885. =chanoine de Sens, légat apostolique. H. 1508. = maréchal ferrant. E. 350. = Marguerite. B. 2065. = Pierre. B. 2395, 3396. — H. 1255. = Vincent, tisserand. E. 526.

DESQUERGUES, gouverneur de Ham. B. 3444.
DESQUIÈNS, Mourart, bailli ducal de Laon. G. 17. = garde-scel du bailliage de Vermandois. H. 455.
DESQUILBET, brigadier réformé. C. 391. = Antoine B. 3280. = François B. 3282. = Jean. B. 3280. = laboureur. B. 3384. = Marie-Louise, veuve Régnier. B. 3278.
DESQUIRÉ, Jean. H. 1258.
DESRAIGNE, Pierre, notaire. B. 10.
DESROBOIS, Madeleine. B. 4124.
DESROTOURS, notaire. E. 405. = François, notaire. B. 37. = Guillaume, notaire. B. 13. = Louis. E. 291.
DESROUSELLE, Claude, chanoine de St-Julien de Laon. B. 2886.
DESROY, Jean-François. B. 946.
DESROZIER, Jacques et Marie. B. 1715.
DESROZIERS, François, apprenti *imager d'argent*. E. 542.
DESRUELLE (famille). B. 516.
DESRUELLES. B. 573. = Jean. B. 3917. — E. 554.
DESRUES, Gabriel, chirurgien. B. 3231.
DESSAIN, quartier-maître. C. 353. = Louis-Jean-Baptiste. H. 1822.
DESSAINT, Louis. C. 271. = Sébastien. B. 923.
DESSAULX, Clarin. B. 676.
DESSAUX, Simon. B. 1489.
DESSAUX DE ROMILLY, Jacques-Étienne, seigneur de Septvaux, directeur de la manufacture des glaces de St-Gobain. B. 852.
DESSE, Antoine, laboureur. B. 2964. = Jacques. H. 1852. = meunier. B. 2983. = Nicolas. E. 182.
DESSEIN, commis. C. 956.
DESSENS, Pierre. B. 2587.
DESSERY. B. 2732.
DESSON, Bernard. B. 3290. = François. B. 2559. = Pierre. B. 3210.
DESSONS. B. 2493. = Antoine, berger. B. 2598. = Jacques. B. 2545.
DESSOTÉ, François. H. 1027.
DESSUILE, commissaire royal. C. 42.
DESSUS, Louis. B. 2555.
DESTABLE, Jean. E. 448.
DESTAIN, Christophe. B. 3619. = Étienne. B. 1008. 3620. = Pasquier, garde forestier. B. 971. = Pierre, maire de St-Gobain. B. 1022.
DESTAL, Antoine. B. 900. = Jean, laboureur. B. 985. = Philippe, hôtelier. B. 913.
DESTALLE, Jean. B. 906. = Nicolas. B. 1559.
DESTAME, François. B. 4096.
DESTAU, Christophe, maire de St-Gobain. B. 665.
DESTAUCHAMP, Simon. B. 363.
DESTAVAYE, Philippe, gouverneur et capitaine de Vendeuil. E. 663.
DESTERME, Louis. B. 3928.
DESTIN. B. 2566.
DESTIVON, Marie. B. 489.

DESTORDOIS, Étienne. B. 894.
DESTOUCHES, Marie, femme Baillet. E. 367. = Roger, curé de Bouresches. H. 1309.
DESTOUMELLE, Louise. B. 345.
DESTOURNELLE, Marie. B. 1962.
DESTOUY, François. B. 1625, 1854, 2986. = laboureur. B. 1868. = Louis. B. 1814, 1840.
DESTRAILLES, Pierre. E. 568.
DESTRANCHAMPS, Quentin. E. 603.
DESTRANCHANT, Marguerite. B. 342.
DESTRÉ, Françoise, femme de Sansay. B. 237. = Jacques. B. 1029. = Jean. B. 3210. = laboureur. B. 3398. = Louis. E. 340. = Poncelet. H. 828. = Romain. B. 2139.
DESTRÉE, Françoise. G. 1295. = Nicolas. E. 58. = dit Champagne. B. 1756.
DESTRÉES, laboureur. B. 507. = Charles. B. 822. = Claude. B. 886. = Henri, prémontré. H. 964. = Madeleine. B. 1543. = Pierre. B. 432.
DESTREMONT, Jean. E. 102.
DESTRÉS, Nicolas. B. 3185. = Pierre, huissier. B. 3134. = Roland. H. 834. = Vincent. E. 612.
DESTRET (famille). B. 1411.
DESTREZ, Geoffroy. E. 518. = Marie-Anne. B. 3247. = Nicolas, laboureur. E. 518.
DESTRIMONT, notaire. C. 1047.
DESTROICT, Jean. B. 3021.
DESTRUMEL. Jacques. E. 534.
DESTRUMELLE, Léger. B. 3943.
DESURMONT, entreposeur de tabacs. B. 4097.
DESVARDE (famille). B. 1928.
DESVARDES, Antoine. B. 1985. = Claude, docteur en médecine. B. 1978. = Élisabeth. B. 2075. = François. B. 2903. — E. 3. = Jean. B. 1987.
DESVATINÉS, Nicolas, menuisier. B. 2515.
DESVIEUX, chevalier. C. 51. = marquis. B. 3516. = Dominique-Étienne, capitaine de dragons. E. 121. = Léonard-Philippe, capitaine de cavalerie, seigneur de Deuillet et Servais. B. 1118. = conservateur des chasses. B. 3519. = lieutenant-colonel de dragons. E. 121.
DESVIEUX-DUMESNIL, capitaine de cavalerie. E. 121.
DESVIGNES, abbé. C. 591. = Jean-François, chapelain. G. 821. = Jean-François-Nicolas, prêtre, seigneur de St-Martin-Rivière et de la Vallée-Mulatte. B. 2259 = Louis. B. 2597. = Nicolas, seigneur de St-Martin-Rivière. B. 36.
DESVIGNES DE LAVARDIN, Nicolas. B. 140.
DESVINS, François. C. 273.
DESVIVIERS, François. B. 1677. = Jean. H. 6.
DESVOITINES, Nicolas. E. 354.
DESVUARDES, Élisabeth, veuve Garnier. B. 1950, 1968. = Guillaume. B. 1941, 1968.
DESWARDE, Claude, chirurgien et barbier. B. 878.
DESWARDES (famille). B. 428.
DESWATINES, Adrien, apprenti tailleur. E. 543. = Antoine, chanoine. H. 404. = Marguerite. B. 282.

DESWEZ. B. 2729.

DÉTALLE, Édouard-Henri. C. 312. = Honoré-Firmin. H. 1341.

DETAILLE, Nicolas. B. 1813.

DETAIQUE, Jacqueline, femme Collefaux. B. 984.

DÉTAL, Christophe, maréchal ferrant. B. 820.

DÉTABLE, Antoine. B. 4127. = Jean, maire de Beautor. B. 866. = Madeleine. B. 478.

DETALLES, Charles. E. 2.

DETHOUY, Jean. H. 1098.

DETINAN, Jacques, *porcher*. B. 456.

DETOUCHE. B. 3270.

DÉTRÉ. B. 3105. = Louis. B, 2555. = laboureur. B. 119. = Thérèse, femme Chauvet. B. 2557.

DÉTRÉE, Nicolas. B. 4094.

DÉTREZ, Claude, garde chasse. B. 3497. = Jean. B. 3415. = Marguerite, femme Moret. B. 3103.

DETROUILLE, Jacques, soldat. B. 2314.

DETRUISON, Jacques. B 2847.

DETRUMELLE, Jean, fermier. B. 3185.

DEUIL, Jean-Pierre, notaire et procureur. B. 669.

DEUILLE, Antoinette, femme Pallatte. E. 390. = Jean. B. 3198.

DEUILLET, Jean (seigneur de). — G. 2. — H. 410.

DEULIN, Jean, huissier. H. 519. = Nicolas. B. 1305.

DEULLIN, Alexandre. B. 3392. = Jean, laboureur. B. 3394.

DEUSART, Charles. B. 2867.

DEUSTERNE, Jean, fermier. B. 526.

DEUX-ANS (Mathieu de), dit La Brèche. E. 515.

DEUZA, François. B, 4004.

DEVAILLY, Louis, syndic d'Autreppes. B. 372.

DEVAILY, Jean. B. 2822.

DEVALLIER, Bernard. B. 135.

DEVALLOIS, Marguerite. B. 2910.

DEVALOIS, Jean. B. 1965. = Roland. B. 2226.

DEVANT, Pierre. B. 728.

DEVAU (famille). E. 396.

DEVAUGERMÉ, Antoine. H. 1071.

DEVAULGERMÉ, Nicolas. H. 1056.

DEVAULX, Barbe. B. 1821. = Claude. B. 1490. = chanoine de Noyon. B. 1348. = Florent. B. 1476. = Guillemette, apprentie couturière. E. 455. = Innocent. B. 1242. = Isambart, cordonnier. E. 467. = Laurent, tisserand. B. 1247. = Marie-Anne et Marie-Jeanne. B. 1348. = Michel. B. 2766. — H. 1226. = Philippe. B. 1476. = Sébastien. H. 807.

DEVAUX. B. 1411. = chanoine régulier. B. 1739. = Antoine. B. 3608. = tanneur. E. 358. = Charles. B. 1743. = directeur des carrosses. B. 2974. = Claude, veuve Pillet. E. 443. = Jacques. E. 380. = Jean. B. 2782. — E. 53, 248. = Jeanne, veuve Louvet. E. 424. = Louis. B. 938, 947, 4026. = Louis, fripier. B. 946. = Marguerite. B. 4039. = femme Orquin. B. 470. = Marie. B. 1766. = Marie-Josèphe. B. 3423. = Marie-Ursule,

femme de Tassart. B. 1458. = Michel. B. 1242. = Nicolas. B. 1806, 4038. = curé de Saint-Pierremont. B. 3325. = Philippe. B. 2974. = Pierre. B. 3415. = Reine. B. 1018.

DEVEAU, Anne. B. 3948. = Bertrand, hôtelier. B. 909.

DEVÈGE, Alexandre, chirurgien. B. 2590.

DEVERCHAIN, Louis. B. 2104.

DEVERLY, François. B. 1038, 1157. = garde-forestier. B. 1008. = François-Honoré. C. 755. = Germain. B. 3820.

DEVERT (époux). B. 2590.

DEVEST, Catherine. B. 715. = Claude. B. 715, 845, 1031, 1613. = arpenteur. B. 1093. = Philippe. B. 778, 916. = Simon. B. 856.

DEVESTE, Marie-Louise. B. 2604.

DEVIEFVILLE, Madeleine, femme Poirée. B. 1211.

DEVIENNE. gouverneur de Valence. B. 3460. = prieur de Prémontré. H. 874. = Abraham. B. 1157. = Adrien. B. 326, 460. = Antoine. B. 911. = Claude. B. 3117. = François. B. 3250. = Jacques. B. 1813. = Louis. H. 1339. = Marie. B. 1283. = Nicolas. B. 2322. = Pierre. B. 647.

DEVIGNE, Marie, femme Delval. B. 2368.

DEVIGNOIS. B. 1944. = procureur. B. 1938. = Antoine. B. 1954. = Anne. B. 2080. = Thomas. B. 2308.

DEVILERS, Charles. H. 838.

DEVILLAGE, Catherine. B. 1122.

DEVILLARS, Adrien. H. 1230.

DEVILLE. B. 2741. — H. 140. = Antoine. C. 270. = meunier. B. 2774, 2781. = Catherine, femme Duchemin. B. 3950. = Charles. B. 361, 1422. = Claude. B. 3065. = Gabrielle, veuve Dumy, femme Roland. E. 373. = Jacques. H. 270. = Jean, notaire. B. 10. = Laurent. E. 340. = Louise, femme Coppeaux. B. 937. = Marguerite. B. 2373. = femme Teron. B. 2949. = Marie. B. 3909. = veuve Ledoux. B. 2445. = Médard. B. 4040. = Nicolas. B 3314. = Pierre. B. 1422. — H. 803. = Quentin. B. 2921.

DEVILLERS. B. 2687, 2844. = Alexis. H. 1217. = greffier. B. 2640. = Antoinette, femme Boutillier. B. 894. = Charles. B. 1337. — H. 1217. = tonnelier. E. 514. = Daniel, vigneron. E. 526. = Denis. B. 3953. = Jean. H. 1245. = Marguerite, fileuse. B. 4041. = Marie-Madeleine, femme Mauprivez. B. 1890. = Mathieu, laboureur. B. 468. = Nicolas. B. 859, 875, 992. = Pierre. B. 2017. = Thomas, curé de Chauny. B. 1357.

DEVILIERS, subdélégué. C. 504.

DEVIN. B. 539, 2565. = Adrien, louvetier. B. 3493. = Antoine. B. 2534. = Benoît, sergent de justice. B. 3091. = Charles, brasseur. B. 3329. = François. B. 2562. = laboureur. H. 630. = Françoise. B. 3129. = Jean. B. 3125. = menuisier. B. 3126. = Louis. B. 2550, 3123. — C. 680, 912. = garde-verdure. B. 3122. = Marguerite. B. 3125. = Marie-Claude, femme Babilotte. B. 3242. = Pierre. B. 2934. = Pierre-Louis. B. 153.

DISANT, Pierre. B. 2717.
DISSANT, François. B. 1177.
DISSAUX, Élisabeth, veuve Sénéchal. B. 939.
DISSEAUX DE RUMILLY, Jacques-Étienne, directeur de la manufacture des glaces de Saint-Gobain. B. 940.
DIVE, Nicolas, curé d'Annois. B. 1554, 1749, 1750.
DIVELLE, Jean. B. 90.
DIVES (famille). B. 524.
DIVORY, Anne, femme de Mongeot. E. 597.
DIVRY. B. 2492. = Adrien. B. 2367. = François. B. 2161. = Madeleine. B. 4085.
DIZY, Jean, laboureur. B. 2963. = Nicolas, laboureur. B. 2948. — H. 1852.
DOA, femme des Viviers. H. 6.
DOBANTON, Nicolas. B. 4014.
DOBSENT. B. 2504. = Claude. B. 2273. = Claude-Maurice. B. 1561. = Louise-Élisabeth. B. 2440. = Nicolas. B. 1997. = Pierre. B. 2287. = Roland. E. 858.
DOC, Jean, évêque de Laon. G. 32.
DOCQ, Martin. B. 844.
DOCTRINAL, Ponce. E. 395.
DODA, femme de Roger de Pont-à-Bucy. H. 222.
DODART, Anselme. G. 62.
DODÉ, Constant. B. 1751. = Jean. H. 1427.
DODEMANT, Henri. B. 2667. = chirurgien. B. 2634, 2636, 2678, 2836.
DODIGNY, Abel. B. 1600. = Michel et Nicolas. B. 3285.
DODINS, Jean. H. 1181.
DOFFÉMONT. B. 429, 516, 663, 724, 3413. = Anne, cordelière-urbaniste. H. 1680, 1681. = César. B. 466. = François. B. 737, 762. = huissier. B. 730. = orfèvre. B. 846, 1011. = sergent royal. B. 910. = Hilaire. B. 844, 892, 901. = Jacqueline, femme Lescot. B. 47. = Louis, fermier. B. 486. = Marguerite. B. 1156. = Quentin. B. 441, 466. = Remy. B. 991.
DOFFIGNY, Marie, femme Leroy. B. 1299.
DOGNY, lieutenant de police. C. 709. = subdélégué. C. 122, 123, 341, 627, 629. = Jean, avocat. G. 471. = Nicolas, chanoine de Laon. B. 2632. = oratorien, chanoine honoraire de Laon. B. 2834.
DOHAN, Gabrielle. B. 876.
DOHET, Hubert, curé de Mennevret. B. 2360.
DOHIS. B. 812. = Charles, sergent royal. E. 518. = Jean, apprenti chirurgien. E. 525. = greffier. B. 634.
DOIGNAT, Jean. B. 3793.
DOIGNY (de), vicomte de Laon. G. 21.
DOINET, Joseph, chanoine. B. 160. = Nicolas. H. 740. = Regnaut. E. 519.
DOIS, Wiart (de). H. 230.
DOISEMONT, Clotilde, dite Taconnet. B. 1305.
DOISY, Regnaut. E. 461.
DOIZELLY, Anne, femme de Grandmont. E. 552.
DOLAIN, Antoine, laboureur. B. 3388.
DOLÉ. B. 1646. = Antoine. B. 3948. = Louis, meunier. B. 1491.

DOLFAY, Hector, sergent royal. B. 3092.
DOLIGNON. B. 2487. = chirurgien. C. 26, 670. = Anne, veuve Berthe. B. 2818. = Charles, laboureur. B. 2803, 2811. = Élisabeth. B. 3130. = Gilles, maréchal ferrant. B. 2374. = Gobert, vannier. E. 465. = Jeanne, femme de Chabert. C. 1048.
DOLLÉ. B. 2662, 4096. = Antoine. B. 797, 1242. = docteur en médecine. H. 1409. = notaire. E. 414. = Claude, notaire. E. 395. = Clément. B. 420. = Étienne, marchand de bois. B. 852, 1204, 1304. = Eulalie. C. 685. = François. H. 846. = vigneron. B. 2635. = Germain. B. 421. = Gilles, notaire. E. 331. = Isabeau, femme Férard. B. 2889. = Jacques. H. 1713. = laboureur. B. 1725. = Jacques-Étienne, arpenteur. B. 3665, 3671, 3696. — E. 162. — G. 17. — H. 689, 1596. = Jean. B. 4031. = Jeanne. B. 1974. = Louis. E. 570. = chanoine de Guise. E. 466. = lieutenant de roi des joueurs de violon. B. 146. = Marguerite, femme Gellée. B. 3098. = veuve Haussy, femme Cagran. E. 606. = Marie-Anne. B. 4047. = Melchior-Antoine, avocat, greffier de justice. B. 3320. = Montain. B. 1242. = Philippe. H. 1713. = Pierre. B. 4119. — E. 105. — H. 808. = Simon. B. 4134. = Théodore. B. 4044.
DOLLESY, Louis. B. 1503.
DOLLIN, Mathieu. B. 3379.
DOLOY, Pierre-Nicolas. H. 1151.
DOLPHIN, Pierre. B. 1247.
DOMERGUE, François. B. 3435. = Pierre, adjudicataire général des gabelles. B. 3969.
DOMFRÈRE. B. 431.
DOMICY, Antoine, maréchal ferrant. B. 3405. = Simon, tailleur d'habits. B. 1563.
DOMILLIERS DE VILLESAVOYE, commissaire des guerres. C. 342, 349, 354, 361, 363, 365, 367, 368, 374, 397, 407.
DOMINIQUE, Louis, laboureur. B. 790. = Louis-Charles. B. 386.
DOMINOIS. C. 200. = directeur des Vingtièmes. C. 282, 307.
DOMISSY, Jean. B. 2890. = Marie. B. 3078. = Moïse. B. 1047, 1817, 1861. = Nicaise, laboureur. B. 1756. = Pierre. B. 1775.
DOMMIERS (de). Aélide. H. 1508. = Agnès, femme de Margival. H. 1223. = Clarin. G. 253. = Dreux, chevalier. H. 1223. = Jean et Marguerite. G. 253. = Pierre. G. 253. — H. 1508. = Raoul, chevalier. G. 253. — H. 1223.
DOMPIERRE (de), Antoine, seigneur de Marcilly. G. 93. = Charlotte, femme de Cohreville. B. 1352, 1451, 2897. = Madeleine, veuve de Suzanne. B. 689 à 691, 703.
DOMPMARTIN (Jean-Baptiste de), curé d'Assis-sur-Serre. B. 565, 584.
DOMPTART, Antoine, David, Philippe et Vincent. B. 1340.
DOMCHERY, Jean. E. 616.
DONFRÈRE. B. 812. = Marguerite. B. 1964, 2309. = Nicolas. B. 2308. = lieutenant d'élection. B. 1946, 2059.
DONGNIS, Charles. B. 1469.

DONNAY, entrepreneur des ponts et chaussées. C. 616. = Antoine, contrôleur-général des domaines. B. 696. = François. B. 760. = Guillaume, entrepreneur. C. 406. = Georges. H. 834. = Jean, commis. B. 3933.

DONNET, avocat. B. 2504. = François. B. 2865. = Roger. E. 344.

DONNOY, Jean, seigneur d'Herbigny. E. 474. = Remy. B. 2104.

DONON, Antoine et Pierre. H. 1724.

DOPSENT, Claude. B. 2384.

DORBAUX. B. 1585.

DORBET, architecte. G. 811.

DORCEVAL. B. 3658.

DORDES, François. B. 692.

DORDIGNY, mercier. C. 72.

DORÉ, B. 2483. = femme. C. 1050.— E. 11. - Fleury. B. 2403. = Grégoire, prieur de Fesmy. B. 466. = Jacques, huissier. H. 1005. = Jeanne, femme Deville. E. 340. = Médard. E. 619. = Michel, curé de Barzy. B. 2374. = Nicolas. E. 625.

DOREGNI, Éloi. H. 869.

DORENCH, Hugues et Pierre (de). H. 1116.

DORIEU, intendant de Soissons. B. 1904.

DORIGNY. B. 960. = intendant du cardinal de Luynes. H. 1128. = mousquetaire. B. 1548. = official du chapitre de St-Quentin. G. 807. = procureur du roi. H. 1158. = veuve. B. 2276. — Anne. B. 2896. = Antoine. B. 716, 1030. = Barbe. B. 716. = Charles-François. C. 1044. = Charles-Henri, lieutenant au bailliage de St-Quentin. B. 2298. = Claude. E. 577. = assesseur en la mairie de St-Quentin. B. 2900. = Claude-Antoine, chanoine de St-Quentin. G. 814. = notaire. H. 1626, 1627. = Colart, tabellion royal. G. 130. = François. E. 162. = chapelain. B. 2896. = laboureur. E. 577. = maréchal ferrant. B. 3426. = Gérard. B. 207 = Jean. E. 74, 182, 588. = laboureur. B. 139. = notaire. B. 2940. = seigneur de Ste-Geneviève. E. 474. = Jean-François, secrétaire de mairie. B. 667, 777, 1011. = greffier consulaire. B. 2902. = procureur de police. B. 668. 2810. = Jeanne-Marguerite. B. 1350. = Julien. B. 2579. = Louis, chanoine et écolâtre de St-Quentin. B. 2896. = lieutenant criminel au bailliage de St-Quentin. B. 1344. = Louise. B. 2896. = Marguerite, femme Hourlier. B. 2898. = Marie-Anne. B. 499. = Marie-Catherine, femme Dagneau. B. 2903. = Mathieu. B. 739. = Nicolas. B. 1422, 2902, 3952. — E. 458. = avocat. B. 780, 849, 1126. = Échevin de St-Quentin. B. 2923. = trésorier des troupes royales. B. 2902. = Nicolas-Charles-François, lieutenant particulier au présidial de Laon. E. 162. = Pierre. B. 959, 1030. = avocat du roi. B. 822. = Quentin-Félix, chanoine. G. 814. = Robert. H. 235. = Robert-Pierre, président de l'élection de St-Quentin. B. 2914, 2916, 3888. — H. 1160 à 1162, 1164, 1165. = Roland. B. 716, 987, 989.

DORIOLLE, Jean. B. 1424.

DORION, Claude, vigneron. H. 507.

DORIVAL, comte, capitaine aux gardes françaises. B. 1295. = Madeleine. B. 3400.

DORJAULT (famille). E. 94.

DORLAN, Daniel. B. 503.

DORLAUT, Gédéon. B. 903.

DORLÉ, Étienne. C. 266. = François. B. 402.

DORLENS, Nicolas. H. 1284.

DORLET, François. B. 4027.

DORLODAT François (de). B. 995.

DORLODO, gentilhomme verrier. B. 1262. = Abraham (de). B. 3578.

DORLODOT, François, seigneur de Danizy. B. 709, 891, 1138.

DORLY, Nicolas, veuve Remy. B. 3067.

DORMAY. B. 1932, 1944, 2272. = Adrien. B. 1959. = Antoine. B. 815, 817, 2107, 2202. = avocat. B. 1956. = chapelain. G. 7. = lieutenant d'élection. B. 1956. = notaire. B. 2420. = Guillaume B. 2142. = Hélène. E. 402. = Jean. E. 338. = lieutenant général au bailliage d'Aubenton. B. 2503 — E. 383. = Jean-Louis, bailli. B. 3348. — E. 377. = Louise, femme Hubert. E. 375. = Madeleine, femme Delafille. B. 2075. = veuve Delettres. B. 226, 2013. = Marguerite, femme Grimblot. E. 370. = Marie, femme Tavernier. B. 892. = Nicaise. B. 2293, 2338. = notaire. B. 13, 1920. = Nicolas. B. 2132. = Nicolas-Marie, notaire. B. 14. = Philippe, principal du collège de Laon. B. 2075. = Pierre-Paul, chanoine de Moy. B. 99. = Thérèse-Nicole, femme Doctrinal. E. 95.

DORMET, François. B. 2694 = Jean, bailli de St-Michel. B. 3275. = notaire. E. 398. = Jean-Louis, fermier. B. 2538. = Nicolas. B. 2498. = Roger. E. 347.

DORMISSY, Moïse. B. 702.

DORMOY, Jeanne, maîtresse d'école. B. 1426.

DORS, Laurent. H. 7.

DORTU, Jean. B. 3376.

DORVILLE, Charles, seigneur de Martigny. B. 2498.

DORY, Jeanne, femme Riquebour. B. 905. = Laurent. B. 748. = Nicolas, serrurier. B. 3612.

DOSSANCOURT. B. 2739.

DOSSENCOURT, Jacques, laboureur. B. 2197.

DOSSIER, Charles. B. 3191.

DOSTAT (de), Alexandre, seigneur de Fontaine-Uterte. H. 1387. = seigneur de la Motte. B. 2898. = Anne. B. 837. = femme de Recourt. B. 2891. = Anne-Henriette-Angélique, femme Duplessier. H. 1387. = Jean. B. 2891. — E. 463. = seigneur du Sart-sur-Serre. H. 1387. = Louis. B. 837. = Louise, femme de la Barthe. H. 1387. = Madeleine. B. 837. = Michel, seigneur du Sart. B. 691, 692. = Ozias. H. 1387.

DOTTENCOURT. B. 2745.

DOUAJ, Girold (de), moine Prémontré. H. 964.

DOUALLE, Louis-Grégoire. C. 195, 909.

DOUAN. B. 2844. = Étienne. B. 2650. = Gaspard. E. 525. = Marie. B. 1206. = Martin. E. 443.

DOUANTELLE, Noé. E. 620.

DOUAY, Anne, veuve Museux. H. 1169. = Antoine. B. 1242. = Charles. B. 2932. = Élisabeth, femme Doinet. E. 519. Jacques. B. 4044. = Jean, receveur des gabelles. B. 4010. = Pierre, laboureur. E. 453.

DOUBLE, Madeleine, veuve Ducastel. B. 911.

DOUBLEMARRE, Jean. B. 1865.

DOUBLEMART. B. 525. = Antoine. B. 1967. = Jacques, maçon. B. 457. = Jean, laboureur. B. 496. = Marie. B. 1967. = Michel, maçon. B. 457. = Pierre, laboureur. B. 1315.

DOUBLET, Antoine, curé de Pierremande. H. 824. = Éloi. B. 677. = Jean. H. 1318. = Jeanne, veuve Alongé. B. 3425. = Marie, femme Dupont. B. 4024. = Pierre. voiturier. B. 928.

DOUBLIOT, Philippe. B. 2857.

DOUBTÉ, Claude, sculpteur. B. 2157.

DOUCE. B. 2513, 2564. = curé d'Hirson. B. 2612. = Antoine. B. 831. = curé d'Hirson. B. 382. = Barbe, veuve Petit. B. 2975. = Charles-Antoine, épicier et vinaigrier. B. 931. = Claude. B. 2971. = Étienne, laboureur. B. 2944. = François. H. 848. = Jacques. H. 1085. = Jacques-Augustin, marchand de chevaux. B. 4101.

DOUCEI, Henri et Raoul (de). H. 1046.

DOUCET, Adrien. B. 1841. = Catherine, femme Thouille. — E. 339, 353, 361. = Jean. B. 1841. = Jeanne. B. 561. = Madeleine. B. 2214. = Nicolas. B. 2545. = Nicole. B. 2133, 2321. = Pierre-Lambert. B. 3283. = Remy. B. 1841.

DOUCEUR, Louis. C. 11.

DOUCHÉ, Antoine, perruquier. B. 1882.

DOUCHY, André, meunier. H. 620. — (de), Thierry. H. 1116.

DOUCOUPE, Wermond, clerc. H. 1223.

DOUCY, arpenteur. G. 375.

DOUDEAUVILLE (de). C. 527.

DOUÉ, Guillaume et Nicolas. H. 1583.

DOUEN, Claude, tanneur. B. 920.

DOUET, Guerlot, gantier. H. 133. = Hubert. H. 1070.

DOUETTE, François. E. 62.

DOUILLY, Antoine. B. 3909.

DOULCET, Alexandre, seigneur de Haucourt. E. 440, 513. = Antoine, seigneur de Courthuis. B. 709, 2683. = sergent ordinaire du roi. H. 203. = Bertrand. G. 1422. = Charlotte, femme Baillet. B. 1040. = Claude. B. 1666. = Gobert, garde-scel du bailliage de Vermandois. H. 455. = Henri, seigneur de Comin, mestre de camp de cavalerie. C. 1039. = Jean, notaire. B. 457. = Jeanne, veuve Demange. B. 1243. = veuve de Martigny. E. 516. = Madeleine. E. 358. = Marguerite, femme Richart. B. 2995. = Marie, veuve Defer. B. 3455. — E. 513. = Quentin. B. 1243, 2683. = huissier, sergent à cheval. B. 1902. = Regnault, lieutenant général du bailliage de Vermandois. H. 147.

DOULLAC, prêtre, chef de musique. G. 807.

DOULTES, Guyon (de). H. 1326.

DOULTRE, Gobert. B. 1930.

DOULY, Edme, curé de Versigny. B. 4117.

DOUMOUZIE, femme Pécheur. H. 292.

DOURDON, Jossé, voiturier. E. 622.

DOURDOUILLE, Mathieu. H. 171.

DOURLAY, Pierre. E. 379.

DOURMOY, Pierre. E. 637.

DOUROCOURT, Robert. H. 1399.

DOURS (de), Jean, Joie et Nicolas. H. 1116.

DOUSSANCOURT, Antoine. B. 3433.

DOUSSE, Charles. B. 904.

DOUSTRAIGE, Étienne. H. 455.

DOUTÉ, Claude. B. 2367. = sculpteur. B. 1458, 2231. = Jean. H. 978. = Pierre. B. 2160. = Siméon. H. 976.

DOUTREMET, Pierre. B. 2560.

DOUTTÉ, Claude, orfèvre. B. 1279.

DOUVE, Simon. H. 1440.

DOUVILLE, chanoine de Saint-Quentin. G. 818.

DOUVILLER. B. 519. = Claude. B. 633.

DOUVILLIER, Étienne, laboureur. B. 3184. = Jean. B. 3327.

DOUY, Paul, geôlier. B. 667.

DOUY D'ATTICHY, Achille, seigneur d'Attichy. E. 309. = Anne, femme de Rochechouart. E. 309, 311. = Antoine. E. 309. = Octavien. E. 309, 310.

DOUZY, Gérard. H. 885.

DOY (Marie de), femme Bilerire. H. 1623.

DOYEN. B. 537, 2997. = Anne. B. 3147. = Antoine. B. 609. = Charles. B. 379, 2996. = Gabriel, boulanger. B. 1504. = Jean. B. 107. = boucher. B. 565. = Marguerite, femme Martigny. B. 3259. = Nicolas. B. 358, 639, 2996. = Pierre-Antoine, avocat, premier secrétaire de l'intendance de Lorraine. B. 852.

DOYER, Nicolas. H. 1050.

DRAGE, Jean et Raoul. H. 24.

DRAGIES (Jean de). H. 1508.

DRAMOITE, Anne, femme Dusollon. E. 561.

DRANCHANT, Marie. B. 3950.

DRAPIER, Jean-Nicolas, marchand drapier. B. 1889.

DRAUSIN, évêque de Soissons. H. 1508.

DREPTIN. B. 2565, 2567, 2568. = Françoise, femme Lebrun. B. 2553. = Jean. B. 2602. = forgeron. B. 2977. = Mathieu. B. 2555. = Michel. B. 2561. = Nicolas. B. 2595. = Pierre. B. 3281.

DRESLINCOURT (famille). B. 1399.

DRETZ, Jean, tonnelier. E. 517.

DREUET, Jean. G. 253.

DREUIL, Marie-Clotilde. E. 2050.

DREUX, François. B. 1685. = Jean-Baptiste. B. 3989.

DREUX (de), Isabeau, femme de Châtillon. G. 2, 11. = Jean, comte. H. 990. = Jeanne, comtesse de Roucy. G. 2. = Robert, comte de Dreux et de Braine. H. 477, 1015, 1016, 1508.

femme Leclerc. B. 871. = Calixte. E. 627. = Catherine. B. 892. = femme Albrot. B. 1942. = Charles. B. 1534, 4042. — H. 1088, 1102.=domestique. B. 2960. =Charles-François, huissier. B. 2446, 2468. = Charlotte, veuve Delaforge. H. 1035. = Claude. E. 348. = garde-forestier. B. 3795. = laboureur. E. 353. = receveur des amendes. B. 3599. = Élisabeth, femme Desmarest. B. 1346. = Éloi. E. 576. = Engrand, apprenti boulanger. E. 544. = Étienne. B. 2429. = tailleur d'habits. E. 379. = Florence. B. 1825, 1826, 1849. = veuve Ledin. B. 1506, 1823. = Florent. B. 1822. = Fourcy, lieutenant de maréchaussée. B. 906. = François. B. 338, 479, 1172, 2514, 2578, 2608. — H. 1361. = huissier. B. 3851. = tailleur. B. 2950. = Françoise. B. 4030. = Geneviève. E. 457. = Gertrude. H. 1508. = Guillaume. E. 341. — G. 75. = Hilaire. B. 1474, 1756, 1782, 1861. = chanoine de Saint-Quentin. B. 1462. = procureur du roi. B. 1494, 1803, 3077. = Hilaire-Remy. B. 1706. = Hugues. H. 477. = Hyacinthe, prieur de Longpont. H. 692. = Jacques. B. 769, 1047, 2433, 4000. — G. 2772. = lieutenant au régiment de Rambures. B. 17. = lieutenant-colonel au même régiment. B. 201. = maréchal de camp. B. 2893. = sellier. B. 867. = Jean. B. 769, 1175, 2945, 4029. = archer de maréchaussée. B. 909. = archidiacre de Thiérache, garde-scel du bailliage de Vermandois. G. 130. — H. 973. = briquetier. E. 549. = garde-marteau. B. 3558. = notaire et procureur. B. 638, 670, 800, 927. = sire de Vesles, garde-scel du bailliage de Vermandois. G. 70, 72. — H. 17, 973. = Jean-Baptiste, curé du Nouvion. B. 2428. = prêtre. B. 129. = Jeanne. B. 3241. = veuve Despense. G. 233. = Joseph. C. 267. = notaire et procureur. B. 2051. = Judith, veuve Legendre. H. 1212. = Louis. H. 1361. = avocat. B. 1330. = lieutenant général au bailliage de Chauny. B. 1846. = Louise. B. 1342, 1706, 3936. = Madeleine. B. 2094. = femme Tavernier. B. 909. = Marguerite. B. 4036. = femme Binet. E. 370. = femme Pescheur. B. 518. = femme Noizet. B. 2631. = veuve Gerault. B. 2900. = veuve Leblanc. B. 1889. = Marie. B. 890, 1125. — E. 64. = veuve Mahieux. B. 3384. = Marie-Anne. B. 3967. = femme Bourlon. B. 2943. = veuve Crommelin. B. 2917. = Marie-Barbe, femme Tordeux. B. 2914. = Marie Élisabeth. B. 3882. = Marie-Françoise. B. 2945, 2958. = Madeleine. B. 2277. = Marie-Jeanne. B. 133. = Martin. C. 269. = Mathieu. B. 2395. = Mathurin. B. 2202. = Nicolas. E. 11, 560. = garde de bois, chasse et pêche. B. 3602. = musicien. E. 615. = Noël, berger. E. 594. = Olivier. B. 2498. = Oudard. H. 1508. = Philippe. C. 616. = Pierre. B. 1047, 1693, 1831, 1954, 2295, 2514. — H. 1079, 1091, 1193. = archer. E. 152. = chanoine de La Fère. B. 824, 900, 966, 1059. — G. 612. = maquignon. B. 3950. = trésorier de Saint-Jean-des-Vignes. E. 434. = Pierrette, femme Lefebvre. E. 510. = Quentin. B. 3116. = Robert. B. 2147, 2380. = laboureur. B. 2356, 2361, 2818. = Robert-Paul, procureur. C. 238. = Vincent. E. 50, 586.

Dubois de Courval, Anne-Louis, conseiller au Parlement de Paris, seigneur de Pinon. E. 203. — H. 1393. = Pierre-Alexis. C. 49, 308,| 332, 479, 596, 978. — E. 203. — G. 25.

Dubois de Liège, Marguerite, dame de Bernoville, veuve de Chastenet de Puységur. E. 608.

Dubordet, curé de Frières-Faillouël. B. 1699.

Duboscq, Gabriel-Nicolas. B. 1101.

Dubourg, arpenteur. C. 912. = chanoine de Laon, trésorier de la chapelle de Liesse. G. 201. = Clarembaud. G. 2. — H. 878. = Ferry, sergent royal. B. 2996. = Henri. E. 467. = Jacques. B. 3996. = Jean. B. 3387. = Marie-Jeanne. B. 3403. = Pierre-Jean, chirurgien. C. 235.

Dubout, Gaspard. E. 277.

Duboys, Claude, notaire, lieutenant de justice. E. 540.

Duboz, Marie. B. 3453.

Dubreuil. B. 1403, = Adrien. B. 1687. = Antoine. B. 1773. = Claude. B. 1779, 1832, 3599. = Jeanne, cordelière urbaniste. H. 1680. = Marie. B. 18. = Pierre. B. 1773, 1811, 4015. — H. 1332.

Dubreuille, Claude. B. 1850.

Dubreul, tanneur. B. 1809. = Adrien. B. 1776. = Claude, commis. B. 1676. = Pierre, boucher. B. 1478.

Dubriez, Marie-Germaine, femme Disseaux de Rumilly. B. 940.

Dubrille, Pierre. B. 1671.

Dubron, Jean. B. 3020. = Nicolas, maître fondeur. E. 429.

Dubua, Marie-Catherine. H. 1759.

Dubucquoy, Jean-Nicolas. B. 3159.

Dubuf. C. 945. — D. 17. = maire de Vervins. B. 3321. = Adrien-Antoine, bailli de Voulpaix. B. 3422. = lieutenant de justice. B. 3321. = Augustin, curé de Marfontaine. B. 3241. = François. H. 981. = Nicolas, brasseur. B. 3326.

Dubuis, Jean, garde marteau. B. 1280.

Dubuisson. D. 12. = Claude. H. 1316. = Crépin. H. 1301. = Jean. B. 2062. — H. 1304. = Nicolas. H. 1270. = Pierre, garde forestier. B. 940.

Dubuquoy. B. 25. = Grégoire, fermier. B. 479. = Jean-Nicolas. H. 848. = Philippe, laboureur. B. 3284.

Duburque. B. 23. = Philippe. B. 474.

Dubus de Bois, Charles-François, vicomte, lieutenant général au bailliage de Rethel. B. 1200.

Dubus, Jean, sergent rural. G. 75.

Duc, Benoît-Claude, ingénieur militaire. B. 940.

Du Caikon, Gabriel, capitaine d'artillerie. B. 780.

Ducaisne, Etienne-Éloi, procureur. B. 2261.

Ducard, Pierre, laboureur. E. 537.

Ducahier. B. 3190.

Ducañne. B. 2304, 2564, 2567, 2595. = Élisabeth-Charlotte. B. 2563. = Jacques, maréchal ferrant. B. 2121. = Jean-Baptiste. B. 2563. = Jean-Louis, maréchal fer-

DUCUGNET, Louis. B. 1417, 1418, 1825, 1833.

DUCYE, Adrien, maître des écoles. E. 420.

DUDA, veuve d'Ors. H. 7.

DUDARET, Nicolas. E. 425.

DUDART, Simon, curé de Marly. B. 2378.

DUDE, veuve. H. 404.

DUDEBOUT, Nicolas. B. 4011.

DUDON, curé de La Ville-aux-Bois-lès-Pontavert. G. 7. = Jean. B. 1804, 3397. — H. 1271. = laboureur. B. 3395. = Marie-Anne. B. 3403.

DUDROT, Charles-François. B. 2019, 3886. = Jean-Baptiste, greffier au grenier à sel de Guise. B. 3842. = président au même grenier. B. 2006, 3885. = Michel-François, aumônier du duc de Berry, grand vicaire du diocèse de Laon. B. 2019. — E. 469 = Pierre. B. 2019. = Yves. B. 1975, 1998, 3886. = receveur des tailles. E. 469. = Yves-Gabriel, receveur des tailles. B. 2019.

DUDROT DE RABOUZY, Charles-François, receveur des gabelles. B. 3924.

DUDRUMEL, Antoine. H. 730. = Simon. B. 2684.

DUET. B. 542, 1471. = Jeanne, femme Mazure. B. 3388. = Pierre. H. 46.

DUEZ, Antoine, Madeleine, femme de Hanon, et Marguerite. B. 704. = Marie. B. 1431. = Marie-Anne, femme Godard. B. 2300. = Martin. B. 3174.

DUFACQ, Louis. B. 819.

DUFAU, Louis. B. 855.

DUFAULX, Simon. B. 612.

DUFAUX, Antoine, laboureur. B. 955. = François-Frédéric, prémontré. H. 860.

DUFAY, baron. C. 51. = Adrien, laboureur. B. 1165. = Claude. B. 3080. = Joseph. B. 1308. = Marcel. B. 887. = Robert, curé de Manicamp. B. 1354.

DUFAYE, Isaac. H. 1267.

DUFAYOT de la Maison-Neuve. C. 678.

DUFFETEL, receveur des traites foraines. B. 2991.

DUFFU, Jacob, maire d'Etréaupont. B. 3119.

DUFLOS, Antoinette, femme Poulet. B. 2899. = Claude, maire de La Fère. B. 665. = Isabeau, femme Devest. B. 1031, 1040, 1613, 1845. = Jacques, fermier. B. 2145. = Jean. B. 811. = Louis, charpentier. B. 1199. = laboureur. B. 2145, 2430. = Marguerite, femme Quenot. B. 1276. = Nicolas, boulanger. B. 2903. = Simon. B. 963.

DUFLOT, curé de Ramecourt. C. 939. = milicien. B. 459. = prémontré. D. 9, 17. — C. 670. = veuve, fermière. C. 861. = Charles, B. 2701. = lieutenant de cavalerie. B. 2897. = fermier. H. 1402. = Claude. B. 2897. = avocat du roi. B. 710. = Dominique. B. 1555. = François. B. 1999. = avocat. B. 941. = François-Michel. B. 1755. = Françoise, femme Bottée. B. 824, 900. = femme Macquelin. B. 1345. = Jean. B. 3957. = Jean-Michel-Nicolas, président au grenier à sel de Laon. B. 3970. = Louis, aubergiste. B. 2268. = Marie. B. 4026. = Marie-Anne. B. 2916. = Nicolas. B. 2018. = apothicaire. B 1206. = Philippe. C. 777. = Pierre. H. 1402.

DUFLOZ, Marie, veuve Fresne. B. 1419.

DUFOS, veuve. B. 709.

DUFOT, médecin. C. 28, 630. — D. 15.

Du Fou, Guillaume. G. 253.

DUFOUR. B. 319, 1916, 1928, 2511, 2662, 3190. — C. 1042. = médecin. C. 630. = tisserand. B. 3310. = veuve. H. 233. = Aimé. B. 3385. = Adam, prieur de Saint-Lambert. B. 744. = Antoine. B. 827, 984, 1238, 1388, 3381. — H. 977, 979. = brasseur. B. 729, 825. = Antoinette. B. 2891. = veuve Bottée, femme Saint-Ives. E. 391. = Catherine. B. 3220. = veuve Couvreur. B. 2697. = Charles. B. 1848, 3619. — H. 1106. = garde-forestier. B. 3748. = laboureur. B. 1509. = Charles-Marcel. B. 938. = Claude. B. 441, 641, 755, 773, 827, 921, 1136, 2232, 4018. = laboureur. B. 2949. = Étienne. H. 793. = François. B. 807. = Gilles. B. 3160. = tisserand. E. 375. = Guiard. G. 253. = Hugues. B. 754, 1009. = fermier général des domaines. B. 3579. = Jacques. B. 1263. = Jean. B. 3193. — G. 253. — H. 793, 1104, 1854, 1508. = laboureur. B. 2948. = lieutenant. F. 3. = voiturier. B. 3944. = Jean-Antoine, garde-bois. B. 385. = Jean-Baptiste. B 3967. = Jean-Louis. B. 3220. = Jérôme, sergent de justice. B. 3006. = Joseph. B. 1563. = Justin. H. 1091. = Louis, garde-forestier. B. 3749. = Marie. E. 583. = veuve Brignon. B. 1020. = Marie-Anne. B. 3214. = Marie-Madeleine, femme Gobelet. E. 292. = Marcel, perruquier B. 787. = Marthe, femme Griffard B. 1718. = Martin. B. 1249. = Montain, soldat invalide. B. 935. = Nicaise. G. 530. = Nicolas. B. 3193. — H. 1102. = Nicole. B. 3459 = Noël. B. 4108. = laboureur B. 2960. = lieutenant de justice. B. 3413. = Odon. B. 3123. = Philippe-Montain. B. 1144. = Pierre. B. 1616, 1819, 1842, 1848. — H. 976, 1070, 1072, 1091, 1106, 1246, 1382, 1352. = laboureur. B. 2962. = Simon. B. 729. — E. 402. = marchand de bois. B. 443. = Suzanne, veuve Vuarel. G. 512. = Thomas. B. 3191.

DUFOURNY, Joseph, receveur des domaines. B. 849.

DUFRÊNE, Claude. B. 2994.

DUFRENEY, veuve. B. 946.

DUFRÉNOIS, Jean-Claude. B. 2709.

DUFRÉNOY, dit Lépine. B. 475. = Jean-Claude. B. 2698. = Pierre-Raymond, laboureur. B. 2697.

DUFRESNE. B. 1045, 1257, 2862. = Antoine. H. 1286. = valet de charrue. B. 349. = François, maître poudrier. B. 843, 923. = Gilles. G. 272. = Jacques. E. 432. — H. 1013. = prieur-curé de Charly. E. 433. = Jean-Baptiste. B. 4049. — H. 747. = Jean-Louis-Philippe. B. 1244. = Marie-Anne, femme de Caruel. E. 388. = Marie-Jeanne, veuve de Caruel. B. 229, 2520. = Nicolas, fermier. B. 2699. = Remy-Alexandre. H. 1435. = Simon. B. 3783.

DUFRESNOIS, Adrien. B. 4119. = Nicolas. B. 833. =

DUMOITIER, Moïse, laboureur. B. 768.

DUMOLIN, Pierre. B. 1288.

DUMONSELLE, André. B. 3988.

DUMONT. B. 2738, 3413. = Antoine. B. 1959, 1993, 2234, 2281, 2283. — H. 1560. = Charles. H. 2560. = chanoine de Soissons. H. 504. = Charlotte, femme Desnoielle. B. 3187. = Claude. H. 1351. = chanoine de St-Quentin. B. 3303. — G. 816, 820. = Élisabeth. B. 2717. = femme Ledoux. B. 2636. = Étienne. B. 3324. = François. B. 2709. = Jean. B. 111. — H. 1516. = écuyer. G. 253. = Julien. H. 739. = Laurent, meunier. B. 3358. = Louis. B. 1874. = Louis-Joseph. B. 4097. = Louise, femme Lebasteur. E. 476. = Madeleine. B. 2153. = Marie. B. 2153. = Pierre. B. 1401, 1675, 3273. = laboureur. B. 625. = maître de billard. B. 3361. = meunuisier. B. 1646. = Robert, laboureur. B. 1804. = Simon, tailleur d'habits. H. 1099. = Toussaint. B. 3080.

DUMONTIER, Louis, geôlier. B. 1920.

DUMOSTIER, Nicaise, laboureur. E. 467.

DUMOTIER, Antoine, meunier. B. 2678. = Claude et François. H. 808.

DUMOUSTIER, Claude. B. 3357. = Guillaume. B. 2986. = Guyot. H. 171. = Jacques. H. 1583. = Pierre. B. 1527. = Raoul. E. 621. = Robert. H. 17. = Simon. B. 1607.

DUMOUSTIER DE VATRES, André-Louis, seigneur de Marcy. B. 2250. = Jacques-Alexandre. B. 36. = Pierre-Jacques-André-Suzanne, seigneur de Marcy. B. 28, 2250, 2312, 2910, 3603. — C. 757.

DUMOUTIER. B. 2845. = Claude. H. 846. = Denise. G. 253. = Jacques. H. 1245. = Joseph. B. 4020. = Louis, tonnelier et geôlier. B. 2449. = Louise-Madeleine. B. 2449. = Sébastien. B. 2074. = Simonne. B. 993, 1029.

DUMOUTIER DE LA FOSSELIÈRE. B. 1564.

DUMUR, Marie-Louise, femme Ancellet. E. 405.

DUMY, Dieudonné-Nicolas, directeur des postes. H. 1564. = Louis, laboureur. E. 373. = Nicolas. B. 3917.

DUNADON, Louis. H. 1583.

DUNAY, Jean. B. 2886. = Pierre. B. 870.

DUNEL, Maurice. B. 3001.

DUNET, Jean. H. 392. = Louis. B. 1796. — E. 16. = Pierre B. 99.

DUNIACO, (Hugues de) chevalier. H. 1567.

DUNKER, Guillaume. H. 1116.

DUNOUVION, Antoine-Nicaise. B. 1947. = Jean. B. 490. = Jean-Baptiste. B. 391. = Louis. B. 3916. = Marie-Anne B. 3939. = Marie-Madeleine, veuve Blin. H. 1759. = Nicolas. B. 3916. = laboureur. B. 3072.

DUPAIN, Antoine. B. 1884. = Marie-Anne. B. 3404.

DUPARC, François. H. 749. = Jacques. H. 758. = Jean-Baptiste. B. 1148.

DUPARCQ, Abraham. B. 737, 793, 840, 871, 903. = Jean-Baptiste. B. 4120. = Marie. B. 793, 878. = Pierre. B. 678. = prémontré, curé de Chermizy et de Bouconville. E. 451.

DUPASSAGE. (Voyez Passage.)

DUPÉRIER. B. 2854. = Nicolas. B. 945.

Du PÉRON, Jacques, cardinal, archevêque de Sens, grand aumônier. B. 718. — G. 1846.

DUPERRAY, conseiller du roi de Navarre. B. 3440.

DUPERRIER-DUMOURIEZ, Nicole-Amélie, abbesse de Fervaques. H. 1630.

DUPERRON, ingénieur en chef. C. 61, 407, 422 à 424, 429, 430, 433, 478, 498, 509, 520, 522, 526, 528, 529, 533, 534, 537, 609, 613, 617, 619, 916, 965, 982. 1063.

DUPEUTY, avocat. B. 3310. = Antoine. B. 3349. = greffier de Justice. B. 3318. = César, bailli de Voulpaix. B. 3421. = Charles. B. 3317. = François. E. 175. = Jacques, bailli de Voulpaix. B. 3421. = président des traites foraines. B. 63, 3360. = Jacques-Philippe-Ferdinand, président des traites foraines. B. 3881, 4111. = président au grenier à sel de Vervins. B. 4083. = Jean-Claude, curé de Chevresis-le-Meldeux. B. 153. = Louis, régent de collège. B. 3344, 3346. = Marie-Anne. B. 3346. = Marie-Josèphe, femme Debry. B. 3386.

DUPIC, Claude. B. 907.

DUPIGNON, Jean. B. 4022.

DUPIN, Jean-Baptiste. E. 402. = Pierre. B. 2499. = procureur. B. 3257. = Sébastien. E. 399.

DUPIRE, Claude. B. 4014. = Pierre. B. 2344.

DUPLAQUET. C. 657. = Charles. H. 1589. = Claude. B. 1752. — H. 831. = laboureur. B. 3112. = Jean. B. 3082. — H. 831. = Marie-Antoinette. B 3082. = Thomas, curé de Regny. B. 89. = Quentin. H. 1589.

DUPLAT. B. 2720. = sergent royal. B. 2311. = Claude. E. 442. = Élisabeth, femme Thomas. B. 2651. = Guilaine. B. 4113. = Louis-Hubert, sergent royal. B. 2470. = Nicolas. B. 2292. = huissier. B. 368. = sergent. B. 2414. = Pierre. B. 2643, 2645. = vigneron. B. 2634. = Remy, vigneron. B. 2653. = Sébastien, laboureur. B. 2632.

DUPLEIX, Guillaume-Joseph, intendant d'Amiens. B. 3984. = seigneur de Bacquencourt, conseiller d'État. H. 1534.

DUPLESSIS. C. 419. = Guillaume-Pierre, notaire. B. 670. = Jacques. B. 752. = maréchal de logis. B. 838. = Jean, contrôleur du domaine, seigneur de Marcy. E. 508. = Marie-Madeleine. B. 483. = femme Chantereau. B. 1741. = Pierre. B. 102, 447, 450. = chirurgien. B. 414, 483, 2492. = notaire. B. 669. = Rose. B. 3118.

DUPONCET, Antoine. B. 844. — E. 609. = Denis. B. 906. = Jacques, charpentier. E. 611.

DUPONCHEL, Pierre. H. 1236.

DUPONSEL, Françoise, femme de Lance. B. 452.

DUPONSET, Pierre-Louis. B. 832.

DUPONT. B. 537, 598, 2564, 2730, 2732, 2736, 2737, 3148. — D. 614 — E. 391. = blanchisseur. C. 799. = chirurgien. C. 515. = maire de Châtillon-sur-Oise. C. 666. =

notaire. C. 1047. = président. B. 3441. = soldat. B. 1258. = Aaron. B. 3161. = Abraham. B. 2694, 3161. = Adam, laboureur. H. 1004. = Ambroise, charron. B. 416. = Anne. B. 2694, 4021. = femme Maillart. E. 604. = Antoine, laboureur. B. 851. = Bonaventure. B. 3216. = Catherine. B. 79. = Charles. B. 40. —C. 805. = charpentier. B. 915. = maître maçon. B. 857, 885. = Christophe. B. 2866. = Claude. B. 391. = apothicaire. H. 1005. = Cornille. B. 1242. = laboureur. E. 510. = François. B. 64, 342, 471, 3220, 4020. = charpentier. B. 4024. = Françoise. B. 457, 459. = femme Constant. E. 468. = femme Paillet. B. 2904. = Gabriel. B. 40. = Georges. B. 3617. = Gille. B. 2316. = Gui. E. 460. = Henri. H. 1011. = Isaac. B. 331. = laboureur. B. 2220. = Jacques. B. 452, 3096. — E. 601. = meunier. B. 3255. = Jacques-Louis, curé de Quessy. B. 1744. = Jean. E. 399, 401. = procureur. B. 55, 222. 4005. = Jeanne, femme Desmazure. B. 884. = femme Lacaille. E. 383. = Louis. B. 484. = laboureur. B. 35. = ouvrier d'arsenal. B. 935. = Louise, femme Robert. B. 889. = Marguerite. B. 711, 4121, 4128. = Marie. B. 711. = Marie-Gabrielle. B 123. = Marie-Jeanne. B. 3403. = Mariette, femme Legentil. E. 545. = Marthe, veuve Prévost. B. 39. = Nicolas. B. 445, 3376. — C. 518. = Nicolas-Joseph-Ignace, garde des fermes. B. 3888. = Paul. B. 384, 1538. = Pierre. B. 2016, 3142. — H. 1508. = brasseur. B. 528. = chanoine. E. 401. = élève vétérinaire. C. 634. = laboureur. B. 3130. = Quentin. B. 3997. = Salomon, maire de Sissy. C. 100. = Suzanne. B. 892, 3161.

DUPORT, André. E. 568. = Pierre. B. 1898.

DUPRAS, Madame et Thomas-Roger, major de Metz. B. 1109.

DUPRAT, François, comte de Barbançon. C. 248. = seigneur de Nantouillet. B. 3524. = Jean-Louis, comte de Barbançon, colonel-gouverneur de Valois et de Coucy, Noyon, Villers-Cotterêts, premier veneur du duc d'Orléans. B. 3515. = Louis-Antoine, marquis de Barbançon, lieutenant-général des armées, gouverneur de Coucy. B. 3133. — G. 281.

DUPRÉ. B. 527, 1733. — H. 1320. = Antoine. B. 86. = Claude. B. 3124. = Étienne, notaire. B. 15, 2051. = François. B. 3376. = Henri. B. 3382. = Jacob. H 1298. = Jacques, notaire. B. 2715. = Jean. H. 1301. = syndic de Charly. B. 3049. = Madeleine, veuve Michon. H. 1320. = Nicolas. B. 2438. = Pierre. B. 1517, 2096, 2439. — C. 271. = Raoul. G. 253. = Sébastien, tailleur de pierres. B. 811. = Simon. G. 253.

DUPRÉ DE SAINT-MAUR, conseiller au Parlement de Paris. C. 522. = intendant de Bordeaux. C. 36. = Antoine-Louis. E. 125.

DUPRESSOIR, Antoine. B. 3391. = Bernard. E. 12. = Étienne, chanoine de Soissons. G. 253. = Philippe. B. 3383. = Pierre. H. 1508. = Toussaint. B. 3381. = labou-

reur. H. 515. (Voyez Pressoir.).

DUPRET, Pierre. B. 1979.

DUPREZ, Anne, femme Loiseau. B. 3949. = Antoine. B. 2384. = François. H. 1259. = Jacques. B. 2710. = Jean. B. 3055. = Jérôme. G. 272. = Nicolas. E. 11. = vigneron. H. 1718. = Nicolas-Constantin. B. 116. = Pierre. B. 62, 3940. — C. 755.

DUPRIÉ, Antoine. B. 2551.

DUPRIER, Jacques. B. 2514.

DUPRIEZ, Antoine. E. 64. = Nicolas. B. 946.

DUPROMPT, Jean. H. 1371.

DUPUIS. B. 1470, 2489. = inspecteur des chasses. C. 685. = médecin. C. 629. = notaire. D. 4. = Antoine. C. 657. laboureur. B. 2504. = receveur des tailles et aides. E. 470. = Antoinette, veuve Moreau. B. 857, 1128. = Charles, garde de bois et de chasse. B. 3600. = Claude, fondeur d'artillerie. B. 1520. = Claude, femme de Merelessart. E. 628. = Elisée, bailli. B. 663. = notaire. B. 670. = Étienne. B. 600. = François. B. 3377. = Gilles. H. 519. = Isaac. B. 1968. = Jacques. B. 1877, 2319. — H. 1673. = Jean. B. 455, 3901. = chaudronnier. E. 497. = vigneron. E. 624. = dit Marin. B. 236. = Jeanne, femme Hanotin. B. 810. = Jeannette, femme Lemaire. B. 810. = Jérôme. H. 1673. = Mahuetta, femme Esmenaut. B. 810. = Marguerite. B. 3083. = Marie, femme Piot. B. 993. = Mathilde. H. 1208. = Nicolas, B. 810, 1420. — E. 348. = Pierre. H. 1320. = berger. B. 2138. = chirurgien. B. 261. = charpentier. E. 440. = Raoul. B. 1925. = Richier, lieutenant du bailliage de Ribemont. E. 77. = Simon. H. 1209.

DUPUIT, Claude, concierge. C. 952.

DUPUY, lieutenant d'infanterie. B. 1188. = Charles. B. 2132. = Jacques-Nicolas. H. 1350. = Madeleine-Thérèse. B. 3432. = Pierre. B. 1238.

DUQUEBERT, Adrien. C. 273.

DUQUENOIS, Françoise. B. 2555. = Jean. B. 2556.

DUQUENOY. B. 2990.

DUQUESNE, prieur de Saint-Nicolas-aux-Bois. H. 347. = Rosalie. B. 4051.

DUQUESNET, François, seigneur de Wez. B. 708.

DUQUESNOIS, Antoine. B. 476. = François. B. 2549, 3097. = Jean. E. 521, 619. = Martin. B. 1930, 1949, 1952.

DUQUESNOY, Charles. H. 1077. = François, laboureur. B. 2524. = Guillaume. H. 1255. = Isabelle. E. 620. = Jean, boucher. E. 622. = Madeleine. B. 346. = Marie, veuve Vitu. H. 982.

DURAN, Henri. E. 390.

DURAND. B. 2511, 3104, 3248. = capitaine. B. 2444. = Anne, femme Berleu. B. 1389, 1644. = femme Viger. E. 380. = Antoine. B. 800, 905, 1082, 2275. = meunier. B. 789, = savoyard. B. 1231. = Antoine-François. B. 928. = Charles H. 796. = Claude. H. 1272. = Daniel, chanoine de Saint-Quentin. G. 816. = Jacques. B. 2381. = Jean. B. 2292, 2413. = chirurgien. B. 2404, 2408. = drapier. B.

3097. = Jean-Baptiste. B. 2296. = garde-forestier. B. 3812. = Louis, milicien. B. 2443. = Marie-Augustine. E. 390. = Marie-Élisabeth. B. 3097. = Nicolas. B. 3961. = Pierre. B. 475. — E. 337. = prieur-curé de la Neuville-en-Beine. B. 1731. = dit Sans-Chagrin. B. 1287. = Robert, curé de Billy-sur-Ourcq. H. 1732.

DURANT. B. 1470. = Émery. H. 734. = Gilles, maître-charpentier. E. 540. = Jean. B. 3273. — E. 559. = Nicolas. B. 587, 4127. = Pierre, boulanger. H. 620.

DURANT DE BELÉGUISE, Nicolas. H. 385.

DURANTELLE (famille). B. 521.

DURAY, Nicolas, maire de Condé. B. 1528.

DURBECQ (famille). E. 339.

DUREBIE, Jean et Simon, vigneron. E. 616.

DURET, Philippe. B. 2437.

DURETESTE, Gobert, chanoine de Bruges, et Jean. G. 528.

DURFORT DE DURAS, Henriette-Julie, comtesse d'Egmont et de Braine, veuve d'Egmont-Pignatelli. E. 7, 27, 155. — H. 997. = Louise-Jeanne, duchesse de Mazarin. B. 782, 1203, 1302. = femme d'Aumont de Villequier. B. 3633. — C. 333.

DURIER, Antoinette, femme Lehault. C. 1048.

DURIEU, Antoine. B. 900. = laboureur. B. 3540. = Claudine. B. 2606. = Gérard. G. 530. = Guerard. B. 3453. = Jacqueline. B. 1775. = Jean. H. 171. = mercier. B. 1622. = Marie, femme Leroy. B. 2553. = Philippe. B. 2548. — H. 739.

DURIEUX, Jacques. E. 345, 347. = sergent et garde. B. 2596. = Jean. B. 2596. = berger. B. 331. = Jeanne, femme Couvreux. B. 2550. = Marie, femme Godard. B. 4095. = Nicolas. B. 2498. = Pierre. B. 390, 2550, 2588, 4031. = Toussaint. B. 2596.

DURIEZ, Jean. H. 1266. = Louis. B. 1754. = Nicole. H. 1532. = Robert. H. 1004.

DURIN. B. 2687. = Antoine. B. 2609. = chanoine de La Fère. B. 904, 1004. = Florentin. B. 3085. = François. B. 2561, 3252. = Jacques, maître cordonnier, Jean, cordonnier. E. 850. = Jean-Claude. E. 323. = Louis. H. 1711. = jardinier. B. 2717. = Marie. B. 2958 = Marie-François, capitaine, et Maurice, seigneur de Ribeauville. E. 377. = Nicolas. E. 341, 348. = procureur du roi. E. 341. = Pierre. B. 622. — E. 337. = laboureur. B. 2634. = procureur du roi. E. 338. = sergent royal. B. 3331.

DURLIAC. garde du roi. B. 335.

DUROCHÉ, Louis, entrepreneur. C. 407, 408, 410, 958.

DUROCHER, Marie. H. 1295.

DUROIAULME, Médard, maréchal-ferrant. E. 574, 581.

DUROIAUME, Charles. H. 747. = Marguerite, femme Noiret. B. 3092.

DUROT, Jean. E. 611.

DUROUX. C. 869. = Alexandre-Louis-Auguste, comte-souverain de Beuil en-Piémont. E. 126.

DUROUX DE CHEVRIER DE VERDON, Charles-Jean, seigneur de Couvrelles. E. 149. = de Vasseny. E. 153. = Charles-Marie. C. 236.

DUROYAULME, Médard, laboureur. E. 577.

DUROYAUME, Jean. B. 614.

DUROYET, Marguerite, femme Chaisnet. B. 2901.

DUROYON, Pierrette, veuve Cuvereau. B. 2637.

DUROZOIR, Antoine, laboureur. B. 2767. = François. B. 3550.

DUROZOIS, Jacques, curé de Festieux. B. 2831.

DUROZOY. B. 2734 = Antoine. B. 2763 = Charles, boucher. B. 688. = Jacques. E. 590. = Marc, laboureur. B. 2949. = Nicolas. B. 2764. = Pierre. B. 654.

DURPOINT, Nicolas. B. 3427. = meunier. B. 2966.

DURU, François. H. 1285. = Georges. H. 1195. = Jean. B. 1865. = Jeanne. B. 3291. = Meurice. E. 621. = Nicolas, charretier. B. 1900.

DURUEL, Pierre. H. 762.

DURY. B. 3242. = Adrien. B. 4014. = Anne. B. 4127. = Antoine. B. 119. = Charles. B. 2427. — H. 1256. = François B. 1505. = Hector. B. 823. = Montain. B. 856. = Nicolas, charron. 881. = Nicole-Françoise, femme Carlier. B. 2717. = Pierre. B. 1836. — E. 16.

DUS, Isaac. B. 3301.

DU SAILLANT, Éléonore, femme Daltouse. B. 757.

DUSARD, notaire. E. 461.

DUSART, capitaine. B. 1318. = Charles. E. 62. — H. 849. = Jean. B 855. = Joseph. B. 3964. = Médard. B. 1852. = Pierre. B. 3162.

DUSAULSOIS, Jean-Baptiste. C. 272.

DUSAUSOIR, Julien dit Hélincourt, soldat. B. 4001.

DUSAUSOIS, Jean, cordonnier. E. 339.

DUSAUSSOY, Nicolas, laboureur. B. 497.

DUSAUSSOIS, Louis, maître d'école. E. 391.

DUSAUSTOY, veuve. E. 11.

DUSAUTOY, Marie, femme Gaignon. B. 2064. = Simon. B. 2700.

DUSENCOURT, Jean-Baptiste, maire d'Étréaupont. B. 3122.

DUSINE, Pierre. H. 455.

DUSOIR, Jean. B. 1670.

DUSOLLON, Daniel. E. 561. = Élisabeth, femme Hourdeaux. B. 2548.

DUSOLON, piqueur. C. 505. = Charles et Daniel. B. 2608. = David. H. 976. = François. B. 3323. = Jacques. B. 2608. = Louis, berger. B. 4105. — Marguerite, femme Guilbaut. B. 2962. = femme Houlier. B. 3194. = femme Roze. B. 2973. = Pierre, drapier. E. 351.

DUSSANCOURT, Étienne, laboureur. B. 4109. = Pierre, laboureur. B. 3426.

DUSSART, notaire. E. 622. = Antoine. B. 3283. — H. 981. = Charles. H. 910. = François, laboureur. B. 3331. = Marie-Anne. E. 321. = Nicolas, tailleur d'habits. B. 3196. = Pierre. H. 984.

DUSSAUL, Nicolas. B. 513.

DUSSAUSSOIS. B. 2511, 3266. = gendarme. B. 1719. = Catherine, veuve Charlatan. B. 2554. = Charles, laboureur. B. 2974. = Étienne. B. 2512. = Gabriel. H. 776. = Jean. B. 1997. = Jean-Baptiste B. 2810. = Jean-Pierre, dit Loriquet, soldat. B. 398. = Marie. B. 2810. = veuve Mora. B. 488. = Marie-Françoise, veuve Topin. H. 1348. = Pierre. B. 3259. — E. 394. = laboureur. B. 2811. = Pierre-Antoine, laboureur. B. 2840.

DUSSONNOIS. Nicolas. E. 210.

DUSSY, Hector. B. 1141.

DUTAILLY. B. 1404. = Arthur. H. 959. = Nicolas et Pierre. H. 836.

DUTEL, François, greffier. B. 2617.

DUTELLIER, Claude, laboureur. E. 444.

DUTEMPS, Étienne. H. 907. = Pierre. B. 1766.

DUTEMS. B. 2626. = Pierre. H. 907.

DUTENDART, Antoine. B. 832.

DUTERNE, Pierre. B. 4012.

DUTERQUE. B. 3148. = Antoine, marchand de bois. B. 1772. = Jean. E. 64.

DUTERTE, Jean, boulanger. B. 3335.

DUTERTRE, Gérard. H. 1009.

DUTESACQ, Isaac et Jacob. F. 10.

DUTHESACQ. (Voyez Thesacq.)

DUTOUR, Jean, laboureur. E. 542.

DUTOUR DE NOIRFOSSE, prévôt général de la maréchaussée. C. 397, 667, 677. = Claude. H. 762. = Geneviève, cordelière urbaniste. H. 1680, 1681. = Guillaume, commissaire aux revues. H. 1212. = Marie-Anne-Angélique, religieuse. H. 1566.

DUTRÉSOR, Gracien. E. 331. = Herbert, tabellion. G. 72.

DUUEZ, Anne, femme Villers. B. 2642. = Madeleine, femme de Hanon et Marguerite, femme de Bezannes. E. 492.

DUVAL. B. 540, 1926, 3248. = commis-voyer. B. 2852. = curé de Nizy-le-Comte. C. 939. = employé des fermes. C. 1042. = Antoine. B. 2359. — E. 277. = Arnault. B. 426. = Catherine. B. 538, 2452, 3949. = femme Leclercq. E. 582. = Claude, garde bois. B. 2983. = François. E. 528. = seigneur de Noyal. B. 489. = Françoise, femme Lemason. B. 3218. = Henri. B. 3208. = Jacques, cabaretier. B. 635. = Jean. B. 639, 3223. = bailli. B. 3307. = curé de Rumigny. E. 355. = laboureur. E. 548. = meunier. E. 589. = substitut de procureur fiscal. B. 2615. = Jean-Louis. B. 538, 3957. = Louis-François. B. 3205. = Louise. B. 2417. = femme Muyau. E. 513. = Marie, sœur hospitalière de Guise. B. 2075, 2211. = Marie-Élisabeth, femme Levasseur. B. 2914. = Marie-Rose. B. 3935. = Nicolas. B. 3221. = Pierre, maçon. B. 2985. = Thomas. H. 993.

DUVAL-CROCHAIN. C. 328.

DUVAL DES FONTAINES, demoiselles. B. 155. = François, chef des fourriers du roi. B. 3201. = Françoise. B. 139. = Louis. H. 932. = Louis-François. B. 139, 3201.

(AISNE.) — TABLES.

DUVAUX, Françoise. B. 2788.

DUVELLE, Louise, veuve Waflard. B. 1887.

DUVERDIER, Louis. B. 3957.

DUVERDIN. B. 2342.

DUVERGÉ. Jean. B. 3425. = Marie-Anne, femme Faucheux. B. 3221.

DUVERGER, Françoise, femme David. B. 3428. = Joseph, chirurgien. B. 2379, 2393. = Marie-Madeleine. B. 4015.

DUVERGET, Marguerite. B. 3431.

DUVERGIS, Pierre. E. 338.

DUVERNAY, Jacques. B. 2814.

DUVERT. B. 319.

DUVEST, Claude. B. 701, 1040.

DUVEUF, Charles, greffier des traites foraines. B. 4111.

DUVIÉGE. François. B. 2372. = meunier. B. 1998.

DUVIVIER. B. 2723. = contrôleur des vingtièmes. C. 319. = Juvénal. H. 4098. = Louis. B. 1426. = Marguerite, femme Guerland. B. 4118. = Marie-Anne, veuve Delaforest. B. 2464. = Marie-Madeleine. B. 1303. = Nicolas. B. 124, 131, 2413. = Philippe, cabaretier. C. 863. = maire de Fontenelle. B. 2056.

DYGOYNE, Philippe, chevalier. G. 253.

DYRECHON, Jean, chevalier. H. 1612.

<h2 style="text-align:center">E</h2>

E, abbé de Fesmy. G. 2.
— évêque de Tournai. H. 534.
— prieur de St-Jean de Laon. G. 2.
— prieur de St-Martin de Laon. G. 2.

EAU (Jean d'). H. 477.

ÉBAL. H. 7, 202, 267.
— archidiacre. H. 168.
— chanoine de Laon. H. 152.

ÉBRARD, abbé de Clairvaux. H. 692.

ÉBRECHIE, Jean. H. 133.

ÉBROUIN, maire du palais. H. 1508.

ÉCHEVERRY (d'), trésorier général des ponts-et-chaussées. C. 610.

ÉCHEVIN, Gilon (l'). H. 106. = Robert (l'). H. 59.

ÉCHIQUIER, Simon de (l'). H. 455.

ÉCQUEVILLY (vicomte d'), mestre de camp, commandant du régiment du roi cavalerie. C. 381, 409.

ÉCRY (Foulques d'). H. 872, 879, 900.

ÉCUY, Jean-Baptiste (l'), abbé de Prémontré. C. 664, 695, 920, 922. — D. 16. = prieur du collège des Prémontrés. C. 664.

ÉDA, veuve Lemaire. H. 1508.

ÉDANGE, Marie-Madeleine. B. 2716.

ÉDARD, Pierre. B. 569.

ÉDART. B. 515, 2706. = Catherine, femme Jésu. B. 534. = Claude, sergent royal. E. 552. = Jacques. B. 2557.

13

= Jean. B. 4113. = Jean-Baptiste. B. 2555. = Jean-Marie, procureur du roi. B. 3746. = Marie-Madeleine, femme Lannois. B. 3102. = Pierre. H. 275.

ÉDEAUX, Marie. B. 3287.

ÉDELAINE, Maurice. H. 1030.

ÉDELINE, femme de Raoul de Coucy. H. 197, 298.

ÉDIAS, Jean. B. 2332.

ÉDOUARD, François. B. 1735.

ÉDOUART, Élisabeth, femme Oger. B. 4118. = Nicolas, notaire. B. 667, 776. = Philippe. B. 1215. — notaire. B. 776.

ÉDUIN, Nicolas. B. 4000.

ÉGÉLON, comte. G. 1.

ÉGINARD, Anne. B. 3907.

EGMONT-PIGNATELLI (d'). C. 74, 514, 525, 911, 919, 930, 931, 945, 1013. = comtesse. C. 49. — E. 155. — H. 1002. 1556. = Alphonsine-Louise-Julie-Félicie. E. 154. = Casimir, (comte). E. 127, 130, 142, 144, 147, 149 à 154. = Guy-Félix et Henriette-Nicole. E. 7. = Procope-Marie-Antoine-Philippe-Charles-Nicolas-Augustin. E. 7, 27, 155.

EGOT, François. B. 1164.

ÉGRET. B. 1349. = Charles, meunier. B. 450. = Jacob. B. 62, 105, 2467. = Jeanne. B. 2437. = Louis. B. 2450. = Théodore, berger. B. 394.

EILBERT. H. 588.

EIRIC, comte. H. 455.

ELBÉ, Antoine. B. 832.

ELBÈNE (Marguerite d'), femme de Miremont. B. 2685. — E. 492. — G. 100.

ELBEUF (duc d'). B. 711, 1615.

ÉLÉONORE, comtesse de St-Quentin, dame de Valois. H. 534, 1116.

ELEU (l'). C. 312, 329. = lieutenant particulier au bailliage de Vermandois. C. 329, 478. = subdélégué. C. 135, 506, 512, 625. = Marie-Thérèse et Simon. E. 156.

ELEU DE LA VILLE-AUX-BOIS (l'), lieutenant en l'élection de Laon. C. 262. = subdélégué. C. 330, 410, 498, 585, 616, 648. — D. 12.

ELEU DE SERVENAY (l'), André-Joseph. C. 98, 99, 110, 116, 119, 120, 123, 134, 144, 147, 148, 336, 427, 664, 668, 675, 688, 716. — E. 156.

ELGNEUX, Antoine, pâtre. B. 3244.

ÉLIET, Joseph. B. 3143.

ÉLINAND, évêque de Laon. H. 221, 477.

ÉLIOT, Marie-Madeleine. B. 442.

ÉLISABETH. G. 253. — H. 1628.
— femme de Fay. H. 800.
— femme Gritians. H. 243.
— femme de Guillaume de Moncels. H. 202.
— femme Le Chat. H. 937.
— femme de Mareskel. H. 534.
— femme de Molins. H. 477.
— femme de Philippe, comte de Flandre et de Vermandois. H. 350, 477, 692, 871.

ÉLISABETH, femme de Rénier, sénéchal de Vermandois. H. 1624.
— femme Sarrazin. H. 1116.
— femme de Wicard de Morcourt. H. 588.
— fille de Godefroy, seigneur de Sains. H. 952.
— prévôte d'Ancre, dame d'Aveluis. H. 1116.

ÉLETRE (Jean d'). B. 490.

ELLIOT, Charles, fermier. B. 453. = Marie-Madeleine. B. 462, 464.

ELMS, Georges. H. 874.

ÉLOI. B. 1428.

ÉLOIN. B. 1899.

ÉLOY, Charles. B. 3505.

ÉLYE, François, maire de Bertaucourt-Épourdon. B. 665.

ÉMELINE, femme Bouloiers. G. 253.
— femme de Chiri. H. 8.
— femme le Cochus. H. 1608.

ÉMERY. H. 353. = Antoine. B. 1642. = Charles-Antoine. H. 1311. = Étienne, laboureur. B. 3178. = Jean. B. 74. = Marie-Anne. B. 3957. = Michel. H. 1341. = Philippe, apothicaire. C. 240. = Pierre. B. 782. — H. 393. = laboureur. B. 2839.

EMMELINE. H. 239, 455, 1046.
— femme de Beaune. H. 1599.
— femme de Bellise. H. 103.
— femme de Berzy. H. 1205.
— femme de Béthancourt. H. 1508.
— femme de Boulez. G. 2.
— femme Carlier. H. 68.
— femme de la Chayenne. H. 1321.
— femme de Chavaille. H. 63.
— femme Chevrois. H. 1600.
— femme Dusine. H. 455.
— femme Ébréchie. H. 133.
— femme de Gobert de Saint-Crépin. H. 455.
— femme Hubert. H. 1181.
— femme Lévêque. H. 404.
— femme de Miremont. H. 455.
— femme de Nantheuil. H. 1508.
— femme de Pierrefonds. H. 477.
— femme Renaud. H. 782.
— femme Tabons. H. 319.
— femme de Tierré. H. 873.
— femme Tiessart. H. 287.
— femme de Touchet. G. 707.
— femme de Vendeuil. H. 318, 375.
— femme de Vinage. H. 1508.
— femme de Wautier d'Ardon. H. 7.
— femme de Wautier de Vauxbuin. H. 1206.
— femme de Wibert La Croix. H. 238.
— fille de Fardel. H. 7.
— fille de Renaud au Trumiaus. H. 477.

ESPAGNY, Mahieu (d'), chevalier. G. 253.

ESPAIGNY, (Raoul d'). H. 535.

ESPAINGNY, (Henri d'), chapelain. H. 1181.

ESPIAUD, chirurgien. C. 909.

ESPINAY (d'), Charles, seigneur de Marteville. B. 2893. = Jacques, seigneur de Marteville, capitaine-major de cavalerie. B. 2894, 2899.

ESPINAY DE PANCY, (Jacques-Ferdinand-Louis de l'). C. 415.

ESPINOIS (d'), Alexisse. B. 2284. = Anne-Élisabeth, femme de La Fons. E. 161. = Charles-André. B. 2773. = Charles-Geoffroy, vicomte de Chavignon. B. 2875. = Christophe, seigneur de Hardecourt et de Chavignon. B. 2880. = Louis. B. 2890. = seigneur de Chavignon. B. 2683. = Robert, vicomte de Liesse et de Barenton-Bugny. B. 2855. (Voyez Despinois.)

ESPREUVE, Jeanne. E. 349.

ESPULLER, (baron d'). D. 6.

ESQUOS (Foucart). H. 455.

ESSARS (Philippe des), archidiacre de Soissons. H. 986.

ESSIGNY (d') Agnès. H. 1649, 1654. = Jacques. H. 1649. = Jean. H. 534, 1649. = Renier, seigneur. H. 1116. = Simon, chevalier. H. 588.

— Antoine. B. 864.

ESSOMMES (d'), Ausel. H. 477. = Emmeline. H. 1311. = Godefroy, chevalier. H. 477. = Pierre. H. 1297. = Raoul. H. 477.

ESTIENNE. B. 976. — E. 382. = Antoine. E. 477. = notaire. E. 490. = Jacques, boucher. E. 514. = Jean. E. 587. = Marguerite, veuve Pioche. B. 742. = Nicolas. B. 2385. = boucher. E. 500. — H. 275. = Sara, veuve Cossart, femme Choulot. E. 455.

— (d'), gouverneur de Chaupy. B. 954.

ESTIQUET, Pierre. H. 1224.

ESTISSAC (d'). B. 1191. — C. 49. = Louis-Charles, capitaine. B. 930.

ESTISSAC D'ARMENTIÈRES, Louis. B. 851. (Voyez Thesacq.)

ESTOCART, Jacques. E. 317.

ESTOILE (de l'), capitaine. B. 1075.

ESTORMEL (d'), Charles. B. 18.

ESTOURMEL (d'). B. 1716. = comtesse. C. 326. = Constantin-Louis, commandeur de Boncourt. H. 1766. = François-Louis, marquis. B. 2251. = Louis, seigneur du Frétoy (Flavy-le-Martel). B. 1450, 1481, 1762, 2893. = seigneur de Surville. B. 1403. = Louis-Auguste, marquis du Frétoy, maréchal de camp, gouverneur de Crotoy. B. 1350. = Mathieu, seigneur, chevalier. H. 1116.

ESTOURMELLES (d'), Françoise, veuve de Saveuse. B. 248. = Marie, femme de Caulaincourt. B. 2893.

ESTOUTEVILLE (d'), Jean, Louis et Robert. H. 1018.

ESTOUY (Geneviève d'), femme Loize. B. 1349.

ESTRÉES (d'), duc, marquis de Cœuvres. B. 952. — E. 11. — H. 519. = maréchale. C. 331. = Alix. H. 1116. = Antoine, conseiller d'État, lieutenant général de l'Ile-de-France.

B. 2891. = César, cardinal, abbé de Saint-Nicolas-aux-Bois et évêque de Laon. B. 1059, 1076. — G. 23, 64, 201, 202. — H. 347, 422, 1698. = Diane, femme de Montluc. B. 2891. = Éléonore, marquise de Cœuvres. B. 3412. = François-Annibal, maréchal de France. B. 828, 966, 1302. = Gabrielle. B. 3558. = Gille et Hubert. H. 455. = Jean, châtelain de Cœuvres, grand maître de l'artillerie de France. G. 680. = Manassès. H. 477. = Raoul, chevalier. H. 477, 1116. = le Bourgeois. H. 455. = Willaume. H. 1646. = Werric, seigneur. H. 1116.

ESTRELIN, Jean, laboureur. E. 611.

ESTREMONT (Madame d'). C. 50.

ESTRET, Pierre. B. 365.

ESTREUX, Pierre. E. 61.

ESTREZ, Pierre. B. 2307.

ESTRILLART, Luc. B. 1817.

ÉTAMPES (d'), Emmeline. H. 455. = Pierre et Renaud, chevalier. H. 1580, 1581.

ÉTART, chirurgien des épidémies. C. 20.

ÉTAVES (Robert d'). H. 558.

ÉTEVÉ, Jean, garde forestier. B. 3811. = laboureur. B. 133.

ÉTIENNE, abbé de Ste-Geneviève de Paris. H. 477.

— archidiacre. H. 1508.

— chapelain. H. 1205

— chevalier. H. 588.

— comte. H. 477.

— doyen du chapitre de Laon. G. 2. — H. 189.

— évêque de Metz. H. 871.

— évêque de Noyon. H. 325, 477, 534, 692, 775, 1508.

— prieur de Géraumont. H. 1116.

— Claude. H. 804. = Jacques. B. 641. = berger. B. 2944. = Nicolas, boucher. E. 500.

ÉTRÉAUPONT (Béatrix d'). H. 628.

ÉTREUX. B. 2513.

EU (René d'). B. 558.

EU DU MESNIL DE MONTIGNY, Alexandre-Louis. C. 415.

EUCHARD, Simon. H. 1508.

EUDES. H. 197, 1077.

— abbé de St-Médard. H. 692.

— chantre du chapitre de Laon. H. 168.

— clerc. H. 871.

— doyen de St-Jean-au-Bourg. H. 8.

— prêtre. G. 253.

— prieur de Ste-Croix de Vitry. H. 1045.

EUGÈNE III, pape. H. 588, 623, 692, 1508, 1624.

EUSTACHE, abbé de Chartreuve. H. 1045.

— citoyen de St-Quentin. G. 1.

— femme de Montgobert. G. 253.

— ingénieur. C. 811. = sous-ingénieur. C. 505.

EUSTACHIE, abbesse de Fervaques. H. 952.

ÈVE, femme Chaudron. H. 904.

— femme Cokiaus. H. 800.

ÉVERARD, David. H. 1069.

FARUE, Marie, femme Boulanger. E. 364.
FARY, François. B. 2034.
FASET, Jean. B. 3046.
FASSARDY, Antoine, officier. B. 315. — E. 62.
FASSARDY-DUPUIS, Nicole. E. 400. = femme Fourquin. E. 381. = Pierre. E. 379. = Toussaint. E. 400.
FASSIN, chartreux. C. 695.
FATALA, Thierry. H. 1230.
FATOUX, François, tailleur d'habits. B. 3102. = Julien, tailleur d'habits. B. 644.
FAUCAMBERG, Christophe (de), commis ambulant. B. 3897.
FAUCHAR. B. 2565.
FAUCHARD, Amand, garde-bois. B. 3209. = Jacques. B. 3941. = Pierre, boulanger. B. 2266.
FAUCHART. B. 3339. = Antoine. B. 3578. = Jean, fileur d'étoupes. B. 4096. = Jérémie. B. 2351. = Joseph, cabaretier. C. 868.
FAUCHÉ ou FAUCHER, dit Vendosme, François, aubergiste. B. 929, 1298.
FAUCHET, Remy. B. 2774.
FAUCHEUR. B. 522, 3107. = Antoinette, femme Prudhomeaux. B. 3098. = Jacques. B. 454. = Martin. B. 613. = Mathieu. B. 2855.
FAUCHEUX. B. 527, 3339. = Antoine. B. 2988, 3947. = Armand. B. 3115. = Auguste. B. 3221. = Béguin, garde de bois et chasse. B. 511. = Claude, laboureur. B. 2777. = Élisabeth, femme Courtonne. B. 3175. = François. B. 3308. = Françoise. B. 481. = Jean, tordeur de fil. B. 3188. = Jean-Baptiste. B. 3212. = Jean-Charles-Armand. B. 1414. = Jean-Pierre. B. 511. = Marie-Anne. B. 3213. = Marie-Benoîte. B. 3214. = Pierre, procureur. B. 3121. = Pierre-Philbert, garde forestier. B. 3603. = Quentin. B. 60.
FAUCHON, Antoine. B. 1860. = Jean. H. 828. = Marguerite, veuve Blondelle. B. 1348. = Médard. B. 3996.
FAUCON. B. 2992. = Hubert. B. 703. = Jean, maçon. B. 1023. = Marie-Anne. B. 4041.
FAUCON DE RIS (de), vicaire général. G. 451.
FAUCONNIER, Alexis. B. 499. = Catherine. B. 4111. = Claude, régisseur. B. 1349. = Pierre-François, laboureur. B. 2047.
FAUCOUCOURT, Renaud, (sire de), chevalier. G. 2.
FAUDIER, Pierre. E. 378.
FAULCHEU, Claude. E. 557.
FAULCHEUR, Charles-Quentin. B. 2185. = Claude. B. 604. = Claudine. B. 3087. = Martin. B. 526.
FAULCHEUX, Nicolas. B. 614.
FAULCON (famille). B. 988.
FAULTRÉ, Antoine, avocat. E. 493.
FAURE (de), commandant. C. 392. = lieutenant-colonel. C. 883.
    = Charles-Claude, chanoine de St-Quentin. G. 821. = Françoise, dame de Dammard. H. 620.
FAUREL, Bertrand. E. 32.

FAURET, François. G. 25.
FAUROT, Jean, brasseur. B. 2873.
FAUROUART, notaire. F. 9.
FAURY. B. 319. = Siméon. B. 1219.
FAUVE, Antoine, prieur de Quierzy. B. 1381.
FAUVEAU, Jacques. B. 1778.
FAUVEAUX. H. 363.
FAUVEL, Henri-Auguste-Antoine, abbé de Clairfay, chanoine honoraire de St-Quentin. B. 3302. = Jean. B. 907. = Marie. B. 3067. = Marie-Louise, femme Amory. B. 3416. = Pierre. B. 1871.
FAUVELET, Guillaume. B. 1401.
FAUVELLE (de), François, seigneur de Monthiers. E. 520.
    — Marie-Élisabeth, femme Delhorbe. B. 2826.
FAUVET, curé de Salency. C. 670.
FAVART, François, capitaine de bourgeoisie. B. 102.
FAVART D'HERBIGNY. B. 2492.
FAVAS, capitaine. F. 6.
FAVE, Pierre. B. 2275.
FAVENTIN, Judith et Marguerite. B. 3901.
FAVEREAU. B. 527, 2288, 3105. = curé de Brissy. C. 938. = Abraham. B. 321. = Claude. B. 452. = François. B. 200, 358. = Georges. E. 404. = chirurgien. B. 370. = Jean. B. 684, 885. = chanoine de Laon, curé de Montigny. E. 470. = valet de charrue. B. 476. = Louis. B. 2327. = Nicolas. B. 482. = Pierre. B. 35, 495. = fermier. B. 143. = Simon, huissier. B. 1742. = Thomas. E. 404. = voiturier. B. 1062.
FAVEREAUX. B. 2297. = Alexis, tailleur d'habits. H. 629. = Antoine. B. 3191. = Étienne. H. 979. = François. E. 11.
FAVEREL, Jean. H. 1068.
FAVERILÈS (Étienne de). H. 1508.
FAVEROLLE (de), commissaire garde magasin des vivres. B. 922.
FAVÉROLLES (de), Jean. G. 253. = Lisiard. H. 477. = Nicolas, chanoine de Soissons et Robert. G. 253.
FAVEROT, Abraham. B. 2084. = Jean, curé de Tavaux. B. 2823.
FAVERY, Marie-Jeanne. B. 3147. = Simon. B. 1606.
FAVIN, Suzanne. B. 841.
FAVIN (de), Antoine. E. 569. = César. G. 25. = Pierre-César, seigneur de Wez. G. 22. = Michel. E. 333.
FAVREAU. B. 516, 521, 525, 3197. = Louis. E. 594. = Pierre. B. 1281.
FAVRY, Élie et Jean. B. 3071. = Marie, veuve Levoir. B. 3430. = Simon, meunier. B. 1600. = Suzanne. B. 3430.
FAY, Ambroise. H. 885. = Antoinette. B. 1340. = Christine, femme Villain. B. 2068. = Marie. B. 3621. = Pasquette. B. 1947.
FAY (de). B. 3224. — C. 404. = Madame. B. 1304, 2444. — C. 326. = Anselme. H. 800. = Baudouin. H. 1116. = Charles, seigneur de Puisieux. B. 298. = Charles-Antoine, seigneur de Puisieux, Colonfay et Romery. B. 35, 96, 100, 260, 493, 2665. = Charles-François, marquis

de Puisieux. B. 2118. = Charles-François-Armand, marquis de Puisieux. B. 2266. — E. 159. = Claude, procureur du roi. B. 194. = François. E. 485. = Guillaume. H. 873. = Jean, curé de Mareuil H. 1228. = Jean-Charles, seigneur de Puisieux. B. 27, 113, 498, 2183. — H. 1538. = Louis, seigneur de Château Rouge. B. 2893. = Louis-Charles, seigneur de Quincy. B. 3511. = Louis-Charles-François-Dominique, capitaine d'artillerie, seigneur de Saucourt. B. 853. = Marie-Charles César, marquis de la Tour-Maubourg, mestre de camp. B. 2045. = Marie Rose-Augustine, veuve de Villelongue. E. 297. = Nicolas, seigneur d'Erlon. E. 557. = seigneur de Faucoucourt. G. 32. = seigneur de Maillicourt. B. 2009, 2096, 4123. = seigneur de Puisieux. B. 2355. = Robert. H. 800.

FAY D'ATHIES (de). B. 2490. — C. 675. = Demoiselle. C. 949. = seigneur de Renneval. B. 2981. = Claude, marquis de Cilly, lieutenant général des armées. B. 631. — E. 164. = Gabriel-Florimond, seigneur de Soize. B. 2519. = Jean-Louis-Michel. C. 411. = Jeanne-Geneviève. B. 2509. = Louis, seigneur de Soize et de Braye, lieutenant de cavalerie. B. 3343. = Louise-Jeanne-Catherine, femme de Castre. B. 2516. = Madeleine. E. 42. = femme de Béthune. E. 104. = Marie-Françoise, femme de Miremont. B. 2744. — G. 108. — H. 269. = Robert. B. 3343.

FAY D'ATHIES DE SOIZE (de). C. 281. 945. = doyen du chapitre de Rozoy-sur-Serre. C. 123, 126, 940.

FAY DE LAMBREVAL, (Claude-Auguste de), seigneur de Locq. B. 2686.

FAY DE QUINCY (de). C. 945.

FAYARD DE SINCENY. C. 980. = Gaspard, seigneur de Sinceny, Bichancourt, Autreville. B. 1391. — H. 420. = Jacques-Marie-Louis, seigneur de Sinceny. B. 3506. = Jean-Baptiste, gouverneur de Chauny. B. 1364, 3529. (Voyez Sinceny.)

FAYART, Jacques. B. 3080.

FAYEL (de), Eudes. H. 1116. = Jean, sire. H. 168.

FAYET, Rogon (seigneur de). H. 1116.

— Claude-Antoine, procureur. B. 3055. = Jean. B. 2887. = notaire. B. 3005. = procureur. B. 3044.

FAYOLAT, Pierre, maire d'Étreux. B. 2057.

FAYOLLA, Martin. H. 1199.

FAYOLLE, Anne. B. 65. = Jean, docteur en médecine. B. 513. = Nicolas. B. 2007.

FAYON, Geneviève, veuve Adam, femme Debrie. B. 1208.

FAYOT. C. 625.

FAYS, Marie, veuve Guyotier. H. 1306.

FÉDERBE, Marie, femme Camus. B. 1168.

FEGNEUX, Nicolas, bourrelier. B. 2984.

FÉGUEUX. B. 2493.

FEINE, Adrien. C. 694.

FÉLIX (de), Joseph-Gabriel-Tancrède, marquis du Muy, lieutenant général des armées, maître d'hôtel de la Dauphine. E. 170. (Voyez Muy.)

FÉMY, Antoine (de), notaire et procureur. B. 1330, 1334, 1358.

FENAIL (famille). B. 516.

FENAILLE, Claude. B. 3906. = Marie. B. 469.

FENÉ, François, pâtre. B. 2676.

FENEL, Charles, charpentier. B. 2833.

FÉNÉLON (de). C. 919.

FÉRA. B. 1739. = Adrien. B. 830, 915. = André. B. 1410. = Antoine. B. 898. = Claude. B. 843. = apothicaire. B. 1216. = mercier. B. 910. = Ezéchiel, sergent royal. B. 1406. = François. B. 1042, 1687. = apothicaire. B. 747, 1265. = sergent royal. B. 703. = François-Louis, notaire et procureur. B. 670, 1145. = Françoise, femme Dubois. B. 769. = Furcy. B. 1702. = Gérard. B. 1481. = Jacqueline, veuve Blois. B. 823. = Jean, chanoine de La Fère. B. 979. = Jeanne, femme Trelere. B. 689. = Louis. B. 719, 769, 1687. — H. 1090. = seigneur de Grandmont, capitaine des portes de La Fère. B. 747, 908, 1063. = commis-greffier. B. 801. = notaire et procureur. B. 941. = Marguerite-Élisabeth, femme Deshayes. B. 788. = Nicolas. B. 827. = hôtelier. B. 909. = Pasquette, femme Pelletier. B. 888.

FÉRAGU (Martin de), secrétaire de la chambre du roi. B. 1222.

FÉRAND, président des traites foraines de Guise. B. 66. = Julien, procureur. G. 132. = Louis-André. B. 227.

FÉRARD, Louis. B. 2889.

FÉRAT, Nicolas, sergent de justice. B. 3008.

FÉRAUT, Gabrielle. B. 2378.

FÉRBCOT, Charles. C. 672. = Nicolas. C. 266, 271. = Urbain. B. 832.

FÈRE, Gillet. B. 2614. = Isabelle. B. 1750. = Sébastien. H. 780.

FÉREAUX, Marguerite, femme Cartigny. B. 2576.

FÉREL, Arnoul, apothicaire. B. 1780.

FÉREST, Jean-Baptiste, chirurgien. B. 2464.

FÉRET. B. 1415. = François. B. 1425. = Joachim. B. 386. = Laurence, veuve Boucher. B. 908. = Louis. B. 1330, 1815, 1854. = Marie, veuve Bottée. B. 1763.

FÉREZ, Agnès. C. 683. = Pierre. B. 3829.

FÉRGY, Nicolas, maréchal-ferrant. H. 4106.

FÉRIN, Daniel. H. 829.

FERNET, Antoine, garde de bois, chasse et pêche. B. 3602. = Hugues. H. 314.

FERNIE, Jean. H. 303.

FÉRNY (Pierre de), gouverneur de Beaurevoir. B. 3445.

FÉRON. B. 3106. = laboureur. B. 3237. = Adrien. B. 3431. = Anne. B. 4039. = Antoine, laboureur. B. 2824. = Charles. H. 1223. = Claude, gardepêche. B. 3553. = Jean. B. 100, 3241. — H. 275. = Jean-Nicolas, dit La Treille, soldat. B. 2461. = Maurice.

B. 4116. = Nicolas. B. 2902. = Sébastien. B. 2853. = Toussaint, greffier de justice. B. 3313. = Valentin. H 803.

Féron de Mepas, Suzanne-Marie, femme de Saint-Amand. B. 905.

Férot, Antoine. E. 629. = Pierre-François, chanoine de Saint-Quentin. G. 816. = Simon, docteur en médecine. B. 3358.

Ferrand, inspecteur de maréchaussée. C. 397. = Henri, avocat. E. 5, 469. = Jacques. B. 1993, 2004. = lieutenant de maire de Guise. B. 3053. = Louis. B. 1986. = avocat. B. 2014, 2246. = Marguerite, veuve Fonvielle. E. 469. = Reine, femme Tourtebatte. B. 3335, 2343.

Ferrand de Chatillon, François. B. 2165.

Ferrant. B. 2729. = Jacques, procureur du roi. B. 212. = Louis, orfèvre. B. 1991. = Pierre. E. 467.

Ferrabé, Sigismond (de), général des capucins. B. 1108.

Ferré, Albin. E. 439. = Jean. E. 428, 620. = Marie, femme Garment. E. 620.

Ferrée, Marie-Madeleine, veuve Pargneux. B. 2527.

Ferret, Laurent. B. 3929.

Ferrier. D. 14.

Ferron, Adrien, charbonnier. B. 4027.

Ferrot, Henri, dit Lahaye. B. 724. = Madeleine. B. 3066.

Ferry, Baudouin. E. 448. = Pierre. E. 476. — H. 1365. = Regnault. G. 253.

Ferté. C. 954. = (Bliard de) la. H. 800. = Jean. E. 229. — H. 704. = Jean-Baptiste. C. 270. = Jean-Pierre. H. 1016, 1018. = Pierre-Marc. H. 1273.

Ferté-Gaucher, André, (seigneur de La). H. 477.

Féry, Antoine. B. 2457. = Jean, tailleur d'habits. B. 3329. = Nicolas. B. 3375. = Pierre. B. 730. = laboureur. H. 1731.

Fesie, Nicolas. B. 474.

Fesmy (de), sergent royal. B. 1705. = Marie, veuve Gossart. B. 1761.

Festart (Charles de), marquis de Boncourt. B. 221.

Festu de Bellerose, Françoise, femme de Bercelle. B. 564.

Fetizon, curé de Crandelain. C. 122.

Feton, Nicolas. B. 1179.

Fétrot, Jean, tailleur d'habits. B. 2958. = Marie-Catherine, femme Dejardin. E. 397.

Feuillet, Jean. B. 496.

Feullette, Joseph. B. 388.

Feuquières (marquis de). B. 3674. — C. 281.

Feury, Jean-François, boucher. B. 786.

Féval, Henri, barbier - chirurgien. E. 450. = Husson, apprenti maréchal-ferrant. E. 403. = Jean. E. 404, 451. = Joseph, greffier du bailliage de Reims. C. 328. = Pierre. E. 545. = notaire. E. 403.

Festieux (de), Béatrix. H. 211. = Colard. H. 914. = Wiard. H. 211.

Feullet, Claude. H. 1056.

Feydeau, (Catherine de), veuve de Balathier. H. 973.

Fichaux. B. 2490. = Claude, marchand de chevaux. B. 3427.

Ficheux, femme. B. 2386.

Ficquemont (de), capitaine. E. 338.

Ficquet, Étienne, apprenti tonnelier. E. 414. = Toussaint, laboureur. B. 2131.

Fidelaine. B. 3374. = Marie. B. 3394.

Fides, Pierre. H. 68

Fief, Pierre. B. 3387.

Fieffé, Antoine. B. 1438. = Henri. H. 1435.

Fiefvé, Michel, tailleur. E. 500. = Pierre. B. 555.

Fiévet. B. 2453.

Fiefvez, Thierriette. B. 2769.

Fienne, Antoine. B. 902.

Fiéret, Pierre, arpenteur. H. 907.

Fiesnes (François de). E. 476.

Fiesque, abbesse de Notre-Dame de Soissons. B. 3056.

Fieulaine (Werric de). H. 584.

Figuier, Jean dit Belleville, hôtelier. B. 1014.

Filacher, Augustin. B. 3942. = Claude, curé de Condren. B. 970, 1353.

Fileau, Antoine. E. 486.

Filhol de Camas, Ambroise, chef de brigade d'artillerie. C. 382.

Filion, François, chanoine de La Fère. B. 1168.

Fille, Henri, laboureur. B. 224.

Fillette, Appoline. B. 2893.

Fillias de Fontbouillant. C. 623, 624.

Fillier, Noël. B. 981.

Fillieul, Nicolas, officier d'échansonnerie du duc d'Orléans. B. 1900.

Fillion, Claudine, femme Defrenne. B. 898. = François, chanoine de La Fère. B. 810, 1084. = Gérard, laboureur. E. 465. = Jean. B. 2438. = Marie, domestique. B. 1253. = Pierre. B. 3911.

Fillion de Villemur, Marie-Louise. E. 154. (Voyez Villemur.)

Fillon. B. 1011.

Finimr, Madeleine. B. 873.

Fiquet, Barbe, femme Gratiot. B. 3081. = Claude. B. 1756. = Jacques. B. 483. = Jean. B. 3011. = Jean-Jacques. C. 325. = Laurent. B. 483. = Pierre, fondeur en cuivre. E. 421. = Simon. E. 17.

Firmin, Jean. B. 1002. = Louis, lieutenant des barbiers-perruquiers étuvistes. B. 1099.

Fismes (Thomas de), chevalier. H 753.

Fisseau, Claude et Pierre. E. 562.

Fisseaux, Marie-Anne. B. 2787.

Fisseu, Pierre. B. 1681.

Fisseux, Jeanne, femme Parmentier. B. 911.

Fitte (Adélaïde-Félicité-Geneviève de), femme de Brancas. B. 843.

Fitz-James (duc de), François, évêque de Soissons. B. 3791. — C. 331. — G. 1221.

Fivet, Jean. C. 266.

Fizeau de Clémont, Étienne-Claude, seigneur de Moy.

B. 278, 1395, 1664. — Marie-Étiennette. B. 1664.

FIZEAUX, Étienne-Claude et Jacques, négociant, Laurent, capitoul de Toulouse. B. 2909.

FIZEAUX-DESNOYERS, Jean-Étienne, négociant. B. 2909.

FLABAULT, Pierre. H. 770.

FLACON. B. 2844. — Anne. H. 820. — Marie. B. 2814. — Marie-Jeanne, femme Gay. B. 2821. — Michel. B. 3411. — Pierre. B. 1765, 2814.

FLACY (Jean de), chanoine de Laon. H. 101. — (Guillaume de), chanoine de Laon. G. 1.

FLAGOLA, Jean, vigneron. E. 620.

FLAHAUT (de), Jacques, seigneur de Cardonnaux. B. 2225, 2275. — Louis. B. 2287. — Louise-Madeleine, veuve d'Anglebermer. B. 2747, 3214. — Philippe. B. 2225.

FLAHAUT, Jean. H. 768.

FLAMAIN, François. H. 1278.

FLAMAND, lieutenant général au bailliage de Chauny. C. 639. — Antoine. H. 1420. — laboureur. B. 2780. — Claude. B. 1719. — Étienne. H. 695. — Isaac. B. 26. — Jean-Baptiste, boucher. B. 2545. — Nicolas. B. 2149. — Pierre. B. 2540. — Raoul, seigneur de Cannry. G. 126.

FLAMANT. B. 23, 788, 2564. — commis. B. 3050. — Charles, maire de Bertaucourt. B. 1267. — Claudine. B. 3241. — Étienne, laboureur. B. 3329. — Honoré. B. 4050. — Isaac. B. 2163. — Jean-Charles. B. 943. — Louis. B. 2907. — Madeleine, femme Bocquet, B. 898. — Marguerite, femme Lafontaine. B. 463. — Marie-Anne-Joseph. C. 862. — Martin, curé de Barenton-Bugny. B. 2795. — Noël. B. 2602. — berger. B. 2593. — Pierre. B. 2551. — Thierry, maire. B. 3309.

FLAMARENS (comte de). C. 631.

FLAMEN, Jean et François. H. 1220. — Antoinette, veuve Levascher. E. 381.

FLAMENG. B. 516, 523, 1932. — Anne. H. 909. — Antoine, familier et donné. H. 623. — huissier. B. 486. — Damienne, veuve Colmet. E. 455. — Ferry. E. 204. — Gérard. H. 909. — Henri. H. 135. — Jean. E. 454, 475. — Jeanne. B. 642. — Madeleine, femme Terrier. B. 860. — Mathieu. E. 587. — Michel. B. 1945. — Nicolas. H. 976. — Pierre. E. 587. — Raoul. H. 898.

FLAMENS. Baudoin. H. 772.

FLAMENT. B. 27, 536, 2730, 3104. — Antoine. B. 3192. — E. 68. — H. 1220. — huissier. B. 486. — Antoinette, veuve Bossus, B. 2008. — Barbe, femme Lecompte. E. 464. — Catherine. B. 3207. — B. 3957. — Charles. B. 1291. — H. 977. — Denis. B. 2808. — Étienne. H. 709. — Félix, tonnelier. B. 2965. — François. B. 2047, 3083, 3916. — lieutenant général au bailliage de Chauny. B. 1365. — Guyot, laboureur. E. 573. — Hilaire, tonnelier. B. 2537. — Jacques-François. B. 3923. — Jean. E. 74, 559. — H. 977, 981. — huissier. B. 3362. — Jean-Baptiste, vannier. B. 4105. — Jean-Isaac, Jean-Pierre. B. 3207. — Jeanne, femme Triquéniaux. B. 4092.

(AISNE.) — TABLES.

— Louis. B. 1066, 1975. — Madeleine. E. 182. — Marie. B. 4041. — Marie-Anne. B. 4049. — veuve Fremont. B. 3944. — Marie-Catherine. B. 3118. — Marie-Marguerite. B. 375. — Marie-Rose. B. 3945. — Pierre. B. 3207. — Pierre-Nicolas. E. 213. — Simon. B. 1972. — laboureur. B. 994.

FLAMIGER, maire de Bruyères. H. 197.

FLAMIN, abbé de Cuissy. C. 822.

FLAMMAINS, Thierry. H. 214.

FLAN, Jean. B. 745, 958, 1043. — Jeanne, femme Couste. B. 745. — Madeleine, veuve Chaffrotte. B. 743, 745, 1124. — Marguerite, femme Coppeau. B. 745.

FLAND, Marguerite, femme Duplessis. B. 1056.

FLANDRE. B. comte de Flandre et du Hainaut. H. 534. — Marguerite (de). B. 2199. — Philippe, comte de Flandre et de Vermandois. H. 1116. — Robert, marquis de. H. 535. (Voyez Philippe.)

FLANDRIN. C. 634.

FLANDRINE, femme de Chelles. G. 253.

FLAURELLE (Claude-Louise de), veuve de Grammont. B. 404.

FLAURENT, Antoine. B. 977.

FLAVEAU, Jean. B. 2890.

FLAVIGNI (Hector de), H. 952.

FLAVIGNIS (Renaud de). H. 947.

FLAVIGNY (de). B. 1928, 1932. — colonel de dragons. C. 50. — comte. C. 311, 596. — D. 17, et ministre plénipotentiaire. C. 308. — seigneur de Charmes. C. 404. — madame. B. 1705. — C. 332. — André. B. 2881. — Anne-Claude. B. 783. — vicomte de Renansart. B. 382, 781, 832, 940. — Anne-Florimond, seigneur de Liez. B. 1353. — Antoine, seigneur de Chigny. B. 2891. — E. 548. — Antoinette. B. 1809, 2885. — femme de Boham. B. 1419. — Barbe, femme du Passage. B. 1902. — femme de Rive. B. 712, 844. — Catherine-Françoise, veuve du Passage. B. 796, et femme de Hanocq. B. 842. — Catherine-Geneviève, abbesse du Parc aux Dames. B. 783. — César-François, vicomte de Renansart. B. 27, 36, 89, 134, 406, 781, 783, 1395. — H. 566. — Charles. B. 1809, 1826. — seigneur de Fresnoy, B. 757, 962, 965, 1005. — Charles-François, maréchal de camp, auteur militaire, seigneur de Charmes. B. 786, 791, 804, 1040, 1102, 1116, 1117, 3553. — G. 623. — Charles-Louis. B. 804, 850, 983, 1102, 3561. — Charlotte. B. 1521. — Christophe-André-Théodore-François. H. 56. — Claude. B. 908. — E. 515. — H. 56. — vicomte de Renansart. B. 1252, 1475, 2483. — Claude-André, seigneur de Chambry. B. 2881. — H. 56. — Claude-Balthazar, seigneur de Chambry. H. 56. — Éléonore, femme de Poullet. B. 828, 1011, 3261, 4415. — Ézéchias, seigneur de Chevenne. B. 658. — Ferry. B. 1588, 1681. — seigneur de Liez. B. 699, 701, 717, 1521. — E. 611. — François, seigneur de Ribeauville. B. 2243. — François-

14

Philippe, seigneur de Liez. B. 943. = Françoise, femme Hanocq de Quiry. B. 914. = Françoise-Antoinette, femme de Hanocq de Quiry. B. 779. = Gratien-Jean-Baptiste-Louis. C. 411. = Guillaume. B. 548. — E. 489. = seigneur d'Épuisart. B. 1902. = Jacques. E. 613. — H. 1286. = seigneur de Chambry. H. 56. = Jean, seigneur de Chigny. B. 199. = Jeanne. B. 1099. = veuve Dennet. B. 3439. = Judith. B. 701. = femme de Ronty. B. 694. — E. 333. = Louis, colonel des grenadiers royaux, surintendant des fortifications de Bourgogne. B. 2675. = Louis-Agathon, comte, vicomte de Renansart, lieutenant-général des armées, ministre plénipotentiaire. B. 290, 2262. — E. 160. = Louise. B. 757. = Marie, femme de Louen. E. 35, 39. = Marie-Charlotte. B. 832. = Philippe. B. 722. = seigneur de Liez. B. 701, 827, 932, 1010, 1011, 1069, 1099, 1174, 1345, 1351, 1352, 1362, 1614, 1681, et maître d'hôtel de la maison du roi. B. 1462. = Philippe-Florimond, seigneur de Liez, colonel de cavalerie. B. 1345, 1356, 1735. = Pierre, bailli du duché de Guise, seigneur de Chigny. B. 1902, et bailli du comté de Marle et de la châtellenie de La Fère. B. 662, 671, 678. = Rachel, femme de Maubeuge. E. 575. = Renaud. H. 953. = Renier, chanoine de Guise. G. 2. — H. 200. = Roland, seigneur de Liez. B. 701, 1521. = Sara, veuve d'Hervilly, femme de Villette. B. 2891. = Valentin, seigneur de Chambry. B. 908, 1175.

FLAVIGNY DE CHAMBRY (de), Alexandre-André et François. C. 414.

FLAVIGNY DE RENANSART (de). E. 19. = lieutenant de roi à Saint-Quentin. C. 796. = officier au régiment royal de marine. C. 338.

FLAVIUS, archevêque de Reims. H. 477.

FLAVY, Nicolas, vigneron. B. 1761.

FLAYON, Dieudonné, curé de Buironfosse. B. 405.

FLÉ, Louis-Nicolas, chanoine de Saint-Quentin. G. 816.

FLÈCHE, Anne, femme Waroqueau. E. 379.

FLÉCHIER, Étienne, chanoine. B. 890.

FLESSELLE (de), prévôt des marchands. C. 14.

FLEURIN (de), Jean. B. 2891.

FLEURIOT, Louis-Gaston, évêque d'Orléans. B. 471.

FLEUROT (de), Jean et Martin. E. 546.

FLEURY. B. 888. = curé de Berrieux. C. 939. = garde bois. B. 3543. = André-Joseph, avocat. B. 2160. = maire de Guise. B. 2161. = Antoine. B. 870, 1690. = Catherine, femme Deligny. B. 1348. = Charles. B. 1821. = Christophe. B. 3280. = Claude. E. 565. = Édouard. G. 136. = muletier du duc de Vendôme. B. 810. = François. B. 704, 3282. = chanoine de La Fère. B. 1214. = Helon (de). H. 1083. = Henri. B. 2557. — E. 68. = Henri (de), avocat. H. 1566. = Jean. B. 470, 816, 987, 1128, 2965, 3283. — H. 782. = jardinier. B. 934. = Jean-Baptiste, aubergiste. B. 386. = Jean-François. B. 1198. = bonnetier. B. 787. = boucher. B. 1146. = Joseph,

avocat. B. 405. = Joseph-André. B. 2156. = Louis, notaire. B. 10. = Louise. B. 2295. = Madeleine. B. 2238. = veuve Chaffrotte, femme Duplessis. B. 838. = Marguerite. B. 3129. = Marie, femme Levent. B. 1172. = Marie B. 721. = (de), religieuse. H. 1566. = Melchior, docteur en médecine. G. 484. = Michel (de). H. 1083. = Nicolas. B. 704, 1213. = Philippe. B. 1914, 1969. = lieutenant général aux bailliages d'Aubenton et de Rumigny. B. 1914. = Philippe-Joseph. B. 2091, 2229, 2359. = Pierre. H. 1050. = notaire. B. 2387. = Thomas. E. 175. = Toussaint. B. 1089.

FLIART, Antoine, secrétaire de l'intendance de Soissons. B. 1876.

FLICHY (Gilles et Robert de). H. 1065.

FLOBERT, Jean. H. 509. = Louis. H. 1195.

FLOCQUET. B. 2487. = Antoine. G. 733. = Jean. G. 746.

FLOIRAC (de). C. 677.

FLON, Marie-Louise, femme Mitel. B. 2915.

FLOQUET, berger. B. 378. = Éloi. B. 1414. = Henri, laboureur. B. 2956. = Jean, maire de Grougis. C. 851. = Madeleine, femme Lefèvre. B. 389. = Pierre. B. 342. = laboureur. B. 481. = maire du Nouvion. B. 2055.

FLORE, femme de Faverolles. G. 253.

FLORÉAUX. B. 929.

FLORENCE, femme de Jean. H. 956.

     —   femme de Renaud, chevalier. H. 1178.

FLORENT, Antoine, sommelier de panneterie du roi de Navarre. B. 811.

FLORENTIN, Claude, garde de bois, pêche et chasse. B. 30.

FLOTART DE MONTAIGU, vicaire général du diocèse de Metz, abbé de Fesmy. B. 172.

FLORICOURT (de), Huart, garde-scel de la prévôté de Laon, et Nicolas, chanoine de Laon. G. 253.

FLORIE, femme Milet. H. 1508.

FLOTE, Pierre, commissaire royal. G. 2.

FLOUREAU, Christophe. B. 1186, 3485.

FLOURENT, Marguerite. B. 886.

FLOURY (de), Gautier, trésorier du chapitre de Laon. G. 126.

     —   Jacques, notaire. E. 450. = Robert, menuisier. E. 451.

FLOYON (Jean de), contre laïque. G. 130.

FLUCHE, Marie, femme Dumange. B. 3219.

FLUSTEAUS, Georges, garde-forestier. B. 3749.

FŒUILLART, Jean. E. 51.

FOI (Pierre de). H. 222.

FOILLUEL (Jean de), seigneur de Ramicourt. H. 1116.

FOISIL, Nicolas. E. 390.

FOISNON, Jean, chevalier. H. 1508.

FOISON, Simon, bailli de Crécy-en-Brie. H. 1313.

FOISY, Nicolas. E. 51.

FOIX (Anne de), reine de Hongrie. B. 3438.

FOIZIL, Henri. E. 381.

FOIZOT, Claude et Pierre. H. 1132.

FOLLET, Étienne. H. 1306. = Pierre. B. 1821.

FOLLEVILLE (de), comtesse. E. 139. = Artus-Louis, seigneur de Beaumartin. B. 1474. = Charles-François, marquis, maréchal de camp. C. 263. — E. 286.

FOLLIART, Antoine. H. 796. = Jean. B. 491. = Louis. H. 1187.

FONDEMENT, Françoise, femme Noiret. E. 35. = Jérôme. B. 431. = Marguerite. B. 550.

FONDERIE (famille). B. 874.

FONDEUR. B. 874. = Antoine, laboureur. B. 157. = Claude, laboureur. B. 132. = mégissier. B. 906. = Philippe. B. 900. = Simon, messager. B. 1021.

FONDREN, Abraham et Suzanne. B. 3348.

FONELLE, Nicaise. E. 621.

FONSÈQUES DE LA ROCHEFOUCAULT (Charles de). B. 2894.

FONSOMME (de), Gérard. H. 1649. = Gilles, sire, sénéchal de Vermandois. H. 1116, 1637, 1651. = Jacqueline et Jean. H. 280. = Jean, seigneur de Fayet. B. 2899. = seigneur de Fonsomme. B. 2893. = Pierre, chevalier. B. 1606. = Renier, sénéchal de Vermandois. H. 1624. = Thomas. B. 2893.

FONTAINE. B. 23, 2485, 2493, 2733. = contrôleur des publications de bans de mariage. B. 511. = curé de Montloué. C. 939. = garde-marteau. B. 3447. = laboureur. E. 528. = subdélégué. C. 365, 366, 404, 516, 636. = Antoine-François. B. 511. = Charles. B. 1499. = Claude. B. 3178, 4036. — C. 266. = greffier de la ville de Marle. B. 529. = Claude-Étienne. B. 597. = Élisabeth-Gabrielle-Victoire, veuve Duauvel, sage-femme. B. 1892. = François, bailli de Sery. B. 1921. = François-Remy, huissier. B. 3513. = Françoise. B. 3398. = Gildart. H. 1017. = Grégoire. B. 1212. = Guillaume. H. 1180. = Jacques. B. 3456. = Jean. H. 1015. = laboureur. B. 1883. = procureur du roi. B. 411. = trompette. E. 336. = Jean-Armand, avocat. B. 2195. = substitut de procureur fiscal. B. 2051. = Jean-Baptiste. B. 2303. = Louis. B. 1242. — E. 332. = chirurgien. B. 448. = jardinier. B. 3335. = Louis-Médéric, notaire. B. 15. = Marie. B. 1183. = femme Testu. B. 2715. = veuve Barotteaux. B. 2554. = Marie-Anne, femme Lamy-d'Hangest. B. 852. = Marie-Josèphe-Catherine, femme Bruge. B. 2913. = Michel. B. 464, 2499. = Nicolas. E. 621. = garde bois. B. 482. = laboureur. B. 158, 159. = Pierre, charpentier. E. 462. = cordonnier. E. 626. = Quentin. B. 3537. = Romain. B. 1499. = Sébastien. B. 1533, 3077. = cordonnier. B. 923. = Siméon. H. 809.

— (de). A, seigneur. H. 1116. = Albéric, official de Soissons. G. 253. = Clarembaud. H. 295. =

FONTAINE (de), Étienne. G. 529. = Ferry. G. 253. = Jean. H. 1116. = Marie, femme de Villecholle. B. 2891, 2894. = Mathieu. H. 1116. = Nicolas, commandant de bataillon. B. 803. = Pierre, chevalier. H. 477. = Renaud. G. 253. = Robert. H. 1633. = Thomas. B. 2891. = H. 1116, 1633, 1637.

Fonte (Guillaume de). G. 253.

FONTENOY (Philippe de). H. 147.

FONVIELLE, Bruno. E. 469.

FORCE, Renaud. H. 534.

FORCEVILLE. B. 418. = fermier des tabacs. C. 835. = Jacques. B. 3890. = Jean. B. 4026.

— (de), Jean-François, commissaire ordonnateur des guerres, vicomte de Gergny. B. 2260.

FORCHETTE, Nicolas, vigneron. E. 508.

FORCY LE LORAIN (François de). B. 1510.

FORÉ, Raoulin, vigneron. E. 623.

FOREAU, Marguerite, femme Beau. B. 461.

FOREAU DE VAULÉGER, Marie-Françoise-Michelle, veuve de Montaigle. B. 80. = Nicolas-André, seigneur de Sains. B. 29, 266, 408, 2192, 3263, 3268.

FOREST. B. 515, 531. = Antoine. B. 494. = Daniel. B. 1265. = Jacques. B. 528. = Jean. B. 447, 2640, 2641. = cabaretier. B. 2717. = vigneron. E. 495. = Louis. B. 831. = crieur d'enterrements, priseur et vendeur de meubles. B. 668. = fermier des petits poids. B. 1183. = Poncelet. B. 886. = Simon. G. 253.

FORESTIER, notaire. B. 73. — G. 823, 824. — H. 1625. = Anne, femme Bottée. B. 1073. = femme Chapron. E. 520. = Claude. B. 774. = avocat. B. 925, et lieutenant de prévôt, juge de navigation. B. 1235. = bailli d'Épourdon. B. 798. = procureur du roi. B. 3567. = Élisabeth, femme de Pastourelle. B. 421. = François. B. 200, 421, 663, 823, 870, 906. = procureur. B. 737. = Jacques, chanoine de Noyon. B. 1095. = Jean. B. 420, 444, 447. = capitaine de cavalerie, seigneur de Mézières-sur-Oise. B. 213, 434. = lieutenant de robe courte de maréchaussée. B. 438. = procureur du roi B. 479. = seigneur de Liencourt. B. 248. = Louis, officier de la maison du roi. B. 1015. = Louise-Françoise, veuve Floreaux. B. 929. = Louise-Henriette. B. 36. = Madeleine, femme Bellavoine. B. 2193. = Marc. H. 1196. = Marie-Françoise, veuve de Gorgias. B. 250. = Rénée, femme Ducastel. E. 237. = Sébastien. B. 2923. = Thomas. B. 447.

FORET, Claude. C. 518. = Jean, homme de corps. G. 253. = Pierre. B. 3856. = Reine. B. 4091.

FORGES (Colart de), seigneur d'Étréaupont. H. 624.

FORGET, président. B. 3443. = Antoine et Jean. H. 950. = Jean-François. H. 892. = Remy, laboureur. B. 2630.

FORGOT. B. 3073.

FORIER, Vincent. E. 510.

FORMENTIN, soldat. C. 374.

FORNET, Jacques et Julien. B. 1491.

Foro (Béranger de). H. 477.

FORQUENOT, contrôleur des fermes. B. 639.

FORT, Gabriel. B. 423. = Marie-Anne. B. 3406.

FORTELLE. Charles-François. B. 3993.

FORTFONTAINE (Thomas de). H. 1043.

FORTIER, Alexandrine. B. 2874. = François. B. 3996. — H. 703. = Gobert. B. 3609. = Jean, laboureur. B. 1036.

FORTIN. B. 2883. — E. 22. = Anne. B. 4121. = Antoine, berger. B. 2692. = Eustache. B. 486. = Jacques. B. 324. — H. 1098. = Jean. B. 1700. = Jean-Baptiste et Laurent. B. 3433. = Martin. B. 1349. = Pasquier, chanoine de La Fère. B. 877. = Zacharie. B. 2692.

FORTIN (de), Bernard, intendant d'Auvergne. E. 193.

FORTIN DE LA HOGUETTE, Baudouin, archevêque de Sens. H. 1127.

FORTON, Marie-Anne. B. 3244.

FORTUIN, Louis. B. 560.

FOSSÉ. B. 2303. = Adrien. B. 468. = Barbe, femme Tellier. B. 3112. = Jean-Nicolas. H. 933 = Louis. B. 2295. = Louise. B. 4033. = Mathieu. B. 2327. = Pierre-Joseph. B. 2456. = Simon. H. 885.

FOSSELIER, Pierre. B. 2231.

FOSSÉS (des), Simon ex bailli de Vermandois. G. 2.

FOSSET. C. 657. = Jacques, tailleur. E. 354.

FOSSEZ, Jean. B. 2035.

FOSSIER. B. 2287. = Adrien. B. 2536. = Adrienne, veuve Thiébaut. B. 2945. = Claude. H. 869. = Denis. B. 2556. = Florent. H. 739. = François. B. 3317. = chanoine de La Fère. B. 942. = Jean. B. 494 — H. 970. = Jean-Baptiste. B. 447. = Jeanne, femme Despinois. B. 2006. = Joseph, cabaretier. B 2050. = Marie, femme Compaigne. C. 1048. = Michel. B. 553, 2306. = Philippe, maréchal. B. 2104. = Pierre. B. 1445, 1866. = laboureur. B. 1773, 2950. = Suzanne, veuve Constant. B. 3212. = veuve Dupeuty. B. 63. = Thérèse. B. 3361. = Thomas. B. 2878.

FOSSOYER, Simon. E. 16.

FOUACHE, Nicolas. B. 703.

FOUAN. B. 2736. = curé. C. 674. = Antoine. H. 984. = garde-étalon. C. 268. = Catherine, femme Pagnon. B. 2961. = Claude, femme Delaby. B. 3328, = Druette, veuve Dupré. B. 1517. = François. E. 339. = Jean. B. 3140. = procureur. E. 357. = Jean-Louis. B. 3332. = Louis. B. 2609. = Louise, femme Simillart. B. 3328. = Madeleine, veuve Valentin. B. 2514. = Marguerite. B 2808. = Nicolas. E 575. = bailli du comté de Bancigny. B. 2936. = meunier. E. 577.

FOUANT. C. 945. = Abraham. B. 588. = Colart. B. 1356.

FOUANT DE LA TOMBELLE. B. 3666. = Laurent-Antoine. C. 826.

FOUBLIN, Nicolas. B. 4007.

FOUCAMPRÉ, François. B. 103. = Pierre. B. 4096, 4406.

FOUCAMPREZ, Antoine. B. 3320.

FOUCARD. H. 455. = curé de Cugny. C. 677. = Jean. B. 3164.

FOUCART. B. 997. – curé. C. 698. = Jean, meunier. B. 3841. = Marie-Françoise, veuve Truniaire. C. 2612. = Watier. H. 853.

FOUCAULT, abbé. C. 698. = Claude, conseiller au Parlement de Paris. B. 1381. = patriarche. B. 241. = Pierre. B. 938.

— (de). C. 332. = demoiselle. E. 162. = Barbe-Louise et François-Robert, seigneur de Toulis. B. 132. = Guillaume, seigneur de Coucy-lès-Eppes et Jean. E. 162. = Jean-Jacques, seigneur de la Charnois et de Toulis. B. 4110. = Louis, seigneur de Veslud. B. 780. = Marie-Claire. B. 4110. = Robert, seigneur de Toulis. B. 2001.

FOUCHART, Claude et Pierre. B. 757.

FOUCHÉ, Nicolas, bourrelier. B. 3395.

FOUCHET, Simon. B. 1164.

FOUCHIER, Jean, sergent de justice. G. 253.

FOUCON, Jacques. H. 700.

FOUCOT, Jean-Baptiste. B. 1202.

FOUCQUART, Joseph. E. 332.

FOUCQUET. B. 519. = Claude. B. 798. = Pierre, bailli de Fargniers et de Tergnier. R. 663. = greffier de l'écritoire. B. 1093. = Roland, laboureur. E. 613.

FOUCRET, Jean. C. 273.

FOUET, Pierre, charcutier. B. 4054.

FOUGEUX, Jacques, dit Lamarck, traversier général des eaux et forêts B. 2436.

FOUGRÉAUX. B. 2513.

FOUILLOTS, Antoine. B. 364.

FOUILLOY (de), Guillaume, seigneur d'Abbécourt. H. 214.

FOULLÉ, Marguerite, femme de Langlois et Pierre, gouverneur de La Forté-sous-Jouarre. B. 1841.

FOULLON, intendant d'armée. C. 341. = Claude, femme Fossier. B. 2536. = Marie, femme Ferry. H. 1365.

FOULON B. 30, 3105. = garde chasse. C. 657. = Charles. B. 3497. = Jacques. B. 2821. = Jean. B. 4022. — H. 1104. = Jean-Louis. B. 3141. = Jean-Nicolas, greffier de justice. B. 3093. = Jeanne, femme Lhote. E. 366. = Marguerite. B. 3406. = Nicolas. B. 2853. = Remy-Joseph, clerc laïque de Lemé, commis greffier de justice. B. 3134. = Vincent. H. 1104.

FOULQUES. H. 399.

— chantre du chapitre de Laon. H. 202.

— coutre de Laon. H. 311.

— (de Bonneval), évêque de Soissons. H. 1508.

FOUQUART. B. 3148. = Charles. B. 2133. = Madeleine, femme David. B. 495. = Nicolas. B. 610. = Quentin. B. 877.

FOUQUELENT, Helvide. H. 20.

FOUQUELIN, Anne, femme Édart, et Grégoire, lieutenant au comté de Marle E. 552.

FOUQUERAU, Louis. H. 1361.

FOUQUET. C. 698. = garde-marteau. B. 3548. = huissier.

B. 1752. = religieuse. C. 689. = Antoine. B. 2177, 2314. = gendarme. B. 2401. = Antoinette, femme Marchant. B. 518. = Charles. B. 468. = Colart. G. 14. = François, H. 907. = Geneviève. B. 4042. = Guillaume. E. 637. = Isaac, brasseur. B. 468. = Jacques. B. 1937. — E. 587. = laboureur et arpenteur. B. 3330. = Jean-Joseph, huissier. B. 1335. = Lambert, laboureur. B. 3216. = Louis. C. 46, 53, 54. = Marc. H. 978, 979. = Marguerite. B. 2786. = Marie. B. 4042. = femme Bitaille. B. 3327. = Marie, femme Devin. B. 3123. = Marie-Anne. B. 2786. = Nicolas. B. 2843. = doyen du chapitre de Laon. B. 2841. = Noël. B. 543. = Philippe. B. 3326. = Pierre. H. 907. = notaire et procureur. B. 667, 670. = Symphorien. E. 110.

FOUQUIER. B. 2730, 2844, 3371. — C. 805. = capitaine quartenier de Saint-Quentin. C. 775. = négociant. C. 595. = Antoine. H. 791. = Augustin. H. 794. = Bon-François, secrétaire-greffier de l'hôtel-de-ville de Saint-Quentin. C. 775. = Eloi. H. 794. = notaire. B. 4025. = Louis-Charles, président au grenier à sel de St-Quentin. B. 3982. = Nicolas, doyen du chapitre de Laon. B. 2841. = promoteur en l'officialité de Laon. B. 2876. = Pierre. H. 791. = Placide. B. 1147. = Quentin, procureur fiscal. B. 2911.

FOUQUIER D'HÉROUEL. B. 3632.

FOUQUIER DE TINVILLE, Éloi, seigneur d'Hérouel. H. 791.

FOURCEAU, Jean-Baptiste. B. 364.

FOURCROIX (Louise de), femme Leblond. B. 1421.

FOURCROY (de), Antoine. B. 815. = Philippe. B. 1474, 1491.

FOURCY, Guillemette, femme Prieur. H. 1058. = Louise, femme Grattier de Gratterie. E. 200.

FOURDERIN. B. 3148.

FOURDRAIN, François. B. 3882. = Jessé. B. 3143.

FOURDRAINE, Jessé, laboureur. B. 3209.

FOURDRIGNIER, Pierre. E. 214.

FOURDRIN, Pierre. H. 1309.

FOURDRINIER, Alexis. B. 2480. = Pierre et Rose. B. 2471.

FOURECAUX. B. 2732.

FOURGERON, Jean, dit Saint-Paul. B. 1287.

FOURGNIER, Nicolas, greffier de justice. B. 3908.

FOURIER, Pierre, curé de Mataincourt, instituteur des congréganistes. H. 1700.

FOURMENTAINE, Catherine, femme Douay. B. 2932.

FOURMENTIER, Simon. E. 527.

FOURNAISE, Claude. B. 2945. = Jean. E. 397.

FOURNAIZE, Pierre, meunier. B. 2940.

FOURNAT, Marie, veuve Froment. B. 3881.

FOURNEAU. B. 2740.

FOURNEL, Hubert. E. 331.

FOURNERY, Joseph, menuisier. H. 1445.

FOURNET, Gobert, chanoine de Laon. H. 204. = Jean, tavernier. E. 439. = Louis. E. 77. = Marguerite, femme Testart. B. 2914. = Raoul, bailli ducal de Laon. B. 2614. = lieutenant au bailliage de Vermandois. H. 216, 223.

FOURNIER. B. 519, 520, 1932, 2844. 3242. = notaire. E. 516. = Antoine. B. 482, 3210. = Antoinette, femme Desboves. B. 2635. = Catherine. B. 388. = Crépin. B 3376. = Denis. B. 1850, 1857. = Étienne, vigneron. B. 2650. = François. B. 1206, 2665. — C. 518. = curé de Brancourt. E. 522. = tisserand. B. 2858. = Guillaume. H. 952. = Henri. C. 266. — H. 1321. = entrepreneur. C. 615. = prieur-curé de Licy. H. 1322. = Jacques. B. 2408. = laboureur. B. 1763 = Jean. B. 3218. — H. 746, 1036. = Jeanne-Madeleine, femme Lelong. B. 1350. = Jérôme. B. 2931. = Laurent. B. 3076. = Louis. B. 2408. = procureur. B. 2880. = Louise. B. 4093. = femme Clauet. B. 4121. = Marguerite, veuve de Castelnault. C. 238. = Marie-Anne. B. 388, 2295. = femme Dailly. B. 3184. = veuve Pollet. B. 2349. = Médard-François, boucher. B. 1901. = Nicolas. B. 2420, 3216, 4121. = Pierre, jardinier. B. 2628. = Remy, apprenti cordonnier. E. 471. = Robert. H. 222.

FOURNIL, Jean, libraire. B. 2756.

FOURNY, François, joueur de violon. B. 3275.

FOURQUEUX (de). C. 422, 479, 507, 765, 802, 806.

FOURQUAIN, Charles. B. 2141. = Yves-Louis. E. 381.

FOURRIER, Antoine. B. 4033.

FOURSAULT, Claude. E. 510.

FOURURE, François. H. 1235.

FOUTEL, Nicolas. G. 1340.

FOVEZ DE ROZOY, Girard. H. 1179.

FOY (de), inspecteur des brigades des fermes. B. 4008.

FOYNET, Nicolas, valet de chambre du roi de Navarre. B. 810.

FRADE (Henri-François de). G. 484.

FRAILLON. B. 2626, 2719. = Jean, bourrelier. E. 501. = Pierre. B. 3899.

FRAISNE (Jean de). H. 1508.

FRAISNOY (Gaucher de). H. 1508.

FRAISSENDE, femme Leclerc. H. 16.

FRAMBOURG. B. 2731. — H. 1208. = Wautier. H. 1208.

FRANCAR, Simon. B. 2853.

FRANCART, Claude. B. 4114.

FRANCE, Jean. B. 1352.

FRANCELLE, Alexis. B. 3599. = Louis. B. 4019.

FRANCBEILLY (Hermin de). H. 1508.

FRANCHOMME, Duedo. H. 138.

FRANCISQUE, capitaine. B. 953. = Marie, veuve Maque. B. 3914.

FRANCO, châtelain de Bruxelles. H. 871.

FRANCOCOURT (Raoul de). H. 221.

FRANÇOIS I, roi de France. B. 3438. — C. 928. — G. 6. — H. 142, 692, 1508.
— archevêque de Cambrai. H. 1127.
— archevêque de Toulouse. G. 128.

FRANÇOIS B. 2287. — H. 350. = chirurgien. H. 507. = Adrien, laboureur. B. 750. = Alexandre, laboureur. B. 1413. = André, laboureur. B. 836. = Antoine.

B. 746, 1517. = Charles, cuirassier. B. 4023. = Éloi. B. 861. = Henri. B. 2535. = Hermand. B. 680. = Jacques, laboureur. H. 366. = Jean, dit la jeunesse. B. 1287. = vigneron. E. 619. = Joseph, vigneron. B. 2847. = Pierre. B. 65, 477, 3219. = Simon. B. 1013, 1184. = charpentier. B. 3755.

FRANCOMME. B. 2997. = Marie. B. 4019. = Nicolas. E. 529, 539. = Nicole, femme Desjardins. E. 537.

FRANCOSME, Pierre-Antoine, garde forestier. B. 3601.

FRANCY, écrivain de la marine. B. 3591.

FRANQUEFORT (famille). B. 1932.

— — (de), Jacques-Paul, lieutenant-colonel. C. 380. = Jean. B. 521.

FRANQUELIN, Antoine, maçon. B. 3187.

FRANQUET, Adrien, laboureur. B. 1803. = Barbe. B. 3048. = Christine, femme Vuitart. B. 518. = Claude. B. 3912. = Françoise. B. 3940. = Jacques. B. 975, 1262. = laboureur. B. 1189. = Jean. B. 995. — C. 853. = Louis. C. 678, 853. = Mathieu-Pasquier, notaire. B. 1394. = receveur des amendes. B. 3562. = Simon. E. 538.

FRANQUETOT (de), François-Marie-Casimir, marquis de Coigny. B. 3188, 3211. = Marie-François-Henri, duc de Coigny, mestre de camp général des dragons, maréchal de camp, gouverneur de Caen et de Choisy. B. 3188. — E. 164, 166, 171, 176, 181. = Pierre-Auguste, marquis de Vervins. B. 3188.

FRANQUEVILLE (de), Léon, prieur de St-Gobain. B. 3439, 3446. = Nicolas, laboureur. B. 1247.

FRANQUEVILLE DE CHANTEMELLE, femme de Vassault. E. 321.

FRANSURES (de), chanoine de St-Quentin. G. 820. = Charles, seigneur d'Ognolles. B. 1760. = Jacques-Charles, chancelier du chapitre de St-Quentin. G. 810.

FRANSURES DE VILLERS, Adrien-Joseph-René, chanoine de Saint-Quentin. G. 816.

FRASENDE, femme de la Fontaine. H. 305.

FRASIER (famille). B. 1411.

FRASSEN, Augustin, curé de Remigny. B. 1717, 1718, 1720.

FRAUSSARS, Jean. H. 1508.

FRAZIER. B. 1415. — E. 22. = Antoine. B. 1767. = Jean. B. 1486. = Louis. B. 1825. = Pierre. B. 3075. — H. 1739.

FRECELLE, François. B. 1838.

FRÉDEBURGE, femme Arpadius. H. 588.

FRÉDÉRIC, empereur. H. 1116.

FRÉDESINDE, femme de Jean de Pierrepont. G. 253.

FREDIN, Nicole. B. 1871.

FRÉDUREAU DE LA BUSSONNIÈRE. G. 450.

FRELIN, Nicolas. B. 2791.

FREMANT, tailleur d'habits. B. 946.

FREMAUD, évêque d'Arras. H. 1061.

FREMAULT, Pierre, brasseur. B. 895.

FREMEAUX, Anne, fileuse. B. 4046.

FRÉMIE, Antoine. B. 693.

FRENON, Baptiste. B. 2934. = Crépine, femme Parigault. B. 1129. = François, laboureur. B. 3138. = Gilles, laboureur. B. 2973. = Jean. B. 1124, 1130, 1141. = Marguerite, veuve Lemaire. B. 3077. = Noël. B. 4093.

FREMONT. B. 2489. = Blaise. E. 58. = Catherine. B. 4054. Marc. B. 1433. = Michel. B. 3944.

FREMONT (de), Françoise, veuve Groulart. B. 55.

FREMONT DE MAZY, Marie-Élisabeth, femme de la Rochefoucault. C. 311. — E. 190.

FRENDEBURGE. H. 477.

FRENION, Antoine. B. 1053.

FRENOY. B. 1916. = Charles. B. 3931. = Nicolas, marchand de bois. B. 1665.

FRÈRE, Antoine. B. 2772, 3444. = Hélène, veuve Baleu. B. 1258. = Jean. B. 2813.

— (de), Michel, seigneur de Polastron, capitaine d'artillerie. B. 1100, 1203.

FRÉRET, Antoine. H. 1040.

FRESCÁN (Jean de), prévôt de Laon. H. 195.

FRESCENCOURT (de), Louis, chevalier, et Pierre. H. 753.

FRESILLE, Nicolas, fondeur en cuivre. E. 417.

FRESMIN, Claudine, femme Cochet. B. 876.

FRESNE, Pierre, chef de paneterie. B. 1419.

FRESNEAU, Claude, Julien et Nicolas. H. 915.

FRESNELET, Jean. H. 535.

FRESNOY, Isaac. H. 1332. = Joseph. B. 1568.

FRESNOYE, Marie. B. 875.

FRESSANCOURT (de), lieutenant du roi à La Fère. B. 722. = François, prieur de St-Thomas. H. 184.

FRESSART, Sébastien, laboureur. B. 879.

FRESSELET, Marie-Madeleine, veuve de Soize. B. 1119.

FRESSENCOURT (Jean de). H 836.

FRESSENDE. H. 68.

FRESSON. B. 427, 540, 2567. = Antoine. B. 565, 2562. = brasseur. B. 81. = Charles. E. 69. = Henriette. C. 689. = Jean. B. 3123. — E. 377. = Marie, femme Mennesson. B. 895. = Michel. B. 2552. = Nicolas. B. 3124.

FRESTREL, Pierre. B. 4093.

FRETISSON, François. B. 1686.

FRETOY. B. 1692. (Voyez Estourmel.)

FREVAL, Denis, bonnetier. B. 3331.

FREVIER, Joseph, berger. B. 2449.

FREVILLE, Antoine, laboureur. B. 1716. = Jacob. B. 1416.

FREZAL DE BOURFAULT, Jean-Louis-Bernard. B. 1660.

FRIANT, André. B. 1696.

FRICOTEAU, Marie-Anne. E. 381. = Nicolas, cordonnier. E. 343.

FRICOTEAUX, Nicolas, boulanger. E. 338.

FRIN, Charles. B. 1465. = Pierre. B. 1465, 1503.

FRION. B. 3104, 3107. = Charles-François. H. 731. = Remy, tailleur d'habits. B. 3101.

FRIPIER, Arnoul. H. 84. = François. H. 1267. = Lambert. H. 1508.

FRIPPIER, Gossuin. H. 8.

FRISON, Jean, cabaretier. B. 4038. = maître d'école. B. 2323. = Jean-François, notaire et procureur. B. 669.

FRIZON, Anne, fermière. B. 40. = Charles. H. 1427. = François. B. 1838. = Firmin. B. 2895. = Louis, tisserand. B. 1340. = Marie. B. 1989. = Nicole, veuve Lebault. E. 347. = Sébastien. B. 1484.

FROHEN, Jean, receveur. G. 17.

FROIDEVAL, Noël. B. 1418, 1702, 1842.

FROIDMONT (de), Arnould. H. 1615. = Gérard. H. 63. = Jean. H. 79.

FROIDMONT, Jean, chanoine. E. 491.

FROIDOUR (de). B. 812. — E. 463. = greffier. B. 664. = procureur fiscal de navigation. B. 1235. = Charles. B. 770, 807. = Claude. B. 759, 770, 793, 806, 1100. = procureur. B. 781, 909, 915. = procureur du roi. B. 846. = substitut. B. 3543. = Claude-François, avocat. B. 779, 922. = François. B. 709, 770, 992, 3540. = avocat. B. 920, 1095. = Jacqueline. B. 1130. = veuve Helin. B. 1138. = Louis, grand maître des eaux et forêts de Languedoc. B. 846, 3565. = seigneur de Cerisy, président, lieutenant général au bailliage de La Fère B. 663, 744, 752, 1009, 1177, 1234, 3542. = Louise, femme Charbonneau. B. 845. = femme de Cugnac. B. 781, 784, 848, 1100. = Marguerite. B. 221. = veuve Poulain. B. 843. = Marie. B. 770. = femme Bottée. B. 884 et veuve Grandin. B. 1127. = Marie-Claude. B. 807. = Nicolas. B. 952, 3542. = avocat. B. 817, 824, 891, 994, 3075. = notaire. B. 882. = procureur. B. 844, 962, 1100. = procureur du roi. B. 714, 1057, 1157, 3615.

FROIDURE (de), Antoine, dit St-Maurice, curé de Fay-le-Noyer. B. 453.

FROIN. H. 1214.

FROISSART, homme de corps. G. 1. = Barbe. B. 1837, 1841. = Claude. E. 621. = Jacques, prieur, curé de Castres. B. 2997. = Jean. B. 1822. = Marie-Catherine. B. 1296. = Nicolas. B. 1296.

FROISSEBOS, Thierry. H. 1508.

FROMAGE. B. 2742, 2845. — C. 627. = Anne-Françoise, femme Demolin. B. 4112. = Antoine, laboureur. E. 579. = Gédéon. B. 281, 2124. = Louis, avocat. B. 2646. — G. 455, 478. — H. 336. = bailli. B. 2881. — H. 336. = chanoine, médecin. B. 2841. = président au grenier à sel de Laon. B. 3971. = receveur des décimes. B. 2634. — G. 478. = Nicolas, ex-doyen de Vervins. B. 2808. = Pierre. B. 2018, 2164, 3889. = notaire et lieutenant de justice. B. 2146. = sieur de Parpe B. 2146.

FROMAGER, Nicolas. H. 1023.

FROMAGET, Étienne-François. H. 543.

FROMAGIER, Guillemette. E. 616.

FROMAIN, Alexandre et Pierre. B. 3181.

FROMEGER, Jean. B. 2857.

FROMENT. B. 2490, 2740. = veuve. E. 11. = Antoine. B. 778. = maire de St-Gobain. B. 665, 800. = Charles. H. 1284. = Charles-Louis, aubergiste et laboureur. B. 4126. = Claude, laboureur. E. 586. = Élisabeth, fermière. B. 2169. = François, marchand de bois. B. 3555. = tailleur d'habits. B. 2419. = Georges. B. 3614 = Jacques, clerc laïque. B. 3077. = cordonnier. E. 343. = Jean. B. 778, 3602. — H. 1298. = Louis. B. 3916. = greffier. E. 536. = Marie, veuve Froment. E. 536. = Marie-Anne, domestique. B. 2414. = Martin. B. 1846. = Michel. B. 3918. = Nicolas. H. 1287. = Philippe, laboureur. B. 2973. = Pierre. E. 535, 537. = curé d'Honnechy. B. 89. = notaire. E. 341. = tisserand. B. 3881. = Remy. E. 529. = Vincent, official. B. 2876.

FROMEREVILLE (Antoine-Gabriel de), chartreux. H. 1347.

FROMERY, Jean. B. 1840.

FROMONS (Jean de), chevalier. H. 1508.

FROMONT, Joseph-Quentin-Gamaliel, contrôleur des actes des notaires. B. 1554. = Nicolas. B. 2328.

FRONDEUR, Gérard. H. 921.

FRONDRILLON, Charles. E. 393.

FRONTARS, Nicolas. H. 1202.

FRONTIGNY, Antoine. H. 1221.

FROSSART, Florent. B. 1836.

FROTIN, Élisabeth, veuve Serant. B. 4100. = François. B. 2611. = Jean. B. 3421.

FROUART, Angélique, curé de Mondrepuis. E. 374. = Jean, laboureur. B. 1035.

FROULLETTE, Thomas. B. 2923.

FROUSSART, curé de Plomion. C. 940.

FRUCHA, François, dit grand-père, mulquinier. B. 138.

FRUCHARD, Claude. B. 905. = François. B. 105.

FRUCHART, André. B. 3175. = Antoine. B. 906, 3213. = Blaise. B. 544. = Claude B. 909. = Jean. B. 543. = Marie. B. 452. = Pierre. B. 910. = Remy. B. 649.

FRUET, Antoinette, femme Rossignol. E. 464.

FRUMALD, évêque d'Arras. H. 372.

FRUMIN, Charles, laboureur. B. 2953. = Louis. B. 2958.

FRUTEL, Nicolas. B. 3067.

FRUTIN, Claude, meunier. E. 431.

FUAN, Abraham, charron. E. 615.

FUENSALDAIGNE (comte de). B. 1615.

FUENTÈS (comte de). B. 434.

FUGEROS, Raouline, veuve Delacroix B. 986.

FUISNONS, Jean, chevalier. G. 253. (Voyez Verneuil.)

FULBERT. H. 588.

FULVY (de). C. 276, 281, 282.

FUMEL (Marc-Joseph-Louis de). C. 412.

FURET. B. 2485, 2490. = Antoine, laboureur. B. 2427. = Arnoul, apothicaire. B. 1516. = Louis, sergent royal. B. 1516. = Madeleine, femme Bocquet. B. 2430.

FUSSIGNY (Pierre de), chevalier. H. 628.

FUSTE (de). B. 1667. = Daniel, Jean, seigneur de Fresne et Louis. B. 1667.

Fuzellier, Adam. E. 560. = Hector, tisserand. E. 625. =
Marie. B. 4127.
Fuzillier, Henri. H. 1023. = Pierre, pâtre. B. 1255.

G

G, abbé de Cuissy. G. 2.
— abbé de Fesmy. H. 310.
— abbé de Longpont. H. 692.
— abbé de Marmoutiers. H. 253.
— abbé de Monceaux. H. 1045.
— abbé de Prémontré. G. 1.
— abbé de St-Crépin-en-Chaye. H. 1508.
— abbé de St-Pierre de Gand. H. 534.
— abbé de St-Vincent de Laon. H. 180, 197.
— abbé de St-Yved de Braine. G. 2.
— archidiacre de Brie. H. 1508.
— chanoine. H. 1508. = de Laon. H. 375, 404.
— curé de St Clément, doyen de la chrétienté de Vervins.
G. 2.
— doyen de St-Donatien. H. 534.
— — du chapitre de Laon. G. 2. — H. 29.
— — du chapitre de Meaux. H. 692.
— — du chapitre de Soissons. G. 253. — H. 477.
— évêque de Cambrai. G. 1.
— — de Châlons. H. 1046.
— — de Senlis. H. 477.
— prêtre. G. 253.
— prévôt du chapitre de Soissons. H. 477.
— prieur de St-Vincent de Laon. G. 2.
— dit Le Maitre, trésorier du chapitre de Laon. H. 182.
Gabelle, Marie-Elisabeth, femme Lescot. B. 3931. =
Nicolas. B. 159.
Gabriel, Jean. B. 3949.
Gabry, Antoine, cistercien. E. 467. = Louis. B. 1950.
Gace, Charles, laboureur. B. 2839.
Gacet, Antoine, huissier. B. 731.
Gachet, Louis, garde-forestier. B. 3750.
Gachon, Jean-Baptiste. B. 119.
Gadée, Raoul. H. 352,
Gadeffroy, Charles-Nicolas-Laurent, épicier, et Jeanne.
B. 2911.
Gadifer, Étienne, curé d'Urcel. E. 442.
Gadoys, Antoinette. B. 889.
Gadré, Adrien, apprenti tailleur. E. 460.
Gadret, Hubert. E. 117. = Jacques. H. 999.
Gadroy. B. 2833. = Claude. B. 1256. = François. B.
480. = Louis, laboureur B. 904. = Quentin. B. 474. =
maréchal. B. 1170. = Remy. B. 485.
Gadurest, Étienne et Philippe. B. 3170.
Gaegne, Odon. H. 772.
Gaëtan, cardinal, trésorier du chapitre de Laon, G. 2.
Gaget, Marie. B. 2389.
Gagneur, Jacques. E. 537, 538.

Gagneux, Étienne. B. 3143. = Jacques. B. 2787. = Jean-
Baptiste, curé à Soissons. G. 1730. = Jean-Pierre,
charron. B. 2963. = Jeanne, veuve Goret. B. 3909. =
Roger, laboureur. B. 2981.
Gagnieux, curé de Marchais et Liesse. C. 939.
Gagnin, curé de St-Martin de Château-Thierry. H. 1298.
Gagnon, fille. C. 697. = Marguerite. C. 694.
Gagny, Anne. B. 2994.
Gahannes (Marie de), femme de Berny. H. 1508.
Gaide, Louis, laboureur. B. 82.
Gaigne, Jean. B. 2808. = Philippe. B. 480. = Louis. B.
742. = hôtelier. B. 900.
Gaignon, Pierre. B. 2064.
Gaillard. B. 2485, 2737. = Alexis. B. 3121. =
François. H. 1320. = Guillequin H. 1316. = Jacques,
seigneur de Senonville, receveur général du duché
de Guise. E. 357. = Jean. H. 1316. = apprenti
bourrelier. E. 423. = Laurent. H. 1307. = Martin.
B. 3416. = Nicolas. B. 3415. — H. 1316. = Pierre.
B. 3416. — H. 1268, 1301. = Simon. B. 3415. Thomas.
H. 1307.
Gaillardon, Laurent, chanoine de St-Quentin. B. 3303.
— G. 816.
Gaillardon-Duprat, Sébastien-Joseph, chanoine de St-
Quentin. G. 817.
Gaillart, Colart. H. 18. = Gillequin. H. 1116. = Jean.
H. 1269.
Gaillet, Charles, soldat. B. 4034.
Gaillot, Étienne, dit Duval, carabinier. B. 4001. = Louis.
B. 1883. = Madeleine, veuve Charpentier. B. 3178. =
Marie, femme Paquet. B. 3174. = Martin. B. 3178. =
Pierre. B. 3176.
Gain, Michel, maire de Beautor. B. 796.
Gainet, Jacques. E. 621.
Galand, fermier. B. 345. = Blaise, laboureur. B. 998. =
Jean, marchand de chevaux. B. 2199. = Nicolas, labou-
reur. B. 898.
Galande, Adrien. B. 3003.
Galataveronne (Innocent de), ministre général des capu-
cins. H. 1695.
Galbrois, Jean, vigneron. H. 1063.
Galicet, Henri. B. 117.
Galiche, Marie-Madeleine. B. 496.
Galien. H. 132.
Galisset, veuve. B. 2225.
Gallai, Jean, laboureur. E. 371.
Galland. B. 988. = Adrien. B. 883. = André. B.
2927. = laboureur. B. 883. = Grégoire. B. 810, 901.
= cordonnier. B. 870. = Guillaume. B. 1137. =
Jean. B. 66. = Jeanne, femme Fleury. B. 810. =
Louis. B. 1605, 2890. = Mathieu, bourrelier. B. 824.
= Montaine, femme Grandin. B. 877. = Nicolas. B.
810, 823, 1168. = laboureur. B. 810, 868. = Simon.
B. 1124.

GALLANDE, Jacques. H. 2154.

GALLANT, Jacques, maître de poste. B. 1014.

GALLARD. B. 1899.

GALLARME, Jacques. H. 1435.

GALLASSE, Jean, boucher. H. 998.

GALLEDROY (Charles de). H. 1004.

GALLENCOURT, Quentin. B. 3933.

GALLEPOIS, François. B. 1421, 1612, 1819.

GALLET. B. 2565. = Antoinette. B. 3407. = Bonne, veuve Caresme. B. 2889. = Catherine. B. 2827. = Jean-Baptiste, C. 677. = Jeanne. B. 1766. = Louis. B. 3796. = Michel. B. 1820. = Michelle. B. 1774.

GALLIEN. C. 312. = chanoine de Laon. B. 2799. = notaire. E. 502. = Augustin, docteur en médecine. H. 620. = Claire. B. 2637. — G. 468. = Claude, chanoine de Laon. B. 2795. = laboureur. E. 554. = Cyr-Élie, notaire. B. 2652. = Jean. H. 1301. = couturier. H. 1314. = Jeanne. B. 3908. = Pierre. H. 1304.

GALLIOT, Gabriel. B. 3172. = Marguerite, femme Douan. E. 525.

GALLOIS, notaire. H. 1628, 1629. = Álexandre, notaire. G. 828. = Barbe, apprentie couturière. E. 601. = Charles. B. 828. = Charles-Furcy, mercier et épicier. B. 947, 1121. = Guillaume, notaire. G. 828 à 833. = Jacques. H. 813. = maire de Nouvion-l'Abbesse. B. 2880. = Jean. H. 813. = Louis. B. 41, 2277. = capitaine d'artillerie. B. 2149. = Madeleine-Marguerite. B. 2904, 2907. = Marguerite, femme de Wallon. B. 694. = Marie-Anne. B. 3959. = Pierre. B. 41. = notaire. B. 3200 et garde marteau. B. 3560. = Quentin, seigneur de Fins et de Fluquières, receveur des tailles, et maire de St-Quentin. B. 2904.

GALLOIS DE VAUXSORELLE. C. 784. = François-Nicolas, chanoine de St-Quentin. B. 2907, 2912.

GALLONDE, Jacques. B. 2234, 2276.

GALLOT, Charles. G. 744. = Marguerite. B. 3958.

GALLU, joueur de violon. B. 1788.

GALLUS, Raoul, chanoine de St-Pierre de Soissons. H. 1508.

GALLY. C. 350.

GALOIS, Marguerite. B. 3124.

GALOPIN, Gabriel, curé de Genlis. B. 1353.

GALOT, Madeleine. B. 2971.

GALOUDE, Charles. B. 921.

GALOY, Nicolas, chirurgien. B. 2929.

GALPOIX, François. B. 1830. = laboureur. B. 2802.

GAMACHE, Jeanne, veuve Prévost. B. 1940.

GAMAIN, Antoine. B. 3096. = Jean, tisserand. B. 3238. = Nicolas. E. 387.

GAMART, Charles, commissaire enquêteur au Châtelet de Paris. E. 420. = Jean, tailleur d'habits. B. 1736.

GAMBART. B. 3262. = marchand de moutons. E. 523. = Catherine. B. 2370. = Claude. B. 2709, 4118. = Éloi. B. 3996. = Étienne. E. 522. = Eustache. B. 498. = François. B. 3076. = Jean. B. 236. = Joseph. B. 2476. = Julienne, femme Hennequière. B. 3900. = Louis. B. 485. = Marie, femme Hennelin. B. 2982. = Marie-Françoise, femme Vignon. B. 160. = Pierre. B. 1991. = Quentin. B. 3118.

GAMBIER, huissier. B. 3923. = Charles, tailleur d'habits. H. 1029. = Jean-Baptiste. B. 2993. = laboureur. E. 191. = Joseph, laboureur. H. 1029. = Nicolas. B. 4121. — H. 1140. = Pierre. B. 2815. = curé de la Neuville-Housset et Housset. E. 550. = Roland. B. 3324.

GAMBON, Antoine. B. 3907.

GAMIN. B. 524. = Clément. E. 368.

GAMMELIN, Léonard. B. 3171, 3173.

GAMONT (de). B. 2315.

GANAUX (famille). E. 387.

GAND, Anne, femme Charpentier. E. 604.

GANDELOT, Jean-François, greffier de maîtrise. B. 3507, 3520. = receveur de bois et régisseur. B. 3519.

GANDIER, Noël. H. 1135.

GANDIN, Claude. B. 3039.

GANNES, Barthélemy (de), baron de Connigis. E. 85.

GANNET, Jean. H. 1047.

GANTIER, Pierre, meunier. B. 4105.

GANTOIS. B. 2565.

GARAND, Léger, ingénieur. B. 2899. — C. 799.

GARANGIER, demoiselle. B. 338.

GARBE. B. 524, 1925, 2484, 3203. = Anne, veuve Chavenon. B. 2024. = Antoine. B. 528, 558, 2386. = taillandier. B. 2337, 2358. = Antoinette, veuve Lenain. B. 2771. = Claude, apothicaire. B. 915. = François, sabotier. E. 566. = Jean. B. 2386. = Louis, étudiant. B. 841. = Marie, femme Capitaine. B. 592. = Marie-Louise, veuve Constant. B. 939. = Nicolas. B. 798, 826, 849. = greffier de police. B. 668, 974. = apothicaire. B. 841, 1188. = Pierre. B. 844. = Simon. B. 558.

GARBOIS (famille). B. 515.

GARCHE, Claude. E. 277. = Jean-François, notaire et procureur. B. 668.

GARCIN, Mathias-Jacob (de), clerc. G. 125.

GARÇON, Antoine. H. 1269. = Pierre. B. 3883.

GARD, Jean-Pierre. B. 4091.

GARDAVOIR, Claude, coutre-laïque. G. 130.

GARDE ou GARDÉ, Adam, laboureur. B. 3084. = Anne, femme Jourdieu. B. 1684. = Antoine. B. 465. = Charles. B. 1782, 1824, 1825, 3565. — H. 1104. = chanoine de Laon. E. 526. = docteur en médecine. B. 1418, 1614, 1773. = lieutenant général de police. B. 1332. = marchand de bois. B. 1384. = Claude, maire de Crandelain. B. 3085. = François. B. 2715. = sergent des aides. E. 475. = Gaspard. B. 1530. = Jacques. H. 1104. = Jean. H. 903. = Jean-Pierre. B. 493. = Joseph, garde forestier. B. 3811. = Louis, lieutenant général de police. B. 1372, 4653. =

Marguerite, veuve Joré. B. 2703. = Martin. B. 3421. =
Nicolas. B. 3902. = laboureur. B. 140, 141. = Pierre.
B. 459, 566, 1953. = Servais. B. 1979.

GARDE DE MATIGNY, Charles-Pierre, lieutenant général de
police. B. 791, 1333, 1398, 1653.

GARDE DE MURET, Marie-Madeleine-Constance, femme
Hébert. B. 2912.

GARDET, Antoine. H. 1137. = Nicolas. B. 458.

GARDEZ, Charles, lieutenant de justice. B. 3289.

GARDIEN. B. 3148. = Abraham. B. 3146. = Pierre. B.
3159. — C. 821. = brasseur. B. 3359.

GARDIER, Jean. B. 1548.

GARDIN, Madeleine, femme Got. B. 892.

GAREMBERT, fondateur de l'abbaye du Mont-Saint-Martin.
H. 1126.

GARENT, Charles. B. 728.

GARET, Nicolas. E. 529.

GARGAN (Jean de). H. 477.

GARGATE, Robert. H. 1623.

GARGES (de), abbé. C. 682, 686. = Françoise, femme d'Hat-
zillemont. H. 712.

GARIN, abbé de St-Martin. H. 871.
— curé de St-Remy de Soissons. H. 477.
— doyen du chapitre de St-Julien de Laon. H. 211.
— évêque de Senlis. G. 2.
— prêtre. H. 141.
— famille. B. 1982. = Jean. H. 1319. = Martin, garde
forestier. B. 3601. = Noël, curé de Marle. B. 522.

GARIN DE VILLERS, curé de Vivières. B. 1884.

GARINS, Jean, chevalier. H. 455.

GARLAS DE RICHECOURT, Raoul. H. 800.

GARMENT, Thomas, laboureur. E. 620.

GARNIER, abbé de St-Martin de Laon. H. 930.
— archidiacre de Soissons. G. 253. — H. 455, 825,
1508.
— curé de Bray. H. 1179.
— doyen de St-Germain-l'Auxerrois. G. 253.
— évêque de Laon. G. 1, 2, 39, 50, 94, 118, 130. —
H. 257, 1598.
— official de Laon. G. 1. — H. 63, 68, 208, 311,
871.
— official de Soissons. G. 253.
— prêtre de Bussiares. G. 253.
— famille. B. 2270. = Élisabeth-Victoire-Josèphe,
femme de Barail. E. 26. = chanoine. H. 404.
= Jean. H. 871, 1071. = capitaine. E. 260. =
juge apostolique. H. 871. = prévôt de la cité
de Laon. H. 131. = Michel, avocat. B. 1950. =
Nicolas. B. 3054. = Pierre, apprenti boucher.
E. 426. = Roch. B. 3068. = Simon. B. 1978.
= Vincent, vigneron. E. 418.
— (de). C. 622, 1022.

GARNON, demoiselle. C. 696.

GARNOT, Thierry. H. 1300.

GARNY, Marie. B. 56.

GAROT, Jean-François, procureur. B. 3514. = Marie-Madeleine, femme Nottelet. E. 536.

GARRIN, Simon. E. 615.

GARRON, Jean. B. 3561. = laboureur. E. 582.

GARROT, Bastien. H. 1305. = Marie, femme Carrois. E.
618. = Robert. E. 618.

GARSAULT (de), lieutenant-colonel. C. 380.

GARSON, Robert, dit Petit. G. 253.

GASCART, Antoine. B. 2561. = Marguerite, veuve Lemoisne. G. 1718.

GASCHE. B. 845. = Claude, notaire. B. 4006, 4025. = Jean-
François, notaire. B. 803. = Pierre, hôtelier. B. 863.

GASPART, Gobain. B. 1249. = Nicolas. B. 3941.

GASSE, Claude-Joseph, notaire. B. 10. = Jean-François.
B. 670.

GASSELIN, Jean. B. 152.

GASSION (maréchal de). B. 202, 613.

GASSOUIN, Pierre. B. 583.

GASTÉ, François, curé de Leuilly. B. 1351.

GASTEAU (famille). B. 988.

GASTELLIER, François, charron. B. 3041. = Marguerite,
veuve Lequeustre. H. 996.

GASTINEAU, Jacques. B. 956.

GASTON, Pierre. B. 4088.

GATE, Antoine. B. 1767.

GATEAU, Jean. B. 1956. = Nicolas. B. 1254.

GATELLET, Antoine. B. 2550.

GATINOIS, grenadier à cheval. B. 1280.

GATRÉE, Adrienne, veuve Lefebvre. B. 1814. = Antoine,
curé de Bichancourt. B. 1351, 1380.

GATTELET, Élisabeth, femme Méreaux. B. 2591. = Jean-
Louis. H. 848.

GAUCHER, archidiacre de Soissons. H. 477.
— châtelain de Thorote. H. 1116.
— chevalier. G. 253.
— prévôt. G. 2.
— templier. G. 171.
— famille. B. 2270, 2305. = Alexandre. B. 342. = dit
Bongarçon, huissier. B. 347. = Charles. B. 788.
= Claude. B. 3075. = François. B. 2269. =
fermier. B. 2448. = Françoise. B. 3075. =
Jean. B. 2429. = domestique. B. 2346. =
Joachim. B. 117, 2292.

GAUCHET. B. 25, 2313. = veuve, marchande de tabacs. B.
2452. = Alexandre. B. 1979. = sergent. B. 497. = Claude.
B. 896. = Denis. H. 1402. = Gérard. B. 2235. = Jean.
B. 2769. — H. 1402. = laboureur. B. 879. = Jérôme,
chirurgien. B. 2015. = Joseph. B. 2107. = Marguerite-
Françoise, veuve Legoux. E. 469. = Martin, fermier. B.
2218. = Philippe. B. 2347, 2403. = Pierre, cabaretier.
B. 2435.

GAUCHEZ, Pierre, arpenteur. B. 1330.

GAUCHY, Denis. B. 1502. = Madeleine, femme Lefort.

B. 1848.

— (de) Gui, Marie et Robert. H. 534.

GAUDAR, Michel. B. 1364.

GAUDE, Pierre. B. 1776.

GAUDEFFRIN, Guillaume. H. 1332.

GAUDEFFROY, Suzanne. B. 1773.

GAUDEFRAIN, Marie. B. 900.

GAUDEFRIN. B. 2565.

GAUDEFROY, jardinier, Étienne et Pierre. H. 1363. = Pierre, curé de Mesbrecourt. H. 819.

GAUDELOT, Louis. B. 2709.

GAUDERLOT, Antoinette, femme Parent. B. 2781. = Marguerite. B. 2776.

GAUDERON, Dominique, bailli de Louâtre. B. 1875.

GAUDET, Angélique, femme Darsonville. B. 2915. = Madeleine. B. 1754. = Nicolas. E. 337.

GAUDET DE LETARD, contrôleur des vingtièmes. C. 319.

GAUDEVERT. B. 635.

GAUDFROY, Jacques. B. 3353.

GAUDIER, Jean-Baptiste, cabaretier. B. 1116.

GAUDIN, Antoine. B. 495. = Charles. B. 413. = Jean, cordonnier. B. 35. = Louis. B. 426.

GAUDION. B. 2845. = Antoine. B. 2393. = Guilain. E. 407. = Jean, tonnelier. B. 2829. = Jeanne. B. 2781. = Madeleine, veuve Legoux. B. 2016. = Marie-Jeanne, veuve Allongé. B. 98. = Nicolas, marchand de fer. B. 2200.

GAUDISSART, Charles. B. 1675.

GAUDOY, Louis. E. 109.

GAUDRY. B. 3389. = Antoine. B. 3949. = Claude. C. 861. = président trésorier de France honoraire. B. 2195. = tailleur. B. 4104. = Claude-Nicolas. H. 566. = Jacques. E. 77. = Jean, curé de la Neuville-aux-Joutes. E. 384. = Jean-Baptiste. B. 390. = Louis, maire. B. 372. = Madeleine-Catherine, veuve de Saint-Félix. H. 566. = Marie-Madeleine, mère de Condorcet. B. 8, 24, 2195. = Martin. B. 486, 2363. = Nicolas, procureur du roi. B. 3982. = Nicolas-Claude. B. 2116. = Pierre. B. 2330, 2958.

GAUGÉ, Jean. B. 3927. = Marguerite, veuve Grégoire. H. 620.

GAUGER. B. 2687. = Antoine. B. 1546. = Barbe, femme Richart. B. 860. = François. B. 752. — fermier. B. 817. = maire de La Fère. B. 1223. = receveur du domaine de la Fère. B. 738. = Jacques, charbonnier. B. 904. = Jeanne, femme de Brossart. B. 845, 969, 1131. = fermière. B. 1163. = Marguerite. B. 901. = Marie, femme Danye. B. 840. = Marie-Catherine. B. 2635. = Martin. B. 2694. = Mathieu. B. 1970. = Melchior. E. 464. = Nicolas, laboureur. B. 3075. = Pierre. B. 862, 1241. = laboureur. E. 507.

GAUGET, Étienne. B. 2358.

GAUGUÉ, Madeleine-Simone. B. 1685.

GAUGUIN (François de), seigneur de Saint-Gobert. B. 1210.

GAULCHER, Alexandre. B. 1925. = Étienne. E. 51. = Pierre. B. 1925.

GAULCHET, Alexandre. E. 602.

GAULCHOT (famille). B. 429.

GAULDECHAUX, Jean. H. 1262.

GAULIER, Gillet. H. 1316.

GAULLIER, Denis. B. 849. = Jean-Baptiste. H. 1247. = Mathieu. B. 693, 813. = boucher. B. 986, 1123. = Michel. B. 686. = Nicolas. B. 882. — H. 1312. = Pierre. H. 1436. = laboureur. B. 884. = Remy. H. 1312.

GAULTIER. B. 812. = hôtelier. B. 1740. = Claude, procureur et notaire. B. 875. = Étienne. B. 926. Jean, laboureur. B. 1023. = Louise. B. 1023. = Marie. B. 2694.

GAULTIER DE LA CLOPERIE, Pierre-Odille, bailli général du duché de Guise. B. 2051.

GAUMONT (de). C. 777.

GAUREL, Claude, apothicaire. E. 481. = Claudine, femme Brunet. E. 472.

GAUTHIER, abbé de Longpont. E. 1508.

— chapelain de la léproserie de Vigneux. G. 2.

— sous-ingénieur des Ponts et Chaussées. C. 422.

GAUTIER, abbé de Nogent. H. 775.

— — St-Foillan. H. 1116.

— — St-Martin de Laon. H. 121, 873, 930.

— — St-Médard de Soissons. H. 477.

— — St-Vincent de Laon. H. 229, 272, 283, 311, 323.

— archevêque de Sens. G. 1.

— archidiacre de Laon. H. 168, 202.

— — Soissons. H. 477.

— chapelain. H. 477.

— chevalier. H. 782.

— clerc. H. 1181.

— comte. H. 455.

— curé de Jouy. H. 455.

— doyen de la chrétienté de Géraumont. H. 1116.

— doyen du chapitre de Laon. H. 819, 936.

— (de Mortagne), évêque de Laon. G. 2, 171. — H. 256, 267, 274, 275, 477, 534, 741, 745, 797, 871, 894, 930.

— (de St-Maurice), évêque de Laon. H. 375, 588, 872, 879, 880, 929.

— évêque de Tournai. H. 534.

— prêtre. G. 171.

— prévôt d'Essommes. H. 1294.

— trésorier du chapitre de Laon. G. 171. — H. 275, 741, 871.

— (Voyez Avesnes.)

— Colinet. H. 1309. = Denis. B. 1981. = Jacques. H. 828. = Jean. B. 386. — H. 1313. = Jean-Baptiste. B. 3278, 3406. = Louis, tanneur. B. 3098. = Madeleine. B. 1968. = Marguerite. B. 3100. = Pierre. B. 2338, 3422. = Robert. H. 1247.

GAUVIN, Jean, clerc-laïque. B. 1870.

GAVELLE, Jean. B. 674.

GAVERE, Razon (seigneur de). H. 1116.

GAVET, fermier. B. 442. = lieutenant de grenadiers. B. 477. = Claude, laboureur. B. 149. = Jacques, cultivateur. B. 484. = Louis. H. 1335. = Nicaise. B. 68, 366. 462, 464. = Nicolas-Claude. H. 1335.

GAVREL, Charles-Louis, chanoine de St-Quentin. G. 821.

GAY. B. 2854. = Charles. B. 3999. = Jean. B. 1073. = Jean-Maurice, tonnelier. B. 2821. = Nicolas. B. 601. = Noé. E. 194.

GAYANT, Antoine. B. 939. = tisserand. B. 849. = Joseph-Germain. B. 834.

GAYE, Antoine. H. 1440. = Jean-Louis, capitaine des maîtres bouchers de Soissons. G. 750.

GAYOT, quincaillier. B. 1075.

GAZELLE, Gilles. H. 189.

GAZON (de Champagne), évêque de Laon. G. 2, 11, 38, 123, 125.

— Daniel, curé de Leuze. E. 356.

GEDEMONT, Jean-Baptiste. B. 2330.

GÉDÉON, domestique. B. 1257.

GEFFINGER, Benoît, procureur du Val-St-Pierre. C. 123.

GEFFRIN, Anne, femme Damery. B. 836. = Charles, greffier du bailliage de La Fère. B. 836. = Nicolas. B. 1288.

GEFFROY, Claudien. H. 824.

GEFFROY-DALLENCOURT, Henri-Louis, procureur fiscal. B. 2051.

GEILE, femme d'Ivon. H. 588.

GELÉ, Blaise, vigneron. H. 1069.

GELÉE, Charles. H. 1072. = Marguerite. B. 4117.

GELIN, Barbe, femme Vrevin. B. 1377.

GELINOT, Marguerite. B. 3947. — C. 856.

GELLÉ. B. 3105, 3107. = François. H. 1142. = Remy, laboureur. B. 3100.

GELLÉE, Bénédict, aubergiste. B. 3098.

GELTRUDE, femme de Gui de Chermizy. H. 213.

GELUS, Simon. E. 124.

GENAILLE, François, arpenteur. B. 1094. = Guillaume. B. 1022. = Jean. B. 1247, 1274. = Nicolas, vigneron. B. 1028. = Pasquier. B. 889. = Poncelet. E. 472.

GENARD, Antoine-Louis, maître de pension. E. 195. = Roch, cordonnier. B. 3334.

GENART, François. B. 88. = Jean, laboureur. E. 591. = Nicolas. B. 4117. = Pierre. B. 2322.

— (de), François, seigneur de Gercy. B. 589. = Jacques, seigneur de Fontaine-les-Viviers. B. 2880. = Pierre. F. 6.

GENCOURT (Antoine de). E. 416.

GENDRE, Jacques, garde forestier. B. 3811.

GENÉE, Denis. B. 3014.

GENERIN, curé de Lewergen. H. 1116.

GENENOTE, femme Regnier. H. 1326.

GENESTE, Jacques, meulier. E. 438.

GENEVRIER, Vital. B. 2553.

GENI (Robert de), clerc. G. 253.

GENIAUX. B. 2490.

GENIQUE, Barbe, veuve Debouzy. B. 3335. = Marie-Madeleine. B. 2802.

GENLIS (de). B. 721. — C. 281. = marquis. B. 164, 975, 1368, 1450, 1627, 1690, 1769, 1770. 3461. — E. 17, 21, 23. — H. 1089. (Voyez Brulart.)

GENNART, Pierre. H. 817.

GENOT, Jean. B. 2965. = Martin et Pierre. H. 233. = Pierre, laboureur. B. 2937.

GENOUILLE, Jean. E. 625.

GENTEUR, François. E. 605. = Jeanne, veuve Bogenval. B. 444.

GENTIL, Antoine. H. 1517. = Guillaume, menuisier. E. 454. = Marie, femme Hamart. G. 1247. = Michel. H. 1516.

GENTILLY, Louis, laboureur. B. 633.

GENTY, Nicolas, ouvrier verrier. B. 4034.

GENVILLE, (Guiard de). H. 477.

GEOFFREN, Jean. C. 362.

GEOFFRIN, abbé de St-Médard. H. 477.

GEOFFROY, chanoine de St-Quentin. H. 1785. = dit Enguerrand, prévôt du Laonnois. G. 1.

GEOFFROY, abbé d'Essommes. H. 477.

— — de St-Médard. H. 477.

— (de Beaumont), évêque de Laon. G. 12, 84, 125, 127. — H. 887.

— évêque de Senlis. H. 477, 1567.

— B. 515, 524. = Antoine. B. 1966. = Augustin. B. 3183. = Charles. C. 527. = Christophe. B. 963, 1059. = François. B. 1950. = Jean. B. 906, 1214. — C. 527. — H. 1270. = laboureur. B. 2224, 2327, 2331. = ouvrier briquetier. B. 2435. = Jean-Baptiste, chanoine de Soissons. E. 196. = Louis. B. 939, 940. = chanoine. E. 196. = procureur de Saint-Vincent. B. 910. = Louis-François, chanoine. C. 687. = Louise. B. 2000. = Marguerite, femme Delanoix. B. 2555. = Massin, curé de Bucy-lès-Pierrepont. H. 901. = Pierre. B. 526.

GEOLLIER, Guillemin. H. 1305.

GEORGES, Gillette. E. 539. = Marie, femme Destranchamps. E. 603.

GEORGET, Catherine. B. 300. = Jean. H. 1057.

GÉRARD, abbé d'Essommes. H. 1314.

— chapelain. H. 1604.

— ex-maire de Seraucourt. H. 1636.

— fils d'Adelvie, vidamesse du Laonnois. H. 267.

— prévôt d'Achery. G. 2.

— sous-trésorier du chapitre de Laon. G. 171. — vidame du Laonnois. G. 1, 2, 9. — H. 314, 873.

— B. 519, 530, 2511. — H. 283, 1116. = Anne, femme Pollet. B. 909. = Antoine. B. 2935. = Béotien, notaire. E. 587. = François. B. 4048.

= prêtre. E. 382. = Isaac. H. 1352. = Jean. B, 2769, 2973. — E. 62, 358. — G. 728. = menuisier. E. 369. = tailleur d'habits. E. 531. = Jeanne. B. 2340. = veuve de Ghery. E. 460. = Joseph. H. 1151. = Louis. B. 1478. — E. 182. = Marguerite, femme Lemaire. E. 603. = Marie, femme Béguin. B. 2951. = femme Lapie. E. 589. = femme Leurin. E. 575. = femme Vuarluset. B. 822. = Marie-Claude. B. 2512. = femme Dupin. E. 402. = Marie-Marguerite. B. 2991. = Nicolas. B. 572, 2518, 2519, 2965. = Nicole. E. 384. = femme Cailleau. E. 535. = Philippe, sergent royal. B. 616, 909. = Pierre. B. 2976. = laboureur. B. 2954. = meunier. B. 2979. = Simon. B. 1953. = Urbain. B. 3818.

GÉRARD (de Bazoches), évêque de Noyon. H. 866, 1116.
— (de Courtonne), évêque de Soissons. G. 253.
— (de Montcornet), évêque de Soissons. H. 692.

GÉRARDOT, Denis. B. 495. = François. H. 1436. = boulanger. H. 1437.

GÉRAUDIER, Germain, maçon. B. 3037.

GÉRAULT. E. 38. = Adam. B. 1029. = Antoine. B. 1213. = Antoinette, femme Desneux. B. 905. = Claude. E. 495. — H. 1394. = vigneron. E. 454. = François-Armand. B. 2632. = Guillaume. E. 472. = chanoine de Laon. B. 2776, 2779. = Henri, apothicaire. B. 2900. = Jeanne-Louise, femme Lecarlier. B. 2803. = Paul, chanoine de Laon. B. 2803.

GÉRAULT DE CAMBRONNE, chanoine de Laon. C. 828.

GÉRAUT, Raymond-Philbert, contrôleur des guerres. B. 2643.

GERBAUD, Jean-François, capitaine de dragons. E. 298.

GERBAULT, Henri-François, sieur de Sailly. B. 3159. = Laurent. B. 702. = Pierre-François, sieur de Sailly, capitaine. B. 3135, 3139.

GERBAUX, Marie-Anne-Marguerite, veuve de Ronty. B. 779. = Pérette, veuve de Marolle. B. 3133.

GERBERGE, femme d'Albert. H. 172.
— Reine. H. 588.

GERBERT, chevalier. H. 588.

GERBET, Michelle, femme Delabye. B. 898.

GERIN, Alexandre. B. 4048. = Nicolas. E. 459.

GERLAIN, Étienne. H. 1508.

GERLAIS, Pierre, berger. B. 342.

GERLET, Claude. B. 2294.

GERMAIN. B. 2511. = Denis. E. 582. = Élisabeth, veuve Durand. B. 905. = François. E. 453. = Jacques. B. 866, 1030. — E. 397. = mercier. B. 713. = Jean-Nicolas. H. 1706. = Marie-Marguerite. B. 3913. = Mathias. B. 2202. = Nicolas. H. 1583. = menuisier. E. 365. = Pierre. E. 110. — H. 1583. = Robert. E. 541

GERMAINCOURT, (Marguerite de). H. 1178.

GERMANES (Pierre-Barthélemy de), chanoine de Saint-Quentin. G. 821.

GERMINE (Philippe de). H. 1222.

GERNICOURT (Thomas de). H. 753.

GERNY, Jean, pêcheur. B. 3374.

GÉROME, Adrien, laboureur. B. 1452.

GERPINES (Thierry de). H. 477.

GERSENDE. H. 873.

GERTRUDE, femme de Gervais de Pont-à-Bucy. H. 222.

GÉRUZET, procureur de l'abbaye de Saint-Jean. H. 1.

GERVAIS, abbé de Braine. H. 477.
— — de Prémontré. G. 1.
— laïque. H. 1181. = notaire. H. 723. = Élisabeth, femme Wartelle. B. 3900. = Jean. B. 2347. = laboureur. B. 456. = Louis, curé de Mareuil-le-Port. H. 1238. = Marie. B. 1806. = Marie-Anne. B. 3907. = Nicolas, laboureur. B. 1424. = Pierre. B. 3423. = Véronique. B. 2994.

GERVAISE. G. 253. = Anne. B. 1809. = Charles. B. 1842. = Daniel. B. 1809. = Jacquemart. H. 13. = Louis. B. 1809 = Regnault, chanoine. E. 472.

GÉRY, François. B. 3911.

GESSEIN, André. B. 3402.

GÉSVRES (duc de). B. 3744. — C. 507. — D. 16. — E. 202. — G. 812.

GEOFFRIN, Charles, greffier. B. 705, 720, 721. = Charlotte. B. 862. = Claude. B. 1159.

GEUZ, Baudouin, (seigneur de). H. 320.

GHELDROP (de). H. 1004.

GHISELIN, François. H. 1762.

GIBART, Jean. H. 996.

GIBENIT, Jean. B. 3074.

GIBERCOURT, (Huard de). H. 399.

GIBERT, Anne-Dorothée, cordelière urbaniste. H. 1680. = Antoine. H. 1437. = Bernard, fermier. B. 3404. = Nicolas. H. 1320. = Rose-Éléonore, veuve Labbé. H. 708. = Toussaint. H. 1305.

GIBEZ, Jean-Baptiste. B. 2512.

GIBIERGE, femme Willerme li Taneres. H. 16.

GIGAUT, Jean, chevalier. G. 253.

GILBAUT, Pierre. B. 3280.

GILBEAUX, Jeanne, femme Passavant. E. 356.

GILBERT, abbé de St-Nicolas-aux-Bois. H. 386, 408.
— B. 2723. — G. 1. = Antoine. H. 1254. = Denis. B. 2974. = François, meunier. C. 266. = tuilier. C. 604. = Françoise-Marie. B. 2974. = Guillaume. B. 2969. = Henri, vigneron. E. 625. = Jean-Louis. B. 3433. = Marguerite, veuve Masselot. B. 470. = Marie-Jeanne. B. 2974. = Marie-Marguerite. B. 3365. = Michel. B. 2976. = Noël. B. 1256. = Simon. B. 3118. = Sulpice. B. 4110.

GIGOT, directeur des vivres. C. 364.

GILE, femme Aigres. H. 477.
— — d'Ambleny. G. 253.
— — de Bourdel. H. 1274.

GILE, femme Caboce. G. 253.
— — Crencien. H. 1508.
— — Hervey de Crony. H. 1207.
— — de la Gloisière. G. 253.
— — de Simon de Cuffies. H. 1179.
— — d'Yvard de l'abbaye. H. 477.
GILEBERT, Robert. H. 107.
GILECOURT (Simon de), G 253.
GILES, femme Petit. G. 253.
— — de Ressons. H. 1508.
— fils de la Felonese. H. 1508.
— veuve de Blois. H. 1184.
GILET. H. 1207. = Pierre. B. 806.
GILETTE, femme Hardit. H. 135.
— — de Jean de Bucy. G. 253.
— — de Manœuvre. H. 1508.
— . Ramouillet. G. 253.
GILLAY, Thomas, apothicaire. H. 1409.
GILLE, abbé de Vicogne. H. 535.
— femme de Charcy. G. 253.
— — de Nantier, chevalier. H. 534.
— Bénédict. B. 3091. = Étienne. B. 3327. = François.
B. 3397. = Jeanne, femme Leroux. B. 2776. =
Marie, femme Leroy. B. 2775. = Nicolas. E. 434.
= Sébastien, laboureur. B. 2869.
GILLEBERT. H. 477.
GILLÉE, veuve Calou. H. 1007.
GILLEPOIX, François. B. 1859.
GILLES, abbé d'Orbais. H. 455.
— — de Signy. H. 871.
— archidiacre de Rouen. H. 477.
— avoué de Rochefort, chevalier. G. 2.
— curé de Bitry. G. 253.
— curé de Coucy-la-Ville. H. 777.
— doyen de la chrétienté de Saint-Quentin. H.
1598.
— fermier. H. 189. = Brice. B. 2790. = Françoise,
femme Lahenier. B. 1611. = Guillaume. B. 607.
= Marie-Anne. B. 1409. = Michel. H. 814.
GILLET, Barthélemy. B. 3619. = Charles. E. 155. =
Jacques. B. 3334. = bénédictin. B. 397. = Joseph. B.
1900. = Marie-Anne, femme Marcotte. B. 584. = Marie-
Rose. B. 2478. = Médard, bénédictin, curé de Saint-
Michel. B. 3287. = Nicolas, curé de Saint-Remy-
Porte de Laon. B. 2792. = Pierre. B. 1860. — E. 62.
GILLET DE CRESSY, Marie-Anne. B. 1018.
GILLIER, Arnoul. B. 2558.
GILLIOT, Philippe, facteur. B. 2373.
GILLO (famille). B. 515.
GILLON, femme Barat. H. 1321.
GILLOTAIN, Nicolas, cordonnier. E. 340. = Pierre, tail-
leur. E. 339.
GILLOTEAU, François, taillandier. B. 3335.
GILON, dit Gros-Ami. G. 2, 41.

GILQUIN, Étienne et Charles. H. 1438. = Pierre, chirur-
gien. E. 354.
GILSON, Catherine, veuve Genot. B. 2965. = Étienne, la-
boureur. B. 2956. = Jean, tailleur d'habits. B. 2959.
GIMER, Pierre. B. 3397.
GIMI, Itier (de). H. 375.
GINETTE, Jean-André, chanoine et chancelier du chapitre
de Noyon, abbé de Notre-Dame de Nesle, official et
grand vicaire du diocèse de Noyon. B. 3302.
GIOT, Barbe. B. 1828. = Colart. H. 166.
GIRARD, doyen de la chrétienté de Vitry. H. 1045. =
Étienne, prieur de Monceau-en-Brie. E. 477. = François.
B. 1368. = Jean. B. 2283.
GIRARDIN. B. 515. = Jean. B. 3890. = Madeleine. B. 2528
GIRAUT, Pierre. E. 126.
GIRAUX, Marguerite, supérieure des filles de la Croix. B.
422.
GIROD, François. B. 3927.
GIROLD. H. 588.
GIRON, François. E. 12.
GIRONDE (vicomte de), major au régiment de royal Rous-
sillon. B. 400.
GIRONDELLE (de), capitaine. F. 3.
GIROULT, Marie, femme de Harzillemont. B. 836, 899, 969,
1153.
GIROUTE, Alexis. B. 2394.
GIVERNE, Nicolas. B. 3574.
GIVINCORT (JUVINCOURT ?), Agnès, dame de Besny. G. 2.
GIVRY (Clément de). C. 826.
GLACET, Maurice, mulquinier. B. 2153.
GLADIEU. B. 349. = Jean. B. 80, 81, 340, 4003. = labou-
reur. B. 112, 161, 3921. = Marie. B. 450. = Nicolas. B.
2139. = Pierre. B. 2182. = Quentin, serrurier. B. 2929.
GLADIEUX, Anne. E. 77. = Éloi. B. 3908. = Marie. B. 3957,
4089. = Marie-Anne. B. 4038.
GLAIN, Isaac, apprenti charpentier. E. 542.
GLANGUE (Adam de). H. 1567.
GLAYE, Marie, femme Poyer. B. 1189.
GLONTZ, Jeanne-Marguerite, veuve Stoppa. B. 2686.
GLATIGNY, Nicolas, laboureur. E. 589.
GLORIET, Charlotte, femme Lespron. B. 3218.
GLOUX, Martin, laboureur. B. 1385. = Quentin. B. 1705.
GOBAILLE. B. 428. = Claude-Alexis, meunier. B. 1881. =
Françoise. B. 383. = Jacques. B. 472. = Nicolas. B. 1546.
GOBAIN, Jean. B. 978, 1828.
GOBART, Germain. H. 1015.
GOBAULT. B. 1397, 2695. = Adrien. B. 816, 1030, 1128. =
dit Jehanne. B. 843. = Aubelin, hôtelier. B. 980. =
Charles. B. 1767, 1892. — H. 1419. = Claude. B. 1027. =
Étienne. B. 1027. = François. B. 986, 2695. =
Georges. B. 1837. = Guilain. B. 1237. = Jacob, serrurier.
B. 876. = Jacques. B. 1166. = vendeur de cuirs. B. 1031. =
Jean. B. 1607. = greffier. B. 863. = laboureur. B. 1237. =
Marie. B. 1040. = Nicolas. B. 1166. = Philippe, labou-

reur. B. 1237. = Pierre. B. 1027. = Urbaine, femme François. B. 680.

GOBAUT. B. 845. = Adrien. B. 695, 748. — H. 392. = maire de La Fère. B. 774, 806. = tanneur. B. 702. = André. B. 938. = Barbe, veuve Jourdieu. G. 612. = Charles. B. 4120. = marchand de bois. B. 1384. = Claude, laboureur. B. 780. = Étienne. B. 667, 806, 916, 921. = tailleur d'habits. B. 923. = François, laboureur. B. 1123. = procureur. B. 666. = Françoise. B. 843. = femme Guéval. B. 751. = veuve Person. B. 831. = Jacques. B. 715, 750, 904, 1829, 1830. = Jean. B. 1676. = greffier. B. 728. = Madeleine. B. 840. = Marie. B. 907. = Marie-Thérèse. B. 3117. = Nicolas. B. 738, 750, 882. = apothicaire. B. 1543. = commis greffier. B. 666. = procureur. B. 905. = Sébastien. B. 779, 1708. = Thomas. B. 1130.

GOBBÉ, Pierre, maître d'école. G. 484.

GOBEAU, André et Charles. B. 1311. = Claude. H. 393. = Jorand. E. 440. = Louis. B. 2694. = Louise. B. 3077. = Nicolas. B. 1827.

GOBELET, Antoine, B. 417. = Charles-François. E. 292. = Jean. B. 1237. = fermier. E. 472. = Jean-Pierre, jardinier. E. 292. = Marie, veuve Blin. B. 219.

GOBERDE, femme Prévost. H. 1601.

GOBERON, Jean. H. 228. = Marie-Françoise-Suzanne, veuve Curaté. B. 2967.

GOBERT, abbé de Thenailles. H. 210.
— chanoine de Laon. G. 1.
— curé de Saint-Vincent. H. 158.
— doyen de Villers. H. 956.
— homme de corps. G. 2.
— vidame du Laonnois, sire de Clacy. G. 1, 2. — H. 205. (Voyez Clacy.)
— H. 8, 272. = Antoine. B. 4092. = Guillaume. E. 588. = Guy, chanoine de La Fère. B. 877. = Jacques. H. 1151. = Jean. B. 114. — E. 11. = Jeanne. B. 2579. = Pierre. B. 114, 4089. = garde d'étangs. B. 3497. (Voyez le Débonnaire.)
— (de) Anne, veuve de Greno. B. 929. = Louise, femme de Montmorency. B. 948.

GOBET, Eustache, chanoine de Noyon. B. 1389.

GOBILLART, Marie-Marguerite, sage-femme. C. 631.

GOBIN. G. 1. = Jean-Hubert. B. 2931.

GOBINET. B. 23, 58. = avocat. B. 1938. = chanoine, maître du Collège de Saint-Quentin. G. 965. = Antoine, bailli. B. 3420. = meunier. B. 3284. = Antoine-François. H. 1164, 1165. = Catherine, veuve Boutillier. B. 1861. = Charles. B. 2894. = principal du collège du Plessis-Sorbonne, littérateur. B. 2899. = Charles-Nicolas, chanoine de Saint-Quentin. G. 780. = Jacques, brasseur. E. 467. = Jean, chanoine et chantre du chapitre de Saint-Quentin. G. 828. = Jean-Baptiste. B. 2440. = mulquinier. B. 2474. = Jeanne. B. 583. = Louis-Joseph, cha-

noine de Saint-Quentin, seigneur de Villechole. B. 2929. — G. 817. = Marie-Françoise, femme Degois. B. 2967. = Marie-Thérèse, femme Dorigny. B. 2914. = Nicolas, curé d'Aubenton. E. 337, 340, 341. = Pierre. B. 2974. = Simonne. B. 3356.

GOBINET DE LOUVRY, Antoine-François. B. 3931.

GOBINET DE VILLECHOLE, subdélégué. B. 3161. — C. 751, 753, 755, 758, 759, 761, 765 à 767, 769, 770, 778, 796, 815. — E. 19. — H. 818.

GOBLET. B. 2731. = Antoine. B. 998. = François, laboureur. B. 2635. = Jacques, laboureur. B. 780. = Jean-François, laboureur. B. 2649. = Marie-Jeanne. B. 3931. = Nicolas. E. 493. = Nicole, veuve Godin. B. 1032. = Pierre. H. 1713.

GOBREAU, Jean-Charles. H. 970.

GOBRON, Gilles. E. 61.

GODAILLIER, Barbe. B. 908. = Hector. B. 908.

GODAIN, Antoine, arpenteur. B. 1265.

GODARD. B. 429, 1399, 3371. — C. 672. — E. 382. — H. 275. = chapelain. H. 477. = Anne, femme Sirac. B. 474. = Armand, menuisier. B. 2263. = François. E. 550. = Guillaume. B. 1413. = Henri-Joseph. B. 401. = Jacques, drapier. B. 1535. = Jean. B. 1174. — G. 75. = laboureur. B. 2466. = Marie. B. 2346. = Marie-Anne, veuve Hugueny de Novion. B. 1890. — C. 260. = Marie-Louise. B. 3403. = Mathieu, directeur des aides. B. 2348. = Melchior, laboureur. E. 502. = Philippe, prêtre. B. 672. = Thomas. B. 2466.

GODARD DE VINCHE, Louis. C. 260.

GODART. B. 520, 2730, 3148. — E. 396. — H. 895. = chevalier. H. 295. = doyen du chapitre de Saint-Jean de Laon. D. 11 à 13. = employé des fermes. C. 1042. = Anne, femme Berdal. B. 2991. = Antoine. B. 448, 1990, 2140. = chanoine. B. 2841. = Antoinette, femme Panier. B. 1998. = Armand. B. 2304. = Barbe, femme Demont. B. 364. = Benoîte, femme Lallemand. B. 358. = veuve Lescareur. B. 1796. = Catherine, femme Cormer. B. 3084. = Charles B. 3383, 3962. — E. 454. — H. 831. = Élisabeth. B. 3955. = Étienne. B. 444. = Eustache. B. 2147. = François B. 162, 163. — E. 555. = François-Marc, hôtelier. B. 853. = Gilles, maire de Lemé. B. 3132. = Guillaume, marchand forain. B. 1664. = Henri-Louis-Nicolas. B. 2031. = Hilaire, tisserand. B. 818. = Jacques. B. 807, 2212. = Jean. B. 2985, 3162, 3916. — G. 253. — H. 840, 1756. = corroyeur. E. 454. = docteur en droit, lieutenant civil au bailliage de Ribemont. B. 195. = laboureur. B. 969, 2119, 3425. = poëte. B. 236. = Jean-Jacques. B. 2116. = Jean-Louis. B. 4095. = Jeanne-Thérèse. B. 3490. = Joseph, laboureur. B. 2031. = prieur de Fargniers. B. 1231. = Louis. B. 484. — H. 830. = notaire. E. 607. = Louis-Joseph. B. 2729. = Louis-Philippe, arpenteur et notaire. H. 1459. = Madeleine, femme Desmoulins, mère de Camille Desmoulins. B. 2031. = Marguerite, femme Alavoine. B. 981. = Marie, femme Bouché. B. 3385. =

Marie-Anne. B. 3348. = Marie-Madeleine, veuve Flamant. B. 26. = Marie-Geneviève, veuve Grevin. H. 825. = Mathieu, directeur général des aides. E. 365. = mulquinier. B. 2400. = Nicolas. B. 451, 703, 1880, 3067. — H. 1756. = laboureur. B. 468. = Nicolas-Henri-Louis. B. 2254, 2300, 2461. = Philippe. B. 1469. = Pierre. B. 1212, 1832. — H. 1756. = cordonnier. E. 450. = Robert, archer des ordres du roi. E. 332. = Thomas. B. 448.

GODATI, Louis. B. 607.

GODDE, François. E. 620.

GODDEFROY, Jean. E. 512.

GODE, Marie-Anne, femme Bergeron. H. 712.

GODEFFROY, Antoine. B. 465. = Cardin, ex-curé d'Anizy-le-Château. E. 333. = Jean. G. 57.

GODEFRIN, Marguerite, veuve Pilon. B. 2602.

GODEFROI, abbé de Valsecret. H. 1045.

—   chapelain. H. 221, 1205.

—   clerc. H. 477.

—   official de Soissons. G. 253. — H. 825.

GODEFROY, abbé de Bohéries. H. 872.

—   chanoine de Soissons, chapelain. G. 253.

—   chevalier. H. 588.

—   duc. H. 588.

—   évêque de Cambrai. H. 1116.

—   H. 1180. = Antoine. B. 4003. = Jacques. B. 2291. = Jean, doyen du chapitre de Laon. H. 865. = Julien. E. 393. = Laurent, curé de Saint-Germain et Lesquielles, doyen rural de Guise. B. 2173. = Nicolas. B. 487, 2291. = avocat, seigneur de Bordeville. B. 1344. = Pierre. B. 467. — E. 393.

GODEL, Jean-Louis. E. 386.

GODELLE, Jacqueline, femme Corniquet. E. 362. = Jean. E. 62, 347. = Marie. E. 352. = Nicolas. B. 2347, 2973. = Noël. B. 3123. = Pierre. E. 61. = sabotier. H. 856. = tisserand. B. 2509.

GODET. B. 2742. = Eustache. B. 361. = François. B. 1874. = Jacques. E. 461. = Marguerite, veuve Bigot. B. 2635. = Marie-Anne, femme Charon. B. 2962. = Mathieu. E. 461.

—   (de), Françoise, veuve Gravé, femme de Brouilly. B. 1342.

GODFRIN. B. 2564.

GODIN. B. 3371. = Adrien, laboureur. E. 566. = François. B. 3937. = Jacques. B. 1237. = Jean. B. 1237. = Louis. B. 2926. — H. 1137. = Marguerite. B. 3935. = Pierre. B. 3937. = laboureur. B. 356.

GODINELLE, Barbe, femme Coquebert. B. 526.

GODMER, Jacques, prévôt d'Hirson. B. 313.

GODON, Antoine, fourbisseur. B. 857. = Jean. B. 2584. = Pierre, procureur fiscal. B. 3278.

GODOT, Victor-Olivier, chirurgien. G. 239.

GOEZAND, François. B. 1290.

GOFFART, Prémontré. B. 685, 689. = Marguerite. B. 3945.

GOFFIN, demoiselles. C. 682.

GOFFINET. B. 2020. = notaire. E 469. = Jean-Baptiste. B. 2291.

GOGART, Adrien et Jean. B. 2793. = Michel. B. 2787, 2790. = laboureur. B. 3181.

GOGUET. B. 2734. = Marie-Anne. B. 333.

GOHARLIER (famille). B. 520.

GOHEL, Bon-Thomas, garde port. B. 789, 3509.

GOHEREAU, Guillaume. H. 766.

GOHIER, François, vigneron. E. 621. = Jean-Baptiste. E. 105. = Pierre. B. 1222.

GOIER, grenetier. B. 697.

GOLEZ, Antoine. B. 1030.

GOIOT, Gabriel. B. 1439.

GOLANCOURT (de). B. 1832. = Louis. B. 847.

GOLIER, Abraham. B. 885. = Antoine, prêtre. H. 1233.

GOLLET, Antoine. B. 1148. = Robert, charpentier. B. 1807.

GOLLIER, desservant de Fleury. B. 3779.

GOMANT, Robert. H. 807.

GOMART, Charles, rotier. B. 2927. = Joseph, garde de bois et chasse. B. 3600.

GOMBAUT, Marguerite. B. 4121.

GOMBAUT, Catherine. B. 4015.

GOMER, Charlotte (de), veuve de Blecourt. B. 1491, 1822.

GOMFROID, Macharius. H. 1246.

GOMY, veuve. C. 530.

GONDALLIER, Madeleine-Renée, femme Martin de Fontenelle. B. 2522, 2525.

GONDALLIER DE TUGNY, David. E. 42. = François-César. E. 197. = Louis-Henri-Benjamin-Parfait. C. 414. = Nicolas-François-Thérèse, lieutenant général et ministre à Naples. C. 414.

GONDY (cardinal de). G. 6.

GONESSE (de), Baudoin. H. 879. = Raoul. H. 7.

GONNELIEU (de), Charles, seigneur de Poullandon. H. 726. = Claude, abbé de Fesmy. E. 481. = Françoise, femme de Brusle. B. 2890. = Jean. H. 1722.

GONNET, Simon. H. 1079.

GONTHIER, Louis, curé de Verneuil-sur-Serre. B. 2809.

GONTHIÈRE, Antoine. B. 2082.

GONTIER, prêtre. G. 171. = Gilles. B. 2552. = Joseph. B. 3940. = Nicolas, vinaigrier. B. 3098.

GOPHIN, Michel. B. 1251.

GORDIAUS DE FRESNOY, Rénier. H. 1116.

GOREST. B. 2844.

GORET, Charles. B. 3909. = Joseph. C. 817. = Simon. G. 77.

GORGIAS (de). B. 718. = Anne-Charlotte, femme Laumosnier de la Motte. B. 779, 849. = Claude-Françoise. B. 741. = François-Urbain, seigneur d'Épourdon. B. 250,

404, 741, 758, 837, 3585. = Jean. B. 741. = Josias, seigneur d'Épourdon, capitaine de cavalerie. B. 824, 844, 897, 1228. = Marie. B. 744. = Nicolas, seigneur de Lévignan et d'Épourdon. B. 726, 744, 815, 821, 823, 837, 999, 1042, 1158, 1214.

GORIN, Denis, curé de St-Éloi de St-Quentin. B. 2890. = Mathieu. B. 1407.

GORISSE, Adam. H. 977. = Antoine. E. 598. = greffier. B. 2936. = Claude-Antoine. B. 2939. = Étienne H. 977. = Jean-Baptiste. B. 3332. = Louis-Joseph, greffier. B. 2939. = Nicolas. B. 3137, 3345. = laboureur. B. 3137, 3138. = Nicole, femme Sagot. B. 3237. = Pierre. E. 187.

GORJU, Christophe. B. 3402. = Gilles. H. 1214.

GORLIDOT, Anne, femme Deschamps. B. 3009. = Charles, seigneur de Vendières, trésorier-payeur de la gendarmerie. E. 420. = Marguerite. B. 3009. = Nicolas, notaire. B. 3009. — E. 419.

GORNAI, Hugues (de). G. 2.

GORRET, Nicolas. B. 2813.

GORRU, Nicolas. B. 1129.

GORY, Nicolas, laboureur. B. 2940. = Thomas. C. 615.

GOSET, Jean. B. 4052.

GOSME. B. 1075.

GOSNET, François. H. 1303.

GOSSART. B. 366, 1415. = curé de La Fère. B. 1275. = demoiselle. B. 806, 1178. = procureur. B. 1806. = Antoine. B. 978, 1526, 1761, 1825, 1856. = fripier. B. 1657. = huissier. B. 1331. = Augustin. B. 2901. = Barbe. B. 477. = Catherine, femme Lallouette. B. 872. = Charles. B. 1330, 1772. = notaire. B. 1330, 1331, 1346, 1716. = Claude, avocat. B. 1012. = François B. 752, 1725, 1836. — E. 624, 681. = avocat. B. 821, 1130. = chanoine, curé de La Fère. B. 1012, 1071, 1178, 1181. = Jacques. B. 827. = Jean. B. 703, 828, 1003, 1034, 1213, 1257, 1522. = avocat et maire de La Fère. B. 718, 729, 766, 846, 872, 910. = conseiller en l'élection de St-Quentin. B. 722, 821. = procureur. B. 909, 1352. = Jeanne. B. 1178. = Joseph. B. 382, 1308. = étapier. B. 2302. = Marguerite, femme de Froidour. B. 909. = Marie. B. 4116. — H. 1424. = veuve Dorigny B. 2810, 2902. = Nicolas. B. 806. = Philippe. B. 808. = huissier. B. 1331. = Pierre. H. 798. = Simon. B. 1532, 4116. = notaire et procureur. B. 1831.

GOSSE, Catherine, femme Gobeau. E. 440. = Jacques. B. 3618. — E. 444. = Louis, laboureur. B. 2935. = Michel. B. 1483.

GOSSEAU. B. 520, 527. = Claude. B. 659. — E. 40. = Jean, hôtelier. E. 514 = notaire. B. 3330.

GOSSELIN (de), David. G. 95.
  — Jean-Louis. B. 4054.

GOSSENCOURT, Marie (de), femme Grin. B. 2889.

GOSSET. B. 319, 325, 539, 2493, 2564, 2565, 2729, 2845, 2883, 3197, 3268, 3340. = meunier. C. 535. = Adrien. B. 3080.

= Anne. G. 467. = Antoine. C. 841. — E. 536. = greffier. B. 2544. = vigneron. E. 564. = Catherine. B. 2935. = veuve Leclerc. B. 894. = Charles. H. 1217. = charron. B. 2974. = Charles-Antoine. B. 3993. = Claude, veuve Favereau. B. 684. = Claude-Antoine, prieur de St-Nicolas-des-Prés de Ribemont. B. 421. = François. B. 1476. — H. 1352. = arpenteur. B. 2532. = Isaac. B. 2384. = Jacques. B. 897, 1796. = maire d'Andelain. B. 1033. = Jean. B. 449, 3079, 3182, 3325, 3430. — H. 981. = bailli de Sauvresis. B. 3307. = boucher. E. 417. = cordonnier. B. 879. = laboureur. B. 2956. = notaire. B. 3216. = Jean-Louis, tailleur d'habits. B. 3216. = Jean-Simon, commis. G. 480, 481. = Jeanne G. 467. = femme Ladœuil. B. 2974. = veuve Gaudry. B. 2363. = Louis. B. 2016, 3075. = Louis-Joseph, officier d'invalides. B. 2119. = Marguerite. B. 3182. = femme Noiron. E. 534. = Marie. B. 1982. = femme Faudier. E. 378. = femme Pétré. B. 3297. = Michel. B. 2534. = Nicolas. B. 2532. — E. 562. = boucher. B. 3043. = laboureur. B. 2139. = Noël, couvreur. E. 488. = Philippe-Nicolas, grenetier. B. 2649. = Pierre. B. 1284, 1982, 2532. — E. 187. = laboureur. B. 2220, 2508. = Quentin. B. 3433. — Remy. E. 440. = Toussaint. E. 64. = Vincent, tonnelier. B. 3167.

GOSSIAUX. H. 3268.

GOSSIER, Antoine, garde forestier. B. 3750.

GOSSUIN, curé de Montaigu. H. 272. = seigneur de Menin. H. 1116. = Antoine. H. 1713. = Charles. B. 823. = Claude. B. 3308. = François. B. 701. = sergent traversier. B. 3539. = Françoise, veuve Féra. B. 843. = Guillaume, curé de Buironfosse. B. 2350. = Jacques, chanoine. B. 1152. = Marie, femme Levesque. B. 2950. = Nicolas. B. 738. — E. 472.

GOSUET, Jean et Pierre. H. 1306.

GOT, Adrien. B. 1128. = Françoise, femme Chaudriller. E. 363. = Jacques, tanneur. B. 892.

GOUART, François. B. 2134. = Simon. B. 3599.

GOUBERT, Antoine, pâtre. B. 498.

GOUDELANCOURT (de), Gautier. H. 311. = Henri. H. 873.

GOUDEMANT, Adam. E. 16. = Jean. B. 1254. = Louis. B. 1828. = meunier. B. 3297.

GOUDEMEZ, Marie-Anne-Angélique-Gabrielle, veuve Huguet. E. 154.

GOUDENEAU, Adrien. B. 1833.

GOUDIMANT, Mathieu. H. 841.

GOUDMANT, Noël. H. 844.

GOUDOUIN, notaire au Châtelet. H. 1564.

GOUFFIER, Charles-François, marquis de Crèvecœur. B. 823.

GOUFFIÈRE DE ROUANÈS, Marguerite-Henriette, abbesse d'Origny-Sainte-Benoîte. B. 410.

GOUFFREVILLE (Joseph-Clément de), commissaire des vivres, B. 2173.

GOUGE. B. 2687, 2739. = notaire. B. 3587. = secrétaire du bureau d'agriculture de Laon. C. 39 à 41, 622, 627. —

D. 2 à 5, 14, 15, 19. = Antoine-Charles-François, chanoine. G. 252 = Edmond. E. 577. = Étienne-Antoine-François, président au grenier à sel de Laon. B. 3970. = procureur du roi. B. 137.

GOUGELOT, Jean, meunier, maire de Voulpaix. B. 3420.

GOUGET, Reine, femme Champion. B. 3943.

GOUHOURY. B. 593. = Nicolas. B. 630.

GOUILLART, Florent. B. 1410, 1423, 1509, 1759, 1813, 1855. = François et Charles. B. 4121.

GOUIN, Antoine, fermier. B. 2933.

GOUIN DE SAINT-AMOUR, docteur en théologie. B. 750.

GOUJART. B. 2739, 3197. = orfèvre. E. 543. = Antoine, procureur. C. 1043. = Jean E. 540.

GOUJON, Charles. H. 1435. = Louise-Charlotte, veuve de Miremont. E. 112. = Marie, veuve Fieffé. H. 1435.

GOUL, Pierre. B. 704.

GOULARD. B. 2567, 2568.

GOULART, Anne, veuve Faultré. E. 493. = Jean-François, maréchal-ferrant B. 2962. (Voyez Goullard.)

GOULET. B. 2731. — E. 389. = Jacques, maréchal-ferrant. B. 2521. = Jean. G. 253. = curé d'Aubenton. E. 391. = Louis, curé de Landifay. B. 3226. = Nicolas. B. 2793.

GOULIOT, Barthélemy, doyen. G. 253.

GOULLARD, Madeleine, femme de Guignicourt. B. 2880. = H 55.

GOULLART, Marie. B. 2573.

GOULLET, Godefroi, meunier. E. 376. = Jean. E. 50.

GOUILLART, subdélégué. C. 127, 132, 337, 675. = Florent-Joseph-Louis. H. 1338.

GOULLIEN, Jean. H. 1090.

GOULOT, Claude-Quentin. B. 1753.

GOUMARS, Jean, trésorier du chapitre de Saint-Pierre-au-Marché de Laon. G. 82.

GOUMIGNY (Antoinette de), veuve Tachet, femme Prudhomme. E. 560.

GOUNET, Marie-Jacques-François, avocat. B. 1920.

GOURDAIN (famille). B. 25.

GOURDIN, Antoine. B. 4131. — G. 1287. = Arnoul. B. 2107. = Christine. B. 857. = François. B. 2237, 4131, 4132. = linier. B. 4129. = Françoise, veuve Moreau. B. 2286. = Jean. B. 3229. = Marie. B. 3960. = femme Compère. B. 478. = Marie-Anne, femme Delaidde. B. 4136. = Marie-Josèphe. E. 216. = Nicolas. B. 2107. = Philippe. B. 4134. = Pierre. B. 4033.

GOURDINE. B. 2486.

GOURDON (de), Armand-Jacques. B. 2010.
— Bercaire, bénédictin convers. B. 3291. = Marc. B. 3069.

GOURDOUX, Antoine et Robert, laboureur. B. 2468.

GOURLAY (de), Antoine, seigneur de Jumelles. E. 485.
— Jean. B. 3396.

GOURLÉ, Germain. H. 1189. = Jean, laboureur. B. 3393 = Martin. H. 1189. = Pierre. H. 1199.

GOURLEAU, Jean. E. 461.

GOURLET, Marie. B. 3415.

GOURMAIN, Marguerite, femme Coutant et Catherine, femme Davril. B. 2642.

GOURMAY, Nicolas. B. 355.

GOURNAY (de), Françoise, Jean-Jacques, Julien-Claude et Claude et Pierre. B. 706.
— Marie, femme Dumoustier. B. 2886.

GOURNET, Marie, veuve Viéville. B. 937.

GOURU, Nicolas. B. 1023.

GOURY, Marie, veuve Lavacry. H. 910.

GOUSSANCOURT (de), Agnès, Baudouin, Jean, seigneur et chevalier, Pierre. H. 1508.

GOUSSAUT, François, contrôleur aux traites foraines. B. 2421.

GOUSSENCOURT (Alexandre de). E. 486.

GOUVERNEUR. B. 2565, 2566. = François. B. 3139, 3141, 3144. = Joseph, fabricant de paniers. B. 3151. = Madeleine, femme Lemoisne. B. 2947. = Marie-Thérèse. B. 3151. = Simon. E. 53.

GOUVIEUX, Jean. B. 3397.

GOUVION, Hyacinthe. E. 228. = Louis, prêtre. B. 1353.

GOUVRES (Charles de). H. 1244.

GOUX. B. 3190. = Anne. B. 3193. = Catherine, femme Malquin. E. 596. = Jacques. B. 587, = Marguerite. B. 3191. = Nicole, femme Frumin. B. 2953.

GOUY (de), Anne-Antoine, seigneur d'Arcy, vicomte de Cessières. B. 721. = Antoine, seigneur de Cartigny. B. 690. — E. 554. = vicomte de Cessières. B. 3605. — H. 1704. = Baudouin. H. 535. = François, marquis de Cartigny, grand maître des eaux et forêts. B. 721, 3566, 3597, 3776. = Georges, vicomte de Cessières. B. 690, 721. — E. 554. — H. 1704. = Guillaume. H. 1116. = Michel, gouverneur de La Fère. B. 674. = Nicolas, seigneur de Vauxbuin. H. 1443.

GOUY, Alexandre. H. 1256. = Étienne, meunier. E. 629. = Nicolas. B. 873.

GOUY DE CARTIGNY. B. 3582. = Louise-Charlotte. B. 3597.

GOVAIN (famille). B. 429.

GOVIN. B. 2492, 3240. = curé de Chigny. B. 130. = Pierre, chanoine de Laon. B. 2836.

GOYENVAL. B. 2763. = Jacques, curé de Plomion. B. 2973. = Martin. B. 2825 = Pierre, vigneron. B. 2831.

GOYER, Jean-Bonaventure-Gabriel. C. 415. = Nicolas, laboureur. B. 2775. = Pierre, procureur du roi. B. 1639.

GOZAIN, abbé d'Anchin. H. 588.

GOZET, Charles, maître peintre. E. 337.

GOZEZ, Jean, chapelain. G. 253.

GRACIEN, Jean. H. 1056.

GRAHOT, Claude. B. 3050.

GRAIMBERG (de), François, vicomte de Nogentel. H. 1415.

GRAIMBERG DE BELLEAU. C. 963, 996. — E. 198.

GRAIN, François, laboureur. B. 3154. = Jacques. B. 4021. — E. 608. — H. 1147. = laboureur. B. 3154. = Jean.

B. 356, 3997. = chapelain. G. 178. = Louis. B. 2900. = Marie-Antoinette. B. 2478. = Martin. H. 1147. = Nicolas. B. 2928.

GRAINDORGE, Philippe, maire de Fontenelle. B. 2054.

GRAMET, Guillaume. B. 2714.

GRAMMONT (de), Charles, seigneur de Lerzy. B. 404. = Marguerite. B. 260.

GRANÇON, François. B. 3909. = Marie-Jeanne, femme Bail B. 3962.

GRANCY (seigneur de), commissaire royal. G. 10.

GRANDAIRE, Antoinette. B. 476.

GRANDCHAMP (Jacqueline de), veuve de Roucy. B. 2878.

GRAND'HOMME, Antoine, couvreur. B. 1068.

GRANDIN. B. 523, 812, 874, 2723, 3105. = procureur du roi. B. 226. = demoiselles. C. 312. = Adrien. B. 769. = André, maire de Saint-Gobain. B. 665. = Ansel. H. 1582. = Antoine. B. 417, 543. = fermier. B. 4118. = Barbe. B. 2902. = Barthélemy. H. 1333. = Claude. H. 1236. = Claude-Augustin H. 1002. = Daniel. B. 905, 912, 1183. = François. H. 1438. = Françoise, femme Grandin. B. 1769. = Gabriel, vigneron. B. 1247. = Gobert. B. 1247. = Henri. G. 704. = Hubert. B. 616, 624. = laboureur. E. 559. = Jacqueline, veuve Lesage. B. 713. = Jacques. B. 813, 882, 950, 1127. = Jean. B. 3237. — E. 491. = Jeanne. femme Mareschal. E. 560 = Louis. B. 845. = fermier. B. 375. = Marguerite, femme Turmolle. B. 909. = Marie. B. 2902. = femme Fuzellier. E. 560. = Marie-Anne, femme Oger. B. 4118. = Marie-Jeanne, femme Lhote. B. 3297. = Marie-Jeanne-Henriette, femme Bordier. B. 2470. = Nicolas, arpenteur. E. 228. = Nicole, femme Lhostelle. E. 579. = Pierre. B. 3219, 3949. — E. 571. — H. 841. = laboureur. E. 491. = procureur du roi. B. 2114. = Pierre-Louis, avocat. B. 2470. = Quentin. B. 3250. = Sébastien. B. 1771.

GRANDJEAN. B. 2324, 2493. = Jean, frère donné. H. 1347. = Pierre. B. 3962.

GRANGY, Salomon, chirurgien. H. 1005.

GRANDLUP (Albéric de). B. 3180.

GRANDMONT, commandant de Vervins. B. 3357. = (Claude-Henri de), seigneur de Lerzy et d'Erlon. B. 570. — E. 552. (Voyez Grammont.)

GRANDPIERRE, Mahieu. B. 3019.

GRANDPRÉ. B. 2566, 2568.

GRANDPREZ, Jean-Louis. B. 2599.

GRANDSIRE. B. 2565.

GRANDVALET, Charles, huissier. B. 3882.

GRANGEOT. C. 656.

GRANGER, François, maire d'Esquehéries. B. 2053. = Mathurin, dit de Blois ou Manchot, sergent. B. 3909.

GRANGERÉ (Guillaume de), curé d'Annois. B. 1705.

GRANGIER, Timoléon, seigneur de Liverdis, président des enquêtes au Parlement. B. 692.

GRANSART, Jeanne. B. 4039.

GRANSON. B. 2723. = André. B. 1993. = Jacques. B. 526.

= Marie. B. 528, 2549. = Urbain, greffier. B. 3237.

GRANSSON, Bonne. E. 547. = Gobert, curé de Macquigny. B. 199. = Nicolas. E. 547.

GRANTHOMME, Catherine. B. 498.

GRANTLU (Jean de). H. 235.

GRAPIN, Nicole, veuve Rayet. B. 920.

GRARD, Antoine, chapelier. B. 679, 680, 681. = Martin, huissier. B. 1398.

GRAS. B. 2992. = Baptiste. B. 3221. = François, meunier. H. 1143. = Joachim. B. 3113. = Marie-Josèphe, veuve Lestrier. B. 2306.

GRASSE (comte de), lieutenant général de marine. F. 15.

GRAT, Jean-Baptiste. B. 3210.

GRATIOT, Anne, femme Merlot. G. 1253. = Antoine. B. 3024. = Barbe E. 435. = Barthélemy, vigneron. E. 430. = Crépine, femme Bocquet. H. 1203. = Gaspard, garde des oiseaux du cabinet de la reine-mère. E. 425. = Jacques. B. 3014. = Jean. B. 3019. = peintre à Paris. E. 425. = Louis. B. 3041, 3048, 3418. — E. 436. = Marguerite, femme Sarouelle. E. 425. = Nicolas. B. 3061, 3068. = Remy. E. 434. = Rocq. B. 3068. = Simon, vigneron. G. 1210.

GRATTEPONCHE, Antoine. B. 4001.

GRATTIER DE GRATTERIE, Claude Bernard, brigadier des armées. E. 200. = Françoise. E. 200.

GRAULET, Jean. B. 1936.

GRAULT, Arnoul. H. 1582.

GRAUX. B. 3262. = Alphonse. B. 2413. = Antoine. B. 938. = Jacques. B. 2717. = Jean. B. 1300. = Jean-Baptiste-François. B. 1146. = Laurent. B. 461. = Louis. B. 943, 4018. = Marguerite. B. 3913. = Quentin. B. 2413.

GRAVADEL, André. B. 1400. = Toussaint. B. 70, 924, 2181, 2581. — E. 372, 399.

GRAVE. B. 3166. = Antoine. B. 3210. = Jean, chapelain, et Jeanne. G. 57. = Pierre. B. 3221.

GRAVÉ, Jean, seigneur de Launay. B. 1342.

GRAVEL, Jean. B. 1242.

GRAVELIN. Marie-Anne. B. 4093.

GRAVER, chevalier. H. 267.

GRAVET, Jean. B. 3273. = Louis. B. 3306.

GRAVIER, Jean-Baptiste. B. 3968.

GRAVOIS (de), François-Joseph, chapelain. E. 383.

GREBERT, Jean. H. 1334.

GRECOURT, Françoise, femme Boitellet. B. 878.

GREDINS DE RENANSART, Pierre. H. 295.

GREEN DE ST-MARSAULT, Joseph, évêque de Pergame, abbé de Longpont. B. 1899.

GREGEOIS, Simon. B. 3381. = laboureur. B. 3385.

GRÉGOIRE, pape. H. 534.

— IX, pape. G. 118. — H. 623, 1508, 1624.

— X, pape. H. 6.

— dit clerc du temple. H. 1748. = messager. C. 953. = André, laboureur. H. 1376. = Anne, veuve Gaugué. B. 1685. = Antoine, labou-

reur. H. 1376. = Charles. H. 1383. = Claude.
H. 1384. = Jean, seigneur de l'Étangneuf,
lieutenant général au bailliage d'Aubenton
et Rumigny. E. 384. = Jeanne, femme Vincent. B. 2950. = Louis. H. 1332. = fermier.
B. 1356. = Pierre, laboureur. H. 1376. =
Siméon. B. 2891.

GRELAND, Jean, notaire. B. 2430.

GRELLET, Benoît, chanoine de St-Quentin. G. 821.

GRELOT, Catherine. B. 2827. = Jean. E. 465.

GRENACHE, Antoine. H. 694.

GRENET, Antoinette. B. 3373.

GRENET DE MARQUETTE, Jean-Jérôme-Joseph, marquis de
Blérancourt. E. 201.

GRENIER. B. 2785. 3106, 3190. — E. 382. = bénédictin,
historien. G. 818. = Clarenbaud. H. 1608. = Claude,
laboureur. B. 2873. = François. B. 2616. — H. 1361. =
charron. B. 3194. = Jacques. H. 1354. = marchand de
bois. B. 1584. = Jean. B. 4031. — H. 1354. = laboureur. B 1557. = Jean-Charles, conducteur de nourrices.
C. 517. = Jeanne. B. 3194. = Laurent, notaire. H. 515.
= Marie-Josèphe, veuve Michaut. B. 367. = Marie-
Marguerite. B. 3192. = Marie-Thérèse. B. 1560. = Michel, marchand de bœufs. B. 1560. = Nicolas. H. 1354.
= Philippe. B. 1339. = Pierre. E. 175. = Pierre-François, receveur des fermes du roi. B. 929. = Siméon. E.
512. = Thomas. H. 1361. = Toussaint, tisserand. B.
1562.

GRENOT, Félix, gentilhomme verrier. B. 923, 1074. = Nicolas, vigneron. B. 2799. = (Philippe de), gentilhomme
verrier. B. 1231.

GRENU. B. 2863. = Catherine. B. 2359.

GRESILLEMON (de), trésorier général des ponts et chaussées.
C. 610.

GRESILLONS. Jean. H. 68.

GRESLE, Jean, concierge et geôlier des prisons de La Fère.
B. 666, 667, 770.

GRESLON, Gérard. B. 881.

GRESSE, Claude. H. 1101.

GRESSIER, huissier. C. 198. = François. B. 818. =
Simon. E. 501.

GREVET, Jeanne. E. 622.

GREVIER, Étienne, musicien instrumentiste. E. 500.

GREVIN, Antoine. B. 1851. = Guillaume, tailleur d'habits.
B. 2427. = Jean. B. 1879. = Jean-François. G. 1727. =
Jean-Louis. H. 456. = Laurent. H. 1373. = Marie,
femme Lecaron. B. 811. = Marie-Louise, femme Carton.
B. 2182. = Nicolas. B. 1407. = Pierre, meunier. B. 2832.

GREVIN-DOVILLER. C. 702, 724, 726, 728.

GRIART D'AULNOIS, Aubert et Jean. G. 253.

GRIBAUVAL, Agnès, Jeannette et Perret (de). H. 1508.

GRIBOUX, Benjamin. B. 2599.

GRICOURT, Joseph. H. 1204 = Yves (de). H. 1508.

GRIET, Jean, fermier. B. 3524.

GRIFFARD, Jacques. B. 1718.

GRIFFON. B. 525, 532, 536. — H. 193. = Antoine, drapier. B.
1205. = Charles. E. 626. = curé du Nouvion. B. 3377. =
Étienne. B 3269. = François. B. 1146. = Louis, laboureur. B. 2007. = Marie. B. 538. = femme Philippe.
B. 580. = Martin, laboureur. B. 2007. = Philippe. B.
659. = Théodore. B. 4019.

GRIGANT, Toussaint, curé d'Urcel. B. 2703.

GRIGEOIS, Christophe. G. 671.

GRIGNION, Marie, veuve Delabre. E. 505.

GRIGNON, Antoine. B. 2274. = Claude, notaire. E. 488. =
Jean. H. 535.

GRILLET, Mangin. H. 1200.

GRIMALDI (Louis-André de), prince de Monaco, évêque
comte de Noyon. C. 650. — G. 1013.

GRIMBERT, Antoine, sergent des bois. B. 3826. = Louis.
B. 477. = Marie-Louise. B. 3948. = Marie-Madeleine.
B. 4048. = Quentin, pêcheur. H. 499.

GRIMBLOT. E. 387. = Antoine. E. 621. = Jean-Baptiste.
B. 2509. — E. 370. = notaire. B. 3880.

GRIMONT. B. 32. = Philippe. B. 1417.

GRIMONVAL (Françoise de), femme de Brossard. B. 712.

GRIN, Antoinette, femme de la Fons. B. 2889. = Jean,
bailli de Vendeuil. E. 663. = Nicolas, seigneur de
Rouy. B. 2889.

GRINDA, Jean et Louis. B. 1206.

GRINDAL, Philippe. B. 1796.

GRINDORGE. B. 2488.

GRINGOIRE, Éloi. B. 3998.

GRINIARD, Louise, femme Gérard, et Marguerite, femme
de la Porte. B. 2519.

GRISART, Antoine, dit Crassin. B. 3955.

GRISELAIN, Angélique, femme Savarin. B. 3205.

GRISEPOT, Jean, vigneron. E. 616.

GRISEZ, Thomas. H. 1206.

GRISIAUS, Grégoire. H. 1687.

GRISOLET, Charles, bailli-gruyer. B. 3209.

GRISON, Louis. B. 1933. = Marie, femme Léguillette. B.
3236. = Marie-Anne. B. 2347.

GRISOT. B. 516, 524, 540. = Charles. B. 528. = Jean. B.
3291. = maréchal-ferrant. E. 554.

GRITIANS, Gérard. H. 243.

GRIZEL (Jean de), seigneur du Fay. B. 888.

GRIZOT, Vincent. B. 635.

GROCART, Barthélemy. B. 1553.

GROCAUX, Barthélemy. B. 1348.

GROGNET, Jean. G. 253.

GROIGNE, Jean, chevalier. H. 781.

GROIN, Jean. H. 1187. = Nicolas. E. 610.

GROISILLIER, Antoine, joueur de violon. B. 1727.

GROLLIER, Michon. H. 1303.

GRONART (Colin de). H. 900.

GRONGNET, Claude, boucher. B. 3378.

GRONGNY, Nicolas, archer de maréchaussée. B. 2853.

GRONIER, Marie-Madeleine, veuve Leduc. B. 3098.

GROCLOI (Jean de). H. 1581.

GROS, Charles. B. 2364. = Claude. B. 655. = Henri. H. 1108. = Madeleine. B. 1728. = Nicolas, garde-moulin. B. 1689. = Pierre. B. 490. = Quentin, laboureur. B. 2104. = Raymond, apothicaire. B. 788.

GROSOS, Anne, femme Gadroy. B. 480.

GROSOT. B. 3242. = François. B. 680.

GROSSESPIERRES (Pierre de), trésorier du chapitre de Laon. G. 133.

GROUCHET. E. 642. = Jacques, lieutenant. B. 1948. = lieutenant général au bailliage de Marle. B. 3445. — (de), Marie, femme de Maloizel. B. 1464.

GROULARD B. 2566. = Augustin. B. 2446. = Isaïe, greffier de maîtrise. B. 3498, 3506. = Jean, charpentier. B. 2587. = Nicolas, dit Fariaux. B. 3962. = Pierre, laboureur. B. 394.

GROULART, Augustin. B. 2438. = Charles. E. 74. = Isaïe, receveur de la seigneurie d'Hannape. B. 55. = laboureur. B. 3204. = Pierre, maire de Mennevret. B. 2054.

GROULLARD, Pierre, notaire. B. 1986.

GROULLART. B. 1928. = Isaïe. H. 798.

GROUSELLE. B. 540, 2484. = Antoine. B. 2363. = François, berger. 349. = greffier. B. 2054. = Jean, cordonnier. B. 83. = Jeanne, veuve Viéville. C. 831. = Louis. B. 2092. = berger. B. 2363. = Nicolas. B. 452. = Pierre, laboureur. B. 3224. = Thomas. B. 495.

GROUZELLE. B. 3270. = Charles et Germain. H. 1756. = Germain, sergent royal. B. 3189. = Louis. H. 1756. = Louis-Alexandre. C. 990. = Nicolas. B. 3177. = valet de chambre. B. 147. = Pierre. H. 1756. = fermier. B. 147. = Véronique. H. 1756.

GROUZILLIER, Jacques. E. 333.

GROUZY, Jeanne, veuve Allart. B. 2634.

GROYET, Rolaine, veuve Vasseur. B. 2554.

GROZET, Madeleine. B. 903.

GRU, Anne. G. 1713.

GRUDIDIER, Jean-François, prémontré. H. 860.

GRUET, Charlotte, femme Déal. B. 2199. = Pierre-Jean-Baptiste, notaire. H. 1743.

GRUGE, Jean, architecte. B. 771, 923.

GRUGNELU, Catherine, femme Brusle. E. 430.

GRUGNY, Joachim. B. 1248.

GRUGUELA, Jean, vigneron. B. 3060.

GRUIAL, Jean, charpentier. G. 253.

GRUMEAUX. B. 4095.

GRUMET, Antoine. B. 1709, 1742. = Marie-Thérèse, femme Sueur. B. 1663. = Thérèse. B. 1744.

GRUOT, Salomon. B. 2886.

GRUSOT, valet de chambre. B. 553.

GRUYER, Jean. H. 1297.

GRUZE, entrepreneur de travaux. B. 3628. = Gilles, officier des eaux et forêts. B. 3114.

GRY, Adrien. C. 272.

GUALONDE, Ambroise, drapier. B. 111.

GUARIBAL, Jacques. B. 4000.

GUAY, Henri. B. 3728. = Louis. B. 3296. = Marie. B. 3948. = Nicolas, vigneron. C. 912.

GUDEVER, sergent traversier. B. 3826.

GUDEVERT, François. B. 2552. = Jean. B. 348, 1704. = Philippe. B. 2574, 2581, 3793.

GUDIN. Oudars, collecteur des droits de mainmorte et de formariage. H. 1508 = tabellion, garde-scel de la prévôté de Pierrefonds. G. 253.

GUDVERT, Donatienne. B. 3214. = Jean. B. 97. = Philippe. H. 858. = conseiller élu en l'élection de Laon. B. 4084. = laboureur. B. 3220. = Pierre. B. 3209, 3220. = fermier. B. 3215.

GUEDREVILLE, président. E. 388.

GUENARD, Jean, laboureur. E. 391.

GUENAUT, François, commissaire provincial d'artillerie. B. 970.

GUENEAUX, Étienne. B. 3160.

GUENÉE. D. 15.

GUENET. B. 2489.

GUÉNIN, Jean-François, notaire. B. 1335. = Médard. B. 1424. = notaire. B. 1333.

GUENON, Antoine. B. 3021.

GUENOT, greffier-expert. B. 1895. = Nicolas. B. 796.

GUÉRARD, Antoine. B. 699, 737, 890. = Daniel-Louis. B. 1504. = Gabriel. B. 112. = Marie. B. 1504. = Pierre-Joachim, président, lieutenant général au bailliage de La Fère et Marle. B. 804, 1302. = Thomas. B. 672.

GUERBÉ, Jeanne, femme François. B. 3249.

GUERBET, Nicole, veuve Fournier. E. 332.

GUERBETTE, Antoine. B. 3404. = vigneron. B. 3395. = Gilles. B. 1324.

GUERDIN, Jean, notaire. E. 365.

GUERDOUX. B. 491. = Félix. B. 4038. = Jean-Louis. B. 392. = Michel. B. 488.

GUÉRIN. B. 540, 2568, 2627. = Antoine. B. 817, 1847. — H. 1370. = chanoine de La Fère. B. 789, 942. = docteur en médecine. B. 904, 913. = notaire, certificateur de criées et procureur. B. 667, 670, 927. = Catherine-Clotilde. B. 1877. = Charles. E. 11. = Isabelle, servante. B. 1170. = Jacques. B. 2941. = Jean. H. 1217. = curé de Sinceny. G. 1848. = Jean-François, procureur. B. 1561. = Jeanne, novice cordelière. H. 1689. = Joseph, marchand de cloches. B. 3229. = Louis. B. 2698. — H. 1370. = Marguerite-Jeanne-Gaspard, veuve Lenain. B. 2634. = Marie, femme Lefort. B. 730. = Nicolas. H. 1242. = soldat. B. 2597. = Pierre. H. 736. = meunier. C. 266. = Sébastien. B. 1502.

GUERLAND, Charlotte. B. 4117. = Jean. B. 4118.

GUERLET, Pierre, tailleur de pierres. H. 1670.

GUERLIN, Noël, vigneron. B. 4139.

GUERNU, Claude. H. 1352.

GuÉROUDI. Garnier, archidiacre de Paris. G. 253.
GUERRIC, abbé de Prémontré. G. 61.
GUERRIER, Pierre, garde de bois et pêche. B. 3796.
GUÉRY. C. 962. — Gilles. B. 821.
— (de), Élisabeth, femme Duval. B. 426. — François, seigneur de Brandouzy. B. 1999, 2133, 2141 — E. 600. — seigneur de Danizy. B. 39, 1087. — Madeleine. B. 239. — femme de Barthélemy. B. 426, 2348. — veuve de Danzelle. B. 53.
GUESBRIANT (famille). B. 1350.
GUESNE (de), Artus et Perrot. H. 1326.
GUESNOT, Antoine, vigneron. H. 1504.
GUESTE, Jacques, sergent à verge. B. 1141. — Jean. B. 1250. — Marie, femme Quentin. B. 2705.
GUET, boucher. B. 804.
GUETTE. B. 812. — André. B. 3140.
GUEUDET, Pierre-Ambroise, contrôleur des actes. B. 1334.
GUEULETTE. B. 1928. — chanoine de St-Quentin. G. 818. — Antoinette. B. 75. — Pierre. B. 1392. — berger. B. 1760. — Pierre-Charles. E. 19. — Thomas-Alexandre, receveur des bois du roi. B. 1357.
GUEULLETTE, Jean-François, procureur. B. 1333.
GUEVAL, Jean B. 751.
GUGINER, Nicolas. B. 2437.
GUI. G. 1.
— abbé de Prémontré. H. 777.
— — de St-Denis de Reims. H. 692.
— — de St-Martin de Laon. H. 896.
— — de St-Michel. G. 2.
— — de St-Nicaise de Reims. H. 955.
— — de St-Vincent de Laon. G. 2. — H. 144.
— archidiacre. H. 1044. — de Soissons. H. 1508.
— châtelain de Coucy. H. 200, 275, 429, 477.
— chevalier. G. 2. — H. 534.
— clerc. H. 826.
— curé de Monceau. H. 773.
— doyen du chapitre de Soissons. G. 253. — H. 692.
— doyen du chapitre de St-Wast de Soissons. H. 455.
— (de Château-Porcien), évêque de Soissons. G. 253.
— (de la charité), évêque de Soissons. G. 253. — H. 692, 1508.
— trésorier du chapitre de Laon. H. 168.
GUIART. B. 515. — Jean. H. 1308. — greffier. B. 516.
GUIBAY, Germain, maquignon. E. 562.
GUIBERT. H. 1116. — prêtre. G. 253. — Noël. B. 1038.
— (comté de), gouverneur des invalides. C. 343.
GUIBON, François. B. 1778. — notaire et procureur. B. 1378, 1528, 1609. — Jean, *imager d'argent.* E. 542. — Louis, sergent royal. B. 712. — Madeleine, femme Boucher. B. 859.
GUIBOUILLE. B. 2493. — Claudine. B. 1262. — Guilain. B. 1823. — Guillaume. B. 959. — garde forestier. B. 3539. — maire de St-Gobain. B. 706. — Marie. B. 528. — Nicolas. B. 751, 869, 1066. — brasseur. B. 2388. — marchand de bois. B. 677.

GUIBOUR, Antoine et Marie. B. 2532.
GUICHARD, Guillaume. B. 3083.
GUICHARD DE LA LINIÈRE, lieutenant-colonel. C. 378.
GUICHE (duc de), colonel. C. 922. — général inspecteur. C. 357. — mestre de camp. C. 383.
GUICHON, Firmin, curé de St-Gobert. H. 1291.
GUIDE. B. 2992. — Catherine. B. 2926.
GUIFFRID. H. 797.
GUIGNART, Marie-Françoise et Marie-Madeleine. B. 2811.
GUIGNE (Claude de). B. 1351, 1828. — (Jean de). B. 1633.
GUIGNEMENT, Martin. B. 1338.
GUIGNICOURT (de), Aubert, doyen du chapitre de Soissons. G. 7, 253. — César, seigneur de Chalandry. B. 3001. — Jean, sergent royal. E. 473. — Judith, veuve Martin. E. 523, 526. — Raoul. G. 13. — Salomon. B. 2889. — H. 55.
— Martin. B. 3617.
GUILAIN, Antoine. B. 3609. — Claude. B. 2391. — Jacques-Pierre, prieur de St-Jean de Nesle. G. 1126. — Jeanne. B. 887.
GUILBAULT, Barbe, femme Moneau. E. 533.
GUILBAUT, professeur de musique. G. 970. — François, cordonnier. B. 3186. — procureur-fiscal. B. 2938. — Joseph B. 2962. — C. 314. — Marie-Jeanne, femme Vaudin. B. 2967. — Pierre Alexis, chapelain. G. 821.
GUILBERT, Adrien, bonnetier. B. 3332. — Antoine. B. 750, 3415. — Bertrand, laboureur. B. 2965. — Charles. B. 1337. — Claude. B. 1780, 1823. — laboureur. H. 714. — Isaac. B. 1832. — Jacques, garde-port. B. 1447. — Jean. B. 1781. — H. 798, 1333. — Jean-Charles. H. 1292. — Jean-François. C. 684. — Marie. B. 275. — Marie-Jeanne. B. 3416. — Michel. H. 1090. — Michelle, veuve Berthaut. B. 1752. — Nicaise, laboureur. E. 439. — Pierre. B. 275. — laboureur. B. 71, 128. — Remy. E. 604. — Simon, laboureur. H. 760.
GUILEIN, Pierre, soldat. C. 374.
GUILLAIN, Jeanne, veuve Clesson. E. 426. — Siméon. B. 4048.
GUILLAINS, Jean. H. 1182.
GUILLARD, Nicolas et Siméon. H. 981.
GUILLAU, Louis, syndic de Beaurains. C. 992.
GUILLAUME, abbé de Cuissy. H. 741.
— — de Prémontré. G. 2, 61. — H. 1046.
— — de St-Nicolas-aux-Bois. G. 2, 27.
— — de St-Nicolas-des-Prés. H. 443.
— — de St-Pierre de Châlons. H. 1044.
— — de St-Vincent de Laon. H. 351.
— — de St-Yved de Braine. H. 991.
— archevêque de Reims, cardinal et légat. H. 455, 534, 1508.
— (aux Blanches-mains), archevêque de Reims, cardinal de Ste-Sabine. H. 259, 477, 955.
— (de Joinville) archevêque de Reims, légat du St-Siège. G. 1. — H. 972.

GUILLAUME, chantre de Laon. G. 2, 99.
   — châtelain de Beauvais. H. 1508.
   — curé de Ste-Benoîte de Laon. H. 17.
   — doyen du chapitre de Laon. G. 133.
   — doyen du chapitre de Soissons. G. 253. — H. 692, 825.
   — évêque d'Amiens. H. 386.
   — (du Perche), évêque de Châlons. H. 1045.
   — (de Jaligny), évêque de Laon. G. 2, 50, 61. — H. 144, 222.
   — (de Troyes), évêque de Laon. G. 1, 2, 4, 14, 41, 56, 62, 117, 121, 184. — H. 124, 314.
   — oncle de Mathilde, châtelaine de St-Omer. H. 1508.
   — prévôt. H. 168.
   — prieur de Ste-Marie de Mont-Italie. G. 253.
GUILLAUME. B. 1399, 2737, 2848. — D. 10. — G. 1, 9. — H. 105, 455, 964, 1044. = laboureur. B. 2800. = André, laboureur. E. 406. = Angélique, veuve Dachery. B. 1203. = Antoine. B. 2145, 4116. — E. 465. = maire de Chauny. B. 1331. — C. 248. = Charles. B. 831. = meunier. B. 782. = Claude. B. 1040, 1167. 1804, 1856. — E. 519. = fermier. B. 476. = Daniel, chanoine de Laon. B. 1347. = Françoise-Constance, veuve de Priel. B. 1559. = Jacques, meunier. B. 851, 986. = Jean. B. 445, 2003, 2145. = dit Duchesne, cavalier. B. 1264. = laboureur. E. 406. = Jean-Pierre. E. 380. = Louise. B. 739. — E. 359. = Nicolas. B. 715, 891. — E. 80, 381. 629. = Nicolas-Daniel, chanoine de Laon. B. 788, 808. = Nicole. B. 2528. = Norbert, prévôt de Mons-en-Laonnois. B. 2628. = Pierre. B. 1702. — E. 2. — H. 766, 944. = Pierre-François, meunier. B. 940. = Pierre-Nicolas. B. 2715. = Roland, laboureur. E. 406. = Sébastien. E. 625.
GUILLAUME DE BLANCHECOURT, Charles-Pierre, maître des eaux et forêts de La Fère. B. 785, 787, 929, 1143, 3550, 3560, 3573. = Suzanne-Marguerite-Montaine, femme de Massary. B. 1309. — E. 256.
GUILLAUMELLE, Gille, laboureur. E. 348.
GUILLE, veuve Grandin. G. 704. = Geneviève. B. 3226.
GUILLE DE CLASTRE, Pierre, commissaire et capitaine général des ouvriers d'artillerie de La Fère. B. 935.
GUILLEAUT, Alexis. C. 961.
GUILLEBERT, Charles, chirurgien. B. 882. = Isaac, sergent à cheval forestier. B. 3540. = Pierre, fermier. B. 1924.
GUILLEMAIN, curé de Vassogne. C. 688.
GUILLEMET, Jean-Baptiste. H. 1198. = Nicolas. E. 110.
GUILLEMETTE, femme Fromager. B. 2857. = femme Lemercier. H. 1014.
GUILLEMIN, Louis. B. 921.
GUILLENT, Nicole, veuve Francar. B. 2853.
GUILLEPIN. B. 2511.
GUILLERY, Jean. E. 563.

GUILLET, Jacques, maître tailleur. B. 2178. = Marie, femme Amory. B. 2344. = Pierre. B. 1809. = Suzanne. B. 1993.
GUILLIET, Jean. H. 1303.
GUILLIOT, Balthazar. E. 440. = Jeanne, femme Cherpin. E. 348. = Pierre, meunier. B. 387.
GUILLOCHIN, François. C. 818.
GUILLON, François. B. 1778, 1822, 1835. = Paul. B. 3896.
GUILLOT. E. 382. = Guilbert. B. 683. = Louis, avocat au conseil privé du roi. B. 1138. = Louis-François, procureur du roi. B. 3746. = Pierre-Joseph. B. 1920.
GUILPAIN, Anne. E. 74.
GUILPIN. B. 2513.
GUINANT. H. 1327.
GUINART, Jean. H. 253.
GUINET. B. 2467, 3265, 3266. = Antoine. B. 544. = Catherine. B. 2794. = Christophe, praticien. E. 432. = Jean, tailleur d'habits. B. 3188. = Mathieu. B. 1289. = Pierre. B. 52, 577, 3237.
GUINFROID. H. 534.
GUINGUERLOT, Antoine. B. 3550. — E. 326. = Éloi. B. 3609. = Marie, femme Lambert. B. 2887.
GUINGUIN, Marie-Anne et Rose. B. 4109.
GUINODEAU, Eutrope, marquis de Montigny, brigadier d'infanterie, capitaine aux gardes du roi. B. 20.
GUINOIS, Marguerite, femme Devillers. B. 859.
GUIOT (de), gentilhomme verrier. B. 1262.
   — Antoine. B. 912. = Antoinette, femme Martin. B. 2931. = Charles. B. 679. — H. 1350. = Claude. B. 1251, 2935. = chapelier. B. 897. = François, chirurgien. B. 965, 1004. = Françoise, femme Carré B. 896. = Jacques. H. 1059. = Jean. H. 774, 1350. = Jeanne. B. 2577. = Marie, femme Duparcq B. 737. = Nicolas. B. 2745. — H. 774, 1350. = Pierre, chapelier. B. 892. = Rose. B. 3936.
GUIOTE, châtelaine de Lille, femme de Valerand de Luxembourg. B. 3451.
   — femme Ouquere. H. 1314.
GUIPON, Jean, marchand. B. 880.
GUISCARD (de), Catherine, femme d'Aumont. B. 1365. = Louis, comte. B. 670. — H. 401. = garde des archives du bailliage de Chauny. B. 1832. = lieutenant général des armées. H. 1336. = marquis, lieutenant général des armées, gouverneur de Sedan. B. 1096.
GUISE (de), duc. E. 199. = Adelvie. H. 534. = Aélide. H. 879. = Bouchard. H. 793, 797, 929 à 931. = Godefroy. H. 793, 797, 879, 929, 930. = Gui. H. 793. = Jacques. H. 872, 930, 1116. = Jean, chevalier. G. 253. = clerc. G. 527. = Oudart, dit le lépreux. G. 527. = Renier. H. 534, 872, 879. = Robert. H. 385. (Voyez Avesnes, Chatillon, Lorraine.)
GUISE, André. B. 907. = Lombart. B. 1934.
GUISELAIN (de), Gabrielle-Madeleine, dame de Chipilly. B. 2645. = Jean, seigneur de Chipilly. B. 2655. — G. 63.

Guiselin, Michel. E. 241.

Guisnet, Nicaise. E. 547.

Guisselain, Antoine et Gabriel (de). G. 95.

Guitel, Michel, vigneron. G. 1247.

Guizelain, Michel. B. 3230.

Guldrop, Charles, écuyer. B. 1862.

Gullier, Bonaventure. E. 617.

Guny (de), Oilard. H. 873, 878. = Philippe. B. 1416. = Yvard, H. 840.

Guroy, Jean. E. 404.

Gurel, Laurent, irlandais. B. 500.

Guy, Jean. 806.

Guyard, Claude. H. 184. = François. G. 1243. = Pernet. H. 1062.

Guyart. B. 2288, 2739. = Augustin. H. 824. = Claude, chanoine de Laon. B. 2802 = Étienne B. 529, 546. — E 555. = chirurgien. B. 4112. = Francoise, femme Poullain. B. 2000. = Gilles, fermier. B. 1924. = Jean. E. 437, 558. = Louise, femme Constant. B. 512. = Nicolas. B. 537. = Pierre, chanoine de Laon. B. 2640, 2812. — G. 471. = Pierre-Paul. B. 521. = Simon, brasseur. B. 533.

Guyenne, Louis, (duc de). G. 84.

Guynes (de), Marie, femme de Robert de Bazoches. G. 253. = Raoul. G. 253.

Guynet, Antoine. E. 431. = notaire. E 416. = François, maître des requêtes. B. 3285. = Françoise, femme Ramyer E. 438. = Jean. B. 3013. = procureur. E. 420. = Jeanne, femme Regnault. E. 432. = Marie, femme Arnoult. E. 431 = femme Lescuyer. E. 547 = Pierre, huissier. E. 421. = notaire. E. 431. 434.

Guynot, notaire. C. 720. = Jean-François, procureur. C. 325.

Guyon, cordonnier. C. 917, 990. = Edme, huissier. B. 385, 942. = Robert. H. 1247.

Guyot. Antoine. B. 1125, 3012, 3072. — H. 983. = Catherine. B. 3072. = Charles. B. 633. — H. 1245. = domestique. B. 318. = Claude. B. 4116.. = Clémence. B. 3072. = Denis. H. 447. = François. B. 615. = chirurgien. B. 4139. = Jacques. E. 631. = Jeanne. B. 598. = femme Degencourt. E. 433. = Madeleine. B. 3056. = Marie. B. 717. = Marie-Thérèse. B. 3072. = Martin. H. 1009. = Nicolas. B. 100. — C. 273. = maçon. H. 1063. = Pasquier. E. 460. = Pierre. B. 707, 890, 2180.

Guyot de Mongrand, Jacques. C. 362.

Guyotier, Jean. H. 1306.

<h3 style="text-align:center">H</h3>

H. abbé de Bohéries. H. 952.

— — de Longpont. H. 692.

— — — de St-Nicolas-aux-Bois. H. 399, 404.

— — — de St-Vincent de Laon. H. 200.

— abbesse de Notre-Dame de Soissons. H. 1508.

— archidiacre de Soissons. G. 253.

— chantre du chapitre de Reims. G. 253.

H. doyen du chapitre de Laon. H. 200.

Habourgiis (Gui de). H. 825.

Hacart, employé des fermes. B. 4096. = Jean. E. 248.

Haccart, Pierre B. 1210.

Hachain, Jean. B. 3220.

Hachart (famille). B. 524, 2687.

Hache, Claude, curé de Chavignon. R. 2639.

Hacher. B. 3242.

Hachet, Barbe, veuve Lestumé. B. 922. = Marguerite. B. 4030. = Nicolas. B. 1005.

Hachette, Jeanne. B. 3140. = Louis, procureur et notaire. B. 970. = Marguerite, femme Delaroche. B. 862. = femme Pellerin. B. 838.

Hacheu, Barbe. B. 1175.

Hachez, Périn. H. 1181.

Hachon. E. 212. = Claude. B. 452. = Jean. B. 3943.

Hacquart, François. B. 2328. = Guillaume. E. 32. = Jean. B. 2126 = laboureur. B. 1720. = Laurent, laboureur. B. 2785, 2796. = Marie, veuve Goblet. B. 2635.

Hacquelin, Brice. B. 1862 = Pierre. H. 1098.

Hacquenin, Isaac. B. 618.

Hacquetaux, seigneur de Villers. B. 2137.

Hacquin, Denis. E. 425. = Louis, apprenti sabotier. E. 433. = Martin. B. 3067.

Hadam, Marie. B. 794.

Hadeburge. H. 534.

Hadengue, Charles-Alexandre. B. 373.

Hagbau, Bernard. B. 2695.

Hagnon, Denis, maçon. B. 3033.

Hagombart, Jean H. 1172.

Hagues (de), Étienne-Quentin, lieutenant de carabiniers du roi. B. 1389. = Martin, notaire et procureur. B. 1463. = Simon, avocat du roi, lieutenant général au bailliage de Chauny. B. 1363. = conseiller au bailliage. B. 1391. = procureur du roi. B. 1389.

Hagues de Belleville (Louis de). B. 1354.

Haillier, François. E. 371.

Haillot, Antoine. B. 142.

Haimard (de Provins), évêque de Soissons. G. 253. — H. 455, 692, 753, 756, 825, 1508, 1579. — H. 275. = Gilles. G. 253.

Haimeri. H. 477.

Haimet. H. 158.

Hain. B. 2741. = Marie-Thérèse. B. 2888.

Hainault (Jean de), curé de Lugny. E. 554.

Hainaut (de), Baudouin, comte. H. 623, 1116. = Drouart, garde-scel du bailliage de Vermandois. G. 35, 84. = lieutenant au même bailliage. G. 17, 127, 253. — H. 202. = Jeanne, comtesse de Blois et de Soissons. H. 455. (Voir Flandre.)

Haine, Antoine, meunier. B. 2927. = Louis. B. 465. = Marie, veuve Crocquefert. B. 494.

Hainne, Élisabeth, femme Richet. B. 328.

Hainon, Charles. B. 2226.

(Aisne.) — Tables.

HANOTEAU, Marie-Madeleine. B. 2438.

HANOTIN, Jean. B. 810.

HANQUET, Hilaire. D. 2890. = Joseph, chanoine de Saint-Quentin. G. 821.

HAPART, Geofrid. H. 305.

HAPPART (Nicolas de). B. 1030.

HAPPE, Joseph, arpenteur. B. 3627. = Michel, meunier. E. 619.

HAPPILLION, Pasques. H. 993.

HAPPIN, Nicolas. B. 2952.

HAPPLAINCOURT (Jeanne d'), femme d'Abonval. E. 571.

HAQUART, Jean, mulquinier. B. 2196.

HAQUEBAUD, Pierre. B. 3909.

HAQUIN, Gilles, garde de la prévôté de Paris. H. 1567. = Jeanne. B. 3042. = Nicolas. B. 2887.

HARAMBURE (d'), baron. C. 357. = Louis-François-Alexandre, mestre de camp. C. 378.

HARANG. E. 101.

HARANT. B. 2627. = Nicolas, vigneron. B. 2634.

HARAUCOURT (de), intendant. B. 3440, 3441, 3443. = Charles, baron de Chambley, Christine et François. H. 1331.

HARBÉ, Nicolas, cordonnier. B. 2981.

HARBIGNIS (Jean de), seigneur de Dercy. H. 78.

HARBOUX. B. 2485, 2491. = Jean. E. 216. = Louis. B. 3856.

HARCHEU, Claude. B. 1001.

HARCIGNIS (Jean de). H. 134.

HARCOURT (d'), comte. B. 508. = Martin. E. 495. = Robert, commissaire royal. G. 10.

HARDECOURT (Madame de). G. 812. (Voyez la Fons.)

HARDEL, Michel. H. 171. = Robert. H. 878.

HARDI, Ancelot. E. 407.

HARDIT, Jean. H. 135.

HARDONCEL (de), Robert. H. 872.

HARDONCELLE (Gobert de). H. 955.

HARDOT, Pierre. E. 423.

HARDOUIN, Antoine et Claude. H. 783. = Nicole, chanoine de Saint-Quentin. B. 2889.

— (de), Tassinet. H. 1245.

HARDUIN, Jean, garde scel de la Châtellenie de Tours. G. 7.

HARDY. B. 2513, 3242. = employé des fermes. C. 1042. = secrétaire de l'intendance. C. 721. = Abel. B. 636. = Aimée, femme Dorigny. E. 577. = Alix. B. 329. = Ambroise-Anne. B. 1665. = Antoine. E. 98. = Claude. B. 3175. = François. H. 1318. = Guillaume. H. 1307. = Jacques, laboureur. E. 555. = Jean. E. 187. = maître maçon. E. 448. = prêtre et clerc. E. 531. = Jean-François. B. 4126. = Jeanne, veuve Dusolon. B. 3328. = Marguerite. B. 2339. = Marie-Jeanne, veuve Maupetit. B. 3145. = Marie-Madeleine, veuve Lelivre. B. 947. = Mathieu. B. 3241. = Nicolas. H. 1318. = cavalier de Maréchaussée. B. 536. = Pierre. B. 3917. — E. 98. = employé des Gabelles. B. 492. = fermier. B. 562. = tambour. B. 1258.

HARENT, André. H. 915. = Charles, vigneron. E. 511. = Jacques. E. 295. = Jean-Pierre. B. 3145. — H. 915. = Louis. E. 105. = Toussaint, laboureur. B. 2674.

HARGIVAL (Gérard d'). H. 1116.

HARGRUS, Jeanne, femme Belle. B. 454.

HARLAN, Henri. H. 776.

HARLAY, curé de Cessières. G. 1069.

— (de). B. 1707. = Achille et Jacques, châtelains de Montsigu. G. 100.

HARLÉ, Louis-Jacob, courtier de toiles. C. 758.

HARLERS, Huard. H. 1246.

HARLET, Geneviève, veuve Lefèvre. B. 1742. = Jacqueline, veuve Liénart. B. 1934. = Nicolas, receveur des domaines, B. 3747.

HARLUS (Antoine de), baron de Givray. E. 486.

HARMAND, Jacques. H. 1226. = Marguerite. B. 2184.

HARMANT (Madeleine de). E. 524.

HARNEBOUT, Anne, femme Richart. B. 3327.

HAROCOURT (marquis d'). C. 333.

HARSIGNIS, Guiart. G. 2.

HARSIGNY, Pierre. E. 577.

HARTIET, Claude, maître tailleur d'habits. E. 518.

HARVENG (Joseph de), prémontré. H. 975.

HARY, Charles, tonnelier. H. 1211.

HARZILLEMONT (de). B. 1045. = lieutenant au gouvernement de La Fère. B. 714. = Charles, seigneur de Fressancourt. B. 708. = Claude, seigneur de Fressancourt. B. 664, 839, 907, 1079, 1171, 1265, 4267, 3544. = Françoise. B. 3558. = Gui. H. 1508. = Hector, seigneur de Branges et de Loupeigne. B. 896. = seigneur de Fressancourt. B. 683, 3448. — E. 465. = Jacques, seigneur de Fressancourt, lieutenant de roi à Laon. B. 701, 703, 836, 839, 844, 969, 1153. = Jacques-Antoine, seigneur de Noroy. H. 712. = Jean. H. 1508. = Marguerite, femme d'Hervilly. B. 708. = Marie, femme d'Hervilly. B. 697. = Marie-Françoise, veuve Chevalier, dame de Fressancourt et de Blanchecourt. B. 840. = veuve de Sciron. B. 1171. = Réné, seigneur de Fressancourt. B. 969.

HASEGUIN, Marie, femme d'Y. B. 1902.

Haso (Remy de). H. 1045.

HASTEREL, Arnoul. H. 1582. = Gérard, chevalier. H. 588.

HASTREL. B. 988. = Pierre, huissier. H. 1256.

HATON, Colart. H. 9, 80. = Gilles, vicomte d'Urcel. G. 108. = Jean, lieutenant au bailliage de Vermandois. G. 27. = Person. H. 177. = Raoul, panetier du roi. H. 239, 1608. = seigneur de Mauregny. H. 260. = de Thiernu. G. 107. = Raoulin, vicomte d'Urcel. G. 108.

HATON DE BRISY. H. 375.

HATRIER, Jean, sergent, procureur du roi. B. 3006.

HAUBIDANT, Claude, curé de Genlis. H. 1099, 1103.

HAUCHET, Louise, veuve Bret. B. 2115.

HAUDEMONT, Claude et Jean, vignerons. B. 2867.

HAUDION (Gilles de), diacre. G. 1.

HAUDOIN, demoiselle (de). C. 672.

HAUDOIRE D'AIGRÉVILLE, Jean-Anne, vicaire général du diocèse de Soissons, prieur de Savigny, abbé de St-Yved de Braine. E. 209.

HAUDOUIN, demoiselles (de). C. 990.

HAUDOUIN DE NANTEUIL, demoiselle. C. 949.

HAUDOY, Jean, dit Lestoile. B. 700.

HAUDRICOURT, Charles (de). E. 467.

HAUET. B. 2491. = Antoine. B. 4121. = Charles. B. 671, 3076. = Jean, avocat. B. 2166. = garde bois. B. 2010. = Jean-Baptiste. E. 260. = Jeanne. B. 2015. = Marie-Jeanne. B. 337. = Nicolas. B. 2479. = Pierre. B. 488.

HAULCOURT (Jean de), chanoine de Laon. G. 253.

HAULMONT, Denis. H. 1321.

HAUMONT, Charles. H. 1050.

HAUSSART, Antoine. H. 765. = Claude, brasseur. B. 882.

HAUSSEL (Pierre de). H. 17.

HAUSSY (de). B. 976. = Antoine. B. 682. = maire de St-Gobain. B. 704. = François, prévôt de Noyon. B. 1420. = Jacques. E. 606. = Pierre. B. 3536.

HAUTCOURT (Jean de). G. 129.

HAUTECŒUR. B. 2487. = Pierre. H. 1217.

HAUTECOUR, Étienne. H. 1284.

HAUTEFEUILLE (de), chevalier. C. 989.

    — Antoine. H. 1785. = Pierre. H. 1508.

HAUTEMONT, Jean, greffier. B. 2813. = laboureur. B. 2817. = Nicolas-Antoine. B. 2717.

HAUTEVERNE (de), Robin. G. 56.

HAUTEVESNES (de), Jean et Simon. H. 1294. = Marguerite et Robert. H. 1224.

HAUTEVILLE (Amaury de). H. 1116.

HAUTICOURT, Gabrielle. B. 3204.

HAUTIER (famille). B. 520.

HAUTION. B. 3228. = curé de Landifay. B. 3226. = Guillemette, femme Gransson. E. 547. = Jacques. B. 636, 2172. — E. 213. = Jean, curé de Tupigny. B. 37. = greffier. B. 3299, 3320, 3334. = Jean-Pierre. B. 641. = Judith. B. 319. = Marie, femme Foucampré. E. 68. = Marie-Anne, femme Guilbert. B. 3332. = Marie-Jeanne, femme Mahy. B. 4105. = Nicolas, cabaretier. B. 2432. = Pierre. B. 140, 485. = curé de Chevenne. B. 3070.

HAUTOY, François-Théodore, imprimeur-libraire; Antoine; Marie-Anne, femme Saline. B. 2912.

HAUTVILLERS (Garin de), chanoine de Soissons. G. 253.

HAUY. B. 2270. = avocat. B. 1938. = capitaine, aide de camp du duc de Guise. B. 1913. = Antoine. H. 784. = prévôt de Ribemont. B. 194, 428. = Jean. B. 1967. = Louis. B. 2072. = Marguerite. B. 2340. = Nicolas, avocat. B. 2072. = Pierre, major du Quesnoy. B. 2072.

HAUYER, Élie, vigneron. E. 621.

HAVARRE, Étienne. B. 3324.

HAVART, Jean. B. 1864. — H. 837, 1056 = Joseph, receveur des tailles. B. 2709. = Marie, fille de chambre. E. 441. = veuve Chevrier. B. 2007. = Martin. B. 1487. = Mathurin. B. 3170. = Reine, femme de la Tour. B. 2903.

HAVÉ. C. 148.

HAVEAU, Jean. B. 3913. = Pierre. H. 1950.

HAVET. B. 31.

HAVEZ, Hugues et Jean. H. 455.

HAVIDE, femme d'Albéric de Chouy. G. 253.

    — femme Doet. H. 46.

HAVIOT, Claude, vigneron. H. 1069.

HAVOT, Florent, seigneur de Bagneux. H. 755.

HAVRINCOURT (d'), marquis, mestre de camp commandant. C. 375, 377. = Alexandrine-Gabrielle, abbesse de Montreuil. B. 2725. = Marie-Josèphe, bernardine. H. 1584.

HAWIDE, femme de Bussel. G. 2.

    — femme Patons. H. 319.

    — femme de Wibert de Montigny. H. 310.

HAYE, Antoine. B. 2501. = Étienne, laboureur. B. 156, 2360. = Marguerite. B. 3325. = Pierre. E. 58.

HAYER, Jean, maire de St-Gobain. B. 665.

HAYNAULT, Prix, bourrelier. H. 1215.

HAYNEAU, Catherine, femme Bordereaux. E. 402.

HAYNIN (Henri-Christophe-Julien de). C. 411.

HAYON, Jean. B. 2003, 2138. = Louis. B. 2278.

HAZARD. B. 3197. — E. 213. = contrôleur des vingtièmes. C. 319. = Antoine-Paul. B. 2481. = Antoinette. B. 2946. = Charles. E. 64. = Claude, charron. H. 629. = Françoise. B. 3244. = Nicolas. B. 3941 = Paul-François. C. 660. = Pierre. B. 3968. = dit Cury. B. 1308.

HAZART, André, laboureur. B. 2111. = Claude, charron. B. 3143. = Dominique. B. 2512 — E. 391. = Gilles. H. 1350. = Jacques, vigneron. B. 3099. = Louis B. 3178. = Marguerite, femme Decroix. E. 554. = Nicolas, tailleur d'habits. E. 579. = Pierre. B. 1309. = laboureur. B. 2499.

HÉ, Charles et Claude. H. 1146.

HÉBERT. B. 2564. = Adrienne-Françoise-Louise. B. 3259. = Anne. B. 3140. = Charles-Aubin. B. 2912. = Claude. H. 1075. = Françoise-Louise, veuve Mortier, dame de Montigny-en-Arrouaise. B. 118, 139, 347, 362. = Jean, lieutenant. B. 1704. = seigneur de la Motte, entrepreneur des vivres des armées. H. 519. = Jean-Louis. B. 2595. = Jean-Baptiste-Louis. B. 2912. = Marguerite. B. 1452. = femme du Royer. B. 1341. = Marie-Françoise-Alexandre. B. 2912. = Mathieu. B. 3159. = Michel. B 2578. = Michel-Jean-Baptiste, maître des eaux et forêts de Chauny. B. 2912. = Nicolas. E. 432. = Pierre, fermier. B. 1163.

HÉBERT (de), Louis, lieutenant-colonel, gouverneur de Genève. B. 841. = Louise, femme de Pastour. B. 841.

HÉCART. B. 2740. = Anne, femme Sarazin. B. 2926. = Antoine. C. 616. = Charles. B. 3376. = Pierre-Arnoult, brasseur. B. 2267. = Quentin, laboureur. B. 155.

HECBOURG (Louis-Michel d'), commissaire d'artillerie. B. 668.

Hécia, femme Roussel. H. 477.

Hégie, femme Robelibre. H. 1508.

Hector. H. 7.

Hédart. B. 2565, 2719.

Heddon, évêque de Soissons. H. 1508.

Hédéric. H. 588.

Hédium, prémontré. C. 695.

Hédouin, Jean. H. 1300. = Suzanne, veuve d'Urtubie. B. 943.

Hédouville (d'), C. 147, 148. 630, 949. = capitaine d'infanterie C. 990 = officier. C. 391. = Antoinette-Marie-Henriette, religieuse cistercienne. H. 1584. = Charles-François, seigneur de Merval. B. 781. = François-Jérôme, seigneur de Merval. B. 791, 1117, 3603. = François-Joseph-Marguerite-Claude. C. 412. = François-Louis. B. 791. = Gabriel-Marie-Théodore-Joseph, lieutenant général. C. 412. = Jérôme, seigneur de Merval. E. 210. = Louis, seigneur de Sapigneul ; Nicolas, colonel, seigneur de Merval. E. 210. = Théodore, seigneur de Révillon et de Serval. B. 2785. — E. 210. = Théodore-Charles-Joseph. C. 413. = Théodore-Marie-François. B. 2045.

Hédouville de Merval, Louis-Ferdinand. C. 413.

Héduin, Anne, femme Dupont B. 222. = Jean, curé du Nouvion. B. 201. = lieutenant particulier assesseur au bailliage de Ribemont. B. 204. = Nicolas. B. 422.

Helemant, Faivette, veuve Lieuvrier. H. 1434.

Hélie, Marguerite. B. 1311. = Philippe. E. 598. = Robinet. H. 1301.

Hélin. B. 2568. = Catherine, femme Molin. B. 357. = Jacques. B. 2606. = Laurent, grenetier. B. 1138. = Louis, laboureur. B. 3284. = Louis, notaire. B. 12. = Marie-Thérèse, femme Leclercq. B. 2189. = Michel, serrurier. B. 2884.

Héline, femme de Courrobert. H. 1234.

Héliot, Charles, fermier. B. 450.

Hélisende. G. 253.

Hélissende, femme de Renier de Sains. H. 952.

Helle (Gautier d'), seigneur d'Hennecourt. H. 1116.

Hellin, archidiacre de Laon. G. 1. = clerc. H. 800.

Héloin, Jean, boucher. B. 2966, 2980, 3335. = Joseph, laboureur. B. 2965. = marchand de chevaux. B. 4409.

Hélot. H. 1046.

Helvétius, inspecteur des hôpitaux militaires. C. 32.

Helvide. G. 253. — H. 24, 305.

—   abbesse de Notre-Dame de Soissons. H. 477, 1508.

—   femme du corps. H. 477.

—   femme de Barthélemy de la Croix. H. 47.

—   femme de Barthélemy li Ribaus. H. 289.

—   femme Chavonnel. H. 1200.

—   femme de Colard de Villers. H. 103.

—   femme de Colard Lipres. H. 238.

—   femme Doustraige. H. 455.

—   dite Rose, femme du Cellier. G. 582.

Helvide, femme Dupuis. H. 1209.

—   femme d'Enguerrand de Coucy. H. 777.

—   femme de Gépuin de Pierrepont. H. 904.

—   femme Gerbun. H. 1508.

—   femme d'Ibert, vidame du Laonnois. H. 221.

—   femme Ivon. H. 825.

—   femme Judas. H. 1179.

—   femme Leclerc. G. 253. — H. 8.

—   femme Lefèvre. H. 94.

—   femme Miraudie. H. 103.

—   femme de Robert de Bove. H. 477.

—   femme Wastebot. H. 1508.

—   veuve Lechoisne. H. 208.

—   veuve Mathieu. H. 1508.

—   veuve de Philippe de Montgobert. H. 753.

—   veuve Robert. H. 29.

Helvys, femme de Garnier le fuzelier. G. 50.

Hély, Pierre. B. 2966. = laboureur. B. 927.

Hélye, Judith. B. 890. = Louis. B. 1146. = Marie-Françoise B. 946.

Helzelin. H. 588.

Hem (Anne-Thérèse de). B. 1393.

Hembry (Denis de), E. 423.

Hemmery, Antoine et Michel. C. 805.

Hémon, Claude. H. 1430. = Isabelle. B. 1352.

Hénault, Marie-Josèphe-Louise, femme Desfossés. E. 119. = Nicole. E. 524.

Hencelin, Louis, charron. B. 2966.

Hengion, notaire. C. 1047. = Étienne. B. 1999. = commissaire aux revues. B. 2403. = Françoise. B. 1999.

Hénicourt (Gobert de). H. 375.

Hénicque, Nicole. B. 2357.

Hénin, Christine, veuve Dormay. B. 2142. = Marie, servante. B. 2403. = Nicolas, tanneur. E. 353.

Hénin-Liétard, Jean-François, seigneur de Morgny. B. 2982. = François-Joseph, capitaine de dragons. B. 2941. = Jean-Claude, seigneur de Morgny. B. 2980. (Voyez Hennin.)

Hénique, Antoine. B. 2416.

Henne, François. B. 3220. = Quentin. B. 3213.

Hennecart. B. 517, 1957. — E. 64. = Alexis, notaire. H. 1766. = François-Alexis, procureur fiscal. B. 2760. = Jean. B. 1992. — E. 241. = Mathieu. B. 544. = Nicolas. B. 2318. = Pierre. H. 1440.

Hennechart. B. 536, 2146. = Antoine. E. 248. = Charles. B. 3359. = Claude. B. 2153, 2273, 2278. = François. B. 2028. = Louis. B. 2296. = maire de Buironfosse. B. 2056. = Nicolas. B. 2350. = Pierre. B. 1928, 2388. = mulquinier. B. 350.

Hennelet, François. B. 3629.

Hennelin, Jacques. B. 2932. = Pierre-Honoré. B. 2298.

Hennequier. B. 1938. = Bernard, valet. B. 2396.

Hennequière, Louis. B. 3900. = Pierre. B. 2390.

Hennequin. B. 521, 2306, 2997, 3248, 3441. — E. 347. =

avocat. H. 1318. = Charles. B. 1675. = Claude. B. 1538. = Étienne-Paul, papetier. B. 3421, 3426, 3428. = François. B. 381, 3346. = Jean, laboureur. B. 2781, 4126. = Jérôme, évêque de Soissons. G. 701. = Léonor, abbé de Valsecret. H. 1038. = Louis, charron. E. 387. = Marie-Anne, veuve Alliot. B. 135. = Nicolas, huissier. B 3167. = lieutenant de justice. B. 2983. = Pierre. E. 98.

HENNEQUIN (Robert de). B. 2530.

HENNERET, Jean. B. 2338, 2365, 3233. = Madeleine. B. 343.

HENNESSON, Christophe, menuisier. B. 1021. = Hubert. B. 751, 763. = Isaac. B. 1253.

HENNET, Charles-François. B. 3118. = Élisabeth. B. 3117, 3118. = Jean. B. 3900. — H. 1339. = Marie, femme Ledoux. B. 3138. = Marie-Thérèse, B. 3118.

HENNETON. B. 2492.

HENNETIER. B. 2488.

HENNEZEL (d'). B. 2730. 2737. — D. 7. = Étienne-Joseph, curé-doyen de Crécy-sur-Serre. E. 211. = Marc, maître verrier. B. 1150. = Marie-Ferdinande, femme d'Hennezel. B. 2540, 2548. = Paul. B. 1150. = Paul-Joseph. B. 3043. = Philippe. B. 2540, 2548. = Raoul. B. 1150.

HENNEZEL D'ORMOY (d'), Josué. B. 54. = Louis-Charles-François-Joseph. C. 415. = Louis-Joseph, ex-capitaine d'infanterie. E. 211.

HENNICQ, André. B. 1981. = Jeanne. B. 894. = Joachim. B 2141, 2159, 2226, 2279. = Louise. B. 1998. = Pierre. B. 1985, 2002. = brasseur. B. 1948, 1957.

HENNIN, Louis. H. 808. = Michel, tonnelier. B. 2708.

HENNIN-LIÉTARD, Antoine, seigneur de Roche. B. 2890. (Voir Henin-Liétard.)

HENNON. B. 517, 988. = Charles. B. 2276. = François. B. 826. = Mathieu. B. 900. = Nicole, femme Adam. B. 897.

HENNOT, Catherine, femme Dupuis. B. 3901. = François. E. 77. = Jacques. B. 1960. = Nicolas. E. 60.

HENNOT DE THEVILLE (Joseph de), commandeur de Maupas. H. 1773.

HENNOUILLE, François. B. 86.

HENNUYER, Jean, évêque, comte de Lisieux, aumônier du roi. E. 435. = Martin, contrôleur au grenier à sel de Laon. E. 491, 493.

HÉNON. B. 2883. = Charles, laboureur. B. 2144. = François. B. 1129, 2350.

HÉNOT, Chrétien, charbonnier. B. 2652. = Pierre, clerc laïque. B. 1103.

HENOTEAU, Jean, drapier. E. 547.

HÉNOUILLE, Antoine et Jean. B. 2360.

HÉNOUX, Madeleine. B. 3946.

HENRI, abbé de Chartreuve. G. 2.
— abbé de St-Nicolas-aux-Bois. H. 353.
— (de Dreux), archevêque de Reims. G. 2. — H. 1015.
— châtelain de Marle. H. 275.

HENRI, comte de Champagne (Troyes). G. 253. — H. 455, 477, 692, 1508. (Voir Troyes).
— doyen du chapitre de Guise. H. 659, 872, 891, 952.
— évêque de Liége. H. 477, 1508.
— évêque de Senlis. H. 455.
— gendre d'Aélide de Dommiers. H. 1508.
— prieur de l'abbaye de St-Vincent de Laon. H. 214.
— II, roi d'Allemagne. H. 477.
— I, roi de France. H. 477, 588, 1508.
— II, roi de France. B. 1324. — E. 94. — G. 131. — H. 692.
— III, roi de France. B. 1324, 3485. — E. 15. — F. 9. — G. 131.
— IV, roi de France. B. 682, 683, 688, 689, 1161, 1219, 1220, 1243, 1375, 1377, 1867, 2891, 3441, 3455, 3558, 3604, 3758, 3776, 3885. — C. 624. — E. 163, 496, 498. — G. 35, 182, 420. — H. 623, 1481.
— VI, roi de France et d'Angleterre. B. 3763.
— III, roi de Navarre. B. 3440, 3443, 3446, 3449, 3453, 3536, 3538.

HENRI, Charles. B. 1424. = Claude, milicien. B. 2814. = Pierre, sergent de justice. B. 3132. = Vincent, vigneron. B. 3048.

HENRION. C. 656. = Jacques, vétéran d'artillerie. B. 1313.

HENRY, aubergiste. C. 751. = Adrienne, femme Vasseur. E. 390. = Antoine. B. 4055. = Catherine, femme Moret. B. 2791. = Claude, vigneron. B. 3068. = François. H. 983. = notaire. B. 3380. = Jean, greffier de justice. B. 3132, 3137. = laboureur. B. 3152. = marchand de grains. B. 1350. = sergent royal. B. 3138. =. Jean-Charles. B. 1587. = Jeanne, veuve Baillet. G. 750. = Louise-Jeanne-Catherine, femme Faucheux. B. 1414. = Marie. B. 3329. = Marie-Élisabeth, femme Courteville. B. 2960. = Nicolas. E. 435. = Nicole, veuve Fossier. B. 2950. = Pierre. E. 383. = curé d'Audigny. B. 1940. = garde des plaisirs du roi. B. 1808. = Renée, veuve Duchesne. B. 703, 1780.

HENRYET, Marie-Victor, greffier et huissier. C. 991.

HENT, Pierre, curé de Beautor. B. 680.

HEPTENCOURT (Marie de), veuve de Condé. B. 718.

HÉRART, Pierre. B. 358.

HÉRAUD, Jean, vicaire. B. 1338. = Marie. B. 1338.

HÉRAULT, Nicolas. B. 1470. = Pierre. B. 3453.

HÉRAUT, Antoine. H. 392.

HERBACHE, Herbert H. 106.

HERBAIN, Philippe, laboureur. B. 849.

HERRAIS, Jacques-Philippe. B. 1723.

HERBAUT. B. 1403. = Jean, tavernier. B. 1600.

HERBECQ. B. 2491. = Antoine-Joseph, meunier. B. 4109. = Jean-Baptiste et Laurent. H. 855.

HERBECQUE, Jean-Baptiste, meunier. B. 153.

HERBELIN. H. 1373. = Claude-Adrien. C. 235. = Jacques. E. 434. = Jean. H. 1021. = procureur fiscal. E. 435. = Mathieu. H. 1021.

HERBELOT, Claude. H. 1195, 1284.
HERBERT, comte abbé de St-Quentin. H. 588.
 — fils du comte Adalbert. H. 588.
 — maire d'Achery. H. 741.
 — ex-maire de Vaux-sous-Laon. G. 116.
 — official et chanoine de Paris. G. 253.
HERBERS. B. 519, 874, 3248, 3266. = Ancel. G. 253. =
André. B. 1557. = Antoine. B. 1425, 3260.
= François. H. 1146. = Guillaume. H 391.
= Jean. B. 3260, 4035. = laboureur. E. 554.
= Marie. B. 4129. = Marie-Catherine. B.
3264. = Nicolas. B. 3260. = boucher. B.
2005. = Philippe. B. 490, 3260.
HERBIN. B. 449, 516, 521, 1268. — C. 433. — E. 217. =
Adrien. B. 2994. = Antoine, notaire. E. 462. = Antoinette.
B. 3974. = Claude. E. 443. = notaire. E. 485. = François,
notaire au Châtelet. B. 948. = Joseph. B. 4021. = Lam-
bert. B. 3999. = Marguerite. B. 579. = Marie, femme
Caron. B. 4068. = Nicolas. E. 162. = Philippe, laboureur.
B. 1276. = Pierre, maire d'Englancourt. B. 2052. =
Remy. E. 577. = Robert. B. 610. = Simon. E. 162.
HERBLOT, Nicolas, fermier. B. 3410.
HERBOLINS, prévôt de l'évêque de Laon. G. 1.
HERCELIN, Antoinette, femme Potier. B. 1336.
HERCHIN (Jean de). H. 477.
HEREL, Pierre-François. B. 1296.
HÉRENT, Jean. B. 331.
HERGALINS, Thomas. H. 106.
HERGOUD, Anselme, chanoine. H. 139. = de Chamouille.
H. 139.
HÉRIBERT. H. 152.
HÉRICART, Louis, lieutenant de La Ferté-Milon. B. 3765.
HÉRICOURT (de). B. 812. = Anne-Marguerite, dame de
Montescourt-Lizerolles. B. 2914. = veuve de la Fontaine.
B. 2913. = Annibal-Alexandre, seigneur de Beaurepas,
capitaine d'infanterie. B. 969. = Antoine. B. 1902. =
César. B. 1449. = Charles, curé de Faucoucourt. E.
521. = religieux. B. 1449. = seigneur de Barat, Brie et
Fourdrain. B. 695. = Christophe. B. 3446. = doyen du
chapitre de Laon, prieur de St-Gobain. E. 477. = Esther.
H. 1003. = François. B. 969, 1449, 3540. = seigneur
de Beaurepas. B. 695. = Hector. B. 1826. = seigneur
de Béry. B. 1449, 2766. = Jacques. B. 695, 1449. = capitaine. B. 969. = seigneur de Beaurepas. B. 755, 821,
2765. = seigneur de Charmes, Brie et Fourdrain. B. 813,
et maître d'hôtel du cardinal de Bourbon. B. 674. = Julien, conseiller au présidial de Soissons. G. 484. =
Louise, femme Dinval. E. 612. = Madeleine. E. 139. =
Marie, novice cordelière. H. 1683. = Marie-Françoise-
Élisabeth, veuve de Langlois. B. 1357. = Nicolas. B.
1874, 1875, 1898.
HÉRICOURT D'OLLEZY (de). C. 134.
HÉRICOURT DE THURY (de), maître en la chambre des
comptes de Paris. B. 1891.

HÉRIEZ, Charles. B. 360.
HÉRIGNE, Armand. B. 113.
HÉRIGNÉ, Amand. B. 102. = Antoine, fermier. B. 467. =
Armand, laboureur. B. 480. = Clément. H. 1335. =
Jean et Louis. H. 1589. = Madeleine, femme Gavet. H.
1335. = Marie, femme Petit. B. 1139. = Michel dit Bon-
vouloir, invalide. B. 360. = Nicolas. B. 102.
HÉRISSART (de), notaire. E. 504.
 — Louis. G. 419. = Nicolas, capitaine. B. 3495.
HÉRISSÉ, Élisabeth, sœur hospitalière. G. 202.
HÉRISSEL, Antoine, briquetier. E. 597.
HERLAND, Perique. B. 1759.
HERLIER, Nicolas. E. 591.
HERMAND, Claude. B. 3067. = Jacques. H. 828. = Pierre.
B. 1084.
HERMAND DE CATHENA H. 1178.
HERMANS, Claude et Julien. H. 1573.
HERMANT. B. 520. = Charles. B. 2813 = Claude. B. 4047.
= boulanger et pâtissier. B. 2843. = Denis,
apprenti charron. E. 422. = Étienne, vigneron.
E. 528. = Guillaume. E. 418. = Jean. B. 526,
2802. = Marguerite, femme Boutroy. E. 500.
 — (de), Henri, seigneur de Grand-Maison et de St-
Pierre-Aigle. H. 1249.
HERMÉ, Antoine. B. 83, 924, 926.
HERMENGARDE DE FONSOMME, abbesse de Fervaques. H.
1624.
HERMINE, Marie, femme Bigos. H. 1508.
HERMIVAL (d'), major de Laon. C. 338, 339.
HERMOND. H. 314.
HERNE (Godefroy et Henri d'). H. 1116.
HERNU, Simon. H. 814.
HÉRONVAL (Marie de), femme de Luxembourg. G. 7.
HÉROST, Claude, charron. B. 1765. = Louis. B. 1739.
HÉROT. E. 22. = Antoine. B. 1636. = Louis. B. 1636, 1764.
= Noël. B. 1817.
HÉROUART, Marie-Anne. B. 1888.
HÉROUEL (Claraud d'). H. 793.
HERPESON, Claude. B. 4120.
HERPON, François. H. 1195. = Jean. B. 1237.
HERRY (Foulques d'). H. 873.
HERSAIN (Marie-Anne-Caroline-Dominique d'). B. 27.
HERSE. B. 535. = Jean, laboureur. B. 3001.
HERSENDE. H. 1046. = femme de corps. H. 807.
 — femme de Baudouin. H. 158.
 — femme Brikes. H. 20.
 — femme de Clerambaud de Courtecon. H. 59.
 — femme de Doucei. H. 1046.
 — femme Fournier. H. 952.
 — femme d'Huard li Jaunes. H. 155.
 — femme de Jean dit de Bécherel. H. 50.
 — femme Poignans. H. 1623.
 — veuve de Bancegnies. H. 45.
HERSET, Charles, garde de bois et chasse. B. 541.

HERSIGNY (Claude de). B. 1756.
HERSINDE. G. 253. — H. 146.
— femme du comte Albert. H. 588.
HERTAING, Nicolas. B. 2893.
HERVÉE. G. 253.
HERVEN DE BASSU. H. 1046.
HERVIEUX, Jacques, berger. B. 4127.
HERVILLE (d'), Charles-François-Paul, commissaire des guerres. E. 135. = seigneur de Limé. E. 150.
HERVILLY (d'). B. 3444. — E. 212. = marquis. C. 131, 191, 430, 536, 591, 919, 922, 925, 927, 931, 933, 1008, 1009. — D. 16. = Adélaïde-Rose-Victoire. B. 2036. = Charles, lieutenant de roi à Ham. B. 1344. — C. 248. = Isaac, seigneur de Beaumont-et de Fressancourt. B. 697, 703, 1812. = Jean, seigneur d'Hervilly et de Beaumont-en-Beine. B. 1343, 1390, 1472, 2891, 2897, 2963. = Louis-Charles. B. 2036. = Louis-François, seigneur de Leschelle. E. 215. = Louis-Michel-César, marquis, seigneur de Leschelle. B. 30, 33, 1921, 2031, 2047, 2259, 2472, 2481, 3205. — E. 213, 214. = Robert, sire de Hervilly et du Hamel. H. 535.
— Marie, domestique. B. 2909.
HÉRY. B. 2511. = Guillaume, boucher. H. 993. = Nicolas, vigneron. B. 4114. = Pierre. E. 380.
HERZELE, femme Crevez. H. 802.
HESCELINE, femme de Pierre de Vic. H. 477.
HESCIE, veuve Le Ver. H. 399.
HESSE, Jean. B. 908.
HESSELIN (Marie-Josèphe-Nicole de), veuve de Montguyot. B. 2915.
HESTRÉ, Paul. B. 77. = Thérèse. B. 4122.
HESTRÉS, Catherine. B. 4121.
HÉTIE, femme de Barthélemy de Vaux. H. 871.
HÉTIN, Claude, maire de Monceau-les-Leups. B. 1029.
HETTE, femme Dors. H. 7. = Antoine. B. 929, 1114.
HÉTREUX, Nicolas. B. 2526.
HEU, Pierre. B. 1740.
HEULAIR, Colette, veuve Caisin. H. 884.
HEULIN, archidiacre de Laon. H. 267.
HEULINS, Clarembaud, châtelain du roi, garde scel du bailliage de Vermandois. H. 17, 1389.
HEURIER, Simon. B. 1927.
HEURTEBISE (Bernard-François d'), seigneur de Rogécourt. B. 3593. (Voyez Hurtebise.)
HEUSLIN, Michel, seigneur d'Ormoy. H. 499.
HEUZET, Louis. B. 1214.
HÉZETTE. B. 2730. = Pierre, avocat. B. 426. = lieutenant en la prévôté de Ribemont. B. 438, 447.
HIAUVILLE (d'). B. 95. (Voir Hyauville, Iauville, Yauville.)
HIBLAND, Claude. B. 1835.
HICBACQ, Jean. H. 734.

HIDE, femme Tihout. H. 455. = Pasquier. B. 4003.
HIDEUX. B. 3266.
HIDEZ, Jacques, valet de chambre. E. 151.
HIET, garde-bois. B. 332.
HIETTE, Pierre. B. 3430.
HIEZ, Marguerite. B. 2294. = Pierre, garde-bois. B. 2392.
HILAIRE, sous-prieur de l'abbaye de Saint-Michel. B. 3290.
— Anne. B. 2783.
HILARION, ermite. B. 2751.
HILBERT. H. 588.
HILDEN, Jean-Baptiste, serrurier. B. 1743.
HIMBERT, Nicolas. H. 820.
HIMBOT, Nicolas, laboureur. B. 3346.
HINAULT, Antoine, garde-chasse. B. 3917. = Jean. B. 4134.
HINAUT, Abraham, Élisabeth, Jacques et Moïse. B. 56. = Réné-Henri, receveur du domaine de Chauny. B. 1598.
HINCELIN, Catherine, femme Dumetz. E. 531. = Charles. E. 534. = Claude. E. 447. = Pierre, curé de Pargny-Filain. E. 616 617.
HINGAR, Angélique. B. 3950.
HIOLAINE, Gervais. B. 103, 105. = Pierre. B. 105.
HIOLENNE. B. 2487.
HIPPE, Roland, curé du Nouvion. B. 2408, 2412.
HIRAU, Sixte, chirurgien. B. 1331.
HIRAULT. B. 1397. = André. B. 1422, 1759. = Pierre. B. 1858. — H. 694.
HIRAUT, Antoine. B. 3415. = François. B. 1406. = Jacques. B. 108. = Louis, chirurgien. B. 799, 847, 916. = Philippe. B. 108. = Sixte. B. 799.
HIRAUX, Charles. B. 3382, 3395. = Marie-Thérèse, femme Serva. B. 2554. = Toussaint, laboureur. B. 4106. = Ursule. B. 3396.
HIRIOT, Antoine. B. 655.
HIROUX, Anne, femme Lepage. B. 3388.
HIRSON, Louis, laboureur. B. 784. = Martin. B. 487. = Mathieu. E. 102. = Pierre. B. 478. = laboureur. B. 2693.
HISNARD, Joseph, directeur des aides. B. 1885.
HITAU, Claude, curé de Fargniers. B. 970.
HIVART. Jean-Pierre-Louis. B. 3176.
HIVERNEAU, Charles. B. 2175.
HRVÉT, Louise-Colombe. B. 4121.
HOBART, Jacques. E. 175. = Louis, laboureur. B. 2954.
HOBBÉ, Dominique. B. 3325. = Françoise, femme Leausaget. B. 4088. = femme Leblond. B. 201. = Jeanne. B. 3317. = femme Bitaille. B. 2961. = Marie. B. 2360. = Nicolas, laboureur. B. 2349.
HOBÉ, Antoine. B. 2528. = Étienne. B. 2963. = Jacques. E. 401. = Jean. B. 2170. = Pierre. B. 3938.
HOBEZ, Madeleine, femme Laurent. E. 532.
HOCHART, Barthélemy, concierge du château de La Fère. B. 854, 3438. = Pierre, greffier de maîtrise. B. 3746, 3756, et subdélégué. B. 1900.
HOCHET, Nicolas et Pierre. B. 2847.
HOCQUEREL, Pierre. H. 383.

HOCQUET. B. 2483. = Antoine. B. 609. = François, hôte-
lier. H. 1000. = maçon. B. 3410. = Jacques. B. 3929. =
Jean. B. 3964. — E. 631.
HOCQUINCOURT (marquis d'). B. 1443, 1448.
HODART, Marie-Anne, femme Hugueny de Novion. B. 2039.
HODDE, Gille et Remy, laboureur. B. 2940. = Toussaint.
E. 598. 599.
HODE, Charles. B. 394.
HODÉ, Jeanne, femme Parent. E. 592.
HODELAIS, Dominique. B. 424.
HODEN, fondeur. C. 751.
HODENROUE (Bardin d'). H. 1116.
HODEZ, Jean. B. 4130.
HODICQ, Antoinette, dame du Sart, femme de Dostat. B.
2891. — E. 463.
HODIERNE, veuve Constant. H. 7.
HOÉDON, Antoine. H. 698.
HUIER, Nicole, veuve Delécluse. B. 1533.
HOIRIN, Jean. B. 1706.
HOLEION (Ade de). H. 1508
HOLLETTE, Thomas. B. 4121.
HOLLEZ, Jean. H. 1208.
HOSTEIN (dame de) C. 332.
HOMARD, Jean. H. 775
HOMART, Louis, garde forestier. B. 3749.
HOMBLOT, Pierre-Norbert, prieur-curé de Notre-Dame de
Chauny. B. 1651.
HOMEL, Pierre. B. 897.
HONCOURT (de), Jean, seigneur de Danizy. B. 3449. =
Renaud. G. 77.
HONCQUEBERQUE (Jeanne de), duchesse de Longueville. B.
3438.
HONGNIE, Anne. B. 450.
HONGRIE (reine de). B. 1750.
HONNECOURT (Guerric de) H. 1116.
HONNORÉ. B. 1984. = Anne. B. 2345. = Jean. B. 2206. =
Louis. H. 1733. = Nicolas. B. 1940.
HONORÉ III, pape. G. 116, 118. — H. 623.
—   B. 429. = Marguerite, femme Bruneaux. B. 518.
= Pierre, soldat. C. 374.
HOPILLION, Jean. B. 2836.
HOPIN, garde-bois. B. 3429. = Jean. H. 977. = Pierre.
H. 976, 979.
HOPPE, Jean, laboureur. B. 2963.
HOQUET, Nicolas. B. 3179.
HORDRET. Louis, historien et jurisconsulte, régent du col-
lège de Saint-Quentin. G. 815.
HORGNE, Nicolas. B. 4121.
HORIES (Anselme de). H. 1748.
HORN (Jean de), comte de Bancigny. E. 588.
HORNAY (de), notaire. E. 467.
HORVILLE. B. 988. = Antoine. B. 1250.
HOSSE, Jean. B. 766. — E. 624. = Mathieu. E. 624.
HOSSON, Antoinette. B. 2795, 2861.

HOSTE, Toussaint. E. 517.
HOSTELAIN, Jacques. H. 1088.
HOSTELLET, Jacques. B. 3908.
HOTELET, Madeleine, femme Drocourt. B. 3212.
HOTIN, André, maître maçon. E. 493.
HOTMAN, François, trésorier de l'épargne. B. 1867.
HOTTE, Claude, curé de Prisces. H. 983. = Daniel. B. 1688.
HOTTIN, Daniel. R. 1381. = Isaac. B. 720.
HOTTRE, Antoine B. 1123.
HOUGET, Charles. B. 690.
HOUCHART, Claude. B. 718.
HOUDA, veuve de Raoul de Sainte-Croix. H. 299.
HOUDE, Claude, berger. B. 2803. = Marie-Madeleine,
femme Durpoint. B 3427.
HOUDELET, Claude, laboureur. B. 3323.
HOUDELETTE. E. 389. = Antoine. B. 2562. = Pierre. B. 441.
HOUDETTE, Marie-Anne. B. 1306.
HOUDEVILLERS, Jean, sire de Chivres. H. 1503.
HOUDIARD. H. 1116.
HOUDIARDE, femme de Martin de Longchamps. H. 981.
—   femme de Wiart de Dois. H. 230.
HOUDIN, Jean, meunier. B. 2704.
HOUDRÉ, Nicolas. H. 820.
HOUDUIN. H. 177.
HOUEL, Pierre. B 1130.
HOUELLE, Antoinette, femme Harant. B. 2634.
HOUEN, Mathieu. B. 2003.
HOUILLE, charron. B. 4114. = Antoine, tailleur d'habits. B.
915. = Jacques. B. 914. = Jeanne, veuve Thomas. B.
4113. = Marie, femme Lebrun. B. 2630. = Martin. B.
908. = Pierre. H. 899. = Remy. B. 2865.
HOUILLER, Antoine-René. C. 797.
HOUILLIER, Antoine, curé de Lucy-le-Bocage. B. 3236.
HOULIER, Guillaume, seigneur de Thiange. B. 3194.
HOULIEZ, entrepreneur des ponts et chaussées. C. 427.
HOULLIER, Jean. E. 560. — H. 1209. = Nicolas. E. 443. =
Pierre. H. 1191.
HOUPILLART, Claude ; Nicole, veuve Olivier ; Pierre. H.
870.
HOUPIN, Claude. B. 1123.
HOURDAIN, Pierre. B. 479.
HOURDÉ, Anne, veuve Hesse. B. 908. = François. B. 1142.
= Françoise. B. 796. = femme Quenot. B. 777. = Jac-
ques. B. 1521. = Jean-Simon, messager. C. 952. =
Sébastien. B. 1418, 1841.
HOURDÉ DE CHAVIGNY, Jean-Gabriel-François de Paule,
chanoine, vicaire général et grand archidiacre du diocèse
de Soissons. E. 218.
HOURDEAU. B. 2568, 2739. = Jacques. C. 657. = Made-
leine. B. 3966 = Pierre. E. 595. = Roland. B. 2548.
HOURDEAUX, François, curé de Jeantes. B. 2960. =
Jacqueline, femme Brizet. B. 2965.
HOURDEQUIN, Pierre. B. 3611.
HOURDET, Claude. B. 894. = Salomon. B. 896.

HOURDIE, Jean. B. 3998. = Mathieu et Nicolas. H. 959.

HOURDIN. B, 2990. = Pierre. E. 248.

HOURIER, Jean. B. 41.

HOURLET, Claude et Pierre, maîtres couvreurs. E. 467.

HOURLIER, notaire. B. 2062. = Antoine. B. 2901, 3833. = Claude, prévôt de Saint-Quentin. B. 2932. = Gilles. B. 39, 2214. = avocat. B. 2141. = notaire. E. 51, 58, 67. = Hubert. B. 1944. = Jacques, seigneur de Valmont. B. 2898. = Anne, femme de l'Espinay. B. 2894. = Jeanne-Françoise. B. 2908. = Louis. B. 39. = avocat. B. 1264, 1999. = bailli de Wiége. B. 437. = Michel. B. 3282. = Philippe, receveur général du duché de Guise. B. 1995, 2024. = Pierre. B. 1774. = Pierrette-Louise. B. 1187.

HOURLON, François. B. 3908.

HOURY, Nicolas, voiturier. E. 575.

HOUSDITS (famille). B. 319.

HOUSDY, Abraham. B. 330. = Marie, veuve Catoire. B. 828.

HOUSEAU (de), lieutenant-colonel au régiment de Vervins, capitaine de Vervins. B. 3337.

HOUSQUIN, Roger, berger. E. 534.

HOUSSART. B. 2719, 2854. = curé et maire de Montigny-sur-Crécy. C. 929. = Claude. B. 857. = Jean. B. 4114. = meunier. E. 518. = vigneron. B. 4112. = Marguerite et Marie-Jeanne, femme Bosseux. B. 4114. = Melchior. E. 506. = Nicolas. B. 4113. = Regnaulde, femme Lenain. E. 475.

HOUSSEAU (Enguerrand de). G. 530.

HOUSSEL, Gilles. H. 1187.

HOUSSET (Jean, seigneur de). H. 773.

HOUSSY, Georges. H. 1754.

HOUVIAUS, Gilbert. H. 24.

HOUZÉ, Grégoire. B. 2890. = Jean. B. 2708. = Jean-Thomas, laboureur. B. 2837.

HOYER, professeur de dessin. C. 635.

HU, Martin, dit l'Espérance, garde-chasse. B. 1312.

HUARD. H. 399.

HUART, Jean, potier d'étain. B. 2890.

HUBAIL, Jean. B. 4117.

HUBAILLE. B. 598. = Jean, maire d'Assis-sur-Serre. B. 510. = Jean-Pierre, garde-bois, chasse et pêche. B. 3602.

HUBART, Jacques, briquetier. H. 629.

HUBAUX. B. 2740.

HUBEAU, Françoise. B. 3928.

HUBERLAN, Antoine. B. 2749. = Adrien. B. 2715.

HUBERLAND, Christophe. B. 2555. = Paul. B. 2716.

HUBERT. G. 1. = capitaine chef de la grande fauconnerie de France. C. 260. = ex-curé de Chaudun. H. 1209. = domestique. B. 3816. = employé des fermes. C. 1042. = Antoine. B. 97. — C. 267. = Bernard. H. 827. = Claude. B. 72. = Denis, plâtrier. B. 917. = Didier. B. 1939. = François. B. 3403. = Henri. B. 97. = boucher. B. 98. = Jacques. B. 1978, 1979. = Jean. B. 2194. — E. 375. = maître de poste. B. 560. = sergent à cheval du Châtelet. H. 1319. = Marguerite. E. 64. = Marie. B. 1976. =

(AISNE.) — TABLES.

Marie-Anne. B. 4024. = Montain, bonnetier. B. 808. = Nicolas. B. 4047. = Pierre. B. 1242, 2893, 3402. — H. 1181. — curé de Saint-Germain. B. 1953 = Pierre-Joseph, garde forestier. B. 3810. = Raoul. E. 449. = Thomas. B. 487. = dit la Rivière, geôlier. B. 2310.

HUBIGNAUX, Marc, drapier. B. 3142.

HUBIGNEAU, Anne. B. 821. = Antoinette, veuve Martin. B. 2858. = Benoît. E. 574. = Charles, receveur des décimes. G. 423. = Élisabeth. B. 3333. = François. B. 3355. = François-Pasquier, chanoine de Laon. B. 2833. = Louis. B. 863. = Nicolas, apothicaire. E. 478.

HUBINEAU, Louis. B. 893.

HUBLIN, Jean. B. 3402. = Marie. B. 3399. = Marie-Anne. B. 3407.

HUBLOT, Joseph. H. 1095.

HUCHERARD, Henri. B. 3885.

HUCHET, Charles-Marie-Philippe, vicomte de la Bédoyère. H. 1673. = Jean. B. 3919.

HUCHETTE, Marguerite, femme Lespine. B. 3924.

HUCHON, Louis. B. 419.

HUCQUEBIEN, Jean. E. 559.

HUCQUETTE (Daniel de la), lieutenant de roi à Sedan. B. 3313.

HUDE, veuve Gaegne. H. 772.

HUDELIN DE CERTON, Alexandre-Charles-François, grénetier. B. 3981.

HUDUARDE, femme de corps, veuve de Vasseny. H. 477.

HUE, Pierre, bourrelier. B. 1740.

HUÉ (d'), Pierre, seigneur de Brie. B. 2891.

HUET. B. 874. — H. 1748. = blanchisseur. C. 799. = Adam. E. 32. = Antoinette, veuve Charbonnier. H. 1321. = Charles. B. 914, 1171. = avocat. C. 980. = procureur-général fiscal. B. 2620. = Charles-Gabriel, procureur. B. 3970, 3977. = François. H. 809. = Françoise, femme Moutardier. B. 922. = Henri. E. 410. = Jean. B. 699. — H. 1301. = charron. E. 407. = Jean-Antoine, chanoine de Laon. B. 2837. = Marie, femme Derasse. B. 2533. = veuve Lesaige. B. 913. = Médard. B. 3218. = Pierre. H. 1305. = Regnaut. H. 1042.

HUET DE SANCY. C. 755.

HUFALIZE (Henri, sire de). H. 1644.

HUGÉ. B. 2484.

HUGET. B. 1978. = Charles, maire de Wassigny. B. 2354. = Charles-Antoine. B. 108. = Eustache. B. 2396. = Gervais. B. 135. = Jean. B. 2275. = Pierre, notaire. B. 1921.

HUGOT, Antoine. B. 420. = fermier. B. 294, 442. = Charles, maréchal-ferrant. B. 4133. = François. B. 495, 3260. = fermier. B. 492. = Jean. B. 474, 4042. = maréchal-ferrant. B. 446. = Jean-Baptiste. B. 4045. = Lambert. B. 1982. = Pierre. B. 3210. = tailleur d'habits. B. 3224.

HUGUE, Marie-Madeleine. B. 3406. = Pierre. C. 854.

HUGUENY (de), César-François, capitaine de cavalerie, seigneur de Nouvion-le-Comte. B. 233, 409, 2039. — E. 219. = François, seigneur de Nouvion-le-Comte. B. 87. = Jean-François, seigneur de Nouvion-le-Comte. B. 221, 333. — E. 219. = Marie-Françoise-Charlotte. B. 2039.

HUGUES. H. 152, 477.
— abbé d'Hombllères. H. 588.
— — de Longpont. H. 455.
— — de Prémontré. G. 253. — H. 753, 800, 826, 882, 872
— — de Saint-Jean de Laon. H. 1759.
— — de Saint-Quentin-en-l'Isle. H. 410, 534.
— — de Saint-Vincent de Laon. H. 121, 197, 214, 250, 259, 293, 295, 299, 350, 407, 741.
— archidiacre de Noyon. H. 1116.
— ex-archidiacre de Soissons. G. 253.
— châtelain de Cambrai. H. 1116.
— comte et duc des français. H. 588.
— Capet, roi de France. H. 1508.
— convers du Val-Secret. H. 1044.
— curé de Beautor. H. 182.
— curé de Saint-Michel. H. 45.
— diacre. G. 171.
— doyen de Paris. G. 253.
— évêque élu de Cambrai. H. 1116.
— (d'Arcy), évêque de Laon. G. 7, 27, 200, et archevêque de Reims. G. 64.
— (d'Orléans), évêque de Laon. G. 7.
— évêque de Soissons. H. 1508.
— official de Soissons. G. 253. — H. 455, 477.
— prévôt du chapitre de Soissons. G. 253.
— prieur de l'abbaye de Prémontré. G. 2.

HUGUES-LE-GRAND, comte de Vermandois. G. 980.

HUGUET, Antoine, laboureur. B. 3326. = Charles-Antoine. B. 3206. = Jean. E. 154. = sabotier. B. 3931. = Noël. B. 602. = Robert, prêtre. B. 3009. = Roland. B. 2588.

HUILE, Mathieu. B. 799,

HUILLE. B. 2288. = Élisabeth, femme Berthe. B. 2549.

HUILLENCOURT (Jean de). H. 900.

HUILLIER, Pierre. B. 1029.

HUILLIER DE LA CHAPELLE, Jacques-Thomas et Louis-François. C. 411.

HUISELIER, Robert. E. 630.

HULAIN, Jean-Baptiste. B. 353.

HULDIARDE, femme Robert. H. 6.

HULIN. B. 27. = Antoinette. B. 2805. = Charles. B. 3221. — E. 187. = Françoise, veuve Cottereau. B. 3142. = Gilles. H. 273. = Jean. B. 3356. = tisserand de draps. E. 507. = Jean-Louis-Gabriel, notaire, B. 11. = Marguerite. B. 4050. = Séhastienne. B. 1337, 4051.

HULLIN, Jacques. B. 3935. = Philippe, barbier-perruquier. B. 644.

HULOT, Jean. G. 253.

HUMBERT, ministre protestant. B. 1550. = Didier. B. 385. = François, abbé de Bucilly. E. 383. = Jacques. B. 3955, 3956.

HUMBLOT, Marie-Éléonore, femme de Froidour. B. 920.

HUNÉGONDE, sainte. H. 589.

HUNOLD. H. 455.

HUNTER, Jacomina, veuve Orbry-Hunter. B. 3303.

HUON. B. 3107. = François. E. 586. = Jean. H. 882. = Michel. E. 443.

HUOT, Charles. H. 1251. = Claude. B. 780.

HUPIES (Constant de). H. 477.

HUPPY (Samuel de), lieutenant de roi à Saint-Quentin. B. 17.

HURANT, Nicolas. B. 3305.

HURAULT (Claude de), femme de Roucy. G. 105.

HUREAU, Nicolas, curé de Franqueville. B. 3179.

HUREAUX, Pierre-Jean. B. 2558.

HURET, Jacques-Philippe-Nerré. G. 821.

HURIAUX, Baudouin. H. 363.

HURIER, Antoine. B. 4043. = Claude-Fidel. B. 2929.

HURILLON, Charles. B. 1942. = Jean. B. 2327, 2331. = Marie, sœur grise Franciscaine. B. 2890.

HURLUPPE, B. 2513. = Jean-Marie, messager piéton. B. 2506.

HURLUPPEZ, Jean-Baptiste. E. 367.

HURTAUT, Antoinette. B. 3396. = Pasquier. B. 3082.

HURTEBISE (de). B. 3560. = Bernard, seigneur de Rogécourt. B. 780, 802, 842, 849, 873, 924. = Bernard-François, seigneur de Rogécourt et Deuillet B. 783, 802, 851, 936, 1102, 1105, 1192, 1196, 3261, 3584. = Charlotte, femme de Watteville, dame d'honneur de la reine, dame de Deuillet. B. 738, 898, 911, 1011, 1067, 3546. = Daniel. B. 3262. = seigneur de Deuillet et Rogécourt. B. 683, 688, 692, 695, 697, 701, 709, 737, 821, 822, 950, 962, 1001 à 1003, 1161. — E. 465. = François. B. 674. = Louis-Jean-Charles, officier d'artillerie. B. 1017, 1106. = général de brigade. B. 1102. = Louise, femme de Flavigny. B. 962. = Marie, femme Poullet. B. 824, 899. = Marie-Françoise-Charlotte. B. 802, 1192. = Noël. B. 1860. = Osias ou Josias, seigneur de Rogécourt. B. 724, 757, 762, 795, 911, 962, 968, 1001, 1011, 1055, 1074, 1133, 1161, 1169.

HURVILLE, Claude. B. 3113. = François. B. 377.

HURY, Pierre. H. 1198.

HUS. B. 2739.

HUSLOT, Pétronille. C. 677.

HUSSON. B. 2734. = Adrien, lieutenant particulier au bailliage de Fère-en-Tardenois. E. 619. = Anne. H. 1005. = Antoine. B. 3619, 3974. = bûcheron. B. 906. = maire de St-Gobain. B. 665. = Barbe, femme Rousselet. B. 1175. = Claude. B. 2499. = Jean. B. 2715. — E. 427. = Jean-Charles. B. 2717. = Pierre. B. 975.

HUT, Joseph. H. 1102. = Nicole. B. 3055.

HUTER, Antoine. B. 702.

HUTIL, Antoine. B. 3206.

HUTIN. B. 2288, 2997. — C. 518. = garde-marteau. B. 3554. = Adrien-Antoine. E. 28. = Catherine. B. 2011. =

— trésorier du chapitre de Laon. G. 133.

IVAIN, Jeanne, veuve Goux. E. 599. = Nicolas, maître d'école. H. 1267.

IVART, Antoine, moine de St-Éloi-Fontaine. B. 1506.

IVELLE, Nicolas, curé de Martigny-en-Laonnois. B. 2764.

IVERLAY, Antoine. B. 2694. = dit Bocage, commis aux aides. B. 1699.

Iverlet, Antoine-Nicolas, laboureur. B. 1347.

IVON. H. 588, 825, 1508. = Jean. B. 2692. = Jean-Pierre. B. 4050. = Louis. B. 2695.

J

J..., abbé de Fesmy. G. 1.

— — de Prémontré. H. 1508.

— — de St-Thierry de Reims. G. 2

— — de St-Vincent de Laon. G. 1, 65. — H. 261, 404.

— archidiacre de Paris. G. 117.

— — de Soissons. G. 253.

— chapelain de l'évêque de Laon. H. 158.

— doyen du chapitre d'Arras. H. 534.

— écolâtre de Soissons. G. 253.

— official de Cambrai. G. 2.

— trésorier du chapitre de Cambrai. H. 455.

JABIN, Paule, femme de Poulet. E. 519.

JACLIN, Joseph, geôlier. B. 1920.

JACOB. B. 1432. — C. 954. = Élisabeth, femme de Froidour. B. 846. = Jean. B. 602. = valet de meunier. B. 2378. = Louise. B. 4022. = Pierre. B. 3910.

JACOBÉ, Louis. H. 1064.

JACQUART. C. 319. = Alexandre. B. 942. = Florent, capucin. B. 2728. = François. B. 3124. = Philippe, maître maçon. G. 1730.

JACQUEAUX, Michel. E. 593.

JACQUELOT, Charles. E. 406. = Marie-Anne. B. 2512.

JACQUEMART, Gobert. H. 747. = Jean-Nicolas. E. 43.

JACQUEMIN, archiviste. H. 1742. = directeur des vingtièmes. C. 282, 315, 319. = Gobert, curé de Marly. B. 476. = Jean. E. 178. = Marguerite. E. 595. = Pierrette. B. 1971.

JACQUES. H. 793, 1044.

— abbé de Merval. H. 1049.

— — de St-Yved de Braine. G. 2, 41.

— archidiacre de Noyon. H. 1508.

— — de Soissons. G. 253. — H. 477, 758, 840, 990, 1179 à 1181, 1508.

— (de Bazoches), évêque de Soissons. G. 1, 118, 253. — H. 455, 477, 692, 772, 1016, 1017, 1323, 1508.

— roi d'Angleterre. B. 1094.

— trésorier du chapitre de Soissons. H. 825.

— élève de l'école d'Alfort. C. 633. = Jean. B. 355, 1273. = Marius, curé de Parpeville. B. 165. = Pierre. B. 3261.

JACQUET, commis aux aides. B. 3363. = François. B. 2824, 4117. = Germain. E. 64. = Noël. B. 642. = Pierre, cordelier. H. 1385.

JACQUETTE, veuve Berthemet. H. 1314.

JACQUIER, Buérard. H. 141. = Govain. H. 1218. = Jean. E. 542. = Philippe-Guillaume, vidame de Vielsmaisons. C. 336. — E. 220, 221.

JACQUIN, Louis. H. 711.

JACQUOT, Louis, prieur de Cerfroid. B. 1899.

JADA, Jean. B. 3080.

JADART, Jean. E. 591, 593.

JADAS, Antoine, valet de labour. B. 1423. = Louis. B. 1204, 1205, 1298. — H. 393. = Marc. B. 1298. = Marie-Josèphe. B. 3199. = Michel, laboureur. B. 3615.

JADET, Jeanne, femme Thonellier. E. 357.

JAGU, Jean. B. 3042.

JAHRE, Pierre, *opérateur*. B. 379.

JAIGNES (Philippe de). H. 1508.

JAILLY (François-Henri de), capitaine. B. 227.

JAMART, Alexandre, soldat. B. 1255. = Baptiste. B. 3617. = Jean. B. 1269. = peintre. B. 2898. = Jeanne, femme de Raoul de Laon. H. 1210. = Marie. B. 490.

JAMBART, Pierre, geôlier. B. 1052, 1684.

JANCOURT, François. H. 765.

JANNART, Pierre, laboureur. B. 3008.

JANNET. C. 689.

JANNOTEAU, Barthélemy et Laurent. H. 1322.

JANTIN, Laurent-Antoine. B. 2042.

JANVIER, berger. B. 3163. = Nicole, avocat. H. 1327. = Roland, berger. B. 453.

JAQUETTE, femme de Jean de Nancelles. H. 232.

JARDINI (Alexandre de), vicomte de Buzancy. G. 325.

JARDINIER, Gilles, apprenti orfèvre. E. 543.

JARISS, Julien. B. 400.

JARLON, homme de corps. H. 477.

JAROT, Jacques et Jean. H. 1352.

JARROT, Étienne. H. 1247.

JARRY, Louis-François. E. 316.

JARY, Joseph, boulanger. B. 3039. = Louis, officier du roi et marchand épicier. B. 420.

JASPE (Anne de), veuve de Vaulx. E. 410

JASSE, Élisabeth, veuve Lecreux. B. 318.

JAUNET, Adrien, sergent collecteur des amendes. B. 3754.

JAVELLE (Antoine de), vigneron. E. 416.

JEAN. G. 2, 253. — H. 283, 753, 956, 1116, 1310.

— abbé de Bucilly. G. 2.

— — de Clairefontaine. H. 931, 1748.

— — de Nogent. H. 275, 325, 925.

— — d'Ourscamp. H. 692.

— — de Prémontré. G. 22, 61. — H. 797.

— — de St-Crépin-le-Grand. H. 455.

— — de St-Hubert. H. 902.

— — de St-Jean-des-Vignes de Soissons. H. 455, 477.

— — de St-Léger de Soissons. H. 1508.

— — de St-Martin de Laon. G. 130. — H. 871, 887, 1603.

— — de Ste-Mémie. H. 1044.

JENNESSON, Marie. B. 2610.

JENOT, Jean, laboureur. B. 2954.

JEOFFROY, Jean, laboureur. H. 620.

JÉROME, abbé de Saint-Médard. H. 477.

JESCELIN. H. 477.

JÉSU, Nicolas, sergent royal. B. 534.

JEUVERNAY, garde-magasin des vivres. C. 365, 366.

JOBART, Jean-Baptiste-Nicolas, prieur de l'abbaye de Saint-Éloi-Fontaine. B. 1567. — H. 1328.

JOBE, Jean, charron. E. 407.

JOFFÉ, Jean. H. 1781.

JOFFET, Pierre, laboureur. B. 2655.

JOFFRIN, Marie, femme Dumesnil. E. 510.

JOFFROY, Christophe. B. 905. = Jean. B. 724.

JOHANNE (Jacques de), commissaire royal pour la réformation des eaux et forêts. B. 8488. = grand maître des eaux et forêts. B. 3594.

JOHANNOT, commissaire des guerres. C. 347.

JOIE. B. 2706.

— femme Maurrois. H. 1748.

— — de Walaincourt. H. 1116.

JOINVILLE (de), seigneur de Vigneux. B. 4108. = (prince de). B. 2894.

JOLIBOIS, Michel, archer. B. 1437.

JOLIMAI, Claude. B. 159.

JOLIMAY, Charles, conseiller au bailliage. B. 2995. = commis-voyer. B. 2657. = Marie-Louise, femme Delacour. B. 566. = Pauline. B. 542.

JOLIT, Vatier. G. 528.

JOLLI. B. 3371.

JOLLIEZ, maître de musique. G. 815.

JOLLY. B. 2487, 2488. = Claude, chirurgien. B. 1880. = Claude. E. 356. = Daniel. B. 2903. = François. H. 1270, 1308. = Guillaume. H. 1256. = Jacqueline, veuve Devaux. E. 380. = Jean. B. 910, 2903, 3051, 3384. — H. 694. = capitaine suisse. B. 114. = chapelain. H. 1720. = Marie, femme Pilloit. B. 356. = Nicole. B. 207. = Pierre, B. 3068. = Thomas, berger. B. 1764.

JOLY. B. 428, 2740. — C. 657. = Adrienne, veuve Poulain. B. 4089. = Catherine, femme Lalouette. B. 693. = François, curé de Courtecon. G. 469. = Gilles. H. 1294. = Isaac, capitaine suisse. B. 3348. = lieutenant suisse. B. 8347. — Jacques. B. 2993. = Jean. B. 784, 3126, 3409. = laboureur. B. 1120, 1208. = Jean-Baptiste, garde-moulin, chasse, bois et rivière. B. 2939. = Jeanne, veuve Champion. B. 3425. = Jonas. B. 703. = Marie, femme Hery. E. 390. = Nicolas. B. 323. = laboureur. B. 3213. = Nicole. B. 819. = Simon. H. 1242. = Thierry, meunier. B. 2652. = Thomas. E, 536.

JOLY DE BAMMEVILLE, Louis-Jean-Samuel, héraut d'armes, seigneur de Remaucourt. B. 2916. = Pierre-Louis, trésorier de l'artillerie et du génie. B. 4042. — E. 656. = Pierre-Louis-Samuel. E. 656.

JOLY DE FLEURY, ministre des finances. B. 1308, 1906 à 1910. — C. 27, 36, 44, 61, 67, 71, 73, 86, 87, 147, 157, 159, 204, 234, 247, 282, 319, 324, 329, 336, 367, 403, 407, 423 à 425, 509, 518, 523, 590, 617, 667, 672, 749, 755, 764, 814, 815, 882, 883.

JOMARON, Pierre-Alexandre, seigneur des Croisettes, garde du corps. B. 3362, 3982.

JON (Michel de), chanoine de Laon. H. 222.

JONARD, Marie-Anne, femme Grandin. B. 3949.

JONC, lieutenant de cavalerie. B. 624.

JONCOURT, Abraham. B. 2927. = François. B. 1691.

— (de), Baudouin. H. 1116. = Josias. C. 759. = Pierre, blanchisseur de toiles. C. 758.

JONDONGNE (Henri de), chanoine de Cambrai. B. 3451.

JONEAU, Pierre. G. 66.

JONEAUX (Jean de), avocat. B. 2531.

JONGLART, Antoine. C. 841.

JONGLET, Pierre. B. 2702.

JONGLEUR, Claude. B. 4115. = Jean. B. 2705. = Marie, femme Derlon. B. 2707. = Pierre, laboureur. B. 2707.

JONGLEUX, Antoine. E. 518. = Charles. B. 2639. = laboureur. B. 2644. = François, laboureur. B. 2646. = Jorin. E. 492. = Pierre, laboureur. B. 3085. = maréchal des logis. B. 3891.

JONNÉAU, François. C. 266.

JONNET, Louis, curé de la Bouteille. B. 3138.

JONQUIÈRES (de), gouverneur de Beaurevoir. B. 3445.

JONQUOY, Antoine. B. 1215. = notaire. B. 753, 1062, 1265. = Étienne, notaire. B. 666. = Jacob. B. 885, 955, 1157. = sergent forestier. B. 695. = Marie, femme Satabin. B. 1083.

JONVILLE (famille). B. 1397.

JORAND. B. 844, 874, 3981. = Adrien. B. 755, 1680. = Bernard. B. 3263. = Charles. B. 729. = Charles-Nicolas, médecin. B. 2264. = Claude. B. 1388. = François. B. 755, 778, 827, 1048. = chirurgien. B. 742, 1004, 1005. = cordonnier. B. 889. = huissier. B. 800. = sergent royal. B. 667, 772, 794, 795. = Françoise, femme Morial. B. 903. = femme Pasquet. B. 920. = Gilles, laboureur. B. 891. = Henriette. B. 2914. = Jacques. B. 724, 762. = Louis, maire de Monceau-les-Leups. B. 665. = Marie. B. 3264. = Marie-Françoise, veuve Chevrier. B. 2299. = Marie-Jacqueline-Louise, femme Van Nuffel. B. 2914. = Marie-Jeanne, veuve Baras. B. 2293. = Nicolas. B. 740, 861, 897, 898, 1141, 1154, 1813. = Ruban, laboureur. B. 996. = maire de Monceau-les-Leups. B. 1092. = Suzanne-Dieudonnée. B. 2914. = Vincent. B. 955. = laboureur. B. 719. = maire de Monceau-les-Leups. B. 706.

JORDAN, chanoine de St-Étienne de Châlons. H. 1049.

JORÉ, François, berger. B. 501. = Henri. E. 624. = Lambert. C. 269. = Martin. B. 2535. = Nicolas, vigneron. B. 2629. = Pierre. B. 2886. = Remy. B. 2703.

JOREZ, Marie-Françoise, femme Carlier. B. 2717.

JORIEN, François, garde-marteau. B. 3525, 3527. = Théodore, garde-marteau. B. 3530.

JUMAUCOURT, Adrien. B. 3092.

JUMAUX, Marguerite. C. 523.

JUMEAU, Louis. B. 320. = Antoine. B. 465, 3967. = Jean. B. 3241. = Marie, veuve Jongleur. B. 4114. = Nicolas. E. 598. = Nicole. B. 3908. = Pierre, boucher. B. 448. = = Rose. B. 390.

JUMEAUCOURT, Charles, tailleur d'habits. B. 3110

JUMBAUX, Antoine, clerc laïque. B. 3261.

JUMEL, Antoine. E. 584.

JUMELET. B 2511. = Henri, curé de Charmes et Danizy. B. 786, 941. = Marie-Anne, femme Defer. B. 4092.

JUMELLE, Antoine. B. 924.

JUMELLET, Étienne. B. 2701.

JUMENTIER, maître de musique. G. 819, 969, 972.

JUMIAUX. B. 3240.

JUMILLAC (Amoric et Liétaud de). H. 375.

JUMOND, François. B. 765.

JUNIAU, Jacqueline. B. 3245.

JUNIER, Nicolas, cordier. E. 524.

JUPIN, Pierre. B. 2335.

JUPPIN. B. 1932. = Charles. B. 1159. = Madeleine, femme Martin. E. 362. = Marie, femme Jumelet. B. 2825.

JUSEIR, Ado. H. 823.

JUSSAC (Diane-Gabrielle de), marquise d'Armentières, vicomtesse d'Oulchy, veuve de Conflans. E. 110.

JUSSEAU, Pierre. B. 1955.

JUSSAUME (Esprit de), marquis de la Bretesche, lieutenant général des armées. B. 2482.

JUSTINE, Henri. B. 2520. = Jean-Baptiste, prémontré. H. 860. = Marie, femme Dussaussois. E. 394.

JUVÉNAL DES URSINS, Jean, seigneur de la Chapelle, Neuville-en-Laonnois. H. 184. = seigneur de Traisnel, président au parlement. F. 8. = Louis, archidiacre de Champagne. G. 106. (Voir Ursins.)

JUVIGNY. B. 2845. = Antoine. H. 1251. = Charles vigneron. B. 2784. = Jacques. B. 2714. = Louis. H. 1011.

— (de), Girard. H. 455. = Jean. B. 2714. = Pierre, orfèvre. H. 1508. = Simon. H. 477. = bourgeois. G. 2. = maire de Soissons. H. 477.

JUVINCOURT (de), Bertrand et Jean. G. 2, 94. = Pierre. H. 299. = Renaud, dit la Govie. G. 2.

JUYS (Pierre de), archidiacre de Mâcon. G. 128.

K

KAEU (Guillaume de), seigneur de Boullaincourt. H. 1116.

KAHAYRE D'ORIGNY, Jean. H. 800.

KAMAS (Gui de). H. 1273.

KARLOMAN II. H. 455.

KAUVELLE, Marguerite. H. 1508.

KAVECH (Renaud du), garde scel du bailliage de Vermandois. H. 953.

KÉHADIN, Pierre. G. 50.

KHROUET, directeur du Journal de Paris. C. 978.

KIEVRESIS (Gérard et Imbert de). H. 535. = (Jean de), prévôt de Saint-Quentin et Ribemont. H. 535.

KINDELLAN, Patrice, médecin. B. 1221.

KLOTZ, Jacques, valet de chambre. E. 151.

KRETZ, Conrad, cavalier. B. 3918.

KUI KENAUS, Jean. H. 1508.

L

L. abbé de St-Léger de Soissons. G. 253.

— chantre du chapitre de Laon. H. 200.

— évêque de Noyon (1786). C. 675.

— prieur de Thenailles. H. 633.

— Antoine, curé de Lugny. B. 2752.

LABARE, Alexandre. B. 2709.

LA BARGE (André de). B. 718.

LABARRE, notaire. H. 27. = Antoine. B. 145, 155. = Louis. H. 967.

LABART, Catherine. B. 3945.

LA BARTHE (Jean de). H. 1387.

LA BASTILLE, chirurgien. B. 1903, 1904.

LABBAT, Pierre-Joseph, prieur de Fargniers. B. 1118, 1231.

LABBÉ. B. 3148. = fermier. B. 1898. = meunier. B. 2312. = prieur de St-Martin de Chauny et de St-Martin de Blois, historien. F. 12. = Antoine. H. 708, 1077. = berger. B. 945. = Colin. G. 253. = Hubert. E. 554. = Isaac, meunier. B. 2175, 2363. = Jean. B. 2993. = Joseph, meunier. B. 2038. = Nicolas. H. 1035. = Philippe-Pierre, président trésorier général. E. 1. = Pierre. B. 1695, 4035, 4111. — H. 1015.

LABBEZ, Louis-Abraham-Élisée, meunier. B. 2474.

LABÉ, Suzanne, veuve Gosset. B. 3430.

LABEAUSSE. B. 2488.

LA BÉDOYÈRE (vicomte de). C. 520, 691.

LA BÉGUINE, Aveline. H. 1181.

LABELLE, François. C. 674.

LA BERNIÈRE, Emmeline, femme d'Oisonviler. H. 6.

LA BERQUERIE (de). B. 643. = Charles, seigneur de Savigny et de Faucouzy. B. 514, 590. = Louis, seigneur de Savigny, gouverneur de Ribemont. B. 2897. = Louise, femme Duflot. B. 2897.

LABIAUSSE, Marie-Françoise. B. 2196.

LABICHE, Guillaume. E. 622. = Jean. H. 859. = Nicolas. H. 771.

LABIE, Séverin. B. 917.

LA BILLARDERIE (de), gouverneur de St-Quentin. G. 812.

LABINOIS, Barbe-Josèphe, femme Thomassin. B. 922.

LABLANCHE, Marie, veuve Machue. B. 2889.

LA BODERNE (de), ambassadeur. B. 3448.

LA BODINIÈRE (de), garde du roi. B. 1982.

LA BOE (Robert de), clerc. H. 1313.

LABORDE (de), mestre de camp. B. 721, 1501.

— Jean, maréchal ferrant. B. 3101.

LA BOURBLEUSE (Pierre de). H. 793.

La Cour (Gilles et Robert de). H. 243.

La Chasse, Antoinette. H. 135.

Lacroix. B. 3197. = curé de Nouvion-l'Abbesse. B. 1203. = Étienne. H. 1352. = Jacques. B. 4029. = Jean, tailleur d'habits. B. 3331. = Louis. B. 3553. = Marie, femme Babilotte. B. 3934. = Marie-Nicole. B. 3348. = Pasquette. B. 819. = Pasquier. E. 346. = Pierre, maçon. B. 2667. = Wibert. H. 238.

La Croix (de). Adam. G. 253. = Barthélemy. H. 47. = Heulin. G. 528. = Ide. G. 253. — H. 455. = Jean, Moreau et Thomas. G. 253. = Wautier. H. 239.

La Crokete, Berte. H. 1508.

La Crollière (Étienne de). H. 1015.

La Dannesse, Emmeline. H. 105.

La Débauche, Jean, dit Tourniquet. C. 853.

Laden, Isabelle. H. 79.

Ladeuil. B. 2513.

Ladeuille, Charles. B. 2792. = Pierre. H. 1348.

Ladmiral, Antoine. H. 1258.

Ladœuil. Claude, couvreur de paille. B. 2974.

Ladoue (Dominique-Marie de), chanoine de St-Quentin. G. 821.

Ladoues, Simon. G. 1.

La Drapière, Geneviève, veuve de Robert l'orfèvre. H. 1508.

Ladvocat, Denis. H. 1278. = Jean. E. 418, 419. — G. 750.

La Fare (Étienne-Joseph de), évêque de Laon. B. 2696. — C. 108. — G. 6, 16, 85, 437, 575.

Lafarge, Jean. B. 3768.

Lafau, Pierre, maire de Monceau-les-Leups. B. 665.

Lafaux, Anne, femme Meunier. B. 2875. = Claude, sculpteur. B. 2887. = François. H. 814. = Jeanne, veuve Forget. B. 2680. = Philippe. H. 814. = Pierre. B. 3621. = Robert. B. 3551.

La Faveresse, Berte. H. 1602.

La Fayolle (Jean-Baptiste de), chanoine de Laon. G. 201. 202.

La Félonesse. H. 1508.

La Félonnière. Jean. H. 1062.

—   (de) Philippe, seigneur de Fossoy. G. 1413.

La Fère (Enguerrand de) (fils de Thomas de Marle). H. 221, 275, 288, 302, 391, 873. = (Mahieu de) G. 13. = Marie (dame de). F. 8. — H. 182, 222.

La Ferière, capitaine de cavalerie. B. 1316.

La Ferté (de), maréchal. B. 2080. = Arnoul. H 249. = Bliard. H. 242. = Geoffroi, comte. H. 1508. = Gilbert. H. 753. = Jean. H. 1508. = Wichart. H. 242.

—   — (Chevresis), Gobert (seigneur de). H. 227.

—   — (Gaucher), André (seigneur de). H. 1294.

La Feuillée (de). B. 2507. = (marquis de). C. 633.

Laffaux (de), Enguerrand, Gilles, Guillaume et Pierre. G. 253.

—   Jean. E. 630. = Philippe. H. 1272.

Laffenas (de), intendant de Picardie et de l'Ile de France. B. 721. = Barthélemy, auditeur en la Chambre des Comptes de La Fère. B. 685. = dit Beausemblant, valet de chambre du roi. B. 686, 693, 698, 2891. = Isaac, secrétaire du roi et de ses finances. B. 698. = Marguerite. B. 698.

Laffrené, Jacques, seigneur de Châtillon-sur-Oise. G. 113.

Lafille, Roland. B. 982.

Lafite-Clavé, capitaine. C. 620.

Lafitte (de), madame. B. 2333. = Jean-Paul, gouverneur de Guise. B. 320, 2333. = Marie-Anne, femme de Flavigny. B. 332, 781, 832, 940, 2483.

—   Antoine. B. 3415.

La Flamengrie (Fastred de). H. 931, 1116. = (Nicolas de) H. 1116.

Laflesche, Jean. H. 1024.

Lafleur. B. 1264. = Louise. B. 1766 = Madeleine. C. 857. = Pierre. B. 3935.

La Folie (Jean de). G. 77.

Lafollé, Françoise, veuve Lesur. B. 2149. = Pierre. B. 2704.

Lafond (de) C. 949.

Lafonds (de), Jean-Louis-Arnould et Jean-Marie. C. 412.

La Fons (de). B. 1932, 3666. = lieutenant de la maîtrise de Coucy. B. 3513. = supérieur de l'Hôtel-Dieu de St-Quentin. G. 807. = Antoine. B. 2892. = seigneur de Hardecourt. B. 2902. = seigneur de la Plenoye. B. 1923. = seigneur de Proix. B. 1950. = seigneur de Rouy. B. 2891. = Charles, B. 1986. = seigneur de la Plenoye. B. 1950, 1964, 2117, 2137, 2173, 2218, 2232, 2237, 2242, 2244, 2906. — E. 161. = seigneur de Vadencourt. B. 276. = Charles-Marie, comte de la Plenoye, mestre de camp de cavalerie. B. 2047. — E. 161. = Claude, seigneur d'Happencourt. B. 2899. — G. 891. = Étienne. B. 2926. = seigneur de Commenchon. B. 1362. = François. B. 2922. = seigneur de Richebourg. B. 1353. = Françoise, femme Dorigny. B. 822. = Jean. B. 2894, 2899. = seigneur de Faillouël, président en l'élection de St-Quentin. B. 1550, 2892. = seigneur d'Happencourt, président en l'élection de St-Quentin. H. 1107. = Jeanne. B. 2892. — H. 1107. = Louis. B. 2137. = Louis-Jacques-François, capitaine de cavalerie, maître des eaux et forêts de Coucy. B. 1140, 3481, 3519. = Marie. B. 2892. — H. 1107. = Nicolas. B. 2137, 2894, 2921, 2926. = conseiller d'état, lieutenant général au bailliage de St-Quentin. B. 1960. = prévôt de Saint-Quentin, seigneur de Proix. H. 1107. = seigneur de Faillouël. B. 1550. = seigneur de Hardecourt. B. 18, 2898. = Philippe. B. 405. = seigneur de Hardecourt, lieutenant civil et particulier au bailliage de

St-Quentin, député aux états généraux de 1614. B. 1843, 1950, 2892, 2894. — C. 768. = Philippe-Gabriel, seigneur de Happencourt. G. 892. = seigneur de Hardecourt. B. 2902. = Quentin, chanoine de St-Quentin, curé de St-André de la même ville, historien. B. 2894. — G. 818. — H. 1451.

La Fons de Bernes (de), Louis-Anne et Philippe-Armand. C. 412.

La Fons de la Plenoye (Charles-Nicolas, marquis de), seigneur de Vadencourt. E. 291.

La Fons de Saint-Algis (Gabriel-Jean-Alexandre et Louis-Abel-Aimé de). C. 413.

Lafont, Pierre. B. 1039.

La Fontaine (de). E. 278. = officier pointeur de l'artillerie. B. 935. = Bernard et Antoine-Louis-Auguste. C. 416. = Charles-Louis, major d'artillerie, seigneur d'Ollezy. B. 2913, 2914. = Émeline, dite Mabilette. H. 8. = Jean. H. 1033. = Jean-Gabriel, capitaine de cavalerie. B. 2506. = gruyer du Nouvion. B. 3859 à 3861. = maire d'Aubenton. B. 16. = Julien-Henri, seigneur de St-Clément. B. 2982. = Louis, seigneur d'Ollezy. C. 248. = Marie-Louise. B. 2913. = Pierre. H. 305. = Raoul. H. 1389. = René, abbé de St-Martin de Laon. H. 888. = Robert, seigneur de St-Clément. E. 388.

La Fontaine, François, conseiller au présidial de Château-Thierry. C. 258. = Pierre. H. 796. = Nicolas. B. 463. = Pierre, curé d'Iron. B. 463.

La Fontaine de Hitry (de), Henri-Charles, seigneur d'Autrèches, et Marie-Françoise, religieuse. H. 1566.

Lafontrlaye. C. 770.

La Force, général d'armée. E. 342.

Laforest, Antoine, apothicaire. B. 937. = Joseph. B. 4083.

Laforge, Étienne. B. 62. = Pierre. B. 2039.

Lafosse. B. 1589. = Étienne. B. 2154, 2353. = Jeanne. B. 843. = Marguerite. B. 372.

A Fosse (de), Marie, femme de corps, et Raoul. H. 477.

La Framboisière (François de), docteur et professeur de médecine en l'université de Reims. B. 2685.

Lafrize, Charles. B. 3079.

Lagache, Adrien. B. 908. = Jeanne. H. 830. = Louis. B. 485, 4035. = Nicolas. B. 487, 2302. = Rose. B. 487.

La Galaisière, intendant de Soissons. C. 338.

Lagarde, Charles. B. 2552. = Gilon. H. 258. = Jacques, soldat. B. 1697. = Martin, garde de bois, chasse et pêche. B. 3602.

La Garde (de), Guyot. H. 838. = René (de), baron de Palaret. E. 193.

La Garde de Saignes (François-Amable de). E. 164.

Lagasse. B. 2487, 3148. = Antoine, avocat. C. 326, 342. = avocat général fiscal. B. 2051. = bailli d'Iron. B. 3202. = Charles, sergent de mairie. B. 2319. = Charlotte, femme Moreau. B. 2005. = Jean. B. 2367. = Marguerite. B. 3955. = Marie. B. 2274. = Marie-Anne,

femme Robiquet. B. 2301. = Marie-Madeleine. B. 143. = Nicolas. B. 3907. — C. 854. = Réné-Joseph. H. 798.

Lagat, Adam. B. 2614.

Lagaud, Pierre. B. 1684.

La Gaux (Françoise de), femme de Chambly. B. 2685.

Lage (Remond de). E. 413.

La Glossière (de), Jeanne, femme de Cramoiselle, et Simon. G. 253.

Lagneau, Jean. B. 3219, 3920. = Pierre. E. 175. = Pierre, curé de Wattigny et Thierry. E. 340.

Lagnier. B. 524, 539, 540, 2990. = Antoine. B. 938. — E. 178. = Antoinette. B. 1975. = François. H. 1086. = Jacques. B. 2763, 2826. = Jean. B. 2788. = Jean-Louis. B. 3177. = Madeleine, femme Lavallée. B. 2824. = Sébastien, curé de Charly. E. 423. = Thomas. E. 511.

Lagnon, Philippe, voiturier. B. 1804.

Lagny, Jacques, prieur-curé de Jussy. B. 1721. = Jean. B. 1273. = Madeleine. B. 3178. = Nicolas. H. 392.

La Godefroie, Ade. H. 1208.

Lagoue, Michel, curé de Vaux-en-Arrouaise. B. 2123. = Valentin. B. 1408.

La Granche de Noue, Louis-Charles, seigneur de Guignicourt. H. 852. = seigneur de Villers-en-Prayères. B. 784. — H. 865.

La Grange (de). D. 5. = marquis. C. 50. = marquise. C. 666. = Colard. H. 455. = Jean-Charles. E. 101. = Madeleine. E. 199. = Michel, seigneur de La Grange-aux-Bois. B. 2530. — E. 199, 338.

Lagrange, Jean, laboureur. B. 1181. = Nicolas. B. 2838.

La Gravière (de), commandant. C. 392. = lieutenant-colonel. C. 383.

La Grêle, dit Gros Bois, soldat. C. 656.

Lagrosse, Marie. H. 1508.

La Guerre-Charbise (Marie-Anne-Charlotte de), femme de La Bretesche. E. 81.

Lagueyrie, Jean, chanoine de St-Quentin. G. 821.

Laguite, Jean, vigneron. E. 454.

Lahaigue, Jacques. C. 657.

La Hamedde (Gérard et Thierry de). H. 353.

Lahamer, Pierre. B. 703.

Lahanier, Christophe et Jean. B. 3405 = Jean, laboureur. H. 509.

Lahautrie, François, commissaire des guerres. B. 1021.

Lahaye. B. 2738. = Barbe, femme de Paris. B. 3076.

La Haye (de), ambassadeur. B. 3028.

Lahennier, Claude, tailleur d'habits. B. 1870. = François. B. 1196. = Jacques. B. 1611, 1861. = tailleur d'habits. B. 1870.

La Hennietz, Antequin. B. 3111. = Marguerite, femme Constant. B. 3111.

La Herrière (de), Charles, seigneur de St-Pierre. E. 502, 628. = Jacqueline, femme de Warenceau. E. 548. = Marie, femme de Pontacq. E. 551.

La Heurière. E. 36.

La Hice (Jean de). B. 3032.

La Hillière, gouverneur de Rocroi. E. 357.

Lahire. B. 2511. — E. 396. = Jacques. B. 3193. — H. 1354. = Jean. B. 444. = Marie, femme Guillaume. E. 380. = Michel. E. 351. = Nicolas, clerc laïque. B. 2966.

Lahoche, Claude, laboureur. B. 1390.

La Huraude, Ponce, veuve Chaucies. H. 275.

Laigle (comte de). C. 514, 520.

— Jean-Baptiste-François. B. 1347.

Laignel, Lionne. H. 855.

Laignère, Jean. H. 796.

Laigny (de), dame. E. 164. = Isabeau et Marie. H. 624.

— François, boulanger. B. 2622.

Laigret. B. 3544. = Claude. B. 705. = greffier. B. 1021, 3447. = notaire. B. 696. = Marguerite, femme Geuffrin. B. 705.

— (de), Antoinette. B. 841.

Laillet, Hubert. B. 981.

Laine, Joseph. B. 2994. = Louis, chirurgien. B. 489. = Marie-Jeanne, veuve Sodoyer. B. 2717. = Nicolas. C. 273.

Lainel. B. 2564, 2566.

Lair (Marie de), cordelière urbaniste. H. 1680, 1681.

Laira, femme de Foucard de Vaux. H. 29.

Larie. B. 523. = Simon. B. 1475.

Laisne, Jacques-Joseph. B 760.

Laisné, Jean-Pierre. B. 1995.

Laisnel, Antoine, laboureur. E. 481. = Jean. B. 2699, 3263.

La Jarlière (Pierre de). E. 394.

La Jaunoisse, Agnès. H. 17.

La Jeune, Françoise, abbesse de Notre-Dame de Soissons. H. 1508.

La Jeunesse. B. 976.

La Joye, Jean. B. 4030.

Lalain. B. 30, 2491. = Marguerite, femme Gambart. B. 2476. = Marie, femme Frénoy. B. 3931. = Michelle. E. 213.

Lalande (de). B. 2544. (Voyez Lamirault.)

Lalau, Jean. B. 837.

Lalaux. B. 2486. = Jean. B. 110, 2169. = Judith, femme Potelet. B. 1973. = Nicolas. B. 1973, 2292.

Lalbalétrier, maire de Châtillon-sur-Oise. B. 2056.

Lalevère, Jacques. B. 1845.

Lallard. C. 758.

Lallemand, secrétaire du conseil et premier commis des finances du duc d'Orléans. B. 3762. = Adrien. H. 834. = Antoine. B. 358. = Nicolas. B. 2661. — E. 387.

Lallemant, domestique. B. 1257. = Georges, laboureur. E. 461. = Hugues, général des finances en Champagne. E. 460. = Jean. B. 1023. — E. 591. = Médard. H. 1563. = Michel, canonnier. B. 3922. = Nicolas, officier de la vénerie du roi. B. 3060. = Toussaint, jardinier. B. 2633.

Lallié, sous-ingénieur des ponts et chaussées. C. 519.

Lallier (de), Gabriel, seigneur de Fayet, Douilly, capitaine de cavalerie. B. 2899, 2908. = Jeanne, veuve de Fonsomme. B. 2899. = Robert. B. 2899. =

seigneur de Fayet, Salency, Francilly, Douilly. B. 1621, 2900.

Lallouette, Antoine. B. 898. = François. B. 754. — E. 184. = avocat. B. 872. = laboureur. B. 500. = Marie. B. 1628. = Nicolas. B. 693. = Philippe. B. 723, 826. = avocat et maire de La Fère. B. 907.

Lalobbe (de), Englebert, seigneur de Ranguilly. B. 50, 3275. = Jacques-Nicolas. B. 50. — E. 378.

— Jean. E. 447.

La Loge de Saint-Brisson. C. 334.

Laloire (Roland de). B. 2508.

La Lombarde, Bouret et Isabelle, femme Lemaistre. H. 986.

Lalondre, Barthélemy. H. 1333.

Lalot, Robert, receveur des aides. B. 1782.

Laloue, Antoine. E. 183. = François. B. 2014.

Lalouette. B. 31, 1181, 2566 à 2568. — C. 686. — E. 50. = curé de Vorges. C. 937. = Adrien. B. 755. = laboureur. B. 933. = Antoine. B. 861. = Claude, femme Gauger. B. 752, 817. = Gilles. B. 707. = Hélène, femme Dupressoir. B. 3383. = Jean. B. 59. = Jean-Benoît, chirurgien. C. 264. = Jeanne, femme Lefebvre. B. 3284. = Louis. B. 2560. = Marie. B. 450. = Marie-Jeanne. B. 2591. = Marie-Thérèse. B. 2604. = Montain. B. 782. — H. 393. = Nicolas, tanneur. B. 891. = Nicolas-Joseph. B. 1178. = Philippe. B. 819, 1130, 1171. = contrôleur-visiteur, marqueur de cuirs, garde des halles et marteaux de La Fère. B. 712. = Philippe-François, licencié en théologie. B. 1178. = Pierre. B. 2559, 2562. = Pierre-Nicolas, notaire et marchand. B. 2256. = Sébastien, couvreur de paille. E. 586. = Simon. B. 2591.

Laloux. B. 2738. = soldat. C. 350.

Laloy, Claudine. B. 332. = François. H. 1292.

Laloyer. B. 2156.

La Luzerne. C. 356, 372, 710.

Lamaille, Guillaume. B. 3617.

La Mailliardière (de). D. 15.

Lamand, Pierre. H. 1334.

Lamant. B. 539, 2739. = Adrien. H. 834. = Antoine, berger. B. 331. = Louis, geôlier. B. 632. = Madeleine. B. 641. = Marie, veuve de Mons. B. 2892.

Lamar, Marie-Barbe, femme Lejeune. B. 2673.

Lamarc, Étienne. B. 782.

La Marck (de), Auguste-Marie-Raymond, comte, prince d'Aremberg et du St-Empire romain. B. 2040, 2259. = Catherine, femme de Harlay. E. 563. = Henri-Robert, duc de Bouillon, prince de Sedan, comte de Braine. H. 1556. = Louise-Madeleine, duchesse de Duras, comtesse de Braine. E. 149. = Marguerite-Henriette, dite de St-Benoît, religieuse de Chelles. H. 1556. = Robert, maréchal de France, comte de Braine. G. 131. — H. 994.

La Marco (Marie-Catherine de), veuve de la Vergne. B. 2926.

Lamard, Antoine, geôlier. B. 3323.

Lamaré, François. H. 858.

Lamare, Marie-Françoise, femme Michel, B. 3145.

Lamarlière, Antoine, cordonnier. E. 530.

Lamarque, Marie-Madeleine. B. 344.

Lamarre, soldat. B. 2596. = Joseph, forgeron. B. 3284. = Madeleine, femme Loriette. B. 128. = Pierre. E. 591.

Lamart. B. 2565. = Cécile. B. 3959. = Louis. B. 2977. = Nicolas. B. 361.

La Martinière (de), premier chirurgien du roi. C. 341.

Lamba (famille). B. 521.

Lambeau, Marie. B. 1766. = Mathurin. B. 1123.

Lambert, abbé de Cuissy. G. 2.
— chanoine de St-Quentin. G. 818, 819.
— chanoine de Ste-Sophie de Soissons. G. 253.
— dit comte de Bar. H. 900.
— curé de Crandelain. H. 63.
— doyen de St-Pierre de Soissons. H. 1508.
— évêque de Noyon et de Tournai. H. 455, 534.
— familier de St-Jean-des-Vignes. H. 1206.
— homme de corps. H. 477.
— B. 571, 1470, 3240. = contrôleur général des finances. C. 6, 24, 38, 39, 72, 74 à 81, 119, 195, 247, 319, 461, 632. 634, 742, 754, 783, 921, 946, 953, 961, 962, 965, 968, 972, 973, 978. = veuve. C. 680. = Ambroise, chanoine de La Fère. B. 927. = Antoine. B. 1866, 2657. = théologal du chapitre de Laon. B. 2800, 2876. = Antoine-François, chanoine de St-Quentin. G. 821. = Artus. H. 1017. = Bonaventure, docteur en médecine. B. 939. = Claude. B. 1420. = Françoise, femme Champion. B. 2130. = Grégoire. B 603. = Jacques. H. 1063. = laboureur. B. 866. — E. 8359. = Jean. B. 330. 351, 2390, 3077. = valet de charrue. B. 466. = vigneron. B. 3077. = Jeanne, veuve Lagneau. E. 340. = Louis. B. 352, 496. = Louis-Joseph, curé de Lerzy. B. 149. = Lucien. B. 1249. = Madeleine. B. 3261. = Marguerite, femme Montier. B. 1866. = Marie. B. 3290. = femme Lepage. B. 3946. = Marie-Jeanne, femme Guénard. E. 391. = Marie-Thérèse, veuve Vigneron. E 108. = Martin, sergent de justice. B. 496. = Michon. H. 1301. = Nicolas. B. 1837. — E. 422, 458. — H. 1303. = Noël. E. 108, 594. = Pasquette, veuve Sarouelle. E. 430. = Pierre, aubergiste B. 920. = chirurgien. B. 3406, 3408. = Sébastien, curé de Landifay. B. 327. — Simonne. E. 451. = Suzanne, femme Lebeau. B. 518. = Vincent. B. 346.

Lamberval (de), Charles, seigneur de Chigny. B. 2210. = Claude-Auguste, seigneur de Locq. B. 2709.

Lambin. B. 2739, 4401. — C. 656. = Antoine, notaire. E. 466, 517, 562. = Charles. B. 843. = mégissier. B. 783, 1295. = Gilles. H. 1187. = Jacques. B. 793. — H. 1086. = Jean. B. 732, 873. — E. 589. = blatier. B. 3361. = bourrelier. B. 3138. = laboureur. B. 2984, et maire de Beautor. B. 1027. = Jean-Abraham. B. 2927. = Jeanne. B. 2607. = Laurent. H. 1187. = Nicolas. B. 2716. — H. 981. = maître d'école. B. 3220. = Nicole, veuve Laroche. B. 3391. = Quentin. B. 3219. = Thierry. B. 3111.

Lambinet, Antoine, menuisier. E. 509.

Lamblin, François. B. 853. = Quentin. B. 752, 846.

Lamblot, chanoine. C. 698.

Lambont de Coislin (Pierre de), abbé de St-Pierre, premier aumônier du roi. B. 1255.

Lamborion. B. 3190. = Catherine. B. 3191. = François. H. 978. = Jean. B. 2550, 2556, 3310, 4088. — H. 980. = charpentier. E. 561. = compagnon papetier. B. 3432. = maçon. H. 1354. = papetier. B. 3309. = Jean-Baptiste, maître d'école. B. 3289. = Marc. H. 977, 979. = Marguerite. H. 978, 981. = Marie. B. 3191. = Marie-Catherine. B. 3193. = Nicolas. B. 3363. = Toussaint. H. 976.

Lambre, Jacques. B. 1157. = maire de Pont-à-Bucy. B. 665. = Jean-Pierre. B. 3177. = Laurent, jardinier et vigneron. B. 3176.

Lambrier. B. 618.

Lamé, Jean, dit Dauphin. B. 3231.

Lamèche, Jean. B. 2922.

Lamée, Jean. B. 2934.

La Meilleraye (maréchal de). B. 973.

Lamejanelle (Léon de), agent d'affaires. B. 809.

Lamelet, Étienne. B. 4028.

Lamersin, maître graveur. G. 1200.

Lamery. B. 2101.

La Mery (de), Pierre, maître verrier. B. 2184, 2488, 2610. = Robert. B. 2530.

Lamessine, Jean. B. 2792. = Marie. B. 2805. = Nicolas. B. 2827.

Lameth (de), capitaine gouverneur de Coucy. B. 3485. = Antoine seigneur de Plessis-sur-St-Just, Pinon, Clacy, Laniscourt, vicomte de Laon, maître d'hôtel du roi. E. 472. = Charles, seigneur de Pinon, Bucy, vicomte de Laon, maître des eaux et forêts de Coucy. B. 3485. = Jacques, seigneur de Maurepaire. B. 2891. = Louis. B. 3459. — E. 511. = Marie. B. 2891.

Lameth de Bouchavesnes (Françoise de), religieuse augustine. B. 1572.

Lamiable (famille). E. 382.

La Miche, Thierry, coûtre laïque. G. 130.

La Michodière (de). C. 814.

Lamie, curé de La Capelle. B. 2071.

La Millière (de), intendant des ponts et chaussées. C. 19, 23, 24, 73, 76 à 81, 83, 204, 367, 407, 423 à 427, 429, 431 à 434, 478, 498, 509, 516, 517, 519 à 523, 525 à 534, 537, 616, 617, 631, 632, 668 à 670, 710, 716, 719, 733, 742, 748, 749, 800, 803, 806, 808, 921, 942, 965, 974, 978, 982. = intendant général des finances. C. 1063. = Anne, femme de Blecourt, et Gilles. B. 2893.

Lamiralle, Jean. B. 3395.

LAMIRAULT (de), seigneur d'Étréaupont. B. 230. — C. 194. = François de Paule, seigneur de Chaussy. E. 1. = Jean-Baptiste, seigneur de Cerny. B. 2506. — E. 223. = seigneur de la Lande et d'Étréaupont, maître des eaux et forêts et capitaine des chasses du duché de Guise, gouverneur d'Aubenton. B. 253, 330, 348, 2006, 2278, 2540, 2744, 3857. = Joseph-Henri. E. 223.

LAMIRAULT DE LA LANDE, Charles-François, mousquetaire, B. 2128, 2744. — E. 223. = Charles-François-Maximilien, C. 412. = François, seigneur de la Lande. E. 346. = Marguerite. C. 679.

LA MIRE, officier. C. 683.

— (de), abbesse du Sauvoir. B. 2725. (Voyez La Myre.)

LAMIROIR, Jean, cordonnier. B. 1021.

LAMME, Anne, femme Rebillion, et Hubert. G. 1591.

LAMOUHE, Antoinette. B. 3363. = Jean-Antoine. E. 184.

LAMOIGNON (de), garde des sceaux. C. 699, 927. = Chrétien-François, conseiller au parlement de Paris. B. 1903. = Guillaume, chancelier. C. 809.

LAMOIX. B. 3106.

LA MONDRE (Jean-Louis-Jules de). E. 282.

LAMORE, Jean, garde scel du bailliage de Vermandois. H. 819.

LAMORET, Daniel. B. 3997.

LAMORIN, Claude. B. 816.

LAMORRY, Pierre. F. 8.

LAMORY. B. 319. = Antoine, maire de Laigny. B. 3223. = Catherine. B. 3214.

LAMOTHE, lieutenant de cavalerie. B. 1969. = André-Joseph, mercier ambulant. B. 3926. = Guillaume. B. 1969. = Jeanne. B. 2378.

LA MOTHE-HOUDANCOURT (Henri de). B. 970.

LAMOTTE B. 3197. = dragon. B. 4123. = notaire. E. 282. — H. 1508. = soldat. B. 3365. = Claude, laboureur. B. 2979. = François. B. 861, 2978. = Jacques. E. 596. = Jean-Baptiste. H. 849. = Louis-Joseph, notaire. B. 16. = Marie. B. 3147, 3959. = Marie-Rose, femme Carlier. B. 3961. = Pierre, cordonnier. B. 889.

LA MOTTE (de), Alexis, seigneur de Croisettes. B. 321. = François. B. 2891. = Gaucher, seigneur de Dallon. G. 864. = Gilles. B. 19. = Laurent. B. 2710.

LAMOUCHE, Jacques. B. 1858. = Jean. E. 583.

LA MOULLYE, demoiselle. E. 33.

LA MOUNETTE, Marie, femme de corps. G. 253

LAMOUR, Jean. E. 504.

LAMOURET, Marie-Louise. B. 3960. = Nicolas. B. 2379.

LAMOUREUX, Robert. B. 3269.

LAMOUROUX, Baptiste. B. 423. = Jean. B. 398.

LAMPERNESSE. B. 1470. = André. B. 4019. = Hubert. B. 1747. = Jean. B. 1821, 1860. = Noël. B. 2891.

LAMPON, procureur. C. 325.

LAMY. B. 1928, 2511, 2739. = André. B. 1420. = Anne, veuve Dambertrand. B. 997, 1212. = Antoine, notaire. B. 950, 991. = Claude, fermier. B. 1871. = maréchal-ferrant. B. 2971. = François. E. 322. = Jean. E. 51, 62. = Jean-Baptiste, huissier. C. 328. = Jean-Bonaventure. E. 293. = Marie. B. 818. = Marie-Anne. B. 4024. = veuve Merriaux, femme Boury. E. 390. = Médard. E. 51. = Nicolas. B. 950.

LAMY D'HANGEST. E. 224. = commissaire provincial d'artillerie. B. 937. = Remy-Bernard. E. 224. = Louis-Augustin, capitaine d'artillerie. B. 852. — E. 101. = colonel au régiment de Grenoble. C. 378.

LAMY DE LA GRAVIÈRE, commandant du bataillon d'Orléans. C. 379.

LA MYRE (de), Gabriel-Melchior, châtelain d'Hangest G. 890. = Louise-Gabrielle, religieuse cistercienne. H. 1584. (Voyez la Mire.)

LA NAZARDE, Ermengarde. H. 146.

LANÇAY, Marie, femme Dermy. B. 3881.

LANCE (de), Catherine, veuve de Foucault. B. 780. = Charlotte-Camille, femme de la Chenardière. E. 25. = Daniel, seigneur de Chevresis-les-Dames. B. 452. = dit Tourlemont. B. 452. = Françoise, veuve de Fontaine. B. 803. = Jean-Baptiste, seigneur de Chevresis. B. 803. = Jean-François-Louis. C. 412. = Louise. B. 808. = Marie, religieuse. B. 757.

LANCEAU, Jérôme. B. 104.

LANCELIN. C. 683. = Philippe. B. 3829.

LANCELLIN (Marie-Gabrielle de), religieuse cistercienne. H. 1584.

LANCELOT, Jean. E. 621.

LANCHAMPS, Jean, charron. E. 433.

LANCHY (de), Alaïde, Bauduin et Eudes. H. 802.

LANCIEN, Jean, garde-bois. B. 2431.

LANORY (de), Élisabeth-Suzanne, femme de Lamirault. E. 223.

LANCY (de), avocat. B. 807. = Madame. B. 2517. = Jean-Baptiste, prieur et historien de l'abbaye de Foigny. B. 3137. — H. 623. = Jean-Pierre. B. 2799. = Marie, femme Deroux. E. 493.

LANDA, Claude. B. 68. = François. B. 636. = Nicolas. B. 3300.

LANDAST (Arnoul de). H. 1116.

LANDAT, huissier. B. 2398.

LANDENGIEN (Boidin de). H. 1116.

LANDEREAU, Grégoire. B. 2774.

LANDERIEUX. B. 2883.

LANDIERFAIT (Robert de). H. 1612.

LANDIEU, Pierre. B. 1145.

LANDON, chanoine. C. 730. = Alexis. B. 3055. = Jean-Marc, capitaine des chasses. B. 3007.

LANDOUZY. B. 2564, 2565, 2788. = François. H. 819. = Gabriel. B. 352. = Jacques, laboureur. B. 4106. = Jean. B. 2560. = meunier. B. 2601. = Jean-Louis. B. 2593. = Jeanne. B. 479, 3124. = Joseph, laboureur. B. 4106. = Louis, meunier. B. 3278. = Louise, femme Hugot. B. 1982. =

Marguerite, femme Hocquet. B. 3955. ⚊ Ni-
colas. B. 45. ⚊ garde-bois. B. 2431. ⚊ meunier.
B. 2379, 2380. ⚊ Philippe. H. 855.
LANDOUZY (de), Charles. E. 600. ⚊ Louis. B. 10, 478. ⚊
Philippe. B. 2572. ⚊ meunier. B. 2531.
LANDRAY, Madeleine. B. 355.
LANDRICOURT (Drogon de). H. 275.
LANDRIEU, curé de Laffaux. C. 670. ⚊ François. E. 505.
⚊ Madeleine, femme Marie. B. 2801.
LANDRIN, Pierre. B. 1140.
LANDRIOT, François. E. 337.
LANDROIT, seigneur d'Any. E. 355. ⚊ Pierre. E. 355.
LANESLE, Charles. E. 593.
LANEUFVE, Pierre. B. 3119.
LA NEUFVILLE (de), lieutenant de roi. B. 722, 962, 1443. ⚊
madame. C. 989. ⚊ abbesse de Saint-Pierre. C. 314.
LANEUX, Marie-Madeleine, femme Boche. B. 4091.
LANEZ, Marguerite, femme Gellé. B. 3100.
LANGE, Antoine. B. 2555. — H. 942. ⚊ Bertrand. H. 788.
⚊ Charles. E. 536. ⚊ Marie. B. 2944. ⚊ Nicolas,
laboureur. E. 538. ⚊ Pierre, procureur fiscal. B.
3196.
— (de), François, garde du corps. B. 131.
LANGELET, Hubert. B. 2546.
LANGELLERIE (de), notaire. H. 1625. ⚊ Claude. B. 1943. ⚊
Françoise. E. 605. ⚊ Guillaume. B. 440. ⚊ substitut.
B. 221. ⚊ Nicolas, chanoine de Guise. B. 1945. ⚊ pro-
cureur au parlement de Paris. H. 489.
LANGLADE (de), prieur de Coincy. C. 315.
LANGLAIS, Pierre et Simon. H. 1178.
LANGLAY, Marie, veuve Bruslé. B. 1672.
LANGLET. B. 519, 537, 540, 2990. ⚊ prieur de Bohéries. D.
16. ⚊ Ambroise. B. 2708. ⚊ Antoine. B. 3997, 4022. —
E. 602. ⚊ Antoine-Abel, clerc laïque. B. 2647. ⚊ Claudine.
B. 895. ⚊ Élisabeth. B. 3147. ⚊ François. B. 632, 2926,
3210, 3223. ⚊ Hubert. B. 602. ⚊ Jean. B. 3142,
3251, 3364, 4020. ⚊ Louis. B. 565. — H. 1338. ⚊ Made-
leine, femme Debout. B. 3188. ⚊ Marie. E. 175. ⚊ Marie-
Anne, femme Balasse. B. 4037. ⚊ Marie-Barbe, femme
Vinchon. B. 2902. ⚊ Marie-Catherine. B. 3348, 3365. ⚊
Louis. B. 538. ⚊ Pierre. B. 628. — H. 1194. ⚊ dit
Loyebague. H. 249. ⚊ Raoulin. H. 1194. ⚊ Reine. B.
3214. ⚊ Robert. B. 611.
LANGLOIS. C. 778, 982. ⚊ Grégoire, laboureur. B. 1471.
⚊ Jacquemart, écolier. G. 126. ⚊ Jeanne.
B. 4093. ⚊ Laurent. B. 2819. ⚊ Marguerite. B.
3019, 3048. ⚊ femme Rabouin. B. 885. ⚊ Re-
naud. H. 1208.
— (de), Isaac. B. 1341. ⚊ Jacques. B. 1772, 1860.
⚊ seigneur de Brouchy. B. 1341, 1389. ⚊ Jac-
ques-François, seigneur de Brouchy, Jussy.
B. 1358, 1651. ⚊ Marie-Anne-Philippe, seigneur d'Annois. B. 1357.
LANGLOIS DE PLEMONT. C. 670.

LANGLOY, Sanson. B. 825.
LANGONNET, Antoine et Nicolas, vignerons. E. 196.
LANGRENÉ. E. 387. ⚊ Nicolas. B. 4110.
LANGRES (de), Guillaume. H. 692. ⚊ chanoine et official
de Reims. G. 1.
LANGUE-D'OR, Jean. H. 1206.
LANGUET DE GERGY (Jean-Joseph), évêque de Soissons. G.
701. ⚊ archevêque de Sens, abbé du Mont-Saint-Martin.
H. 1117, 1138, 1164.
LANGUILLE, Baptiste. B. 4044.
LANIE, notaire. E. 627.
LANNOIS, maître d'école d'enfants de chœur. G. 596. ⚊
Anne, veuve Godin. B. 3937. ⚊ Jean-Claude.
B. 3102. ⚊ Marie. B. 3386.
— (de). H. 973. ⚊ comte, baron d'Honnecourt, sei-
gneur de Vendhuile. H. 1135. ⚊ Jean et Louis,
seigneur de Waignon. H. 973.
LANNOIS-QUIRY, Louis-Enguerrand-François, seigneur de
d'Anizy. B. 781.
LA NOIRE, Richaude. H. 952.
LANOIS. B. 2789.
LANON, Charles, berger. B. 338.
LA NOUE (de). B. 3441.
LANOUELLE, Jean, curé de Fayet. B. 1621.
LANOUR, Antoinette. B. 4033.
LANQUIN. B. 2277. ⚊ David. B. 2240. ⚊ laboureur. B.
2010. ⚊ Marie. B. 3902.
LANSIEN, Louis, garde de bois, chasse et pêche. B. 3796.
LANTÉ, Jean. B. 4048.
LANTELIER, Marie-Anne. B. 908.
LANTENOIS, Claude. B. 3009.
LANTENY, Pierre, entrepreneur de bâtiments. B. 2657.
LANTHOINE, Jean. B. 799, 975. ⚊ voiturier. B. 926.
LANTIER, Hubert. B. 4049.
LANTOINE, Jean, cabaretier. B. 1293.
LANUSSE. B. 844. ⚊ (Bernard de). B. 862, 896.
LAON (de). Adam. G. 253. ⚊ Ancher, chanoine de Laon. H.
871. ⚊ Antoine, seigneur de Chevresis. E. 310. ⚊ Gilles,
bailli de Senlis. G. 2. ⚊ Gobert, clerc. H. 29. ⚊ Gui. B.
3180. — H. 10. ⚊ Guillaume. H. 755. ⚊ Jacotin. H. 1210.
⚊ Jean. H. 17. ⚊ official de Soissons. H. 477. ⚊ dit de
Monceaux. H. 158. ⚊ Lisiard. H. 158. ⚊ Raoul, pra-
ticien. H. 1210.
LAFAILLE, Madeleine, femme Tavernier. E. 367.
LA PALLU (dame de). H. 1699.
LA PANNETERIE (de). B. 1658, 1791.
LA PAPELARDE, Émeline. H. 8.
LA PELLIÈRE, Isabelle. H. 1181.
LA PÉRIÈRE (de). C. 745. ⚊ Anne. H. 1690.
LAPERRE. B. 2740.
LA PERRUQUE, Étienne. B. 2884, 3183.
LA PERSONNE, Adélaïde et Bernard. E. 214. ⚊ Helvide.
G. 253. ⚊ Jean. B. 3230, 3233. ⚊ chanoine
de Saint-Quentin ; Jean, seigneur de

Nesle-en-Tardenois, vicomte d'Acy. G. 253.

PERSONNE (de), Jean, seigneur de Taillefontaine. B. 1875. = Nicole, veuve de la Hice. B. 3032. = Romulus. E. 449.

LAPIE, Charles. H. 928. = Claude. E. 539. = Marie. E. 258.

LAPIERRE, Antoinette, veuve Delestre. B. 3147. = Catherine. B. 3936. = Marie-Anne. B. 1283.

LA PIERRE (de), François, seigneur de Verly. B. 514, 2891. = Françoise, femme de Valpergue. B. 2891. — E. 554.

LAPINTE, Pasquier. B. 2885.

LA PIONNE, Rose. H. 38.

LA PIOTTE. H. 155, 887.

LAPISSE. C. 989.

LAPLACE, Antoine. B. 4022.

LA PLACE (de), Albéric. H. 134. = Odeline. H. 197. = Thierry. H. 29.

LAPLANCHE, Antoine. H. 1035.

LA PLANOIE (Jean de) (la Plesnoye). H. 234.

LAPLANTE, Jean-François. H. 933. = Pierre. B. 3415.

LA PLESNOYE (marquis de). C. 591.

LA POINTE (Pierre de). templier. H. 898.

LA POMELIE (Joseph-Nicolas de), chancelier du chapitre de Saint-Quentin. G. 821.

LA POMMERAYE, commissaire général des galères. B. 1317.

LA PONCE (de). C. 390.

LA PORCHÉRE, Helvide. H. 1508.

LAPORTE. B. 2486. = Anne. B. 3259. = Jacques. B. 2527. = Jeanne, veuve Bourgeois. E. 596. = Marguerite, veuve Demarly. B. 2474. = Marie-Anne, femme Leroy. B. 3931. = Pierre. B. 378, 2433. = Toussaint. B. 2433.

LA PORTE (de), baron, commandant du bataillon de Brie. C. 379, 892. = lieutenant-colonel. C. 383. = Aveline, femme de corps. H. 477. = Charles, seigneur de Hautcourt et de Branges. E. 445. = Gautier, chanoine de Soissons. H. 825 = Lisiard. H. 477. = Marie, femme de Rouvroy. B. 2893. = Payen. H. 477. = Thiébaut. H. 79.

LA PORTE-L'ÉVÊQUE (Bérard de). H. 761.

LAPOSTAT. B. 1632. = Charles. H. 1340. = Jeanne, femme Baudry. B. 1386.

LAPOTERIE, Jean-Baptiste, commis-priseur et vendeur de meubles et crieur d'enterrements. B. 669. = ex-receveur des octrois. B. 946.

LAPOTOILLE, Pierre. G. 253.

LA POULE (abbé de). C. 684.

LAPPION (Anselme de). H. 158.

LA PRESTRESSE, Hersende. H. 1182.

LA PRÉVOTESSE, femme Thierry. H. 208.

LA RAGANDE, Havide. H. 1623.

LARAMÉE, Barbe. B. 3901. = veuve Servais. B. 3900. = Jacob. B. 612.

LA RAVARDE, Houde. H. 953.

LARBRE (Anne de), veuve de Ricarville. E. 240, 242.

LARCANGER (madame). C. 990. = Charles-Antoine. H. 795.

= Charles-François de Paule, notaire. B. 1335. = Claude et Louis. H. 1427. = Pierre. H. 1420.

LARCHE, Rollin. B. 2530.

LARCHER. B. 2513. = Antoine. H. 1217. = Marguerite. E. 394. = Michel, conseiller au Parlement, commissaire du roi. E. 649.

LARCHET, Catherine. E. 53.

LARCHIER, Mathieu, notaire apostolique. H. 819.

LARDE, Raoul. B. 674.

LARDENOIS. B. 2706. = Marguerite, femme Prudhomme. B. 880. = Marie, femme Regnier. B. 4119.

LARDOT, Antoinette, chambrière, veuve Parent. B. 1902. = Catherine, femme de Bussy. B. 896. = Marie. B. 1178. = Nicolas, garde forestier. B. 3748.

LA REBOURSE, Emmeline. H. 1244.

LARGILLIÈRE, Philippe, laboureur. B. 1780.

LARGNIER, Marguerite, femme Gaye. G. 750.

LARISSE, Pierre. B. 2105.

LARIVE (famille). B. 536, 3104.

LA RIVIÈRE (de), capitaine des portes de La Fère. B. 707. = Hugues. H. 477. = Jean, chanoine de Soissons. H. 825.

LARIVIÈRE, Pierre. B. 1422.

LARMOYE, Madeleine. E. 401.

LARMUSEAU, Charles. B. 3139. = Jacques. B. 2549. = Mathieu, meunier. B. 333.

LARMUSEAUX, Jacques. B. 365. = Jean. B. 2611. = Louis. E. 74. = Pierre. B. 2555, 2591.

LARMUSIAUX, Louis-Joseph, meunier. B. 4104.

LARMUZEAU. B. 3339. = François. H. 848. = Guillaume. H. 850. = Marie-Jeanne. B. 2550. = Pierre. B. 2587.

LARMUZEAUX. B. 2492, 2567.

LARNIER, Nicolas, jardinier. H. 1001.

LA ROBINIÈRE (Louise de), femme Boutroy. B. 921.

LA ROBOANE, Marie. H. 8.

LAROCHE, Claude. B. 3391. = laboureur. B. 3388.

LA ROCHE (de). B. 1449. = Elisabeth, femme de Macquerel. B. 2894. = Jean, seigneur de la Barthe. E. 149. —

LA ROCHE-AYMOND, cardinal, archevêque de Reims. G. 392.

LA ROCHEFOUCAULD (de), Madame. C. 315. = abbesse de Notre-Dame de Soissons. C. 597. = vicomte. C. 522. = vicomtesse. C. 15. = Alexandre-François, comte, lieutenant de vaisseau. E. 190. = François, vidame du Laonnois. G. 85. (Voir Roye.)

LA ROCHEFOUCAULD DE BREUIL, mestre de camp. C. 381.

LA ROCHE-LAMBERT (de), Elisabeth, abbesse de St-Michel de la Ferté-Milon. H. 1680, 1681.

LA ROCHÈRE, Jean. B. 1739.

LA ROCHETTE (Philippe de), économe de l'abbaye de Saint-Michel. E. 344.

LAROQUE, Catherine. B. 4012.

LAROSE, Jean-Charles. B. 4050.

LA ROUILLIE (de), Marie-Elisabeth-Charlotte et Pierre-Clément. G. 95.

La Rousselle, Marie, femme d'Henri li Couvreres. H. 91.
La Rouvière (de). D. 4.
Laroze, Louis. B. 483.
La Rozière (marquis de). H. 973.
Larquet, Jacques. B. 497. = Jean, laboureur. B. 2004. = Louis. B. 2288, 2374.
Larre (de), capitaine, sergent-major de La Fère. B. 711.
Larsonnier, Jacques. B. 751, 1038. = Jean, chirurgien. B. 3326. = Nicolas. B. 3345.
Lartesien, Jean. H. 202.
Lartigue (Jean-Baptiste de), chanoine de Saint-Quentin. G. 817.
Lartisien, Pierre, garde-messier. B. 4424. = Wauthier. H. 1608.
Lartizien. B. 2498. = Joseph-Théodore, notaire. B. 16. = Marie-Catherine. B. 364.
Larue. B. 985. = Marie. B. 3936, 3937. = Thibault. B. 3890.
La Rue (de), trésorier général des ponts et chaussées. C. 610. = André-Philippe. C. 362. = Étienne. E. 347. = François, lieutenant de roi à La Fère. B. 875. = Jean. G. 253. — H. 889. = Pierre. H. 1319. = Robert. H. 1508.
Laruelle. B. 27. — C. 657. = Antoine, charron. B. 2426. = Jacques. B. 4037. = Marie. B. 3941.
La Ruelle, Erme. H. 1181.
La Rue-Neuve (Eudes de). H. 455.
Larzilière. B. 2487. = Antoine. B. 3139. = Jacques-François-Louis, huissier. B. 2051. = Marie-Anne, veuve Harent. B. 3145.
Larzillière, Claude. E. 155. = valet de chambre, tapissier. E. 154. = Jean. B. 481. = Pierre. B. 3422. = Pierre-François, sergent garde bois. B. 3871.
La Sagesse, Willaume, bénédictin. H. 242.
La Salle (de), Anne-Louise, religieuse. H. 1566. = Pierre, seigneur de Rogny. E. 559. = Pierre-Paul, gouverneur de Marle. B. 542, 571, 690.
Lasalle, Marguerite. B. 1747. = Marie. B. 1743. = Mathieu, garde forestier. B. 3603.
Lascherois, François. B. 751.
La Serre (Antoine de), capitaine. F. 2.
Lasezart (de), lieutenant réformé. B. 2422.
La Simonne (de). E. 33.
— — du Hamet (de), Gabriel-Dominique. E. 163.
Lasné, François, laboureur. B. 2629.
Lasne, Jacques, laboureur. B. 1637. = Marie, veuve Bigant. B. 1842. = Nicolas. B. 1856. = Nicolle. B. 1819.
Lason, Antoine. B. 3453.
Lasquier, fermier général des domaines. B. 3769.
Lassalle (Marie de), femme de Vature. B. 519.
Lassault, Louise. B. 3936.
Lassaux (de), Adrien, doyen du chapitre de Soissons. G. 1591.
— Jean. B. 2774. = Marie. B. 560. = Marie-Anne, femme Cursol. B. 2554.

(Aisne.) — Tables.

Lasseré, Charles. B. 2802.
Lassone (de), conseiller d'État, premier médecin du roi et de la reine. C. 669.
Lastre, dit le Picard, (Hector de). F. 5.
Latache. B. 3743.
Latar, Bernard-Antoine. B. 1899.
Latarget. B. 515, 3240. = Antoine. B. 2790. = Nicolas. B. 3916. = Marie. B. 896.
Lataulade (de). B. 3460.
Laterelle, Marguerite, femme de Boffle. B. 1380
La Teyssonnière. C. 360.
Latièrce, Antoine. B. 2977. — H. 1552.
Latille, Jean-François, curé de Versigny. B. 2636. = Jeanne, veuve Rousseau, cabaretière. B. 2758. = Louis, laboureur. B. 2809. = maçon. B. 2853.
Latilly, Jean-Louis. C. 272.
— (de), Pierre, chanoine de Soissons, clerc du roi. H. 477. = évêque de Châlons. G. 253.
Latizeau, Jean. B. 3025, 3048. — E. 432. = vigneron. E. 430. = Nicolas. B. 3014.
La Tombelle, Guiars, (sire de). H. 353.
Latomus, Bernard et Pierre. H. 871.
La Tour (de), architecte. G. 812. = peintre du roi. C. 812. = Isabeau. G. 325. = Raoul. H. 955. = Simon, homme d'armes des ordonnances du roi. H. 1183.
Latour, capitaine. B. 979. = Jean, boucher. B. 492. = Philippe. B. 778, 847, 916. = Robert. B. 2163.
La Tour d'Auvergne, Godefroi-Charles-Henri. E. 308. = Louis, lieutenant général de l'Ile de France. B. 2696.
La Tour du Pin. C. 6, 384. = baron, mestre de camp. C. 383. = (comte de). C. 358, 369, 391, 430, 505, 516, 754, 921.
La Tour-du-Pin-Chambly (comte de). C. 50, 87, 308, 820.
La Tour-Maubourg (marquis de). B. 2201.
La Tournelle (de), président au parlement de Paris. B. 225. = trésorier de France, commissaire des ponts et chaussées. C. 423. = Robert. H. 477. (Voyez Le Duc.)
La Tranche (Jean de). B. 718. = seigneur de Marcilly. G. 93.
Latre de Bucy (Raoul de). G. 253.
La Trémoille (de), duc. B. 2128. — C. 516, 912. = duchesse. C. 514, 631. = Charles-Godefroy, duc de Thouars, maréchal de camp, président des États de Bretagne. B. 1921. = Charles-René-Armand, duc, prince de Tarente, pair de France, président des États de Bretagne. E. 309, 814. = Jean-Bretagne-Charles-Godefroy. E. 309.
La Tricaude, Jeanne, femme de Cuise. H. 1508.
Latron, Antoine. H. 1788.
La Truande, Adeline. H. 8.
Latruffe. B. 3404. = Antoine. H. 1332. = Louis. B. 3088. = Nicolas. B. 647.
La Turelle (Michel de), capitaine de cavalerie. B. 1962, 2315.

LAU, Jean, marchand. B. 683.

LAUDE, Bonaventure, prêtre chantre de la Ste-Chapelle de Paris. B. 642. = Pierre. B. 2190.

LAUGEOIS D'IMBECOURT, intendant de Soissons. C. 866.

LAUGER, Nicolas. E. 527.

LAUMONIER. B. 2565.

LAUMONT, François. H. 1152.

LAUMOSNIER, seigneur de la Motte. B. 796. = Antoine. B. 758. = Claude. B. 1022. = David, seigneur d'Hervilly. B. 908, 1238. = Henriette. B. 796. = Isaac, seigneur de Travecy. B. 692, 718, 723, 1022. = Jean, trésorier et receveur général de Marie de Luxembourg. E. 663. = Josué. B. 796. = Louis, seigneur de la Motte et d'Épourdon. B. 779. = seigneur de Travecy. B. 734, 752. = dit Lamerie. B. 1262. = Louise. B. 758, 796. = femme Dennet. G. 633. = Madeleine. B. 796 = Marie-Madeleine, femme de Tuffreau. B. 849. = Nicolas-Louis. B. 796.

— (de), Henri, marquis de Varennes. B. 783. = Louis, seigneur de La Motte et d'Andelain. B. 1011. = Marie, femme de Pastour. B. 800, 848.

LAUMOSNIER D'HERVILLY (Marie de). B. 1090.

LAUMOSNIER DE LA MOTTE (de), Jeanne-Charlotte, femme de Blois. B. 852. = Jeanne-Madeleine-Charlotte, veuve de Blois, dame d'Épourdon. B. 941. = Louis-Josué, seigneur d'Épourdon. B. 849, 1144, 1184.

LAUNOIS, Jean-Barthélemy, avocat, procureur fiscal. B. 3321, 3335, 3422.

LAUNOY, Nicolas-Hilaire, prémontré. H. 860.

— (de), Thiébaut. H. 305.

LAUNY, Antoine, capitaine d'invalides. B. 2247.

LAUPTAC (Louis de), abbé de Saint-Antoine de Viennois, commandeur de Saint-Antoine et de la Paix Saint-Antoine. E. 549.

LAURAGUAIS (de). C. 529. = comte, seigneur de Manicamp. B. 1395. — C. 521. = duc. B. 3561, 3562, 3595.

LAURENCE, femme le Chaudrillier. G. 704.

— Grégoire, arpenteur. H. 1123.

LAURENDEAU. C. 11. = Crépinien. H. 726. = Florent, conseiller rapporteur du point d'honneur. C. 258. = Nicolas, fermier. E. 372.

LAURENS. C. 922. = Jean. H. 1042. = Jean-Jacques, meunier. C. 656.

— (de), Louis-Joseph, comte d'Ampus. B. 3412.

LAURENT. B. 1397. — C. 1018. = chanoine régulier. H. 1700. = femme. C. 697. = receveur de l'hôpital de Laon. C. 670. = André-Simon, greffier notaire. B. 2819. = Antoine. H. 1402. = Charles. B. 366, 3229. = commissaire aux saisies réelles. B. 667. = laboureur. B. 2785. = procureur. G. 468, 469. = Edme. B. 1201. = François, menuisier. B. 3426. = vigneron. B. 2814. = François-

Daniel, régisseur. B. 3319. = Gabriel, bailli de Missancourt. B. 668. = Gabriel-César, maire des justices de St-Vincent. B. 2887. = Jean. B. 1201, 1249, 1846. — C. 12. = Jeanne, veuve Houille. B. 2865. = Jérôme. B. 2886. = Marguerite. E. 61. = Marie-Françoise, veuve Émery. H. 1311. = Nicolas. E. 613. = Pierre. B. 703, 1979. = Pierre-Joseph. H. 1104. = Silvestre, charron. B. 1869. = Vincent. E. 532.

LAURENT DE LIONNE, directeur du canal de Picardie. C. 800, 802 à 809, 811. — H. 543.

LAUROY, Antoine, garde-bois. B. 3589.

LAUSSON, Pierre, prêtre. B. 1902.

LAUSURE, Françoise, femme Garnotel. E. 435.

LAUTREC (comte de). C. 683.

LAUTRIGHET, Antoine. B. 1811, 1843. = Charles. B. 1293. = Jean. B. 1503. = Nicolas. B. 480.

LA VACHE. Jacques. G. 13.

LAVACRY. B. 536. = Jean-Pierre. H. 910.

LA VAILLARDE, Marie, femme Bochet. H. 991.

LAVAL (de). C. 160. = comte. C. 596. = vicomte. C. 992. = vicomtesse. C. 49. = Georges, capitaine de chevau-légers. B. 837, 2898. = Madeleine, dame de Bohain, marquise de Nesle, veuve de Monchy, femme de Mailly. B. 962, 2894. = Pierre, huissier au conseil privé de Navarre. B. 688. = René, marquis de Nesle, gouverneur de La Fère. B. 711, 718, 721, 725, 837, 895, 958, 966, 1039, 1047, 1251, 2893, 3612.

LA VALETTE. Marie, veuve de Jean le Wilbert. H. 235.

LA VALETTE (cardinal de). B. 957, 958.

LAVALLÉE, Antoine. B. 2824. = Jeanne. B. 4039.

LA VALLÉE (de), Robert. H. 158.

LAVANCIER, Jean, laboureur. B. 2956.

LAVARENNE, François. B. 942.

LAVÉ, Madeleine, femme Deullin. B. 3392.

LAVECHEF DU PARC, Antoine-Martin, chanoine de St-Quentin. B. 3303.

LAVEILLE, Pierre. H. 1141.

LA VENDELLE, seigneur de la Haie. B. 1052.

LAVERDURE, Pierre. B. 1473.

LA VERDURE (Pierre de), curé de Deuillet et Servais. B. 697. = curé de Marest. E. 439.

LA VERGNE (Sébastien de), seigneur d'Hinacourt. B. 2926.

LAVERIE, Jean. H. 1216.

LA VERNADE. H. 740.

LA VERRINE (de), Charles-Michaut. B. 3200. = Hector-Michaut, ex-major de Guise. B. 2314. = Louis-Michel, seigneur de Leschelle. B. 41, 242, 2221, 2272, 3233. = Philippe, seigneur de Leschelle, lieutenant au gouvernement de Guise. B. 199, 201, 1912.

LAVICE, Jacques, notaire. B. 12. = Pierre. B. 330.

LA VIEFVILLE (de). B. 662. = Agnès. H. 628. = Étienne H. 273. = Jean, prêtre. H. 782. = Pierre-Robert, seigneur de Chailvet et Royaucourt. E. 192. = Robert, seigneur de Royaucourt et Chailvet, conseiller d'État, grand fauconnier, lieutenant de Champagne, gouverneur de Mézières. E. 193.

LA VIEILLE, Pierre, chevalier. H. 588.

LA VIÉVILLE (de), marquis. E. 311. = Philippe, grand audiencier de France. B. 1288.

LAVIGNE. B. 2990. = Charles. B. 420. = Daniel. B. 4020. = Nicolas, potier d'étain. E. 517. = Pierre, soldat estropié, religieux laïque. B. 1599.

LA VILAINE, Sébile. H. 455.

LAVILLE, François, frère donné. H. 1347.

LA VILLE-AUX-BOIS (de). C. 281. = Colins. H. 1234. (Voir L'Eleu.)

LA VILLE DE MIRMONT, Joseph, chanoine. G. 817. = doyen du chapitre de St-Quentin. G. 818.

LAVIOLETTE, Jean. C. 4015, 4023.

LAVISSE, laboureur. C. 945. = Anne, femme Trouvé. B. 913. = Antoine. B. 2384. = Jean. B. 2406, 2465, 3917.

LA VIVERETTE, Jeannette, femme Baudechon. H. 1313.

LAVOCAT, Louis, abbé d'Homblières. B. 2892. = Vincent. H. 1284.

LAVOINE. B. 429. = curé d'Erlon. C. 939. = Ambroise. B. 2791. = Jean, notaire. B. 3327. = Jean-Charles. E. 214. = Louis. B. 1636. = notaire. B. 3328. = Marguerite, femme Gaillot. B. 3174. = femme Naudet. B. 3335. = Marie, veuve Grandin. B. 3219.

LA VOIRE (de), brigadier des armées. B. 226.

LAVOISIER, Antoine. B. 1898. = garde-bois. B. 3749. = Charles-Antoine. H. 1741. = Élisabeth, religieuse. H. 1566.

LA VOLVÈNE (de). B. 681. (Voir Volvène.)

LAVOY, Charles. H. 825.

LAVOYE, Marie, femme Moriette. B. 3899.

LA VRILLIÈRE (duc de). C. 703, 704.

LA WESPIERRE (de), Claude. B. 703.

LEAUSAGET, cordonnier. B. 4088.

LEBAIGUE, Isaac. B. 3241.

LE BAILLY. C. 345.

LE BALUYERS, Foquin. H. 477.

LEBARON, Pierre-Guillaume-Amable. B. 566.

LEBASQUE, Antoine. H. 1420.

LEBASTEUR, Adam, cordonnier. E. 476. = Antoine et Louis, notaires. E. 33. = Jacques. B. 2785.

LEBATTEUR, Laurent. H. 1440.

LEBAULT, Charles, apothicaire. B. 1503. = Jean. E. 347.

LEBAUX, Marguerite. C. 680.

LE BAZENIER, Hue, lieutenant du bailli de Senlis. G. 253.

LEBÉ, Adrien. B. 3097. = Jacques, peintre. E. 467.

LE BEANZ, Eude. G. 253.

LEBEAU. B. 524, 525, 568, 1928, 2485, 2883, 3148, 3228. — E. 367. = employé des fermes. C. 1042. = Catherine, servante. B. 2374. = Charles. B. 727. = François. E. 183. = valet de charrue. B. 360, 3164. = dit Labarre. B. 1024. = Jean. B. 2067, 2107. — H. 1217. = seigneur de Beaulieu, cornette de chevau-légers. B. 2150. = Laurent,

laboureur. B. 477. = Louise, femme de La Chapelle. E. 407. = Madeleine. B. 3243. = Marie. B. 3182. = femme Ducrot. B. 4090. = veuve Vuallet. B. 2353. = Marie-Claude, femme Triquencaux. B. 2985. = Michel. B. 518. = Pierre. B. 3300, 3430. = maréchal de logis. B. 18.

LEBEAUX. B. 2347, 3265. = Raphaël. E. 524.

LEBEC, François. B. 655.

LEBÉE, Nicolas. H. 916.

LEBÈGUE. B. 3265. = curé d'Arrancy. C. 689. = Colart, garde-scel du bailliage de Vermandois. G. 73. — H. 1612. = Dominique. B. 1347. = François. B. 468, 4018. = Gabriel. B. 2651. = Helvide. H. 477. = Jean. B. 2011. = Louise-Agathe, veuve Allongé. B. 792. = Marc. B. 450. = Marie, veuve Démarest. B. 2950. = Michel. B. 467. = Pierre. B. 383, 1414, 2427, 2868.

LEBEL, Élisabeth-Charlotte. B. 1644. = Jacques, gruyer des comté de Marle et châtellenie de La Fère. B. 3537. = lieutenant général des mêmes comté et châtellenie, auditeur de la chambre des comptes de La Fère. B. 678, 682, 683, 812 = Jean. B. 811. = Philippe, milicien. B. 125. = Sulpice, concierge de prisons. E. 397.

LEBELDEMOR, garde-général des eaux et forêts. B. 3502.

LEBERTON, Philippe, curé de Taillefontaine. E. 1876.

LEBERGUE, Antoine. H. 794. = valet de charrue. B. 342. = Charles. H. 794. = Étienne. H. 1420. = Pierre. B. 1963.

LEBEUF. D. 10. = Charles, armurier. B. 931. = Pierre-Louis, bailli de Charmes. B. 669.

LEBEUGLE, Jean. E. 620.

LEBEZ, François, tonnelier. B. 2167. = Marie, femme Roucy. B. 2061.

LEBIGRE, Antoine. B. 3392. = Claude. H. 1271.

LEBLAN, Antoine. B. 1146. = Nicolas, brasseur. B. 910. = Pierre. B. 3260.

LEBLANC. B. 517, 2120, 2456, 2566. = premier secrétaire de l'intendance de Soissons. C. 98, 719. = Adrien. B. 770, 900. = Anne, femme de Burcourt. B. 2894. = veuve Preuvost, femme Debauve. B. 839. = Antoine. B. 819, 938. = notaire. B. 2244, 2291. = Antoinette, femme Pailly. B. 1182. = Barbe, veuve Brunette. B. 1858. = Charles. B. 1389. = seigneur de Vouzon, chevau-léger de la garde du roi. B. 1389. = Claude, chanoine de Saint-Quentin. G. 817. = Hugues, bénédictin. H. 242. = Jacques. B. 3910. = prévôt de l'île de Saint-Denis. E. 478. = Jean. B. 843, 1056, 2922. = chanoine. B. 940. = Jeanne, veuve Quesnel. B. 917. = Madeleine. B. 1389. = Marguerite, femme Bourgeois. B. 770. = Martin, sergent royal. B. 903. = Nicolas. B. 826. = chanoine de Laon. B. 2876. = vannier. B. 989. = Pierre. H. 1047. = huissier. B. 13. = notaire. B. 1919. = sergent royal. B. 2456. = Thomas. H. 1276. = Vincent. B. 993.

LEBLANCQ, Jean. B. 907. = Jeanne. B. 904. = Pierre. B. 829.

LEBLED, Claude-Antoine, bailli de La Ferté-sur-Péron. B. 1921.

Leblef. B. 2166, 2284. = Étiennette. B. 1960, 2139. = Jean. B. 2072, 2317. = avocat. B. 1960, 2139, et notaire. B. 1974. = Marguerite, femme Évrard. B. 2012, 2166, 2168.

Leblon, Claude. B. 883.

Leblond, chantre. G. 639. = Antoinette, femme de Presselles. B. 2899. = Charles. B. 3348. = chanoine de Saint-Quentin. B. 3303 = Charles-François. C. 362. = Claude, seigneur de Joncourt, président et lieutenant particulier au bailliage de Noyon. B. 1421. = Claudine, femme Plichart. B. 2407. = Denis. B. 982. = Donat-Joseph. B. 835. = Féry, exécuteur des sentences criminelles. E. 515. = François. B. 1237. = Jean, notaire. E. 404. = Joseph, garde-étalon. C. 268. = laboureur. B. 1015. = Louis. B. 4019. = Marguerite, femme de la Fons. B. 2892. = Paul, prévôt de l'abbaye de Saint-Quentin-en-l'Île. B. 2889. = Pierre-Antoine. B. 947. = Regnault. B. 982.

Lebobe, Charles, laboureur. H. 1069.

Lebocq, Denis. H. 1050.

Lebœuf, Alison, veuve Senemault. E. 544. = Barthélemy. H. 1261. = Jean, maître d'école. E. 178. = Nicolas. H. 809, 1177. = Pierre-Louis, avocat. B. 1147. = lieutenant de maîtrise. B. 3554.

Le Boigne, Jean-Louis-Nicolas, chanoine de Noyon. B. 1347.

Le Boistel, Claude, comte d'Ambrief, conseiller au parlement de Paris. H. 1667.

Leboiteux, chanoine et receveur du chapitre de Saint-Quentin. B. 1160.

Lebon. B. 2486. = André. B. 993. = Françoise, femme Lemasson. E. 528. = Jean. E. 541. = Louis. E. 541, 542. — H. 1371. = Marie, femme Roussi. E. 566. = Michel, maire de La Fère. B. 704. = Nicolas. B. 2341. = Thomas. E. 514.

Lebons, Adam. G. 253.

Leborgne, procureur. B. 1832. = André. B. 1521. = Florent. E. 639. = Louis, chanoine de La Fère. B. 777. = Marie. B. 1538. = Pasquette, femme Féra. B. 1410. = Pierre, curé de Liez. B. 1430. = Quentin. B. 205, 1946.

Le Borgne de Cramaille (Jean), sire de Cramaille et de Nouvion-le-Comte. G. 253. — H. 223, 244. 410, 413.

Le Bossu, Antoine, seigneur de Becquigny. G. 740. = Isaac, seigneur de Vaurseine, et Emmanuel. B. 1252.

Lebossu, Jean. B. 1841. = vigneron. E. 621.

Le Boucher, Constant. H. 7. = Ébal. G. 50. = Gérard, citoyen de Laon. G. 2.

Leboucher, Pierre. H. 1249.

Le Boulangier, Simon. E. 637.

Leboullanger, Antoine, laboureur. B. 3067.

Leboursier, Alips, et Jean, avocat. G. 253.

Lebrasseur, commis. C. 951. = Anne-Cécile, veuve Demory. H. 703. = Claude. B. 3395. = François-René, chanoine de Saint-Quentin. G. 821. = Jacques-Philippe, fermier. B. 3399. = Louis. H. 1274. = Louis-François.

H. 702. = fermier. H. 530. = Marthe, religieuse. H. 1566. = Pierre. B. 3102.

Lebray (famille). B. 32.

Lebrecq, Nicole. B. 814.

Lebrun. B. 2719, 2845, 3106. = inspecteur général des ponts et chaussées. C. 434. = Adrien. B. 1242, 2677. — H. 1256. = Ambroise. H. 1582. = Antoine. B. 2611, 2856. = prêtre. E. 473. = vigneron. E. 476. = Antoinette, femme Jongleux. E. 492. = Bonaventure, curé de Wimy. E. 347. = Brice. B. 4110. = Catherine. C. 742. = Étienne, procureur. B. 3746. = Eustache, marchand doreur. H. 1566. = François. B. 3614, 3619. — H. 1582. = seigneur de la Brosse. B. 645, 909, 3544. = vigneron. B. 2630, 2651. = Gaspard-Joseph, laboureur. B. 3103. = Jacques. B. 2553. = curé de Wattigny. B. 3143. — E. 374. = Jean. B. 2575, 3085, 3617. — E. 620. = Jean-François, seigneur de la Brosse, bailli d'épée du comté de Marle et La Fère. B. 774. = trésorier du duc de Guise. B. 3834. = Jeanne. B. 2975. = veuve Duchemin. B. 883. = Madeleine, femme Duplat. B. 2632. = Marie, femme Bardin. E. 360. = Marie-Madeleine, religieuse, H. 1566. = Marie-Rose. B. 4049. = Martin, maire d'Ailles. B. 2771. = Mathis. E. 611. = Nicolas. B. 1843, 2886. = Noël. B. 885. = Richard, bailli capitulaire de Laon. B. 2761. = Robert. E. 110.

Lebryois, Jean. E. 637.

Lebuef, Pierre. F. 8.

Lebueur, Noël, chapelain. E. 472.

Lebugle, Christophe. H. 838. = Guillaume. E. 569. = Jean. E. 622, 627. — H. 809, 838. = Norbert, curé de Chevregny. B. 2705. = Raoulin. H. 838.

Lecaillon, Françoise. B. 526. = Louise, veuve Davesne. B. 4005.

Lecaine, lieutenant de police. C. 707.

Lecaisne, Alexandre, substitut de procureur fiscal. B. 3303. = Jean. H. 244. = Joseph. B. 4035.

Le Camus. E. 434. = Christophe, commissaire des guerres. B. 3067. = François, curé de Bassevelle. E. 425. = Jean. H. 138. = Louis-François, avocat. B. 667. = président et lieutenant général au bailliage de La Fère. B. 777. = Louis-Henri-Emmanuel-Alphonse, contrôleur général des fermes. B. 2121. = Marie-Geneviève, abbesse de Saint-Michel de La Ferté-Milon. H. 1680, 1681. = Marie-Louise, femme Rousseau des Fontaines. B. 2122. = Nicolas, chef fourrier de la reine-mère. E. 432.

Le Captif, Raoul. H. 588.

Lecarlier. B. 2492. = Charles, avocat. E. 496. = Élisabeth, veuve Pager. H. 1415. = Évrard. H. 133. = Jean. E. 348. = avocat. E. 344. = Jean-Baptiste, contrôleur des guerres, seigneur d'Épuisart. B. 2802, 2803. = Joseph-Bernard, chanoine de Laon. B. 2838. — E. 643. = Laurent. H. 17.

Le Carlier. C. 312. = procureur du roi. C. 69. = Canoald-François-Philbert, doyen du chapitre de Laon. G. 440,

Marle. B. 3455, 3539, 3604, 3605. = maître des requêtes
de la couronne de Navarre. B. 682, 683, 686, 687, 690,
814, 886. = maçon. B. 969. = maître d'école. B. 3426. =
tisserand. B. 2953. = Noël, tisserand. B. 3426. = Oudard.
H. 8. = Philbert-François. B. 2729. = Pierre. B. 2138,
2716, 3255. — E. 119. — H. 1716. = apprenti fondeur. E. 429.
= berger. B. 479. = dit Pompon. B. 2465. = fondeur en
cuivre. E. 482. = laboureur. E. 484. = meunier. B. 1194.
= tonnelier. B. 2836. = Raoul. H. 16, 230, 871, 900, 904. =
Renaud. B. 3180. = Quentin. B. 2925. = Robert. H. 17, 230.
= Rose. B. 2770. = Sébastien. B. 1050. = Suzanne. B.
3301. = Vincent. B. 2387.

Le Clerc, abbé de Valsecret. C. 51. = demoiselles. G.
471. = lieutenant-général au bailliage de Laon. G. 471.
= enseigne au régiment du Maine, seigneur de Montafief. B. 1708. = Guérin. H. 140. = Louise-Gabrielle,
femme de Breuilly. B. 852, 938. = Pierre-Bonaventure,
seigneur de Montafief, premier président au bailliage
de Laon. B. 843, 1348.

Leclerc de Lesseville, Marie-Henriette, femme de Saint-
Simon. B. 842, 2900.

Leclercq. B. 1422. = notaire. E. 443. = Antoine. B. 1368.
= Bonaventure, orfèvre. E. 501. = Brice. B. 910. =
Charles, chanoine de La Fère. B 1058. = Claude, vigneron. E. 621. = Denis, meunier. B. 1463. = Étienne. B.
4022. = orfèvre. B. 904, 907. = François. E. 436. =
maître maçon. B. 968. = Jacques. E. 586. = curé de
Lavaqueresse. B. 3206. = Jean, potier d'étain. B. 904.
= seigneur de St-Martin et de Vénérolles, conseiller au
parlement de Paris. H. 516. = tailleur d'habits. B. 898.
= Jeanne, veuve Boucher. B. 1405. = Jérôme, berger.
B. 419. = Louis, procureur. H. 1566. = Marie. E. 517.
= femme Durin. B. 3085. = religieuse. H. 1566. =
Nicolas. B. 2550. = Nicole, femme Bourniche. E. 432. =
Philippe. E. 582. = tonnelier. B. 1542. = Pierre, prieur
de Quessy. B. 1473 = sergent royal. E. 503. = Sébastien,
maçon. B. 1155.

Le Cochus, Jean. H. 1608.

Lecocq. B. 2488. = Catherine, femme Desfossés. E. 119.
= Madeleine. B. 3403. = Nicolas. B. 3381. = Pierre,
maire de Fontaine. B. 3337.

Le Coco, Gautier. H. 295. (Voyez Robert.)

Lecœur, Daniel. B. 21.

Lecœux, Marguerite. B. 3345.

Lecoing, Louis. B. 2384.

Lecoingnier, Marguerite femme d'Espinois. B. 2880.

Lecoint, Jean, laboureur. E. 517. = Louis. B. 2374. =
commis aux aides. B. 471. = greffier. B. 2403, 2420. =
Marie-Françoise, femme Samuel. B. 2457.

Lecointe, garde-vente. B. 2679. = Jacques. H. 778. =
Jean. E. 470. = Marguerite, femme de Compiengne. E.
470. = Nicolas. B. 1840. = Sanson. H. 1306.

Lecointre, Nicolas. H. 1301. = Pierre. H. 1307.

Lecomartin, Joseph, greffier. B. 3352.

Lecompte. B. 2719, 2736. = Guillaume. E. 464. = Jean.
H. 1042. = maire d'Épourdon. B. 774. = Mathieu. B.
963, 1842. = Sulpice. H. 1402.

Lecomte. B. 527, 812, 2734, 3197. — C. 519. = sous-brigadier. B. 2467. = Adrien. B. 898. = Agathe. B. 4053. = André.
B. 3351. — H. 984. = Anne. B. 440. = Antoine. E. 64. =
cabaretier. B. 802. = Catherine. B. 3935. = Charles. B.
1778. = boucher. B. 1557. = Clarembaud. H. 871.
= Claude. B. 1939. = Claude-Antoine, boulanger. B.
2373. = Colin. H. 1365. = Eustache. H. 732. = Félix,
garde général de chasses. B. 3496. = François. B. 1649.
— H. 732. = boucher. B. 935. = Françoise. B. 843. =
Gilles. H. 838. = Henri. H. 1508. = Jean. B. 888, 1086,
3067. — H. 845, 1278, 1284, 1363. = curé de Condren. B.
1699. = Jean-Baptiste. H. 1790. = Jean-Louis. C. 677.
= Joseph. B. 923, 1280. = Louis. B. 1425. — H. 780. =
Bonne-Marguerite, veuve Morial. B. 918. = Marguerite.
B. 920. = Marie. B. 75. = femme Oblot. E. 481. =
veuve Le Serurier. B. 2925. = Marie-Barbe. C. 478. =
Marie-Marguerite. B. 3229. = Marie-Thérèse, veuve
Dolé. B. 1766. = Marion, curé de Parpeville. E. 523. =
Nicolas. B. 3067. — H. 1217. = Pierre. B. 2707, 2991. —
E. 213, 476. — H. 834, 984, 1363. = garde du château de
La Fère, capitaine de garenne. B. 3589. = prieur de
St-Germain de Ribemont. B. 209. = Rosalie. B. 4053.

Le Comte, Hugues. H. 477.

Le Connétable, Michel et Philippe. H. 1116.

Le Coq. (Voyez Robert.)

Le Cosson, Pierre. H. 1003.

Lecot, Jean. B. 4018. = Remy. B. 2993. = Samuel. B. 1402.

Lecour, Jean, boucher. B. 2966.

Lecouste, Jean. B. 836.

Le Cousturier, Nicolas-Jérôme, chanoine de St-Quentin.
G. 816, 818.

Lecouturier, Nicolas-Servais, chapelain. B. 3205.

Lecouvreur. B. 2848. = Claude-François, avocat. B. 1635.
= Claude-Théophile, marchand de bois. B. 1741.

Le Couvreur, Alexis, commissaire provincial d'artillerie.
B. 936. — Jean, seigneur de Maissemy. H. 1150.

Lecreux, Jean. B. 318. = Pierre. B. 322.

Lecrignier. B. 2283.

Lecrinier, Charles, maître d'école. B. 4135.

Lécrivain, Jean, employé des gabelles. B. 484.

Lecrocq, Antoine. B. 3068. = Claude, vigneron. G. 1211.
= Jacques, tonnelier. G. 1696. = vigneron. B. 3061. =
Marie-Nicole, veuve Bourgeois. B. 3061. = Nicolas,
sergent de justice. B. 3008. = tonnelier. B. 3046.

Lecurieux. B. 3490.

Lécuyer. B. 3106, 3107. = maire de Crécy-sur-Serre. B.
3091. = tailleur. B. 782. = Antoine, fermier. B. 405. =
garde des monnaies et maréchaussées. B. 669. = Jean-
Pierre. B. 3101. = Marguerite, femme Châtillon. B. 3093.
= Nicaise, maître maçon. B. 3102.

Lecygne, Jeanne. B. 898.

LEDAINT, Marguerite. B. 3930.

LE DANOIS, François, marquis de Cernay, comte de Tupigny. B. 2255. = Marie-Françoise-Ursule-Augustine, femme de la Marck. B. 2040, 2259.

LE DÉBONNAIRE, Gobert, vigneron. H. 25.

LEDENT. B. 3372. = sergent de justice. B. 2693. = Anne. B. 832. = François. B. 3282. = Jean-François. E. 390. = Simon et Thomas. H. 105.

LEDHUY, Jean-Baptiste, notaire. B. 2051.

LE DIABLE, Robert. H. 8.

LEDIEU, Adrien, seigneur de la Fosse. H. 996. = François. H. 1040. = Madeleine. H. 1415.

LEDIN, Anselme, commissaire aux offices de receveur des consignations. B. 1506. = Louis, receveur des consignations. B. 1421.

LEDOSSU. B. 1154.

LEDOULT, Colard. G. 529.

LEDOULX, notaire. E. 458. = Françoise, femme de Froidour. E. 463. = Jacques, notaire. E. 463. = Jean-Claude, chanoine de Laon. B. 2833. = Marguerite, femme Mauduy. B. 811. = Philippe, procureur. B. 2886, 3971. = Poncelet. E. 504. = Simon, garde du corps. B. 1696.

LEDOUX, syndic de Gergny. C. 89. = Albin. G. 253. = Antoine, doyen du chapitre de Guise. B. 2064. = Blaise, dit l'Éveillé. B. 4030. = Claude, chanoine. B. 2856. = François-Théodore, garde de bois et chasse. B. 3600. = Françoise. B. 1022. = Guillaume. B. 480. = Jean. H. 1205, 1245. = curé d'Origny-en-Thiérache. H. 17. = Jean-Claude, vigneron. B. 2636. = Laurent. B. 2576. = Madeleine, veuve de Bouxin B. 1409. = Marguerite, femme Lescrinier. B. 3215. = Marie-Anne. B. 3291. = femme Morand. B. 1347. = Marie-Annette. B. 1298. = Péronne. B. 880. = Philippe. B. 3553. = Rémy, jardinier. B. 1015.

LEDOYEN, Mairesse, femme de Gérard de Vaux, et Robert. H. 8.

LE DRAPIER, Alard, bourgeois. G. 253.

LEDROIGT, Jean. B. 2921.

LEDRU, Élisabeth, veuve Gantier. B. 4105.

LEDRUE, Louis, maître d'école. B. 106.

LEDRUX, François, maître d'école. B. 2973.

LEDUC. B. 2489, 2492, 2567, 3105. = Anselme. B. 1823. = Antoine. G. 481 à 483. = Benoît. H. 730. = Claude, chirurgien. B. 2905, 3098. = Claude-Marie, directeur de l'arsenal de La Fère. B. 788. = Étienne. B. 3252. = François. H. 868. = Gobert, maçon. E. 513. = Huard. H. 35. = Jacques. H. 869. = Jacques-Alphonse, laboureur. B. 407. = Jean. B. 3938. — H. 870, 1225. = laboureur. B. 2947. = meunier. B. 2905. = tailleur d'habits. E. 574. = Jean-Jacques, sergent. B. 2382. = Louis. B. 1215, 1827, 1828. = receveur des consignations. B. 1331. = Madeleine. B. 3968. = femme Roupy. G. 981, 1684. = Marguerite. B. 3929. = Marie. B. 3383, 3926. = Mathieu. B. 1140. = laboureur. B. 1143. = Nicolas. E. 392. — H. 1226. =

Pierre. B. 3963. = notaire. B. 16. = Pierre-Jacques, prêtre. E. 574. = Pierre-Paul, chirurgien. B. 3099. = curé de Marcy. B. 2905. = Quentin. B. 3251. = Raoul. H. 868. = Rosalie. B. 3962. = Simon. B. 3174. — E. 12.

LE DUC, abbé de St-Vincent. C. 830. = commandant d'artillerie. C. 403.

LEDUC DE LA TOURNELLE, caissier de la mendicité. B. 718, 732, 734. = commissaire des ponts et chaussées. C. 429. = secrétaire perpétuel du bureau d'agriculture de Soissons. D. 20. = Antoine-Marc-Marie, receveur des décimes. E. 227. — G. 483.

LEDUCQ, Jacques, curé de Fay-le-Sec. E. 576.

LEDYALAN, Jean, curé de Mareuil-le-Port. H. 1228.

LEFAE, Guillaume. G. 253.

LEFAULX, curé de Monceau-le-Wast. E. 452.

LEFAUX, Pierre. B. 619, 647, 1039. = arpenteur. B. 574.

LEFÉBURE. B. 521, 527, 593, 1928. = avocat. B. 1938. = procureur de St-Vincent. C. 989. = Antoine. B. 1945, 3835. — E. 32. = brasseur. B. 2023. = cordier. B. 879. = hôtelier. B. 2383. = maréchal-ferrant. B. 881. = meunier. B. 1010. = seigneur de Chigny, receveur des consignations. B. 2150. = Catherine, femme Boiry. B. 2548. = Charles. B. 1930. = laboureur. B. 2952. = receveur des magasins du roi. B. 814. = Charlotte, femme Demery. B. 888. = Claudine, femme Lemaire. B. 1124. = Étienne. B. 2171. = François. B. 878, 950, 1582, 1978, 2016. = drapier. B. 879. = Hector, brasseur. B. 859. = Henri. B. 893. = Gilles. E. 53. = Hubert. B. 2366. = Isaac. B. 2004. = Jacques. B. 1930, 3192. = Jean. B. 896, 1142, 1402, 1778, 1966, 3347. — H. 1145. = domestique. B. 2780. = Jeanne-Catherine, congréganiste. H. 1701. = Jérôme. B. 877. = Louis. B. 1972, 1994, 2002, 2229. = Louise, femme Naudin. B. 2948. = Madeleine, femme Debligny. B. 1877. = femme Brisset. B. 3910. = Marguerite, femme Bize. B. 891. = veuve de Martigny. B. 1993. = Marie. B. 965. = Nicolas. B. 878, 978, 2508. = gendarme. B. 421. = receveur des consignations. B. 666. = Philippe. B. 896. = Pierre. B. 1997, 2243. — E. 32. = maçon. B. 857. = Remy. B. 603. = Roland. B. 689.

LEFÉBURE DE PRÉCOURT, Gui-Étienne-Alexandre, chanoine de St-Quentin. B. 3303.

LEFEBVRE. B. 874, 2564 à 2566, 3190, 3372, 3413. — C. 922. — D. 16. = curé de La Neuville-sous-Laon. C. 670. = Abraham, meunier. B. 3420. = Adrien. B. 478, 4033. — E. 589, 594, 596. = tisserand. B. 2966. = Antoine. B. 355, 484, 587, 776, 2526, 2557, 2923, 3230, 3907. — E. 454, 578. = berger. B. 454, 2961, 2971. = laboureur. B. 953, 1498. = marchand de fil. B. 2474. = notaire. B. 196. = seigneur de la Grandmaison. B. 1336. = Antoinette. B. 4118. = Barbe. G. 724. = veuve Gallot. G. 744. = veuve Waubert. B. 1487. = Catherine. B. 2925. = veuve Basseville. B. 406. = Charles. B. 454, 703, 990, 1848, 1929. = laboureur. B. 1156, 1423. = pâtre. B. 461. = seigneur de Septvaux. B. 699, 1481. = Christophe. H. 751. = seigneur du

Mesnil. B. 699. — Claude. B. 1814, 3051. — seigneur de Grandmaison, garde du corps. B. 3541. — seigneur de Remaucourt, enseigne au régiment de Piémont. B. 201. — Clément. E. 462. — Daniel. B. 2947. — Enguerrand, seigneur de Septvaux, lieutenant. B. 3581. — Esther. B. 3324. — veuve Laumosnier. B. 1238. — Eustache, seigneur de l'Étang. B. 405, 3793. — François. B. 678, 877. — H. 1177. — lieutenant. B. 3581. — meunier. B. 712. — seigneur de Septvaux. B. 1177. — tonnelier. H. 1292. — Françoise, veuve Hourlier. B. 1774. — Georges. H. 1348. — Gilles. E. 589. — Gobain, tonnelier. H. 1190. — Henri. B. 997, 2694. — Hubert. B. 2770. — Isaac. B. 3325. — vigneron. E. 454. — Isaïe. B. 3230. — Jacques. B. 1169, 1268, 3911. — H. 1300, 1361. — adjudicataire de routes. C. 636. — cordonnier. E. 449. — Jean. B. 2559, 2587, 2599, 2855, 3141, 3901, 3908. — E. 35, 536, 537, 595, 625, 631. — H. 882, 1305, 1348. — bailli des bois et maître des eaux et forêts du duché de Guise, seigneur de l'Étang et de Remaucourt. B. 201, 3819, 3820, 3822. — H. 1685. — boucher. E. 563. — chauffeur en grosses forges. B. 3284. — curé d'Ognes, notaire apostolique. B. 1676. — laboureur. B. 3401. — E. 35, 595. — seigneur de Parfondru, lieutenant d'infanterie. B. 752, 1156, 1158, 1165, 1256. — sieur de Marcy, lieutenant d'infanterie. B. 201 — valet de ville. B. 466. — Jean-André, notaire. B. 12. — Jean-Antoine, laboureur. B. 2526. — Jean-François. B. 3192. — Jeanne, femme Delaplace. B. 2776. — femme Lepreux. B. 1174. — Joseph. B. 480. — Lambert. B. 1828. — Louis. B. 1842, 2557. — E. 561. — dit la Verdure. B. 1676. — Louise, femme Catrin. B. 2957. — femme Mue. B. 2550. — Lucienne, femme Dubois. B. 17, 201, 2895. — Marc. B. 3907. — Marie. B. 2189. — femme Cursolle. B. 2550. — femme Remy. B. 3182. — Marie-Anne, veuve Poisson. B. 2960. — Marie-Rose. B. 4050. — Mathieu. B. 3230. — Michel, seigneur de Polastron. B. 1017. — Nicolas. B. 482, 636. — C. 518. — E. 533, 537. — H. 1302, 1338. — maréchal-ferrant. B. 1703. — E. 505. — Nicaise. B. 482. — Nicole, dite Vaguette. B. 554. — Noël B. 432. — H. 1071. — Olivier, garde-scel du bailliage de Soissons. E. 498. — Oudart. H. 976. — Philippe. B. 1668. — Pierre. B. 1263. — E. 58, 585, 591. — notaire. B. 13. — E. 610. — seigneur de l'Étang, bailli des eaux et forêts du duché de Guise. B. 195, 3832. — tisserand. B. 2956. — Pierre-François, seigneur du Quesnoy. H. 735. — Pierre-Quentin, chanoine de St-Quentin. G. 821. — Quentin. H. 1339. — courtier de toiles. B. 2914. — laboureur. E. 501. — Robert. E. 621. — Sébastien. G. 742. — Simon. B. 719, 3068, 3420. — Thomas, vigneron. E. 454. — Toussaint. B. 1522. — Vincent. E. 506. — boulanger. E. 510.

LEFEBVRE DE LAUBRIÈRE, Charles-François, évêque de Soissons. H. 1447.

LEFEBVRE D'ORMESSON, Antoine-François de Paule, intendant de Soissons. B. 2589. — C. 866.

LEFEL, Guillaume. H. 1200. — Jean. E. 626. — Jean-Charles. B. 1597. — Pierre, laboureur. E. 624. — Robert, boucher. E. 616.

LEFÉRON, Anne. B. 1846. — Jean. B. 1854. — directeur général des grands maîtres des eaux et forêts. B. 1186. — procureur du roi. B. 1757. — Jean-Baptiste, grand maître des eaux et forêts. B. 3634.

LE FÉRON, Jean, procureur. B. 971. — Marguerite, veuve d'Allais. H. 499.

LEFÉRON-DUPLESSIS, grand maître des eaux et forêts. B. 3546.

LEFEUX, Marie. B. 3916.

LEFÈVRE. B. 295, 368, 2486, 2487, 2489, 2490, 2511, 2729, 2738, 2739, 2845, 3148, 3197, 3203, 3248, 3265. — C. 622. — E. 212, 217. — entrepreneur. C. 615. — régisseur de l'école d'Alfort. C. 634. — Abraham. B. 432. — Adam. H. 94. — André, huissier. B. 3853. — notaire. E. 213. — Anne. B. 1976. — femme Lequeux. B. 2900. — Antoine. B. 116, 359, 1658, 2940. — H. 758. — chartreux. H. 629. — curé de Montigny-Langrain, doyen de Vivières. B. 1899. — entrepreneur des fortifications de Guise. B. 2251. — laboureur. B. 1563, 2837. — Antoine-André, huissier. B. 3798. — Antoine-Joseph. B. 1561. — Armand. C. 520. — Auger, laboureur. B. 443. — Catherine, veuve Droux. H. 771. — Charles. B. 486, 706, 816, 836, 990, 1752, 3118. — C. 657. — H. 784. — geôlier. C. 856. — Charles-Antoine. B. 3599. — Charles-Denis. C. 817. — Christophe, lieutenant-général au bailliage de Coucy. B. 3460. — seigneur de Septvaux. B. 694. — Claude. B. 451, 2371, 3922, 3962. — E. 214. — H. 978. — greffier. B. 2616. — laboureur. B. 2651. — receveur d'entrées de vin. B. 865. — sergent. B. 2620. — Denis. H. 1217. — Étienne, berger. B. 2425. — charron. B. 2873. — Félix. C. 807. — François. B. 416, 2442, 3214. — H. 978. — chanoine de Guise. B. 141. — procureur du roi. B. 3502, 3929, 3976. — C. 269, 520, 748. — François-Louis. H. 1648. — Gérard, homme de corps. H. 477. — Henri. B. 2693. — laboureur. B. 784. — Jacques. B. 1283, 1889, 2035, 3165. — Jean. B. 85, 451, 460, 998, 1366, 2591, 2944, 2972, 3215, 3835. — H. 1731. — boucher. B. 3334. — chanoine de Laon. H. 1397 — chapelain. G. 1. — drapier. H. 1260. — étapier. B. 2394. — huissier. B. 2453. — laboureur. B. 50. — meunier. E. 573. — seigneur de Marcy, lieutenant au régiment de Rambures. B. 201. — tisserand. B. 1301. — tonnelier. B. 122. — Jean-André, notaire. B. 13, 14, 2462. — Jean-Baptiste. B. 107. — laboureur. C. 430. — Jean-Charles. H. 907. — Jean-François, procureur. B. 3746. — Jean-Louis. B. 2528. — Jean-Simon, fermier. B. 2861. — Jeanne, femme Langlet. B. 3142. — veuve Dubuf. H. 981. — Joseph. B. 485, 3949. — laboureur. B. 3188. — Joseph-Médard, valet de charrue. B. 2473. — Laurent. H. 77. — Louis. B. 10, 14, 2909, 3283. — dit Givry, boulanger. B. 3329. — dit Sarrasin. B. 3961. — laboureur. B. 2245. = notaire. B. 2186. = Louise-Françoise, femme Sauvage. E. 392. = Madeleine. E. 183. = Marguerite. B. 395, 494, 3193, 3955. = Marie. B. 3336, 4127. = femme Fondren. B. 3348. = veuve Gallois. B. 486. = Marie-Anne. B. 3945. = femme Herbert. B. 490. = Marie-Françoise. B. 373. — E. 178. = Marie-Jeanne. B. 3113. — E. 178. = Marie-Louise, veuve Wargnier. B. 377. = Marie-Madeleine. B. 3964. = Martin. B. 140. = Mathieu. B. 2024. = Michel. B. 641. — H. 303. = cordier. E. 399. = curé de Bichancourt. B. 1649. = Nicaise, gendarme. B. 491. = laboureur. B. 491. — Nicolas. B. 639, 2203, 2234, 2380, 4029. — C. 267. — H. 1354, 1382, 1756. = laboureur. B. 638, 2746. = Nicole. B. 4118. = Nicole-Élisabeth, femme Migneaux. B. 3335. = Noë. B. 3358. = Noël. H. 1070, 1071. = Oger. B. 3083. = Ogier. B. 446. = Pasques, bénédictin. H. 77. = Paul. H. 848. = manouvrier. B. 144. = Pernet. H. 1313. = Pierre. B. 389, 2116, 2200, 2380, 2964, 3929. — E. 246. — H. 734, 794, 1070, 1210. = laboureur. B. 939. — H. 180. = Pierre-Nicolas. B. 375. = Quentin. B. 36, 499, 3144. — H. 785. = Raoul. H. 1508. = Reine-Marguerite, femme Leroy. B. 2913. = Remy. H. 1756. = Remy-Claude. B. 3102. = René, curé de Cuiry-lès-Iviers. B. 2953. = Robert dit le Couillu, homme de corps. G. 253. = Roland. B. 3345. = Rose. B. 3988. = veuve Dieulot. B. 3145. = Simon. H. 1352. = laboureur. B. 2431. = Thomas. H. 848. = laboureur. B. 3809. = Trecelin. H. 94. = Vincent, curé de Fay-le-Noyer. B. 2743.

LEFÈVRE D'EAUBONNE, André-Robert, intendant de Soissons. B. 1287. — C. 867.

LEFÈVRE DE CAUMARTIN, Henri, abbé de St-Quentin-en-l'Ile. B. 215, 405. = Louis-François, intendant de Champagne. E. 94.

LEFÉVRE-DESTRÉ (époux). B. 2150.

EFEZ, Barbe et Marguerite, sœurs grises. H. 1685. = Isaac, chanoine. G. 981. = Jean, avocat, et Marguerite. H. 1685. = Marguerite, veuve Lefebvre. B. 201.

LEFIN, Antoine. B. 2295. = Jean, laboureur. B. 483. = Louis. B. 2295.

LEFONDEUR, Jacqueline. B. 881. = Madeleine. B. 1123.

LE FORESTIER, Pierre. G. 50.

LEFORT. B. 516, 524, 535, 593, 2485, 2566, 3107. = geôlier. B. 511. = Antoine. B. 632. = Claudine, femme Parmentier. B. 3111. = Étienne. B. 730. = François. H. 899. = greffier des traites foraines. B. 4110. = Gilles, notaire. G. 125. = Jean. B. 528, 3402. = Jean-François, prémontré. H. 860. = Jeanne. B. 2813. = Joachim. E. 456. = laboureur. E. 453. = Marie. B. 2813, 3385. = Marie-Anne. B. 2526. = femme Lefèvre. B. 2651. = Mathieu, dit Picard, soldat. B. 3846. = Nicolas. H. 1304. = fermier. B. 2841. = Noël. B. 719, 1212. = chapelain. G. 821. = Pierre. B. 1005, 1050. = laboureur. B. 1848. = maçon. B. 1155. = Vincent. H. 1848.

(AISNE.) — TABLES.

LEFORT DE VERNEUIL, Gilles, notaire. G. 127.

LE FOSSIER, Baudet. H. 1508.

LE FOURBEUR, Alard et Hersende. H. 134.

LEFOURNIER, Marie, femme de Rouvroy. B. 2896.

LEFOUX, Claude. B. 1034.

LEFRANC, André. E. 405. = Antoine, cavalier. B. 744. = Blaise, charpentier. E. 461. = François. B. 1256. = meunier. B. 2001. = Jacques. B. 125, 2378. = Jean. B. 1833, 1843. — G. 528. = Jeanne, veuve Égret. B. 63. = Joseph, desservant de Vouël. B. 1285. = Louis. B. 2994. = Louis-Victor. B. 3959. = Louise. B. 3453. = Marie. B. 1833. = femme Marlot. B. 838. = Martin. B. 1256. = Nicolas. B. 714, 2311. = laboureur. B. 3095. = Pierre, journalier. B. 4040. = Robert. H. 811. = Victor. H. 856. = fermier. B. 150.

LEFRANÇOIS, Jean. B. 3168. = Pierre-Louis-Romain, curé de Vouël. B. 1742.

LEFRANCQ, Madeleine. B. 672. = Nicolas, charpentier. B. 3056. = Toussaint, meunier. E. 577.

LEFRANQUEFORT, Jean. B. 611.

LEFRICQ, François, seigneur d'Orainville. E. 351.

LE FRIPIER, Lienne. H. 197.

LE GALOIS, Guillaume. G. 2.

LEGAY, Adrien. B. 1242. = Antoine. H. 1071. = Catherine. B. 903. = François. B. 1242. = Jacques, fermier. B. 1074. = Jean. B. 1081. = Marie, femme Damour. B. 1492. = Martin, boucher. E. 547.

LE GAYANS, Jean et Jehannon. G. 253.

LEGENDRE, Antoine, laboureur. E. 520. = Guillemette, femme de Bezanne. B. 2897. = Jacques. B. 2315. = laboureur. E. 589. = Jean. E. 599. = Pierre. B. 2438, 2651.

LEGENDRE D'OUZAMBRAY, Marie-Louise-Florence, femme de Vassan. E. 320.

LEGENDRE DE VILLEMORIEU, receveur général des domaines et bois. B. 3762.

LEGENTIL, Guillaume et Nicolas, laboureur. E. 545. = Nicole, femme Cauet. B. 1726. = Vincent. H. 1187.

LÉGER. B. 519, 2723. = homme de corps. G. 2. = Antoine. B. 3042, 4117. = employé des fermes. B. 3984. = valet. B. 661. = Charles, garde-rivière. B. 3601. = Étienne. H. 1276. = Isaac, boucher. B. 3326. = Jean. B. 2652. = cordier. E. 515. = tuilier. H. 1299. = Lambert, vigneron. H. 1704. = Marie-Anne, veuve de Vassan. E. 320. = Nicolas. B. 3057. = Robert. B. 3337. = Sébastien. B. 2698.

LÉGIER, Jacques. B. 811. = trésorier et receveur général des finances de Charles, cardinal de Bourbon. B. 811.

LÉGIONNET, Pierre, colporteur. B. 4027.

LEGIVRE, Anne-Françoise. G. 1713. = Claude. B. 3727.

LEGLOUX, Antoine. B. 1421. = François-Antoine. B. 1420. = Jean. B. 1836.

LE GOISCOT, Gilles. H. 1231.

LEGOIX, Marie-Marguerite, veuve Trichet. E. 316.
LEGORSU, Charles, receveur des consignations. B. 809.
LEGOUFFE, Antoine, maréchal ferrant. E. 535.
LEGOUFFRE, Jean. E. 533.
LEGOUX. B. 2291, 3441. = Gaspard. B. 120. = brasseur. B. 2016. — E. 469.
LE GOVIE, Renaud, chevalier. G. 94.
LEGRADE, Claude, vigneron. B. 2812. = Jean. B. 2821.
LEGRAIN. B. 2733. = Antoine. B. 2705. = Barbe, femme Jumellet. B. 2701. = Claude. E. 421. = Husson, tonnelier. E. 617. = Jean. H. 935, 1047. = vigneron. E. 617. = Philippe. G. 253.
LEGRAIN DE LANCHY, Simon. H. 793.
LEGRAND. B. 2485, 2488, 2492, 2992, 3104, 3107, 3228. = commissaire des poudres et salpêtres, directeur du moulin à poudre de La Fère. B. 1084. = époux. C. 692. = Abraham. B. 703. = Adam. H. 739. = Adrien. H. 838. = Adrienne. B. 876. = Alexandre. B. 2037, 2922, 3927. = meunier. B. 2396. = sergent royal. B. 1706. = Ancelot. H. 788. = Angélique, femme Billard. B. 2991. = Antoine. H. 1140. = chirurgien. B. 3034. = fermier. B. 3116. = Antoinette. B. 352. = Barbe. B. 3101. = femme Pillois. B. 2640. = Catherine. B. 4047. = Charles. B. 2630, 4040. — H. 1142. = laboureur. B. 203, 2991. = vigneron. B. 3382. = Charles-Thomas. H. 1132. = Claude. B. 4023. = Daniel, cordonnier. E. 427. = Émond. H. 1040. = François. B. 486. = vigneron. H. 499. = François-Louis. B. 399, 2749. = Guislain. B. 3609. = Henri. B. 342. = Isaac. B. 1242. = Ivon, notaire. E. 459. = Jacques. B. 2485, 3579, 3608, 3900. — H. 1141. = notaire. E. 459. = Jean. B. 664, 887, 2376, 3619, 3856, 3903. — H. 1368. = collecteur du sel. B. 3993. = prieur de Voulton. H. 1327. = sergent. B. 671. = Jean-Antoine, laboureur. B. 1195. = Jean-Baptiste, notaire. B. 1334. — E. 20. = Jean-Louis, menuisier. B. 2911. = Jeanne. B. 2326. = femme Dieu. B. 2180. = Joseph, notaire-arpenteur. B. 1333, 1657. — E. 18. = Laurent. H. 1151. = Louis. B. 483, 2076. = laboureur. B. 2040. = marchand de lin. B. 3432. = Louis-Alexandre, chirurgien. B. 2259. = Louis-Joseph. B. 2261 = notaire et procureur. B. 1335. = Madeleine. B. 2326, 2994. = femme Jorand. B. 1388. = Marguerite. B. 2408. = veuve Nicolas. B. 3930. = Marie, femme Barbier. B. 2708. = Marie-Anne. B. 3946. = femme Maréchal. B. 2260. = Marie-Armand-Georges, sergent. B. 2477. = Marie-Catherine, veuve Hamard. B. 3957. = Marie-Françoise. B. 3944. = Marie-Josèphe. B. 4049. = Marie-Madeleine, femme Lefort. B. 3097. = Marie-Rose. B. 2438. = Martin. B. 3095, 3097. = Maximilien, grenadier à cheval. B. 1364. = Médard. B. 2332. = Nicolas. B. 2973, 3829. — H. 815, 838, 1198. = Noë. B. 3207. = Pierre. B. 85, 487, 602, 1307. — H. 816, 1035, 1563. = chapelain. G. 725. = fermier. B. 463. = Quentin. B. 2332. = Remy. B. 3189. = garde-bois. B. 2347. = sergent royal. B. 3098. = Sébastien. B. 2138, 2164. = Servais. B. 3116. = laboureur. B. 1996. = receveur de la seigneurie de St-Martin-Rivière. B. 105. = Simon. B. 2028. — H. 815. = Zacharie. B. 1247.
LEGRAS. B. 319. — H. 1693. = employé des fermes. C. 1042. = Antoine. E. 517. — H. 1221. = Antoinette, femme Sureau. E. 508. = Charles, vigneron. B. 2717. = Claude. C. 271. = Claudine, femme Houry. E. 575. = Élisabeth-Françoise, veuve de Ronty. E. 228. = Étienne. B. 838. = Françoise, femme Sandron. E. 556. = Gamaliel. H. 873. = Jacques. B. 2353. = garde-chasse. B. 2674. = laboureur. B. 2963. = Jean. E. 228. — H. 101. = Jean-Baptiste, correcteur en la chambre des comptes de Paris. E. 228. = vicomte d'Acy. H. 1447. = Marie-Jeanne-Marguerite, dame d'Acy et de Dhuizy, veuve de Folleville. C. 263. — E. 286. = Nicolas. B. 4110. — E. 589. — H. 1213. = trésorier de France. E. 228. = Nicole. B. 836, 1042. = Philippe. E. 326. = Sébastien. H. 1016. = Simon. H. 694. = évêque de Soissons. B. 1454. — G. 701. = Tristan. B. 1912.
LEGRAS DE CHALMONT, Michel, président, trésorier de France. E. 229.
LEGRAS DE MAUREPAIRE, Marie-Jeanne-Marguerite, marquise de Folleville. E. 228.
LEGRET, employé de verrerie. B. 1273. = François. H. 1035.
— (de), Charles, seigneur de Maisonneuve, et Marie-Madeleine, religieuse cistercienne. H. 1584.
LEGRIS. G. 25. = Adrienne, veuve de Renty. H. 1623. = Antoine. H. 886. = Charles. H. 1706. = Jacques. E. 495. = Louise, dame de La Bove. E. 408. = femme de Proisy. E. 409.
LEGROS. B. 2723, 2740, 2845. = curé de Montigny-sous-Marle. E. 554. = André. B. 2076. = Antoine. B. 2521. = Antoine-Tristan. C. 1048. = Charles, laboureur. B. 2159. = Claude. B. 1856. = Claude-Antoine-Tristan. E. 230. = Claude-Nicolas-François-Xavier, garde du corps. B. 2649. = Éloi. B. 485. = Étienne. B. 824. = Henri. B. 3219. = Jacques. B. 2716. = Jean. B. 3928. = Jean-Claude, chirurgien. B. 3433. = Marguerite. B. 4020. = Marie. B. 630. = Marie-Françoise, veuve Moroy. B. 2642. = Martin, curé de Neuvillette. B. 390. = Nicolas. B. 237, 2887. = Nicole, femme Lequeux. E. 372. = Pierre. B. 3910. — H. 834. = Poncelet, sergent. B. 1949, 1951.
LEGRY, Jacques-Laurent, chanoine de St-Quentin. G. 821.
LEGUAY, Thomas. B. 2283.
LEGUÉ, Nicolas, curé de Grandrieux. B. 2950.
LE GUERRIEN, Jean. H. 991.
LEGUERY, Remy. H. 1732.
LÉGUILLÉ, Céleste. B. 3042.
LÉGUILLETTE, Anne-Ursule. B. 3255. = Louis-François, laboureur. B. 3236.

LÉGUILLIER, Jean, dit la Grandeur, canonnier. B. 3920. ═ Jean-Louis. H. 1226. ═ Nicolas-André. B. 2309. ═ Pierre, garde-port. B. 3562. ═ Reine. B. 2425.

LÉGUISÉ D'AIGREMONT, Louis-Marc-François. C. 411.

LE HARDY, Sébastien, sieur de La Trousse. B. 714.

LE HARTE, Geneviève, femme Barson. E. 437.

LEHAULT. B. 523, 524, 568. —C. 945. — E. 367. ═ maire de Dormicourt et d'Attencourt. B. 3115. ═ seigneur d'Élincourt. C. 515. ═ Charles-François, curé de Montigny-sous-Marle. B. 227. ═ Claude, chirurgien. B. 3327. — C. 1048. ═ Denis. B. 542. — H. 630. ═ greffier. B. 3329. ═ Élisabeth. B. 565. ═ François, bailli de Saint-Pierre-les-Franqueville. B. 3299. ═ curé de Montigny-sous-Marle, chapelain. B. 227. ═ greffier de justice. B. 3309. ═ Jean, curé de Voyenne. E. 628. ═ Marie. B. 2606. ═ Nicolas. B. 512, 575. — E. 550. ═ procureur et historien. B. 511, 526.

LEHAUT, François. B. 3239. ═ Gilles, curé de La Ferté-Milon. H. 712.

LEHEUX, Jean. H. 1066.

LEHON, Jean. E. 616.

LEHOUT, François, maire de Marle. B. 565.

LEIGEAS, palfrenier. B. 746.

LEIGNEL, Jean-Joseph-Remy, prieur de St-Médard. E. 671.

LEJAIS, Gilles. E. 425.

LE JAUNE, Lisiard, commissaire du roi. H. 1508.

LE JAY, Marie et Nicolas. B. 3026.

LEJAY DE CHAMAINBOUT, Hugues. G. 253.

LEJEUNE. B. 319, 2045, 2564, 2565: — H. 233. ═ jardinier, inspecteur de pépinières. C. 61. ═ maître de la grande épée, de la dague et du bâton. E. 628. ═ Abraham. B. 614. ═ Adrien. E. 178. ═ André, bailli du roi. H. 1116. ═ Antoine. B. 2678. ═ mercier. E. 591. ═ Charles, laboureur. B. 2794. ═ Christophe. H. 1067. ═ Edmond. H. 882. ═ Edmond-Pierre, meunier. B. 2798. ═ Françoise. H. 455. ═ Gérard, laboureur. E. 472. ═ Jacques. E. 445. — H. 1243, 1245. ═ cordonnier. B. 2684. ═ Jean. B. 2965. ═ garde de bois, chasse et pêche. B. 3602. ═ Jean-Nicolas, prêtre. B. 2125. ═ Jonas. B. 674. ═ Judas, laboureur. E. 623. ═ Louis. B. 654. ═ Mathieu. H. 692. ═ Médard. B. 2673. ═ Nicolas. B. 3882. ═ laboureur. B. 2841. ═ Pasquier. B. 2077. ═ Pierre. B. 2988. — H. 1352. ═ Quentin. B. 2800. ═ Robert, vannier. E. 518. ═ Simon, chevalier. G. 1. ═ Yves. H. 1245.

LE JEUNE, lieutenant de la prévôté de Laon. G. 126.

LEJEUSNE, Jacques. B. 2955. ═ Philippe. E. 376.

LE JUIF, Adeline, Marie, Odin et Rodolphe. H. 1081.

LE LARDIER, Étienne. H. 455.

LELEU. B. 539, 3104. ═ curé. C. 755. ═ messager. C. 953. ═ notaire. C. 720. ═ trésorier. C. 807, 808. ═ veuve. H. 843. ═ Adrien. E. 4. ═ André. B. 1855. ═ avocat. B. 2878. ═ Anne. B. 1349. ═ Charles. H. 1427. ═ Claude. B. 1629, 1698. — H. 843. ═ laboureur. B. 1491. ═ prêtre, prieur de Saint-Crépin-le-Grand. B. 1646. ═ Florent. B. 1718. ═ marchand blanchisseur. B. 1722. ═ Guillaume. H. 1225. ═ Jean. B. 4024. ═ dit Grand. B. 1298. ═ maire de l'abbaye de St-Vincent. B. 2886. ═ sous-chantre de Notre-Dame de Paris. G. 64. ═ vigneron. B. 3174. ═ Jean-Marie, curé d'Aubenton. E. 378. ═ Joseph, conseiller au présidial de Laon. G. 471. ═ Louise, femme Mahue. B. 3178 ═ Marie-Claude, femme Cotte. B. 2686. ═ Martin. B. 1776. ═ Michel. B. 1079. ═ Simon-Daniel, oratorien. B. 2632. ═ Véronique. B. 3118.

LELEU D'ELMÉ, Claude-Antoine, bailli du chapitre de Laon. B. 2761.

LELEUP, Charles, vannier. E. 518. ═ Jean, meunier. B. 1194. ═ Pasques. B. 3170. ═ Pierre. H. 1311. ═ Toussaint. E. 507.

LÉLIE, Jeanne. B. 4029.

LELIEPVRE, Gilles. E. 475. ═ Jean. E. 460. ═ Nicolas, laboureur. B. 2050.

LELIEUR, Adrien, seigneur de Jumeville. B. 1435.

LELIEUZE, François. E. 11.

LELIÈVRE. B. 2741. ═ curé de Ste-Preuve. C. 144. — Claude. H. 869, 870. ═ Isaïe. B. 686. ═ Louise-Madeleine. B. 460, 466.

LELIVRE, orfèvre. B. 947.

LELOIRE. E. 382. ═ Claudine. E. 355. ═ Louis. H. 1108. ═ Nicole, femme Clouet. E. 367.

LOLONDIER, Thomas. B. 2563.

LELONG. B. 2489, 2626. ═ bibliographe. G. 818. ═ Claude. B. 826. ═ François. B. 1200. — H. 1257. ═ Gaspard, tambour. E. 556. ═ Jacques. H. 1035, 1340. ═ Jean. H. 1140, 1212. ═ maire de Paissy. B. 2755. ═ Jean-François, clerc laïque. B. 2481. ═ Jeanne, femme Lescot. B. 518. ═ Joseph. B. 4049. ═ Louis. B. 4006. ═ Madeleine. D. 894. ═ Martin. G. 1325. ═ Nicolas, historien bénédictin. B. 3293. ═ Philippe. B. 1865. ═ Pierre. B. 1767, 1815, — H. 1198. ═ maître de la poste aux chevaux de Chauny. B. 1350. ═ Quentin. B. 955. ═ Renier. H. 588.

LELORIN (famille). B. 812.

LE LORMIER, Étienne. H. 321.

LE LORRAIN, serviteur. B. 3615. ═ Bertrand. G. 528.

LELOUP, Étienne, chanoine de Moy. G. 653.

LELOURD, Charles, soldat. B. 2157.

LE LOUVAT, major de La Fère. B. 666.

LE LUC, Henri, curé de Villeneuve-sur-Fère, et Marie-Anne. H. 1781.

LELUCQ, Jean E. 585.

LELUIDE. H. 1116.

LEMAGNE, Laurent. E. 533.

LEMAIGRE, Laurent. E. 532.

LEMAIRE. B. 429, 1399, 1944, 1967, 2488, 2493, 2730, 2845, 2992, 3371. — C. 356, 945. — E. 22. ═ curé de Longchamps. C. 1029. ═ meunier. B. 1523. ═ receveur du marquisat de Cœuvres. C. 683. ═ régisseur. B. 3319. ═ Alexandre. B. 3146. ═ André, maréchal-ferrant. B. 2418. ═ Antoine. B. 422, 1476. — E. 231. — H. 1071. ═ Antoine-François, notaire et procureur. B. 670, 828, 846, 922. = Antoinette. B. 2993. = Bernard, capitaine d'infanterie. B. 1092. = Catherine, femme Remy. B. 2991. = César. B. 3159. = Charles. H. 706. = apprenti tisserand. E. 526. = laboureur. B. 1618, 2371. = Charles-François-Joseph, notaire. B. 2912. = Claude. B. 748, 755, 1416, 3172. = Denis. B. 752, 827. — E. 487. = Éloi. H. 1508. = Étienne. E. 455. = Eugénie, veuve Dumoustier. E. 232. = François. B. 798. = bailli de Mézières-sur-Oise. B. 2051. = meunier. B. 889. = notaire. B. 11. = procureur et notaire. B. 666. = Françoise. B. 2383, 3958. = femme Bernoville. B. 1968. = Gabrielle, veuve Braconnier. B. 3998. = Geneviève, veuve Barbier. B. 1014. = Ignace. B. 89. = Isaac. B. 3218. = Jacques, laboureur. B. 2386. = vicaire. H. 620. = Jean. B. 810, 1157, 2037, 3077. — E. 409, 578. — H. 455, 702, 1221. = laboureur. B. 3216. = Jean-François. H. 1354. = Jeanne. B. 2296. = Jérémie. B. 2940. = Lambert. B. 1426, 1692. = Louis. B. 335, 912, 1170, 1735, 2090, 2358, 3220, 4047. = bourrelier. B. 3943. = Marguerite, femme Baudry. B. 3117. = Marie, femme Josse. E. 349. = veuve Lhote. B. 2273. = Marie-Anne. B. 4044. = Marie-Antoinette. B. 2604. = Marie-Françoise. B. 2440. = Marie-Louise. B. 2993. = Médard, laboureur. B. 133. = Nicolas. B. 365, 908, 1734, 2986, 4039. — E. 531. = laboureur. B. 1730. = Noël, chanoine de Rozoy-sur-Serre. H. 1400. = Philippe. H. 1042. = Pierre. B. 365, 901, 1419, 1544, 2377. — C. 340. — H. 807, 1140, 1172. = avocat. H. 875. = dit Gros-Pierre. B. 398. = Reine. B. 2413. = Richard. B. 1124. = Salomon. B. 1522. = Simon. B. 1636. — E. 603. = Suzanne, femme Couvreur. B. 3388. = Toussaint. B. 2991.

LEMAIRE DE PÉPINVILLE, Bernard, capitaine d'infanterie. B. 1280.

LEMAIRE-DUMESNIL. E. 231.

LE MAISIS, Gilles. H. 1508.

LEMAISTRE, Antoine. B. 715, 858, 862, 892. = David. B. 1991. = Jean. B. 829. — H. 986. = mégissier. B. 918, 922.

LEMAISTRE DE BELLEJAMME, Louis, intendant de Picardie. B. 412, 507, 554, 649.

LEMAISTRE DU TRONQUOY, Antoine. B. 2021.

LEMAÎTRE. C. 1018. = auteur. C. 746. = Pierre-Joseph. B. 2199. = Simon. H. 1383.

LEMARCHAND, Marie. B. 1964. = Nicolas. B. 425.

LE MARCHANT, François, seigneur de Lislepré. E. 4.

LEMARCHANT, Julien et Michel, marchands forains ambulants. B. 1092. = Mathieu. B. 1898.

LEMARCHANT DE CAMBRONNE, Jean-Paul, chanoine de Laon. B. 2840. = Paul. E. 524. = lieutenant-colonel. B. 2801.

LEMARIÉ, Henri, garde-forestier. B. 3750.

LEMASON, Sébastien. B. 3218.

LEMASSON. B. 1445, 1453. = Charles. B. 1693, 1812. = Claude. B. 1850. = veuve de Blécourt. B. 1464. = Françoise, femme Hirault. B. 1422, 1759. = Jean. B. 441, 741, 1081. — H. 365. = Jeanne. B. 1849. = Louis, greffier. B. 1330. = Madeleine. B. 1767. = Michel, arpenteur. E. 331. = Pierre. B. 1400, 1609. — E. 528.

LE MASSON, Adam, marchand. H. 17.

LEMAYEUR, Gobain et Jean. H. 269.

LEMEAU, secrétaire de Henri de Lorraine, duc de Guise, et du cardinal de Lorraine. B. 18.

LE MENOUVRIER, Pierre. H. 1508.

LEMERCIER, Antoine, seigneur de Signy. B. 428. — E. 364, 365. = Florimond, curé de Dury. B. 2914. = Gérard. F. 8. = Henri. H. 38. = Marie-Marguerite-Julie. B. 2914. = Michel. H. 1014. = Noël, seigneur d'Escanevelle et de Signy-le-Petit. E. 352. = Paul-Jacques, président au grenier à sel de Saint-Quentin. B. 3981.

LEMERCIER DE CHALONGE, Thomas-Alexandre, chartreux. H. 1347.

LEMERIE, Étienne. B. 2709.

LEMERLE, Henri. H. 1437.

LEMERRE, Marc. B. 2940.

LEMESUREUR, Jean-Jacques. B. 3863.

LEMEUNIER, Antoine. G. 729.

LE MEUNIER DE SAINT-GÉRAND, Charles, capitaine de dragons, seigneur de Silly-la-Poterie. H. 1682.

LE MEUSNIER DE SILLY, Christine, cordelière-urbaniste. H. 1680.

LEMIEURE, Nicolas. H. 871.

LEMIRE, Charles, seigneur de Bocqueaux, capitaine d'infanterie. E. 77. = Pierre, greffier de justice et voyer. B. 3412. = sabotier. B. 2039.

LEMISTE, Benjamin. H. 808. = François. H. 1437, 1571.

LEMISTRE, Simon. C. 270.

LEMIXTE, Antoine, maréchal-ferrant. B. 3257. = Nicolas, milicien. B. 3008.

LEMOCHE, Antoinette. B. 3336.

LE MOFLIZ, Renard, chapelain. H. 1608.

LEMOIGNE, Antoine. E. 538. = Charlotte, veuve Letellier. B. 1885. = Laurent. E. 537. = Marie, femme Gagneur. E. 537. = Pierre, seigneur de Beaucourt. E. 119.

LEMOIGNE DE REUVE, Pierre-Mathieu, seigneur de Saint-Gengoulph, lieutenant général au bailliage de Villers-Cotterêts. E. 233.

LEMOINE. B. 2565, 3106. = archiviste. G. 818, 819. = homme rendu. H. 1508. = maître de musique. G. 807. = André, laboureur. B. 1348. = Antoine. F. 10. — H. 1105. = Antoinette. H. 1355. = Ardouin. H. 1602. = Barthélemy. B. 4119. = Charlotte, femme Dubois. B. 2818. = Claude. C. 518. = Clément. H. 1017. = Étienne. B. 2425. = vigneron. E. 409. = Florent. E. 535. = François, laboureur. C. 318. = Françoise, veuve Julliart. B. 3219. = Henri. B. 2776. = Isaac. F. 10. = Jean. B. 2313. — H. 1217. = sergent royal. E. 514. = Jeanne, femme Prudhomme. B. 71. = Marguerite, femme Boiteux.

B. 3248. = Marie-Anne. B. 4093. = Marie-Claire. B. 3408. = Marie-Josèphe. B. 3129. = Mathieu, lieutenant de Maîtrise. B. 3722. = Nicolas. H. 1086. = employé des fermes. B. 3332. = seigneur d'Honnechy, contrôleur des guerres. B. 2123, 2313. = Nicolas-Antoine. B. 342, 4089. = Philippe. B. 2425, 3936, 3946. = Pierre. B. 2805. = laboureur. B. 3103. = vigneron. H. 1251. = Robert. H. 138,158. = Roger. H. 835. = Simon, procureur. B. 3005.

LE MOINE, Eudes. H. 351.

LEMOINE DE BECQUIGNY, Jean. B. 2123.

LEMOINE DE CHEVREMONT, Henri-Joseph, maître des eaux et forêts. C. 695.

LEMOISNE, Antoine, greffier. E. 507. = Claude. B. 702. — E. 456. = Florent, laboureur. B. 1497. = Guillaume. B. 819. — G. 2. = Henri, substitut de procureur d'office. B. 2755. = Jean. B. 1513, 1837, 2947. — H. 1217. = Jean, maître des ouvrages. B. 3449. = Jeanne, femme Lamborion. E. 561. = veuve Leroux, femme de Crespel. E. 449. = Louis. E. 533. = apprenti serrurier. E. 525. = Marie, veuve Brebis. B. 881. = Martin, curé de Sainte-Preuve. E. 532. = Michel. B. 1450, 1865. = Nicolas. B. 1238. = sergent à verge de la mairie de La Fère. B. 906. = Pierre. H. 820, 1217, 1232.

LEMONT. B. 3186.

LEMOSNIER, Françoise. G. 981.

LE MOUFLIS, Arnoul. G. 50.

LEMOYNE, Adrien, laboureur. E. 531. = Claude. B. 2886. = Étienne, vicaire. E. 545. = Guillaume. H. 1508. = Jean. E. 538. = Nicolas. H. 1317.

LEMPEREUR, Antoine, prêtre, docteur en théologie. B. 2900. = César. B. 891. = François. B. 3453. = Françoise. B. 757. = Jean, avocat. B. 1757. = Jean-Baptiste. B. 4020. = Justin. B. 694. = Louise, femme Caignart. B. 881. = Michel. B. 4045. = Nicolas. H. 1338. = Pierre. B. 1819. = Richard. B. 836.

LAMPERIER, Justin. B. 985 = Richard. B. 713.

LENAIN. B. 3107. = frères, peintres. E. 518. = Antoine, greffier du chapitre de Laon. B. 2756. = peintre. E. 519, 526. = Arnould. B. 2714. = Arthur, charpentier. B. 1668. = Baudouin. E. 475. = Bernard, notaire. E. 629. = Étienne. B. 4028. — E. 522. = François de Paule, capitaine major d'infanterie. B. 2634. = Gaspard. C. 697. = Isaac. E. 526. = sergent. E. 517, 518, 562. = Jean. B. 2715, 2716. — H. 899. = Jean-Antoine. B. 2633. = Jeanne, femme Carlier. B. 2716. = Louis, peintre. E. 519, 526. = Marguerite, femme Delalvé. E. 562. = Marie-Anne. B. 3123. = Mathieu, peintre. E. 519, 526. = Nicolas. E. 526. = notaire. E. 629. = praticien. E. 518. = sergent royal. E. 519, 522. = Nicolas-Claude, commis greffier de justice. B. 2757. = Pierre. E. 475. = notaire. B. 2771,

LENCLUS. B. 2492.

LENDORMI, Antoine. B. 459. = François. B. 4133. = Nicolas. B. 4127.

LENDORMY, François, seigneur de Montigny, et lieutenant de cavalerie. B. 2905. = Marie-Anne, femme Belleau. B. 2905.

LENDROIT, Madeleine. B. 4032.

LENERMEZ, Hector. E. 546.

LENET, Louis, colonel d'infanterie. B. 1343, 2898.

LENEU, Jacques. B. 2343.

LENFANT. B. 3203. = Charles. B. 61. = laboureur. B. 490. = Claude. B. 1270. = Hugues. H. 1116. = Jean, vacher. H. 905. = Jeanne, veuve Foisil. E. 390. = Léonor, pâtre. E. 403. = Louis, laboureur. E. 2. = Marie, veuve Gilles. E. 110.

LENFUMÉ, Simon. B. 2925.

LENGELLÉ, Hubert, drapier. B. 2200.

LENGINOT, Jean. H. 1030.

LENGLANTIER, Nicolas, maître sellier. B. 691.

LENGLET. B. 2992. — C. 957. = Jean. B. 3251. — H. 1217. = maire de Thenailles. B. 3309. = Nicolas, procureur fiscal. B. 2860. = Quentin. G. 929.

LENGLOIS, Charles. B. 2922.

LENICQ, Jean. H. 831.

LENNE, Jean, hôtelier. E. 481. = Marie, veuve Savreux. B. 3251.

LENOBLE. B. 573. = Antoine, garde-chasse. B. 3007, 3060. = Claude. B. 3041. = Jacques. B. 170. = Jean. B. 2034. = garde-bois. B. 2301. = Jeanne, veuve Jolly. B. 3068. = Laurent. H. 1301. = Louis. E. 175. = Marguerite. B. 3054. = Marie. B. 111. = Mathieu, vigneron. B. 3023. = Nicolas. E. 452. — H. 1298. = garde-chasse. B. 3006. = fondeur. B. 3047. = vigneron. E. 435. = Nicolas-Antoine. B. 3054. = Robert. E. 425.

LENOIR, précepteur. B. 1705. = Adam. H. 1056. = Antoinette, femme Priat. E. 445. = Dominique, potier d'étain. E. 436. = Jean. G. 2. — H. 17, 1027. = Jérôme. B. 1849. = Judith. B. 892. = Pierre. H. 91. = meunier. B. 2940.

LENORMAND, Charles, seigneur de Beaumont, capitaine-gouverneur de La Fère. B. 708, 711. = Marie, veuve Créteil. H. 1065. = Pierre, seigneur de la Bataille, capitaine d'infanterie, lieutenant du roi à La Fère. B. 3540.

LE NORMAND, précepteur de la milice du Temple. H. 243.

LE NORMAND DE MÉRY. C. 1024.

LENORMANT, Adam, prieur de Montaigu. H. 273. = Guillot. B. 3094. = Marie, femme Créteil. H. 1051.

LENQUIN, David, fermier. B. 346.

LENRUMÉ, huissier. C. 658.

LENSEIGNE, Denis. B. 828.

LENTÉ, Charles, curé d'Annois. B. 1668, 1742, 1745. = Étienne. B. 4020.

LÉON, abbé de Saint-Crépin-le-Grand de Soissons. H. 350. — X, pape. G. 6. — prêtre. H. 455.

LÉONARD, Pierre. B. 1854.

LÉOPOLD, duc de Lorraine. H. 1743.

LEPAGE. B. 3371. — C. 12. = chirurgien. C. 1024. = Alexis. B. 3124. = Antoine. B. 483, 3946. — H. 780. = César, laboureur. B. 2763. = Claude, jardinier. B. 449. = laboureur. B. 2763. = Dominique, curé de Veslud. E. 497. = Françoise. B. 461. = Jacques. B. 2941. = lieutenant provincial d'artillerie. B. 620. = Jean. H. 1508. = garde-scel du bailliage de Vermandois. G. 253. = vigneron. B. 3388, 3392, 3398, 3409. = Jeanne. B. 2390, 2391. = Louis. H. 841. = Marie, femme Barbaran. B. 2370. = Marie-Anne. B. 831. = femme Defrère. B. 832. = femme du Cairon. B. 780. = femme Martin. B. 1016. = Marie-Madeleine. B. 2437. = Nicolas. B. 483. — E. 62, 448. = clerc. B. 2385. = Nicole. B. 467. = Pierre. B. 1736. — H. 807. = Sébastien. B. 3374. — H. 1285.

LEPAIGE, Côme, maître des écoles. B. 819. = Gillet. H. 1008. = Louis, laboureur. B. 3382. = Quentin, maître maçon. G. 807. = Simon. B. 1931.

LEPAINTRE, Antoine. B. 1846.

LEPAON, notaire. E. 566. = Étienne. B. 2940.

LE PARCHEMINIER, Colin et Roger. G. 253.

LEPAS, Pierre. B. 2923.

LÉPAULART, Jean-Baptiste. H. 695.

L'EPAULLART, Isaac. B. 2756.

LEPAUX, Jean, chanoine. B. 728.

LE PÊCHEUR, Jean. H. 68. = Jeannon. H. 1003.

LE PELETIER, Félix, seigneur de la Houssaye, intendant d'Alsace. B. 3285. = contrôleur général des finances. C. 152, 320, 418.

LE PELETIER DE LIANCOURT. C. 51. = Antoine. E. 26, 290.

LE PELETIER DE MORTEFONTAINE, Louis, intendant de Soissons. B. 1634, 3091, 3898. — C. 346, 379, 399, 405, 423, 479, 663, 691, 714, 872.

LE PELETIER-ROSAMBO. C 521.

LEPELLETIER, Durand. H. 1229. = Jacques. B. 3067.

LE PELLETIER, Husson. H. 1508.

LE PELLETIER DE ST-FARGEAU, Madeleine-Charlotte, princesse douairière de Chimay. G. 367.

LEPÈRE, Anne-César, seigneur de Marolles et de Proix. B. 2228. = Antoine, berger. B. 464. = Claude, berger. B. 163. = Élie, berger. B. 421. = François-Henri, marchand de volailles. B. 4106. = Guillaume, receveur général des domaines. E. 420. = Marie, femme Caffect. B. 1336. = Marie-Anne. B. 4018. = Pierre-François-Louis, procureur. C. 809.

LEPESCHE. B. 1261.

LE PESCHÉ (Le Peschier), gouverneur de Guise. B. 2596. (Voir St-Chamans et Pesché).

LEPETIT, Jean. H. 1300.

LE PETIZ, Pierre. H. 1508.

LEPEYNE, Médard. B. 720.

LEPICART, Jean-Baptiste, intendant de l'Ile de France et de Soissons. B. 1678.

LÉPICIER, Antoine, meunier. B. 2675. = Claude. E. 539. = Jean, chanoine de Laon. B. 2789, 2795. = chapelain. E. 375. = Pierre. H. 863.

LE PIGNIER, Robert. H. 1508.

LÉPINAY (Marie-Josèphe de), dame de Marteville. B. 3554. (Voir Épinay.)

LÉPINE. B. 2992, 3197. = Antoine, laboureur. B. 3198. = Charles. B. 1128, 2994. = Mathieu. B. 1128 — (de), Ferdinand, commissaire des guerres. B. 2117.

L'ÉPINOY (Pierre de), curé de Flavy-le-Martel. B. 1486.

LEPLAST, Robert. E. 476.

LEPLAT, Esmond, tonnelier. H. 995.

LEPOIVRE, Catherine, femme Ballon. B. 717. = Jacques. B. 3578. = Marguerite, femme Guillaume. B. 891. = Sébastien. B. 749.

LE POLI, Milet. G. 253.

LEPORTEUR, Marie, femme Lempereur. B. 891.

LEPOT, Antoine, sellier. B. 1021. = Nicolas. B. 2389.

LÉPOUSÉE, Antoinette. B. 3908.

LÉPOUZÉ, Regnault, chirurgien. E. 437.

LE PRESTRE, Jean. H. 202.

LEPRÊTRE, Nicolas, vigneron. H. 507.

LEPREUX. B. 1134, 3106. = avocat. C. 307. = Adam. B. 1139. 1253. = Adrien. B. 3414. = Blaise. B. 1130. = Étienne. B. 800. = Jacques. B. 1265. = Jean. B. 1273. = Jean-Hubert. B. 3103. = Louis. C. 267. = Marie, femme Duparcq. B. 840. = Mathieu, laboureur. B. 1803. = Pierre. H. 1227. = boucher. B. 870, 899. = Sébastien. B. 720, 1130. = Servais. B. 1303. = laboureur. B. 1202.

LEPRÉVOST, Bertrand, abbé du Mont-St-Martin. B. 2891.

LEPRINCE, Antoine. H. 749. = Catherine. B. 458. = Pierre. H. 1248.

LEPROUX. B. 2247, 2729. = seigneur d'Hennepieux. B. 239. = Adam. B. 1067, 1174. = Florent, sommelier. B. 673. = Jacques. E. 285. = Jean-Baptiste, chanoine de Guise. B. 2033. = Jeanne. B. 891. = Marie. B. 430. = Marie-Marguerite. C. 841. = veuve Derbecq. B. 3862. = Pierre. B. 3862. = président, trésorier de France au bureau des finances de Soissons. B. 2509. = Pierre-Arnoult, bailli de Thenelles. B. 1921. = notaire. B. 2310.

LEPROUX DE LA FRANBOISIÈRE, conseiller-rapporteur du point d'honneur. B. 15.

LE QUELIN. B. 433.

LEQUERY, Philippe. H. 734.

LEQUESNE. B. 1415. = Martin. H. 1171.

LEQUEU, Antoine. B. 111. = Evrard. H. 171.

LEQUEUSTRE, Alexandre, procureur et notaire. H. 996, 999, 1005. = Jean. H. 1382. = Jeanne. B. 3410. = Pierre. E. 501. = Yves, procureur et notaire. H. 996.

LEQUEUX. B. 521, 1397, 2489, 2513, 3265, 3266, 3268, 3270. — E. 387. = Anne, femme Viellard. E. 566. = Antoine. B. 467, 3400. = Barbe, veuve Berthault. B. 541. = Charles. B. 890. — H. 733. = Claude, imprimeur-libraire. B. 2900, 2926, 4002. — F. 11. = Élisabeth, femme Leclerc. B. 3393. = Étienne. B. 1862. = François. B. 363, 3928, 4121. — H. 1047. = Jacques, curé. B. 46. = Jean. B. 3220, 3269. — E. 372. = charron. B. 3417. = tonnelier.

H. 926. = Jean-Baptiste. B. 3347. = Jean-François. B. 1349. = Louis, clerc laïque. B. 3162. = Louise, femme Dusautoy. B. 907. = Marguerite, femme de Morigny. E. 859. = Marc. B. 2944. = Marie-Thérèse, femme Lebé. B. 3097. = Nicolas. B. 151, 1862 = berger. B. 453. = Pierre B. 2528, 3172, 3184, 3818. = Quentin. B. 2900. = Thomas, curé de Bucy-lès-Cerny. H. 203. = Vuillequin. H. 1297.

LEQUIEN, Jean-Louis. C. 755.

LEQUOY, Jean, contrôleur alternatif. B. 3722.

LERADDE, bailli de Plomion. C. 123.

LERAGOIS, théologal du chapitre de St-Quentin. G. 808

LERAS, Laurent. B. 3554. = Marie. B. 489.

LE RAT, Marie-Catherine. H. 1680, 1681.

LERAT, Nicolas. B. 3065.

LERCHE, Marie. B. 2154.

LE REBOURS DE VAUMADEUC, official de Laon. G. 451.

LEREDDE, Charles. H. 1057. = Claude, vigneron. B. 3255. = Louis, voiturier par eau. E. 422.

LE RETONDERRES, Gillebert. H. 741.

LEREUILLE, Claude. B. 1966.

LERICHART, Françoise, femme Guérard. B. 699.

LERICHE, Baudechon. H. 395. = Claude. E. 535. = François. E. 529. = Jacques. E. 480. = Jean. H. 845. = concierge de prison. B. 667. = Jean-Baptiste, maire de Reuil. C. 831. = Joffroy, vigneron. E. 406. = Louis. B. 4015. — E. 210. = Nicolas. H. 959. = Philippe. G. 704.

LERIGNIER. Jean. B. 3408.

LERMINIER. C. 696. = Anne, femme Lemaire. B. 3220.

LERMITE, Colard, maire de Coucy-le-Château. H. 781.

LERMUSEAU, Jean-Baptiste, curé de Billy. E. 324.

LEROI, médecin. C. 630.

LE ROTEUR, Oudin. H. 1007.

LEROUGE, Nicolas. B. 876.

LE ROUILLIE, commissaire du Parlement de Paris. H. 1693.

LEROUX. B. 2492, 2730. 2848, 3088, 3203. — C. 991. = commis. B. 1743. = copiste. G. 820. = dit Blanchard. B. 2447. = marchand. B. 966. = Anne, veuve Courtonne. B. 1727. = femme Decroix. B. 2785. = Antoine. B. 2304. — H. 946, 1017. = Barbe. B. 898. = Bernard. B. 2319. = Claude. E. 449. = Colin. G. 2. = David-Michel, curé de Fourdrain. B. 3178. = Droin. H. 292. = Étienne. B. 3295. = Francois, chirurgien. B. 2646, 2717. = Hector, laboureur. B. 2871. = Ives. G. 1. — H. 105, 534. = Jacques. B. 1141. — G. 1494. = Jean. B. 3188. — H. 818. = garde-verdure. B. 3122. = Jean-François, notaire. B. 15. = Laurent. H. 849. = Louis. C. 270. — E. 243. — H. 392, 868, 869. = arpenteur. B. 3530. = Louis-Pierre, greffier du bailliage de Chauny. B. 1334. = Madeleine. B. 2190. = Marie, cordelière-urbaniste. H. 1681. = Marie-Anne. H. 849. = religieuse cistercienne. H. 1584. = Marie-Reine, veuve Bry. B. 33. = Marie-Françoise, femme Coppeau. B. 1208. = Marie-Jeanne, veuve Mignot. E. 262.

= Michel, laboureur. B. 460. = Nicolas. B. 1986, 2011, 2362, 2847. — H. 732. = laboureur. B. 2869. — H. 1356. = messager. B. 2051. = tisserand. B. 1738. = Olivier. B. 2887. = Pierre. B. 1949, 1965, 2776. — H. 260. = Remy. H. 849. = Robert. G. 253. = Robillard. G. 2. = Sébastien. E. 206. = Simon, vigneron. E. 488. = Thierry. H. 762. = Valentine, femme Brifoteau. B. 439. = Wiard. H. 292.

LEROY. B. 536, 874. = Adrien. E. 470. = Alexandre, caissier de la manufacture des glaces de Saint-Gobain. B. 1282. = Antoine. B. 368, 3241. — H. 1042. = sellier-bourrelier. H. 1006. = Antoinette. B. 642. = femme Sonnette. B. 2944. = Catherine, veuve Sallengrot. B. 129. = Charles. B. 893, 2340, 3173. = dit Desmoulins. B. 3911. = Claude. B. 945, 2414, 2446. — H. 1517. = laboureur. H. 509. = Crépin. H. 817. = Élisabeth. B. 157. = femme Canton. B. 3212. = Étienne. B. 764. — H. 808. = laboureur. B. 1559. = maçon. H. 489. = Eugénie. B. 2419. = François. B. 2572. = laboureur. B. 818. — H. 509. = Françoise, femme Féra. B. 830. = Geneviève. B. 930. = Gilles. B. 2340. — E. 563. = boucher. E. 497. = Henri. H. 766. = Jacques. B. 1122. — H. 1153. = Jean. B. 829, 1250, 1299, 4021. — H. 700, 1148, 1508. = cordonnier. B. 4034. = meunier. B. 760, 1215. = seigneur de Brandouzy. E. 486. = Jean-Adrien. E. 497. = Jean-Baptiste. B. 4032. = Jean-Baptiste-Joseph. B. 2929. = garde de bois, chasse et pêche. B 3602. = Jean-Nicolas, greffier de gruerie. B. 3840. = notaire. B. 2051. = Jean-Nicolas-Charles, fondeur de cloches. B. 2458. = Jeanne. B. 479. — E. 470. = Jérôme. B. 3024. = Joseph, dit Rondin. B 399. = Louis. B. 782, 1424, 2553, 2913, 3117. = arpenteur. B. 3496. = Madeleine. H. 1153. = Marc-Antoine, garde verdurier. B. 2672. = Marguerite. B. 2092, 3404. = Marie. B. 829, 1143, 1340, 3905, 4420. = veuve Letrier, femme Camus. B. 2191. = Marie-Jeanne. B. 2340. = Marie-Marguerite, femme Boivin. B. 2913. = Marin, commis. E. 640. = Mathieu, maréchal-ferrant. B. 2775. = vigneron. E. 620. = Nicaise, chanoine de Reims. F. 9. = Nicolas. B. 2535. = secrétaire-greffier de Guise et notaire. B. 2477. = vigneron. E. 336. = Nicole, veuve Lebeaux. E. 524. = Pascal-Pasquier. B. 367. = Philippe, mulquinier. B. 916. = tailleur d'habits. H. 1366. = Pierre. B. 180, 528, 859, 1040, 2465, 3931. — H. 809. = garde-chasse. B. 2988. = laboureur. B. 1501, 2695. = Pierre-François. B. 395. = Richart. B. 1947. = Siméon. B. 3609. = Suzanne, femme Vuarin. B. 3901. = Thomas. H. 817. = Toussaint. B. 2552.

LEROY D'ACQUEST, Marie-Louise. E. 162.

LEROY DE JUMELLE, Charles-Alexandre, seigneur de Dammarie. G. 94.

LERSIS (Thomas de), chambellan du roi, bailli de Vermandois. G. 529.

LERZIS (Thomas de), notaire. E. 473.

LERZY. B. 3197.

LESABLE, Pierre-Louis, commis greffier. B. 3600.

LESAGE. B. 1411. — E. 22. = Adrien, tailleur d'habits. B. 2645. = Antoine. H. 1573. = laboureur. B. 1722. = Florent. H. 1210. = Hippolyte. B. 713. = Jacques. H. 807. = Jean. B. 3967. — E. 248. = prêtre. B. 1626. = Joseph. B. 3351. = Marguerite, veuve de Milly, femme Bègue. B. 1344. = Marie. B. 4030. = Marie-Madeleine. B. 356. = Nicolas, abbé de Saint-Martin de Laon, aumônier du roi. B. 200, 1151, 1161. — H. 957. = Pierre. B. 1648. — H. 807. = soldat aux gardes françaises. B. 1721. = Simon. B. 3324.

LESAIGE, Charles. E. 490. = Grégoire, laboureur. B. 913. = Isaac. B. 1943. = Pierre. E. 241, 248.

LE SART, Charles, seigneur de Prémont, député de la noblesse aux états du Cambrésis. B. 2899. = Eustache et Guillaume, seigneur de Fervaques. B. 2897. = Jérôme, seigneur de Prémont, et Jeanne-Michelle. B. 2899. = Nicolas, seigneur de Prémont. B. 2893. (Voir Sart.)

LE SATRAPE, Werric, chevalier. H. 588.

LESCAFAULT (Louise de), cordelière urbaniste. H. 1680.

LESCABEL (famille). B. 1404.

LESCAILLER, Nicolas. E. 475.

LESCAILLON. B. 524, 573. = Gabriel. H. 946. = Jean. E. 64.

LESCALIER, Michel, aubergiste. B. 4106.

LESCALOPIER. C. 634.

LESCARBOTTE. B. 1932. = avocat. B. 1938. = curé d'Oisy. B. 2445. = Adam. B. 1985. = Adrien. B. 1931. = greffier de l'élection de Guise. C. 834. = procureur. B. 1973. = André-Thomas, notaire. B. 2009, 2393. = Antoine. B. 1957. = chanoine de Guise. B. 1955. = Jean, notaire. B. 1987. = procureur. B. 1973. = Jean-Baptiste, curé de Guise. B. 2112. = Madeleine, femme Vuarnet. B. 1970. = Marie-Françoise, veuve Caignart. B. 2912. = Michel. B. 1942. = Nicolas, maire de Guise. B. 2054, 2403.

— (de), notaire. E. 468.

LESCARBOTTE DE BEAUFORT, Louis-Joseph, président trésorier de France. B. 2188, 2297, 2298. — E. 234. = Marie-Louise, veuve Férand. B. 227.

LESCAREU, Jean, laboureur. B. 1617.

LESCAREUR, André. B. 1796. = Louis. H. 740. = Robert. B. 1846.

LESCAREUX, Augustin. H. 824. = Charles. H. 739. = David. B. 1614. = Éloi. H. 776. = Simon. H. 1104.

LESCART, Jean, pêcheur. E. 622.

LESCAUT, Claude, boucher. B. 2143. = Marie-Madeleine. B. 2178. = Toussaint. B. 2281. = boucher. B. 2384.

LE SCELLIER, Alexandre. F. 8. = Nicolas-François, seigneur de Chézelle, conseiller au parlement de Metz. B. 1350, 1393, 1655, 1661, 1751.

LESCELLIER, Jean. G. 734. = receveur des décimes. G. 730.

LESCHELLE, Gui (seigneur de). H. 624.

LESCHIELES (Gérard de). H. 1180.

LESOLIER, Guillaume. H. 253.

LESCOT. B. 427, 532, 537, 2485. = Charles. H. 1172. = drapier. B. 1295. = Claude. B. 562. = Étienne, laboureur. B. 2775. = François. B. 47. = Jean. B. 2282. = laboureur. B. 356, 2001. = Jean-Baptiste-François, ex-maire de Saint-Quentin. B. 2904. = Marie-Anne. B. 47. = veuve Colmart. H. 1172. = Martin. B. 1515. = Nicolas. B. 518. = ménétrier. E. 464. = Noël. B. 604. = Pierre-Joseph, opérateur. B. 3931.

LESCOUTIN, François et Joseph. H. 1047.

LESCRIGNIER, Charles, garde-bois. B. 2410. = Jacques. B. 1990. = Jean. C. 853. = Nicolas. B. 2200. = Pierre. B. 2172. = Simon. B. 2172. — H. 784.

LESCRINIER, Pierre. B. 3245.

LESCUIER, prieur de Maurepas. B. 1363. = Antoinette, veuve Bacquot. B. 3077. = Nicolas, maire d'Athies. B. 2755. = Philippe. B. 3097. = Pierre, charron. B. 2801.

LESCUIEZ, Jean-Marie-Louis, greffier de justice, notaire. B. 2887.

LESCURE, Christophe. B. 3447. = Pierre. G. 1846.

LESCURIEUX, Antoine. B. 3078.

LESCUYER. B. 2844. = laboureur. B. 2045. = Antoine. B. 942. — E. 547. = Augustin. E. 356. = Jacqueline, femme Destré. E. 340. = Louis. B. 1977. = boucher. B. 2463. = Nicolas. E. 588. = Nicolas-Antoine. B. 513. = Nicole, veuve Caru, femme Delarue. E. 360.

LESDIGUIÈRES (maréchal de). B. 2894.

LESDIN (Robert de). B. 723.

LESEBLE, Claude-Lambert, orfèvre. B. 787. = Pierre-Joseph, notaire et greffier. B. 669, 788.

LE SECQ, Eustache, abbé de St-Éloi-Fontaine. B. 1855. = Renaud. G. 745.

LESEIGNEUR, Joseph. B. 3981.

LESELLIER, bailli du comté de Braine. H. 995.

LE SELLIER, Jean. H. 50.

LE SENCIER, François. B. 3446. = Jean. E. 637.

LE SÉNÉCHAL, Henri. B. 2893.

LE SÉNESCHAL, Claude, procureur au Parlement. E. 154.

LE SENEUR, Claude, comtesse de Cerny, veuve de Suzanne, et Louise, femme de Hennin-Liétard. B. 2890.

LESENNE, Antoine. H. 868, 869.

LE SERGENT, Claude. H. 370. = Marie, veuve Chauvenet. B. 2898, 2899. = Marie-Catherine. B. 2898.

LESERGENT, Marie. B. 880. = Martin. H. 1249. = Quentin. B. 1007.

LE SÉRURIER, Antoine, seigneur de Méricourt. B. 2919. = Jacques. B. 2925. = Josias, conseiller secrétaire du roi. B. 1723. = Josias-Léger. B. 2912.

LESGRINIER, Antoine. B. 347.

LESGUILLETTE, Anne, femme Duprez. B. 3055.

LESGUILLIER. B. 519. = André. H. 1402. = Louis. B. 1984, 1989. = Marie-Jeanne. B. 2425. = Nicolas. B. 2425.

LESIEUR, Laurent. E. 625. = Nicolas. B. 3079. = Pierre.
E. 624. = Robert, notaire. E. 624. = Servais. B. 1402.
LESIGNE, Louis-Fabien. E. 256.
LESIRE, Marie-Jeanne. B. 2810.
LESKIÈRES (Ade de). H. 797.
LESNE. B. 2490.
LE SOT, Hugues, chevalier. H. 1116.
LESOT, Madeleine, femme Langlet. B. 4022.
LE SOT DE LA PANNETERIE, Nicolas, maire alternatif de
Chauny. B. 1356. = Nicolas-Eustache, blanchisseur. B.
1662, 1743.
LESOYELEUR, Jean, boulanger. E. 616.
LESPAGNOL, Anne, veuve Leduc. B. 3963.
LESPAILLART, Nicolas. H. 1230.
LESPÉCHÉ, François. B. 703.
LESPÉE, Antoine. B. 1047.
LESPERT, Antoine. B. 1212, 3615. = Jean. B. 1122.
LESPERVANCHE (Henriette-Louise de). H. 1680, 1681.
LESPICIER, Jacques. H. 849. = Pierre. H. 942.
LESPIED (famille). B. 519.
LESPINASSE, Élisabeth, femme Pinsepré. B. 534.
LESPINAY (de). B. 2737. — C. 1046. = Élisabeth, femme de
Bruslart. B. 1843. = Jacob, seigneur de Villers-lès-
Guise. E. 468. = Jacques, seigneur de Lierval. G. 96.
= Pierre. E. 468. (Voir Espinay.)
LESPINE. B. 527. = Adrien. H. 1560. = Jean. B. 4204. —
H. 1784. = vigneron. B. 2770. = Jeanne, femme Bou-
langer. B. 528 = Marie, femme Lecat. B. 526.
LESPINETTE, Henri. E. 32.
LESPINOY, Élisabeth, femme de Bonnelle. B. 1339. =
Pierre, fermier de verrerie. B. 3835.
LESPOUSÉE, Jacques. B. 1256.
LESPOUZÉ, Adrien. B. 1968. = Nicolas. B. 2368.
LESPRON, Ferry-Vespasien. B. 3218.
LESQUENIN, Charles, fermier. B. 1013.
LESQUIELLES (Gautier de), chevalier. H. 1116. (Voir Châ-
tillon.)
LESQUILBET, Jean. B. 257. = Louis. B. 2401.
LESSERTISSEUR, Jean. H. 795.
LESSEVILLE (marquis de), seigneur de Boisvilliers. B. 3052,
3059.
LESTAGNEAU, Antoine. B. 2788. = Élisabeth, veuve De-
paris. E. 452. = Laurent, vigneron. B. 2865.
LESTAIN, Jean-Louis. B. 4052.
LESTANG (Claude de), femme de Blondy. B. 1768.
LESTANNEAU, Nicolas. E. 622.
LESTANT (Jeanne de), femme de Gouvres. H. 1244.
LESTENDART (de), Charles. H. 55. = Henri, baron d'Anger-
ville. B. 2016.
LESTENDART DE BULLY, Claude, abbé de Val-Chrétien. H.
1038, 1039.
LESTOCART, Charles. H. 175.
LESTOFFE. B. 525. = Jean. H. 1042.
(AISNE.) — TABLES.

LESTONNE DE BRANGES. G. 253.
LESTOPHE, Nicole. B. 2482.
LESTRELLIN, Jacques. H. 1427.
LESTRICHET, Claude, laboureur. B. 1721.
LESTRILLARD, Louise. B. 806, 829.
LESTRILLART, Charlotte, veuve Thiébaut. B. 1040. = Da-
niel. B. 744. = Étienne, doyen du chapitre de Laon. G.
80. = Louise, veuve Vuity. B. 843, 1215.
LESTUVÉ, Barbe-Françoise, veuve Ducrot. B. 424. = Ro-
bert, hôtelier. B. 922, 1175.
LESUEUR, Antoine. E. 616. = Élisabeth-Jacqueline, femme
Gros. B. 788. = Étienne, arpenteur. E. 228. = Fran-
çoise. B. 3397. = Geneviève, veuve Scelliér. H. 1413. =
Hubert. E. 464. = Hulin, prêtre. E. 616. = Louis.
B. 1855. = Marie. B. 1840. = veuve Delattre. B.
919. = veuve Prévost. B. 908. = Nicolas, président au
Parlement de Paris. E. 487. = Pierre E. 620.
LESUEUR DE GIVRY, Charles, chevau-léger. E. 305. =
Charles-Antoine. E. 162. = capitaine de cavalerie. H.
1514. = Nicolas-François-Esprit-Henri-Louis. C. 415.
LESULLE, Pierre, laboureur. B. 3092.
LESUR. B. 2729. = greffier d'élection C. 836. = Alexis. B.
2185. = André. B. 3123, 3126 à 3128. = Antoine. C. 518.
= brasseur. B. 301. = Antoine-Eustache, curé de La-
vaqueresse. B. 3207. = Antoinette, femme Godart. B.
1990. = Charles-Eustache, greffier B. 3888. = Étienne.
B. 724. = Eustache. B. 478. = Jean. B. 360. = Louis.
B. 2149, 2293. = maréchal-ferrant. B. 3922. = Louise-
Agnès, femme Polliart. E. 405. = Marie. B. 629. =
Nicolas. B. 352, 360. — E. 74. = laboureur. B. 2642. =
Philippe, aubergiste. B. 2457. = Pierre. B. 188, 173. =
Pierre-André. B. 2546. = notaire. B. 2051. = Véronique.
B. 4044.
LESURE, Nicolas. E. 558.
LÉTAGNEAU, Abraham. H. 1359. = Nicolas. B. 2813. =
vigneron. B. 2779.
LÉTANGNEUF (de). B. 2511. = Jean-Grégoire. E. 377. =
bailli de Saint-Michel. B. 3276. = lieutenant général au
bailliage d'Aubenton et Rumigny. B. 2503, 2511. = Mi-
chel-Jean-Grégoire, curé de Jouart-Pontchartrain. B.
2525.
LÉTANNEAU, Louis, vigneron. B. 2836.
LETANNEAUX, Pierre. B. 2717.
LE TANNEUR, Bernard. H. 455.
LE TEINTURIER, Denis. H. 1049. = Jacques. H. 1508.
LÉTELIER, Jean. H. 207.
LE TELLIER. C. 50. = prémontré. C. 680.
LETELLIER. C. 1034. = officier des gendarmes de la garde
du roi. B. 1885. = Charles. B. 1509. = Claudine. B. 732.
= Jean, curé d'Aubenton. E. 371. = Nicolas. E. 620. =
tisserand de draps. E. 547. = Pierre. C. 492, 494. =
Toussaint. H. 1055.
LETELLIER DE BUSSY, Charles, commandant en chef sur

les rivières d'Oise et de Serre. B. 1355. = Louis-Charles, curé de Saint-Léger-au-Bois. B. 578.

LÉTEMPLE, Marie. B. 1766.

LETHELIER, Jean. E. 627.

LETHELLIER, Jacques, docteur en médecine. B. 1608. = Nicolas. H. 816. = lieutenant de justice. E. 406.

LE THIEULLIER, Jean. H. 1294.

LETHUILLIER, Jean, docteur en médecine. H. 1006. = Pierre, docteur en médecine. H. 996.

LETIERCE (famille). E. 382.

LÉTOCART, François, chanoine de Laon. B. 2836. = Jacques. H. 233. = Michel, chapelier. H. 1395.

LÉTOFFET, Charles. B. 3400.

LETOISTE, homme de corps. H. 477.

LETOLDE. H. 158.

LE TOMBIER, Crépin. H. 1217.

LETONDEUR, Étienne. H. 1321.

LETONNELIER, Claude. H. 1217. = Jean, vigneron. E. 622.

LE TONNELIER DE BRETEUIL. C. 799. = intendant de Picardie. C. 773. = Marie-Thérèse, abbesse de la Barre de Soissons. B. 3520. = abbesse du Sauvoir. B. 2725.

LÉTOQUART, Nicolas, huissier, sergent royal. B. 4110.

LETORDEUR, Jean. H. 1367, 1604.

LETOT, Jean. B. 2903.

LETOURNEUR, Jérôme. B. 760. = Servais, curé de Barzy. B. 2106.

LETRIER, Louis. B. 2191.

LÉTRILLART. B. 2740. = François. B. 797. = Louis. E. 156.

LETTE, Jacques. B. 3314.

LETULLE, Louis. H. 804.

LETUPLE. B. 2997.

LETURC, Bernard, arpenteur. B. 3696.

LE TURC, Nicolas-Charles, arpenteur. H. 164. = Raoul. H. 1083. = chevalier, seigneur de Bourg. G. 253.

LETUVÉ, Jean. B. 3095.

LEUILLET, Adam. G. 1435.

LEUILLIER, François. H. 694.

LEUILLY (de), Gobain. H. 779. = Guillaume. H. 781. = Jean, dit Damigny. H. 779. = Simon, chevalier. H. 756.

LEULIER, Pierre. H. 840.

LEURANT (Hersende de). H. 222.

LEURÉ, Jean. B. 605.

LEURIER, Pierre. E. 492.

LEURIN, Antoine, laboureur. E. 575. = Simon. B. 3818.

LEUSE (de), Jean. G. 38. = écolâtre de Troyes. G. 2. — H. 737.

LEUTRUDE, femme d'Ébrouin, maire du palais. H. 1508.

LEUZE (Wautier de). H. 68.

LE VACHER, Noël, doyen du chapitre de Berzy. H. 482.

LEVAILLANT, moine de Marchiennes. C. 694.

LEVAIRE, Jean. B. 3219.

LE VALOIS, Gobert-et-Pierre, chevaliers. G. 2.

LEVANT, Madeleine. B. 391.

LEVASCHER, Florent. E. 331.

LEVASSEUR, contrôleur des vingtièmes. C. 319, 972. = curé de Cuiry-lès-Iviers. C. 940. = organiste. G. 636. = procureur. C. 325. = Antoine. H. 977, 1370. = laboureur. H. 629. = Augustin. B. 798, 925. = Barthélemy. H. 1040. = Claude, laboureur. B. 1387. = Claude-Antoine, cabaretier. B. 2914. = Florent. B. 2926. = François, doyen du chapitre de Notre-Dame des Vignes de Soissons. G. 720. = laboureur. E. 629. = Gérard. H. 1056. = Guyot, jardinier. E. 446. = Hilaire, marchand meulier. E. 431. = Hubert. B. 1425. = Jacques. B. 3375. — H. 1188. = Jean. B. 2895. — H. 739, 1260, 1382. = Jean-Baptiste. B. 3386. = Jean-Philippe. B. 3562. = procureur. B. 787. = Louis. E. 611. = Marguerite, marchande. G. 1708. = Marie, femme Devin. B. 3329. = veuve Prou. H. 1071. = Marie-Louise, congréganiste. H. 1701. = Martin. B. 1840. — Nicolas. B. 3348, 3414. = chirurgien. H. 995. = doyen du chapitre de Notre-Dame des Vignes. G. 720. = Philippe, greffier de justice. B. 1305. = Pierre. B. 3400. = meulier E. 438. = Pierre-Jacques, lieutenant de la prévôté de Neuilly-Saint-Front, maître des eaux et forêts de Château-Thierry. B. 4138. = Pierre-Louis. B. 3279. = Quentin. B. 737. = Robert, vigneron. E. 331. = Simon, marchand meulier. E. 431.

LEVAUFFRE, Jean-Michel, lieutenant de justice. H. 1168.

LE VAULINS DE PINELLER, Jean, seigneur de Monthiémont. G. 97.

LEVAUX, Antoine. B. 4050.

LEVAVASSEUR, entrepreneur général des fourrages. C. 361. = Charles-Nicolas. C. 362.

LEVAYER, Roland, intendant de Soissons. C. 480.

LEVEAU, Jean. H. 403, 694. = Marie-Anne. B. 146.

LEVECHEF DU DARC, Louis-François, chanoine de Saint-Quentin. G. 816.

LE VELUD, Andrieu. G. 530.

LEVENEUR, Claude, ministre protestant. B. 1548.

LEVENT. B. 319, 338, 2566, 3105. = archidiacre de Laon. G. 425, et vicaire général. B. 3238. = Antoine. B. 659. = doyen du chapitre cathédral de Laon. B. 2778. = prêtre. H. 1621. = Antoinette, femme Tridot B. 2785. = femme Viefville. B. 622, 643. = Charles. B. 2707. — H. 142. = Charles-François, seigneur de Flavigny. G. 471. = seigneur de Vaurseine, président de l'élection de Laon. B. 406, 423, 424, 1288, 2628. = subdélégué. C. 623. = Jean-Charles, trésorier de France. H. 515. = Élisabeth. B. 1288. = femme Verzeau. B. 2639, 2641. = Étienne. B. 1261, 3946. = cordonnier. B. 823. = Genébaud, archidiacre de Thiérache. B. 46. = chanoine de Laon. B. 2770. = doyen du chapitre cathédral de Laon. B. 2787. = Jean. B. 827, 2822, 3308. — E. 482. = cordonnier. B. 1172. = sergent. B. 877. = Jean-Charles, seigneur de Louâtre. E. 235. = Jean-Louis, marchand de lin. B. 3097. = Joseph, dit la Volonté,

Marie-Françoise. B. 2811. ⸗ Pierre, laboureur. B. 3110.
⸗ Remy-Philbert. E. 108. ⸗ Simon. E. 349.

Lheuillier, François, chapelain. B. 3059.

Lhuisse. B. 2845.

Lhuissier, Innocent, soldat. B. 1043. ⸗ Joseph. B. 3910.

Lhullier, François. H. 859.

Lhuys (de), Adin, et Gaucher, sire. G. 253.

Li Abbès, Pierre. H. 1224.

Liancourt (duc de). C. 50, 417, 631, 922.

Li Ariers, Jean. H. 1208.

Liart, Michel, archer des gabelles. B. 2367.

Li Aveniers, Gobert. H. 311.

Li Baveur, Pierre. H. 50.

Libéral, Charles, collecteur des amendes. B. 3754.

Li Blous, Wiard. G. 540.

Libotte, Louis. B. 2576.

Li Bougras, Gilez. H. 1231.

Libre, Salmon, laboureur. E. 331.

Libres, Nicolas et Simon. H. 195.

Libruns, Gérard. H. 1116.

Lice, famille. B. 2564.

Licent, Colart et Étienne. H. 477. ⸗ Hélène, veuve Dumanger, femme Dissant. B. 1177.

Li Charons, Gilot. H. 1207. ⸗ Huars. H. 1508. ⸗ Thomas. H. 1240.

Lichat, Pierre. B. 2918.

Li Chaudelliers, Willaume. H. 1205.

Li Cousiaux, Roger. G. 253.

Li Couvreres, Henri. H. 91.

Li Crines, Benoît et Ermengarde. H. 222.

Li Droues, Guillaume. H. 1508.

Liébert, François-Adrien, procureur. C. 325.

Liécin, Louis, garde-verdure. B. 3122.

Liégarde, femme de corps. H. 477.

Liège (du), Colart. G. 253.

— (de), Catherine, femme Dupont. E. 460. ⸗ Jean. B. 979. ⸗ Jeanne, religieuse hospitalière de Laon. E. 511.

— Ferrand. H. 1298.

Liégeois. B. 1053. ⸗ François. B. 3396. ⸗ Robert, prieur de Neuville. E. 408.

Liégeoys, Jean, notaire. E. 570, 587. ⸗ Nicolas, notaire. E. 579.

Liégier, Denis. H. 1304.

Liéjarde, femme de Wauthier de la Croix. H. 289.

Liénard. B. 2490. ⸗ Antoine. B. 2332. ⸗ Hector. H. 1371. ⸗ Jean. E. 295. ⸗ Louis, laboureur. B. 2430, 2439. ⸗ Marguerite, femme Destré. B. 2398. ⸗ Nicolas. E. 564. ⸗ Nicolas-François, greffier de justice. B. 3297. ⸗ Pierre. H. 977.

Liénart. B. 523 ⸗ chanoine de Laon. B. 2771. ⸗ syndic du clergé. G. 425. ⸗ Anne. B. 4117. ⸗ Jacqueline. B. 2829. ⸗ Jean, chanoine. G. 467, et chantre de Laon. B. 2786. ⸗ Louis. H. 841. ⸗ Martin. B. 1984. ⸗ Nicolas,

laboureur. E. 587.

Liencourt (Nicolas de). B. 1859.

Liennart, Pierre. H. 818. ⸗ Sébastien. B. 1318. — H. 818.

Lier (Hugues de). G. 2.

Liert, Catherine, veuve Éloi. B. 1481.

Lierval (de), Ade, clerc. H. 84. ⸗ Berthe. H. 879. ⸗ Eudes. H. 455. ⸗ Eustache. H. 878. ⸗ Gui. H. 879. ⸗ Milon. G. 253. ⸗ Renaud. H. 878.

Li Espiète, Guillaume. H. 1178.

Liet. B. 3968.

Liétard, Anne, femme Painvin. B. 2015.

Liéteau, curé de Fargniers. B. 913. ⸗ Michel, chirurgien juré. B. 1331, 1686, 1697.

Liétonz, Oudars, clerc. H. 1244.

Lieuval, Philippe. B. 1964.

Liévain, Louis, garde forestier. B. 3750.

Liévin. B. 2741, 3186. ⸗ Antoine. B. 4100. ⸗ Jacques. B. 93. ⸗ Jean-Baptiste, commis aux aides. B. 3932.

Liévoux, Marie, veuve Lemaire. B. 1780.

Liévrard, Marie. B. 1723. ⸗ Pierre. B. 1421.

Liévrat, Daniel. B. 1968.

Liez (sieur de). B. 1610.

Liezot, Léger, chanoine de Soissons. H. 1508.

Li Fuzelier, Garnier, Heulin, Jeannon et Jeannette. G. 50.

Liger, Antoine, laboureur et Jean, charron. E. 503.

Ligier, Élisabeth, femme de Lignière. E. 557. ⸗ Étienne. H. 23. ⸗ Geneviève, femme Catinat. E. 557. ⸗ Guillaume. H. 18.

Ligne (Hyacinthe, prince de), marquis de Moy, baron de Wiège. B. 19, 218, 256, 1615, 2166.

Ligni (Joselin de), sous-diacre, chanoine de Laon. G. 1.

Lignier. B. 2490. ⸗ Rosalie. B. 947.

Lignières (de). B. 1706. ⸗ gouverneur de Saint-Quentin. B. 2150. ⸗ seigneur de Dercy. E. 557. ⸗ Antoine, seigneur d'Osly. B. 1650, 1693. ⸗ Charles. B. 1249, 1341. ⸗ garde du corps, et Élisabeth. B. 1344. ⸗ François. B. 1701. ⸗ seigneur de Marteville. B. 1342, 1575, 1693. ⸗ Isaac, seigneur de Lignières. B. 1352, 1859. ⸗ seigneur de Marteville. B. 1397. ⸗ Jean. H. 1508. ⸗ Jean-François, seigneur de Marteville. B. 1016, 1650. ⸗ Marie-Marguerite-Françoise-Louise, religieuse cistercienne. H. 1594.

Ligny (de), comtesse. B. 3450. — C. 307. ⸗ Antoine, seigneur de Plessier-Huleu. B. 1875, 1898. ⸗ Charles, Emmanuel, Marie-Philippe, chanoinesse. B. 1898.

— Vincent. B. 2438.

Ligny de Marcilly. B. 734.

Li Grais, Étienne. H. 1208.

Li Gris, Thomas. H. 1207.

Li Hannies, Wimar. H. 990.

Li Hons, Colars. H. 1600.

Li Huviers, Adam. H. 1180.

LOINTIER, Jean. H. 1024.

LOIR. C. 634. = Remy, berger. E. 441.

LOIRE DE BERNE, archiviste. G. 818.

LOISEAU. B 30, 3148, 3240. — E. 247. = Antoine. B. 907, 2019. = Claudine, femme Remond. E. 478. = David. B. 431. = Étienne. B. 2064. = garde-forestier. B. 3810. = greffier. B. 2051. = Eustache, mulquinier. B. 2467. = Gérard. B. 981. = sellier. B. 691. = Herbin. E. 478. = Jean. B. 468, 1129, 3220. = boulanger. B. 928. = Jean-Louis, garde-bois. B. 2480 = Jean-Marie. E. 469. = Jeanne. B. 3161. = Louis. B. 2381. = Marie, veuve Godin. B. 3937. = Marie-Joséphe, veuve Gillet. B. 3934. = Marie-Judith. B. 3301. = Pierre. B. 468, 2158, 3949.

LOISEL, François. H. 1055. = cavalier de maréchaussée. C. 240.

LOISON. B. 2511. = Charles, charpentier. B. 3198. = Nicolas. B. 1946. = Osias. B. 3219.

LOISTRE (Thomas de). H. 991.

LOISY (de), Nicolas. H. 94, 871. = Raoul. G. 253.

LOIZE, Nicolas. H. 1340. = Claude. B. 1349.

LOIZEAU, André. B. 2385. = François, charron. E. 533. = Jean-Louis. B. 2474. = Marie-Madeleine. B. 378.

LOIZELLES, Denis, seigneur d'Hartennes. G. 325.

LOIZON, Jean, marinier. H. 1334. = Françoise. B. 2107.

LOIZY (de), Gui, seigneur de. G. 2. = Raoul, prévôt de la cité de Laon. H. 871. = Robert, prévôt deladite cité. H. 9.

LOLIER, Ancel *dit* le Flamant. G. 253.

LOLLEUX, Marie. B. 4117.

LOLLIER, Emmery. H. 1582. = Poussot. H. 1296.

LOLLIEUX, Louis. B. 3603.

LOLLIOT, François et Nicolas. H. 1251. = Pierre, procureur du roi. C. 258.

LOMBARD, Nicolas, chanoine de Soissons. G. 1732.

LOMBARDE, Louise, femme Bayet. E. 463.

LOMBART. E. 367. = Antoine. B. 2425. — E. 16. = Guillaume. B. 2202. = Nicolas, notaire. E. 413. = Pierre. E. 603. — H. 863. = Robin. H. 1307.

LOMBAT, Antoine. H. 836.

LOMÉNIE (Louis-Marie-Athanase de), comte de Brienne, maréchal de camp. B. 391, 1664, 4136. — E. 238.

LOMET, sous-ingénieur des ponts et chaussées. C. 506.

LOMPONT, Marie-Élisabeth, femme Fournery. H. 1445.

— (de), Raphaël, sellier. E. 514.

LONCHAMPS, Jacques. B. 3273.

LONCLE. B. 3228. = Élie. B. 112. = curé d'Iron. B. 3206. = curé de Mennevret. B. 2399. = Jean-Charles, laboureur. B. 2449. = Jeanne, femme Macquet. B. 2792. = Louis-Élie. B. 2032. = Marie. B. 2427. = Nicolas. B. 2788. = Pierre. G. 51. = fermier. B. 117.

LONCOL, Marie-Madeleine. E. 606.

LONCQ. B. 2486. = Léonard. B. 3956. = Louis-Charles, notaire. B. 2051.

LONG, Wautier. H. 1206.

LONGAST, Antoine. B. 1617.

LONGAVAINE, Simon, maître maçon. E. 490.

LONGAVESNE (Jean de). H. 455.

LONGCHAMP (de), Jean, chanoine de Soissons. G. 253.

LONGCHAMPS, Pierre. B. 2800.

— (de), Louis, charpentier. E. 615. = Martin. H. 931.

LONGEVILLE, Philippe-Évrard, lieutenant-colonel. C. 378.

LONGUEMORT (de), Antoine. B. 1859. = Gabrielle, femme Couturier. B. 866. = Philippe. B. 694.

LONGUET, Catherine. B. 3913. = Charles, laboureur. E. 105. = notaire. B. 2507. — E. 349. = Claude. B. 3901. = Jean. E. 162. = laboureur. B. 2787. = Jean-Pierre, sergent. B. 2841. = Jeanne. B. 3934. = Nicole, femme Lambert. E. 359. = Pierre-Joseph, notaire. B. 15. = Remy. B. 557, 618. = meunier. B. 643. = Simon, charpentier. B. 3924.

LONGUEVAL (de), demoiselle. B. 1456. = Achille, seigneur de Manicamp, Fourdrain et Brie, bailli et maître des eaux et forêts du comté de Marle et La Fère. B. 721. 764, 823, 1362, 1621, 1684, 3541, 3558. = lieutenant général des armées. B. 3544. = Anne-Gabrielle, veuve d'Estrées. B. 828, 1362. = Antoine, seigneur de Thenelles. B. 197. = Bernard, seigneur de Manicamp. B. 828, 1362, 3546. = Charles, seigneur de Crécy-au-Mont, chambellan du roi de Navarre, gouverneur et maître des eaux et forêts. B. 675, 3440, 3445, 3456, 3537, 3538. = Françoise-Anne. B. 828, 1362. = Gilles, seigneur de Pont-St-Mard. E. 446. = Louis, gouverneur de La Fère, seigneur du Câtelet et de Manicamp. B. 1386. = Olivier, seigneur de Surfontaine. B. 201. = Philippe, bailli et maître des eaux et forêts de Marle et La Fère. B. 3610. = capitaine du château de La Fère et de St-Lambert, seigneur de Crécy-au-Mont. B. 708, 1219. = seigneur d'Haraucourt, gentilhomme et chambellan du roi de Navarre. B. 675. = seigneur de Manicamp, gentilhomme de la chambre du roi. B. 691, 693, 695, 701, 721. — E. 465. = seigneur de Manicamp et du Câtelet. B. 692, 2919, 3456. = et surintendant de Flandre et Cambrésis. B. 3441. = René, abbé de Vermand. E. 465. = Roger, seigneur de Crécy-au-Mont. B. 1758.

LONGUEVENNE (Charlotte de), femme d'Aumale. B. 2892.

LONGUEVIL (Marie de), veuve de Barenton. B. 1352.

LONGUEVILLE (duc de), gouverneur de Picardie. B. 665, 721.

LONGUEZ, Roland, ancien officier de gendarmerie. E. 386.

LONIOL, Antoine et Jean. E. 594.

LOQUENEUX, Sohier. E. 480.

LOQUETTE, Antoine. B. 3141. = François, laboureur. B. 784. = Marie. B. 3181. = veuve Gogart. B. 2787. = Nicolas. B. 3181. = Pierre, laboureur. B. 2825. = Thomasse. B. 621.

LOR, Augustin, meunier. C. 266.

LORAIN, Alexandre. B. 2085. = Antoine. B. 1943. — E. 451. = Isaïe, laboureur. B. 1676. = Jacques B. 2885. = Jean. B. 2885. — E. 502. = Jeanne et Madeleine. B. 1943. — Pierre. B. 1953.

— (de), François, seigneur de Faucousis. B. 514. — E. 609. = Nicolas, seigneur de La Motte. B. 2893. Pierre, seigneur de Faucousis. B. 1409, 1436.

LORE, femme de corps. H. 477. = Jean, curé de Mareuil-le-Port. H. 1228.

LOREAU, Alexandre. B. 2843. = Antoine. H. 855.

LORIETTE, Charles. B. 3939 = François. B. 128. = berger. B. 338, 358. = Jacques. B. 402. = Jean-Baptiste. B. 2545. — E. 64. = laboureur. B. 4106. = Marie, femme Petit. E. 535. = Pierre. B. 1515.

LORIN. B. 2844. = Claude-Nicolas. G. 472 à 475. = Foulques. H. 879. = François. H. 1573. = Guillaume. B. 3901. = Jacques. B. 1943. = Jean. B. 2763. = Marie, femme de Villers. B. 430.

— (de), Pierre, capitaine-gouverneur de Ribemont. B. 195, 238.

LORINIER, Pierre. B. 829.

LORION, Anne, femme Létrillart. B. 797. = Jean. B. 2552. = Pierre, boucher. E. 610.

LORIOT, Jean. B. 2284.

LORQUIN, Nicolas. B. 4033.

LORRAIN, Martin. H. 694.

LORRAINE (de), duc. B. 218. — F. 2. = Catherine, duchesse de Mercœur, comtesse de Vaudemont, veuve de Lorraine. B. 3455. = Charles, cardinal-archevêque de Reims. B. 18, 1902. = duc de Guise. B. 1912, 1913, 2496, 2499 à 2501, 2530, 2894, 3823, 3826. — E. 52, 63, 65, 67, 72, 342, 347. — G. 200. = duc de Mayenne, lieutenant général de l'État royal et couronne de France. E. 487. = Claude, duc de Chevreuse, gouverneur de l'Auvergne. B. 1222. = duc de Guise. B. 1905, 2494. = François, duc de Guise, pair de France. B. 1902, 1914, 2109, 2494. = Godefroy. H. 871. = Henri, duc de Guise. B. 18, 19, 202, 1234, 1235, 1913, 2208, 3817. — E. 554. — G. 60, 201. = marquis de Moy, comte de Chaligny. B. 2891, 2897. — E. 552, 609. — G. 7. = Henriette, abbesse de Notre-Dame de Soissons. B. 3031, 3035. — E. 425. = Louis-Joseph. B. 1914, 2316, 2536. = Marie, duchesse de Guise et de Joyeuse, princesse de Jonville, sénéchale héréditaire de Champagne. B. 218, 1235, 1913 à 1915, 1977, 2166, 2216, 2285, 2504, 2531, 3793, 3834. — G. 201, 202. = reine d'Écosse. B. 3438. = Nicolas. B. 3455. (Voir Léopold.)

LORRIETTE (famille). E. 389.

LORRIN, Alexandre. H. 1320.

LORSIGNOL. B. 3148. = Abraham. B. 56, 3425, 3430. = maire de Voulpaix. B. 3421. = Anne. B. 495. = Louis. B. 2364. = Marguerite. B. 3301. = Marie. B. 355.

LOSSET, Nicolas. E. 378.

LOSTANGES (abbé de). C. 693.

LOSTE, Antoine. H. 909. = Jean. G. 7.

LOT, Antoine et Georges. H. 837.

LOTH. B. 2489. = Albert. H. 1152. = Jean. B. 3345.

LOTHAIRE II, roi. G. 1. — H. 119, 172, 534, 588.

LOTILLIER, Jeanne, veuve Papin. H. 1007.

LOTRICHET, Jean-Baptiste, aide-major. B. 128.

LOTTIN, châtelain de Chauny. B. 1819.

LOTTIN DE CHARNY, Isidore. E. 655. = Isidore-Marie, seigneur de Charny, châtelain de Chauny. B. 1652.

LOUARDE, Jean-Baptiste, meunier. B. 1295.

LOUBRY, Jean. C. 858. = Jean-Baptiste, notaire. H. 499. = Jeanne, veuve Perillard. B. 3363. = Louis. B. 2018. = Madeleine. B. 3334. = Marie-Madeleine. B. 2449. = Pierre. B. 3326. — E. 355.

LOUCETIER. B. 2487.

LOUCHET, Antoine. B. 1179. = Marie. B. 4019.

LOUCHIER. Léopold-François-Joseph, chartreux. H. 1347.

LOUDEMENT. B. 2493.

LOUEN (de). B. 571. — E. 36, 39. = Antoine, lieutenant civil au bailliage de Ribemont. E. 498. — H. 1624. = prévôt. B. 411, 431. = Claude. B. 554. — E. 36, 39, 41. = veuve Berthoult B. 554. — E. 41. = François, chapelain. E. 41. = conseiller au bailliage de Laon. E. 41. = seigneur de Faucousis. B. 238. = Jean. E. 35. = procureur et notaire. E. 35. = Jeanne, religieuse franciscaine. E. 41. = Méry, lieutenant au bailliage de Ribemont. B. 236, 2890.

LOUGIER, Jean. H. 885.

LOUIS IV, roi de France. H. 588.

— VI, — G. 1, 2, 39, 83, 115. — H. 345, 386, 477, 623, 692.

— VII, — G. 253. — H. 2, 386, 455, 477, 623, 692, 819, 871, 1508.

— VIII, — G. 2, 14. — H. 588, 623.

— IX, — B. 7. — G. 1, 2, 50, 122, 253, 527. — H. 10, 352, 455, 477, 623, 1508, 1624.

— XI, — B. 372. — G. 130.

— XII, — G. 35, 339, 420, 780. — H. 721, 1213.

— XIII, — B. 178, 442, 693, 696, 701, 704, 708, 709, 713, 714 à 716, 718, 721, 722, 725, 726, 729, 730, 892, 1151, 1222, 1223, 1324, 1548, 1913, 2894, 3448, 3460, 3539, 3540, 3541, 3557. — G. 928. — H. 623, 996, 1693, 1695.

— XIV, — A. 1, 2, 4, 6, 16, 33. — B. 178, 540, 731, 734, 740, 741, 745, 752, 756, 758, 759, 764, 765, 766, 768, 772, 774, 776, 1156, 1235, 1324, 1362, 1371, 1391, 1572, 2321, 2387, 2531, 2934, 3018, 3317, 3487, 3541, 3558, 3560, 3564, 3834. — E. 193, 357. — G. 390. — H. 875, 1440, 1500, 1696.

Louis XV,   —   A. 1 à 13, 16 à 26, 33. — B. 188, 1098, 1290, 1918, 2541, 2758, — C. 19, 62, 332, 333, 346, 487, 662, 663. — E. 18, 188, 204. — G. 6, 55, 390, 391. — H. 1325.

— XVI,   —   A. 2, 13 à 15, 26 à 33. — B. 3970, — C. 3, 40, 282, 346, 416, 918, 919. — E. 213, 265. — G. 391.

Louis, abbé de St-Pierre au Mont de Châlons. H. 1046.

—   sergent royal. B. 4108. = Ambroise, garde-forestier. B. 3601. = Gabriel, bailli. B. 2877. = Hilaire. H. 1035. = Jean. H. 884. = greffier et notaire. B. 533. — E. 182. = Joseph, fermier général du domaine de La Fère. B. 929, 1274. = Louis-Marc, sergent royal. B. 2456. = Marie-Anne-Honorée, femme Toulouze. B. 3351. = Simon, ex-greffier. B. 563. = Valérien. H. 884.

—   (Voir Anjou, Blois.)

Lourast (Landru de). H. 1116.

Lourdain, Jean-François de Paule. B. 1553.

Lourdault, Jean. H. 1245.

Lourdel, Antoinette, femme Lemoine. H. 1251. = Jean. E. 62. = Jean-Marie, prieur de Quessy. B. 1585.

Lourdelle, Jean-Baptiste, prieur de St-Pierre de Marle. B. 644.

Lourdet, Jean. E. 360.

Lourson, chirurgien. B. 1689. = Jean. B. 1860. = médecin. B. 1531. = Marie, femme Rousseau. B. 1495. = Simon, chirurgien. B. 1818.

Lousot, Antoine. E. 593.

Lousseteau, Nicolas, vigneron. E. 623.

Loussiaux, Henri. H. 105.

Loutre, Antoine, garde de bois, chasse et pêche. B. 3602.

Louvain, Gilbert. H. 873.

—   (de), Nicolas, seigneur de Nesle et de Charentigny, maître d'hôtel ordinaire du roi. G. 776.

Louvat, Jean. E. 423.

Louveau, Marie. B. 482.

Louvéncourt (de), Eustache et Louis, prévôts du Laonnois. G. 86. = Louise, femme Balet. B. 3099.

Louvet, Charles, meunier. B. 1716. = François, contrôleur ambulant des gabelles. B. 4014. = directeur du tabac. B. 2807. = Henri, procureur du roi. G. 484. = Jean, boucher. B. 3068. = Jeanne, femme Boudier. E. 420. = Marie-Madeleine, veuve Brouette. B. 440. = Roch. E. 424. = Simon. H. 1532.

Louvigny, Barbe. B. 906. = Jeanne, servante. B. 2386. = Pierre, maire de St-Gobain. B. 665.

Louvilliers de Poincy, Luce-Louise, femme Le Pelletier. E. 26.

Louvois. B. 2333. = Nicolas. B. 462.

Louvrion, Jacques, dit Belle-Rose. B. 4011.

Louvroy, Jean, maître sellier. B. 691.

Loy. B. 3148.

Loyal (famille). B. 516.

Loyau, Louis, apprenti tourneur en bois. E. 435.

Loyenval, tailleur. B. 3130.

Loyer. E. 396. = Anne, femme Bedel. E. 432. = femme Thuillier. E. 421. = Germain. E. 430. = Oudart, seigneur d'Eppes. H. 961. = Pierre. C. 340.

Loys, Quentin. B. 4104.

Lubart, Nicolas, laboureur. H. 1000.

Lubin, Jacques, dit Champagne, menuisier. B. 1665.

Lucas, Antoine. E. 60. — H. 1302. = chapelier. E. 522. = Claude-Honoré, abbé de Prémontré. C. 661. — G. 55. = François. H. 1252. = Jean. B. 1567. — H. 353. = Louis, seigneur de Nehon, directeur de la manufacture des glaces de St-Gobain. B. 927. = Nicolas. H. 1031. = Noël. H. 1314. = Toussaint. H. 1031, 1213, 1252.

Luce II, pape. H. 1508.

Luce III, pape. G. 1. — H. 272, 344, 455, 534, 623.

—   C. 811. = Antoine. B. 808. = Bertrand. B. 2952. = Étienne. B. 3255.

Lucet, Louis, receveur des aides. B. 941.

Luchart, Élisabeth, veuve Duflos. B. 2336.

Lucienne. G. 1.

—   veuve de Clarembaud de Montchâlons. G. 1.

Lucier, Innocent. H. 779.

Lucot d'Ambouville, Claude, capitaine de cavalerie. B. 3262, 3584.

Lucquart, François, laboureur. H. 1105.

Lucquet, Antoine. E. 458. = François. H. 100. = Louis, laboureur. E. 602. = Martin, chanoine de Laon. B. 2777.

Lucy (Anne de), veuve Marry. B. 819.

Lude (du). E. 470.

Luglien de Rouvroy. B. 834.

Lugnier, Jacques, G. 25.

Lugny. B. 2731.

—   (de), Jacques. H. 1293.

Luillier, François, chapelain. B. 3052. = Jacques, doyen de Paris, grand archidiacre de Laon. G. 130.

Luilly (Raoul de), chanoine de St-Pierre de Soissons. H. 1508.

Luissier, Jean. H. 1508. = doyen du chapitre de St-Pierre au Parvis de Soissons. H. 1508.

Lumbre (Henri-Charles de), capitaine réformé. B. 228.

Lunyt de Ste-Foy, commissaire des guerres. C. 365, 367, 368, 377, 379, 382, 403, 404.

Lupart, Louise-Henriette, veuve Wallart. B. 2263.

Lupate, Jean. B. 977.

Lupette. B. 2273. = sergent. B. 2382. = Guillaume. H. 1011. = Jean. B. 2282. — H. 1024, 1030.

Luquet. B. 319. — C. 344, 657. = Jean, B. 88.

Lurion de Lesgoutaille, Henriette, veuve Odoyer. B. 2292. = Madeleine-Henriette, veuve Haumont. B. 2446.

Luron (époux). B. 1340.

MACON. B. 2742. = Marie-Marguerite, veuve Tufart. B. 1347.

MACQUART, Jean. B. 3609. = Nicolas. H. 1442. = Robert, vigneron. E. 416.

MACQUELIN, Pierre-Antoine, procureur. B. 1345.

MACQUEREL, Adrien. B. 1469.

— (de). B. 95, 2490, 2492. = Alexandre, seigneur de Parpeville, officier de cavalerie. B. 28, 356, 2908. — E. 631. = Anne. B. 1408. = seigneur de Dury, Sommette, B. 1338, 2894. = Catherine, veuve de Dostat. H. 1387. = César. B. 2898. = Charles-Robert, seigneur de Quesmy et de Montbrehain, capitaine de cavalerie. B. 95, 1344, 2900. = Charlotte. B. 25, 1859. = veuve de Lorain. B. 1409. = Jean. B. 21, 22, 368. = lieutenant colonel de cavalerie. B. 36. = seigneur de Pleine-Selve. B. 2900. = Jean-Amand. B. 2260. = Louis. B. 2892. = seigneur de Dury. B. 797. = seigneur de Quesmy et de Montbrehain. B. 95, 1344, 1386, 1665, 1817, 2593, 2892. = seigneur de Wiencourt. B. 2894. = Marcel. B. 1817. = Marguerite, veuve Courty. B. 797. = Marie, femme de Cobreville. E. 2931. = Marie-Catherine. B. 2898. = Marie-Louise, femme d'Y de Résigny. E. 330.

MACQUEREL DE PARPEVILLE. E. 124.

MACQUEREL DE QUESMY, Marie-Anne, femme de Marolles. B. 1348. (Voir Quesmy.)

MACQUERET. B. 429. = François. B. 432. = François-Joseph, lieutenant-général au bailliage de Chauny. B. 1394. = Joseph. H. 1743. = procureur. B. 498.

MACQUERET DE MONTAVAL, Louis-François, officier de la maison du roi. B. 2040, 2046, 2461 à 2463.

MACQUET, Louise. B. 2815.

MACQUIGNY (Clarembaud de). H. 872, 930, 931.

MACRET, Éloi. B. 813. = Pierre. H. 1290.

MADAILLAN DE LESPART (de), Anne-Félicité, femme d'O. B. 1345. = Constant, comte de Manicamp. B. 779. = Louis, marquis de Montataire, seigneur de Ste-Croix, Manicamp, Fourdrain. B. 591, 1639, 3586, 3592.

MADELAIN, Jeanne, veuve Collet. B. 3053.

MADELEINE, Louis. B. 3952.

MADIÈRE, Catherine, femme Chambon. B. 805.

MADOULET, Jean, dit Joli-Cœur. B. 3360.

MADOULLET, Jean-Baptiste. E. 396.

MADRID DE MONTAIGLE (de). B. 32, 2114, 2492. — C. 670, 945. — E. 239. = vicomte, seigneur de Le Hérie-la-Viéville. C. 90. = André-François-Étienne. B. 2048. = François, seigneur de Le Hérie-la-Viéville. B. 2044. = Jean-François, seigneur de Le Hérie-la-Viéville, capitaine-commandant. B. 2048. — E. 234. = Marie-Louise, femme de Carondelet. B. 2128. = Marie-Louise-Françoise. E. 92. = Pauline. B. 2048. = Philippe-François, comte, seigneur de Sains-Richaumont, chevau-léger de la garde du roi. B. 3888. — C. 161.

MAFEY, Antoine. B. 410.

MAFLART, Nicolas. B. 3097. = Pierre. B. 4091.

MAGAL, Jacques, dit La Roche, maçon. B. 2980.

MAGDELAIN, Jean, laboureur. E. 437.

MAGDELAINE, Marie-Olive. B. 3290.

MAGELAN, Antoine. B. 855.

MAGELLA, Claude. C. 270.

MAGET, Anne. B. 3905.

MAGIN, Henri. B. 2463. = Jacques, cordonnier. B. 3410. = Jean, laboureur. B. 2959.

MAGLOIRE, Claude. E. 556.

MAGNEZ, Nicolas. E. 58.

MAGNIANT. B. 2854. = Antoine, tisserand. B. 2805. = Joseph. B. 2850.

MAGNIÉ, Madeleine, femme Mauclerc. B. 3329.

MAGNIEN. B. 3413.

MAGNIER. B. 23, 2270, 2272, 2311, 2492. = Alexandre. B. 2414. = Alexandre-Antoine, procureur. B. 386. = Antoine. B. 1923, 2152. — H. 1341, 1427. = bûcheron. B. 3296. = marchand de bois. B. 1763. = Antoinette. B. 3191. = Athanase. H. 976. = Baptiste, laboureur. B. 4109. = Catherine. B. 3912. = femme Hauy. B. 1967. = Charles. B. 1947. = Claude, laboureur. B. 1403. = François. B. 2189. = gruyer. B. 3840. = laboureur. B. 60, 355. = Françoise, veuve Lanquin. B. 2349. = Gérard. B. 875. = Hubert. B. 3269. = Jacob. B. 1933. = Jacques. B. 495, 2703. = Jean. B. 355, 2130, 2309, 3213, 3238, 3616. — H. 977, 1361. = corroyeur. B. 1957. = greffier du bailliage de Guise. B. 2299. = Jeanne, femme Leleu. B. 1079. = Laurent. E. 105. = Laurent-Michel, curé de Fargniers. B. 1306. = Louis. B. 134. = chirurgien. B. 2328. = laboureur. E. 469. = Mathieu, laboureur. B. 2780. = Nicolas, chirurgien. B. 3244. = meunier. B. 2885. = Pierre, laboureur. B. 3213. = Ursule-Josèphe-Théodore, veuve Petit-Jean. H. 881.

MAGNIS, prêtre. B. 1653.

MAGNON, Jean. H. 845.

MAGNY, Antoine, laboureur. B. 1562. = Éloi, marchand de bois. B. 1423. = Étienne. H. 1146. = Jeanne. B. 806.

MAGUINET, René. B. 1619.

MAGY, Jeanne, femme Demeaux. E. 374.

MAHAN, Gilles. G. 119.

MAHAULT, Adrien. B. 897.

MAHAUS, femme de Henicourt. H. 375.

MAHAUT, femme de Dragies. H. 1508.

— — Pampelune. H. 991.

— — de Thomas de Coucy. H. 633.

MAHEU, Flourent. B. 3383.

MAHIART, Claude, femme Placquet. B. 886. = Jean. B. 876.

MAHIEL DE REBOUMARE, François-Étienne, chanoine de St-Quentin. G. 847.

MAHIEU. E. 387. = Antoine, soldat. B. 144. = Barbe. B. 3907. = Étienne. B. 1670. = François, prêtre. B. 1342. = Jean. B. 2371. = Jean-François, bailli du duché de Laon. B. 2619. = conseiller au siège présidial de Laon. B. 2647. = Marie-Anne. B. 2821. = Pierre, laboureur. B. 2634. — Remy. B. 1148.

MAHIEU DE VAUVILLÉ, Claude-François, receveur des décimes. G. 464.

MAHIEUX. B. 2485, 2491, 2492, 2626. — Barbe, veuve Blot. B. 2179. — Florent. B. 3384. — Jacques, gardebois. B. 354, 355. — Judith. B. 3935. — Philippe. E. 360. — laboureur. E. 386. — Pierre. C. 679.

MAHUCHE, Françoise, veuve Gourdon, femme Veron. B. 3069.

MAHUE, Claude. B. 3178. — chirurgien. B. 3176. — Louis. B. 3178.

MAHUT, Pierre. B. 1242.

MAHUTEAU. B. 2662. — Éloi. H. 923. — Louis. C. 327.

MAHY, Charles. B. 4105.

MAIEUR, Claude. B. 1952.

MAIGNART DE BERNES, Gabrielle, veuve de Souilleuse. E. 154.

MAIGNELAY (marquis de). B. 979.

MAIGOT, Thiébaut. H. 1307.

MAIGRET, François, maire de Bertaucourt-Épourdon. B. 665. — Guillaume. B. 2923. — Marie. B. 1036. — Suzanne, veuve Lamborion. E. 588.

MAIL (Raoul de). H. 1508.

MAILFERT. B. 2677. — Adrien, charron. B. 2787. — André. B. 2794. — Félix, maçon. E. 196. — Nicolas. B. 2698. — Pierre. B. 4119.

MAILHELARD, Jean. E. 393.

MAILLARD. B. 31, 2662, 3186. — boucher. B. 3433. — Antoine. B. 765. — Étienne. C. 827. — Gilles, lieutenant criminel de la prévôté de Paris. B. 1324. — Jacques, greffier de justice. B. 3196. — Jean. B. 3218. — Jean-Alexis, curé de Housset. C. 824. — Jeanne, veuve Hiraux. B. 4106. — Louis. B. 4019. — Nicolas. E. 50. — Odard. G. 2. — Pierre. B. 1055, 3167. — sergent gardebois. B. 748.

MAILLARS, Jacquier. H. 305.

MAILLART. B. 3203. — veuve. G. 468. — Blaise, bûcheron. B. 780. — Charles. B. 903. — François. E. 604. — berger. B. 465. — Jean. B. 468. — Mathieu. H. 732. — Michel. B. 2378. — Nicolas. B. 50. — Samuel. B. 2406.

MAILLART (de), Innocent-Hector, comte de Landreville, colonel de dragons. H. 973.

MAILLE, Magloire. B. 3993.

— (de), Guillaume, curé de Chaudun. H. 1210.

MAILLÉ-CARAMAN (de), Donatien, comte, seigneur de Laigny. B. 3242. — E. 170. — Louise-Élisabeth. E. 170. — Louise-Gabrielle, femme du Plessis. E. 170, 173. — Marie-Louise-Élisabeth, femme de Rozière. E. 173.

MAILLEFER. E. 35. — André. H. 1320. — Gobert. E. 499, 510. — Jean. H. 1318. — Marguerite. H. 1301.

MAILLEFERT, François-Élie, licencié ès-lois. E. 353. — Pierre-François, seigneur de Lor et de Résigny. B. 2746.

MAILLEFEU, Nicolas. H. 846.

MAILLET, convers de l'abbaye de St-Nicaise de Reims. E.

343. — maire de St-Quentin. C. 771. — Anne. B. 463. — Antoine. B. 4026. — Charles. B. 3617. — Jacques. B. 1263. — Jean. H. 748, 993. — Jean-Baptiste. B. 4047. — Jeanne, veuve Jeandieu. B. 2332. — Marie, femme Dru. B. 2359. — Pierre, valet de charrue. B. 2361. — Vincent, maire de St-Gobain. B. 665.

MAILLIARD, Médard. B. 389. — Nicolas, berger. B. 452.

MAILLIARD, Pierre, vigneron. B. 3058.

MAILLIOT, Benjamin, meunier. E. 453.

MAILLOLE, Mathieu. H. 1598.

MAILLOT, Jean. B. 2105. — E. 410.

MAILLY (de), comte, marquis de Nesles. B. 3640. — C. 989. — D. 17. — Claude, femme de Sorel. B. 1079. — veuve de Roucy. G. 1706. — sénéchal de Vermandois, seigneur de Fieulaine et de Fontaine-Notre-Dame. B. 34, 1079, 2893. — Jacques, seigneur de Mareuil. B. 2893. — Jeanne, femme Dalles. B. 2892. — Louis, marquis. B. 974, 1079, 1344, 1371, 1389, 1514, 2155, 3641. — E. 21. — Louis-Joseph, comte. E. 21. — Louis-Joseph-Augustin. E. 252. — Louis-Philippe, seigneur de Fontaine-Notre-Dame. B. 57. — Madeleine, douairière de Roye, baronnesse de Coucy. B. 1902. — Marie, veuve de La Fons, femme de Crécy. B. 2891. — Marie-Madeleine. B. 23. — René, marquis. B. 1839, 2894, 2895.

MAILLY, Godeberde, femme Frizon. B. 1484.

MAILLY DU BREUIL (Marie-Françoise de), femme d'Angennes, dame de Sissonne. G. 105.

MAIN, Pierre-Nicolas, chartreux. H. 1347.

MAINE (comte du). (Voir Anjou.) — (duc et duchesse du). B. 681. — E. 54, 66, 74.

MAINEVRET, Charles. B. 458.

MAINIER. H. 138. — Florence. H. 477.

MAINON, Antoinette, femme de Maubeuge. E. 458. — Claude, chanoine. B. 2886. — laboureur. E. 411. — Jean. B. 706. — Jean-Louis, greffier de justice. B. 3271.

MAINSENDE, femme de corps. H. 477.

— femme Cornelle. H. 914.

MAINSENDE, femme Crépin de Chaudun. H. 1206.

— — Gautier. H. 782.

MAINTENANT (Antoine-Louis-Nicolas de). C. 416.

MAIOC (Reniers de). H. 172.

MAIRE, André. E. 246. — Herbert. H. 158. — Jean. E. 214. — Louis. C. 271.

MAIREAU. B. 2511. — Charlotte. B. 522. — Claude, greffier de justice. B. 2505. — Florentin. B. 572. — Isaac, chanoine de La Fère. B. 864. — Jean. B. 736. — E. 505. — chanoine de La Fère. B. 901. — Madeleine, veuve Danye. E. 525. — Nicolas. E. 548. — greffier de justice. B. 2505. — Remy. B. 587.

MAIREL, Martin. E. 489. — Nicaise, bailli du duché de Laonnois. G. 20, 21. — Philippe, bailli et maire de l'évêché de Laon. H. 142.

MAIRESSE, femme Hector. H. 7. — Colard. H. 29. — Dominique, marchand de fer. B. 2641. — Jeanne. B.

468. = Pierre. H. 1201.

MAIREZ, François. B. 1994.

MAIRI (Enguerrand de), chanoine de Soissons. G. 253.

MAISCOURT. B. 2511. = Jean, laboureur. E. 385. = Marie-Jeanne, femme Binet. E. 397.

MAISERS (Hugues de), avoué de Donchery. H. 477.

MAISEUR, Charles. B. 559.

MAISI (Pierre de). G. 253.

MAISIÈRES, Noël, chapelier et soldat. B. 2596.

MAISON, François. B. 1050.

MAISSEMY, Gilles, (seigneur de). H. 1646.

MAISSENDE, femme Suret. H. 91.

— veuve de la Ferté, femme Leclerc. H. 249.

MAISTREAU, Jeanne, femme Mimcreau. E. 406.

MAÎTRE, David. B. 2277. = Nicolas. B. 2232, 2281.

MAÎTRE-JEAN, Thomas, louvetier. E. 558.

MAITRESSE, François. B. 2300.

MAITTART. B. 584.

MAIZEAU (famille). E. 382.

MAIZIÈRE (sieur de). B. 916.

MAIZY, Jean, dit Lambaud. B. 3883. = Louis. B. 2805.

MAJEUR, Raphaël. B. 2434.

MAJOT, Claude. H. 869.

MALA. B. 540. = Ponce, garde général du comté de Marle. B. 534.

MALAFAIT, Antoine. B. 718. = Charles. B. 2895. = Étienne. E. 510. = Jean, maire de Pont-à-Bucy. B. 1028. = Louis-Henri. B. 2246.

MALAFAUT, Nicolas. B. 909.

MALAFÉ, Marie, femme Diancourt. E. 383.

MALAGRIN, grenadier à cheval. B. 1280.

MALAGUIN, Philippe, marchand de bois. B. 677.

MALAISEAU, Jacques. B. 236.

MALAPEINE (Antoinette de), femme Marchant. E. 502.

MALAPRADE, François, garde forestier. B. 3826.

MALASSIER (Pierre-André de), capitaine d'invalides. B. 942.

MALAZART, dit Petit-Jean. B. 2327.

MALBERGHE, Catherine (baronne de), veuve Dordes, dame de Deuillet. B. 692.

MALCRUES (Gobert et Jacques de), chevaliers. H. 311.

MALDEURÉE, Wautier. H. 89.

MALDUCTE, femme d'Alard de Crécy. H. 763.

MALERIC, Jean-Baptiste, laboureur. E. 91.

MALESCOT, Claudine. B. 1949. = Raphaël. B. 1933.

MALÉSIEU, Alexandre, notaire. G. 809. = Étienne, laboureur. B. 1035. = Jean. B. 490.

MALET, Éloi. B. 4119. = François, sergent à verge en la mairie de La Fère. B. 923.

MALÉZIEU, François-Alexandre. B. 1567. = Quentin. B. 2890.

MALÉZIEUX, David. H. 1137. = François. B. 3912. = notaire. B. 1632. = Jean. B. 2994. = meunier. B. 346. = Marguerite. H. 794. = Marie-Josèphe. B. 3967. =

Médard, garde-forestier. B. 3601. = Michel. H. 1420. = Pierre. B. 3328.

MALFAIT, Rose-Florimonde. B. 1846.

MALFUSON. B. 2492. — C. 761. = Jacques. B. 2274, 2993, 2994. = Jean-Louis. B. 2994. = Madeleine, femme Delval. B. 2991. = Nicolas. H. 1142.

MALHERBE, Pierre. B. 1963.

MALICE, Oudart. H. 477.

MALICORNE, Jean, charpentier. E. 441.

MALICOT. B. 3190. = Claude. H. 1354.

MALIN. B. 1400. = Claude. B. 829. = François. C. 267. = Gabriel, laboureur. B. 2895. = Michel, laboureur. B. 2439.

MALINGRE, Clément. G. 253.

MALLAPART, Jean. E. 417. = Jeanne. B. 3014.

MALLART, Claudine, femme Gosset. B. 879.

MALLERET DE LA HOUZIÈRE (Nicolas de), chanoine. B. 3303. — G. 821, et chancelier du chapitre de St-Quentin. G. 820.

MALLET, curé d'Audigny. B. 2007, 2108, 2162. = Antoinette, femme Mennessier. B. 1687. = Charles, doyen rural d'Athies. B. 1707. = Claude, tonnelier. B. 2647. = Élisabeth, femme d'Y. B. 2893. = François. B. 1270. = Nicolas, intendant. B. 2900. = Jacques-André, greffier de justice. B. 3302. = Jeanne, veuve Sollier. B. 2293. = Jérôme, laboureur. B. 2991. = Laurent. B. 4119.

MALLI (Gobert de). H. 1116.

MALLOT, Daniel, employé des fermes. B. 3921. = Jacques. H. 1383. = Louis, curé de Parcy. H. 1036.

MALOISEL (de), Anne. B. 1382. = Louise. B. 1342. = Madeleine. b. 1382.

MALOIZEL (de). C. 1046. = Claude, curé de Marest. B. 1339. = Louis, seigneur de Golancourt. B. 1368, 1464. = Louise et Madeleine. B. 1368.

MALOIZELLE, Anne-Marguerite, veuve Dorigny. B. 780, 1126, 2810, 2902.

MALORTIE (de). H. 85. = Claude, seigneur de la Brosse, lieutenant au gouvernement de Laon et du Laonnois. B. 3111. — E. 384. = seigneur de Leuzilly. B. 838. = seigneur de Monthiémont. G. 97. = Isaac, seigneur de Villers. E. 242. = Jacques, seigneur de le Hérie-la-Viéville. B. 2142. = Jean. E. 241. = Marthe. B. 1175. = femme de Hanocq. B. 838, 908.

MALOT, Antoine, régisseur. C. 235. = Jean. H. 1352. = Louis. B. 1763. = Marie-Anne. B. 3141.

MALOUY (Maximilienne-Thérèse de), veuve Lamirault de la Lande. B. 2128.

MALPART (Pierre de), curé. H. 410.

MALQUIN, Jean. E. 596.

MALREPAIT, Charles. B. 2886.

MALRIAT, Léopold, directeur de la manufacture de faïence de Sinceny. G. 1848.

MALRIC, laboureur. C. 478. = Antoinette. B. 449.

MARCHAND. B. 519, 536, 2492, 2625. — E. 61. = curé de Bucy-lès-Cerny. H. 203. = vicaire de Courbes et du Sart. H. 226. = Claude. B. 1731. — C. 672. = François. E. 260. = Jean. B. 1126 = chanoine de La Fère. B. 914. = Jeanne. B. 2980. = Laurent. H. 694. = Louis. B. 1304, 1505. = manœuvre. B. 451. = Madeleine. E. 178. = Marguerite, femme Delescluse. B. 894. = Médard. B. 545. = Nicolas, notaire. B. 12. = Noé. E. 214. = Noël, curé de Moulins. B. 2810, 2812. = Philippe, boucher. E. 458. = Pierre. B. 2285, 2283, 3229. = boucher. B. 2957. = perruquier, dit La Beausse. B. 366. = Pierre-Joseph, soldat provincial. C. 348, 681. = Robert. H. 1268. = Thomas. B. 38. = Vincent. B. 3278.

MARCHANDISE. B. 32. = Claude. B. 2701. = François. B. 3961, 4027. = Jacques. B. 641. = Jean, blatier. B. 491. = Louis-Thomas. B. 2472. = Thomas, sergent. B. 2051. = Toussaint. B. 4051.

MARCHANT, Antoine. E. 335. = maître couvreur. E. 467. = Catherine, veuve Bruslé. B. 478. = François, fermier. B. 3296. = Gilles. B. 1544. = laboureur. E. 502. = Guillemette, femme de Rémelin. B. 1902. = Jean. B. 432, 1213. — E. 556. = Jean-Charles. B. 663. = Lambert. H. 1843. = Médart. B. 518. = Nicolas. B. 1538. = Pierre. H. 1255. = seigneur de Maison-Neuve. H. 1571. = tanneur. B. 880. = Remy-Pierre. H. 699. = Simon. H. 1024. = Wiard. H. 232.

MARCHART, Margue et Mathieu. H. 399. = Nicolas, vigneron. E. 452.

MARCHAY, Pierre. E. 502.

MARCHE. B. 2492. = François, charpentier. B. 4108.

MARCHÉ, Louis et Pierre. B. 3863.

MARCHEBOUR, Charles, curé de Fossoy. H. 996.

MARCHOUX, Jean. B. 2514, 3880.

MARCILLY (de), Guillaume. G. 2. = Jean. G. 1. — H. 1067.

MARCIN (maréchal de). B. 2607.

MARCK, Guillaume. H. 1013.

MARCOING, Antoine. E. 32.

— (de), Jean, clerc. H. 11.

MARCOTTE. B. 523, 530, 536. = Antoine. B. 632. = Hilaire. B. 534, 538, 564, 634. = Nicolas. B. 546. = Philippe. B. 538. = major de Noyon. B. 1347, 1350. = Pierre, conseiller au bailliage de Noyon. B. 1344.

MARCOTTE DE BEAUVAL, Louis-Camille, chanoine et écolâtre de St-Quentin. B. 3303.

MARCOUL, François. B. 2412. = veuve. C. 683.

MARCQ. B. 2626. = André. H. 998. = laboureur. B. 1199. = Anne. B. 1251. = Claude. B. 986. = procureur et notaire. B. 883, 885, 1123. = Étienne. H. 1759. = fermier. B. 79. = Jacqueline. B. 950. = Jacques. B. 729, 928, 1029, 1177. — H. 1759. = notaire. B. 79, 93. = notaire. B. 711. = Jacques-André. B. 1297. = Jean, bailli de Charly. B. 3035. = Jean-François. B. 1019. = Jean-Jacques. B. 120. = Jean-Pierre. B. 1751. = Jeanne, femme Souaille. B. 1339. = veuve Herbin. H. 1365. = Madeleine. B.

1282. = Marguerite. B. 950, 1238. = veuve Poictevin. B. 860, 1003, 1165. = Nicolas, capitaine des chasses. B. 3005. = laboureur. B. 1005, 1158. = maire de Beautor. B. 769. = Oudart. B. 736. = laboureur. B. 1003, 1154. = Oudin. H. 993. = Pierre. B. 3199.

MARCROY (Renaud de). H. 1508.

MARCY, Catherine. B. 2717. = Marie-Jeanne, femme Denisart. B. 3099. = Simon. B. 4118.

— (de), commandant d'artillerie. B. 934. = Jean. H. 1508.

MARÉ, Oudart, laboureur. B. 2779.

MARÉCAT, Charles-Louis, garde forestier. B. 3603. = Jean, laboureur. B. 417.

MARÉCHAL. B. 2493, 2626, 3248. = Antoine, laboureur. B. 873. = Catherine. B. 2414. = Charles, hôtelier. B. 941. = Charles-Joseph. B. 2260. = François, voiturier. E. 412. = Françoise-Rosalie. B. 1568. = Germain. E. 410. = Jacques. B. 4131. = Jean, procureur. B. 534. = Jeanne. B. 3948. = veuve Émond. B. 2147. = Louis. B. 1180. = laboureur. B. 916. = Louise-Élisabeth, femme Delannois. B. 927. = Martin. B. 2394. = Médard. B. 3853. = Noël. B. 2320. = Philippe. B. 62, 2320, 2338, 2344, 2358. = mulquinier. B. 2174. = Pierre. B. 1935. = Rosalie. B. 1754. = Thomas. B. 2031. = Valentin. B. 873.

MARELET, Pierre, maçon. B. 442.

MARENDEAU, Jean. B. 985.

MARES (Gui de). H. 375.

— (du), Thomas. H. 1508.

MARESCAL, Jacques, curé de Caillouël. B. 1408. = Jeanne, dame de Lesdins et de Cauvigny. B. 2893. = femme de de la Fons. H. 1107. = Louis, seigneur de Lesdins. B. 2891, 2892, 2919.

MARESCAT, Antoine. B. 1826, 3906. = Honoré, sergent et garde. B. 3208. = Jacques. B. 3250. = Louis. B. 2920. = Nicolas. B. 450. = Raphaël. B. 1826.

MARESCHAL, Barbe et Gillet. B. 720. = Charles. E. 566. = François. B. 1211 = Jacques. B. 46, 256. = Jean. E. 605. = Jeanne. B. 896. = Louis. B. 807, 1824. — E. 560. = Louise, femme Mignot. E. 605. = Quentin. B. 1760. — H. 843. = tailleur d'habits. B. 1378. = Remyon. E. 473. = Valentin. B. 1088.

MARESCHAL (de), Louise-Catherine, femme de Bernetz. B. 1885.

MARESKEL (Étienne de). H. 534.

MARESSE, Guillaume. H. 846.

MAREST, Élisabeth. G. 466. = Jean-Antoine, curé de Montbavin. B. 2780. = Réné, tailleur d'habits. E. 442.

MARET, Charles. H. 830. = Claudine, femme Mennessier. B. 1397. = François. H. 830. = Guillaume. H. 1067. = Marguerite, veuve Godart. H. 830.

— (de), Louis. E. 338.

Marie, femme de Habourgüs. H. 825.
—   —   Hanetons. G. 253.
—   —   de Haussel. H. 17.
—   —   Jacquier. H. 141.
—   —   Jean d'Aigle. H. 1206.
—   —   Jean de Laon. H. 17.
—   —   Jean de Valenciennes. H. 1182.
—   —   Jean l'Anglais. H. 38.
—   —   de la Grange. H. 455.
—   —   la Potoile. G. 253.
—   —   le Borgne de Cramailles. H. 410.
—   —   le Charpentier. H. 932.
—   —   le Lardier. H. 455.
—   —   le Normant. B. 3094.
—   —   li Parmentier. H. 1207.
—   —   de Lisy. G. 253.
—   —   Maillard. H. 1508.
—   —   Maillars. H. 305.
—   —   de Maisi. G. 253.
—   —   Mahie. H. 477.
—   —   Margos. G. 253.
—   —   Mennier. H. 222.
—   —   Norman. H. 1209.
—   —   d'Oudart d'Artemps. H. 399.
—   —   Pécheur. H. 172.
—   —   Pierre de Manencourt. H. 1116.
—   —   Poncin, d'Arnie. H. 211.
—   —   Rabouz. H. 45.
—   —   Raoul de Visignuel. H. 1205.
—   —   Robinet. H. 189.
—   —   de Sorel. G. 864.
—   —   Suriens. H. 410.
—   —   Testart. H. 399.
—   —   Thierry. H. 829.
—   —   de Trie. G. 253.
—   —   de Vaubuin. G. 253.
—   —   de Vaucher, prévôt. G. 2.
—   —   Vignon. G. 530.
—   —   de Villanteuse. H. 1295.
—   —   de Wiars Cordele. H. 239.
—   —   de Willaume H. 68.
—   —   de Willaume de St-Jean. H. 11.
—   fille de Willaume *de Fonte*. G. 253.
—   mère de Robert, comte de Dreux. H. 477.
—   —   de Werric de Moy. H. 1632.
—   veuve Parat. H. 1049.
—   —   de Pierre le médecin. H. 455.
—   —   de Vassen. H. 1508.
Marié. B. 2740. = Charles. B. 4019. = Dominique. B. 2801.
Mariencourt (Marie de). B. 1357.
Mariette, veuve Rose. E. 680. = Françoise. B. 488.
Mariez, François. B. 2276.
Marigny (présidente de). B. 1394.
Marillac (de). B. 441. = Jean-François, brigadier des

armées. B. 22. = René, seigneur de la Ferté-sur-Péron. E. 314. = Valence, veuve d'Attichy. E. 311.
Marin. B. 1926. = Anne, veuve Philippoteau, femme Damoncourt. B. 837. = Antoinette, femme Lesulle. B. 3092. = Charles. B. 1815, 1818. — H. 807, 1759. = Claude, maréchal-ferrant. H. 1255. = Daniel. B. 1168. = Gilles. B. 703, 1481. = Henri. E. 246. = Jacques. B. 703, 856, 1031, 1127. = Jean. B. 2709. — H. 1255. = Jean-Jacques. B. 703. = Louis. B. 494. = fermier. B. 3950. = Louise. B. 4098. = Marie. B. 726. = Martin. H. 807. = fermier. B. 1397. = Nicolas. B. 498. — H. 903. = Philippe. B. 703. = vigneron. E. 514. = Pierre. B. 703, 1142. — H. 1759. = Pierre, cordier. H. 1255. = Zacharie. B. 1215.
Marion, femme Crotion. H. 284.
Mariot, Pierre. G. 253.
Mariqua, Claude. B. 995.
Marius, Jacques, curé de Parpeville. B. 36.
Marival. B. 1415, 2687. = employé des fermes. C. 1042. = Claude. B. 732, 900, 994, 1815. = laboureur. B. 1497. = Éloi. B. 4051. = Marguerite. B. 4116.
Marivault, Guillaume. B. 880.
Marivaulx (de), capitaine de Laon. F. 4. — H. 871. = veuve. B. 2880.
Marizelle (Jean de). H. 751.
Marizet, Nicolas. H. 751.
Marizette, Jeanne. E. 399.
Marizy (de), Antoine, prieur de St-Lambert. B. 702. = Huard. H. 1179.
Marle (de), comtes. B. 2851. = Aubert. G. 123. = chanoine de Laon. H. 6, 311. = official de Laon. H. 63, 222, 239. = Baudouin, chanoine de St-Jean au Bourg de Laon. G. 528. = Eudes. H. 365. = Henri. H. 275. = Henri, avoué de Vigneux. H. 1162. = Jean, dit de Bruyères. H. 155. = Louis, vicomte, seigneur de Ste-Preuve. E. 531. = Thomas, bourgeois de Laon. H. 385. (Voir Thomas.)
Marlemont (Jean de). H. 1508.
Marlet, Antoine. E. 369. = Claude. B. 841. = Pierre. B. 2982.
Marlibot, Gérard. H. 283.
Marlier. H. 1151. = Jean-Baptiste. B. 3996. = Jeanne. B. 1820. = Marie. B. 4044. = Nicolas. B. 2647. = Simon, laboureur. B. 1428. — G. 1378.
Marlière, Antoine, meunier. B. 497. = Jean. B. 909. = avocat. B. 846.
Marlieu (Pierre de). H. 1435.
Marlois, Marie-Anne. B. 2902.
Marlot. E. 887. = Catherine. E. 51. = Jean-Baptiste. B. 3192, 3283. = curé d'Esquéheries. H. 787. = Marie-Michelle, femme Jolly. B. 2903. = Michel. B. 838. = Pierre, garde-bois. B. 3750.
Marlotte, Florence, veuve Pudepièce, femme Lamprenesse. B. 2891.

maine de Guise. B. 3831. = François-Joseph, chanoine. G. 551. = Françoise, femme Poullet. B. 821. = Innocent, sergent royal. B. 740. = Jacques, avocat général fiscal. B. 3884. = lieutenant assesseur au bailliage de Vermandois. G. 419. = Jacques-Antoine, lieutenant d'infanterie. B. 1288. = lieutenant général au bailliage ducal de Guise. B. 1997, 2001, 2019, 2053, 2160. = Jean. B. 1956, 2066. = garde-scel du bailliage de Vermandois. E. 474. = président en l'élection de Guise. B. 961, 2059. = Jeanne. E. 260 = femme d'Espinois. B. 2683, 2890. = Louis. G. 474. = Marguerite, femme Desforges. B. 1992. = veuve André. B. 2059. – E. 467. = Marie, femme Poullain. B. 2062. = veuve Carpeau. B. 2224. = Marie-Françoise. E. 260. = Marie-Madeleine. E. 260. = Nicolas. B. 17, 2063. = conseiller en l'élection de Guise. B. 1993. = laboureur. B. 2978. = moine de Saint-Jean-des-Vignes. E. 434 = receveur-général du duché de Guise. B. 1954. = Nicolas-Antoine, lieutenant de maîtrise. B. 3799. = Nicolas-François, maire de Laon. B. 2643. = Pierre. E. 562. = avocat. B. 1973. 2089. – E. 516. = avocat général fiscal. B. 1962. = Quentin, avocat. E. 488. = Raphaël. H. 798. = Simon-Fabien-Nicolas-Antoine, lieutenant civil et criminel. B. 2051. = Thérèse-Colette, femme Lecarlier. E. 226.

Martigny, Claude B. 107, 482. = Jean. E. 563. = Marguerite. B. 2091, 2133. = Pierre, laboureur. B. 151, 494.

Martigny de Berlancourt. G. 551.

Martin. B. 517, 521, 2511, 2513, 2626, 2723, 2740, 2863, 3106, 3248. — C. 962, 1046. — H. 477. = chanoine de St-Quentin. G. 819. = curé de Neuvemaison. H. 871. = employé des fermes. C. 1042. = homme de corps. H. 692. = notaire. B. 2472. = sergent à verge en la mairie de La Fère. B. 888. = Ambroise. B. 1244. = Antoine. B. 209, 1858, 2310, 2535. — E. 495 = curé d'Ognes. B. 1709. = garçon poudrier. B. 933. = maître poudrier. B. 919. = notaire. B. 12 à 15, 2471. = tailleur. E. 526. = Antoinette, femme Martin. B. 2871. = veuve Petit. G. 716. = Barbe, femme Rabouille. B. 3141. = Bonaventure. B. 3092. = procureur du roi. C. 1041. = Catherine B. 4051. = femme Moutier. G. 981. = Charles. B. 1016, 2887. — H. 1435. = abbé de Cuissy. C. 822. = apprenti cirier. E. 424. = drapier. B. 849, 926. = Charles-Léonard, berger. B. 367. = Claude. B. 2931. — E. 432. — G. 1261. — conseiller à la cour des monnaies de Paris. E. 255. = vigneron. B. 2638. = Daniel. C. 405. = Étienne. H. 1563. = Étienne-Firmin, seigneur de Vraine, grand voyer en la généralité de Soissons. B. 1016. = François, fermier du domaine de La Fère. B. 860. = François-Armand, seigneur de Fontenelle. B. 2525. = Françoise, femme Nouvion. E. 363. = Gilles, chapelier. E. 359, 362. = Gobert. B. 3456, 3828. = Guillaume. H. 1067. = Hubert. B. 2871. = Jacques. B. 692, 3581. = Jean. B. 2187, 2871, 4113. — C. 12. — H. 1438. = cordonnier. B. 915. = garde-bois. B. 3115. = receveur des décimes. G. 424. = seigneur de Signy-le-Petit. E. 341. = Jean-Claude. B. 2647. — E. 105. = Jean-Louis. B. 106. = Jeanne. B. 2831. — E. 105. = Joseph. B. 2985. = fondeur. B. 3350. = Léonard. B. 4121. = Louis. B. 829, 873, 1007. = notaire. G. 1706. = officier chez le roi. B. 934. = seigneur de Fontenelle. E. 344, 351. = vicaire. B. 87. = Louise, femme Fouquier de Tinville. H. 791. = Marguerite, femme Pilloy. B. 2187. = Marie. B. 440. = Marie-Anne. H. 680. = Marie-Charlotte, femme de Charpentier. E. 105. = Marie-Françoise, femme de Martigny. G. 551. = Marie-Jeanne-Nicole, femme Le Carlier. E. 225. = Michel. B. 844 = Nicolas. B. 396, 906, 2858. — E. 523, 526. = bailli de Crécy-sur-Serre. B. 3095. = chanoine, curé de La Fère. B. 907, 1069, 1170. = laboureur. B. 2985. = maître d'école. B. 3037. = seigneur du Bois-Carbonnet, prêtre des missions étrangères. E. 358. = dit la Taille. B. 958. = Nicole, veuve Constant. E. 629. = Paul, argentier et trésorier. B. 2897. = Philippe. B. 1239. = avocat. B. 2779. = Philippe, maître de fourrière. B. 2785. = Philippe-Louis, chanoine de St-Quentin. G. 816. = Pierre. B. 3080. — E. 2. — H. 1084, 1334. = tailleur d'habits. B. 4084. = vigneron. B. 2763. = Pierre-Nicolas. B. 2525. = Quentin. B. 4121. = Regnault. E. 416 = chapelain, curé de Charmes et Danizy. B. 1601. = curé de Quessy. B. 1668. = Remi-François, seigneur de Fontenelle. B. 2505 et capitaine d'infanterie. E. 388. = Remond. B. 699. = Robert, laboureur. E. 547. = Roland, seigneur de Fontenelle. E. 384. = Simon. H. 392. = Suzanne, femme Bellemère. B. 837. = Thomas. B. 822. = maire de La Fère. B. 665, 776.

Martin II, pape. H. 623.

Martin IV, pape. H. 1508.

Martin d'Ézilles, officier chez le roi. B. 2647. = Philippe, B. 2645. = conseiller en la cour des monnaies de Paris. B. 2831. — E. 255, 328.

Martin de Fontenelle, François-Armand, ex-capitaine d'infanterie. B. 2522.

Martine. B. 1400, 2706. = garde du corps. B. 3982. = veuve Oudart de Verneuil. H. 840.

Martine de Fontaine, Charles, bailli du marquisat de Guiscard. B. 1332. = Charles-François, avocat. E. 21.

Martineau, Barbe. B. 906.

Martinet, Antoine, avocat. H. 996. = Bertrand. B. 694. = Charles. B. 797. = François. B. 401. = Jean. B. 778. = ouvrier vannier. B. 3361.

Martinne (de), Élisabeth, femme d'Espinay. B. 2893.

Martinsart, Antoine. B. 38.

Martoux, Madeleine, veuve Bourdin. B. 2868.

Marty, Pierre. B. 1853.

Marue, Antoine. B. 736.

Marville. C. 675. = François, serrurier. B. 2957. = Jean, tisserand. B. 2963. = Pierre, sergent, garde chasse et pêche. B. 2938.

MARVILLE (de), Pierre-Achille. B. 1722.

MARY. B. 1349, 3266. = Anne, femme Darlon. B. 881. = Claude, laboureur, et François. B. 2905.

MASCELOZ, dame. H. 242.

MASCRET, Antoine et Étienne. B. 2902. = Jean. B. 3950. = dit Vadebonœur, soldat. B. 2434. = Louise. B. 1192. = Médard. H. 1176. = Nicolas, arpenteur. E. 330. = Pierre. B. 252. = Quentin, laboureur. B. 3187. = Thomas. B. 4050.

MASENGE, Robert. H. 1116.

MASILIE, veuve d'Évrard de Mérival. H. 58.

MASNIER, Claude. E. 496. = Marie, femme Toupet. H. 1704.

MASQUERET, Pierre, laboureur. B. 3904.

MASSARY (de). B. 1120, 3561. — C. 1046. = Catherine-Ursule, femme de Hédouville de Merval. B. 791, 1117. = Charles-François. B. 848, 1278. = Claude, maître de la verrerie de Charles-Fontaine. B. 808, 851, 1016. — E. 256. = Claude-François. B. 781. = Élisabeth. B. 781. = Enguerrand. B. 808. — E. 256. = François, maître verrier. B. 1455. = François-Enguerrand, maître verrier, seigneur de Lisle et de Septvaux. B. 787, 790, 791, 852, 943, 1019, 1111, 1117, 1147, 1209, 1307, 1309. = Georges-François-Enguerrand, capitaine d'infanterie. B. 1117. = Jacques-Enguerrand, sieur de Lisle. E. 256. = Jean-François. B. 779, 1109. = Louis, gentilhomme-verrier. B. 1307. = Pierre. B. 1014. = maître verrier. B. 1455.

MASSARY DE LA CRESSONNIÈRE. B. 2674.

MASSARY DE LISLE. B. 3625.

MASSARY DU MESNIL (Louise-Françoise de). B. 1117.

MASSE, Antoinette. B. 3215. = veuve Hulin. B. 3221. = Jaspart. H. 819. = Madeleine, femme Legrand. B. 4023. = Pierre. B. 938, 4134. = prieur de Quessy. B. 1424.

MASSEAU, Pierre. B. 903.

MASSEAUX, Jean. B. 3209. = Nicolas. B. 3264.

MASSELIN, Pierre. B. 954.

MASSELOT, François. B. 4132. = Louis. B. 470.

MASSET, Antoine. B. 2010, 2294. — E. 566. = meunier. B. 1988 = valet de charrue. B. 2177. = Barbe, veuve Lemaire. E. 578. = David. B. 2418 = Jean. H. 992.

MASSEVILLE, Étienne. B. 1935.

MASSIER, Nicolas, compagnon papetier. B. 3184.

MASSIEZ, Nicolas, débitant de tabac. B. 4097.

MASSIN, Christophe. E. 477. = Jacques, laboureur. B. 2628. = Joseph. H. 1070.

MASSINOT, subdélégué. C. 15, 78.

MASSON. B. 517, 976, 3104, 3107, 3115, 3247. = Antoine. H. 1023, 1030. = maréchal-ferrant. E. 570. = Charles. B. 1841, 3102. = Christophe. B. 3067. = Éloi. B. 708. = Étienne. H. 747. = fermier. B. 2700. = François, berger, B. 1247. = François, cavalier. B. 1256. = Françoise. B. 513. = femme Ducros. B. 1186. = Gilles. B. 689. = Gracien. B. 615. = Jacques. B. 700. = Jean-Claude,

maréchal-ferrant. B. 3098. = Joseph. B. 3936. = grand-maître enquêteur et réformateur des eaux et forêts. B. 3583. = Judith, femme Lefèvre. E. 573. = Marie, veuve Ravaux. B. 2512. = Nicolas. B. 659, 3174. = Pierre-Étienne. B. 2127. = Regnault. G. 472.

MASSON DE COURCELLE, Joseph-Marin, grand-maître des eaux-et-forêts. B. 3563.

MASSOT, Charlotte, veuve Deslogis. B. 912.

MASSOUL, Anne-Cécile. B. 1296.

MASSUELLE. B. 3265.

MASSY, Claude, laboureur. B. 1803.

MASURES, Michel. B. 1214.

MASURIER, Grégoire. B. 768. = Michel, procureur. B. 744. = sergent de justice. B. 1049 = Nicolas-François, marchand de lin. B. 1423. = Nicole. B. 680.

MATEIL, Gérard. H. 477.

MATEL, Jacques. H. 1177.

MATHÉ. B. 2526.

MATHELIN. B. 2625.

MATHENAY, Louis. B. 3353.

MATHIA, veuve de Gobert de Laon. H. 29.

MATHIOS, Marguerite. B. 4021.

MATHIEU. B. 2735.

 — abbé de Bohéries, H. 1116.

 — — de Clairvaux. H 1624.

 — — de Foigny. H. 952.

 — — de St-Denis. G. 2. — H. 275, 1508.

 — — de St-Jean-des-Vignes. G. 258.

 — — de St-Nicolas-des-Prés. G. 2.

 — — de St-Quentin-en-Lile. H. 534.

 — évêque de Soissons. H. 455.

 — prieur de St-Pierre à la Chaux de Soissons. H 455.

 — sergent du roi. H. 1508. = Barbe. B. 2102. = sergent-messier. B. 2395. = Honoré. H. 820. = Hugues. B. 2975. = Jacques. B. 938. = marchand cirier. B. 1194. = Marie-Joseph. B. 788. = Pierre. E. 529. = façonnier de draps. E. 513.

MATHILDE. G. 1. — H. 24, 588, 825.

 — châtelaine de St-Omer. H. 1508.

 — dame de Vervins. F. 7.

MATHILDE, femme d'Alard de Chimay. G. 1.

 — — d'Anseau de Montaigu. H. 687.

 — — d'Aubert de Coumi. H. 106.

 — — Bilote. H. 105.

 — — Bochez. H. 1209.

 — — Corbiaus. H. 1598.

 — — Cossarz. H. 829.

 — — Desfossés. H. 777.

 — — Enguerrand. H. 319.

 — — Gresillons. H. 68.

 — — de Jean Kahaire. H. 800.

 — — de Jean de Sarteau. H. 800.

MATHILDE, femme de Kamas. H. 1273.
—   — de la Porte l'Evêque. H. 761.
—   — de Pierre Barbitonsor. H. 1602.
—   — Poncard. H. 1206.
—   — Pulars. H. 914.
—   — de Simon de Leuilly. H. 756.
—   — de Thomas de Coucy. G. 2, 7.
—   — Toupez. H. 1180.
— mère d'Alard de Chimay. G. 1.
— veuve de Gérard, ex-vidame du Laonnois. H. 214.
— Lemoine, femme d'Anselme de Lappion. H. 158.
— Miller. H. 1209.
— vidamesse du Laonnois. G. 1, 2, 50.

MATHON, procureur du roi. B. 664. = Claude. B. 817. = veuve Cabaret. B. 1863. = François, avocat. B. 1268. = avocat du roi. B. 404, 740, 768. = Louis. H. 392. = Philippe. B. 817, 1214.

MATIFA, Maximilienne-Josèphe, dame de Bobigny, veuve de Marbais. B. 2126.

MATIFART, Gerbert. G. 253.

MATIGNON, Jacques, abbé de Foigny. B. 3153.

MATIGNY, lieutenant de police. C. 341. = Thérèse-Colette, femme le Carlier. E. 318.

MATON. B. 2567. = Charles. B. 3430. = Louis et Michel. E. 335. = Philippe. B. 892, 1063. = sergent forestier. H. 1763.

MATOUILLAUX, François, bonnetier. B. 924.

MATOULET, Jeanne, maîtresse d'école. G. 981.

MATRA, Jean, curé de Nouvion-l'Abbesse. B. 1252, 3256.

MATRAT, Anne, femme Jacques. B. 3261.

MATRULFE, Antoine, laboureur. B. 1494.

MATTELIN, Élisabeth. B. 3916.

MATTHIEU (famille). B. 1932.

MATTON, archiviste. F. 14. = veuve. B. 2274. = Anne, veuve Haine. B. 2927. = Luc, sellier. B. 2926. = Simon. E. 285.

MATUREAU (de). B. 1480.

MAUBERT. B. 372, 1944. = Antoine, receveur des aides. B. 922. = Jean, lieutenant criminel au bailliage de St-Quentin. B. 2908.

MAUBEUGE (de), chevalier. C. 345. = Charles. E. 458. = Claude. H. 316. = Jean. E. 510. = Louis. E. 555, 575. — H. 39.

MAUBOUR. B. 2486.

MAUBOURG (Madame de). C. 676. = Jean-Baptiste. B. 368, 2046.

MAUBREUIL (de), Catherine, femme Charpentier. B. 2892. = Claude, avocat. B. 2897, 2901. = Élisabeth. B. 2893. = Henri, avocat. B. 2893, 2897, 2920. = Marie. B. 2893. = Philippe, séminariste. B. 2901.

MAUCHAUFFÉ, Jean-Paul. H. 1354.

MAUCHON, Edme-François, seigneur de Magny-la-Fosse. B. 1350, 2911. = François, seigneur de Magny, receveur des consignations. B. 1334.

MAUCHON-DORANGÉ, seigneur de Magny-la-Fosse. B. 1648.

MAUCLER. B. 2742. = Martin. E. 482.
— (de). C. 404.

MAUCLERC. B. 539, 844, 2518. 2564. = Antoine. B. 807, 2501. = sergent royal. E. 516. = Baptiste, curé de Presles. B. 4113. = Jacques. B. 2527. — E. 401. = Jean. E. 609. = bonnetier. B. 3329. = Jeanne, veuve Vincent. E. 592. = Louis. B. 2552. = vérificateur général des rôles. B. 3971. = Marie, veuve Courbe. B. 3335. = Marie-Marguerite, veuve Grevin. H. 456. = Nicolas. B. 453. — H. 858. = laboureur. B. 3130, 3427. = Pérette, femme Cousin. B. 896. = Pierre. E. 344. = Robert. B. 2885. = Roger. H. 1049.
— (de), Élisabeth, abbesse du Calvaire. B. 2725.

MAUCLERCQ, Claude. B. 2707. = Martin. E. 509.

MAUCOURT, Olivier. B. 1603.

MAUCROY, Louis. B. 2924.

MAUDE, Jean. G. 407.

MAUDERON, Jacques. H. 1430.

MAUDON, Jean. H. 993.

MAUDUY, Françoise. B. 906. = Jean. B. 694. = Pierre. B. 811.

MAUFILLASTRE DE CALLY, Jean. H. 1508.

MAUFOURNY. B. 2997.

MAUFROY, Pierre. B. 4048.

MAUGENDRE. C. 800.

MAUGIN, Antoine, concierge. B. 859, 896. = Charles. B. 666. (Voir Mengin.)

MAUGRAS. B. 2742. = Jean-Chrétien, lieutenant de justice. B. 2696.

MAUGRE, Jacques. H. 1249.

MAUGUÉ, Daniel, fermier des aides. B. 418.

MAUGUIN, Jean, boucher. H. 1297. = dit Couillette. H. 1315.

MAULDE (de), Gabriel, Nicolas et Pierre. E. 240.

MAULESON (Jean de), clerc de roi. H. 404.

MAUMISNABLE, Renaud. H. 884.

MAUNAY (Jean de). E. 473.

MAUNIER, Nicolas. B. 1852.

MAUNY (de), Anselme, sous-diacre, chanoine de Laon. G. 1. = Itier, chanoine de Troyes. G. 1. (Voir Anselme et Itier.) = Jeanne, femme d'Hellin de Chevregny. G. 1.

MAUPAS (de), Adrienne, femme de Gourlay. E. 485. = Thierry. H. 13.

MAUPEOU (de), ancien président de la Tournelle. B. 1299. = Augustin, doyen de Saint-Quentin. B. 3208.

MAUPETIT, = Jean, laboureur. B. 2948. = Remy. B. 2978.

MAUPIN, auteur vinicole. D. 6. = valet de chambre de la reine. C. 943.

MAUPRIME, Anne, veuve Pigeon. H. 732. = Antoine et Jean. H. 834.

MAUPRIMÉ, Daniel, laboureur. B. 708.

MAUPRISME, Charles. G. 25.

MAUPRIVÉ, Claude. C. 266. = Nicolas. E. 157. = Philippe, boucher. B. 1541, 1818.

MAUPRIVEZ, Claude-Guilain. B. 1890.

MAUREGNY (de), Jean, chanoine de Liège. H. 259. = Pierre, notaire. E. 443. 445.

MAUREPAS (comte de). C. 661, 770.

MAURICE. B. 3372. — H. 320. = Élisabeth. E. 101.

MAURICOT, Pierre, curé d'Ancienville. H. 1191.

MAURIN. B. 3247.

MAUROY, colonel d'artillerie. C. 355, 357. = Anne, femme Deschamps. B. 2906. = Claude. B. 1960. = François. B. 2890. = Gabriel. H. 1372. = Gérard, menuisier. E. 622. = Jacques, menuisier. E. 623. = Jean-Baptiste. B. 4056. = Marie-Madeleine, femme Dodemant. B. 2634. = Regnault. H. 1009.

MAURROIS, Herbert. H. 1748.

MAURY, Pierre, maître chaudronnier. B. 1504.

MAUSSACRET, Évrard et Hersende. H. 1607.

MAUTRASSE, Guillaume, sergent royal. B. 979.

MAUVOISIN, Jeanne, femme Bourgain. B. 2887.

MAXIMILIEN, empereur d'Allemagne. B. 3438.

MAY, Françoise et Marie, femme Delaporte. E. 445. = Jean, chanoine. B. 250.

— (de), Jean, trinitaire. H. 1432. = Jossé, seigneur de Landifay. B. 239.

MAYART, Antoine. G. 612.

MAYELLE, Jacques. B. 906.

MAYENNE (de), duc. B. 1375, 1600. — E. 249. = lieutenant-général de l'état royal et couronne de France. B. 979. (Voir Lorraine.)

MAYET, Antoinette. B. 4118. = Charles. B. 127. = Charlotte, femme Maillard. B. 3218. = Jean. B. 4116, 4117. = Martin. B. 3924.

MAYEU, Charles. B. 444.

MAYEUR. B. 2491. = Antoine. B. 449, 2355. = Claude. B. 2869. = Jacques. B. 1513. = Louise, femme Bouteillier. B. 3921. = Marie. B. 3901. = femme Broyart. B. 3900.

MAYEUX, Antoine. H. 1573. = Étienne. B. 3323. = Jacques. B. 2369.

MAYEZ, Jean. E. 462.

MAYNARD DE BELLEFONTAINE, Barnabé, abbé de St-Éloi-Fontaine. B. 1382.

MAYNART, Nicolas. E. 545.

MAYNON. B. 530. = président des traites. G. 466. = Anne. G. 108. = Antoine. B. 546. = Claude. B. 3489. — G. 108. — H. 1351. = Élisabeth, femme Delamer. E. 514. = Étienne, élu en l'élection de Laon. B. 2628. = subdélégué. G. 419. = Jean. B. 700, 2684, 2885. — H. 846, 1693. = notaire. E. 82, 100. = Jean-Étienne, curé de Braye-en-Laonnois. B. 2809, 2818. = Jean-Jacques, curé de Remies. B. 2835. = Jean-Louis, chanoine de Laon. B. 2838. =

Louis, chanoine. B. 2791. = Zacharie. G. 51.

MAYNON D'INVAU, Étienne, intendant d'Amiens. B. 3984.

MAYOT (de), Clarembaud. G. 2. — H. 311, 375. = Emmeline, femme de Fromons de Ressons. H. 1508. = Henri, curé. G. 124.

MAZADE, (Antoinette-Marguerite-Henriette de), femme d'Aumont. B. 1350.

MAZANCOURT (de), Gabriel-Auguste, seigneur de Plessis, Vivières, mestre de camp et capitaine de cavalerie. E. 119, 257. = Henri, seigneur de Vivières. E. 119, 406.

MAZARIN (de), duc. B. 1016, 1180, 1181, 1204, 1226, 1231, 3546, 3549, 3558, 3565, 3634. — H. 1482, 1483. = duchesse. B. 784, 1207. — C. 196. = Armand-Charles, duc, grand maître d'artillerie de France, gouverneur de La Fère, de Port-Louis et d'Alsace. B. 510, 561, 581, 645, 752, 754, 758, 761, 763, 771, 776, 840, 843, 973, 1011, 1078. = Jules, cardinal. B. 582, 724, 742, 744, 745, 752, 1053, 3543. = abbé de St-Martin de Laon. H. 875, et gouverneur de La Fère. B. 745, 3584, 3580. = Paul-Jules, duc. B. 843, 1184.

MAZETTE. B. 2511.

MAZIER. B. 1077.

MAZIÈRE, Jean-Baptiste. R. 165.

MAZURE, Antoine. B. 3388, 3396. = François. B. 3381. = Marie. B. 3398.

MAZURIER, Antoine. R. 2695. = Étienne. B. 774, 1277. = fermier des gros poids. B. 1183. = sergent. B. 666, 1279. = Martin. B. 2654, 2694. = Michel, certificateur des criées. B. 666. = procureur. B. 666. = et notaire. B. 1215.

MEAUX (de), vicomtesse. B. 3450. = Hugues, vicomte et sénéchal. H. 1508. = Jean, chapelain. G. 253.

MECAIN, Jean. H. 935.

MÉCHAULT, Pierre, chanoine. G. 682.

MÉDARD, doyen de la chrétienté de Vendeuil. H. 1636. = Jacques. H. 216.

MÉDART, dit Bady. B. 3959.

MÉDICIS (de), Catherine. E. 460. = Marie. B. 691, 711.

MÉGISSIER, Nicolas. B. 1271.

MÉGRET. B. 2735. = Charles, laboureur. B. 2409. = Jean. B. 2817. = Nicolas. E. 260. = Pierre. H. 1300.

MEHAN, Nicolas, chirurgien. B. 528.

MEHÁRONS. H. 51.

MEHAULT, Jean. B. 2924. = Nicolas, cabaretier. E. 258.

MEHAUS, femme Gazelle. H. 189.

MEISSANDE, veuve Wiart de Panleu. H. 1178.

MELAYE, Anne. G. 1790.

MELET, Louis. B. 1239.

MÉLIAND, Charles-Blaise, intendant de Soissons. B. 115. — C. 62, 100, 200, 245, 321, 322, 331, 341, 345, 370, 396, 411, 420, 620, 624, 662, 665. — D. 14.

MÉLINE, veuve Garin. H. 1319.

MELINÉS, femme de chambre. E. 155.

MELINET, curé de Courtecon. B. 2753. = demoiselle. E. 154.

MELLAYE, François, boulanger. G. 1730.

MELLE (Antoine de), official de Noyon. H. 391.

MELLEJEAN (famille). B. 524.

MELLESSON, Louis. C. 740.

MELLET, Marie, veuve Pelletier. B. 3917.

MELLEVILLE, Laurent. C. 689.

MELLIER, Charles, meunier. B. 2961, 2975.

MELLIOU (Margue de). H. 991.

MELLO (de). C. 949.

MELLOS, Pierre, clerc. H. 1274.

MELLOTTE, Marie, femme Gosse. E. 444.

MÉLOT. B. 2484.

MÉLOTTE, Marguerite. B. 488.

MELUN (de), Barthélemy-Joachim, seigneur de Brumetz. H. 1434. = Gabriel-Joachim, comte, seigneur de Brumetz. H. 620. = Hue, seigneur de Flavy. H. 1508. = Marie, dame de Chabanne. B. 3438.

MEMBOURG, Pierre. B. 2296.

MEMET, Pierre, laboureur. B. 418.

MÉNAGE, Marie-Françoise. C. 1087.

MENARD, commis ambulant. B. 3897.

MENART, François-Alexis. H. 1434.

MENECART, Louis-François, maréchal ferrant. B. 2200.

MENGARD, Charles. B. 2501.

MENIN (Voir Gossuin.)

MENNECART. B. 2486. = Louis. B. 114.

MENNECHET. B. 539, 1932, 2485, 3148. — E. 260. = brasseur. B. 484. = cultivateur. D. 5. = lieutenant de louveterie. C. 836. = Antoine. B. 2286. = Antoinette. B. 2068. = François. B. 38, 2077. — E. 259, 260. = charcutier. B. 4107. = Jacob. B. 3164. = Lazare-Antoine, avocat. B. 2019. = lieutenant de gruerie. B. 2110, 3840. = Louis, charpentier. H. 630. = Louis-François, échevin. E. 25. = Louis-Nicolas. B. 3183. = Madeleine, femme Mégret. E. 260. = Marguerite, femme Garnier. E. 260. = Marie. B. 3913. = femme Bourdon. B. 2134. = femme Varnet. E. 260. = Masseline. B. 2453. = Pierre. B. 405, 1936, 3162, 3300. = Simon. B. 3919.

MENNECHET DE VAUVILLE, Casimir, procureur du roi. C. 478.

MENNESSIER, Étienne. H. 1332. = laboureur. B. 1397. = maître armurier et serrurier. B. 927. = François. B. 2721. = Guillaume. B. 1418, 1444, 1641, 1688, 1774, 1834. = Henri. B. 1878. = Jacques. B. 1687. — E. 206. = maître menuisier. B. 3327. = Jean. B. 2556, 2809. = Jean-Baptiste, maire de Flavigny-le-Petit. B. 2057. = Josse. E. 439. = Louise, veuve Martinet. B. 778. = Marguerite. B. 916. = Montain, maître armurier et serrurier. B. 925, 1293. = Pasquier, sergent messier. B. 2755. = Robert. B. 1465. = Simon. H. 776. = Simonne, femme Hulin. B. 3356.

MENNESSIS (Gérard de), chanoine et official de Reims. G. 2.

MENNESSON. B. 520, 2302, 2488, 2730, 2845, 3190. — C. 888, 952. = médecin vétérinaire. C. 633. = subdélégué.

C. 345. = Adrien. B. 727. = maréchal. B. 895. = Antoine. B. 3191. = Antoinette, femme Monceau. B. 2959. = Catherine. B. 3943. = Charles. B. 2176. = laboureur. B. 1994. = Husson, laboureur. E. 579. = Jacques. B. 2115, 3083. = procureur du roi. B. 3115. = Jean. H. 738. = Louis. E. 576. = Louis-Abel, chanoine de Laon. B. 2842. = Marie, veuve Rohart. H. 1088. = Marie-Anne. B. 538. = Marie-Jeanne. B. 3193. = Marie Marguerite, femme Brotonne. B. 2967. = Nicolas. B. 2648. = Philippe. B. 451, 1250. = Pierre. B. 2764, 4006. — H. 1354.

MENNEVRET. B. 2045. = Abraham. B. 489. = Augustin. B. 384.

MENOT, Antoine et Louis. H. 1193. = Gilles. H. 1199.

MENSART, Pierre, meunier. B. 3138.

MENSENDE. H. 1179.

MENSIER, Jean. B. 2591.

MENTEL, Anne, femme Herbelin. E. 434. = Barbe, femme Lecrocq. G. 1696. = Claude. B. 3030. = Madeleine. B. 3015. = Noël. B. 3022. = Pierre, meunier. B. 3046.

MENU, Antoine. H. 1286. = lieutenant de maire. B. 2436. = receveur des aides. B. 1356. = Barbe. B. 2907, 3004. = veuve Latierce. B. 2977. = Charles. B. 2270, 3004. = marinier. B. 1597. = Charles-Louis, maître d'école. B. 2311, 3363. = Claude. B. 4103. = François. E. 68. = Jean. B. 2411, 3839. = fermier. B. 2152. = Joseph. B. 3124. = Louis. B. 4053. = maître d'école. B. 2512. = Marguerite. B. 2907. = Marie. B. 1134. = Marie-Josèphe. B. 2456. = Martin. B. 2907. = Nicolas. B. 2200. = Pierre. B. 1040, 3616. = Regnaut. B. 3004. = Thomas. B. 2413.

MENUE. B. 2566. = Jean. B. 2563. = Marie-Françoise. B. 2604.

MENUY, Jeanne. B. 1512.

MERART, Person, dit Barret. H. 208.

MERAUDET, Pierre. B. 423.

MERAY (de). C. 360.

MERCELLOT, contrôleur des domaines. H. 1160.

MERCHAUT, Nicaise. B. 659.

MERCIER. B. 319, 3340, 3372. = Abraham. B. 703, 1025. = Alexandre. B. 64. = André, vigneron. B. 3377. = Anselme. B. 3417. = Antoine. B. 64, 641, 3127. = garde-verdure. B. 3122. = Antoinette, femme Devillers. E. 514. = Charles. B. 3269. = berger. B. 3163. = Claude. B. 64, 2770. = huissier. H. 1409. = Daniel. B. 1837. = Étienne. B. 466, 488. = François. B. 2789. — E. 183. = laboureur. B. 463. = Guillaume. E. 575. = Jacques. B. 1986, 2441, 3945. = curé de Marly. B. 2325. = Jean. B. 2530, 3929. = laboureur. B. 2013. = tisserand. B. 3394. = Judith, femme Mennechet. B. 3162. = Louis. B. 97. = sergent de justice. B. 3121. = Louise, veuve Poulain. B. 877. = Marguerite. B. 3214. = Marie, veuve Guerdin. E. 365. = femme Rousseau. E. 539. = Marie-Anne, veuve Boine, plâtrière. B. 1413. = veuve Richard. B. 3221. =

Mathieu. B. 3127. = Nicolas. B. 3220, 3375. — H. 1704. = Noël, lieutenant particulier au bailliage de Rethelois. B. 821. = = Pierre. B. 3397, 3965. — H. 1427. = compagnon papetier. B. 3427. = Quentin. B. 3210.

MERCIGAY, François. E. 504. = Gédéon, lieutenant du prévôt de la cité de Laon. E. 511.

MERCIN (Henri de). H. 1508.

MERCY (de), Antoine-Joseph. B. 939, 942, 1115.

MERDA. B. 372, 3228. = Agnès. B. 3227. = Jeanne. B. 2404. = Louis. B. 65, 392. = maire d'Oizy. B. 2055. = Louis-Joseph. B. 3965. = Marguerite. B. 3932. = Michel. B. 65, 3229. = Pierre. E. 214.

MÉRÉ (comte de). C. 596, 622, 689.

MÈRE, Enguerrand. H. 779. = Pierre. H. 779.

MÉREAUX, Mathieu. B. 2591. = Nicolas, charron. B. 3426.

MERELESSART (de), Anne, veuve de Mailly. B. 34. = Charles. E. 628. = Eustache. B. 1421. — H. 1105. = Françoise-Charlotte. E. 393. = Jean, seigneur de Missy-lès-Pierrepont. E. 540. = Louis, seigneur de Missy-lès-Pierrepont. E. 582.

MERELLE, Marie-Françoise. B. 2264. = Marie-Josèphe. C. 860.

MÉRESSE, Marguerite, femme Delacour. B. 4015. = Marie, veuve Carlier. B. 4091. = Mathias. B. 1857. = Pierre. H. 1138.

MÉREST, archer garde de la connétablie et maréchaussée. B. 689.

MÉRET, Florimonde, femme Dhier. G. 981.

MÉRIAUX (famille). C. 672.

MÉRIEL, Louis, lieutenant de carabiniers. B. 425.

MÉRILLIET, Anne, femme Niclot. B. 3053. = Jérôme. B. 3041.

MÉRIVAL (Évrard de). G. 50. — H. 45, 208. (Voir Meurival.)

MERLAUX, Marie, femme Judin. B. 1346.

MERLE (famille). B. 520.

MERLE DE BLANBUISSON (du), Catherine, veuve Pétré, femme de Lestendart. B. 2016.

MERLET. B. 515, 519, 530. = Claude. E. 105. = Jeanne, veuve Macadré. B. 2630. = Marie-Anne-Françoise, femme Alissan de la Tour. B. 3179.

MERLIER. B. 73. = Brice. B. 1771. = Jacques. B. 1834. = Marguerite, veuve Demilly. B. 3921. = Michel. B. 161.

MERLIEUX (Andrieux de). G. 82.

MERLIN, Antoine. H. 837. = Bertrand-Guillaume, receveur des domaines. B. 308. = François. B. 723. = Gaston-Philippe, notaire. B. 4084. = Jacques. B. 3936. = Jean-Baptiste-Louis. H. 1035. = Louis. B. 1286.

MERLOT, Henri, imprimeur. G. 1253. = Pierre. B. 1089.

MERMET, Joseph. B. 57.

MERNY, François, laboureur. B. 1680.

MÉRODE (de), marquis de Trélon. C. 1048. = Claude-François, comte, marquis de Trélon. B. 2934. = François, marquis de Trélon, comte de Bancigny. H. 1362. = Marie-Thérèse-Appoline, comtesse, femme de Cos-

waren-Looz. B. 2939, 3198, 3355. — C. 1048. = Monique-Joséphine-Mélanie, comtesse, femme d'Apremont. B. 2938, 2939, 2941, 3198. — E. 9.

MERRIAUX, Pierre. E. 390.

MERSIER, Mathieu. B. 2769.

MERUY, Claude. H. 844.

MERVILLE (de), inspecteur général des maréchaussées. C. 400.

— Jean-François, garde-bois. B. 3503.

MÉRY (de), Enguerrand, prévôt du chapitre de Soissons et Pierre. G. 253.

— (du) lieutenant au régiment de Piémont. B. 3020.

MÉRY DE LA FONTAINE, Jean-Gabriel. C. 413.

MÉSCHAMES (Geoffroy de), sire d'Auroir. H. 793.

MESCHIN, Raoulin. E. 51.

MESCOURT. B. 2513.

MESGRET, Jean, apothicaire. B. 1417.

MESGRIGNY (de), marquis. B. 1829, 1855. = Jean. B. 1361. = René, abbé de St-Nicolas-des-Prés de Ribemont. G. 7.

MESLÉ, subdélégué. C. 128, 345.

MESLIER, François, laboureur. B. 1512.

MESLIN, Jean. H. 1412.

MESNARD, Georges. H. 1261.

MESNIL, Pierre, potier de terre. E. 335.

MESNY, Louise, cordelière urbaniste. H. 1680, 1681.

MESO (Henri de). H. 1508.

MESSEY, René-François (comte de), seigneur de Moyembrie, lieutenant de chasse. B. 3496.

MESSIER, Jacques. H. 696.

MESSIEUX, Étienne. C. 344.

MESSIN, Regnaut. E. 491.

MESSIRE, Louise. B. 3075.

MESTOIEU, Jeanne, femme Levasseur. B. 3414.

MESUREUR, Étienne, tanneur. B. 2104, 2384, 2391. = Louise, domestique. B. 2446. = Philippe, procureur fiscal. B. 3119. = Remy. B. 2224, 2273, 2274, 2276. = Robert, greffier. B. 3327. = lieutenant de justice. B. 2948, 3119.

MESVILLIERS (Antoine de). B. 3010.

MÉTAIER, pasteur protestant. B. 2894. (Voir Mettayer.)

MÉTERREAU, Jean, tonnelier. B. 2819.

MÉTIVIER, Louis. H. 1050.

MÉTIVIEZ, François, sergent de justice. B. 3007.

METIJEAN, Antoine. B. 503.

METTAYER, Marie, veuve Crommelin. E. 113. = Samuel, ministre protestant. B. 2926. (Voir Metaier.)

METTE, Jean-François-Joseph. B. 3953.

METTEZ, Bertrand. B. 2273.

MEUGNIER, Jean. B. 2548.

MEULAN (de). B. 874. = Bernard et Catherine, femme Blaize; Marie, femme Ragan. B. 725.

MEULAN D'ABLOIS. C. 733, 745.

MEUN (de), Guillaume. G. 13.

MEUNIER. E. 389, 443. — D. 16. — H. 1517. = entrepreneur. C. 615. = Adrien. B. 3188. = Antoine. E. 261. = Catherine, femme Jacquart. G. 1730. = Claude. B. 1805. = François. B. 2843. = Jacques. B. 150, 155. = Jean-Pierre. B. 4106. = Jeanne. B. 2978. = Marguerite. B. 3272. = Marie-Anne, veuve Robinet. B. 3427. = Marie-Anne-Barbe, femme Laperuque. B. 2884. = Marie-Anne-Claude, veuve Monglart. B. 1887. = Mathieu. H. 222. = Nicolas, maréchal-ferrant. B. 2948. = Pierre, adjudicataire des routes. C. 636. = Pierre-Paul, fermier. B. 2875. = Richard. H. 455. = Simon. H. 1608.

MEURET. B. 2741. = Antoine et François, laboureurs. B. 3179. = sergent royal. E. 440. = Mathieu. B. 3139.

MEURICE. B. 2720. = Antoine. E. 538. = Bon. E. 404. = Félix. E. 162. = François, vigneron. B. 2640. = Jacques. B. 162. = Jean. B. 2890 = huillier. E. 576. = tisserand. E. 572. = Marie-Anne. B. 3147. = Nicolas, hôtelier. B. 2359. = tonnelier. E. 523.

MEURIER, Nicolas. B. 1242.

MEURISET, Charles. B. 90. = Gilles, laboureur. E. 341.

MEURISSE. B. 2883.

MEURIVAL (Évrard de). H. 7. (Voir Mérival.)

MEURIZET, Ambroise. E. 354. = Gilles, procureur. B. 3271. = Marguerite, femme Crételet. E. 359.

MEUSNIER, Jeanne. B. 3281.

MÉZALIE, femme d'Évrard de Merival. H. 208.

MÉZIÈRE, Oudart. B. 1388.

MEZUELLE, Antoinette. B. 1807.

MICHAULT. B. 2845. = Barbe, veuve Pigeon. H. 732. = Charles, commis ambulant. B. 3897. = Jacques. B. 1237. = Toussine. B. 2776.

MICHAUT, Antoine, laboureur et Claude. B. 422. = Madeleine, femme Gardé et Marie. B. 459. = Robert. B. 472.

MICHAUX, Claude, chanoine de Versailles, chancelier du chapitre de St-Quentin. G. 810. = Jean-Philippe, curé de Monceau-sur-Oise. B. 376. = Jeanne. B. 3385. = Marie-Anne. B. 499. = Marie-Anne-Julie. B. 2127. = Marie-Madeleine, femme Potier. E. 606. = Philippe. B. 2030. = Robert, curé d'Agnicourt. B. 2847. = Thomas. B. 2202.

MICHÉ. B. 2706.

MICHEL. B. 2486, 2627. — C. 698. = procureur-syndic du chapitre de St-Quentin. G. 819. = doyen de Meaux. G. 1. = Antoine. B. 1849, 2705. — E. 377. = chirurgien. B. 1510. = laboureur. B. 3145. — H. 629. = Antoinette. B. 2650. = Barbe, femme Leclerc. B. 2636. = Basile, prieur de St-Venant-d'Hirson. E. 392. = Charles-François, curé d'Étréaupont. B. 3121. = Claude. H. 683. = veuve Boulanger. H. 1731. = Étienne, regrattier, préposé à la régie des biens des religionnaires fugitifs. C. 241. = François. B. 939. = Gratien. B 703, 890. = Jacques. B. 1147, 3221. = dit la Ramée, soldat. B. 2326. = Jean. E. 53. = apprenti cordonnier. E. 528. = laboureur. B. 2628, 2650, 3163. = Jean-Baptiste, tailleur d'habits B. 2717. = Jean-François. B 3125. = Jean-Joseph, chanoine de

St-Quentin. G. 817. = Jean-Louis. E. 401. = Jeanne, femme Déjardin. B. 3141. = veuve Bordreau. B. 2526. = Louis. B. 2676, 2705, 3177. = sabotier. B. 2628. = Marguerite. B. 2462, 2378. = femme Vigreux. B. 3142. = Marie. B. 476. = femme Roger. B. 3123. = Marie-Anne-Élisabeth, femme Lagrange. B. 2838. = Marie-Josèphe, veuve Larmuseaux. B. 2591. = Martin. B. 3218. = Nicolas. H. 838. = laboureur. B. 2782. = Pierre. H. 630. = Simon-Dominique, chapelain. G. 821.

MICHELET, Jean-Élie, seigneur de la Valade. B. 196. = Nicolas, couvreur de chaume. B. 4094. = Pierre. H. 1303.

MICHELETTE, veuve Josse. H. 1057.

MICHELIN, Étienne, fondeur de cloches. E. 403. = Jean, chapelain. B. 1573. = Simon, fondeur de cloches. E. 403.

MICHELOT, Claude. C. 692. = Marie. B. 4021.

MICHET. B. 2487. = Jean. H. 1312.

MICHON, dragon. B. 1891. = maître d'armes. C. 657. = Antoine. B. 2400. — H. 784. = Crépine, veuve Leleup. H. 1311. = Denis, curé de Saconin. H. 1246. = Valentin. B. 2348.

MICHU, Jean. B. 1880.

MICLOTEAU, Nicolas. E. 338.

MIDELET, Françoise, femme Boitelet. E. 522. = Thomas. B. 3099.

MIDORGE, Claude, seigneur de la Maillardie. E. 421, 422. = Jean-Baptiste, seigneur de Montdorin. E. 434 à 438.

MIDOT, Jean, docteur en théologie, grand archidiacré de Toul. H. 1695.

MIDOUX, Jean. E. 343. = Marie-Rose, femme Lefranc. E. 405. = Nicolas, curé d'Hannape. E. 343, 347. = Pierre, laboureur. E. 344.

MIDY, médecin des pauvres. C. 772.

MIEL, Antoine. B. 478. = cabaretier. E. 606. = Jacques-Antoine. B. 391. = procureur. B. 2051. = Marie. B. 501.

MIEN, Pierre. H. 630.

MIETTE, Nicolas. B. 1995. = Nicole. B. 3321.

MIGNAN, inspecteur général des pépinières. C. 59, 944.

MIGNART, Louis. B. 806.

MIGNAUT, Adrien. B. 619.

MIGNE, Pierre, B. 1122. = laboureur. B. 468.

MIGNEAU (famille). B. 521.

MIGNEAUX, Claude. B. 4095. = Henri, maître de poste. B. 2601, 3335.

MIGNIER, Barbe, femme Delécluze. B. 879.

MIGNON. C. 692. = Pierre. B. 4054.

MIGNOS, Englebert, cuisinier. H. 871.

MIGNOT. B. 1926. = procureur. B. 1660. = Adrien, notaire. B. 2796, 2804. — G. 466, 469, 470, 596. = Angélique, femme Botté. E. 262. = Anne, veuve Fera. B. 769, 908. = Antoine. B. 383, 1001, 1533. = chanoine, curé de St-Remy-Place de Laon. E. 527. = notaire. B. 1333, 1334. = Armand, curé de Sainte-Benoîte de Laon. E. 262. = Barbe. H. 1447. = religieuse cistercienne. H. 1584. = Charles. H. 1195, 1738. = Claude. E. 504. = François, sergent. B. 1781. = Jacques. B. 472, 495. = Jean. B. 1778, 1807, 1848, 3996. — E. 605. — H. 780. = Jean-Adrien. B. 2796. = Jean-Baptiste. B. 2282. — E. 262. — H. 792. = avocat. B. 2378. = Jérôme. B. 1781, 1840. = Laurent. H. 1719. = Louis. B. 1859. = huissier. B. 1330. = Marguerite, B. 4015. = femme Deledde. B. 2716. = Martin, fermier. B. 2630. = Moïse, greffier des Gabelles. B. 3970. = Nicolas. B. 1880. = chantre. G. 687. = clerc laïque. B. 938. = Noël. B. 4024. — H. 1738. = Philippe. B. 3616. = Pierre. B. 1296, 1941, 1948, 2202. — E. 262. = Thomas. B. 4122.

MILART, Louise, femme Godart. E. 454.

MILESCHAMP (Jean de), notaire. G. 809.

MILESENDE, femme de Thomas de Marle. H. 235, 391.

MILESSENDE, femme de Jean *de Cardineto*. H. 692.

MILESSENS, abbesse du Sauvoir. H. 189.

MILET, Jean, chapelain. B. 1645. = évêque de Soissons. G. 253. — H. 692. = Robert, pêcheur. H. 1508. = Thérèse. B. 4026. = Vincent, sergent et garde forestier. B. 3793.

MIELAND, Antoine. H. 784.

MILLARD. G. 253.

MILLART, Noël. E. 32. = Pierre. E. 32.

MILLE, Job. H. 1306.

MILLER, Jean. H. 1209.

MILLET. B. 1319, 2987. = Antoine. B. 3947. = laboureur. B. 2774. = Augustin, laboureur. C. 863. = Christophe. B. 3009. = boulanger. B. 3014. = Guillemin. H. 1042. = Jeanne. B. 813. = Louis, avocat. E. 344. = Nicolas. B. 3140. = Pierre. B. 3014. — E. 539. — H. 1760. = Tassin. E. 625

MILLON, Jean, laboureur. H. 507.

MILLOT. B. 2564, 2566. = Claude. B. 2586. = Jean-Baptiste. B. 2587, 2595. = Louis. B. 2558. = Marie-Louise, femme Lefebvre. B. 2956. = Marie-Madeleine, veuve Louis. E. 182. = Vincent. B. 229, 2559, 2587, 2608. = Vincent-Nicolas, notaire. B. 12, 2186.

MILON. H. 1044.
— chantre. H. 275.
— (de Bazoches), évêque de Soissons. G. 253. — H. 692, 1508.
— évêque de Thérouanne. H. 1116.
— official de Noyon. H. 455.
— B. 522. = Jean, garde de la prévôté de Paris. G. 124. = Jean-Pierre. H. 1740.

MILOT, Élisabeth, femme Delval. B. 2340. = Jean, vigneron. B. 3068. = Marie, femme Poulet. B. 3943. = Vincent. B. 295.

MIMOREAU, Godefroi. E. 406.

MINART. B. 1748. = Appoline, veuve Portelet. B. 2866.

MINCY (Warnier de), boulanger. H. 455.

MINEL, Pierre, prémontré. H. 860.

MINETTE, Bernard. B. 359, 2429. = Claude. B. 2286. =

Jérémie-Charles, meunier. H. 509. = Louise. B. 2157. = Marie-Madeleine, veuve Alliot. C. 981. = Marie-Madeleine-Suzanne, femme Chopin, sage-femme. B. 1921.

MINGARD, Antoine. H. 858.

MINOT, Catherine. B. 3955.

MINOUFLET, Nicolas, curé de Mareuil-le-Port. H. 1228.

MINUID (Jean de). B. 641.

MIOT. B. 2484. = Antoine. B. 4042. = Nicolas. B. 2340. = Pierre, curé de Guivry. B. 1617.

MIRAMONT (de), maréchal de bataille. F. 2.

MIRANDE, Pierre. B. 447.

MIRAUDIE, Colin. H. 103.

MIRAULT, Jean, vigneron. B. 2661. = Jorand. E. 334.

MIRAUX, Catherine. B. 1121. = Marthe, femme Vaucelle. B. 2708.

MIREMONT (de). C. 333. = comte. C. 89. = madame. C. 50, 332, 679. = seigneur de Montaigu. C. 135. = Alphonse, châtelain de Montaigu. G. 100. = Alphonse-César-Emmanuel-François, seigneur de Berrieux. H. 260. = Antoine, seigneur de Berrieux. H. 184. = Charles-Alphonse, châtelain de Montaigu. G. 100. = seigneur de Berrieux. B. 2661, 2744. - C. 128. — G. 108. = Charles-François, châtelain de Montaigu. E. 112. — G. 100. = David, seigneur de Berrieux. B. 2685. — E. 492. — G. 100. = François, châtelain de Montaigu. G. 100. = seigneur de Lierval. G. 96. = Guillaume, seigneur de Berrieux. E. 486. = seigneur de Goudelancourt-lès-Berrieux. E. 448. = Isabelle. E. 486. = Jean. H. 455. = Philippe, châtelain de Montaigu. G. 100. = seigneur de Lierval. G. 96. = Thomas-Exupert-François. H. 260.

MIRET, Jean, charron. E. 453.

MIREVILLE (Nicolas de), curé de Marigny-en-Orxois. E. 421.

MIROMÉNIL (de), garde des sceaux. C. 6, 86, 656, 657. = marquis. B. 1880.

MIROMONT (Poncelet de), domestique. G. 126.

MIROY, Catherine, veuve Fromage. B. 2634.

MIRVAULT, dame. C. 702.

MISMACQ, Charles. B. 3945. = Étienne. E. 182. = Marie-Marguerite, femme Duval. B. 2985. = Pierre. E. 187.

MISMAQUE. B. 2740. = Joseph. B. 155. = Marie. B. 3425. = Nicolas. C. 858. = Pierre. B. 3220.

MISSANCOURT (dame de). B. 989.

MISSEMACQ (famille). B. 519.

MISSY (de), Gobert, seigneur. H. 873. = Pierre, chanoine de Notre-Dame des Vignes de Soissons. G. 253. = Willaume. H. 288.

MISTE, moine. B. 178.

MISTY, Benjamin. B. 982.

MITANT, Claude, meunier. B. 3752.

MITEL, Pierre, chapelier. B. 2915.

MITELLE, Marie-Elisabeth. B. 3118.
MITELETTE, Antoine. H. 1016. = Philippe. G. 1247.
MITET, charpentier. B. 1617.
MITOU, Jean-Pierre E. 115.
MITTEAU, curé de Variscourt. C. 148.
MIZELLE, Pierre. H. 1340.
MOCQUE, François. B. 4098.
MOCQUET, Anne-Cécile, veuve Lebrasseur. H. 702. = Antoine. H. 708 = François. H. 1036 = Jean-Baptiste. H. 708. = Jacques. H 1036. = Pierre. H. 1030. 1036.
MODÈNE (abbé de). C. 796. = Pierre, prieur, curé de Frières. B. 1726.
MOET, Françoise, veuve de Riencourt. B. 1902.
MOFLET, Marguerite. B. 4029.
MOIEULX, Jean. H. 1040.
MOILAINS (Jean de), curé de Marcoing. H. 1612.
MOILIN, Jean. H. 1616. = Michel-Félix. C. 325. = procureur. H. 1790.
MOILLIÈRE (Henri de), seigneur d'Eppeville. B. 1388.
MOILLIN, Nicolas, curé de Beautor. B. 743.
MOINE, Charles. B. 2611. = Marie, veuve Cordier. B. 4091. = Pierre, laboureur. B. 2838.
MOINET, Baptiste. B. 2101. = Gobert. H. 197. = Jacques. E. 449. = Jean. E. 404. = Jean-Baptiste et Jeanne, femme Cochet. B. 2420. = Nicolas. C. 272. = Pierre, curé de Sampigny. B. 1350.
MOIRY (Gui et Jean de). H. 1116.
MOISAN, Jacques, chanoine de Laon. G. 469.
MOÏSE, Nicolas. B. 1862.
MOISET. B. 1008. = Catherine. B. 205, 727. = femme de Froidour. B. 709. = Claude, conseiller en l'élection de Saint-Quentin. B. 836. = Louise. B. 697. = veuve Charbonneau. B. 870. = Nicolas. B. 205, 751, 1092, 1166. = maire de La Fère. B. 701, 818, 910. = receveur des tailles. B. 825.
MOISLIN (famille). B 1397.
MOISNEAU Louis, tisserand. E. 533.
MOISNET, Claude, greffier des gabelles. B. 3969. = Étienne. H. 1266. = Jean. H. 730. = Louis, tailleur d'habits. E. 456. = Rachel, veuve Mathon. B. 881.
MOISSON, Charles. B. 3254 = Louis-Romain-Fidèle. B. 669.
MOISSY (Charlotte de), femme de Hurtebise. B. 737.
MOITTIÉ, Nicolas. B. 3061.
MOITUHIER, François. H 999.
MOLART, Antoinette. B. 579.
MOLÉ, Mathieu-François, marquis de Méry, président au parlement de Paris. E. 215.
MOLET, Jacques. B. 2588.
MOLIER, Jean. G. 253.
MOLIN, Moïse. B. 123, 3124. = Pierre. B. 357.
MOLINAUS (Jean de). G. 138.
MOLINCHART (de), Mathilde, femme de Brouce. G. 2. = Warnier. H. 47.
MOLINONS (Jean de), chanoine de Laon. G. 2.

MOLINS (Pierre de). H.47.
MOLLARD, Benoîte, femme Serizy. B. 810.
MOLLET, Catherine. B. 676. = Josset. B. 3454. = Thomas. B. 1250.
MOLLIN, régisseur de l'école d'Alfort. C. 633.
MOMON, Jean. E. 611.
MONAC, Jacques, meunier. B. 2629.
MONACO (princesse de). C. 50, 912.
MONAMPTEUIL (Bourdin de). H. 588.
MONAQUE, Jacques. H. 903 = Jean-Baptiste, notaire. B.14.
MONASTERIO (Henri de), chanoine. G. 527.
MONBORGNE, Étienne. H. 1573.
MONCEAU. B. 1257. = organiste. G. 815. = Jean. E. 397. = tisserand. B. 2959. = Jean-Baptiste. B. 2527. = Jeanne, veuve Dambon. B. 1531.
MONCEAU (de), Agolan, seigneur G. 77. = Anceau. H. 624. = Antoine. E. 315. = Antoine-Gabriel. B. 21. = Arnoul. H. 274 = Claude. B. 700, 1127. = seigneur de Canlers. B. 1027. = seigneur de la Houssoie. B. 6 1, 696, 699, 700, 814. = François. B. 23. = Gabrielle, femme d'Hyauville. B. 21. = Garin. E. 448. = Jean. H. 628. = Scipion, seigneur de Monceau-le-Neuf. B. 34, 554. — E. 315. = Sibilie. H. 904 = Simon. H. 904.
MONCEAUX (de) Barthélemy. H. 659. = François, comte de St-Lot, seigneur de Gergny. B. 2250 = Gérard. H. 659. = Jean. H. 239. = Marie. H. 1297. = Pierre. H. 1599.
— Jean, berger E. 590.
MONCELS (Guillaume et Odon de). H. 202.
MONCET, Jacques B. 1211.
MONCHAULON M. de), chevalier (Montchâlons). G. 253.
MONCHY (de), Anne-Jeanne, femme de Mailly. B. 1344. 1371. = Antoine, seigneur de Nauroy. B. 2899. = Bertrand-André. marquis de Montcavrel et de Nesle. B. 962, 2894, 2895. = Jean, seigneur de Nauroy. B. 2899. = Philippe, seigneur de Serval. B. 2878. = Pierre, oratorien. H. 1695.
MONCHY D'HOCQUINCOURT (Louis-Éléonore, de) abbé de Bohéries. B 41, 49.
MONCLIN, Claude, charpentier. E. 542.
MONCOUPET, Angélique. B. 1879.
MONCY (Barthélemy de), chanoine de Chartres. H. 1508.
MONDAIN, Nicolas. C. 271. = courrier. B. 560.
MONDOIS (famille). E. 102.
MONEAU, Philippe. E. 533.
MONETTE, Claude. B. 2093.
MONEUSE, Louis. B. 3953.
MONFLET, François. B. 3402.
MONFOURNY, brasseur. B. 2908. = Antoine-Quentin, laboureur. E. 81. = Nicolas. B. 4024.
MONGALLÉ, Nicolas, maître boulanger. E. 423.
MONGDELAIN (Coleçon de). H. 1321.
MONGEOT (de), Adrien, seigneur du Cauroy. E. 597, 598. = Antoine, seigneur de Baillart, lieutenant au gouver-

nement de Marle. E. 554. == Remiette, veuve de
Vrevin. E. 395.

MONGET. B. 347. = Pierre, prieur de St-Germain de Ribemont. B. 44.

MONGIN, Évrard. E. 516. == Louise, veuve Candavoine.
B. 1771.

MONGLART, Jean, exempt des cent-suisses. B. 1887.

MONGNOLLE, Claude. B. 3012.

MONGUIET, Marie, veuve La Chaussée, cabaretière. B. 916.

MONGUIOT (Louis-Charles de), seigneur d'Estrées, Cambronne. B. 2234.

MONJAY (de). H. 509.

MONJEOT, Gobert. B. 2156.

MONJOT. B. 2485.

— (de), Paul. B. 2931. = Pierre-Paul. B. 2893.

MONMERQUÉ, directeur des vivres. C. 366.

MONMIGNON, Rufin, chirurgien des pauvres. C. 286.

MONNEAU (Jean de), clerc. H. 455.

MONNEPVEUX. B. 3372. = Élisabeth. B. 3398.

MONNEUSE, Élisabeth. B. 572.

MONNEVAUT, Étienne, curé de Frières-Faillouël. B. 1352.

MONNIER, Louis. B. 570. — E. 32. = Pierre. B. 4022.

MONNOURY. B. 531. = Claude, laboureur. B. 2996.

MONOT, Augustin. H. 392.

MONOURY. C. 772. == Jacques. H. 1091.

MONPAIN, Jacques. B. 3241.

MONPETIT. B. 3265. — curé de Leschelle. B. 2445. == Augustin. B. 372. = Denis, curé de Châtillon-sur-Oise. B.
389. — C. 666, 681. == Jean-Baptiste, curé d'Autreppes,
doyen d'Aubenton. B. 373.

MONPIN. B. 3240, 3242.

MONROY, Étienne, perruquier. B. 2183.

MONS (de), Aélide, femme de Nouvion. H. 1508. = Colart.
H. 239. = François. B. 2892. = Gérard. H. 264. =
Huard. H. 136. = Jean. H. 239. == Pierrard. H. 264. ==
Pierre. H. 871. == Renaud, clerc, avocat à la cour de
Laon. H. 239. = Th. chanoine et official de Soissons.
H. 1179.

MONSECOURT, Eustache, menuisier. B. 474.

MONSEIGNAT, Marguerite, femme Lavoine. B. 3327.

MONSELETTE, Jean. E. 536.

MONSIEUR, Antoine, laboureur. B. 955. == Louis-Simon.
B. 581.

MONSURES (Léonor-Chrétien de), seigneur de Dallon.
B. 2899.

MONT (du), Foucard. H. 1508. = Guillaume, chanoine de
Soissons. G. 253. == Th., chanoine et official de Soissons. G. 258.

MONTAGNE, Jean-Baptiste, garde-bois et pêche, collecteur
des amendes. B. 3796. = Louis. B. 1989. = Pierre B.
3940.

MONTAGU (de), Adam. H. 177. == Jean, vidame du Laonnois. G. 84.

MONTAIGLE (de), Isaac-François, seigneur de le Hérie-la-

Viéville. B. 80. = Jean-François, officier d'artillerie. B. 408
et seigneur de le Hérie-la-Viéville. E. 243, 246. == Jean-
François-Marie. B. 29. == Philippe-François, seigneur
de le Hérie-la-Viéville. B. 29. — E. 246. (Voir de Madrid.)

MONTAIGLE DE SANCOURT (Louis-Michel de), capitaine de
dragons. B. 2112.

MONTAIGU (de), Anseau. H. 687. == Drouard, clerc. G. 2.
== Gui, doyen de Laon. H. 871. == Guiard.
H. 267. == Hélin. H. 168. == Joachim,
marquis, lieutenant général de la province
d'Auvergne. E. 283. == Robert. H. 288,
878. == Roger. H. 871. == Simon. H.
275, 280. (Voir Aiscelin.)

— Marguerite, veuve Dennebecq. C. 656. ==
Nicolas. H. 878.

MONTAIGUT (de). C. 345.

MONTAILLER, Alexis. H. 1077.

MONTAILLIER, Antoine-César. B. 3411. == Marie. B. 3394.

MONTARAN (de). C. 14, 15, 17, 18, 358, 754, 762, 764. ==
intendant de commerce. C. 66

MONTARGENNE (Henri de). H. 239.

MONTARLAY. B. 2659.

MONTATAIRE (de), dame. B. 3559. == marquis B. 3559.

MONTAUX, Louise. B. 1663.

MONTBAREY (prince de). C. 63, 68, 203, 343, 347, 367, 374,
375, 387 à 390, 399, 402, 414, 415, 680, 706.

MONTBAVIN (Hector de). H. 1055.

MONTBÉRON (Gervais de). G. 253.

MONTBREHAIN (Giles et Oyllard de). H. 1116.

MONTCHALONS (de), Barthélemy, seigneur, Clarambaud.
G. 1. == Gobert. G. 1. — H. 195. == Gui. H. 61. ==
Hugues. H. 267, 365 == Jacques, seigneur de Château-
Porcien. H. 972 (Voir Monchaulon.)

MONTCORNET (de), Clémence, dame. H. 627. == Hugues.
H. 623. (Voir Gérard.)

MONTDIDIER (Jean de), chanoine. H. 1508.

MONTE. B. 3107. == Marin. B. 579.

— (de), Jean-Jacques, seigneur de Franqueville et
Ste-Geneviève. B. 3356.

MONTEAU, Jean-Baptiste. H. 702. == Jeanne, femme Hourdeau. E. 595.

MONTECLAIN (de). C. 596.

MONTECOURT, Eustache, menuisier. H. 491.

MONTENECOURT, Louis, jardinier. G. 1732.

MONTENESCOURT (Jean de). B. 1482. == Pierre. B. 992.

MONTENICOURT, Marguerite. B. 3430.

MONTESQUIOU (marquis de). C. 753.

MONTEYNARD (marquis de). C. 342, 371, 387, 388, 413.

MONTFERAND (de). C. 670. = marquis. C. 595.

MONTFORT, Marie-Josèphe, femme Carlier. B. 2264.

— (de), maréchal de camp. B. 1913.

MONTFOURNY, Marguerite, veuve Allot. H. 1108. == Martin, brasseur. B. 2909.

MONTGAULT (Nicolas-Hubert de), abbé de Chartreuve et

de Villeneuve, académicien, secrétaire des commandements et précepteur du duc d'Orléans. B. 3754.

MONTGIER (Raoul de). G. 253

MONTGOBERT (de), Adam et Guillaume. G. 253. = Jean,
(seigneur de). G. 253. — H. 1178 = seigneur de Pernant, trésorier de Gerberoy. G. 253. — H. 1229. =
Philippe. H. 753.

MONTGUYOT (de), Adrien. B. 2915. = Françoise, femme de
Lorain. B. 2893. = Jacques. C. 248. = Jeanne, femme
de Calis. B. 2891. = Marie-Lucie-Adrienne-Jacqueline,
mme Balthazard. B. 2915. (Voir Monguiot.)

MONTHENAULT (de), Herbin. H. 105. = Jean, curé de La
Ferté. H. 197.

MONTHIÉMONT (de), Guillaume. H. 745. = Jeanne. G. 97.

MONTHIERS (de). C. 591. = marquis, seigneur de Proisy.
B. 4125. (Voir Tarteron.) = Guillaume ; Jean, dit de
Marcy, seigneur de Marcy ; Mahieu, sire de Domptin ;
Mathieu ; Wede, avoué, chevalier. H. 1508.

MONTHOLON (de), comte, maire de la Ferté-Milon. C. 358.
= François, grand doyen du chapitre cathédral de
Metz, abbé de Valsery. B. 1899.

MONTIER, Adrien. H. 1440 = Anne. B. 2929. = Claude.
H. 1738. = Jean, laboureur. B. 1866.

MONTIER DE BENNEVILLE, commissaire des guerres. C. 343.

MONTIERS (Gui de). G. 253.

MONTIGNY (de). C. 943. = commandant. C. 339 = Anselme.
H. 50. = Antoine. H. 1249. = Arnoud. H. 811. =
Charles, seigneur de Champvercy. B. 3008. = Fran-
çoise, dame de Billy et de St-Eugène. G. 1510. =
Gobert. H. 50. = Henri. H. 275. = Jean. H. 1258. =
notaire. G. 124. = Louise, veuve Dubois. B. 1782. =
Nicole, prêtre. E. 626. = Renier. H. 91. = Robert. H.
91, 913. = Wibert. H. 310.

MONTLHÉRY (G. de). G. 125.

MONTLINOT, abbé. C. 21, 24, 622, 677. = inspecteur des
enfants trouvés. C. 667, 668. = inspecteur des dépôts de
mendicité. C. 708 à 710, 716, 718, 719, 730, 732 à 734, 742,
744 à 749.

MONTLUC (de), Alphonse-Henri, marquis de Balagny,
seigneur d'Orbec. B. 2894. = Catherine, abbesse d'Origny-Ste-Benoîte. B. 2894. = Damien, seigneur de
Balagny. H. 1107. = Henri, marquis de Balagny. B.
2894 = Jean, prince de Cambrai, seigneur de Balagny,
maréchal de France. B. 2891. — H. 1624. = Marguerite,
femme du marquis de Nesle. B. 2890. = Marie. H.
1107. = abbesse de Fervaques. H. 1624. = femme de
Rambures. B. 2891. = Marie-Catherine, abbesse d'Origny-Ste-Benoîte. H. 1451. = Philippe, seigneur de Balagny. B. 2890.

MONTMANANT (Helvide de). H. 222.

MONTMIRAIL (de), Helvide, dame ; Jean, comte de Chartres,
seigneur d'Oisy ; Mathieu, chevalier. H. 1508. (Voir
Coucy.)

MONTMORENCY (de). E. 278. = Esclabot, chevalier. H. 241.
= François, seigneur de Hauteville. B. 948 ; = seigneur
de la Rochepot, lieutenant général de l'Ile-de-France.
G. 131. = Mathieu. G. 253.

MONTMORENCY-LAVAL (comte de). C. 307. = Louis-Adé-
laïde-Anne-Joseph, duc de Saint-Simon. E. 264, 270, 271,
276.

MONTMORENCY-LUXEMBOURG (Charles-François Christian
de), prince de Tingry B. 1921.

MONTMORENCY-TINGRY. C. 676.

MONTOUR (de), archidiacre de Soissons. C. 314.

MONTOZAN (Pierre de). B. 2459.

MONTPELLIER, Louise. femme Pigneau. B. 3330.

MONTPEZAT DE CARBON (Jean de). H. 1127.

MONTRASSE, François. B. 1818

MONTREGNY (Pierre de). H. 1508.

MONTVAISAIT, Louis-Henri, officier du duc d'Orléans. C.
235.

MONVOISIN. B. 525. = laboureur. C. 672. = Barbe, femme
Defer. B. 526. = Maurice. B. 2521.

MOPIN, Martin-Gracien, maître d'école. E. 598.

MOPINOT (de). B. 1208. = Jean-Baptiste, garde du corps.
B. 1310. = Jean-Baptiste-Antoine, capitaine à la
suite de la cavalerie. B. 1117.
—   Jean. B. 1963.

MOQUET, André. homme de corps. H. 1508. = Antoine. C.
272. = Grégoire. B. 706. = Jean, laboureur. B. 2999. =
Pierre, garde. B. 3748.

MORA. B. 1928, 2493. = Barthélemy. B. 73. = Charles. B.
1997. = Claude. B. 1969. = François. B. 488, 2327. =
Philippe. B. 3851.

MORAIN, curé d'Aizelles. C. 939. = Jean, apothicaire. E.
435. = Pierre. B. 3280.

MORAL, Antoine, valet. B. 459. = Pierre. B. 4018.

MORAND, Antoine. B. 1517. = Jean-François. B. 3888. =
Laurent. H. 1560. = Quentin, maître d'école. B. 1347.

MORANT, Ancel. H. 23. = Claire. G. 1713. = Élisabeth,
femme de Bouchel. B. 1884. = François-Simon, avocat
du roi. H. 509. = Nicolas, chanoine de Soissons. H. 519.

MORBO, Maurice. H. 740.

MORBOIS Louis. H. 730.

MORCHAIN (Renier de). H. 1508.

MORCOURT (de). Warnier. H. 1637. = Wicard. H. 588.

MORCRETTE, Antoinette. B. 3932. = Claude. B. 901. =
Jeanne. B. 3929. = Louis, arpenteur. G. 855, 859. — H.
1641. = Marguerite. B. 3251.

MOREAU. B. 2487, 2489, 2625, 2662, 2740, 3106. — E. 462.
= capitaine des gardes de gouverneur de Saint-Quentin.
C. 778. = conducteur principal de routes. C. 936. =
messager B. 384. = officier au régiment du commissaire
général. B. 1746. = Acher. H. 1508. = Anne, veuve
Roha. B. 3924. = Antoine. H. 838. = prieur de Condé,
principal du collège de Presles et Beauvais. H. 1736. =
vigneron. B. 2717. = Antoinette, femme Delahaye. B.
4113. = femme Moreau. B. 2746. = Barbe, femme Ba-

chelet. E. 24. = femme Decollas. B. 2704. = Catherine. B. 3942. = Charles. B. 923, 2265, 2378. = laboureur. B. 3216. = Christophe. H. 1177. = Claude, apprenti tonnelier. E. 440. = procureur du roi. G. 720. = Claude-François, seigneur d'Épuisart. B. 1881. = Denis. H. 1340. = François. H. 743, 817. = Françoise, femme Demarly. B. 3922. = veuve Hobe. E. 401. = Frédéric, maire du Nouvion. B. 2052. = Grégoire, laboureur. B. 207. = Jacques. B. 894, 2309. = vigneron. B. 2715. = Jean. B. 628, 2005, 2237. — E. 563. — H. 808. = brasseur. B. 857. = curé de Beautor. B. 997. = gouverneur de Marle. B. 577. = laboureur. B. 4005 = notaire. B. 2715; et greffier de justice. B. 3111. = potier d'étain. E. 431. = Jeanne. B. 2429, 4119. = Louis. B. 2831. = jardinier. B. 2716. = Madeleine. B. 2450. = Marguerite, femme Guitel. G. 1247. = Marie, femme Ducerf. G. 705, 735. = veuve Bellot. B. 2639. = Marie-Anne B. 2667, 4028 = Marie-Claude. B. 2672. = Médard. B. 207, 3902. = Michel. H. 1352. = Nicolas, vigneron. B. 320. = Pentecoste, veuve Mirault. E. 334. = Philippe. B. 2337. = Pierre. B. 3996. — H. 863. = Pierre-Edme, seigneur de Chevremont, lieutenant-général au bailliage de Chauny. H. 1333, 1398. = Remy. B. 3391. = Vincent. H. 963. = cabaretier. B. 6004.

MOREAU D'ACQUEVILLE, Nicolas-François, lieutenant de maitrise. B. 3756.

MOREAU DE CHEVREMONT, Jeanne-Adrienne, veuve Tavernier. B. 1368

MOREAU DE WASSIGNY, Marie-Françoise, femme de Bonnevie. B. 3319.

MOREAUX, Jean-Baptiste. B. 3968. = Julienne. E. 357. = Louis. B. 2821, 3257. = vigneron. B. 2636. = Pierre. H. 977, 1224.

MORECOURT (Jean et Warnier de). H. 1637.

MOREILLON, Alexandre. H. 455.

MOREL. B. 1399. = Adrien, seigneur de Becordel, Atilly, Étreillers. B. 2891. = Antoine. B. 1829. = vigneron. E. 565. = Antoinette. B. 1931. = Augustin. B. 1774. = Blaise, notaire. E. 404 = Charles. B. 1521. = Claude. B. 900. = David. B. 986. = Françoise. B. 528. = Gilles. H. 585. = Henri. G. 32. = Hubert. B. 1822, 1824. = Imbert, tailleur d'habits. B. 1504. = Jacques. E. 105. = Jean. B. 1665, 2940 — H. 410, 776. = meunier. B. 3768. = Jean-Jacques, apprenti mulquinier. E. 558. = Jeanne, femme Tourteron. B. 857. = veuve Bonnet. B. 3346. = Jérôme. B. 533. = Joseph. B. 3102. = Louis. E. 510. = charpentier. B. 3755. = Louise. E. 426 = Marguerite, femme Oudin. E. 566. = Marie. E. 496. = Nicolas. B. 907, 4000. — E. 492. — H. 1066. = curé de Contescourt. B. 3081. = Noël. B. 2586. = Pierre. B. 84, 879. = fermier. B. 2165. = Simonne, femme Lescellier G. 730 = Vivien, procureur fiscal. B. 1336.

MORELET, Antoine, notaire. E. 470. = Jacques. E. 476.

MORELLE, Antoinette. B. 2383. = Catherine. B. 2768. = Jean. B. 481. — E. 589. = Joseph. B. 2451. = Louis. B. 1996. = Marc. B. 3955, 3956. = Marie, veuve Poyart. B. 3212. = Simon. B. 2365.

MORET. B. 2564, 2566, 2723. = joueur d'instruments. B. 2366. = Barbe. B. 2769. = Cécile, femme Dupuis. B. 810. = Charles. B. 488, 2307. = Claude. B. 2555, 4012. = charron. B. 929. = maréchal. B. 452. = Damiette, femme Messin E. 491. = Florent. E. 629. = François B. 3346. = meunier. B. 2219. = régent de collège. B. 3344. = Jacques. B. 2701. = receveur de la marque des cuirs. B. 3331. = Jean. B. 2791, 3346. — E. 586. = charron. B. 915. = maire d'Assis-sur-Serre. B. 510. = Jeanne, veuve Drouart. G. 1161. = Joseph, bourrelier. B. 494. = Louis. B. 497. = boucher. B. 2912. = clerc. H. 401. = vicaire. B. 1857. = Marguerite. B. 4038. = Marie-Charlotte. C. 848. = Nicolas. B. 3103. = Nicolas-Roch, chanoine de St-Quentin. G. 817. = Pierre. B. 2767. = Pierre-Joseph, notaire. B. 16. = Siméon. B. 542. = Simon. B. 2587

MOREUIL (de), sire. H. 1508. = Bernard. G. 253. — H. 692, 1508. = Gervais, seigneur de Cœuvres. H. 1508. = Thiébaut, seigneur d'Arcy. G. 253.

MORFOUACE, Louis, sieur de la Maillardière, garde-marteau. B. 3496, 3527.

MORGNIVAL, Nicolas, seigneur de Rozoy-Gatebled. F. 8.

MORGNY, Antoine. E. 589. = Charles. H. 1334 = Jean. B. 2332. = Marie. B. 3129.

— (de), Louis, notaire. B 10. = Vincent. B. 2977.

MORIAL, Agnès. B. 932, 946. = Antoine. B. 605, 816, 827, 1012. = greffier aux inventaires. B. 798. = hôtelier. B. 903, 918. = inspecteur des boucheries. B. 1318. = notaire et procureur. B 667, 777. = Charles. B. 770, = docteur en médecine. B. 917. = Claude. B. 774. 1006. = hôtelier. B. 899. = Élisabeth. B. 944, 945. = Grégoire. B. 736, 1012, 1214. = Jacques. B. 994. = Jacques-Abraham, receveur des consignations. B. 669, 945. = Jean-Alexis-Antoine, bailli d'Épourdon. B. 805. = notaire et procureur B 670, 803. = Louis. B. 855. = hôtelier B 1142. = Louis-Henri, chanoine. B. 947. = Madeleine, veuve Varlet. B. 878. = Marguerite, femme Cadot. B 921. = Marie-Anne. B. 940, 1278 = veuve Guérin. B. 927. = Mathieu. B. 824, 902. = hôtelier. B. 869. = Michel, notaire, rapporteur et certificateur des criées. B. 667, 918. = Nicolas. B. 1139. = greffier des insinuations et du centième denier. B. 799. = Nicolas-Grégoire, garde-marteau. B. 229, 843. = receveur des deniers patrimoniaux de La Fère. B. 670. = Pierre-Grégoire, garde-marteau. B. 789. = notaire et procureur. B. 668, 670.

MORIAUMES (Isabelle et Nicolas de). H. 477.

MORIAUS, Renier. H. 1612.

MORICOURT, Antoine. B. 2454. = Charles-Marie-Joseph. B. 2459. = Marie-Joseph. B. 2454.

MORIER. B. 30. = François-Barthélemy, lieutenant de

milice. B. 2192, 2448.

MORIETTE, Pierre. B. 3899.

MORIGNY (de) David. E. 352. = Pierre. E. 359.
— notaire. C. 1047. = Nicolas. B. 3997.

MORILLON, Louis. B. 1290.

MORIN, Prémontré. C. 664. = Antoine. B. 2275. = Claude. B. 1954. = Marie, femme Fremin. B. 3138. = Nicolas. B. 420, 425. = Pierre, dit Leufroy, directeur des écoles chrétiennes de Laon. H. 1445. = Zacharie. B. 1125, 1139.

MORIZE, Jacques. H. 1059.

MORLET, Joseph. B. 4045. = Marie-Anne. B. 346.

MORLOT, Pierre. H. 739.

MORNAT (Jean-Baptiste de), abbé de St-Michel. B. 3287, 3828.

MORNAY (Pierre de), commissaire royal. G. 10.

MORNAY D'HANGEST. C. 672.

MORNAY DE MONTCHEVREUIL (de), abbé d'Ourscamp. B. 1872.

MORNAY DE VILTERTRE (René de), abbé de Chartreuve. B. 1872.

MORNY, Martin. B. 1262.

MORON, Henri, brasseur. E. 451.

MORONDON, Valentin, chirurgien. B. 3425.

MOROY. B. 790. = Antoine. B. 787. — H. 1563. = Claude. B. 799. — C. 1014. = tanneur. B. 2299. = Claude-Jérôme, chirurgien. B. 2642. = Jean. B. 809. = Marie-Angélique, femme Cotte. B. 2686. = Marie-Madeleine, femme Dodemant. B. 2836. = Nicaise. B. 809, 2641. = tanneur. B. 3974.

MORRAIN (Roger de). H. 1208.

MORRENI (Nicolas et Simon de). H. 213.

MORTAGNE. (Voir Gautier.)

MORTECRETTE, Jacques. B. 2890.

MORTELETTE, Marguerite. B. 4024.

MORTEQUENNE, Pierre, cordonnier. B. 1659.

MORTHOIR. Jean. B. 716, 898.

MORTHOIRE, Charlotte. B. 776. = Marguerite, veuve Bottée. B. 915. = Pierre. B. 827.

MORTIER. B. 2485. = Alexandre. B. 1038. = Jean. B. 118, seigneur de Montigny-en-Arrouaise. B. 69, 87, 346, 347, 352, 358, 360, 362, 3259. — H. 1649. = Jean-Charles, seigneur de Montigny-en-Arrouaise. B. 2311. = Madeleine. B. 3957. = Marie-Anne. B. 362. = Pierre. B. 1702, 3269. = Quentin. E. 610.

MORTIERS (Regnaut de). B. 2614.

Mortoire, Marie-Françoise, femme Crommelin. B. 83.

MORTON (René de). B. 1613.

MORVILLE, Antoine, laboureur. B. 3128. = Florent, laboureur. B. 3119. = Laurent, armurier. B. 2954. = Louis. B. 3124. = Pierre. B. 107.

MORVILLIERS, commissaire des guerres. C. 340.
— (de), Bernard. B. 1488.

MORY, Claude, entrepreneur. C. 609. = Jean, boulanger.

E. 419.

Mos, Madeleine. B. 765.

MOSLIN, Charles. H. 812, 834. = Jean. H. 834, 835.

MOSNIER, commis. C. 951. = doyen de Berry-au-Bac. C. 670. = Abraham. E. 51. = Antoine, chanoine de Soissons. H. 1447. = François, abbé de Vermand. E. 465. — H. 1414. = Gilles. B. 1128. = Jean, chanoine de Soissons. G. 484.

MOSNY, Anne. B. 613. = Jean. B. 3139.

MOSQUELET, Nicolas. B. 2887.

MOT, Antoine. B. 1042.

MOTHEL, Étienne. B. 3111.

MOTIN, Benoît-Marie, prieur de St-Gobain. B. 1101, 1231.

MOTONS. Jean. H. 1116.

MOTTE, Jacques-Jean, curé de Chevenne. B. 633.

MOTTEL, Laurent, chirurgien. B. 1807.

MOTTET, Jean-Antoine. B. 1873.

MOUCHE, Angélique. B. 3946. = François. B. 736.

MOUCHENY (Charlotte de), veuve Daulle. B. 1338.

MOUCHET, Thomas. B. 1248.

MOUCHETON (de), Jacques-Michel-Philippe, receveur des tailles. C. 237. = Philippe. C. 478.

MOUCHY (de), lieutenant de cavalerie. B. 1285.

MOUCY (Pierre de), prêtre. G. 1.

MOUET ou MOUETTE DE LA MARCQ, Louis-Jean-Baptiste. C. 413, 414.

MOUFFLARD, Jacques, vigneron. E. 623. = Jean-Philippe, serrurier. B. 917.

MOUFLARD. B. 2568. = Claude. B. 827, 900. = Jean. B. 908. = Jean-Baptiste. E. 105. = Martin. B. 890.

MOUFLET, Jeanne. B. 1991. = Marguerite. B. 894.

MOUI (Enjorrand de), chanoine de Soissons. G. 253.

MOUILLARD, Isabeau, femme Guillaume. B. 2576.

MOUILLART, Nicolas, notaire. B. 2531.

MOULIN, Adrien, apprenti boulanger et pâtissier. E. 463. = Moïse. B. 131. = sergent de justice. B. 3132. = Richard, commis ambulant. B. 3897.
— (de), Herbert. H. 1607.

MOULINIER, Charles-François, avocat, et Julie-Marguerite, femme Fauconnier. B. 1349.

MOULINS (Jean de), prieur du Val des Écoliers de Laon. G. 7.

MOULLART, Louis, laboureur. B. 784.

MOULLIER, Guillemette, veuve Martin, femme Legris. E. 495.

MOULOT, Jean, dit le chevalier de la Maubart. B. 1295.

MOUNIAUS (Garnier de). H. 455.

MOURA, Gauthier, laboureur. B. 2901. = Jacques. B. 723. = Louis, garde-chasse. B. 3496. = huissier. B. 1736.

MOURAND, Gautier, laboureur. B. 871.

MOURANDON, Joseph, chirurgien. B. 3431.

MOURARD, Baudesson. B. 2714.

MOURE, Anne, veuve de Premont. B. 3250.

MOURECORT (Jeanne de), veuve de St-Cler, femme de

Sauxelles. G. 253.

MOURET, curé de La Ferté-sur-Péron. C. 939. = Antoine, laboureur. B. 1617. = Catherine. B. 3147 = Étienne, maréchal. B. 3346. = Jacques. B. 817, 893, 1526 = Nicolas. H. 923. = Philippe, chanoine de La Fère. = B. 867 Pierre, chanoine. B. 890. = laboureur. B. 3393.

MOURETTE, Jacquette. B. 1011. = Laure. B. 478. = Marguerite. B. 1011. = Martin. B. 3076.

MOURICE, Jean, mercier. B. 927.

MOURIER, Antoine. B. 4011.

MOURIN, Claude. B. 357. = Jean-François, barbier-perruquier. B. 644.

MOURIUS, Nicolas. H. 535.

MOURY, Adrien. E. 489. = Jean-Antoine, garde-bois. B. 3601. = Marguerite, femme Rousseau. B. 2643.

MOUSEAUX, Claude. E. 346.

MOUSSARD, Pierre, garde-perche au vol. C. 264.

MOUSSAT, André. C. 266.

MOUSSELART. B 539. = Marc. B. 215.

MOUSSO. prieur de St-Remy de Reims. C. 120.

MOUSSU. B. 301. = Jean-Baptiste. H. 1583.

MOUSSY (de), Charlotte, femme de Hurtebise. B. 697, 709, 822, 950, 962, 1001, 1003. = Denis. E. 508.

— Mathieu. B. 618.

MOUSTIER. B. 1135 = Claude. B. 776, 796. = notaire, procureur, greffier. B. 667. = Jacques. B. 867. = Marguerite. B. 1270. = Pierre B. 796.

MOUTARDE. B. 2511. = Élisabeth. B. 2512. = Raoul. H. 1508.

MOUTARDIER. C. 58, 59. = caissier de la mendicité. C. 721, 726. = François. H. 1050. = Jean. B. 1136. = chirurgien. B. 847, 850, 918, 922, 926, 1126.

MOUTIER, Anne. B. 1005. = Claude. B. 774, 913, 915, 1081. = notaire et procureur. B 917. = Crépin. H. 730. = François. B. 899. = Isaac. G. 981. = Jacques. B. 898, 899. = Louis. B. 4006. = Marguerite, femme Tavérnier. B. 1010. = Marie-Anne, veuve Vuatier. B. 936. = Paul. B. 897. = Pierre, chanoine. B. 1091. = doyen du chapitre de St-Montain de La Fère. B. 925.

MOUTON, Antoine. B. 2937. = notaire et procureur. B. 2939. = Claude, huissier. B. 1330. = sergent royal. B. 1351. = François. B. 3405. = Louis. B. 1561. = Pasquier, chanoine. B. 723.

MOUTONNET, artiste vétérinaire. C. 634. = élève vétérinaire. C. 950. = François, notaire. H. 1248. = Isaie, B. 5414. = Jean, fabricant d'huile. B. 3377. = Louis. B. 1877 = Marguerite. B. 3400. = Marie. B. 3446.

MOUTTIER, René. H. 1390.

MOUY (de), Catherine, femme de St-Vaast. G 530.

— Denis. H. 1308. = François, charpentier. B. 4098. = Théodore, garde-chasse. B. 3497.

MOUZE, Pierre. B. 2588.

MOY (de), marquis. B. 1001. = Adrienne, religieuse. B. 2891. = Baudouin, seigneur de Moy et d'Estrées. H. 1116. = Charles, marquis, conseiller d'Etat, capitaine de 50 hommes d'armes, seigneur de Mézières-sur-Oise. B. 2891. = Charlotte, femme de Sorel. B. 2891. = Claude, baronne de Wiège, comtesse de Jaligny. B. 202, 2891. = Françoise, religieuse cordelière. B. 1599. = veuve de Caulaincourt. B. 2891. = Gui, seigneur de Moy et d'Estrées. H. 534, 1116. = Jean. H. 222, 455, = seigneur de Kaines, prévôt de la cité de Laon. G. 528. = Louis, seigneur de Gomeron, vicomte de Billy, gouverneur de Ham. B. 2891. = Simon, seigneur. H. 535. = Werric. H. 534, 1116, 1632. = seigneur de Bernoville. H. 1116. (Voir Lorraine.)

MOYAN (famille). B. 520.

MOYAT, Michelet. H. 1318.

MOYEN, Jean. G. 19. = Pierre, aumônier apostolique. H. 1693 = prieur d'Osmont. B. 818.

MOYENNEVILLE (de). C. 751.

MOYET, Jacques, passementier. E. 522.

MOYLABERT, Jean, apprenti maçon. E. 403.

MOYSET, Catherine, veuve de Froidour. B. 992. = Mathieu. B. 875.

MOZART, curé de Neufchâtel. C. 937.

MUAU, B. 1926. = Charles B. 3299. = Louis. B. 2640.

MUE, Antoine. B. 2550. = Nicolas. B. 2556.

MUGUET, Jacques. G. 643. = Pierre, boucher. B. 787.

MUIET, Pierre. B. 1507.

MUISEMENT (de), Anne; Benjamin, vicomte d'Urcel; Élisabeth, vicomtesse d'Urcel. G. 108.

MUISSART DE CHEVRESIS (Auguste-Joseph-Louis-César de) C. 416.

MULES, Pierre. H. 477.

MULET. B. 3265, 3266, 3270. = François. B. 918. = Humbert et Jacques. B. 3263. = Jeanne, veuve Roussel. B. 453. = Marie-Françoise, femme Cocquelet. B. 3263.

MULLOT, Anne. B. 416. = Marguerite. B. 4036.

MULOT. B. 2992. — E. 389. = Jean, tourneur en bois. B. 3335. = Louis. B. 2994. = Michel. B. 3082.

MULOTEAU. B. 2511. = Jean, berger. E. 353. = Pierre. B. 2512.

MURET (de), mademoiselle. C. 990. = Gobert. H. 477, 692. = Hervé, sire. H. 692. = Pétronille (dame). H. 1508.

— Gui, chapelain. H. 1229.

MURRAY, Joseph (comte de), lieutenant-général. B. 791.

MURTOUT, César. B. 713.

MUSAN, Pierre, chevalier. H. 793

MUSARD, Charles, chapelain du pape et chanoine de Soissons. H. 1651. = Pierre, chevalier. H. 1116.

MUSARDE, Élisabeth. H. 793.

MUSART, Jean. H. 952.

MUSELLE, Jean. H. 709.

MUSEUX, Charles. B. 543. = Georges, fermier. H. 1109. = Louis. B. 4044 = Marie. B. 3123.

MUSMONT, Jacques. E. 561.

MUSSAN (dame de). C. 672, 949 990.

MUSSET, Nicolas, tailleur d'habits. E. 503. = Pierre. E. 182.

MUSSIER, Jean-François et Pierre. H. 950.

MUSTEL, Denise, guichetière de folles. C. 748.

MUTAUT, Jacques. B. 2274.

MUTE (Marie de). G. 253.

MUTÉAU, Charles, compagnon papetier. B. 3423, 3427. = Françoise. B. 3423.

MUTEAUX, Jean-Louis, garde forestier. B. 3603.

MUTEL, Jean. H. 375.

MUY (du), comte. C. 387. = maréchal. C. 388, 413. = marquis. B. 3870. — C. 281. (Voir Félix.)

MUYART, Guillaume, archer de maréchaussée. B. 2869.

MUYAU. médecin. H. 1784. = François. E. 521 = Isabelle, femme Hennuyer. E. 491. = Nicolas, avocat. E. 513. = Pierre, avocat. B. 1758.

MUYAUX, Charles, curé de Royaucourt et Chaillevois. B. 2815. = Pierre. B. 1418.

MUYET, Jean-Pierre. B. 125.

MUZARD, Antoine. E. 527.

MUZEMAIRE, Charles. B. 2546.

MUZEMANT, B. 2564.

MUZEMAUX, Jean. B. 2548.

MUZET, Jean, laboureur. B. 1736.

MUZEUX, veuve. B. 2390. = Élisabeth, femme Tilorier. B. 536.

MYOT, Raoullin. E. 567.

N

N. abbé de St-Pierre de Hautvilliers. H. 477.

— doyen de Vitry. H. 1044.

— écolâtre de St-Quentin. H. 534.

— évêque de Soissons. G. 253.

— homme de corps et de petit chevage. G. 2.

— prévôt du chapitre de Soissons. G. 253.

NACHET médecin. C. 530, 729.

NADOT, François. B. 3396.

NAIN, Jérôme, laboureur. B. 949.

NAJAC (Ulric-Marie-Anne de), chanoine de St-Quentin. G. 821.

NAMPCEL, Jean (seigneur de). H. 1274.

NAMPTEUIL, Marie, veuve Lechautre. E. 452.

NAMUR (Louis de), comte de Roucy. G. 99.

NAMUROY (famille) E. 19.

NANCELLES (Jean de) H. 232.

NANTEUIL (de), André. G. 253. = Colard. H. 1508. = Gaucher G. 253. — H. 477. = Milon, prévôt du chapitre de Reims. G. 253. = Philippe. H. 477. = Willaume. G. 253.

NANTEUIL A LA FOSSE (Jean de). H. 1508.

NANTHEUIL (de) Gobert et Jean. H. 1508. = Philippe. G. 253.

NANTIER, chevalier. H. 534.

NAQUET, Jean. B. 4110.

NARBONNE, Jean (comte de). G. 90, 94.

NARBONNE-LARA (de), abbé de St-Michel. B. 2509. = duchesse. C. 129, 192. 514. = Jean, maréchal de camp. E. 96. = Marie, abbesse d'Origny-Ste-Benoîte. B. 2725. — C. 91, 670.

NARCISSE, Éloi. B. 1753.

NARDO, Adrien. H. 1434.

NARENNE, Jacques, valet de charrue. B. 2975.

NASSAU (de), Henri, comte. B. 3438. = Maurice, prince d'Orange. B. 2894.

Natalis, Guillaume, chapelain. G. 128.

NATIER, veuve Dieutegarde. B. 2316. = Antoinette. B. 1471 = Claude. B. 1771.

NATTE, Michel, ex gendarme de la garde du roi. B. 4114.

NATTIER. B. 2734. = Antoine. B. 1829. = Claude et Jacques. H. 1419. = Dominique H. 824. = François. B. 2849.

NAUDÉ, François, notaire et arpenteur. C. 240. = Martin, notaire. C. 241.

NAUDET. B. 987. = Adrienne, femme Charlier. B. 2950. = Antoine, organiste. H. 735. = Barbe, femme Bélouis. B. 3144. = Blaise. E. 58. = Catherine. E. 598. = Élisabeth, femme Durpoint. B. 2966. = Jacques-Christophe, munitionnaire général des vivres. C. 364. = Jean. B. 723. = maître potier d'étain. B. 954, 1210. = notaire. E. 588. = Jean-Baptiste, maître cordonnier. B. 3335. = Jeanne. B. 728. = Marguerite. B. 1277. = Marie-Anne, femme Goyenval. B. 2825. = Martin. B. 2769.

NAUDIN, Catherine, veuve de Mandeville de Villars. B. 2513. = Charles, avocat. B. 2744. = Gérard, maître d'école. B. 2948.

NAUGET, Michel B. 1930.

NAUTEL, Nicolas. B. 1378.

NAVARRE (reine de). B. 3440. (Voir Blanche et Marguerite.)

— (famille.) B. 3190. — Anne-Antoinette. B. 2003. = Antoine. B. 1980. = grenetier au grenier à sel de Guise. B. 1988. = président au même grenier à sel. B. 1987, 2003. = Claude. B. 696. = Jean. B. 1156. = avocat. B. 1953, 1987. = Jean-Pierre. B. 4040. = Marie, femme Rose. B. 3144. = Marie-Françoise, femme Aubin. B. 3146. = Pierre, fermier. B. 3143.

NAVEL, Jacquemart, doyen rural de Mons-en-Laonnois. G. 17. = Nicole, chapelain épiscopal. G. 17.

NAVELOT, Charles, prieur de St-Jean de Laon. B. 2726.

NAVET, André. H. 726. = François, pêcheur. H. 499. = Georges et Louis. B. 3376. = Marie. B. 3397. = Nicole, chanoine de Laon, curé de Mauregny-en-Haye, H. 259. = Pierre. H. 759.

NAVIRE, Marguerite, servante. E. 521.

NAZARET, Antoine, marchand drapier. E. 436. = Madeleine. B. 3057. = Marie, couturière. B. 3011.

NAZARETH, Bonaventure, garde. B. 3056.

NAZART, Jean, laboureur. B. 2646.

NAZELLE (de). C. 528. = marquis. C. 679.

Nebularius, Pierre. H. 1206, 1207.

NECKER, ministre. C. 15, 18 à 21, 35, 36, 43, 44, 66, 67, 69, 70, 81 à 83, 86, 93, 127, 138, 147, 152, 159, 192, 198, 199, 203, 204, 234, 247, 282, 323, 324, 336, 346, 402, 428, 508, 512, 516, 590, 625, 633, 660, 667, 669, 672, 681, 706, 707, 711, 749, 751, 754, 762, 800, 807, 814, 888, 889, 921, 927, 931, 933, 946, 950, 961, 962, 972, 973, 978. — F. 27.

NÉDONCHEL (de), Gilles, commissaire royal. H. 1508. = Octave-César-Alexandre-Joseph-Marie, marquis, colonel d'infanterie. E. 280.

NELLE (de), Pierre, curé de Brasles. H. 1309.

NEPAUX (de), Gabriel-François, abbé de Fesmy. B. 280.

NEPOUX, Jean. B. 237.

NÉRET. D. 16. = Jean-François, receveur des gabelles. B. 3982. = Julien, receveur des tailles. B. 1898.

NERVILLE (Pantaléon de), directeur de la manufacture des glaces de St-Gobain. B. 930.

NESLE (de), chevalier, major de cavalerie. B. 2850. = Bernard, chanoine de St-Quentin. G. 816. = Hugues. G. 253. — H. 1323. = Henri. H. 1323. = Jean. H. 455, 789, 1508. = René, marquis. B. 2890.

NESLES, Raoul. H. 455, 1508. = Simon, lieutenant du roi de France. G. 2. — H. 275. = Yves, comte de Soissons. H. 477, 1508. (Voir Soissons.)

NESMOND, Hugues, curé de Vigneux, doyen de la chrétienté de Vervins, et Remion. H. 1368.

NEUFCHATEL (de), Marie, dame de Thiernu t. B. 2684. = veuve de la Bove. B. 2683. — E. 550.

NEUFFONTAINES (Guillaume de). G. 64.

NEUFVILLE (de). B. 725. = madame. C. 517. = Athanase, maître des coches. H. 1236. = Camille, abbé de Foigny, archevêque, comte de Lyon. B. 574, 3132, 3151. = Étienne, garde des sceaux du bailliage de Noyon. H. 489, 519. = Ruffin. E. 624.

— François, domestique. B. 2889.

NEUKOME. C. 805 à 807.

NEUVILLE (de), Alain, chevalier. H. 280. = Arnoul. H. 972. = Eudes. H. 972. = Gaucher. H. 280. = Gilles. G. 2. 253. = H., chanoine d'Arras, commissaire du St-Siège. G. 116. = Jean, chapelain. G. 540. = chevalier. H. 972. = meunier. H. 1226. = Milon, chevalier. H. 972. = Pierre, chevalier. H. 280. = Richard et Richoud. H. 1226. = Wiard, clerc. H. 972.

— Anne. B. 2912.

NEVEU, Claude. H. 1322. = Jean. E. 280. — H. 1047. = Nicolas. H. 1322.

NEWITZCKY (prince de). C. 686.

NEZ, Antoine. E. 213. = Jean. B. 2303.

NIAIS, Antoine, tisserand. E. 576. = Nicolas, prêtre. E. 522. = Noël. E. 521.

(AISNE.) — TABLES.

NIAY. B. 585, 1928. = Antoine. B. 2383. = Charles, fermier. B. 35, 340. = François. B. 629. = Marie-Anne, femme Cordelle. B. 1192. = Pierre et Étienne. B. 647.

NICACHOT, Marie, veuve Boucher. B. 875.

NICAISE, Tobie. B. 1242.

NICARD, Joseph, abbé de Bucilly. G. 572.

NICE, Jacques. H. 1850.

NICLOT, Louis. B. 3053. = charpentier. B. 3008. = maçon. B. 3033.

NICLOTTE, Nicole, femme Guiart. H. 1308.

NICOLART, Hubert, curé de Remies. B. 2802.

NICOLAS, abbé de Fesmy. H. 894.

— archidiacre d'Arras. H. 1608.

— chapelain. H. 222, 455.

— châtelain de Laon. H. 221.

— doyen de la chrétienté de Chervy. H. 871.

— évêque de Cambrai. H. 588, 1116.

— évêque de Noyon. H. 793, 1116.

— III, pape. G. 123. — H. 455.

— IV, pape. G. 134. — H. 1508.

— prévôt d'Estrées. H. 455.

— B. 2045, 2145, 2490. — H. 81, 477, 840. = dit de Béthencourt. H. 898. = Ambroise. B. 3930. = Catherine. C. 858. = Claude, mégissier. B. 926. = Jacques. B. 143. = laboureur. B. 826. = Jean. B. 3909. = garde-forestier. B. 3535. = Jean-Joachim, huissier. B. 2051. = Jérôme. B. 1173. = Louis. B. 741. = bas officier d'invalides. B. 3833. = Marie, femme Philipponeau. C. 1048. = Maxent. B. 500.

NICOLAY (de), évêque de Verdun. C. 919.

NICOLE, Guillaume, curé du Sart. B. 902. = Jean. E. 175. = Pierre, menuisier. B. 931.

NICOLET, Charles, laboureur, et Jacques. B. 1215.

NICOLLE, Médard. B. 3290.

NICOLLET, Quentin. B. 499.

NICQ, François, curé de Deuillet et Servais. E. 491, 610. = Mathieu, clerc-laïque. B. 2804.

NICQUE, Adrien. B. 876. = Catherine. B. 1237. = Christophe, laboureur. B. 813. = Étienne. H. 836. = tisserand. B. 2693. = Françoise, femme Cadot. B. 801. = Jacques. B. 895. = Jean. B. 1237. — E. 625. — H. 171. = Jean-Louis. B. 4118. = Madeleine, veuve Lamy d'Hangest. E. 224. = Marie, femme Raulet. B. 824. = Marie-Françoise. E. 281. = Michel. B. 808, 1238. = Quentin. H. 171. = Simon. B. 1082, 1237.

NINET, Jean-Baptiste. H. 933.

NINONNET, Antoine. E. 437.

NINOT. B. 2492.

NIOLLE, Antoine, berger. B. 453.

NION, Claude, dit de la Fons, maître violon ordinaire du roi et des joueurs d'instruments de France. E. 500.

NIOT, Jean. B. 3399.

NIQUET, curé de Gondé-sur-Suippe. G. 119. = Louis. B. 351.

NIROT, Gilles, tailleur d'habits. E. 401.

NIVART. H. 323, 455. = chevalier, lieutenant du prévôt forain de Laon. H. 1188. = Jacques. B. 3281. = curé d'Haution. B. 24. = Jean. E. 534. — H. 1296. = Jérôme, boulanger pâtissier. E. 500. = Louis. G. 750. = Pierre. B. 3281. = Rose. B. 3102.

NIVELET. B. 2626.

NIVELLE. B. 2720. = Élisabeth, femme Coqueret. B. 2603.

NIVELON. H. 1508.

— archidiacre de Brie. H. 1323.

— — de Soissons. G. 253. — H. 1508.

— (de Cherisy), évêque de Soissons. G. 253. — H. 455, 692, 1083, 1178, 1508.

NIZART, Antoine. B. 3431.

NIZET, André, charpentier. B. 1293. = Catherine. B. 1293.

NOAILLES (de), Emmanuel-Marie-Louis, marquis. B. 2749, 3239. — C. 514. = Louis, duc d'Ayen. E. 149.

NOBE, Nicaise, maréchal ferrant. E. 411.

NOBECOURT, Charles. B. 1605. = François. B. 3959. = Marie-Anne. B. 1182.

NOBLECOURT, Philippe. B. 2180. = laboureur. B. 2414.

NOBLET, Paucette, femme Degonzy. B. 604. = Pierre. B. 3430.

NOBLIN, Catherine, femme Catherin. B. 3056.

NOCENDE, femme Parcle. H. 47.

NOCQ. B. 524. = Louis. H. 1191. = garde forestier. B. 3748.

NOCQUES, officier invalide. C. 391.

NOÉ, Aldegonde. B. 2991. = Pierre. B. 927, 1689, 3197. = Quentin. B. 1563. = laboureur. B. 1745.

NOEL. B. 2566. — E. 382, 389. = prieur-curé de Dizy-le-Gros. C. 123. = Adam. H. 1311. = Anne, femme Catteau. B. 3920. = Antoine. H. 701. = Claude, garde forestier. B. 3750. = Étienne. B. 641. = François. B. 679. = Geneviève, cordelière urbaniste. H. 1680. = Gervais. H. 1306. = Guillaume, curé de Grougis. B. 3899. = Jacques. B. 2587. = Jacques-François, curé de Leuze et Beaumé. E. 382. = curé de St-Michel. E. 374. = Jean. B. 556, 1828. — E. 391, 392. = curé de Brunehamel. E. 345. = garde-forestier. B. 3749. = Jeanne, femme Roussel. B. 1340. = Louis, arpenteur. B. 3042. = Louise. B. 402, = Nicolas, maître tourneur. H. 1670. = Philippe, cordonnier. B. 888.

NOES (Henri de), chevalier. G. 253.

NOEX (Jacques de), sous-diacre, chanoine de Laon. G. 1.

NOGENT, Jean (seigneur de). H. 1508.

NOGENTEL (de), vicomte. B. 3027. = Robin. H. 1182.

NOIELLES (Jean de). B. 548.

NOION (Philippe de), seigneur d'Aulnois. G. 2.

NOIRCOURT, Denise, femme Pocquet. E. 572.

NOIRET, Adrien. B. 3955. = Catherine, femme Rabaté. E. 380. = Claire, veuve Lesur. B. 2642. = Jean. E. 364. = laboureur. E. 370. = Marie-Rose. B. 3957. = Michel. B. 548. — E. 35. = Pierre. E. 2. — H. 784. = Thomas. B. 3092.

NOIRON. B. 2564. = curé de Mortiers. C. 828. = Charles, laboureur. B. 2975. = Gobin. H. 253. = Jean. B. 3140. = Madeleine, femme Roger. E. 401. = Michel-Pierre, notaire. E. 365. = Nicolas. B. 2716. — = Pierre. B. 2778.

NOIRONT, Jacques, curé de Mont-d'Origny. B. 2509.

NOISOT, Nicolas. B. 1000.

NOIZET. B. 401, 2564. = notaire. E. 561. = Antoine. B. 2653. = Claude. B. 1808. = notaire. B. 2504. = Étienne. B. 2631. = Jacques. B. 3281. = Jean. B. 3171. = Jean-Baptiste. B. 2603. = Louis. B. 2559. = Marguerite. B. 3280. = Marie-Madeleine. B. 2512. = Nicolas. B. 2984, 3281. = Nicolas-Joseph, procureur. B. 3880. = Pierre. B. 636. = Toussaint, notaire. B. 2504.

NOLIN, Guillaume. H. 999.

NOLLET. B. 2493.

NONETTE, Étienne-François, curé de Chauny. B. 1641.

NORJOLS, Henri, chapelain. G. 128.

NORMAN, Pierre, commandeur du temple. H. 893. = Willaume. H. 1209.

NORMAND. B. 2732. = doyen de Soissons. G. 253. — H. 477. = Antoine. B. 2139, 2223. = Barbe. E. 446. = Charles. B. 1214. = Daniel. B. 1810. = Étienne, maréchal ferrant. B. 3349. = François. B. 1242. = Isaac. B. 2277. = Louis, notaire. E. 412. = Robert, chanoine. H. 1182.

NORMANDIE (duc de). C. 88.

NORMANT, Adam, prieur de Montaigu. H. 260. = Charles, prieur de Saint-Corneil de Compiègne. H. 1355. = Jacques, notaire. E. 406, 443, 450. = Martin. B. 4112.

NOTEAU, François. B. 2395.

NOTTA, Jacques et Philippe. H. 1279.

NOTTELET, Antoine. E. 536. = chapelier. E. 588. = Claude. E. 43. = Jean. H. 869. = Marie-Madeleine, femme Mailhelard. E. 393. = Nicolas, ouvrier charpentier. E. 440. = Pierre, laboureur. E. 588. = vigneron. B. 2813.

NOUE (de). B. 2844. — C. 945. = seigneur de Brissay. B. 36. = vicomte. E. 282. = Armand-Gaston-Bidal, maréchal de camp. E. 282. = Charles-François, seigneur de Brissay. B. 87, 2906. — E. 282. = Charles-Hyacinthe, seigneur de Brissay. B. 37, 280. = Charles-Louis, seigneur de Révillon et de Villers-en-Prayères. E. 282. = François-Louis, lieutenant des gardes du corps. E. 282. = Françoise, veuve Dujay. B. 1898. = Jean, seigneur de Villers-en-Prayères. E. 228. = Jeanne-Antoinette. B. 27. = Joseph, seigneur de Brissay et de Villers-en-Prayères. B. 28. = Marie-Catherine-Juliette. E. 282. = Marie-Louise-Élisabeth-Guillemette. E. 282. = Pierre, seigneur de Viry-Noureuil. E. 23. = Reine-Angélique et Reine-Françoise-Charlotte. E. 282. = Robert, seigneur de Noue et de Villers-en-Prayères. H. 1724. = Valentin-Hyacinthe-Louis. E. 282. = Valérien, seigneur de Villers-en-Prayères. E. 413.

NOUE DE LA GRANCHE (de), seigneur de Suzy. C. 594. = Louis-Joseph, marquis de la Granche. E. 326.

Nouillard, Antoine. B. 2338.
Noulet, Charles, tisserand. B. 2964. = Quentin. G. 444.
Noullet, Élie. B. 2533.
Noultié, Marguerite. B. 2332.
Noureau, Évrard, chanoine. E. 492.
Nourrit, Robert. B. 644.
Noury, Élysée, laboureur. B. 1159.
Nouvian, Claude. H. 1266. = Guillaume. B. 3394. = Henri. H. 1516. = Jean. H. 1270. = Jeanne, femme Raverdy. G. 1730. = Théodore. H. 1270.
Nouviant, Charles. H. 730. = Jacques. E. 446.
Nouvion (de), Albéric, chevalier. H. 797. = Hellin, chevalier. H. 410, 534. = Jean, médecin. H. 1508. = Jean-Baptiste, procureur fiscal. B. 2881. = Robert. H. 20.
—   Roland. E. 363.
Nouvron (de), Mathilde et Philippe, chevalier. H. 753.
Nouvyant (Gilles de), vigneron. E. 614.
Novallery (Claude de), abbé de Vermand. B. 2890.
Noviant, Jean. H. 835.
—   (de), Riulphe. H. 283.
Novion (de), Jean-Victor. C. 411.
—   Victor. E. 283.
Novis casis (Nicolas *de*). G. 124.
Novo vico (Aélide et Beymard *de*). H. 825.
Noyal (de), Gui, chevalier et Simon. H. 943.
Noyale (Jean de), chapelain, curé de Suzy. G. 129.
Noyers, Miles, (sire de). H. 627.
Noyon (de), Bauduin, clerc. H. 351.
Noyon, Noël, cabaretier. B. 2325.
Nuguot, François. B. 707.
Nusse, Jean-François, notaire. B. 1893.
Nutrix, Raoul. H. 8.
Nyvert, Claude, apprenti fondeur en cuivre. E. 422.

O.

O. abbé de St-Martin de Laon. H. 871.
— prévôt du chapitre de Soissons. H. 477.
— (d'), gouverneur de l'Ile de France. E. 496. = Adélaïde-Félicité-Geneviève, femme de Brancas. B. 1345, 1392. = Gabriel-Simon, comte, marquis de Franconville. B. 1345.
Obelin, Foulques. H. 764.
Obert. B. 3448. — H. 455. = abbé de Prémontré. H. 763.
Obgeois, Isaac. B. 1682. = armurier. B. 1426.
Objeois, Jacques. B. 2306. = Marie-Madeleine. B. 4033. = Nicolas. B. 2924.
Oblé, Marguerite, veuve Brulé. B. 3168.
Oblet. B. 539, 2723. = Anne, femme Langlet. E. 602. = Antoine, laboureur. B. 2984. = Jean. B. 420, 448. = laboureur. B. 500. = Jérôme. B. 4050. = cordier. B. 439. = Louise. B. 4127. = Marie, femme Bliart. E. 601. = Remy. B. 4114.

Oblot, Jean. E. 481.
Obry, Antoine, tailleur d'habits. B. 2950. = Claude, chanoine. B. 674. = Nicolas. B. 334. = notaire. B. 3111.
Obtrin, Philippe, archer. G. 59
Oclaines (Mathieu et Bernard d'). H. 1231.
Occuident, Anne. B. 1980. = Charles, laboureur. B. 2426. = Élie. B. 2172. = Louis. B. 2172.
Odard. H. 1508. = doyen du chapitre de St-Pierre-au-Marché de Laon. H. 124.
Odard de Vaceny, homme de corps. H. 477.
Odelin, abbé de Foigny. H. 299.
Odeline. H. 455, 1081.
—   abbesse de Notre-Dame de Soissons. H. 477.
—   femme Chevillon. H. 1178.
—   femme Diaulié. H. 969.
—   femme de Robert l'échevin. H 59.
—   sœur recluse. H. 1508.
Odent. B. 515. = André. B. 3364. = Claude. B. 148. = Pierre, berger. H. 630
Odienne, Pierre. E. 178.
Odile, femme de Bertincourt. H. 919.
Odoard. H. 220.
Odon, chanoine. G. 2.
—   curé de La Ferté (Chevresis). H. 221.
—   curé de *Luyssiaco*. H. 455.
—   curé de St-Gobain. C. 938.
—   doyen de Ventelay. H. 825.
—   écuyer. H. 1310.
—   prêtre. G. 1.
—   Milon et Pierre. H. 1579.
Odoncet, Étienne. H. 694.
Odonochoo, Albert, docteur en médecine. B. 3340.
Odoyer, Charles, major. B. 2392.
Oède, femme Hatons. H. 80.
Offarel. B. 2662.
Offremont, Pierre, fermier. B. 3296.
Ogée, Marie-Louise, femme Delacroix. B. 3259.
Oger. B. 2723. = Antoine, maire de Chalandry. B. 3001. = Charles. B. 1292. = charpentier. B. 931. = tonnelier. B. 2628, 2665. = Charles-Alexandre. B. 4118. = Firmin, fermier. B. 1306, 3633. = Jean. B. 832, 4118. — E. 242. = laboureur. B. 1014. = marchand de bois. B. 933. = Jean-Charles. B. 1140. = Jean-Pierre. B. 3555. = laboureur. B. 787. = Jérôme. B. 4118. = Laurent. B. 3170, 3171. = Marguerite. B. 4116. = Marie-Louise, femme Denizart. B. 1207. = Philippe. H. 738.
Oger de Cavoye, Madeline-Catherine, veuve de Flavigny. B. 1010, 1011, 1174, 1362.
Ogier, cordier. E. 661. = Charles. B. 472.
Ognier, Antoine. B. 2416. = laboureur et Antoine-François. B. 2473. = François. B. 3220. = Jacques. C. 269. = Jean. B. 1953, 1959.
Ohelly, Philippe-Jean-Baptiste, héraut d'armes. E. 111.
Ohiers, Thiébaut. H. 103.

OIDÈLE, femme d'Adde. H. 221.

OILARD, abbé de St-Martin de Laon. H. 872.

OISELET (Huguette d'), femme de Fay. E. 557.

OISON, Gobert. H. 391. = Huard, dit le prévôt de Marle. H. 275.

OISONVILER (Bernier d'). H. 6.

OISY (d'), Hugues. H. 477, 1116. = Jean, seigneur. H. 1116. = Pierre. H. 1234. (Voir Coucy.)

OLART, Marie-Madeleine. B. 2194.

OLIER, Nicolas, seigneur de Lestang. E. 377.

OLIVE, femme Belleu. G. 253. = H. 1508.

OLIVIER. B. 525, 3266. = chanoine de Nesle. C. 695. = chevalier. H. 588. = Antoine, scieur de long. B. 2692. = Blaise. H. 1016. = François, maçon. B. 1023. = Hubert. B. 900, 2692. = E. 294. = Ivon, tailleur de draps. E. 449. = Jean. E. 178. = Jérôme, maire de Wassigny. B. 2052. = Marie. B. 3290. = Marie-Louise. B. 3348. = Maximilien. B. 2173. = Nicolas. B. 1682. = Pierre. B. 2395.

OLIVIÉRY, Jean-Marie, prieur de Licy. H. 1322.

OLLEZY (Raoul d') H. 1508.

OLLIDE, religieuse de Notre-Dame de Soissons. H. 1508.

OLLIVIER, François, seigneur de Senozan, intendant général du clergé. G. 435.

OMBRAGE (famille. B. 517.

ONGNIES (Louise d'), veuve d'Ailly. B. 1605.

OPIN, Louise, femme Lefebvre. E. 561.

OPPETOURTE, Guillaume, charpentier. E. 489.

OPSOMMER, Louis, aide-major d'artillerie. C. 383.

ORANGE (prince d'). B. 3441, 3445.

ORBY-HUNTER, Thomas, membre du parlement d'Angleterre. B. 3303.

ORFÈVRE (l'). Berthe. H. 1598. = Colart et Robert. H. 1508.

ORGEVAL (d'), chanoine de Saint-Quentin. H. 210, 1654.

ORIGNY (d'), Gobert, Prémontré. G. 2. = Hugues. H. 24. = Jean, abbé de Clairefontaine. B. 3126. = Pierre. H. 253. = Robert, seigneur d'Origny-en-Thiérache. H. 59.

ORJAUX (François d'), seigneur d'Hartennes. G. 1485.

ORLÉANS (duc d'). A. 23. — B. 584, 1739, 1878, 3490, 3494, 3496, 3553, 3562, 3574, 3743, 3758, 3762, 3768. — C. 2, 49, 68, 315, 327, 334, 336, 375, 623, 651, 931. — E. 17, 96, 147, 150, 152, 203, 296. — F. 9. [= Charles, duc d'Orléans et de Valois, comte de Blois et de Beaumont, sire de Coucy. G. 253. = duchesse. G. 200. — H. 455. (Voir Blanche). = Élisabeth. B. 3834. = Jean, bâtard. B. 3438. = Louis, duc. H. 721. = Louis-Philippe-Joseph, duc. H. 39.

ORMESSON (d'), ministre. C. 19, 27, 35, 42, 43, 71, 152, 155, 157, 197, 202 à 204, 234, 244, 245, 247, 282, 319, 324, 329, 341, 396 à 398, 407, 408, 419, 420, 424, 425, 523, 525, 589, 614, 617, 630, 672, 749, 769, 776, 875, 878 à 880.

ORRY, contrôleur général des finances. C. 47, 275, 276, 331, 419, 420, 504, 758, 774. = Philbert, intendant de Soissons. C. 419, 606.

ORS (d'), Gobert. H. 24. = Haimard. H. 7.

ORTIES (des), François, seigneur de La Neuville. E. 485.

ORVILLE, Sébastien. B. 3402.

OSKERKE (d'), Bodin ; Dodin ; Guillaume, chevalier, Jacques et Renier. H. 534.

OSON, Wautier. H. 588.

OSSELET, François, berger. B. 358. = Jean. E. 183.

OSSELIN, huissier. C. 980. = Jean, curé d'Urcel. E. 568. = Pierre. G. 1718. = chaudronnier. B. 1067.

OSTEL (d'), Henri. H. 103. = Jean. H. 413. = Jorrin, clerc, Odard et Robert. H. 103.

OTTON, comte, abbé de Saint-Quentin. H. 588.

OUDA, nourrice. B. 1016.

OUDARD. H. 1081. = Louis, laboureur. B. 128.

OUDART, abbé de Saint-Michel. B. 7.

   —   curé de Lesquielles. H. 155, 158.

   —   Antoine. B. 500. = Jean. B. 429. = Madeleine. B. 479. = Marguerite. B. 2279. = Nicolas. E. 419. = maître apothicaire. B. 3017. = Raoul, garde-bois. B. 3237. = Simon. B. 429.

OUDENETTE, femme Toussirot. H. 1294.

OUDET, Pierre, curé de Vouël. B. 1506.

OUDIARDE, femme Bertrand. H. 477.

OUDIN. B. 2383, 3371. = fermier. C. 1024. = Françoise. B. 3941. = Isaac. B. 2996. = Jean. E. 566. = tisserand. B. 2948. = Lambert. B. 889. = Louis, cordier. B. 781. = Marie, femme Baube. B. 2320. = femme Vuaret. B. 898. = Michel. B. 3180. = Nicolas. B. 2995. = Pierre. E. 566. = vigneron. B. 4129.

OUDINE, femme Jeannequin. H. 1315.

OUDOUX. B. 2731. = Claude. B. 2775, 2827. = Jean. B. 2868.

OUDRET, Martine. B. 2615.

OULCHY (d'), vicomte, député de la noblesse aux états-généraux. E. 310. (Voir Conflans.) = Bernier, chevalier. G. 253. = Giles, chevalier. H. 692. = Gui, chanoine de Saint-Pierre de Soissons. G. 253. = Roger. H. 1016.

OUQUERE, Guilbert. H. 1314.

OURCEL, Perrin. H. 1295.

OYON, Jeanne-Marie. E. 162.

OZANNE, Jacques. B. 3033. = dit le savoyard. B. 3028. = Nicolas, notaire. H. 1773. = Nicolas -Remy. E. 284.

P.

P. abbé de Prémontré. H. 956.

— — de St-Nicolas-au-Bois. H. 399.

— — de Vauclerc. G. 2, 50. — H. 404.

— — de Vermand. H. 931.

P. abbesse de St-Jean-au-Bois. G. 253.

— chanoine de Châlons. H. 1045.

— — de Laon. H. 63.

P. chapelain épiscopal de Laon. H. 158.

P. doyen du chapitre du Soissons. G. 253.

P. évêque de Meaux. G. 118.

P. maire de Goussancourt. H. 1508.

P. moine de l'abbaye de Signy. G. 253.

P. official et chanoine de Laon. H. 311.

P. prêtre d'Arras. H. 534.

P... Louis, curé d'Anguilcourt. B. 2751.

P... Marie-Élisabeth. B. 2753.

PAANCI (Jacques de). H. 208. (Pancy).

PACOUL, Jean. H. 1059.

PACQUE, Adam. B. 3611.

PACQUENOT, Jacques. H. 1002.

PACQUET, Pierre, vigneron. E. 450.

PADAUX, François, fermier. B. 2630. = Nicolas, curé de Beautor. B. 943, 1104, 1199. = fermier. B. 4113.

PADIEU, Jacques. H. 1270. = Jean. B. 3401. — H. 1285.

PAFFE. C. 703. = prévôt général de maréchaussée. C. 396.

PAGE, Jean. B. 617.

PAGEOT, François. H. 1402.

PAGER, Jean, ministre de Nogentel. H. 1415.

PAGET, Anne, femme Lefèvre. B. 2425.

PAGNEUX (Jean, sire de), chevalier. H. 684.

PAGNIER. B. 2565. = Antoine, papetier. B. 3380. = Antoinette, femme Geoffroy. B. 526. = Arnould. H. 1350. = Félix. H. 1759. = Jacques. B. 3190, 3198. — E. 366. = Jean. B. 3423. = laboureur. B. 368. = meunier et papetier. B. 3382, 3425. = Louis. B. 2331, 2551. = Madeleine, femme Paillard. B. 2954. = Marie-Anne, veuve Desons. B. 3421. = Madeleine-Jeanne. B. 2974. = Marie-Madeleine, veuve Hennequin. B. 3427, 3428. = Nicolas. B. 2937. = procureur. B. 2955. = procureur fiscal. B. 3189. = Pierre B. 2557.

PAGNON. B. 3103. = Anne, veuve Vaudin. B. 3328, 3330. = Antoine, tisserand. B. 3100. = Antoinette. B. 3099. = Catherine, femme Béguin. B. 2959. = Jean, chirurgien. B. 2961. = vigneron B. 3102. = Jeanne. B. 449. = Marguerite, femme Burette. B. 3098. = Nicolas, chirurgien. B. 2970. = soldat. B. 3103. = Nicolas-Joseph, collégien. B. 3361. = Pierre. B. 2421, 3308.

PAGOS, Pierre. H. 1223.

PAIEN, Olivier. B. 1821.

PAILLA, Jacques, tonnelier. B. 3064.

PAILLARD, Louis. B. 2978. = Nicolas, boulanger. B. 2954.

PAILLARS, Gobert, sire de Nampcel. H. 1274.

PAILLART, Antoine. B. 543. = laboureur. B. 2652. = Claude, laboureur. B. 2962. = François. B. 2958. = Jean. B. 2614. = laboureur. B. 2951. = Jeannette. B. 2614. = Marguerite, femme de Quarquin. E. 404. = Nicolas. E. 579.

PAILLE. B. 2486. = Adrien. B. 1943. = Marie-Jeanne, femme Héloin. B. 2965.

PAILLET, Charles, gantier. B. 1160. = François. B. 3409. = Gabriel-Valery, chapelain. G. 821. = Jean. B. 917. = Joseph. B. 2904.

PAILLETTE. B. 1757. = Angélique, veuve Allongé. B. 940. = Jeanne, veuve Mabille. 3379. = Laurent. B. 1423. = Noël. B. 1863. = Pierre. B. 1820, 1835. — H. 1236.

PAILLOT, Charles, lieutenant des gardes de Mazarin, bailli d'épée de Marle et de La Fère. B. 776. = Jean. B. 2283.

PAILLY, Adrien, notaire. B. 670, 804. = Charles-François. B. 1309. = François-Nicolas. B. 942. = Jean. B. 1216. = tailleur. B. 1182. = Louis. B. 1147. = huissier. B. 804, 1144. = Louis-Antoine, curé d'Esquehéries. B. 2619. = Nicolas, B. 100, 941, 975. = greffier de justice. B. 797.

PAIN, Charles. B. 729. = Martin. B. 2878.

PAIN DE SEIGLE, Jean. H. 965.

PAIN ET VIN, Jean. B. 3290.

PAINOT, Zacharie, libraire. B. 2880.

PAINTEL, Jean-Baptiste. B. 3260.

PAINTURE, Geneviève. B. 479.

PAINVAIN, Eustache. E. 165.

PAINVIN. B. 1926. = Anne. B. 2014. = Antoine, garde-chasse. B. 3122. = Isaac. B. 2371. = Marie-Thérèse. B. 3125. = Nicaise, louvetier. B. 10. = Nicolas, maréchal. B. 2015. = Pierre, garde-chasse. B. 3122.

PAIRY, Marie-Anne. B. 2604.

PAISSY (de), Guillaume, chapelain. H. 273. = Hellin. H. 873. = Robert. H. 185.

PAIZY, Simon. H. 1240.

PAJOT-DESCHARMES. D. 21.

PALANT, Nicolas. B. 1148. = Nicolas-Joseph. E. 606.

PALATTE, Charles, vigneron. B. 2807. = Jean. B. 2808. = tonnelier et vigneron. B. 2793.

PALATTI, Catherine. B. 985.

PALLARS, Gérard et Gobert. H. 773.

PALLATTE, Jean-Baptiste. E. 390.

PALLET, Jean, corroyeur. B. 909.

PALLIER, Michelle, femme Navarre. B. 1156.

PALLON, Jeanne, veuve Rivage. B. 914.

PALLUAU (de), Madeleine, femme Delahaye. E. 421.

PALMAY, Marguerite, veuve Savareux. B. 3944.

PALME, Antoine. C. 978.

PALMET, Claude. B. 3918.

PAMART, Daniel-Joseph-François-Guilain-Alexis. E. 285. = Dominique. B. 4088. = Jean-Baptiste. B. 3960. = Pierre-Jean-François-Guilain-Joseph, seigneur d'Escaufourt. B. 111, 407.

PAMPELUNE, Huart. H. 991.

PANCHON, Jean, valet. B. 1316.

PANCY (Gobert de). H. 59.

PANLART, Claude, curé de Genlis. B. 1355.

PANLEU (de), Colart, clerc. H. 1179. = Wiart. H. 1178.

PANNELIER, Joseph, tailleur d'habits. B. 2636. = Pierre. B. 533.

PANNETIER, Blaise, taillandier. C. 608.

PANNIER. C. 12. = Anne, veuve Cœur de Roy. B. 1180, 3580. = Jacques. E. 375. = Jean. B. 2803. = Jean-Nicolas, geôlier. B. 511. = Nicolas. B. 3219. = Pierre. B. 1998, 3363.

PANREL, Catherine. B. 1101.

PANTALÉON, Germain. B. 1287.

PAPAREL, François, trésorier général de l'ordinaire des guerres et gendarmerie. F. 10.

PAPELARTE, Isabelle. H. 1307.

PAPERET, Jean. E. 637.

PAPILLON, Jean-Nicolas. B. 1889.

PAPIN. C. 669. = Colin. H. 1007.

PAPPÉLARD, Pierre. H. 1307.

PAQUET, Antoine. C. 831. = Jacques. B. 4008. = Pierre. B. 1308.

PAQUOT. B. 2564. = Marie-Thérèse. B. 2604.

PARADIS. B. 522, 1405, 3105, 3248. = Claude, laboureur et Jacques. B. 2985. = Jean-Claude. B. 4126. = Jeanne. B. 2561. = Marie-Anne-Ursuline. B. 2985. = Nicolas. B. 2534.

PARAT. C. 687. = Antoine. E. 286. — seigneur de Laniscourt. E. 286 = Antoine-François de Paule, seigneur de Laniscourt. C. 412. — E. 286. = Jean. E. 286. = Madeleine-Charlotte-Antoinette, femme de Bezannes. B. 2649. = Thierry. H. 1049.

PARAVICINI (de). C. 1046. — demoiselle. C. 691, 949. = Louis. C. 412. = Marguerite-Madeleine, femme de Cobreville. B. 1655. — femme d'Ully. B. 3340, 3348.

PAQUENOT, Pierre, curé de Bucy-lès-Pierrepont. H. 901.

PARCHAPPE DE VINAY, abbé de Prémontré. C. 662, 663. = abbé de Villers-Cotterêts (Clairefontaine). C. 662.

PARCHE, femme de Riulphe de Noviant. H. 283.

PARCHEMER (Wautier de). H. 1508.

PARCHEMIN, Maximilien, commis. E. 485.

PARCLE, Odart et Thiébaut. H. 47.

PARCY, procureur fiscal. B. 629.

PARDIEU (comte Félix de). C. 768, 982.

PARDILLAN, capitaine. F. 6.

PARÉ, Charles. B. 1814.

PARENT. B. 522, 3104, 3190. — avocat au Conseil. B. 3604. = Antoine. B. 1237, 1407. = Christine, femme Lefevre. H. 77. = Christophe, laboureur. B. 816. = Claude. B. 2284, 3146. = veuve Delettre. B. 2159. = Édouard. B. 2924. = Élie. E. 503. = Étienne. E. 41. = François. C. 270. = élu en l'élection de Noyon. B. 1483. = Jacques. B. 836, 2046. = cabaretier. B. 2818. = laboureur. B. 2781. = Jean. B. 2923. — E. 590. = laboureur. B. 2819. = Madeleine. B. 2821. = Marguerite. B. 342, 479. = Marie. B. 782. = femme Bécret. B. 2782. = veuve Legrand. B. 887. = Michelle, femme Bonneterre. B. 1988. = Nicolas. B. 529, 836, 1240, 2555, 2584, 2610, 3191. — H. 1436. = chirurgien. B. 583. = curé de Cessières. E. 458. = Pierre. B. 631, 632, 1943. — E. 592. = et garde des fermes. B. 4001. = laboureur. B. 3392. = Quentin. B. 1902. = Roland. B. 2764. = Rose. B. 3192. = Sébastien. B. 897. = laboureur. B. 1159.

PARET, Nicolas. H. 1198.

PARGNAN (de), garde de corps. C. 122.

PARGNAN, Hubert, sergent au régiment de Guise. E. 468.

PARGNEUX, Jean-Baptiste. B. 2528.

PARGNIER, Jean, valet de charrue. B. 498.

PARGNY, Claude. B. 2643. = tonnelier. B. 2632. = Jean. E. 618. — H. 838. = Jeanne, veuve Sapinart. E. 625. = Marguerite, femme Boujain. E. 626. = Nicolas E.. 618.

— (Nicolas de), chanoine de Laon. H. 15.

PARICHAULT, Jacques, maréchal-ferrant. B. 3255.

PARIGAULT, Antoine. B. 701, 853, 1129

PARINGAULT. B. 3240. = Adrien. E. 246. = Alexandre. C. 271. = Anne-Josèphe, femme Blin. B. 3117. = Marguerite. B. 3938. = Michel. E. 605.

PARINGAUX, Louis. H. 1104. = meunier. B. 4136.

PARIS. B. 2626, 2662. = veuve. B. 1740. = Anne. B. 4000. = Antoine. B. 3603. = Barbe, veuve Morville. B. 2954. = Charles, tailleur d'habits. B. 4088. = Gabriel, sergent et garde. B. 2462. = Guillaume. E. 616. = Hippolyte. C. 266. = Isaac. B. 723. = Jean-Jacques, contrôleur d'actes notariés. C. 239. = Madeleine. B. 3940. = Mathias. B. 1504. = Mathieu. B. 4136. = Nicolas. B. 2666. = huissier. B. 3551. = laboureur. B. 2633. = Pierre. B. 3899. = Pierre-Étienne-Joseph. B. 1749. = Radegonde. B. 1740.

— (de), Anne-Françoise-Élisabeth, dame de Campreny. E. 287. = Gauthier, tabellion. H. 1602. = Henri. G. 1. = Jean. B. 2613, 3013, 3068. = official de Soissons. G. 253, 707. = Marguerite-Charlotte-Pauline, dame de Fresne, Courmont. E. 287. = Michel, bailli de Senlis. G. 253. = Nicolas. E. 84.

PARIS DE LA BROSSE (Anne-François-Alexis de), président en la chambre des comptes de Paris. E. 287.

PARIS DE TRÉFONDS, Joseph-Louis, capitaine aux chasseurs des Alpes, seigneur de Pringy. E. 288.

PARIS-DUVERNEY. C. 285.

PARISET. B. 2845.

PARISIS, Éloi. B. 832. = Pierre. B. 2537. — H. 696.

PARISOT, Anne, femme Deson. B. 4111. = François, sergent de justice. B. 3025. = Jean. B. 513, 2800.

PARIZET, Claude-François, maréchal ferrant. B. 2686.

PARIZOT. B. 2990. = Jacques. B. 3124.

PARLANGE, Nicolas. B. 3345.

PARLANT DE SAIGNES, gouverneur de Villefranche en Roussillon. E. 193.

PARME (duc de). E. 550.

PARMENT, Pierre. E. 628.

PARMENTIER. B. 2292. — G. 704. = auteur. D. 13, 16. = Antoine, lieutenant-général au bailliage de Marle et châtellenie de La Fère. B. 674, 3445, 3537. = Antoinette. B. 1824. = veuve Delalain. E. 521. = Charles. B. 1816, 3334. = gentilhomme de la maison du roi. B. 1495. = Claude. E. 503. = Denis, garde forestier. B. 3748. = Élisabeth. C. 687. = Étienne. H. 264. = laboureur. E.

503. = Geoffroi. H. 793. = Gery. B. 3111. = Hubert. H. 1024. = Jacques. H. 838. = bailli. H. 1337. = Jean. B. 1985, 2704. — E. 620. = dit Drosle, brigadier des gabelles. B. 911. = Jean-Claude. B. 2716. = Jeanne. B. 462. = Joseph-Ambroise. B. 2247, 2293. = Louis. B. 726, 732, 870, 901. = greffier du bailliage de Chauny. B. 1422. = rapporteur et certificateur de saisies. B. 1490. = Madeleine. B. 3947. = Marie. B. 1482. = Nicolas, vigneron. E. 622. = Pierre. B. 1242, 1407, 1511, 1515, 1825, 1830. = huissier. B. 1770.

PARNANT (de), Marie, Perrot, Robert, dit le Portier. G. 707. (Voir Pernant.)

PAROILLER (Louis de), garde-magasin d'artillerie. B. 843.

PAROISSE, Nicolas. E. 341.

PAROISSIEN, Jean-Eustache. B. 2456.

PARON, Antoine et Nicolas, laboureurs. B. 2984.

PARPEVILLE (de). C. 141. (Voir Macquerel.)

PARQUER, George. H. 874.

PARRECY (Huard de) (Parcy). H. 1207.

PARROCHET, Colard, barbier. H. 17.

PARS (de), Bernard, sergent en la prévôté de Laon. G. 17. = Jean. G. 529.

PARVILLERS (Louis de), contrôleur des exploits. B. 667.

PASCAL II, pape. H. 534.

— Marie-Marguerite. B. 2556.

PASCHOT, Marie, femme Martin. B. 3037.

PASCOT, Jeannin. H. 1312.

PASQUE, femme de Tirigni. H. 1363. = Claude, soldat. B. 1673. = Louise, veuve Desjardins. B. 1314.

PASQUENOT, Pierre, curé de Bucy-lès-Pierrepont. E. 537.

PASQUER, géomètre. E. 221. = Gilles. E. 375.

PASQUES (famille). E. 389.

PASQUET, Philippe, chirurgien. B. 920. = Pierre. E. 570.

PASQUETTE, femme de Morrain. H. 1208.

PASQUEUX, Jean. H. 1062.

PASQUIER, Antoinette, veuve Gobaille. B. 544. = Claude. H. 1361. = François, seigneur de Neuville. E. 522. = Gilles, greffier du bailliage de Villers-Cotterêts. B. 1881. = Jean. B. 1249. — E. 376. = Martine, femme Grégoire. B. 2891. = Pierre-Charles. H. 759.

PASQUIER DE BOIS ROUVRAY, Denis-Christophe, comte de Villers et de Domptin, seigneur de Champvercy, capitaine de cavalerie. E. 289.

PASQUOT, Marie. B. 2419.

PASSAGE (du), Natalie et Sainte-Sophie, religieuses du Paraclet, dites sœurs. E. 124. = Bernard, seigneur de Charmes. B. 796, 842, 913, 974, 1089. = Bernard-Gabriel, lieutenant-colonel et directeur d'artillerie. B. 1395. — E. 21, 124. = Charles. B. 1442. — H. 1337. = gentilhomme de la chambre du roi. B. 1863. = Claude, seigneur de Caillouël. B. 1644. = François. B. 1089. = chanoine de La Fère. B. 941. = seigneur de Caillouël. B. 974, 1854. — C. 248. = seigneur de Charmes et de Servais. B. 752. = et conseiller louve-tier. B. 3604. = seigneur de Sinceny. B. 1902. = Gabriel-Bernard, seigneur de Caillouël. B. 1358, 1652. = Jacques, seigneur d'Autreville. B. 699. = Jean, seigneur de Charmes. B. 858. = seigneur de Sinceny, Autreville, Caillouël, capitaine de chasses. B. 1167, 1699, 1796, 3485. = et gouverneur de Chauny. B. 1353, 1369. = Ozias, seigneur de Sinceny, Caillouël, gentilhomme de la maison du roi. B. 1480, 1803. — H. 1337. = Suzanne, femme de Pastour. B. 699, 710.

PASSART (Pierre de), seigneur de Hausseline. B. 2984. =

PASSAVANT, Jean. E. 356. = Nicole, femme Marendeau. B. 985.

PASSET, Antoine. H. 885. = Paul. B. 3301.

PASTEL (Charles de). E. 486.

PASTOUR. B. 532, 3106. = Martin. E. 62, 381.

— (de), Bernard. B. 1089. = seigneur de Servais. B. 930. = Bernard-Charles, seigneur de Travecy. B. 800, 848. = Bernard-Gabriel, seigneur de Servais. B. 796, 841, 846, 910, 1016, 1106, 1167. = Bernard-Louis. B. 783. = seigneur de Servais. B. 780. = Charles. B. 793, 1024, 1501. = seigneur de Servais. B. 699, 710, 728, 732, 821, 842, 1153, 1610, 3613. = Charlotte et Félix. B. 710. = François. B. 1400. = seigneur de Bacquencourt. B. 1610. = seigneur de Servais. B. 1406, 1535 et capitaine de mousquetaires. B. 1547. = Georges. B. 1610. = Jacques. B. 710. = Jean. B. 1139. = seigneur de Bacquencourt. B. 1342. = Louis, commissaire d'artillerie. B. 1098. = Louise. B. 796. = Marguerite. B. 1106, 1139. = femme d'Hurtebise. B. 1102. = Marie-Louise. B. 783. = Marie-Marguerite. B. 783. = femme d'Hurtebise. B. 851, 936. = Philippe. B. 821, 1064, 1167. = seigneur de Servais. B. 837, 845, 861, 904, 967, 3488. = Regnault, seigneur de Servais. B. 684. — E. 464.

PASTOUREAU, Anne, veuve de Renneval; Catherine, Edmond, seigneur de Ville; François et Suzanne. H. 233. = Thomas. B. 1860.

— (de), Claude, seigneur de Lambercy. B. 1339, 2977. = Jean, seigneur de Lambercy. B. 2977. = Nicole, femme de Béry. B. 693.

PASTOURELLE (Jean-Antoine de). B. 421.

PATART, Guillaume. B. 1937. = Jean, tavernier. E. 512.

PATAS, Marie, femme Dubœuf. B. 458.

PATENOSTRE, Nicaise, dit Cadet. B. 2315.

PATENOTTE, Antoine. B. 903.

PATERNOTTE, Pierre. B. 2823.

PATIN. B. 2513. = François. C. 980. = Hilaire, chanoine de La Fère. B. 917. = Jean. H. 1508. = Philippe. B. 1481. = Toussaint. H. 1035. = Vincent. B. 1942.

PATOILLAT, François, curé-doyen de Ribemont. B. 44.

PATONS, Jean. H. 319.

PATOUILLART, chanoine de Laon. C. 980. = Simon-Remy, chartreux. H. 1347.

PATTE. B. 515. = Barbe. B. 1389. = Claude et François. B. 2910. = Louis. B. 1820. = laboureur. B. 1781. = Nicolas. E. 4. = chirurgien. B. 4128, 4134. = Pierre. B. 2858.

PATTÉ. B. 2997. = notaire. G. 1715. = Nicolas. B. 4131.

PATTENOTTE, Marguerite, veuve Legrand. B. 2138.

PAUCET. B. 519, 593. = Antoine B. 21 = Claude. E. 500. = Françoise, femme Desmolins. B. 891. = Pierre. B. 542.

PAUCHE, Joachim, prévôt royal de St-Quentin. B. 1474.

PAUCQUIER, Claude, prieur de l'abbaye de Ste-Élisabeth de Chauny, curé de Genlis. H. 1422.

PAUGÉ, Pierre. B. 707.

PAUL III, pape. G. 6.

— V, pape. G. 6. — H. 1693, 1694.

— Nicolas, dit d'Argencourt, B. 621.

PAULARD, garde forestier. B. 3547.

PAULCET (famille). B. 517.

PAULMIER. B. 1319.

PAULMY (de). C. 411.

PAUMIER, Clarin, prieur de Montaigu. H. 273.

PAUX, Pierre, meunier. B. 1753.

PAVILLON, Remy, curé de La Fère. E. 463.

PAYAN, Françoise, femme de Rive. B. 755.

PAYEN. B. 2627, 2740. — C. 744, 945. — H. 455. = Anne-Marguerite, veuve Bourgeois. B. 2915. = Cyr. C. 273 = Étienne, arpenteur. B 574. = François. B. 3996. = Joachim. E. 2. = Léon, apprenti couturier. E. 471. = Louis-Joseph. B. 3118. = Marie-Anne, veuve Berton. B. 2632. = Michelle, veuve Parent E. 590. = Paul, vigneron. B. 2646. = Philippe, greffier de police. B. 3115. = Pierre. B. 3415. = Robert. H. 832. = Yves, chanoine de Laon. H. 878.

PAYOIS. B. 2626.

PÉAGE, Louis. B. 3404.

PEAU D'AGNEAU, Odon. H. 323.

PÉCHÉ, Adrien. B. 3000. = Jean, laboureur. B. 3920. = Nicolas. B. 2302, 2520.

PÉCHEUR, Dionisiard. H, 172. = Pierre. H. 292.

PÉCHEUX, Louis, laboureur. B. 2941. = meunier, B. 2962. = Pierre, E. 50. = Pierre-Joseph, brigadier des fermes. E. 397. = Suzanne. B. 339.

PÉCHON, Jean. B. 1739.

PECOURT, Claude, tailleur. E. 543.

PECQUE, Jean. B. 2893.

PECQUEREAU, Antoine. B. 2116.

PECQUET. C. 411.

PECQUEUX, Marie, femme Delval. B. 1996. = femme Leclercq. B. 4022. = Martin. B. 3988.

PEDRAZA, Alphonse-Laurent, général des minimes. B. 1698.

PEHU. B. 2627.

PÉHU (de), Charles-Claude. C. 412, 693. = Henri-Jean-Toussaint. C. 412. = Pierre-Charles. C. 413.

PEIGNÉ. D. 16.

PETTAVY, Jean-Antoine, chanoine de St-Quentin. B. 2928. — D. 4, 5. — G. 814, 818, 819.

PELÉ, Anne, femme Duval. E. 528. = Jacques, meunier. B. 1520. = Jean-Baptiste. B. 2560. = Louis. B. 2561.

PELÉE, Pierre, procureur. B. 2661.

PELÉE DE TRÉVILLE, Jacques-Louis-Hercule. C. 265.

PÉLERIN, Madeleine. B. 1766. = Marguerite. B. 472.

PELFIGUE, Marie-Claude. B. 1207.

PÉLIGNY, Pierre, garde-bois. B. 3871.

PELISSIER, demoiselles. C. 949.

PELLALON, Jean. H. 795.

PELLÉ. B. 2567. = Louis. B. 2548.

PELLERIN, Antoine, B. 1417. = Françoise. B. 3998. = Jean. B. 838. = Madeleine. B. 3928. = Pierre. B. 3911. — E. 381.

PELLETIER. B. 525, 573. = boulanger. C. 692. = Adrien. H. 1140. = Anne, femme Delettre. B. 733. = Antoine. B. 732, 844, 888, 1213. = contrôleur des exploits. B. 666. = contrôleur des saisies réelles. B. 797. = notaire. B. 3546. = procureur. B. 666, 670, 922. = Claude. B. 491. = chanoine de La Fère. B. 777. = curé d'Aubenton. E. 375. = Daniel. B. 1023. = François. B. 346. = dit Franchomme, brasseur et garde-bois. B. 3915. = Jacques, couvreur. E. 556. = Jean. B. 1381, 3899, 3917, 4000. — E. 124. = Jeanne. B. 843. = marchande lingère. B. 921. = Madeleine, femme Legrand. B. 2973. = Marie. B. 358, 843, 3909. — H. 1481. = Marie-Anne, fileuse. B. 4032. = Marie-Louise, fileuse. B. 4048. = Marie-Madeleine. B. 4000. = Michelle. B. 451. = Roland. B. 417. = Robin. B. 1046.

PELLETON, Madeleine. B. 1829. = Pierre-Joseph. B. 1418.

PELLEVÉ (Françoise de), femme de Bisseleu. B. 2891.

PELSEZ, Jean-Humbert. B. 2303.

PELTHEL, Robin. E. 621.

PELTIER. B. 2854. = François. B. 2993. = Jean. B. 2991. = Marie. B. 3966. = Marie-Anne. B. 2994. = Pierre. C. 856.

PELUCHEL, Nicolas. H. 588.

PELUCHET, Pierre. H. 138.

PELUD. H. 930.

PENAND, Louis-Thomas, chirurgien. B. 3364.

PENANT, Charles-Antoine, chirurgien. B. 1747.

PENARD, Marie-Louise, veuve Longuet. E. 105.

PENART, Antoine, chapelier. B. 3328. = Nicolas. E. 190. = Michel. H. 1305.

PENAUX, Michel, vigneron. B. 3384.

PENÉUX. B. 521. = Sébastien. B. 518.

PENNELIER. B. 1932, 2493. = Adam. B. 3004. = Jean, vigneron. B. 2716. = Robert. B. 3125.

PENNELLIER, Basile, chirurgien. B. 2458. = Claudine. B. 2588.

PENNERET, Henri. H. 1508.

PENNET, Étienne, abbé de St-Jean de Laon. H. 2.

PENNETIER, Jean. E. 495.

PENNIER, trésorier des ponts et chaussées. C. 610, 611. = Antoine, garde forestier. B. 3821. = Étienne, soldat. B. 990. = Jean. E. 69. — H. 747. = Louis. B. 816, 1035. = Pasquet. E. 58. = Pierre. B. 2411. = Remy. B. 1974.

PENTHECÔSTE, femme Hollez. H. 1208. = femme Houlliers. H. 1209. = femme li Varenniers. H. 1206. = femme Soyer de Chaudun. H. 1209.

PENTHECOUSTE, Hugues, clerc. H. 477.

PENTHIÈVRE (duc de). H. 1449.

PEPIN. B. 2738. = Antoine. B. 3608. = Gérard. B. 2785. = Marie, veuve Rozain. B. 1617. = Marie-Catherine. B. 2847. = Philippe, seigneur de Maisonneuve. H. 1362. = Toussaint. B. 1809.

PERAT, Marguérite. B. 3225.

PERAULT, Antoine, seigneur d'Housset. H. 39.

PERCEBOIS, Jeanne, femme Druy. B. 2885.

PERCEVAL (de), garde d'artillerie. B. 2378.
— Anne, veuve Dubois. B. 909, 1172. = veuve Tavernier. B. 755. = Madeleine, femme Sprocq. B. 998. = Pierre. B. 738, 1026.

PERCHE, Étienne, meunier. B. 541.

PERCOT, Henri. G. 1713.

PERDEREAU, Jean, arpenteur. B. 3793.

PERDREAU. B. 3340. = Guillaume. E. 344, 366.

PERDREAUX. B. 2566. = Marie, femme Mariage. B. 2135.

PERDRISET, Jean-François, entrepreneur. C. 494.

PERDRIX, Claude. H. 1151. = Louis, garde-étalon. C. 268.

PERDU, Jean. B. 3245. = Jeanne. B. 3241. = Louis. B. 1283. = Marguérite, femme Vasseur. B. 3140.

PERRAU, Nicolas. B. 1933.

PEREGRIN, Gérard. H. 1116.

PERET, Pierre. B. 2151.

PERETTE, Simonne, veuve Paris, femme Plusset. E. 616.

PÉRIER, Jacques. H. 804. = Jean, boucher. E. 429. = Laurent. H. 804. = Marguérite. B. 1734. = Nicolas et Thomas. H. 804.

PÉRILLARD, Jacques. B. 3363.

PÉRILLEUX, Nicolas-François. H. 981.

PÉRIN. B. 2485. C. 333. — E. 22. = procureur. B. 1833 à 1842. = subdélégué. C. 505. = Antoine, chanoine. E. 518. = curé de St-Jean-au-Bourg de Laon. E. 526. = Charles. B. 1773. = notaire. B. 1555. = François. B. 4091. = Jacques, chanoine de Laon. E. 526. = perruquier. B. 1777. = Jean-Joseph. B. 2456. = Marguerite, domestique. E. 439. = Nicolas, serrurier. B. 922. = Pierre-Benoît. B. 583. = substitut. B. 511. = Thérèse, femme Delamer. B. 531. = Thomas. B. 3258. = vigneron. B. 3111.

PÉRIN DE LUGNY, Charles. B. 535.

PÉRINET, Marie-Anne, femme Fizeau de Clémont. B. 1664. = Nicolas. B. 807.

PÉRISSART, Jean. B. 2955, 2971.

PERNANT (de), Gui. H. 1508. (Voir Parnant.)

PERNET, Claude. E. 440. = tonnelier. E. 441.

PÉROMET. B. 27, 427. = Anne. B. 347. = Charles. B. 2329. = Claude. E. 58. = Marie-Jeanne. B. 2103. = Marie-Madeleine-Antoinette-Florimonde, femme Boulanger. B. 2258. = Mathieu, sergent de milice. B. 421. = Michel. B. 2083. = Pierre. B. 1988.

PÉROMET DE LAMBREVAL, Charles, seigneur de Chigny. B. 1970. = Charles-François, seigneur de Chigny. B. 162. = François, seigneur de Chigny, doyen du chapitre d'Écouy. B. 341. = Nicolas, seigneur de Lambreval. B. 1934.

PÉRONNE, abbé, chanoine de Soissons, évêque de Beauvais. G. 136.
— (de), Guillaume. E. 569. = Raoul. H. 1116.

PÉRONNELLE, femme Liétonz. H. 1244.

PÉRONNET. B. 988. = Antoine, garde-vente. B. 3833. = Marguérite. B. 62. = Quentin. H. 798.

PÉROT. B. 428. = Madeleine. B. 974.

Pérotin, Jean. H. 1303.

PÉROTTE, femme de La Rue. G. 253.

PERPONCHER (de), Abraham, seigneur d'Autremencourt. B. 514. = Jean, seigneur d'Autremencourt. E. 554, 557 à 559.

PERRÉE, femme de Gilon, dit Gros-Ami. G. 2, 41. = veuve de Guny. H. 840.

PERREQUART. H. 50.

PERRETTE, femme Le Moyne. H. 1317.

PERRIER, Jérôme, laboureur. H. 532. = Marie, femme Louvet. E. 424. = Robert, notaire. H. 1006.

PERRIN. B. 2489. = Claudine, femme Charlot. E. 403.

PERRON, Antoine. B. 2321. = Guyot. H. 1067.

PERRONILLE, femme de Barres. G. 527.

PERROT, Denis, valet d'église et sonneur. B. 3074. = Louis, garde forestier. B. 3749. = Madeleine. B. 1278.

PERROTE. G. 253. = femme de corps. H. 477.

PERROTE, femme Lechaz. G. 253.

PERROULLE, Nicole, femme Cathier. E. 595.

PERRY, Pierre. B. 729.

PERSENNE, Charles. B. 2995.

PERSEVAL. B. 2740. (Voir Perceval.)

PERSON, Joseph, notaire. B. 13. = Philippe, directeur de poste. B. 831.

PERSONNÉ, Jean. B. 1543.

PERTHENAY (de), François, seigneur de Faucoucourt. B. 671. = Jean, seigneur de Canlers. B. 671.

PERTIAUS, Raoul, seigneur de Vergier. H. 1116.

PERTIN, Charles. B. 3273.

PERTRISSART, Pierre. B. 3927.

PERTSENPAIN, Vidèle. H. 534.

PERTUZEL, Léandre-Anatole, prieur de St-Gobain. B. 1231.

PÉRUELLE, Jacques. B. 4120.

PÉRY. B. 2564. = Jean-Baptiste. B. 3423.

PESANT, Antoinette, veuve Famart. E. 241.

PESCHÉ (du), gouverneur du duché de Guise, intendant du duc de Guise. B. 3825. (Voir Le Pesché.)

PESCHEUR, André. B. 545. = Jean. B. 625 = Simon. B. 543.

PESCHEUX, Charles. B. 641. = Jean. E. 175. = Rémy. B. 480.

PESCHON, Laurent, curé d'Audigny. B. 1929.

PESÉ (famille). B. 988.

PESTEAU, Adrien, laboureur. B. 680. = Nicolas. B. 3535. — E. 335.

PESTEL procureur. B. 1806, 1843 à 1851. = Antoine. H. 1199. = Élisabeth, veuve Gouillard. B. 1423. = François. H. 1788. = Guillaume, laboureur. E. 623. = Jacqueline, veuve Vissot. E. 620. = Jean, boucher. B. 880. = Marcel. H. 1187. = Marie. B. 825. = Nicolas. B. 681. = ex maire de La Fère. B. 884. = Pierre. B. 689, 1541, 1811, 1853, 3882. — H. 843. = notaire et procureur. B. 1540, 1803, 1845, 1846. = principal du collège de Chauny. B. 1763. = régent du même collège. B. 1713. = Raoul. E. 16. = Toussaint. G. 272.

PESTELÉ, François, aumônier du roi, trésorier de la cathédrale de Laon. E. 485.

PESTELET, Gabrielle, femme de Moussy. E. 508.

PESTRÉ, Gabriel et Nicolas. H. 868.

PÉTAUX, Antoine. E. 51. = Charles. B. 3108. = Marie-Anne, veuve Behaine. B. 2982.

PÉTÉAU, Antoine. B. 24. = Athanase. B. 135. = François. B 751. = Marguerite, femme Drocourt. B. 3944. = Robert B. 1004.

PETEL, Antoine, laboureur. B. 2450.

PETELLE, Jean, tourneur en bois. B. 2951.

PÉTREAU, Antoine. H. 1351.

PÉTEREL, Pierre, chanoine de Saint-Quentin. G. 821.

PETIT. B 523, 1405, 2735. — C. 805. = apothicaire. C. 723, 725, 727, 744. = curé de Dohis. C. 123. = Abraham. B. 3273. = Alexandre-François, maître des eaux et forêts de Soissons. C. 265. = André. H. 912. = Anne. B. 1706. = fileuse. B. 4037. = Antoine. B. 1139, 3254. = charron. E. 355. = greffier de l'officialité de Soissons. G. 325. = Aubry H. 1603. = Charles, mercier. B. 1413. = Claude. B. 3080. = notaire. B. 1884. = Denis, tailleur. E. 540. = François. B. 1810, 3325, 4018. — E. 608. — H. 1571. = cuisinier. B. 3328. = docteur en médecine. G. 1229. = marchand de bois. B. 1196. = médecin. B. 1660. = tanneur et cordonnier. E. 500. = François-Christophe, contrôleur général des domaines et bois. B. 3501. = Gabriel-Justin, procureur. B. 3746. = Georges. B. 2609. Gilléquin. H. 1316. = Guillaume. H. 1268. = Jacques. G. 1286. = Jean. B. 485, 728, 2975. — G. 253. — H. 838. 1013, 1245. = chanoine de Saint-Louis de Soissons. G. 716. = curé d'Arnicourt. H. 891. = docteur en médecine. B. 1336. = laboureur. B. 2637. = praticien. G. 716. = Prémontré, curé de Babœuf. H. 1004. = tonnelier. B. 2638. = Jean-Baptiste, mercier. B. 1413. = Jean-Charles. H. 963. = Jean-Quentin. B. 3118. = Joseph, chirurgien. B. 2987. = Laurent. H. 1571. = Louis.

E. 86. — H. 903. = maire de Bertaucourt-Épourdon. B. 773. = Louise, femme Mathieu. B. 2975. = veuve Roger. E. 596. = Marguerite, veuve Boisonnête. E. 2. = Marguerite - Louise, cordelière - urbaniste. H. 1680. = Marie, femme Leblanc. B. 903. = Marie-Anne. B. 3301. = Marie-Françoise, femme Bouhoury. B. 1196. = Marie-Jeanne, veuve Demory. B. 1349. = Marthe-Thérèse. B. 355. = Martin. H. 1242. = Nicolas. B. 1974, 4042. — E. 444. – H. 1316. = seigneur de la Barlière. H. 784. = Noël. H. 838. = Philippe. B. 2788. — H. 1007. = laboureur. B. 2772. = Pierre. B. 906, 990, 1719, 2975, 3242. — E. 608. — H. 726, 770, 970, 995, 1042. = chanoine de Laon. G. 2. = gouverneur de la ville de Laon. G. 48. = meunier. B. 3752. = notaire. H. 515. = Raoul. H. 29. = Rémy. E. 535. = Renaud. H. 869. = Robert. H. 29. = Sébastien, receveur du comté de Soissons. H. 1256. = Valentin. B. 1831.

PETITEAU, Charles. B. 3379.

PETITHOMME, Antoine. E. 213. — H. 1756. = Hilaire. E. 69. = Laurent. B. 3224. = Madeleine. B. 334. = Philippe. H. 1756. = Pierre, greffier de justice. B. 3258.

PETITJEAN, cabaretier. C. 521. = Antoine, greffier. B. 2876. = notaire. E. 223. = Antoine-Bernard. H. 881. = Claude, laboureur. B. 2794. = Jean. B. 2396. = Joseph-Bonaventure, prieur de Saint-Gobain. B. 1231. = Marie, femme Gautier. B. 3098.

PETITMONT (de). C. 478.

PETITPAS, Gérard, pelletier. H. 1003.

PETIZEAU, Jean, laboureur. E. 210.

PETIZON, Augustin, arpenteur. E. 218. — H. 1775.

PETRAL, Paul. B. 3289.

PETRAYE, Colard, clerc. H. 1508.

PÊTRÉ. B. 452, 515, 2581. = César. E. 379. = Charles-Eustache, seigneur de Sougland. B. 3275. — E. 378. = Charlotte. E. 378. = femme de la Lobbe. B. 50, 3275. = Eustache, seigneur de Sougland. B. 328. = François. B. 1871. = seigneur de Vincy, prévôt du Laonnois. G. 25, 86. = Françoise, veuve de la Chaussée de Boisville. B. 2018. = veuve Lefebvre. B. 405. = Gilles-César, seigneur de Bobigny et Housseaux. B. 214, 248, 3276. = Jacqueline veuve Hanocq. B. 752. = Jean. B. 1958, 2285. — C. 832. — E. 338, 531. — H. 804. = dit le Capitaine. B. 3283. = lieutenant au gouvernement d'Hirson. B. 727. = maître de forges. E. 339, 341. = potier. B. 2629. = seigneur de Magny. B. 2236, 2531. = seigneur de Sougland. B. 1958. = Jean-Baptiste. B. 3276. = seigneur de Bobigny et Housseau. B. 84, 103, 492, 2171, 2285, 2505. — E. 373, 375, 376. = seigneur de Magny. B. 3285. — E. 366. = Louis, seigneur de Bobigny. B. 2505. = Louis-Roger, seigneur de Magny. B. 2016, 2285, 3275. — E. 373. = Marie-Françoise, femme Dennet. G. 86. = Nicaise. E. 346. = Nicolas. B. 4054. = Roger, seigneur de Magny et de la Reinette. B 2278, 2538, 2581, 3154. = Roland. B. 3289. = seigneur de Watines. B. 3287, 3290.

PÉTRINY, Jean-Thomas, garde-forestier. B. 3601. = Thomas. H. 1142.

PÉTRISSART, Adrien. B. 1684.

PÉTROLLE, Claude, sergent et garde-bois. B. 3283.

PÉTRONILLE, femme de Montregny. H. 1508.

— veuve Lejey de Chaminbout. G. 253.

PETTEAU, terrageur. B 174. = Alexandre, chirurgien. B. 2116.

PEUCHART DE CEPLY. H. 68.

PEUCHET, Pierre. E. 61.

PEUDESENS, Jeanne. B. 4046.

PEULLIART, Antoine, garde forestier. B. 3601.

PEYOIS, Étienne et Anne, femme Quentin. B. 2648.

PEYRONNET, Joseph, ingénieur du Soissonnais. B. 926.

PEZ, Marin. H. 1079.

PEZANT, Louis. B. 391.

PEZÉ, Antoinette. B. 1032. = Charles. B. 3165. = Jean, chirurgien. B. 838. = Laurent, curé de Marest. B. 1644. = Marie, veuve Hideux. B. 3264. = Nicolas. B. 1032. = chirurgien. B. 721. = sergent royal. B. 666, 747.

PEZIER, Jacques, garde forestier. B. 3603.

PFYSTER, Jacques, major d'un régiment suisse. H. 1731.

PHÉNIX DE LA COMBLE, Pierre-Joseph, prieur de Vivières. B. 1899.

PHILIPOTEAU, Denis. B. 891. = Jacques. B. 1822, 1835.

PHILIPPE, abbé de Prémontré. H. 842.

— (d'Alsace), comte de Flandre et de Vermandois. H. 350, 477, 534, 628, 692, 871, 1508, 1624.

— prévôt. H. 534.

— I, roi de France. H. 386, 455, 477, 588.

— II (Auguste), roi de France. G. 1, 2, 39, 253, 527. — H. 477, 534, 692, 956, 1116.

— III, roi de France. B. 3438. — G. 2, 50, 76, 253. — H. 311, 434, 477, 628, 628, 692, 956, 1508.

— IV, roi de France. B. 3451. — G. 2, 10, 124, 126, 253. — H. 845, 455, 477, 535, 623, 692, 1508.

— V, roi de France. G. 2, 38, 124, 455, 538, 1508.

— VI, roi de France. G. 14, 124, 253. — H. 385, 871, 1508.

— E. 308. = Charlotte, femme Rebouté. B. 3219. = Claude. B. 580. = Françoise, veuve de Bezanne. B. 2661. = Jacques, laboureur. B. 1204. = Jacques, président au grenier à sel de Château-Porcien. B. 2007. = Jean. B. 2501. = Nicolas. B. 1298. = lieutenant au bailliage d'Aubenton. B. 318.

PHILIPPONEAU, Louis, maître d'hôtel. C. 1048.

PHILIPPOT, Antoine, laboureur. E. 379. = Antoinette, femme Cochinart. E. 50, 359. = Gilles. B. 2692. = Jacques, laboureur. E. 368. = Jeanne. E. 392. = Marie, veuve Frère. B. 2772. = Marie-Françoise. B. 2971. = Michel. B. 2516. = laboureur. E. 363. = Nicolas. E. 380. = lieutenant au bailliage d'Aubenton et Rumigny. E. 344.

PHILIPPOTEAU, Denis. B. 713, 837. = sommelier des gabelles du roi. B. 1161. = François. H. 1412. = Jacques. B. 1778.

= Louise. B. 824. = femme de Courcelle. B. 969.

PHILIPPY, Anne, veuve Berthoult. B. 559. = Philbert, chanoine de Paris et de Saint-Quentin. B. 2903. = Quentin, baron d'Estrées, seigneur de Tronquoy et de Joncourt. B. 380. — C. 790. = seigneur de Bucelly, conseiller en la cour des monnaies de Paris. B. 2903.

PHILLIPOT, Laurence, femme Godelle. B. 2973.

PIA, Christophe, archer des gabelles. B. 3080. = Jean, écuyer. B. 573.

PIART, abbé de Domèvre, chanoine régulier. H. 1700.

PIAT, Antoinette. B. 3386. = Brice. B. 383. = Jean. G. 253. = Marie-Anne. B. 3409.

PICACE, Jean. H. 477.

PICARD. B. 522, 966, 2511, 2567. = Antoine, chanoine et trésorier du chapitre de Noyon. B. 1845. = receveur de de l'abbaye de Genlis. B. 1845. = Antoine-Marguerite, veuve Remy. B. 1347. = Charles. B. 2346. = Jean. H. 1267. = Louis, curé d'Hargicourt. B. 2906. = meunier. B. 3914. = Louis-Charles, inspecteur général des domaines et bois du duché de Guise. B. 3799, 3811. = Madeleine. B. 500, 2430. = Pierre. B. 2547. = Vincent. B. 2557.

PICART. B. 571, 573, 1926, 2484, 2486. = curé de Barzy. B. 2445. = soldat. C. 350. = Adrien. B. 1136. = notaire. H. 1259. = tonnelier. B. 1143. = Antoine. B. 2611, 3489. = Barbe, veuve Deselle. B. 876. = Charles. H. 849. = François. B. 856. = Jean. B. 2572, 2813. = laboureur. B. 1871. = Louis, frère donné. H. 1347. = greffier. B. 1920. = sabotier. B. 4089. = Marie, femme Wilbert. B. 880. = veuve Bricoteau. G. 1732. = Marie-Anne, femme Chevalet. E. 401. = Marie-Barbe. B. 2813. = Nicolas. B. 2551. = laboureur. E. 95. = Pierre, marchand de bois. B. 2458. = meunier. B. 2340. = Remy. B. 2885. = Roger. B. 2561. = Simonne, femme Gilson. B. 2959.

PICCOLOMINI, général ennemi. E. 342.

PICHES, Jean, maire de Vic-sur-Aisne. H. 477. = Wautier. H. 1608.

PICHET, Charles. B. 81. = Pierre, menuisier. E. 559. = Simon. B. 3180.

PICHON. B. 30. = Philippe, directeur de poste aux lettres. B. 930. = Quentin. B. 4038.

PICOT. B. 3372. = Charles-Benoit. H. 812. = Jean. H. 1436. = garde-forestier. B. 3750. = Pierre-Joseph. H. 1277.

PICQUART, Cécile. B. 675.

PICQUET. B. 3372. = Anne, veuve de Héricourt. B. 755. = Claudine. B. 2417. = Denis. H. 870. = Jean. H. 869. = Joseph. H. 868. = Marguerite. B. 2417. = Martin. H. 868, 899. = Mathieu. C. 853. = Michel. H. 868, 869. = Nicolas, prieur de St-Lambert. B. 744. = Philippe, seigneur d'Égumont. B. 779. = Simon, dit la Jeunesse. B. 1254.

PICQUIGNY, Martin. B. 3027. = Nicolas, chirurgien, syndic de Charly. B. 3036.

PIE IV, pape. G. 6.

— Jean-Jacques. B. 685.

PIEDCERF, Charles, boucher. B. 1431.

PIEDELEU, Charles. C. 12.

PIED DE LIÈVRE, Esdeline; Marie, femme de Remies. H. 1391. = Thomas. G. 50.

PIED DE LOUP, Simon, official de Reims. G. 1, 32.

PIEDFER, François. H. 1101.

PIEDNEUF, Richard. H. 1307.

PIENNES (de), Louis, seigneur de Plessis. B. 809. = Louis-Alexandre, seigneur de Ribeauville. B. 406. = Martin-Joseph, comte, seigneur de l'Estang. B. 1922.

PIÉRA. B. 524. = Lambert, laboureur. E. 407.

PIÉRARD, Marguerite, femme Derubigny. B. 4094.

PIERCOT, Charles, conseiller au présidial. H. 995.

PIERCOURT, Nicolas. B. 2827. = Sébastien. B. 3609.

PIERMÉ, curé d'Assis-sur-Serre. C. 939.

PIÉROQUIN, Charles, *imager d'étain*. H. 1395.

PIÉROT, Nicolas, laboureur. E. 461.

PIÉROTIN, Hippolyte. E. 557.

PIERQUET, Gilles. B. 2381. = Nicolas. B. 2524.

PIERQUIN, Simplicien, procureur de l'abbaye de Genlis. B. 1548.

PIERRACHE. C. 622.

PIERRAT. C. 656. = Mathieu. E. 585.

PIERRE, abbé de Fesmy. G. 2.
— — de St-Crépin-en-Chaye. H. 1508.
— — de St-Crépin-le-Grand. H. 455.
— — de St-Éloi de Noyon, délégué apostolique. G. 130.
— — de St-Martin de Laon. H. 890.
— — de St-Remy. H. 455.
— — de St-Vincent de Laon. H. 123, 140.
— — de Vauclerc. G. 2.
— archevêque de Rouen. H. 692.
— chanoine de St-Jean de Vertus. G. 118.
— chapelain épiscopal. G. 62.
— clerc. G. 1.
— curé de Berlise. H. 956.
— — d'Estrées. H. 455.
— — de Mareuil. H. 1178.
— évêque de Cambrai. H. 1116.
— (de Chapes), évêque de Soissons. G. 253.—H. 692.
— fils d'Ermentrude. G. 253.
— — d'Ivon. H. 1508.
— le Médecin. H. 455.
— prêtre. H. 1180, 1508.
— sous-chantre de Paris. H. 1508.
— vidame du Laonnois. H. 221.
— G. 1684. — H. 399, 404, 477, 878, 1179. = chaudronnier. B. 1271. = dit l'Échevin. H. 50. = dit le Petit. H. 59. = Jacques, fermier. B. 1953. = Jean, chanoine de La Fère. B. 880. = Nicolas. B. 63. = Remy, hôtelier. H. 620.

PIERRE DE VIANTAIX, Stanislas, lieutenant de milice. C. 353.

PIERRECOURT, Marie-Jeanne-Françoise-Véronique, femme Gaide. E. 82. = Pierre, laboureur. B. 2782.

PIERREFONDS (de), Agathe, dame, femme de Conon, comte de Soissons. G. 253. — H. 477, 1508. = Ancoul. H. 455. = Conon, seigneur. G. 253. — H.455. = Dreux. H. 1508. = Eudes. G. 253 = Jean. G. 253. = chanoine de Chartres. G. 253. = clerc. H. 477. = Nivelon. G. 253.

PIERREPONT, Gabriel. B. 659. = Hubert. R. 963. = Jaspart. B. 878. = Toussaint. B. 692.
— (de), Gépuin. H. 904. = Henri. G. 50. = Hugues. H. 275, 290. = Robert. H. 213,290, 904. = Roger. H. 221.

PIERQUIN, Sébastien, prieur de Cerfroid. H. 1434.

PIERRET. B. 3248. = Christophe. B. 1831. = Françoise. E. 533. = Martin, cabaretier. B. 3999.

PIERRETTE, femme Boucher. H. 1294.=Geneviève. B.1109.

PIERRIER, Louis, hôtelier. B. 1424.

PIERRON, Noël. B. 2518.

PIERROT. B. 2565, 3265. = soldat. C 656. = Christophe. B. 458. = Élisabeth, veuve Bernier. B. 2561. = François-Vincent, curé de Leuze et Beaumé. B. 1109, 2514, 2518, 2522, 2525, 2527. = Jeanne. E. 517. = Marie, femme Boutroy. E. 578. = Mélanie. B. 26. = Vincent. E. 68. = laboureur. B. 2548.

PIERROTIN, Éloi. B. 546. = Jean. E. 508.

PIÉTON (famille). H. 1932.

PIÈTRE, Antoine. B. 63. = Jacques. H. 780.

PIETTE, Charles-Louis, procureur fiscal. B. 3254. = Jean-François. B. 4047. = Pierre, laboureur. B. 2820.

PIGACHE, notaire. E. 545.

PIGASSE, Jean. E. 531. = cordonnier. E. 536 = Nicolas. E. 537.

PIGEON. B. 3203, 3228. = employé des fermes. B. 4096. = Antoine. H. 784. = Claude. B. 2395. = Gabrielle, femme Caurier. B. 3943. = Jean. B. 3125. = Marie-Anne. B. 3047.

PIGNATELLI DE GONZAGUE D'ARRAGON, Louis-Gonzague, comte de Fuentès. E. 154.

PIGNEAU. B. 2780. = Antoine. B. 3330. = Charles. B. 99. — C. 313. = greffier de justice. B. 3319. = procureur. B. 3330, 3331. = receveur de la mense abbatiale de Clairefontaine. B. 2023. = substitut. B. 4083. = Jeanne-Pétronille, religieuse congréganiste. H. 1701. = Louis. B. 3351. = Marie-Thérèse, religieuse congréganiste. H. 1701. = Pierre, officier chez le roi. B. 3333. = Simon. B. 3327.

PIGNET, Alix. H. 391.

PIGNIER, Oudinette, veuve Petit. H. 1007.

PIGNOLLET, Marguerite, femme Bernier. E. 352.

PIGNON, cafetier. B. 946. = Jacques. B. 1846. = Marie-Anne. B. 3214. = Pierre, boucher. E. 545. = Sébastienne, veuve Chaudron. B. 2704.

PIGOURY, Noë, fermier. B. 1216. = maire de Saint-Gobain. B. 665.

PIGRAY (Denise-Marie de), veuve Festard. B. 221.

PIGRY, Nicolas. H. 1047. = Pélagie-Josèphe. B. 2987.

Piles (Gui *de*), archidiacre de Soissons. G. 253. — H. 477, 829, 1207, 1273.

PILLAVOINE, Armand. B. 4014.

PILLE, Henri. B. 1758. — H. 1338. = Jacques. B. 1485. = Jean-Baptiste. C. 270. = Nicolas. B. 1823. — H. 1338.

PILLÉ, Gabrielle, veuve Precelle. B. 1389. = Nicolas. B. 970, 1779.

PILLET, François. B. 3274. = Jean. E. 456. = Michel. H. 1225. = Pierre. B. 985.

PILLOIS. B. 2719. = Antoine. B. 2640. = Jean. B. 2665. = Jean-Robert. H. 1035. = Louis. C. 853. = Philippe, laboureur. E. 545. = Pierre. B. 2418. — G. 1610.

PILLOIT, François. B. 356.

PILLON. B. 2566. = Catherine. B. 566. = François. E. 538. = Jean. E. 533, 535. = Jean-Charles, diacre. B. 2907. = Jean-François, lieutenant de justice. B. 3121. = Joseph. B. 496. = Marguerite. B. 3216. = femme Berthe. B. 2609. = Marie. B. 566. = Marie-Françoise. B. 566. = Martin, marchand de charbon. E. 440.

PILLOY. B. 3340. = Antoine. B. 4114. = Jean. B. 2187. = Jean-François. C. 805. = Marguerite, femme Aubry. B. 838. = Noël, *Mandelier*. E. 465. = Simon. B. 813.

PILOCHET, Claude. B. 3068.

PILON. B. 1928. = Antoine, tisserand. B. 2708. = Claude. B. 2599, 2602. = Jean-François, procureur. B. 4083. = Marie-Anne. B. 2602. = Nicolas. B. 2599.

PILOT, Antoine. E. 74.

PIN, François. B. 2555. = Jean et Pierre. B. 2606.

PINART, Thomas. H. 1251.

PINART DE PLOISY, Jean. G. 253.

PINAULT DES JAUNAUX, comte de Thenelles. B. 36. = Adrien-Joseph, comte de Thenelles. B. 162. = Charles-Henri, comte de Thenelles. B. 406. = Charles-Louis, comte de Thenelles, vicomte de Regny, président à mortier au Parlement de Paris. B. 228, 2744.

PINCHART. B. 2490. — E. 35. = Antoine. B. 2372. = Jean, laboureur. E. 592. = Jean-Louis. B. 2113. = Simon, chanoine de Laon. B. 2800.

PINÇON, Jean. G. 253. — H. 455.

PINET. B. 3372. = Claude, directeur de la manufacture des glaces de St-Gobain. B. 917. = Louise. B. 3397.

PINET DES FOURNEAUX, Guillaume, directeur de la manufacture des glaces de St-Gobain. B. 1722.

PINGUET, Marie-Anne. B. 4041. = Sébastien, laboureur. B. 3382.

PINON (de), Drouard, prévôt royal. H. 534. = Jean, sire. G. 2, 14.

— Jean, tuilier. B. 1348.

PINOT, Étienne, vigneron. E. 496. = Marie. B. 895. = femme Cilliet. B. 3097. = Pierre, teinturier. B. 1164. = tonnelier. E. 496.

PINSART, curé de Festieux. C. 937. = Jean-Baptiste. C. 267. = laboureur. H. 629.

PINSEPRÉ. B. 531. = Claude. B. 534.

PINSON. B. 3104. = Benoît. B. 3098. = Charles, procureur. H. 509. = Jacques. B. 3282. = Jean. E. 459. — H. 12.

PINTA. C. 945. = Jean. B. 2933. = Jean-Baptiste, fermier. E. 150. = Sophie. B. 2933.

PINTEL, Antoine. B. 674.

PINTEREL, Louis, procureur du roi. C. 240. = Marie-Anne-Geneviève. C. 240. = Oger, président au bailliage et siège présidial de Château-Thierry. B. 3067. = Ogier, lieutenant au bailliage de Vitry. H. 1318.

PINTEREL DE LOUVERNY, Adam-Pierre, lieutenant au bailliage et siège présidial de Château-Thierry. C. 261.

PINTEREL DE NEUFCHATEL, Oger-Charles-Isidore. E. 253.

PINTON, François. B. 1899.

PINTY, Jules, gentilhomme du roi. B. 756. = Julien. B. 1179.

PIOCHE. B. 947, 1013, 1224, 1400. — E. 35. = employé des fermes. C. 1042. = Antoine. B. 404, 728, 736, 748, 752, 757, 806, 816, 845, 902, 987, 1858. = avocat. G. 623. = et lieutenant de maire de La Fère. B. 1233. = Antoinette, femme Chalatte. B. 919. = Charles. B. 1133. = chanoine de La Fère. B. 926. = tanneur. B. 920, 923, 1284, 1285. = vicaire. B. 670. = Charles-Emmanuel, commissaire d'artillerie. B. 975. = inspecteur des poudres et salpêtres. B. 941, 1126, 1144. = Claude, procureur. B. 2707. = Claude-François, avocat. B. 789, 792. = François. H. 766. = procureur du roi. B. 667, 804, 933, 1316. = François-Marie, receveur des consignations. B. 668. = François-Nicolas-Joseph, lieutenant de la maîtrise des eaux et forêts de La Fère. B. 834, 852. = trésorier d'artillerie. B. 851. = Jacques. B. 824, 867, 901, 902, 1129, 1141, 1214, 1777, 1809, 1811. = commis. B. 742. = maire de Pont-à-Bucy. B. 665. = Jean. B. 918. = Jeanne, femme Dambertrand. B. 841. = Jeanne-Françoise, veuve Thomassin. B. 804. = Joseph. B. 807. = receveur des consignations. B. 669. = Louis. B. 404, 426, 752, 806, 828, 1362. = lieutenant général en la maîtrise des eaux et forêts de La Fère. B. 923, 3562. = receveur des consignations. B. 667. = Louis-François, inspecteur général des poudres et salpêtres. B. 788, 946. = Louis-Nicolas, garde-marteau. B. 3558. = lieutenant de maîtrise. B. 3567. = Madeleine, femme Pothier. B. 2892. = Madeleine-Marguerite. B. 2822. = Marie. B. 740. = femme Jorand. B. 897. = Marie-Louise. B. 792, 946. = femme Coynard. B. 788. = Nicolas. B. 892. = Nicolas-François-Joseph, commissaire d'artillerie. B. 931. = Nicolas-Louis, lieutenant en la maîtrise des eaux et forêts de La Fère. B. 847, 918. = Pierre. B. 807. = receveur des consignations. B. 667, 670, 921. = Pierre-Louis, chanoine de La Fère, receveur de l'hôpital. B. 1301. = Quentin. B. 737, 1408.

PIOLETTE, Élisabeth. B. 4025.

PIOT. B. 3448. = Albéric. H. 155. = chanoine de St-Julien de Laon. G. 1. = Antoine. H. 1338. = Jean. B 819, 993, 1453, 1860. = garde forestier. B. 3749. = Jean-Claude, dit Palfy. B. 1323. = Louis, fermier. B. 466. = Marguerite. B. 4081. = Marie. B. 914. = Pierre. B. 825, 1348. = Roland, laboureur. B. 454.

PIPART, Pierre. B. 1116.

PIPELLET, Marie, veuve Cheneval. B. 1669.

PIPEMONT (de), Claude. H. 55. = Jean, seigneur de Couvron, châtelain de Pont-Sainte-Maxence. B. 675, 701. — E. 463. — H. 385. = Marie-Françoise, femme Pujol. E. 293. = Philippe, seigneur de Couvron, châtelain de Pont-Sainte-Maxence. B. 701, 821, 1150, 3001. — H. 55, 1703.

PIPET, Jean, dit Dauphiné, garde-port. B. 1450.

PIQUET, Hélène. B. 3404. = Jean. H. 868. = Joseph-Antoine. H. 868. = Madeleine. H. 1340. = Nicole, femme Peneux. B. 518. = Sébastien. B. 3402.

PIQUIGNY, Marguerite, H. 1508 = Robert. G. 126.

PIRIKIN, Josse, curé de Barzy. B. 2412.

PISAN, cardinal, abbé de Prémontré. E. 567. = (René cardinal de), vicaire général de Prémontré. H. 1021.

PISSELEU (Aélide de), femme Oudard. H. 1081.

PISSET, Gilles, laboureur. E. 588.

PISSOT, Jean, dit Desjardins, cavalier. B. 3025.

PISTEREL (famille). H. 1320.

PITHON (de), Hélène, femme de Pastour. B. 1535, 1547. = Jean, seigneur. E. 278. = Philippe. B. 1535. (Voir Python.)

PITIÉ, Étienne. H. 1303.

PITOU, Jean, écolâtre de Soissons. H. 986.

PLACÉ, Joseph. B. 3968.

PLACQUET, Antoine. B. 717, 855, 886, 892, 900, 1248. = laboureur. B. 880. = Charles. B. 2694. = Claude, apothicaire. B. 901. = capitaine des portes de La Fère. B. 846. = Henri. B. 1251. = Jacques, laboureur. B. 1868. = Jean. B. 1237, 1419. = maître peintre. E. 517, 523, 524. = Louis, apothicaire. B. 865, 900. = Marie, femme Magnier. B. 875. = Nicolas, apothicaire. B. 878, 987. 1124. = chapelain. H. 1783. = marchand. B. 881. = Remy, maître vitrier. E. 517.

PLACQY, Claude, maître apothicaire. B. 1004.

PLAID, Antoine. B. 935. = Servais. B. 1249.

PLAIDEUX, Alexandre. B. 3621. = Pierre. B. 2607.

PLAINCHATEL (Pierre de). B. 2848.

PLANQUEUX, Jean. H. 1042.

PLANROUSSELLE, contrôleur des vingtièmes. C. 319.

PLANSON. H. 1320. = Claude, procureur. B. 3005, 3038. = Colart. H. 455. = François. H. 1301.

PLANSSON, Claude, contrôleur des exploits. B. 3044. = Philippe, prêtre. H. 1299.

PLANTIN. B. 2568. = Antoine. B. 2638. = Louis. B. 4117.

PLAPPIER, Henri. H 1369.

PLAQUET. B. 2662. — C. 356. = Alexandre. B. 45. = Benoît. B. 2466. = Claude, curé de Castres. B. 2996. = François. B. 2466. = Jean et Jeanne. B 2695. = Marie-Anne, femme Gernelle. B. 2395. = Marie-Cécile. B. 4120. = Marie-Marguerite. B. 4120.

PLATEAU, Agathe. B. 3957. = Alexandre, berger. B. 3924. = Charles, berger. B. 2317. = laboureur. G. 325. = François. B. 1247. = Gérard. G. 253. = Jean. B. 3863. — H. 1499. = Marie-Madeleine. B. 2383. = Remy. H. 1015. = Sébastien. G. 272.

PLATECORNE, Simon, garde-scel du bailliage de Vermandois. H. 434.

PLATET, Joseph, savoyard. B. 2635.

PLATRIER, Marie-Madeleine. E. 231. = Nicolas, boucher. E. 231.

PLESSIER (de), Enguerrand, chevalier. H. 1580. = Isabelle. G. 253.

PLESSIER (du), Charles, capitaine d'artillerie. B. 1344. = Jean, seigneur de Cerizy. H. 1387.

PLESSIS (du), comte. B. 3870. = Charles-Augustin-François, comte. E. 173. = marquis. B. 3870.

PLESSIS-PRASLIN. E. 441. = maréchal de France. B. 435, 754, 963, 964, 1443, 3606.

PLESSY, Hilaire. B. 1936. = Pierre. B. 2085, 2317.

PLET, Pierre. B. 682.

PLEURRE (de), Marguerite, religieuse. H. 1566. = Pierre, marquis, gouverneur de Sezanne. H. 1566.

PLICHART, Jean. B. 2407.

PLISTA (famille). E. 102.

PLOCART, Antoine. B. 2222.

PLOCQ, François. C. 270. = Jérémie. H. 1036.

PLOISY (Renaud de), chevalier. H. 1178.

PLOMION, Marc-François, receveur des domaines. B. 3747.

PLONGERON, Adam. B. 2684. = laboureur. E. 444. = Antoine et Daniel. E. 40. = François. B. 2659. = Guilain. E. 98. = Jean. E. 444. = Nicolas. B. 2887. = Pierre. B. 659. — E. 40. = potier de terre. B. 2631.

PLOTOT, ingénieur. C. 811.

PLOYART, Madeleine et Nicole. B. 3909.

PLOYON, Antoine. B. 471. = Pierre-François. B. 388.

PLUCHE, Anne. B. 4028. = Marguerite, femme Bibron. B. 3929. = Melchior. C. 273.

PLUKER, Jean. H. 790.

PLUMERA, Simon. E. 449.

PLUMES. H. 1240.

PLUS BELLE, Pierre. G. 253.

PLUSSET, Pierre, vigneron. E. 616.

PLUVINAGE, Pierre. B. 1880.

PLUVINART, Laurent, B. 2675.

PLY, Anne, femme Duran. E. 390. = François. B. 3284.

PLYON, Marie-Françoise. B. 2463.

POAN DE SAPINCOURT, marchand de bois. E. 261.

POCHARS, Villebers. H. 1600.

POCHE. B. 2741. = Marie-Louise, femme Fresson. B. 2552. = Michel. B. 2599.

POLLART, Gilles. H. 1090.

POLLET, Antoine. B. 3383. = jardinier. B. 2647. = Antoinette, femme Vuarnier. B. 1344. = Jacques. B. 1778, 1835. = Jean. B. 2349, 3596. — H. 838. = Jean-Antoine. B. 2633. = Madeleine, veuve Visigny. B. 4114. = Michel, apprenti charron. E. 525. = Roland, notaire, E. 563. = Simon. B. 1838.

POLLEUX, Claude. B. 736, 1253, 3617, 3618. = Jean. B. 70. = barbier. H. 203. = Louis. H. 731. = Marie. B. 352. = femme Lefranc. B. 125. = Nicolas. B. 3325.

POLLIART. B. 516. = Jean-Baptiste, laboureur. E. 405. = Jean-Charles. E. 405. = Marie-Madeleine. B. 2304. = Martin. B. 137. =Nicolas. B. 332, 836.= Nicole, femme Roland. E. 341. = Philbert. C. 530. = Pierre. B. 3620.

POLLION, Antoine. B. 497. = Marie dite Margot. B. 464.

POLONGEAU, chanoine administrateur de l'Hôtel-Dieu de Reims. C. 148.

POLSON, Jean. B. 329.

POLTON, Nicolas. C. 695. = Pierre. G. 758.

POLYART, Vespasien, laboureur. E. 462.

POMART, Elisabeth, marchande de toiles. B. 87.

POMEREU (de), Michel, trésorier et receveur général de Navarre. B. 3440, 3538. — H. 1481.

POMMERA, Henri, laboureur. C. 318.

POMMERON (de), garde du roi. B. 1982.

POMMERY (Philippe-François de), prémontré. B. 1891.

POMMIER, François. H. 694.

POMMINS DE SAINT-BONNET, Jean-Joseph, chanoine de St-Quentin. G. 814.

POMPERY (de), François-Hyacinthe. C. 411. =Pierre-Guillaume. C. 412.

POMPERY (de), Charles, seigneur de Lauzeray. B. 2793.

PONART (famille). H. 1320.

PONCARD, prévôt de Chaudun. H. 1206.

PONCE, femme de corps. H. 477.

PONCELET, Florent, laboureur. E. 475. = Gillon, femme Legrain. E. 617. = Jacques. B. 54. = Jean. B. 3614. — E. 383. = Jean-Baptiste, charbonnier. B. 4092. = prieur de l'abbaye de Saint-Michel. B. 397, 2939. = Marie-Anne. B. 2697. = Pierre, curé d'Ostel. H. 1233. = curé de St-Michel. B. 3292. = curé d'Aubenton. B. 2513.

PONCELLET, Pierre. B. 1024.

PONCET. B. 1740. — C. 348. = Claude, gouverneur des pages de la grande écurie du Roi. E. 609.

PONCHARD, curé du Nouvion. G. 2.

PONCHART, Guilain. B. 2767. = Jeanne. B. 471.

PONCHIE, femme Lambert, dit comte de Bar. H. 900.

PONNART, Nicolas. E. 53.

PONSART, Jean, procureur. H. 489.

PONSIGNAN, Nicolas. B. 4054.

PONSON, Jacques. C. 1050.

PONT-A-BUCY (de). Gervais et Roger. H. 222.

PONTACQ (Mathieu de). E. 551.

PONTAINE. B. 845. = Antoine. B. 683, 890. — E. 556. =

receveur du comté de Marle. B. 1210, 3455. = Charles. B. 902. = maire de La Fère. B. 846. = Gilles. B. 886. = Isabelle, femme Dambertrand. B. 892. = Louise, femme de Pastour. B. 846, 910. = Marie, femme Rillart. B. 862, 900. = Nicolas. B. 1224. = écuyer de cuisine du roi. H. 1387.

PONTCHARTRAIN, contrôleur général des finances. C. 418.

PONTHIEU. B. 2723. = Antoine. B. 1423, 3629. = notaire et hôtelier. B. 919. = François. H. 1266. = Jacques. B. 942. = Jean. B. 1051. = fermier. B. 2983. = Louis. B. 2336. = Louise, dame de Vilette, veuve Mauchon. B. 1350, 2911. = Nicolas, sergent royal. B. 1330. = Reine, femme Bouteillier. B. 3915.

PONTHIEU DE VILLETTE, Ambroise, commissaire aux revues. B. 1718.

PONTHOIS, Gilbert, maire de Proisy. B. 319.

PONTHY, Jean-Claude, cabaretier. B. 373.

PONT L'ÉVÈQUE (de), Florent. H. 425. = Jean. H. 351, 425. = Simon. H. 425.

PONTOIS, Jean-Louis. E. 105. = Louis, Marie-Catherine et Marie-Madeleine. H. 1783.

PONTOT, Pierre, chanoine et curé de La Fère. B. 920.

PONTRAIN, Bertrand. H. 783.

PONTRUET, emballeur et commissaire des marchands de toiles. B. 2902. = Marie-Josèphe, fileuse. B. 4050.

PONT-SAINT-MARD (Adon de). H. 455.

POPAINCOURT (de). C. 314. — D. 14.

POPIN, Nicolas. H. 1085.

POPINE, femme le Roli. G. 253.

POPLIMONT, François. H. 1352.

POQUET. B. 3104, 3242. = Jean, laboureur. B. 2955. = Jean-Claude. B. 3101. = Louis, laboureur. B. 2944. =Louise. B. 2978. = Pierre, laboureur. B. 2130.

PORCELET (famille). B. 1400.

PORCHER, Barbe, veuve Vualerand. B. 2375.

PORCIEN G. (comte de). H. 972.

POREAU, négociant. C. 761. = Claude. B. 1919. = François. B. 173. = Louis. H. 703. = Quentin. C. 515.

PORET. B. 2274, 2489. = Étienne. B. 2275. = Hugues, notaire. B. 2772.

PORION, Nicolas. E. 77.

PORJON, Évrard, chanoine de Soissons. G. 253. = et commissaire royal. H. 1508.

PORREAU, Pierre. E. 191. = jardinier. B. 2312.

PORRET, Anne, femme Pailla. B. 3064. = Anne-François, cabaretier. B. 3008. = Jean et Nicolas. B. 3069.

PORTAL. C. 19. = sous-ingénieur. C. 935, 987.

PORTEBISE (Julien de), capitaine d'infanterie. B. 2238.

PORTELET, Abraham, notaire. B. 2866.

PORTELETTE, Abraham. H. 1359. = Firmin. H. 1024.

PORTIEN, Quentin. B. 597.

PORTIEU (Nicolas de). H. 413.

POSCHET. B. 3287.

POSSESSE (Gérard de . H. 280.

Poste, Nicolas, tonnelier. E. 619.

Posteau, Adrien, laboureur. B. 880.

Postel. B. 2513. = Pierre. H. 770.

— (de), Charles, seigneur du Castel. E. 502.

Postelle, Mathieu, chirurgien. H. 629.

Pot, Antoine, sellier. B. 691.

Potart. B. 2492. = Martin. B. 659.

Poteau. C. 656, = Pierre. E. 597.

Potel, Antoine. B. 3013. — E. 206. = Catherine. B. 1900. = Charles. B. 4043. = Claude. B. 3036. — H. 1582. = Jacques. B. 2703. = Jean-Pierre, procureur fiscal. B. 3121. = Médard. B. 3028. = Robert. B. 3046.

Potelain, Nicole, veuve Dutemps. H. 907.

Potelet, Gilles, laboureur. B. 1168. = Jean. B. 1973. = Pierre, maréchal-ferrant. E. 403.

Potelle, Toussaint. B. 4045.

Potentier, François. B. 1836. = Jacques. B. 4039.

Pothier, Adrien. B. 2892. = Jean. E. 639. = Mathieu, tavernier. B. 1756.

Pothin, Anne, femme Lette. B. 3314. = Jacques, avocat. B. 617.

Potier, André. C. 656. = Antoine. B. 3608, 3617. = Baudouin. B. 3295. = Bernard, seigneur de Blérancourt et de Dampcourt. B. 1438, 1482, 1516, 1548, 1616, 1618, 1845, 1857. = bailli de Coucy, capitaine de Folembray, maître des eaux et forêts de Coucy. B. 3459, 3485, 3522. = Florent. B. 3613. = François-Joachim, duc de Gesvres. E. 17. = Jacques. B. 2923. = Jean. H. 1079, 1171. = Jean, arpenteur. G. 871, 903. = official du chapitre de Nesle. G. 981. = Joachim-François, duc de Gesvres. E. 215. = Joachim-François-Bernard, duc de Gesvres. E. 21. = Louis, seigneur de Blérancourt et de Bourguignon-sous-Coucy. B. 1476, 1605, 1606. = vicomte de Beaurieux. H. 996. = Médard. B. 4113. = Nicolas. B. 1336. — E. 606. = Philbert. B. 900. = René, duc de Tresmes, capitaine de bande écossaise de la garde du Roi. B. 1379, 1464. — H. 942. = Robert. H. 310.

Potier de Gesvres, Anne-Madeleine. E. 203. = Félix-Rosalie. B. 1639. = Louis-Léon, duc de Tresmes, marquis de Gandelu, seigneur de Brumetz. H. 1434. = Louise-Julie, veuve de Broglie. B. 1350. = Marie-Jeanne-Félix-Rosalie. B. 1344, 1648.

Potier de Morais, lieutenant de louveterie. B. 773.

Potier de Tresmes, Anne-Madeleine, dame de Blérancourt. B. 1344, 1425. — E. 21, 204, 207. — H. 720, 1440. = Madeleine. B. 1763. — E. 17.

Potillion. B. 3148.

Potin, Adrien, laboureur. B. 2956. = Jean, laboureur. B. 2951. = Louis, garde-bois. B. 2477. = Marie-Jeanne. B. 2970. = Sébastien. B. 4133.

Potonier, épicier. D. 11.

Potte, Robert, laboureur. B. 1758.

Potté, Louis. B. 4011. = Nicaise. E. 110.

Potteau, Guillaume. H. 1024.

Pottelain, Jean et Nicolas. E. 535, 536.

Pottelet, Marie. B. 1381, 4047.

Pottier (famille). B. 1399. = curé de Richecourt. B. 45. = Antoine. E. 348. = Benjamin. B. 1843, 1863. = Bernard. B. 1854. = Catherine. E. 116. = Charles. H. 1030. = Étienne-Eustache. H. 704. = Eustache. C. 270. = François. H. 1372. = Gilbert, curé d'Annois. B. 1733. = Jean, arpenteur. B. 2356. = tanneur. H. 1004. = Marguerite. B. 4007. = Marie, femme Petit-Jean. B. 3379. = veuve Bouxin. B. 1385. = Martin. B. 1862. = Nicolas. H. 1195. = Pierre. B. 1810, 3375. = Reine-Angélique. H. 1226. = René. B. 4051.

Pouart, Nicolas, huissier. H. 1072.

Poucet, Claude. E. 303.

Pougeois, Élisabeth. E. 525. = Jacques. E. 530. = Michel. H. 1069.

Pouillart, Jean. B. 2821, 3308. = Jean-Charles. B. 2120. = Marie-Madeleine, veuve Bonvalet. B. 2120. = Quentin. B. 485. = Sébastien. B. 806.

Pouillier. B. 2730.

Pouillion, Madeleine. B. 452. — Thomas. H. 103.

Pouissy (Jean de). G. 95.

Poujart. B. 1314.

Poulain. B. 536, 1147, 2508, 2734, 2740, 3248. — E. 212. = avocat. B. 1938. = curé. C. 20. = élève vétérinaire. C. 634, 922, 950. = André, notaire. E. 51. = Anne, veuve Hobé. B. 3938 — veuve Ravaux. B. 2554. = Antoine. B. 2174. = Barbe, femme Gobaut. B. 916. = veuve Bottée. B. 902. = Bonaventure. B. 4089. = Charles. B. 912. = laboureur. B. 474, 494. = Claude. B. 877, 904. = secrétaire des finances. B. 843. = Élie, marchand de houblon. B. 173. = Étienne. B. 631, 3908. = Ferry. B. 66, 67. = François, laboureur. B. 423. = Françoise. B. 2365. = Guillaume. B. 483. = Henriette. B. 2272. = Huard. H. 1508. = Jacques. B. 2218, 3947. — marchand de houblon. B. 173. = Jean, pêcheur. B. 318. = Jeanne. B. 484. = Joseph, laboureur. B. 119. = Lambert, greffier. B. 3825. = Louis, tisserand. B. 4109. = Madeleine. B. 3927. = Marguerite. B. 355, 2433. = femme Beaucamp. B. 2346. = Marie. B. 88. = Nicolas. B. 2087. — meunier. B. 450. = seigneur de Noyal. B. 446, 483. = Noël, laboureur. B. 2243. = Pierre. B. 117, 154, 155. — vigneron. E. 573. = Pierre-Louis, garde-bois. B. 2479.

Poule, Joseph, bourrelier. B. 939. = Louis, abbé de Nogent. H. 325.

Poulet. B. 1928, 2844. = avocat. B. 2446, 2455. = bailli de Le Hérie-la-Viéville. B. 4125. = notaire. B. 2445. = sergent messier. B. 2035. = dit la Marche, soldat. B. 1725. = Catherine. B. 3942. = Charles. B. 485, 4041. = François. B. 390. = Gabriel, contrôleur au grenier à sel de Laon. B. 3970. = Jacques, chanoine de Laon. B. 2840. = Jean. E. 175. = Jean-Claude-Nicolas, bailli de Malzy. B. 2051. = Jean-François. E. 631. = Marie. B. 3904. = femme de Chéron. B. 2899. = Marie-Marguerite. B. 390. = Nicolas. B. 3943. = garde bois. B. 2466. = Nicolas-François-Joseph. B. 2051. = Pierre, maire de Hannape. B. 2054.

POULET (de), Annibal, seigneur de Chevenne. E. 519. = Claude, seigneur de Chevenne, capitaine de chevau-légers. E. 518, 519. = Louise, femme de Recourt. E. 519. = Pierre, président et lieutenant général au bailliage du Vermandois. E. 519. = seigneur de Canlers, lieutenant réformé. B. 2899. (Voir Poullet.)

POULETTE, Sébastienne. B. 3387.

POULINET, Pierre, caissier de la manufacture des glaces de Saint-Gobain. B. 937.

POULION, Jean, vicaire. B. 448.

POULLAIN. B. 519, 573, 1926, 2331. = André. E. 60, 67. = notaire. E. 58. = Anne, femme Carpeau. B. 1995. = Antoine. B. 2000. = Claude, avocat. B. 2062. = Claudine, femme Desmollin. B. 2714. = François, laboureur. B. 2021. = Gaspard. E. 559. = Guillaume. B. 2501. = Joseph. B. 3918. = Nicolas. B. 1996, 2238. = Pierre. B. 3609. = serrurier. B. 879. = soldat. E. 559.

POULLART, Remy. H. 1242.

POULLE. B. 3372. = Agnès-Françoise, femme Duchateau. B. 2256. = Charles, sergent royal. B. 1330. = Jacques, huissier. B. 669. = Jean, vigneron. B. 3395. = Joseph. B. 829. = taillandier et bourrelier. B. 830. = Philippe. B. 736. = laboureur. B. 707, 819. = Simon, huissier. B. 1330, 1333.

POULLET, Alexandre. B. 2011. = Baudouin. B. 2714. = Chrétienne. B. 2015. = Claude. H. 1396. = vigneron. B. 1424. = Denis. H. 810. = Éléonor-François. B. 828. = Françoise. B. 3999. = Gabriel, bailli des bois de Guise. B. 3818. = intendant du duché de Guise. E. 511. = Gobert. H. 870. = Jacques, maire de Flavigny-le-Grand. B. 2055. = Jean. H. 789, 870. = Joseph. B. 2011, 2096. = Louise, femme de Recourt. B. 1058. = Marie, femme Chabreux. B. 1189. = femme Chappron. B. 844, 1063. = femme de Morton. B. 740, 1643. = Marie-Claude, veuve Carlier. H. 1896. = Nicolas. H. 869. = Philippe. B. 759. = Philippe-Joseph. B. 2238. = Pierre, vigneron. H. 726.

POULLET (de), Achille, seigneur de Saint-Germain, Faucoucourt, Chevenne, etc., capitaine au régiment des fusiliers. B. 4115. = Annibal, seigneur de Chevenne. B. 1164. = Claude, seigneur de Saint-Germain, Faucoucourt, Chevenne. B. 1463, 3261, 4115. = et capitaine au régiment de Cœuvres. B. 821, 828, 1011, 1133, 1164. = Gui ou Guigne, seigneur de Monampteuil et de Canlers, lieutenant général au bailliage de La Fère. B. 713, 716, 729, 740, 824, 867, 899, 968, 1006, 1035, 1047, 1070, 1613,

3557. = Marie-Anne, femme Chevalier. B. 1344. = Pierre, président et lieutenant général au bailliage de Vermandois. B. 1058, 1164, 1923. — E. 172. = seigneur de Cambrin. B. 199. = seigneur de Canlers. B. 740, 1962, 1970. = seigneur de Saint-Germain (Cambrin). E. 511.

POULLET DE VESLES, Louise, religieuse. B. 1292.

POULLETTE, Marie-Anne. B. 3417.

POUPART, Charles. B. 2878. = Jean, laboureur. E. 618. = Marie-Anne, veuve Cottin. B. 409, 2917.

POUPELIN, Berthelot. H. 1298.

POUPELLE, François et Jacques. H. 1754.

POUPLIN, Jean. H. 1295.

POUQUIER, Antoine et Jean. B. 1730.

POURCEAU, Étienne, sabotier. B. 2697. = Guillaume, vigneron. E. 332. = Jean. B. 3111.

POURCEL, Nicolas, hôtelier. B. 2931.

POURCELLE, Anne. B. 3075. = Pierre. C. 46, 55 à 57.

POURIER. B. 427. = maréchal. B. 1561. = Antoine, meunier. B. 2434. = Françoise. B. 474. = Henri-Alphonse. B. 50. = Pierre, garde traversier et meunier. B. 377.

POURRET, Marie, femme Malézieu. B. 2890.

POURRIER, veuve. C. 271. = Anne. B. 345. = François. B. 2890. = Jean. B. 2165. = Louis. B. 486. = Marie, femme Velaine. B. 3141. = Nicolas. E. 39. = Pierre. B. 2272, 4024.

POURRIER DE SANSAY, Gabriel-César-François. E. 605.

POURRIER DESTROISEAUX, Henriette. E. 291.

POUSSART, Françoise, veuve Lebègue. B. 2853.

POUSSET, Claude. E. 552.

POUSSIN, Arthur, trésorier de France. B. 3410. = Claude, laboureur. B. 3159. = David. B. 2886. = François. H. 507. = Hilaire. E. 596. = Jean. B. 2965. — H. 1257. = laboureur. B. 2963. = Pierre, curé de Pleine-Selve. B. 200. = Remy. B. 2672. — C. 313.

POUZOT, Éloi. B. 3905.

POYANT, Jean-Baptiste, garde étalon. C. 268.

POYARD, Marie-Madeleine, veuve Robinet. B. 3433. = Pierre-Antoine. B. 1748.

POYART, Charles. E. 511. = Jean. B. 3212. — H. 977, 979, 980. = Nicolas. B. 1750.

POYER, Marie, femme Bouhoury. B. 918. = femme Hautemont. B. 2717. = Marie-Françoise, femme Chabreux. B. 1189. = Pierre. B. 937. = Sébastien. B. 1189.

PRABUISSON, Pierre, commissaire d'artillerie. B. 850.

PRADAL, Jean, lieutenant de louveterie. B. 3489.

PRAELLE (de), Jean, dit le Breton. H. 1393. = Pierre. G. 17.

PRASSIGNY (de), commissaire des guerres. C. 342.

PRAT, Pierre. B. 1141. = couvreur de tuiles. B. 987.

PRÉ, Claude, femme Tornay. B. 2933.

PRÉCEL, Claude. B. 1389. = François. B. 1853.

PRECELLE (de), Anne-Antoinette. B. 1391.

PROCUREUR. B. 524, 2484. — Jean. B. 538, 577. — Marie. B. 2776.

PROFET, Nicolas. B. 3820.

PROISY. B. 1916, 1926. — Antoine. E. 9. — Jean, cabaretier. B. 3110. — Marie-Barbe et Marie-Madeleine. B. 2475.

— (de). C. 332. — abbé, vicaire général du diocèse de Laon. C. 656. — Barbe, femme de Bongard. B. 2892. — Charles, seigneur de la Plenoye. E. 550. — Charles-David, baron d'Eppes. E. 162. — Charlotte, femme de Flavigny. B. 2891. — E. 548. — Charlotte-Françoise-Jeanne, femme d'Argent. E. 226. — Daniel, seigneur d'Eppes et de Mauregny. E. 96, 563. — H. 961. — Emmanuel, seigneur de Marfontaine. B. 3238, 3244. — François, baron de La Bove, bailli du Vermandois. B. 194, 514. — E. 98, 100, 406. — Françoise, femme d'Ausbourg. B. 2207. — Guillaume, doyen de St-Jean-au-bourg de Laon. G. 82. — Henriette-Charlotte. E. 292. — Hyacinthe-David-Rosalie, baron, E. 226, 292. — Isabeau, femme d'Escannevelle. E. 409. — femme de Mazancourt. E. 406. — Jean, seigneur de Neuville, Oulches, Chermizy et Jumigny, etc. E. 31 à 34. — sire. H. 258 et bailli d'Avesnes et de Guise. H. 626. — Joseph-Charles-David, seigneur d'Eppes. E. 226, 292. — Louis, baron de La Bove, gouverneur de Guise. B. 1902. — seigneur de Bièvres. G. 90. — seigneur de Bouconville, baron de La Bove, châtelain de Montchâlons. B. 406, 407, 409 à 412, 443, 447, 550. — seigneur du Sourd. E. 407. — Madeleine. E. 407. — Madeleine-Anne-Fraçoise, veuve d'Hallencourt. B. 2747. — Marie, femme du Chastellet. E. 409. — Marie, femme Laumosnier. B. 692. — Robert, seigneur de Marfontaine et Rougeries. B. 512, 3237.

PROISY D'EPPES (de), baron. C. 593. — Henriette-Charlotte, religieuse cistercienne. H. 1584.

PROIX (de), madame. C. 989.

— Pierre. B. 3190.

PROIZY. B. 3266. — Charles, meunier. B. 580.

PROKERICOURT (Wiot de). H. 455.

PROMEUX, Jean. B. 475.

PRONIER. B. 2997. — Louis. B. 4028.

PROTESTE, Anne, femme de Valles. B. 2505.

PROTIERS, Gobert. H. 235.

PROTIN DE MAINVILLE. C. 957.

PROUVAIS (Jean de), seigneur de Clamecy. G. 529.

PROUX, Marie, femme Bouhoury. B. 777. — Pierre, laboureur. B. 72. — Toussainte, femme Hayon. B. 2188.

PROVENCE (Comte de). G. 458. (Voir Louis.)

PROVINS (de), Étienne, chanoine de Soissons. G. 253. — Haimard. H. 455. (Voir Haimard.) — Thiébaut, chanoine de Laon. H. 243.

PRUDHOMME. B. 343, 386, 523, 2567, 2862. — greffier de justice. B. 3254. — papetier. C. 951. — veuve, fermière. H. 969. — Adrien. B. 71. — notaire. B. 100. — Antoine. B. 880, 883. — E. 572. — laboureur. B. 2795. — E. 560. — Antoinette, femme Veuillot. E. 382. — Charles, curé de Genlis. B. 1354. — Claude. B. 688. — François, garde-moulin. B. 2402. — Françoise. B. 2587. — femme Guilbert. E. 604. — Gilbert, curé de Cuiry-lès-Iviers. B. 2978. — Gilles. B. 1368. — Gobert. H. 780. — Jacques. B. 597, 3614. — meunier. B. 2153. — Jean. B. 528, 827, 2843. — H. 980. — laboureur. E. 489, 561. — valet de charrue. B. 462. — Jean-Claude, régent du collège de Guise. B. 2096. — Jean-Joseph. H. 981. — Jeanne. B. 3314. — Joseph. B. 2415. — Lazare. H. 780. — Louis. B. 3334. — Marguerite, femme Demazure. B. 2548. — Marie, femme Lavigne. B. 420. — Martin, fripier. B. 1664. — Nicolas. B. 780. — Pierre. B. 600, 608. — clerc laïque. B. 661. — Prinette, servante. E. 518. — Thierry, marchand tanneur. E. 553. — Thomas. B. 1753. — Toussaint, greffier de justice. E. 585.

PRUDHOMMEAU. B. 342, 1944. — Antoine. B. 2278. — Claude. B. 563, 630, 3326. — Jacques. B. 629. — Jean. B. 59. — Jean-Baptiste. B. 3072. — Marie. B. 2019. — Marie-Anne, femme Laborde. B. 3101. — Marie-Madeleine. B. 2440. — Nicole, veuve Dumet. B. 2177.

PRUDHOMMEAUX. B. 3104. — Claude. B. 3108. — François. B. 3098. — Pierre. E. 214.

PRUETIS (Jean de), abbé de Prémontré. H. 737.

PRUNERON, Jean-Baptiste. E. 567.

PRUSSON, Pierre. B. 1871.

PRUVOST, Aimable et Augustin. B. 3963. — Jean. B. 2860. — Marie-Anne. B. 3961.

PUCHAUX, Henri. B. 3599.

PUCHE, Gobert et Jean. H. 1116.

PUDAUX, Pierre, greffier. B. 2616.

PUDEPIÈCE, Ancelot. B. 432. — Anne. E. 605. — Antoine. B. 448. — maître-maçon. B. 936. — Henri. B. 421. — Jean. B. 2891. — Jeanne, femme Taine. B. 437. — Julien. B. 496, 4003. — Madeleine. B. 417. — Marie, femme Carlier. B. 881. — Nicolas. B. 2677.

PUGNANT, Michel, garde-chasse. B. 1880.

PUGNET, Charles, meunier. B. 2644.

PUISIERS, Thomas. H. 101.

PUISIEUX (de), marquis. B. 1873. — Gérard. H. 879. — Michel. G. 253. — Robert. H. 953. — (sire de). H. 872. (Voir Bedoul).

PUIZART, curé de Sainte-Geneviève. C. 126.

PUJOL (de), Augustin-Abel, marquis, seigneur de Crécy-au-Mont. — Charles-Louis-Abel, marquis. — Marie-Charlotte-Calixte, femme Gerbaud. E. 293.

PULARS, Jean. H. 914.

PUMERY, Paris, et Pierre, charretier. E. 35.

PUSSAY (Jacques de), seigneur de Cilly. E. 554.

PUTEFINS, Henri, chevalier. G. 1.

PUTEPIÈCE, Thomas, chirurgien. B. 2887.
PUYSÉGUR (de), comte. C. 356, 358, 359, 369, 373, 384, 389, 391, 393, 401, 410. — ministre de la guerre. C. 359, 366. = secrétaire d'État au département de la guerre. C. 356. = marquis. C. 50.
PYA, Jean. B. 884.
PYNOTTEAU, Pierre. H. 1079.
PYTHON (Philippe de). B. 1377. (Voir Pithon.)

Q

QUANIAUX, Nicolas, sergent de justice. B. 2982.
QUANTIN, Jean, prieur de Vendeuil. B. 1497.
QUARQUIN (de), François, seigneur de la Fontaine-au-Vivier. E. 404.
QUARRE, Jean. G. 253.
QUARREZ, Jean. G. 1023.
QUARRIER, Jean. H. 1209.
QUARTIER, Pierre. B. 2331.
QUATREDENIERS, Abel et Charles. E. 549.
QUATREHOMME. B. 3203.
QUATRELIVRES, Antoine. B. 876. = Nicolas. B. 881, 891.
QUATREVAULX, Valery, notaire. B. 1210.
QUATREVAUX, Louis, garde-forestier. B. 3750. = Marie-Anne. C. 695. = Oudart. G. 253.
QUÉAUX, curé de Mons-en-Laonnois. C. 937. = Françoise, femme Lejousne. B. 2955. = Nicolas, chanoine de Laon. E. 123.
QUEHAN, Jean-Baptiste. B. 3188.
QUEHAULT, Jean, curé de Remigny. B. 1491. = Louis, curé de Remigny. B. 1860.
QUEHAUT, Pierre, chanoine de Guise. B. 2119.
QUEHEN, Jean. B. 3925. = Nicolas, huissier. B. 3888. = Olivier. B. 2383.
QUEN, Jean, vigneron. B. 920. = Marguerite. B. 1274.
QUÉNART, Louis. H. 1436. = Nicolas. H. 1437.
QUENEAU, Jeanne. B. 2936.
QUENIN, Jean-François. B. 1555.
QUENNAULX, Mathieu. E. 461.
QUENNEBAULT, Antoine. B. 1831.
QUENNEL, Hubert. B. 876.
QUENNEVAL, Jacques, marchand de savon. B. 1678.
QUENOBLE, Jean. H. 859.
QUENNOLLE, Jeanne, veuve Colard. B. 673.
QUENOELLE, Marie, femme Charlot. B. 799.
QUÉNOT, commis-greffier. B. 3752. = Christophe, potier de terre. E. 332. = Jacques, chirurgien. B. 1276. = Louis, maître de poste. B. 777.
QUENOUELLE, Hubert. B. 1250. = Pierre, laboureur. B. 2003, 2013, 2236.
QUENTIN, Antoine. B. 2648. = Jean-François. B. 373. = Jean-Louis. H. 731. = Louis. B. 2907. = Marguerite, veuve de Monsure, femme Malin. B. 2895. = Marie,

femme Delaforge. E. 407. = Médard, notaire. E. 343. = Pierre. H. 1351. = Vincent. C. 783.
QUEQUET, Pierre. C. 272.
QUERETTE, Jean. B. 1772.
QUERMELLE, Marguerite, veuve Lambin. B. 783.
QUERSALION (Claude de), abbé de Vauclerc. E. 411.
QUESMY (de), abbé. C. 693. = lieutenant colonel. B. 58. = madame. B. 3438. = (sieur de). B. 1369. (Voir Macquerel.)
QUESNEL, Antoine-Paul, capitaine de milice bourgeoise. E. 108. = Pierre. B. 722.
QUESNOT, Jacques. B. 907.
QUEST, Guillaume, vigneron. E. 569. = Voulquin. E. 569.
QUEUDIARRE, Pierre. B. 2827.
QUEUE, Jean. B. 655.
QUIBOUT, Jean-Louis, brasseur. H. 1292.
QUICHE. B. 571. = avocat. C. 982. — E. 33. = Jean et Jean-Martin. H. 983. = Martin. B. 1984. = Nicolas. B. 547, 574. = laboureur. B. 1902.
QUIERRY (de), Gobert, seigneur de Muret, Jacques et Milessende. H. 692.
QUIERSY, François. B. 1290. = Joseph. B. 942.
QUIERUY, Alexandre et Pierre. B. 1459. = Jean. H. 843.
QUIERZY (de), Charles, forgeron. B. 1710. = Florimond, boulanger. B. 822. = Gérard. H. 692. = Marie, veuve de Marchemont. B. 1410. = Nicolas. B. 1888. — Montain. H. 1148. = Sébastien. B. 764.
QUIÊVREUX, Clément. B. 4035.
QUIGNEAUX. B. 2874.
QUIGNON. B. 3197. = commis. C. 1056. = Charles-Nicolas. G. 104. = Jean-François. C. 518. = Nicolas. B. 3425. = greffier des gabelles. B. 3970.
QUIHAUT (famille). B. 1403.
QUILLET. B. 32, 145, 3371. = messager de Thiérache. B. 371. = Barthélemy, laboureur. B. 45, 3154. = notaire. B. 36, 873. — E. 606. = Marie. B. 1965. = Marie-Rose. B. 128. = Nicole-Anne. G. 701. = Suzanne. B. 1963.
QUILLIET, Louis-Joseph. B. 1503.
QUIN, Jean, laboureur. B. 923. = Pierre. B. 1996.
QUINCÉ, Joachim (comte de), maréchal de camp, gouverneur de Guise. B. 412, 1951, 2052.
QUINEBAUX, Louis, syndic d'Étréaupont. B. 3122.
QUINEFAULT, Antoine. B. 985.
QUINET, Pierre. B. 497.
QUINNEBAUX, Nicolas-François, sergent royal. B. 3120.
QUINON, Marguerite. B. 897.
QUINQUANT, Jean. H. 1508.
QUINQUET, pharmacien. C. 736. = procureur. C. 325. = Antoine, maître ès arts. H. 735. = Antoinette veuve Vuillefroy. H. 515. = Claude, chanoine de Soissons. H. 499. = Marin. H. 1199. = Nicolas. H. 504. = Regnaut, marchand droguiste. H. 482. = Simonne. G. 1730. = Vincent, procureur. G. 1732.
QUERSONNIER, Anne. B. 478.
QUERTEAU, Madeleine, femme Marteau. B. 2014.

QUINTOIS, Marie, femme Galland. B. 810.
QUINTOY, Antoine. B. 1171. = Jeanne. B. 923.

R

R. Abbé de Clairvaux. H. 692.
— — de Saint-Crépin-le-Grand. H. 455.
— — de Saint-Jean-des-Vignes. G. 1.
— — de Saint-Prix. H. 534.
— chantre de Laon. G. 1.
— curé de Crépy. H. 250.
— doyen de la chrétienté de Saint-Quentin. H. 798.
— doyen du chapitre de Saint-Julien de Laon. H. 250.
— évêque de Chalons. H. 1046.
— évêque de Chartres. G. 253.
— prieur de Donchery. H. 477.
— trésorier de Noyon, chanoine. H. 826.
— (vicomte de). C. 693, 698.
RAATE, Toussaint. C. 347.
RABASTE, procureur du prieuré de Coincy. C. 989.
RABATTÉ (famille). E. 387. = Bertin. E. 380.
RABAULT, curé. C. 674.
RABEUF. B. 2650. = veuve. B. 942. = Charles. E. 206. =
Charlotte. B. 1056. = femme Deshaies. B. 752, 865. =
Guillain. B. 867. = Jean. B. 1197. = garde à cheval de
la forêt de Saint-Gobain. B. 931. = laboureur. B. 801.
= procureur fiscal. B. 1289. = Jérôme. B. 1159. = Lam-
bert. B. 1138. = Louis. B. 1186. = Nicolas. B. 488. =
Pierre, notaire et procureur. B. 1334. = Quentin. B. 959.
= Valentin. B. 829.
RABEUX, Marie, femme Béguin. B. 3877.
RABIET, sœur, fille de la charité. C. 670.
RABŒUF, Jérôme, Lambert, laboureurs. B. 3614. = Marie.
B. 3613. = Pasquier. B. 1086. = Pierre, laboureur. B.
1237.
RABONNEAU, Antoine. B. 2427.
RABOU (famille). B. 1926.
RABOUILLE, Christophe. B. 3324. = Étienne, garde-bois.
B. 3429. = Jacques. B. 673. = écuyer de cuisine du roi
de Navarre. B. 3446. = Jean. H. 977, 979. = Jeanne,
veuve Tellier. H. 980. = Nicolas, laboureur. H. 630. =
Pierre. H. 976, 978, 980.
RABOUIN, Jean, chirurgien. B. 885.
RABOUZ, Robert. H. 45.
RABUTIN (de), Marie. B. 591, 1344, 1639, 3173. = femme de
Madaillan de Lespart. B. 3586. = Roger, comte de Bussy,
lieutenant-général des armées. B. 1344.
RACHET, Jacques, laboureur. B. 2632.
RACHINE, Adrienne. B. 1680. = Jean, laboureur. E. 439.
RACINE, François, menuisier. B. 1649. = Renaud, chape-
lain. G. 1. = Remy. H. 1214. = Rolequin. H. 1040.
RADEL, Antoine. B. 1756. = Jean. H. 838. = Nicole, femme
Bochel. B. 3012.

RAFET, Marie, veuve Morandon. B. 3425.
RAFLET, chanoine de St-Quentin. G. 810.
RAGAN, Abraham. B. 725.
RAGET, Géraud. H. 659.
RAGOT, Marguerite-Rose, femme de Belhoir. E. 30.
RAHAULT, Jacques, vigneron. B. 3257.
RAHIER DE COMMERIS, homme de corps. H. 477.
RAIMBAUT, Nicolas. B. 2799. = Toussaint. H. 869. =
curé de Bucy-lès-Pierrepont. H. 901.
RAIMBAUX, Jacqueline, veuve Huon. H. 882.
RAIMOND, Augustin, fabricant d'amidon. C. 755. = Étienne,
garde forestier. B. 3749. = Pierre, joueur d'instruments.
B. 2409.
RAINAUD, doyen du chapitre de Guise. H. 872.
— prieur de Reuil. H. 477.
RAINEVAL (Raoul de). H. 1508. (Voir Renneval.)
RAINEVILLE. B. 3309. = Antoine. B. 2969. = Charles,
laboureur. B. 3188.
— (de), Nicolas. H. 976. = Thomas. H. 978.
RAINGART, Jean, bailli. H. 404.
RAINOLD. H. 692.
RAINSENDE, femme de Nicolas, seigneur d'Avaux. H. 305.
RAINVILLE, Pierre. B. 2528.
RAISON, Christophe. E. 331. = François, commis aux
aides. B. 3932.
RALLETZ, Michel, ex-chirurgien major. B. 2264.
RALLEZ, demoiselle. C. 161.
RALTOT, Antoine. E. 421.
RAMAGE, Jean. E. 593. = Jean et René. E. 539.
RAMBOUR, Henri, greffier de gruerie. B. 3818. = Marie,
femme Apoix. B. 923. = Philippe. B. 3060.
RAMBOURG (de), Abraham, seigneur de Gercy. B. 512, 625,
651. = Jean-Emmanuel, seigneur de Gercy et de Ste-Ge-
neviève. B. 3212. = Louis, seigneur de Gercy, capitaine
de cavalerie. B. 3349, 3359.
RAMBURES (de), Charles, sire, capitaine de 50 hommes
d'armes, grand maitre des eaux et forêts de Picardie.
B. 2891. = Jean, seigneur de Bohain. H. 1107. = Renée,
femme d'Autervaux. B. 2900.
RAMEAUX. B. 2731.
RAMEDIE, Valerand. B. 1469.
RAMEQUIN, Jean. B. 3609.
RAMETTE, Arnoul. B. 3907.
RAMIER, Catherine et Cécile, femme Champion. E. 437.
RAMOND, Marie-Anne. B. 363.
RAMONNIER, Jean. G. 17.
RAMOUILLET, Jean. G. 253.
RAMYER, Charles, drapier. E. 438.
RANC, Jean-Baptiste, directeur d'artillerie et du génie.
B. 2298. = Marie-Françoise, femme Dorigny. B. 2298.
RANDEAUX, Martin, seigneur de la Tour. B. 3274.
RANDON, Louis, receveur des tailles. B. 2686. = seigneur
de Corneil. B. 2747. = Pierre, laboureur. E. 542. =
Walerand. E. 567.

= Jean, seigneur du Sart. B. 1058, 1164, 2891. — E. 519. = Marie-Anne-Gérarde-Françoise. E. 298.

RÉFFUGE (Eustache de), surintendant de la justice de Lyon. B. 685, 692.

RÉGALE, Guillaume, chanoine. H. 1200. = Jean-Charles, fermier. B. 3633.

RÉGALE DE POMERY, Marie-Jacques-Charles-Alexandre, lieutenant de maîtrise de Coucy. B. 3516. = receveur des consignations, commissaire aux saisies réelles du bailliage de Coucy. E. 296.

REGÉE, Gabrielle, femme Cottin. B. 1838.

REGINALD, abbé de Saint-Médard. H. 477.

REGNARD. B. 319. — C. 945. = Charles. B. 3755. = Émery, chanoine, curé de Vesles. E. 573.

REGNARD-DESCOUDRÉES, commissaire des guerres. C. 347. 379.

REGNART. B. 429. = Jean, prévôt de Ribemont. B. 426. = Laurent. B. 1242. = Marie. B. 1270. = Pierre, chapelain. B. 1598. = Raoul. E. 444. = Thierron. H. 993.

REGNART-PLESSIS. B. 2059.

REGNAUDEAU. Marie. B. 908.

REGNAUDIN, Gracien, soldat. E. 342.

REGNAULT. B. 3262. = boucher. B. 1043. = Abraham, laboureur. E. 455. = Antoine, tailleur d'habits. B. 1141. = Bonaventure, chanoine de La Fère. B. 1093, 1231. = Catherine. B. 1766. = Claude. B. 828. = moine de Foigny, curé de La Bouteille. B. 3138. = Élisabeth, femme de Froidour. B. 891. = François, contrôleur en l'élection de Soissons. H. 1687. = Georges et Guillaume. H. 803. = Guillaume, curé de Tavaux. B. 2841. = Jacques. E. 432. = curé de Renneville. H. 895. = Jean. B. 642, 1674, 1964. = maçon. G. 1780. = Jeanne. B. 481, 1691. = Jeanne-Élisabeth, femme Rillart. B. 2646. = Laurent. B. 1900. = Louis. H. 1717. = Marie. B. 893, 993. = veuve Bocquet. B. 3022. = Médard. B. 3912, 3923. = Nicolas, avoué de Chacrise, procureur du Roi. H. 1508. = chapelier. B. 921. = Quentin. B. 3376. = Samuel. B. 2342. = Thierry, curé de Moy. B. 1001.

REGNAUT, dit Plessis, cavalier. B. 1088. = Étienne. B. 1781. = François. H. 1101. = épinglier. B. 818. = Jeanne-Pérette, femme du Passage. B. 1354. = Louis. B. 4118. = Nicolas. B. 1212. = chapelier. B. 873. = Nicole. B. 895. = Toussaint. B. 1781.

REGNE, Nicolas. B. 1213.

REGNEL, Bon, vérificateur des francs salés. B. 4006.

REGNIER. B. 515, 2706. = sous-ingénieur des ponts et chaussées. C. 506. = Adrien, meunier. B. 3254. = Charles, maire de Sort. B. 3092. = Cyprien, chanoine de Saint-Quentin. B. 2890. = François. B. 2698, 4119. = Gilles, laboureur. B. 2805. = Hilaire. B. 325. = Isabelle. E. 410. = Jacques. B. 2811. = Jeanne. B. 2579. = femme Varlet. B. 2953. = Louise. B. 2345. = Marie. B. 904. = Marie-Anne. B. 859. = Nicolas. B. 2497. = marchand de fruits. B. 1314. = Pierre. B. 4119. — E. 550. — H. 976, 1326. = chirurgien. B. 2812. = Simon. B. 3278. = Thomas, prieur de La Ferté-sur-Péron. — E. 567. (Voir Reignier.)

— (de), François, seigneur de Vigneux. E. 297.

REGNIER-DUMESNIL, Françoise-Agathe. B. 2941.

REGNIÈRE. B. 2733.

REGNIÈRE DE LA MOTTE, François. C. 411.

REGNOIS, Jacques. B. 465.

REGNOUX, Claude. B. 3016.

REGNY (de). Dreux, Godefroy, maire de Regny; Heldiarde et Hugues. H. 534. = Jeanne, femme de Chaîné. H. 535. = Wautier. H. 534.

— Suzanne. B. 450.

REIGNIER (de), Antoine et Jacques-Charles. B. 804.

REIGNIER DE ROHAUT, François-Hubert, seigneur de Rohaut, commandant à La Fère. B. 804, 849, 932. = Hubert. B. 789, 941. = Jacques-Charles-Hubert, seigneur de Deuillet et Servais, capitaine d'ouvriers d'artillerie. B. 786, 788, 804, 852, 940, 1017, 1106, 1107, 1117. = Jean-Charles-Hubert, seigneur de Deuillet et commissaire d'artillerie. B. 1140. — C. 412. = Jean-Laurent-Hubert. C. 412. (Voir Regnier.)

REIMS (de), Haimard, chanoine de Saint-Quentin. H. 182. = Raoul. G. 1684. = Roger, diacre. G. 1. = Thierry, chevalier. G. 94.

REINE, veuve Riol. H. 103.

REINELLE, Philippe. B. 2269.

REINFLET, Claude, bourrelier. B. 2954. = Étienne. B. 2937.

REINOLD, abbé de Saint-Crépin-le-Grand. H. 455.

RELLART, Pierre. H. 1194.

RELY, Pierre, maçon. H. 1436.

REMAUCOURT (de), Aloud. H. 1116. = Étienne. H. 534. = Vivien. H. 1116.

REMEHAUT (Pierre de), prieur de Quierzy. B. 1784.

REMELIN (Yvon de), maître d'hôtel du cardinal de Bourbon. B. 1902.

REMELLE, veuve. B. 2275.

REMERESSE, François. B. 1278. = Remi. B. 2694.

REMIA, Jacques. B. 896. = Madeleine, veuve Poindrel. B. 2170. — Marie-Élisabeth, femme Caron. B. 1209.

REMIAS. B. 2723.

REMICOURT (Jean de). H. 884. — H. 24. = Anselme. H. 1391. = Marie, femme de Jean de Cathalano. H. 24.

REMIETTE, serrurier. B. 598.

RÉMIGNY (François de), chanoine et chantre du chapitre de Laon. B. 2777.

REMIS (Jean de), clerc. H. 1604.

REMOLU, Bonaventure, religieux cordelier. E. 350.

REMOLUE, employé des fermes. C. 1042. = Antoine. B.

2337, 2394. = Jean. B. 70. = Joseph. B. 2443, 3863. = maire de Buironfosse. B. 2059.

REMOND, Denis et Jean. H. 1278. = Jean-Pierre. B. 641. = Louis, notaire. B. 880. = Noelle, femme Depoix. B. 1336. = Pierre. B. 1989. = Simon. E. 478.

REMOND DE MODÈNE (Louis-Charles-Esprit de), doyen du chapitre de St-Quentin. B. 2910. — G. 812, 818.

REMONT (Charles de), seigneur d'Arnicourt. H. 891.

— Sans-Soucy, Joseph, musicien militaire. B. 1307.

REMY. B. 537, 2627, 2720. = Augustin, meunier. B. 3297. = Benoît. B. 526. = Charles. B. 2991. = Claude. B. 3182, 4119. = François. E. 121. — H. 1142. = Gobert. E. 450. = Hercule. B. 700. = Jacques. B. 1052. — H. 1172. = laboureur. E. 588. = Jean. B. 2277. — E. 178. — H. 993. = curé de Chavonne. E. 335. = Jean-François, notaire. B. 1347. = Marguerite. B. 946, 3378. = Marie-Anne, veuve Ancelot. H. 982. = Marie-Catherine et Marie-Madeleine. B. 3182. = Marie-Madeleine, veuve Thierry. B. 2633. = Mathieu, fermier. B. 534. = Nicolas. B. 588, 3939. — E. 568. = fermier. B. 527. = Pierre. B. 2091, 3067. — H. 1013, 1172. = Renaud, B. 3182. = Thomas. B. 2991. — H. 1142.

REMYARD, Nicole, prémontré. H. 1062.

REMYOT, Marguerite, veuve Morain. E. 435. = Marin. H. 1062.

RENANSART (de), dame. B. 1016. = Clarembaud, Gautier, dit le Braconnier, Pierre-Gredins. H. 295.

RENARD, gourmet de vin. B. 3080. = Antoine. H. 783. = Claude. H. 1318. = Marie-Jeanne, femme Marchoux. B. 2509. = Pierre. B. 346. = Sébastien, curé-doyen de Vervins. B. 3334.

RENARDEUX, André. C. 656.

RENARZ, Thomas. H. 1180.

RENAUD, abbé de St-Crépin-le-Grand. H. 455.

— — de St-Martin de Laon. H. 1116.
— archevêque de Reims. H. 253.
— avoué de Donchery. H. 477.
— châtelain de Coucy. G. 2. — H. 200, 356, 753.
— chevalier. H. 1178.
— curé de Chermizy, doyen de Bruyères. G. 2, 7.
— curé de la Malmaison, chapelain. G. 7.
— curé de Vendresse. H. 105, 106.
— Surdelle, évêque de Laon. H. 299, 737, 1208, 1363.
— évêque de Noyon. G. 1. — H. 1503.
— H. 243, 455, 784. = meunier. H. 375. = Louis, employé des fermes. B. 4102.

RENAUD-AU-TRUMIAUS. H. 477.

RENAUDIN, Pierre, huissier. B. 358.

RENAUDOT, Nicolas. B. 900.

RENAULT. Eulalie, franciscaine. B. 2911. = Isaie. B. 265. = Jacques. B. 458, 2498. = Jean. B. 1688, 3260. = Jean-Nicolas-Antoine, géographe des ponts-et-chaussées. B. 2911. = Pierre. B. 1615, 3187.

RENDU, Adrien. B. 2986. = Antoine. B. 1532, 1710. = cabaretier. B. 1724. = Jean. H. 1338. = laboureur. B. 1771. = Marie-Madeleine, femme Poullain. B. 1728.

RENÉ, Jacques. E. 550.

RENEUFVE, Angélique, Louis et Henri. B. 2902.

RENEUIL (Guillaume de). G. 540.

RENEUVE, Marie-Claude-Henri, avocat. B. 2914.

RENIER. H. 365, 534.

— abbé de St-Jean de Laon. H. 534.
— abbé de St-Nicolas-aux-Bois. G. 2. — H. 425.
— doyen du chapitre de Laon. H. 202.
— homme de corps. H. 477.
— meunier. H. 797.
— sergent du Laonnois. G. 1.

RENIS, Jean et Nicolas. E. 539.

RENNESSON, Agrand, maître imprimeur. B. 2843, 2886. G. 592.

— (de), François, marchand. E. 445.

RENNEVAL (François de), seigneur de Lambercy. H. 233. (Voir Raineval.)

RENNEVILLE (de), marquis. B. 4448. = Ivète et Jean. H. 956.

— Nicolas, papetier. C. 905.

RENOM, Claude. B. 679.

RENOUART, Jacques. B. 2024.

RENOULT, Claude. H. 1321.

RENOUX, Catherine. B. 3225.

RENTY (de), gouverneur de Ham. B. 3444. = Charles-Antoine. H. 499. = Claude. E. 485. = Claude-Joseph, capitaine d'infanterie. B. 2745. — E. 298. = Francisque, seigneur de Missy-aux-Bois. H. 1508. = Jacques, gouverneur de La Fère. H. 1623. = Jean, capitaine d'infanterie. B. 2657. = Jean-Charles. C. 412. = Joseph, capitaine d'infanterie. B. 784. = Marie, veuve de Renty. H. 499. = Noël, B. 2898.

RÉSICOURT (de), contrôleur des actes notariés. E. 233.

RÉSIGNY (de), Jean. H. 231. = Robert. G. 2. — H. 231.

RÉSILLION, Pierre. B. 946.

RESSON, Claudine, veuve de la Motte. B. 19.

RESSONS (de), André ; Aubry ; Fromont, chevalier ; Gilet et Jean ; Marie, femme de Bouclenay ; Noël, Pierre et Raoul. H. 1508.

RESTE, Antoine, employé des fermes. B. 3146.

RESTEAU, Jean. B. 1122. = Marie. B. 879.

RETEAUX, Pierre, maître d'école, clerc laïque. B. 3418.

RETHEL (de), comte. G. 116. = Gérard. E. 559. = Hugues, comte. H. 285, 972. = Manassès. G. 146.

RETOUT, Jacques, curé de Monceau-le-Neuf. B. 51.

RETRAINT, Hubert. B. 1670.

Retro (Adam *de*). H. 455.

RETZ (Madeleine de), veuve Duray. B. 1528.

REUVE (Anne de), femme Lenet. B. 2898.

REVEL, Gabriel, maître peintre et vitrier. H. 1311.

REVELART, Jean, prévôt de la cité de Laon. G. 127.

REVERCHON. B. 1904.

RÉVÉREND, ingénieur. C. 421, 613, 620, 811.

REVILLIASC (de), abbé. C. 920, 922.

REVILLON (Hue de). H. 904.

RÉVILLON-DESFOURNEAUX, contrôleur des vingtièmes. C. 673.

RÉVRE, François. C. 344.

RIANCOURT (Bauduin de). H. 17.

RIBAULT, Antoine, valet de charrue. B. 312.

RIBAUT, Pierre. B. 719, 732, 1065, 2608. = huissier. B. 1879.

RIBEAU. B. 2566, 2731.

RIBEMONT (de), Adelard. H. 534. = Anselme, seigneur. H. 434. = Bernard. H. 534. = dit Courtefoi. H. 534. = Gobert. H. 872, 894. = Godefroi. H. 221. = Jean. G. 18. 34. = bailli de Crécy. G. 253. = clerc. G. 2, 737. = Mathieu, prémontré. G. 2. = Simon. H. 534.

RIBOULET, Martin. H. 739.

RICARD. B. 2485. = Pierre. B. 2551.

— (de). C. 622. = major de Guise. B. 379.

RICART, Philippe. B. 2555, 2559. = Pierre. B. 2573, 2577.

RICARVILLE (de). E. 240. = Charles, seigneur de Le Hérie-la-Viéville. E. 240, 242. = Madeleine, femme Delorme. E. 240.

RICHALDE. H. 904.

RICHARD, abbé d'Homblières. H. 588.

— B. 2863. — H. 455. = apothicaire. B. 1744. = barbier-chirurgien. E. 525. = chantre. H. 210. = clerc anglais. H. 1181. = maire d'Eppes. H. 873, 914. = procureur général de Prémontré. C. 662. = Adam. G. 253. = Anne, femme Rivage. B. 1342. = Antoine. B. 3221. = maire de Moy. B. 4181. = Basilic. C. 656. = Claude, curé de St-Michel. E. 379. = sergent. B. 666. = Claude-Antoine, lieutenant de maîtrise de Chauny. B. 1374. = Denis. B. 708. = François. B. 1159. = receveur des aides. B. 1350. = Françoise. B. 708, 1514. = Gaspard. B. 2597. = Jacques. B. 1033, 4002. = Jean. B. 703, 3908. = fermier. B. 895. = maréchal-ferrant. E. 531. = Jean-Claude, laboureur. B. 2820. = Jeanne, femme Regnaudin. E. 342. = Louis, laboureur. B. 1155. = Madeleine. B. 4030. = Michel. H. 1279. = Philbert. H. 834. = Pierre. B. 1143, 1469, 2672.

RICHART. B. 2783, 2997, 3197, 3240. = Antoine. B. 935. — H. 392. = Catherine, femme Decq. B. 892. = Charles, messager. B. 705, 734, 1029, 1378. = procureur du roi. B. 3017. = Claude. H. 1312. = prieur de Marle. B. 561. = Denis. B. 1818. = Éloi. B. 887. = Félix. H. 686. = François, chirurgien. B. 2995, et capitaine de Bruyères. C. 1039. = Françoise. B. 1839. = femme Doffériont. B. 892. = veuve Vaillant. B. 1778. = Guillaume, laboureur. B. 3327. = Jacques. H. 1532. = Jean. B. 859.

= fermier. B. 860. = Jeanne, femme de St-Gobain. B. 1030. = Louis. B. 4047. = Madeleine. B. 4036. = Madeleine-Angélique-Françoise, femme Legros. E. 230. = Marguerite, femme Semery. B. 2397. = Marie, femme Couillette d'Autrive. B. 2916. = femme Joly. E. 536. = veuve Curé. B. 839. = Marie-Barbe. B. 3291. = Nicolas. B. 1242, 2708, 3102.

RICHAUDE, femme de Chaudun. H. 1508.

— femme de Possesse. H. 280.

— femme de Wiard li Saines. H. 235.

RICHAULT, Robert, curé d'Agnicourt. B. 2835.

RICHE, Antoine, maréchal. B. 923. = Claude, pêcheur. B. 926. = François. B. 3091. = Jacques, maire de Beautor. B. 867. = Jean, huissier et vigneron. B. 3093. = Jean-Baptiste, laboureur. B. 928. = Marguerite, femme Béguin. B. 3096.

RICHEBAIN, Marie-Anne. B. 3403.

RICHEBOURG (de), subdélégué. C. 20.

RICHEBOURG DE CHAMPCENETZ, Louis-Quentin, premier valet de chambre du roi, capitaine du château de Meudon. C. 624.

RICHECOURT (Marc-Antoine de), chanoine de Laon. B. 2839.

RICHELIEU (cardinal de), B. 2894.

RICHEPAIN, Marguerite. B. 1107.

RICHEPIN. B. 2564, 2565. = Sébastien. B. 2202.

RICHER. H. 797. = Antoine. B. 4019. = Antoinette, femme Boutry. B. 2700. = François. E. 543. = Françoise, femme Migneaux. B. 4095. = Jean. H. 1303. = berger. B. 481, 486. = Jean-Pierre. B. 4109. = Simon. B. 479.

RICHER D'AUBE, François, intendant de Soissons. B. 1426. — C. 152.

RICHET. B. 2487. = Anne. E. 602. = Antoine, berger. B. 468. = sergent. B. 2051. = Charles. B. 64, 328. = Jean. E. 246. = laboureur. B. 1321, 2461. = Jean-Baptiste. B. 2469. — E. 214. = Jeanne. B. 2820. = Marie-Anne. B. 2075. = Nicaise. B. 3324. = Nicolas, maître-chirurgien. B. 895. = Noël, dit Mazarin. B. 3965. = Paul. B. 3901. = Pierre. B. 1212. — C. 657. = Reine, femme Bussy. B. 904.

RICHON, curé de Roucy, C. 937.

RICHOUFF (de), Claude-François-Frédéric et Jean-Dominique. C. 412

RICHOUFFTZ (de), demoiselle. C. 672.

RICOT, François. B. 1675. = Gobert. B. 3608. = Jacques. B. 1550. = Pierre. B. 1500, 1533, 1612, 1834.

RICQUET, Gervais. G. 1514.

RICUIN. H. 375.

RIDARD, Sébastien, curé de Mont-St-Père. H. 1069.

RIDART, Hubert. H. 885. = Sébastien. H. 1067.

RIDET, Pierre, prévôt de Mons-en-Laonnois. B. 3111.

RIDON, maçon. E. 403.

RIENCOURT (de), Charlotte, femme de Tonnacq. E. 463. = Henri, seigneur de Parfondru. E. 476. = Jacques, seigneur de Parfondru. B. 1902. — E. 476. = Pierre, seigneur de Parfondru. B. 2019. — H. 784.

RIEUL, François, teinturier. B. 1378.

RIGAUD, capitaine. B. 1055.

RIGAULT. B. 1927. = Claude. B. 789. = valet de charrue. B. 334. = Jean. E. 295. = Madeleine, femme Brazier. B. 365. = Pierre, coutre laïque. G. 132. = Servais, laboureur. B. 723.

RIGAUS, Oudard. H. 202.

RIGAUT, chimiste. C. 40. = Anne, femme Dupont. B. 915. = Charles, laboureur. B. 1701. = Claude. B. 1771. = valet de charrue. B. 475. = Étienne et Jacques, gardes de bois, chasse et pêche. B. 3602. = Pierre. B. 815.

RIGAUX. B. 2723. = notaire. G. 720. = Ambroise. B. 641. = Marie, veuve Sobeau. B. 461. = Marie-Catherine, veuve Boutroy. E. 100. = Marie-Françoise B. 2306. = Nicolas. H. 1517.

RIGBOURG, Antoine. B. 4121, 4122.

RIGEALLE, arpenteur. B. 3692.

Rignaco (Thomas de), prévôt de la cité de Laon. G. 2.

RIGNOULT, Pierre. H. 1320.

RIGODON DU TREMBLAY, Claude-Sulpice. E. 121.

RIGOLET, Henri. E. 394.

RIGOLETTE, Jean, vigneron. B. 3394.

RIGOLLE (de), Claude. B. 2087, 2221. = femme de Villemur. B. 2130, 2210. = Pierre. B. 1935, 1954.

RIGOLLET, Antoinette, veuve Tachet. B. 2962.

RIGOTTE, Perrée, veuve de Courmont, femme Planson. H. 455.

RIGOULLET, Nicolas. B. 624.

RIKE. H. 6. = femme Coulons. H. 953.

RILLART. B. 741. = Antoine. B. 778, 807. = avocat du roi. B. 670, 801. = commis-greffier. B. 1020. = Charles. B. 829. = garde-marteau. B. 3558. = Charlotte. B. 798. = Claude, lieutenant-général d'épée au bailliage de Vermandois. B. 3587. = Florentine, femme Thierry. B. 819, 889, 1008. = François-Charles. B. 798. = Henri, sergent royal. B. 719. = Jacques. B. 962. = chanoine de Laon. B. 2795. = notaire et procureur. B. 862, 900. — E. 465. = sergent. B. 666. = Jean-Baptiste, seigneur de Verneuil. B. 2646. — Louis-Florimond. E. 380. = Mathieu-Jacques, maître des eaux et forêts du comté de Marle, capitaine d'Achery. B. 3558. = Michelle, veuve Moutier. B. 899.

RILLART DE RÉSIGNY (Madame de). C. 596.

RILLIART, curé de Guyencourt. C. 937.

RIMBERCOURT (Mathieu de). H. 1116.

RIMBERT (de), Catherine, femme de Cressin. B. 2896.

— François, notaire et procureur. B. 3058.

RINGELIN, Charles-François, soldat. C. 656.

RINFELZ (Caroline, duchesse de), veuve de Bourbon. B. 1918.

RINFLET, Jean, vigneron. B. 4113.

RIOL. H. 103.

RIOTTE (Jean de). H. 1749.

RIQUA, Marguerite. B. 2179.

RIQUEBOUR, Louis, boulanger. B. 905.

RIQUET. B. 3106. = Jacques, blatier. B. 491.

RISBECQ, François. B. 1890.

RISBOURG, Ambroise et Antoine. B. 477.

RISY. B. 2692.

RIVAGE, Agnès. B. 1766. = Anne, veuve Richard. B. 1350. = Antoine. B. 1814. = Catherine. B. 1841. = Charles, procureur. B. 1342. = Christophe. E. 206. = Jacques. B. 1850. = Jeanne. B. 3940. = Pierre. B. 1527. — H. 843. = syndic d'Origny-Sainte-Benoîte. B. 457. = Simon. B. 1528, 1543, 1781. = charron. B. 914.

RIVAIGE, Jean. H. 770.

RIVAILLIER, Claude. B. 1874. = Marie. B. 3383.

RIVE (de), Bernard-Charles, seigneur de Blanchecourt. B. 847. = Bernard-Claude, seigneur de Blanchecourt. B. 780, 921, 3261. = Charles. B. 712. = seigneur de Blanchecourt. B. 755. = Claude, seigneur de Blanchecourt. B. 3583. = Claude-Bernard. B. 873. = Claude-Enguerrand, clerc tonsuré. B. 780. = François, seigneur de Blanchecourt. B. 698. = Olivier, seigneur de Blanchecourt. B. 712, 844, 1127. = Roland. B. 712.

— François, maître des postes de la généralité de Soissons. B. 1962. = Jean, curé-doyen de Ribemont. B. 35.

RIVÉ (de), comtesse. C. 625.

— Jacques. B. 623.

RIVERY (Claude de). B. 1409.

RIVIÉ DE RIQUEBOURG, Charles-Jean-Madeleine, grand-maître des eaux et forêts. B. 3583, 3571, 3573.

RIVIÈRE, Antoine, boulanger. E. 443. = Jean et Nicolas. B. 990. = Pierre-Alexis. B. 947. = huissier-priseur, vendeur de meubles. B. 669.

— (de), Charles, seigneur de Carrouge, garde du corps. B. 3541.

RIVOCET (madame de). C. 307.

RIVOT, Jacques, geôlier. B. 1330.

RIZET, François. B. 2939.

ROART, Jacques, laboureur. B. 450.

ROBAIL DE BRUYÈRES. H. 6, 45, 58.

ROBAILLE, Nicolas. H. 1318.

Robaillil, Jean. H. 6.

ROBAIS, Blaise. B. 1404.

ROBART, Mathieu, laboureur. E. 613.

ROBAUT, Charles. B. 3365. = Colin. H. 1231.

ROBBE, Antoine. B. 1831. — H. 1015.

ROBEAU. B. 3242. = Antoine, laboureur. B. 2785.

ROBELIBRE. H. 1508.

ROBELINS, Masselins. H. 152.

ROBERT, abbé de Longpont. H. 692.

— de Nogent. H. 477.

— de Prémontré. G. 2.

— de Saint-Jean de Laon. G. 1. — H. 45.

ROBERT, abbé de Saint-Médard. H. 477.
— de Saint-Michel. H. 623.
— de Saint-Nicolas-aux-Bois. H. 350.
— archevêque de Reims. G. 6.
— archidiacre de Laon, dit de Saint-Médard. G. 123.
— chanoine de Laon. H. 293.
— chanoine de Soissons. G. 253.
— chantre principal de Laon. G. 171.
— chevalier. H. 588. 1508.
— clerc. H. 284.
— comte, frère du Roi. H. 1017.
— curé de Sainte-Benoîte de Laon, sous-doyen de la chrétienté de Laon. H. 211.
— curé de Saint-Éloi de Saint-Quentin. H. 534.
— doyen du chapitre de Laon. H. 741.
— — de Moy. H. 222.
— écuyer. G. 253.
— évêque de Langres. H. 692.
— roi de France. H. 1508.
— B. 427. — H. 6, 7, 50. 68, 197, 288, 753, 1116, 1748. = garde-chasse. C. 636. = sergent. G. 1. = Adam. H. 268. = Alexandre. B. 594. = Anne, veuve Chaussetier. G. 1378. = veuve Letellier. B. 1355. = Catherine. E. 377. = Charles, maréchal ferrant. B. 2636. = Claude. B. 621. = cabaretier. B. 3100. = Claudine. B. 2372. = François, boulanger. B. 3089. = brasseur. B. 2429. = Gilles. H. 1017. = Gratien. B. 610. = Henri. B. 3862. = Jacques. B. 2426. — H. 1037, 1146. = Jean. B. 827, 1316, 3361. — E. 102, 248. = chaufournier. B. 897, = curé de Pleine-Selve. E. 607. = prêtre E. 588. = Jean-Philbert, chanoine de Saint-Quentin. G. 821. = Louis. B. 728. = chanoine de Laon. E. 109. = Marguerite, femme Courteau. B. 778. = Marie, veuve Lescot. B. 2001. = Marie-Angélique. B. 124. = Michel. B. 2527. = Nicolas. B. 889, 1283. = Nicolas-Montain, drapier. B. 853. = Pasques. B. 2497. = Pasquier. H. 794. = Pierre. B. 2549. — H. 1018, 1030. = Regnaut, cordonnier. B. 1072. = Sébastien. B. 830.
ROBERT (de Châtillon), évêque de Laon. G. 1. — H. 299, 407, 767, 952.
ROBERT (de Courtenay), archevêque de Reims. H. 1508.
ROBERT (de Thorote), évêque de Laon. G. 2, 10, 11, 22, 44, 56, 73, 86. — H. 871.
ROBERT (le Cocq), évêque de Laon. G. 17, 64, 69.
ROBESSON, Madeleine, femme Deschamps. G. 701.
ROBICHE, Claude, hôtelier. B. 3031.
ROBILLART. H. 1608. = Marguerite, veuve Bocquet. B. 1245. = Nicolas. H. 1187. = maître cordonnier. E. 500. = maître écrivain. G. 1732.
ROBILLIARD, Claudine, femme Prinet. B. 2548. = Marie-Jeanne, femme François. B. 4023.
ROBIN. H. 79. = veuve. E. 585. = Barthélemy, bénédictin, grand vicaire de Metz. H. 1695. = Claude. G. 8. = Gervais, curé de Pont-à-Bucy. E. 321. = Jacques. C. 266. = employé des fermes. B. 946. = Joachim, brodeur et valet de chambre. B. 3446. = Pernet. H. 1310.
ROBIN DE CHATEAUFER, Agathe-Adrienne-Marguerite, femme Paris de Tréfonds. E. 288.
ROBINET, Antoine, laboureur. B. 3425. = Daniel. E. 428. = menuisier. E. 429. = Jacques. B. 1942. = Marguerite, veuve Logette. B. 2547. = femme Vallier. B. 3428. = Nicolas, laboureur. B. 3427.
ROBINETTE, François. H. 1414. = Nicolas. H. 1517.
ROBINOT, maître tisseur. B. 1712.
ROBIQUET, notaire. C. 1047. = Antoine, notaire. B. 2301. = Daniel. B. 3425. = Jeanne, femme Dury. B. 2427. = Louis-Antoine, notaire. B. 1921. = Pierre, meunier. B. 2347.
ROBLOT, François, cuisinier. B. 3233.
ROBOIS, Jacqueline, femme Caignart. B. 3075.
ROCART. B. 527. = François. B. 1250.
ROCHAMBEAU (comte de). C. 376, 800.
ROCHART, Hubert. H. 1071. = Simon. H. 1438.
ROCHE, Françoise. B. 1.
ROCHEBONNE (Charles-François de), évêque de Noyon. H. 1158.
ROCHECHOUART (de), Gui, évêque d'Arras, abbé de St-Michel. E. 379. = Jean-François-Joseph, évêque de Laon. B. 2652. — G. 24, 32, 137, 392, 453. — H. 1489. = Louis, comte de St-Maur, seigneur de La Ferté-sur-Péron. E. 309, 311.
ROCHEFORT (de), abbé, chanoine. C. 677. = commissaire des poudres et salpêtres. B. 503. = Raoul. H. 239. = Philippe. B. 3233. = Thomas, lieutenant du prévôt de la cité de Laon. G. 253. (Voir Gilles.)
ROCHEN. B. 2566. = Pierre. H. 1023.
ROCHETERRE, Anne, femme Briot. B. 839.
ROCHIER (du), Marie, femme Noël. H. 1311.
ROCOULET, Michel. B. 3183.
ROCOURT. B. 520, 523. = Jacques. H. 907. = Jean. E. 550. = Nicolas. B. 544, 546.
— (de), Emmelin et Ide. H. 24. = Simon. H. 534.
ROCQ. C. 268. = Marie-Jeanne. B. 3430. = Pierre. H. 848.
— (de), Antoinette, femme Lefebvre. B. 1336.
ROCQUART, Abraham, charron. B. 903. = Jacques. B. 673. = Jeanne, veuve Quesnot. B. 1142. = Marie, veuve Quenouelle. B. 1250.
ROCQUE, Jean, prêtre. G. 722.
ROCQUET (de), Élisabeth et François, seigneur de Cuissy, capitaine de cavalerie. B. 1108.
ROGÉ, employé des fermes. C. 1042.
ROGÉCOURT, Joseph. B. 2030.
ROGELET. B. 3371. = Gilles, prévôt de justice. B. 3414. = Jean, lieutenant de justice. B. 3368. = notaire. H. 519. = procureur. B. 3389. = Jean-François, notaire. B. 3394.
ROGER, chanoine de Laon. H. 879,
— — de Maubeuge. H. 914.

ROGER, châtelain. H. 797.
— curé de Lhuys. G. 253.
— évêque de Cambrai. H. 1116.
— (de Rozoy), évêque de Laon. G. 1, 74, 147, 188. — H. 61, 168, 197, 200, 201, 213, 239, 259, 261, 267, 275, 280, 295, 305, 314, 351, 371, 399, 425, 534, 741, 866, 871, 872, 891, 904, 931.
— prêtre. G. 253.
— sous-chantre du chapitre de St-Quentin. H. 1635.
— B. 23, 532, 536, 1077, 1422, 2278, 2288, 2291, 2511, 2704. — H. 91. = Adam. H. 1193. = Alexis, curé de Cerny-en-Laonnois. B. 2993. = Antoine. B. 2282. — E. 402. = Catherine. B. 3147. = Charles. B. 3123. = Claude. B. 360, 1419, 1731, 1835, 2433, 3851. — E. 488. = argentier de Chauny. B. 1408. = notaire et procureur. B. 1330, 1334, 1318, 1391. = dit Tranquille, artilleur. B. 1305. = Edmond. E. 53. = Elisabeth. B. 1879. = Etienne. H. 959. = François. B. 2329, 2530. = procureur et notaire. B. 1330, 1332, 1420. = tailleur d'habits. E. 288. = Françoise, femme Villain. B. 1999. = Gabriel, curé de Mareuil-le-Port. H. 1228. = Gabriel-Marie, greffier des gabelles. B. 4053. = Germain. E. 574. = Grégoire. H. 1713. = Guillaume. B. 1026, 1603. = ex-maire de Chauny. B. 1557. = procureur. B. 1332. = tanneur. B. 1401. = Guillaume-François, procureur. B. 1749. = Jacques, employé des fermes. B. 534. = Jean. B. 340, 1989, 2220, 2409, 3966. — E. 506. — H. 1047, 1220. = chanoine de Laon. E. 478. = contrôleur au grenier à sel de Marle. B. 597. = curé de Beaumont-en-Beine. B. 1648. = maquignon. B. 3950. = Jean-François, arpenteur. B. 3108. = Jeanne. B. 1531. = domestique. B. 3358. = femme Ravaulx. E. 358. = Louis. B. 3273. = major des postes de la rivière d'Oise. B. 924. = Marie-Françoise. B. 2411. = Marie-Madeleine, veuve Belin. B. 1848. = Michel. B. 2347. — E. 401. = tailleur d'habits. E. 382. = Michelle. B. 906. = Nicolas. B. 490. — H. 907, 1270. = chanoine de Senlis. B. 2188. = Noël. B. 1421. = Philippe. B. 1529, 1849. = sergent royal. B. 1517. = Pierre. B. 1330, 2533, 3358. = laboureur. B. 2826. = lieutenant général au bailliage de Marle. B. 510, 530, 594. = notaire et procureur. B. 1465. = Robert. B. 3273. = sergent messier. B. 794. = Sébastien. B. 1498, 1833. = avocat. B. 1474. = Simon. B. 1529. = Suzanne. B. 141. = Ursule B. 538.
— (de), Denise, femme Bonnette. E. 498. = Robert, valet de chambre du roi. E. 498.
ROGERÉ, Louis, curé d'Eaucourt. B. 1354.
ROGIER, Antoine. B. 2584. = Jacques. H. 1302. = Jean. H. 762, 794. = Nicolas, cordonnier. E. 471. = Pierre. G. 253.

ROGRES (Armand-Louis de), marquis de Champignelles. B. 29. — E. 299.
ROGUE, Pierre, seigneur de Neuflieu. B. 1336.
ROGUIN, Jean. B. 1618, 3727. = garde forestier. B. 3748, 3750.
ROHA. B. 30. = Nicolas. B. 3924.
ROHAN (de), Armand-Gaston, prince, abbé de Foigny. B. 3864. = H, duc de Montbazon, gouverneur et lieutenant général de l'Ile de France, capitaine-gouverneur de Chauny. B. 1525. = Pierre, maréchal de France. E. 23.
ROHAN-SOUBISE (de), Catherine-Godefride-Elisabeth, femme de Bourbon-Condé. B. 229. = Marie-Anne-Eléonore, abbesse d'Origny-Sainte-Benoîte. H. 1459.
ROHARD, templier. G. 171.
ROHART, demoiselle. B. 120. = Anne. B. 4121. = veuve Margerin. G. 981. = Antoine. B. 1860, 4121. = Antoinette, femme Frizon. B. 2895. = Gautier. H. 1003. = Jean. B. 1480. — H. 1088. = laboureur. B. 1764. = Jeanne et Marguerite, femme Dumesnil. B. 2902. = Marie. B. 1763. = Marie-Anne. B. 4121. = Watier. H. 991.
ROHAUT, gendarme du Dauphin. B. 766. = Gabrielle, femme Legros. B. 3219. = Jacques, curé de Saint-Gobain. B. 1269.
ROI, François, garde des fermes. B. 4111.
ROIOULET, Adrien. B. 2936.
ROISEL, Aléaulme, chapelain, vice-gérant de la cure de Beaurevoir, et Antoine, fermier. B. 3453.
ROISIN (Baudry de), H. 952.
ROISY (Jean de). H. 385.
ROLAND, curé de Floing. H. 477. = Antoine. B. 3058. = notaire. E. 339. = Antoine-Joseph, arpenteur. B. 3553. = Claude. E. 391. = Etienne, vigneron. H. 1571. = Gaspard. E. 563. = Gérard, conseiller au présidial de Laon. B. 529. = Jacques. B. 4053. = Jean. E. 341. = Joseph. C. 340. = arpenteur. B. 3599. = Louis. B. 3142. = cordonnier. B. 3145. = Marie. B. 641. = Mathieu. B. 544. = Nicaise, maréchal ferrant. B. 3144. = Nicolas, notaire. E. 337. = Pierre, notaire. E. 341, 342. = Toussaint, cordonnier. E. 373.
ROLIN, employé des fermes. C. 1042. = Etienne, vigneron. G. 1253.
ROLLAND, Jean. B. 2903. — H. 796, 1236. = Louis. B. 3139, 3156. = Marie-Jeanne, maîtresse d'école, et Marie-Madeleine. B. 2903. = Nicaise. B. 3140. = Pierre, laboureur. E. 502.
ROLLET, Nicolas. B. 601.
ROLLIN, dit Marchais. B. 3418. = Jacques, fondeur en cuivre. E. 436. = Marie-Anne. B. 2039.
ROLOIS, Blaise. B. 1499.
ROMAGNY, huissier. B. 3363.
ROMAIN, Antoine. B. 4000. = arpenteur. B. 3496. = François. B. 1945. = Henri-Louis, seigneur de Beaurieux avocat, président, lieutenant-général au bailliage de La Fère. B. 670, 791, 803,

850, 932. = Jacques. E. 572. = Louis. B. 3251. = Marie-Françoise, femme Garde de Martigny, B. 791. = Nicolas. H. 885.

ROMAIN (de), Thomas. B. 3013.

ROME, Florent. B. 1858.

ROMÉCOURT (François de), capitaine au régiment royal. B. 2317.

ROMELET, Nicolas, boulanger. B. 3030.

ROMELOT, Christophe. B. 3047. = boulanger. B. 3040. = Jean. B. 3050.

ROMENOT, Pierre. E. 435.

ROMERIE (de), Charlotte. B. 697.

ROMERY (de), Françoise, femme de Sons et Jean, seigneur de Fressancourt. B. 1902.

RONCHEROLLES (Geoffroi de), bailli de Vermandois. H. 477.

RONCHEVAL (Jean-Barthélemy de), seigneur de Harponville. B. 25.

RONDEAU, Guillaume. H. 838. = Jacques. B. 664, 909. = Jean. B. 881. = Marie-Henriette-Angélique, femme Le Serurier. B. 2912. = Nicolas. B. 2767, 2792.

RONDEL, Barbe. B. 956. = Georges. B. 674. = Louis-François-Athanase. B. 1752.

RONDOT, Pierre, notaire. E. 343.

RONFLOIS, Louis-Joseph. C. 678.

RONNAY (de). B. 3438.

RONNELLE, Antoine. E. 2.

RONSIN. B. 3148. = Marie-Madeleine. B. 3144.

RONSOY (Gérard de). H. 1116.

RONTY (de), chanoine de Guise. B. 2203. = coutre de la cathédrale de Laon. E. 509. = seigneur de Richecourt. B. 3587. — C. 945. = Charles, seigneur de Suzy B. 701. = Charles-François, vicomte de Suzy, lieutenant général des armées, gouverneur de Saint-Jean-Pied-de-Port. E. 228, 326. — H. 828. = François. E. 309. = seigneur de la Mothe. B. 1950. = François-Annibal, seigneur de Suzy. B. 779, 2638. = Hercule, seigneur de Filain. B. 3238. = Jean, seigneur de Gloriette et de Suzy. B. 694, 701. — E. 333, 336. — H. 102. = Marie, femme de Favin. E. 333. = Robert. E. 326. = Valérien, seigneur de Plumoison. E. 309.

ROQUART, Jacques. B. 3079. = Jean. B. 673.

ROQUE (famille). B. 536.

ROQUELAURE (Antoine de), maréchal de France. B. 2894. = Henriette-Catherine, femme de Montluc. B. 2894.

ROQUEPINE (de), gouverneur de La Capelle. B. 508.

ROQUET, François, garde-forestier. B. 3749. = Joseph, garde-forestier. B. 3600. = Michel. B. 355. = Nicolas. B. 3999.

ROQUEVERT (Augustin de), abbé de Villers-Cotterêts (Clairéfontaine) et de Prémontré, vicaire général de l'ordre. C. 661.

RORICON, évêque de Laon. G. 1. — H. 119, 152, 214.

ROSAMONDE, femme Couptor. H. 930.

ROSE. G. 1. = curé de Landricourt. C. 672. = femme d'Adam de Laon. G. 253. = femme Fardous. H. 139.

= femme Maillole. H. 1598. = femme de Raoul-li-Jaune. B. 871. = Claude. B. 2602. = Louis. B. 2866. = Marie. B. 829. = Médard. E. 630. = Noël, maréchal-ferrant. B. 3144. = Pierre. B. 2602.

ROSEN, général (Rose). B. 1037. (Voir Roze.)

ROSENBECQUE, Charles. B. 3145.

ROSIAUT, Renaud, chevalier. H. 1116.

ROSIÈRE (de), François-Henri, marquis de Soreau, colonel du régiment d'Artois. E. 173.
—   Marie-Anne, femme Lissot. B. 1194.

ROSOY (de), Gilles, chanoine de Saint-Étienne-des-Grès de Paris. H. 455. = Helvide. G. 50.

ROSSEL (Anne-Madeleine-Charlotte-Louise de), femme d'Herbais. B. 1723.

ROSSET, Jean-Pierre, capitaine suisse. B. 2172.

ROSSIGNOL. B. 2730, 2735. — D. 12. = Madame. C. 635. = Alexandre, fermier. B. 3633. = Charles. B. 4119 = Denis, orfèvre. E. 496. = Étienne. B. 3162. = Jacques. B. 634. — H. 846. = Jean. B. 345, 4119. = valet de chambre du duc d'Orléans. B. 3496. = Jean-Jacques, maire de Coucy-le-Château, garde-marteau. B. 3515. = Laurent. B. 45. = Louise. H. 749. = Martin. B. 3230. = Michel, maire de Coucy-le-Château. H. 1408. = orfèvre. E. 464. = Michel-Antoine, avocat. H. 1408. = Pierre. B. 2991. = Simon-Alexandre, curé de Renansart. E. 225. = Thurien. E. 496.

ROSSIN, Jacqueline, femme Parent. B. 836.
—   (de), Roland, seigneur de Cramaille. B. 2891.

ROSTAIN. B. 2794.

ROTH, Charles-Édouard, comte, lieutenant général des armées, inspecteur général d'infanterie. E. 93.

ROUART, Angélique, prieur-curé de Mondrepuis. B. 2549. = Gilles, curé de La Fère. B. 1065. = Jean. B. 848. — H. 770. = contrôleur des domaines. B. 696.

ROUCEBOUR, François, sergent et garde-bois. B. 2972.

ROUCOULET, Marie. B. 3125. = Pierre. B. 3137.

ROUCOURT, François et François-Remy. H. 1014.

ROUCY (de), comte. C. 1037. — G. 99. = comtesse. H. 1508. = Alain. H. 280. = Bourée. H. 871. = Charles. E. 613. — G. 105. = seigneur de Sissonne. B. 2685. = trésorier du chapitre de Laon. G. 81. = Claude, seigneur de Sainte-Preuve. E. 461. = François-César, seigneur de Sissonne. G. 105. = Gautier. H. 871. = Henri, seigneur de Sissonne. B. 2878. — Hugues, comte de Braine. G. 99. = Isabelle, comtesse, femme de Namur. G. 99. = Jacques, seigneur de Sainte-Preuve. B. 514. = Jean, chanoine et écolâtre de Soissons. G. 253. = sire de Pierrepont. G. 1, 99, 102, 253. — H. 280, 288, 628, 948. = Louis, seigneur de Sissonne. G. 1706. = Marie, femme d'Enghien. H. 800. = Pierre. H. 280. = Raoul, comte. H. 871. = Valentin, seigneur de Sainte-Preuve et d'Origny-en-Thiérache. E. 581, 613. (Voir Dreux, Jean.)

B. 2896. = Louis-Romuald, arpenteur. H. 27, 48, 924, 934, 951. = Madeleine-Diane. B. 799. = femme Hanocq de Quiry, vicomtesse des grand et petit Rouy. B. 926, 2900. = Nicolas, arpenteur. B. 667, 3547. = Réné. B. 2893.

Roux. C. 922. = Charles, laboureur. B. 1658. = Jean. B. 1421, 1824, 1853, 1859. = Jean, commis de gabelle. B. 2869. = Marie-Anne, femme Gautier, sage-femme. B. 3422. = Vaucher. H. 293.

Rouy (de), Esther. H. 712. = Liénard. H. 904.

Rouyer. H. 1763, 1764.

Rovillart, Noël. B. 1736.

Roy (de), Albert et Renier. H. 823.

— Étienne. B. 152. = Pierre. H. 1072.

Royant, Marie-Madeleine, femme Lafrise. B. 1658.

Royan. B. 826.

Royart, Jozain. E. 583.

Roye. H. 408.

— (de), Albéric. H. 1182. = Bertrand. H. 1603. = Charlotte. B. 1902. = Druie. sire de Dieudonné. H. 535. = Hélissende. H. 1182. = Éléonore, femme de Bourbon-Condé. B. 1902. = Mahieu, seigneur de Buzancy et de Muret. H. 455, 1508. = sire de La Ferté et de Vendeuil. H. 375, 399. = Pierre. H. 1182.

Roye de la Rochefoucauld, comtesse. C. 332. = Charles, comte de Roucy, seigneur châtelain de Pierrepont. G. 102. = Élisabeth-Catherine, abbesse de Notre-Dame de Soissons. C. 46. = Élisabeth-Marthe, duchesse d'Ancenis, comtesse de Roucy, veuve de Béthune. E. 42. — G. 85, 102. = François, comte de Roye et de Roucy, châtelain de Pierrepont, vidame du Laonnois. C. 623. — G. 85, 102. — H. 1707.

Royer, Claude. B. 1757. = Marie. B. 889. = Pierre, curé de Verly. E. 524.

Royer de Bournonville (du). B. 1591. C. 91, 588, 982. = Alexandre. seigneur de Savriennois. B. 1341, 1382, 1387, 1397, 1420, 1450, 1452, 1575, 1623, 1679, 1692, 1694, 1701, 1706, 1760, 1762. = Charles, seigneur de Bournonville et de Flavy-le-Martel. B. 1390, 1712, 3980. = Marie-Anne-Marguerite-Éléonore, femme Duplessier. B. 1344.

Royer du Tranoy, Gabriel-Marie. B. 1563.

Roys (des), Jean-Louis, seigneur de Rieux, intendant du duc d'Orléans. B. 3483, 3574.

Roze. B. 2844. = général d'armée. B. 1443. = (Voir Rozen.) = François. H. 1268. = Henri, garde-forrestier. B. 3748. = Innocent, prieur de Saint-Venant d'Hirson. E. 392. = Marie. femme Moutardier. B. 918. = Philippe. B. 1216. = Pierre, laboureur. B. 2973. = Pierre-Michel, procureur fiscal. B. 3424. — E. 480.

— (de), Charles, seigneur de Bruys. G. 325.

Rozeau. B. 2742. = Quentin. H. 1830.

Rozelet, Jacques. B. 3969. = Jean-Baptiste. B. 3404.

Rozelle, Jean. B. 3381.

Rozier. B. 23. = Denis. B. 887. = Éloi. B. 3910. = Martin. B. 917. = Nicolas. B. 1267. — H. 785.

Rozoy (de), Eudes, seigneur. H. 365. = Godefroy. H. 1240. = Renaud. H. 872, 919, 955, 1346. = Royer. G. 2, 39 — H. 477, 741, 896, 956. = Simon, seigneur de Guignicourt. H. 1244. = Walbert. H. 1346. = (Voir Aélide, Roger.)

Rubigny, Antoine. B. 2554, 2560, 2586, 2943. = Sébastien. B. 2558. = Vincent. B. 2555.

Rubin, Gervais, prémontré. B. 788.

Ruce, femme Pelud. H. 930.

Rubel, Noël. B. 3015. = Pierre. E. 416.

Ruelle. B. 429. = menuisier. C. 478. = Claude. B. 1242. = arpenteur. B. 3722. — H. 1372. = Guillaume, prieur de Farguiers. B. 979. = Jean. B. 3941. — H. 1067, 1192. = hôtelier. B. 2148. = marinier. H. 1068. = Louis, tisserand. B. 1384. = Michel. B. 2287. = Pierre. B. 486, 2412. = maire de Monceau-sur-Oise. B. 2054. = Simon. H. 1070. = Thomas. B. 2067. = Vincent, cordier. B. 3261.

Ruraie (Pierre), chanoine de Soissons. H. 477.

Ruessa, femme Liquarres. H. 143.

Ruffey, Jessé, grand vicaire de l'abbé de St-Jean. B. 2882.

Ruffi (Gérard de). H. 109.

Rufin. B. 1254.

Ruhart, Jean, curé d'Ivors. G. 253.

Ruis (Enguerrand de), diacre. G. 1.

Ruissemont (Arnoul de). H. 873.

Rulescamp (Bernard de). H. 1116.

Rullier, marchand. C. 755.

Rume, Pierre. B. 449.

Rumelli, Mathieu, seigneur. H. 1116.

Rumigny (de), Charles. B. 1944. = Claude. B. 1946. = laboureur. B. 2151. = Étienne. H. 1350. = Hugues. H. 1116. = Nicolas, administrateur de l'hôpital de Prisces. B. 511. = seigneur. H. 81, 896. = Roland. H. 1350. = Thiébaut, seigneur. H. 81.

Rumilly (Jean de), trésorier de l'église de Laon. G. 2. (Voir Roumilly.)

Runa, Étienne, apothicaire. B. 745.

Rune (Anne de), femme Lenet. B. 1343.

Rupillard, Charlotte, veuve de Barail. H. 1222.

Rusche, Robert. H. 288.

Russe (famille). E. 396.

Russel. B. 428. = Anne, femme Saroy. B. 906.

Russelle. B. 3208 — E. 217. = Angélique. B. 3201. = Charles. B. 3207. = François. B. 2294. = Jean-Charles. B. 3201. = Nicole. B. 3359.

Russeville (Mahieu sire de), seigneur de Marcilly. G. 93.

Rustici (Nicolas de), colonel de lansquenets. E. 113.

Rustique, Gilles. G. 253.

Rutin, Pierre, geôlier. B. 4002.

Rutins, Jean, clerc. G. 253
Ruton, Nicolas. E. 175. = charron. B. 3146.
Ruzé, Jean-Baptiste. C. 344.

S

S. abbé de Cluny. H. 1508.
— doyen de Laon, juge apostolique. H. 965.
— (de), gouverneur de Touraine. B. 2894.
Sabinet (Nicolas de), garde du corps. G. 484.
Sablé, Claude. B. 1816. = Thomas. B. 931.
Sabran (de), Catherine - Hélène, abbesse d'Origny - Ste -
Benoîte. B. 395, 2725.—C. 591.—H. 1450. =Louis-Hector-
Honoré-Maxime, évêque de Laon. C. 49, 73, 119, 333,
407, 676, 702, 992. — D. 16. — G. 464.
Sabrevois (Charles-François de). C. 411.
Sachet, Daniel. B. 3540.
Sachin, Pierre. G. 981.
Saconin, Guiard. H. 1508.
Sacquespée, Marie, veuve Rossignol. H. 1408.
Sacré, Marie-Jeanne, veuve Battéux. B. 2258.
Sade, Armand. B. 1014.
Sadous, Jean. H. 872.
Sagain, Marguerite, femme Mennessier. E. 439.
Sage, Antoine. B. 1246.
Saget. B. 3270. = Antoine. B. 3081. = Claude. B. 3250. =
Geneviève. B. 388. = Jean. B. 2805. = laboureur. B. 128,
2836. = marchand de vin. B. 2381. = Noël. B. 3180. =
Robert, curé de Lierval. B. 3085.
Sagnier. B. 1422. = garde forestier. B. 3543. = Adrien. B.
1237. = Anne. B. 243, 2198. = Antoine, curé de St-
Martin de Chauny. B. 1351, 1368, 1548, 1686. = Charles,
sergent. B. 702, 712. = François. B. 1826. = brasseur.
B. 1710. = Marie, femme Thériat. B. 1844. = Nicolas.
B. 1837. = Noël. B. 2308. = Pierre. B. 2269.
Sagnière, Robert. B. 1253.
Sagny, Charles. H. 726. = Nicolas. B. 3398.
Sagot. B. 3240. = Nicolas. B. 3237.
Sagourdier, Michel. B. 1250.
Sagourdieu, François et Michel. B. 986.
Saguet, Jean, sergent. B. 977. = Jean-Charles, curé de
Vic-sur-Aisne. B. 3407.
Saignes (baron de). C. 596.
Saillans (de). B. 1007. = abbé. C. 535. = seigneur de
Missancourt. B. 3945. = Félix, seigneur du Cauroy.
H. 308. = François, seigneur de Blanchécourt et de
Missancourt. B. 821, 844, 992, 1057, 3633. = Louise.
B. 3633. = Suzanne, veuve d'Hénin. B. 2982.
Saillie, Marie, femme Bernard. B. 3910.
Sailly, Antoine-Michel. B. 834. = Grégoire. B. 833.
— (de), Marie, femme de Hurtebise. B. 842. = Raoul,
seigneur de Vigneux. E. 488.
(Aisne.) Tables.

Saimpère, Jérôme, laboureur. B. 4107.
Saincheron (Oger de), seigneur de Lierval. G. 96.
Sainct de Ste-Colombe, Jean-Noël, garde d'artillerie. B. 763.
Sainnebeuve, garde. C. 656.
Sains (de), Bonne, femme de Boussut. E. 545. = Gédéon,
seigneur de Villers-St-Christophe. B. 1436. = Godefroy,
seigneur. H. 952, 960. = Renier, seigneur d'Audigny. H.
879, 952, 953, 960.
Saintain, Gaspard dit La Franchise, soldat. B. 1253.
Saint-Albin (de), Charles, évêque de Laon. G. 64. = Guil-
laume, prêtre. H. 1567.
Saint-Amand (de), François. B. 3040. = Gabriel. B. 905,
1050. = Jean. H. 371.
Saint-Amour, soldat. B. 976.
Saint-André (de), Jean, porte-manteau du roi. B. 688. =
seigneur de Rogécourt. B. 687. = seigneur de Travecy.
B. 689.
Saint-Angèle (Jean de), diacre, légat apostolique. H. 455.
Saint-Aubert (de), Gérard et Gilles. H. 1116.
Saint-Aubin (de). B. 2513. = Charlotte. B. 2519. = Henri-
Louis, seigneur de La Mérie. E. 391, 393. = Jean. H.
1217. = Jean-Louis, seigneur de La Mérie. B. 2513.
Saint Bandry (Guillaume de). clerc. H. 1508.
Saint-Blaise, Jean-François-Louis, chef de brigade. C. 382.
Saint-Chamans (Antoine de), sieur de Méry et du Pesché,
capitaine gouverneur de Guise. B. 194. — F. 3. (Voir Le
Pesché.)
Saint-Chaumont, Marguerite, veuve Richard. B. 2597.
Saint-Christine (Charles de), curé de Béthancourt-en-
Vaux. B. 1469.
Saint-Cler (Hue de). G. 253.
Saint-Crépin, Gobert. H. 455. = Grégoire. G. 253. = Ro-
bert. H. 1508. = chanoine de Soissons, et Simon. G. 253.
Saint-Denis (de), Gérard, curé de St-Éloi de St-Quentin. H.
534. = Jacques, maire de Bertaucourt-Épourdon. B. 770.
= Mathieu, lieutenant du roi. H. 311.
Saint-Étienne (de), Jean-Baptiste, ancien major à l'hôtel
des invalides. B. 943.
Saint-Fal (Jean-Louis de), théologal du chapitre de St-
Quentin. B. 3303. (Voir St-Phal.)
Saint-Félix (de), Étienne. H. 566. = Sullerand Philippe-
Étienne, capitaine. B. 24.
Saint-Ferréol (Dom Placide de). B. 1101.
Saint-Florentin (de). G. 818. = (comte de). C. 312, 396,
662, 663, 752, 770, 774, 796.
Saint-Frambaud (H. de), doyen. H. 477.
Saint-Gengoulph (Jean de), chevalier. G. 253.
Saint-Genis (Hélène de), veuve de Hurtebise. B. 795, 911.
Saint-Germain (de), comte. C. 387 à 389, 413, 414, 706. =
Clément, official de Laon. G. 550. — H. 6, 222, 1598.
Saint-Germainemont (Jean de). H. 182, 244.
Saint-Gobain (de), Claude, boucher. B. 1030. = Robert
et Aussiaus. H. 1000. = Thomas, boucher. B. 899.

30

SAINT-HUBERT (Nicolas de), fondeur en cuivre. B. 3011.

SAINTIVE, Marie-Louise. B. 2749.

SAINT-IVES, Claude. E. 391.

SAINT-JEAN (de), Bauduin. H. 6. = Gérard. H. 455. = Henri, prieur de Pierrefonds. H. 1508. = Jean, chapelain et Marie. H. 455. = Pierre. H. 6. = Robin, clerc et Simon. H. 455. = Vautier. H. 6. = Werrié. H. 1101, 1179. = Wiard. H. 1181. = Willaume. H. 6, 11.

SAINT-JOSEPH, sœur congréganiste. H. 1695.

SAINT-JUST (Jean-Moriaus de), commissaire royal. G. 76.

SAINT-LAURENT (de), capitaine de cavalerie. B. 2315.

— Nicolas, garde-forestier. B. 3748.

SAINT-LEOQUE (Jacques-Remy de), chirurgien. C. 287.

SAINT-LÉGER (de). C. 1046. = Césaire-Nicolas. C. 414. = Charles-Étienne, chanoine de Laon. C. 262, 413, 533, 630. = doyen du chapitre de Nesle. E. 300. = Étienne. C. 308. — E. 17. = seigneur d'Amberval. B. 1102. = Jean-Baptiste, seigneur de Vorges, capitaine d'infanterie. E. 300. — H. 971. = Pierre. B. 1447.

SAINT-MARC. B. 1281.

SAINT-MARCEL (Guillaume de), maire de Provins. H. 1311.

SAINT-MARD, Madeleine-Denise, cordelière urbaniste. H. 1690.

SAINT-MARTIN (de), Pierre, official de Soissons. G. 253.

SAINT-MARTIN DE VALCOURT, Michel, maître de verrerie. B. 3480.

SAINT-MASSENS (de), lieutenant au bailliage de Chauny. B. 1812. = Antoine. B. 1805. = Philippe, président, lieutenant-général au bailliage de Chauny. B. 1361.

SAINT-MAURICE (de). (Voir Gautier.)

SAINT-MÉDARD (de), Guillaume. G. 133. = Robert, chanoine de Laon. G. 2.

SAINT-MORYS (de). C. 51.

SAINT-OMER. B. 1941.

— (de), Joachime, femme de Condette. E. 240. = Marie, femme de Coustes. B. 876.

SAINT-PAUL (de), comte. G. 1, 22. (Voir Saint-Pol.)

SAINT-PÈRE, Pierre. E. 58.

SAINT-PHAL (de), Jean-Louis, chanoine de Saint-Quentin. G. 818. (Voir Saint-Fal.)

SAINT-PIERRE (Camille de), capitaine. F. 6.

SAINT-POL (de), comte. F. 8. = François, comte. B. 3438, 3446. = Françoise, femme d'Aumale. B. 2892. = Isabelle, femme de Coucy. H. 813.

SAINT-PREST (de). C. 51.

SAINT-PREUIL (Guillaume de), gouverneur de Chauny. B. 1371.

SAINT-PRIEST (de), intendant de Languedoc. C. 664. = ministre. C. 5, 18, 358, 698, 754.

SAINT-QUENTIN (de), Antoinette, veuve Brasier. B. 2891. = Bertrand. G. 50. = Étienne. B. 1379. = Jacques, clerc, avocat. H. 692. = Jean, clerc d'officialité. H. 38. = Jeanne. B. 1634. (Voir Herbert.)

SAINT-REMY. C. 42J. = trésorier-général des ponts et chaussées. C. 610.

— (de), Gui, sire. H. 692. = Renaud. H. 1581.

SAINT-SEIGNE (de), Jeanne, vicomtesse de Berzy. G. 776.

SAINT-SEVERIN D'ARAGON, Alphonse-Louis-Marie, (comte de). E. 154.

SAINT-SIMON (de), duc. E. 277, 278. = Claude, duc, pair de France. B. 2894, 2898. = seigneur de Flavy, etc. B. 842, 2900. = Eustache-Titus, seigneur de Flavy-sur-Somme, capitaine au régiment des gardes du roi. B. 842, 2900. = Gilles, bailli et capitaine. H. 1508. = Isaac, seigneur de Saint-Simon, gouverneur d'Alsace. B. 823, 2893, 2931. = Étienne Arnolphe, mestre de camp. C. 380. = Louis, comte. B. 1343, 1370, 1768, 2783. = colonel de cavalerie, brigadier des armées, bailli et capitaine-gouverneur de Chauny. B. 1353, 1362, 1387. = vicomte de Clastres. B. 2893, 2931. = seigneur de Pont. B. 1439, 1616. = duc. H. 731 et historien. B. 2898. — E. 277. = Madeleine, veuve Gouffier de Crévecœur. B. 823. (Voir Rouvroy.)

SAINT-SIMON-MONTBLERU (duc de). E. 265.

SAINT-THIERRY (Emmeline de). H. 1508.

SAINTHOMME, Nicolas, apprenti tisserand de draps. E. 547.

SAINT-VAAST (Jean de). G. 530.

SAINT-VALERY (de), lieutenant au régiment de Gesvres. B. 2421.

SAINT-VALLIER (vicomte de). C. 920, 922, 931.

SAINT-VINCENT (de), Nicolas. E. 152. = Pierre, maire de Besny. H. 189.

SAINTE-AUDEGONDE (Jean de). B. 3437.

SAINTE-ANSTRUDE (Jean de). H. 13.

SAINTE-BERTHE (de). C. 51, 514.

SAINTE-COLOMBE (Françoise Noelle de), femme Boyer. B. 1013.

SAINTE-CROIX (de), marquis, major du régiment de Toul-artillerie. C. 383. = Hawide. H. 299. = Raoul, clerc, et Rose. H. 299.

SAINTE-MARIE (de), Angélique, religieuse congréganiste. H 1695. = supérieure de la congrégation de Reims. H. 1696. = Angélique-Catherine, femme de Vissec de Latude. E. 301. = Antoine, capitaine aux gardes françaises, et Jean-Jacques. E. 301. = Guislain, capitaine de Saint-Lambert. B. 3538.

SAINTE-MAURE (de), Charles, seigneur de Nesles, conseiller et chambellan du roi. H. 455. = Louis, marquis de Nesles, comte de Laval. B. 1902.

SAINTE-SOPHIE, née Du Passage, religieuse du Paraclet. E. 124.

SAINTE-SOLANGE (Jean de), chanoine de Soissons. G. 223.

SAISSEVAL (de). B. 69. = Claude et Françoise. B. 1968. = Jean-Baptiste-François, chanoine de Saint-Quentin. G. 817. = Marie, femme Morel. B. 2891. (Voir Sesseval.)

SALAMBIEN, Jean. B. 3209.

SALANDRE. B. 2865, 3240. = Henri-Bonaventure. C. 272. =

Jacques. B. 407. = Jean-Jacques, notaire et procureur.
B. 669. = Jean-Pierre. B. 407.
SALEMBIEN, Ade. H. 63. = Jean. B. 3300.= Pierre. H. 189.
SALENCY (de), seigneur. B. 1101. = Simon. H. 1508.
SALERAND, Nicolas. B. 4084.
SALINE, Pierre-Louis. B. 2912. = Jacques. H. 909. =
Nicolas, laboureur. B. 949. = Thomas. B. 4117.
SALLANDRE. B. 2990, 3106, 3107. = dame. C. 683, 684. =
Antoine, meunier. B. 2823. = Hubert et Pierre. B. 467.
SALLÉ. Claude, official de Laon. G. 421. = Jean. B.
3927, = Marie. B. 2903.
SALLENDRE. B. 3270. = Anne, veuve Bruxelle. B. 3097. =
Jean, laboureur. B. 40. = Jean-Charles, greffier de jus-
tice. B. 2989. = Louis, garde-chasse. B. 2988.
SALLENGROS, Benjamin. B. 129.= meunier. B. 354.
SALLIER, Gervais. H. 1715.
SALLYOT, Gilles. H. 1299.
SALMON. B. 1403, 3389. = Étienne. B. 3345. = Quentin,
laboureur. B. 1675. = Louis. B. 478.
SALNOVE (Marie de), veuve du Belloy. E. 437.
SALOMON, Pierre. B. 3124. = Quentin. B. 1815.
SALONE, Guillaume (seigneur de). G. 2.
SALUCES (abbé de), chanoine. C. 51.
SALVERT DE MONTROGNON, sœur. C. 685.
SALZARD, Nicolas. B. 4053.
SAMOND, François. B. 1073.
SAMBERLIN, Pierre. H. 1340.
SAMEROIS (de). B. 3441.
SAMPITÉ, Jean-Pierre. H. 1449. = Pierre. H. 730.
SANDRA (famille). B. 524.
SANDRE. Isaac, meunier. E. 572.
SANDRIN. B. 3186. = Antoine, laboureur. B. 2478.
SANDRON. B. 2734. = Jean. E. 556. — H. 1286. = Joseph.
B 2820. = Michel. B. 3241.
SANIER, Jean-Baptiste. B. 940.
SANSAY, Charles (comte de). B. 237.
SANSON (de Mauvoisin), archevêque de Reims. H. 455,
477, 534, 872, 891, 955. = chanoine de Saint-Pierre-au-
Parvis. H. 1508. = Claude-Joseph, intendant de Sois-
sons. B. 1275. — C. 419. = Marie. B. 1781. = Michel. C.
325.
SANS TERRE, Adam. H. 197. = Wautier. H. 288.
SANTAIN (Isabeau de). B. 2891.
SANTÉ, Jeannin. H. 1316. = Michon. H. 1312.
SANTERRE. C. 67, 755. = André. H. 789. = maire de
Beaurieux. B. 2385. = Charles. H. 789. = Georges, cu-
ré de Saint-Michel. B. 397, 2753. = Nicolas. B. 483. =
Reine, femme Palant. E. 606.
SANTORIN, Antoine. H. 848.
SAPINART, André. E. 625.
SAPONAY (Calrembaud de). H. 299.
SAPPÉL (Pierre-Abel de), major d'artillerie. C. 382.
SAQUEPÉE, Jean, contrôleur du domaine de Coucy. B.
1210.

SARAZIN, Catherine, femme Waflart. B. 2770. = Claude.
B. 3168, 3941. = Jean. B. 3941. = garde-chasse. B. 3286.
= Louis. B. 3168. = Marie, femme Merlier. B. 161. =
Nicolas, notaire. E. 598. = Robert. B. 2926.
SARCELLE, Madeleine, veuve Roger, femme Savouret. B.
2820. = Thomas. B. 1963.
SARCEY de Sutières. C. 35.
SARCUS (Antoine de), gouverneur de Ham. B. 3150.
SARGON (famille). B. 516.
SARNAY (Thomas de), chanoine de Soissons. G. 253.
SARNY (de), Jean. G. 77. = (sire de). H. 1389.
SAROUELLE, Antoine. E. 430. = vigneron. E. 425.
SAROY, Moïse, chapelier. B. 906.
SARPE, Denis. H. 68. = Marie. G. 2. — H. 68.
SARRA, femme Coquus de Saint-Jean. H. 6.
—   de Jean de Saint-Quentin. H. 38.
—   Pain de Seigle. H. 965.
—   de Roger Coquus. H. 7.
SARRACENE, fille d'Adelvie, vidamesse du Laonnois. H. 269.
SARRASIN, Adam ; Eusilie ; Eustache ; Gérard. H. 1116.
SARRAZIN, châtelain de La Fère. H. 275. = Antoine,
marchand de bois. B. 2266. = soldat. B. 2449. = Charles.
E. 620. = Ézéchiel. B. 829. = Gobert, châtelain de Laon,
garde-scel du bailliage de Vermandois. G. 2. — H. 17,
311. = Jean. E. 512. = Jeanne. B. 4183. = Louis. B.
3168. = Marc. B. 481. = Marguerite, veuve Leriche. B.
4015. = Nicolas, soldat. B. 2449. = Rosalie. B. 3113.
SARREBRUCKE (de), Catherine, vidamesse du Laonnois. G. 85.
= Guillemette, comtesse de Braine, dame de Pontarcy.
E. 152, 546.
SARROUART (famille). E. 102.
SARS (de). G. 953, 1046. = Jean-Charles-Hyacinthe lieute-
nant des maréchaux de France. B. 2267.
SART (de), Charles, seigneur de Prémont. B. 2900.=Charles-
Auguste, seigneur du Câtelet. H. 1129. = Charles-Eu-
gène, lieutenant au régiment du Maine. E. 302 = Char-
les-François-Alexandre. B. 2482.= Marguerite-Charlotte,
femme de Macquerel. B. 1344, 2900.
SART (du), François, seigneur de Chaumont. B. 1176. =
Gérard, homme de corps. H. 222. = Guillaume. H.
397. = châtelain de Laon. G. 183. = sire de Brie,
Fourdrain, Rogécourt. H. 874. = Jean. H. 166. =
Julienne, dame du Sart et de Thiernu. G. 107.
= Pierre. H. 239. = Poupart, sire de Rogécourt.
G. 27, 75, 77. = Raoul, châtelain de Laon. G. 1.
— H. 365, 397.= Simon, châtelain de Laon. G. 2,
98. — H. 172, 218, 238, 871. = seigneur de Ba-
renton. H. 397.
—   Marie, veuve Rousset. B. 2932.
SARTEAU (Jean de). H. 800.
SARTIAUS (Bauduins de). H. 311.
SARTINE (de). C. 72, 395. = madame. C. 678. = Antoine-
Raymond-Jean-Gualbert-Gabriel, lieutenant-général de
police de Paris. B. 1426.

SASART, Antoine B. 2011. = Antoinette, veuve Cartigny. B. 2300.

SATABIEN, Jean, bailli de Rogécourt et Deuillet. B. 3262.

SATABIN, Antoine, notaire. B. 801, 1083. = Jean. B. 801, 1213, 3578, 3613. = bailli de Danizy et Rogécourt. B. 668. = notaire et procureur. B. 668, 753, 940, 1011, 1062, 1110. = Jean-Charles. B. 1203. = Marguerite, femme Rabeuf. B. 801, 931, 1197. = Marie-Anne, femme Belin. B. 934.

SAUCHERY (de), Adam et Eudes, prévôt du chapitre de Soissons. G. 253.

SAUDOVINI, Albert. H. 1075.

SAUGNIER, Barbe, femme Mignot. B. 1948.

SAUGUIN, Charles, seigneur de Rusy. B. 2768.

SAULCE, Jean-Baptiste, gruyer de Guise. B. 3798.

SAULIER, Jacques. B. 380.

SAULNIER, abbé. C. 912.

SAULX-TAVANNES (Nicolas de), archevêque de Rouen, primat de Normandie, pair de France, abbé de St-Michel-en-Thiérache. B. 3277.

SAUNIER, Charles, garde-capitaine de la plaine d'Achery. B. 3000. = Denis, syndic de Charly. B. 3034.

SAURE, Gabriel. B. 1168.

SAUROUELLE, Sébastien. E. 419.

SAUVAGE. B. 1383, 1405, 1422, 2287, 3190, 3242, = Ambroise. H. 1517. = Antoine. B. 808, 2287, 2382, 2414. = curé de Sinceny. B. 1685. = procureur. B. 746, 869, 957. = vigneron. H. 1001. = Charles. B. 1355. = Claudine, veuve Delhommé. B. 2169, 2235. = François. H. 748, 1146. = Gilles. H. 1339. = Henri. H. 1508. = Isaac. B. 1821. = Jacques. B. 2966. — H. 978. = Jean. B. 1443, 1510. = curé de Lappion. E. 536. = grènetier au grenier à sel de Vailly. H. 1382. = Louis. B. 796. = Louise. B. 831, 843. = Madeleine. C. 857. = Marguerite femme Clarembaut. B. 2430. = Marie. B. 796, 831. = Marie-Anne. B. 3403 = Nicolas. H. 748. = Pierre. E. 392. — H. 871. = lieutenant criminel à Coucy-le-Château. B. 1699. = Remy, vigneron. H. 1001.

SAUVAIGE, Abraham, notaire. E. 446. = Claude, avocat. H. 501. = Nicolas. H. 726. = Quentin, curé de Bichancourt. B. 1354.

SAUVEGRAIN, Jeanne. B. 2925. = Nicolas. B. 3913.

SAUVERZY (Pierre de). B. 2714.

SAUVIGNE, Étienne. H. 1299.

SAUVIGNY, Simon. B. 351.

SAUVRESIS (Renaud de). H. 248.

SAUXELLES (Henri de). G. 253.

SAVARD, Jean-Baptiste. B. 2545.

SAVAREUX, Étienne. B. 3944.

SAVARIN, Pierre. B. 3205.

SAVART, Adrien. B. 4117. = Jean. B. 2805. = Louis. E. 68. = Nicolas, maire de St-Michel. B. 3275. = Anne, femme Dardenne. G. 981. = Charles. B. 2345. = hôtelier. B. 2357. = Claude-Charles, maître en chirurgie. C. 261. =

Isaac. B. 2203. = Jean. B. 1810. = greffier d'élection. B. 1759. = Jean-Baptiste, tourneur. B. 2042. = Pierre. B. 2293, 2403. = Waulier. H. 588.

SAVELON, Charles. B. 1684, 4026.

SAVENART (famille). B. 515.

SAVETTE (de). B. 3579.

SAVEUSE (marquis de). B. 248.

SAVIE. H. 952.

SAVIGNY (de), commis ambulant. B. 3897. — Jean. B. 3327. = Jeanne. B. 461. = Louis. B. 3335.

SAVOIE (de), Jacques. B. 3438. = Philippe, abbé de St-Médard. B. 3367. — H. 483. = Victor-Amédée, duc. B. 2894.

SAVON (famille). B. 530.

SAVONNIÈRES (Georges de), seigneur de Lignières, intendant des fortifications. B. 1173, 1228, 3564.

SAVOURET. B. 2280, 3203. = François-Joseph, procureur fiscal. B. 3201. = Georges. B. 2276, 2329. = Jean. B. 2148, 2158, 3889. = conseiller au bailliage de Guise. B. 2003. = Louis. B. 2158, 2281, = maire de Macquigny. B. 2052. = Pierre. H. 979.

SAVOUREUX, Martin. E. 473.

SAVREUX. B. 2483. = Jacques. B. 1840. = Jean. E. 493. = Louis. B. 2705. = Madeleine, marchande de gazes. B. 3251. = Marie-Josèphe, femme Charpentier. B. 2888. Pierre. B. 3251. = Regnault. E. 493.

SCART, Jacques, laboureur. B. 3067.

SCÈLEUX, Ézéchiel. B. 2988.

SCELLIER. B. 978. = Anne. B. 4020. = Antoinette. B. 1061. = Arnoult, laboureur. E. 462. = Claude. B. 3081. = contrôleur des finances. H. 1413. = femme Bachelet. B. 909. = Cyr. B. 683, 1128. = Florent. B. 1804. = Gervais. B. 1405. = Jacques, berger. B. 2796. = Jean. B. 3082. = capitaine de chevaux des vivres. B. 1281. = Jean-Claude. H. 393. = Jérôme, chirurgien. B. 838. = Louis. B. 683. = Louis-Antoine. E. 282. = Marguerite, femme Sauvage. B. 869. = Marie-Jeanne, femme Baudet. B. 1296. = Nicolas. B. 458. — H. 1266. = Pierre. H. 796. = Rufin. B. 3081. = Thomas. B. 1690.

SCÉVOLA (de), Jean. B. 1862, 1864. = seigneur de la Chessière. B. 1480. = Louis, seigneur de Waripont et de Crépigny. B. 1339, 1511, 1630.

SCHMITT, François-Mathias, fournisseur de lits militaires. C. 367.

SCIPION, Jérôme, évêque de Toul. H. 1700.

SCIRON (de), Étienne, commissaire d'artillerie. B. 781. = Jean, seigneur de Nouvion-le-Comte, lieutenant général des armées, gouverneur de La Fère. B. 663, 746, 752, 763, 821, 1075, 1080, 1260, 3487.

SCOLIER, Françoise, veuve Féra. B. 2899.

SCONIN, Jean. H. 1508. = Sanson. H. 1306.

SCORION, Marguerite, femme Desjardins. B. 2897.

SCOTE, Marguerite. H. 1116.
SCRIBE, Jean. H. 1195. = Marie, veuve Cuiret. B. 2551.
SCRIVE, Louis. H. 7.8.
SCULFORT, Nicolas, curé de Flavigny-et-Beaurain. B. 2446. — H. 630.
SEAU, Françoise, veuve Paillart. B. 2962.
SEBART, Antoine, vigneron. B. 2661. = Jean. E. 556, 583.
SÉBASTIEN, Jean, marchand de blé. B. 1903.
SEBBE, Amand. H. 1335. = Amand-Nicolas, garde de bois, chasse et pêche. B. 3602. = Mathieu. H. 588.
SEBERT, Françoise-Louise. H. 1649.
SEBILLE. G. 2.
— femme Corbiaus. G. 527.
— femme de Jean de Monneau. H. 455.
— femme de la Chaine. H. 825.
SEBONCOURT (Jean de). H. 1116.
SEBOURQ, Claude. E. 416.
SÉCHELLES (de). G. 811.
SEIOQ, Bertault. G. 529.
SEGAIN. B. 4938. = André. B. 1210. = Antoine. E. 490. = Jacob, laboureur. B. 1488. = Jacqueline, femme Coffin. B. 686. = Jacques. B. 3273. = Jean. H. 393. = marchand de bois. B. 767. = Marie, femme Galland. B. 810. = Martin, laboureur. B. 1501.
SÉGARD. B. 1036, 1415, 2487, 2785. = Jean. B. 1817, 1847. = Nicolas. B. 127. = Pierre. B. 958, 1648. = Toussaint. B. 1756. = laboureur. B. 1543.
SEGARS, Doard. H. 8.
SÉGART, Jean. B. 1821. = Lambert. B. 3079. = Nicolas, laboureur. B. 367. = Pierre. B. 3078.
SEGOURDIS, Michel, tendeur. B. 2984.
SEGUAIN, François. B. 1548, 1779. = Remy. B. 2781.
SEGUIER, Louis, baron de Saint-Brisson. E. 93.
SEGUIN, Barbe. B. 3611. = Brice, laboureur. B. 2769. = Étienne. B. 2196. = Henri. B. 1590. = Isaac. B. 2135. = Jacob, laboureur. B. 1476. = Jacqueline, femme Coffin. B. 856. = Jacques. B. 2695. = Louise, femme Boutillier. B. 854. = Marguerite. B. 342. = Marie, femme de Vernes. E. 557. = Nicolas. B. 1242. = élu en l'élection de Laon. B. 1152. = maire de Soissons. C. 235. = Noël, notaire. B. 70.
SÉGUR (de), C. 676, 681. = maréchal. C. 63, 64, 72, 88, 343, 350 à 355, 361, 367 à 369, 372, 373, 375, 376, 389 à 391, 393, 401, 402, 404, 408, 409, 414, 417, 698, 716. = marquis. C. 346 à 349, 363, 407, 415.
— Nicolas. B. 3617.
SEIGLE, Martin. B. 2986.
SEIGLIÈRES (de), Louis-Armand, marquis de Maisons et de Poissy. E. 215. = Timoléon-Gilbert. B. 2241.
SEIGLIÈRES DE BELLEFORIÈRE DE SOYECOURT (de), Antoine-Adolphe, marquis de Feuquières. E. 215. = Joachim-Adolphe. E. 215. = Joachim-Charles, comte de Soyecourt. B. 1119. = (Voir Soyecourt.)
SEIGNEUR, Anne. B. 451.

SEILLON (Jacques de). B. 2634.
SELENGRE, Nicolas, conseiller auditeur en la Chambre des comptes de La Fère. B. 3439.
SELENS, Martine. H. 837.
SELLIER. D. 6. — E. 265. = Antoine, laboureur. B. 933. = Aubert. B. 3497. = Barthélemy. H. 1339. = Cyr. B. 1123. = François. B. 2426. = Isabelle. B. 3118. = Jacques. B. 1589. = Joseph. B. 4122. = Lambert. B. 142. = Marguerite, femme Sauvage. B. 898. = Pierre. B. 2695. = Quentin. B. 3118.
SEMERY. B. 2287. = Daniel. B. 2370. = meunier. B. 853, 497. = Élisée. B. 133. = Jacques-Philippe. B. 390. = Jean. B. 390, 2397. = Moïse, meunier. B. 2125. = Thomas. B. 497, 2442, 2453, 2455.
— (de), Foulques. H. 894. = Jacob. B. 1666. = Jean. H. 872, 894.
SEMILLY (de), Havide. H. 871. = Jean. G. 2. = Oudard. H. 404.
SENAC DE MEILHAN. C. 711, 715.
SENAULT, Pierre. H. 1291.
SENCIER, géographe des ponts-et-chaussées. C. 425. = sous-ingénieur des ponts-et-chaussées. C. 506. = Suzanne-Françoise-Philippe, et Thérèse-Félicité. C. 681.
SENCOURT (Antoine de). B. 2880.
SENDRON, Catherine. B. 2985.
SENÉ, Madeleine. C. 857.
SENÉCAIL, Christophe. B. 3103.
SÉNÉCHAL. B. 2493. = André. B. 456. = Anne. B. 873. = Antoine. B. 1397, 1825. = Gilles, laboureur. E. 371. = Jean, soldat. B. 2471. = Nicolas. E. 631.
SÉNEMAULT, Antoine. E. 544.
SENEMOND (de), Michel, seigneur de Marquay, et Robert. E. 336.
SENENTE, Antoinette. B. 2890.
SENEPART, Nicolas. B. 1239.
SENERAC (de), Antoine. B. 18.
SENESCHAL, Raoul, chanoine de Saint-Quentin. B. 2892.
SENESTRE, Husson. E. 616.
SENEURTOR. Bristins. H. 1637.
SENGIN (A. de). H. 534.
SENICOURT (Geoffroy de). H. 769.
SENIGAND, Jacques. E. 434.
SENIN, Louis. B. 1828.
SENLIS (de), Geoffroi, prévôt royal. H. 806. = H. official de l'évêque de Laon. H. 6, 65, 230, 311.
SENNEGEHEM (Élénard de). H. 1567.
SENNEVILLE (Hugues de). B. 1078.
SENNIER, Madeleine. B. 2821.
SENOT, Jean. H. 1228.
SENOZAN, (François-Olivier, comte de). G. 64.
SENS (Pierre de), dit le Petit, chanoine de Laon. G. 2.
SENTEMBIEN, employé des fermes. C. 1042.
SENTERRE, Jean. H. 699.
SÉON (Oudart de). H. 965.

SEPLY, (Gérard de). H. 17.

SÉPOIX (Antoinette de), dame de Deuillet. H. 1331.

SEPTFONTAINE, Dominique, dragon. B. 4009.

SEPTMOSTS (de), Aélide. H. 1181. = Pierre. H. 1508. = Wermond. G. 253.

SEPTVAUX (de), dame. B. 2722. = Warnier. H. 20.

SEQUEHART, Adam (seigneur de). H. 1116.

SERAIN. G. 820.

— (de), Antoinette. B. 329. = Charles. B. 2272. = Marie, femme Cochet. B. 470.

SERANT, Louis. B. 4100.

SÉRAPHIN. B. 719.

SERAUCOURT (de). C. 49. = Odo, dit le Loup, Marcel, Philippe et Wautier. H. 823 (Voir Seraucourt.)

SERBAIN, Marie-Madeleine, veuve Pétaux. B. 3108.

SEREVARD. H. 477.

SERGENT, Catherine, veuve Byeter. C. 990. = Françoise, femme Lefebvre. E. 591. = Hector, laboureur. B. 2950. = Jean-François, laboureur. B. 4105. = Jeanne, femme Sergent. B. 2950. = Laurent, apprenti tailleur d'habits. E. 465. = Louis, dragon. B. 641. = Marie, femme Bossa. B. 2083. = Marie-Madeleine, femme Legras. B. 2963. = Philbert, batelier. B. 1781. = Victor. E. 589.

SERICOURT (Timoléon de), marquis d'Esclainvilliers. E. 163.

SERIN. G. 819.

SERIOT, Nicolas. B. 3084.

SERISI (Robert de), membre du bureau d'agriculture de Laon. C. 701.

SERISY DE BROXVILLE (Marie-Aimée de), cordelière-urbaniste. H. 1680, 1681.

SERIZY, Jean, charpentier. B. 810.

SERMAISE (de), Adam. E. 637. = Jean. G. 253.

SERNAY (Drouart et Jean de). H. 455.

SERNY (Antoinette de), prieure de Saint-Augustin de La Fère. B. 672.

SERO, Claude-Nicolas. B. 2522.

SEROCOURT (Philippe de). H. 531. (Voir Seraucourt.)

SEROT, Pierre-François, curé de Sainte-Marguerite de Saint-Quentin. G. 814.

SÉROUART, Jean. E. 588. = Nicolas, curé d'Iron. B. 482, 3307.

SEROUX, Jean, contrôleur des domaines. B. 3722.

SEROUX D'AGINCOURT, Hyacinthe, chanoine de Soissons, prévôt de Vénérolles. H. 516.

SERPE, Jean, curé de Chermizy et Bouconville. E. 451. = Pierre, vigneron. B. 2636.

SERPILLION (famille). B. 2489.

SERROUX, Dominique, curé de Saint-Gobain. B. 1086.

SERRURIER, Élisabeth, femme Guyart. B. 521.

SERTEAU (famille). B. 2737.

SERTON, Jacques. E. 495.

SÉRURIER, Henri-Marguerite-François de Paul, lieutenant au bataillon de Soissons. B. 2636. = Jacques. B. 2924. = Louis-Nicolas, lieutenant général au bailliage de

Marie. B. 532, 582, 584. = Marie-Claire, femme David. B. 2025, 2428. = Mathieu-Guillaume, taupier des haras royaux. C. 1041.

SERUZIER, Louis-Martin, garde-chasse. B. 3353.

SERVA, Charles. B. 2554.

SERVAIS, Antoine. B. 3353, 3810. = Barbe. B. 3249. = Gabriel, garde-forestier. B. 3812. = Georges, savoyard. B. 501. = Jean. B. 3900. = notaire. E. 460. = Louis. B. 3961. = Michel, jardinier. B. 3334. = Thomas. B. 3908.

SERVAL (Jean de). E. 500.

SERVAT, Marguerite. B. 3939. = Pierre. B. 3923.

SERVAY (Pierre de). G. 1.

SERVENAY (Jean de), ex-archidiacre de Tardenois. G. 253.

SERVIÈRE, Colard et Wiard. H. 941.

SERVOISIER, Jacques. B. 130, 2345. = Jean. B. 130. = Suzanne. B. 130.

SERY, Alexis B. 2116, 2468. = Marie-Anne, veuve Lemaire, maîtresse de poste. H. 706. = Silvestre. B. 3812. = Suzanne, veuve Lavice. B. 380.

— (de), Gui, seigneur. H. 972.

SESMAISONS (comte de), mestre de camp. C. 378.

SESSEVAL (de). C. 922. = Françoise-Yolande. B. 210. (Voir Saisseval.)

SEU, Claude. B. 1425.

SEVANDRE, Robert, vigneron. B. 3047.

SÈVE. B. 2513. = Nicolas, notaire. B. 13.

SÈVE DE ROCHECHOUART (Gui de), évêque d'Arras, abbé de Saint-Michel. B. 3275.

SÉVELINGES (de). C. 307. = François. H. 783.

SÉVERAT, Jean-Louis, curé d'Épourdon. B. 941.

SÉVERIN, Pierre. B. 4035.

SEVIN. C. 374, 390. = Louis. B. 1441, 1507.

SEZILLE, femme Blanc-Veel. G. 528. femme Lefranes. G. 528. = Brice, laboureur. B. 1806. = Charles. B. 1418, 1613, 1841. = Éloi. H. 1098. = François. B. 1808, 1835. = Jacques. B. 1838. = Jean. B. 1847. = Jeanne-Marie, veuve Doriolle. B. 1424. = Marie. B. 1767, 1828. = Marie-Barbe, veuve Poullet. B. 1424. = Pierre, avocat. H. 509. = Victoire. C. 687.

SIBILE, femme de Thiébaut de Launoi. H. 305.

SIBILLE, femme Colard. H. 826. = femme de Renier de Guise. H. 872. = maître en chirurgie. D. 4.

SIGENT, Laurent, potier d'étain. B. 954.

SIGNET, Antoinette, femme Binot. E. 381. = Nicolas, laboureur et Nicole, femme Lahire. E. 351.

SIGNIER (de). Grégoire-François-Alexandre, seigneur de Rogny, Lugny, Houry, Marcy, Erlon. C. 194, 308, 533, 953. — E. 303. = Hiérome, lieutenant au gouvernement de Marle. B. 612. = Jacques-Alexandre. C. 414. = Jean-Baptiste, seigneur de Rogny. G. 468. = Marguerite, religieuse congréganiste. H. 1701. = Marie-Marguerite, dame d'Erlon, femme de Warel. E. 164. = Pierre, gouver-

neur de Marle, maréchal de camp. B. 542. — E. 552,
554. = Pierre-Alexandre, seigneur de Rogny, Marcy, etc.
B. 514. = Renée. B. 542.

SIGNON, Marie. B. 3386.

SILHOUETTE (de). C. 241, 247, 700.

SILLION, Antoine, laboureur. E. 533. = François. H. 868,
869.

SILLY, domestique. B. 1257.

SILVESTRE, Jean, agent des affaires du duc de Mazarin. B.
1038. = Philippe. B. 1704.

SIMART, Adam. H. 177.

SIMBREMONT (de), Charles. B. 599. = Louis, maître apothicaire et chirurgien. B. 518.

SIMÉON, Barbe, veuve Denouvion. B. 494.

SIMILLART, Guillaume, clerc laïque. B. 3328, 3329.

SIMON. abbé de Foigny. H. 1116.
— abbé de Saint-Éloi-Fontaine. H. 769.
— chancelier. G. 2.
— chapelain. H. 871.
— châtelain de Cambrai. H. 692.
— châtelain de Coucy. H. 832.
— curé de Saint-Pierre-le-Vieil. H. 455.
— évêque de Noyon. H. 432, 455, 538, 764, 793, 802,
807, 1116, 1508.
— évêque de Paris. G. 253.
— évêque de Soissons. G. 253. — H. 455, 1508.
— prêtre. G. 253. — H. 1181.
— prévôt du chapitre de Soissons. G. 253. — H. 692,
1508.
— H. 239, 365, 753. = graveur. C. 947. = Anne. B. 2391.
= Denise. H. 1508. = Étienne. B. 545. = Geneviève,
veuve Blin. H. 1759. = Georges valet, de charrue. B. 1186. = Jean-Baptiste, maréchal-ferrant.
E. 385. = Louis. B. 876. = Louis-Benoît, chanoine de Saint-Quentin. G. 817. = Marie, veuve
Mantel, femme Bedel. E. 427. = Marie-Anne. B.
944. = Pierre. B. 789. — E. 256. — H. 694. =
maire de Saint-Gobain. B. 785, 1304.

SIMONART, Jean, charron E. 531.

SIMONEAUX, Adrien, tisserand. B. 2961.

SIMONET, Claude. B. 2355, 2700. = Grégoire, orfèvre. B.
979. = Jacques. B. 2274. = Pierre, portier du château
de La Fère. B. 775.

SIMONNART, Nicolas, berger. B. 2812.

SIMONNE, veuve le Thieullier. H. 1294.

SIMONNET, Denise, femme de Romain. B. 3043. = Étienne.
H. 1359. = Nicole, femme Donnet. B. 2865.

SIMPER, François, maître perruquier. B. 3336.

SIMPÈRE, Jean, laboureur. B. 4094.

SIMPHAL, Olivier. B. 712.

SIMPHALE, Marie-Geneviève, veuve Martin. H. 1435.

SIMPHORIUS, évêque de Soissons. H. 1508.

SINCENNET, Thiéry. B. 888.

SINCENT, Antoine, messager. B. 109.

SINCENY (de). C. 333. (Voir Fayard.)

SINET. B. 2513. = François. B. 3220. = Jean-Baptiste,
laboureur. E. 391. = Jean-Nicolas. B. 2514. = Jeanne.
E. 54. = Marie. B. 2528.

SINGLAT, Marguerite. B. 2791.

SIRAC. Antoine. B. 474.

SIRAUDELLE, Claude, jardinier. B. 1663

SIRE, Claude, greffier. B. 1419, 1779. = procureur. B. 1330.
= Élie. B. 1498, 1541, 1543. = Jean, fermier. B. 3154.

SIRON, Pierre. B. 3998.

SIROT, Laurent. B. 3236. = Madeleine. B. 3935.

SISSONNE (de), Blihard. H. 305. = Gérard. G. 2, 94. =
Guillaume. H. 879. = Milon, seigneur. G. 1. = seigneur
de Soupir. H. 826. = Pierre. H. 878. = Simon. H. 914.

SISSY (Philippe de). H. 879.

SIXTE IV, pape. H. 1116.

SIZELLE, Guillaume, maçon. E. 567.

SOBEAU, Claude. E. 482. = François, B. 461. = Jacques.
B. 153.

SOBRON, Barbe. B. 2588.

SODOYER, Henri. H. 776.

SOHIER. B. 525. = Antoine, apprenti cordonnier. E. 449.
= laboureur. E. 453. = vigneron. E. 450. = Antoine-
Paul, seigneur de Berlise. C. 90. — E. 304. = Augustin.
E. 404. = François. E. 628. = Jean. E. 403, 453.

SOIBERT. H. 138, 1598. = bailli de Vermandois. G. 1, 477.
= Gobert, chanoine de Laon. G. 1020. = Jean, apprenti
mercier. E. 471. = Pierre. H. 1598.

SOILLEUX, Isaac. B. 3187.

SOIRON, Martin. E. 475.

SOIRY, Antoine et Noël. B. 4019.

SOISE (Nicole de). H. 1508.

SOISSONS (de), comte. G. 2. = Anselme, médecin. H.
1180. = Conon, comte. H. 477, 692. = Gervais. H. 98.
= Guillaume. H. 1180. = Hugues, comte. G. 253. —
H. 455, 477, 1508. = Jean, comte. G. 2, 14, 253.
— H. 455, 477, 692, 1508. = Marie. H. 1508. =
dite la Croche-Poise. H. 1508. = Raoul, comte.
G. 1, 253. — H. 455, 692, 761, 825, 1508. = son
fils. H. 1508. = sire d'Ostel. H. 692. = sire de
Tours. H. 1508. = Renaud, comte. H. 477, 761.
= Yolène. H. 1508. = Yves, comte. H. 413, 455,
692, 960. (Voir Blois, Châtillon, Coucy, Orléans.)
— Bernard. B. 4033. = Jacques, laboureur. B. 2421.

SOITRU, Ide (dame de). H. 1116.

SOIZE (de), doyen de Rozoy. C. 675. = Noë. H. 1366. =
Pierre-Barthélemy. B. 1119.

SOIZE, Nicolas, fruitier. B. 1559. = vinaigrier. B. 1374.

SOLIER (du), André et Pierre. H. 1508.

SOLIEZ, Hilaire, notaire. B. 2051.

SOLLE, Paul, cabaretier. B. 2758.

SOLLIER. B. 521, 522, 2489. = Eustache, garde forestier.
B. 3813. = Gabriel, maire d'Assis-sur-Serre. B. 1239. =
Jacques, valet de charrue. B. 490. = Jacques-Hilaire.

B. 2241. = Jean. E. 475. = Louis. B. 2869. = Louise, femme Poirier. B. 494. = Marie-Jeanne, veuve Mayet. B. 3038.

SOLLIVE, Jean, vigneron. E. 406.

SOLLON, Madeleine. E. 503.

SOLON, Jean, bailli. B. 2985. = Jean-Charles, bailli. B. 3179, 3299, 3320, 3362. = notaire. E. 166, 169. = procureur fiscal. B. 3133, 3364. = Jean-François, lieutenant de justice. B. 3317, 3319. = Nicolas. E. 500. = Pierre et Ysabeau, femme Lefebvre. E. 501.

SOLOT, Rosette, veuve Poiret. E. 449.

SOMBART, Jean. B. 2818. = Jean-Louis. C. 818. = Nicolas, berger. B. 2803.

SOMBRET, Joseph. B. 2603. = Noël. B. 2603.

SOMELIN, Thierry, blanchisseur de toiles. B. 2932.

SOMMELANS (de), Henri. H. 1580. = Hugues. H. 1579. = Renaud. H. 1580.

SOMMERET, Joseph. G. 657.

SONGON, Jean et Pierre. H. 762.

SONNET. B, 535. = Antoine, chirurgien. E. 526. = Charles. C. 1043. = Gabrielle, religieuse professe, H 1610. = Jean. H. 780. = Jeanne, femme Desmolins. E. 471. = Louis. H. 1212. = Pierre. E. 527. = Théodore, avocat. B. 2855. — H. 1610.

SONNETTE, Claude, laboureur. B. 2944. = Jean. B. 2945.

SONNOIS, Colombe-Charlotte. H. 1520.

SONS (de), Bon, chanoine de Saint-Quentin. B. 2891. = prieur de Gizy. G. 1422. = Charles, seigneur de Ronquerolles. B. 2910. = Élisabeth, femme Driencourt. B 2919. = François, seigneur de Pommery, Douilly, Jussy, Vaux, gouverneur de Saint-Quentin. B. 1354, 1356, 1763, 1902, 2890, 2893, 2919. = Jean, B. 1352. = Renier. H. 981.

SONT (Gilon de). H. 972.

SOOR, Claude-Antoine, chanoine. G. 821.

SOPHIE, femme d'Anselme de Chevregny. H. 214.

— femme de Hardoncelle. H. 955.

— femme Lagarde H. 253.

SORAN (comte de). B. 3870.

SORBAY, Marguerite, femme Donnoy. E. 474.

SORBON, Aubry (sire de). H. 912.

SOREL (de). B. 1415. = Jean-Louis, comte, sénéchal et grand voyer de Vermandois. H. 1731. = Gérard, seigneur de Dallon. G. 864. = Isaac, seigneur d'Ugny-le-Gay. B. 1605, 2891. = Isaac-Louis, comte, commandant au régiment de la Couronne. B. 780, 1348. — E. 14. = Jean. G. 864. = Jérôme, capitaine. F. 5. = Louis, comte, seigneur d'Ugny-le-Gay, Fontaine-Notre-Dame, lieutenant au gouvernement de Saint-Quentin. B. 275, 1079, 1343, 1421, 1616, 2894. = Louise, femme d'Hervilly. B. 1343. = veuve d'Hervilly, femme de Saint-Simon. B. 1343, 1370, 2983. = Marguerite. B. 780. = veuve de Mérelessart. B. 1421. = Marguerite-Louise, veuve d'Estissac

d'Armentières. B. 819, 851, 930, 1190, 1191, 1193. = Philippe. B. 1343.

— Gervais, chirurgien, et Pierre. B. 802.

SORET, Grégoire. B. 2716. = Michel. B. 1269. = maire de Saint-Gobain. B. 665. = Thomas. B. 2817.

SORIAUX, Henri, clerc laïque. B. 376.

SORIN, Jean. B. 2535. = Marie. B. 2214.

SORNY (de), Élisabeth, veuve Doullet et veuve Marquette. E. 513.

SORTON, Jeanne. B. 337.

SOTENGIEN, Gautier, seigneur. H. 1116.

SOTTENGHEM, (Siger, seigneur de). H. 1116.

SOUAGE, Jean. B. 2855.

SOUAILLE. B. 1397, 1422. = Madame. B. 1827 = procureur. B. 1856 à 1859. = Adrien. H. 1008. = Antoine. B. 1343, 1774, 1775. = laboureur. B. 1389. = Florimond, président, lieutenant-général au bailliage de Chauny. B. 1332, 1391. = François. B. 1672. — H. 1098. = Gabriel, seigneur de Chamoreau. B. 1391, 1424, 1701. — E. 19. = seigneur de Tincourt, président et lieutenant général au bailliage de Chauny. B. 1343, 1363, 1370, 1398, 2897. = Jacques. B. 1526, 1650, 1845, 1840, 1855, 1857, 1858. = contrôleur du domaine de Chauny. B. 1421. = Jeanne. B. 1824. = veuve Pillé. B. 970, 1759, 1779, 1780, 1823, 1848. = Marguerite, femme Dutailly. H. 836. = Marie, femme Bosquet. G. 981, 2894. = Nicolas. B. 1650. — H. 807, 836, 1038. = Pierre. B. 1844.

SOUART, Martin, tonnelier. E. 435. = Robert. B. 3045.

SOUBARCOURT (de), Barthélemy. H. 101.

SOUBIRAN. B. 2486. = François, boulanger. B. 2376.

SOUBISE (maréchal de). C. 341.

SOUCAMI, Jean-Joseph, bachelier. B. 1392.

SOUCANY, Jean. H. 1163.

SOUCY (Arnoul, clerc, et Renaud de). H. 477.

SOUEF, Marie-Nicole, religieuse cistercienne. H. 1584.

SOUFLET, Jean. B. 454. = Moïse. B. 768, 907.

SOUGRAND, Jacques, laboureur. E. 512.

SOUILLEUSE (Alexandre-Philippe de), marquis de Flavacourt, lieutenant-général des armées. E. 154.

SOULANGE (de), écolâtre du chapitre de Saint-Quentin. G. 810. = François. B. 968.

SOULART, Louis. B. 2708.

SOULAS, Pierre. H. 846.

SOULERS, Oudart. H. 871.

SOULIER. B. 2833. = Claude, maire. B. 2462. = Jeanne et Marguerite. B. 2277. = Pierre. B. 3156.

SOULLIART, François. B. 1777.

SOUPIR (de), Baudouin. G. 1. — H. 826, 872, 878, 1116. = Gérard, seigneur de La Selve. H. 826. = sire de Soupir. H. 826. = Gui. H. 826, 929. = Milon, seigneur. G. 2, 94. = Morlois. H. 929. = Robin. H. 826.

SOUPLET (famille). E. 19.

SOUPLY. E. 882. = François. B. 754. = Gérarde, veuve Labruce. E. 542. = Nicolas, notaire. B. 2498.

SOUPY (Cécile de). H. 189.
SOURD, Germain. B. 3314.
SOURDIS (Marie-Madeleine de), abbesse d'Origny-Sainte-Benoîte. B. 437.
SOURIT, Louis, fileur. B. 353.
SOURZERON, Jacques. H. 1355.
SOUVERAIN, Guillaume. H. 1312.
SOUVIELLE, Louis-Bruno, orfèvre. B. 2185.
SOYAUX, Antoine. B. 2778. = Pierre, charron. B. 2778.
SOYE, Charles. B. 1351.
SOYECOURT (marquis de). B. 3200. (Voir de Seiglières.)
SOYER. B. 2848. = Catherine, veuve Bredelle. B. 1347. = Claude. B. 1772. = Éléonore, femme Fournier. B. 2931. = Nicolas, chanoine de Guise. B. 2123. = Thomassin. G. 253.
SOYEUX. B. 31. = jardinier. C. 430, 478, 522. = Adrien. H. 1578. = Daniel. B. 2934.
SOYOT, Marceline. B. 2987.
SPADA (Madeleine de), veuve de Flavigny. B. 943.
SPANDOUGK, Michel. C. 340.
SPAYMENT, Louis. B. 3756. = Nicolas. H. 1036.
SPENSE, Louis, commis ambulant. B. 3897.
SPROCQ, Hubert. B. 998. = Jean. E. 3.
SPULMON, Nicolas. E. 612.
STAINVILLE (Charles de). B. 218.
STAISE, Guillaume, garde de la prévôté de Paris. G. 127.
STANCON, Jacques, prévôt de la cité de Laon. F. 9.
STAPART, Toussaint, laboureur. B. 2441.
STATOFF, Armand, tailleur d'habits. B. 3066.
STATUER. B. 3148.
STEMBERGUE (Vas et Waton de). H. 1116.
STÉVENART (famille). B. 520.
STÉVENIN, Jean. E. 352. = Jean-Baptiste dit la Flamme. B. 3883.
STIEN, Marguerite, femme Blondelet. B. 3419.
SROCQ, Claude, passementier. E. 530.
STOMBE, Paul. C. 515.
STOPPA (de), Marguerite-Agnès et Pierre-Alexandre, ex-capitaine. B. 2686.
STOQUELET, garde des fermes. B. 4111.
STOQUÉM, capitaine. B. 1679.
STOUPPE, Pierre-Abraham, chanoine et trésorier du chapitre de Laon. B. 2793, 2876.
STRABON, Raoul. H. 1116.
STUPRA. B. 2730.
STUR, Jean, laboureur. E. 618.
SUAN, François. B. 2928.
SUBLET, Claude, abbé de Saint-Éloi-Fontaine. B. 1500, 1860. — H. 1331. = Michel, seigneur d'Heudicourt, maréchal de bataille. H. 1329. = Pierre, abbé de Saint-Éloi-Fontaine, aumônier du roi. B. 1852.
SUBLEZ, Pantaléon. B. 785, 1202, 1304.

(AISNE.) — TABLES.

SUBTIL, Jacques-François, chanoine trinitaire, prieur, curé de Brumetz. B. 1899.
SUD, veuve. B. 939.
SUEUR, Angélique. B. 4056. = Antoine. B. 1663, 1744, 4053. = Claude. B. 2355. = Hubert. E. 612. = Marguerite. E. 3193, 3959. = Pierre. B. 358. = Rose. B. 4056.
SUFLOUR, Jean-Louis, dit la Rousé. B. 1747.
SUGUENOT, Denis, garde-chasse. B. 1722.
SUIN, Antoine. B. 383. = Jean-Pierre. B. 145. = Rose. B. 364.
SUISI (Étienne de), clerc, chanoine de Tournai. G. 2.
SUITELET, Christophe, prieur de Saint-Jean de Martigny. E. 381.
SULFORT, Louis, prieur-curé de La Bouteille. B. 3146.
SULFOUR, Louis. B. 1831. = Marie-Jeanne, veuve Lecareux. B. 1349.
SULIN, Martin, brasseur. E. 451.
SULLY (de), duc. B. 3441. = mestre de camp en second. C. 377. = gouverneur de Chauny. B. 1439, 1672.
SULPHART, Louis. B. 1425.
SULPICE, archevêque de Bourges. H. 477.
SUPERNANT, Charles. H. 1348, 1361. = Claude. B. 3144. = Éloi, berger. H. 629.
SURDELLE, Lambert, chanoine de Laon. H. 404.
SUREAU, Gilles, charron. B. 2819. = Louis, avocat. E. 508. = Marie, femme Adam. B. 1969. = femme Froment. E. 535.
SURET, Huard. H. 91. = Jean, laboureur. B. 1699. = Louis. B. 70. = Marie. B. 2376. = Martin. B. 1942, 2302.
SUREUX, Jean, avocat. B. 1982.
SURIENS, sire de Vile et de Nouvion-le-Comte. H. 410.
SURIN, Jean, laboureur. E. 415.
SURION, Jean, maréchal. E. 594.
SURMAY, Pierre. B. 2327.
SURMONT (Josias de), capitaine d'infanterie. B. 2150.
SUROT, Jean, tailleur d'habits. E. 460.
SURVAL (Guillemette de). H. 993.
SURY, Jean. H. 1253. = Michel, garde-vente. B. 933.
SUTIL, Pierre-François. G. 975.
SUZANNE (de), Catherine, femme de Moy. B. 2891. = Charlotte, femme de Gournay. B. 706. = François, seigneur de Faucoucourt. B. 689 à 691. = Jean, baron de Wiège. E. 480. = seigneur de Cerny et de Vassogne. E. 475. = Jean-Jacques, comte de Cerny, baron de Wiège, seigneur de Tugny, conseiller d'État, capitaine de 50 hommes d'armes. B. 2890.
SUZANNE de Cardaillac, Jean, baron de Cardaillac. B. 813. — E. 577. = Madeleine, veuve de Condren. H. 1084.
SUZY (vicomtesse de). E. 299. = Thierry. H. 806. = Jean. H. 47, 101. = Raoul. H. 29. = Willaume. H. 63. (Voir Buesard.)
SYMARD. H. 1763. = sous-inspecteur des haras. C. 62. = Jean-Baptiste. H. 1764.

31

Symart, Marie, veuve Leclerc. E. 432.
Symon, Nicolas, laboureur. E. 481.
Symonnet, Martin, chirurgien. E. 416.

T

Tabac, Jacques. B. 394.
Tabart, Louis. B. 2918.
Tabary, Bernardin, cordelier. B. 2333. = Claude, laboureur. B. 1444. = Ignace-Quentin, procureur du roi. B. 80. = Jean-François, maître des eaux et forêts de Marle et La Fère. B. 3560, 3568, 3587. = Joseph-Ignace-Quentin. B. 80. = Melchior. B. 2921. = Noël. B. 2931. = Quentin. B. 2053, 2271, 2279. = receveur des fermes. B. 1983, 2000, 2155, 2280.
Tabary de la Motte, Ignace-Quentin. B. 1992, 2191, 2483. = Louise-Françoise. B. 1288. = Quentin, avocat. B. 1288.
Tabelle, Marie. B. 498.
Tabernarius, Renaud. H. 789.
Tahons, Odard. H. 319.
Tabour, Catherine. B. 873. = Jean. H. 264.
Taboureau. C. 508, 590, 706, 717.
Taboureau de Villepatour. C. 403, 800.
Tacheron, chanoine. C. 709.
Tachet, Bastien. B. 2949. = Jacques, prêtre. B. 880. = Jean, chapelier. B. 2948. = Jean-Nicolas. B. 2949. = Marie, femme Julliart. B. 518. = femme Marville. B. 2957. = Nicolas, laboureur. B. 2962. = Pierre, laboureur. B. 2949, 2964.
Tachez, Jean. B. 2534.
Tachour, Pierre. B. 3274.
Taconet, Jean, maréchal-ferrant. B. 45.
Taconnet, Antoine. B. 92, 134. = Jean-Yves. B. 134. = Samuël. C. 839.
Tacquelet, Jean-Jacques. B. 1200.
— (de), Marie, veuve Navarre. B. 1988, 2003.
Tacquelier, Jean. B. 1842.
Tacquet (famille). B. 1397.
Taffereau, Laurent. E. 416.
Taffet, Pierre. C. 847.
Taffin, Jean. B. 2251, 2347. = Jean-André. B. 2296.
Taplet, Nicolas, savoyard. B. 455.
Tageon, François. H. 1237.
Targer, Jean, curé à Saint-Quentin. G. 981.
Taillefer, Jacques, vicaire. H. 1066.
Taillefert, Nathanaël, chirurgien. H. 1415.
Taillefontaine (Élisabeth de), femme de corps. H. 455.
Taillema, Martin et Nicolas. H. 885.
Taillet, Martine, femme Pya. B. 884.
Tailma, Denise, femme Houlier. E. 443. = Marie, femme Ducard. E. 537. = Martin, laboureur. B. 2785.
Tain (famille). B. 319.

Tainbonneau, prieur et curé de Caillouël. B. 1731.
Taine, Angélique. B. 4050. = Anne. B. 3900. = Anne-Françoise, veuve Allongé et Desjardin. B. 2187, 2631. = Antoine. B. 50, 1177. = Antoine-Michel, laboureur. B. 493. = Robert. B. 437.
Taion, Antoine, curé. B. 882. = Julienne, femme Granson. B. 3287.
Taisne, Jean et Toussaint. B. 3081.
Tal, veuve. B. 1147.
Talaru, (Philippe de.) G. 64.
Talle, Marie-Anne. B. 1202.
Talleyrand - Périgord, Alexandre - Angélique, coadjuteur de Reims, abbé de St-Quentin en l'Ile. B. 2047.
Tallon, Christophe, procureur. B. 3746. = Pierre. E. 283. = Romain. H. 1756.
Tallot. H. 1002. = Jean-Gilles, maréchal. H. 1001.
Talon, Jean. B. 79, 485.
Tamastre, Joseph. H. 1047.
Tambour, Claude. B. 3051. = Simon, fondeur en cuivre. E. 432.
Tampet, Jeanne, femme Cheval. B. 822.
Tanche, Huberte, femme Coignart. B. 890.
Tandor, Jean. E. 530.
Tanerot, Adam, femme de corps. H. 477. = Raoul, homme de corps. H. 477.
Tangre, Nicolas. E. 189.
Tanneur, employé des fermes. C. 1042. = Madeleine, veuve Haveau. B. 3913.
Tanquart, Marie, femme Flament. B. 994.
Tante, Nicolas, maître d'école. B. 3362.
Tapirel (Henri de), garde de la prévôté de Paris. G. 38.
Tarbé. C. 346.
Tardieu. B. 593, 1477. = Charles, maître traiteur. B. 944. = Élisabeth, femme Benoît. B. 2423. = Jacques. B. 3599. = Jean. B. 1709. = Louis. H. 758. = Noël. B. 997. = Simon. B. 1763. = Toussaint. B. 1827.
Tardif, René, prieur de St-Éloi-Fontaine. B. 1645.
Target, Antoine. B. 2926. = Jacques. B. 1983. = Jean, prêtre. B. 1707. = Noël, garde-vendure. B. 3122.
Targny, Antoine, laboureur. B. 1496. = Claude. B. 1837.
Tarlé (de), commissaire des guerres. C. 354.
Tarrieux de Taillan. C. 696.
Tarrin, Hugues. B. 1874.
Tarrisse, Grégoire, supérieur général de la congrégation de St-Maur. H. 127.
Tarrost, François. H. 1062.
Tarrot, Nicolas, boulanger et pâtissier. E. 525.
Tartarin, Pierre. B. 1546.
Tarte (famille). E. 382.
Tarteron. B. 2737. = Marguerite, femme Jolimai. B. 159.
Tarteron de Monthiers (de), Antoine-Jérôme. B. 29. = Alexandre-Charles, marquis de Monthiers, seigneur de

Proisy, mestre de camp de cavalerie. B. 29, 143, 146, 226, 2122, 2249, 3595.

TARTIEN, Élie. B. 1407.

TARTIER, Georges. B. 881.

TARZEL, Jean, drapier. H. 1670.

TASBILLE. B. 3228. = Denis. B. 3621. = Étienne. B. 3618. = Jean. B. 3207. = Jeanne. B. 3902.

TASSART. B. 813. = Antoine, potier d'étain. B. 680.
— (de); Pierre. B. 1458.

TASSEBILLE, Louis. B. 1241.

TASSERIE, Jacques. B. 158.

TASSET, Nicolas, cordonnier. E. 528.

TASSIEN, François. H. 736.

TASSIN, Jean. H. 1226. = Martin. B. 825. — H. 1449.

TASSON, Jean, prieur de Saint-Lambert. B. 3439.

TATELLET, Marguerite. B. 897.

TATIN, Cécile. C. 748.

TATON, Jean. E. 363. — H. 1508. = Nicolas. E. 101.

TATTÉ, Michel et Pierre. B. 3082. = Nicolas. H. 694.

TATUS, Gobert. H. 138.

TAUPIN, Jean-François. B. 3097.

TAUTROUILLE, Pierré. B. 1426.

TAUTTÉ. B. 3190.

TAVAUX (Hubert de). H. 89.

TAVERNIER. B. 845, 954, 988, 1415. = curé d'Esquehéries. B. 2391. = Agathe, veuve Bèrault. B. 952. = Anne. B. 799. 1959. = femme Debrigode. B. 1957. = Antoine. B. 1423. = officier du duc d'Orléans. B. 1858, 1593. = Baudesson. B. 1247. = Claude. B. 1707, 1708. = maire de Chauny. B. 1512, 1674. = Claude-François. B. 805. = Étienne. E. 367. = François. B. 794, 826, 828, 921. = Jacob, sergent royal. B. 1407. = Jacques. B. 1417, 3915. = mulquinier. B. 2151. = Jean. B. 1506, 1764. = Jean-Baptiste, curé de Monceau. B. 51. = Jeanne. B. 875. = Jules, maître perruquier. B. 918. = Laurent. B. 799. = Louis. B. 723, 816, 865, 1044, 1856. — H. 799. = tanneur. B. 892. = Marguerite. B. 1715. = Marie. B. 3398. = Marie-Montaine. B. 2693. = Nicolas. B. 1247. = Philippe. B. 680, 871, 909, 1010, 1038, 1127. = Pierre. B. 872, 909, 910, 932, 937, 1104, 1191, 1284, 3178. = commissaire de police et garde marteau. B. 1136. = lieutenant de roi à La Fère. B. 909. = lieutenant de robe courte. F. I. = Thomas. B. 1637. — H. 1340.

TAXON, Drogon. H. 1116.

TAYAN, Antoine, procureur d'office. B. 2774.

TAYER, Claude. H. 903.

TAYON, veuve. B. 2753. = Antoine, laboureur. B. 2777. = François-Étienne, laboureur. B. 2842. = Madeleine, femme Pudepièce. B. 496. = Sébastien. B. 1338.

TEINTURIER, Michel, bénédictin. B. 3287. = Nicole, femme Aubin. E. 337.

TEISSIER. C. 704, 722.

TELINGE. B. 2566 à 2568. = Augustin, curé-doyen d'Aubenton. E. 364. = Madeleine. B. 2549. = Nicolas. B. 2608.

TELLEMENT, Remy. H. 25.

TELLIER. B. 578, 593, 2275, 2511, 2874, 3197, 3265. — C. 313. = chanoine de Laon. C. 980. = employés des fermes. C. 1042. = Alexis. B. 3260. = Antoine. B. 3112, 4027. = Antoinette, veuve Faucheux. B. 3216. = Augustin, charron. B. 2499. = Barbe, domestique. B. 2380. = Charles. B. 1292. = Claude. B. 945. = Étienne. B. 599. = François. B. 489. = garde bois. B. 3429. = Françoise. B. 487. = supérieure des religieuses de Saint-Quentin. H. 1786. = Gilles. B. 2337. = Hubert. B. 3145. = Jacques. B. 978. = Jean. B. 467, 557, 642, 1993, 3152. = laboureur. B. 3154. = Jean-Baptiste. H. 980. = Joachim, laboureur. H. 629. = Joseph. B. 3964. = Marie. B. 2332. = femme Corderoy. B. 3974. = femme Henry. B. 3152. = Marie-Anne. E. 183. = Marie-Barbe. B. 3112. = Marie-Françoise, religieuse cistercienne. H. 1594. = Marie-Joseph C. 856. = Marie-Thérèse. B. 3299. = Michel. B. 3489, 3147. = louvetier. B. 994, 1034. = Montain-Antoine, chanoine de Guise. B. 2447. = Nicolas. B. 2537. = Pascal, laboureur. E. 443. = Pierre. H. 952. = bourrelier. B. 2829. = fermier. B. 591.

TEMPET, Guillaume. B. 816.

TEMPLE (du), Gervais, notaire apostolique. G. 129. = Jean, official de Laon. H. 58, 59. = Thierry. H. 1208.

TEMPLEUX, Nicolas, chanoine de Saint-Quentin. G. 821.

TEMPLIER, François. B. 3979.

TENANT DE SAINTE-SUZANNE, Charles. B. 1917.

TENET dit Clermont, aubergiste. B. 1665.

TENEUR, Noël. E. 572.

TERGNIER, Louis. B. 1685.

TERGNY (famille). B. 1897.

TÉRISSE, Pierre-Joseph, directeur des fermes. B. 3982.

TERLAN, Charles. B. 2182. = laboureur. B. 1998. = Claude, laboureur. B. 1998.

TERLET, Louis. jardinier. B. 2628.

TERLIN, André. B. 4021.

TERLON, Claude. B. 3929.

TERNUT (Jean de). H. 311.

TÉRON, Guillaume. B. 2976. = Marie-Françoise. B. 2440. = Roch, maître d'école. B. 2949.

TERRAY, abbé, contrôleur général des finances. B. 35, 43, 282, 323, 399, 589, 655, 666, 702 à 704, 761, 765, 811.

TERRÉ, Marie-Geneviève, femme Coste de Champeron. G. 106.

TERREUR, Pierre. B. 3096.

TERREUX. B. 515, 520, 523, 524, 568. = curé de Mortiers. C. 136. = Jean, greffier. B. 2531. = Jeanne, veuve Mennesson. B. 2648. = Marc. B. 2347. = Nicolas. B. 626. = Pierre. B. 603. = Simon, charron. E. 552.

TERRIEN. B. 2862. — E. 389. = curé de Berlancourt. C. 940.

TERRIEN, Antoine. B. 2556, 2561, 2587. = Claude. B. 4102. = Jean, curé de Landifay. B. 479. = Louis-Antoine. B. 2563. = Nicolas. B. 2556.

TERRIER, Henri, laboureur. B. 860. = notaire. G. 750. = Jérôme. B. 1899. = Pierre, chanoine de Soissons. H. 1719.

TERRION, Nicolas, chapelier. B, 3329.

TERTRE (du), François-Joseph et Marie-Anne. B. 2941.

TESSIER, abbé. D. 7, 12, 16. = Florence, femme Mitelette. G. 1247.

TESSON, Louis. E. 214. = Marie-Marguerite, veuve Guginer. B. 2437.

TESSON de BOLLENGO, Louise-Charlotte (de), femme de Lallier. B. 2899, 2908.

TESTARD, Charles, ouvrier en gazes. B. 2914. = Pierre. B. 1771.

TESTART. B. 1411. — G. 253. = Anselme. H. 399. = Catherine, femme Vuaronde. B. 3112. = Claude. B. 1755. = huissier. B. 1335. = Gérardin. H. 1616. = Guillaume, arpenteur. G. 852. = Jacques. B. 2172. = Jeanne, femme Bouvier. B. 896. = femme Dijeon. B. 2027. = Jérôme. B. 1026. = Louise, femme Delamotte. B. 908. = Nicolas. B. 2782. = arpenteur. H. 1638, 1639, 1645, 1648, 1650. = Nicole, femme Coure. B. 195. = Simon. B. 601. = Thérèse. B. 1775.

TESTEFORT. B. 3372.

TESTELAIN, Gaspard. B. 2291, 2393. = Gobert. B. 2244.

TESTELIN, Claude, mégissier. B. 2189.

TESTORIS, Victor, curé à Paris. H. 692.

TESTU, François-Joseph, chartreux. H. 1347. = Pierre. B. 2775. = Toussaint. B. 349.

— (du), Charles, seigneur de Cuiry-lès-Iviers. B. 2954.

TÉTARD. B. 2736. = Catherine. B. 4052.

TÉTART. B. 2491, 3270. = Henri. B. 2991.

TETTSONS, Paul, anglais. H. 874.

TEULLE, Jean. B. 2695.

TEULARD, Martin, casseur de grès. B. 2263.

TEVENET, Claude, E. 44.

THÉVENIN, Jean. E. 380. = Louis, garde-messier. B. 3277.

TÉZHON, H. 197.

TH., curé de Saint-Germain, doyen de la chrétienté de Soissons. H. 455.

— doyen du Chapitre de Soissons. G. 253.

— évêque de Dol. H. 1508.

THAISY, Arnould, seigneur (de). H. 965.

THAYON, Antoine, procureur d'office. B. 2875.

THÉIS (de). B. 1422. — D. 16. = inspecteur des manufactures de toiles. C. 758. = Agnès, femme de Hagues de Belleville. B. 1354. = Anne-Alexandrine, veuve Hertaing, femme d'Yauville. B. 2893. = Charles. B. 1406, 1407, 1428, 1429, 1476, 1816, 3376. — H. 807. = Claude. B. 1550, 1821, 1823, 1828. = avocat. B. 1382, 1387. = procureur du roi. B. 1363. = subdélégué. B. 1284. = Jean, B. 3367. = Louis. B. 993, 1408, 1533, 1862. = Louise. B. 1821. = Madeleine. B. 3549. = Veuve Duchesne. B. 780, 1013, 1190, 1191. = Marie, veuve Lhomme. B. 1837. = femme Rayau. B. 1474. = femme de Rustici. E. 113. =

Marie-Alexandre, maître de la manufacture de faïence de Sinceny. B. 3513. = Reine, veuve Delamarlière. B. 1757, 1816, 1856. = Remy. B. 1821.

THÉLINGE, marchand-barbier. E. 474. = Nicolas. B. 338. (Voir Télinge).

THELLIER. B. 517, 519. = Antoine. B. 1239, 1930. = Jean. B. 3171. = Louis. B. 983. = Martin, cordonnier. E. 464. = Remy. E. 242.

THÉMINES (de), abbesse de Saint-Pierre de Reims. C. 536.

THENELLES (Haimond de). H. 534.

THENVEL, Geneviève, femme Pinty. B. 1179.

THÉOPHAINE, femme Deschamps. H. 143.

THÉRÈSE, femme Guillaume. H. 964.

THÉREUX, Marie, veuve Carré. B. 2553.

THÉRIAT, Claude-Joseph, chirurgien. B. 1344.

THÉRODE, Denis. H. 1327.

THÉROIZE, Antoine, arpenteur. B. 1330.

THÉRON, Jean. E. 241.

THÉRY. B. 2627. = Claude, fermier. B. 1107. = Philippe, procureur. B. 1332. = Quentin. E. 600.

THÉSACQ (du), Françoise-Louise-Charlotte. B. 1193.

THÉSACQ D'ARMENTIÈRES, Louis-Charles. B. 1191, 1193. = Louise-Charlotte-Gabrielle, femme de Combes. B. 1193, 1553. (Voir Estissac.)

THESON, Nicolas. H. 1859.

THESSIER, Catherine. B. 906.

THEULIER, Jeannesson. H. 1304.

THÉVADE, Jean. H. 1327.

THÉVENART, Barthélemy-Louis. B. 1283. = Jean B. 2499. = charbonnier. B. 2548.

THÉVENET, Claude, marchand-bonnetier. B. 2115. = Jean, garde des sceaux du comté de Braine. H. 1004.

THÉVENIN, François. E. 68. = Jeanne. B. 895.

THÉVENON, Jean. H. 1013.

THÉVENOT, Gaspard, maître de verrerie. B. 4111.

THEVIN, Renée, veuve de Fonseque de la Rochefoucault. B. 2894.

THIART, Toussaint. B. 463.

THIBAULT. B. 845. — C. 751. = Antoine. H. 840. = Claude-Louis, chanoine de Saint-Quentin. G. 821. = Cyr, curé de la Ville-au-Bois-les-Pontavert. E. 452. = Jean. B. 3609. = Pierre, prieur de Beaulieu. B. 1583.

THIBAUT, roi de Navarre, comte de Champagne et de Brie. H. 477, 693, 1310.

— B. 1055. = Charles. B. 3374. = Élienne. B. 902, 1159. = prévôt de connétablie. B. 747. = Jean. B. 889, 1810. = Nicolas. E. 193. = Pierre. E. 193. = prieur de Beaulieu. B. 1646, 1647. = Vincent. B. 3618.

THIBOU, Henri, tailleur d'habits. H. 1248.

THIÉBAUDIN, Oudinet. H. 1062.

THIÉBAULT, archidiacre de Soissons. H. 477.

— Antoine, laboureur. E. 614. = Jean. B. 888. = Jean-Baptiste. B. 3146. = Raoulet. H. 1315.

THIÉBAUT. B. 2545. — H. 1178. == clerc. H. 477.
— doyen du chapitre de Soissons. G. 253.
— évêque d'Amiens. H. 1116.
— Adrien. E. 565. == Claude. B. 2827. == François. B. 491, 500. == maçon et architecte. B. 226. == Jean. B. 500, 956. == boucher. B. 1262. == Louis dit Beaulieu. B. 4110. == Louise, femme de Bayard. B. 3274. == Marie. B. 4036. == Pierre. B. 2559. — C. 692. == curé de Beaurain. B. 3829.
THIÉBAUX (famille). B. 525, 2566.
THIÉBEAU, Jean-Baptiste. H. 935.
THIÉFAINE. B. 2043, 3242. == François. B. 3942. == Marguerite. B. 3207. == Nicolas. B. 478. == Pierre. B. 3960, 3968. == valet de charrue. B. 3961. == Pierre-Louis. E. 159. == Reine. B. 3925. == Remy, apprenti tailleur d'habits. E. 518. == Simon, curé de Fossoy. G. 1418.
THIEFFAINE, Gilles. E. 623. == Pierre, pêcheur. E. 623. == Florent, vigneron. B. 2822.
THIEFFINE, François. B. 1007. == Louis. E. 326.
THIÉFINE, Anne, veuve Desains. B. 2649. == Crépin. B. 1007.
THIÉFRY, François, garde du corps. G. 1435.
THIÉGA, Jean. E. 336.
THIELLIN, Charles, curé de Landouzy-la-Ville. E. 383.
THIÉRIAT DESPAGNE, chanoine. G. 810.
THIERNU (Jacquemart de), seigneur de Thiernu. G. 107.
THIERNY (de), Ernaud. H. 293. == Henri. H. 871.
THIERRAT, Claude. H. 1091. == Jean-Pierre. B. 928.
THIERRE (Jean de). H. 371.
THIERRI. H. 588.
THIERRIAT, Joseph-Claude. B. 1657. — E. 18.
THIERRY. B. 2159, 2848, 2874. — H. 208, 588, 829. == Antoine. B. 1085. == procureur. B. 869, 1008. == Antoinette, domestique. G. 1732. == Charles. B. 4116. == Étienne. B. 3191. == Jean. B. 3155. == marchand de chevaux. B. 2633. == Marie, veuve Levasseur. H. 1040. == Noël. B. 1975. == Philippe. B. 2193.
THIERSONNIER, Antoinette. B. 1508. == Jean. B. 1415. == Jeanne. B. 1851. == Jeanne, veuve Benoist. B. 1421, 1857.
THIÉRY. E. 367. == André. E. 213. == Antoine, procureur. B. 666, 819, 1213. == procureur du roi. B. 743. == Bernard. B. 1715. == Charles, compagnon papetier. B. 3184. == Claude, laboureur. B. 3206. == procureur. B. 3544. == substitut. B. 666. == Jean. B. 3621. == marchand de chevaux. B. 2669. == maître des postes de la cour et suite du roi. B. 1157. == Louis. B. 2372. == bourgeois de Paris. B. 510. == fermier général des domaines de La Fère et Marle. B. 3565. == juré de La Fère. B. 773. == Louise. B. 1965. == Marguerite. B. 3960. == Martin. E. 113. == Philippe, laboureur. B. 2826.
THIESSART, Claude. B. 707. == François, maire de Beautor. B. 685. == Regnaut, avocat. E. 658.
THIESSIE, femme de Wied d'Ennaud. H. 965.
THILLORIE, Élisabeth. B. 528.

THINET, Augustin. E. 478.
THIRENT, Jean, notaire au Châtelet. B. 948.
THIROT, Claude, déserteur. B. 641. == Léonard dit la Verdure, cavalier. B. 1258.
THIRIA, Jacques-Charles, avocat. C. 687.
THISIAUX, Jean. B. 3120.
THITOUÉE, Jean. H. 208.
THIZON (famille). H. 1320.
THOISY (Jean de), doyen du chapitre de Laon. G. 80.
THOLOSAN, directeur des vivres. C. 366.
THOMAIN, Antoine et Nicolas. H. 1449. == Pierre. H. 1370.
THOMAS. H. 243, 267, 1116.
— abbé de St-Pierre au Mont-de-Châlons. H. 1044, 1046.
— de Saint-Vincent. G. 2.
— (de Beaumetz), archevêque de Reims. G. 119.
— archidiacre, commissaire du St-Siège. G. 116.
— chantre de la cathédrale de Soissons. G. 258.
— prévôt, commissaire du St-Siège. G. 116.
— prince. B. 210, 2204, 3344.
— H. 534. == chirurgien. C. 670. == curé de Charmes. C. 938. == curé de Châtillon-lès-Sons. E. 607. == Adrien. H. 850. == Ambroise, vigneron. B. 4114. == Antoine. E. 604. == Charles, sergent royal. B. 4010. == Claude, clerc. B. 2911. == vigneron. B. 2651. == François. C. 689. == huissier. B. 669. == Françoise. B. 485. == Jean. B. 2553. — H. 1373. == soldat. B. 2316. == tisserand. E. 517. == Léger, curé d'Achery. B. 1198. == Louis, B. 329, 449, 485, 498, 4113. — C. 518. == Louis, dit Cadet. B. 458. == Louis-Claude, avocat. B. 497. == Louis-Pierre, curé de Châtillon-sur-Oise. B. 227. == Marguerite. B. 2911. == femme Boulongne. B. 1689. == femme Lequeux. B. 3347. == Marie, femme Dhirson. B. 2582. == Marie-Catherine, fileuse, veuve Chimot. B. 2312. == Martin et Martine. B. 2693. == Nicolas. E. 381. == Pierre. B. 574. — H. 708. == Pierre-Joseph, curé de Wimy. H. 859. == Sébastien, curé de Mons-en-Laonnois. B. 2715. == Servais. B. 2695. == Simon. B. 2641.
— (Judith de), veuve de Brignac, dame de Frières. B. 1466, 1579, 1708.
THOMAS DE MARLE. H. 235, 275, 391.
THOMASSE, veuve Masset. H. 992.
THOMASSIN, Étienne, commissaire provincial, capitaine d'ouvriers d'artillerie. B. 804, 848, 922, 923, 1289. == Gui. H. 24. == Jean-Étienne, maréchal de camp. B. 2202.
THOMÉ, Nicolas. H. 1318.
THOMIN, Nicolas et Simon. H. 762.
TONNELIER, Jeanne, femme Moroy. B. 799. == Marguerite, femme Huile. B. 799. == Thomas. B. 799. == hôtelier. B. 919. == Thomas-Jean. B. 799.
THONNELLIER, Claude, taillandier. E. 357.

THOREL, Gilles. G. 528. = Robert. H. 1116.

THORIN, arpenteur. E. 12. = chanoine de Laon. G. 1. = directeur des aides. C. 70. = Marie-Madeleine. B. 3403. = Pasquier. B. 3086.

THORLET. B. 2487.

THOROTE (de), Ancel, chanoine de Reims. G. 253. = Gaucher, G. 2. = Hauvide. H. 477. = Jacques, chanoine et chantre de Saint-Pierre-au-Marché. G. 528. = Jean, chanoine de Soissons. H. 455. = Jean, châtelain. H. 477. = official de Soissons. G. 253. = seigneur de Barbonval. G. 253. = Philippe, chanoine de Soissons. G. 253. (Voir Robert.)

THOU (président de). B. 198.

THOUISIEN-D'HOUVILLE, Antoine, chanoine de St-Quentin. G. 817.

THOUARS (Benjamin de), seigneur de Beauregard. B. 821.

THOUET (René de). B. 687.

THOUILLE. E. 389. = Adrien. notaire. B. 11, 14. — E. 392, 393. = Catherine, femme Delacroix. E. 352. = Claude-Françoise. E. 379. = François, notaire. E. 388 à 392. = procureur. B. 3880. = Guillaume. E. 349. = Jean-Louis. E. 400. = Jeanne. E. 355. = femme Devouzy. E. 361. = Marguerite. E. 352. = Michel. E. 388. = notaire. E. 352, 354, 370, 382, 387. = Nicolas. E. 306, 317. = curé de Saint-Nicolas d'Aubenton. B. 84. — E. 62, 349. = curé de Cilly. E. 361. = curé de Wimy. E. 345, 347. = marchand. E. 361. = notaire. E. 339, 342, 343, 352, 353, 361. = Regnault. E. 352.

THOULLON, Pierre, musicien instrumentiste. E. 500.

THOUMAS, Jean. H. 108.

THOUMELIN, Jean, général des finances du roi. F. 9.

THOURELLE, Pierre-Claude, député du chapitre des Minimes de Chauny. B. 1369.

THOYNET. C. 803.

THOZE DE VILLENEUVE, Joséphine. B. 1209.

THUBE, Nicolas, vigneron. E. 620.

THUET, Antoine. B. 1057. = Jean-Baptiste. B. 945. = sabotier. B. 1208.

THUILLIER. E. 22. = Antoine. H. 1436. = Élisabeth. H. 1101. = Gobert. H. 885. = Hubert. B. 1389. = Jean. B. 3062. = Jeanne, femme de Warel. B. 3054. = Marie-Charlotte. B. 1392. = Maurice. H. 1262. = Pierre, laboureur. E. 421. = Théodore. B. 4052.

THUILLOT, Guillaume, vigneron. E. 626.

THUISY (marquise de). C. 520.

THUMERY (de), Claude-Gabriel. H. 845. = Jean, vicomte de Billy-sur-Aisne. H. 1508. = Pierre. H. 420.

THUREAU, Françoise. C. 740. = Jean, vigneron. E. 495.

THURET (de), César. C. 1039.
     — François. E. 487.

THURLOTTE, Claude, nourrice du duc de Beaumont. B. 3446.

TIBOUT, Jean. H. 455.

TIÉCIE, femme de Visenuel. H. 1208.

TICYE, femme de Turpin. H. 477.

TIEFFAINE, Jean, laboureur. B. 320.

TIEFFAINE, Charles. B. 2857.

TIÉFFINE, Florent, vigneron. B. 2830.

TIERCEL, Antoine. B. 2981. = Jacques, laboureur. B. 2956. = Marie-Marguerite, femme Lejeune. B. 2965.

TIERCELIN, Jean. B. 2855. = Nicolas. H. 1066.

TIERRÉ (Jean de). H. 873.

TIERSONNIER, Anne. B. 1850. = Anne, veuve Seguin. B. 1779. = Jacques. H. 1331, 1343. = Madeleine. B. 1827.

TIESSART, Crépin. B. 1343. = Huart. H. 286. = Nicole. B. 819.

TIGER. H. 871.

TIGNY (de), Alain et Barthélemy. G. 253. = Huard. H. 1508. = Jean. G. 253.

TILLEROYE, Godefrin. H. 1358, 1366.

TILLET. D. 17.

TILLY, Thomas, abbé et vicaire général des missions étrangères de l'ordre de Prémontré. H. 874.

TILORIER, subdélégué. C. 825, 826. = Anne. B. 3346. = François, curé de Richemont et régent du collège de Marle. B. 582. = François-Laurent, avocat. B. 536, 592. = Giles, chanoine de Laon. B. 2773.

TIMBRUNE-VALENCE (marquis de), maréchal de camp, gouverneur et inspecteur de l'école militaire. C. 414.

TINET, François, garde de bois, chasse et pêche. B. 3602.

TINGRY. C. 11.

TINOT, Jean. B. 3947.

TIRATEL, Marie-Nicole, veuve Lefèvre. B. 107. = Michel, chirurgien. E. 356. = prévôt d'Hirson. B. 2505. = Pierre-Michel, lieutenant de justice. B. 3864. = prévôt d'Hirson. B. 2541.

TIREMENT, Toussaint, domestique. B. 2889.

TIRFOIN, Anne, femme Tirfoin et Étienne. B. 2302. = Marie-Geneviève. B. 584. = Renaut. B. 2802.

TIRIGNY (Raoul de). H. 1363.

TIRON, Jean. B. 3123.

TIRORIER. B. 874. = Henri, laboureur. B. 723.

TIROUER, Henri. B. 863.

TISSERAND. B. 516, 2513, 2874. = Jean-Baptiste. B. 2521. = meunier H. 1365. = Marie-Catherine. B. 2604.

TISSERENT, Antoine, laboureur. B. 2553.

TISSIER. B. 2564. = Louis, H. 1083. = Michel. B. 3024.

TIZON, Jean. H. 1303.

TOBES, Gaspard. B. 1351.

TOCQUEMÉ, Étienne. B. 1836.

TOQUESNE, Martin. B. 1387, 1518.

TOFFIN, François. B. 4011, 4049. = Jean. B. 4022. = Louis-Claude, notaire. B. 15.

TOISSY (Geoffroy de). G. 253.

TOIZA, Gabrielle, femme Roger. B. 1498.

TOL, Jacques, laboureur. B. 1019.

TOLAN, Marie, veuve Deville. H. 803.

TOLÔZAN (de), intendant du commerce, C. 67, 72, 79, 766, 799.

TOUTESFAIRE, Pierre. B. 1513.
TOUVELOT, Mathieu. B. 472.
TOUZET, Jean. H. 1287.
TOYNET, trésorier-général des ponts et chaussées. C. 611.
TRACHI (Raoul et Widèle de). H. 477.
TRAIZET, curé d'Ormois. C. 670.
TRANCART, Barbe. B. 3941.
TRANCHET, Claude. B. 2340.
TRANQUART, Anne, veuve Dumont. B. 1874.
TRANSMAR, évêque du Noyonnais et du Vermandois. H.588.
TRASSET, Adam. H. 846. = Louis, vigneron. E. 331.
TRAULET, Charles. B. 2639.
TRAVECY (Roger de). H. 302.
TRÉBECOURT (Bernard de). H. 925.
TRÉGNY, Éloi, laboureur. B. 672.
TRELET, Georges. H. 798.
TRELEURE, Nicolas. B. 689.
TREMBLAY, Denis, laboureur. B. 1863.
     —   (du), dame. C. 677.
TREMILLY (Jean de). G. 2.
TRÉMOLLIÈRE, François. H. 1500.
TREMY, Jacques. B. 1400.
TRENCHANT, Pierre. B. 1141.
TRÉNY, curé de Béthancourt-en-Vaux. B. 1695. = Adam,
     curé de Commenchon. B. 1672.
TREIDÉ, Jean, berger. B. 472.
TRESMES (duc de), gouverneur de Laon. B. 1663. — C. 342.
     (Voir Potier).
TRESPAGNE, Jean-François, receveur des aides. B. 788.
TRESSART, Claude, laboureur. B. 887. = Pierre, chanoine
     de Saint-Quentin. B. 886.
TRÈVES (de), Jacques et Jean, chapelains. G. 253.
TREVET, Jacques. H. 1583.
TRIANGLE (Simon de), prêtre. G. 1.
TRIBALET. B. 3371. = Félix, garde-marteau. B. 3530, 3531.
     = Léonor. B. 3410.
TRIBALLET, Charles, lieutenant de justice. B. 3369.
TRIBERT, Charles, inspecteur général des manufactures.
     B. 2916. — C. 755, 760, 784, et des papeteries. C. 67.
TRIBOUDAINE, Colars, maire de l'abbaye de St-Jean. H. 9.
TRIBOUILLET, Jean-Claude, contrôleur de la verrerie de
     Charlesfontaine. B. 792.
TRIBOUILLOIS, Madeleine. B. 4121. = Thomas. H. 778.
TRIBOUILLOY, Claude. E. 160.
TRIBOUL, Remy, homme de corps. H. 477.
TRIBOULET, commis. B. 1209.
TRIBOULLOIS, Cécile. B. 379.
TRICHEAUX, Alexis, marchand de chevaux. B. 380.
TRICHET. B. 2662, 2719. = Gilles. H. 1308. = Nicolas, la-
     boureur. B. 1871. = Pierre. E. 316.
TRICLIN, Antoine. B. 1184.
TRICNIAUX, Louis. B. 4090.
TRICOT. B. 1148. = pharmacien. B. 853. = Anne. B. 35.
     = Charles. B. 835. = plâtrier. B. 1018, 1115, 1121. =

Grégoire. B. 919. = Jean. B. 151. = Jean-Antoine, cha-
     noine de Saint-Quentin. G. 821. = Marie. B. 2404. =
     Philippe. B. 828, 1088. = boulanger. B. 847.
TRICOTEL, François, officier invalide. C. 990.
TRICOTEUX. B. 2486, 2490. = Charles. E. 631. = berger.
     B. 2437.
TRICQUET, Louis, voiturier. B. 3922.
TRIDOT, Antoine. B. 2805. = Jean, tailleur d'habits. B. 2795.
TRIE (Mahieu de), chambellan de France. G. 253.
TRIFFY, Antoine. E. 116.
TRIGALLE, Willaume. H. 1211.
TRIMACQ, Antoine. C. 684.
TRIMUAILLE. B. 2565. = Jean-Pierre. B. 2563.
TRINGNY (Regnault de). H. 1508.
TRINOCQ, veuve. C. 520. = Antoine. B. 69. = Jean. B.
     1254. — E. 631.
TRINOCQUE, Charles, maire de Bergues. B. 2053.
TRIOLET, Jean, dit St-Pierre. B. 1291.
TRIPEZ, Jacques. H. 922.
TRIPIER, Pierre, curé de Pontséricourt. B. 2880.
TRIQUENAU, Marguerite, veuve Tellier. B. 3147. = Pierre.
     B. 3141.
TRIQUENAUX, Antoine. B. 3175. = Jean. B. 807. = Jeanne
     B. 484. = Louis. B. 919. = Mathieu, geôlier. B. 668, 803.
TRIQUENEAU, Adrien. B. 2538. = Charles. B. 2547. = Fran-
     çois. E. 69. = Françoise. B. 493. = Mathieu. B. 2610.
TRIQUENEAUX. B. 2566. = Jean, chapelier. B. 925. =
     Pierre. B. 3262. = laboureur. B. 2961.
TRIQUENIAUX, Jacques. B. 4092. = Jean-Marie, vigneron.
     B. 787.
TRIQUET, Antoine. B. 3335. = Nicolas. B. 2365.
TRISTAN, Arnoul. H. 692. — Gentian, huissier d'armes et
     son fils Gentian. G. 253. = Gervais, camérier de Philippe-
     Auguste. G. 253. = Pierre. G. 253. — H. 477. =
     chambellan du roi. G. 527.
TRISTE, Marguerite. B. 465.
TRISTRAN, Madeleine-Françoise, femme de St-Léger. E.
     300. — H. 971. = Nicolas, officier au régiment d'Anjou.
     E. 317.
TROCHAIN, Antoine, maître maçon. B. 2973. = Gilles, maçon.
     E. 595. = Jacques, tisserand. E. 594. = Jean. E. 214. =
     Jeanne. B. 2979. = Nicolas, sergent de justice. B. 2957.
TROCHE, Ade. G. 50.
TROCMÉ, Anne, femme Bignon. B. 1337. = Julien. H.
     1137. = Michel. B. 4044. = Pierre. B. 534.
TROILLET, Jean. G. 2.
TROISEUF, Roland. B. 749.
TROIS FONTAINES (Henryot de). H. 1508.
TROISVALET, François. B. 1877. = Nicolas, garde forestier.
     B. 3749.
TROIZEUX (Jacques de), pâtre. B. 2790.
TROLLY (Ivard de). H. 1508.
TRONCHAIN, Louis. C. 271. = meunier. B. 2884. = Pierre-
     Joseph, valet de charrue. B. 2476.

ULLY (d'), Benjamin-Robert, vicomte de Nouvion-le-Vineux. E. 524. — G. 95. — H. 1532. = David-Robert, vicomte de Nouvion-le-Vineux et Laval. B. 3340, 3348. = Esther-Robert, veuve de l'Aulne. B. 3084. = Louis-Robert. B. 3348. = Robert. G. 95.

ULRIG, chevalier. H. 588.

URBAIN III, pape. H. 434.
— IV, pape. G. 1, 4, 121, 122. — H. 498, 1508.
— VIII, pape. H. 1694.

URGEL (Alard d'). H. 874.

URILLON, Nicolas. B. 3550.

URLAINS, Bauduin. H. 91.

URSINS (Charles des), seigneur de Neuville, Chermizy. H. 1351. (Voir Juvénal.)

URTUBIE (d'), Antoine-François, capitaine en second des canonniers aux Invalides. B. 1116. = Bernard-François, seigneur de Rogécourt. B. 942, 963, 1203, 3261. = Jean-Charlotte-Suzanne, seigneur de Rogécourt et Louis-Jean-Charles, chef de brigade d'artillerie, Théodore-Bernard-Simon, capitaine d'artillerie. B. 1116.

URVILLERS, Simon (d'). H. 802.

USILIE, femme de Jean, prévôt d'Estrées. H. 455.
— femme Prévoteau. H. 455.

V

V., doyen du chapitre de Saint-Quentin. H. 534.

V....., Jacob, curé de Montigny-le-Franc. B. 2861.

VAAST, Madeleine, femme Fruchard. B. 905.

VACENI (Emmeline de), femme de corps. H. 477.

VACHER, Gilles, femme Lefèvre. H. 1348. = Jean-Baptiste. B. 655. = Michel. B. 3219.

VACHET. B. 2874. = François. E. 214.

VACHON, Raoul. H. 1224.

VADENCOURT (Henri de). H. 953.

VADINE, Claude. B. 555.

VAHA, Jean. E. 558.

VAILLANT. B. 1397, 2883. = procureur. B. 1852 à 1855. = Antoine. B. 736, 1859, 1862. = avocat. B. 1212. = laboureur. B. 1614. = Charles, curé de Saint-Martin de Chauny. B. 1626. = Claude. B. 1534, 1803. = fermier. C. 1489. = homme d'armes des ordonnances du roi. E. 439. = Florence. B. 1406, 1824. = veuve de Théis. B. 1407, 1816. = Florent. B. 1447, 1831. = François, commissaire d'artillerie. B. 703. = Françoise, veuve Demory. B. 1840. = Jacques, seigneur d'Elmont. B. 139. = Jean. B. 1440. = berger. B. 3183. = gentilhomme verrier. B. 1268. = Louis. B. 1858. = garde-chasse. B. 1749. = Madeleine, veuve Dauré. H. 1737. = Marie-Anne. B. 1744. = Marie-Madeleine, femme Marquette. B. 781. = Nicolas. B. 1513, 1545, 1760, 1853 = laboureur. B. 2644. = maire de Chauny. B. 1431. = seigneur d'Aizecourt, ex-commandant de bataillon. B. 1322, 1355, 1390. = Nicolas-Antoine. B. 2806. = Pierre. H. 1508.

VAILLANT DE GRANDPRÉZ. B. 1289.

VAILLE (famille). B. 428.

VAILLET, Adrienne. B. 2779.

VAILLY, Antoine. B. 1936.
— (de), Raoul, official de Soissons. G. 253. — H. 455, 1178. = René, commis ambulant. B. 3897. = Robert, chanoine et official de Soissons G. 253 = Thierry. H. 455.

VAIRET, Jean. H. 871.

VAIRON. B. 1944. = élève vétérinaire. C. 634, 950. = Charles, syndic du clergé. G. 392. = Charlotte. G. 148. = François. E. 577. — H. 839. = prévôt de la cité de Laon. B. 2865. = François de Paule, lieutenant des gardes à cheval de la vénerie royale. B. 2646, 2648, 2653. = Jacques. E. 474. = Jacques-François, chanoine. B. 2821. = Jean. B. 487. — E. 474, 501. = capitaine des portes du château de Guise. B. 1933. = conseiller royal enquêteur. E 501. = Marie-Charlotte. B. 2612. = Marie-Madeleine. G. 148. = Nicolas-François, seigneur de Doigny et de Signy. G. 148. = Pierre. E. 334.

VAIRON DE BEAUREJAIRE, Marie-Françoise, femme Parat. H. 286. = Philippe-François, officier de la grande vénerie. B. 2645. — G. 471.

VAIRON DE DOIGNY. B. 2721. — C. 308, 336. = Nicolas-François, vicomte de Chevregny. E. 318. — G. 91.

VAIRON DE LA SUZE. G. 21.

VAISSIÈRE (Claude de), lieutenant général au bailliage et présidial de Meaux. H. 1431.

VAITHEN (Honorine de), comtesse de Bancigny. E. 341.

VAL (Antoine-Claude de), commissaire du canal de Picardie. B. 930.

VALAVERGNY (de), Aubert. E. 632. = Jean, prévôt du Laonnois. G. 2, 86. = Jeanne, veuve de Valavergny. G. 86. = Simon, prévôt du Laonnois. G. 2, 86, 99. — H. 936.

VALCHER, doyen de Maubeuge, juge apostolique H. 972.

VALCRY, Jean, boulanger. B. 2796.

VALÉ, Alexis. C. 267, 273.

VALENCIENNES (de), Jean. H. 1182. = Philippe. E. 637.

VALENTIN. B. 2568. = Étienne, charcutier et mercier. B. 3904. = Jacques. B. 75. = maire de Seboncourt. B. 104. = Jean, notaire et procureur. E. 380. = Joseph. B. 3962. = Thomas, commis greffier. B. 3880. = Toussaint. B. 2514.

VALGALLIER (de), contrôleur général des manufactures des glaces. B. 3595.

VALICOURT (Joseph-Phocas de), seigneur de Vesles. C. 260.

VALINCOURT (de), famille. C. 1046. (Voir Walaincourt.)

VALIOUD. B. 10.

VALISSANT, Nicolas. B. 2708. = Pierre. H. 739.

VALLÉ, Antoine, curé de Courcelles. H. 993. = François

maçon. B. 2964. = Louis. B. 2976. = Marie-Jeanne, femme Bitaille. B. 2966. = Pierre-Marc. B. 2957.

VALLEAU, ex-capitaine des fermes. B. 639.

VALLÉE, Abraham. B. 3420. = François. B. 3961, 3962. = Pierre-Drouet, chirurgien. H. 1780.

VALLEGARSILLE (Gilles de). H. 1209.

VALLEMENT, Pierre. B 449.

VALLENSON, Louis. E. 448.

VALLENTIN. E. 382. = Jean-Louis, greffier. E. 380. = Remy. B. 351.

VALLERAND, Claude, bourrelier. B. 390. = Louis. H. 1573. = Louise. B. 3960. = Marguerite. C. 862. = femme Groulard. B. 3982.

VALLERANT. B. 2687.

VALLES (de). C. 801. = Antoine-Claude, seigneur de Loizelet et de Bobigny, grand maître des eaux et forêts du Hainaut et du Cambrésis. B. 2305.

VALLET, Françoise, veuve Regnault. B. 1900.

VALLETS (Charles de), laboureur. B. 671.

VALLEY, Jean-François, prieur de Longpont. B. 1899. — C. 680, 922.

VALLIENT, Françoise, veuve Ferré. E. 428.

VALLIER. B. 3148, 3242. = Abraham, laboureur. B. 526. = Antoine. B. 622. = François. B. 3428. = Pierre, chapelain, chanoine et trésorier du chapitre de Saint-Jean-au-Bourg. E. 470. = Pierre, tisserand. B. 349. = vigneron. E. 417. = Simon. E. 187.

VALLIER-DELOCHE, Charles-François, mestre de camp. B. 2635.

VALLOIS, Jean. H. 834.

VALLOIS (de), Marguerite. B. 2908, 2911.

VALLON (de), Henri-François, seigneur d'Augy. E. 149.

VALOIS (comte de). G. 253. (Voir Orléans.) = (comtesse de). (Voir Blanche-Éléonore.) = Charles, comte de Valois-d'Alençon, Anjou, Chartres. G. 253, 477. = François (duc de). B. 3459, 3764. = Jacques-Adrien, chanoine de Saint-Quentin. G. 814. = Louis (de). B. 3460. = Marguerite (de). B. 3758.

VALOIS, Marguerite, veuve Pioche. B. 941. = Pierre-Barthélemy, directeur des poudres. B. 930.

VALORET, Jean. H. 138.

VALPERGUE (Georges de), seigneur de Valincourt, capitaine de fantassins. E. 554.

VALRESIS (Robert de). H. 825. (Voir Vaurezis.)

VALSOIGNE (Robert de). G. 253.

VALTEBOIS, Jean, procureur d'office. B. 3087.

VALTIER B. 2565.

VANDAMME, Louis-François, régisseur. H. 1162.

VANDELET. B. 3197. = Nicolas. E. 319.

VANDENBROECK, Augustin. C. 340.

VANIER, Thomas, chanoine de St-Quentin. G. 817.

VANNELLY, Laurent. B. 693.

VAN-NUFFEL, Charles-François-Alexandre. B. 2914.

VANOISE (de). C. 339.

VAQUETTE, Jeanne, veuve Vitu. B. 1205.

VARELLE (de), colonel du régiment d'Alsace. H. 1787. = Marie-Madeleine, religieuse. H. 1566.

VARENNES (de). C. 478. = Jeanne, femme de Moreuil. G. 253.

VARIN, Jeanne, femme Fleury. B. 987.

VARIS, Jeanne, veuve Cocquebert. H. 869.

VARLET. B. 812, 2493, 3242. — C. 433. = chanoine de Laon. G. 468. = employé des fermes. C. 104?. = entrepreneur. C. 616. = inspecteur des chasses. B. 3762. = Abraham. E. 483. = André, meunier. B. 2953. = Antoine. B. 1813. — H. 779. = Charles. B. 2532. = chanoine de St-Quentin, aumônier du roi Louis XIV et de la dauphine. B. 2899. = Claude, procureur. B. 675. = Jacques. B. 543. = officier d'invalides. E. 133. = Jean. H. 885. = maître en la chambre des comptes de Paris. B. 2891. = Jean-Baptiste, maître boulanger. B. 1554. = Jean-Louis, chanoine de Laon. B. 3085. = Jeanne. B. 899, 2553. = Louis. B. 2023. = chanoine de Laon. B. 2637, 3085. = officier d'invalides. E. 133. = seigneur de Gibercourt, avocat. B. 2891. = Nicolas, laboureur. B. 2958. = Nicolas-Antoine, chanoine de Laon. B. 2823. = Nicole, femme Mue. B. 2556. = Pierre. B. 679. = avocat. E. 151. = garde forestier. B. 3748. = marchand de bois. B. 326. = notaire et procureur. B. 878. = René, seigneur de Montescourt-Lizerolles. B. 1698. = Thoinou, femme Billiart. H. 282. = Thomas. H. 779.

VARLOT, Marie. E. 204.

VARMINEVILLE, Antoine. H. 1262.

VARNET, Annet, avocat et chartreux. B. 659.

VAROCQUIER, Antoine. H. 1035.

VAROQUEAUX. B. 2862. = Charles. B. 3345. = Jacob, curé de Montigny-le-Franc. B. 2780. = Jacques. C. 272. = chapelain de la congrégation de la Madeleine de Laon et curé de Montigny-le-Franc. B. 2812. = Jean, curé de Montigny-le-Franc. B. 2780. = historien. B. 2780. = Pierre. H. 1348.

VARVILLE (Adrien de). H. 1508.

VARVILLERS, Marie, veuve de la Chasse. B. 1960.

VASSAN (de). C. 49, 312. = seigneur de Bonneil. G. 160. — E. 320. = Catherine-Ursule, veuve de Blanchecourt. B. 947. = Charles, président en la chambre des comptes. H. 1566. = Eustache-Ambroise. E. 320. = François, garde-marteau. B. 3722. = Françoise, religieuse. H. 1566. = Jacques, capitaine, surintendant des chasses royales. E. 559. = Jacques-Joseph, capitaine à l'Hôtel des invalides. B. 1113. = seigneur de Servais. B. 783, 786, 788. = Jean, trésorier du chapitre de Laon. G. 132. = Jean-Baptiste-François-Marie, comte, capitaine-commandant, seigneur de Bonneil. E. 320. = Louis, capitaine, garde-marteau. B. 3747. = Louis-Zacharie, marquis. B. 3408. — E. 320. = Marguerite, religieuse. H. 1566. = Marie-Anne, religieuse. H. 1566. = Marie-Madeleine, femme de Reignier de Rohaut. B. 786, 788, 852, 940, 911,

1017, 1106. — E. 121. = dame de Deuillet et Servais, veuve de Reignier de Rohaut et femme de Mopinot. B. 1117. = Nicolas, seigneur de Puiseux, garde-marteau. B. 3722.
VASSART. H. 1311. = Jacques. H. 1059, 1068.
VASSAULT (de), Henri-François, seigneur de Parfondru. E. 321.
VASSAULT DE VAREIL (de), Henri-Guilain-Antoine. C. 416.
VASSAUX, Caroline. B. 3966. = Claude. B. 4043. = Jean-Louis. B. 3958. = Pierre-Antoine-François. B. 3960.
VASSEBILE, Anne, femme Hamart. B. 858.
VASSELIN. B. 2742.
VASSEN, Jean. B. 1843. = pêcheur. B. 1535.
VASSENS (Jean de), dit Esterlins. H. 477.
VASSENT, Catherine, domestique. C. 931.
VASSENY (Pierre de). H. 477.
VASSETTE, Jeanne et Madeleine. B. 2882.
VASSEUR. B. 3197, 3242. = demoiselle. C. 698. = Adrien, cordonnier. B. 4089. = Aldegonde. B. 3955. = Anne, femme Caron. B. 4019. = Antoine. B. 151, 2509. = Antoinette. B. 3147. = Charles. B. 4030. = Charles-Antoine, maître cordonnier. B. 937. = Claude. B. 928. = François. B. 2554. = Françoise, femme Derubigny. B. 3356. = Henri. B. 4045. = Jacques, maire de Choigny. B. 4122. = Jean. B. 4029, 4048. — E. 390. — H. 1035. = Jean-Antoine. B. 117. = Jean-Louis. B. 1743, 3993. = Jeanne. B. 3360. = Joseph. H. 815. = Louis. B. 782, 3140, 3912. = Madeleine. B. 4015. = Marie. B. 3908. = femme Brisart. B. 3128. = Marie-Anne. B. 3430, 4137. = Martine. B. 3967. = Mathieu. B. 3164. = Nicolas. B. 1811, 4046. = Pierre. B. 1426. = laboureur. E. 353. = Vincent, meunier. B. 4137.
VASSOGNE, Charles, tisserand. B. 2954. = Gérard. E. 337.
VASTABLE, Robert. H. 756.
VATELET, Claudine. B. 205. = Ivon, lieutenant civil et criminel au bailliage de Ribémont. B. 240. = Luce, femme Berthoult. B. 240. = Pierre, lieutenant au siège de Ribémont. B. 199, 212, 433.
VATIN, André. C. 518. = Antoinette. B. 3998. = Claude-Adrien, serrurier et chantre. C. 751. = Étienne. H. 1151. = Guillaume, prêtre. H. 1508. = Jean. B. 1241, 4047. = Joseph. H. 1176. = Louis. B. 4042. = Louis-Joseph, huissier. B. 669. = Louise, religieuse cistercienne. H. 1584. = Marie. B. 4050. = Marie-Rose. B. 3112. = Martine, femme Martin. B. 823. = Menet. B. 3453. = Pierre. B. 1237. = Rosalie, fileuse. B. 4044.
VATRIN, Pierre. B. 1877.
VATTIER, B. 1485.
VATTON, Marie, veuve Jorand. B. 755.
VATURE (Jean de), vicomte de Margny. B. 519.
VAUBERT, Christophe, laboureur. B. 1554. = François. B. 1850. = Jean. B. 1815.
VAUBUIN (de), Jean et Pierre. G. 253. = Wiard. H. 753.
VAUCELLE (Christine de). B. 755.

VAUCELLES, Marie. B. 1788.
VAUCHER, doyen du chapitre de Maubéuge. H. 914.
— prévôt. G. 2.
VAUCQUET, Charles, bailli du chapitre de Saint-Quentin. B. 3304.
VAUDEGARSILE, Liéjarde (de). H. 477.
VAUDENIER, Étienne. E. 367.
VAUDESSON (Raoul de). H. 1508
VAUDIN. B. 523, 3339. — G. 584. = Bonaventure, marchand d'étain. B. 3329. = Claude, apothicaire. B. 3328. = Françoise, femme Fromage. B. 2146. = Jean-Jacques-Michel, chirurgien. B. 2967. = Louis. B. 3324. = potier d'étain. B. 3333. = Madeleine, femme Bévière. G. 584. = Marguerite. E. 401. = Marie-Madeleine, femme Mariage. B. 3332. = Michel. B. 3427. = apothicaire. B. 3330. = Michel-Bonaventure, procureur. B. 3871.
VAUDRON. B. 990.
VAUDRUN, Antoine. B. 946.
VAUGARNIER (Adélaïde-Victoire de), religieuse cistercienne. H. 1594.
VAUGENOIS (Colin de). H. 1231.
VAUGERMÉ (Gilot de). H. 1312.
VAUGLARD, Joseph, dit Flament. B. 947.
VAULÉGER (de). B. 3265.
VAULT (de), maréchal de camp, inspecteur général des milices. C. 341.
VAULTIER, Jean, chanoine de Rozoy. E. 487.
VAULX (Jean de), seigneur de Mogy. E. 410.
VAUMORET (Claude-Charles-Martin de), contrôleur général des finances de la généralité de Paris. B. 1016.
VAUNOISE (Jean de). G. 2.
VAUQUET, Jean-Jacques, seigneur de Bellenglise, B. 2897. = Salomon, président de l'élection de Laon. B. 2768, 2878.
VAUREZIS (de), Colard. G. 253. = Hauvide, dame. H. 753. = Raoul. G. 253, 753, 825. = Roland. G. 253.
VAUSSAILLON (de), Enguerrand, lieutenant au bailliage de Vermandois. H. 119. = Gui, Havide et Mathilde. G. 253. = Robert. H. 139. = Willard. H. 370.
VAUTHIER, Gilot. H. 1673.
VAUTIER. H. 249. = Jean-Baptiste, sous-inspecteur de la rivière d'Ourcq. B. 3751.
VAUTIERS (Roger de). H. 1508.
VAUVILLÉ, Jean. E. 614. — H. 1210.
VAUX (de), Barthélemy. H. 871. = Bauduin, archidiacre de Liège. H. 871. = Bernard. G. 50. = Clarembaud. H. 88. = Éremburge. H. 477. = Foucard. H. 29. = Gauthier. G. 253. = Gérard. H. 8. = Guillaume, clerc. H. 1598. = Jean. H. 1297, 1508. = Margue, dite la Béguine. H. 871. = Ondart. H. 311. = Pierre. H. 1508. = Renaud. H. 47, 101. = Robert. H. 1229, 1508. = vicomte de Vaux, Saconin, Mercin. H. 1508. = Simon. H. 371. = chanoine de Laon. H. 243, 375. = Thorin. G. 50. = Wuillaume. H. 8.

VERNIER. B. 3502. — C. 334. = intendant des domaines et finances du duc d'Orléans. B. 3574. = Charles-Jérôme-Laurent. E. 322. = Jean-François, bailli. B. 3413. = subdélégué, président du grenier à sel de Soissons. B 1323.

VÉRON, Anne, femme Legrand. E. 427. = Antoine. B. 1874. — E 429. = Catherine. B. 3305. = François. E. 428, 530. = Françoise. B. 3415. = Jean. B. 3068. = boucher. B. 3010. = Jeanne, femme Frésille. E. 417. = Louis. B. 3069. = Marguerite, femme Bedel. E. 420. = Nicolas. E. 529. = procureur fiscal. E. 418, 427. = Pierre. H. 845. = apprenti fondeur en cuivre. E. 421. = Robert, chirurgien. B. 3074. = greffier de justice. B. 3005.

VERPILLIÈRE (de). B. 1366.

VERRANT, Nicolas. B. 3048.

VERRENNE (Thomas de). fondeur en cuivre. B. 3068.

VERRIER, Charles. B. 3824. = Jeanne B. 3291. = Pierre, chanoine de Soissons. H. 489.

VERRIÈRE, Marie-Claude, femme de Béthune. B. 934.

VERSAILLES (Gilles de), bailli de Vermandois. H. 477.

VERSÉAU, Marc. E. 366. = Marguerite, veuve Carré. B. 2944.

VERSICLE (de), maréchal général de l'armée de la Moselle. B. 2607.

VERSIGNY (Jean de), serrurier. B. 1806.

VERSIGNY, Marie. B. 4117.

VERT (Jean de), commandant d'armée. B. 210.

VERTÉ, Joseph. B. 2554.

VERTUS (Noël de). H. 1313.

VERVELLE, Antoinette. B. 3936.

VERVIN. C. 434. = Jacques, charpentier, maire de Tavaux-et-Pontséricourt. B. 2796.

VERVINS. C. 12. = marquis (de) C. 1048. = marquise (de). B. 3343. = Droard (de) G. 50. = Pierre (de), chevalier. G. 550. = Thomas (de), seigneur de Lierval, sire de Saint-Leu. G. 96. = seigneur de Vervins. H. 624, 634, 635. (Voir Coucy, Mathilde.)

VERVOORT, François-Henri-Constant-Joseph. B. 31, 2260.

VERY. B. 3148. = Judith. B. 3161. = Suzanne, femme Rossignol. B. 3162.

VERZEAU, maire de Vervins. B. 3321. = Adrien. B. 3326. = curé de Prisces. E. 180. = docteur en médecine. B. 2639. = Charles, procureur fiscal. B. 2935. = Claude. B. 2972. = Geneviève, femme Larsonnier. B. 3345. = Marie-Anne, femme Legros. C. 1048. = Philippe-Marie, veuve Deuille. B. 3198.

VESLES (de), Gillebert, chevalier. H. 290. = Jean, sire. H. 1508.

VÉTAUX, Jean. B. 1970.

VÉTILLARD, Charlotte-Agnès, veuve Quenaudon, femme Laigle, domestique. B. 1347.

VEUILLOT, Mathieu. E. 382.

VEXAULT DE SAINT-LOUIS, Rosalie, religieuse cordelière urbaniste. H. 1680.

VEYRIÈRE (de). C. 826.

VEZIER (Louis-François de). C. 411.

VI (de), Jean. H. 832. = Renaut. H. 477.

VIARD, Jean-Louis. C. 740.

VIBROMDER (Jean de), chanoine de Saint-Quentin. H. 182.

VIC (de), Hugues, Cléri et Pierre. H. 477.

VICAIRE, ex-recteur de l'Université de Paris. G. 818. = Marie-Madeleine, femme Oger. B. 4118.

VICHERY (Renaut de), maître du Temple. G. 253.

VICOMTE, François-Paul, arpenteur. E. 303. = Jacques, arpenteur. E. 31.

VICQ d'Azyr. C. 32.

VICQUET, Antoine. H. 1070. = Jean. H. 1069, 1070. = Nicolas, cabaretier. B. 3050.

VICTOIRE, Nicolas. B. 2907.

VICTOR, capucin. C. 745.

— (de Camerin). évêque de Soissons. H. 1314.

VIDÈLE, femme Parmentier. H. 793.

VIDY, Barbe. E. 467. = Claude, curé de Proix. E. 467.

VIEFVILLE. B. 225. = Adrien. E. 248. = Antoine. E. 60. = Antoinette. B. 723, 749, 1049. = Charles. B. 618, 643, 3241. = François. B. 4123. = Louis. B. 1942, 2886. = Louise. B. 4123. = Madeleine. B. 2774. = Médard. B. 1250. = Pierre, sabotier. B. 1456. = Quentin, laboureur. B. 1160.

— (de), subdélégué, député. C. 676, 957. = Antoinette, femme de Vendosme. B. 742, 900. = Jean. B. 727.

VIEILLARD. B. 2491. = Louis. H. 1453. = Nicolas. E. 552. = Pierre B. 2418. — E. 566.

VIEILLART. B. 519, 527, 2719. = Anne. B. 2668. = Jacques. B. 2701. = Madeleine, veuve Jongleux. B. 2644. = Marguerite, femme Houssart. B. 4112. = Nicolas, laboureur. B. 2617, 2703. = Nicole, femme Vaillant. B. 2644.

VIEILLART, Adrienne, femme Duport. E. 568. = Marie-Claire, veuve Oblet. B. 4414. = Pierre. B. 2705, 4116.

VIEILLE, Jacques. B. 437. = sergent royal. H. 1738. = Remy, cabaretier. B. 2108.

VIELLE. B. 1926. = Gabrielle, Louis, Madeleine, Michelle, Philippe. B. 1999.

VIERZY (Pierre de). H. 1508.

VIESSE, Jean. H. 1508.

VIET, Antoine, meunier. B. 3074. = Louis, H. 1322.

VIEU, Guillaume. H. 1187.

VIEULAINNES (Jacques de), lieutenant au bailliage de Vermandois. H. 345.

VIEUVILLE, Catherine. B. 147. = François. B. 4417.

VIEUPONT (de), Henri, seigneur de Saintives et de Flavy-le-Martel. B. 1570. = Jean, seigneur de Flavy-le-Martel. B. 1843. = Jeanne, veuve d'Estouteville. H. 1018.

VIÉVILLE. B. 568, 2489, 2491, 3265, 3270. — C. 515. — E. 323. = Antoine. B. 387, 482, 2192. = bonnetier, laboureur. H. 954. = Catherine. B. 3323. = B. 2174. = Charles. H. 1706. = laboureur. B. 491. =

Claude. H. 1713. = Eustache, curé de Moy. B. 2912. = François, garde forestier. B. 3813. = laboureur. B. 2192, 3296, 3426. — maire de Buironfosse. B. 2055. = Françoise, veuve Bobeuf. H. 909. = Henri. B. 827. = laboureur. B. 196. = Jacques. B. 4029. = Jean. B. 655, 2210, 3314. = curé de Neuvillette. B. 35. = Jeanne-Charlotte. B. 28, 2908. = Louis. B. 105, 3269. — H. 983, 1706. = fermier. B. 167. = Madeleine, femme Delaporte. B. 3159. — Marguerite. B. 466. = veuve Lorin. B. 3901. = Marguerite-Louise, femme Ségard. B. 367. = Marie-Catherine H. 1756. = Marie-Françoise. B. 363. = Marie-Louise. B. 497. = Marie-Madeleine-Françoise, femme Dupassage. E. 124. = Martine, femme Masseville. B. 1935. = Michel. B. 342. = Nicolas. B. 342. — C. 831. — H. 1756. = dit Lelaine. B. 467. = Philbert. B. 2669. = Pierre. B. 3162. = Pierre-Quentin-François, négociant. B. 2916. = Quentin, laboureur. B. 937. = Raimond-Philbert, seigneur de Presles. E. 323. = René, maire de la Neuville-lès-Dorengt. B. 2057. = Thérèse, femme Hacquart. B. 2426.

VIÉVILLE DE LA FRETTE. E. 124.

VIÉVILLE DE PRESLES. E. 124.

VIGER, Charles. E. 380. = Philippe. B. 1536.

VIGILLE, Jean-Jacques, fermier. B. 446, 451.

VIGNACOURT (de), Antoine, marquis. E. 392. = Isabeau. E. 563. = Marie-Louise-Antoinette-Charlotte-Françoise-Constance, dame de Brunehamel et de Condé. E. 112. (Voir Wignacourt.)

VIGNAUX, apothicaire-major des prisons. C. 23, 669.

VIGNERON, Jean. E. 108. = Louis, curé de Vivaise. B. 2829.

VIGNEROT (Louis-Armand de), marquis de Richelieu, gouverneur de La Fère. B. 774.

VIGNEUX, Charles et Pierre. C. 483.

— Henri (de). H. 477.

VIGNIART. B. 2863.

VIGNIER. B. 2492. = Gilles, greffier. H. 1259 = Louis, notaire. B. 3399. = procureur fiscal. B. 3368. = Marguerite. B. 2369. = Nicolas, lieutenant de justice. B. 3337. = vigneron. E. 418. = Quentin, curé de Drachy. E. 429.

VIGNION. H. 1117.

VIGNOIS (de), notaire. E. 468.

VIGNON, Alexis. B. 2440. = Antoine. B. 451. = greffier. B. 221, 477. = prévôt de Ribemont. B. 416, 447, 1014, 1092. = Antoinette. B. 987. = Catherine, femme Grisot. E. 554. = Charles. B. 723, 897, 1213. = François. B. 484, 4045. = Henri. B 1843. = laboureur. H. 515. = Henriette. B. 943. = Jean. E. 335. — G. 530. — H. 845. = Jean-Baptiste. C. 270. = Jean-Louis, procureur. B. 160. = Jeanne. B. 908. = Jérôme, avocat. B. 483. = praticien. B. 1346. = Jérôme-Antoine, avocat. B. 477. = notaire. B. 16. = Louis. B. 2890. = Louise. B. 659. = Madeleine. B. 354. = Marguerite. B. 4038. = femme Remeresse. B. 2694. = Marie. B. 4041. = femme Gobi-

net. B. 2894, 2899. = Mathias. B. 431. = Nicolas, vigneron. E. 618. = Olivier, laboureur. B. 1809. = Pierre. B. 1340. — E. 625, 658. = laboureur. E. 668. = Zacharie. E. 335.

VIGNOYS, Jacques. E. 82.

VIGNYER, Claude. B. 3067.

VIGOGNE, Jacques, meunier. B. 1664.

VIGOUR, François, vigneron. B. 3048. = Marie, veuve Bataille. B. 3064.

VIGREUX, Guiart, portier de l'hôtel épiscopal de Laon. G. 17. = Ponce. B. 3142.

VILAIN. B. 525. = berger. C. 685. — Antoine. B. 2330. = François. B. 2596, 2776. = Jacques. B. 2136, 2270. = berger. B. 4107. = Jean. B. 144, 1176, 2275. — H. 981. = maître d'école. H. 978. = Jean-François, bailli de Wiège. B. 486. = Madeleine. C. 857. = Marie. B. 2818. = Martin. B. 2278. = Nicolas. B. 365. = fermier. B. 581. = Philippe. B. 897. = Pierre. B. 742, 2858. = Simon. B. 2787.

VILAINS, Baudouin. H. 811.

VILANZ dit Bouré, Jean, chapelain. G. 129.

VILBERT, Jean-Louis. B. 2991.

VILEIRS, Bérenger et Odo (de). H. 825.

VILERS (Hescelin de). H. 477.

VILETTE, Pierre. B. 908.

VILIN, Denise-Françoise, femme Mennechet. B. 2410. = Jean. B. 2013. = fermier. B. 2169. = Marie. B. 2014. = Pierre. B. 2165.

VILLAIN. B. 427, 480, 1984, 2279, 2992, 3268. = garde-chasse. C. 657. = Antoine. B. 3381. = laboureur. H. 499, 954. = Charles. B. 1410. = Denis, laboureur. E. 465. = Guillaume. E. 572. = Guislain. E. 574. = Jacques. B. 728, 2068, 4093. = Jean. B. 1999. — E. 60. = hôtelier. B. 903, 915. = laboureur. E. 465. = Jean-Baptiste. B. 113. = Jean-François, laboureur. B. 2265. = Jérôme, huissier. B. 2400. = Nicolas. B. 2991, 3181. — E. 555. = clerc-laïque. B. 2956. = Pierre. B. 2251, 3259. = Quentin. H. 1268.

VILLAINES (Thierry de), homme de corps. H. 477.

VILLANCOURT (Jean de). H. 944.

VILLANT, Marie, femme Bougier. B. 1965.

VILLANTEUSE (Simon de). H. 1295.

VILLARS (de), Adam, garde-scel du bailliage de Vermandois. H. 8.

— Claude, archidiacre de Thiérache, grand vicaire du diocèse de Laon. H. 1695. (Voir Brancas.)

VILLART, Charles. B. 1874.

VILLE (de), Florentin. G. 2.

— Jean. B. 1691.

VILLECHOLLES (de), Charles. B. 2808. = Claude, seigneur de Fontaine-Uterte. B. 2891, 2894. = Élisabeth, femme de Macquerel. B. 2894. = James. B. 2890. = Louise, sœur grise. B. 2894. = Philbert. B. 2893.

VILLEDEUIL (de). C. 1 à 4, 60, 73, 74, 195, 596, 695 à 698.

VILLEDIEU. C. 345. = couleur de glaces. B. 1317.

VILLÉE, Madeleine. B. 3939.

VILLÈLE, Anne. B. 3918.

VILLELONGUE (de). C. 945, 1046. = Charles-Abraham, garde du corps, capitaine d'invalides C. 260. = Charles-Antoine, C. 412. — E. 324. = François-Louis, seigneur de Vigneux, capitaine. E. 297. = Jean-Baptiste-Nicolas. C. 412. = Jean-Jacques, bailli d'épée du comté de Marle et La Fère. B. 774, 795. = Marie, femme Pétré. B. 214. = Pierre. C. 441. = Pierre-Joseph. C. 415. = Roger, abbé de Bucilly. B. 3289. — Tristran, docteur en théologie. E. 581.

VILLELONGUE DE NOVION (de), Robert-Louis. C. 414.

VILLEMANT, Anne-Marguerite, femme Wion. B. 2920.

VILLEMAUX. B. 2706.

VILLEMET, Mathieu, marchand de vin. B. 2167.

VILLEMONT (de), major de Coucy. B. 3499.

VILLEMONTÉ, intendant de Soissons. B. 1058.

VILLEMORIN, garde magasin à l'arsenal à Paris. C. 356.

VILLEMOT, Jean-Baptiste. B. 307.

VILLEMUR (de), Georges, seigneur de Grandval, capitaine. B. 1954, 1980, 1983, 2130, 2210, 2220, 2270, 2317. = Louise-Michelle. B. 2317.

VILLENEUFVE (de), Claude, contrôleur-général des domaines. B. 3445, 3446.

VILLENEUVE (de), Aubry. H. 1226. = Claude, seigneur de La Charmoye. B. 856. = Henri. B. 1298. = Thiébaut, curé de Regny. G. 582.

VILLEPAIL (de). C. 307.

VILLEPATOUR. (Voir Taboureau.)

VILLEPICQUE (François de), fermier général des domaines du roi, contrôleur des exploits. B. 1037.

VILLEQUIER (de), duc. B. 1461. — C. 91, 192, 337, 423, 426, 521, 594, 683. = général d'armée. B. 1443. (Voir Aumont.)

VILLEROCHE, Pierre. B. 3910.

VILLERS, négociant. C. 760. = Antoine, greffier. B. 2642. = Jacques, vigneron. B. 2651. — (de), Béatrix. H. 103. = Christophe. B. 430 = Colard, H. 103. = Éverold. H. 1110. = François. B. 1860. = Gui. H. 1116. = Jean. H. 434. = bénédictin. H. 535. = Perrotte, femme de Clignon. H. 1240. = Pierre. E. 470.

VILLERS-LE-VERT (Jean de). H. 177,

VILLESAVOIE (de), Edmond-Jean, commissaire des guerres. E. 228. = Jeanne, femme de Coucy. G. 86.

VILLETARDE (de), Jean, prieur de Ste-Marie-en-l'Isle. G. 7.

VILLETOCQ, Guillaume, mesureur de sel. H. 1319.

VILLETTE. B. 1404, 3104. = demoiselles. G. 471. = Anne, veuve Pelletier. B. 4000. = Antoine, charpentier. B. 855. = Catherine, femme Chauveau. E. 505. = Charles. C. 1043. = fermier. B. 4116. = Charles-Antoine, chanoine de Laon. B. 2634, 2839. = Clément. E. 569. = Élisabeth, veuve Basquin. H. 892. = Étienne, receveur des consignations et des décimes. B. 3317. — G.

426, 470. = Étienne-Nicolas, chanoine, grand archidiacre et vicaire général de Laon, historien. G. 202, 466, 467, 470, 592. = François, trésorier en l'hôtel de ville de Laon. B. 1180. = Jean-Claude, maréchal-ferrant. B. 3101. = Louise, femme Jumaucourt. B. 3092. = Marc-Antoine, bourgeois. B. 849. = Marguerite, femme Rabel. B. 2632. = Nicaise, chanoine de Laon, curé d'Eppes. E. 522. = Nicolas, maréchal-ferrant. B. 3298. = Pierre, arpenteur. H. 1747. = Robert. E. 454. = Sébastien, bonnetier. E. 454. — (de), marquis. C. 328. = Jorand, seigneur de Mont-St-Martin. B. 1472, 2891.

VILLEVAULT (de). C. 71 à 73, 193, 755, 779.

VILLIEN, Jean-Antoine. B. 565. = huissier. B. 511.

VILLIER, domestique. B. 1257.

VILLIERS (de). B, 3441. = Charles-Benjamin-Parfait, lieutenant-colonel. C. 382. = Christophe, prieur de Lesquielles. B. 1995. = Jérôme-Charles, seigneur de Suzancourt et Bocqueaux, capitaine d'artillerie et du génie. E. 330. = Nicolas, marchand de bois. B. 767.

VILLIN, curé de Thenelles. C. 670, 676. = Denise-Françoise, veuve Delisle. B. 2247. = Françoise, femme Marque. B. 1935. = Geneviève, femme Lejay. B. 3026. = Jacques. B. 426. = Marie. B. 3398. = Nicolas, valet de charrue, B. 2427. = Robert. E. 102.

VILLION, Jean-Baptiste-Laurent, procureur. B. 1891.

VILLIOT. C. 683. = Claude, garde forestier. B. 3750.

VILLON (Louis de). B. 683.

VILLOT, Charles-François, charron. B. 1414. = Claude et François. H. 1361.

VILMAIN, Étienne. C. 755.

VILMONT, Jean-Baptiste. B. 150, 2113, 2301.

VILQUIN, Isabelle, femme Boucher. B. 907.

VIN, Martin. B. 4118.

VINACOURT (Jean de), chanoine de Soissons. G. 253.

VINAGE (Alard de). H. 1503.

VINART, Antoine. E. 77.

VINART DU CROIZET, François, seigneur des Essarts. H. 519.

VINCELET. C. 515. = Ambroise, laboureur. B, 2797, 2825. = Madeleine, veuve Bruxelle. B. 3350. = Nicolle, femme Vuathier. E. 535.

VINCENOIT, Marie-Hélène. B. 2604.

VINCENS (de), Antoine et Jean-Baptiste. B. 569.

VINCENS DE MAULÉON (de), Jacques, marquis de Causans, seigneur de Suzy. E. 326.

VINCENT. B. 427. = Abraham. B. 2274. = Anne, veuve Gorisse, femme Manesse. E. 598. = Antoine, chapelier. E. 592. = maître écrivain. E. 592. = Antoinette, veuve Lenoir, femme Nazaret. E. 436. = Jacques. E. 594. = Jacquet. H. 1303. = Jean. B. 2545. — H. 1042. = chapelier. B. 2950. = meunier. E. 591. = Louis. B. 2786. = laboureur. C. 348. = Madeleine. B. 3643. = Marguerite. B. 2802. = Marie, femme Frétisson. B. 1686. = Nicolas. E. 625. — H. 1256, 1267, 1270. = Pierre. B. 1931. — E. 50. = chapelier. B. 2979. — E. 592. = Sulpice. B. 3609. = Thomas. B. 2857.

VINCHON. B. 1399, 2490. = seigneur de Douchy. C. 767. = Adrien. H. 147. = Antoine. B. 1963, 2216. = seigneur d'Hérouël. B. 2893. = Antoinette, femme Pecque. B. 2893. = Armand. E 79. = Arnoul. B. 1448. = Charles. B. 2918. = Claude. B. 2902. — G. 865. = seigneur de Douchy. B. 2302. = François. B. 2008. = Georges. B. 885, 1249. = Jacques. B. 1804. = Jean. H. 765, 831. = homme d'armes. H. 1332. = Jean-Gilles, maire de Wassigny. B. 2056. = Joseph. B. 2446. = notaire. B. 16. = Laurence. B. 2375. = Louis. B. 98, 2403. = receveur de la seigneurie d'Hannape. B 101, 2176, 2407. = Marc. H. 1339. = Marguerite, dame de Bracheux. B. 1554. = veuve Alliot. B. 2017. = Marie, femme Émery. B. 1642. = Nicolas, laboureur. B. 1597. = maître de poste. H. 1341. = officier de la grande vénerie royale, seigneur en partie de Douchy, Lanchy. B. 2902. = Nicolas-François, maître de poste. H. 1341. = Robert. H. 831. = laboureur, syndic de Trefcon. B. 3980. = Simon. C. 273.

VINTHEMEN, Henri. B. 3918.

VIOLAINES (Roger de). II. 692.

VIOLETTE B 428, 2729. = notaire, C. 639, 690. = Antoine. B. 743. = épicier. B. 916 = Arthur, fermier. B 1021. = Charles. B. 1034. = fermier. B. 743. = Charles-François. B. 481. = Claude, laboureur. B. 3111. = sellier. B. 917 = Françoise, femme Pourceaux. B. 3111. = Giles. B. 426. = Henri. B. 482. = Hubert. B. 825, 4116. = Jean. B. 482. = chapelier. B. 908. = Jean-Louis, bailli de Sissy. B. 14. = Joseph, procureur et notaire. B. 481. = Louis. B. 819, 4116. = Louis-Charles, notaire. B. 13, 171. = Louis-Joseph, notaire. B. 360, 423. = Louis-Quentin-François, notaire. B. 16. = Marie, femme Bailleur. B. 743. = Marie-Blanche-Élisabeth, veuve Gérardot. B. 495. = Nicolas. B. 4116. = Pierre. H. 819.

VIOLETTE DE BRETAGNE. C. 951. = Louis-César, bailli de Fontaine-Notre-Dame. B. 2051.

VIOLLAINES (Jean de). procureur du roi. H. 1209.

VIOLLETTE, Simon. B. 1251, 2923.

VION, Suzanne. B 1856.

VIOS DU GAY, Joseph Augustin, chanoine de St-Quentin. G. 817.

Vrn. (Voir Barthélemy.)

VIRGILE D'URE (madame). C. 352.

VIRLEZ. C. 772.

VIRY (de), Drogon. H. 350. = Gauthier, dit le Gros. H. 807. = Godon. H. 769, 807. = Pierre, seigneur de Commenchon. H. 744, 832. = Wautier. H. 350, 769.

VISCONTIN, Antoine, abbé de St-Martin de Laon. H. 987.

VISEGNUEL (Jean de). H. 1208.

VISENUEL (Simon de), ex-maire de Chaudun. H. 1208.

VISIGNUEL (Raoul de). H. 1205.

VISIGNY. B. 2719. = Nicolas, vigneron. B. 4114. = Richard, meunier. E. 567.

VISINIER, Jean. H. 694.

VISOT, Étienne. B. 622.

VISSE, Gille, laboureur. E. 470.

VISSEC DE LATUDE, Jean-Baptiste, (comte de), capitaine au régiment d'Orléans. E. 301.

VISSOT. B. 2862. = Antoine. H. 942. = Prinette, veuve Brisset. E. 576. = Gérard, E. 620. = Servais. H. 942.

VITARD, Charles-Auguste, seigneur de Barzy et Jaulgonne. E. 149.

VITART. B. 517. = orfèvre. H. 1395. = Antoine, procureur du roi. B. 3722. = Étienne, marchand boucher. H. 1395. = Moïse. B. 3376. = Pierre. H. 1057.

VITASSE, Marie. B. 3078.

VITAUX, Catherine, femme Duffot. B. 1990. = Madeleine. B. 2450. = Nicolas. B. 2226.

VITIER, Françoise, femme Dardenne. B. 900.

VITOUX. B. 2487. = Anne-Marie. B. 3129. = Charles, garde forestier. B. 3810. = Claude, garde-port. B. 3497. = Guillaume. E. 58. = Jean. B. 2279. = menuisier. B. 2230. = Joseph, laboureur. B. 2116. = Marie. B. 3124. = Nicolas. B. 2279. = Pierre. E. 58.

VITRY (Michelle de), veuve des Ursins. F. 8.

VITTART, Marie, femme Compagnon. B. 529.

VITTU, Gabriel, vigneron. B. 2645.

VITU, Adrien. E. 475. = Antoine. B. 534. — H. 982. = laboureur. B. 2116. = manouvrier. E. 575. = Bonaventure. B. 628 = Claude. H. 982. = Daniel. B. 2886. = David, maire de Mortiers. C. 828. = François. B. 538. = Georges, meunier. E. 510. = Jean. B. 1831. = Marie-Jeanne-Agathe, femme Lechevalier. B. 938. = Noël, meunier. B. 2775. = Pierre, sabotier. E. 611.

VIVAISE, Antoine. B. 973. = Jean. B. 910.

—   (de), Jean, abbé de Clairfontaine. B. 3823.

VIVIEN, Pierre, charpentier. B. 1533.

VIVIER (de), Guillaume, official de Laon. G. 2, 7, 253. — H 16, 63. = apprenti couvreur de tuiles. E. 614.

VIVIERS (de), Gobert. G. 253. = Isabelle. H. 477.

VODOYEN, Claude, vigneron. E. 421. = voiturier. E. 435. = Gabriel. E. 421.

VOIENNE, Antoine. E. 404.

—   (de), Jacques. B. 1812.

VOIEN, Martin. B. 1805.

VOIRIE, Élisabeth. B. 365.

VOIRON, Jean, laboureur. B. 3330. = Madeleine, veuve Dupré. B. 86.

VOIRY. B. 2566. = Abraham. B. 562. = François. B. 460. = Marguerite. B. 492. = Pierre. B. 2602, 2608.

VOISIN. B. 2287. = Antoine. E. 522. = Étiennette. B.

3398. = Jacques. B. 337. = laboureur. B. 1986. = Jeanne, femme Dorigny. B. 2900.

Voiturier, Testard, bénédictin, prieur de Fargniers. H. 391.

Vol de Conantray, subdélégué. C. 15, 336.

Volans, Ernaud. H. 249.

Volant, Marie, veuve Burquet. H. 1287.

Volereau, Jacqueline. B. 3100.

Volfle, Jean-Baptiste, capitaine. H. 507.

Vollereau. B. 2990. = Hubert. B. 2988. — C. 273. = Madeleine. B. 490. = Montain, prêtre. E. 477. = Nicolas, greffier de justice. B. 2968.

Vollereaux, Antoinette. B. 3308.

Volliez, Hilaire, arpenteur. B. 1921.

Volvène (Arnaud de la). B. 681.

Voraux, fermier. B. 378.

Voreau, Isaac. B. 3141, 3160. = Jacob. B. 3157. = Joseph. E. 183. = Marie. B. 476. = Martin. B. 3160. = Suzanne. B. 3147.

Voreaux. B. 3148. = Moïse. B. 3142. = Pierre. B. 3247.

Vorges (de), Albric. H. 283. = Henri. H. 105.

Vorsaine, Antoinette et Barbe. B. 3182.

Votte, Jacques. B. 2651.

Voulpaix (de), Gui, seigneur. H. 952. = Mathieu, seigneur. H. 275.

Voutier (Nivelon de). G. 253.

Vouzy (Antoine de), chanoine de Guise. E. 466. (Voir Devouzy.)

Voyenne. (Henry de). H. 235.

Voyennes (Pascal de), seigneur de la Torte. E. 498.

Voyer, Charles. B. 3555. = Élisabeth, veuve Moret. B. 2940.

Voyeux, bouchère. B 1737. = Jean. E. 535. = Jean-Baptiste. E. 155. = Louis. B. 1350.

Voysin, intendant du Hainaut. B. 3161.

Vraigne, Jean, berger. B. 499.

Vraine. B. 3242.

— (de), Étienne-Firmin-Martin, trésorier de France. B. 1115. (Voir Vrayne.)

Vrayer, Adam-Nicolas, chirurgien. H. 1382. = Jean. H. 978.

Vrayet, Jean-François, chanoine de Nesle. B. 2917.

Vrayne (de), Étienne-Firmin-Martin, trésorier de France, grand voyer en la généralité de Soissons. B. 783, 1018. (Voir Vraine.)

Vrely (Anne de), femme de Boursin. B. 1337.

Vrevin. E. 22. = Antoine. B. 1511, 1824. = laboureur. B. 1779. = Daniel, laboureur. B. 1535. = François. B. 1750. = Jacques. B. 1377. = Jean. B. 1608, 1805. — H. 1104. = Marie, veuve Branche. H. 1392. = Pierre, laboureur. B. 815.

— (de), Antoine. B. 1006, 1847. = chanoine de Noyon. B. 1000, 1591. = Félix. B. 122. — E. 381. = intendant de Champagne. E. 400 = Félix-Roland. E. 395. = Jacques-Félix. E. 395. = Jean, lieutenant particulier au bailliage de Chauny. B. 1377. = Jorand, seigneur d'Estay, lieutenant général au bailliage de Chauny. B. 705, 819, 1025, 1210, 1430, 1472, 1476, 1495, 1525, 1532, 1588, 1624, 1862. — E. 489. — H. 1831. = Louis. B. 1420. = conseiller d'État, correcteur en la chambre des comptes. B. 1421. = lieutenant particulier au bailliage de Chauny. B. 1377. = président, lieutenant général au bailliage de Chauny, seigneur d'Estay. B. 1006, 1158, 1160, 1513, 1548, 1613, 1847, 1849. = Michel. E. 400.

Vrevins (de), Félix, chanoine, official, vicaire général au diocèse de Laon. C. 675, 676. — D. 17. — E. 328. = Michel, seigneur de Neuville. B. 2517.

Vuabe, Laurent, vitrier. B. 919.

Vuabert, Jean. H. 1331.

Vuable. B. 3268. = Charles, greffier de justice. B. 3263.

Vuachellin, Guillaume et Simon. B. 1924.

Vuacher, Antoine. H. 1382.

Vuaflart, Antoine. H. 1221. = mercier. B. 2869. — Claude. B. 2639. = Jean. H. 1014. = laboureur. B. 2798. = Marguerite, veuve Thomas. B. 2695. = Pierre. B. 2770.

Vuager, Antoine. B. 451. = Charles, boucher. B. 147, 2044.

Vuagré, Jean-François. B. 2240.

Vualart, Charles-Antoine. B. 2304.

Vualers (Pierre de), chambrier de Béthizy. H. 455.

Vualet, Laurence. B. 2067. = Marguerite, femme Michon. B. 2348.

Vualle, Jean-Louis. B. 2302.

Vuallerand. B. 1932. = Anne. B. 2404. = Marie-Rosalie. B. 387. = Pierre. B. 1988, 2253. = laboureur. H. 1571. = Toussaint. B. 2424.

Vuallet, André, maître d'école. B. 2353. = Antoine. B. 462. = Isaac. B. 1969.

Vuallier, Simon, laboureur. B. 2159.

Vualliez, Michel. B. 343.

Vuallon. B. 2854, 3371.

Vuallot, Marie, femme Mennesson. B. 1994.

Vualmé, Antoine. B. 3079. = Christophe, laboureur. B. 1868. = Guillaume. B. 1410. = Pierre. B. 3080.

Vualmée, François, laboureur. B. 1348.

Vualton, Madeleine. B. 3944.

Vuament. E. 387. = Jacques. E. 61.

Vuanet, Louis. B. 1946. = Pierre, hôtelier. B. 3899.

Vuanier, Marie-Anne. B. 2414.

Vuabain, Nicolas. B. 373.

Vuarand, Antoine et Marie. B. 450.

Vuardé, Jacques. E. 187.

Vuardel (famille). B. 539.

Vuardet (famille). E. 593.

Vuarel, Anne, veuve Bocquet. E. 424. = François, avocat.

H. 515. = avocat du roi. G. 512. = Jeanne-Françoise, femme Pioche. B. 934 = Paul, gendarme de la garde du roi. G. 514.

Vuarenflot, Jean, sergent royal. B. 3385.

Vuaret, Charles. B. 898. = Marie-Jeanne. B. 492. = Pierre-François, garde forestier. B. 3601.

Vuargnier, Adrien. B. 1656. = Alexandre. E. 206.

Vuarin. B. 964. = Françoise. B. 751. = Jean. B. 751, 904, 1425, 3901. = Marie, femme Tascheron. B. 751. = Nicolas. B. 2006.

Vuarlot, Nicolas. B. 1990.

Vuarluset (de), Daniel, maître vitrier. B. 822.
— Quentin. B. 1170.

Vuarnan, arpenteur. H. 907.

Vuarnet. B. 520, 524, 530, 593, 1932. = Adrien. B. 3076. = André-Évrard, président en l'élection de Guise. B. 2106. = Antoine. B. 1970. = Barbe, femme Philippe. B. 2007. = Catherine. E. 602. = Claude. B. 612. = Jean. B. 908, 1674. = avocat. B. 2150. = Jeanne. B. 2382. = Joachim, curé de Marle. B. 531. = Marie-Anne. B. 180. = Mathieu. B. 575. = Médard. B. 969. = fermier. B. 1167. = Nicolas. B. 1927. = Pierre. B. 1937. = Romain. B. 534, 2695. = Sébastien, laboureur. E. 516.

Vuarnier, Charles-Guilain, ex-capitaine d'infanterie. B. 1885. = Éloi. B. 1378. = Guilain, greffier de maîtrise. B. 3722, 3746, 3765. = Jean. B. 3273. = laboureur. B. 1344. = Pierre. H. 1731. = Simon. H. 735.

Vuaronde, Charles. B. 40, 61. = Nicolas. B. 61, 3112.

Vuaroqueau, Adrien. E. 615. = Engrand, apprenti tailleur d'habits. E. 544. = François. B. 1202. = Jean. E. 580. = Noël. B. 1161.

Vuaroqueaux, Jean-Charles. H. 848. = Martin. H. 1348. = Nicolas. H. 1348.

Vuarroquiau, Claude, laboureur. B. 2873.

Vuaroteau, Jean. B. 358.

Vuartelle, Claude. B. 2012. = Jean. B. 2415. = Sébastien, laboureur. B. 3391.

Vuaru, Antoine. B. 462.

Vuary, Nicolas, pâtre. B. 3074.

Vuascelart (famille). B. 319.

Vuasselart, Gaspard. B. 1986.

Vuasselet, Catherine. B. 3968. = Jean, laboureur. B. 2771.

Vuasselin, Barbe, femme Godart. B. 3962. = Isaac. B. 133.

Vuatan, Jeanne, femme Boutentin. E. 517.

Vuatbot. B. 1928. = Charles, laboureur. B. 1348.

Vuateau. B. 1928. = Antoine. B. 541. = Charles, maire de Marly. B. 2052. = François. B. 2151. = Jeanne, femme Courbran. B. 3096. = Nicolas, fermier. B. 351. = Pierre. B. 606. = Renée, femme Langlet. E. 603.

Vuatebois, Pierre. E. 516.

Vuatebot. B. 1938. = Barbe. B. 2152. = Charles. B. 1423. = laboureur. B. 1350. = Pierre. B. 2065.

Vuatel, François. B. 3375.

Vuatelet. B. 1403. = Abraham. B. 318. = Lucie, veuve Berthoult. B. 512. = Pierre. B. 1978. = lieutenant au bailliage de Ribemont. B. 196.

Vuatellier. B. 2848.

Vuathier, Jean. E. 535. = laboureur. E. 539. = Jeanne, femme Nottelet. E. 588. = Marguerite et Marie, femme Millet. E. 539. = Mathieu. E. 538.

Vuatier. B. 525, 1696, 2513, 2845. = Claude, marchand de vin. B. 936. = tapissier. B. 924. = Claude-François, curé. G. 981. = Jean. E. 53. = sergent royal. B. 3092. = Louis-François, officier de la maison du roi. B. 115. = Louis-Jacques. B. 938. = notaire. B. 853. = Marguerite, femme Marchand. E. 260. = Marie-Madeleine, femme Crosnier. B. 925. = femme Gaultier. B. 926. = Michel, bourgeois. B. 849, 925. = Pierre. C. 854. = Robert. B. 2901.

Vuatin, Louis. B. 1262. = Marie. B. 3918.

Vuatrin, Jeanne-Catherine. B. 3262.

Vuattebot, Philippe. B. 2131.

Vuattier, Anne, femme Lefebure. B. 1994, 2002, 2150, 2229. = Françoise, veuve Lagneau. B. 3920.

Vuatu, Madeleine. B. 1157.

Vuaubert, Antoine. B. 1693. = Jean. B. 1599, 1839, 1865. = Marie, femme de Théis. B. 1550.

Vuian, François, curé de Remigny. B. 1353.

Vuiart, Marie-Anne, servante. B. 2428.

Vuibail. B. 344. = Antoine, curé d'Esquéhéries. B. 2005, 2379, 2389 à 2393. = curé de Monceau-le-Neuf. B. 2392. = Michel, curé d'Iron. B. 2011.

Vuibert, Claude. B. 3997. = Françoise, veuve Pioche. G. 623. = Louis. B. 1774.

Vuidet, Jean-Baptiste. E. 216.

Vuiége, Marie Madeleine, veuve Lefranc. B. 2311.

Vuilche, Germain, perruquier. E. 397.

Vuilcocq, Nicolas, vigneron. E. 430.

Vuillefroy (de). C. 51
— Robert, avocat. H. 515.

Vuillemain, Henri. B. 1323.

Vuillemet, Claude. B. 2868.

Vuillemont, Claude, curé de Saint-Jean-Baptiste de Saint-Quentin. G. 1672.

Vuillerot, Pierre, fermier. B. 1924.

Vuilliot, Jacques. B. 2361.

Vuillot. B. 1944. = Louis, laboureur. B. 927. = Marie et Nicole. B. 2532. = Pierre-Louis. C. 657. = Rose. B. 3949. = Suzanne. B. 2896.

Vuilmain. B. 741, 874. = Antoine. B. 897.

Vuilque, curé de Chéry-lès-Rozoy. C. 116. = Marguerite. B. 449.

Vuilquin, François. B. 158. = Nicolas. B. 965.

Vuimy, Antoine. B. 2379. = Marie-Madeleine. E. 109. = Marie-Marguerite, veuve Gaudoy. E. 109.

Vuion, Bonaventure. B. 1877.

Vuisbecq, Antoine. B. 1870.

Vuitart, Antoine. B. 518.

Vuitasse, Charles, docteur de Sorbonne, professeur du Roi, prieur de Quierzy. B. 1763.

Vuitier, Jean, garde-forestier. B. 3603. = Marguerite. B. 1162. = Marcel. B. 882. = Nicolas, forgeron. B. 903.

Vuittart (famille). B. 521, 523. = Quentin. B. 510.

Vuity, Charles, marchand de fers et forgeron. B. 932. = Nicolas. B. 843, 1215.

Vuoidin, François, chanoine. B. 1211. = Guillaume. B. 1211. = sergent à verge. B. 819.

Vuorden, Charles-François (baron de). B. 2745.

Vuyart, Jaspart. H. 994. = Louis, B. 482.

Vy (de), Pierre. G. 253. = Simonne, veuve Delapierre. H. 1508.

W

W, abbé de Thenailles. H. 639.

W, curé de Saint-Remy de Laon, juge apostolique. H. 965.

Wachez, Étienne. B. 4045.

Wacquement, Joseph, tailleur d'habits. B. 2436.

Wadaline, femme de Jean le bon enfant. H. 189.

Wadencourt (Gautier de). H. 477.

Wadin, Marguerite, veuve Jorand. B. 891.

Waflard, Christophe. B. 676. = Nicolas. B. 1887.

Waflart. B. 2735. = Antoine. H. 827. — Claude, curé de St-Martin de St-Quentin. B. 2893. = Jacques, meunier. H. 1242. — Jean. H. 1573. = Simon. G. 19.

Wagé, François. B. 2292.

Wager, Barbe. B. 888.

Waignon (de), Arnoul; Gui; Jacques, Jean et Yde. H. 972.

Wailly (Claude de), prieur de l'abbaye de Cuissy. E. 403, 413.

Wairy (Barthélemy de). H. 105.

Wal, Pierre. E. 462.

Walaincourt (de), Adam; Baudoin; Jean, seigneur; Joie, dame; Mathieu, seigneur de Prémont. H. 1116. (Voir Dours, Valincourt, Walincourt.)

Walbin. E. 135.

Wale, Louis. B. 2304.

Waleband, André. B. 156.

Walincourt (Simon de). H. 1116. (Voir Walaincourt.)

Waline (Litald de). H. 878.

Wallart, Charles-Antoine. B. 2265.

Walle, notaire. E. 609.

Wallemalette, Pierre. B. 1266.

Wallerand, Louis. B. 1887. = H. 1340.

Wallet, Antoine. B. 4014. = H. 834. = Antoinette, veuve Levert. B. 815. = Jean-Louis, curé de Caumont. B. 1734. = Pierre. B. 1247.

Wallin, Louise, femme Deseuste. E. 411.

Wallo, chevalier. H. 588.

Wallon (de), Claude, seigneur de Breville. B. 694. =

Jacques. B. 875. = bailli, gouverneur du comté de Marle. B. 3444, 3445. = seigneur du Fresnoy, chambellan du roi de Navarre, capitaine gouverneur de la châtellenie de La Fère. B. 3585. = Louis. B. 813. = Marguerite, femme Lefèvre. B. 694.

— Jean. H. 1042. = Pierre. B. 1926.

Wambais (Gautier de). H. 1116.

Wamencourt (Simon de). G. 70.

Wandonne (Lyonnel de), gouverneur de Vendeuil. E. 657.

Warain, Pierre-Joseph. B. 1374.

Waran, Louis. B. 4016.

Wardet (famille). B. 536.

Warel (de), Charles. B. 1899. = Paul-François. E. 104. = Toussaint. B. 3034.

Warel de Beauvoir (de), Nicolas-Denis, maréchal de camp, inspecteur général de l'artillerie. E. 329.

Warenceau (Jean de). E. 548.

Warèt, François. B. 2292.

Wargnier, Jacques, laboureur. B. 377.

Warin, abbé de St-Martin de Laon. H. 267, 275. — veuve. B. 390. = Jean-Baptiste, garde bois. B. 2479. = Nicolas. H. 798.

Warlomont, Jean-Baptiste, abbé de Bucilly. C. 1018. — D. 16. = G. 572.

Warmont, Christophe. B. 1531.

Warnequin, Josse, curé de Brasles. H. 1309.

Warner, Michel, priseur et vendeur juré. B. 876.

Warnet. B. 521, 571, 2270. = notaire. E. 517. = Adrien, fermier. B. 333. = André-François, président en l'élection de Guise. C. 261. = Antoinette. B. 2205. = femme Desruelles. E. 554. = Claude. E. 456. = Geneviève, veuve Lehault, femme Rocourt. E. 550. = Marie, femme Bataille. B. 518. = Marie-Jeanne, veuve Desforges. B. 2110. = Pierre, prêtre. E. 478. = Romain. B. 512. = sergent-garde. B. 2657.

Warnier. H. 875. = Adrien. H. 393. = Simon. H. 392.

Waroqueau, Georges. E. 462. = Jacob, curé de Montigny-le-Franc. B. 2876. = Jean-Baptiste, organiste. E. 379. (Voir Varoqueaux.)

Waroqueaux, François, Jean et Nicolas. H. 942.

Waroquet, Eustache. B. 479. = Jean. B. 2390.

Waroquier, imprimeur-papetier. C. 952, 957. = Quentin. B. 1530.

Warpon, Léonard. B. 551.

Warrant (de). C. 281.

Wartelle, Jacques. B. 2236. = Jean. B. 3900. = Pierre-Dominique-Gabriel, chanoine de Guise. B. 2123.

Wastebled, Jean, boulanger. H. 17.

Wastebot, Raoul. H. 1508.

Wateau. B. 1944. = arpenteur. B. 3644. = Antoine. B. 588. — E. 554. = Claude. B. 2273. = François. B. 2277. = Jacques, doyen de St-Jean-au-Bourg. E. 487. = Jean-Louis. B. 376. — H. 801. = Pierre. B. 3092.

WOHAIRIS (Marie de). H. 275.
WORREGARD, chartreux. C. 698.
WOIRY, Regnault. E. 464.
WOREAU, Jean-Jacques. B. 3301.
WUAFLART. B. 520.
WUALLET, Christophe, laboureur. B. 1612.
WUIBERT, Louis. B. 732.
WUILLAUME, Françoise, veuve Seguin. C. 235.
WYART. B. 516. = Charles. E. 35. = Nicolas. B. 541.
WYET, Jeannin, laboureur. E. 614.

X

XIMENÈS (de), Augustin, brigadier des armées, mestre de
camp. seigneur de Longchamps et de Vadencourt. B. 316,
2246. = Augustin-Louis, mousquetaire. B. 440. = Godefroy, colonel. B. 226. = Joseph, lieutenant général des
armées, gouverneur de Maubeuge, seigneur de Proisy,
Longchamps, Vadencourt. B. 34, 77, 225, 226, 405,
3865. = Marie, veuve de La Voire. B. 226. = Marie-Al-
bertine, femme Tarteron de Monthiers. B. 226, 2122,
2125.

Y

Y (de). B. 812. = Anne. B. 694, 1182. = femme Varlet.
B. 2891. = seigneur de Nouvion-le-Comte. B. 814. =
Antoine, seigneur de Tournoison. B. 441. = César-
Louis, seigneur de Seboncourt et de Missy-lès-Pierrepont. B. 2253. = Claude, femme d'Apremont, dame de
Nouvion-le-Comte. B. 694, 1482, 1605. = veuve de Fla-
vigny. E. 515. = Élisabeth, dame de Gaucourt, femme
Archibald. B. 2393. = Élisabeth-Charlotte-Françoise-
Louise, femme de Villiers. E. 330. = Eustache, seigneur
de Seboncourt, Longchamps, etc. B. 220, 221, 405. — E.
77. = François, chapelain. G. 7. = seigneur de Tour-
noison. B. 420. = Françoise. B. 671. = Jacques, receveur des domaines du roi. B. 2891. = seigneur de Gaucourt. B. 2893. = Jean. B. 2918. = maire de St-Quentin.
H. 1695. = procureur du roi. B. 2896. = seigneur du
Sart et d'Épinoy. B. 23. = seigneur de Tournoison et
de Gaucourt. B. 2891. = Jeanne. B. 671. = Julienne.
B. 671. = Louise, veuve de Mailly. B. 57. = Louise-
Charlotte-Thérèse, dame de Missy-lès-Pierrepont et de
Seboncourt. B. 29. = Marguerite, femme de Bordeville. B. 973. = femme de Boy. B. 2891. = femme

Roussin. B. 2891, 2893. = veuve Dorigny, femme de
Godefroy. B. 1344. = Marguerite - Charlotte - Louise.
E. 330. = Marie, femme de La Motte. B. 2891 =
femme de Sons. B. 1354. = veuve Dupassage,
femme Duchesne. B. 858. = Marie-Françoise Louise.
B. 2255. = Marie-Henriette-Louise, dame de Proix et
Marie-Nicolas-Pierre-Louis, seigneur du Fay. E. 330.
= Michel, lieutenant général au bailliage de Vermandois. H. 2891. = Nicolas, seigneur de Longchamps et
lieutenant général au bailliage et présidial de Château-
Thierry. B. 1953. = Nicole, docteur en droit, chanoine
et chantre du chapitre d'Amiens. B. 2889. = Philippe.
B. 684. = Robert. B. 2921. = seigneur de Bréart, procureur du roi. B. 2919. = seigneur de Gaucourt. B. 1902.
= seigneur de Seraucourt, procureur du roi. B. 886,
2891.

Y DE MISSY (de), Louise-Charlotte. E. 299.
YDE LA NEUVILLE (de), Marie-Louise-Françoise. B. 2200.
— E. 330.
Y DE RÉSIGNY (de). C. 312. = Marie-Louis-Étienne, officier
d'infanterie. E. 330.
Y DE SEBONCOURT (de), Louis. E. 299.
YDE. H. 399. = femme de Berzy. H. 1508.
YDÉ, Pasquier. H. 1622.
YDÈLE, Jean, joueur d'instruments. B. 673.
YDELLE, Adrien. B. 977.
YMBERT, Hélène, domestique. B. 1738.
YOLAINE, Étienne, bourrelier. B. 493.
YOLANDE, femme d'Arsy. G. 253.
YONNET, Louis, moine, curé de La Bouteille. B. 3160.
YRIZUN (de), Gui et Jean. H. 741.
YRON (Marie d'), femme Desplanches. H. 7.
YSABEL, femme de Glangue. H. 1567.
—   femme Lebryois. E. 637.
YVAN, Antoine, curé de Frières. B. 1614.
YVARD DE L'ABBAYE, homme de corps. H. 477.
YVART, François, chirurgien. B. 1540.
YVERLAY, Jacques, laboureur. B. 1420. = Jean. B. 1401.
YVERLET, Isaac. B. 1426.
YVRELAY, Jean et Valentin. B. 1486.

Z

ZEIGLE. B. 3372.
ZELLE, René, exécuteur des hautes-œuvres. C. 659, 958.
ZUNQUIN, Alexandre, dit des Cames, bailli et capitaine de
Coucy. H. 756.

TABLE DES MATIÈRES

(prieuré de Voulton uni à l'). H. 1325. = réparation aux bâtiments. B. 3692. = services religieux. H. 1295, 1314, 1315. = titres. H. 1293 à 1327.

ABBAYE de Fervaques (abbaye de Biache unie à l'). H. 1630. = bois. B. 3570, 3643, 3653. = comptabilité, H. 1630. = inventaire et cartulaire. H. 1624 (abbesses, célébration des offices, consécration de l'église, dotation, historique du monastère, personnel, ruine et rétablissement de l'). = recluse. H. 1699. = réparations. B. 1371. = sceau. H. 952. = titres. H. 399, 1626 à 1654.

— de Fesmy : administration des biens. B. 556. = association de prières. H. 121. = dépendances de la mense abbatiale. B. 2459. — H. 607. = expertise des réparations à faire aux églises, fermes et bâtiments. B. 284, 311. = possessions. B. 76, 293. — C. 817. — H. 797, 894. = prévôt, ses attributions. B. 182. = (rente due par l'). B. 2156. = réparation aux bâtiments. B. 172, 308. = scandale. B. 466. = sceau. H. 121. = titres. H. 606, 607. = (visite de l'). B. 297.

— de Foigny : accords et transactions. H. 624. = actif et passif. G. 398. = archives. B. 3151. = histoire. H. 623. = impôts. B. 41. = joyaux et ornements. B. 3137. = maison de refuge. H. 646. = mense abbatiale B. 3134, 3150, 3158. = terrier. H. 629, 630. = titres. H. 628 à 658. = voies de fait d'un procureur. C. 517.

— de Fontaine. près Meaux : bois. B. 3771.

— de Fontaine-Notre-Dame : vignes vendues. H. 1623.

— de Genlis : abbatiale. B. 1565. = actif et passif. B. 1626. = bâtiments. B. 1479, 1573, 1580 et églises. B. 1569, 1583. — H. 1096. = bois. B. 1578, 3458 ; pour les réparations. H. 1095, 1096. = caveau funéraire, droits honorifiques, messe quotidienne des seigneurs. E. 20. = cloîtres, leur rétablissement. H. 1095. = possessions. B. 1474, 1615, 1632. — E. 22. — G. 113. — H. 1086. = reliques. H. 1087. = revenus. B. 1487, 1626. — H. 1086. = titres. H. 1086 à 1106.

— de Ham. B. 1716. — H. 1100.

— de Hautvilliers. G. 62. — H. 534, 1037.

— d'Hombliéres : abbés. H. 589. = cartulaire. H. 588. = contentieux. C. 124. = histoire. H. 589. = maison de refuge. H. 602. = mense conventuelle, plan. H. 591. = possessions. B. 3458, 3546, 3594, 3629, 3644, 3653. — H. 534, 535, 1113, 1125. = sceau. B. 3640. = titres. H. 588 à 603.

— d'Honnecourt. B. 3623. — H. 609, 1125.

ABBAYE d'Igny. B. 3695, 3771. — H. 716.

— de Jouarre. B. 3682, 3694. — H. 1074.

— de Liessies. B. 1996, 3667, 3831, 3857, 3861.

— de Lieu-restauré. B. 3725.

— de Longpont : bâtiments incendiés et reconstruits. B. 3697, 3780. = bénéfices. H. 347. = bois. B. 3697, 3728, 3771, 3780. = cartulaire. H. 692. = description des lieux réguliers. H. 693. = droits et privilèges. H. 1508. = réfectoire de l'infirmerie reconstruit. B. 3780. = titres. H. 692 à 711.

— de Maroilles. B. 3488, 3669. — H. 477, 534.

— de Montreuil : actif et passif. G. 394. = bois. B. 3816. = chapellenie. G. 2. = possessions. B. 3215. — H. 534, 588. = religieuses. B. 2897. — H. 1584. = rentes. B. 3454. — H. 588. = titres. H. 1585 à 1593.

— de Mont-St-Martin : abbés (liste d'). H. 1126. = actes de justice. H. 1168 à 1175. = bois. B. 3569, 3572, 3645, 3646. = cartulaire. H. 1116. = censives. H. 1129. = comptabilité. H. 1113, 1116, 1158 à 1167. = concordat. H. 1113. = constructions. H. 1126. = cours d'eau, église. H. 1116. = projet de reconstruction d'église, plan. H. 1128. = fondation. H. 1126. = franchises et privilèges. H. 1116. = habitée par un seul moine. B. 178. = histoire. H. 1113, 1126. = inventaire des titres. H. 1113 à 1115. = mense abbatiale. H. 1121, 1127, 1160. = unie à l'archevêché de Sens. H. 1113, 1128. = mense conventuelle. H. 1120. = prieuré de Bony uni à cette mense. H. 1113, 1126, 1127. = plantations. H. 1128. = possessions. H. 534 ; leur état désastreux. H. 1128. = prémontrés établis, discipline, prises d'habit. H. 1116. = réforme introduite. H. 1128. = sceau. H. 1150. = sépulture, services religieux. H. 1116. = travaux de maçonnerie à l'église et aux bâtiments. B. 3645. — H. 1113.

— de Morienval. B. 3771. — G. 253.

— de Moustier-la-Celle : association de prières. H. 121.

— de Nogent : actif et passif. G. 403. = bois. B. 3459, 3466, 3467, 3472 à 3475, 3499, 3512, 3529, 3666. = Chronicon : noms divers de l'abbaye, site, antiquité, légendes, constructions, établissements, règle et discipline, dédicace de l'église, dépendances, sépultures, associations de prières, chronologie des abbés, diplômes, chartes, bulles, sceau, liste des sires de Coucy, vie de Godefroy évêque d'Amiens. H. 325. = droits. H. 908. = incendie et reconstruction. B. 3512. = possessions. B. 1510. — H. 775,

moine. B. 2882. = inventaire des archives.
H. 1. = past du roi Louis VII. G. 2. = possessions. B. 3338. — E. 506. — H. 1748. =
(préséance sur l'). H. 122. = (rente due à l').
B. 3448. — H. 235. = (sceau, terrain concédé
par l'). B. 2988. = titres de propriétés H. 1 à
112. = trésorerie. H. 36.

ABBAYE de Saint-Jean-des-Vignes : accord avec le chapitre de Soissons. G. 253. = aqueduc rétabli.
B. 3713, 3771. — H. 1508. = droits et possessions. B. 3022, 3725. — E. 428, 430. — G. 253.
— H. 692, 1186, 1508. = fermes. B. 3713. —
E. 429. = mense abbatiale, travaux. B. 3713.
= titres de propriétés. H. 1177 à 1262. =
vitraux achevés. B. 3713.

— de Saint-Léger de Soissons : bois. B. 3715, 3789. =
mense abbatiale. H. 1280. = Mense conventuelle, cloître réparé. B. 3715. = façade de
dortoir construite. B. 3789. = franc salé. C.
331. = possessions. H. 692, 1291. = (rente
due à l'). H. 1508. = services religieux. H.
1291. = titres de propriétés. H. 1280 à 1292.

— de Saint-Martin de Laon : actif et passif. G. 393
à 395. = appeaux frivoles interdits. H. 870.
= association de prières. H. 121, 872. = bâtiments, plan. B. 3663. = bois. B. 3569, 3658,
3662, 3663. — H. 956. = cartulaire. H. 871 à
878. = concordat. H. 875. = église. H. 871. =
escalier construit. B. 3663. = fermages. E.
473. = justice. E. 59. — H. 875. = mense
abbatiale, dépendances. G. 37. — H. 875 ; ses
cours interdites au pâturage. B. 2619 ;
union à l'évêché de Laon. G. 37, 55. — H.
875 = oratoire abbatial. H. 871. = possessions.
B. 1108, 1246, 3558. — E. 33. — G. 527. — H.
88, 887, 956. = prêts usuraires. H. 871. =
reconstruction, réparations. B. 3663. = (rentes
dues par l'). B. 3446. — G. 529, 575. = sceaux.
H. 874, 1603. = titres de propriétés. H. 871 à
974. = tour reconstruite. B. 3669. = (transaction de l'évêque de Laon avec l'). G. 55. =
vêtures et professions de Prémontrés. H. 874.

— de Saint-Martin de Tournai. B. 3180. — H. 248.

— de Saint-Médard : association de prières. H. 455.
= bâtiments et fermes visités, infirmerie
construite. B. 3714. = bois. B. 3682, 3714. =
cartulaire. H. 477. = droits et possessions. B.
3367, 3382. — C. 383. — E. 150, 153, 614. —
H. 588, 1508. = titres de propriétés. H. 478
à 519.

— de Saint-Michel : actif et passif. G. 398. =
comptabilité. H. 337. = constructions menaçant ruine, dévastées par la grêle. B. 3288. =
(droits dus à l'). B. 3279, 3287. = évasion de

moine, assassinat. B. 3291. = (incendie de l').
B. 3285, 3288. = mense abbatiale et dépendances. B. 290, 304. = (rentes dues à l'). B.
2180, 2181. = (réparations à l'). B. 294, 3288.
— C. 824. = (sceau de l'). B. 3293. — B. 952. =
(sceau de la justice de l'). B. 3279. = titres de
propriétés. H. 337 à 342.

ABBAYE de Saint-Michel de la Ferté-Milon (assistance à
l'assemblée des états du bailliage de Villers-Cotterêts, autorisation de construire donnée
par l'). H. 1682. = droits de chauffage. B.
3725. = religieuses, prises d'habits et profession. H. 1680. = sépulture. H. 1681.

— de Saint-Nicaise de Reims. E. 344.

— de Saint-Nicolas-aux-Bois : actif et passif. G.
403. — H. 348. = association de prières. H.
354. = bénéfices, droit de nomination. H. 347.
= bois. B. 3458, 3473, 3521, 3647, 3709 ;
donnés pour le service funéraire d'hommes
pendus par ordre d'Enguerrand de Coucy. H.
352. = concordats. H. 347. = décimes réduites. H. 345. = difficultés avec l'abbaye de
Saint-Vincent aplanies. H. 350. = possessions.
E. 192, 611. — G. 75, 628. — H. 841. = prieur
nommé et installé. H. 347. = privilèges. H.
375. = religieux de la congrégation de Saint-Maur introduits. H. 347. = (rentes dues à l').
B. 758, 1520, 3446. = réparations. B. 1030,
1108, 3647. = (rétablissement de l'). B. 3561,
3673. = sauvegarde. H. 345. = sceau. H. 121,
420. = (suzeraineté exercée par l'). B. 3298.
= titres de propriétés. G. 27, 77. — H. 348 à
432.

— de Saint-Nicolas-des-Prés : actif et passif. G. 410.
= archives, inventaire sommaire. H. 433. =
bois. B. 3653. = clés remises à l'abbé. E. 43.
= désastre causé par l'armée. B. 204. = droits,
privilèges. H. 434, 535. = fondations et dotations. H. 434. = historique. H. 433. = mense
abbatiale. B. 305. = possessions. B. 284. —
H. 1464. = (rente due par l'). B. 241. — E.
40. = réparations. B. 298. = (suzeraineté de
l'). E. 315. = titres de propriétés. H. 433 à
450.

— de Saint-Ouen de Rouen. H. 648.

— de Saint-Paul de Soissons. B. 3471, 3684, 3715.
— E. 130. — H. 1655 à 1672.

— de Saint-Paul de Verdun. H. 1045, 1046.

— de Saint-Pierre de Reims. C. 536, 615. — H. 617.

— de Saint-Pierremont : rétablissement. G. 2.

— de Saint-Prix de St-Quentin : (administration,
projet d'établissement de collège en l'). C. 772.
= association de prières. H. 121. = bois. B.
3649. = droits. H. 1637. = (rentes dues à l').

ABBAYES : élection des prieurs prémontrés. C. 691. = vacance. A. 16.

ABBÉS : bénédiction et confirmation. G. 1, 121, 254. = fulminations de bulles, professions de foi. B. 2724. (Voir Sceau).

ABBESSES : bénédiction et confirmation. G. 254. = fulmination de bulles, professions de foi. B. 3725. (Voir Sceau.)

ABEILLES : éducation. D. 8, 11, 14, 15. = (prix aux auteurs de mémoires sur les). D. 6.

ABJURATION DU CALVINISME. B. 56, 1718, 2088, 2934, 3161. — G. 783. = (refus d'). B. 2343.

ABLAIS. (Voir Récoltes).

ABREUVOIR DE MONTBAVIN. B. 2756.

ABSENT (envoi en possession de biens d'). B. 1121, 2268.

ABUS de confiance. B. 1708.

ACCOUCHEMENT. C. 90. = cours, mode, inconvénients. C. 629, 630. = (manuel d'). C. 630.

ACIER (droits sur l'). B. 712, 1029.

ACQUIT (droit d'). A. 24.
— à caution. B. 4106.

ACTE de décès : rectification. B. 1106.

ACTES de foi et hommage (contrôle des). A. 17. — C. 830.
— de souffrance (formule d'). B. 2523.

ACTION hypothécaire. B. 418.

ADMINISTRATION générale : comptabilité. C. 950, 972. = (plan d'). C. 919.
— provinciale du Berry. A. 29.
— — du Soissonnais. C. 981.

ADORATION des Mages (tableau de l'). E. 467.

ADULTÈRE (peine contre l'). B. 2366.

ARÉOMÈTRE CARTIER. B. 3652.

AFFIRMATION de voyage (actes d'). A. 29. — B. 193, 578, 809, 1425, 1894, 2623, 2763, 3754.

AFFORAGE (droits d'). B. 102, 109, 162, 175, 182, 268, 278, 707, 1019, 2148, 2494, 2496, 2506, 2615, 3134, 3228, 3230, 3445, 3450. — C. 194, 992, 1014. — E. 56, 70, 531, 557, 603. — G. 256. — H. 302.

AFFRANCHISSEMENTS. G. 1. (Voir Hommes de corps.)

AGIOTAGE interdit. A. 30.

AGRICULTURE : amélioration. C. 943. — D. 4, 5, 7, 11, 13. = animaux utiles. D. 8. = avantages. D. 5, 8. = (chevaux confiés à l'). C. 64. = (dépérissement de l'). C. 880. = (encouragement à l'). C. 925. — D. 4, 7. = (enfants trouvés destinés à l'). D. 6. = (lettres sur l'). D. 14. = (mémoires et rapports sur l'). C. 668, 921. — D. 5 à 8, 11. = (questionnaire sur l'). D. 12. = statistique. C. 31 à 36, 40. — D. 1.

AIDES : affermage. C. 837, 849, 1039. = diminution de droits. C. 832. = (employés des). C. 834 à 836. = (perception des). B. 1049. — C. 832, 850, 851. = (régie des). A. 28, 31.

ALARMES causées par de faux bruits. C. 1041.

ALIGNEMENTS. B. 2114. — C. 421, 433, 478, 525, 752. — E. 246.

ALLEU DE COURBES (donation de l'). H. 221.
— DE POUILLY : vassalité. G. 2.
— DE SISSONNE : inféodation. G. 1.

ALQUIFOUX : importation. A. 22.

AMENDES : abandon de produit. B. 1222. = affermages. E. 372, 410, 466, 476. = (consignation d'). B. 3821. — C. 825. = (droits d'). G. 1, 2. = (état de condamnés à l'). B. 1769. = (partage d'). B. 236. = (recouvrement des). B. 3546, 3549, 3561, 3825, 3831, 3836, 3860, 3861. — C. 514. = (rôles et comptes des). B. 1771, 3624, 3626, 3627.

AMENDE arbitraire. B. 1485. — E. 637.
— honorable. B. 979, 982, 984, 989 à 995, 1258, 1261, 1272, 1279, 1692, 1718, 2772, 3230, 3615, 4003.

AMIDON (droits sur l'). A. 1, 23, 27. — B. 4. = fabrication. A. 23. — C. 755.

AMIRAUX français (droits des). B. 1907.

AMNISTIE. B. 753.

AMORTISSEMENT (droits d'). A. 3, 20, 24, 28. — C. 325 à 329. — H. 985, 1113. (Voir Caisse.)

ANCRES de marine : importation. A. 24.

ANÉE : mesure à grains, sa contenance. C. 898, 937.

ANIMAUX (effets de la gelée sur les). D. 13. = (nutrition des). D. 20. (Voir Agriculture.)
— nuisibles (mémoires et rapports sur les). D. 7.

ANNÉE (commencement d'). E. 483.

ANNIVERSAIRES : célébration. B. 1390, 1611. — G. 253. — H. 1116. = fondation. B. 21, 24, 118, 131, 2830, 2899. — E. 381, 605. — G. 253, 633, 826, 827, 1706. — H. 222, 455, 1116.
— de Barthélemy, évêque de Laon H. 293.
— de Hugues, évêque de Soissons. G. 253.
— d'Itier, trésorier du chapitre de Laon. G. 133.
— de Simon de Bucy, évêque de Paris. G. 253.
— de Victor de Camérin, évêque de Soissons; célébration. G. 253.

ANNUEL (droit d'). B. 2596.

ANTICIPATIONS. B. 2524, 2941. — E. 246. = (répression des). B. 2681, 2761, 3549. (Voir Chemin.)

APANAGE DU COMTE D'ARTOIS ET DU COMTE DE PROVENCE. A. 33.
— DU DUC D'ORLÉANS. A. 33. — B. 584, 3490, 3562, 3764.

APOCINUM ou tue chien (culture de l'). D. 7.

APOTHICAIRES (inspection chez les). B. 189, 1661. = (réception d'). B. 745.

APPEL comme d'abus. B. 1109, 1906. — C. 691. = (désistement d'). B. 284.
— de sentence. B. 193, 200, 431, 674, 679, 983, 1272, 1942, 1948, 1970, 1982, 2534, 2574, 3314. = (désistement d'). B. 431, 1538, 1779.

APPORT (reprise d'). B. 1174, 2134. = bois. B. 3501, 3834. = charbon. B. 966. = grains. C. 7, 11, 12, 935, 941.
— militaire. C. 365.

sonnel. C. 349, 353, 959. = taille. C. 359. = (transport d') C. 349.

ARTILLERIE des colonies (service de l'). C. 354.

ARTISTES vétérinaires : brevets, privilèges, vexations. C. 633. = (médailles de mérite accordées à des). C. 634.

ARTS et métiers (actes concernant les). B. 235, 2201. = administration et privilèges. A. 3. — C. 71. = apprentissage. C. 71, 72. = (communautés d'). A. 5, 504, 505, 1911. = comptabilité et contentieux. A. 26. — C. 69 à 72. = police. C. 69 = qui ne sont pas en jurande. A. 22. = réceptions. C. 70 à 73. = (taxe des). B. 2053.

ASPERGES (culture des). D. 15.

ASPHIXIÉS (secours à des). C. 931.

ASSEMBLÉES administratives; constitution. B. 6. = régénération. C. 1013.
— d'arrondissement : mode de convocation. C. 925. = régénération, suppression. C. 926.
— de district (inconvénients des). C. 1008.
— départementales: forme et régénération. C. 1014.
— d'élection. C. 75, 76, 83, 907, 909 918, 923, 926, 927, 948, 1010. = Château-Thierry. C. 920 à 923, 951, 956, 993 à 1007. = Clermont. C. 909. = Crépy-en-Valois. C. 920, 932, 956. = Guise. C. 920, 922, 924, 932, 956, 1008 à 1012. = Laon. C. 918, 920, 925, 932, 951, 953, 1013 à 1016, 1018. = Noyon. C. 920, 953, 956. = Saint-Quentin. C. 767, 768. = Soissons. C. 920, 951, 957, 1022, à 1024.
— du clergé. (Voir Clergé.)
— municipales : assistance. B. 3071. = comptabilité. C. 1049. = délibérations. C. 963, 964. = désordre et mésintelligence. C. 910. = (états des). C. 775, 932, 960. = (instructions pour les). C. 910, 961. = organisation. B. 6. — C. 4, 5. 76, 961, 1015. = périodicité. C. 1008. = (refus de se rendre aux). C. 94, 961. = séances. C. 80, 961, 1015.
— populaires. (interdiction des). B. 3013.
— primaires. (constitution des). B. 6.
— provinciales. A. 2. — B. 5. — C. 40, 74, 75, 907 à 909, 918, 927, 993. = Haute-Normandie. C. 936. Picardie. C. 768. — F. 24, 26. = Soissonnais. C. 74 à 84, 907 à 1021, 1031, 1049 à 1070.
— publiques : préséance. B. 1985.

ASSOCIATION. B. 180. = philantropiques. C. 925. = religieuses. B. 1329, 1908. (Voir Abbayes, Chapelains, Chapitre.)

ASSOLEMENT. (Voir Terres.)

ASTRONOMIE (lettres sur l'). D. 17.

ATELIERS de charité. A. 30. — C. 83, 481, 499, 586, 589 à 605, 910, 928, 1013, 1014, 1021, 1064, 1065.

ATTROUPEMENTS. B. 402. — C. 1011, 1014. = répression. B. 6. — C. 13, 359, 913, 930, 935, 1017.

AUBAINS (condition des). G. 1, 253. — H. 535. = (droits sur les). B. 3, 504, 1150, 1485, 1908, 1910, 1911. — E. 103. = H. 692, 1478.

AUBERGES (police des). B. 2543.

AUDITOIRES de justice (réparation d'). C. 167, 170.

AUMÔNE (condamnation à une). B. 3615. = (dépôt d'). B. 1232.
— commune de St-Quentin. B. 2928. — C. 757, 814. — G. 787.

AUMÔNERIES. (règlement sur les). G. 1846. (Voir Abbaye de St-Jean.

AUMÔNERIE de Courbes. H. 222, 226.
— de Nouvion-l'Abbesse. G. 1846.

AUNAGE (droit d'). E. 420.

AUNAIES. B. 956, 1011, 1462. — E. 642.

AUTEL. (Voir Chapitre, Église)

AUTOGRAPHES : de Beffroy, législateur. D. 10. = du marquis de Caulaincourt. C. 781. = de Colliette, auteur de mémoires sur le Vermandois. C. 783. = de l'abbé Cotte, naturaliste, Devisme, constituant. D. 7, 8. = l'Écuy, abbé de Prémontré. C. 50, 922. = du comte d'Egmont-Pignatelli. C. 525. = de Flamin, abbé de Cuissy. C. 822. = du duc de Gesvres. C. 507. = de Gouge, géologue. C. 44. = du marquis d'Hervilly. C. 131. = du comte de la Tour-du-Pin. C. 50, 87, 505. = du comte de Lauraguais. C. 121, 529. = de Marie-Thérèse le Tonnelier de Breteuil, abbesse de la Barre. B. 3520. = du duc de Liancourt. C. 50. = de madame de Narbonne, abbesse d'Origny-Sainte-Benoîte. C. 91. = de Parmentier. D. 16. = du marquis de Puységur. C. 50. = du duc de Tresmes, gouverneur de Laon. C. 342.

AUTOPSIE. (Voir Cheval, Vache.)

AUTORISATION d'ester. B. 1638. — C. 194, 827.

AVOCATS : banc et robe. B. 227. = communication et renvoi de dossiers. B. 2041. = consultation. B. 2582. = honoraires. B. 2041. — C. 1054. = nomination. B. 1920. = préséance et privilèges. B. 219, 379, 1551. = réception. B. 10, 667, 1330, 2029, 2540.

AVOINE : culture et rendement. D. 6, 7. = défense d'exportation, B. 708. = pillage. B. 1520. = prix. B. 82, 118, 119, 126, 589, 735, 956, 1066, 1464, 1473, 1480, 1486, 1508, 1586, 1632, 2535, 3020 à 3022, 3025, 3244, 3446, 3454. — E. 36, 250. = taxe. B. 705, 1669.

AVOUERIES : Braine. H. 477. = Brancourt. H. 1116. = Donchery, Hanzinnes. H. 477. = Landouzy-la-Ville. H. 633, 634. = Malzy. B. 1902. = Vénérolles, Vigneux. H. 477.

B

BAC : établissement et droits, réglement. C. 334, 1036.
— de Charly. B. 3029. — C. 334. — H 1508. = Château-Thierry. C. 485. = La Fère. C. 334. = Pommiers. H. 1236. = Venizel. H. 455. = Vic-sur-Aisne. B. 3367.

BACHELIER en droit. enregistrement de diplôme. B. 741.

B. 3370. = mémoire, ressort, statistique. C. 651. = (office de garde-scel du). E. 498.

BAILLIAGE de Tournai : sceau. H. 268.
— du Valois. E. 637. — H. 985.
— de Vervins. B. 3312 à 3366.
— de Villers-Cotterêts. B. 1871 à 1899. — C. 641, 642, 654. — H. 1682.
— de Vitry. H. 985.

BAILLIAGE des bois. (Voir Gruerie, Maîtrise des eaux et forêts.)

BALIVAGE de bois (dispense de). B. 3873.

BALIVEAUX : abattage extraordinaire. B. 3563. = adjudication et vente. B. 3301, 3559, 3873, 3874. = (armure des). B. 3728. = choix. B. 3562.

BANALITÉ (droit de). C. 87, 194.

BANDAGES herniaires pour les soldats. C. 350, 356.

BANLIEUE de Laon (privilèges de la). G. 1, 2.

BANNISSEMENT. B. 286, 394, 402, 982, 984, 985, 987, 993, 995, 1258, 1273, 1277, 1284, 1287, 1298, 1471, 1477, 1668, 1692, 2314, 2327, 2350, 2353, 2366, 2373, 2380, 2403, 2435, 2576, 3050, 3421, 3547, 3910, 4003. — G. 2, 253. — H. 1508. = (amendes converties en). B. 3900, 3905, 3907, 3909, 3911, 3912, 3915, 3928, 3930, 3937.

BANQUE générale (billets de la). B. 1326.

BANQUEROUTE. B. 581, 1678, 1686, 1722, 1743, 2481, 3069.

BANS. (Voir Mariage, Vendanges.)

BAPTÊMES : actes. B. 82, 88, 2827. — E. 30, 92, 309. — H. 456 : leur rédaction. B. 5, 505, 969. = (attestations de). B. 969, 1456. = (bienvenue interdite lors des). B. 2656, 3272, 3304. = (refus de). B. 2973. = (tir d'armes à feu interdite aux). B. 437.

BARATTE. (Seraine) prix. B. 415.

BARBIERS perruquiers étuvistes : privilège. B. 1595. = réception. B. 1099, 1658, 3354.

BARNABITES d'Étampes (bois des). B. 3643.

BARONNIES : Athies. B. 837. = Beaulieu. B. 837. = Benay. B. 38. — E. 266, 270, 277. = Clefmont. B. 1483. = Coucy-le-Château. G. 2. = Esmery. B. 1371. = Estrées. B. 2234. H. 1134. = La Ferté-sur-Péron. E. 309 à 315. = Freniches. B. 837. = Iron. B. 3200, 3201, 3205. = Nizy-le-Comte. B. 3285. = Pierrepont. B. 2851. = Pontarcy. E. 140, 141, 148, 152. = Ramicourt. B. 3261. = Roupy. E. 114. = Rozoy-sur-Serre. E. 514. = Rumigny. E. 49, 94. = Wiège. B. 2897. — H. 1168.

BARONS français (ligue et manifeste des). G. 1.

BARQUETTES (livraison de). B. 1499.

BAS : fabrication. A. 20.

BATAILLE de Rocroi (dépenses pour les blessés). B. 576, 589.

BATAILLON de Laon. B. 3309. = préséance. C. 339.

BATARDEAU. B. 3555, 3595, 3632, 3752.

BATARDISE (droit de). E. 103. — H. 585.

BATARDS. B. 1485. = issus de femmes de corps. G. 253. — H. 1508.

BATEAU (bois livré d'un). B. 1781. = construction. B. 1428. — C. 805. = (droit de garde de). B. 3555. = (grains portés dans les). B. 3369. = (livraison de). B. 1499. = naufrage. B. 1481. = submersion. C. 365.

BATELIER. responsabilité. B. 1433.

BATICHES (forteresses) de Dormicourt et d'Erlon. H. 275.

BATIMENT : acquisition. E. 3. = autorisation de construire. B. 561. = (donation de). B. 2993. — E. 424. = (interdiction de fumer dans les). B. 2759. = (partage de). B. 2096. = (réception de). B. 3172. = (réparation de). E. 323. = (ventes de). B. 2830, 2929, 2970, 2993, 3185. = (visite de). B. 2091, 2970.

BATIMENTS militaires. construction et réparation. A. 13.

BATISTES (commerce des). C. 762.

BATTAGE des grains (précautions pour le). B. 2757.

BAUDRIERS de buffle (prix de). B. 1075.

BAUX. D. 8. = à longues années. D. 20. = au-dessus de 9 ans. A. 26. — C. 35. = emphytéotiques interdits pour les bois. B. 3791. = judiciaires. B. 2269 à 2284, 2286 à 2297, 2299 à 2307, 3322.

BÉATIFICATION de P. Fourrier, instituteur de la congrégation. H. 1700.

BÉGUINAGE des Suzannes ou de Ste-Anne de St-Quentin. bois. B. 3649. = (donation faite au). B. 2911.

BELLE action (récompense de). C. 931.

BÉNÉDICTINS : bulle de Clément XIV. B. 4. (Voir Abbaye, Monastère.)

BÉNÉDICTION de l'encens. G. 254.

BÉNÉFICE d'âge (lettre de). A. 23. — B. 414, 1102, 3040.
— d'inventaire (lettres de). A. 23. — B. 66, 1092, 1104, 1116, 1117.

BÉNÉFICES ecclésiastiques. A. 1, 4, 5. 22. — B. 4. — C. 330, 924, 994. — E. 607. — G. 2, 131.

BERGERS (abus et désordres commis par des). C. 208, 928. = (accouchements par des). C. 629. = (droit des). B. 99, 161, 2544, 2680. = interdiction temporaire. B. 3337. = (procès criminels contre des). H. 877.

BESTIAUX : circulation. B. 3378, 3629. = conservation. A. 29. = dénombrement. C. 993. = (droits sur les). C. 334, 851. = (engrais des). C. 40, 927. = estimation. B. 3116. = garde. B. 960, 2772, 3031, 3089. — C. 36. = importation. A. 19. = indemnités pour perte. C. 842 à 846. = maladie. D. 14. = (marques sur les). B. 3544. = (mémoire sur les). C. 754. = multiplication. C. 927. = parcours. D. 15. = passage. B. 1120, 1128. = pâturage. A. 29. — B. 339, 505, 644, 2617, 2706, 3815. = (prés interdits aux). B. 2515, 2544. = subsistance. C. 37, 38. (Voir Agriculture, Chaume.)

BÊTES à cornes : maladies. D. 5. = pâturage. D. 17
— mortes de maladie contagieuse. enfouissement. B. 2622.
— ovines : cheptel. B. 72, 953, 1380, 1803. — E. 338, 339, 403, 407, 411, 465, 470, 605. = éducation. C. 35, 36. = formation et réunion de troupeaux. B. 1442. = maladie. D. 14. = mémoires et rapports.

BOITES de remèdes. C. 928, 942.

BONNETERIE : importation. A. 32. = ouvrages. B. 2.

BORNES : arrachage. B. 388, 389, 1733. — G. 146. = plantation et visite. B. 2516.

BOSQUET (vente de). E. 35.

BOTANIQUE : cours gratuit. D. 8, 16, 17. = questionnaire. D. 12.

BOUCHERIE : apprentissage. E. 424, 478. = étal. B. 2924. = inspecteur. B. 3344. = police. B. 164, 1896, 3088. — C. 943. = syndic. B. 413.

BOUCHERS : de Chauny. B. 1661, 1714, 1742 ; de Laon. C. 69, 91.

BOUES : enlèvement. C. 753, 772.

BOUHOURDY (feu de). B. 174.

BOULANGERS : apprentissage. E. 463, 515, 525, 541, 616. = déclaration de profession. B. 3011. = police. B. 583, 1896, 3014, 3018, 3023, 3028, 3040, 3319. = réception. B. 3089, 3040. — E. 500. = syndic. B. 413.

— de Château-Thierry. statuts. C. 72.

— de La Fère (finances des). C. 72.

— de Ham (droit sur les). B. 3450.

— de Laon (comptes des). C. 69.

BOULETS de canon (moules rompus de). B. 3160.

BOUQUETS de baptême (présentation de). B. 3088.

BOURGS. B. 3, 1909, 2544. = Beaurieux, défense, fortifications E. 403. = Crécy-sur-Serre, incendié, pillé. B. 434. = Nouvion, aides, privilèges. C. 850. = incendie. B. 2077. = terrage. C. 851. = St-Michel incendié par les espagnols. B. 202. = Vendeuil, incendié par l'ennemi. B. 1551. = incursion de l'ennemi, captivité et rançon d'habitants. B. 1254 ; nombre de ménages. B. 1433.

BOURGEOISIE (admission à la). B. 3314. = (droits de). B. 182, 223, 262, 2234, 2494 à 2496, 2500. — E. 56, 57, 63, 71, 97, 176, 188, 250.

BOURGUIGNONS (défaite des). E. 94.

BOURRELIER. apprentissage. E. 423, 524,

BOURRIQUE. louage. B. 1158.

BOURSES : fondation. B. 1392. = (nomination à des). B. 1364, 1394.

BOUTIQUE : bail. E. 512. = vente. B. 818.

BOUVERIE (mesure agraire). H. 455.

BRACONNAGE. répression. B. 666, 986, 3808. — C. 680, 692.

BRAISES : commerce. C. 903. = prix. B. 43.

BRASSERIE : exploitation. B. 3319. = E. 451. = incendie. B. 181. = syndic. B. 413. = ventes. B. 1136, 2292, 2293, 2296, 2299. — E. 603.

BREF (honoraires de composition de). G. 439.

— de Benoît XIV (suppression de). B. 1906.

BRÉVIAIRE du diocèse de Laon (papier d'impression du). G. 425.

BRIGANDAGE. C. 692, 1011

BRIQUES : confection. E. 461, 549, 551, 557. = prix. B. 183. E. — 559.

BRIQUETERIE (vente de). B. 3092.

BRIS de charrue. B. 3163.

— de fenêtre et de vitres. B. 2455.

— de scellés. B. 2466.

BROUILLARDS. dégâts causés. C. 887.

BRULURE (recette contre la). B. 2600.

BUCHERONS. salaire. B. 3506.

BUCHES (droit de prise de). B. 2460.

BUERIES : Chauny. B. 1566, 1587, 1594, 1791. — E. 113. = Ognes. B. 1564. = St-Quentin. B. 2909. — C. 803. — H. 542, 543, 571.

BULLES de papes : Adrien IV. H. 434. = Alexandre III. G. 115, 679. — H. 185, 344, 434, 455. = Alexandre IV. G. 120. — H. 623. = Benoît XIII. G. 128. = Boniface VIII. G. 123. — H. 623. = Calixte II. G. 115. = Célestin III. H. 434, 623. = Clément IV. G. 122. = Clément VII. C. 1036. = Eugène III. H. 623. = Grégoire IX. G. 118. — H. 623. = Honoré III. G. 116, 118. — H. 623. = Innocent II. H. 623. = Innocent III. G. 116. — H. 623, 866. = Innocent IV. G. 1, 119. — H. 623. = Innocent X. G. 701. = Luce III. G. 1. — H. 344, 623. = Martin II. H. 623. = Nicolas III. G. 123. = Paul V. H. 1693. = Sixte IV. H. 1116. = Urbain III. H. 434. = Urbain IV. G. 1, 2, 121, 122. — H. 498.

BULLE unigenitus (application de la). B. 1742, 1907.

BURALISTES. installations. C. 834 à 836.

BUREAU d'agriculture de Laon. C. 35, 39, 949. — D. 1 à 19.

— — de Soissons. C. 35, 949. — D. 19 à 21.

BUREAUX de centième denier. C. 1047, 1048.

— de charité (établissement de). C. 668, 923, 936, 989, 993, 1023. — D. 9.

— des finances. A. 25. = Moulins. 2. = Soissons. B. 1030. — C. 421, 423, 434, 615, 870 à 891.

BUREAU des tabacs de St-Quentin (sceau du). B. 4111.

— des vingtièmes de Soissons. C. 892 à 906. (Voir Vingtièmes.)

— royal de correspondance. A. 22.

C

CABARETS (police des). B. 468, 2444, 2504, 2505, 2543, 3204, 3284, 3295, 3378, 3381.

CABARETIERS. B. 1347 ; de Laon. C. 69.

CACHETS. (Voir Abbaye, Bureau des Tabacs, Chapitre, Sceau, Ville.)

CADASTRE. A. 4. — B. 1909. — C. 76.

CADAVRES : autopsie. B. 324. = cherchés. B. 470. = découverts. B. 327, 1299, 2855, 3245. = refus par le clergé de les faire enlever. B. 1109, 1110. = (procès à des). B. 2, 4, 319, 321, 322, 634, 640, 1667, 1680, 1691, 1708, 2321, 2344, 3161. = (examen et reconnaissance de). B. 318, 1189, 2375, 2471, 2814, 3066, 3070, 3164. = levée. B. 455, 501, 629, 635, 636, 638 à 640, 664, 1035, 1075, 1086, 1089, 1278, 1281, 1283, 1289, 1294, 1304, 1312, 1670, 1681, 1685, 1701 à 1704, 1714, 1734, 1785, 1737, 1745, 1746,

CHANOINES D'ARROUAISE : possessions. H. 588.

CHANOINESSES DE MAUBEUGE : procès. C. 179.

CHANSONS DIFFAMATOIRES :. interdiction. B. 3013.

CHANT avec violon : interdiction. B. 2656.

— d'église : favorisé. B. 1631 ; refusé. B. 1690.

CHANVRE : culture. B. 3400. — C. 67, 754. = importation. A. 24. = pesage. B. 3446. (Voir Fours, Rouissage.)

CHAPEAUX : fabrication et commerce. B. 1905.

— de fleurs. G. 589 à 591.

CHAPELAINS de La Fère. B. 762.

— de Laon. G. 125, 128. = Congrégation de la Madeleine, actif et passif. G. 393. = secours à la). G. 463. = titres de propriétés. E. 499. — G. 1014 à 1019. = Congrégation de St-Corneille et St-Cyprien. H. 54. = actif et passif. G. 393. = titres de propriétés. G. 1020 à 1024. — H. 68. = association de prières, sceau. G. 121.

— de Noyon. G. 1037.

— de Saint-Quentin. G. 1026 à 1036.

— de Soissons. G. 253, 254, 325.

CHAPELIERS : apprentissage. E. 859. = réception. B. 3042.

— tailleurs, chaussetiers et bonnetiers de Charly (taxe sur les). B. 3041.

CHAPELLES. B. 1784. — G. 1, 254. = Achery-Mayot. G. 412. = Bancigny, Berlize. G. 414. =:Bernot. G. 412. = Berthenicourt. H. 534. = Bourg. G. 407. — H. 1846. = Brécy. G. 253. = Brienne. G. 409. = Brissay. G. 2. = Brûle. G. 402. = Bucy-le-Long. G. 253. = Buironfosse. G. 2. = Champleu (Laon). G. 527. — H. 1602. = Champruche. G. 1804. = Charles-Fontaine. B. 87. = Cheminbaut. H. 1323. = Chermizy. G. 407. = Chevregny. G. 2. = Chézy-en-Orxois. H. 620. = Clastres. G. 486. = Colligis. H. 58. = Coucy-le-Château. G. 405. = Deniécourt. H. 455. = Dercy. B. 238. = Donchery. H. 477. = Estrebay. E. 364. = La Fère. E. 231. = Flavy-le-Martel. B. 1591. = Fontaine-Notre-Dame. H. 553. = Freniche. H. 1508. = Fresnoy. H. 588. = Fressancourt. B. 1238. — G. 405. = Goussancourt. H. 1508. = Gronard. E. 169. — G. 414. = Guise. H. 1405. = Hirson. E. 376. = Landouzy-la-Ville. H. 623. = Laon. B. 3446. — G. 397, 1807, 1808. — H. 142. = Lemé. C. 825. = Liesse. G. 200 à 203. = Lucy. G. 7, 412. = Marle. B. 596. — E. 525. = Martigny. G. 399. = Mézières-sur-Oise. G. 412. = Monampteuil. G. 2. — H. 261. = Montaigu. G. 407. = Montcornet. B. 2936. — G. 2, 7. = Mont-d'Origny. G. 412. = Montescourt. B. 1076. = la Motte d'Englancourt. G. 402. = Moulin-Chevreux. B. 1498. — G. 1814. = Moy. G. 412. = Nesles. G. 1826. = Neuville. G. 407. = Nizy-le-Comte. G. 2, 409. = Le Nouvion. G. 1405. = Nouvion-le-Comte. G. 2. = Oisy. H. 1403. = Origny-Sainte-Benoîte. B. 288. — G. 1815, 1816. = Oulchy-le-Château. G. 1817, 1818. = Pargny-Filain. G. 1819. = Pontgivart. G. 409. = Puisieux. G. 402. = Renansart.

G. 412. = Ressons-le-Long. H. 1508. = Ribemont. E. 605. = Rouvroy. G. 414. = Saint-Algis. G. 402. = Saint-Gobain. G. 405. = Saint-Lambert. B. 1076. = Saint-Paul-aux-Bois. G. 1820. = Saint-Quentin. G. 1823, 1824. = Seboncourt. H. 588. = Septmonts. G. 1825. = Servais. G. 405. = Sissonne. G. 407. = Surfontaine. G. 412, 1829. = Tannières. G. 1830. = Thenelles. G. 412. = Thony-Pontavert. G. 409. = La Tombelle (Marle). G. 2. = Vailly. G. 1831. = Vauberlin. G. 1803. = Vendeuil. B. 1832. = Versigny. G. 405. = La Ville-aux-Bois-lès-Pontavert. G. 2, 7. = Villencet. E. 523. = Wissignicourt. G. 1834 (Voir Abbaye, Chapitre, Château, Diocèse de Laon, Église, Évêché, Hôtel-Dieu, Prieuré.)

CHAPELLE TOUSSAINT. G. 1800.

CHAPELLENIES : Bancigny. G. 2. = Landouzy-la-Ville. G. 1, 7.

CHAPITRE de Berzy-le-Sec. G. 776 à 779. — H. 482.

— de Cambrai. C. 807, 924. — G. 387.

— de La Fère (St-Louis). B. 730, 1004, 1180. — E. 310. — G. 402, 640, 642. — H. 427.

— — (St-Montain). B. 674, 730, 777, 779, 869, 966, 1041, 1049, 1169, 1181, 1182. — G. 605 à 639. = (chapelles unies au). G. 634, 635, 639.

— de Guise : collégiale, chapelles unies à la fabrique, délabrement, réparations. B. 188. = comptabilité B. 2064. = contentieux. B. 50, 257, 2074, 2242. = décanat. B. 2727. = droits. H. 872. = prébendes. B. 188. — G. 115. = rentes. B. 2233. — H. 952. = sceau. H. 659. = statuts. G. 2. = titres de propriétés. B. 2066, 2074, 2103, 3290, 3293. — E. 466. — G. 643 à 652. — H. 257, 588, 894.

— de Ham. C. 332.

— de Joinville. E. 337.

— de Laon (cathédrale) : accords. G. 191. = (actes du pouvoir souverain adressés au). G. 251. = amortissement de maisons. C. 329. = archives. B. 2832. = bibliothèque, legs. B. 2785. = bois. B. 3653, 3662, 3696. — G. 137. = bourse d'enfant de chœur. G. 137. = chapelains. E. 472, 528. — G. 128, 393. = chapelles. G. 2. = chappe, cloches, portes, vitres G. 132. = (cierges dus au). B. 2851, 3446. = comptabilité. G. 132, 252. = conflits. G. 126 à 129. = contestations. G. 132. = délibérations. G. 136. = dignités. G. 4, 80, 81, 115, 120, 126 à 129, 133. = discipline. G. 125. = droits et privilèges. G. 1, 2, 4, 115 à 125, 127 à 135. = église, beffroi. G. 120. = (excommunication par le). G. 118, 122. = herbes dans le chœur. G. 134. = hôtes, leurs droits. G. 1. = indulgences à ceux qui fréquenteront

CHAPITRE de Ste-Pécinne de St-Quentin : archives, inventaire. G. 980. = chapelle en l'église. G. 1821. = comptabilité. G. 1013. = services religieux. G. 981. = titres de propriétés. G. 982 à 1012. —. H 568, 1116, 1783.

— de Soissons : actif et passif. G. 257. = archives, inventaire. G. 254 à 256. = cartulaire, autels donnés. G. 253. = chapitres généraux. B. 255. = délibérations, discipline et dogme. G. 255, 258. = droits et privilèges. G. 253, 255, 256. = église et chapelles. C. 1036. — G. 253, 254. — H. 1582. = obiterie. G. 273. = office divin, cessation, suppression du chapitre, protestations. G. 258. = profession de foi des chanoines. G. 255. = relations avec l'abbaye de St-Crépin-le-Grand. H. 455. = relations avec l'évêque de Soissons. G. 254, 258. = rituel et cérémonial. H. 455. = sceau. H. 1373. = statuts. G. 254, 255. = titres de propriétés. G. 253, 256, 259 à 368, 493, 512. — H. 477, 482, 489, 692, 1771.

— de Notre-Dame-des-Vignes de Soissons : autels, confréries, consécration d'église, exposition du St-Sacrement, reliques. G. 701. = chapelles. G. 704, 1827. = titres de propriétés. G. 704 à 749.

— de St-Louis de Soissons. G. 506, 510.

— de St-Pierre-au-Parvis de Soissons : arbres abattus. B. 3710. = collation et cumul de prébendes. H. 1508. = terres aliénées. H. 477. = titres de propriétés. G. 658 à 700. — H. 493, 918, 1532.

— de Ste-Sophie de Soissons. G. 775.

— de St-Wast de Soissons : bois. B. 3710. = collation de prébendes. G. 253. = (suppression du). G. 254. = titres de propriétés. G. 750 à 774.

— de Tournai : possessions. H. 535.

CHAPONS : prix. B. 38, 2097.

CHARANÇONS : destruction. D. 4.

CHARBON : maladie. E. 39.

— de bois : commerce. B. 1432. — C. 903. = confection et livraison. E. 612. = (droits sur le). B. 771. = prix. E. 346. — H. 1787.

— de terre : emploi. C. 622, 628. — D. 17. = exempté de droits. A. 30. — C. 778. = exploitation. B. 1395. — C. 622. = extraction. B. 2916. — importation. A. 21.

— de tourbe : fabrication. A. 29, 30.

CHARDONS : destruction. C. 1000.

CHARGEAGE DES VINS (droit de). C. 934, 1024, 1031.

CHARGES (suppression de). C. 204.

— locales. C. 1023, 1049.

CHARIOT : prix. B. 415.

CHARITÉ. C. 669, 670, 923, 976, 1036. (Voir Ateliers, Hôpitaux, Hôtels-Dieu, Pauvres.)

CHARIVARI. B. 377, 1755, 2329, 2412, 2466.

CHARPENTIER : apprentissage. E. 542. = compagnonnage. E. 440.

CHARROIS : prix. B. 2573, 3454. — E. 365, 661.

CHARRON : apprentissage. E. 422, 525. = réception. B. 3041.

CHARRONNAGE : location d'outils. E. 440. = prix d'objets. B. 3253.

CHARTREUSE DE BOURGFONTAINE. B. 3754, 3779. — C. 331. — G. 253. — H. 1369 à 1375, 1529.

— DE MONT-REGNAUT ou ST-LOUIS DE NOYON. C. 331. — H. 1376.

— DU VAL-ST-PIERRE. B. 2209, 3203, 3343, 3455, 3492, 3675. — E. 33, 164, 212, 213. — G. 413. — H. 1346 à 1368.

CHARTREUX (règlement pour les bois des). B. 3652.

CHASSE : conservation. B. 627, 3562, 3762. — C. 337. = défense d'affermer. B. 3561. = droits. B. 255, 380, 1461, 3083, 3133, 3152, 3444, 3595. — C. 6. — E. 90, 97, 103. — G. 15, 70. — H. 914, 929, 961, 1015, 1519. = interdiction. B. 553, 2936, 3007, 3049, 3056, 3484, 3545, 3547, 3554, 3654, 3752. = location. E. 412, 452. — H. 1539. = permissions. B. 3188, 3309, 3494, 3499, 3511, 3515, 3553, 3558.

— aux loups. B. 3507. — C. 66.

— aux oiseaux de rivière. B. 3446, 3495, 3547.

CHASSIS d'osier pour église. B. 43.

CHATAIGNES : adjudication. B. 3869, 3876.

CHATEAUX : Andelain, colombier et fossés démolis. B. 1011; construction. B. 1165. = Anizy-le-Château, construction, extension, guet et garde. G. 32. = Annel, projet d'école d'agriculture. C. 35. = Any, chapelles. G. 399 ; fossés comblés, refuge, guet. B. 2494. = Autremencourt, tour construite. E. 559. = Beaurevoir, chapelles. B. 3451 à 3453 ; délabrement, rétablissement. B 3445. = Beaurieux, rétablissement de couverture. E. 403. = Béthizy. H. 455. = Blérancourt, bâtiment achevé. B. 3459. = Blois, réparations. B. 3758. = Bobigny. B. 246, 2126. = Bohain. B. 3445, 3454. = Bosmont, inventaire de meubles et d'archives. E. 520. = Brissay. B. 287. = Brissy. B. 285. = Bruys. E. 122. = Burguet. B. 842, 1439, 2900. = Caillonël. B. 1558. = Charly. B. 3024. = Coucy-le-Château. B. 3485. — E. 78. = Coupru. B. 3039. = Crépy-en-Valois. H. 871. = Cutz. B. 1370. = Dercy, chapelle. E. 41 ; guet. B. 3448. = Enghien. B. 3443. = Eppes (frais de prise du). E. 563. = Erlon, toiture et jardin. B. 561. = Étang. B. 2099, 2139, 3802. = La Fère, appartement démoli. B. 758 ; capitaine. B. 708 ; chambre des meubles, tableaux. B. 3438 ; chapelles. B. 719, 1028, 1221 ; concierge, garde-meuble. B. 666, 801 ; dégats causés par grêle et tempête. B. 1106 ; délabrement. B.

B. 2711. = (barrage interdit des). B. 436. =
(digue sur les). B. 2664. = (droits sur les) G.
2. = largeur. B. 90, 2664, 3150, 3304, 3469. =
largeur de fossés le long des chemins. B.
3120. = projet. C. 428, 522. = redressement.
C. 425. = réparations. B. 690, 771, 2617,
2618, 2756, 2760, 2832, 2858. 3068, 3256, 3495,
3527, 3582. — C. 519, 520, 526, 528, 531, 592 à
597. — E. 333. = rétablissement. B. 2584,
3007, 3056. — C. 315, 530, 534, 912.

Chemins de Château-Thierry à la Marne. C. 457.
— de la Fère à Ham : abandon. B. 1690.
— d'Urvillers (arbres plantés le long des). C. 769.

Chemin des vaches entre Rogécourt et Versigny : possession contestée. B. 3583.
— de Vivières à la route de Compiègne : construction. C. 428.

Chemins abandonnés : vente. C. 81.
— publics : mémoire sur l'entretien. D. 6.
— vicinaux. C. 922, 993, 1000, 1022.

Chènevières. B. 2800. — E. 109, 124, 597.

Chènevis : valeur. B. 1478.

Chenilles. C. 884. — D. 7.
— des pins. D. 4.

Cheptel. (Voir Bêtes ovines, Vaches.)

Chevage (droit de). G. 1, 13. — H. 202, 477, 1017.

Cheval : autopsie. B. 304. = cécité. D. 17. = élevage. C.
945. = marque. B. 959. = prix. B. 306, 959,
3349. — E. 541. = restitution. B. 3312. =
troc. B. 1948. (Voir Gale.)
— de culture : corvée. H. 535. = taxe seigneuriale.
H. 477.

Chevaliers : nominations. E. 36.
— d'honneur (suppression des offices de).
B. 1906.
— de Rhodes : exempts de frais de guerre.
G. 420.

Chevauchées. C. 833, 877 à 880, 882 à 885, 888, 931, 1039.
— G. 1.

Chevaux confisqués. B. 3580, 4020, 4026, 4028.
— d'artillerie : licenciement. C. 353.
— de cavalerie. C. 338, 339, 375, 377.
— de louage : monopole, taxe. B. 1524.
— de poste : établissement. B. 697.
— du roi confiés aux cultivateurs. C. 64, 65.

Chevreuil : chasse. B. 3516.

Chicorée : culture. D. 10, 18.

Chiens (mesures de police contre les). B. 2760, 2985, 3231,
3318, 3319, 3457. = morsures. B. 480, 2696. =
(projet de taxe sur les). C. 912, 928.
— inutiles. C. 40. — D. 6, 15.

Chirurgie : étude. B. 4. = exercice. B. 1329, 1908.

Chirurgiens : boutique et enseigne. B. 1082. = certificats.
B. 2344, 2348. — E. 464. = (état des). C.

19. = honoraires. A. 18. — B. 150, 955.
— C. 909. = mémoires. B. 4099. = nominations. B. 3313. = privilège. A. 20. = procès-verbaux. B. 626. = rapports affirmés.
B. 1363. = réceptions. B. 261, 414, 583,
584, 721, 733, 1004, 1330, 1331, 1335, 1364,
1365, 3008, 3037, 3231, 3316. — C. 836. —
E. 526.

Chirurgiens de La Fère (rente remboursée par les). B.
1015. = statuts. B. 670.
— de Guise : comptabilité. B. 2192.
— de Saint-Quentin (rente constituée par les).
E. 667.

Chlorose (remède). B. 2600.

Choléra-Morbus (mort causée par le). B. 3167.

Choux : culture. D. 12, 15. = (droits sur les). G. 2.

*Chronicon ecclesiæ ac monasterii Sanctæ-Mariæ de Nogento
subtus Cociacum.* H. 325.

Cigne : chasse interdite. B. 3547.

Ciment : prix. B. 1413.

Cimetières. C. 1022. = Acy. C. 164. = Ambleny. G. 1189.
= Anizy-le-Château. B. 2670. = Barizis. B. 3498, 3510.
= Braye-en-Laonnois. C. 166. = Charly. C. 168. =
Chevregny. H. 119. = Chierry. C. 169. = Cierges. B.
3688. = Coulonges. C. 966. = Grisolles. G. 253. = Grougis.
H. 1110. = Lieuvilliers. C. 913. = Marcy. E. 549. =
Marizy-St-Mard. C. 133. = Origny-Ste-Benoite. H. 1465.
= Plomion. B. 2934. — E. 598. = St-Algis. B. 258, 462.
= St-Gobain. B. 1145. = Serches, Sermoise. B. 3707.
= Taux, Vauxbuin. C. 966. = Vervins. B. 3348.

Cimetière des non Catholiques. C. 77, 1008.

Cires : importation. A. 20.

Cirier : apprentissage : B. 1194. — E. 424 ; de St-Quentin ;
statuts et règlements. C. 765.

Citadelle de Calais : épisode de la défense. E. 498.
— de La Fère : travaux de maçonnerie et de
menuiserie. B. 1223.
— de Laon : construction. G. 52. — H. 871.
— de Marle : projet de construction. E. 554.
— de Pont-St-Esprit (capitaine transféré à la). C.
355.

Claires : commerce. C. 762.

Claveau : maladie. B. 1036, 3038. — C. 32, 885, 887.

Clercs : réforme et punition. G. 125.
— laïques. B. 3472, 4129, 4135. — C. 86. — E. 638.

Clergé de France. A. 16. — B. 1742, 1906, 1910. — C. 751.
— G. 388 à 391, 415 à 417, 443, 458, 459, 464.
— du diocèse de Laon. G. 388 à 478.
— du diocèse de Noyon. G. 485, 486.
— du diocèse de Soissons. G. 254, 255, 479 à 484.

Cloches : bénédiction. B. 183. = fonte. B. 1449, 1520, 1598,
2211, 3316. — C. 1022. = intonations, sonnerie. B. 5, 505,
3189.

Clos de Dampcourt : arpentage. B. 1573.

C. 192. = Beautor. B. 867 ; biens. B. 867, 1019, 1124, 1175 ; droits de pâturage. B. 1008, 3631 ; pacage des bêtes ovines. B. 3545. = Beauvois, réunie à celle de Goudelancourt-lès-Pierrepont. C. 936. = Belleu, pâturages, procès. C. 86. = Bergues. B. 3885, 3887, 3896. — C. 159. — E. 606. = Berlancourt. B. 3248. = Berrieux, limites de pâturage. C. 912 ; réunion de celle de Fayaux. C. 936. = Berry-au-Bac, partage de biens. C. 192. = Bertaucourt. B. 665, 770, 773, 1055 ; usages et pâturages. B. 665, 690, 726, 970, 1071, 1228, 1244, 3635. — C. 91. = Berthenicourt, interdiction de pâturage. H. 535. = Besmont et Beaumé. B. 2503, 2510. — E. 56. = Béthizy, pâturages. H. 455. = Beuvardes, bois. B. 3677. = Bichancourt, bois. B. 3507. = Bieuxy, droit conditionnel au chaume. H. 755. = Billemont, droit d'usage et de pâturage. B. 3763. = Billy-sur-Aisne, Blanzy, partage et défrichement de biens. C. 94. = Blérancourt, défrichement de terres. C. 86 ; pâturages. C. 964, 1022. = Bonneil. C. 160. = Bonneuil, droits d'usage et de pâturage. B. 3763. = Bouconville, ruelle vendue. E. 406. = Boué. B. 3885, 3896. — C. 160 ; maison indûment construite. B. 3852. = Boursonne, droit d'usage et de pâturage. B. 3758, 3763. = La Bouteille. B. 3132. = Brancourt. B. 2690 ; droit d'usage et de pâturage. G. 20, 24, 38. = Braye-en-Laonnois. B. 2757. = Bray-St-Christophe, droit de pâturage. B. 3632. = Brécy, bois. B. 3680. = Brie. C. 160. = Briquenay, pâturage des bestiaux. B. 3631. = Brissy. B. 2769, 2858 ; pâturages. C. 1013. — E. 648. = Bruyères, pâturage. H. 1036. = Bucilly, pâturages. C. 894. = Bucy-le-Long, biens. H. 493 ; droits. G. 253. = Buironfosse. B. 2054 à 2057 ; bois et usages. B. 1914, 2109, 2194. = Caillouël, pâturage. B. 1504 et Riez. B. 1571. = Camelin, biens concédés. B. 1487. = Castres et Giffécourt, terres. B. 2997. = Câtelet. B. 4014. = Cauffry, Celle, pâturage et défrichement de biens. C. 94. = Cerny-lès-Bucy. G. 1 ; pâturages. H. 873. = Cerseuil, biens. E. 135 ; vente de marais. H. 1011. = Chalandry. B. 3001 ; biens, pâturage. B. 2999, 3000. — C. 193. = Chamouille. H. 208. = Champs, bois et usages. B. 3470, 3516. = Charentigny, partage et défrichement de biens. C. 94. = Charly. B. 3020, 3025, 3035, 3036. = Charmes, droit de pâturage. B. 3440 ; pré. B. 840. = Chartèves, bois. B. 3682. = Chassemy, biens. E. 139. = Chavignon, partage et défrichement de biens. C. 94. = Chavonnes, biens. C. 94, 964. — E. 621. = Chermizy, état désastreux. E. 32. = Chevenne. B. 3070, 3071. = Chevregny. B. 2615, 2691, 2706. — G. 41. Chevresis-le-Meldeux. C. 912. — H. 443. = Chigny. B. 162 ; usages. B. 162, 168, 2210. — C. 193. = Chivres, biens. H. 493. = Choigny. H. 376, 377 ; pâturages. B. 4122. — H. 377. = Chouy. B. 3764. = Cierges, bois, pacage et pâturage. B. 3688. = Cilly, vente de terres. E. 552. = Clacy-et-Thierret, droit de pâturage. G. 1, 9. = Clastres, vente de pré. E. 277. = Coincy. C. 193 ; bois.

B. 3690. — C. 4031. = Cointicourt. C. 996. = Colonfay. B. 3260. = Condé. C. 224, 230. = Condé-sur-Aisne biens. C. 94, 1023. — E. 139. — H. 493. = Condren, prés. E. 635. = Contescourt, pâturage. B. 2996 ; revenus. G. 486. = Corbeny. C. 97. = Corcy, droits d'usage et de pâturage. B. 3758, 3763. = Coucy-lès-Eppes, contributions de guerre. E. 563. = Couloizy, partage et défrichement de biens. C. 94. = Coulonges, bois. B. 3691 ; comptabilité. C. 964. = Coupru, droits. B. 3063. — H. 1508. = Courbes, marais et pâturage. H. 224. = Courcelles, biens. C. 193. = Couvrelles, partage et défrichement de biens. C. 94 ; pâturage. H. 986. = Couvron, usages. B. 955. — C. 193. = Coyolles, droits d'usage et de pâturage. B. 3758, 3763, 3766. = Craonne. C. 98, 194, 229. — E. 448 ; droits de pâturage. H. 1766. = Craonnelle, administration de biens. C. 964. = Crupilly, pâturages. B. 278, 2243, 3816, 3842. — C. 193. = Cuffies, administration des biens. C. 964 ; comptabilité. C. 1024; droit de chargeage et de roulage des vins. C. 1024, 1031. = Cugny, arrondissement de Saint-Quentin, défrichement de pâtures. B. 3458 ; droits de pâturage. B. 3492 ; revenus. G. 486. = Cugny, arrondissement de Soissons, droit de parcours. C. 92. = Cuiry-lès-Iviers. B. 2934, 2938, 2939, 2942. = Cuisy-en-Almont, partage et défrichement de biens. C. 94. = Cutz, biens. B. 3488. — C. 1020. = Dagny-Lambercy. B. 2939, 2942 ; droits de pâturage. C. 91. = Dampleux, droits d'usage et de pâturage. B. 3763. = Dercy. E. 557, prés. C. 822. = Dohis. B. 2938. = Dommiers, droits de mort bois, usage et pâturage. B. 3763. = Domptin. H. 1508. = Dorengt, droits de pâturage. B. 2144, 2225. = Émeville, droits d'usage et de pâturage. B. 3763. = Englancourt, droits d'usage et de pâturage, marais. E. 57. = Épagny, biens. B. 3716. = Éparcy. B. 3132. = Épenancourt, usages. H. 1508. = Erlon, droit d'usage. C. 194. = Erloy, biens, droits de pâturage. B. 49, 2088, 2144, 2205. = Esquehéries, biens. B. 2078, 2253. = Étaves. C. 160. = Étouvells. C. 2691. = Étréaupont. C. 194 ; vente de terres. B. 249. = Étrépilly. C. 996. = Fargniers, droits de pâturage. B. 1008, 1041. — C. 91. = Faverolles, droits d'usage et de pâturage. B. 3763. = Fayaux, projet de réunion à celle de Berrieux. C. 936. = La Ferté-Chevresis. E. 311 ; usages. B. 441. = Festieux. B. 2806. = Flavigny-le-Grand et Beaurain. C. 963 ; biens. B. 1991, 2090, 2097, 2175. 2215, 2227. — E. 55, 59. — H. 340 ; voirie. H. 340. = Flavigny-le-Petit, biens. B. 240, 2204, 2227. — C. 1031. — E. 55, 59. — H. 340. = Flavy-le-Martel. G. 486. = Fleury, droit d'usage et de pâturage. B. 3758, 3763. = Folembray, bois. B. 3489, 3515 ; usages arpentés. B. 3472. = Fontaine (Somme). H. 1508. = Fontaine-les-Clercs, biens. C. 760. = Fourdrain. B. 3169. — C. 160. = Fresne, biens. C. 91, 94. = Fresnes, bois. B. 3693. = Frières-Faillouël, droits d'usage et de pâturage. B. 3492. = Froidestrées, usages. B.

rage. C. 91. — H. 290 = Pisseleux, droits d'usage et de pâturage. B. 3763, 3766. = Plessis-aux-Bois, droits d'usage et pâturage. B. 3758. = Plessis-sur-Auteuil. B. 3763. = Plomion. E. 597; bois. B. 2950, 2969, 3671. — C. 93; maires. B. 2937 à 2939, 2942.; (maison de la). C. 92. = Pont-à-Bucy, pâturages. B. 951, 1086. — H. 878. = Pontséricourt, empiètement sur les marais et usages. B. 2770. = Pouilly, administration, comptabilité, pont, prés. C. 99; pâturages. G. 67; pêche. G. 13. = Presles, partage et défrichement de biens. C. 94. = Presles-et-Thierny, biens. E. 641. — G. 68. = Puiseux, droits de chauffage, usage et pâturage. B. 3763. = Quessy. C. 91, 963. = Quincy. C. 87. = Regny. E. 605. = Remies. B. 2870; droit de pâturage. H. 873. = Renansart, droits de pâturage. H. 295. = Rethondes. H. 477. = Reuilly. C. 869. = Rocourt, bois. B. 3705. = Rocquigny. B. 2500, 2531, 2532, 2570, 2571. — C. 963. = Rogécourt, biens. B. 673, 3261; pâturage. E. 465. = Rogny, biens. E. 303, 559. = Rougeries. B. 3248. = Rouy. B. 2871, 3540. — C. 99; pâturage. H. 182. = Rozet-Saint-Albin, pâturage et défrichement de biens. C. 94. = Rozoy-sur-Serre. C. 87, 96. = Rumigny, pâturages. H. 81. = Sains. B. 3270; statistique, feux, foires, notaire. B. 211. = Saint-Algis, biens, pâturages. B. 2088. — C. 963. = Saint-Aubin, droits de pâturage. C. 198. = Saint-Clément. B. 2937, 2942. = Sainte-Croix. B. 3271. — H. 299. = Saint-Erme-Outre-et-Ramecourt. B. 3673. = Saint-Gobain, charte communale déposée à La Fère. B. 3585; conflit de juridiction. B. 1179; désarmement. B. 3560.; droits divers. B. 3558, 3563, 3023, 3631, 3633; maires. B. 683, 1034, 1082; statistique, paupérisme, population. C. 988; usages. B. 684, 685, 3558, 3562, 3579. = Saint-Mard, partage et défrichement de biens. C. 94. = Saint-Michel. B. 3275, 3286, 3293 à 3295. = Saint-Paul-aux-Bois, marais, usages. E. 644. = Saint-Pierre-Aigle, droits de chauffage, pâturage et usage. B. 3763, 3768. = Saint-Simon, droits de pâturage. B. 3492. — C. 198; revenus. G. 486. = Saint-Thomas. H. 305. = Samoussy, droits de pâturage. H. 871. = Sancy, partage et défrichement de biens. C. 94. = Le Sart, pré. B. 1322. = Saulchery (office de jaugeur cédé à la). E. 429. = Selens, droits de pâturage. C. 198. = Septmonts, partage et défrichement de biens. C. 94. = Septvaux, bois d'usage. B. 1177, 3473, 3494. 3514, 3546, 3581. — G. 13, 69. = Sceraucourt, droits d'usage. C. 92; revenus. G. 486. = Servais, droits de pâturage. B. 3509 à 3511, 3514; droits de glandée. B. 3530; vaine pâture. B. 1177. = Sery-lès-Mézières. B. 40, 41. — C. 99, 1031; prés. E. 604, 647. = Silly, droits d'usage et de pâturage. B. 3763. = Sinceny, administration des revenus. C. 90; biens usurpés. C. 45; défrichement des usages. B. 3512. = Sissonne. C. 229. = Sissy, biens. B. 282, 306, 3489. — C. 100. = Sons. B. 3248. = Sorbais. B. 2531, 2532, 2570, 2571. — E. 72; usages. B. 2082, 2501, 3848. — E. 72. = Soucy, droits de chauffage, usage et pâturage. B. 3763. = Soupir, droit de faire curer des fossés et à défaut, de faire rétablir un chemin. B. 3673. = Suzy, droit de pacage. E. 649; maison acquise en échange de terres. H. 828. = Taillefontaine, droits d'usage et de pâturage. B. 3763. = Tartiers. C. 917, 964, 1024; biens. B. 3716. — C. 198. = Tavaux. B. 2757. = Thenelles. B. 254. = Thierret, pâturage. G. 1. = Thury, droit d'usage et de pâturage. B. 3763. = Toulis, biens. C. 831. — H. 311. = Travecy. B. 3446; droits de pâturage. E. 654; pré, contentieux. B. 3596; revenus. G. 486. = Troësnes. C. 94; (droits de voirie dus par la). B. 3764; partage et défrichement de biens. C. 94. = Trosly-Loire, biens. C. 87, 94. — E. 644, 650. = Tugny, droits de pâturage. B. 3632, 3649. — C. 198. = Urcel, usages et pâturages. C. 992. — G. 70. — H. 314. = Urvillers, usages et pâturages. C. 92, 199, 769. = Varennes. C. 917. = Variscourt. C. 101. = Vasseny, droits d'usage et de pâturage. C. 1022. = Vauciennes, droits d'usage et de pâturage. B. 3758, 3763. = Vaurezis, administration des biens. C. 964. = Vaux-en-Arrouaise. B. 3311. = Vauxaillon, marais. G. 82. = Vendeuil. E. 664; droits de pâturage. H. 377; revenus. G. 486. = Venizel. C. 964; droits de pâturage. C. 1023. = Verdilly. C. 996. = Verly, pâtures communales. C. 85. = Vermand, biens. C. 769. = Verneuil-sur-Serre. B. 2875. = Versigny. C. 101; droits divers. B. 1085. — G. 13, 77. = Vesles. C. 101. = Vézaponin, biens. B. 3716. = Vic-sur-Aisne, marais et usages. B. 3387. = Vigneux, loi de Vervins observée. H. 477. = Villeneuve-sur-Fère, servitude active de passage. C. 534. = Villers-le-Petit. C. 3764. = Villers-les-Potets, droits d'usage et de pâturage. B. 3763. = Villeselve, usages, plan. B. 3458. — H. 1427. = Vingré, partage et défrichement de biens. C. 94. = Violaine, droits d'usage. B. 3763; partage et défrichement de biens. C. 94. = Viry-Noureuil, anticipation sur les usages et marais. C. 91. = Vivaise, usages. B. 2770. — C. 101. = Vivières, droits d'usage et de pâturage. B. 3763, 3766. = Vouël. B. 3419. = Voulpaix. H. 3420. = Voyenne. B. 659, 3434. — C. 101, 503. — H. 111. = Vregny, biens. H. 493. = Wattigny. C. 199. = Wiège. C. 163, 189, 199. = Wimy. B. 2502, 2531, 2532, 2570, 2571, 2578. — C. 963. — E. 73. = Wissignicourt, droit de pâturage. B. 2657; usages. G. 21. (Voir Ruelles, Rues.)

COMMUNAUTÉS de religieuses : production de titres. H. 1699.

    — religieuses : actes de dotation. A. 23; administration. C. 330; (pâturage dans les bois des). A. 29; représentation des titres de noblesse. A. 5.

    — de Paris : privilèges. A. 24.

COMMUNES (réunion de). C. 1018. = Les Autels, érection. H. 896. = Beaurieux, Chaudardes, Cuiry-lès-Chaudardes et Craonnelle, charte communale. H. 1466. = Bruyères, Chérêt, Vorges et Valbon, institution et confirmation. G. 2, 89. = Cerny-en-Laonnois, dépen-

CONSEIL du Hainaut (avis du). B. 3443.

CONSEILS SUPÉRIEURS. A. 1, 2. — B. 504, 1906.

CONSEILLERS honoraires (suppression de). B. 1906.

   — secrétaires du roi, maison et couronne de France. B. 758. - C. 1041.

CONSIGNATIONS. (Voir Receveur.)

CONSISTOIRE de Vouël: archives, biens. B. 1362.

CONSTITUTION FRANÇAISE (articles de la). C. 1012, 1017.

CONSTRUCTION des bâtiments: règlement et ordonnance de police. C. 752.

CONTENTIEUX administratif. C. 190 à 199, 948, 949.

CONTRAINTE par corps pour dette civile. A. 1.

CONTRAINTES: visa. C. 79, 1023.

CONTRATS: dépôt. B. 196; expéditions. B. 1803; grosses. A. 23.

   — de mariage (exécution de conditions de). B. 1155, 1176, 1182, 2196; (lacération de). B. 2407; (ordonnance d'enregistrement de). B. 1095.

CONTREBANDE: découverte de marchandises. B. 410; répression. B. 3879, 3899.

CONTREBANDIERS: évasion. B. 3926, 3929, 4018; (luttes contre des). B. 3928, 4008.

CONTRIBUTION PATRIOTIQUE. A. 3. — C. 973, 1014, 1024, 1052.

CONTRIBUTIONS de guerre. B. 335, 1153, 1443, 1444, 2071, 2605. — E. 563.

   — militaires. B. 507, 508, 1152.

CONTROLE (droits de). B. 1230, 1455, 1540, 3634. — C. 325 à 328.

CONTROLEURS, clercs d'eau: suppression des offices B. 1905.

   — des cuirs: suppression des offices. B. 1907.

   — des épices et amendes (droits des). B. 1802.

   — des recettes des consignations (droits des offices des.) B. 733.

   — des titres (établissement de). B. 1325.

   — généraux des finances: correspondance. C. 6, 8, 47, 64, 67, 74, 76, 84, 201, 275, 321, 632, 653, 659, 757 à 759, 890, 931, 934, 970, 1049, 1052 à 1054; (instructions des). C. 202.

CONTROLEURS VISITEURS DES BIÈRES (création des offices de). B. 1493.

CONTUMACES (instruction des). A. 2.

CONVERTIS (subsistance des). A. 16.

CONVOIS MILITAIRES. B. 175, 2858, 3288.

COQUILLES: importation. A. 22.

CORDELIER (instruction d'un). E. 350.

CORDELIÈRES: Chauny. B. 1389, 1514, 1573, 1586, 1684, 1741. — H. 1683. = La Ferté-Milon. (Voir Abbaye de Saint-Michel.) = Nogent-l'Artaud. (Voir abbaye de Nogent-l'Artaud.) = Reims. H. 1686. = Saint-Quentin. H. 1684, 1685.

CORDELIERS. B. 765. = La Garde, près Clermont. C. 681, 694, 695, 697 à 699. = Laon. B. 2785. — H. 6, 121, 1377. = Saint-Quentin. G. 971. — H. 1378.

CORDONNIERS: apprentissage. E. 343, 417, 422, 423, 449, 463, 464, 470, 471, 500, 528; plainte. C. 72.

CORDONS DE LAINE: importation. A. 28.

CORNEAU pour la cène du jeudi-saint (acquisition de). G. 1234.

CORNEMUSE pour la danse. B. 1699.

CORPS DE GARDE. C. 97, 355, 363, 389.

CORRESPONDANCE MILITAIRE. A. 32. — C. 338 à 359.

CORSAIRES: courses et armement. A. 13.

CORVÉES. B. 1184, 2680, 2681, 2688, 2690, 2702, 2718, 2756, 2758, 2832. — C. 427, 430, 503 à 511, 514 à 536, 604, 607; abolition. D. 6; conversion. A. 2, 5, 30. — C. 431, 507, 508, 511; droits. B. 180, 223, 1184, 2576, 2757. — C. 90, 194, 991.

COTON. (Voir Filature, Toiles de). A. 30; filés. A. 21.

COTTE-MORTE (revendication de). B. 1352.

COTTERÊTS (grosseur du). B. 3545.

COUPEROSES VERTES: importation. A. 30.

COUPURE (recette contre la). B. 2600.

COUR PLÉNIÈRE (rétablissement de). A. 2.

COURS communes. B. 1502.

   — d'accouchements. B. 3217. — C. 629 à 632, 924, 925, 949, 1009, 1013, 1014, 1054. — D. 15, 20.

   — d'eau. B. 279, 808, 585, 2259, 3545. — E. 79.

   — des Aides, Metz, Rouen. A. 5. = Paris. A. 5. — B. 1985. — C. 1040, 1045.

   — supérieures (offices des chancelleries des). B. 1906.

COURTAGE (droits de). C. 849.

COURTIERS de TOILES: Marseille. C. 761. = Saint-Quentin. C. 756, 758 à 760, 762, 763.

COUTRES DE CHARRUE (enlèvement de). B. 2688. — C. 831.

COUTUMES: frais de rédaction. B. 1794. = Cambrésis. B, 3445. = Laon. H. 956. = Paris. E. 430. = Ribemont. B. 204. = Vermandois. B. 154, 204.

COUTURIER: apprentissage. E. 471.

COUTURIÈRE: apprentissage. B. 1073, 3011. — E. 360, 384, 601.

COUVENTS (archives et bibliothèques des) C. 1017.

   — de filles (subventions aux). A. 18.

   — Charleville: Mont-du-Calvaire. E. 354. = Chauny, la Croix. B. 1362, 1370, 1390, 1395, 1444, 1497, 1552, 1574, 1586, 1641, 1731. = Compiègne, la Visitation. H. 504. = La Joie, Ste-Claire. E. 22. = Noyon, la Croix. B. 1362. = Offemont, Ste-Croix. H. 504. = Petit-St-Chaumont, filles. A. 21. = Ribemont, la Croix. B. 422. — E. 607. = St-Quentin. B. 1362, 2907, 2911, 2928. — G. 807.

COUVERTURES de laine de Montpellier. A. 18.

   — en chaume. C. 1037.

COUVREURS d'ardoises et tuiles. E. 498, 614.

CRAVATES (contrebande de). B. 3899.

Creutte (vente d'une). B. 3111.

CRIME de lèse-majesté. B. 980.

   — de lèse-nation. C. 1017

CRIS INTERDITS. B. 3013.

(AISNE.) — TABLES.

H. 287; terres. G. 1092. = Estrées. H. 1125. = Estrées (Somme). H. 455. = Étampes, érection. G. 1098. = Étaves. G. 485. = Étréaupont et Gergny. B. 3153. — G. 399; biens. E. 502. = Étreillers. G. 485. = Étreux. G. 401. = Évergnicourt et Proviseux. G. 409. = Fargniers, prés, terres. G. 1094. = Faty et Wiège. G. 401. = Favières et Brazicourt, unie à la cure de Grandlup. B. 578. = Fayet. G. 485. = Fay-le-Noyer et Surfontaine. G. 411. = la Fère. B. 1069. — G. 404; pré, dîme. G. 1095. = la Ferté-Milon, pré. G. 1096. = Fesmy, prés, terres. G. 1097. = Filain, bois, terres. G. 1098. = la Flamengrie et Roubais. G. 399. = Flavigny-le-Petit. G. 401; terres. B. 17. = Flavy-le-Martel. G. 486. = Fleury. H. 1508. = Floin. H. 477. = Folembray. G. 404; terres. G. 1099. = Fontaine. G. 414. = Fontaine-Notre-Dame. G. 485. = Fontenoy, terres. G. 1100. = Foriville. H. 1116. = Fossoy, biens. G. 1101. — Franqueville. G. 414. = Fresnoy-le-Grand. G. 485. = Frières-Faillouël. G. 1102. = Gandelu, marais. G. 1103. = Geny et Pargnan. G. 2, 409. = Gernicourt. G. 409. = Gibercourt. G. 486. = Glennes. G. 409. = Goudelancourt-lès-Berrieux. G. 407. = Gouy. H. 1125. = Grandlup, terres. G. 1104; (union à la). B. 578. = Grandrieux et Résigny. G. 414. = Gricourt. G. 485. = Grisolles. G. 253; biens. H. 1571. = Gronard et Hary. G. 414; prés, terres. E. 169. = Grougis. G. 401. = Grugies. G. 486. = Guignicourt. G. 409. = Guise. G. 401; (canonicat uni à la). B. 188. = Guivry, prés, terres. G. 1105. = Guny, terres. G. 1106. = Guyencourt. G. 409. = Hamégicourt. G. 411; prés. G. 1107. = Hannape. G. 401. — H. 797. = Hanongne. E. 479. = Happencourt. G. 486. = Haramont. G. 1108. = Harcigny. G. 414. = Harly. G. 485. = Hartennes et Taux, terres. G. 1109. = Le Haucourt. G. 485. = Hauteville. G. 401. = Haution et la Vallée-au-Blé. G. 414. = La Hérie et Buire. G. 399. = Hinacourt. G. 486. = Hirson. G. 399; immeubles. H. 342. = Holnon, terres. G. 1110. = Homblières. G. 485. = Housset, terres. G. 1111. = Iron. G. 401; prés, terres. G. 1112. = Iviers, Jeantes. G. 414. = Ivors. G. 253. = Joncourt. H. 1125. = Jumigny. G. 409; immeubles. E. 33. = Jussy. G. 486. = Juvincourt. G. 409. = Laffaux, biens. G. 1113. — H. 1532. = Landifay, terres. G. 1114. = Landouzy-la-Ville et Éparcy. G. 399; prés, terres. E. 175. = Landricourt. G. 404. = Laniscourt, bois. B. 3661. = Laon. E. 526. — G. 396, 527; biens. G. 1115, 1116. = Lappion. G. 407. = Launoy, biens. G. 1117. = Lavaqueresse. G. 401. = Lemé, érection. B. 3132. = Lerzy et Froidestrées. G. 399; biens. H. 1469. = Leschelle. G. 401. = Lesdins. G. 485. = Lesquielles, prés, terres. G. 1118. = Leuze et Beaumé. G. 399. = Licy-Clignon (bâtiment donné à la). H. 1322. = Liez. G. 486; bois, terres. G. 1119. = Longchamps. G. 401. = Lor. G. 409. = Louâtre et Violaine, biens. G. 1120. = Luzoir et Effry. G. 399. = Ly-Fontaine. G. 486. = Maast,

biens. G. 1121. = Macquigny. G. 401; pré. G. 1500. = = Magny-la-Fosse. G. 485. = Maizy, la Malmaison. G. 409. = Malzy. G. 401. = Marest, biens. B. 1431. — E. 22. = Margival, pré, terres. G. 1122. = Marly et Englancourt. G. 401. = Martigny-en-Laonnois, pré. G. 1123. = Martigny-en-Thiérache et Besmont. E. 377, 378. — G. 399; biens. B. 2498. = Mennessis. G. 486; terres. G. 1516. = Menneville. G. 409. = Mennevret. G. 401. = Mercin, chapelle unie, biens. G. 1124, 1508. = Meurival. G. 409. = Mézières. G. 411. = Monampteuil, biens. H. 262. = Monceau-les-Leups, surcens, terres. G. 1125. = Monceau-sur-Oise. G. 401. = Mondrepuis. E. 374. — G. 399. = Montaigu. G. 407. — H. 272. = Montbrehain. H. 1125. = Mont-d'Origny. G. 411. = Montescourt-Lizerolles. G. 486. = Montgobert, biens. G. 1126. = Montgru-Saint-Hilaire, biens. G. 1127. = Monthenault, terres. G. 1129. = Montigny-en-Arrouaise. G. 411. = Montigny-Lallier, biens. H. 1777. = Montigny-sur-Crécy, bois, prés, terres. G. 1128. = Montreux. B. 86. — G. 401. = Mont-Saint-Jean. G. 414. = Morchain. H. 1508. = Morcourt. G. 485. = Mortiers, terres. G. 1130. = Moulins. G. 407. = Moy. G. 411. = Nampcel (Oise), (terre donnée à la). H. 1274. = Nampcelle-la-Cour et Bancigny. G. 414. = Nanteuil. H. 1508. = Nauroy. G. 485. = Nesle. G. 253. = Neufchâtel. G. 409. = Neuilly-Saint-Front, biens. G. 1131. = Neuvemaison et Ohis. G. 399. = Neuville. G. 407. = la Neuville-aux-Joûtes. E. 384. — G. 399. = la Neuville-lès-Dorengt. G. 401. = Neuville-St-Amand. G. 485. = la Neuville-sous-Laon. H. 404. = Neuvillette. G. 411; terre. B. 170. = Nizy-le-Comte. G. 409. = Nogent et Coucy-le-Château. G. 404. = Noircourt. G. 414. = Noroy, rentes, vignes. G. 1132. = Le Nouvion. G. 401. = Nouvion-l'Abbesse. G. 411; terres. G. 1133. = Nouvion-le-Comte. G. 411. = Noyant, biens. G. 1134. = Œuilly. G. 409; terres. G. 1136. = Ognes. B. 1447, 1650; terres. G. 1135. = Oisy. G. 401; terres. G. 1137. = Omissy. G. 485. = Orainville et Bertricourt. G. 409. = Origny-en-Thiérache. G. 399. = Origny-Ste-Benoîte. G. 411. = Ostel. H. 1233; terres. G. 1138. = Oulchy-le-Château, biens. G. 1139. = Paars, dîme des chanvres, terres. G. 1140. = Paissy. G. 407. = Parcy, terres. G. 1141, 1590. = Parfondeval et Archon. G. 414; prés. G. 1143. = Pargnan. G. 2. = Pargny. immeubles. G. 1144. = Pargny (Somme). H. 1508. = Parpeville. G. 411. = Pernant, terres. G. 1145. = Pierremande. G. 404. = Pignicourt. G. 409. = Pisseleux, terres. G. 1599. = Pleine-Selve. G. 411. = Plessier-Huleu, prés, terres G. 1146; surcens. G. 1601. = Plomion. G. 414; prés, terres. G. 1147. = Pont-à-Bucy, biens. B. 959. — G. 1148. = Pontavert. G. 409. — H. 1766. = Pontruet. G. 485. = Presles-et-Boves, prés, terres, vignes. G. 1149. = Prisces et Houry. G. 414; jardin, prés. G. 1150. = Proisy, Proix. G. 401. = Prouvais. G. 409. = Puisieux. G. 401. = Quincy-Basse. G. 404; prés, terres.

Département de Château-Thierry (vœu du). C. 997.

Départements (formation des). C. 931.

Dépenses de bouche du duc de Vendôme. C. 3437.

Dépopulation (cause de la). C. 879.

Dépôts de mendicité. C. 702 à 712. = Amiens. C. 708, 711, 713, 715. = Bordeaux. C. 705. = Châlons. C. 712 à 715. = Laon. C. 706, 707, 711, 722, 726 à 729, 749. = Saint-Denis. C. 711, 712, 714. = Soissons. C. 706 à 711, 713 à 749. = Valenciennes. C. 713. 715.

Dernier mourant des époux (droit du). B. 140.

Déshérence (droit de). H. 1478.

Désordres nocturnes. C. 751.

Desservants : traitement. B. 1506, 1569.

Devineresse (procès fait à une). B. 2792.

Diamant : port interdit. B. 510. = (troc d'un). B. 1948.

Diffamation. B. 356, 372, 391. 482. 1671. 1723, 1742 à 1744. 2373, 2462, 2478, 2526, 3433.

Digue : entretien. B. 2664. = C. 430, 483, 488, 501, 502, 521. = rétablissement. B. 3550. — C. 536. = rupture. C. 533.

Dimage. B. 1438, 1569, 1571. — G. 380, 381, 516, 871, 905. — H. 577. 1634.

Dimanches et jours fériés, police. B. 2543, 2622, 2759, 3013, 3028, 3074, 3201, 3204, 3272, 3344.

Dîme. C. 67, 915, 924. = G. 1, 2, 253. = H. 34, 871, 872. 964.

Dimeurs (réception de). B. 511, 2104, 2111.

Dindons : pâturage. C. 90, 194. = saisie et confiscation. B. 4110.

Diocèse de Laon : bénéfices, chapelles, cures. G. 392. = désastres. G. 419 à 421.

    = de Noyon (carte). C. 650.

Diplomatique pratique de Lemoine. C. 817, 818.

Diplômes des rois de France. H. 345, 451, 455, 477, 1508.

Discours sur l'éducation de la jeunesse, par Vicaire, G. 818.

Discussion de biens. B. 1905.

Disette champêtre (culture avantageuse de la). D. 9.

Dispenses. (Voir Mariage.)

District de Soissons (relations du chapitre de Soissons avec le). G. 258.

Divertissements des jeunes gens. B. 236.

Dixième : impôt. A. 1, 4, 18. = B. 1, 1642. 1905. — C. 275 à 282, 893 à 897, 900 à 906.

Doléances. (Voir Bailliage.)

Domaines. A. 1. 29, 30. — B. 1601, 3461. = C. 330. — E. 492. — G. 2. = Cambrésis. B. 3443, 3445. = Chauny. B. 1361, 1381, 1488, 1505, 1516, 1591, 1593, 1605, 1616. 1619, 1626, 1645, 1794. = Coucy-le-Château. B. 3485. — E. 642. = La Fère. B. 510, 670, 730, 731, 735, 744, 745, 754, 772, 776, 1224, 1225, 3446, 3447, 3542, 3562. = Flandre. B. 1222, 3441, 3443. = Folembray. E. 78. = Guise. B. 2152. — E. 76. = Ham. B. 510, 730, 735, 745, 1224, 3542, 3577. = Landrecies. C. 851. = Marle. B. 510, 548, 691, 730, 731, 735, 776, 803, 1224, 1631, 3562, 3577, 3628. = Montcornet-en-Thiérache. B. 3456. = Navarre. B. 579, 657, 663, 699, 1220, 3442, 3445. 3559, 3632. = Neuilly-St-Front et Oulchy-le-Château. B. 3754, 3769. = Ribemont. B. 222. = St-Gobain. B. 510, 731, 754, 3562, 3594. = St-Lambert. E. 76. = Valois. B. 1891, 3754, 3763, 3764, 3768, 3779. — H. 1508. (Voir Duché.) = Villers-Cotterêts. B. 3755, 3762.

Domestiques du sexe féminin : gages. B. 374. — E. 237. = ruraux. B. 119, 1896, 2999. — C. 40, 924, 928, 1008. = D. 15.

Domicile : changement. B. 644, 1118, 3286. — C. 832. = violation. B. 3063.

Dominicains de la province de Reims : association de prières, sceau. H. 121.

Donations. B. 23 à 31, 566, 838 à 842, 1337 à 1347, 1349, 2887 à 2900, 2902 à 2916, 2973, 3156, 3212, 3356. — E. 4, 340, 357, 388, 430, 510, 546. = jurisprudence. B. 510, 1905. = révocation. B. 1016.

Dons gratuits. A. 21, 22. = B. 2, 164, 505, 1906, 1907. — C. 88. 996, 1040.

Dons royaux. B. 1055, 1548, 3347.

Douaire coutumier. B. 160, 783, 1362, 2220. — E. 488. — de la Reine-Mère (Catherine de Médicis). B. 781.

Doublement : droit. B. 762.

Doubles de Sedan : trafic. B. 620.

Doyen de Nouvion-l'Abbesse (droits du). B. 3446.

Doyennés : Athies. G. 485. = Aubenton. G. 398, 399. = Crécy-sur-Serre. G. 419. = La Fère. G. 403 à 405, 419. = Guise. G. 400 à 402, 419. = Laon. G. 393 à 397. = Mons-en-Laonnois. G. 419. = Montaigu. G. 406, 407. = Neufchâtel. G. 408, 409, 419. = Ribemont. G. 410 à 412. = Saint-Quentin. G. 485. = Vendeuil. G. 485, 486. = Vervins. G. 413, 414.

Dragons. A. 7. — B. 2977.

Drap des Morts (refus d'enlèvement du). B. 1702.

Draperies : inventaire. B. 3051.

Drapier de Charly : réception. B. 3049.

Drapiers, Merciers, Épiciers et Toiliers de La Fère. B. 670, 782, 1198. — C. 72.

Drapiers de Guise. B. 2157, 2235.

Drapiers et Merciers de Laon. C. 69, 71.

Drapiers de St-Quentin. C. 755.

Drapiers forains : interdiction d'étalage. B. 700.

Draps : marque. A. 17, 18, 25, 30.

Drogueries : importation. A. 20. = inspection. B. 189.

Droguistes de St-Quentin. C. 765.

Droit canonique et civil (étude du). B. 1324.

Droits. (Voir Afforage, Bourgeoisie, Chambellage, Forage, Gâteau, Gros, Huitième, Indemnité, Justice, Masurerie, Pêche, Pesage, Petit-Scel, Prévôté, Relief, Rouage, Vinage.)

    — de tabellionage. E. 525.

    — du roi (conservation des). B. 1619. — C. 772.

E

C. 78, 80, 82, 85, 89, 107, 108, 110 à 117, 121 à 126, 128 à 142, 144 à 158, 781, 783, 787, 821, 824, 831, 916, 966 à 969, 992, 996, 1000, 1009, 1013 à 1015, 1019, 1022 à 1024, 1030, 1036. — E. 365, 403, 447, 497, 498. — G. 254, 552, 554, 598, 820, 1465, 1474 ; rétablissement. B. 2218. — C. 76, 965. — E. 602 ; revenus. G. 485, 486 ; visite. B. 293, 295, 297, 305, 307, 1103, 1368, 1373, 1537, 1569, 1571, 1573, 1577 à 1579, 1989. — G. 1211. — H. 1128.

ÉGLISES : Abbécourt : biens. E. 22. =Aisonville, cessation d'offices. B. 214 ; livres, ornements, vases. B. 305. = Aizelles, calice, livres, ornements, chapelle fondée et dotée, droits. H. 168. = Alaincourt (chapelle en l'). B. 269. = Amigny-Rouy, biens. B. 1244. Anizy-le-Château (chapelles en l'). G. 7, 489. = Annois. B. 1705 ; archives. B. 1452. = Any-Martin-Rieux, biens. 2494 ; (chapelles en l'). E. 375, 385. = G. 399. = Aubenton : fondations religieuses. E. 381, 395 ; peinture de crucifix et de pupitre. E. 337 ; reconstruction. E. 360. = Audignicourt, biens. G. 253. = Autrèches, autel sous la crypte, chapellenie fondée et dotée. G. 253. = Bassu, terre. H. 1044. = Bazoches (donation à l'). G. 253. = Beaumé. B. 274, 2517. = Beaumont en-Beine (confrérie en l'). B. 1343 ; (ornements donnés à l'). B. 1643. = Beautor, missel, patronage. H. 182 ; plan. B. 1155 ; reconstruction. B. 1155, 1157. = Behaine. E. 550. = Benay. B. 1385, 1578, 1591 ; terres. E. 277. = Berlancourt, agrandissement de la nef. C. 819. = Besmont. B. 2517. = Beuvardes, rétablissement. B. 3677. = Blérancourt, reconstruction du beffroi. C. 961. = Bonneil, reconstruction du portail. C. 166. =Bonnes, vigne léguée. H. 1308. = Bony, biens. H. 1116 ; vol d'une cloche. H. 1171. = Bourbourg, reconstruction et entretien. A. 3. = Bourguignon-sous-Coucy, vol de vases. B. 1696. =Brancourt, biens. H. 1116, 1128. = Brécy. G. 253. = Brouchy, livres, ornements, vases. B. 1466.= Buironfosse, 1400 personnes mortes par l'incendie sous la ligue. G. 420. = Caillouël. B. 1395 ; biens. E. 22. = Camelin. B. 1373, 1465 ; rétablissement du chœur. B. 1379. = Chalandry, comptabilité, mobilier. B. 3000. = Champs. B. 3470. = Charcy, biens. G. 253.=Charly. B. 3010, 3027. — E. 427, 433. =Château-Thierry (chapelle fondée et dotée en l'). H. 1051. = Chauny, Notre-Dame. B. 1379, 1441, 1453, 1514, 1549, 1551, 1622, 1623, 1671, 1672, 1685. — G. 1801 ; St-Martin. B. 1371, 1372, 1388, 1390, 1396, 1453, 1456, 1458, 1506, 1531, 1686, 1726. = Chevenne, reconstruction du clocher. C. 821. = Chevregny. H. 214 ; chapelles. G. 1802. — H. 119. = Chézy-en-Orxois, biens. H. 620. = Chigny, (donation à l'). B. 1972.= Chouy (chapelle en l'). G. 253. = Clacy, bois, prés, terres. E. 472. = Clamecy, biens. H. 481. = Coincy, livrée aux Bourguignons, destruction des archives. H. 526. = Commenchon, terres. B. 1570. Coulombs. H. 455. = Courbes. B. 3083 ; immeubles. B. 953. = Courcelles, ornements sacerdotaux, sacristie construite. B. 3691. = Craine. G. 253. =Dammard, patronage. H. 498. =Dizy-le-Gros. E. 460. — H. 866.= Dunkerque, reconstruction et entretien. A 3.= Englancourt. B. 166. = Épourdon. B. 3629. = Erteghem. H. 1161. = Esquéhéries. B. 2445. = Essigny-le-Grand. B. 317. = Étouvelles, jardin. E. 562. = Étréaupont. B. 3119 ; prés, terres. B. 2497. = Etreux. B. 2336. = Évergnicourt, reconstruction. C. 174. = Faucoucourt, chapelles. E. 483. — G. 1805, 1806. = Faverolles, chapelles. G. 253. = Fay, érection en paroisse. H. 455. = Fay-le-Noyer. B. 174. = Fayet. B. 1621. = La Fère. B. 1065, 1105, 2743. = La Ferté-Chevresis, incendiée. B. 436. = La Ferté-Milon, chapelle. H. 1224. — Festieux. B. 2849. = La Flamengrie. B. 174. = Flavigny-le-Petit, terres. H. 340. = Flavy-le-Martel, armoiries effacées. B. 1694, 1716 ; chapelle seigneuriale démolie. B. 1450, 1623, 1692 ; livres, vases, ornements. B. 1576 ; violation de tombe. B. 1693. =Fleuricourt, cession. H. 872. = Fleury, desserte irrégulière, plan, plancher, prés, vases et ornements. B. 3779.= Folembray, construction de tour. B. 3515. = Fourdrain. B. 3174. = Frières-Faillouël. B. 1577, 1699.= Gauchy, dotation. H. 534.=Genlis. E. 20 ; biens. E. 19.= Glennes (chapelle en l'). G. 409. = Gouy. H. 1128, 1170. =Gravelines. A. 3.=Grisolles. G. 253 ; biens. H. 1571. = Gronard, biens. E. 169, 171. = Grougis. H. 1110. = Guise, administration. B. 2032 ; (banc de la confrérie de Saint-Hubert en l'). B. 2161 ; boutique. B. 1977 ; orgues. B. 2094, 2160 ; rentes B. 2004, 2240, 2241. = Guny. G. 253. = Ham, fondation. B. 1341. = Hamégicourt. B. 174. = Hannape, H. 797, 798. = Hanzinnes, patronage de chapelle. H. 477. = Le Haucourt. H. 1116 ; réformée. B. 2894. = Hirson, amende. B. 2576 ; denier à Dieu. B. 2577 ; legs, incendie, pillage. B. 2537 ; prés. B. 2588, 2589, 2592. = Homblières, oblations. H. 588. = Jumigny, immeubles. E. 33. =Jussy, comptes. B. 1370 ; rétablissement du clocher. B. 1462. = Laffaux, biens. H. 1532. = Laigny, biens légués. B. 3212. = Landouzy-la-Ville, immeubles. E. 174, 175. = Laon, biens. E. 479, 493 ; chapelles. E. 484. — G. 2, 7 ; confrérie. E. 524 ; interdiction. B. 2743. = Lavaqueresse, confection d'autels. B. 119 ; prés. B. 3229. = Laversine, oblations. G. 301. = Lemé, plan du clocher. B. 3150. = Leschelle, démolition d'une tour. B. 176. = Leury, biens. H. 482. = Leuze. B. 2517. = Liesse, terres aliénées. E. 573. = Lizy. B. 2675. = Logny-lès-Aubenton, calice d'argent et nappe. E. 347 ; table d'autel. E. 345. = Lor, chapelle. G. 409. = Lugny, chapelle, prés. G. 1809 et terres. E. 548. = Luzoir. B. 329 ; terres et prés. B. 2497. = Lyfontaine. B. 3444. = Macquigny. H. 872. = Malzy, chapelle. G. 402. = Manicamp, administration. B. 1566 ; croix de fer du clocher, honoraires de desservant. B. 1569 ; legs de terre, B. 1431. = Marchais, chapelle, confrérie. E. 543. = Marest, biens. E. 22. = Marfontaine, prés, terres. B. 3244.= Marle. B. 554, 575. = Marly, table d'autel, balustrade. B. 2157,

950, 1009 à 1011, 1014. 1024.

Épilepsie : traitement. B. 1094. — C. 19.

Épingles. (Voir Fête.)

Épitaphe de Modène, doyen du chapitre de Saint-Quentin. G. 818.

Épizooties. A. 26, 29. — B. 2688.

Ermitage d'Hirson (chapelle fondée en l'). E. 376.

Ermites : suppression. C. 924.

Escalin de Flandre : monnaie. H. 1162.

Esgardises. B. 1198, 2620, 3354

Essai sur la constitution des Chasseurs. C. 6.

Essain : mesure agraire. E. 11.

Essence de thérébentine (mélange avec l'). B. 1906.

Estomac : recette contre les maux. B. 2600.

Établissements religieux : biens. C. 899 ; (statistique forestière des). B. 3639.

Étaim : prix. B. 415.

Étalage (droit d'). B. 182, 2496, 2499. — C. 334. — G. 2. — H. 477.

Étamage. A. 29.

Étangs (poisson des). B. 3492. — D. 13. = Bancigny. B. 2968. = Beaumont-en-Beine. B. 1639. = Commenchon. B. 1576, 1629. = Corbeny. E. 445. = Coucy-la-Ville. H. 775. = Coucy-le-Château. B. 1518. = Courcelles. B. 3644. = Coyolles. B. 3767. = Fourdrain. B. 3174. = Genlis. H. 1091. = Guillot. B. 3522. = Haramont, plan. H. 1568. = Juvigny. B. 3465, 3494, 3522, 3767. — E. 78. = Landouzy-la-Ville. H. 633. = Marest. B. 1436. = Morcourt. B. 3594, 3644. — G. 931. = Pierrefonds. B. 3767, 3769. = Pondron. B. 3769. = Regny. E. 601. = Rocquigny-Montreuil. H. 1586. = Saconin. B. 3711. — H. 1540. = St-Gobain. B. 1121. = St-Lambert. B. 701, 765, 779, 1038, 1078, 1219, 3447, 3538, 3550, 3552, 3584, 3632. = Saint-Quentin. B. 3560. — H. 538, 540, 541, 546. = Vieils-Maisons. E. 301. = Wattigny. E. 490.

Étapes. B. 2597. — C. 355, 476. — E. 423, 601.

État (dettes d'). B. 3, 1909.

État-Civil : registres. B. 504, 583, 1327, 1365, 1911, 2852. = Athies. B. 2837. = Barenton-Bugny, Barenton-Cel. B. 2840. = Bernoville. B. 116. = Cerny-en-Laonnois. B. 2998. = Chevenne. B. 3070. = Courbes. B. 1205. = Crandelain. B. 3087. = Fressancourt. B. 211. = Liez. B. 1386. = Monceau-sur-Oise. B. 2077. = Retheuil. B. 1901. = Vic-sur-Aisne. B. 3395.

État-Major des Places : droit des officiers. A. 6.

États (convocation des). B. 1800.

— du Cambrésis : député de la noblesse. B. 2899.

— généraux. A. 3, 31, 32. — B. 5. 665. — C. 1 à 3, 768, 998, 1014. — E. 310.

Étaux de Boucherie (rétrocession d'). B. 2443.

Étoffes (importation prohibée des). A. 1 ; marque. A. 17. 25, 28, 30 ; de coton. C. 67 ; de laine. B. 5, 2508.

Étoupes (droit sur les). B. 771.

Étourdissement (recette contre l'). B. 2600.

Étrangers : expulsion. B. 3544 ; juridiction de l'évêque de Laon. G. 2.

Étrennes. B. 2078.

Étudiants : libéralités en leur faveur. B. 1641. — E. 473, 474, 476.

Étuves de Laon. B. 2879.

Évêchés. Beauvais, Dol : titulaires. G. 1. = Laon, acquisitions. G. 1, 2, 27, 32, 38, 39, 41, 62, 64, 65, 72 ; actif et passif. G. 15, 393 ; bois. B. 3465, 3629, 3662 ; cartulaires. G. 1 à 3, 5 ; censives G. 1. = H. 85 ; chapelles. E. 470. — G. 82 ; droits du chapitre de Laon. G. 130 ; hôtel réparé. E. 485 ; (mense abbatiale de St-Martin unie à l'). B. 2617. — G. 37, 55, 393 ; (officiers de l'). G. 1, 50 ; suzeraineté. G. 80 à 110. — H. 826 ; (terres usurpées sur l'.) G. 29 ; titres. B. 3441. — G. 1 à 110. = Noyon, prés, terres. G. 112 ; titulaires. C. 920. = Orléans, titulaires. C. 702, 787. = Séez, titulaire. G. 1. = Soissons, bois. B. 3710 ; chapelles. G. 496 à 499, 501, 507 ; (mense abbatiale de Valsery unie à l'). B. 3791 ; titres de proprités. G. 111 ; titulaires. C. 51, 702. — H. 1556.

Évêques (présentation de goupillon réservée aux). B. 1643. = Castres, nomination. G. 807. = Laon (accords avec l'). G. 1, 130 ; correspondance. C. 119, 702 ; droits. G. 1, 463, 590. — H. 875 ; confirmation d'élection. G. 123 ; nominations. G. 6, 128 ; ordonnances. C. 824 ; première entrée. G. 128 ; rentes dues. B. 3446. (Voir Lettre pastorale, Mandement.) = Noyon, contestations avec le chapitre de Saint-Quentin. G. 783 ; nomination. G. 813. = Orléans, correspondance. C. 702, 787 ; droits. B. 2. 1907. = Soissons, correspondance. C. 702 ; franc-salé. C. 331.

Excommunication (droit d'). G. 1 ; enquête, fulmination. G. 116 ; levée. G. 1, 118. — H. 972, 1432 ; suspension. G. 1.

Excommuniés (cimetière interdit à l'inhumation d'). G. 2.

Exécution des sentences criminelles. A. 31. — B. 600, 976, 979, 1309, 1702. — C. 78, 659, 958, 1054. — E. 514, 515.

Exil du cardinal Mazarin. B. 742.

Expéditions de pièces aux avocats et procureurs. B. 709.

Expertises. B. 283 à 311, 444, 445, 1038, 1051, 1054, 1067, 1069, 1081, 1091, 1092, 1103, 1104, 1107, 1111 à 1116, 1118, 1230, 2061, 2067, 2069, 2083, 2087, 2090, 2093, 2097, 2099, 2115 à 2118, 2120, 2121, 2124, 2126 à 2128, 2516, 2586, 2587, 2668 à 2670, 2849, 2884, 2933, 3246, 3288, 3341, 3342.

Experts : nominations et réceptions. B. 667, 670, 1093, 1892, 2113, 2784. — C. 834.

Exploits : contrôleur, rédaction. B. 770 ; formule. B. 3822 ; remise. B. 1407.

Exportation (Voir Avoine, Blé, Cuivres, Dentelles, Farines, Gomme, Grains, Horlogerie, Laines, Légumes, Savons, Suif, Verre, Vin.)

Extralères (droit d'). G. 1, 2. — H. 535.

Extraordinaire des guerres. A. 4. — C. 671.

F

Fabricants (liberté des). C. 66.

= Épourdon. B. 790, 1188, 1199. — G. 1234. = Erlon. G. 1386. = Erloy. G. 1387. = Esquéhéries. G. 1388. = Essises. G. 1389. = Essommes. G. 1390. = Estrées. G. 1391. = Étouvelles. G. 1392. = Étréaupont. B. 3127. — G. 1393. = Étreux. B. 2033, 2255. — G. 1394. = Fargniers. B. 1011, 1175. — G. 1094, 1397. = Faty. B. 20. = Faucoucourt. G. 1398. = Faverolles. G. 1395. = Fay-le-Noyer et Surfontaine. E. 607. = La Fère. B. 737, 999. = Fère-en-Tardenois. G. 1399. = La Ferté-Chevresis. G. 1400. = La Ferté-Milon. G. 1401. = Festieux. G. 1402. = Fieulaine. B. 132. — G. 1403. = Filain. G. 1396. = La Flamengrie. G. 1404. = Flavy-le-Martel. B. 1388. — G. 1405. = Fleury. G. 1406. = Fontaine-les-Clerc. G. 1407. = Fontaine-Notre-Dame. B. 42. — E. 602. — G. 485, 1408. = Fontenelle (Près la Capelle). G. 1409; (près Condé). G. 1410. = Fontenoy. G. 1411. — H. 499. = Foreste (Hérouël). G. 1412. = Fossoy. G. 1413. = Franqueville. B. 3179. = Fresne. G. 1414. = Fresnoy-le-Grand. G. 485. = Frières-Faillouël. G. 1415. = Froidestrées. B. 2125. — G. 1416. = Froidmont-et-Cohartille. G. 1417. = Gandelu. G. 1418. = Genlis. B. 1645. — E. 19. = Gergny. B. 19. — G. 1419. = Germaine. G. 1420. = Gibercourt. G. 1421. = Gizy. G. 1422. — Gland. G. 1423. = Glennes. B. 2823, 2830. — G. 1424. = Goudelancourt-lès-Berrieux. G. 1425. = Grandlup-et-Fay. G. 1426. = Gricourt. G. 485, 1427. = Guignicourt. G. 1428. = Guise. B. 139, 1972. — G. 1429. = Guny. G. 1430. = Guyencourt. G. 1431. = Hamégicourt. E. 602. — G. 1432. = Hannape (Aisne). G. 1433; (Ardennes). E. 358, 361, 376. = Haramont. G. 1434. = Harly. G. 485. = Hartennes. G. 1435. = Hary. G. 1437. = Le Haucourt. G. 485. = Haution. G. 1438. = La Hérie. G. 1439. = Le Hérie-la-Viéville. G. 1440. = Holnon. G. 1441. = Homblières. G. 485. = Houry. G. 1442. = Housset. B. 2033. — G. 1443. = Iron. B. 26, 2259, 3200. — G. 1444. = Itancourt. G. 1445. = Iviers. G. 1446. = Jeancourt. G. 1447. = Jeantes. G. 1448. = Jouaignes. G. 1449. = Jouy. G. 1450. = Jumigny. G. 1451. = Jussy. B. 1389. — G. 1454. = Juvigny. G. 1455. = Juvincourt. G. 1452, 1453. = Laffaux. G. 1456. = Laigny. B. 3217. — G. 1457. = Lanchy. G. 1458. = Landifay. B. 3225. = Landouzy-la-Cour. B. 3151. — H. 630. = Landouzy-la-Ville. G. 1459. = Landricourt. G. 1460. = Laniscourt. E. 495. — G. 1461. = Laon. B. 2785. — E. 398, 497. 505. — G. 431, 1462 à 1475. = Lappion. G. 1476. = Largny. G. 1477. = Launoy. G. 1478. = Laval. B. 3666. — G. 1479. = Lavaqueresse. B. 3229. — G. 1480. = Laversine. G. 1481. = Lerzy. G. 1469. = Leschelle. G. 1482. = Lesdins. G. 1483. = Lesges. G. 1484. = Lesquielles. B. 2030, 2042. — E. 260. — G. 1485. = Leuilly. G. 1486. = Leury. G. 253, 1487. = Lhuys. G. 1488. = Lierval. G. 1489. = Liez. B. 1374. — G. 1490. = Limé. G. 1491. = Lislet. G. 1492. = Lizy. G. 1493. = Logny-lès-Aubenton. E. 360, 361, 365. = Longueval. G. 1494. = Louâtre-et-Violaine. G. 1495. = Loupeigne. G. 1496. = Lucy-le-Bocage. G. 1497.

= Luzoir. G. 1498. = Maast-et-Violaine. G. 1499. = Macquigny. B. 2034. — G. 1500. = Magny-la-Fosse. G. 485. = Maissemy. G. 1501. = Manicamp. B. 1396. — G. 1502. = Marchais (près Condé). G. 1503; (près Liesse). G. 1504. = Marcy (près Marle). E. 548. — G. 1505; (près St-Quentin). G. 485, 1506. = Marest-Dampcourt. G. 1507. = Mareuil-en-Dôle. G. 1508. = Margival. G. 1509. = Marigny-en-Orxois. G. 1510. = Marle. B. 512, 558, 561. — G. 1511, 1512. = Marly. G. 1513. = Martigny-en-Laonnois. G. 1514. = Martigny-en-Thiérache. B. 2498, 2508. = Mauregny-en-Haie. G. 1515. = Mennessis. G. 1516. = Mercin. G. 1517. = Merlieux. G. 1518. = Merval. G. 1519. = Mesbrecourt-Richecourt. G. 1520. = Meurival. G. 1521. = Mézières. E. 605. — G. 1522. = Mézy-Moulins. G. 1523. = Missy-lès-Pierrepont. G. 1524. = Missy-sur-Aisne. G. 1525. = Molinchart. G. 1526. = Monampteuil. B. 2664. — G. 1527. = Monceau-le-Neuf. G. 1528. = Monceau-lès-Leups. G. 1529. = Monceau-sur-Oise. B. 2027. = Mons-en-Laonnois. B. 3666. — E. 562. — G. 1530. = Montaigu. G. 1531. = Montbavin. G. 1532. = Montbrehain G. 485. = Montchâlons. G. 1533. = Montcornet. G. 1534. = Mont-d'Origny. G. 1535. = Montescourt. G. 1536. = Montgobert. G. 1537. = Montgru-St-Hilaire. G. 1538. = Monthenault. G. 1539. = Montigny-en-Arrouaise. G. 1540. = Montigny-l'Allier. G. 1541. — H. 1777. = Montigny-le-Franc. G. 1542. = Montigny-Lengrain. G. 1543. = Montigny-sous-Marle. G. 1544. = Montigny-sur-Crécy. B. 591. — G. 1545. = Montlevon. G. 1546. = Montreuil-aux-Lions. G. 1547. = Mont-St-Jean. E. 383. — G. 1548. = Mont-St-Martin. G. 1549. = Morcourt. G. 485, 1550. = Morsain. G. 1551. = Mortefontaine. G. 1552. = Mortiers. B. 2775. = Muret-et-Crouttes. G. 1553. = Nampteuil-sous-Muret. G. 1554. = Nanteuil-la-Fosse. G. 1555. = Nanteuil-Notre-Dame. G. 1556. = Neufchâtel. G. 1557. = Neuflieux. E. 19. — G. 1558. = Neuve-Maison. E. 68. = Neuville. G. 1559. = Neuville-en-Beine. G. 1560. = Neuville-Housset. G. 1561. = Neuville-lès-Dorengt. G. 1562. = Neuville-St-Amand. G. 1563. = Neuville-sous-Marle. B. 565. = Neuville-sur-Margival. G. 1564. = Neuvillette. G. 1565. = Nizy-le-Comte. G. 1566. = Nogent-l'Artaud. G. 1567. = Noircourt. G. 1568. = Noroy. G. 1569. = Nouvion. G. 1570. = Nouvion-le-Comte. G. 1571. = Nouvion-le-Vineux. G. 1572. = Nouvron. G. 1573. = Noyant. G. 1574. = Œuilly. G. 1575. = Ohis. G. 1576. = Oisy. B. 281. — G. 1577. = Ollezy. G. 1578 = Omissy. B. 485. — G. 1579. = Orainville. G. 1580. = Origny-en-Thiérache. B. 3666. — G. 1581. = Origny-Ste-Benoîte. G. 1582. = Osly-Courtil. G. 1583. — H. 507. = Ostel. G. 1584. = Oulches. G. 1585. = Oulchy-la-Ville. G. 1586. = Oulchy-le-Château. G. 1587. = Paars. B. 3701. — G. 1588. = Pancy. G. 1589. = Parcy. G. 1590. = Parfondeval. G. 1592. = Pargny-Filain. G. 1593. = Parpeville. G. 1594. = Passy-sur-Marne. G. 1595. — Perles. G. 1597.

FAGOTS : façon. E. 661. == grosseur. B. 3543. == prix. B. 79, 119, 133, 171.

FAMILLES NOMBREUSES ET INDIGENTES (secours aux). B. 3636. — C. 946, 990, 1010. — D. 10.

FAMINE (précaution contre la). B. 1046.

FANTASSINS (levée de). B. 715.

FARINES : approvisionnement. C. 935. == confiscation. C. 1017. == (droits sur les). C. 335. == (déclarations de). B. 2930. == exportation. A. 22. == importation. A. 22, 32.

FASCINES (confection de). B. 3527.

FAUCHAGE : autorisations. B. 410, 3225. == interdiction. B. 2658. == prix. B. 40, 1368. — E. 657.

FAUCONS (achat de). B. 3444.

FAULX : contenance de cette mesure agraire. B. 2999.

FAUX MONNAYEURS. B. 236, 324, 1670. — H. 222.

— SAUNAGE. B. 2465, 3886, 3898 à 3968, 3975 à 3977 à 4001, 4006 à 4013, 4015 à 4056, 4088 à 4109.

FAYENCE. (Voir Manufacture.)

FEMMES DE CORPS. G. 253. — H. 314, 356, 455, 477, 692, 872.

FENÊTRES (droits sur les). G. 2. == rétablissement. B. 94. == servitude. G. 51.

FERMAGE : abandon. B. 206. == diminution de prix. B. 206, 212, 744, 1222, 1446, 3447. == mode de paiement. B. 1905.

FERMES : baux. B. 3444. — E. 41, 42, 118, 228, 256, 287, 301, 307, 330, 344, 511. == abandon. B. 3074. == vente. B. 2861.

FERMES GÉNÉRALES. A. 19, 20, 23, 26, 27. — B. 3879, 3880,

3887, 3890, 3897, 3970, 3976, 3979, 3982, 4014, 4017, 4018, 4026, 4089, 4042, 4053, 4111. — C. 518, 1089, 1042.

FERMIERS (condition des). B. 1892. — C. 34, 754, 813. — D. 14. — G. 1684.

FERS (droits sur les). B. 712, 1029. = importation. A. 21, 22, 26, 28, 29. = (marque des). C. 837.

FÊTE DES ÉPINGLES DE CHAUNY. B. 1683.

— DE ST-BLAISE (célébration de la). B. 2508.

— DE ST-ÉLOI (célébration de la). B. 343.

— DE ST-LOUIS (célébration de la). B. 1316, 3970.

FÊTES (interdiction durant les). B. 468, 627, 3028, 3201, 3204. = multiplicité. D. 5. = (réduction du nombre des). C. 924, 925. — D. 4. — G. 255. = (Voir Décès, Jours fériés.)

FÊTES PATRONALES : célébration. B. 2542, 2618, 3272. — E. 661. = chômage. B. 2618. = droits perçus. B. 182. = étrennes aux musiciens. B. 2078.

FEUILLANTS DE BLÉRANCOURT. H. 718 à 720.

FEUX. (Voir dénombrement.)

— DE JOIE. B. 3018, 3223, 3354, 3448.

FIANÇAILLES (résolutions de). B. 2731 à 2735.

FIANCÉS : bienvenue interdite. B. 2574, 2656, 2872, 3088, 3272, 3304.

FIEFS : dénombrements. B. 1598. — E. 17. = possession. B. 1325. = (taxe des.) B. 1793.

FIÈVRE PUERPÉRALE, nature et traitement. C. 19.

— QUARTE (recette contre la). B. 2600.

FILASSES (droits sur les). B. 771.

FILATURES DE COTON. C. 755, 760.

FILETS A GIBIER INTERDITS. B. 3547.

FILLES DE MAUVAISE VIE : arrestation. C. 706.

FILS. A. 21. — B. 771. — C. 759 à 762, 894, 906.

FILS NATUREL LÉGITIMÉ (part du). B. 3443.

FINANCES (administration des). C. 927. = (Voir Bureau.)

FLANELLES (marque des). C. 758.

FLANS. (Voir Four.)

FLÉTRISSURE. B. 2452, 2465, 2475, 4109.

FLORE des environs de Paris. D. 17.

FLORIN DE FLANDRE (monnaie). H. 1162.

FLOTTAGE DES BOIS. B. 970, 972, 1068, 1077, 1080, 1234, 1235, 1441, 1455, 3518, 3815. — E. 601.

FLUXION (recette contre la) B. 2600.

FOINS. B. 88, 589, 1021, 1560, 1669, 2515. — D. 13.

FOIRES. C. 928, 929. — E. 514. = Any. B. 2494. = Aubenton. B. 1, 187, 3879. = Beaurevoir. B. 3452. = Bohain. B. 3454. — C. 832. = La Capelle. C. 924. = Château-Thierry. C. 79, 910, 923, 928, 993, 996. — H. 1054. = Commenchon. B. 1456. = La Fère. B. 3446. = Genlis. B. 1548. = Laon. G. 133. = Longpont. H. 692. = Montcornet. C. 1039. = Le Nouvion. C. 924, 1008. = Origny-Ste-Benoîte. B. 2126. — C. 91. = Plomion. C. 904. = St-Gobain. B. 1060. = St-Michel. B. 3289. = St-Quentin. B. 1198. — C. 766, 771. = Sissonne. E. 613. = Soissons. G. 256. = Vieils-Maisons. C. 336.

FOLIE FURIEUSE. B. 2427, 2527.

FONDEUR EN CUIVRE : apprentissage. E. 421, 422, 429, 430.

FONTAINES : aqueduc. G. 729. = construction. C. 175. = (droit de). B. 2496. = (passage à une). B. 2811. = règlement d'eaux. B. 1791, 3291. = réparations. B. 3660, 3698, 3705.

FORAGE (droits de). B. 698, 2494, 3445, 3447. — C. 334. — E. 57, 658. — H. 832.

FORÊTS. C. 927, 944, 1017. = Andigny. B. 3656. = Beaurevoir et Bohain. B. 3558, 3560, 3603, 3604, 3638, 3640 à 3642. — E. 252. = Choisy. H. 477. = Coucy. B. 948, 981, 1000, 1030, 3459 à 3466, 3468 à 3488, 3491, 3499 à 3502, 3506, 3508 à 3516, 3522 à 3529. — C. 479. — G. 2. = Cuise. H. 1508. = Montargis. B. 3459. = St-Gobain. B. 666, 718, 738, 744, 745, 952, 963, 967, 1001, 1007, 3446, 3535, 3536, 3541 à 3545, 3547, 3550, 3552, 3556, 3558, 3560 à 3591, 3593 à 3595, 3605, 3616, 3619 à 3621, 3627, 3628, 3631, 3634. — E. 611. = St-Michel. B. 7. = Vieils-Maisons. E. 221. = Villers-Cotterêts. G. 253. = Vois ou Wois. B. 3533. — G. 10, 13. = Wattigny. B. 3149, 3865, 3867, 3868. — E. 488.

FORFAITURE (droit de). H. 1508.

FORGES : interdiction d'établissement. B. 3561. = Dohis. B. 2934. = La Neuville-aux-Joûtes, B. 249, 3846. = Wattigny. B. 426, 3159.

FORMARIAGE (droits de). G. 27, 134, 253. — H. 455, 477, 692, 1017, 1508.

FORMULES IMPRIMÉES (tarifs des droits de). B. 1324.

FORTIFICATIONS. A. 13. — C. 350, 402, 1033. (V. Places.)

FORTS : Buironfosse. B. 3845. = Chigny. B. 162. = Clacy. G. 43. = Dammarie. G. 1. = Leschelle. B. 3846. = Neuville-aux-Joutes. B. 3865. = Ribeauville. B. 201.

FOSSE (curage d'une). B. 1033.

FOSSÉS. B. 2631, 3673. — C. 753.

FOSSÉ USINIER OU CANAL DES TORRENTS. (Voir Canaux.)

FOSSILES (recherche des). C. 945.

FOUÉE (droit de). G. 1508.

FOULERIES DE DRAPS

FOURNAGE (droit de). G. 41.

FOURNEAU (interdiction d'établissement de). B. 3561.

FOURRAGES. A. 29. — B. 294, 1586. — C. 37, 38.

— MILITAIRES. C. 203, 338, 348, 361, 362, 378.

FOURS : banalité. G. 43, 84, 95, 253. = cuisson des flans et

— tartes. H. 535. = (dessication des matières textiles interdite dans les). B. 2759, 3169, 3272, 3304.

— à chaux, briques et poteries. C. 66.

FOURS ET CHEMINÉES (visite des). B. 165, 644, 2198, 2516, 2689, 2761, 2817, 2829, 2853, 2858, 2997, 3002, 3071, 3082, 3134, 3150, 3157, 3169, 3205, 3208, 3239, 3243, 3262, 3264, 3270, 3272, 3304, 3306, 3428.

FOUS (traitement des). C. 19.

FRAIS DE COUCHES. B. 782.

— FUNÉRAIRES ET DE DERNIÈRE MALADIE. E. 5.

G

GLANDÉE. B. 662, 684, 685, 952, 960, 981, 1000, 1007, 1061, 1502, 2936, 3439, 3457, 3464, 3468, 3475, 3478, 3482, 3483, 3489, 3504, 3515, 3529, 3530, 3538, 3551 à 3553, 3558, 3633, 3720, 3723, 3729, 3730, 3856, 3876. — E. 611. — H. 1088.

GOMME DU SÉNÉGAL : exportation. A. 20.

GOUVERNEMENTS MILITAIRES (généraux). Ile-de-France. B. 1572, 2696. = Picardie, B. 7, 665.

— (particuliers). La Fère. B. 3564, 3576. = Ham. C. 353. = St-Quentin. C. 796. = Vendeuil. E. 657, 659.

GRAINES : exportation. A. 22.

GRAINS : approvisionnement. C. 937 à 941. = arrestation. C. 18. = cherté. C. 8, 15, 754, 880, 1014. = circulation. A. 21, 25. — B. 3, 1909. — C. 8, 13, 14, 17, 18, 930, 1009, 1012, 1017, 1028. — D. 14. = commerce. A. 25, 32. — B. 5. — C. 754. — D. 10. = confiscation. C. 1017. = consommation. C. 1027. = déclaration. B. 503, 2058, 2930. = distribution. C. 671, 672. = (droits sur les). A. 18, 26. — C. 335, 336, 1027. = ensemencement. D. 12. = estimation. B. 294, 1578, 2790, 3049, 3384. = exportation. A. 1. = importation. A. 1. — C. 913. = maladies. D. 6, 8, 12. = perte. C. 671. = pillage. B. 1260, 2481, 2679. — C. 13, 17, 18, 754, 913, 935. = prix. B. 1066, 1897, 3020 à 3022, 3025. — C. 9, 10, 13, 15. = rareté. B. 3204. — C. 1014. = recensement. B. 1797, 3042, 3047. — C. 941. = vente. C. 13, 671.

GRAISSIERS DE ST-QUENTIN : statuts et règlements. C. 765.

GRANGE. B. 304, 322, 2543, 2592, 3119. — E. 258, 332, 533, 574, 627.

GREFFES : affermage. B. 1905, 2504. — E. 376. = déchéance de droit de propriété. B. 1663. = déplacement de minutes. B. 1906. = (vérification de feuilles de). B. 3837.

GREFFE DE VIRY : archives. B. 1452.

GREFFEUR DE VIGNES : salaire journalier. B. 78.

GREFFIERS (actes de). A. 22, 25. = (réception de). B. 511, 1331, 2036.

— DES TAILLES : remboursement d'office. E. 463.

GRÊLE : dégâts causés. B. 212, 1447, 2586, 2857, 3288, 3773, 3790. — C. 80, 81, 84, 246, 359, 842 à 844, 846, 874, 875, 882, 884, 891, 910, 915, 926, 976 à 980, 1010, 1022. — D. 11. = secours. C. 923, 934, 946, 1014, 1023.

GRENADIERS A CHEVAL : logement. C. 339.

GRENIERS A SEL. B. 3879, 3890. = Amiens. B. 3893. = Aubenton. B. 3879 à 3884, 3893. — C. 320 à 324 — E. 372. = Coucy-le-Château. C. 1018. = Crépy-en Valois. C. 642. = La Ferté-Milon. B. 3073, 3754. = Guise. B. 1985, 2092, 3885 à 3968. — C. 320 à 323, 837. — sceau. B. 3885. = Heurichemont. A. 1. = Langres. B. 3879. = Laon. B. 3969 à 3977. — E. 526. = Marle. B. 548, 3891, 3978. — C. 320 à 323. = Rouen. B. 3893. = St-Quentin. B. 3979 à 4082. = St-Valery. B. 3893. = Vervins. B. 3352, 3893, 4083 à 4109.

GRÈS : extractions. C. 982, 1034. — H. 189.

GRIBANES : Abbeville. B. 3891, 3892, 4087. = St-Valery. B. 3891, 3892, 4086.

GROISIL : exportation. A. 29.

GROS DE CURÉ (droit de). B. 180.

— MANQUANT. D. 10.

GROSSESSE : attribution. B. 1119, 1308, 1879, 2343, 2347, 2360, 2390, 2408, 2410 à 2412, 2414, 2612, 2861, 2971, 3290, 3291. = (célé de). B. 632, 2428, 2606. = constatation. B. 2110, 3131, 3229. = déclarations. B. 644, 1023, 1209. 1661, 1663, 1766, 2104, 2105, 2107, 2688, 2721, 2780, 2787, 2985, 2987, 2990, 3043, 3047, 3055, 3057, 3093, 3100, 3112, 3113, 3118, 3129, 3147, 3182, 3214, 3225, 3227, 3243, 3251, 3264, 3270, 3272, 3292, 3300, 3348, 3386, 3400, 3403, 3404, 3406 à 3408, 3421, 3422, 3450, 4120, 4128. = (édit du roi Henri II sur les). G. 1684.

GRUERIES : devoirs des greffiers. B. 3591. = (droits de). B. 3708. — E. 56. — H. 1508. = (suppression de). B. 1905. = Aubenton. B. 3792, 3796. = La Fère. B. 682, 3446, 3538 à 3541. = Foigny. B. 3864 à 3868. = Guise. B. 3792, 3840, 3857. = Hirson. B. 2544, 3792, 3855. — E. 71. = Laigny. B. 3869, 3870. = Marle. B. 645, 3537. = Le Nouvion. B. 3792, 3839, 3856 à 3863, 4142. = Rumigny. B. 3792, 3796. = St Michel. B. 2544, 3792, 3796. — E. 372. = Vervins. B. 3871 à 3876. = Voulpaix. B. 3877, 3878.

GUÉRITE (construction de) B. 1223. — E. 425.

GUERRE (maux causés par la). B. 202, 204, 206, 208, 210, 211, 214, 434, 435, 624, 753, 767, 963, 972, 1051, 1060, 1061, 1155, 1156, 1160, 1259, 1361, 1375, 1444, 1446, 1448, 1551, 1571, 1572, 1975, 2201, 2605, 2756, 3883. — E. 470. — G. 419.

GUET. B. 1073, 2494. — C. 751.

GUIDE DU ROI (droits de) B. 3489.

GUIMAUVE comme plante textile. D. 18.

H

HABIT : prix. B. 2203.

HABITATIONS (sécurité des) B. 3289. — C. 35.

HACHE : prix. B. 415.

HAIES. B. 79, 107, 302, 305, 977, 1568, 2576, 3109, 3234. — D. 15.

HALLAGE (droits de). A. 26. — B. 77, 1010, 1225, 1891, 2225, 2229, 2494, 2525, 2934, 2982, 3287, 3289, 3446, 3448, 3452, 3793. — C. 10, 335, 336. — H. 1054.

HALLES : Any. B. 2494. = Aubenton. B. 2082. = Charly. B. 3027. — E. 420. = Chevregny. G. 41. = La Fère, B. 677, 678, 796, 1016, 1217, 1225 à 1227. — E. 78. = Guise. B. 387, 2096, 2097. = Hirson. B. 2082, 3793. = Laon. H. 871. = Nogent-l'Artaud. B. 3700. = Paris. C. 8. = Rumigny. B. 2082. = St Michel. B. 3289.

HANNETONS : dégâts causés. C. 874. = destruction. C. 40.

MARGUILLIERS. B. 112, 1626, 2569, 3026. — G. 254.

MARIAGE (actes de). C. 1038. — E. 7. = autorisation. B. 726, 2388. = bans. A. 1. — B. 1642. = (bienvenue de). B. 470, 3088. = dispenses. B. 2736 à 2742. — G. 254, 783. = (dots de filles pour leur). G. 811, 967. = (droit de). H. 182. = invalidité. B. 2743. = (option en faveur de). B. 3350. = refus. B. 1481, 2578. = résolution. G. 783. = rupture. B. 1192.

MARINS : extraits mortuaires. C. 395. = priviléges. A. 5. — B. 5. = tontine. B. 1908.

MARMITE : prix. B. 415.

MARNAGE. D. 4. — H. 365.

MARQUE : peine. B. 1266, 1284, 1287, 1290, 3958, 3961. — C. 358.

—   des objets d'or et d'argent. C. 849, 1046.

—   des toiles. B. 3354. — C. 467.

MARQUEURS DE CUIVRES (offices de). B. 1907. — E. 456.

MARQUISATS : Blérancourt. E. 202, 205. = Caulaincourt. B. 1089. — C. 795. = Cœuvres. E. 11, 12. = Coucy. B. 3501, 3767. = Genlis. B. 1366, 1374, 1440, 1505, 1577, 1652, 1792. — E. 14. = Guiscard. H. 1104, 1168. = Montcaurel. B. 1371. = Moy. B. 222, 2897, 4128. — E. 652, 656, 665. = Nesle. B. 837, 1371, 1902, 2895. = Piennes. H. 1168. = Tresmes. G. 637. — Vervins, B. 595, 3319, 3424. — E. 164.

MARTEAU FORESTIER (empreinte de). B. 3556, 3622. — E. 467.

MASCARADES. B. 441, 463, 1727, 3088, 3363.

MASURE. B. 2889, 2984, 2999. — E. 352, 537, 568, 611.

MASURERIE (droit de). E. 665. — H. 171.

MATERNITÉ (constatation de). B. 1109.

MAUX d'oreille, de tête, de ventre, d'yeux : recettes. B. 2600.

MÉDAILLONS. (Voir Vétérance.)

MÉDECINE (commission royale de). B. 4.

MÉDECINS. A. 18. — B. 14, 1363, 1365, 1531, 1536, 2351, 2410. — C. 19, 772, 909, 949, 998.

MÉDICAMENTS (distribution de). A. 28.

MÉGISSERIE. A. 32. — C. 766.

MÉLILOT : culture. D. 15.

MÉMOIRES pour servir à l'histoire du Vermandois, par Colliette. G. 818, 819.

MENCAUDÉE, mesure agraire. C. 896.

MENDICITÉ : répression. B. 2, 394, 985, 1232, 2453. — C. 75, 668, 700 à 749, 814, 921, 989. — D. 6.

MÉNÉTRIERS (roi et maîtres des). A. 2.

MENUISERIE : apprentissage. E. 451, 559.

MENUISIERS ébénistes, tonneliers de Laon : comptes. C. 69.

MERCERIE. B. 3051. — C. 765. — E. 471.

MERCIERS : Chauny. B. 1362. = La Fère. C. 72. = Guise. B. 2157. = Laon. C. 338. = St-Quentin : statuts et règlements. C. 765.

MERCURIALES de Guise. B. 44.

MERRIEN (confection de). B. 956.

MESSAGERIES. A. 13, 27, 31. — B. 1373, 3769 — C. 73.

MESSAGERS. B. 13, 230, 705, 734, 1021, 1380, 1378, 2051, 2506. — C. 953.

MESSES. B. 1729. — C. 953. — G. 253, 258.

MESURAGE (droit de). B. 2496, 3089. — C. 335, 336. — E. 424, 467. — G. 24.

MESURES. B. 663, 1038, 2503, 2656, 2681, 2759, 2875, 2935, 3286, 3289, 3384, 3653. = Achery (à grains). G. 27. = Amigny-Rouy (agraire). H. 182. = Anizy-le-Château, G. 2, 20. = Beaurieux (à grains). E. 33. = Bièvres (agraire). E. 98. = Bohain (à grains). B. 3454. = Bois-Roger (à vin). H. 250. = Boncourt. H. 1766. = Boursonne (à grains). G. 253. = La Bouteille (agraire). C. 893. = Braine (à grains). G. 253. — H. 477. = Brunehamel (à grains). B. 2935. = Bruyères (à grains). H. 208. = Chalandry (à grains). H. 38. = Châlons-sur-Marne (à vin). H. 1049. = Chamouille (à grains et à vin). H. 208. = Champvercy (agraire). E. 289. = Charly (à grains). B. 3062. = Château-Porcien (à grains). H. 955. = Château-Thierry (à grains). G. 253. — H. 1294. = Chauny (à grains). B. 1458. — E. 439. — H. 182. = Chavignon (à vin). H. 872. = Chelles (à grains). G. 253. = Coucy-le-Château (agraire). H. 1273. — (à vin). H. 429. = Crécy-sur-Serre (à grains). B. 3095. — H. 38. = Crépy-en-Valois (à grains). H. 477. = Dorengt (à grains et agraire). C. 895. = Droizy (à grains). G. 253. = Épagny (à vin). G. 253. = Esquehéries (à grains et agraire). C. 895. = La Fère (à grains). B. 773. — H. 171, 425. = La Ferté-Chevresis (à grains). G. 2. — H. 274, 800, 811. — (agraire). H. 800. = La Flamengrie (agraire). B. 90. = Gandelu (à grains). H. 1294, 1508. = Guise (à grains). B. 107, 177, 179. — C. 896, 937. — H. 797, 872, 879, 894, 930, 953, 960. — (agraire). B. 952. = (de liquides). B. 179. = Ham (à grains). H. 798, 1508. = Jumigny (à grains et agraire). E. 33. = Landifay (à grains). B. 107. = Laon (à grains). C. 898. — E. 33. — G. 1, 2. — H. 68, 107, 292, 349, 365, 873, 879, 893, 900. — (agraire). C. 898. — H. 38, 239, 1598, 1607. — (à vin). G. 27. — H. 24. = Lappion (à grains). C. 900. = Lemé (agraire). B. 574. = Lislet (à grains). C. 900. = Marle (à grains). B. 3132, 3448. — C. 937, 939. — H. 79, 180, 235, 263, 275, 310, 311, 873. = Montaigu (à grains). H. 272. = Montcornet (à grains). C. 900, 937. = Montloué (à grains). B. 576. = Nesle (à grains). H. 455. = Nogentel. H. 1508. = Nouvion-le-Comte (à grains). H. 410. = Oulchy-le-Château (à grains). H. 1508, 1580. = Paris (à grains). C. 900. = Péronne (agraire). H. 455. = Pierrefonds (à grains). H. 1077. = Pierrepont (à grains). C. 900. — H. 248, 259, 941. — (agraire). H. 922. = Reims (à grains). H. 872, 883. = Ribemont (à grains). B. 179, 473. — H. 295. — (agraire). B. 180. - (pour les liquides). B. 179. = Rocquigny (agraire). E. 71. = Rozoy-sur-Serre (à grains). B. 576, 2035. — H. 896, 919, 956. — (agraire). C. 905. = St-Médard (à grains). H. 477. — (agraire). B. 3413. = St-Quentin (à grains). H. 172, 181, 295, 399, 534, 535, 588, 741, 793, 930, 931, 1116,

N

PALAIS du Louvre (chênes destinés au). B. 3461.

Pallium (concession de). G. 6.

PANIERS fins : livraison. B. 42.

PANNE (saisie d'une pièce de). C. 755.

PAPE résidant à Avignon (entretien du). G. 128.

PAPETERIES : conditions des ouvriers. A. 23. = situation. C. 67. = Écouffeau. H. 67. = Haudrecy. E. 607. = Mézières. B. 245. = Rabouzy. B. 3342. = Voulpaix. B. 3428.

PAPIER de Canada (porteurs de). A. 22.

PAPIERS : destruction. B. 1975. = (droits sur les). A. 4, 23, 27. — B. 4. = fabrication. A. 18, 20. = prix. B. 3324. — G. 425.

— de famille : perte. B. 208.

— peints : importation. A. 23.

— timbrés. B. 1324. — C. 849, 927, 1040.

PARC de La Fère. B. 1086, 1217, 3445, 3546, 3558, 3560.

— de Folembray. B. 3462, 3478, 3483.

PARCAGE de bestiaux. B. 3052.

PARCHEMIN timbré. B. 1324.

PARCOURS (droit de). C. 92.

PARLEMENTS : Besançon, Grenoble, Metz, Navarre, Provence, Rouen. Remboursement d'offices. A. 5. = Paris (appel au). B. 2534. = arrêts. B. 504, 505, 1906 à 1911. — C. 38, 851. — G. 251. = commis-greffier. A. 3. = compétence. B. 1365. = (édit concernant le). A. 2. = (propos contre le). B. 379. = (suppression d'officiers dans le). B. 504.

PAROISSES : statistique. C. 206 à 233. = Auroir, projet d'unir Aubigny. C. 768. = Bruyères, érection. G. 253. = Clacy, érection. H. 250. = Craonne, distraction de Craonnelle. G. 184. = Estrées-en-Chaussée, église de Fay distraite. H. 455. = Fay, érection. H. 455. = Gricourt, projet d'unir le Petit-Fresnoy. C. 768. = Nanteuil-sur-Ourcq, érection. G. 253. = Saint-Quentin (établissement de). G. 1684.

PARTAGE (actes de). E. 2.

PARTAGES anticipés. B. 28, 1337. — E. 422, 489, 585.

PASSAGE (droit de). A. 26. — B. 148, 948, 971, 1120, 2218, 2232, 2811, 2817. — C. 334. — G. 253. — H. 197, 477, 1138, 1673. (Voir Village.)

— de la rivière de Serre. B. 507.

— de la ruelle Abraham. B. 2578.

— des bestiaux de Monceau-les-Leups à Pont-à-Bucy. B. 952, 1084, 1128.

— des rois de France et de leur famille . de Louis XIV. G. 809. = de Louis XV. C. 606. = de Louis XVI. C. 507. = de Madame Adélaïde. C. 516. = du Comte d'Artois (Charles X). C. 520. = du Dauphin. C. 607.

PASSAVANT de chevaux venant de Liège. C. 849.

PASSEMENTIER : apprentissage. E. 440, 522. = Réception. B. 1378.

(AISNE). — TABLES.

PASSES : constructions. C. 153, 163, 831.

PASTS. G. 2, 27. — H. 2.

PATATE : culture. D. 13.

PATERNITÉ : attribution. B. 180, 257, 483, 1029, 2353. = recherche. B. 453, 457, 488, 2573, 2847, 2850, 3386. = reconnaissance. B. 256.

PATISSIERS : apprentissage. E. 463. = exercice de la profession. B. 3319.

PATISSIERS-TRAITEURS de Laon : comptes. C. 69.

PATRES. B. 960, 1076, 1896, 2583, 2691, 2721, 2766, 2822, 3062, 3074, 3168, 3244, 3378. — C. 88.

PATURAGE : arpentage. E. 151. = concession. G. 2. = droits. B. 176, 180, 182, 184 à 186, 189, 190, 249, 250, 258, 260, 266, 269. 277 à 279, 568, 684, 948, 951, 952, 970, 1007, 1008, 1011, 1077, 1169, 1428, 1434, 1450, 1461, 1462, 1485, 1493, 1500, 1514, 1547, 1633, 1639, 2044, 2066, 2070, 2071, 2077, 2079, 2088, 2128, 2133, 2141, 2144, 2205, 2213, 2215, 2217, 2225, 2227, 2229, 2230, 2233, 2236, 2252, 2254, 2260, 2518, 2521, 2572, 2581, 2584, 2585, 2657, 2660, 2934, 2943, 2999, 3083, 3214, 3238, 3246, 3446, 3492, 3495, 3502, 3514, 3516, 3521, 3530, 3632, 3649, 3666, 3676, 3688, 3763, 3831, 3842. — C. 87, 90, 91, 193, 198, 840, 992, 1022, 1023. — E. 654. — G. 61, 70. — H. 101, 144, 477, 627, 826, 871, 872, 908, 909, 986, 1017, 1759, 1766, 1777. = (Exemption de droit de). B. 2227. = interdiction. B. 2583, 2625, 2619. = règlements. B. 3794. — H. 144, 1508.

— du val de Charly : bestiaux envoyés. B. 3027.

PAUVRES des lieux suivants : Alaincourt. H. 1125. = Annois. B. 1116. = Any. B. 2494. — G. 1199. = Aubenton. E. 338. = Beaurain. B. 2217. — H. 340. = Bergues. B. 24. = Braine. C. 666. — E 135. = Castres. B. 2996. = Cerizy. G. 456. = Charly. C. 666. = Chauny. B. 1314. 1412. = Cuizy-en-Almont. B. 3380. = Dorengt. B. 2114. = Estrées. H. 1113, 1125, 1159. = Étréaupont. B. 3119, 3129. = Fargniers. B. 789. = Flavy-le-Martel. G. 486. = Frières-Faillouël. B. 1797. = Gouy. B. 3187. — H. 1113, 1125, 1155, 1170. = Gronard E. 169. = Guise. B. 1120, 2032, 2106, 3794, 3813, 3840, 3851. — H. 929. = Happencourt. G. 486. = Harly. G. 485. = le Hérie-la-Vieville. B. 22. = Iron. B. 3204. = Landouzy-la-Ville. E. 174. = Lerzy. H. 1469. = Lesquielles. H. 1479. = Luzoir. B. 2497. = Lyfontaine. G. 486. = Malincourt. G. 1125. = Monceau-le-Wast. G. 1847. = Morsain. B. 3380. = Moy. H. 1125, 1159. = Nouvion-l'Abbesse. B. 2883. = Nouvion-le-Comte. B. 181, 271. = Origny-Ste-Benotte. B. 156. = Regny. G. 485. = Rocquigny B. 3500. = Royaucourt et bas Chaillevois. E. 613. = St-Clément. B. 2969, 2970. = Sinceny. G. 1848. = Ugny-le-Gay. E. 19. = Vadencourt. H. 1479. = Vauxaillon. C. 1023. —

chement). C. 913, 928, 998, 1000. = Sissy (plan). G. 236. = Vadencourt (plan). E. 75. — artificielles. C. 38, 41. — D. 7, 16.

Prébendes canoniales : cumul. B. 730.

Prédicateurs. B. 3032. — C. 88. — G. 461, 783.

Prééminence (droit de). G. 16.

Prélation (droit de). E. 265.

Presbytère de St-Pierre-le-Vieil de Soissons : titres. H 455.

Presbytères : acquisition. G. 1093. = assainissement. C. 828. = constructions et réparations. B. 2999. — C. 76, 78, 80 à 89, 102 à 160, 162 à 189, 196 à 199, 636, 781 à 786, 822 à 824, 829, 966 à 968, 992, 996, 1013 à 1015, 1019, 1022 à 1024. — G. 254. = plans. G. 113, 119, 145, 147, 148, 820, 830.

Présidiaux. A. 1. — B. 504, 1662. — C. 638 à 643, 646, 647, 650, 697.

Pressoirs banaux. B. 177, 251, 3172. — E. 86, 98, 409, 657, 660. — H. 208, 753.

Prêt a intérêt. B. 6.

Prêtres agés ou infirmes. (Voir Maison de Retraite.)
— habitués de Chauny : préséance contestée. B. 1576.

Prévôt (gages de). B. 3446, 3454.

Prévôtés des lieux suivants : Assis-sur-Serre. E. 550. = Beaurevoir. B. 3452. = Coucy-le-Château (création). B. 3370. = Crépy-en-Valois. B. 3764; droits, sceau. C. 637. = Dercy. E. 550. = La Fère. B. 3446. = La Ferté-Milon. B. 3769. — C. 644. = Glennes. E. 480. = Hirson. B. 2504, 2508, 2531 à 2612. — E. 70 à 73. = Laon. G. 124, 126, 127, 131. = Laonnois. G. 1, 2, 11, 86. = Marfontaine (création de la). B. 3299. = Mons-en-Laonnois. B. 2710, 3712. = Oulchy-le-Château. B. 985, 986; sceau. H. 1244. = Paris, Péronne, Pierrefonds. H. 1508. = Ribemont. B. 411 à 502. — G. 27. = Roye. B. 813. = Saint-Quentin (insinuations). B. 2981, 2982. = Vailly, projet. C. 652 = Verberie. C. 653. = Vervins, création. B. 3322. = Villers-Cotterêts. B. 1900, 1901, 3370; sceau. E. 637.

Prévôté des monnaies de Lyon. A. 2.

Prévôtés ecclésiastiques : Barizis. B. 1059, 3468, 3471 à 3474, 3489, 3529. — C. 403. — H. 451. = Chivres. B. 3687. — H. 479, 492, 493. = Essommes. H. 477. = Favières. B. 3682, 3698. — H. 510. = Laval B. 3682, 3697. — G. 368. = Marizy-St-Mard. B. 3682, 3783. — H. 477. = Rugny. B. 3707. = Vénérolles. B. 298. — G. 400.

Prières de 40 Heures. G. 255.

Prières publiques. B. 1622, 1641. — G. 763.

Prieurés. B. 1784. = Arcy. G. 253. = Beaulieu. B. 1374, 1585, 1646. — H. 455, 461. — Chapelle. B. 1573. — H. 455. = Blanzy (St-Fiacre). B. 3678. — H. 532. = Bonshommes près Fère-en-Tardenois. B. 3703. = Bony. H. 1116, 1127, 1136, 1137. = Bretigny. B. 3474, 3511, 3516. = Chantrud. B. 3657. — E. 511. — G. 395. —

H. 452. = Charme. B. 3681. — C. 235. — G. 253. — H. 1571 à 1583. = Château-Thierry (St-Jean). C. 666, 684. = Chauny (Notre-Dame). B. 1645. = Coincy. B. 3674, 3689. — H. 526 à 528, 1116. = Corbeny (Saint-Marcoul). E. 70, 456. — G. 408. — H. 453. = Coucy-le-Château (St-Remy). G. 403. = Crépy-en-Valois (St-Arnoul). B. 3725, 3774. = Crouttes. B. 3691. = Évergnicourt (St-Hubert). G. 408, 419. — H. 454. = Fargniers. B. 979, 1011, 1097, 1231. — G. 1094. — H. 391 (Chapelle). B. 1103. = La Ferté-sur-Péron. E. 567. = France (grand prieuré). H. 1748, 1749. = Gizy uni au séminaire de Laon. G. 488. — H. 247. = Haudreville (Marle). B. 2728. = Hirson (St-Venant). B. 2728, 3287. — E. 392. — G. 398. — H. 342. = Lesquielles (St-Jean-Baptiste). B. 2728. — G. 400. — H. 234, 253, 254, 322. = Longpré. B. 3725, 3765, 3784. — G. 253. — H. 1566 à 1570. = Manicamp (Notre-Dame-en-Fave.) B. 1784. — H. 529. = Marlé (St-Pierre). B. 644, 2727. — G. 1. — H. 310. = Montaigu. B. 3666. — H. 272, 273. = Nadon, B. 3783. = Neuville (St-Julien). G. 406. — H. 259, 280, 320. = Notre-Dame de Braine. B. 3679. — H. 1556 à 1563. = Omont (St-Gombert). H 285. = Oulchy-le-Château. B. 3786. = Pierrefonds (St-Sulpice). B. 3501, 3530. — G. 253. — H. 530. = Quessy. B. 1454, 1585. = Quierzy (St Martin). B. 1569, 1572, 1590. — H. 531. = Reuil. B 3705. — G. 253. = Ribemont (Saint-Germain). G. 410. — H. 441. = Ronchères. B. 3706. = Roucy. G. 7, 408. = St-Erme. G. 408. = Ste-Geneviève. H. 456. = St-Gobain. B. 795, 1099, 1231, 2728, 3621. — E. 477. — G. 403. — H. 317. = St-Gobert. G. 413. = St-Lambert. B. 2727, 3446. — H. 1272. = St-Lazare de La Ferté-Milon. B. 3778. — H. 712. = St-Léger-aux-Bois. B. 495, 503, 508, 509. = St-Paul-aux-Bois. B. 1788, 2614, 3473, 3506, 3509, 3512, 3517, 3521, 3530, 3709. — E. 530 = St-Pierre-au-Mont-de-Chartres de Compiègne. H. 736. = St-Preuve. C. 144. — G. 406. — H. 717, 1439. = St-Remy de Braine. B. 3679. — H. 413, 525 = St-Thibaut. B. 3708. — G. 253. — H. 533. = (Église Ste-Marie de Châtillon-sur-Marne donnée au). G. 253. = St-Thomas. G. 406. — H. 305, 306. = St-Vulgis de La Ferté-Milon. B. 3725, 3776. — H. 1224. = Tupigny. B. 283, 2727, 3674. — G. 400. — H. 534, 1479. = Val des écoliers de Laon. G. 7. — H. 121. = (Sceau). - H. 1391, 1393, 1399. = Vaucelles. B. 3717. — H. 455, 713. = Vendeuil (St-Jean-Baptiste). B. 3650. — H. 219, 237, 318. = Vieil-Arcy. B. 3716. = Vigneux (Ste-Léocade). G. 413. = Ville-Selve ou Franche-Abbaye-aux-Bois. B. 1493, 1499. — H. 1419 à 1430. = Voulton. H. 1325 à 1327. = Vregny. B. 3716.

Princes du sang (domaines et biens patrimoniaux des). C. 795.

Prise de Luxembourg (feu de joie à l'occasion de la). B. 3223.

Prises de bestiaux et vertes amendes (bail de). E. 467.
— et conquêtes maritimes (droit sur les). B. 1907.

Salles d'armes : inspection. C. 355.
Salpêtre. A. 20, 26, 27. — B. 1029, 3545. — C. 622.
Salpêtriers : privilèges, exemptions. C. 339.
Sardines : importation. A. 19.
Sarrazin. B. 177. — D. 10.
Saumons : importation. A. 17.
Sauvegarde du roi et de justice. B. 2936.
Savarts. B. 1150. — E. 110, 150, 335, 562, 569, 651.
Savons : exportation. A. 20.
Savoyard (droit accordé à un). B. 713.
Sceau (droit de). C. 866.
Sceaux : A. doyen du chapitre de Laon. H. 283. = Aélide, dame de Coucy. H. 275, 755, 775. = Aélide, dame de Rozoy. H. 956. = Alain de Neuville, Alain de Roucy. H. 280. = Albéric, seigneur de Bucy (lès-Pierrepont). H. 900. = André, seigneur de La Ferté-Gaucher. H. 1294. = Anselme, évêque de Laon. H. 141, 311, 633, 880, 900, 904. = Arnoul de Neuville (Ardennes). H. 972. = Barthélemy, abbé de Saint-Martin de Laon. H. 919. = Barthélemy, évêque de Laon. H. 185, 235, 293. = Baudouin, évêque de Noyon. H. 898. = de Beaumont, archevêque de Paris, cardinal. B. 377. = Bouchard, seigneur de Guise. H. 929. = Bourbon de Condé (Louis-Joseph). C. 954. = Clarembaud de Mayot. H. 311, 375.= Dubois de Courval. E. 203. = Dumoustier de Vatre, seigneur de Marcy. B. 3603. = Enguerrand, abbé de Saint-Vincent de Laon. H. 250. = Enguerrand III, sire de Coucy. H. 264. 317. = Enguerrand IV, sire de Coucy. H. 684. = Enguerrand de Coucy, évêque de Laon. H. 343. = François de (Fénélon), archevêque de Cambrai. H. 1127. = Marquis de Fénélon. B. 1653. = Foulques, coûtre ou gardien de l'église de Laon. H. 311. = G. abbé de Saint-Vincent. G. 197. = Garin, doyen du chapitre de Saint-Julien de Laon. H. 211. = Garnier, évêque de Laon. H. 1598. = Gaucher de Neuville, chanoine de Reims. H. 280. = Gautier, abbé de Nogent. H. 775. = Gautier, abbé de Saint-Martin de Laon. H. 121. = Gautier, abbé de St-Vincent de Laon. H. 229, 343. = Gautier (de Saint-Maurice), évêque de Laon. H. 879, 929 ; (de Mortagne), évêque de Laon. H. 242, 267, 275.= Gobert d'Avesne (Saint-Simon). H. 304. = Gobert (de Clacy), vidame du Laonnois. H. 205. = Godefroy, seigneur de Sains. H. 952. = Gui, abbé de Prémontré. H. 777. = Gui, châtelain de Coucy. H. 200. = Guillaume, archevêque de Reims. H. 972. = Guillaume, évêque de Laon. H. 314. = Haymard, évêque de Soissons. H. 756, 825. = de Hédouville (François-Jérôme), seigneur de Merval. B. 3603. = Hervilly (Louis-François). E. 245. = Hugueny (César-François), seigneur de Nouvion-le-Comte. E. 219. = Hugues, abbé de Prémontré. H. 121. = Hugues, abbé de Saint-Vincent de Laon. H. 121, 214. = Hugues, comte de Rethel. H. 285, 972. = Hugues, comte de Roucy. G. 99. = Hugues, seigneur de Pierrepont. H. 290. = Jacques, abbé de Merval. H. 1049. = Jacques de Vieulaines, lieutenant au bailliage de Vermandois. H. 187, 345. = Jean, abbé de Saint-Martin de Laon. H. 1603. = Jean d'Avesne (Saint-Simon). H. 304. = Jean, comte de Roucy. G. 99, 102. = Jean, seigneur de Housset. H. 773. = Jean-Juvenal des Ursins, évêque de Laon. H. 268. = Jean, Kahayre d'Origny, chevalier. H. 800. = Jean de Pruetis, abbé de Prémontré. H. 739. = de Jean de Résigny. H. 231. = Jean de Ternut, bourgeois de Laon. H. 311. = Josselin, évêque de Soissons. H. 761. = Marguerite, reine de Navarre. H. 1481. = Marguerite, femme de Thomas, seigneur de Vervins. H. 634. = Marie, abbesse de Fontaine-Notre-Dame. H. 1623. = Marie, dame de La Fère. H. 182. = Milon de Neuville, chevalier. H. 972. = Mobilié, abbesse de Fontevrault. H. 1581. = Obert, abbé de Prémontré. H. 763. = Odelin, abbé de Foigny. H. 299. = Raoul, archidiacre de Soissons. H. 761. = Raoul, seigneur de Coucy et de Marle. H. 275. = Raoul Fournet, lieutenant du bailli de Vermandois. H. 216. = Raoul de Rochefort, bourgeois de Laon et Raoul Haton, panetier du roi. H. 239. = Renaud, évêque de Laon. H. 299. = Renier de Flavigny, chanoine. H. 200. = Renier de Sains, seigneur d'Audigny. H. 953. = Robert, curé de la paroisse Sainte-Benoîte de Laon, sous-doyen de chrétienté. H. 211. = Robert, évêque de Laon. H. 299, 952. = Robert de Askahaincourt et sa femme Isabelle. H. 386. = Robert de Résigny, écuyer. H. 231. = Robert Lefranc, bourgeois de Laon. H. 311. = Robert, seigneur de Pierrepont. H. 290. = Robert, seigneur de Puisieux. H. 953. = Roger de Rozoy, évêque de Laon. H. 197, 200, 213, 239, 295, 305. = Roger, seigneur de Rozoy. H. 956. = Simon, abbé de Saint-Éloi-Fontaine. H. 769. = Simon, châtelain de Coucy. H. 832. = Simon, évêque de Noyon. H. 764. = Thomas de Coucy, seigneur de Vervins. H. 634. = Antoine Viscontin, abbé de Saint-Martin de Laon. H. 987. = Werric de Moy, chevalier. H. 1632. (Voir Abbaye, Bailliage, Chapelains, Chapitre, Commune, Dominicains, Grenier à sel, Minimes, Official, Officialité, Prévôté, Prieuré, Ville.)
Sciage : des blés. B. 3234 ; des bois. E. 440, 611.
Sculpture (legs d'outils servant à la). B. 1641.
Sécheresse : dégâts causés. C. 874, 880, 885 à 887.
Secours. A. 38. — C. 6, 76, 77, 83, 672 à 676, 702, 917, 944, 990, 998, 1008. 1011.
Seigle : prix. B. 2859, 3022. — C. 364. — E. 497.
      —   ergoté. C. 35.
Seigneuries : Abbécourt. B. 1625. — E. 14 à 16. = Achery. A. 27, 28. = Aisonville. B. 34, 38, 316, 2260. — H. 1167. = Ambleny. G. 253, 262. = Amifontaine. E. 96. = Ancienville. G. 281. = Anizy-le-Château. C. 332. — G. 1, 32 à 34. = Annois. B. 1364, 2899. — E. 273. = Arrancy. E. 96, 97. = Artemps. E. 267, 270. = Assis-sur-Serre. B. 765, 2891, 3442, 3558. — E. 76. = Aubenton. E. 394. = Aubigny. H. 1420. = Audencourt. B. 3456. =

Rumigny. E. 358, 364. = Sains-Richaumont. B. 19, 29, 2166. — E. 552, 609. = St-Clément. B. 2516. — C. 894. = Ste-Croix. B. 3274. — E. 497. = St-Germain. B. 970. = St-Gobert. B. 19, 2897, 3442, 3455. = St-Lambert. B. 1095, 2891, 3558. = St-Martin-Rivière. B. 91, 140, 2241, 2259. = St-Pierre. E. 163. = St-Simon. E. 264, 265, 270. = Salency. B. 1359, 1401. = Salsogne. E. 128, 152, 153. = Sart. B. 660, 671, 692, 1078. = (en Cambrésis). B. 91, 312. = Savy. E. 278. = Seboncourt. B. 210, 2253. = Serain. B. 660, 3448, 3456. = Seraucourt. B. 2891, 2919, 3442. — G. 868. = Servais. B. 660, 1024, 1139, 1518, 1593, 1605. = Silly-la-Poterie. B. 1872. = Sinceny et Autreville. H. 1620. = Sissonne. E. 42. — G. 110. = Sissy. B. 40, 164, 2201. — E. 605. = Soupir. G. 106. = Surfontaine. B. 38. = Suzy. H. 102. = Thenelles. B. 55, 259. = Thiernu. B. 2684. — G. 107, 110. = Toulis. B. 1220, 3424, 3442. — E. 163, 164. = Travecy. B. 689, 739, 1090. = Tugny. E. 264. — G. 941. = Tupigny. B. 317. = Vadencourt. B. 276, 317, 2246. = Vallée-aux-Blés. B. 3424. — E. 164, 173. = Vallée-Mulatte. B. 140, 2241, 2259. = Vasseny. E. 142, 143. = Vauxbuin. H. 709. = Vendeuil. B. 1395, 2891, 3441. = Vervins. B. 660, 3440, 3445. — E. 164. = Villers-Hélon. E. 26. = Villers-lès-Guise. B. 39, 2215, 2241, 2252, 2267. — E. 468. = Viry-Noureuil. B. 660, 1383, 1792. — E. 23. = Vivières. E. 119. = Voharies. B. 3239. = Vouël. B. 1412, 1596. — E. 113. = Voulpaix. B. 3424. — E. 164. = Voyenne. B. 3442, 3448. — E. 506.

Seins (bouts de). B. 2600.

Séjours de rois. B. 2758. — C. 338.

Sel : contrebande. B. 3879, 3881 à 3884, 3892, 3898 à 3968, 3974 à 3977, 3979, 3997 à 4056, 4088 à 4109. = exportation. A. 30. = importation. A. 27. = imposé. B. 3252, 3879, 3880, 3884 à 3898, 3969 à 3996, 4004, 4006, 4010 à 4014, 4016 à 4018, 4026, 4039, 4042, 4052 à 4087. — C. 320 à 324. = prix. C. 1011.

Selliers : réceptions. B. 691, 1021.

Séminaires : Laon. B. 2751, 2753, 2754. — G. 23, 427, 439, 443, 488, 489. — H. 247. = Noyon. B. 1644, 2743. — C. 772. — G. 490. = St-Quentin. B. 2890. = Soissons. G. 491 à 517.

Sénéchaussées. A. 1. — B. 2893.

Sentiers : établissement. G. 52. = (pâturages interdit dans les). B. 1896, 2702, 3304.

Séparation : de biens. B. 163, 430, 751, 994, 998, 1010, 1047, 1172, 1175, 1180, 1336, 1377, 1388, 1414, 1451, 1464, 1474, 1481, 1484, 1494, 1495, 1602, 1935, 2084, 2260, 2519, 2525, 2944, 3038, 3205, 3351, 3377, 3379.

—   de corps et de biens. B. 40, 128, 147, 631, 1207, 1391, 1450, 1458, 1723, 1893, 2185, 2140, 2153, 2154, 2158, 2174, 2199, 2217, 2256, 2258, 2261, 3056, 3383. — E. 379.

Sépulture (élection de). B. 2445, 2785. — G. 253. = (registres de). A. 29.

Seraine. (Voir Baratte.)

Sergenteries seigneuriales : affermage. B. 1905.

Sergents. B. 202, 759, 770, 795, 3484. — C. 834 à 836. = de bois. B. 3445, 3817, 3872. = de police. B. 2569, 2852. = de verdure. B. 182, 414, 511, 2569. — forestiers. B. 719, 3446, 3456, 3489, 3546, 3548, 3552, 3557, 3610, 3793, 3826, 3831. = messiers. B. 9, 414, 770, 2104, 2310, 2618, 2680, 2681, 2759, 2785, 2942, 3136, 3182, 3202, 3230, 3270.

Serges (marque des). A. 17.

Sermons (assemblées et jeux interdits devant l'église durant les). B. 2621.

Serrurerie. B. 1618, 2882. — E. 403, 525.

Servage. (Voir Châtellenie de Pierrefonds.)

Servante de curé : gages. B. 1170.

Service divin (interdictions durant le). B. 448, 454, 468, 798, 1043, 2505, 2621, 3017, 3042. = troublé. B. 325.

Service militaire. B. 1223, 2767. — C. 348. — G. 1, 22.

Services religieux. B. 1007, 3212. — E. 497. — G. 60, 255.

Servitude de réception d'eau. B. 241, 280, 300. — H. 50.

Sesterlage (droit de). H. 761, 825.

Setier de Paris (mesure à grains) : contenance. C. 900.

Sièges : Argentan. B. 569. = La Capelle. B. 507, 2070. — E. 551. — G. 420. = Le Câtelet. E. 342. = La Fère. E. 36. = Guise. B. 435, 1957, 1975. = Marienbourg. E. 94. = Namur. B. 3582.

—   épiscopaux : Anizy-le-Château. H. 139, 1608. = vacants : Laon. H. 894, 952. = Soissons. G. 254.

—   royaux de Compiègne : préséance. B. 1324.

Signature : reconnaissance. B. 117, 1406, 1453.

Signatures de personnages remarquables : Jean Bodin. E. 490, 492. = Marie de Luxembourg. B. 3489. = Nicolas Lelong, historien bénédictin. B. 3293. = Le Pesché, gouverneur de Guise. B. 2596. = duc de Mazarin. B. 1180.

Sociétés d'agriculture. C. 36, 39. — D. 13. = Paris. C. 39, 40. — D. 11. = Poitiers. D. 13. = Soissonnais. C. 35, 36, 38 à 40, 944, 949. — D. 1 à 21.

Société commerciale (compte de). B. 1208.

Société royale de médecine. A. 30. — B. 5, 504. — C. 19.

Sœurs d'école : Enfant-Jésus : Beaumont-en-Beine. B. 2650. — Billy-sur-Ourcq. H. 1732. = Blérancourt. H. 1733. = Braine. H. 1734. = La Croix : Chauny. — H. 1737. = St-Quentin. H. 1738. = Soissons. B. 3715. — H. 1731. = La Providence : Crécy-sur-Serre. B. 3657. — H. 1729. = Laon. H. 1728, 1782. = Marle. 1730. = Esqueheries. B. 2346. = Neuilly-St-Front. H. 1735. = Ribemont. C. 936. = Rozoy-sur-Serre. C. 913, 929. = Vailly. H. 1736. (Voir École.)

Soldats : congédiés. A. 7. — C. 344, 348. = convalescents. C. 371. = en disponibilité. C. 388, 390. = engagements multiples. C. 348. = en marche. C. 356, 385. = incarcérés. C. 348. = (violences commises par

B. 1796. = Bac-Arblaincourt. E. 15. = Bagneux. H. 727. = Barizis. B. 1630. = Beaumé. B. 2530. — E. 52 à 54. = Beaurain. E. 55. = Beaurevoir. B. 3453. = Beautor. B. 1240. = Benay. E. 271. = Bertaucourt-Épourdon. B. 1238, 1241. = Besmé. E. 204, 205. = Besmont. B. 2496. — E. 56. = Besny. H. 191. = Bichancourt. E. 15, 16. = Bièvres. E. 98, 99. = Blérancourt. E. 204, 205. = Bourguignon-sous-Coucy. E. 205. = Braine. E. 130. = Brancourt. H. 1138. = Brenelle. E. 133. = Brie B. 1250. = Brissy. E. 648. = Bruyères (ville). H. 199. = Bucy-le-Long. G. 272, 273. — H. 479, 492. = Burelles. E. 165. = Camelin. B. 1626. — E. 206. = Castres. G. 878. = Cerseuil. E. 135 à 138. = Certeau. E. 166. = Cessières. B. 1242. = Champs. E. 207. = Charly. B. 3068. = Chassemy. E. 139. = Chermizy. E. 32. = Châtillon-lès-Sons, Chery-lès-Pouilly. B. 1243. = Chevresis-le-Meldeux. E. 634. = Chézy-en Orxois. H. 620. = Chigny. E. 212. = Chivres. H. 479, 492, 493. = Chouy. B. 3764. = Cœuvres (Marquisat). E. 13. = Corcy. H. 1524. = Coupru. B. 3067. = Courtieux. E. 93. = Crézancy. E. 86. = Crupilly. E. 59. = Curbigny. E. 171. = Deuillet. B. 1244. = Dhuizy. E. 286. = Dormicourt. H. 277. = Englancourt. E. 57. = Erloy. H. 58. = Estrées (Duché). E. 13. = Étaves. E. 59. = Fargniers. B. 1240. — H. 330. = Faucoucourt. B. 1242. = Fay-le-Noyer et Surfontaine. E. 648. = Flavigny-le-Grand et Flavigny-le-Petit. E. 60. — H. 340. = Foigny. H. 629, 630. = Fontaine. E. 167. = Fontenoy. H. 499. = Fourdrain. B. 1250. = Froidmont. B. 1245. = Gauchy. E. 268. = Genlis. E. 18 à 20. — H. 1089. = Grandrieux. E. 166. = Grisolles. H. 1571. = Gronard. E. 169. = Guise (duché). E. 45 à 48. = Hamégicourt. E. 648. = Haution. E. 170. = Le Hérie-la-Viéville. E. 241. = Hirson. H. 341. = Jumigny. E. 33. = Juvincourt-et-Mauchamp. E. 102, 103. = Laffaux. H. 1532. — Laigny. B. 3212, 3213. — E. 172, 173. Landouzy-la-Ville. E. 174 à 178. = Laon. H. 150, 154, 157, 160, 165. = Lavaqueresse. E. 213. = Lerzy. H. 1469. = Leschelle. E. 214 à 217. = Leuze. E. 61. = Liez. H. 1341. = Logny-lès-Aubenton. E. 62. = Luzoir. B. 2497. — E. 63. = Lyfontaine. E. 238. = Macquigny. E. 59. = Mainbresson et Mainbressy. H. 1767. = Marest-Dampcourt. E. 22. = Marizy-Ste-Geneviève. B. 3765. = Martigny. B. 2498. — E. 64. = Mesbrecourt. E. 179. = Mézières. E. 648. = Mézy-Moulins. E. 89. = Missancourt. H. 188. = Missy-sur-Aisne. H. 479 à 492. = Monceau-les-Leups. B. 1246, 1247. = Monceau-sur-Oise. G. 915. = Mondrepuis. B. 2499. — E. 65, 66. = Montchâlons. E. 100. = Mont-d'Origny. H. 1470. = Montgobert. G. 1537. = Montigny. B. 1250. = Montigny-Lengrain. E. 93. = Moy. E. 238. = Neuve-Maison. E. 67, 68. = Neuvillette. H. 1470. = Ognes. H. 1103. = Ohis. H. 69, 70. = Orgeval. E. 101. = Osly-Courtil. H. 507. = Parcy-Tigny. G. 325, 326. = Paroy. E. 90. = Pleine-Selve. H. 1474. = Ployart. E. 97. = Pont-à-Bucy. B. 1246, 1247. = Pontarcy.

E. 140, 141, 152. = Pouilly. G. 67. = Prisces. E. 180 à 182. = Quierzy. B. 1626, 1639. = Regny. H. 562. = Remigny. E. 238. = La Roche-le-Comte. E. 144, 145. = Rocquigny-Montreuil. B. 2500. — E. 71. = Rogécourt. B. 1248. = Romery. E. 241. = Rouy. B. 1244. = Royaucourt et-Chailvet. E. 192. = Sacy-et-Bonval. H. 509. = Saint-Gobain. B. 1249. = Saint-Paul-aux-Bois. H. 1440. = Saint-Pierre. E. 183. = Saint-Remy-Blanzy. B. 1874. = Saint-Simon (duché) E. 270. = Servais. B. 1244. = Sery-lès-Mézières. E. 648. = Sinceny. B. 1796. = Sorbais. B. 2501. — E. 72. = Suzy (Sebacourt). B. 1242. = Taux. G. 325, 326. = Tergnier. H. 330. = Toulis. E. 166. = Travecy. B. 1250. — H. 427. = La Vallée-aux-Blés. E. 170 = Vasseny. E. 142, 143. = Vassogne. E. 34. = Vendeuil (châtellenie). E. 238, 654. = Verly. H. 1479. = Vermand. G. 948. = Vervins. E. 184. = Vic-sur-Aisne. H. 519. = Villemontoire. G. 325, 326. = Villers-la-Fosse. H. 515. = Villeselve. H. 1427 à 1429. = Viry-Noureuil. B. 1626. — G. 113. = Vorges. H. 324. = Vouël. H. 1106. = Voulpaix. E. 185 à 189. = Voyenne. H. 111. = Vregny. H. 479, 492. = Wimy. B. 2502. — E. 73, 74. (Voir Comté de Marle, Duché de Valois, Lettres de Terrier.)

TERRITOIRES (arpentage des) Golancourt. H. 1423. = La Croix. E. 253. = Gronard. E. 169. = Mauchamp. E. 96. = démarcations. A. 3. — C. 1014, 1024, 1049. = Abbécourt. B. 1429. = Achery. G. 28. = Agnicourt-et-Séchelles. G. 144. = Ailles. G. 145. = Amifontaine. E. 96. = Anizy-le-Château. G. 32. = Arrancy. E. 97. = Athies. G. 150. = Audigny. B. 2078, 2216. = Avaux. H. 454. = Barenton-sur-Serre. B. 2804. — G. 154. = Bassoles-Aulers. C. 915, 992. = Benay. B. 1460. = Bergues. B. 2124. = Bertaignemont. B. 2078, 2216. = Besny. G. 249. = Bièvres. E. 99. — G. 205. = Bois-lès-Pargny. H. 72. = Boncourt. H. 1766. = La Bouteille. H. 629. = La Bovelle. G. 145. — H. 1766. = Brancourt. E. 642. — G. 32. = Brissay. G. 165. — H. 375. = Brissy. B. 223, 2796. — E. 648. — G. 165. = Castres. G. 868, 887. = Cerny-en-Laonnois. G. 936. = Certeau. E. 166. = Cessières. E. 327. = Chalandry. H. 72. = Chambry. G. 150. = Charmes. B. 1103. = Chauny. B. 1365. = Chigny. B. 304. = Chivy-Beaulne. C. 936. = Choigny. H. 377. = Clanlieu. B. 111. = Cœuvres et Valsery. H. 1076. = Cohartille. G. 154. = Colonfay. B. 132, 301. = Coupru. H. 1525. = Crécy-sur-Serre. H. 72. = Crupilly. B. 304. = Curbigny. E. 171. = Dallon. C. 768. = Danizy. B. 1103. = Dercy. C. 1031. = Deuillet. B. 1087. =

213. = Clermont (Oise). C. 95, 208. = Compiègne. C. 8. = Coucy-le-Château. B. 966. — C. 95, 96, 171, 228, 229, 514. = Crépy-en-Valois C. 95, 208, 224, 230. = Dundalk, sceau. B. 1653. = Dunkerque. B. 1222, 3441. = La Fère. B. 663 à 665, 667 à 670, 682, 693, 698, 717, 763, 771, 772, 774, 776, 777, 783, 784, 786, 789, 792, 803, 973, 1011, 1022, 1096, 1097, 1177, 1190, 1228, 1232, 1638, 3545. — C. 95, 96, 208, 405 ; sceau. B. 1638, 3625. = Fère-en-Tardenois. C. 95, 224, 230. = La Ferté-Milon. B. 3763. — C. 95, 96, 208. = Guise. B. 281, 379, 1915, 2056, 2030, 2061, 2090, 2106, 2234, 2333. — C. 4, 18, 86, 95, 96, 98, 208, 224, 342, 849, 850, 897, 1009. = Ham. C. 95, 208, 224, 230, 655. = Laon. B. 1327, 2747. — C. 4, 69, 85, 88, 95, 96, 208, 223, 229, 329, 341, 342, 512, 513, 590, 898, 899. — E. 475, 496. — G. 1, 2. = Maestricht, sceau ad litteras. B. 1653. = Marle. B. 506, 511, 570, 576, 584, 585, 611, 658, 3448. — C. 96, 161, 196, 223, 229, 505, 901, 939. — E. 36. = Montmirail. C. 95, 224, 230. = Nesle. C. 208, 224, 230. = Neuilly-Saint-Front. C. 95. = Noyon. C. 95, 208, 224, 230, 341. = Paris. A. 1. — B. 505, 3501. — C. 7, 11, 941. = Ribemont. B. 164, 165, 170, 198, 204, 213, 217, 230, 231, 329, 335, 414, 434, 466, 1321, 2262, 3673. — C. 95, 99, 208, 223. = Rocroy. C. 18. = Saint-Quentin. B. 1325, 3302. — C. 752, 753, 764, 770 à 780, 788 à 791, 795, 800, 812, 814. — E. 645. — H. 535. = Soissons. B. 763, 1623, 1925, 3788. — C. 95, 96, 208, 223, 229, 341, 420, 435 à 437, 439, 442, 444, 446, 447, 930. — F. 27. = Vailly. C. 95, 96, 223, 229. — E. 496. = Vervins. B. 3316, 3321, 3337, 3344, 3354, 3355. — C. 95, 199, 223, 229, 349, 908, 940, 1014 ; sceau. B. 18. = Villers-Cotterêts. C. 3763, 3764. — C. 230, 439.

VIN : amélioration. D. 6. = circulation. B. 3495. — E. 70. = décuvage. C. 40. = (droits sur le). B. 1462, 1515, 3454. — C. 992. — E. 548. = essai. D. 6. = exportation prohibée. B. 507, 711. = fabrication. D. 6 à 9, 11. = falsification. B. 605. = mesures prises contre la corruption. G.

2. = mixtions interdites. B. 2688. = partage. B. 2876. = prix. B. 78, 84, 1437, 2097, 2774. — E. 36, 471, 477. = récolte. B. 2860. = vente. B. 1022, 1083, 2656, 3454.

VINAGE (droits de). B. 551, 585, 657, 675, 687, 701, 782, 952, 953, 990, 1144, 1151, 1185, 1204, 1218, 1261, 1306, 1697, 1786, 2500, 2525, 2585, 2655, 2934, 3019, 3439, 3446, 3447. — C. 795. — E. 33, 34, 564, 602 à 604. — G. 1, 2. — H. 588, 626, 627, 753, 871, 1389, 1508. = (franchise de). B. 7, 1218. — G. 13. — H. 354, 623.

VINGTIÈMES : impôts. A. 1, 2, 4, 19, 21, 24, 27, 28, 31, 1908. — C. 73, 76, 77, 79, 80, 83, 84, 281 à 319, 792, 892 à 901, 903 à 906, 908, 909, 911, 921, 923, 931, 972, 980, 996, 1019, 1052, 1053. — E. 465, 467, 494, 541, 548, 550.

VIOL. B. 1879, 2783, 2977, 2978.

VIOLATION de domicile. B. 2438, 2444.

—   de tombe. B. 1693.

VIOLONS. B. 2078, 2542, 3204, 3275.

VITICULTURE. B. 2656. — C. 898, 902, 943. — D. 6, 7, 9, 11, 12, 14. — E. 514.

VITRIOL. A. 23. — D. 16.

VIVIERS : Fouquerolles. H. 477. = Froidmont. E. 513. = Olsy. B. 2079, 2096, 2103, 2105, 2109. — E. 45. = Wimy. B. 2502.

VIVRES : défense d'exportation. B. 711. = rareté. C. 880. = taux. B. 1569.

VŒU DE CHASTETÉ. E. 231.

VŒUX MONASTIQUES : émission. B. 6. = (suspension des). C. 1017.

VOIRIE. A. 6. — B. 804, 2543, 2656, 3344. — C. 982. — E. 97, 98. — H. 1168.

VOITURES : importation. A. 30.

VOLONTAIRES DE FLANDRE (libelles diffamatoires contre les). B. 2746.

VOYAGES DE MESDAMES DE FRANCE : mesures pour les faciliter. C. 425. (Voir Route-des-Dames.)